무지개와 부엉이

국제정치의 이론과 실천에 관한 논문 선집

강 성 학

博英社

Rainbow Vs. Owl

An Anthology on the Theory and Practice of
International Politics

Sung-Hack Kang

Pakyoungsa Publishing Co.
2010

나의 사랑하는 아들 강상온
강승온
딸 강영온
사위 박종원에게

저자 서문

노벨경제학상 수상자인 와실리 레온티프(Wassily Leontief)는 "좋은 아이디어가 있으면 그것을 반복하라"고 말했었다. 내 아이디어들이 얼마나 좋은 것인지는 모르겠다. 그러나 나는 분명히 그것들을 되풀이했다.

– 스탠리 호프만(Stanley Hoffmann)–

본서를 구성하는 논문들은 저자가 지난 30년간의 고려대학교 교수생활 중에 썼던 책과 논문들 가운데에서 "국제관계이론" 혹은 대학원에선 "국제정치접근법"과 "국제기구접근법," 그리고 "군사전략적 접근법"에 직간접적으로 깊게 관련된 것으로 생각되는 것들이다. 이것들은 이미 절판된 저자의 몇 권의 저서들 속에 속절없이 묻혀 있거나 아니면 다른 주제를 다루는 단독 저서 가운데 일부나 결론부분으로 쓰여진 것들이라서 국제관계이론에만 주로 관심을 가진 학생들이 쉽게 접할 수 없었던 것들이다. 그러다가 수년 전에 당시 조교와 대학원 지도학생들이 효율적 시험 준비를 위해 관련 논문들을 하나의 복사본으로 묶으면서 이왕이면 제목이 있으면 좋겠다면서 나에게 제목을 하나 붙여 달라고 요청했었다. 그에 응해 저자는 국제정치학의 멀고도 아마도 환상적인 과학적 이론화의 학술작업 속에서 지금 우리가 당장 기대할 수 있는 것은 지혜로운 외교정책일 수밖에 없다는 뜻에서 "무지개와 부엉이"라는 제목을 주었으며 본서는 그것을 증보한 것이라서 그대로 본서의 제목으로 삼았다.

국제정치학은 "좋은 이론만큼 실천적인 것은 아무것도 없다"는 오랜 원칙 위에서 발전해 왔다. 그러나 국제정치학의 이론화 작업은 국제정치에 대해 우리가 알고 있는 것과 우리가 어떻게 행동해야 하는가에 대해 가질 수 있는 모든 믿음을 언제나 손상시키는 것만 같다. 저자는 15년 전, 즉 1995년 광복 50주년을 기념하여 제정된 한국국제정치학회의 저술상이 맨 처음으로 수여된 『카멜레온과 시지프스: 변천하는 국제질서와 한국의 안보』라는 저서의 저자 서문에서 다음과 같이 썼었다:

국제관계학은 하나의 포괄적이고 일관성 있는 과학적 이론을 갖고 있지 못하다. 현 단계에서 국제정치이론이란 통계적 확률로도 표현되지 못하고 있으며 단지 가능성의 천명에 그치고 있다. 이론화 작업은 분열되어 있고 잘 발전되지도 못했으며 국제정치학계는 종종 강렬한 논쟁을 경험해 오고 있다. 최근 국제관계이론가들 사이에 벌어지고 있는 이른바 "제 3 의 논쟁"의 대부분은 인식론적이고 규범적인 문제들에 집중되고 있다. 특히 냉전의 종식과 함께 국제정치학계는 근본적인 지성적 혼란 상태에 빠져 있는 느낌이다.

돌이켜 보면 저자는 지난 30여 년간 "국제정치의 이론"에 대한 이런 생각에 큰 변화가 없었으며 지금도 그런 생각, 아니 믿음을 바꿀 마음이 없다. 왜냐하면 그동안 국제정치학계에서 근본적으로 변한 것이 거의 없을 뿐만 아니라 여전히 현대의 국제정치이론의 모색은 시민이나 정치인들이 직접 경험하는 대로 국제정치적 문제들을 이해하려고 하지 않기 때문이다. 따라서 본서의 각 장들은 뒤 "출처"에서 밝힌 그대로이다. 오래전 쓴 것도 있지만 지금 평가받는 심정으로 수정이나 보완을 전혀 하지 않았다.

오늘날 국제정치학계에서는 스스로 "이론"임을 자처하는 소위 "가설들"은 수없이 많다. 그러나 고 앨런 블룸(Allan Bloom) 교수가 지적했듯이 "법은 남성의 젖꼭지가 여성의 그것과 평등하게 간주돼야 한다고 규정할지 모르지만 남성의 것은 젖을 줄 수 없다." 바꾸어 말하면 그 모든 자칭 이론들이 그 중요성과 유용성에서 결코 평등할 수는 없는 것이다. 그런데도 현대 국제정치학은 인간 삶의 목적과 의미가 아니라 순전히 "사회과학" 그 자체를 위한 이론화 작업만을 모색하고 있다. 그리하여 잡히지 않는 아름다운 무지개를 좇는 것 같은 그런 이론화 작업들은 결국 심한 좌절과 견디기 힘든 절망을 경험하면서 아이러니하게도 모든 것을 다 "해체"해 버리고 동물적 본능만으로 살아가고 싶은 강렬한 충동에 사로잡히기까지 한다. 그리하여 해방과 창조의 기치를 높이 든 포스트모더니즘이 황홀하게 아니 필사적으로 우리들을 유혹하게 되었다. 그러나 반이성적, 반지성적, 그리고 반도덕적인 포스트모더니즘은 인간 이성의 도살장에 다름 아니다. 따라서 우리는 이성을 결코 포기할 수 없다. 아무리 소크라테스의 외로운 철학적 삶이 비극적으로 끝났다고 해도 포기할 줄 모르는 시지프스 같은 그의 지혜의 추구와 지성적 삶이 여전히 인간적 삶의 참된 모습인 것만 같기 때문이다.

저자도 국제정치학자로서 국제정치에 대한 일종의 이론적 접근을 지난 30년 동안 강의실과 연구실에서 그리고 때로는 국내외 학술회의장에서 보낸 학문생활 속에서 끊임없이 줄곧 모색해 왔다. 본서의 각 장들의 내용과 저자의 다른 여러 기존의 저서들이 실제로 말해주듯 저자의 접근법은 국제정치현상의 연구를 우선 인류문명의 영원한 재산인 역사의 이해와 의미파악에 근거한 정치적 통찰력에 그리고 정치철학자들의 보편적 가르침과 밀접하게 관련시키고 거기에 가능하면 향기로운 문학적 향수를 뿌리는 것이었다. 결코 어느 것 하나 크게 성공한 것 같지는 않지만 적어도 그렇게 하려고 의식적으로 노력했다는 사실만은 이곳에서 솔직하게 고백하고 싶다. 비록 부족하기 한량없겠지만 본 논문 선집을 참을성 있게 읽는 대학(원)생들의 국제정치학에 대한 지성적 지평선을 넓혀주고 또 복잡한 국제정치의 현상을 더 많이 그리고 더 잘 이해하는 데 적지 않게 도움이 되길 바라며, 다소 과도한 욕심을 부려 본다면 본서가 가능하다면 국제정치의 이론화 작업에 그들의 지적 흥미를 진작할 수 있기를 저자는 마음속으로 기대하고 있다.

이제 본서의 출간과 관련하여 고마움을 표현하고자 한다. 우선 먼저 한국의 비교적 작은 서적시장과 어려운 출판풍토를 고려할 때 별로 대단할 것도 없는 어떤 대학교수의 학술 논문 선집이, 그것도 상당부분이 과거 이미 출간된 저서로부터 발췌한 것들로 구성된 책이 또 하나의 신간 학술서적으로 출간된다는 것은 거의 불가능한 일이다. 그런 불가능한 일을 가능한 것으로 만들어 준 한국의 대표적 학술서 출판사인 박영사의 거의 무모하리만큼 아주 모험적인 그리고 진실로 용기 있는 출판결정에 깊은 감사와 높은 찬사를 보내고 싶다. 특히 이 저서의 출간을 위해 애쓰고 주도적 역할을 해주신 박영사의 조성호 기획부장님에게 진심으로 감사드린다. 원래 영문 원고였던 제 1 장을 우리말로 번역해 준 김원섭 박사후보와, 아주 오래전 저자의 석사학위 논문에서 발췌하여 제 4 장과 제13장을 각각 정리해 준 이수훈 박사후보와 이지원 박사후보에게 그리고 출간준비과정에서 이런저런 크고 작은 일들을 성실히 처리하면서 많은 도움을 준 김은혜 연구조교와 라규환 연구조교에게도 감사한다.

이제 정년을 사실상 코앞에 둔 터라 본서는 나의 사랑하는 자식들에게 헌정하련다. 남들보다 부족한 아버지로서 늘 미안했던 마음을 이렇게나마 표현하고 싶기 때문이다. 따라서 장남 강상온, 막내아들 강승온, 딸 강영온, 그리고 사위 박종원에게 이 책을 헌정한다. 노환으로 늘 편찮으시면서도 오직 자식 하나만을 위해 변함없이 오늘도 기도하고 계시는 어머니 곽홍순 여사께 시린 가슴과 젖은 눈으로 불효자식의 참회하는 마음을 담아 언제나처럼 감사드린다. 끝으로 조강지처 신혜경에게도 시어머님에 대한 정성을 다한 효도와 가정에 헌신해준 데 대해 나의 항상 고마운 마음과 변함없는 사랑을 또다시 이곳에 기록한다.

끝으로 지난 30년간 저자에게 비교적 안락한 삶의 터전과 자유로운 학문생활을 할 수 있는 여건을 제공해준 고려대학교와 오늘의 저자가 있도록 여러 가지로 도와주셨던 과거의 은사님들께 진심으로 거듭 감사드린다.

2010년 8월
정경관 402호
구고서실(九皐書室)에서

차 례

출 처

- 제 1 장은 2010년 4월 30일 서울에서 "한국정치학의 세계화"(Globalization of Korean Political Science)라는 주제하에 열린 국제학술회의에서 초안이 발표된 뒤 『국제관계연구』(*Journal of International Politics*) 제15권 제 2 호(2010, 가을)에 수록된 영문논문을 번역한 것임.
- 제 2 장, 제10장, 제11장은 『소크라테스와 시이저: 정의, 평화, 권력』(서울: 박영사, 1997)의 각각 제 8 장, 제 7 장, 제 2 장에서 발췌.
- 제 3 장, 제14장, 제15장, 제19장은 『이아고와 카산드라: 항공력 시대의 미국과 한국』(서울: 오름, 1997)의 각각 제 7 장, 제 8 장, 제 9 장, 제10장에서 발췌.
- 제 4 장, 제13장은 고려대학교 대학원 석사학위논문 "국제정치현상에 있어서 체제적 안정 가능성의 분석"(1974)에서 발췌한 것임.
- 제 5 장, 제16장, 제20장, 제22장은 『카멜레온과 시지프스: 변천하는 국제질서와 한국의 안보』(서울: 나남출판사, 1995)의 각각 제 1 장, 제13장, 제 3 장, 제15장에서 발췌.
- 제 6 장, 제 8 장, 제12장, 제24장은 『인간 神과 평화의 바벨탑: 국제정치의 원칙과 평화를 위한 세계헌정질서의 모색』(서울: 고려대학교출판부, 2006)의 각각 제 2 장, 제 3 장, 제 8 장, 제19장에서 발췌.
- 제 7 장은 『새우와 고래싸움: 한민족과 국제정치』(서울: 박영사, 2004)의 제 9 장에서 발췌.
- 제 9 장, 제17장은 『시베리아 횡단열차와 사무라이: 러일전쟁의 외교와 군사전략』(서울: 고려대학교출판부, 1999)의 각각 제11장, 제12장에서 발췌.
- 제18장은 김달중 편저, 『외교정책의 이론과 이해』(서울: 오름, 1998)의 제15장에서 발췌.
- 제21장은 *IRI Review* 제 5 권 제 1 호(2000 겨울/2001 봄), pp. 47-70에서 발췌.
- 제23장은 『동북아의 근대적 변용과 탈근대 지향』(서울: 매봉, 2008)의 제13장에서 발췌.
- 제25장은 국방대학교의 『안보학술논문집』 제20집 제 2 호(2009)에 처음 수록된 것이며 이것의 축약본이 국방대학교의 학술지 『국방연구』 제52권 제 3 호(2009, 12) pp. 3-21에 재수록되었으나 본 장은 『안보학술논문집』에서 발췌한 것이다.

제1장

한국 국제정치학의 세계화: 가야할 먼 길

> 한 마리의 제비나 날씨 좋은 하루가 봄을 가져다주지는 않는다.
>
> –아리스토텔레스–
>
> 당신의 목표는 잊고 노력만 배가시키는 것은 광신도(狂信徒)이다.
>
> –조지 싼타야나–

1. 한국 국제정치학자들의 애석한 상황?

1985년 홀스티(K. J. Holsti)는 한국의 국제정치학자들에 대해 다음과 같이 말했다.

> 한국의 저자들은 한 나라, 바로 미국의 문헌들에 대해서는 압도적으로 잘 알고 있으며, 또 그렇게 권고되어진다. 그러나 미국의 저자들은 한국 저자들이 쓴 글에 대해서, 심지어 그것이 영어로 쓰여진 경우에도 전혀 알지 못하는 것으로 보인다. 게다가 한국 학자들이 이러한 상황을 점차 자각하고 있다는 증거는 여전히 어디에도 없다. 이런 상황을 예상치 못한 것은 아니다. 왜냐하면 미국인이 아닌 학자들의 저작들에 대해서는 거의 인정하지 않는 미국에서 한국의 젊은 세대 정치학자들이 대부분 교육받았기 때문이다. 한국은 학문세계에서 단 하나의 패러다임만을 추종한다는 면에서는 가장 정통적인 나라이다. 따라서 한국은 점차 미국의 학문적 지도에 의존하게 되면서 다양성에 반대되는 방

> 향으로 나아간다. 아마도 토착 학문의 발전을 가장 저해하는 것은 자국의 학자의 작품에 대한 인정의 결핍이다.1)

한국 국제정치학에 대한 이런 부끄러운 평가 이후 4반세기가 지난 2010년 오늘, 한국의 국제정치학에 대해 어떻게 말할 수 있을까? 이는 단지 과거의 이야기일 뿐인가, 아니면 지금도 여전히 해당되는 이야기인가? 과연 오늘날 한국의 국제정치학자들은 달라졌는가? 분명히 그들은 새로운 학문적 세계에 살고 있다. 국제정치학계의 한국 학자들은 역사상 처음으로 영어논문을 생산하도록 심한 압박을 받고 있다. 이들은 십여 년 전부터 사회과학분야의 세계적인 기준으로 통용되는 이른바 SSCI(사회과학 인용색인)에 등재된 학술지에 가능한 많은 영어논문을 게재해야 하는 일종의 "전쟁수행"에 빠졌다.

이 "전쟁"은 기본적으로 학자로서 살아남거나 학문 자체를 위해서뿐만 아니라, 그들의 경력과 승진을 위해서도 계속된다. 경력상 성공에 이바지하는 요인들 중에서 학자의 출판물 개수가 가장 중요하며 그것의 질은 별로 중요치 않다. 만약 학자로서 성공하는데 있어 논문의 개수가 논문의 본질적 가치보다 중요하다고 할지라도 출판된 국제정치연구 논문들의 총합이 인류의 복지를 증진시킨다는 보장은 없으며, 단지 도서관의 정기간행물실의 한쪽 공간에 처박혀 있을 뿐이다. 매년 엄청난 수의 논문들이 많은 학술지를 통해 출판된다. 이들 중 얼마나 많은 수가 명확하게 국제정치를 이해하는데 도움이 되는지 감히 가늠하고 싶지는 않다. 나는 오늘날 누가 전세계적으로 인정되는 저명한 한국의 국제정치학자인지 모른다. 그러나 소위 SSCI 학술지에 지속적으로 논문을 게재해야 하는 "전쟁수행"이 과연 한국의 국제정치학을 세계화하고 세계적으로 저명한 학

1) K. J. Holsti, *The Dividing Discipline: Hegemony and Diversity in International Theory*, Boston, Mass.: Allen & Unwin, 1985, pp. 109-110.

자를 배출하는 올바른 길일까? 그렇지 않으면 이것이 결국 학자들을 완전히 망각되도록 하는 잘못된 길일까?

이러한 한국 국제정치학자들의 애석한 상황은 학문분야로서 국제정치학의 비극이라고 할 수 있다. 왜냐하면 이런 분위기는 학자들로 하여금 국제관계, 요즘 유행하는 말로 지구정치(global politics)에 있어 인류의 계몽이라는 올바른 목표(질적 중심 연구)를 향하고 있지만 잘못된 길(양적 중심 연구)로 접어든 것이다. 그 결과 학자들 중 대부분은 이른바 "과학주의의 폭정"(the Tyranny of Scientism)과 사소한 문제들만 다룰 수밖에 없는 "주변부의 철칙"(Iron Rule of Triviality)2)으로부터 벗어날 수 없다. 그들은 매년 많은 수의 논문들을 양산하지만, 자신의 제자와 이념적 동지인 학자, 또는 개인적으로 가까운 "친구들" 외에는 아무도 그들의 학문적 결과물에 큰 관심을 보이지 않는다. 이들은 시사적이고, 뜨거운 현안, 논란이 되고 있지만 학술적으로 시시한 정책문제들을 과학적 분석의 방식을 쓰면서 정치적으로뿐만 아니라 학문적으로도 유행에 편승한다. 그러나 안타깝게도 그들은 학술지가 출간되자마자 곧 잊혀지는 경향이 있다. 어제는 이들의 학술논문들이 우리 앞에 있었지만, 이들 중 거의 대부분은 오늘 우리의 등뒤에 있다.

한국의 국제정치학은 이러한 일종의 웃지 못할 비극성을 드러내고 있다. 그것은 그들이 아름다운 무지개(올바른 목표, 즉 한국 국제정치학의 진일보)를 좇아 잘못된 높은 산(잘못된 방법, 즉 미국국제정치학의 흉내내기를 통해)의 정상에 오르려고 하기 때문이다. 마치 저주받은 시지프스처럼, 대부분의 한국 학자들은 세계적으로 저명한 학자로 인정받는 학술적 업적이라는 목표를 향하여 과연 지금

2) 이것은 과학적 연구 방법이 중요한 문제나 중심적인 문제를 다루지 못하고 결국 주변적인(marginal) 문제만을 다루게 된다는 것을 의미한다.

올바른 길을 걷고 있는지를 심각하게 생각해보려고 하지 않는다. 세계적으로 인정받기 위한 그들의 종교적인 헌신(religious devotion)은 결국 반복되는 좌절을 경험할 뿐이다. 실로 그들의 기껏해야 보잘것 없는 성취와 끊임없는 노력 사이의 분명한 간극은, 자신의 목표로부터 점점 멀어질 때 오히려 노력을 배가하는 싼타야나의 광신도(狂信徒)에 대한 정의가 적용될 수 있을 지경이다. 그렇다면 과연 국제정치학의 학문의 현주소는 무엇인가? 그리고 한국 국제정치학의 세계화에 걸림돌은 무엇이며, 한국 학계가 이러한 애석한 상황으로부터 벗어나는 길은 없는 것일까?

2. 학문으로서 한국 국제정치학의 간략한 개요[3)]

독자적 학문으로서 국제정치학은 미국으로부터 한국에 이식되었는데, 미국의 국제정치학의 시작과 발전은 우드로 윌슨(Woodrow Wilson)에 의해 "국제적 협력을 증진시키고, 전쟁 포기 의무의 수용을 통해 국제평화와 안보를 달성하기 위해" 국제연맹이 창설되면서부터였다.[4)] 이러한 목표를 달성하기 위해 국제적인 집단안보체제(the collective security system)가 채택되었고, 당시 국제정치학의 주제는 국제기구와 국제법이었다. 국제연맹이 19세의 나이로 요절하자,

3) 한국 국제정치학의 50년을 성찰하는 합동연구가 한국 국제정치학회 주관으로 진행되기도 하였다. 김형국·조윤영 편, 『현대 국제정치학과 한국』, 서울: 인간사랑, 2007; 한국국제정치학회 편, 『한국 국제정치학의 50년사』, 서울: 한국국제정치학회, 2006을 참조. 여기에서는 이 두 책의 내용을 인용하지 않고 저자의 개인적 인상을 간략히 논하고자 한다.

4) 국제연맹규약 서문에서 인용.

집단안보체제를 통해 국제평화와 안보를 유지하기 위한 유엔이 국제연맹을 계승하였다.[5] 그러나 1948년 최초로 한스 J. 모겐소(Hans J. Morgenthau)의 『국가간의 정치』가 출간되자 국제정치학은 전통적인 유럽의 권력정치로 되돌아갔다.

그러나 1955년 퀸시 라이트(Quincy Wright)의 『국제관계연구』(*The Study of International Relations*)가 출간된 이후로 미국의 국제정치학계는 소위 국제정치 연구의 과학적 접근법에 지배되었는데, 이것은 국제정치가 정치학의 한 세부분야로 간주되었기 때문이다. 대부분의 국제정치학자들은 국제정치학의 아버지인 한스 모겐소의 경고에 귀를 기울이지 않고, 오히려 그에게 도전했다.[6] 그러나 모겐소는 과학적으로 사고한다는 정치학자들이란 악이 이성의 결핍에 기인한다고 생각할 만큼 지나치게 순진하다고 비판했다.[7] 모겐소에 의하면 "부패와 죄악"은 많은 사회적 삶을 계속 오염시킬 것이며, 아마도 무엇보다 가장 큰 악인 전쟁은 그것이 인간영혼의 가장 깊숙한 곳에 뿌리박힌 권력에 기인하는 것이기 때문에 결코 없앨 수 없는 것이다.[8] 약 사반세기 후 리들리(F. F. Ridley)는 모겐소가 말했던 거의 같은 맥락에서 근대의 참혹했던 전쟁과 벼랑 끝 전술(brinkmanship)을 "사악함과 어리석음"(wickedness and folly)으로 돌렸다.[9] 그는 아주 진지하게 말했지만 그런 성질이 악마의 탓이라고

---

5) 유엔헌장 제 1 조.

6) 국제정치학의 미국학파가 모겐소에 대한 도전과 그의 정치적 현실주의를 퇴색시키려는 시도를 통해 발전한 것은 매우 역설적인 일이다. 그러나 영국에서 E. H. 카의 현실주의를 독립된 학문으로서의 국제정치학의 세계에서 완전히 외면하면서 "영국학파"가 형성된 것에 비해서는 모겐소는 더 나은 위치에 있었다.

7) Hans J. Morgenthau, *Scientific Man vs. Power Politics*, Chicago: University of Chicago Press, 1948, p. 13.

8) *Ibid.*, pp. 95, 195.

9) F. F. Ridley, "If the Devil Rules, What Can Political Science Achieve?"

동의할 정치학자들은 많지 않을 것이다. 그럼에도 불구하고 "사악함과 어리석음"이란 말은 정치적 현실과 그것을 어떻게 건설적으로 말할 것인가에 있어 우리에게 많은 것을 시사해준다. 분명 이러한 용어는 오늘날 정치학자들이 정치의 탐구에 있어 사용하는 용어들이 아니다. 그러나 인간과 정치지도자들로 하여금 구역질 나도록 행동하게 만드는 탐욕, 시기, 앙심, 허영, 자만, 증오, 그리고 그 외의 많은 다른 성질들은 사라져버렸다.[10] 그리고 그런 용어들의 소멸은 과학적 연구의 장래성과 문명인들의 소통(civilized intercourse)의 욕구간의 간격을 종종 반영한다.[11] 미국 정치학자들의 야심은 여전히 정치적 현상을 예측하고 통제할 수 있는 진정한 과학적 법칙을 발견하려는 것이다. 아직까지는 국제정치의 연구가 물리학이나 생물학과 같이 정확한 과학적 법칙을 이끌어내지 못했다. 물리학적 대상들은 물리학 법칙을 따르며, 생물학적 유기체는 생물학 법칙을 따른다. 그러나 인간은 "두렵고도 경이적으로 만들어진" 존재이기 때문에 그런 법칙들을 초월한다.[12] 인간의 운명은 인간성을 자연화하는 것이 아니라 자연을 인간화 하는 것이다.[13]

그러나 미국에서 탄생하여 성장한 하나의 과학적 학문으로서

Government and Opposition, Summer-Autumn 1980, p. 472.

10) 다행히도 다니엘 L. 바이먼과 케네스 M. 폴락은 국제정치학에서 개인의 역할을 재고해야 한다고 주장했다. Daniel L. Byman and Kenneth M. Pollack "Let Us Now Praise Great Men: Bringing the Statesman Back In," *International Security*, Vol. 25, No. 4, Spring 2001, pp. 107-146. 그러나 이에 따르는 후속 연구물들은 보이지 않는다.

11) David M. Ricci, *The Tragedy of Political Science: Politics, Scholarship, and Democracy*, New Haven: Yale University Press, 1984, p. 298.

12) Kyung Durk Har, *Social Laws: A Study of the Validity of Sociological Generalizations*, Chapter Hill, North Carolina: The University of North Carolina University Press, 1930, p. 238.

13) *Ibid.*

국제정치학은 미국의 특기(specialty)가 되었다. 바로 이런 이유에서 스탠리 호프만(Stanley Hoffmann)이 국제정치학을 "미국적 사회과학"이라고 불렀다.[14] 그 결과 미국적 사회과학의 인식론적인 지배와 대부분의 한국 국제정치 전문가들이 미국의 대학원에서 교육받았다는 사실은 우리로 하여금 한국의 대다수 국제정치학자들이 사실상 미국의 학자들이 해왔던 대로 하고 있다는 사실을 쉽게 이해하게 해준다. 미국에서 아주 많은 논문들은 지위승진이나 종신교수직을 얻기 위해 분주한 젊은 학자들의 작품이다. 그러나 국제정치분야는 자연과학이나 수학과 같은 분야와 다르게 국제적 삶의 복잡성을 이해하기 위한 성찰과 성숙의 시간이 필요하다. 57세가 되어서야 『순수이성비판』(*The Critique of Pure Reason*)을 발표했고 그 전까지 이렇다 할 출판물이 없었던 이마누엘 칸트(Immanuel Kant)도 그렇기 때문에 오늘날 한국의 대학에서 교수로 임용되지 못할 것이다. 칸트와 비교할 때 경력이 짧은 학자들의 논문들은 어쩔 수 없이 미숙할 수밖에 없다.[15] 그 결과로 학술지들은 외견상으로 중요하게 보이는 개념들로 판을 치는 논문들로 가득하지만 거기엔 장기적이고 지속적인 탐구와 연결된 깊이 있는 판단이 거의 없다. 그리하여 아주 많은 연구의 파편과 조각들이 출판제도에 의해 알려지지만 그러나 그것들은 일반적으로 국제정치현실에 대해 원칙에 입각하고 체계적인 방법으로 밝혀주는 것이 거의 없다.

냉전의 종식, 그리고 북한에 대한 한국의 이른바 "햇볕정책"과 함께 대부분의 젊고 자유주의적인 국제정치학자들은 갑자기 자신들

---

14) Stanley Hoffmann, *Janus and Minerva*, Boulder: Westview Press, 1987, pp. 3-24.

15) 루이스 코저는 학문적으로 성숙하려는 계획이 없는 출세지향적인 학자들의 문제점을 칸트의 경력을 통해 묘사했다. Lewis Coser, *Men of Ideas*, New York: Free Press 1970, pp. 281-282를 참조.

이 탈근대적인 구성주의자들임을 자처했다. 그들은 국제정치란 단지 개인과 다양한 사회집단의 구성원, 사회적 운동, 그리고 국경과 무관한 사업상의 거래를 포괄하는 보다 큰 전체의 파편들로 구성된 것임을 발견했다. 거기서부터 일부 세계주의자(globalist) 혹은 초국가주의자들은 국가란 더 이상 중요하지 않으며 법적 주권이란 허구에 지나지 않는다고 결론지었다. 이들은 심지어 불과 20여 년 전만 하더라도 자신들을 사로잡았던 것들을 잊고 있다. 모스크바와 워싱턴, 그리고 베이징의 중앙사령부는 여전히 군축의 원칙적 합의에도 불구하고 폭력의 수단, 즉 군대와 함대, 항공기, 그리고 대량살상무기를 보유하고 있다. 북한은 빈곤에 허덕이는 와중에도 핵실험을 했으며, 미국과 유엔은 북한으로 하여금 자신들의 의지에 따르도록 만드는 데 실패했다. 게다가 항공편으로 미국에 입국할 때는 말할 필요도 없고 다른 나라에 입국할 때 점점 더 많은 불편을 감수해야 하는 상황에서, 주권이 약화된다는 논지가 학자들 사이에 확산되고 있다. 또한 오늘날 동북아 국가들 사이에 과거에 유래 없던 군비경쟁이 한창이라는 분명한 사실을 모른 척 하고 있다. 그러나 이들은 오늘날 국제정치의 심각한 분열과 분쟁의 정치적 본질, 테러리즘이 보여주는 많은 정치적 경험이나 경험적 증거와는 모순되는 자신들의 염원과 환상에 젖어있다.

한국 내 대부분의 자유주의적 구성주의자들의 이러한 염원과 환상은 정치적 결과가 없지 않다. 국제기구들은 물론이고 북한과 세계의 다른 비민주적 정치체제의 두려운 적 앞에서 민주정치 체제의 국민들을 약화시키고 분열시키는 데 봉사한다. 그러나 "피로 쓰여진" 역사는 여전히 계속된다. 레이몽 아롱(Raymond Aron)이 "그렇고 그런 교수들"(run-of-the-mill professors)이라고 표현했던, 전 지구적인 상호의존과 국가주권의 약화를 주장하는 자유주의적 이론가들은 역사와 비극에 대한 감각이 결여되어 있다.16) 그들은 정치학이 이것 없이는 공평하게 혹은 과학적으로 생각될 수 없는 "상대방"을 무시하면서 비정치적으로17) 정치를 연구한다. 오늘날 젊은 세대가 한국의 선조들은 물론 나이 많은 세대가 이전에 직면했던 역사적 "폭풍"과 "괴물"을 이해하기는 분명 어려울 것이다. 그러나 이러한 역사적 폭풍과 괴물은 단순히 먼 옛날의 정치적 삶의 어떤 것으로 오늘날에는 마땅히 잊혀져야 할 것들이 아니다. 오히려 이것들은 국제정치적, 영속적이고, 따라서 인간적 삶의 비극적 차원들이다. 그럼에도 불구하고 한국의 국제정치학은 난해하고 어둡지만 본질적으로 인간적이고 정치적인 현상을 보지 못하는 것 같다. 무서운 냉전이 끝난 이후의 수많은 전쟁들과 무력충돌, 테러리즘을 고려할 때, 자유민주주의란 여전히 세계역사에 속하는 인민들의 정신과 그것의 수호를 위해 기꺼이 피를 흘릴 용의성에 달려 있다.

역사는 헤겔이 아닌 클라우제비츠의 손을 들어준 것처럼 보인다. 모든 국가가 동일한 이데올로기에 기반한다고 해도, 그것들은 유일통치자하에 하나로 통일되지도, 세계의회의 입법권하에 들어가지도, 오늘날 유엔의 지배하에 들어가지도 않을 것이다. 얼마나 오래갈지는 아무도 모르지만 한동안 인류란 주권을 원하는 국가들, 그리고 양립할 수 없는 이데올로기들을 가지고 있기 때문에 서로 상대를 잘 이해하는 경우에 조차도 계산착오를 일으키는 국가들 사이에 기껏해야 평화공존에 머물 수밖에 없다. 강대국간의 큰 전쟁이

16) Raymond Aron, *Clausewitz: Philosopher of War*, London: Routledge & Kegan Paul, 1976, p. 412.

17) 어떻게 정치적으로 생각할 것인가에 관하여는 다음의 두 저명한 학자의 책을 참고할 것: Raymond Aron, *Thinking Politically*, New Brunswick, New Jersey: Transaction Publisher, 1997; Michael Walzer, *Thinking Politically*, New Haven: Yale University Press, 2007.

발생할 것 같지는 않지만, 국제정치의 세계에서 칸트의 영구평화는 이루어질 수 없다. 그러므로 우리는 생존과 우리의 민주적 체제의 지속을 당연시 할 수 없다. 역사가 우리에게 가르쳐주는 국제정치는 계속될 것이다. 그리고 바로 여기에 여전히 독자적 학문으로서 국제정치학의 존재이유(raison d'etre)가 있는 것이다.

돌이켜 생각해 보면, 미국으로부터 이식된 하나의 미국학문이 한국의 대학 캠퍼스에 뿌리를 내리기까지는 상당한 시간이 걸렸다. 왜냐하면 제대로 가르쳐 줄 사람이 없었기 때문이다. 한동안 광복 이전에 일본 지배하에서 일본인들로부터 법학이나 역사학을 교육받은 스승으로부터 배워야만 했다. 그러나 미국의 영향을 받아 1950년대 후반부터 서서히 미국화(Americanize)되기 시작했다. 그리고 오늘날 한국의 국제정치학은 분명히 미국 국제정치학계의 과학적 분석 방법과 학문적 유행에 거의 포로가 되어있다.

국제정치학이 서양의 투키디데스(Thucydides)는 물론 동양에서는 고대 중국의 손자(孫子)나 법가(法家) 사상가들, 그리고 고대 인도의 카우틸리야(Kautilya)로 거슬러 올라갈 수 있음에도 불구하고, 그리고 또 카(E. H. Carr)나 한스 모겐소(Hans J. Morgenthau)와 같은 몇몇 중요한 근대 이론가들을 갖고 있음에도 불구하고 한국의 "국제정치이론"분야는 미국에서처럼 두 개의 기념비적 출판과 함께 중심적 초점이 되었다. 그것들은 1970년대 들어 출판된 이래로 미국의 국제정치학계의 두 경쟁적인 전통이 된 것으로, 하나는 실증주의를 토대에 두고 현실주의를 다시 세운 1979년 월츠(Kenneth Waltz)의 『국제정치이론』(*Theory of International Politics*)이며, 또 다른 하나는 상호의존과 국제적 협력의 가능성, 그리고 보다 나은 결과를 위한 국제기구의 역할 등을 제시하면서 자유주의를 부활시킨 1977년의 코헤인과 나이의 『권력과 상호의존』(*Power and Interdependence*)이었다.[18] 이 두 접근법 간의 논쟁과 발전은 많은 학자들로 하여금 국제정치연구에 합리적 선택이론과 게임이론을 적용시키도록 진작하는 중요한 확산지점(tipping point)이 되었다. 게다가 이들은 본질적으로는 1940년대와 50년대에 있었던 미국정치학계의 제 1 차 대 논쟁(the First Great Debate)의 재현이라고 할 수 있는, 신현실주의와 신자유주의 간의 치열한 패러다임적 논쟁을 불러일으켰다. 그러나 이러한 논쟁과 발전도 한국의 학자들 사이에선 치열한 논쟁 없이 단순하게 도입되었다.

게다가 소련의 붕괴와 함께 국제체제의 양극 구조가 사라지면서 패러다임을 넘어선 다양한 도전들이 미국을 통해, 그리고 특히 유럽으로부터 탈실증주의(post-positivism), 또는 "실증주의를 넘어서"(beyond positivism)라는 형식으로 들이닥쳤다.[19] 역사사회학(historical sociology),[20] 탈구조주의(post-structuralism), 페미니즘(feminism),[21] 비판이론(critical theory),[22] 그리고 다양한 소위 구성주의적 국제정치

18) Duncan Snidal and Alexander Wendt, "Why there is International Theory Now," *International Theory*, Vol. 1, No. 1, 2009 pp. 1-14.

19) 예를 들어, Steve Smith, Ken Booth and Marysia Zalewski, eds., *International Theory: Positivism and Beyond*, Cambridge: Cambridge University Press, 1996을 참조.

20) Stephen Hobden, *International Relations and Historical Sociology*, London: Routledge, 1998.

21) Christine Sylvester, *Feminist Theory and International Relations in a Post-modern Era*, Cambridge: Cambridge University Press, 1994.

22) Andrew Linklater, *Men and Citizens in the Theory of International Relations*, London: Macmillan, 1982, and *Beyond Realism and Marxism: Critical Theory of International Relations*, London: Macmillan, 1990; Robert Cox, *Production, Power and World Order: Social Forces in the Making of History*, New York: Columbia University Press, 1987; Jim George, *Discourses of Global Politics: A Critical (Re)Introduction to International Relations*, Boulder, Colorado: Lynne Rienner Publishers, 1994; Nicholas Rengger and Ben Thirkell-White, eds., *Critical International Relations Theory after 25 Years*, Cambridge: Cambridge University Press,

이론들[23]이 국제정치 이론화의 영역으로 진입하거나 재진입했다. 그 중에서도 소위 역사적으로 정향된 이른바 "영국학파"(English School)[24]가 가장 번창했으며, 역사와 국제정치연구 사이의 가교 수립을 위한 강력한 주창들을 촉발시켰다.[25] 나아가서 오랫동안 무시되어왔던 전근대적이고 전실증주의적(전과학적)인 이론들, 또는 이른바 고전적 이론들(classical theories)[26]이 오늘날 우리의 세계에 중요한 적실성이 있음이 재발견되어 다시 등장하기 시작했다. 이러한 탈근대적인 접근들은 정체성, 이념, 문화, 그리고 실재적이고 사회적인 힘의 중요성을 환기시켰으며, 국제체제의 구조와 근대이론의 지배적인 물질변수들의 중요성을 덜 강조하였다. 이들은 국제적인 정책이나 그 결과에 영향을 주는 요소로 정당성, 책임, 의무, 정의, 그리고 인간성 등과 같은, 새롭고 동시에 오래된 추상적 규범개념들을 다시 도입하고 있다. 그러나 가장 현저한 새로움은 학자들과 지식 공동체(epistemic community)들이 단순하게 전통적인 국제정치의 관찰자와 비평가로 남기보다는, 사회공학자(social engineers)처럼, 자신들의 이념과 담론을 통해서 국제적 정책의 추진자로서 그리고 정책형성자로서의 역할을 탐하고 있다는 점이다.[27]

2007.

23) Maja Zehfuss, *Constructivism in International Relations*, Cambridge: Cambridge University Press, 2002.

24) Andrew Linklater and Hidemi Suganami, eds., *The English School of International Relations: A Contemporary Reassessment*, Cambridge: Cambridge University Press, 2006.

25) Colin Elman and Miriam Fendius Elman, eds., *Bridges and Boundaries: Historians, Political Scientists, and the Study of International Relations*, Cambridge, Mass: The MIT Press, 2001.

26) Beate Jahn, ed., *Classical Theory in International Relations*, Cambridge: Cambridge University Press, 2006.

27) John J. Mearsheimer, "E. H. Carr vs. Idealism: The Battle Rages on," *International Relations*, Vol. 92, No. 2, 2005, p. 145. 이러한 학자들은

그 결과로 오늘날 국제정치 이론은 방법론에서 출발하여 인식론을 거쳐 존재론에 이르기까지의 광범위한 이론적 주제들에 대해 논쟁하고 있으며, 국제정치의 현상과 함께 매우 포괄적 개념인 인간안보로부터 지구의 앞날까지 모든 종류의 이슈들에 대해서 지속적인 논쟁을 벌이고 있고, 메타이론적으로 생각할 모든 것들이 국제정치의 독자적 영역에 “진입”했다.[28] 마치 히드라처럼 이런 머리가 여럿인 채 계속된 발전은 생각할 수 있는 모든 다양한 국제정치이론들로 국제정치학문에 심각한 과부하현상을 일으켰다. 그러나 국제정치학자들은 이러한 일종의 학문적 제국주의를 오늘날의 학문세계에서 “가장 학제적(inter-disciplinary)이고 통섭적인(trans-disciplinary) 학문”으로 국제정치학을 미화하면서 환영했다.[29] 그 결과로 오늘날

플라톤의 철인군주, 또는 고대 중국의 선비(士)들과 매우 유사하다. 중국 사례에 대해서는 Yuri Pines, *Envisioning Eternal Empire: Chinese Political Thought of the Warring States Era*, Honolulu: University of Hawaii Press, 2009, Part Ⅱ 참조. 이러한 이론가들은 사람들(지도자들)의 머릿속에 있는 사고는 국가들이 상대국을 어떻게 다룰지를 결정하는 데 중요하게 작용한다고 생각한다. 행동은 신념을 따른다는 것이다. 그러나 이들은 분명히 사고의 직접적인 힘을 과대평가하고 있다.

28) 퀸시 라이트는 이미 국제정치학에 관련된 23개의 학문분야를 위한 여지를 남겨두었다. Quincy Wright, *The Study of International Relations,* New York: Appleton-Century-Crofts, 1955, p. 506을 참조. 또 다른 연구에서는 “행태분석”에서부터 “전쟁과 평화”까지 무려 27가지의 접근법을 나열하였다. O. Lerche and Burton M. Sapin, eds., “Some Problems in the Study and Teaching of International Politics” (mimeographed), Emory University, 1958, pp. 10-12, Stanley Hoffmann, *Contemporary Theory in International Relations*, Englewood Cliffs, NJ: Prentice-hall, 1960, p. 6에서 재인용. 다양한 접근법들을 통해 목표를 달성하려는 의도는 큰 차이가 있으며 때로는 모순적이기까지 하다. 이러한 시도들 중 다수는 마치 각각 다른 방향으로 날아가는 비행기처럼 결코 교차하지 않으며, 나머지 시도가 공헌하는 경우에도 마치 공중충돌하는 비행기처럼 모순적일 것이다.

29) 대부분의 학문들이 국제정치학에 기여할 수 있다는 것은 부인할 수 없지만, 벼룩시장과도 같은 것은 결코 학문이 아니다. 학제간 협조가

의 국제정치분야는 1950년대와 60년대의 소위 제2차 대 논쟁(the Second Grand Debate)에서 제한적으로 경험했던 일종의 벼룩시장과 같은 양상을 재현하고 있다. 그리고 한국의 미국화된 학자들은 미국의 학자들을 따라하고, 아무런 망설임 없이 미국에서 행해지는 것을 거의 그대로 반영하고 있다. 많은 한국의 국제정치학자들은 미국의 자유주의와 유럽의 탈근대주의에 지나치게 취해 그런 사실조차 잊고 있는 것처럼 보인다. 지금이야말로 더 늦기 전에 이들이 지성적 제정신(sobriety)을 회복해야 할 때이다.

3. 첫 번째 걸림돌: 미국의 실증주의적 국제정치연구의 흉내내기

사회과학의 학문적 역사는 오늘날, 아니 이미 오래 전에, 실증주의 (또는 과학주의) 역시 다른 철학적 신념들과 마찬가지로 역사적으로 우연적임을 입증했다. 실증주의의 아버지인 어거스트 꽁트(Auguste Comte)는 사회학을 과학적 의미로 구성한 것이 아니었다. 그가 자신의 연구에서 그렇게 부른 것은 단지 사회적 상황과 정치적 조건에 관하여 상이한 정신적 원칙들의 역사적 작용에 관한 일반적 성찰에 지나지 않았다.[30] 1910년에 열린 제1차 독일 사회학

항상 좋은 것이라고는 말할 수 없다. 이러한 모든 기여를 지휘하는 국제정치학이 없다면, 각각의 학문들은 국제정치학을 하위의 학문으로 간주할 것이다. 학문에는 반드시 핵심이 있어야 한다. 이러한 핵심이 바로 정확히 이론을 통해 나타내고자 하는 것이다. 이것이 국제정치학의 의미에 대한 만능열쇠(master key)가 될 수는 없지만, 적어도 우리로 하여금 자료나 사실들에 대하여 논리 정연한 이해를 가능하게 해준다.

30) Martin Buber, *Pointing the Way: Collected Essays*, New York: Harper & Brothers, 1957, p. 178.

대회에서 페르디난드 퇴니스(Ferdinand Toennies)는 "사회학은 무엇보다도 철학적 학문이며, 하나의 전체로서의 사회적 영역에 대한 관찰로 철학적 과업이며 또 그렇게 남아야 한다"는 말로 자신의 연설을 시작했었다.[31] 실증주의는 인간의 삶에 대한 수많은 차원을 완전히 이해하지 못하기 때문에 진정한 지식에 미치지 못한다. 세계는 일어날 수 있고 또 실제로 일어나는 모든 경험에 대한 폭넓고 포괄적인 지평선이다. 바로 이 세계는 무수한 현실들, 바로 수없이 많은 경험의 형편들이 존재하는 것이다.[32] 만약 인간이 다른 시공간에서 다른 방식으로 세계를 바라본다면, 제한적으로 존재하는 자료가 과학적 분석에 이용되면서 인류를 위해 모든 세계에 적용될 수 있는 과학적 법칙으로 쉽게 압축될 수 없다. 바꿔 말하면, 미국의 국제정치 이론과 접근법들은 그 원천이 너무 협소하다. 그런데도 한국의 학자들이 우리가 살고 있는 국제적 또는 전 지구적 세계를 이해하는 데 지나치게 지배적인 영향을 미치고 있다. 국제정치에 있어 한국인들이 최소한 역사적으로 국제정치에 관련된 정도만큼은 국제정치학에 기여해야 한다고 생각하는 것은 결코 부당한 일이 아닐 것이다.

니체(Nietzsche)가 말한 것처럼 인간이란 시대의 산물이다. 그러나 시대의 포로(prisoner)는 아니다. 우리가 미래의 미스터리를 꿰뚫어 볼 수는 없지만, 과거에 대한 조심스러운 분석을 통해 귀중한 단서를 찾고 창조적인 상상력을 키울 수는 있을 것이다. 투키디데스가 이미 2천년 전에 말한 것처럼, 지나간 사건에 대한 지식은 학생들이

---

31) *Ibid.*, p. 180.

32) Hwa Yol Jung, "Political Relevance of Existential Phenomenology," *Review of Politics*, October, 1971, p. 540; *The Crisis of Political Understanding: A Phenomenological Perspective in the Conduct of Political Inquiry*, Duquesne, Iowa: Duquesne University Press, 1978.

미래의 사건을 해석하는 데 좋은 가이드가 될 것이다.[33] 역사적 사건은 부검실에서 의사의 메스를 기다리는 시체처럼 철저히 객관적으로 해석될 수 없다. 라인홀드 니버(Reinhold Niebuhr)가 말한 것처럼, 과거는 정확하게 열린 책(open book)이 아니라 여전히 현재의 본질에 관한 어떠한 통찰력을 줄 때까지 각 페이지들은 조사되고 또 재조사될 수 있다.[34] 콜링우드(R. G. Collingwood)에 따르면, 역사연구가 도덕적이고 정치적인 삶의 연구에 기여할 수 있는 것은 누군가가 행동하는 상황을 규명할 수 있는 훈련된 안목을 제공하기 때문이다.[35] 역사는 완벽한 해결이 아닌 수용할 만한 해결만을 기대할 수 있는 곤경의 처지를, 즉 정치적 문제들을 대변해준다. 이러한 맥락에서 정치학은 결코 수학이 아니다.[36] 과거의 국가들이 우리와 유사한 문제들을 어떻게 처리했는지, 그들이 고려했던 대안들은 무엇이었으며 어떤 결정을 내렸는지, 그리고 그 결정을 따른 결과는 어떠했는지 등을 모르고서는 우리는 단지 "현재의 문제에 대해 얼빠지고 빈약한 이해"에만 도달할 것이다.[37] 역사가 "국제정치의 거대한 실험실"[38]이라는 립서비스나 찬사를 보내면서도, 국제정치학

---

33) Richard Schlatter, ed., *Hobbes's Thucydides*, New Brunswick, New Jersey: Rutgers University Press, 1975, Book 1, Chapter 22.

34) Reinhold Niebuhr, "History's Limitations in the Nuclear Age," *The New Leader*, February 4, 1963, p. 19.

35) R. G. Collingwood, *An Autobiography*, Oxford: Oxford University Press, 1939, p. 100. 클라우제비츠도 전쟁사 연구의 중요성에 관한 동일한 결론을 내렸다. Carl von Clausewitz, *On War*, ed. and trans. by Michael Howard and Peter Paret, Princeton, New Jersey: Princeton University Press, 1976, pp. 102, 147을 참조할 것.

36) Robert Purnell, "The Relevance of Ancient History to the Contemporary Study of International Politics," *British Journal of International Studies*, Vol. 2, April 1976, p. 37.

37) Klaus Knorr, ed., *Historical Dimension of National Security Problems*, Lawrence, Kansas: Allen Press, 1976, p. 3.

자들 중 그 안에 들어가서 연구하는 학자들은 결코 많지 않다.

과학적 지식을 위한 부적절한 탐구와 아주 미성숙한 "전문가주의"(professionalism)의 잘못된 결합으로 인해,[39] 국제정치학자들은 점차 국제적 사건이 일어나는 역사적 맥락의 이해로부터 멀어지고 있다.[40] 콜린 그레이(Colin Gray)가 말한 것처럼, 연구들이 아주 사소한 지엽적, 주변적 문제들에 머물고 만다는 주장의 증거는 국제정치학자들의 모임에 참석하거나, 관련된 전문학술지들의 목차들만 살펴봐도 쉽게 얻을 수 있다.[41] 콜린 그레이가 30여 년 전에 미국에서 학문으로서 국제정치학의 상태를 말한 것이 오늘날 한국 국제정치학의 경우임이 쉽게 확인될 수 있다. 한국국제정치학회에서 발행하는 『국제정치논총』을 포함한 여러 국제관계의 학술지의 내용을 보면 확인할 수 있는데 그것은 한국학자들이 예전에 미국의 대학원생이었기 때문이다. 과거 미국의 문제가 오늘날 한국의 문제인 것이다. 한국의 제자들은 과거 미국의 스승들이 했던 실수를 단순하게 반복하고 있다. 심지어 20년간이나 유행하는 과학적 혁명의 길을 걷고도 여전히 국제정치학에서 과학주의의 지지자들은 그들의 지식사업을 계속하고 있다.[42] 흥미롭게도 이러한 지식의 장르가 영국과

38) Morton Kaplan, *System and Process in International Politics*, New York: John Wiley, 1957, p. 3. 그러나 카플란 자신이 이 실험실에서 많은 연구를 했다고 생각하기는 어렵다.

39) Morton A. Kaplan, *Towards Professionalism in International Theory,* New York: Free Press, 1979.

40) 본 저자의 생각에서 역사를 평가절하하는 지배적인 경향은 미국의 역사적 경험의 독특한 성격으로 인한 특이한 미국적 현상이다. Louis Hartz, *The Liberal Tradition in America: An Interpretation of American Political Thought since the Revolution*, New York: Harcourt Brace, 1955를 참조.

41) Colin S. Gray, *The Geopolitics of the Nuclear Era: Heartland, Rimlands and the Technological Revolution*, New York: Crance, Russak, 1977, pp. 2-3.

42) Donald J. Puchala, "Woe to the Orphans of Scientific Revolution," in

프랑스에서 대체로 무시되는 동안에, "과학"이라는 말 자체가 학술적 지위를 높여주는 독일과 스칸디나비아는 물론 동유럽과 러시아에서 인기를 얻고 있다. 그러나 미국에서 오늘날 국제정치학의 과학주의의 지지자들은 대부분 초기의 열렬한 지지자들의 두 번째, 세 번째 세대 학생들이다. 이들은 국제정치학의 학술회의에서 자신들만의 패널을 구성하고, 서로의 책과 학술논문에서 아낌없이 서로를 인용하지만, 그들의 학문적 하위문화의 밖에서는 점점 덜 인용되고 있다.43)

오늘날 우리는 "탈근대적 세계," 다른 말로 "탈실증주의적 세계"에 들어섰다. 따라서 우리는 국제정치의 "근대적이고, 실증주의적인 이론화"에 머물 필요가 없으며, 또 머물러 있어서도 안 된다. 그럼에도 불구하고 우리는 마치 레코드판 하나만 무한히 반복하는 구식 축음기처럼 우리가 시도했던 것들을 계속해서 계속 반복해왔다. 그러므로 한국의 국제정치학자들은 미국의 스승들이나 동료들이 이미 실패한 것처럼, 실증적이고 과학적인 국제정치이론의 "약속된 땅"에 도달하지 못했고 앞으로도 못할 것이다. 이런 점에서, 미국만큼이나 한국의 국제정치학은 끊임없는 노력에도 불구하고 고학적 이론이라는 산의 정상에 오를 수 있다는 가망도 없이 반복해서 오르기만 하는 저주받은 시지프스와도 같다. 따라서 국제정치학의 미국적 방식의 맹목적인 모방은 결코 한국 국제정치학의 세계화를 향한 올바른 길이라고 말할 수 없을 것이다. 왜냐하면 미국중심의

Robert L. Rothstein, ed., *The Evolution of Theory in International Relations*, Columbia, South Carolina: University of South Carolina Press, 1991, pp. 41-42.

43) *Ibid*, pp. 42-43. 푸찰라의 위에서 언급한 장은 이후의 책에서 업데이트되었다. *Theory and History in International Relations*, New York and London: Routledge, 2003, p. 17.

국제정치학은, 말하자면 "진리와 지식을 추구하는" 자유로운 전 세계적 학문 공동체의 바다 위에 떠 있는 일개 과학주의의 섬이라는 점이 본질적으로 드러날 것이기 때문이다. 한국 학자들의 보다 더 심각한 문제는 이들 중 대부분이 진정한 과학자가 아니라 "과학자를 가장한 사람들"이라는 점이다.44) 예술의 세계에서 그러하듯이, 학문에 있어서도 이런 사이비 과학자들에게서 "좋은 학문적 결과물"을 기대할 수는 없을 것이다.

4. 또 다른 걸림돌: 한국 국제정치학의 압도적인 "정책 과학주의" 경향

한국 국제정치학의 세계화에 있어 정책 과학주의(정책연구)는 또 다른 장애물이다. 말하자면, 한국의 국제정치학은 현실정치와 너무 가깝다. 한국에서 국제정치학 교육이 시작된 이래로 학자들의 논문 제목들만 살펴봐도, 이들이 대부분 정책 과학을 시도해 왔다는 것을 쉽게 알 수 있다. 반세기 전에 스탠리 호프만이 경고한 것처럼, 국제정치학 분야에 있어서 학자들의 최우선적인 의무는 다른 모든 학문분야에서와 마찬가지로 지식과 이해 그 자체를 추구하는 것이다. 이는 연구의 주 목표가 "정책 과학주의"(policy scientism)가 되어서는 안 된다는 것을 의미한다.45)

44) 이 말은 분명 다소 귀에 거슬리는 표현이지만, 본 저자는 단지 많은 학자들의 연구가 외견상 과학적 논문임을 자처하고 있음에도 엄격히 말해서 결코 철저히 과학적이지 못하다는 점을 지적하려는 것이다.

45) Stanley Hoffmann, *Contemporary Theory in International Relations*, Englewood Cliffs, NJ: Prentice-Hall, 1960, p. 10.

정책 과학 이론은 "군주"를 위한 체계적인 조언으로서, 정치행동을 위한 일련의 비망록이라고 할 수 있다. 이것은 시대의 권력자의 지적 욕구에 기여하려고 노력한다.[46] 이러한 이론은 "구체적인 문제를 해결하는 능력의 검증을 통해 유용성을 지니는 일련의 도구들"에 지나지 않는다. 따라서 정책 과학의 주장은 망강하다. 그럼에도 불구하고 학문적으로 알 만한 가치가 있는 것과 실천에 유용한 것, 즉 이해와 처방 간의 차이는 아주 본질적이다. 전문화된 연구에 있어서 자주 발견되는 정책 과학주의의 중요한 위험성 중 하나는 정책들에 대한 지지가 아주 제한된 상황에 관한 견해에 근거한 정책들의 옹호와 지지이다. 여기서 제한된 상황에 대한 견해는 단지 몇몇 특정 요소만 고려하기 때문이거나, 또는 제안된 조치들이 아주 충분히 명시적이지 않거나, 또는 그러한 조언의 함축적 가치가 명확히 드러나지 않기 때문이다.[47] 국제정치학이 정책 주변부에 집중함으로써 그 주변부를 통제하는 이론적 중심에 대해 아는 것이 별로 없다면 미숙할 수밖에 없다. 유행에 따르는 논문들이 때로는 몇몇 중요한 문제를 비추기도 하지만, 종합적으로 정치적 세계에 관하여 유용한 지식의 체계를 이룰 수 없다. 비전 없는 테크닉은 "사소한 것의 철의 규칙"을 극복할 수 없다.

게다가, 정책과학에 대한 심한 강조는 위험하다. 왜냐하면 그것이 근본적인 윤리적 문제를 제기하기 때문이다.[48] 특정 가치들을 이 세상에서 실현시킬 수 있는 방법에 관한 정당한 연구로부터 조

46) Harold Lasswell, "The Policy Orientation" in Daniel Lerner and Harold Lasswell, eds., *Policy Sciences Recent Development in Scope and Method*, Stanford, CAL: Stanford University Press, 1951, p. 4.

47) David Easton, *The Political System: An Inquiry Into the State of Political Science*, New York: Alfred A. Knopf, 1966(1953), pp. 78-89.

48) Stanley Hoffmann, *op. cit.*, p. 11.

언을 받게 되는 정치지도자들에겐 가용한 정책결정의 기술에 대한 지나친 강조로 정책 조작에 관한 연구로 변질될 위험성이 있기 때문이다. 이렇게 되면 그러한 정치지도자들이 결정한 정책을 정당화하는 불미스러운 작업으로 아주 쉽게 빠져버린다. 정책과학자들은 사회의 지적 지도자(또는 어거스트 꽁트가 원했던 정신적 지도자)가 되고자 하는 파우스트적인 꿈을 가지고 시작할지 모른다. 그들은 정책결정의 의지와 능력을 가진 모든 사람들에게 권고안을 만들려는 모든 정책결정과정에 관하여 전체적 접근법을 적용하려 할 것이다. 그리고 그는 정치지도자들이 사용하는 수단에 자신이 상정했던 가치들을 구현하는 힘의 전략에 환호한다. 그리하여 결국엔 기껏해야 행정가로 전환하거나, 아니면 비판자로 돌아서거나, 그것도 아니면 곁에서 정치가를 엿보는 관음증 환자가 될 것이다. 최악의 경우에 그는 정치지도자들의 의도를 위해 자신의 전문분야의 테크닉을 어떻게 잘 활용할 수 있는지를 보여주거나, 동료 학자들에게 결국 정치지도자의 의도와 자신의 본래의 목표가 어떻게 서로 일치 하는지를 보여주는 순응적이거나, 아니면 기만 당한 "전문가"로 전락할 것이다.

정책과학자들은 정부의 목적과 절차에 대해서는 문제삼지 않으며 정부가 작동하는 주어진 틀의 조건을 수용한다. 이들은 정치지도자들이 특정 결과를 얻어내기 위해 알아야 할 것이 무엇인지, 그리고 그들이 이것을 달성하기 위해 어떻게 해야 하는지 등을 미래의 권력자에게 말해준다. 또한 주어진 특정 목표를 자신이 받아들이거나 그렇지 않거나 상관없이 이것을 어떻게 달성할 것인지에 대해 조언한다. 비록 자신이 권력에 봉사하기 위해 진리를 말했을지라도, 이들이 순응하는 궁극적인 기준은 여전히 권력이 아니라 진리인 척 한다.[49] 이것은 진리를 위해 봉사해야 하는 학자의 의무와 그것 없

49) Hans J. Morgenthau, *The Truth and Power*, New York: Praeger, 1970,

이는 진리탐구가 웃음거리가 되지 않을, 바로 인간의 자유에 대해 필요한 헌신의 위반이다.[50)]

실로 학자들이란 권력에게 진리를 말해야만 하지만, 그는 권력의 우발성을 고려하지 않고 진리에 미치지 못하는 권력의 무능에 관용적일 수밖에 없다. 그렇지 않고 이러한 독립적인 위치에서 단 한 발짝만 벗어나게 되면 그는 자신이 학자임을 자처하고 학자로서의 위신을 내세운다고 해도 결국 권력자의 대리인이 되고 만다. 그렇게 되면 학자는 권력의 기준에 굴복하는 이념주의자, 즉 정치적 대리인이 된다. 그는 대중의 열정을 이성으로 치장할 것이며, 권력에는 진리의 겉모습을 입힐 것이다. 그는 정치가가 하는 것을 마키아벨리가 그러했듯이 불가피하다고 정당화할 뿐 아니라, 진리와 미덕으로까지 포장할 것이다.[51)] 여기서 우리는 바로 학자들의 배신을 마주하게 된다.

이러한 정책 과학주의에 대한 비판은 한국의 국제정치학자들이 정책으로부터 완전히 무관심한 자세를 견지해야 한다는 것을 말하려는 것이 아니다. 어떤 구체적 문제에 대한 이론적인 해결책과 국제정치학자들이 고안할 수 있는 학문적 도구의 도움을 받아 정치지도자들이 마련하는 그런 종류의 해결책 사이에는 거대한 차이가 존재한다는 점을 지적하려는 것이다. 한국이 여러 중요한 국가적 문제에 직면했을 때 정책지향적인 연구를 완전히 배제하라는 것은 어리석고 또 비현실적인 주문일 것이다. 그러나 학문적 해결책과 현실적 해결책의 분명한 차이 때문에, 학자에 의한 제한된 봉사는 심지어 실천가의 관점에서조차도, 미성숙한 노력을 충분히 정당화할 것이

---

p. 16.

50) *Ibid.*

51) *Ibid.*, p. 17.

라고 믿는 것은 어리석고 비현실적이다. 학자가 권력이 아니라 진리를 추구하는 데 계속해서 헌신하길 바란다면, 학문적 세계는 정책결정의 세계로부터 거리를 유지해야 한다.

물론 연구비는 학자에게도 필요하다. 그러나 재정적인 고려는 조사기술과 그 결과에 따른 발견을 진리로부터 멀어지게 한다. 명망 있는 학자는 연구자가 우선 어떠한 연구 주제를 선택하고 다음에 그 문제에 관련된 자료를 동원하기 위한 조사방법을 선택해야 한다고 주장할 것이다. 그러나 많은 논문들은 그 프로젝트가 유행하는 이슈에 맞거나, 아니면 재정적 지원이 쉽게 확보되기 때문에 작성되는 논문들이 아주 많다. 그러나 이것은 일의 순서가 뒤바뀐 것이다. 가장 넓은 의미에서 진리는 분명 단순한 지식의 조각과 파편들 이상이다. 사도 바울이 신앙이 부족한 자에 관해 한 말을 빌어 표현하자면, 그들은 계속해서 연구를 통해 배울 것이나 결코 진실한 지식을 얻지는 못할 것이다.

5. 한국 국제정치학의 내용은 무엇이 되어야 하는가?

한국의 국제정치학의 학문적 지위를 높이기 위한 우리의 노력은, "너 자신을 알라"(Know Thyself), 또는 "거울을 들여다 보라"에서 출발해야 할 것이다. 한국의 거의 모든 국제정치학자들은 한반도를 포함한 동아시아의 국제정세에 관심을 갖고 있다. 실제로 이 주제에 관한 수없이 많은 학술적 작품들이 존재한다. 그러므로 지금 한국 국제정치학자들이 근대는 물론 전근대기의 동아시아 국제관계를 철저하게 연구해야 하는 시기라고 말하는 것은 아이러닉하게 들릴 수도 있다. 그러나 동아시아 국제관계의 완벽한 이해는 곧 그것의 국제체제의 본질적 성격을, 즉 동아시아에서 오랫동안 전통적으로 이어져온 중국 제국의 단극체제를 이해하는 것을 가정한다. 근대의 관찰자에게 있어서 중국 제국은 그람시안의 의미에서 하나의 고전적 헤게모니의 체제와 같다.[52]

중국제국, 또는 중화(中華)는 기본적으로 문화적 제국이며, 주변국과의 관계는 단순한 권력관계가 아니라 훨씬 문화적 관계[53]이다. 중국제국이 오랫동안 유지되었던 것에 대해서 많은 가능한 설명들 중에서 이데올로기의 역할이 특히 강력해 보인다.[54] 그것의 기본적으로 이데올로기적 전제들은 모든 정치적으로 중요한 사회적 집단에 의해 공유되었다. 어떤 대안적인 정치제도적 구조도 정당하거나 바람직스럽다고 생각되지 않았다. 심지어 어떤 인종적이나 사회적인 배경이 그들로 하여금 중화제국에 비판적이도록 진작시켜온 통치자들 조차도 그것을 채택하고 거기에 적응하도록 운명지워졌었

52) Barry Gills, "The Hegemonic Transition in East Asia: A Historical Perspective," in Stephen Gill, ed., *Gramsci, Historical Materialism and International Relations*, Cambridge: Cambridge University Press, 1993, pp. 186-212; Randall D. Germain and Michael Kenny, "Engaging Gramsci: international relations theory and the new Gramscians", *RIS*(24/1) January 1998, pp. 3-21.

53) 국제정치학이 독자적 학문으로 탄생한 이후에 문화적 이론을 처음으로 제안했던 사람은 아다 B. 보즈먼(Adda B. Bozman)이었다. 그녀의 *Politics and Culture in International History*, Princeton, New Jersey: Princeton University Press, 1960을 참조할 것. 최근의 야심적인 시도는 Richard Ned Lebow, *A Cultural Theory of International Relations*, Cambridge: Cambridge University Press, 2008을 참조.

54) Yuri Pines, *op. cit.*, p. 2. 한 왕조에 의해 중국제국이 두 번째로 수립된 이후로 유교는 1911년 청 왕조에 의해 지배된 마지막 중국제국이 몰락하기 전까지 몇 번의 길고 짧은 중단이 있었지만 거의 2000년 동안 중국의 지배적인 정치 이데올로기가 되었다. 그 결과 영향력이 컸던 도가, 묵가, 법가 사상을 비롯한 고대 중국의 "제자백가"(諸子百家) 사상은 갑자기 그리고 완전히 자취를 감추었다.

다. 19세기 팽창하는 서구 국제체제에 직면하기 전까지 중국제국은 중화세계의 주민들에게 있어 유일하게 생각해낼 수 있는 정체였다. 이러한 제국의 지적 헤게모니는 강력한 강압이나 집중적인 세뇌에 의한 것이 아니라, 오히려 중국제국 탄생의 특이한 배경에 기인한다고 주장될 수 있을 것이다.[55]

중국제국은 군사적이고 행정적일 뿐만 아니라 동시에 지적인 구성체였다. 즉, 이것은 실체가 되기 오래 전부터 마음속에 그려지고 또 계획되었다. 춘추전국시대의 정치적 분할과 사회정치적 위기의 전 기간을 통해, 중화세계의 정치사상가뿐만 아니라 정치지도자들도 당시의 혼란에 대한 해법을 찾으려 했다. 이들의 이상, 특히 전능하고 현명한 군주의 통치 아래 "천하"가 통일되어야 한다는 점은 중국 정치문화의 구성요소가 되었으며, 제국이 탄생하고 패권적인 지위를 확보하기 훨씬 이전에 이미 제국을 오랫동안 정당화하였다.[56] 이러한 중국문화(또는 유교문화)로 인해 동아시아 국가들은 강대국에 균형을 잡으려고 하기보다는 중국제국에 편승하는 경향이 있었다. 이러한 사고방식은 과거의 동아시아를 미래에 투영하면 그것은 서구의 주권국가체제 중심적 틀 내의 동아시아의 지역적 하위체제라는 피상적인 지역체제와는 완연히 다른 것이다.[57] "웨스트팔리아체제는 무정부상태를 지나치게 강조하는 반면에 오늘날 거의 잊혀진 과거나 1648년 이전 서구의 역사처럼 실제 역사적으로 얼마나 많은 국제체제와 국제사회들이 가능한지에 대해서 과소평가 한다. 동아시아의 역사는 안과 밖을 귀결하는 데 있어서 훨씬 덜 엄격

---

55) *Ibid.*

56) *Ibid.*

57) Amitav Acharya and Barry Buzan, "Why is there no non-Western international relations theory? An Introduction," *International Relations of the Asia-Pacific*, Vol. 7, No. 3, 2007, p. 291.

한 종주체제(宗主體制)이며,[58] 이것은 무정부상태의 개념처럼 국제정치의 이론적 접근법으로 하나의 흥미로운 개념적 분석틀이다. 한국을 포함한 비서구의 국제정치 이론이 존재할 가능성이 있지만, 이러한 이론들은 언어의 장벽에 의하여, 또는 서양에서 정의하는 국제정치의 영역 밖에 존재하면서, 또는 다른 진입의 어려움들 때문에 서양의 또는 미국의 담론으로부터 숨겨져 있어서 세계적으로 논의되지 못했다.[59]

동아시아의 정치적 세계와 한국의 생존은 물론 번영의 은밀한 비밀이 지닌 바로 이 특이함은 다른 많은 문명의 역사적 경험을 지닌 학자들에 의해서 보다 한국의 국제정치학자들에 의해 더 연구되고 또 이론화되어야 한다. 한국과 중국, 그리고 동아시아 국가들 사이에 국제적으로 규범적이고 문화적인 관계는 바로 한국인의 영혼 속에서 아주 많은 부분을 차지하고 있다. 따라서 이렇게 특이한 국제정치에 관한 학문은 한국 국제정치학계의 특기가 될 수 있으며, 그런 학문의 세계화로 나아갈 수 있다. 이렇게 주장하는 종류의 학문적 성과가 전혀 없었다고 말하려는 것은 아니다. 다만 소수의 연구가 있었음에도 한국 국제정치학의 세계화를 위한 확산단계(tipping point)에 이를 정도로 충분하지 않았다는 점을 분명하게 말하려는 것이다.

뿐만 아니라 한국 학자들은 "패권적인" 미국과 "부상하는" 중국에 초점을 맞춘 동아시아의 현재 정책 이슈에 대한 연구(그리고 교육)를 집중하고 있으며, 이는 본질적으로 이들의 관심과 연구에 있어서 지정학적으로 중요한 다른 지역들에 대한 태만을 가져왔다.

58) 이러한 이슈에 관해서는 R. B. J. Walker, *Inside/Outside: International Relations as Political Theory*, Cambridge: Cambridge University Press, 1993, 특히 chap. 8을 참조할 것.

59) Amitav Acharya and Barry Buzan, *op. cit.*, p. 295.

그러나 20세기 초 지정학(geopolitical) 이론의 아버지였던 핼포드 매킨더(Halford Mackinder)의 이름을 상기한다면, 이른바 세계정치의 심장부(heartland)는 국제정치학에 있어 가장 중요한 요소였으며, 지금도 그러하고, 앞으로도 그러할 것이다. 이는 단순히 동유럽이라는 원래 심장부뿐만 아니라, 중동, 러시아, 그리고 중앙아시아를 포함한 이른바 "건조한 심장부"(arid heartland)를 역사의 지리적 중심축으로 보아야 한다는 것을 보여준다.60) 500여 년 동안, 즉 강대국들의 "세계정치"라고 할 수 있는 기간 동안 유럽과 유럽에 전략적으로 중요한 근동(중동)과 북아프리카의 일부 그리고 북미가 국제정치의 무게중심이었다. 그러나 21세기에 들어서면서, 건조한 심장부, 즉 동유라시아 또는 중앙아시아61)가 국제정세를 결정하는 활동무대로 유럽을 대체할 것이며, 이러한 새로운 지정학적 맥락은 미래의 전 지구적 정세에 강력한 영향을 줄 것이다.

한반도는 동유라시아에 마치 맹장처럼 붙어있다. 그럼에도 불구하고 불행하게도 한국의 국제정치학자들은 동유라시아 지역을 한국 국제정치학의 범위 밖에 있는 것처럼 생각하면서 관심을 두지 않았다. 아프리카나 서남아시아, 중남미 역시 오늘날 우리의 세계화

60) Halford J. Mackinder, *Democratic Ideals and Reality*, New York: W. W. Norton, 1962(원래는 1919), 그러나 그의 지정학적인 사고는 "The Geographical Pivot in History," *Geographical Journal,* Vol. 23, 1904, pp. 421-437에서 처음 등장했다. 또한 Gerrry Kearns, *Geopolitics and Empire: The Legacy of Halford Mackinder*, Oxford: Oxford University Press, 2009, p. 154; Harm de Blij, *Why Geography Matters*, Oxford: Oxford University Press, 2005, pp. 127-129 등을 참고 할 것. 지정학에 관한 다른 설명, 즉 국가의 비이동성에 관해서는 Hans Mouritzen, *Theory and Reality of International Politics*, Aldershot, England: Ashgate, 1998을 참조.

61) Anita Sengupta, *Heartlands of Eurasia: The Geopolitics of Political Space*, Lanham, Maryland: Lexington Books, 2009.

된 국제정치의 시대에 중요하게 연구되어야 한다. 지금까지는 일반적으로 이러한 지역들이 극소수의 "외로운" 학자들을 제외하고는 한국의 국제정치학자들의 연구에서는 간과되거나 경시되었다. 한국 학자들은 한미, 한중 관계의 이슈, 특히 "부상하는 중국"의 이슈를 포함하는 동아시아의 일시적으로 유행하는 급박한 정책 이슈들에만 관심을 가지고 있었다. 이러한 의미에서 대학교수들은 소위 씽크탱크(think tanks)에 소속된 연구자들과 정책대안을 제시하는 데 경쟁하고 있다. 그러나 젊은 세대를 교육해야 하는 대학교수들은 자신들의 관심을 단지 동아시아나 한국과 직접 관련된 지역 연구로 한정해서는 안 된다. 이 말은 앞서 주장한 것과 다소 모순되는 것으로 들릴 수 있다. 그러나 국제역사적, 또는 세계역사적인 변화와 움직임 역시 중요한 연구 의제가 되어야 한다는 점은 한국의 국제정치학자들에게 있어서 반드시 필요하다. 왜냐하면 우리는 국제정치의 나무들은 물론이고 동시에 숲도 보아야하기 때문이다.

약 300여 년 전, 우리가 오늘날 "세계화"라고 명명한 과정이 막 시작했을 때, 우리가 하나의 세계에 살게 될 것이라고 기대되었다. 이 세계에 존재하는 모든 차이는 대부분의 인류가 이전의 삶에서 얻었던 다듬어지지 않은 것들을 사라지게 하고, 18세기에 표현하던 식으로 말하면 사람들을 "세련되고," "정중하게" 만들며 타인들과의 취향도 비슷해지며, 그들의 신념과 망상들에 관대하게 되어, 결국 서로 조화를 이루며 살 수 있을 것이라고 생각되었다. 부분적으로는 그렇게 되었다. 지난 반세기 동안 국경과 민족적 감정은 서서히 약화되었고, 이는 상당한 변화와 어느 정도 현실적인 이익을 가져다 주었다. 지난 한 세기 중에 유럽을 두 번이나 찢어 놓았고, 그 이전의 시기에도 셀 수 없이 많았던 역사적 적대감은 더 이상 계속되고 있지 않으며 다시는 소생할 수도 없을 것이다. 맹렬한 인종주의나 다른 형태의 제국주의로 인한 상처가 여전히 치유되지는 않았음에도 이것들 역시 사라졌다. 민족주의는 대부분의 지역에서 더러운 단어(dirty word)가 되었다. 종교는 많은 사람들이, 적어도 유럽에선, 최근까지 바라고 믿었던 것처럼 조용히 사라지지는 않았다. 그러나 이제 종교는 한때 그랬던 것처럼 지독한 신앙에 입각한 전투의 원인은 아니다.

그러나 몇 세기 동안 분열되었던 사람들 간의 옛 장애물들 중에 일부는 여전히 남아있다. 동서간의 대립은 동서간이라는 말의 지리상의 명확성을 잃었음에도 불구하고 동서간의 분할과 적대감의 표현이다.62) 사무엘 헌팅턴(Samuel Huntington)처럼 "문명의 충돌"이라고 부르든 그렇지 않든, 이슬람의 부활에 대한 무슬림들의 보편적 열망은 서구화하는 증오스런 독재자에 대항하는 정치적 봉기의 형태가 아니라, 모든 무슬림들, 즉 시아파와 수니파를 위한 전 세계적인 지하드(성전)의 형태로 서구의 모든 인민들에 대항하는 형태로 나타나고 있다. 새로운 이슬람 혁명의 메시지는 오늘날 전 지구에 걸쳐 메아리치고 있다. (동양의) 고대 페르시아 제국이 (서양의) 그리스 세계에 침략한 이래로 이런 동서양이 번갈아 가며 벌이는 대규모 공세로의 전환이 일어났던 그런 "장구한 시간"(deep time)63)의 역사적 변화에 대해 단순히 우리와 직접적으로 상관없는 분쟁이라는 이유로 모른 체해서는 안 될 것이다. 어쨌든, 우리는 지금 세계화된 세상에 살고 있지 않는가?

그렇다면 본 저자가 우리 한국의 국제정치학자들이 세계에서 일어났고, 일어나고 있고, 또 일어날 것 같은 모든 중요한 것에 대

62) Anthony Pagden, *Worlds at War: The 2,500-Year Struggle between East and West*, Oxford: Oxford University Press, 2009, p. xiv.

63) 이 개념에 관해서는 Stephen Jay Gould, *Time's Arrow, Time's Cycle*, Cambridge, Mass.: Harvard University Press, 1977, pp. 1-19를 참조할 것.

해 연구해야 한다고 말함으로써, 마치 자신의 꼬리를 물려고 하는 강아지처럼 한 바퀴를 빙글 돌아 원점으로 되돌아온 셈이 아닌가? 그렇게 이해될 수도 있을 것이다. 그러나 저자가 주장하려는 중요한 점은 한국의 국제정치학자들이 지금까지 해왔던 것보다 더 열심히, 더 잘해야 한다는 것이 아니라, 우리가 지금까지 해왔던 것과 다르게 해야 하고, 그렇게 함으로써 우리의 지적 결과물이나 그것들의 내용이 미국의 브랜드와는 구별되게 하고 국제정치의 학문적 세계에서 독특한 무언가가 되도록 해야 한다는 것이다.[64] 학문의 세계에서도 가장 성공적인 독재는 획일성을 유지하기 위해 강압을 사용하는 것이 아니라 다른 방법들이 가능하다고 상상조차 못하도록 하는, 다른 가능성에 대한 인식을 제거하면서 외부의 세계가 있다고는 생각조차 못하게 하는 것이다.[65] 만약 존 루이스 개디스(John Lewis Gaddis)가 모겐소의 1948년 저작 이후로 거의 모든 미국 국제정치학의 이론화 노력들을 평가한 후 결론 내린 것처럼[66] 모겐소를 대신할 만한 국제정치의 대 이론(grand theory)은 없다고 할지라도, 제한적인 유효성(limited validity)의 경험적 일반화, 즉 종종 "경험적 이론"으로 일컬어지는 수많은 이론들이 있다. 수학적 정확성과 같은 국제정치학적 법칙이 존재하지 않는 한, 국제정치학은 이러한 제한된 유

64) 이러한 점에서 "전 세계와 지역의 상호의존, 또는 지역에 근원을 두고 있는 전 세계"를 분명히 나타내는 글로컬리제이션(glocalization)으로서의 세계화를 강조한 정화율에 동의한다. Hwa Yol Jung, "Transversality and Public Philosophy in the Age of Globalization, in Jin Y. Park, ed., *Comparative Political Theory and Cross-Cultural Philosophy*, Lanham, MD: Lexington Books, 2009, pp. 19-54, and *Comparative Political Culture in the Age of Globalization*, Lanham, MD: Lexington Books, 2002를 참조.

65) Allan Bloom, *Closing of the American Mind*, New York: Simon & Schuster, 1987, p. 249.

66) John Lewis Gaddis, "International Relations Theory and the End of the Cold War," *International Security*, Vol. 17, No. 3, Winter 1992/93, p. 17.

효성을 지닌 경험적 일반화들의 총체로 남게 될 것이다.[67] 그렇다면 미국의 국제정치학자들이 지금껏 최소한 새로운 "경험적이든 아니든 다른 이론들"[68]을 생산하기 위해 해왔던 것과는 다르게 "국제이론의 확장된 정의"에 따라 한국학자들이 해야 할 때가 아닐까? 그렇게 함으로써 한국학자들이 "미국중심적 편협한 지방주의"(American Parochialism)[69]를 넘어서기 위해 노력하고, 국제관계의 학문적 푸른 초원 위에 한국 학자들 자신만의 이론적 성을 지어 전 세계적인 국제정치의 학문 공동체에 기여해야 할 때가 아닐까?

6. 우송자 문제는 어떠할까?

한국의 학문적 작품들은 미국의 언어(영어)로 쓰여져야 한다고 종종 말한다. 영어가 전 세계적인 언어, 또는 우리 시대에 일종의 에스페란토라는 것이 분명하다는 점을 고려한다면 영어로 쓰여져야 한다는 조건은 수긍이 된다. 그러나 이것을 영원한 진실로 받아들일 수는 없다. 영어가 옛날부터 항상 세계적인 언어였던 것도 아니며, 미래에 영원히 계속되지도 않을 것이다. 역사는 끝나지 않는다. 프

67) 이 문장은 하경덕이 사회과학에 관해 말한 부분에서 "사회"를 "국제정치적"으로 대신하여 표현한 것이다. Kyung Durk Har, *op. cit.*, p. 245를 참조.

68) 국제이론에 관한 최근의 폭넓은 정의에 대해서는 Duncan Snidal and Alexander Wendt, "Why there is International Theory Now," *International Theory*, Vol, 1, No. 1, 2009, pp. 1-14를 참조.

69) Hayward Alker and Thomas Biersteker, "The Dialectics of World Order: Notes for a Future Archeologist of International *Savior Faire*, in James Der Derian, ed., *International Theory: Critical Investigations*, Washington Squire, New York: New York University Press, 1995, p. 265.

랑스어가 19세기가 끝나자마자 1차 세계대전을 따라 대체되었던 것처럼, 영어 또한 세계의 언어로서 다른 언어에 의해 언젠가는 대체될 것이다. 다른 외국어 역시 가치 있게 평가되어야 한다.

뿐만 아니라 특정 모국어로 쓰여진 많은 수의 학문적 작품들이 영어를 포함한 다른 언어로 번역된다. 영어는 단지 일종의 우송자와도 같은 것일 뿐 학문적 작품의 내용이 아니다. 역사상 대다수의 위대한 저작들은 본래부터 영어로 쓰여졌거나 영어로 출판되지는 않았다. 이것들이 번역할 만한 가치가 있었기 때문에 영어로 번역된 것이다. 프랑스어로 쓰여진 레이몽 아롱의 논문은 말할 것도 없고 그의 기념비적인 『평화와 전쟁』(*Peace and War*), 그리고 『클라우제비츠: 전쟁철학자』(*Clausewitz: the Philosopher of War*)를 포함하여 대부분의 그의 저서가 프랑스어로 출간되자마자 영어로 번역되었다. 우리는 학문적인 질의 부족을 영어가 모국어가 아니기 때문이라고 핑계 삼아서는 안 된다. 문제는 우송자가 아니라 그 안에 담긴 내용물이다. 이런 점에서, 언어에 대한 부담은 우리가 만족시켜야 할 전부가 아니다.

만약 한국 학자의 학문적 저작이 언어 문제 때문에 SSCI에 등재된 학술지에 실리지 못하고 그래서 한국어로 된 저작이 경력상의 승진은 물론 저자의 생존 문제에 즉각적인 도움이 되지 않기 때문이라면, 이것은 이해할 만한 일이다. 그러나 시간이 지나면서 이러한 저작들은 미래의 어느 날엔가 인정받는 날이 올 수도 있다. 뿐만 아니라 우리는 자신의 결과물이 영어나 다른 언어로 번역될 만큼 충분히 훌륭한지 아닌지를 솔직하게 스스로 자문해 보아야 한다. 게다가 만약 우리가 진정으로 이러한 SSCI 학술지에서 논문의 질을 판단하는 것과는 다른 수락기준을 적용하길 원한다면, 학자들의 저작이 출판되는 데 공정한 기회를 주기 위한 새로운 학술지가 창간되어야 한다. 그러나 오늘날 심지어 한국에서 간행되는 새로운 영문 학술지들조차도 미국의 영문 학술지와 거의 동일한 기준을 적용하고 있다. "미국적 학문"의 이러한 지적 헤게모니는 한국 국제정치학의 세계에서 학문적 진리추구의 자유에 좋지 못한, 아니 오히려 해가 되는 것이다. 정치세계와 마찬가지로 학문세계에서도 다원주의는 필수적이다. 그렇지 않으면, 학문의 자유는 "미국적인 사회과학으로서의 국제정치"라는 폭군적인 영향력에 깔려 질식사하게 될 것이다.

마지막으로, 한국의 학문을 범세계적 학문 시장으로 성공적이고 빠르게 우송하기 위해서는 학문의 포장양식 또한 중요하다. 한국의 학자들은 단지 몇 편의 논문보다는 책을 내려고 더 많이 노력해야 한다. 마이클 하워드(Michael Howard)가 2차 세계대전 기간에 대위로 영국 육군에 복무하고 학계로 돌아왔을 때, 그는 런던에서 전쟁연구의 진정한 대부였던 찰스 웹스터(Charles Webster)로부터 "몇 편의 빌어먹을 논문보다 제대로 된 책 한 권을 쓰라"[70]는 조언을 받았다. 그의 조언을 받아들인 마이클 하워드는 몇 년간 고된 노력 끝에 1961년 『프랑스-프러시아 전쟁: 독일의 프랑스 침략, 1870-1871』(*The Franco-Prussian War: The German Invasion of France, 1870-1871*)을 출간했다. 이 주제에 관한 수천 권의 책이 이미 쓰여졌지만, 하워드의 책이 출간되자마자 바로 이것은 곧 유명한 저작이 되었다. 그는 단지 전쟁사분야뿐만 아니라 국제정치분야에서도 세계적으로 인정받는 저명한 학자가 되었다. 그의 나머지 학문적 명성은 이미 잘 알려져 있다. 마이클 하워드의 경우처럼, E. H. 카로부터 로버트 코헤인과 조셉 나이, 그리고 존 J. 미어샤이머[71]에 이르기까지, 대부

70) Michael Howard, *Captain Professor: A Life in War and Peace*, London: Continuum, 2006, P. 145.

71) 존 J. 미어샤이머의 경우, 본 저자는 최근의 유명한 저서인 *The Tragedy of Great Power Politics*, New York: W. W. Norton, 2001보다는

분의 저명한 국제정치학자들은 많은 수의 논문이 아니라 그들의 유명한 저서로부터 세계적인 인정을 받은 것이다. 저서의 출판은 한국 학문이 범세계적인 인정을 받기 위한 보다 나은 길이다.

한국 학자들은 종종 논문을 쓰느라고 진지한 연구를 할 시간이 없다고 불평들을 한다. 이것은 실로 얼마나 모순적인 불평들인가? 어떻게 이들은 연구 없이 논문을 쓴다는 말인가? 만약 이것이 사실이라면, 얼마나 터무니없는 상황인가? 그러나 이들 중 대다수에게 이 사실이 최소한 반은 진실일지도 모른다. 왜냐하면 이들은 학문적 업적을 평가 받는데 있어서 매년 또는 격년으로 양적 요구조건을 채워야 하는 압박감에 시달리고 있기 때문이다. 이러한 환경에서는 한국 학자들이 몇 년간의 각고의 노력이 요구되는 좋은 저서를 계획하고 집필하여 출판하는 일이 아주 힘들 것이다. 그러나 외국의 학자들에게 읽혀지는 저서들의 출판 없이 한국의 국제정치학이 세계화에 도달하려 한다면 그것은 여전히 그저 희망사항에 지나지 않을 것이다.

7. 결론을 대신하여

학문은 문명의 산물이다. 어떤 문명과 그 국경을 넘어선 세계화의 정도와 독특성은 각 국가의 힘과 위치에 대한 국제적 인정에 달려있다. 한국의 국제정치학자들에게도 국제정치학분야에 관한 자신들의 학문적 결과물의 세계화를 진지하게 생각해야 할 때가 되었

Conventional Deterrence, Ithaca, New York: Cornell University Press, 1983을 염두에 두고 있다.

다. 한국의 국제정치학이 여전히 미국 국제정치학의 후손이기 때문에, 스탠리 호프만이 30여 년 전에 자신의 동료 학자들에게 독자적 학문으로서 국제정치학의 발전을 위해 세 가지로부터 거리를 유지해야 한다는 주장은 현재 한국 국제학자들에게도 그대로 적용된다. 즉 국제정치학은 현실로부터 과거로, 강대국의 관점에서부터 약소국과 혁명적인 국가의 관점으로, 그리고 정책과학으로부터 전통적인 정치철학이 제기했던 문제들이 대변했던 지적 정상의 문제들로 이동해야 한다.[72] 다른 말로 하면, 한국의 학자들은 한국의 국제문제들을 포함한 동아시아의 국제정치세계에 일어났던 사건들에 특별한 관심을 갖고 모든 것을 연구해야 한다.

만약 국제적 현실이 수많은 참가자들의 가치변화에 영향을 받는다면, 앞으로 그것이 어떤 방향으로 전개될지 예측하는 것은 불가능할 것이다. 이것이 바로 막스 베버(Max Weber)가 오직 과거에 대해서만 객관성이 가능하다고 본 이유이다. 과거의 사건, 즉 역사만이 더 이상 변하지 않기 때문에 객관성이 가능하다. 그러므로 특정한 역사적 사건이 지닌 역학관계와 의미를 이해할 수 있을 때까지 그 저변에 존재하는 서로 다른 동기들의 모든 측면을 탐구하려는 사회과학자에게 역사는 탐구대상으로 활짝 열려있다. 게다가 과거의 사건들은 사회과학자가 자신의 가치성향을 반영하여 평가하고 분석의 결과를 도출하는 데 용이한데, 왜냐하면 이러한 사건들은 분석자 자신의 개인적인 이해관계와 직접적으로 관련되어 있지 않기 때문이다. 이것이 바로 베버가 사회과학을 역사학(historical science)이라고 말했던 이유이다. 그것은 과학적 상대주의에 기반을 두고 있지 않다. 베버에게는 사회과학의 올바른 연구가 반드시 새로운 관점이나 분석적 사고를 끊임없이 추구해야 하는 것은 아니었다. 베버

72) Stanley Hoffmann, *op. cit.*, p. 23.

자신의 말로 표현하면 “구체적인 역사적 사건과 패턴에서의 문화적 중요성에 관한 지식이 어떤 다른 수단보다도 개념구축과 그 구축물의 비판마저 봉사하고자 하는 배타적이며 유일한 최종목적이다.”73)

한국의 국제정치학자들은 미국학자들의 단순한 모방과 정책 과학주의에서 탈피하여 무엇보다도 이제껏 대다수에게 경시되어왔던 아주 길고, 광범위하며, 심오한 동아시아의 국제사로 되돌아와야 한다. 오직 그렇게 해야만 막스 베버가 “직업으로서의 학문”(Science as a Vocation)이라고 말한 새롭고 참된 학문으로 향하는 올바른 길을 갈 수 있다. 그렇지 않으면 화이트헤드(Whitehead)가 경고했던 것처럼, 그들은 모든 것을 알기 전까지는 결국 아는 것이 아무 것도 없게 된다. 그렇기 때문에 한국 국제정치학의 세계화는 여전히 가야 할 길이 멀다. 그러나 모두가 알고 있는 것처럼, 한국의 학문을 “세계화시키는” 길에는 지름길이나 왕도가 없기 때문에 그들 모두에게 고된 노력과 인내가 요청된다고 해도 과언이 아닐 것이다. 그렇지만 “시작이 반”이라는 속담도 있지 않은가?

73) Max Weber, *The Methodology of the Social Sciences*, New York: The Free Press, 1949, p. 111.

제2장

정치권력이란 무엇인가?

> 권력이란 부패한 형태의 사랑이다.
>
> -한스 J. 모겐소-

인간은 이상을 추구하지만 현실 속에서 살 수밖에 없다. 이것은 인간을 짐승이나 신과 구분짓게 하는 공통된 특성이다. 그러나 이상의 성취는 열망에 미치지 못한다. 짐승은 타고난 그 이상을 추구하지 않는다. 예를 들어 돼지는 사자가 되기를 원하지 않는다. 신 역시도 그 이상을 추구하지 않는다. 왜냐하면 신은 이미 그가 될 수 있는 모든 것을 이미 보유하고 있기 때문이다. 오로지 인간만이 하늘과 땅 사이에 존재한다. 즉 인간은 야심적 동물이요 좌절한 신이다.

다른 말로 표현한다면 우리는 인간이기 때문에 이상을 열망한다. 동시에 우리는 이상을 열망하면서도 현실 속에서 살아갈 수밖에 없다. 그러므로 오로지 인간만이 이상과 현실을 동시에 인지하는 것이다. 인간이 이상에 대한 인지 없이 오로지 현실 속에서만 살아간다거나, 현실에 대한 인지 없이 이상에만 집착한다는 것은 생각할 수 없다. 이러한 논리는 개인의 삶뿐만 아니라 국가의 삶에도 적용된다. 인간이나 국가가 이상에 대한 열망 없이 현실에만 집착한다면 그 사람이나 그 국가의 발전 및 개선은 기대하기 어렵다. 마찬가지로 현실의 논리를 깨닫지 못한 채 단순하게 '주관적'(subjective)인 소망 혹은 획득 불가능한 이상만을 추구하는 사람이나 국가에게서도 발전과 개선을 기대할 수 없다. 왜냐하면 그 사람이나 국가는 자신의 패배와 좌절만을 경험하게 될 것이기 때문이다.

바꾸어 말하면 인간사에는 이상과 현실의 커다란 괴리가 존재하는 것이다. 하지만 고전정치철학에서는 그러한 괴리가 연결가능하다고 보는 것이 지배적인 신념이었다. 플라톤은 철인군주가 지배하는 정의로운 사회, 즉 『공화국』에서 이상과 현실의 이중구조가 궁극적으로 결합될 수 있다고 믿었다. 그러나 이상이 반드시 현실에 대해 승리를 거두는 것은 아니다. 따라서 플라톤은 그러한 사회는 지상에 존재할 수 없다고 말했고, 아리스토텔레스는 그러한 사회를 유토피아라고 불렀다. 물론 정치적 열정에 불타는 플라톤이 여기서 쉽게 포기하지는 않았다. 그는 시라큐스(Syracuse)의 독재자인 디오니시우스(Dionysius)를 통하여 각각 군주와 철학자로 묘사되는 권력의 현실과 정의의 이상을 결합하려고 시도했다. 하지만 그의 세 번에 걸친 시도는 결국 실패로 끝났다. 플라톤과 디오니시우스 사이의 관계는 베르너 예거(Werner Jaeger)의 표현을 빌린다면 "파이데이아(Paideia)의 비극"[1]으로 끝났다. 그러나 트라시마쿠스(Thrasymachus)와 같은 소피스트에게 있어서 권력과 윤리가 하나로 결합하는 것은 전혀 불가능한 것이었다. 왜냐하면, 정치영역이라고 하는 것은 윤리적 평가가 단지 이념적 산물에 지나지 않는 정치적 기술(political art)의 규칙에 의해 배타적으로 지배되는 곳이기 때문이다. 마키아벨리

1) Werner Jaeger, *Paideia: The Ideals of Greek Culture,* Vol. 3, trans. by Gilbert Hight, New York: Oxford University Press, 1944, pp. 197-212.

와 같은 현실주의자들에게 있어, 정치적 기술의 규칙이 요구하는 것이 윤리적 규칙이 요구하는 것과 부합할지라도 그러한 결합은 지극히 우연적으로만 가능한 것이었다.

사실 이상과 현실간의 괴리를 인식한다는 것은 고통스러운 일이다. 그러나 우리는 그러한 고뇌를 종교에서나 고전정치철학에서 공통으로 가정하는 '당위'(Ought)의 추구로써는 극복할 수 없다. 우리는 '존재'(Is)에 대한 현실적인 이해가 필요하다. 바꾸어 말하면, 우리는 권력 그 자체에 대한 현실적 이해가 필요하다는 것이다. 왜냐하면 우리가 경험하는 세계는 권력의 세계라고 일컬어질 수 있기 때문이다. 그러한 이유로 이 장에서는 다음의 다섯 가지 질문에 대한 답변이 추구될 것이다. 첫째, 정치란 무엇인가? 둘째, 왜 정치에 있어 권력의 역할은 불가피한가? 셋째, 그렇다면 도대체 권력이란 무엇인가? 넷째, 무엇이 권력의 기반인가? 다섯째, 오늘날의 정치학, 특히 비교정치학과 국제정치학에 있어 권력 개념은 어떻게 사용되어 왔는가? 끝으로 결론인 제 6 절에서 저자는 일반적으로 정치학에서의 핵심적인 개념으로서 '권력' 개념의 중요성을 옹호할 것이다.

1. 정치란 무엇인가?

"정치권력이란 무엇인가?"를 논하기에 앞서 "정치란 무엇인가?"를 먼저 생각해 보자. 여기서 저자는 정치학 교과서에서 쉽게 발견되는 '정치'에 대한 정의를 다시 언급하려는 것이 아니다. 정치학자들은 '정치'를 정의하기 위해 상당히 많은 노력과 시간을 투자해 왔다. 저자의 관심은 보다 상식적인 이해에 있다. 왜냐하면 상식에서 크게 벗어난 정의는 우리의 이해에 혼동을 초래하기 쉽기 때문이다. 따라서 혹자는 "상식이란 무엇인가?" 또는 "상식은 어디에 있는가?"라는 질문을 할 것이다. 기존의 사상적 또는 학문적 글들에서 그것을 발견해 낼 수 있다고 확신할 수는 없다. 하지만 저자는 상식이란 우리의 언어 속에 담겨 있다고 본다. 왜냐하면 우리의 언어는 우리의 공통된 경험을 상징하는 공통의 그릇이기 때문이다. 어원적으로 '정치'(politics)라는 단어는 그리스의 폴리스(polis)에서 파생된 폴리티쿠스(politikos)라는 그리스어에서 나온 말이다. '폴리스'는 도시 또는 도시국가로 번역되지만 원래의 의미는 '운명 공동체', 즉 인간이 함께 살아감에 있어 가족 이상의 가장 의미 있는 공동체를 지칭하는 것이다. 레오 스트라우스(Leo Strauss)에 따르면 '폴리스'에 가장 가까운 영어 동의어는 '나라'(country)이다. 예를 들면 사람들이 '우리나라'가 옳다 또는 그르다라고 말할 때의 그것이다. 따라서 '폴리스'는 '조국'(fatherland)과 같은 말로 사용될 수 있는 것이다.[2] 그러므로 정치는 '함께 살아감'을 의미하고, 여기에는 특히 '함께 살아가는 능력'의 의미가 담겨져 있다. 이것을 근대적 용어로 바꾸어 말한다면 인간은 상호의존적이라는 의미이다. 이러한 이유에서 아리스토텔레스는 인간을 정치적 동물(Zoon Politikon)이라고 정의했던 것이다.

> … 폴리스는 원래 존재하는 것이며, 인간이 본질적으로 폴리스 안에서 살아가게끔 만들어진 동물이라는 사실은 자명하다. 폴리스 밖에서의 인간은 우연이 아닌 인간 자신의 본성이라는 이유에서 불행한 존재이거나 인간 이상의 존재이다. 그러한 인간은 '부족도 법도 예술도 갖지 않은 인간'이라고 호머(Homer)가 경고한 인간이다. 본질적으로 그러

---

2) Leo Strauss, *The City and Man,* Chicago: University of Chicago Press, 1964, p. 30.

> 한 인간은 전쟁의 열정에 빠져들게 된다. 그러한 인간은 장기게임에서의 고독한 말과 같은 존재인 것이다. 벌이나 다른 동물들의 군집생활 이상으로 인간이 정치적인 결합을 이루는 이유는 불분명하다. 우리의 이론에 따르면 자연은 아무것도 헛되이 만들지는 않는다. 그런데 동물 가운데에서 인간만이 언어의 능력을 부여받았다. 그리고 그 언어는 무엇이 유익하고 그렇지 못한가를 결정해 준다. 다른 동물세계와 비교해서 인간이 가진 특징은 오로지 인간만이 선악을, 정의와 부정의를, 그리고 그 밖의 유사한 가치들을 가질 수 있다는 것이다. 그리고 이러한 것들의 결합이 가족과 폴리스를 만들어낸다.3)

폴리스에 대한 이러한 이해에서 정부는 조절기술(art of steering)과 자동조절 두 가지와 관련된다. 그리스어의 키버네테스(kybernetes)는 정치가 또는 배의 조타수란 의미인데 '지배자'(governor) 또는 '정부'(government)는 이 말에서 유래된 것이다. 배의 조타수와 통치를 같은 개념으로 이해하는 분석은 사실 정치사상이 처음 비롯될 때부터 시작된 것이다. 『공화국』에서 플라톤은 '배의 우화'를 통해 이러한 분석을 발전시켰고, 아리스토텔레스 역시 그의 『정치학』에서 국가 규모의 크기의 효율적인 한계는 배의 크기의 한계, 즉 키를 잡을 수 있는 규모를 넘어서서는 안 된다고 말함으로써 이러한 분석을 즐겨 사용했다. 지배자나 조타수가 그의 폴리스 또는 배를 조종한다면 과연 어디로 조종해 나아가는 것인가? 플라톤과 아리스토텔레스는 "폴리스의 구성원이 자족할 수 있는 행복하고 정의로운 사회를 향하여"라고 대답했다. 행복은 인간의 궁극적 목적이다. 인간은 이 목표를 향해 지배자 또는 통치자를 좇아야만 하고, 오로지 인간만이 그렇게 할 수 있다. 따라서 단순히 함께 사는 것만으로는 부족하다. 인간은 고결하게 살아야만 한다. 정치는 삶을 완전하고 고결하게 만들어 준다. 그러므로 고전철학의 핵심은 모든 인간은 이 규범적 원

3) *The Politics of Aristotle*, ed. by Ernest Barker, Book I, Chap. 2.

칙을 따라야만 한다는 '당위'였다. 그러나 마키아벨리와 홉스에서 비롯되는 근대철학은 정치를 전혀 다른 것으로 본다. 그들의 시각은 '당위'에서 시작하지 않고 '존재'에서 시작한다. 정치의 근대적 이해의 문을 연 사람은 토마스 홉스(Thomas Hobbes)였다. 정치의 고전적 이해에서 인간은 덕을 추구하는 존재였으나 홉스에게서 인간은 권력을 추구하는 존재였다. 이것은 인간에 대한 코페르니쿠스적 발견이었다.

> 우선 나는 모든 인류의 일반적 성향을 제시하고자 한다. 그것은 죽음에 의해서만 그치는, 영속적이며 끊임없이 추구되는, 힘을 향한 욕망이다. 그리고 이것의 원인은 인간이 항상 현재 향유하고 있는 것보다 더 강렬한 즐거움을 희망하기 때문이거나, 혹은 온건한 힘에 만족할 수 없기 때문이 아니라, 보다 많은 힘을 획득하지 않고서는 잘 살기 위해 현재 그가 가지고 있는 힘과 수단을 보장할 수 없기 때문이다.[4)]

홉스에게 있어서 이것은 어느 누구도 피해 갈 수 없는 운명이었다. 홉스의 인간과 국가에 대한 이해는 자연상태의 원자로서의 인간으로부터 출발한다. 그러한 인간은 도덕적이지도 비도덕적이지도 않으며, 선하지도 악하지도 않다. 그리고 그는 자연상태와 전쟁상태를 명백하게 구분했는데, 전쟁상태란 누구나 압도당하는 그러한 공통의 권력이 부재한 상태이다. 홉스에 의하면 자연상태의 인간은 비참한 삶을 영위한다. 즉 인간의 삶은 "고독하고, 가난하며, 불결하고, 야만적이며, 단명한다"는 것이다.[5)] 그들의 비참함은 욕망과 죽음에 대한 공포라는 자연적 특성에서 나타나는 것이다.

"모든 인간은 평등하다." 이것은 근대정치철학의 근본이다. 하

---

4) Thomas Hobbes, *Leviathan*, Oakeshott edition, New York: Macmillan Publishing, Chap. 11.

5) *Ibid.*, Chap. 13.

지만 과연 그런가? 과연 모든 인간은 평등한가? "어떤 사람이 다른 사람보다 더 평등한 것은 아닐까?" 플라톤은 인간평등을 부정했다. 그렇다면 인간은 능력과 특성 그리고 조건에 있어 불평등한가? 하지만 홉스는 인간이란 심리적 구조의 견지에서는 평등하다고 보았다. 즉 인간은 욕망과 두려움의 견지에서는 평등하며, 그들의 바램을 충족시키려는 능력에 있어서는 대체로 평등하다는 것이다. 인간은 즐거움을 추구하고, 고통을 회피하며, 영광과 권력 그리고 안전을 바란다. 그들은 서로를 죽일 수 있을 정도로 강하지만 안전을 보장하지 못한다는 점에서 약하다. 그리고 끝없는 바람과 무한한 권력욕에 의해 치명적인 생존경쟁 속으로 빠져들어간다. 그러므로 "만일 두 사람이 같은 것을 추구한다면, 그리고 그것을 둘 다 향유할 수 없다면, 그들은 적이 될 것이다. 이러한 상태가 만인의 만인에 대한 전쟁상태이다."[6]

그렇다면 평화의 가능성은 어디에서 오는 것인가? 홉스 자신에 따르면 근원적이고 모든 것을 빠져들게 하는 공포가 인간으로 하여금 생각하게끔 만들어 그 자신과 그를 둘러싸고 있는 위험들에 대해 인식하도록 만든다. 그럼으로써 자기보존에 대해 그의 모든 관심을 집중시키고, 그 자신을 주변사람들로부터 보호하기 위해 죽음에 이를 때까지 계속해서 권력을 추구하게 만든다. 또한 공포는 보다 강한 이웃으로부터의 공격을 예방하기 위한 노력으로서 인간을 지속적인 전쟁상태로 몰아가게 되고, 궁극적으로 그러한 비참한 삶을 피하기 위해 그로 하여금 그와 관련된 모든 사람들과 계약을 체결함으로써 그들 모두를 보호하기 위해 절대적 권력을 행사하는 공통의 지도자나 주권자에 복종하게 만든다. 이러한 방법으로 리바이어던(Leviathan), 즉 홉스의 국가상태(state of common wealth)가 시작되

6) *Ibid.*, Chap. 13, p. 100.

는 것이다. 이것은 공포에 떨고 절망적이었던 인간에게 그러한 비참한 삶으로부터의 탈출을 가능하게 한다. 바로 공포가 인간으로 하여금 평화를 추구하게 만들고, 그런 공포로 인해 인간은 평화조항(Articles of Peace)을 '제시'하는 이성의 소리에 귀를 기울이게 된다. 이것이 다른 말로는 바로 자연법(Law of Nature)인 것이다. 따라서 홉스에게 상호간의 관계에 있어 주권자에게 적용되는 자연법이란 "그들 스스로를 보호, 유지하려는 목적과 관계되는 하나의 결론, 또는 공리"[7]에 다름 아니다. 이렇게 함으로써 홉스는 언제 어디서나 누구에게나 올바른 정부를 고안해 내려고 한 것이다. 그는 이렇게 인간의 동기 중에서 가장 낮은 공통분모 위에 통치기구를 건설함으로써 그것이 언제 어디서도 굳건하게 버틸 수 있을 것이라고 믿었다. 모든 정부의 목적은 다같이 평화와 안전이다. 이제 결정적인 정치적 질문들은 과연 어떤 주권적 정부하에서 평화와 안전이 가장 용이하게 만들어질 수 있는가 하는 기술적 · 행정적인 것들이다.[8]

주권에 대한 홉스의 설명에 있어서 어떤 정부가 최상의 것인가 하는 고전적 논쟁은 그리 중요하지 않다. 홉스는 언제든지 그리고 누구에게 있어서든지 가장 강력한 것, 즉 이성이 아닌 열정으로부터 자연법을 추론해 내려고 시도했다. 그는 그것이 인간행위의 근본이고, 인간본성에 대한 지식이며, 과학적 탐구방법이라고 간주했기 때문에 다른 사람들은 실패한 곳에서 그는 성공할 수 있으며, 따라서 그 스스로가 최초의 진정한 정치철학자라고 믿었다.[9] 모든 사회적 · 정치적 의무는 인간의 개인적 권리로부터 발생하며, 또 그것에

---

7) *Ibid.*, Chap. 15.
8) Thomas Hobbes, *De Cive*, Chap. X, Sect. 2, and Chap. X, Sect. 16.
9) Laurence Berns, "Thomas Hobbes," in Leo Strauss and Joseph Cropsey, eds., *History of Political Philosophy,* Chicago: Rand McNally, 1963, p. 371.

봉사하는 것이라고 가르치는 근대자유주의의 견지에 있어서 홉스는 근대자유주의의 아버지로 간주될 수 있다.10) 개인의 권리에 봉사하는 사회적 · 도덕적 · 정치적 규칙과 제도가 플라톤과 아리스토텔레스의 이상적 계획에서보다는 더 효율적일 것으로 기대될 수 있다. 왜냐하면 개인의 권리 그 자체가 인간의 가장 강력한 열정과 소망의 소산이기 때문인데, 그것은 자기보존권(the right to self-preservation)의 근저를 이루는 자기보존을 위한 열정과 소망이다. 도덕적으로 절제할 것과 이기심을 경멸하도록 가르치는 고전적 교리의 토대가 부정되면서 인간의 이기심을 정당화시키고 신성시하게 되는 새로운 길이 열린 것이다. 홉스에 의해 판도라의 상자가 열린 셈이다. 이제 정치는 삶을 가능하게 하는 것으로 이해되었다. 정치가 삶을 가능하게 하는 것이라고 여겨질 때 정치체제의 종류는 더 이상 정치적 이슈가 아니었다. 최악의 정부도 무정부보다는 나은 것이다.

하지만 인간성에 대한 홉스적 이해는 근대인의 마음을 사로잡지는 못했다. 홉스는 인간에게 숨겨져 있는 어두운 측면의 동기를 밝혀 주긴 했지만, 그것은 일순간의 섬광에 불과했다. 왜냐하면 우리가 홉스를 근대 자유주의의 아버지라고 말하지만 그의 후계자들(로크, 루소, 칸트)은 정치에 있어 적나라한 권력의 중요성을 평가절하했을 뿐 아니라, 인간이란 적나라한 권력의 추구자가 아닌 도덕적 존재라고 생각했기 때문이다. 프랑스 혁명 이후 사람들은 스스로가 특정 개인이나 집단이 아닌 법에 의한 지배를 받아야 한다고 생각하기 시작했다. 이 시기 경제체제는 권력정치의 존재를 은폐하는, 외견상으로는 평등주의적인 법률망을 통해 운영되었다. 보수주의자나 자유주의자, 심지어 마르크스주의자들까지도 권력투쟁이란 최악의 경우라 해도 법과 제도에 의해 안전한 방식으로 규제되고 방향

10) *Ibid.*, p. 375.

이 설정되는 소란스런 유희에 불과한 것으로 보았다. 또한 그들은 경제적 경쟁이 이미 권력정치의 지배적인 영향력을 대체한 것으로 보았으며, 따라서 자유민주주의 또는 계급이 철폐된 사회의 궁극적인 승리가 권력정치에 종지부를 찍게 될 것이라고 생각했다. 즉, 권력투쟁이란 일종의 과거유산, 즉 덜 개명되고 덜 문명화된 전제지배 시대의 잔재에 불과한 것이고, 자유민주주의적 제도와 관행에 의해 대체될 운명에 처해 있다는 것이다. 정치에 대한 이러한 법률적 · 도덕적 이해는 사람들의 마음을 지배하게 되었다. 이제 정치는 경제적 · 사회적 삶의 법적 규제를 의미하는 것으로 이해되었던 것이다.

그러나 제 1 차 세계대전과 특히 제 2 차 세계대전은 정치에 대한 새로운 이해를 가져오도록 했다. 양차대전은 거의 모든 국가 구성원이 참여하는 총력적인 동원전쟁이었다. 더욱이 커뮤니케이션의 급속한 발달, 그리고 복지이념의 확산과 함께 총력동원은 모든 국민의 삶에 영향을 미치게 되었다. 다시 말해 국민의 정치화가 이루어진 것이다. 과거에는 정치에 포함되지 않았거나 또는 직접 관련된 것이 아니었던 많은 문제들이 이제는 정치적인 이슈가 되었다. 이전에는 결정될 필요도 없었거나, 또는 결정된다 하더라도 관습이나 특정 개인에 의해 이루어졌던 많은 결정들이 이제는 공공기관 또는 정치적 과정에 의해 이루어져야만 했다. 오늘날 거의 모든 곳에서 국민들은 정치적 결정의 영향과 그 필요성을 매일같이 실감하고 있다. 그러한 결정들은 임금수준, 상품가격, 화폐가치, 고용기회 등에 이르기까지 다양하다. 정치적 결정은 단순히 생활 그 자체뿐만 아니라 삶의 질에도 영향을 미친다. 또 다른 정치적 결정들은 대외관계를 비롯해 전쟁과 평화의 가능성 등을 결정짓기도 한다. 칼 도이치(Karl Deutsch)의 주장처럼, 만일 향후 20-30년 내에 우리의 문명이 파괴되거나, 인류가 전멸한다고 한다면, 그것은 페스트 같은 전염병 때문이 아니라 바로 정치적 결정에 의해서일 것이다.[11] 정치는 이제 문자 그대로 삶과 죽음의 문제가 된 것이다.

정치는 여론과 압력, 권력, 선전 또는 그 밖의 단순한 폭력이 충돌하는 현장이며, 우리의 삶에서 벌이지는 일상사들을 해결하기 위한 방안을 추구하는 과정이 되었다. 다시 말해 정치는 문제해결을 위한 공적인 정책결정과정으로 이해되게 되었고, 이런 정책결정자들은 바로 권력의 보유자로 이해되었다.

2. 왜 정치에서 권력의 역할이 불가피한가?

아리스토텔레스로부터 홉스에 이르기까지 정치사상가들은 특정 공동체 내의 국내정치에만 주로 관심을 기울였다. 그러나 근대 민족국가의 등장 이후 정치이론가들은 국제정치에 있어서의 권력의 현저한 중요성을 인식하게 되었다. 나폴레옹 전쟁 이후로부터 제 1 차 세계대전 종식까지의 국제체제는 '유럽협조'(Concert of Europe)를 통하여 비교적 안정적으로 유지되었다. 그러나 이 시기의 국제체제의 안정성은 정치에 대한 법률적 태도를 강화시키는 데 기여했다. 나폴레옹 전쟁의 승리자들은 목적과 수단에 있어서 온건성을 특징으로 하는 국제체제의 균형상태를 '회복'[12]시켰다. 다시 말해 그것은 국제법이 그 역할을 수행하는 온건한 국제체제였다. 즉, 상호주의적 법과 협력을 위한 법이 다음의 두 부문에서 괄목할 만한 진전을 이

11) Karl Deutch, *The Analysis of International Relations,* Eglewood Cliffs: Prentice-Hall, 1968, Preface.

12) Henry Kissinger, *A World Restored,* Boston: Houghton Mifflin Company, 1973.

루었다. 하나는 중상주의의 퇴조 이후 자유무역을 위한 '탈정치' 영역을 연 통상무역 부문이었고, 다른 하나는 국가들이 다양한 사례에 있어 법적 절차에 의존하게 됨에 따른 논쟁 해결의 부문이었다. 19세기 사람들은 세계가 자유무역과 여론의 등장에 의해 조화로운 민족국가들의 공동체로 나아갈 것이라 믿었다. 그들은 권력에 의존하지 않는 신세계를 보는 듯했었다.[13] 하지만 국제연맹에서의 국제정치에 대한 법률적 접근은 주데텐란트(Sudetenland)에서의 아돌프 히틀러(Adolf Hitler)와 에티오피아(Ethiopia)에서의 베니토 무솔리니(Benito Mussolini), 그리고 만주에서 히로이토의 등장을 막지 못했다. 챔벌레인(Chamberlain)이 '우리 시대의 평화'를 보장하는 것이라면서 히틀러와 체결한 평화조약 문서를 흔들어 보였을 때, 그것은 법률적 문서가 그 내재적 성질을 통해 악을 몰아내고 인간의 조건을 개선시킬 수 있을 것이라 믿었던 그 시기 지성사의 비극적 상징이었다.[14]

양차대전 사이 20년간의 위기중에 정의와 평화를 위한 권력의 중요성을 새롭게 이해하려는 움직임이 등장했다. 정의와 평화를 위해서 권력은 반드시 필요한 것으로 등장하게 되었던 것이다. 몇몇 학자들은 카멜롯(Carmelot)의 아서 왕이 힘과 정의 사이의 관계를 발견하기 위해 투쟁한 후 도달한 것과 같은 결론, 즉 '정의를 위한 힘'(might for justice)이라는 논리를 받아들였다. 우리 시대 최초의 근대적 아서 왕은 신학자인 라인홀드 니버(Reinhold Niebuhr)였다. 윌리

13) 국제체계와 국제법간의 관계에 관한 보다 자세한 논의를 위해서는 Stanley Hoffmann, "International System and International Law," in Klans Knorr and Sidney Verba, eds., *The International System,* New Jersey: Princeton University Press, 1961, pp. 205-237을 참조.

14) Hans Morgenthau, *Scientific Man vs. Power Politics,* Chicago: University of Chicago Press, 1946, p. 115.

엄 블룸(William Bluhm)의 평가에 의하면, 니버의 『도덕적 인간과 비도덕적 사회』(*Moral Man and Immoral Society*)는 제 2 차 세계대전중과 그 이후에 대부분 등장하기 시작한 현실주의적 사조의 시초가 된 작업이었다.[15] 니버는 특히 미국의 정치철학과 정치생활에 공헌함으로써 '정치적 인간'을 새롭게 발견했다. 그에 따르면 개인은 중요한 행위의 문제에 있어 자기자신보다는 다른 사람의 이익을 고려할 수 있다는 점에서, 그리고 때때로 자신보다는 다른 사람의 이익을 보다 우선시할 수 있다는 점에서 도덕적이다. 그들은 천성적으로 타인에 대한 어느 정도의 동정심과 배려를 타고 났는데 그 폭은 좋은 사회적 교훈을 통해 확대될 수도 있는 것이었다.

그러나 모든 인간집단에는 충동을 이끌고 견제할 만한 이성과 자기초월을 위한 역량, 그리고 타인의 요구를 이해할 만한 능력이 부족하며, 따라서 그 집단을 구성하는 개인들의 관계에서 나타나는 것보다 훨씬 더 거리낌없는 이기심이 나타난다.[16] 다시 말해 니버는 인간 집단들간의 갈등은 필연적이며, 그러한 갈등 속에서 사회적 부정의는 도덕과 합리성에 의한 설득만으로는 해결될 수 없음을 의미했던 것이다. 정의를 위해 권력은 필수적이다. 그러므로 인간과 사회에 대한 니버의 이해는 인간의 지성이 성장함에 따라 사회적 부정의는 자동적으로 제거될 것이라는 계몽주의의 지배적 믿음과는 상반되는 것이다. 계몽주의 또는 이성의 시대에 대한 가장 열렬한 대변자 중 하나인 콩도르세(Condorcet)는 자기 세대의 믿음을 다음과 같이 표명했다. 즉, 그는 보편적 교육과 인쇄술의 발달을 통해 태양이 이성을 제외한 어떤 주인도 없는 오로지 자유인들만을 지상에서

15) William T. Bluhm, *Theories of the Political System*, 2nd ed., Englewood Cliffs: Prentice-Hall, 1971, p. 194.

16) Reinhold Niebuhr, *Moral Man and Immoral Society,* New York: Charles Scribner's Sons, 1932, pp. xi-xii.

비추게 될 이상사회가 필연적으로 도래할 것이라고 선언했던 것이다. 하지만 니버에게 있어 전체 인류 역사란 사회에는 강제적 요인이 필요하다는 사실에 대한 증언일 뿐이었다. 역사는 주로 폭력적 요인을 완전히 제거하려는 노력 때문에, 또는 그 요인에 대한 과도한 의존 때문에 실패를 거듭했던, 사회적 결합과 정의라는 바람직한 목적을 향한 헛된 노력의 긴 이야기인 것이다. 바꾸어 말하면, 도덕적 문제가 개인간의 관계에서 집단간의 관계로 점차 전환될수록 사회 전체에 대한 이기적 동기는 더욱 만연되어 나타나는 것이다. 그 결과 사회적 통제가 시도되어야만 하고, 그것은 정치적 권력이 없이는 불가능하다. 사회가 유지될 수 있을 만큼의 정의를 위한 권력은 필수불가결한 것이다.

그 후 약 10년이 지나 한스 모겐소(Hans Morgenthau)는 인간 이성이 사회적·정치적 갈등을 해소하고 권력의 개입 없이도 평화와 정의를 이룩할 것이라는 근대 과학적 인간의 도덕적 맹목을 공격함으로써 진일보를 이룩했다. 그의 직접적인 공격대상은 미국 외교정책결정에 있어서의 윌슨주의적 이상주의였으나, 곧 에드워드 카아(Edward H. Carr)와 조지 케난(George Kennan) 등과 더불어 정치적 현실주의 학파의 아버지가 되었다. 모겐소에 따르면 과학의 시대는 인간 본성을 잘못 이해하고 있다. 왜냐하면 과학의 시대는 사회적 활동과 관련하여 이성이 갖고 있지 못한 지식의 힘과 통제력을 인간의 이성에 부여하기 때문이다. 인간은 태어나면서 정치적 동물인 반면에(즉 인간은 권력을 추구한다), 그런 의미에서 인간은 우연하게 또는 자신의 선택에 의해서 과학자가 된다.

모겐소는 인간이 이성을 가졌음을 부인하진 않았지만, 오직 이성에만 의존할 수는 없다고 주장했다. 왜냐하면 이성은 열정과 이익에 의해 지배될 뿐 그 역은 성립되지 않기 때문이다. 이성은 그 자체의 힘만으로는 어느 곳으로도 움직일 수 없는 빛과 같다. 그것이 움직이기 위해서는 운반되어야 한다. 추상적 이성의 논리가 무엇을 필요로 하는가와는 무관하게 이러한 힘들이 운반하고자 하는 곳으로 움직이기 위해서는 이익과 감성이라는 비이성적 힘에 의해 운반되어야 한다. 순수하고 단순한 이성을 믿는다는 것은 오히려 이성이 봉사할 보다 강력한 비합리적인 힘에 모든 것을 맡기는 것이 된다. 사실 이성의 승리는 스스로를 만족시키기 위해 이성의 추론과정을 사용하는 데 성공했던 비이성적 힘들의 승리였다.[17] 따라서 비록 인간이 이성에 의해 유도될 뿐만 아니라 이익에 지배되고 감정적 충동에 따라 움직인다 하더라도, 인간은 현저한 인간적 자질인 이성이라는 견지에서 스스로를 주로 조망하게 된다.[18] 그러므로 인간은 그의 비이성적 자질에 이성이라고 표식을 부여한 것이다. 니버와 더불어 모겐소도 권력에 대한 열망과, 그러한 열망들이 충돌함으로써 야기된 권력투쟁이 우리 사회에 있어 부정적인 도덕적 함의를 갖는다고 믿었다. 즉, 권력을 추구하는 사람은 그가 지향하는 것이 권력과는 다른 보다 고상하면서도 권력보다 도덕적으로 승인될 만한 가치가 있는 어떤 것임을 명백히 해야만 한다는 것이다. 따라서 정치적 행위를 실제의 그것과는 다른 어떤 것처럼 지적으로 은폐하고 변화시키는 정치적 이데올로기가 정치적 행위 그 자체의 필수적인 부수물인데, 그것이 정치적 성공의 전제조건이기 때문이다. 그리고 우리는 가장 높은 수준의 정치조직인 제국과 교회의 수준에서 다음과 같은 사실을 발견하게 된다. 즉, 교회는 스스로를 유지하고 확장하기 위해 권력투쟁을 통해서 제국의 면모를 갖추었고, 다른 한편으로 제국은 자신의 존재와 정책을 정당화하기 위해 권력보다는 도덕

---

17) *Ibid.*, p. 155.
18) *Ibid.*, p. 115.

과 신성한 신의 섭리라는 견지에서 스스로를 종교적 장식으로 치장하였다.[19] 바꾸어 말하면 이성은 이익과 감정 및 열정, 즉 비이성적 힘에 종속되어 있다는 것이다. 현대 과학에서 쓰이는 용어로 말하면 이성은 종속변수인 반면 이익과 감정, 열정은 독립변수라는 것이다. 모겐소에게 있어 이성과 인간 행동을 지배하는 비이성적 힘들간의 그러한 관계는 지극히 정상적인 것이었다.

물론 권력과 정치에 대한 니버와 모겐소의 인식론적 견해를 저자가 전적으로 받아들이는 것은 아니다. 하지만 권력 없는 이성과 덕성은 무기력할 뿐이라고 생각한다. 플라톤도 그의 『법률』에서 아테네 이방인의 입을 통해 이성이란 고상하긴 하나 온화하고 유약한 것이므로 강건한 조력자가 필요하다고 말할 때 이성의 가냘픔을 인지했던 것이다.[20] 적어도 국내정치의 장에서는 정치가 반드시 권력정치인 것만은 아니다. 그러나 이성, 덕성, 정의, 평화 등을 수호함에 있어 권력의 중요한 역할을 보고도 못본 체해서는 안 된다. 이것은 인간 역사의 살아 있는 경험을 통해 얻어진 생생한 역사적 교훈이라고 저자는 믿는다. 만일 정치가 인간들 사이에서 또는 국가들 사이에서 정의와 안전, 평화를 획득하려는 것이라면, 권력은 필수불가결할 뿐만 아니라 정치와 결코 분리될 수 없는 구성요소이다.

최근 우리는 권력정치의 종말을 이야기하는 국제적 상호의존에 관한 문헌들의 홍수를 목도하고 있다. 그 중에서도 레이몬드 버논(Raymond Vernon)은 『주권의 위기』(*Sovereignty at Bay*)[21]라는 제목의

---

19) Morgenthau, "The Influence of Reinhold Niebuhr in American Political Life and Thought," in H. R. Landon, ed., *Reinhold Niebuhr: A Prophetic Voice in Our Time,* Greenwich, Connecticut: The Seabury Press, 1962, p. 108.

20) Leo Strauss, *The Argument and Actions of Plato' s Laws,* Chicago: University of Chicago Press, 1975, p. 22에서 재인용.

21) Raymond Vernon, *Sovereignty at Bay*, New York: Basic Books, 1971.

책까지 집필하기도 했지만, 저자는 우리가 과연 상호의존적 세계에 도달했는지의 여부를 아직까지 확신하지 못할뿐더러, 설령 상호의존적 세계에 도달했다 할지라도 그것이 상호의존론이 의미하는 것처럼 평화와 정의를 약속하고 있는 것 같지는 않다. 과연 우리는 상호의존적인가? 종속이론이 주장하는 종속적 세계에 우리가 살고 있는 것은 아닐까? 또는 적어도 주권은 진실로 위기에 처해 있기는 한 것인가? 역사의 신은 그러한 물음에 답하지 않는다. 신의 답변은 기껏해야 무언의 동의이거나 또는 '할 말 없음'(no comment)이라는 부정일 것이며, 둘 다를 의미할 수도 있다. 만약 상호의존이론가들의 분석이 정확하다 해도 정치 지도자들은 그러한 이론에 따라 행동하지는 않을 것이라고 저자는 믿는다. 상호의존을 다룬 문헌은 19세기 이상주의를 새로운 수사법으로 포장하여 거듭 주장할 것으로 볼 수 있다. 이미 2백년 전 장 자크 루소(Jean Jacques Rousseau)가 지적한 바와 같이 국제적 상호의존은 불안정과 경쟁의 원천을 만들어 내는 패러독스이다.

평화와 정의는 미사여구나 상호의존을 통해 나오는 것이 아니다. 평화는 지혜로운 정치적 지도력을 통해 나온다. 그러한 정치적 지도력의 제 1 조건은 국제정치가 여전히 안보 딜레마 또는 홉스적 자연상태의 단계에 있음을 인식하는 지적 능력이다. 그러한 자연상태에서 만인의 요구는 각자 자신의 보호와 위안에 필수적이라고 판단되는 모든 것을 할 수 있는 평등한 권리를 부여한다.[22] 그리고 국가들간에 있어 그러한 '자연상태'는 더욱 심각하게 나타난다. 왜냐하면 국가들간의 자연상태는 개인들간의 자연상태와는 결정적인 측면에서 다르기 때문이다. 개인간의 관계에는 국가간의 관계에 없는 두 가지 조건이 있는데, 하나는 자연적 평등이고 다른 하나는 고도

22) Thomas Hobbes, *De Cive*, Chap. 1.

의 지리적 기동성(도망갈 수 있는 기회)이다. 각각의 개별적 인간들 간의 자연상태에서는 거인도 난쟁이도, 그리고 사자도 토끼도 없을 뿐 아니라, 거인이나 사자처럼 될 방법도 없다. 하지만 국가들간의 관계에는 항상 소수의 '걸리버들'(Gullivers)과 다수의 '릴리푸션들'(Lilliputians)이 존재한다. 그리고 어떤 나라도 주변국들로부터'도망'칠 수 없다. 인간의 평등성은 자연적 사실이지만 주권의 평등은 단지 편의적인 법적 신화이거나 외교적 수사에 불과하다. 국가들간에 있어 '걸리버들'은 어떤 조약도 그것을 끝까지 지킬 이유는 없으며, '릴리푸션들'은 걸리버들의 그것을 끝까지 지키거나 믿을 수 없다.[23] 투키디데스(Thucydides)가 지적했듯이 강자는 그들이 할 수 있는 것을 하고, 약자는 그들이 해야만 하는 것을 감수해야 한다. 국제정치의 그러한 궁극적 규칙은 심지어 가공할 만한 핵의 아마게돈 시대에도 변하지 않았다. 그러한 세계에서 국가들간의 경쟁은 만연된 이기주의에 대한 다양한 억제요인들로 인해 완화될 수도 있지만, 결코 없어지지는 않을 것이다. 니버가 지적한 것처럼, 국가를 초월해 놓여 있는 것은 그에 대한 헌신을 고무하기에는 너무 모호하다. 근대 정신에 대해 영향력을 가지게 된 애국심이라는 감정은 너무도 절대적이어서 국가 자신이 바라는 어떤 목적에도 권력을 사용할 수 있는 개인들의 헌신으로 구성된 '백지수표'(carte blanche)를 부여받았다.[24] 니체(Nietzsche)의 표현에 의하면 생존에 대한 의지(will-to-survive)는 곧 권력에 대한 의지(will-to-power)가 된 것이다.

그러므로 국제정치는 투키디데스시대 이후로 별로 변한 것이 없다고 말한다 해도 결코 과장은 아닐 것이다. 우리의 선조들이 직

23) Thomas L. Pangle, "The Moral Basis of National Security," in Klaus Knorr, ed., *Historical Dimensions of National Security Problems,* Kansas: The Kansas University Press, 1976, p. 339.

24) Niebuhr, *op. cit.*, p. 92.

면했던 안보 딜레마는 오늘날 우리가 직면하고 있는 것과 같은 것이다. 따라서 우리는 적어도 국제정치에서 정의와 안보와 평화를 위한 권력의 중요성을 새삼스럽게 강조할 필요는 없다. 그렇다면 권력이란 무엇인가? 그것이 다음 절의 주제가 될 것이다.

3. 권력[25]이란 무엇인가?

헨리 아담스(Henry Adams)는 "권력이란 독약이다"라고 비난했다. 그러나 니체는 권력이란 가장 중요한 자양분이라고 생각했다. "권력이란 정의이다." 이 말은 트라시마쿠스(Thrasymachus)의 유명한 정의이다. 권력은 히드라처럼 많은 얼굴을 가지고 있다. 권력은 인간을 매혹시키기도 하고 놀라게도 한다. 그것은 우리 모두에게 매우 밀접하게 관련되어 있기에 우리의 시각에는 강렬한 감정과 도덕적 가책들이 흠뻑 베어들어 있다. 그것은 독약인 동시에 정의로 간주될 수 있다.

하지만 권력은 단순한 독약도 아니고 정의도 아니다. 권력은 불과 같다. 그것은 유용한 것이기도 하지만 모든 것을 태우고 파괴할 수 있다. 불에 대한 배첼라드(Bachelard)의 언급에 따르면,[26] 권력은 '천국의 빛'인 동시에 '지옥의 화염'이다. 로버트 비어스테트

---

25) 여기서 '권력'이라고 번역된 파워(power)는 때로는 '힘'으로 번역되어 사용되고 있다. 특히 국제정치학에서는 '힘'으로 사용되는 경향을 보여주고 있다. 그러나 여기서는 일관성을 위해서 모두 '권력'이라는 말로 표현하기로 한다.

26) Bachelard, *The Psychoanalysis of Fire,* London: Routledge and Kegan Paul, 1964, p. 7.

(Robert Bierstedt)는 모든 사회적 개념들을 조사할 때 가장 다루기 힘들다고 말함으로써 권력 개념의 복잡성을 잘 표현해 주었다. 누군가 물어볼 때까지 우리 모두는 시간이 무엇인지 이미 알고 있다고 성 아우구스티누스(St. Augustine)가 말한 것처럼, 우리는 권력에 대해서도 누군가 물어볼 때까지는 이미 권력에 대해서 알고 있다고 말할 수 있는 것이다.[27] 권력의 미묘함은 그것으로 하여금 마치 유령과 같은 속성을 가지도록 만든다. 그것은 우리 주변에 있지만 우리의 오감보다는 파악할 수 없는 육감에 의해서 '감지'될 수 있는 것이다. 우리는 그것이 무엇인지는 '안다'. 그러나 우리는 그것을 정의하는 데 끝없는 어려움에 직면한다. 우리는 또한 어떤 사람이나 집단이 보다 많은 권력을 지녔다고 '구분'할 수 있지만, 그 권력을(정확하게) 측정할 수는 없다. 그것은 시간처럼 추상적이지만 소총분대만큼이나 현실적인 것이기도 하다.[28]

권력 개념의 이와 같은 모호성에도 불구하고 권력은 오랫동안 인간행위와 정치에 관한 논의 속에서 매우 중요한 역할을 수행해 왔다. 아리스토텔레스는 권력이 내부적으로 어떻게 분배되었는가에 따라 정치체제를 분류했으며, 마키아벨리는 권력을 잡고 그것을 지키는 방법을 군주들에게 가르쳤다. 그리고 홉스는 권력에 대한 욕구가 인간행위의 근원이라고 생각했다. 필라델피아 집회에서 매디슨(Madison)과 그의 동료들은 권력을 제한하고 분산시킬 헌정체제를 구상했고, 기존의 제도를 비판했던 마르크스는 정치권력은 필연적으로 경제적 지배계급에 귀속된다고 주장했다. 일반 대중들도 그 개념이 필수불가결한 것이라고 생각했다. 많은 슬로건들도 '흑인 권

---

27) Robert Bierstedt, "An Analysis of Social Power," *American Sociological Review*, Vol. 15, pp. 731-738.

28) Herbert Kaufman, "The Mystery of Power," *Public Administration Review*, Vol. 14, No. 3, Summer 1954, p. 205.

력', '학생 권력', '인민의 권력', '신의 전능한 권력' 등 권력이라는 용어에 의존한다. 정치학자들은 권력이라는 말을 쓰지 않고는 신문 칼럼을 쓸 수 없을 정도이다. 권력은 철학자나 역사가, 사회이론가, 그리고 정치인들이 항상 필수불가결한 것으로 생각하는 대중적 지혜와 언술이 남긴 용어 중의 하나이다.

하지만 권력이란 미래의 명백한 선을 획득하기 위한 현재의 수단이라고 정의 내린 홉스[29]와 죽음의 형벌과 그 밖의 다른 형벌들을 포함하는 법을 제정할 수 있는 권리로 정치권력을 이해한 로크[30]를 제외하면, 다른 고전학자들은 권력 개념을 밝히는 데 별로 관심을 보이지 않았다. 하지만 사람들은 권력이라는 말을 사용할 때 굳이 그것을 정의내리지 않고서도 '권력'이라는 용어를 이용하여 서로 의사소통을 할 수 있다. 사람들은 그것을 정의해 보라고 요청받을 때까지는 권력이 무엇인지 이미 알고 있다는 것이다.

현대의 행태주의 정치학은 권력을 열정적으로 다루었다. 해롤드 라스웰(Harold Lasswell)과 에이브라함 캐플란(Abraham Kaplan)은 "경험론적 학문으로서 정치학은 권력의 형성과 공유를 연구하는 학문이다"라고 정의내리는 한편, "정치학의 경험적 자료들은 다른 행위들에 영향을 주거나 혹은 그것들을 결정하는 행위들이며 그 행위들간의 관계는 권력이라는 핵심개념에 구현되는 것이다"라고 말했다.[31] 이와 유사하게 펠릭스 오펜하임(Felix Oppenheim)은 "권력이란 일반적으로 행태주의 과학에서는 아닐 지라도 정치학에서는 핵심개념으로 간주된다"라고 기술했다.[32] 로버트 다알(Robert Dahl)도 정

---

29) Thomas Hobbes, *Leviathan*, p. 72.

30) Locke, *Two Treaties of Government*, 1960, pp. 74-76.

31) Harold Lasswell and Abraham Kaplan, *Power and Society*, New Haven: Yale University Press, 1950, pp. 74-76.

32) Felix E. Oppenheim, *Dimensions of Freedom*, New York: St. Martin's

치학을 정치체제에 대한 체계전반에 걸친 경험적 연구로 간주했으며 정치체제를 "상당한 정도까지 통제, 영향, 권력, 또는 권위를 포함하는 인간관계의 지속적 패턴"이라고 정의했다.[33] 이와 유사하게 키(Key)도 정치학의 핵심은 '권력'에 있으며 정치학은 권력관계를 연구하는 것이라고 주장했다.[34] 허버트 사이먼(Herbert Simon)은 권력을 어떻게 정의하고 측정할 것인가가 명백히 정치학의 중심적인 문제라고 말함으로써 한걸음 더 나아갔다. 사실 이 문제가 해결될 때까지는 권력연구로 정의되는 정치학은 존재한다고 할 수 없을 것이다.[35]

권력은 현대 정치학적 탐구의 중심개념이다. 왜냐하면 모겐소도 말했듯이 "권력 개념 없이 정치이론은 불가능할 것인데, 그것 없이 우리는 정치적 사실과 비정치적 사실들을 구분할 수 없을 것이고, 최소한 정치적 영역에 체계적 질서를 부여할 수도 없기 때문"[36] 이다. 권력에 대한 의식과 그것의 일상적인 사용에도 불구하고, 또는 그것들 때문에 오랫동안 권력 개념을 정의하려는 시도들이 실패해 왔을 뿐만 아니라 그것과 밀접하게 관련된 용어들을 분명히 구분하지 못했다. 많은 사람들은 '권력'과 '영향력,' '통제력,' '권위,' '지도력,' '물리력,' '강제력' 등의 용어를 편의에 따라 서로 바꾸어 사용하고, 그럼으로써 혼란을 가중시켜 왔다. 권력 개념은 판도라의 상자와 같다. 그것은 일단 열리기만 하면 다른 관련 개념들도 동시

Press, 1961, p. 91.

33) Robert Dahl, *Modern Political Analysis*, 3rd ed., Englewood Cliffs, New Jersey: Prentice-Hall, 1976, p. 3.

34) V. O. Key, Jr., *Politics, Parties and Pressure Groups*, 5th ed., New York: Crowell, 1964, pp. 2-3.

35) Herbert Simon, *Models of Man*, New York: Wiley, 1957, p. 4.

36) Hans J. Morgenthau, *Politics among Nations*, 5th revised ed., New York: Alfred A. Knopf, 1978, p. 5.

에 튀어나오는 것이다. 보통 가장 주목받는 두 개의 용어는 바로 '권력'(power)과 '영향력'(influence)이며, 일부 학자들은 그 둘을 구분하려고 시도해 왔었다. 대부분의 학자들은 두 개의 용어 모두가 개인간 또는 집단간의 관계를 의미한다는 데 동의한다.

권력과 영향력에 대한 저서 가운데 『권력과 사회』(*Power and Society*)[37]가 대표적 고전이며, 이 책은 다양한 정의들을 모두 수록하고 있다. 여기서 라스웰과 캐플란은 권력을 정책결정에 대한 참여라고 정의했다.[38] 권력은 영향력의 특수한 경우이며, 매우 강한 '제재의 위협'(threat of sanctions)[39]을 특징으로 한다.[40] 그들은 영향력을 어떤 사람이나 집단이 갖는 가치의 입장(value position)과 가치의 잠재력(value potential)으로 정의했으며,[41] 그리고 이러한 정의에 앞서 다음과 같은 용어들의 의미를 설명했다. 가치란 '바람직한 결과(designed event), 즉 목적으로서의 결과(goal event)'이고, 가치의 입장이란 '집단 구성원들간에 그 집단의 가치 분배의 유형 속에서 차지하고 있는 위치'이며,[42] '가치적 잠재력이란 갈등의 결과로써 차지될 수 있는 가치의 입장'[43]이라는 것이다. 위협이 존재하는 만큼 일반적으로 영향력이란, 특히 권력이란 강제력이라는 관점에서 서술될 수 있는 것이다. 즉, 권력행사는 단순히 고도의 강제력을 행사하는 것이다.[44] 다시 말해 권력은 강제적 영향력이고, 권력관계는 행사되는 영향력이 제재나 강제력의 위협 또는 사용에 의존할 때 나

37) H. Lasswell and A. Kaplan, *op. cit.*
38) *Ibid.*, p. 75.
39) *Ibid.*, p. 76.
40) *Ibid.*, p. 48.
41) *Ibid.*, pp. 55-61.
42) *Ibid.*, p. 57.
43) *Ibid.*, p. 58.
44) *Ibid.*, p. 74.

타난다는 것이다. 강제력은 부정적일 수도 긍정적일 수도 있다. 부정적 강제력은 처벌의 위협에 근거하지만, 긍정적 강제력은 이익의 기대에 근거한다.

다알은 '권력'을 라스웰과 캐플란의 정의와 유사하게 정의했다. 다알은 권력을 '인간 관계를 설명하는 영향력과 관련된 용어 가운데 하나'[45]라고 규정하는 한편, A가 원하는 것과 B가 행하는 것 사이의 인과관계에 주의를 기울였다.[46] 다시 말해 권력은 결과의 개연성을 변화시키는 원인인 것이다. 그리고 권력을 분석하기에 앞서 "일련의 구체적인 결정들을 주의 깊게 고찰해 보아야 하는데, 그러한 결정들은 정치체제에서 이루어지는 중요한 정치적 결정들의 세계로부터 주요한 정치적 결정의 세계를 형성하거나 적절한 샘플을 형성해야 하는 것이다."[47]

다알에 의하면 영향력 또는 권력을 행사하는 데에는 세 가지 방법이 있다. 첫번째는 '훈련에 의한 통제'인데 이것은 암시나 신호로 구성되는 의사소통을 통한 영향력이다. 두 번째는 '설득'인데, 이것은 대안적 행동의 이익과 불이익에 대한 — 올바른 또는 그릇된 — 정보를 제공하는 의사소통을 통한 영향력이다. 세 번째는 대안적 행동에 대한 새로운 이익 혹은 불이익을 부가하거나 또는 그 둘을 모두 제시함으로써 대안 자체의 성격에 변화를 유발하는 '유인'이다.[48] 이런 맥락에서 다알은 권력관계를 '인과적'인 것으로 보았다. 권력은 아주 '엄격한 인과적 원인'이다.[49] 왜냐하면 '정치적 논

45) *Ibid.*, p. 25.

46) Dahl, *op. cit.*, p. 29; "The Concept of Power," *Behavioral Science*, Vol. 2, July 1957, pp. 201-215.

47) Dahl, "A Critique of the Ruling Elite Model," in Roderick Ball *et al.*, *Political Power, A Reader in Theory and Research*, New York: The Free Press, 1969, p. 38.

48) Dahl, *Modern Political Analysis*, pp. 44-45.

의에서 … 권력관계는 … 둘 또는 그 이상의 행위자들간의 인과관계'[50]이기 때문이다. 이렇게 인과적 원인으로 권력 개념을 이해하는 것은 많은 학자들이 공유하는 바인데, 예를 들어 넬슨 폴스비(Nelson Polsby),[51] 앤드레스 맥파랜드(Andres McFarland),[52] 윌리엄 라이커(William Riker),[53] 허버트 사이먼(Herbert Simon),[54] 잭 네이겔(Jack Nagel)[55] 등이 그들이다. 특히 네이겔에 의하면 그들의 권력에 대한 인과적 개념은 권력과 원인간에 강력한 유사성들이 존재한다는 이유로 지지자들을 유인해 왔다. 왜냐하면 권력과 원인 둘 다 어떤 의미에서는 비대칭적 관계를 의미하기 때문이다. '영향력'이란 말은 '권력'(power)이나 '원인'(cause)과 거의 유사한 동의어로 쓰일 수 있다. 권력에 대한 직관적 관념들이 분명히 설명될 때, 그 관념들은 인과적인 것으로 보일 수 있다.[56]

하지만 다알과 라이커, 사이먼, 네이겔 및 그 밖의 학자들이 인과관계로서 권력관계를 설명할 때, 그들은 아마도 의도하지는 않았

---

49) Dahl, "Cause and Effect in the Study of Politics," in Daniel Lerner, ed., *Cause and Effect,* New York: Free Press, 1965, p. 88.

50) *Ibid.*

51) Nelson W. Polsby, *Community Power and Political Theory*, New Heven: Yale University Press, 1963, p. 5 and p. 60.

52) Andres S. McFarland, *Power and Leadership in Pluralist Systems*, Stanford University Press, 1969, 특히 p. 11.

53) William Riker, "Some Ambiguities in the Notion of Power," *American Political Science Review*, Vol. 58, June 1964, pp. 341-349.

54) Herbert A. Simon, "Notes on the Observation and Measurement of Political Power," *Journal of Politics*, Vol. 15, 1953, pp. 500-516.

55) Jack H. Nagel, *The Descriptive Analysis of Power*, New Haven: Yale University Press, 1975, pp. 9-10.

56) 다알은 원래 인과적이라는 용어를 회피했으나 나중에 권력 개념이 인과적이라고 인정함으로써 입장을 바꿨다. 다음의 두 논문을 비교해 보라. Dahl, "The Concept of Power," *op. cit.*와 "Cause and Effect in the Study of Politics," in Daniel Lerner, ed., *op. cit.*

겠지만 매우 협소한 의미의 인과관계를 상정하였다.57) 구체적으로 그들은 원인들을 시공간적으로 고립시킬 수 있는 것, 그 중에서도 앞서 일어난 사건들로서 추론하였다. 다알은 권력을 행사하는 행위자의 행동으로부터 힘의 행사의 대상이 되고 사람의 반응까지에는 아무리 적다 하더라도 시차가 존재한다는 것이 권력관계의 필요조건이라고 주장했다.58) 이와 비슷하게 라이커는 원인이 된 사건의 동결상황이 시공간적 위치와 행위자에 있어 초래된 사건의 최초 상황과 동일할 때, 그리고 동일할 때에만 한 사건이 다른 사건을 야기시키게 되는 것이라고 규정하였다.59) 볼(Ball)에 따르면 그들은 단지 사건만이 원인이 될 수 있다고 주장함으로써 오류를 범했다. 성격이나 태도, 입장, 절차 등과 같은 '발생하지 않은 사건들'(non-events)도 우리의 일상적 논의에서뿐만 아니라 자연과학이나 사회과학에서 모두 원인들이 될 수 있다.60) 그러므로 다알과 라이커 등이 주장한 것처럼 권력이 원인적(causal) 개념이라면 우리는 그들의 권력 개념이 매우 협소하다고 말할 수 있을 것이다. 그들의 권력에 대한 이해는 부분적인 것이다. 즉 그것은 권력관계의 연구, 또는 보다 넓게는 정치학 연구에 대한 행태주의적·경험적 접근의 한계를 명백히 드러내고 있다. 저자가 보기에 행태주의적으로 편향된 권력에 대한 정의는 사건-인과에 대한 극히 편협한 분석이다. 이러한 권력에 대한 설명은 인과적 설명이 보편적 법칙에 의해 보장되어야 한다는 의미에서 '인과적'일 수 없다.

복잡한 교차로에서 차량의 움직임을 정리하고 있는 경찰을 예

57) Torence Ball, "Power, Causation & Explanation," *Polity*, Vol. 8, No. 2, Winter 1975, p. 195.
58) Dahl, "The Concept of Power," *op. cit.*, p. 204.
59) Riker, *op. cit.*, p. 346.
60) Ball, *op. cit.*, p. 196.

로 든 다알의 사례를 고려해 보면, 경찰은 그가 차량을 멈추거나 진행시킬 수 있고, 또 좌우로 유도할 수 있다는 점에서 일반 시민은 갖지 못한 권력을 지니고 있다.[61] 이제 신호를 주는 경찰과 같은 행위자와 그것에 반응을 보이는 운전자와 같은 행위자간에는 명백한 규칙성이 존재하게 된다. 하지만 이러한 규칙성도 엄격한 법적 의미에서는 안정적이지 못하다. 왜냐하면 신호-복종 관계에서 우리가 보고 있는 것은 인간행위의 보편적 법칙에 대한 구체적 실례가 아니라, 어떤 규칙이 현재 적용되고 있고 또 널리 복종되고 있다는 증거이기 때문이다. 운전자는 추락하는 돌이 지표면에 도달해야만 멈추는 것과 같은 방식으로 적신호(또는 경찰의 신호)에 맞춰 멈추지는 않는다. 운전자가 정지하도록 '야기'할 수 있는 경찰의 '권력'은 실제로 앞서 일어난 사건들에 놓여 있는 것이 아니라 오히려 그가 선택한 어떤 종류의(법적으로 인정된) 행동을 수행할 수 있는 그의 능력에 위치하는 것이다. 우리는 그가 실제로 교통정리를 하지 않을 때에조차도 교통정리를 할 수 있는 권력은 경찰관에 속하는 것으로 여긴다.

행태론적 · 경험론적 권력 개념과 달리 전통적 권력관은 권력을 잠재적 능력 또는 가능성으로 이해하는 경향이 있다. 사이먼, 다알 등과 같은 경험주의자들을 비판하는 사람들은 그들이 결과에 초점을 맞춤으로써 권력으로부터 잠재력과 가능성이라는 전통적 의미를 제거시켜 버렸다고 주장한다. 더욱이 '권력'과 '영향력'은 행태주의자들이 이해하는 것처럼 동의어도 아니고 상호교환해서 쓸 수 있는 개념도 아니다. 우선 처음으로 주목할 만한 차이점은 영향(influence)이라는 단어는 명사이면서도 동사가 될 수 있지만 권력(power)은 항상 명사라는 사실이다. 권력은 언제나 동사의 존재를 필요로 한다.

---

61) Dahl, "The Concept of Power," *op. cit.*, p. 202.

인간이 권력을 행사한다고 말하는 경우, 그 행위를 가리키는 말(action-word)은 일반적으로 그 단어 안에 의도를 이미 갖고 있는 것이다.[62] 따라서 우리는 행위자가 권력을 '행사한다'(exercise)라고 말한다. 그리고 비의도적으로는 아무것도(예를 들어 판단) 행사할 수 없기에, 행위자가 자신의 권력을 비의도적으로 행사한다고(비록 그가 모든 결과를 의도하지는 않았다 하더라도) 명료하게 주장할 수는 없는 것이다.[63] 하지만 사람은 다른 사람의 행위에 대해 의도했든 안했든 영향을 끼칠 수 있다. 다른 형태로 표현한다면, 사람은 영향력 행사를 의도하지 않고, 심지어 자신이 영향력을 행사한다는 사실을 알지도 못하고서 영향을 미칠 수 있다. 하지만 권력은 행사하려는 의도도 없이 또는 자신이 권력을 행사한다는 사실을 알지도 못하고 권력을 행사한다는 말은 이상하게 들린다. 만일 그렇다면 인간은 권력을 알지도, 바라지도, 의도하지도 않으면서 권력을 가질 수 있을 것이다. 파트리지(Partridge)가 권력을 의도된 결과의 산물로 정의한 러셀(Russell)을 비판했을 때,[64] 그는 만일 B가 보다 A처럼 되거나 A의 견해나 성향을 채택하거나 A를 모방하려 한다면 비의도적 결과도 권력행사와 같은 것이 될 수 있다고 주장했다.[65] 오펜하임(Oppenheim)에 따르면 상품 선전자는 상품을 구매하도록 그가 설득하는 고객뿐만 아니라, 그것을 사지 않도록 그가 설득하는 소비자에 대해서도 권력을 행사하는 것이다.[66] 그리고 다알은 "만일 내가 아들에게 주말에 집에서 잔디를 깎으라고 말할 때마다, 나의 요구로

62) Ball, *op. cit.*, p. 211.
63) *Ibid.*; Stanley Benn, *Encyclopedia of Philosophy*, Vol. 6, pp. 424ff.
64) Russell, *Power: A New Social Analysis*, London, 1938, p. 35.
65) P. H. Patridge, "Some Notes on the Concept of Power," *Political Studies*, Vol. 11, No. 2, 1963, pp. 113-114.
66) Felix Oppenheim, *Dimensions of Freedom*, 1961, p. 93.

인해 그 애가 수영하러 외출해 버리는 필연적 결과가 생기고 나의 요구가 없을 때에 그 애가 집에 남는다면 나는 그에 대해 기묘한 형태의 부정적 권력(negative power)을 가지는 것이다"67)라고 썼다. 위의 세 명의 학자들의 권력 개념에서 우리는 그들이 권력과 영향력 간의 차이를 인지하지 못했거나 인지하지 않았음을 추론할 수 있다. 그들에게 있어 권력과 영향력은 동일한 것이거나 적어도 상호 대체적인 것으로 인식되었다. 상품 선전자와 다알의 '부정적 권력'(negative power)은 권력이 아니라 영향력이며, 파트리지의 비의도적 결과는 권력이 아닌 영향력의 결과이다.

권력과 영향력의 차이를 분명히 하기 위해 우리는 권력과 영향력에 대해 일반적으로 발하게 되는 방식을 고려해 볼 수 있다. 우리는 누군가가 "자신의 권력으로 모든 것을 했다"라고 말하지만, "자신의 영향력으로 모든 것을 했다"라고 말하지는 않는다. 우리는 "권력을 잡았다"(in power)라고 말하지만 "영향력을 잡았다"(in influence) 라고 결코 말하지 않는다. 우리는 또 "권력이 부패했다"거나 "절대 권력은 절대 부패한다"라고 말하지만 "영향력이 부패했다"거나 "절대 영향력은 절대 부패한다"고 말하지 않는다. 이것은 또 다른 차이점을 보여 준다. 즉 우리는 절대권력에 대해 이야기하지만 절대 영향력에 대해서는 이야기하지 않는다. 또한 우리는 누군가가 "전권을 가졌다"(all-powerful)고 말하지만 "전영향력을 가졌다"(all-influential) 고 말하지는 않는다. 전제군주나 독재자는 권력을 휘두르지 영향력을 휘두르는 것은 아니다. 우리는 전제 권력에 대해 말하지 전제 영향력에 대해 말하지는 않는다. 우리는 또한 "신은 전능(all-powerful)하다"거나 "시이저는 강력한(powerful) 지도자였다"고 말하지만 "신은 영향력이 있다"거나 "시이저는 영향력 있는(influential) 지도자였

67) Dahl, "The Concept of Power," *op. cit.*, p. 205.

다"고 말하지 않는다. 우리는 물론 누군가가 영향력을 행사할 만한 권력을 가졌다고 말할 수는 있다. 예를 들어 "데일리 시장(Mayor Daley)은 시카고 선거의 결과에 영향력을 행사할 만한 권력을 가졌다"라고 말할 수는 있는 것이다. 하지만 만일 권력과 영향력이 동의어라면 이런 식으로 말하는 것은 동어반복의 장황한 말이 될 뿐이다. 그러나 그렇지 않다는 것은 권력이 영향력과 항상 동의어는 아니라는 것을 시사한다. 그것들의 각각의 사용과 의미는 확연히 다르다. 그것을 동일시하는 것은 모호함만을 증가시키고 명확함을 감소시킨다.

'권력'(power)이라는 영어단어는 원래 어원적으로 '능력'을 의미하는 라틴어 포테스타스(potestas) 또는 포텐샤(potentia: 이 말은 할 수 있다는 뜻을 가진 라틴 고어 포테레[potēre]에서 나온 말이다)에서 나와 프랑스어인 뿌부와(pouvoir)를 거쳐 생성된 것이다. 물론 그 개념은 다양한 차원에서 여러 변화를 거쳤지만, 그것의 원래 의미는 여전히 남아서 그에 대한 공통된 이해를 상징한다. 예를 들어 우리가 권력을 어떤 것 또는 어떤 사람에게 귀속시킬 때 우리는 그것 또는 그에게 어떤 종류의 능력 또는 역량을 부여하는 것이다. 해밀턴(Hamilton)이 질문했듯이, 무엇을 할 수 있는 능력이나 수완이 아니라면 무엇이 권력이란 말인가?[68] 권력은 이전에 발생한 행동에 관한 사건들을 거슬러 조사하는 것보다는 그렇게 하기로 선택했을 때 어떤 것을 할 수 있는 능력(capacityor ability)이라는 관점에서 더 잘 기술된다. 바크라크(Bachrach)와 바라츠(Baratz)가 정확하게 지적한 것처럼, '행사되지 않은'(unexercised) 권력도 권력의 '다른 얼굴'(other face)이기 때문에 권력이 자신에게 귀속되어 있음을 입증하기 위해 항상 또는 반드시 무언가를 해야 할 필요는 없다.[69]

68) *Federalist Papers*, No. 33.

권력에 대한 전통적 이해 역시 여러 학자들의 권력에 대한 정의에 반영되어 왔다. 가장 영향력 있는 정의는 권력을 그 개연성이 근거한 토대가 무엇이든 간에 한 행위자가 사회적 관계 속에서 타인의 저항에도 불구하고 자신의 의지를 관철시킬 수 있을 개연성으로 정의한 막스 베버(Max Weber)의 정의이다.70) 현재의 많은 연구서들은 베버의 '개연성'이라는 용어를 '능력'이나 '역량' 또는 '잠재력'이라는 용어로 대체했다. 토니(R. H. Tawney)는 '권력'을 한 개인이나 집단이 자신이 원하는 방식대로 다른 개인이나 집단의 행동을 수정시킬 수 있는 능력으로 정의했다.71) 앤서니 크리스피니(Anthony De Crespigny)는 '권력'을 한 행위자가 자신의 의도한 바대로 다른 행위자들의 행동에 영향을 미칠 수 있는 능력을 지칭하는 것이라고 정의했다.72) 슐츠(Schultz)에 의하면, 권력은 일정한 사회체제 내에서 타인들의 존재에 결정적인 조건들을 설정하고, 결정들을 수행하며, 행동을 취할 수 있는 특정한 지위에 있는 사람들의 능력 또는 잠재력을 의미한다.73) 도이치(Deutsch)도 권력이란 갈등상황을 압도하고, 장애를 극복할 수 있는 능력이라고 말함으로써 다소 고전적 권력관을 보여 주었다.74) 우센코(Ushenko)는 "그 은유적 의미가 '잠재력',

69) Bachrach and Baratz, "Two Faces of Power," *American Political Science Review*, Vol. 56, December 1962, pp. 947-952; "Decisions and Non-Decisions: An Analytical Framework," *Ibid.*, Vol. 57, September 1963, pp. 432-442.

70) Max Weber, *The Theory of Social and Economic Organization*, trans. by A. M. Henderson and T. Parsons, New York: The Free Press, 1947, p. 152.

71) R. H. Tawney, *Equality*, London: Unwin Books, 1931, pp. 175-176.

72) Anthony De Crespigny, "Power and Its Forms," *Political Studies*, Vol. 16, No. 2, 1968, p. 192.

73) Robert O. Schultz, "The Bifurcation of Power in a Satellite City," in Morris Janowitz, ed., *Community Political Systems*, Glencoe, Illinois: The Free Press, 1961, p. 20.

74) Karl Deutsch, "On the Concept of Politics and Power," in James

'경향' 그리고 '성향' 등의 의미와 밀접히 관련되어 있다는 점에서 나는 권력이라는 용어를 로크 식으로 사용한다"[75]라고 말함으로써 권력을 '잠재력'으로 이해했다.

마치 사랑이라는 단어처럼 권력은 우리의 일상 대화에 지속적으로 사용되지만, "불행하게도 정치학이든 사회학이든 사회과학에서 권력 개념은 명확한 것이 아니다"[76]라는 파슨스(Parsons)의 말을 부정하기는 어렵다. 어떤 점에서 이러한 모호한 정의는 마치 장님과 코끼리의 우화와 비슷하다. 이 유명한 우화에서 몇몇 장님들은 코끼리와 부딪혔지만 그들은 서로 다른 부위를 건드린 것이다. 그러나 권력이 갖는 상식적 의미의 핵심을 잃지 않고서도 권력을 정의하는 것은 가능하다. 권력은 그것이 행사되지 않았다면 발생하지 않았을 상황을 발생하게 하거나, 또는 행사되지 않았다면 발생했을 상황을 발생하지 않게끔 하는 능력으로 이해되어야만 한다. 권력은 그것을 행사하는 사람들과 행사의 대상이 되는 사람들간의 복잡한 관계이다. 그것은 전자가 후자의 마음에 행사하는 신비한 과정을 통해 전자로 하여금 후자의 특정 행동을 통제하도록 만든다. 이러한 맥락에서 모겐소는 권력을 다른 사람의 마음과 행동에 대한 통제력으로 정의한다.[77] 이러한 정의는 대개 다른 사람에 대한 불유쾌한 결과의 부과를 포함하는 것이지만, 사실 유쾌한 결과도 유발할 수 있다. 라스웰과 캐플란이 지적한 바와 같이 권력으로부터 도출된 제재는 '처벌'뿐만 아니라 '보상'도 포함하는 것이다. 특히 볼드윈(Baldwin)은

Rosenau, ed., *International Politics and Foreign Policy*, 2nd ed., New York: Free Press, 1969, p. 257.

75) Andrew Paul Ushenko, *Power and Events*, New York: Greenwood, 1946, p. 27.

76) Talcott Parsons, "Distribution of Power in American Society," *World Politics*, Vol. 40, October 1957.

77) Morgenthau, *op. cit.*, p. 18.

권력의 보상이나 약속된 보상을 강조함으로써 긍정적 제재(positive sanction)가 갖는 권력을 논했으며,78) "권력관계에서 제재의 역할을 논함에 있어 정치학자들의 펜은 대개 부정적 제재 쪽으로만 기울어짐으로써 긍정적 제재는 거의 다루지 않는다"79)고 지적했다. 이러한 이유에서 권력 개념은 명확하게 정의되지 못한다. 권력 개념의 불가피한 모호성은 권력의 비밀이자 미스테리이며 '권력의 권력'(power of power)이기도 하다. 여러 가지 개념정의들은 올바르지도 그르지도 않다. 그것들은 단지 유용한 것이거나 또는 도움이 안 되는 것일 뿐이다.

이 절의 결론으로서 저자는 다음과 같은 사실을 덧붙이고자 한다. 우리는 권력에 대한 엄격하고 심리적이며 또한 인과적인 정의를 피해야 한다는 것이다. 왜냐하면 그것은 해로울 수 있기 때문이다. 만일 A가 B에 대해 권력을 가지고 있다면, B는 자발적이든 비자발적이든 A가 B에 원하는 대로 행동하게 될 것이다. 하지만 많은 경우에 있어서 B가 한 행동의 자발성 또는 비자발성은 명확하게 구분하기 어렵다. 이것은 B가 어떤 종류의 행동을 그 스스로가 이익 또는 불이익을 계산하고 그 결과로서 선택했음을 의미한다. 이러한 엄격하고 심리적인 정의는 받아들여질 수 없다. 만일 그러한 엄격하고 심리적인 정의가 지배자와 피지배자간의 관계에 적용된다면, 폭정이나 독재체제는 억압에 근거하는 것이 아니라, 피지배자들이 자신들 스스로의 계산을 통해 그 지배자는 비자발적으로 수용하기 때문에 가능하다는 결론이 논리적으로 도출되기 때문이다. 그러한 논리는 우리의 상식과는 기본적으로 모순되는 것이다. 우리 상식과 직접

78) David A. Baldwin, "the Power of Positive Sanctions," *World Politics*, Vol. 24, No. 1, October 1971, pp. 19-38.

79) *Ibid.*, pp. 21-22.

적으로 충돌하는 개념정의는 어떤 정치학적 설명에서도 사용되어서는 안 된다. 드 주비날(de Jouvenal)이 언급한 것처럼 권력의 핵심은 명령이다.[80] 그러므로 저자는 다음과 같은 포괄적인 용어로 정의하고자 한다. 즉, 권력 개념이란 '행동을 선택할 수 있는 구조적 상황을 결정하는 능력'이다. 그리고 그러한 능력을 가진 사람이 바로 권력자이다.

4. 권력의 기반이란 무엇인가?

일상대화에서 권력은 한 사람 또는 사람들이 가진 어떤 것이다. "나폴레옹의 권력은 강력했다," "대통령은 의회가 그의 프로그램을 통과시키도록 압력을 가했다"라는 식으로 권력이 특정 인간에게 속해 있는 것은 매우 자연스런 것이다. 그렇다면 왜 사람들은 그것에 복종하는 것일까? 누군가가 권력을 가졌다면 그의 권력은 무엇에 기반하는 것이며, 왜 그들은 권력을 가졌고, 그것을 어디에서부터 나오는 것인가?

마오쩌뚱(毛澤東)은 권력이 총구에서 나온다고 했다. 그러나 총이란 적어도 민주적인 국내정치의 정치적 과정에서 목소리를 보장해 주는 것은 아니기 때문에, 그는 총잡이가 항상 권력을 가진 것은 아니라는 것을 알고 있었을 것이다. 이제 우리가 살펴봐야 할 것은 권력기반들을 구분하는 것이다. 이를 위해서 먼저 권력의 원천을 구분해 볼 필요가 있다. 제 3 절에서 살펴본 바와 같이 권력은 희생과

80) Bertrand de Jouvenal, *On Power*, trans. by J. F. Huntington, Boston: Beacon Press, 1962, p. 96.

보상을 모두 포함한다는 측면에서 타인에 대한 부정적 간섭뿐만 아니라 긍정적 간섭도 포함한다. 다시 말해 권력은 다른 사람들의 이익이나 가치를 박탈하는 수단이거나 또는 그것들을 증진시키는 수단이다.

오랫동안 사람들은 희생보다는 보상과 이익에 보다 많은 관심을 가져왔다. 정치에 대한 기본적인 사실 중 하나는 그 대부분이 특정 개인이나 집단의 이익을 추구하는 과정에서 발생한다는 것이다. 어떤 의미에서 정치는 이익, 즉 가치의 상호작용을 다루는 것이다. 도이치에 따르면 이익이라는 개념은 '이익'(interest)이라는 단어가 처음 만들어진 16세기 초부터 중요한 역할을 수행해 왔다. 이 말은 원래 밀껍질 가운데에 있는 밀 알갱이나 뼈나 연골 사이의 육질을 말할 때의 '~가운데에 있다'라는 의미의 라틴어 인테레세(interesse)에서 나온 말이다. 이것은 아무런 보상도 없는 것 같은 사물이나 사건의 북새통 가운데에 걸려져야 할 어떤 보상적 요소들이 있다는 의미를 함축하고 있다. "나의 이익은 무엇인가?"라고 말하는 것을 라틴어식으로 한다면 "그 가운데 무엇이 나를 위한 것인가?"가 된다. 이 개념은 후에 채무자가 채권자에게 돈을 빌린 대가로 지불하는 '이자'(interest)라는 의미로 사용되면서 특별한 의미를 지니는 것으로 발전되었다. 채권자가 갖는 '이자'는 채무자의 재정상태로부터 추출해 내는 보상이다. 일반적으로 어떤 상황에서 어떤 사람의 '이익'은 그가 그 상황에서 이끌어 낼 수 있는 보상에 있는 것이다.[81] 그렇다면 가치란 무엇이고, 이익의 실재적 대상은 무엇이며, 무엇이 대부분의 사람을 위한 보상이 될 수 있는 것일까? 즉, 인간들간의 이익이란 무엇인가?

81) Karl Deutch, *Politics and Government*, 2nd ed., Boston: Houghton Mifflin Co., 1974, p. 11.

라스웰에 따르면,[82] 대부분의 인간이 추구하는 여덟 가지의 기본 가치가 있는데, 권력(power),[83] 계몽(enlightenment), 부(wealth), 복지(well-being), 기술(skill), 애정(affection), 공정(rectitude), 존경(deference) 등이 그것이다. 인간은 영향력을 갖기를 원하며, 지식을 확대하고 자연적 호기심을 만족시키기를 원한다. 인간은 솜씨 있는 기술이 발휘되어 어려운 일이 잘 해결되는 것을 즐기기도 하며, 애정을 필요로 하기도 한다. 인간은 또한 그들의 양심에 비추어 스스로 정당하다고 느끼게 되길 바라며, 이웃으로부터 외견상 존경받기를 원하기도 한다. 인간은 제일 먼저 문에 들어서서 테이블의 상석에 앉아 사람들이 자신의 대화나 메시지를 경청하기를 바란다. 도이치는 라스웰의 여덟 가지 가치에 안전과 자유라는 두 가지를 더 추가했다.[84] 만일 어떤 사람이 한 가치를 누린다면 그는 그것을 안전하게 유지하기를 원할 것이다. 즉 그는 미래에도 그것을 누릴 수 있게 되기를 바랄 것이다. 가치를 누리는 또 다른 방식은 자기부정이나 자기통제를 하지 않아도 되는, 그리고 외부로부터의 제한을 받지 않아도 되는 '자유' 또는 자발성이다. 그러한 열 가지 가치가 비록 완전하지는 않다 하더라도 바로 인간에게 돌아가는 이익이며 이익의 대상이 된다.

권력은 인간으로부터 그러한 가치들의 일부를 박탈하거나 다른 가치들을 부여해 준다. 그러한 가치들은 제한적이거나 또는 희소하게 공급된다. 언제나 공급보다 수요가 더 많다. 그렇기 때문에 갈등은 인간 존재의 어쩔 수 없는 산물이며 정치적 문제로 여겨질 수 있는 것이다. 제 1 절에서 저자는 우리 시대에 있어 정치란 문제

82) Harold D. Lasswell, *Politics, Who Gets What, When, How?*, Cleveland: The World Publishing, 1958, p. 202.

83) 앞 장에서 언급한 바와 같이 라스웰은 '권력'을 '영향력'으로 의미했다.

84) Deutsch, *Politics and Government*, pp. 14-15.

해결을 위한 공적인 정책결정과정으로 이해된다고 주장했었다. 이러한 진술을 약간 더 확장시켜 본다면, 정치란 희소한 가치에서 발생한 정치적 문제들을 해결하고자 시도하는 정책결정과정이다. 이러한 맥락에서 이스턴(Easton)이 정치를 사회적 가치의 권위적 분배라고 말했던 것은 옳았다.[85] 약간 다르게 표현하면, 정치적 현상은 옳고 그름에 대한 사람들의 신념, 즉 정의에 대한 신념에 합치되는 적법한 방식으로 희소한 사회적 가치들을 분배하는 끝없는 과정이다. 이를 조금 더 발전시킨다면, 정치 권력이란 권력이 정당하게 행사되는가 아닌가에 대한 사람들의 신념으로부터 나오는 것이다. 요약하면, 권력이란 그것의 정당성(legitimacy)에 상당한 정도로 기반하는 것이다.

정당성은 정치 권력의 특별한 원천이며, 어떤 의미에서 아니 보다 중요한 의미에서 그것은 사람들이 복종하고 인정하는 권위로부터 생성된다. '권위'(authority)라는 말을 사용할 때, 그것은 타인의 어떤 결정을 특정 개인이나 집단이 자발적으로 수용한다는 것을 의미한다. 자신에 대한 정부의 권위를 인정한다는 것은 곧 정부의 명령에 원칙적으로 복종한다는 것을 말한다. 타인의 권위를 받아들이게 되는 동기는 지식이나 경험 또는 공직과 같이 타인이 소유한 어떤 속성을 그가 존중한다는 것이다.[86] 존경을 강요하거나 권위를 자발적으로 수용하도록 강요한다는 말은 어불성설이다. 한 사람이 타인의 권위를 인정할 때 그것이 결코 강요되기 때문만은 아니다. 이것은 권위가 의미하는 것이 아니다. 약간 다른 용어로 표현하면, 권위란 정당한 권력이다. 정치적 정당성은 그 체제와 지배자가 도덕적으

85) David Easton, *The Political System*, New York: Alfred A. Knopf, 1953, pp. 129ff.

86) John Day, "Authority," *Political Studies*, Vol. 11, 1963, p. 259.

로 올바르다는 사람들의 믿음, 즉 정치적 권위나 지배자의 의지에 따라야만 한다는 도덕적 의무감에서 나오는 것이다.

정당성의 문제는 오랫동안 이론적 논쟁과 실제적 의견 차이의 문제가 되어 왔다. 실제로 플라톤과 아리스토텔레스 이후, 용어가 아닌 관념으로서의 정당성은 정치사상에 있어 항상 중요하게 다루어져 왔다. 어떤 면에 있어서 모든 정치철학은 『사회계약론』에서 루소가 답하려 했던 문제, 즉 "무엇이 정부를 정당화하는가?"[87]에 대한 해답을 추구하는 것이라고 볼 수 있다. 20세기에 있어 정당성에 대한 고전적 접근은 베버에 의해 이루어졌다. 베버에 따르면 세 가지 종류의 권위로부터 나오는 세 가지 종류의 정당성이 있는데, 그것들은 다음과 같다.[88]

(1) 법적 권위 — 이것은 규범적인 지배유형의 '정당성'에 대한 신념과 그러한 지배하에서 명령을 발할 수 있는 권위를 갖게 된 사람들의 권리에 대한 신념에 기반한다.
(2) 전통적 권위 — 이것은 오랜 전통의 신성함에 대한 기존의 신념과 그 전통하에서 권위를 행사하는 사람들의 지위가 갖는 정당성에 대한 기존 신념에 기반한다.
(3) 카리스마적 권위 — 이것은 한 개인의, 그리고 그가 제시하고 결정하는 규범적 유형이나 명령의 구체적이고 예외적인 신성함, 영웅다움, 또는 모범적 특성에 대한 헌신에 기반한다.

아마도 가장 오래된 권위 또는 복종의 근원은 전통인데, 그것은 오랜 과거로부터 연유되는 관습에 의해 신성시되어 왔기 때문에 지배나 지배자를 추종하게 되는 것이다. 이때 복종의 대상은 전통적

---

87) Peter G. Stillmman, "The Concept of Legitimacy," *Polity*, Vol. 7, No. 1, Fall 1974, p. 33.

88) Max Weber, *The Theory of Social and Economic Organization*, trans., *op. cit.*, p. 328.

지위를 바탕으로 한 개인의 권위이다.[89] 전통적 정당성은 현대 사회에서도 많이 발견되며, 아직도 어떤 역할을 수행한다. 카리스마라는 용어는 평범한 사람과 구분되고 일반인이 갖지 못한 초자연적, 초인적 또는 적어도 특별한 예외적 특성 등을 부여받았다고 여겨지는 인물의 개인적 자질에 적용된다.[90] 많은 종교적 · 혁명적 지도자들은 이러한 카리스마적 권위의 범주에 속한다. 끝으로, 베버에 의하면 법적 정당성은 공무원의 체통과 그들의 행정적 활동에 지침이 되는 제정된 법률과 행정적 규칙, 사법적 판례 등에 기반한 조직적 구조의 특성에서 나오는 것이다.[91] 다시 말해 법적 정당성은 그것의 합리성에서 나오는 것이며, 그것이 합리적 권위이기 때문에 사람들은 그에 복종한다. 이것이 바로 관료정치이다.

법적 규범에 기반하고 있기 때문에 권위가 수용되지만, 법적 규범 자체가 반드시 합의의 산물이라고는 가정하지 않았다. 그러나 저자는 특히 영국의 정치철학자인 홉스와 로크의 사상과 같은 근대정치철학의 계약이론에 법적 권위가 구현되어 있다고 생각한다. 본질적으로 이 이론은 자연상태 속에서는 부정될 수밖에 없고 이득을 보호하기 위해 스스로를 정치적 권위에 복종시키는 자연상태의 인간들 간에 이루어진 계약적 합의 속에 사회적 · 정치적 체제가 기원한다는 신념을 발전시켰다. 그러므로 인간은 생존을 유지하기 위해(홉스) 또는 안락한 삶을 보장하기 위해(로크) 사회계약으로부터 도출된 정치적 권위에 복종하는 것이다. 계약이론은 미국 독립 운동의 지도자들에게 영향을 주었고, 독립선언서의 근본 이념이 되었다. 제퍼슨(Jefferson)은 '생명과 자유 그리고 행복의 추구'를 위한 '양도할 수 없

89) *Ibid.*, p. 341.
90) *Ibid.*, pp. 358-359.
91) *Ibid.*, pp. 329-341.

는 권리'를 보호하기 위해 사람들은 정부를 형성한다고 주장했다. 민주적 정당성의 개념은 계약이론에서 대부분 발전된 것이다. 기본적으로 개인들은 국민의 결정에 도덕적으로 구속된다고 간주한다.

정당한 권위에 대한 베버의 유형론(typology)은 일련의 이념형(ideal-type)으로 이루어져 있는데, 그 각각은 경험적으로 발견되지 않는 논리적으로 일관된 순수한 형태를 형성한다. 하나의 이념형은 하나의 이론적 모델일 뿐이다. 이 세 가지 이념형은 역사적 사례 속에서 대개 '순수한' 형태로는 발견되지 않는다. 모든 사회에서 발견되는 권위적 관계는 전통적 · 카리스마적 · 법적 정당성의 혼합에 기초한 것이었다. 그 한계에도 불구하고 베버의 유형론은 정당성의 문제를 연구하는 가장 훌륭한 출발점으로 여전히 남아 있다. 오늘날의 정치학자들도 권위에 대한 논쟁에서 벗어나지 못하고 있다. 라스웰과 캐플란은 권위를 '공식적 권력'(formal power)이라고 정의했다.[92) 하지만 프리드리히(Friedrich)는 라스웰과 캐플란의 정의를 명백히 거부하고, 권위를 잠재적으로 이성에 의해 정교히 추론된 '의사소통의 자질'로 정의했다.[93) 미헬스(Michels)에게 있어 권위는 권력의 시위(manifestation)이다.[94) 하지만 비어스테트(Bierstedt)는 미헬스가 권위를 권한(competence)과 혼동했다고 주장했다.[95) 권력과의 밀접한 관계 때문에 권위와 권력과의 관계를 정확하게 공식화하기는 어렵다. 이것은 마치 닭이 먼저인지, 아니면 계란이 먼저인지를 판단하는 것

92) Lasswell and Kaplan, *op. cit.*, p. 133.

93) Carl J. Friedrich, ed., *Authority*, Cambridge: Havard University Press, 1958, pp. 35-36.

94) Robert Michels, "Authority," *Encyclopedia of Social Science*, Vol. 2, New York: Macmillan, p. 319.

95) Robert Bierstedt, "The Probems of Authority," in Morroe Berger et al., eds., *Freedom and Control in Modern Society*, New York: Octagon Books, pp. 79-80.

처럼 불가능한 일일 것이다. 하지만 권위는 정당성의 가장 중요한 근거이며, 이것이 다시 권력의 기반이 된다는 것은 부정할 수 없다.

정당성은 많은 학자들이 특정사회에서의 우세한 가치체계와 양립하는 정치적 행위 또는 관행을 의미할 때 사용하는 정의(justice)와 밀접한 관계가 있다. 예를 들어 사람들은 그들의 정부가 행사하는 권력이 정의로운지 아닌지, 또는 정당한지 아닌지를 느낀다. 만약 정부가 어떤 활동을 하거나 아니면 그 활동을 소홀히 함으로써 사람들의 기본적인 가치를 침해한다면, 그들은 성 아우구스티누스가 『신국론』(*The City of God*)에서 그랬던 것처럼, "정의롭지 않은 정부는 거대한 강도집단이다"라고 결론지을 것이다.

하지만 모든 정치적 권력이 정당성에 기반하는 것은 아니다. 때때로 권력은 전체주의 체제에서처럼 야만적인 물리적 강제력에 기반하는 경우도 있다. 이 경우에 무엇이 정당성인가를 결정하는 것은 권력자 자신이다. 다시 말해 권력이 곧 정의인 것이다. 하지만 그 경우에서도 권력을 휘두르는 자는 자신의 물리력을 정당화하고 자신의 권력에 정당성을 부여하려고 시도한다. 그렇지 않으면 그의 권력은 결국 사상누각과 다름없는 것이 되기 때문이다. 다시 말해 권력은 일시적으로는 물리적 강제력 위에 기반할 수 있으나, 사람들을 자발적으로 권력자에게 복종하도록 이끄는 정당성에 기반하지 않고서는 지속되지 못한다는 것이다. 만일 권력이 정당성에 기반하지 못한 경우, 즉 권력이 야만적 물리력의 위협과 행사에 기반한 경우에는 정보와 조직이 중요한 역할을 수행하게 된다.

정치체제가 보다 복잡해짐에 따라 정확하고 취득이 용이한 정보를 수집하거나 또는 역으로 그러한 정보를 억제할 수 있는 능력이 상대적인 권력의 위치를 결정짓는 중요한 요인이 된다. 언제나 지식(또는 정보)은 그것을 아는 사람에게 다른 동료들에 비해 보다 우월한 위치를 부여한다.96) 하지만 오늘날과 같이 정보가 곧 권력으로 전환된 적은 없었다. 예를 들어 많은 시민 자유론자들은 국가정부에 정보의 자원이 집중됨으로써 개인의 자유와 정치적 선택에 위협을 제기한다고 믿고 있다. 정부는 지속적으로 정보수집기관을 확대하고 수집된 자료를 보완하고 평가할 보다 효율적인 체제를 지향하고 있지만, 개별 시민들은 어떻게 공공 기구가 기능하는지, 어떻게 정책결정자(권력자)가 결정을 내리는지에 관한 정보를 취득하는 데 대한 커다란 장애에 직면해 있다. 보다 독재적인 정치체제에서의 그러한 정보 집중화가 주는 결과를 보면 정보의 배분이 갖는 중요한 의미를 여실히 알 수 있다. 전체주의란 독재자나 그의 정부는 피지배자의 삶에 완벽하게 접근할 수 있지만 피지배자들은 지배자나 그 정부에 대해 어떠한 접근도 불가능한 형태의 지배를 의미한다. 일반적으로 전체주의는 모든 곳에 스며든 강제력과 같다. 그러나 보다 본질적인 특성은 정보 자원에 대한 통제력을 완전히 집중시킴으로써 시민들의 사생활을 제거해 버린다는 것이다.97)

조직도 또한 오늘날 권력 행사에서 중요한 역할을 수행한다. 조직은 다른 권력 자원의 효율적인 시위를 위한 일종의 증폭기이다. 조직은 서로 다른 권력 자원을 한데 모아 공통의 목적을 향하게 한다. 조직의 가치는 그 조직이 기반하는 적응성, 복잡성, 응집성, 자율성 등의 특성에 달려 있다.98)

결론적으로 권력은 정당성이나 야만적 물리력, 또는 그 둘 다에

---

96) Corrado Fatta, "Snobbism: One Aspect of the Will to Power," *Diogenes*, No. 30, Summer 1960, p. 28.

97) Peter C. Sederberg, *Interpreting Politics*, San Francisco: Chandler & Sharp Publishers, Inc., 1977, p. 38.

98) Samuel Huntington, "Political Development and Political Decay," *World Politics*, Vol. 17, April 1965, pp. 386-411.

기반하고 있다. 실제 정치에서 우리는 그러한 정당성과 물리력이 이 절에서도 제시되었던 것처럼 순수하고 이론적인 형태로 나타나기보다는 혼합되어 나타나고 있음을 종종 발견하게 된다. 하지만 권력이 궁극적으로 정당성이나 물리적 강제력에 기반하고 있다는 결론은 결코 지나친 것이 아니다.

5. 오늘날 정치학에서 권력 개념은 어떻게 사용되는가?

이 절에서 저자는 권력 개념이 오늘날의 정치학에서, 특히 정치학의 두 가지 하위 분야인 비교정치와 국제정치에서 어떻게 사용되는가를 보여 주려고 시도할 것이다. 사실 이러한 시도는 정치학 역사 전체에 대한 연구를 필요로 하는 것이다. 하지만 저자는 이 대신에 왜 권력 개념이 정치적 분석의 중요 개념으로서 오늘날 쇠퇴하게 되었는지를 주로 논할 것이다.

(1) 비교정치의 영역에 있어서 권력 개념은 그 전통적 지위를 많은 부분 상실했다. 정치학자들은 여전히 권력 개념에 대해 입에 발린 말을 하고는 있지만, 그러한 개념을 사용하는 빈도가 눈에 띄게 줄었고 정치에서 차지하는 권력의 중요한 역할도 덜 강조되게 되었다. 이것은 체제적 접근법과 그것의 파생물들, 특히 구조-기능주의 이론이 정치분석의 주류를 차지하게 되었기 때문이다. 체제이론가들은 1950년대 이후 정치학에서 '현저한' 역할을 수행하기 시작했다. 그들은 권력의 분배와 역할 대신에 사회적 과정에 주의를 기울였다. 그들은 권력 개념의 중요성을 축소했을 뿐만 아니라 그것을

자신들의 전체이론에 맞추어 재정의했다. 그 주된 원인은 체제이론이 파슨스(Parsons)의 권력에 대한 개념화를 추종하고 있기 때문이다. 사회과학에서 체제이론의 아버지인 파슨스는 권력을 체제의 자원으로 바라보는 완전히 상이한 개념화를 시도했다. 파슨스에게 있어 권력은 집단적 조직의 체제 내에서 단위들의 의무적인 복종의 수행을 보장할 수 있는 일반화된 능력이었으며, 이때 그 복종은 집단적 목표를 위한 것이라는 점에서 정당화되고, 이에 대한 저항이 있을 경우에는 그 실제적인 시행기관이 무엇이든 간에 부정적 상황의 제재(negative situational sanction)를 통해 복종이 시행될 것이라고 추정된다.[99] 앤소니 기든스(Anthony Giddens)가 강력하게 지적한 것처럼 "파슨스 식의 분석에서 거의 완전히 우리의 시야로부터 사라져버린 것은 바로 권력이란 항상 누군가에게 행사되고 있다는 사실이다!"[100] 그 결과, 정치학의 체제이론가들은 권력이 수행하고 있는 역할의 중요성을 잠식시키고 갈등과 폭력의 역할을 과소평가해 버렸다. 이 사실을 증명하기 위해 저자는 이스턴(Easton)과 도이치(Deutsch)가 권력 개념을 어떻게 다루고 있는지에 대해 간략히 논의하고자 한다. 저자가 이 두 학자를 선택한 이유는 그들이 '체제'를 약간 상이한 방식으로 사용하고 있다고 믿기 때문이다.

이스턴은 정치연구에 체제라는 사고를 가장 효과적으로 적용시킨 책으로 알려진 그의 1953년 저서 『정치체제』(*The Political System*)에서 파슨스의 체제이론을 최초로 정치학에 접목시켰다. 여기서 정치체제는 "권력의 분포와 사용에 의해 영향을 받는 가치의 권위적

---

99) T. Parsons, "On the Concept of Political Power," in R. Bendix and S. Lipset, eds., *Class, Status and Power*, 2nd edition, New York: The Free Press, 1966, p. 244.

100) Anthony Giddens, "Power in the Recent Writings of Talcott Parsons," *Sociology*, Vol. 2, 1968, p. 264.

분배"[101]를 제공하는 메커니즘으로 정의되었다. 여기에서 '권위적'이란 말은 일반적으로 정당하다고 인정됨을 의미하고 가치는 희소한 재화 또는 자원을 가리키지만, 권력이란 용어는 정의로부터 누락되어 어디서도 정의되지 않았다. 그는 권력을 실망스러운 개념이라고 주장한 마치(March)의 비관적인 논문 "권력의 권력"(The Power of Power)[102]을 인용함으로써, 권력이란 정치 분석에 있어 부적절한 토대라고 암시한 것이다.

다른 한편, 도이치는 사이버네틱 모델(cybernetic model)을 적용함으로써 정부를 권력의 문제로서보다는 커뮤니케이션의 문제로 바라볼 수 있다고 주장했다.[103] 도이치는 권력을 개인이나 조직이 그들의 환경에 대해 그들의 내적 구조를 외삽(extrapolation)하거나 투사하는 능력[104]이라고 설명함으로써 (다소) 전통적인 정의를 채택했다. 그러나 그는 권력관계가 정치의 중심이라는 점은 부인했다. 권력은 정치의 중심도 핵심도 아니다. 권력은 정치의 한 흐름일 뿐이며, 영향력이나 관습, 자발적 협력이 목표달성을 위한 적절한 기능을 수행하는 데 실패했을 때, 목표달성을 가속화하거나 또는 손상을 통제하는 중요한 메커니즘의 하나일 뿐이다.[105] 정치란 조절(steering)에 대한 것이지 권력에 대한 것은 아니다. 사회는 자기조절적(self-steering)이지만 새로운 자원을 준비하고 목표를 수정함으로써

---

101) Easton, *op. cit.*, p. 146.

102) 다음을 참조할 것. David Easton, *A System Analysis of Political Life*, New York: John Wilely, 1965, p. 474n; March의 논문은 후에 D. Easton, ed., *Varieties of Political Theory*, Englewood Cliffs: Prentice-Hall, 1966에 실렸다.

103) Karl Deutch, *The Nerves of Government*, New York: The Free Press, 1964, p. xxvii.

104) *Ibid.*, p. 111.

105) *Ibid.*, p. 124.

내부적-외부적 환경으로부터 온 정보의 환류(feedback)에 반응한다. 간단히 말해서 『정부의 신경조직』(*The Nerves of Government*)은, 한편으로는 발전된 형태의 공학과 인체신경체제, 그리고 다른 한편으로는 인간 사회간의 확장된 유추(analogy)로서 간주된다.

그것의 많은 한계[106] 외에도 일반적으로 말해서 체제이론은 정치적 삶이나 이익간의 갈등 또는 정치체제 내에서 개인이나 집단이 지닌 기존의 역할에 대한 기대간의 충돌과 같은 기본적인 특징들을 무시하고 있다. 체제 개념이 특정 학문분야의 '피와 살'을 덧붙일 수 있는 개념적 구조들을 제공하는 바로 '과학의 골격'이라는 체제이론가들의 야심적 주장에도 불구하고[107] 체계이론가들은 체계가 억지로 기준에 맞추려는 프로크루스테스의 침대(Procrustean bed)라는 의구심을 떨쳐버릴 수 없었다. 그럼에도 불구하고 체제이론가들이 정치적 분석에 있어서 권력 개념의 전통적 지위를 상당히 저하시킨 것은 사실이다.

(2) 국제정치의 영역에 있어서 권력 개념은 국제관계가 분명한 학문 분야로, 적어도 정치학의 한 영역으로 등장하게 되면서 중심적 개념이 되어 왔다. 확실히 비교정치가 아리스토텔레스까지 거슬러 올라갈 수 있는 것처럼 국제정치는 투키디데스로 거슬러 올라간다고 볼 수 있다. 하지만 국제정치의 유형을 체계적으로 연구하려는 시도는 제 1 차 세계대전 이후, 특히 제 2 차 세계대전 이후 양차 대전의 원인을 체계적으로 규명하려는 시도와 더불어 전개되었다. 양차 대전 이전까지 국제관계는 국제법이나 외교사의 영역으로 간주

106) 이것의 장단점에 대한 보다 자세한 논의를 위해서는 Oran Young, *Systems of Politice Science*, N.J.: Prentical-Hall, Inc., 1968을 참조.

107) Kenneth Boulding, "General Systems Theory: The Skeleton of Science," *General Systems*, Vol. 1, p. 7.

되었다.[108] 국제관계가 독자적인 학문 영역으로 나타나기 시작했을 때, 정치적 현실주의는 학자들이 이를 통해 국제정치의 만화경적 사건들을 바라보는 지배적인 패러다임이 되었다.

특히 세 명의 학자들을 정치적 현실주의의 개척자로 볼 수 있다. 첫번째 개척자는 영국 역사가인 에드워드 카아(Edward H. Carr)였다. 그는 현대 국제 정치 최초의 '과학적' 처방이라고 일컬어지는 『20년간의 위기』(*Twenty Years' Crisis*)를 저술했다. 하지만 그의 개척자적 업적은 영국에서는 결실을 맺지 못했다. 그것은 다른 두 명의 미국인이 두 권의 저서를 저술함으로써 오히려 미국에서 그 결실을 맺게 되었다. 그 중 하나는 니콜라스 스파이크만(Nicholas Spykman)의 『국제정치 속의 미국의 전략』(*America's Strategy in World Politics*)[109]이었는데, 이 책은 국가간 정치의 중요 특성보다는 마한(Mahan) 제독과 맥킨더(Mackinder)의 지정학적 전통을 따르는 것이었다. 그러나 이 책에서 그는 외교정책이란 단지 이상에 관련된 것이 아니라 권력에 관련된 것이라고 설명하였으며, 권력투쟁이 국제정치의 본질이라고 주장하였다. 또 다른 한 권의 책은 한스 모겐소(Hans J. Morgenthau)의 『국가들간의 정치』(*Politics among Nations*)였다.[110] 만일 국제관계가 경험적이고 체계적인 국제정치 연구과목으로서 어떤 선구자를 갖는다면, 바로 모겐소가 그 때 이후로 정치적 현실주의의 대변자로 간주될 수 있을 것이다.[111] 국제정치의 현실주의 이론은

---

108) 보다 자세한 역사를 위해서는 Kenneth W. Thompson, "The Study of International Politics: A Survey of Trends and Developments," *The Review of Politics*, Vol. 14, No. 4, October 1952, pp. 433-467을 참조.

109) Nicholas Spykman, *America's Strategy in World Poltics*, New York: Harcourt, Brace, 1942.

110) Hans J. Morgenthau, *Politics among Nations*, New York: Knopf, 1948.

111) 학문분야로서 국제관계학에 관한 이러한 표현에 대해서 저자는 스탠리 호프만(Stanley Hoffmann)의 설명방식을 따른다. Stanley Hoffmann,

권력 개념을 중심적으로 다룬다. 그러므로 모겐소의 많은 제자들은 권력이론가라고 지칭되었다.

모겐소는 국제정치의 이론적 핵심으로서 권력 개념을 강력하게 옹호했다. 모겐소에 따르면 핵심 개념으로서의 권력은 정치의 합리적 윤곽, 즉 정치적 현장의 지도를 제공한다. 그러나 그러한 지도는 특정한 역사적 시기의 현장에서처럼 완전한 정치적 풍경에 대한 묘사(마치 사진 같은)를 제공하는 것은 아니다. 오히려 그것은 계속적으로 변화해 온 역사적 무대와는 구분되는 무한한 지리적 특성(마치 초상화 같은)을 제공해 준다. 그것은 관찰자의 마음에 어느 정도의 합리적 질서를 제공해 주고, 그렇게 함으로써 성공적인 행동을 위한 조건 중의 하나를 만들어 준다.

모겐소에 따르면, 다른 정치적 분야와 마찬가지로 국제정치도 권력투쟁이다. 국제정치의 궁극적 목표가 무엇이든 간에 권력이 항상 직접적인 목표이다. 그리고 권력은 "다른 사람의 마음과 행동을 지배한다." 모겐소에 있어 권력은 이익과 동의어이고, 국가는 권력으로 정의되는 이익을 추구한다. 그의 권력관은 본질적으로 홉스적이다. 권력을 추구하는 개인의 성향, 또 그로 인한 권력추구적인 국가의 성향은 인간의 본능적인 이기주의적 천성에 그 기원을 둔 것이고, 궁극적으로는 자기보존을 위한 본능에서 나온 것이다. 자기보존이라는 목적을 달성한 후에도 인간은 자신의 조건을 개선하기 위해 계속해서 권력을 추구한다. 힘에 입각한 국가의 지위는 이성적 주장에 굴복하는 것이 아니라 단지 우월한 힘에 굴복할 뿐이다. 그는 국가간의 중요한 결정은 연설에 의해 만들어지는 것이 아니라 피와 철에 의해 만들어진다는 비스마르크(Bismarck)의 말에 동의하

"An American Social Science: International Relations," *Daedalus*, Summer 1977, pp. 41-60.

는 것처럼 보인다.

모겐소의 '국력'은 유무형의 요소 또는 자원을 포함하는 매우 포괄적인 개념이다. 유형적인 것으로는 지리, 천연자원, 군사적 준비태세, 산업 능력, 인구 등이 있으며, 무형적인 권력자원으로는 국민성, 국민의 사기, 외교의 질, 정부의 질 등이 있다. 시간이 흐름에 따라 모겐소는 국력의 무형적인 요소에 상대적으로 더 큰 중요성을 부여했다. 국제정치는 필연적으로 권력정치이기에 모겐소의 권력정치 개념에 대한 논리적 추론의 결과는 세력균형의 원칙이었다. 그는 세력균형 원칙을 '국제정치의 항구적 요소', '국제정치의 근본 법칙' 등으로 다양하게 묘사했다. 전통적으로 그것은 "독립을 유지하고자 하는 모든 나라가 언제나 사용하는 외교정책의 보편적 도구"였다. 세력균형의 필요를 무시하는 정책 결정자는 다음의 두 가지 대안만을 가질 수밖에 없었다. 즉 "세계를 정복하든가, 아니면 멸망해야만 한다"는 것이다.

모겐소의 이론도 이후 제기된 비판으로부터 자유로울 수 없었다. 가장 일반적인 비판은 모겐소에게 있어 권력이 정책의 주요 목표라는 것이고, 심지어 모든 정치적 행위의 결정적 동기가 된다는 것이다. 하지만 그는 권력이란 하나의 관계이며 동시에 목표를 위한 수단이라고 주장했다.[112] 이러한 모호성 때문에 우리는 그 개념이 국제정치에서 무엇을 설명했으며 또는 무엇을 설명하는 데 실패했는지 알지 못한다.

그러한 권력의 모호성과 함께 이론가들이 이 개념을 명료히하는 데 실패함으로써 다른 이론가들은 보다 나은 개념을 모색하게

112) Stanley Hoffmann, "International Relations: The Long Road to Theory," *World Politics*, Vol. 11, No. 3, April 1959, pp. 423-424; Robert J. Lieber, *Theory and World Politics,* London: George Allen & Unwin, Ltd., 1973, p. 90.

되었다. 다시 말해, 권력 이론가들의 모호성과 국제정치의 '교조적' 일반화에 대한 각성으로 국제정치 이론가들은 거의 필연적으로 자기반성을 하게 되었다. 1950년대 초 비교정치분야에서 그랬던 것처럼 1950년대 말부터 권력 개념은 국제정치분야의 '체제'에 의해 도전받기 시작했다. 모턴 캐플란(Morton Kaplan)이 『국제정치의 체제와 과정』(*System and Process in International Politics*)113)을 출간했을 때 그것은 처음으로 국제정치 분석에서 체제 개념에 대한 관심을 불러일으켰다. 그의 책과 케네스 볼딩(Kenneth Boulding)의 『갈등과 방어: 일반이론』(*Conflict and Defense: A General Theory*)114)은 광범위하게 흩어져 있는 다양한 해석과 재래식 통찰력들을 하나의 포괄적인 체제 개념으로 조직화할 수 있다는 가능성을 보여 준 중요한 업적이었다. 캐플란의 말을 빌린다면 그의 작업은 '탐색적 도구'(heuristic device) 이상은 아니었다. 그러한 그의 겸손에도 불구하고 체제 개념은 자료들을 조직하고 분석하는 핵심 도구로서 광범위하게 수용되었다. 로즈노우(Rosenau)가 주장한 것처럼 체제 개념은 국제정치학에 있어서 '권력'을 대신하여 제 1 의 위치를 차지하게 되었다.115) 아마도 세계를 국제체제(international system)로 간주하는 경향의 확대보다도 더 중요한 것은 없을 것이다.116) 하지만 체제이론가들은 권력이론가들의 경우에 있어서처럼 엄밀한 개념적 명료화를 시도하지는 않았고, 분석적 개념이나 도구로서 그 개념의 정밀성을 떨어뜨리

---

113) Morton Kaplan, *System and Process in International Politics*, New York: John Wiley & Sons, 1957.

114) Kenneth Boulding, *Conflict and Defense: A General Theory*, New York: Harper & Row, Publishers, 1962.

115) James Rosenau, "The Function of International System," *Background*, Vol. 7, No. 3, 1963, p. 77.

116) James Rosenau, *International Politics and Foreign Policy*, New York: The Free Press, 1961, p. 77.

고 그 잠재력을 모호하게 흐려버린 개념에 과도하게 의존하였다. 그럼에도 불구하고, 많은 학자들이 체제 개념의 잠재적 유용성에 감명받았기 때문에, 국제정치에 대한 체제접근 또한 조망이 널리 적용되었다.

체제 개념의 타당성과 효용성 및 강점과 약점을 분석하고 그것의 사용을 살펴보는 것이 이 절의 목적은 아니다. 저자가 지적하려는 것은 체제 개념 또한 그 모호성이라는 측면에서 똑같이 취약함을 보여 주고 있음에도 불구하고, '권력' 개념이 국제정치에서의 분석적 개념 또는 도구로서 체제 개념에 그 전통적 지위를 상당부분 상실했다는 사실이다. 그러나 권력 개념이 사라진 것은 아니다. 왜냐하면 '세력균형'이란 말이 종종 찬사를 받기도 하고 비난을 받기도 하지만[117] 거의 완전히 거부되어 버리진 않았기 때문이다. 케네스 월츠(Kenneth Waltz)가 지적한 것처럼 "만약 국제관계에서 어떤 독특한 정치이론이 있다면 그것은 세력균형이론일 것이다."[118]

물론 세력균형은 국제관계에 있어 가장 오래된 개념이다. 하지만 다양한 분석에 의해 다듬어지고 각기 다른 의미들이 더해지게 되면서 '세력균형'은 일종의 카멜레온처럼 되어 버렸다. 그러한 세력균형의 모습은 이미 70여년 전 폴라드(A. F. Pollard)에 의해 잘 묘사되었다. 즉, "세력균형은 거의 모든 것을 의미하며, 서로 다른 사람들에 의해 서로 다른 의미로 사용되고, 심지어 같은 사람에 의해서도 그때그때 다른 의미로 설명될 뿐만 아니라, 같은 시점, 같은

117) 세력균형에 대한 옹호와 비판에 대해서는 P. A. Reynolds, "The Balance of Power: New Wine in an Old Bottle," *Political Studies*, Vol. 23, 1975, pp. 230-242, 특히 p. 230을 참조.

118) Kenneth Waltz, "Theory of International Relations," in Fred I. Greenstein and Nelson W. Posby, eds., *International Politics*, Massachusetts: Addison-Wesley, 1975, Chap. 1, p. 36.

사람에 의해서 다른 의미로 사용되기도 한다."[119] 세력균형의 그러한 모호성 때문에 언스트 하스(Ernst Haas)는 이 용어의 여덟 가지에 달하는 각기 다른 의미를 찾아내었다.[120] 또한 이니스 클로드(Inis Claude, Jr.)는 상황과 정책, 체제 그리고 상징으로서의 네 가지 다른 의미를 발견했다.[121] 마틴 와이트(Martin Wight)는 그것의 아홉 가지 의미를 구별했으며,[122] 레이놀즈(P. A. Reynolds)는 그 개념이 세 가지 방식으로 상이하게 사용되고 있음을 언급했다.[123]

세력균형이론은 그러한 다양한 의미에도 불구하고 생존을 위한 욕구가 국가들의 기본적 동기를 제공하고 외부적 압력에 어떻게 반응할 것인가를 가르쳐 주고, 예상되는 결과를 말해 주는 것이라고 일반적으로 가정하고 있다. 생존이라는 동기를 넘어서면 국가의 목표는 다양해진다. 그것은 세계정복의 야심에서부터 외부와의 접촉 없이 살아가려는 소망에 이르기까지 다양하다. 하지만 힘의 균형에 필수적인 국가들의 최소한도의 반응은 생존에 대한 어떠한 외적 보장도 없을 때 국가들간 공존의 조건에서 기인한다. 세력불균형에 의해 발생하는 위험에 대한 인식은 국가간의 세력균형을 유지하는 데 필요한 행동을 만든다. 따라서 역사적으로 세력균형은 '지적이고 냉철한 방식으로 정책을 계획하는 수단'이 되어 왔다.[124]

---

119) A. F. Dollard, "Balance of Power," *Journal of the British Institute of International Affairs*, March 1923, p. 58; Inis L. Claude, Jr., *Power and International Relations*, New York: Random House, 1962, p. 12에서 재인용.

120) Ernst B. Haas, "The Balance of Power: Prescription, Concept, or Propaganda," *World Politics*, Vol. 5, 1953, pp. 442-447.

121) Inis Claude, Jr., *op. cit.*, pp. 11-39.

122) Martin Wight, "Balance of Power," in Gebert Butterfield and Martin Wight, eds., *Diplomatic Investigation: Essays in the Theory of International Politics*, Cambridge: Harvard University Press, 1966, p. 151.

123) P. A. Reynolds, "The Balance of Power: New Wine in an Old Bottle," *Political Studies*, Vol. 23, 1975, pp. 230-242.

124) Ernst B. Haas, "The Balance of Power as a Guide to Policy-Making,"

하지만 현실주의적 권력 개념을 공유하는 사람들조차도 오늘날 국제정치에서 그것이 가지는 타당성에 대해서는 의문을 표시하고 있다. 왜냐하면 세력균형이 제대로 운영되기 위해서는 국내정치적 압력으로부터 실질적으로 자유롭고, 특정의 또는 일반적 여론의 요구와 일정한 거리를 두고 결정을 내릴 수 있는 외교정책 엘리트가 요구되기 때문이다. 이러한 상황은 러시아나 중국에서만 가능할 것이다. 미국이나 서유럽, 심지어 일본에서도 그렇지 못하다. 이들 나라에서 외교정책은 종종 국내정치적 갈등과 밀접히 얽혀 있으며, 엘리트의 결정은 주기적으로 일반 시민의 승인을 받게끔 되어 있다.

세력균형이 체제유지를 위한 규칙을 획득하기 위해서는 각 강대국들의 이해를 얻어야 하고, 그것을 깨는 행위자에 대해서는 제재를 가할 수 있어야만 한다. 닉슨(Nixon) 대통령이 북경과 모스크바를 방문함으로써 냉전이 완화되었을 때에도 미국과 중국, 러시아가 국제적 게임의 '규칙'에 대한 순수한 합의를 공유하지는 않았다. 하물며 만약 러시아가 체제의 규범을 어길 경우 어떻게 미국과 다른 나라들이 러시아를 '응징'할 수 있었겠는가? 18세기의 전쟁은 규칙을 강요하는 궁극적 메커니즘으로 작용할 수 있었지만, 핵시대에 있어서는 강대국간의 제한적인 재래식 전쟁도 위기상승을 초래할 수 있다는 점에서 너무나 위험한 것이다. 그러나 강제력이 없다면 체제의 '규칙'이 무의미하지 않겠는가?

또한 만일 한 나라가 지배의 야욕을 가지고 있을 경우, 효과적인 세력균형을 유지하기 위해서는 각 국가가 체제 내의 다른 국가와 언제라도 기꺼이 동맹을 맺을 의사를 가져야만 한다. 그러나 오

The Journal of Politics, Vol. 15, No. 3, August 1953, p. 370.

늘날 과연 그러한 동맹체결의 유연성이 존재하는가? 예를 들어 미국이 일본을 억제하기 위해 중국과 동맹을 맺거나 서유럽에 대해 소련과의 동맹을 체결할 수 있겠는가? 그러므로 그런 의문의 제기는 단순한 수사에 불과하며 오늘날과 과거 18세기 사이에는 근본적인 불일치가 존재한다.

18세기의 세력균형은 제한적인 지리적 조건에 근거했다. 그 당시에는 강대국과 마찬가지로 민족국가를 수립한 나라가 별로 많지 않았다. 하지만 오늘날의 전지구적 체제(global system)에 있어서 약 185개국이 넘는 서로 다른 주권국가가 존재한다. 더욱이 오늘날에는 유엔이나 다국적 기업 등과 같은 국가적 속성을 갖지 않은 중요한 국제적 행위자가 많다. 이렇게 복잡한 환경 속에서 18세기의 단순한 국제관계의 모델이 오늘날에도 적실성을 가질 수 있겠는가?

결론적으로 과거의 세력균형모델이나 이론은 오늘날의 세계에는 적합하지 않다. 그러한 비판이 정확한 것인지 아닌지는 중요한 것이 아니다. 저자가 다시 강조하고 싶은 것은 세력균형이론의 효용에 대한 그러한 의문과 의구심이 전체적으로 권력 개념의 중요성을 약화시키고 있다는 사실이다.

1970년대 초, 이미 약화되고 있는 권력 개념에 새로운 개념적 도전이 전개되었는데, 그것은 '상호의존' 개념이었다. 이것은 세계가 점차 상호의존적인 것이 되고 있다는 것을 함축하는 것이었다. 사실 상호의존 개념은 정치경제학의 영역에서 간헐적이지만 꾸준하게 제기된 것이었다. 하지만 이와 같은 뚜렷한 등장과 학문적 인기는 이미 진부한 외교적 용어가 되어 버린 탈국경주의(transnationalism)에 관한 수많은 문헌에 기인한다. 탈국경주의에 대한 최초의 본격적인 연구는 "탈국경적 관계와 국제정치"(Transnational Relations and World Politics)라는 주제로 발간된 『국제기구』(*International Organization*)지의 특집호였다.[125] 탈국경주의론자들의 견해가 서구적 근시안에 불과한 것인지 아니면 오늘날 국제정치의 새로운 현실을 밝힌 것인지는 아직까지도 탈국경론자들과 사뮤엘 헌팅턴(Samuel Huntington)이나 로버트 길핀(Robert Gilpin)과 같은 전통적 이론가들간의 논쟁의 대상이 되고 있다. 하지만 '현실주의적' 렌즈는 단지 국제적 현실의 한 면만을 보여 준다는 코헨(Keohane)과 나이(Nye)의 주장은 일리가 있다. 왜냐하면 현실주의 패러다임은 경제적 통합이나 공식적·비공식적 국제기구의 역할에 대해서는 적절한 분석을 제공해주기 못하기 때문이다.[126] 따라서 그들은 오늘날 국제정치의 중심현상은 국가안보라는 수사적 우산하에서 전개되는 단순한 권력투쟁이 아니라 다양한 자율적·반(半)자율적 행위자들간의 여러 가지 문제에 대한 흥정(bargaining) 과정이라고 주장한다. 이러한 새로운 상황은(국가간, 정부간, 탈국경적인) 다양한 채널과(더 이상 군사 안보만이 지배적 문제가 아니라는 점에서) 국가적 당면문제간 우선순위의 부재 그리고 (군사력의 비용과 불확실성 때문만 아니라 안전의 영역이 보다 확대되었다는 점에서, 즉 일반적으로 공격의 위협이 감소하고 다른 나라에 의한 공격 위협도 거의 존재하지 않는다는 점에서) 군사력의 역할 감소 등에 의거한 것이다.[127]

코헨과 나이는 '권력'의 중요성을 부정했다기보다는 권력의 중요 요소가 순수한 군사력에서부터 비군사적 흥정 기술로 옮겨 갔음을 강조했던 것이다. 하지만 대안적 개념으로 '상호의존'을 제시함으로써 그들은 어쩔 수 없이 권력 개념을 위협한 셈이 되었다. 예를 들어, 헤롤드 제이콥슨(Harold Jacobson)이 펴낸 『상호의존의 네트워

125) 코헨(Keohane)과 나이(Nye)가 1971년 여름호로 공동 편집했었다.

126) R. Keohane and J. Nye, *Power and Interdependence*, Boston: Little Brown and Company, 1977, p. v.

127) *Ibid.*, Chap. 2.

크』(*Networks of Interdependence*)[128]에는 '권력'이라는 말이 약 500쪽의 책에 단 한 차례도 나오지 않는다. 다시 말해 상호의존 개념이 사용될 경우 권력 개념은 '상호의존의 대칭적' 또는 '비대칭적 관계' 등의 용어로 대체되어 나타난다. 복합적 상호의존모델의 장단점이 무엇이든 간에 만일 이 모델이 현실주의적 권력모델을 대체한다면 권력 개념은 더 이상 중요한 분석적 개념으로 쓰이지 않게 될 것이다.

하지만 상호의존 개념은 적어도 지금 이 순간까지는 '권력' 개념을 대체하지 못하고 있고, 이에 대해 갑론을박이 계속 전개되고 있다. 그럼에도 불구하고 저자는 '권력' 개념이 '체제'뿐만 아니라 '상호의존' 개념에 의해 강력하게 도전받고 있음을 강조하려는 것이다.[129]

6. 결　론

앞 절에서 필자는 한편으로는 그 개념상의 모호성으로 인해, 다른 한편으로는 '체제'와 '상호의존'과 같은 보다 유용해 보이는 개념들로 인해 정치학자들이 '권력' 개념을 잘 사용하지 않고 있다고 주

128) Harold K. Jacobson, Networks of Interdependence, New York: Alfred A. Knopf, 1979.

129) 권력의 개념과 함께 진행되어 온 국제정치학의 전반적인 논의에 관해서는 강성학, 『이아고와 카산드라: 항공력시대의 미국과 한국』, 오름, 1997의 제 7 장 "국제정치학의 이력서"와 제 8 장 "국제정치 이론과 정치지도자," 그리고 『카멜레온과 시지프스: 변천하는 국제질서와 한국의 안보』, 나남, 1995의 제 1 장 "역사의 종말과 포스트모던 국제정치: 20세기 말 지성적 위기의 철학적 배경"을 참조.

장했다. 그러나 이것이 '권력'이란 구시대의 개념이며 다른 개념들로 대체되어야 한다는 것을 의미하는 것은 아니다. 저자는 단지 이 개념의 사용빈도가 점차 감소하고 있음을 지적한 것이다. 예를 들어, 『공동체 권력 연구』(*The Search for Community Power*)[130]의 제목에서 보여지는 것처럼, 공동체에 관한 많은 연구들은 여전히 권력에 초점을 맞추고 있으며, 권력자원과 그 결과를 알아내려고 애쓰고 있다는 점에서 권력이란 여전히 정치학의 중심 개념임을 알 수 있다. 비록 다른 개념들 속으로 점차 흡수되고는 있지만, 특히 국제관계분야에서 권력은 국제정치의 중심요소로 남아 있다. 특히 체계이론가들은 다양한 형태의 체제를 구분함에 있어서, 국가 권력의 견지에서 그러한 작업을 수행하였다. 예를 들어 캐플란(Kaplan),[131] 도이치(Deutsch)와 싱어(Singer),[132] 로즈크랜스(Rosecrance),[133] 아롱(Aron),[134] 호프만(Hoffmann),[135] 월츠(Waltz)[136] 등은 비록 각각의 국제체제를 서로 다른 용어를 통해 구분하였지만, 그들 모두는 국가권력의 집중과 분산에 따라 국제체계의 다양한 형태를 구분했던 것이다.

또한 '세력균형'이란 용어도 닉슨(Nixon) 행정부의 출범과 더불어 새로이 재등장하게 되었다. 국제체제의 향방에 대해 닉슨 행정부

---

130) W. D. Hawley and F. M. Wirt, eds., *The Search for Community Power*, 2nd ed., Englewood Cliffs, New Jersey: Prentice-Hall, Inc., 1974.

131) Kaplan, *op. cit.*

132) Karl Deutsch and J. David Singer, "Multipolar Power Systems and International Stability," *World Politics*, Vol. 16, 1964, pp. 390-406.

133) Rosecrance, "Bipolar, Multipolar, and the Future," *The Journal of Conflict Resolution*, Vol. 10, 1966, pp. 314-327.

134) Aron, *Peace and War*, New York: Fredrick A. Praeger, Publishers, 1966, Chap. V.

135) Stanley Hoffmann, *Gulliver's Troubles or the Setting of American Foreign Policy*, New York: McGraw-Hill Book Co., 1968, Chap. 2.

136) Kenneth N. Waltz, *Theory of International Politics*, Reading: Addison-Wesley, 1979.

내에서 발생하는 논쟁의 중심적 테마는 바로 세력균형이었다. 예를 들어 닉슨 대통령은 1972년 1월 초 "세계 역사를 통해 우리가 오랫 동안 평화를 누릴 수 있었던 시기는 오직 세력균형이 존재할 때뿐이었다. … 만일 강력하면서도 건전한 미국과 유럽, 소련, 중국 및 일본이 상호간의 균형을 이루고, 다른 행위자나 균형 그 자체를 위협하지 않는다면 세계는 보다 안전하고 나은 세계가 될 것이다"137) 고 말했다. 닉슨 행정부가 국제체제를 세력균형의 방향으로 움직여 나간 이후 권력이론은 마치 피닉스처럼 미국외교정책과 미국군사전략을 다룬 많은 문헌들 속에서 새로운 생명력을 가지고 재등장하기 시작했다. 더욱이 석유수출국기구(OPEC) 회원국들이 1973년 임의로 유가를 인상함으로써 그들의 힘을 과시한 이후 릴리푸션들(Lilliputians), 즉 약소국의 권력에 대한 연구가 등장하게 되었다. 그러므로 권력 개념은 미래에도 국제정치학 분석의 중심 개념으로 계속 남게 될 것이다.

비록 권력은 모호한 것이기는 하지만, 우리는 어디서나 권력과 관계를 맺고 살아가고 있다. 따라서 권력의 모호성과 막연성, 불확정성, 보편성 등을 안고 살아갈 수밖에 없다는 사실에 만족해야 할 것이다. 권력 개념은 너무나 포괄적이어서 정확한 측정을 하기가 곤란하다. 기껏해야 우리는 권력자들 사이에 막연한 서열을 매길 수 있을 뿐이다. 즉 어떤 사람이나 집단이 다른 사람 혹은 집단보다 상대적으로 더 큰 권력을 가지고 있다는 식이 될 것이다. 권력은 감자처럼 껍질을 벗길 수 있는 것이 아니기 때문에 명료하게 말할 수는 없다. 권력은 너무나 무형적이고, 불규칙하며 카멜레온과 같아서 '특성'은 말할 것도 없고 그 정확한 특성도 합의하기 어려운 개념이

137) Alastair Buchan, "A World Restored," *Foreign Affairs*, July 1972, p. 644에서 재인용.

며 현상이다. 비록 권력은 정치적 분석에 있어서 중요한 개념이긴 하지만, 측정될 수 있을 만큼 충분히 명료하게 정의되기는 어려운 것으로 판명되었다. 권력이 정치에 대한 과학적 분석을 하기에는 '실망스러운 개념'[138]이라는 사실은 너무도 당연한 것이다. 그러므로 정치학자들은 그것을 대체하는 보다 다루기 용이한 개념을 모색하고자 할 수 있다. 카두신(Kadushin)이 주장한 것처럼 '권력'의 어려움은 권력을 측정하기 위해 정확한 정의를 내리려고 노력하는 학자들의 능력부족에 있는 것이 아니라, 권력 그 자체의 속성에 기인하는 것이다.[139]

저자는 권력 개념을 규명하고 명료화하는, 그리고 그것의 측정 절차를 발견하려는 정치학자들의 노력에는 공감하지만,[140] 그러한 노력은 마치 헐벗은 산에서 물고기를 잡으려는 노력과 같은 것이라고 감히 말할 수 있다. 정치학의 아버지인 아리스토텔레스는 수차례에 걸쳐 다음과 같이 경고했다. "모든 예술품이나 공예품에서 동일한 정확성이 기대되어서는 안 되는 것처럼 철학의 모든 분야에서도

138) James G. March, "The Power of Power," in David Easton, ed., *Varieties of Political Theory*, Englewood Cliffs, N.Y.: Prentice-Hall, Inc., 1966, p. 70.

139) Charles Kadushin, "Power, Influence and Social Circles: A New Methodology for Studying Opinion Makers," *American Sociological Review*, Vol. 33, No. 5, October 1968, p. 697.

140) 권력자원에 초점을 맞춘다면 측정이 어느 정도 가능할지도 모른다. 특히 통화력(monetary power) 자원은 측정이 가능하다. 그 밖의 다른 자원들도 간접적인 측정이 가능하다. 하지만 만족스러울 정도로 되는 것은 아니다. 우리는 행태적 경험주의론자들이 주장하는 것과 같이 특정한 명령/반응 상황의 지표를 개발할 수 있다. 그러나 권력의 구조적 제약은 완벽한 측정을 어렵게 한다. 권력은 체계적이고 확실한 방식으로 측정되기 어렵다. 권력의 측정과정에 대한 논의에 대해서는, Robert Dahl, "Power," in *International Encyclopedia of Social Science*, Vol. 12, pp. 413-414를 참조.

똑같은 정도의 정확성이 기대되어서는 안 된다." "만약 그 주제에 속한 그런 정도의 정확성만 성취할 수 있다면, 정치학의 정확성에 대한 우리의 취급은 적절한 것이 될 것이다."141) 다시 말해, 정치학의 주제 그 자체가 정밀한 취급을 받는 것은 아니기 때문에 정치학에서 수학적 엄밀성은 기대할 수 없다는 것이다. 그것을 다시 필자의 말로 바꾼다면, 권력 개념 그 자체가 명료한 것이 아니기 때문에 우리는 권력의 정확한 정의나 측정을 기대하지 말아야 한다는 것이다. 우리는 모호한 것은 그냥 모호하게 놔두어야 하며, 권력 개념이 과학적 · 경험적 연구의 범위를 넘어선다고 해서 그냥 묻어버려서는 안 된다.

오늘날 세계에 살고 있는 모든 사람들에게 있어 권력은 명백히 실존한다. 우리는 권력을 말하지 않고서는 일상사나 중요한 정치적 · 사회적 현상을 말할 수 없다. 비록 우리가 권력을 정확히 정의하고 또 측정할 수는 없지만, 권력은 확실히 존재한다. 그러나 권력은 히드라나 카멜레온과 같은 모습으로 존재한다. 그러므로 우리는 그것이 실제적이고 의미 있는 개념이라고 가정할 뿐이다. 혹자는 연기 나는 곳에 불이 있다는 가정이 틀렸다고 주장할 수도 있다. 그러나 저자는 권력이란 단지 연기가 아니라 진짜 불이라고 생각한다. 우리는 '측정 불가능한 요소'를 비실제적인 것이라고 버리는 실수를 자행해서는 안 된다. 우리는 과거에 대한 회상 속에서 후세 사람이 가지는 이점을 통해 그것을 단지 모호하게 알 수 있을 뿐이다. 하지만 권력은 항상 우리와 함께 있다. 회의론적 과학자들은(권력의 존재를) '증명하라'고 말할 것이다. 우리는 그가 앉아 있는 테이블의 존재를 증명하라는 요구를 받았을 때, 그것을 한 번 발로 차보라고 응

141) *Nichomachian Ethics*, trans. H. Rackham, Loeb Classical Library Edition, Harvard University Press, 1926, p. 7 and p. 9.

수했던 어떤 철학자의 지혜를 받아들여야 한다. 비록 형이상학자들이 이러한 응수가 전적으로 타당한 것이라고 판결하지는 않더라도, 테이블을 발로 차는 것은 모든 경험론적 학자들을 만족시킬 만한 분명한 해결방법이 될 것이다.[142] 하지만 과연 우리가 '권력'의 존재를 확인해 보기 위해 대통령을 발로 차야만 하겠는가?

142) Herbert A. Simon, "Notes of the Observation and Measurement of Political Power," *The Journal of Politics*, Vol. 15, 1953, p. 500.

제3장

국제정치학의 이력서

> 만일 국제정치학에서 어떤 독특한 정치이론이 있다면, 그것은 바로 힘의 균형이론이다.
>
> -케네스 월츠-

1. 국제정치학의 탄생

국제정치학이 하나의 '독립된 학문'이 될 수 있을까? 학문이란 것이 어느 정도의 통일성을 가진 주제(subject)로서 학자들의 의식(consciousness) 속에 존재하는 것을 의미한다면 국제정치학(혹은 국제관계학)은 정치학, 보다 넓게는 사회과학에서 하나의 독립적 학문 분야로서 간주될 수 있다.[1] 또한 국제정치학은 미국의 특기(American speciality)[2] 혹은 미국적 사회과학(an American social science)[3]이라고 할 수 있다.

---

1) Stanley Hoffmann, *Contemporary Theory in International Relations*, Englewood Cliffs: Prentice-Hall, 1960, p. 1.

2) William T. R. Fox and Annette Baker Fox, "The Teaching of International Relations in the United States," *World Politics*, Vol. 13, April 1961, p. 339.

3) Stanley Hoffmann, *Janus and Minerva: Essays in the Theory and Practice of International Politics*, Boulder: Westview Press, 1987, pp. 3-24.

서로 다른 국가나 행위자들 사이의 갈등과 협력의 유형을 체계적으로 연구하려는 국제정치학의 역사는 다른 학문분야에 비해서 비교적 짧다. 그렇지만 지성사의 관점에서 본다면 마치 정치학자들이 아리스토텔레스로 거슬러 올라갈 수 있듯이 국제정치학자들은 아리스토텔레스보다 앞선 투키디데스(Thucydides)까지 추적할 수 있다. 그러나 투키디데스는 역사가였다. 그는 천재적인 역사가였고 그 자신이 『펠로폰네소스 전쟁사』를 정치생활에 대한 후세의 교육을 위해 쓴다는 기대와 자부심에서 이 책에 '영원한 재산'(eternal possession)이라는 제목을 붙였던 것이다. 그러나 명시적 일반론을 피했기 때문에 그가 국제정치 이론가였다고 말할 수는 없을 것이다.[4)]

국제정치학은 현대의 사회학이나 정치학처럼 정치사, 철학, 그리고 19세기의 공법(公法)으로부터 완전히 해방되지 못했다. 국제정치분야에 있어 정치철학은 국내정치질서에서 공동선이나 정의에 관심 있는 사람들에게 그것이 제공한 것만큼 많은 것을 제공하지 못했다. 그리스의 고전철학자들은 국내적으로 '좋은 정부'에 대해 관심을 집중했고 중세의 문헌들은 주권국가의 세계에서는 그 적실성이 매우 제한된 정당한 전쟁(just war)에 사로잡혀 있었다. 근대의 시기에 와서야 마키아벨리의 군주를 위한 통치술이 등장했고, 홉스, 로크, 루소, 그리고 흄의 작품 속에서 국제적 자연상태에 대한 논의가 있었다. 그리고 칸트의 에세이와 헤겔의 압축된 사상, 클라우제비츠의 전쟁의 본질과 전략에 대한 가르침과[5)] 마르크스의 지나치게

4) 그럼에도 불구하고 그의 권력현상에 입각한 정치의 가르침은 이른바 정치적 현실주의의 시조라고 불러 손색이 없고 또 대부분의 국제정치학자들에 의해서 그렇게 인정되어 왔다.

5) 클라우제비츠를 정치철학자로 보는 이유로서는 Raymond Aron, *Clausewitz: The Philosopher of War*, London: Routledge & Kegan Paul, 1983에 따른 것임.

단순화된 파편 같은 논리가 있을 뿐이었다. 또한 그러한 정치철학은 국제정치적 현실을 탐구하게 만드는 데 충분하지 못했다.[6] 왜냐하면 정치철학자들은 국제환경의 본질과 그것을 견딜 만하도록 만드는 방법에 있어서 의견을 달리했을 뿐만 아니라 이상적 국가의 추구를 가능하게 해줄 만큼 충분히 안정된 국내질서가 우선 먼저 수립되어야 하고 또 종종 정의의 열망과 충돌하는 국제적 경합에 관해서 썼기 때문이다. 또한 법의 명령과 국제현실 간의 괴리도 국내영역보다도 국제영역에서 훨씬 더 컸다. 따라서 정치적 관계의 연구 없이 국제법의 실패나 주권국가들 간의 의무의 토대에 대한 고통스런 논쟁을 이해할 수 없을 것이다. 그러므로 외교사가 제공하는 혼란스런 자료에 체계적 질서를 수립하는 것이 필요했다. 국내정치의 사회과학화와 그렇지 못한 국제관계분야와의 괴리는 토크빌(Alexis de Tocqueville)이 근대의 두드러진 특징이라고 간파한 '민주화'의 전반적인 현상에서 발견될 수 있을 것이다.[7] 즉 국내사회는 이른바 구체제에서 근대사회로 이동했다. 그리하여 국내정치의 연구에는 민주화와 함께 일찍이 콩트(Comte)가 예언했듯이 실증주의(Positivism)의 시대가 도래했다. 그러나 국제정치는 여전히 군주의 세습적 외교관들의 마지막 영역이었고, 비밀의 마지막 피난처였다. 바로 이러한 맥락에서 레이몽 아롱(Raymond Aron)은 국제관계를 외교관들과 군인들의 전문적 활동으로 특징지었다.[8]

외교정책에 민주화가 영향을 미친 것은 오직 20세기에 와서였다. 외교문제들이 소수의 계산으로부터 다수의 정열로 옮겨졌다. 왜냐하면 보다 많은 국가들이 과거 소수의 행위자(주로 유럽)들의 영

6) Stanley Hoffman, *op. cit.*, p. 4.
7) *Ibid.*
8) Raymond Aron, *Peace and War: A Theory of International Relations*, New York: Frederick A. Praeger, 1966. p. 5.

역이었던 게임에 참여했을 뿐만 아니라 많은 정당이나 이익단체들의 국경선을 넘는 관계, 즉 사회와 사회의 관계가 수립되었기 때문이다. 또한 수백만 인의 동원과 학살을 경험한 세계대전은 구 외교적 질서의 몰락을 가져왔다. 그러나 윌슨과 레닌에 의해 상징되는 정치이념들이 외교질서에 유입됨으로써 이상주의적 사고에 새로운 생명을 불어넣었으며, 그러한 결과는 국제관계의 과학적 분석을 추구하는 사회과학의 도래를 지연시켰다. 그리하여 어떻게 사태를 개선하고 개혁하느냐가 당면과제가 되어 버렸다. 구 자유주의적 꿈은 국제연맹헌장에서 실현되었고 동시에 신생 소련은 외교 그 자체의 폐기마저 요구하고 있었다. 그러나 1930년대의 야만적 세계를 세계공동체로 오인하고, 집단안보체제를 인류공동의 의무로 오인한 바로 그러한 유토피아의 주장에 대항하여 카(E. H. Carr)는 현대국제정치의 최초의 '과학적 탐구'라고 취급할 수 있는 『20년간의 위기』(*Twenty Years' Crisis*)[9]를 썼다. 당시 카는 이 책을 통해 자유주의의 허식을 폭로하고 학문과 규범적 현실주의 접근법의 토대를 놓았다. 그러나 카의 선구적 노력이 결실을 본 것은 그의 조국인 영국에서가 아니었다. 즉 국제관계가 하나의 학문이 된 것은 미국에서였다. 그리고 여기에는 그럴 만한 배경이 있었다. 그 배경은 무엇보다도 세계강대국으로서 미국의 부상이었다. 그리하여 카가 영국에서 발전시킨 형태의 현실주의를 미국에선 두 권의 책이 제시하였다. 하나는 니콜라스 스파이크만(Nicholas Spykman)의 『국제정치 속의 미국의 전략』(*America's Strategy in World Politics*)[10]이고 또 하나는 한스 모겐소(Hans J. Morgenthau)의 『국가간의 정치』(*Politics Among Nations*)[11]

9) E. H. Carr, *Twenty Years' Crisis*, London: Macmillan, 1939.

10) Nicholas Spykman, *America's Strategy in World Politics*, New York: Harcourt Brace, 1942.

11) Hans J. Morgenthau, *Politics Among Nations*, New York: Knopf, 1948.

였다.

스파이크만의 저서는 국제정치의 주된 특징에 관한 책이라기보다는 마한(Mahan)이나 매킨더(Mackinder)의 지정학적 전통에 따른 논문에 더 가까웠지만, 그 저서는 외교정책이란 주로 이상과 관련된 것이 아니라 힘에 관련된 것이라는 것을 미국인들에게 가르쳤다. 그러나 만일 국제정치학이 어떤 창설자를 가지고 있다면 그것은 한스 모겐소일 것이다.[12] 카처럼 모겐소는 과거와 현재의 이상주의적 사고에 반발하고 있었다. 사회과학과 자연과학의 차이를 강조하는 학술적 전통에 깊이 젖어 있었던 그는 국제법률가들이나 정치이데올로기들의 유토피아에 대립되는 경험과학(empirical science)을 수립하고 또 올바른 종류의 사회질서에 대한 경험적 연구와 철학적 탐구의 통일성을 확인하려 했다. 그는 규범적이려고 했지만 자신의 규범을 정치가들의 야망이나 법률가들의 구조물이 아니라 정치의 현실 속에 뿌리를 두려고 했다. 그가 제안한 국제관계의 모델과 국제적 온건성과 외교정책적 성공을 위해 유일하게 타당한 처방으로 그가 제시한 이른바 정치적 현실주의는 19세기 및 20세기 초 통치술에 관한 역사가들의 견해에서 추출되었다.

모겐소의 저서는 이중적으로 유용한 역할을 수행했다. 한편으로 법칙을 수립하려는 그의 결의는 그로 하여금 국가행위의 법칙이나 규칙, 정책의 유형, 또는 힘의 주된 분포를 추구하게 했고, 힘이라는 개념과 국가이익이라는 관념에 자신의 전반적 분석을 의존케 함으로써 역사나 법률과는 별개의 과학적 탐구분야의 존재를 대담하게 제시했었다. 다른 한편으로는, 힘이라는 개념의 모호성과 객관적 국가이익의 불확실성, 그리고 자신의 분석적 틀만이 유일하게 건전한 규범적 또는 정책적 권고를 가져올 수 있다는 그의 주장 등은

12) *Ibid.*, p. 6.

후학들로 하여금 모겐소의 그런 이론적 토대를 비판하고 수정하면서 모겐소의 입장에 서서 이론화 작업을 계속 발전시킬 것을 거부하게 만들었다. 그의 청사진을 거부하는 사람들은 다른 계획을 시험하게 되었다. 만약 모겐소가 규범적 주장이나 경험적 범위에서 보다 겸손한, 보다 덜 독단적인 학자였다면 그는 아마도 국제정치학에 그처럼 큰 영향을 미치지 못했을 것이다. 그의 저서보다도 분석에 있어서 훨씬 세련되고 범위에 있어서 훨씬 더 야심적인 레이몽 아롱의 기념비적 저작인 『평화와 전쟁』(*Peace and War*)[13]이 학술적 독자들로부터 어떤 비교될 만한 반응을 불러일으키지 못한 많은 이유 중의 하나는 아마도 아롱의 규범적 결론이 갖는 보다 큰 분별력과 겸손함이었을 것이다.[14] 그럼에도 불구하고 씨가 뿌려진 땅이 그렇게 수용력이 높지 않았다면 『국가간의 정치』가 그렇게 근본적 역할을 수행하지는 못했을 것이다.

미국에서 하나의 학문으로서 국제정치학의 발전은 3가지 요소들의 결합의 결과였는데, 지성적 성향, 정치적 환경, 그리고 제도적 기회가 그것들이다.

1) 지성적 성향

미국의 지성적 성향은 제 2 차 세계대전의 종결 이래 미국에서 일반적으로 발생한 제 사회과학의 거대한 폭발을 설명해 준다. 첫째로 미국에는 모든 문제가 해결될 수 있다는 신념이 존재하며,[15] 그

13) Raymond Aron, *op. cit.*

14) *Ibid.*, p. 7.

15) 랠프 다렌도르프(Ralf Dahrendorf)는 이것을 '응용된 계몽주의'라고 불렀다.

문제들을 해결하는 길은 과학적 방법을 적용하는 것이고, 과학에의 의존은 발전을 가져올 실질적 적용을 낳는다는 믿음이 존재한다. 여기서 특별히 미국적이라고 할 수 있는 것은 그런 믿음의 범주 혹은 그런 신념의 깊이였다. 그리고 그런 신념은 자연의 세계뿐만 아니라 사회적 세계도 포함하며, 문제해결에 대한 관심을 넘어 모든 영역에는 단지 지적으로뿐만 아니라 운영의 패러다임인 일종의 마스터 키(master key)가 존재한다는 믿음을 포함한다. 이것은 19세기의 지성적 가정들을 확대하고 확산시키는 것이다. 그러나 이것은 일종의 미국의 국가적 이데올로기이다. 왜냐하면 이러한 결과는 그런 신념에 근본적으로 도전하는 대응 이데올로기의(좌익이든 우익이든) 존재를 허용하지 않기 때문이다. 더구나 경제발전과 사회적 통합 그리고 대외정책적 성공을 통한 국가적 경험은 그러한 일련의 신념을 계속 강화해 왔다.

둘째로 자연과학의 위신과 세련미는 사회과학에도 영향을 미칠 수밖에 없었다. 자연적 세계와 사회적 세계의 차이를 슬퍼하는 회의론자들의 목소리가 미국에서는 결코 강력하지 못했다. 사회적 세계가 갈등의 세계이고 국가의 역사나 내전과 대외전쟁을 경험했기 때문에 확실성의 추구, 즉 재앙의 고통을 피할 확실한 길을 찾으려는 욕구는 사회과학의 영역에서 훨씬 더 불타고 있었다. 인간문제에 대해 이성의 의식적 응용을 통한 발전의 이데올로기와 가치의 영역과 수단의 선택에 있어서 비합리성이 종종 지배하는 사회적 현실 사이의 괴리는 사회과학의 수립과 허세의 일종의 인플레이션을 낳았다. 그리고 제 2 차 세계대전의 종결과 함께 하나의 새로운 도그마가 등장했다. 그것은 자연과학에 가장 가까운 사회과학인 경제학이 미국의 국가적 기대를 충족시키는 것처럼 보였던 것에 기인한다. 경제학은 수세기에 걸친 빈곤과 불평등의 문제들의 해결에 대한 기여로 찬양받았다. 그리고 이 승리가 다른 사회과학들을 자극했다. 정치학이 특히 많은 자극을 받았으며 정치학에서 경제학을 모방하려는 유혹이 가장 컸다. 과학의 이념이 미국만큼 압도적이 아닌 국가들도 상당한 사회과학의 팽창을 2차대전 후 경험했다. 그러나 미국이 종종 모델로서 그리고 지렛대로서 작용했다.

세 번째의 성향은 해외에서 미국으로 이민 온 학자들에 의해서 제공되었다. 그들은 미국과학의 전반적 발전에 크나큰 역할을 수행했다. 그리고 이 역할은 사회과학분야에서 특히 중요했다. 어떠한 사회과학도 그것이 제기하는 의문보다 흥미롭지 못하다. 그들의 철학적 훈련과 개인적 경험은 그때까지 미국 사회과학의 대부분이 제기했던 것보다도 훨씬 더 큰 의문들을 제기하게 했다. 즉 그들은 단순히 수단에 관해서 만이 아니라 목적에 관해서, 기술에 관해서뿐만 아니라 선택에 관해서, 소규모 마을이나 정부단위에 관해서가 아니라 사회세계에 관한 의문을 제기했던 것이다. 그들은 미국에 역사의식, 즉 다양한 사회적 경험의 의식을 가져와 비교연구를 고무하고 흔히 협소한 미국적 사회과학을 보편적인 것으로 만들 수 있었다. 국제관계분야에서 모겐소뿐만 아니라 아놀드 월퍼스(Arnold Wolfers), 클라우스 노어(Klaus Knorr), 카를 도이치(Karl Deutsch), 언스트 하스(Ernst Haas), 조지 리스카(George Liska), 헨리 키신저(Henry Kissinger), 즈비그뉴 브레진스키(Zbignew Brzezinski)를 비롯하여 수많은 학자들이 있었다. 그들은 자신들을 몰아낸 재앙의 의미와 원인들 그리고 어쩌면 보다 나은 세계에 대한 열쇠를 발견하고자 했었다.

2) 정치적 환경

국제정치학의 성장은 1945년 이후 국제문제와 관련된 미국의 역할과 분리될 수 없다. 갑작스런 연합국의 지도국으로서, 유일한 경제적 초강대국으로서, 핵의 독점국으로서(나중에는 핵의 우위국으로서) 미국은 지방정치나 의회정치 혹은 집단적 다원주의 정치보다도 많은 학생들에게 훨씬 더 흥미로운 것이었다. 거의 필연적으로 세계 속에서 미국의 행동에 대한 관심은 국제관계의 연구와 융합하게 되었다. 왜냐하면 전세계가 미 · 소 간 대립의 묶인 것처럼 보였기 때문이다. 미국의 외교정책을 연구한다는 것은 국제체제를 연구하는 것이었다. 그리고 국제체제를 연구한다는 것은 미국의 역할에 대한 연구로 되돌아 올 수밖에 없었다.

둘째로 정책결정자들의 요구와 학자들의 연구활동 사이에는 현저한 시기적 일치가 존재했다. 일단 냉전이 시작되자 정치지도자들은 여러 가지 기능을 수행할 수 있는 어떤 지적 컴퍼스를 갖고 있어야 했다. 그 다양한 기능이란 고립주의를 몰아내고 국제문제에 항구적이고 범세계적인 개입을 정당화시키는 것이었다. 또한 냉전에 의해 분명히 요구되는 힘의 축적, 개입기술 그리고 대소 봉쇄의 방법들을 합리화시키는 것이었다. 아울러 이상주의적 대중들에게는 국제정치가 왜 순수한 선의에 많은 여유를 남기지 않는지를 설명해 주고, 호전주의자들에게는 왜 무제한의 무력과 자유를 위한 극단주의가 미덕이 아닌지를 보여줌으로써 그들의 좌절을 달래주고, 전쟁을 피함과 함께 이상을 달성할 가능성에 대해서, 즉 궁극적인 화해의 욕구를 국민들에게 확실하게 해주는 것들이었다. 구체적인 정책들에 대해서 아무리 비판적이고 그 권고가 아무리 다양해도 '현실주의'는 바로 요구되는 것을 제공했다. 첫 번째 저서들의 파도는 모겐소, 월퍼스, 키신저, 케난, 오스굿, 월트 로스토, 맥조지, 번디 등의 새로운 지적 사업으로서, 미국의 새로운 외교적 과제가 필요로 하는 일반적 토대를 제공했다. 두 번째 파도는 대략 1957년에서 1960년대

중반에 걸친 것인데 핵시대의 전략을 국제정치학의 지배적 분야로 전환시켰다. 세 번째 파도는 1970년대에 등장한 현상으로 국제경제적 관계의 정치에 관해 점증하는 문헌들이다. 두 번째 파도가 단순한 대량보복전략을 보다 세련된 전략으로 대치하려는 행정부의 몰두와 시기를 같이했다면 세 번째의 파도는 베트남전 후 무력에 대한 혐오감과 경제적 문제들이 외교의 우선적 의제로 등장한 것과 시기를 같이한다. 따라서 연구의 우선순위와 정책결정의 우선순위가 혼합되었다.

3) 제도적 기회의 요인

다른 나라에는 존재하지 않거나 아니면 분명히 동시에 존재하지 않는 요인으로 — 미국에서 특히 국제정치학이 성장하는 데 작용한 — 3가지 제도적 요인들을 들 수 있다. 하나는 학계와의 관계의 가장 직접적이고 가시적인 연결이다. 1940년대 후반과 1950년대 정치지도자나 관료들은 자료와 아이디어를 필요로 했다. 따라서 그들은 대학에 의존했다. 이 시기에 공식적이든 비공식적이든 대학이 자문기관의 역할을 수행했고 많은 연구가 국무부나 국방부 같은 정부기관들에 의해 재정적 뒷받침을 받은 시기였다. 그런데 1960년은 하나의 전환점이 되었다. 학자들이 직접 정책결정에 참여하기 시작했으며 워싱턴과의 연계가 지적 교환을 전문인으로 전환시켰다.

두 번째의 중요한 제도적 요인은 전후 국제관계연구를 재정적으로 뒷받침한 재단들의 네트워크이다. 이 재단들의 역할은 앞서 지적한 세 개의 학술적 파도가 정치가들의 잇따른 관심과 왜 그렇게 교묘히 일치하는가를 정확히 이해하려 할 때 본질적인 것이다. 세 번째의 제도적 요인은 대학들 자체에 의해서 제공되었다. 미국의 대학들은 두 가지의 지대한 미덕을 갖고 있다. 하나는 그것들이 융통성이 있다는 것이고, 또 하나는 대중고등교육이 이미 하나의 기정사실이라는 사실에 기인했다. 즉 미국대학들은 국제정치학의 기반으로 봉사할 수 있는 대규모 정치학과들을 갖고 있다. 60년대 말까지 프랑스에서, 그리고 신 대학들이 확산될 때까지 영국에서 국제정치학은 법학의 하녀나 역사가의 웃음거리로 남아 있었으며, 미국 역시 정치학과들이 늘어나기 시작할 때에도 국제정치학의 발전을 위한 다른 이유들이 여전히 부재했다.[16] 따라서 다른 나라에서는 아직도 외교관들이 새로운 과학기술과 경제의 새로운 기술적 문제들을 다루어야 할 때 그들은 이런 문제들에 대해서 국내문제의 전문가들에게 도움을 구했다.

요컨대 지금까지 논의한 세 가지 요인, 즉 지성적 성향과 정치적 환경, 그리고 제도적 기회라는 요인들로 인하여 국제정치학은 하나의 사회과학으로서 오직 미국에서만이 보다 흥미로운 학문으로서, 하나의 독립적 연구의 대상으로서 발전할 수 있었던 것이다. 그리고 바로 이러한 이유에서 국제정치학은 20세기의 미국적 학문이라고 특징지을 수 있을 것이다.

2. 패러다임을 찾아서

과학적 방법에 대한 전통적 생각은 모든 지식이란 궁극적으로 경험에 기인한다고 선언하는 경험주의에 입각하고 있다. 경험주의자들은 과학적 분쟁의 최종적 해결은 관찰의 증거이어야 한다고 주

16) *Ibid.*, p. 13.

장한다. 관찰이 이런 역할을 수행하지 못할 때에는 도그마나 추측 혹은 미신일 뿐이다. 그리하여 이런 경험주의의 명령을 준수하지 않는 사람들은 과학의 왕국으로부터 파문당할 위험에 놓인다.

사회과학자들은 분명히 의식하지 않을지는 몰라도 지식론, 즉 인식론을 모두 가지고 있으며 그것은 무엇이 과학적이고 아닌지에 대한 그들의 태도를 구성한다. 경험주의는 과학철학의 훈련을 받지 않은 사람들에 의해서 가장 일반적으로 수락되는 인식론일 것이다. 그것은 성공적인 과학과 과학자들에 대한 가장 보편적 믿음을 구현한다. 경험주의는 과학자가 조사대상의 일종의 구경꾼이라고 가정한다. 다시 말해서, 현실이란 과학자들에게는 대외적으로 존재하는 것으로 가정되고, 현실의 구조와 내용은 과학자들의 신념이나 욕망과는 무관한 것으로 보인다. 과학자들은 따라서 객체를 이해하려고 하고 또 부정확성을 가져오게 할 편견을 제거함으로써 객관적이 되려고 노력하는 주체로 간주된다. 그러한 이해의 결과는 확실하거나 아니면 적어도 고도로 개연성이 있는 것으로 수락될 수 있는 과학적 지식이라고 말해진다. 만일 현실과의 접촉이 주관적 선호에 의해서 왜곡되면 그에 따른 이해는 단순한 믿음이나 의견의 지위로 떨어진다. 그런 이해는 흥미롭고 화려하며 감동적일지는 몰라도 과학이 되지는 못한다.

그렇다면 그런 왜곡되지 않은 현실과의 접촉은 어떻게 달성될 수 있을까? 경험주의자들에게 과학적 탐구란 특수한 관찰의 왜곡되지 않은 기록으로 구성된다. 그리고 그런 관찰은 실험이나 서베이(survey), 즉 발견의 과정을 촉진하도록 마련된 경험적 자료의 방법들로부터 얻어진다. 해결하고자 하는 문제와 관련된 자연이나 사회의 규칙성을 반영해 줄 특수한 관찰을 통하여 충분한 증거라고 간주되는 것들이 수집되었을 때 그것으로부터 일반화하여 문제의 설명을 개발할 수 있을 것이다. 만일 그 설명이 그런 증거에 굳건히 입각하고 있다면 그 설명은 확실할 수 있다. 이런 형식의 경험적 추리는 귀납법이라고 알려져 있다. 그리고 이것이 과학적 탐구와 비과학적 탐구를 구별하기 위해 경험주의에 제안된 방법이며 1960년대까지 대부분의 과학자들과 많은 직업적 철학자들에 의해서 이렇게 간주되었다.[17)]

이러한 경험주의의 이론은 직감적인 호소력이 있다. 왜냐하면 처음 들었을 때 그것은 탐구를 위한 그럴듯한 방법처럼 들리기 때문이다. 더구나 경험주의의 인간에 대한 개념과 자연 속에서 인간들의 위치는 자연과학에 의해서 뒷받침되는 것처럼 보인다. 인간세계란 자연의 일부이고 물질적 세계의 다른 부분을 지배하는 동일한 법칙에 따르는 것으로 간주된다. 인간과 다른 유기체가 환경으로부터 받는 모든 정보는 인간이 따르는 물리적 과정으로부터 나온다. 따라서 지식 축적의 기본적 수단인 귀납적 방법은 자연이나 사회에 마찬가지로 적용된다. 그렇다면 과거의 과학적 실수를 경험론자들은 어떻게 설명하는가? 과거의 실수란 귀납적 방법의 부적절한 적용의 산물이라고 이해한다. 해당 과학자들이 자신들의 편견이나 미신 혹은 믿음 때문에 자신들과 관찰의 대상 사이의 믿을 만한 관찰상의 연계를 왜곡했다는 것이다.

그러나 이러한 단순한 경험주의적 방법은 오늘날 대부분의 자연 및 사회과학자들에 의해서 거부되고 있다. 과학철학에서 그것은 이미 바보짓으로 오랫동안 간주되었다. 왜냐하면 그런 단순한 경험주의에는 4가지의 중대한 문제점들이 존재하기 때문이다. 즉 이미 널리 알려진 자료의 선발문제(selectivity), 자료의 확실성(certainty), 오

---

17) Len Doyal and Roger Harris, *Empiricism: Explanation and Rationality*, London: Routledge & Kegan Paul, 1986, pp. 2-3.

류(error)의 가능성, 그리고 자료나 사실의 해석(interpretation) 문제 등이 그것이다. 따라서 그러한 단순한 경험주의에 대한 대안들이 등장하게 되었다.[18)]

1930년대 중반에 카를 포퍼(Karl Popper)는 단순한 경험주의에 의해서 주장되는 과학적 귀납법은 하나의 신화이며 이론을 입증하기보다는 경험적으로 논박하는 것이 과학적 탐구의 발전을 가져오는 추진력이라고 주장했다. 왜냐하면 어떤 이론을 확인하기 위하여 아무리 많은 증거를 모은다 할지라도 그것이 진실이라는 것을 입증할 수 없기 때문이다. 아무리 많은 증거로도 흥미롭고 보편적인 이론을 진실이라고 입증할 수 없지만 단 하나의 반증으로서도 그것이 허위라는 것을 보여줄 수는 있다. 따라서 과학자에겐 항상 어떤 이론에 반하는 증거가 그것을 뒷받침하는 증거보다도 더 흥미롭다. 그러므로 포퍼는 과학과 형이상학(즉 경험을 초월한, 증명할 수 없는 주장들)을 구별하는 자신의 기준선으로 '반증가능성'(falsifiability)을 채택한다. 그리하여 과학적 가설은 어떤 종류의 사건이 발생하지 않을 것이라든가 혹은 어떤 관찰이 발견될 수 없을 것이라고 말해야 한다. 그렇게 함으로써 그런 사건들이 발생하거나 관찰된다면 그 이론은 부인될 수 있다. 부정은 긍정만큼이나 중요하다. 경험적 증거로써 어떠한 가정을 입증(verification)하는 것보다 그것이 진리가 아님을 반증(falsification)함으로써 그릇된 가정들을 제거하여 과학적 발전에 기여하게 된다.[19)] 따라서 포퍼는 과학적 탐구란 확실한 자료의 자유로운 수집으로 시작하는 것이 아니라, 언제나 어떤 문제의식을 갖고 이루어지는 관찰과 그 문제에 대한 잠정적 해결책과의 관련 속에서 선발되고 해석된다고 주장한다. 일단 이러한 잠정적인 해결

18) 이 문제들에 대한 자세한 논의를 위해서는, *Ibid.*, pp. 5-9 참조.
19) *Ibid.*, p. 11.

책들이 분명하게 가설들로서 표출되면 그때 그것들을 시험하는 것이 가능하게 된다.[20] 따라서 포퍼가 과학적 발전이란 항상 대담한 이론적 추측과 엄격한 경험적 논박의 결과라고 주장하는 것만큼 비귀납적이지만 여전히 포퍼는 경험주의의 입장에 서 있다.

1950년대 말, 토머스 쿤(Thomas Kuhn)은 성공하는 과학자들이란 포퍼가 제시하는 방식대로 행동하지 않는다고 주장하기 시작했다. 학습은 포퍼식으로 상당히 진행되지만 그러나 연구에 대한 보다 일반적 접근법의 타당성이 가정된 후에만 그렇다는 것이다. 여기서 접근법이란 진정한 연구문제로 무엇이 정의되며, 어떻게 과학자들이 그것을 해결하려고 노력해야 하고 또 그들의 해결책에 대한 효과적 비판으로 무엇을 그들이 수락할지를 제시하는 일단의 개념적 헌신(conceptual commitments)을 의미하며 쿤은 이것을 위해 패러다임(paradigm)이라는 용어를 사용하였다. 쿤의 학습이란 그것이 포퍼가 설명하는 식으로 발전한다고 해도 먼저 그러한 헌신을 전제한다고 주장한다. 그리하여 과학자들이 일단 그 속에서 설명이 형성되는 유일한 개념적 틀로 그 패러다임에 전적으로 헌신할 때에 패러다임은 성공적으로 향상되거나 '표출될' 수 있다는 것이다. 따라서 패러다임 내에서 어떤 특정 가설의 실패는 패러다임 그 자체의 실패가 아니라 그것을 위해 가설을 개발하고 문제를 해결하지 못한 과학자들의 실패이다. 실패한 가설이 형성된 그 문제는 바로 그 패러다임이 보유되기 때문에 문제로 남는다. 이렇게 해결되지 못하는 문제가 많을 때 그 패러다임은 이례적 상황(anomaly)에, 즉 위기에 빠지게 되고 경쟁적 도전을 받게 되는 것이다. 그리고 새로운 패러다임이 기존의 패러다임을 성공적으로 대치할 때, 그것을 쿤은 과학적 혁명이라고 보았다. 쿤은 지구중심에서 태양중심으로 또 뉴턴의 세계관에

20) *Ibid.*

서 아인슈타인의 세계관으로의 전환을 설명하면서 과학은 진화적이 아니라 그런 혁명적 전환을 통해서, 즉 패러다임의 전환을 통해서 발전한다고 주장했던 것이다.

새로운 이론이나 방법은 단지 옛것들의 점증적 적응이 아니라는 쿤의 주장은 사회과학에서 행태주의의 혁명적 성격을 정당화해 주는 것으로 열정적으로 수용되었다. 패러다임이라는 개념의 모호성에도 불구하고 그것은 돌연한 지성적 전환과 사물을 보는 전통적 방법의 포기를 정당화해 주는 것으로 보였다.[21] 쿤에 의하면 진정한 패러다임이란 구체적 연구 의문에 해답을 제공하지 않는다. 오히려 패러다임이 갖고 있는 가정들이 그런 문제들을 정의하고 어떻게 해결책이 추구되어야 하는지를 알려주고 그렇게 하여 이론을 창출한다.

패러다임이라는 개념은 미증유의 제도적 성장의 시기에 자신들의 직업의 미래를 그리고 자신들 학문의 경계선을 그으려는 사회과학자들에게 하나의 강장제가 되었으며, 국제정치학자들에게도 쿤의 작품은 매우 유혹적이었다.[22] 그리하여 1960년대와 1970년 초는 국

---

21) 쿤 자신도 패러다임이 무엇인지를 일관성 있게 그리고 분명하게 규정하지 못했었음을 인정했다. 따라서 그는 『과학혁명의 구조』(*The Structure of Scientific Revolution*)의 제 2 탄에서 후기를 첨가했다. 그리고 여기에서 그는 패러다임의 2가지 중요한 의미를 구별하려고 했다. 쿤에 의하면 한편으로 패러다임이란 어떤 일정한 공동체의 구성원들에 의해서 공유되는 신념, 가치기술과 같은 것들의 전 무리를 의미하고, 또 다른 한편으로 패러다임은 그 무리 중의 한 가지 요소, 즉 모델이나 본보기로서 채택되어 정상과학(Normal Science)의 남아 있는 수수께끼들의 해결을 위한 토대로서 명시적 규칙을 대치할 수 있는 구체적 수수께끼 풀이를 의미한다(p. 175). 그러나 어쩌면 패러다임의 가장 유용하고 간결한 정의는 학자들이 연구하는 세계에 대해 갖는 일단의 근본적인 가정들이라는 존 바스케즈의 정의일 것이다. John A. Vasquez, *The Power of Power Politics: A Critique*, London: Frances Pinter, 1983, p. 5.

22) 쿤 자신은 사회과학자들의 과학적 지위의 추구를 유도할 의도가 없었

제정치학 분야에서 지적 발효가 일어난 연대였으며 이 시기 동안에 현실주의의 교리, 즉 그 패러다임이 공격받고 과학의 높은 이름으로 외침의 목소리가 일어났다. 즉 국제정치의 과학자들은, 혹은 바꾸어 말하여 과학적 국제정치학자들은 원자구조의 신비를 파헤친 방법과 동일한 방법들이 사회적 행위의 다이내믹스를 노출시킬 수 있다고 주장했다.[23] 그리하여 쿤 식의 틀은 이론적 지리멸렬함에 빠져 있는 국제정치학분야에서 국제정치학자들로 하여금 이론적 발전을 기대할 수 있도록 해주는 하나의 방책으로 채택되었다. 쿤 식의 틀은 학문의 수립과 유지의 기준을 제공했다. 비록 국제정치학이 비약적 발전을 경험하지는 못했지만 국제정치학의 주제는 여전히 자연과학과 같다고 주장할 수단을 쿤 식의 틀은 제공했다. 또한 국제정치학자들에게 패러다임이라는 개념은 막연하게 꿈꾸던 유토피아 같은 목적지가,[24] 바꾸어 말하면 약속받은 땅이 되었다.

그러나 국제정치학자들은 기본적 개념에 대한 논의를 여전히 계속하고 있고 또 다른 학자들에 의한 기존의 성취나 연구에 별로 관련시킴이 없이 자신 특유의 연구노선을 추구하고 있다. 역설적이게도 정상과학이 국제정치학자들과 그들의 학생들에 의해서 회피되

음을 분명히 밝혔다. 만일 어떤 사회과학자들이 먼저 근본적인 것에 대한 합의를 만들고 나서 수수께끼의 해결을 하려 함으로써 자신들의 분야를 향상시킬 수 있다는 견해를 나로부터 취한다면 그들은 크게 나의 주장을 오해하고 있다고 말했다. Thomas Kuhn, "Reflections on My Critics," in Imre Lakatos and Alan Musgrave, eds., *Criticism and the Growth of Knowledge*, Cambridge: Cambridge University Press, 1970, p. 2245.

23) James N. Rosenau, *The Scientific Study of Foreign Policy,* New York: The Free Press, 1971, p. vii.

24) Richard K. Ashley, "Noticing Pre-Paradigmatic Progress," in James N. Rosenau, ed., *In Search of Global Patterns*, New York: The Free Press, p. 150.

고 있는데 그것은 다른 사람의 이론을 시험하거나 그 이론에 입각한 연구자는 자기 자신의 이론을 개발했다고 주장할 수 있는 사람들만큼 업적을 인정받지 못하기 때문이다. 따라서 국제정치학의 연구들은 누적되기는커녕 한때 반짝하고 마는 이론적 유행에 끝없이 사로잡혀 있는 실정이다.[25] 그리고 바로 이러한 누적적 연구의 부재 속에서 쿤의 틀은 국제정치학자들로 하여금 국제정치학의 발전 가능성을 믿게 해주었다. 비록 쿤의 모델이 비연속적이고 비누진적인 발전의 성격을 강조하고 있지만, 아노말리(anomaly)의 성공적 측면, 즉 과거에 해결되지 못한 수수께끼의 해결과 해결을 요구하는 새로운 수수께끼들의 창출은 비록 균등하진 못해도 지식의 단계적 축적을 시사하고 있다. 자연과학은 적어도 자연에 대한 보다 큰 인간들의 통제를 행사할 능력이 있다는 의미에서 분명히 '발전'했던 것이다.[26]

학술적 혹은 이론적 누적의 문제에 관해서도 국제정치학자들 사이에는 무엇이 누적이냐에 대해 몇 가지 다른 견해가 존재한다. 예를 들어 리처드 애슐리(Richard Ashley)는 우리의 패러다임 이미지에서 요구되는 것보다도 훨씬 낮은 자신감의 차원에서 발생할 수 있는 두 가지 형태의 누적을 제안하면서 그것들을 각각 '팽창적'(expansive) 누적과 '선별적'(selective) 누적이라고 불렀다. 전자는 보통 인식되는 모델들이나 개념들, 변수들, 지표들, 상관관계, 자료 및 기술의 팽창하는 목록을 산출하고 후자는 모델과 관계, 변수와 기술 등에 관한 진화를 공유된 경험의 과정으로서, 즉 이것들 가운데 집단적 과학자들의 선발이 경험적 연구를 포함하여 사전의 경험

25) Yale H. Ferguson and Richard W. Mansbach, *The Elusive Quest: Theory and International Politics*, University of South Carolina Press, 1988, p. 23.
26) *Ibid.*

에 의해서 점차적으로 형성되는 과정이라고 서술했다.[27] 애슐리가 국제정치학을 특징짓는 것으로 생각하는 '팽창적 누적'은 표준적 의미에서의 누적이라기보다는 이론적 확산에 대한 우리의 생각에 더 가까우며, 본질적으로 반패러다임적인 것처럼 보인다. 따라서 애슐리는 국제정치학의 분야는 복수의 패러다임들로 진실하게 나눌 수 없다는 결론에 도달했다.[28]

다이나 진스(Dina Zinnes)는 누적을 '첨가적'(additive) 누적과 '통합적'(integrative) 누적으로 이분한다. 전자는 어떤 연구가 주제에 관한 기존의 문헌에 어떤 정보를 첨가하는 것을 의미하고, 후자는 일단의 연구에 따른 발견들을 묶고 설명하는 것을 의미한다.[29] 진스는 '첨가적 누적'을 쿤의 정상과학에 비슷한 것으로 특징지우고 쓴 것처럼 보인다. 그러나 사실들의 단순한 부착은 진정한 수수께끼의 해결에 해당한다고 할 수 없으며 이론적 의미에서 누적이라고 간주될 수 없다. 국제정치분야에서 진스가 거의 발견하지 못하는 '통합적 누적'은 적어도 케네스 월츠(Kenneth Waltz)에 의해서 이해되고 있는 이론 그 자체에 해당하는 것처럼 보인다. 월츠는 이론이란 보여진 사건들이나 기록된 관련들이 아니라 그것들의 설명이라고 주장한다.[30] 월츠가 주장하듯이, 어느 지점에서 빛나는 직감력이 번쩍여서 창조적 아이디어가 등장하지 않는다면 고통스런 시행착오의 긴 과정이 이론의 건축을 가져오지 못할 것이다.[31] 많은 과학철학자들이 지적했고 자연과학의 주의 깊은 조사가 보여주듯이 단지 연

27) Richard K. Ashley, *op. cit.*, p. 152.
28) *Ibid.*, p. 153.
29) Dina Zinnes, "The Problem of Cumulation," in James Rosenau, ed., *In Search of Global Patterns*, New York: The Free Press, 1977, p. 162.
30) Kenneth Waltz, *Theory of International Politics,* Reading: Addison-Wesley, 1979, p. 9.
31) *Ibid.*

역을 통해서 우리는 설명(explanation)을 달성할 수 없다. 어느 지점에서 누군가가 도약하여 설명해야만 한다.[32] 진스와 월츠의 이론에 대한 개념은 국제정치학의 이른바 행태주의 혁명에는 대체로 부재했다. 이론이란 전략적 단순화나 시험된 가설들의 결합 이상의 것으로 구성된다. 즉 이론은 설명이며 연역적 힘을 보여주어야만 한다. 아이러니컬하게도 행태주의자들은 전통주의적 이론가들이 원칙적으로 시험할 수 없고 오류라고 밝혀질 수 없는 주장을 하는 것만으로 만족했기 때문에 국제정치학이 누진적 지식을 생산하는 데 실패했다는 주장 위에서 탁월한 지위에 올랐다. 그러나 경험적 검증을 위한 절차나 시험할 가설들의 부재는 상충되는 주장들을 해결하거나 행태주의자들이 누진이 발생하는 데 본질적이라고 간주하는 믿을 만한 지적 토대의 수립가능성을 배제했다. 따라서 어떠한 논란도 최종적으로 해결될 수 없다는 것을 전통적 학문은 보장할 뿐이라고 행태주의자들은 비판했다.

이와는 대조적으로 수량적 자료를 이용하여 조작된 가설들의 체계적 시험과 응답은 질서 있는 누진적 지식을 약속했다. 바로 이러한 이유 때문에 정치학에서 행태주의의 부상이 하나의 패러다임 혁명으로 인식되기도 했다. 그러나 국제정치학의 행태주의자들은 쿤 식의 수수께끼로서 봉사할 가설들을 유추하도록 해주었을 지배적 이론을 갖고 있지 못했다. 포괄적인 이론적 틀의 부재는 뒤따른 풍성한 경험적 노력의 적실성과 영향을 감소시키지 않을 수 없었다. 그리하여 그 '혁명'은 이론적이지 못하고 주로 방법론적인 것에 그치고 말았다.[33] 바꾸어 말하면 행태주의적 학술노력은 패러다임처럼 포장되었지만 실제로는 이론보다 연구방법론적 문제에 몰두되

32) Dina Zinnes, *op. cit.*, p. 163.
33) Ferguson and Mansbach, *op. cit.*, p. 27.

없으며 국제적 현상을 이해하는 방법에는 별다른 영향을 미치지 못했다.

행태주의적 학자들은 그들이 신랄하게 비판하고 또 대체하려 했던 전통주의자들의 많은 가정들을 묵시적으로 수용했다. 즉 1950년대와 1960년대 행태주의적 많은 연구들은 행위자로서 민족국가의 중요성과, 국내정치와 국제정치의 구별, 그리고 힘과 평화를 위한 투쟁이 지배적이라는 세 가지 주요 현실주의적 원칙을 수용했다.[34]

행태주의자들은 자료와 방법에 대한 일종의 도착증을 갖고 있다. 따라서 몇 가지 결과 가운데 가장 중요한 것은 변수 간 상관관계의 발견을 진정한 이론적 설명으로 혼동하는 경향이다. 그러나 상관관계가 인과관계는 아니다. 보다 깊은 뜻에서 자료와 자료수집 그 자체가 목적일 수 없으며 자료를 진실로 혼동해서는 안 되는 것이다. 통계적 분석은 자료의 패턴을 보여주겠지만, 그러나 그런 분석 자체가 세련된 이론적 틀에 의해서 관찰이 결정되지 않는다면 이론적 중요성을 갖는 패턴을 가르칠 수 없는 것이다.[35] 뿐만 아니라 자료 그 자체에도 문제가 있다. 예를 들어 사건 자료들은 필연적으로 일정한 이해관계와 선호에 의해서 특징되는 직업적 저널리즘의 인식과 편견을 내포하고 있다. 따라서 어떤 연구자가 그런 자료를 사용할 때 그는 자신이 연구하는 분야에 대해 오도하는 언론매체에 이론적 선택의 과업을 위임해버리는 결과가 된다. 또한 사건 자료가 수집될 때에 하나 또는 몇 나라의 언론매체에 제한되는 정도만큼 문화적 및 사회적 다양성의 영향이 상실된다.

또 하나의 자료수집과 분석의 행태주의적 도착증의 결과는 자료가 이미 이용 가능하거나 비교적 쉽게 구성될 수 있는 현상을 연

34) John A. Vasquez, *op. cit.*, chap. 4.
35) Ferguson and Mansbach, *op. cit.*, p. 29.

구하는 경향이다. 이런 문제는 이론적 추측에 대한 부당한 보수주의와 자국중심주의를 강요한다. 자료수집가들은 자료수집과 분석기술 자체에 패러다임의 특징을 사실상 부여해 버렸다.[36)]

국제정치학에서 쿤 식의 틀을 부여하려는 노력은 학문적 성숙을 향한 방향을 제시받았다고 생각했던 한 세대 학자들의 사기를 한동안 진작시켰다. 행태주의 그 자체가 쿤 식의 패러다임을 이루지는 못한다는 것이 점차 분명해짐에도 불구하고 국제정치학 분야는 그 자체의 학문적 비전을 포기하지 않고 패러다임을 찾아왔다. 그러나 그러한 노력은 패러다임의 개념에 대한 근본적 오해를 내포하고 있다. 왜냐하면 국제정치학을 포함하여 사회과학에서의 패러다임은 하나의 신기루일 수밖에 없기 때문이다. 비록 국제정치학자들이 국제정치의 여러 가지 면들을 하나의 공통모델 속에 통합하고자 희망하겠지만 그 통합은 철학적 및 이념적 틀로부터 그런 면들을 완전히 분리시킬 때에만 가능할 것이다. 조셉 슘페터(Joseph Schumpeter)가 지적했던 것처럼 사물에 대한 우리의 비전에 의해 제공되는 자료를 가지고 분석작업이 시작되며 이 비전은 거의 명백하게 이념적이기 때문이다.[37)] 그렇기 때문에 이념을 과학으로 전환시키려는 노력은 처음부터 빗나간 시도일지도 모른다. 그럼에도 불구하고 국제정치학계에서는 탐구분야를 과학화할 수 있으며 국제정치과학은 유용할 것이라는 희망을 간직해 왔다. 그리고 그러한 추구는 지금까지는 좌절스러운 것이었다.

---

36) P. Terrence Hopmann, "Identifying, Formulating and Solving Puzzles in International Relations Research," in James Rosenau, ed., *In Search of Global Patterns*, New York: The Free Press, 1977, p. 1193.

37) Joseph Schumpeter, *History of Economic Analysis*, New York: Oxford University Press, 1954, p. 42.

3. 권력정치학파의 등장

국제관계나 국제정치는 흔히 힘의 정치(power politics)와 같은 것으로 간주된다. 이러한 동일시를 옹호하는 사람들은 국제체제에서의 행동이란 배타적으로 아니면 적어도 본질적으로 힘을 위한 투쟁의 관점에서 설명될 수 있다고 주장한다. 힘이 국제관계의 중심적 관심이고 또 그래야 한다는 명제는 이견의 목소리를 별로 불러일으키지 않는다.

현대정치사상에서 힘이라는 개념의 부각에 대한 간단한 설명[38]은 현재 이 개념의 주도권에 대한 이유를 설명하는 데 도움이 될 뿐만 아니라, 힘 그 자체의 본질에 관해 설명하는 데도 상당히 도움이 될 것이다. 국제관계라는 학구적 연구는 아주 새로운 것이다. 수적으로 점증하는 대학교들이 '국제관계'라는 명칭의 과목을 제안하기 시작한 것은 제1차 세계대전 직전이었다. 외교사와 국제법은 오래 전에 정착된 학문으로서 대부분이 이 새로운 과목을 위한 토대를 제공했다. 그러나 가르치는 사람들은 주로 현재에 관심을 갖고 있었으며 다소 협소한 국제법의 권능을 넘는 광범위한 현상에 관심을 갖고 있었다. 국제관계의 교육과 연구의 지배적 관심은 국가간 무력갈등의 제 원인과 치유책을 발견하는 데 있었다.

이런 추구는 우드로 윌슨(Woodrow Wilson)에게서 학구적 및 정치적 지도자를 발견했다. 대학교수로서 윌슨은 주로 미국 국내정치

38) 여기서 힘은 보다 전통적으로 사용된 '권력'과 같은 의미로 사용되고 있다. 권력의 개념에 관한 저자의 상세한 논의를 위해서는, 강성학, 『소크라테스와 시이저』, 박영사, 1997의 제 8 장 "정치권력이란 무엇인가"를 참조.

에 관해 출판된 작품들로 잘 알려진 탁월한 정치학자였다. 대통령으로서의 윌슨은 제1차 세계대전의 마지막 장의 주도적인 정치적 인물이었다. 연합국들의 투쟁에 대한 '전쟁들을 끝내는 전쟁'이라는 그의 해석과, 새로운 협력과 평화를 위한 국제제도에 대한 그의 비전은 그의 옛 학계 동료들에게 지적 및 도덕적 지침을 제시했다. 그들 대부분은 윌슨의 국제연맹을 미래의 전쟁방지를 위한 최선의 희망으로 간주했으며, 또한 그들은 미국의 상원이 주로 미국 대통령의 작품인 국제연맹의 회원국이 되는 것을 거부했을 때 사무치는 실망을 공감했다.39)

그런 고통스런 사건들을 학문적으로 다루는 과정에서 국제기구는 국제관계의 연구분야에서 핵심적 문제로 등장했다. 많은 교육자들은 미국처럼 강력한 국가가 계속 불참한다면 국제연맹이 평화를 유지할 수 없다는 이성적 이유에서 미국의 국제연맹 가입을 주창했다. 또한 당시의 회원국이었던 어떤 강대국보다도 미국이 보다 더 호의적 영향력을 미칠 것이라고 일반적으로 가정되기도 했다. 그리고 무엇보다도 중요한 것은 전쟁의 유일한 치유책이 회원국들로 하여금 힘의 정치라는 낡은 관습을 버리게 할 수 있는 국제기구에 있다는 광범위한 합의가 존재했다는 점이다. 이런 교육자 겸 개혁자들의 언어에서 힘의 정치라는 용어는 이기주의 혹은 자기중심주의 혹은 국가이기주의의 정치로 번역될 수 있었다. 그러한 번역은 '정치란 곧 힘이요, 힘이란 강제력'이라는 방정식과 분명히 관련되고 있다.40)

우드로 윌슨의 수사학을 채택한 그의 학계 추종자들은 힘의 정

39) Richard W. Sterling, *Macropolitics*, New York: Alfred A. Knopf, 1974, p. 28.

40) *Ibid.*

치와 이것의 친숙한 동반자인 힘의 균형에 대한 종언을 제창했다. 각 국가가 자신의 안전을 확보하기 위해 자신의 힘이나 혹은 동맹국들의 힘에 의존하는 대신에 모든 국가들이 '힘의 공동체' 다시 말해 국제연맹에 참여해야 한다. 국제기구가 집단안전을 제공할 것이다. 그 기구의 회원집단이 침략자에 의해 위협받는 어떤 회원도 돕게 될 것이다. 침략자는 자신에 대항하는 공동체 힘의 위력이 두려워 자신의 호전적 의도를 포기할 것이다. 그렇지 않는다면 공동체의 제재 — 경제적 압력이나 전면적 군사작전 — 가 그의 신속한 패배를 가져올 것이다. 윌슨주의자들은 이것이야말로 제 1 차 세계대전이 전쟁들을 끝내는 전쟁이라는 윌슨의 서약을 회복하기 위해 세계가 택해야 할 길이라고 주장했다. 그것은 또한 국제관계의 학구적 연구가 탐구하고 주장하는 길이기도 했다.

국제기구의 틀 속에서 운영되는 집단안전보장은 윌슨주의자들의 희망과 추론을 그릇되게 했다. 그리고 이것은 국제연맹뿐만 아니라 국제연합에서도 마찬가지이다. 여기에는 여러 가지 이유들이 있겠지만 윌슨주의식의 접근에서 계산착오에 대한 주된 이유는 실제로 존재하지도 않는 국제이익공동체를 가정했기 때문이다. 이것은 1920년대와 1930년대 미국 대학들이 수용한 윌슨주의적 정설의 치명적 약점이었다. 그것은 한마디로 비현실적이었다.

그리하여 윌슨주의적 비전과 국제관계연구에서 국제기구의 지배적 위치에 대항하는 점증하는 공격이 현실주의라는 이름하에 수행되었다. 그리하여 현실주의라는 새로운 학파가 등장하고 국제정치분야에서 새로운 지적 정설을 형성하게 되었다. 새로운 학파의 근본적 현실은 가능한 한 많은 힘을 축적하거나 힘에 의존함으로써 자국의 이익을 추구하려는 경쟁적 국가들로 계속 분할된 세계이다. 그러한 세계의 여러 가지 사실들을 고려할 때 국제적 안보 공동체에 대한 꿈은 하나의 전망 없는 환상에 지나지 않았다. 국력과 국익의 빈틈없는 계산이 제공할 수 있는 이상의 안전은 존재하지 않았다. 이 새로운 정설을 위한 간결한 이름이 힘의 정치였다. 그리고 이것은 오늘날에도 계속 주도적 위치를 유지하고 있다.

물론 이 신학파는 실제로는 구학파이다. 윌슨주의의 짧은 막간의 후편으로 그것은 국제정치와 외교에 관한 전통적인 유럽식 사고방식을 부활시켰다. 비스마르크(Bismarck), 카보우르(Cavour), 탤레랑(Talleyrand), 케슬레이(Castlereagh), 캐닝(Canning), 메테르니히(Metternich), 프리드리히 대왕(Friedrich 大王), 리슐리외(Richelieu)와 같은 인물들은 국제정치의 현실을 가장 잘 이해한 사람들이었다. 그들은 역사가 제공하는 가장 준엄한 시험, 즉 성공의 시험에서 높은 점수를 획득함으로써 그러한 사실을 입증했다. 그들이 견지했던 공통의 기술은 자신들이 봉사했던 국가의 이익을 위해 힘을 행사하는 능력이었다. 이들은 유럽의 구학파의 교사들이었으며 따라서 이후 자연히 신학파의 교사들이 되었다. 사실상 미국의 대학교에서 힘의 정치라는 새로운 정설이란 대체로 낡고 뿌리가 깊은 전통을 신세계에 가져온 1930년대의 피난민이나 이민 온 유럽학자들의 피조물이었다. 이 유럽 학자들은 또한 나치 독일의 이해와 공포도 동시에 가져왔다. 이들은 이미 미국 내에서 존재하고 있던 일단의 사람들, 즉 평화적 자세나 높은 국제적 이상만으로는 히틀러를 중단시키지 못할 것이며, 오직 무장, 동맹, 외교와 전쟁의 모든 전통적 수단들만이 그 일을 해낼 수 있을 것이라고 믿는 사람들과 합류했다. 그들은 나치의 힘에 대항하는 효과적인 유일한 해답은 반격의 힘이라고 주장했다. 그들은 옳았다. 제 2 차 세계대전은 그들의 진단과 처방에 대한 거대하고 피로 물든 확증이었다.[41]

41) *Ibid.*, pp. 29-30.

인간이란 항상 경험으로부터 배운다. 국제관계의 교사들도 제 2 차 세계대전과 그에 앞선 유화시대의 교훈들을 잘 배웠다. 즉 국제정치에서 중요한 것은 힘이다. 인간이 경험한 가장 치열한 전쟁 직후에 시작된 냉전은 그런 교훈을 더욱 강화시켰다. 유럽의 피난민 학자들 중 가장 탁월한 사람 중의 하나인 한스 모겐소(Hans J. Morgenthau)가 "국제정치란 모든 정치처럼 힘을 위한 투쟁이다"42)라는 기본공식을 제시했을 때, 그를 반박할 수 있는 준비가 되어 있는 사람은 거의 없었다.43)

국제정치를 일반정치와 동일시하는 모겐소의 공식은 당시 통용되고 있는 국내정치에 대한 학문적 공식과 딱 들어맞았다. 미국의 정치학이 19세기 후반에 독자적인 지적 학문으로 등장하기 시작했을 때, 미국 정치학의 주된 관심은 국가의 제도에 집중되어 있었다. 그러나 다년간에 걸친 헌법, 입법부, 법원 및 법률의 분석은 불완전하고 따라서 무미건조한 작업으로 인식되게 되었다. 정당과 압력단체, 개혁운동 및 이념적 대립은 정치연구의 흥미로운 영역을 제공했으며, 그것들은 모두 정부의 공식적 제도 밖에 존재했다. 그리하여 정치학은 관심을 법률적 구조로부터 벗어나 정치를 하나의 사회적 과정(a social process)으로 보는 새로운 인식에 부응했다.

그렇게 하는 과정 속에서 정치학 연구는 그것의 통일성, 그리고 응집력과 목적의식을 상실하기 시작했다. 어떤 정치학자들은 정치연구의 최종결과는 정치개혁이 되어야 한다는 입장을 채택함으로써 목적의식을 회복하기도 했다. 이런 점에서 그들은 이성과 경험적 조사를 이용하여 전통적인 힘의 정치세계의 개혁을 추구한 국제관계 분야의 학자들과 병행을 이루었다. 그러나 다른 정치학자들은 적어

42) Hans J. Morgenthau, *op. cit.*, p. 13.
43) Stering, *op. cit.*, p. 30.

도 명시적으로는 개혁자의 역할을 피했다. 그 대신에 그들은 정치의 정부적, 비정부적 양상들을 모두 통합하는 서술적이고 몰가치적(value free) 학문으로 정치학을 재구성하려고 노력했다. 정치에 대한 그들의 이해를 지배하게 된 공통의 주제는 힘의 개념이었다.

이러한 새로운 접근법을 위한 주요 자극을 한 사람은 유럽의 학자 막스 베버(Max Weber)였다. 그는 사회학자들과 정치학자들에게 다같이 깊은 영향을 끼쳤지만 정치학자들에 대한 그의 메시지는 특히 예민하고 설득력 있는 것으로 드러났다. 마르크스처럼 베버에게서 법률이란 단지 강자들에 의해서 정의된 게임의 규칙에 지나지 않았다. 힘이란 다른 사람들의 의지에 의한 저항에 직면해서까지도 자신의 의지를 강요하는 능력이었다. 베버는 국가를 주어진 영토 내에서 물리적 힘의 정당한 사용의 독점을 주장하는 인간의 공동체로 정의했었다.[44]

궁극적으로 무력에 의존하는 힘의 과정의 표현으로서 국가와 법률에 대한 이런 해석들은 약간의 수정작업에도 불구하고 베버주의식 정치적 독트린의 핵심을 이룬다. 그리고 마키아벨리와 마르크스의 정치적 개념과 현저히 일치하는 이 독트린이 미국정치학의 교육과 연구에 스며들기 시작했다. 마키아벨리의 이름만으로도 그 독트린이 새로운 것이 못 된다는 것을 입증한다. 그 계통을 추적하면 우리는 플라톤의 『공화국』에 등장하는 트라시마쿠스(Thrasymachus), 아니 투키디데스에까지 거슬러 올라갈 수 있을 것이다. 그러나 그런 독트린은 그의 지적 유산과 이념적 가정들이 독립선언서, 헌법 및 게티즈버그(Gettysburg) 연설의 정신을 살리는 개념들에서 유래한 미

44) Max Weber, "Politics as a Vocation" and "Class, Structure, Part," in Hans H. Gerth and C. Wright Mills, *From Max Weber: Essays in Sociology*, New York: Oxford University Press, 1946, p. 78과 p. 180.

국의 정치학에 대해 거대한 영향을 미쳤다는 측면에서 새로운 것이었다.

그리하여 이처럼 국가의 연구로부터 힘의 관계를 연구하는 것으로 초점이 이전한 것은 여러 가지 의미를 수반했다. 이제 정치학은 탐구할 방대한 새로운 프런티어들을 갖게 되었다. 모든 폭의 비정부적 정치활동이 연구의 정당한 영역이 되었던 것이다. 국제정치도 이렇게 등장한 새로운 정치학의 항목에 논리적으로 잘 맞을 수 있었다. 완전히 발전된 국가가 없는 곳에서는 발생할 수 없다는 시대적 및 문화적으로 제한된 가정에 관계 없이 정치적 활동은 어디서 발생하든 연구될 수 있었다. 그리하여 실제로 국가 그 자체는 인간의 삶에서 관찰될 수 있는 모든 힘의 관계 중에서 단지 특수한 종류의 힘의 관계로 간주되게 되었던 것이다. 그리고 이러한 힘의 접근법을 주창하는 사람들을 현실주의자 혹은 집단적으로 현실주의학파라고 부르게 되었다.

4. 이상주의와 현실주의

토머스 쿤(Thomas Kuhn) 식의 모델에 따라 국제정치분야에서 이론의 진화를 서술하려는 국제정치학자들은 거의 어쩔 수 없이 현실주의 이론을 국제정치학의 탁월한 패러다임으로 지적한다. 전후 현실주의는 제 1 차 세계대전과 제 2 차 세계대전 사이의 기간을 서술할 때 직면하는 '이상주의'적 패러다임의 위기에 대한 반작용으로서 일종의 혁명이었던 것처럼 지적된다. 전후의 이른바 많은 현실주의자들도 자신들의 아이디어들의 '새로움'을 강조하고 그것들을 이상주의의 안티테제로 서술함으로써 그러한 환상에 기여했다. 비록 그들이 투키디데스나 마키아벨리 같은 과거 학자들에게서 얻은 지적 도움을 인정했다고 할지라도 그들은 자국의 외교정책을 근본적으로 전환시키는 데 보다 더 관심이 있었다. 그러나 현실주의란 하나의 이론이기보다는 이론을 형성하는 일단의 규범적 가정과 강조이다.45) 역사적으로 대부분의 사회들은 여러 가지의 규범적 기풍들이 서로 벌이는 경쟁에 의해서 특징지워졌다. 바로 이런 이유 때문에 이런 혹은 저런 극단적 기풍을 반영하는 국제정치의 이론들이 학술적 논의를 독점하는 경우가 매우 드물다. 자칭 마키아벨리주의자로 자부하는 모든 사람들에게 반마키아벨리적 요소가 있었다. 제러미 벤담(Jeremy Bentham)과 리처드 코브던(Richard Cobden)도 19세기 힘의 균형과 제국주의의 주창자들과 나란히 득세했다. 그러나 어떤 시대의 규범적 기질은 두드러진 강조점들을 갖게 된다. 전형적으로 만일 어떤 시기에 이런 강조점들이 존재한다면 다음 시기에는 보상적 전환이 발생할 것이다. 이런 전환들은 국제정치학을 포함하여 제 사회과학에서 변하는 유행에 반영된다.46)

이상주의와 현실주의도 서로 대립되는 것으로 보인다. 그러나 실제로 학자들은 양쪽의 극단주의를 모두 피한다. 마키아벨리와 모겐소가 법과 정의의 역할을 인정하듯이 윌슨주의자들도 국가적 힘과 야심의 중요성에 결코 무지하지 않았다.47) 이상주의와 현실주의는 논리적 극단, 다시 말해 이념형(ideal type)을 대변할 뿐이다. 따라

---

45) 때때로 현실주의자들도 자신들의 아이디어들을 역사의 특정 시기를 지배하게 된 보다 일반적 세계관의 일부로 보고 있다. 그 예로, Kenneth S. Thompson, *Political Realism and Crisis of World Politics*, Princeton: Princeton University Press, 1960, p. 71.

46) Yale H. Ferguson and Fichard W. Mansbach, *op. cit.*, p. 80.

47) Inis Claude, *Power and International Relation*, New York: Ramdom House, 1962, p. 95.

서 통찰력 있는 이론가들은 양쪽의 취약점과 장점을 동시에 이해하고 유보 없이 어느 한 쪽만 수용하는 것을 거부한다. 그러나 국제정치에서 이론을 조건짓는 규범들 사이에는 진동이 있다. 그러나 그러한 진동이 국제정치의 이론가들이나 실천가들을 사로잡고 있는 주제의 주요변화를 반드시 반영하지는 않는다. 다만 주제가 반영하는 시대적 관심과 그것들을 처리하는 전략에서 변화를 보다 더 반영한다. 일반적인 차원에서 본다면 국제정치의 문헌이 취급하는 주제에는 상당한 일관성이 존재한다. 외부의 위협으로부터 국가안보를 유지하는 문제라든지, 타국의 개입문제, 동맹, 평화수립, 전쟁수행과 같은 문제들은 과거나 현재의 국제정치의 주제이다. 따라서 이론적 '새로움'이란 자세히 조사해 보면 낡은 아이디어나 주제, 그리고 가설들의 재발견에 지나지 않는 경우가 대부분이다. 다만 시대적 당면과제나 의제 및 당시의 가치의 우선순위가 새로운 규범적 강조를 가져온다. 다시 말해서 그 시대의 규범적 기질이나 풍토 속에 그런 규범적 강조가 반영되는 것이다. 규범적 변화는 여러 가지 차원에서 그리고 때로는 동시에 발생하는데 그것들은 가변성의 여부와 낙관주의와 비관주의, 경쟁성과 공동체, 그리고 엘리트주의와 평등주의에 관련된 것들이다.48)

첫째, 가변성(mutability)이란 인간의 문제들과 그것들을 형성하는 조건들이 목적의식하에 수정될 수 있다는 믿음의 정도를 말한다. 전통문화 속에선 인간사의 현상은 필연적이고 불변하는 것으로 수락되었으며, 인간의 조건도 조작될 수 없는 것으로 간주되었다. 인간행동이 초자연적 혹은 인간적 본성에서 연유한다고 보는 입장은 불가변성(immutability)을 가정한다. 이와는 대조적으로 근대서양의 과학은 거의 무한적 가변성을 가정한다.

48) Yale, H. Ferguson and Richard W. Mansbach, *op. cit.*, p. 40.

불가변성에 대한 믿음의 규범성은 인간조건을 변경하려는 노력은 잘해야 시간낭비이고 최악의 경우에는 위험스럽고 환상적이라는 것을 의미한다. 따라서 인간조건은 변경시키려는 노력을 해서는 안된다는 것이다. 현실주의는(이 속에도 여러 가지 다양성이 존재하지만) 그것이 인간본성 때문이든 원죄 때문이든, 아니면 체제적 무정부상태 때문이든 정치적 조건을 비교적 불가변적인 것으로 보는 경향이 있다. 비록 현실주의자들은 힘의 분포에서 변화가 계속해서 발생하지만 그들은 힘을 위한 투쟁을 국제정치의 변함없는 특징으로 간주한다. 이러한 불변성의 강조는 정치적 현실주의자들로 하여금 지배적 조건을 개혁하려는 자들을 비판하게 만든다. 즉 개혁자들이 편견과 희망적 사고에 젖어 있어 실제 사실로부터 유리되어 있다고 비판하면서 현실주의자들은 법칙이란 우리들의 선호에 무감각하다고 주장한다. 구미에서 그러한 입장은 국제연맹의 실패와 함께 제 2 차 세계대전 후에 쉽게 수용되었다. 그리하여 근본적 변화를 추구하는 사람들은 '이상주의자들'이라고 취급되었다. 역사의 행군과 인류의 향상에 대한 추정적 믿음을 가진 마르크스-레닌주의도 스탈린의 보수적 제국에서는 활력을 상실한 것 같았다. 실험주의가 위험의 요소를 내포하기 때문에 신중성(prudence)이 현실주의의 처방적 보증서가 되었다. 신중한 지도자는 역사법칙의 불가변성을 이해하고 인류나 국제체제를 변경시킬 대담한 노력을 회피한다. 이와는 대조적으로 현실주의자들에 의해서 이상주의자들이라고 취급되는 사람들은 합리적 기준에 부응하지 못하는 사회질서의 실패를 지식과 이해의 부족, 낡은 사회제도나 혹은 어떤 개인과 집단들의 타락 때문이라고 생각한다. 따라서 그들은 사회공학은 가능할 뿐만 아니라 도덕적으로 절실하다고 믿는다.

두 번째 규범적 차원은 낙관주의와 비관주의에 관한 것이다.

가변성의 문제가 변화가능성의 정도에 관한 것이라면, 이것은 변화가 발생하는 방향에 관한 것으로 그런 변화가 목적의식에 따른 수정의 결과인가 아닌가에 대한 것이다. 보다 간단히 말하면 "조건이 개선될 것 같으냐?"의 의문에 대한 대답을 의미한다. 여기에는 케네스 월츠의 지적처럼[49] 인간본성이 비교적 불가변적인 것이라는 가정에서 출발하는 사람들까지도 낙관주의자와 비관주의자로 이분될 수 있다. 그러나 대체로 낙관주의는 가변성에 대한 믿음을 신뢰한다. 자연과학자들이나 사회과학자들 그리고 사회개혁자들은 지식의 축적과 적용에 의해서 조건과 행위가 개선될 수 있다는 가능성을 수락한다는 점에서 공통적인 입장에 서 있다. 정치생활의 맥락에서 자유주의는 낙관주의와 그리고 보수주의는 비관주의와 관련되는 성향이 있다.

가변성과 낙관주의의 결합은 벤담이 하나의 전형인데 그는 산업혁명에 의해서 열린 무제한적 전망에 의해 고무되어 인간은 기쁨을 추구하기 때문에 '최대다수의 최대행복'이 국가정책의 유일한 지침이어야 한다고 선언했다. 그러한 지침은 협력에 의해서만 추종될 수 있고, 그 지침의 내용은 여론에 의해서만 결정될 수 있을 것이다. 따라서 벤담이나 제임스 밀(James Mill)은 교육과 대중의 지식 그리고 추정하여 정치적 민주주의에서 유래하는 평등적 효과를 찬미했다. 그리고 민주주의의 명분에 대한 이런 헌신이 아마도 그 어느 것보다도 19세기 및 20세기 초의 이상주의를 특징지을 것이다. 개인들은 자신의 행복을 추구하고 평화는 그런 목적달성의 수단이기 때문에 오직 민주주의만이 국제평화를 보장할 것이다. 왜냐하면 민주주의 형태의 정부만이 대중적 이익과 감정을 정확히 반영할 것이기 때문

49) Kenneth Waltz, *Man, the State, and War,* New York: Columbia University Press, 1959, p. 18ff.

이다. 자연과학의 발전은 일반인들에게 낙관주의가 잘못이 아니라는 것을 암시해 준다.

국제관계의 맥락에서 전후 정치적 현실주의의 등장은 부분적이나마 1920년대와 1930년대 초의 지배적 낙관주의의 거부를 반영했다. 그러나 현실주의가 어둠의 독트린은 아니다. 현실주의자들은 힘의 현명한 관리를 통해서 국제갈등의 효과를 개선하는 것이 가능하다고 본다. 실제로 케네스 월츠 같은 구조적 (혹은 신)현실주의자들도 조심스런 낙관주의자라고 간주될 수 있다. 대체로 1960년대의 과학주의적 접근방법의 주창자들은 많은 현실주의의 핵심적 가정들을 견지하면서도 자연과학의 방법들이 응용된다면 국제관계의 가장 위험스런 문제들이 극복될 전망에 대해서 낙관적으로 보고 있다는 점에서 국제적 갈등의 불가피성에 대한 현실주의적 주장 뒤에는 낙관주의를 가지고 있다고 볼 수 있다.

반면에 이른바 이상주의자들은 국제협력으로만 지탱될 이익의 조화를 강조한다. 예를 들어 평화는 치열한 경쟁과 편협한 경쟁 속에서는 살아남을 수 없는 공동선(public good)이라고 믿는다. 이들은 개인과 집단적 선을 동일하게 인식하고 반영했다.

국제관계에 중요한 세 번째의 규범적 변수는 경쟁성과 공동체에 관한 것으로 이것은 복지와 박탈이 상대적 혹은 절대적 관점에서 인식되는 정도를 의미한다. 지위와 가치 만족의 평가가 다른 사람이나 국가와의 비교에서 이루어진다면 그것은 부족한 자원을 위한 경쟁을 강조하게 되는 반면에, 그 평가가 절대적 수준에서 시대적 혹은 역사적으로 평가된다면 그것은 연계된 운명과 상호의존을 강조한다. 상대적인 평가는 보다 큰 가치만족이 다른 사람이나 국가의 비용으로만 성취될 수 있다는 것을 의미하며, 복지의 절대적 수준에서의 변화는 경쟁자들 사이의 비용과 이득의 분배만큼 중요하게는 생각되지 않는다. 이런 경우에 결과는 바로 제로섬 게임(zero-sum game)의 관점에서 이해된다. 희소성의 인식이 증가하면 그만큼 경쟁에 대한 강조가 강화될 것이다. 애덤 스미스(Adam Smith)식의 자본주의나 19세기 말의 사회진화론(Social Darwinism) 같은 고도로 경쟁적인 독트린들은 활기찬 팽창주의적 시대에 인기가 있었다. 그러나 이와는 대조적으로, 적어도 부분적으로만 희소성의 인식에 토대를 두고 있는 최근의 상호의존이나 '성장의 한계(limits to growth)의 독트린들은 인류의 공통조건과 가치증진과 박탈의 절대적 성격을 강조하고 있다.

정치적 현실주의는 국가이익을 강조함으로써 경쟁성에 역점을 두고 있다. 자국의 힘을 유지하고 증가시키며 타국들의 힘을 견제하고 감소시키려는 계속적 노력으로 국제정치를 보는 모겐소의 국제정치에 대한 정의는[50] 국제체제 내에서 지위와 안전의 상대적 성격에 대한 현실주의적 강조를 가장 명료하게 나타내 준다. 현실주의자들은 국제법과 기구를 통해서 국제이익과 국가이익을 동일시하려는 노력을 법률주의적이고 도덕주의적이라거나[51] 혹은 보다 일반적으로 이상주의적이라고 취급해 버린다. 현실주의자들이 보는 경쟁적 세계는 비록 그것이 만인에 대한 만인의 투쟁상태로 되어버릴 잠재력을 가지고 있지만 반드시 그런 투쟁상태로 보는 것은 아니다. 투키디데스 이래 고전적 현실주의자들은 그런 잠재적 투쟁상태가 현실화되는 것을 예방하는 것이 자신들의 과업이라고 생각했다. 국제체제에서 무절제한 폭력을 예방하고 그런 폭력의 원천을 관리하는 것, 그리고 그것들이 서로 양립할 수 없을 경우에는 집단적 이익이

50) Hans J. Morgenthau, *Politics Among Nations*, 5th re. ed., New York: Knopf, 1978, p. 231.

51) George F. Kennan, *American Diplomacy 1900-1950*, Chicago: University of Chicago Press, 1951, p. 82.

개인적 이익보다도 우선해야 한다고 믿는다. 그들의 관심대상은 허구적 법인인 국가의 이익이 아니라 그것을 구성하는 개인들의 공유된 이익이다.

네 번째의 규범적 가정은 엘리트주의와 평등주의(혹은 비엘리트주의)에 관한 것이다. 이 규범적 차원은 정책결정과 당면문제의 관리에 누가 관련해야 하느냐에 대한 인식의 차이를 말해준다. 경쟁성을 강조하는 사람들은 국제정치의 인식에서 상대적으로 엘리트주의자들이며 그들은 어떤 속성, 예를 들어 힘과 기술 혹은 부 등을 소유하는 것이 특정의 개인과 집단을 정당한 지도자들이 되게 한다고 생각한다. 국제정치의 이론가들 사이에서 엘리트주의는 국제체제 내에서 어떤 행위자가 체제 전체에 영향을 미치는 중요한 결과에 책임이 있고 또 책임을 져야만 한다는 입장을 취하게 된다.

엘리트주의적 강조는 서로 다른 분석의 차원에서도 발견된다. 국제체제적 차원에서 그것은 국제정치학의 초점이 주권적 실체, 즉 주권국가에 국한되어야 하며 비정부적 및 초국가적 관계를 배제해야 한다는 입장을 취한다. 보다 극단적인 경우에 엘리트주의는 오직 강대국들 혹은 초강대국가들의 정부만이 중요하고 약소국가의 이익이나 염원은 특별한 경우를 제외하고는 무시될 수 있다는 주장을 암시적으로나 명시적으로 내포하고 있다. 이런 현실주의적 편견은 부분적으로 공통규범을 공유하고 비교적 그들의 지위에 만족하는 소수국가들에 의해서 국제질서와 안정이 가장 잘 보장될 수 있다는 믿음을 반영한다. 지배자들과 직업 외교관들에 국한된 범주 안에서 공유된 가치의 합의에 의해 특징되는 18-19세기 고전적 유럽국가체제(European State System)에 대한 현실주의자들의 긍정적 평가는 이런 의미에서 엘리트주의적이다. 우리 시대의 학자들 가운데에서는 양극체제에 대한 케네스 월츠의 당당한 선호가 아마도 엘리트주의적 입장의 가장 선명한 표현일 것이다. 월츠는 1945년 이래 세계는 근본적으로 양극체제였고 이것이 미덕이라고 생각한다. 그는 양극체제가 다른 어떤 체제보다도 더 국제안정을 보장한다고 설득력 있게 주장한다.[52] 월츠 같은 현실주의자들에겐 참혹한 전쟁의 회피가 가장 중요한 가치이다. 그들은 강대국가들이 약소국가들보다는 전쟁에서 잃는 것이 훨씬 많기 때문에 강대국가들의 책임이 더 크다고 가정한다. 약소국가들은 자신들의 국가적 지위를 향상시키기 위해 경솔하게 행동하고 국제적 불안정을 유발할 유혹을 받는다는 것이다. 이것은 분명히 보수적이고 엘리트주의적 입장이다. 이것은 사실상 과거 국내정치에서 선거권에 대한 전제조건으로 재산이나 교육적 자격을 요구한 주장의 국제판이다.

국내적 차원에서 엘리트주의는 외교정책은 소수의 직업 외교관들의 손에 맡겨져야만 한다는 주장의 형식을 취한다. 그러한 주장들은 일관성있고 장기적 외교정책의 수립가능성을 해칠 것으로 생각되는 여론이나 선거의 영향에 관한 염려를 표현하는 맥락에서 흔히 이루어진다.[53] 요컨대 현실주의자들의 엘리트주의적 편견은 모든 분석의 차원에서 발견된다.

이상의 네 가지 차원에서 살펴본 규범적 강조는 국제정치의제에 대한 당면과제의 우선순위를 반영하기 때문에 국제관계는 중요한 정치적, 주관적, 그리고 규범적 차이를 반영하는 경쟁적 이론들의 진동(물결)에 의해서 계속 특징된다. 따라서 새로운 이론이라는 것도 새로운 병에 담은 옛 포도주에 지나지 않을 가능성이 높다. 그리고 그것은 바로 변하는 규범적 환경을 반영하는 것이다. 따라서

52) Kenneth Waltz, *Theory of International Politics,* Reading: Addison-Wesley, 1979.

53) Walter Lippmann, Alexis de Tocqueville, George Kennan, Hans Morgenthau 등을 들 수 있겠다.

국제정치학에서 이상주의와 현실주의는 바로 이러한 규범적 강조의 변화를 대변해 주는 것에 지나지 않는다고 말할 수 있다.

20세기에 들어서 특히 제1차 세계대전은 이상주의적 이론의 재등장에 매우 유리한 분위기를 자아냈다. 전쟁과 평화의 문제는 직업 외교관들과 군인들에게만 맡기기에는 너무도 중요한 문제로 인식되었고, 외교문제에 보다 많은 국민적 참여가 요구되었다. 그것은 일반적 구외교(the old diplomacy)에 대한 반발이었다.[54] 그것은 외교문제에서 엘리트주의의 거부를 내포하고 있었다.[55] 그리고 그런 상황 속에서 학자들은 정치사회적 가변성에 대한 믿음, 국제법과 국제기구를 통한 국제이익의 강조, 여론에 대한 믿음 그리고 미래에 대한 낙관주의에 의해 특징되는 새로운 이상주의적 단계에 돌입했다.[56] 만일 경쟁적 국제체제가 수정되고 개혁될 수 있다면 국제조화가 존재할 것이라는 광범위한 믿음이 국제법과 국제기구의 연구에 촉진제를 제공했다. 이 시기의 국제관계의 학문은 결정적으로 반민족주의적 성향을 갖고 있었으며 국가가 아니라 사람들이 분석의 기본단위로 간주되었다. 국가는 오히려 자연적 이익의 조화에 방해물이었으며, 국제연맹과 국제상설재판소 같은 초국가적 기구들에 의해서 형성되는 여론이 전쟁의 발발을 방지하는 데 충분한 평화주의적 압력을 발휘할 것으로 믿어졌다. 그리하여 당시 이상주의의 대표적 인물인 윌슨 대통령은 "우리가 추구하는 것은 피치자의 동의에 기초하고 조직된 인류의 여론에 의해서 유지되는 법의 지배이다"

54) Alfred Zimmern, *The League of Nations and the Rule of Law 1935-1938*, London: Macmillan, 1939, p. 2.

55) E. H. Carr, *op. cit.*, p. 2.

56) Kenneth W. Thompson, "The Study of International Politics: A Survey of Trends and Developments," *Review of Politics*, Vol. 14, No. 4, October 1952, pp. 437-439.

라고 선언했던 것이다.

그러나 제 2 차 세계대전의 파국은 이상주의의 쇠퇴를 가져오고 현실주의적 조망의 재등장을 위한 무대를 마련했다. 1919년 이후 창설된 국제기구들은 윌슨주의자들이 예상했던 대로 발전하지 않았으며 정치적 및 기능적 목적을 달성하지도 못했다. 카(Carr)를 따르는 현실주의자들은 점증하는 독일과 일본의 군사력 앞에서 자아극기(self-abnegation)의 실패는 1930년대의 재앙에서 절정을 이루었다고 주장한다. 제 2 차 세계대전의 경험과 냉전의 시작은 현실주의적 독트린의 재등장을 위한 비옥한 토양을 제공했다. 종전 직후의 낙관주의가 동구 및 아시아에서 분명한 소련의 승리들을 동반한 점증하는 비관주의로 전환되면서 현실주의적 가정들이 다시 한 번 대중의 지적 수용을 받게 되었다. 그리고 1950년대와 1960년대에는 학문 및 정책결정세계에서 이 현실주의가 너무도 지배적이어서 많은 국제관계학자들에게 현실주의는 진실로 쿤 식의 패러다임의 지위를 확보했다. 전후 현실주의는 한스 모겐소의 『국가간의 정치』(*Politics Among Nations*)에서 하나의 본보기를 갖고 있는 것처럼 보였다. 그러나 현실주의의 독트린은 그것이 경쟁적 이론들이 설명하지 못하는 변칙성(anomalies)을 설명할 수 있기 때문에 재등장한 것이 아니었다. 실제로 이상주의적 이론들과 마르크스주의 이론들도 제 2 차 세계대전의 발발은 현실주의 못지않게 설득력 있게 설명할 수 있다.[57] 현실주의의 등장은 역사의 사실이 변하지 않아도 학자들은 그럴 듯한 설명을 수립하기 위해 역사적 사실들 중의 특정 부분을 자유롭게 선발할 수 있다는 것을 다시 한 번 폭로해 주었을 뿐이다.

현실주의자들은 자기시대의 문제에 대해 법률적 및 도덕적 해결을 선호하여 힘을 과소평가했다고 서방의 정치가들을 비난했다.

57) Yale H. Ferguson and Richard W. Mansbach, *op. cit.*, p. 98.

그리고 그렇게 하는 속에서 현실주의자들에 의하면 이상주의자들이 이론과 실제를 혼동하고 과학적 분석과 규범적 분석을 혼동했다는 것이다. 그러나 당시의 정치가들은 현실주의적 비판자들 못지않게 힘의 균형의 개념을 잘 알고 있었지만 실제로 오늘날의 분석자들처럼 분명한 정책적 지침을 제공할 수 있는 방식으로 균형을 평가하지 못했던 것이다. 모겐소 자신이 인정하듯이 국력의 계산이란 하나의 이상적 과업으로써 달성할 수 없는 것이다.[58] 그리고 모겐소의 이러한 인정은 왜 현실주의자들은 자신들이 더 잘할 수 있었을 것이라고 생각하는지를 묻게 만든다. 역사는 현실주의자들에게 당시 지도자들이 다르게 행동했어야 한다고 말해준다. 그러나 불행하게도 오직 회고적으로만 대답할 수 있는 이론적 가치는 제한된 것이다. 따라서 현실주의자들의 승리의 열쇠는 그들의 가정이나 논리의 힘에 있었던 것보다는 시대의 분위기에 더 있었던 것이다.[59]

1970년대는 현실주의의 여러 가지 가정들에 대한 집중적 공격이 시도되었다. 그들 가운데에는 정책결정자들 행위의 비합리적 원천(non-rational sources),[60] 변화하는 상황의 정책결정에 대한 영향,[61] 관료정치와 조직행위의 중요성,[62] 탈국경주의와 상호의존의 중요성,[63] 비국가 행위자들의 역할,[64] 그리고 국가행위에 대한 당면문

58) Hans J. Morgenthau, *op. cit.*, p. 158.

59) Ferguson and Mansbach, *op. cit.*, p. 99.

60) 예를 들어, Robert Jervis, *Perception and Misperception in International Politics*, Princeton University Press, 1976.

61) 예를 들어, Charles F. Hermann, *Crises in Foreign Policy*, Indianapolis: Bobbs-Merrill, 1969.

62) 예를 들어, Graham T. Allison, *Essence of Decision: Explaining the Cuban Missile Crisis*, Boston: Little, Brown, 1971.

63) 예를 들어, Robert Keohane and Joseph Nye, Jr., eds, *Transnational Relations and World Politics*, Cambridge: Harvard University Press, 1972; Keohane and Nye, *Power and Interdependence: World Politics in*

제들의 영향[65] 등을 부각시킨 작품들이다. 그리하여 간단히 말하면 현실주의는 더 이상 학문적 기반(disciplinary matrix)으로서의 위치를 거의 상실하게 되었다. 그러나 현실주의를 공격하는 이러한 현상들은 전적으로 새로운 것도 아니며 1970년대에 새로 재발견된 것도 아니다. 과학기술의 발전에 따른 국제관계의 상호의존성은 이미 1910년대에 노만 엔젤(Norman Angell)에 의해서, 그리고 국제사회의 기능주의적 성격의 증대는 1930년대에 이미 데이비드 미트레니(David Mitrany) 등에 의해서 설득력 있고 심도 있게 분석되었다. 1970년대에 와서 변한 것이 있다면 그것은 학자들의 준거기준과 자신들이 살고 있는 사회의 사회정신(ethos)이었다. 특히 미국에서 베트남전에 의해서 상징되는 미국 헤게모니의 쇠퇴와 경제 및 환경적 토대를 가진 비군사적 문제들의 점증하는 현시성, 그리고 핵전쟁에 대해 증가하는 공포 등이 현실주의적 규범에 대한 불만스런 비판을 진작시켰던 것이다. 베트남전에서 미국의 패배는 국력의 요소가 생각보다 훨씬 더 모호하고[66] 국력이란 경제력과는 달리 대체성(fungibility)이 아주 낮아[67] 그 효과가 주어진 정책적 틀의 맥락에 따라 크게 다르며 특히 군사력과 정치적 효과 사이의 고전적 방정식이 더 이상 성립하지 않는다는 사실을 실증적으로 보여주었다. 경제

Transition, Boston: Little, Brown, 1977.

64) 예를 들어, Richard Mansbach, Yale Ferguson and Donald Lampert, *The Web of World Politics: Non-State Actors in Global System*, Englewood Cliffs: Prentice-Hall, 1976.

65) 예를 들어, Edward L. Morse, *Modernization and the Transformation of International Relations*, New York: The Free Press, 1976.

66) Stanley Hoffmann, "Notes on the Elusiveness of Modern Power," *International Journal*, 30, Spring 1975, pp. 183-206.

67) 이 문제에 관해서는, David A Baldwin, "Power Analysis and World Politics: New Trends Versus Old Tendencies," *World Politics*, Vol. 31, No. 2, January 1979, pp. 162-194를 참조.

적 상호의존성과 생태계의 위험 및 핵무기의 공포는 정치적 용어와 대화의 성격을 변화시켰다. 그리고 변화된 용어는 전체적 인류의 공동운명을 강조했고, 이기고 진다는 군사전략적 사고의 탈피를 요구했으며 공동의 이익과 공동의 손실을 강조했다. 그런데 바로 이러한 변화된 현실인식은 대체로 이미 제1차 세계대전 직후 정치가들과 사상가들에게 동기를 부여했었으며 그들의 정치적 용어와 대화를 형성했던 바로 그 관심들이었다. 이상주의의 사이클이 다시 등장한 것이다. 그러나 1970년대의 정치적 용어와 대화가 20세기 초와 다른 점이 있다면 그것은 국제관계의 상호의존성을 강조하면서도 힘의 관계, 국제체제의 구조적 중요성을 부인하지 않은 점이다. 코헨(Keohane)과 나이(Nye)가 공저한 『권력과 상호의존』(*Power and Interdependence*)이라는 저서명이 이러한 사실을 상징적으로 보여주고 있다. 바꾸어 말한다면 1970년대에 이른바 권력이론의 한계가 드러남으로써 현실주의 패러다임이 위기에 봉착했지만 이것을 대치할 만큼 상호의존 혹은 다원주의적 패러다임이 성공적이지는 못했다.

어쩌면 바로 그런 이유 때문에 1980년대 전야부터 시작된 이른바 신냉전은 신현실주의(Neo-Realism) 혹은 구조적 현실주의(Structural Realism) 이론을 부각시켰다. 이것은 모든 지성적 혼돈의 교통정리를 해주는 것처럼 보였다. 1948년 모겐소의 현실주의 이론이 당시에 강화되는 냉전의 분위기 속에서 급속히 부상했던 것처럼 1979년의 신냉전은 케네스 월츠의 구조적 현실주의 이론을 크게 부각시켰다. 현실주의는 또 다시 강력하게 이상주의적인 지성적 분위기에 일대 충격을 가하면서, 마치 예수의 재림처럼 화려하게 등장하여 각광을 받았다. 국제정치를 설명하는 데에는 그 위력이 의심받고 있었지만 실로 현실주의는 국제정치를 연구하는 사람들에겐 그 위력을 결코 상실하지 않았다는 것을 또 다시 보여주었다. 아니 오히려 케네스 월츠는 국제정치의 현상은 힘의 구조에 의해서 더욱더 잘 설명될 수 있는 국제체제의 제 유형 중에서 양극체제가 가장 안정적이라고 주장함으로써 2차 대전 이후 계속해서 미・소 간에 유지된 양극체제의 정당성을 국제적 안정과 평화의 이름으로 정당화했다. 제2차 세계대전 이후 약 반세기에 걸쳐 핵전쟁의 위험 속에서 살아온 우리에게 월츠의 이론은 참으로 기이한 것처럼 보였다. 그러나 냉전의 시기는 전쟁이 아닌 긴 평화의 시기로 재인식되어야 한다는 존 루이스 개디스(John Lewis Gaddis)의 주장은 월츠의 이론을 뒷받침해주고 있다.[68]

그러나 1980년대의 신현실주의는 곧 국제적 현실의 변화에 의해 다시 도전받았다. 소련의 고르바초프 등장 이후 특히 1987년 미・소 간의 성공적 중거리핵미사일감축협정(INF)은 신냉전체제를 급속히 해빙시키고, 1989년 몰타 회담에서 냉전의 공식적 종언의 선언과 소련 및 동구의 급속한 변화의 물결은 국제정치를 단순히 힘을 중심으로 하는 미・소 간 양극체제적 관점에서만 볼 수 없게 만들어버렸다. 현실주의는 다시 그 한계에 부딪힌 것이다. 그렇다고 모든 국제적 관계가 상호의존적이라고 미래를 낙관해 버리기에는 국제적 갈등의 요소들이 너무도 많이 남아 있다. 그렇기 때문에 이상주의의 승리를 선언할 수도 없다. 우리가 의식적 노력으로 피할 수 있는 비극마저도 필연적인 것으로 만들어버린 과거의 실수를 되풀이하지 않기 위해서도 현실주의적 감각은 우리에게 필요하다. 반면에 현실주의는 미래에 대한 비전을 제시하지 못하기 때문에 지적 나태를 유발한다. 그것은 현실의 개선을 방해한다. 그렇기 때문에 우리에게 필요한 것은 이상주의적 목적과 현실주의적 감각을 동시

68) John Lewis Gaddis, *The Long Peace*, Oxford: Oxford University Press, 1987.

에 잃지 않는 어떤 제3의 주의일 것이다. 우리는 아직 그것을 찾지 못했다. 국제정치는 이상주의와 현실주의가 서로 교체하면서 이해의 토대가 되어왔다. 그렇기 때문에 이상주의와 현실주의는 그 자체가 하나의 역사적인 것이라고 하겠다.

5. 국제 이론의 요건과 현실

국제관계 학도의 과제란 국제관계의 행위자들 특히 국가간 관계의 과거와 현재의 과정을 조사하고 제법 체계적으로 비교 분석하여 어떤 결론이 도출되는가를 살펴보는 것이다. 이런 점에서 우리의 주제는 역사와 가장 잘 비교될 만하다. 슈펭글러나 토인비 같이 역사의 이론 혹은 법칙을 발견하려고 노력한 역사가들이 있기도 하지만, 역사학은 반드시 역사가들에게 이론의 발견을 요구하지는 않는다. 그런데 국제관계는 다른 사회과학분야에서처럼 국가들의 행동에 관한 이론을 개발하려는 목적을 추구하고 있다. 그리고 그런 이론개발을 해온 그동안의 노력은 아직 만족스럽지 못한 것이 사실이다. 거의 반세기 전에 카가 말했듯이, 국제관계의 이론은 아직도 유치한 단계에 있다고[69]까지 말할 수 있을 것이다. 그러나 국제관계 연구의 목적을 보다 덜 야심적으로 정의한다면 국제관계 연구의 기본적이고 최소한의 목적은 국제사회에 대한 우리의 이해를 증진시키는 것이다. 따라서 국제관계이론의 주된 시험도 그 이론이 국제사회 전체에 대한 우리의 이해를 증진시키는 데 공헌하느냐, 그리고 어느 정도 공헌하느냐의 문제가 되어야 할 것이다.

69) E. H. Carr, *op. cit.*, p. 1.

그러기 위해서 이론은 다음의 몇 가지 중요한 시험에 통과해야 한다. 첫째는 적실성(relevancy)의 문제이다. 오늘날 대부분의 국제관계이론들은 고도의 추상화 세계에서 이루어짐으로써 국제관계의 실제 세계로부터 너무도 멀리 떨어져 있는 느낌을 준다. 즉 이론화의 작업에서 사용되는 언어의 세계와 실제 경험하는 국제관계의 세계 사이에는 밀접한 관계를 발견하기가 종종 어렵다. 만일 국제관계의 이론이 이처럼 지나치게 추상적 세계에만 머문다면 우리는 그런 이론이 필요치 않을 것이다.

둘째는 적실성과도 관련된 것으로서 구체성의 문제이다. 즉 현실의 구체적 현상과 관련되고 있느냐의 문제이다. 예를 들어, '커뮤니케이션'이 국제사회의 거의 모든 상호작용과정에서 하나의 본질적 부분이라는 말은 의심할 여지없이 사실이지만 그것은 국제관계가 이루어지는 방식에 관해 우리가 이미 알고 있는 것 외엔 별로 말해 주는 것 같지 않다.

셋째, 어떤 이론의 주제가 국제관계라는 현상의 중요한(significant) 면과 관련되어 있느냐의 문제이다. 즉 그 이론이 다루는 주제와 추정되고 연구된 요인들이 국제체제의 본질을 결정하는 데 진실로 중대한(vital) 변수인가의 문제이다. 질문형식으로 바꾸어 말한다면, 그 이론은 국제관계에 영향을 미치는 일반적 요인들과 관계되는가 아니면 오직 특수한 세부사항에만 관련되는가?

넷째의 시험은 이론과 실천 사이에 분명한 관계가 존재하느냐의 문제이다. 이론을 행동의 지침으로 생각하는 마르크스를 반드시 따를 필요는 없겠지만, 그럼에도 불구하고 우리는 이론이 국제사회에서 관찰되는 현실적 삶의 상황과 어떤 관련성이 있기를 희망한다. 최소한 우리는 그 이론이 국제사회의 본질과 국가들의 행위 및 그 속의 사람들의 행위를 설명하는 데 더 도움이 되기를 바랄 것이다.

이론이 우리들에게 보다 많은 정보를 제공하지는 않을지라도 그 이론은 적어도 과거의 이해에 첨가하는 방법으로 정보를 수집하고 초점을 맞춰야 할 것이다. 즉 그 이론은 국가사회 속의 행위에 영향을 미치는 근본 요인들에 관해서 우리에게 새로운 통찰력과 새로운 이해를 제공해야 한다. 그렇지 않는 한 정책결정자들이 국제관계 이론가들의 저작에 별로 주의를 기울이지 않는 그동안의 이론과 실천 간의 간격이 계속될 것이다.70)

다섯째로 국제관계의 이론은 연역적이 아니라 관찰에서 직접 도출하는 귀납적이어야 한다. 이것은 설득력의 조건이기도 하다. 이론은 우리에게 그것이 실제로 타당하다고 입증될지 안 될지 모르는 선험적 발명품이 아니라 우리가 인지하는 우주의 사실들로부터 자연스럽게 나오는 것이라고 확신시켜야 한다. 이런 입장은 국제관계의 이른바 과학주의적 학파의 학자들이 주창하는 방법론과 사실상 정반대이다. 먼저 가설을 설정하고 검증하는 데 기초하는 과학주의적 방법론은 실제로 과학주의의 역전으로 보이는 것이다. 자연과학에서 구체적으로 가설을 먼저 설정하는 것이 타당한 검증의 방법으로 보일 것이다. 그러나 우리는 그 가설이 무의식이든 의식적이든 먼저 오랜 관찰의 결과로서 얻어진 것들이라는 사실을 부인할 수 없다. 관찰이 가설설정에 우선한다는 것은 물리학에서도 마찬가지다. 뉴턴은 중력의 이론을 가설로 먼저 설정하고 나서 사과가 떨어지도록 사과나무를 흔들지는 않았다. 그는 사과가 떨어지는 것을 보고 그 사실로부터 중력의 이론을 도출했다. 다윈(Darwin)도 종의 기원이론을 먼저 생각해낸 다음에 그 증거를 발견하기 위해 세계를

70) 이 문제는, Raymond Tanter and Richard H. Ullman, *Theory and Policy in International Relations*, Princeton: Princeton University Press, 1972에서 보다 본격적으로 논의되었다.

항해하지는 않았다. 그는 먼저 자신의 여행에서 상당히 많은 증거를 보고 나서 그 토대 위에서 이론을 수립했다.

그런데 사회과학에서 관찰의 우선성은 훨씬 더 본질적이다. 왜냐하면 여기에서 증거는 너무 혼란스럽고 인과관계는 너무도 복잡하며, 또 믿을 만한 실험을 수행하기도 너무 어렵기 때문에 증거를 창출하기 전에 해답을 말하는 것은 처음부터 입증되어야 할 것을 가정해 버리는 것으로 보일 뿐이다. 국제관계란 아주 복잡하고 다양하기 때문에 그렇게 제시된 거의 어떤 이론도 뒷받침할 수 있는 상당한 사실을 발견하기가 어렵지 않다. 설득력 있게 보이기 위해서는 결론을 도출하기 전에 증거의 철저한 조사가 보다 더 설득력 있는 방법이 될 것이다. 그리고 바로 이것이 실제로 보다 더 과학적인 경험적 접근법이 될 것이다.

여섯 번째로 국제관계이론은 우리의 이해를 증진시키고 설득력 있게 보이기 위해서 모든 요인들을 설명해야 한다는 조건을 만족시켜야 한다. 적실성만으로는 충분하지 못하다. 그것은 포괄적으로 적실해야만 한다. 이런 점에서 국제관계의 많은 저작들은 국제체제의 한 가지 면에만 주의를 집중시키고 이것을 단일주요변수(single key variable)의 차원으로 부각시켜서 그것으로 모든 것을 설명하려는 경향을 보여주었다. 힘의 균형이나 정책결정체제, 커뮤니케이션, 체제의 구조 등등이 여기에 속한다. 이 모든 것들은 중요하다. 그러나 그들 각각은 오직 부분적 요인들에 지나지 않는다. 국가간의 관계란 전적으로 힘의 관계로만 구성되어 있지는 않다. 만일 그렇다면 국가간의 분석은 참으로 간단할 것이다. 정책결정체제는 국가가 행동하는 방법을 결정하는 데 상당한 중요성을 갖는다. 그러나 그것이 국가의 결정에 영향을 미치는 유일한 요인이거나 연구할 만한 국제관계의 유일한 양상인 것 같지는 않다. 국제관계에 특이한 성격을 제공하고 그것을 연구하는 데 특별한 어려움들을 제시하는 것은 바로 국제관계의 복잡성, 다면성, 불규칙성 등이고 그것들에 영향을 주는 정치, 경제, 문화, 군사 및 정부간, 비정부간을 포함하는 많은 상호 작용과 세력들이다. 따라서 국제사회를 전체로서 보다 잘 이해하는 데 도움이 될 국제관계 이론이란 수립되기가 결코 쉽지 않다는 사실을 알 수 있을 것이다. 즉 국제관계란 한눈에 이해하기엔 너무도 복잡하고 그렇다고 완전히 무시하기엔 너무도 중요한 연구의 대상이라 할 것이다.

6. 국제관계의 이론화

학문(discipline)이란 일련의 기술과 숙련, 일단의 이론과 명제, 그리고 주제를 동시에 의미한다.[71] 그런데 인간들의 정치생활경험은 중복됨에도 불구하고 상당히 서로 다르다. 이때 우리의 경험은 주로 사고의 경험이며 사고는 아주 넓은 의미에서 언어의 이해, 즉 여러 가지 아이디어를 조직하는 방법에 의해서 규제된다. 아이디어를 조직하는 여러 방법들은 여러 독립적 분야의 학문들에 의해서 우리들에게 강요된다. 규제는 어떤 조직적 활동에서도 본질적이다. 따라서 학문의 독립적 분야(discipline)란 사고방식에 대한 규제를 의미하는 것이며 이것은 일단의 개념들, 분류 양식, 증거의 규칙 및

71) Morton A. Kaplan, "Is International Relations a Discipline?," in Bruce L. Sanders and Alan C. Durbin, eds., *Contemporary International Politics: Introductory Readings*, New York: John Wiley & Sons, p. 7. 이 논문은 원래, *The Journal of Politics*, Vol. 23, August 1961, pp. 472-476으로부터 재편집된 것임.

논의의 예의범절을 규정한다.[72] 따라서 독립적 분야로서의 학문은 일정한 규정에 따라 주제에 대한 보다 체계적이고 정확하며 간결하고 보편적이며 인과관계에 입각한 이해를 도모하는 지적 노력으로, 그런 노력을 이론화작업이라 하겠다. 그런데 '이론'(theory)이란 말은 국제관계를 포함하여 사회과학의 세계에서 아주 광범위하게 사용됨으로써 여러 가지로 다양한 의미를 갖고 있는데, 그것들은 대체로 다음의 다섯 가지 의미로 집약될 수 있다.[73]

첫째, 이론이란 주제 그 자체에 관한 연구보다도 주제를 연구하는 올바른 방법에 관한 일련의 명제를 의미한다. 예를 들어서 인류학에서 구조주의적 '이론'이나 심리학에서 행태주의적 '이론'에 관해서 말할 수 있다. 이것들은 기본적으로 이론에 관한 이론, 즉 이론의 종류나 가장 유용한 연구의 방법에 관한 이론이다. 이것들은 보통 접근법(approaches)이라고 정의될 수 있지만 그것들은 어떤 저변의 가정들을 포함하고 있는 접근법들이다. 예를 들어 행태주의자들은 행위를 연구하려드는데 그것은 이것이 회고적 몽상이나 정신분석보다도 정신상태의 보다 신빙성있는 표시라고 믿기 때문만이 아니라 연구의 주제로서 행동이 사고보다도 더 중요하다고 생각하기 때문이다. 국제관계에서 수량적 방법이나 정책결정접근법이 이런 형태의 이론들을 대변하는데, 이것들은 주제 자체보다는 주제를 바라보는 올바른 방법에 관한 이론들이다.

둘째, '이론'이라는 말은 선험적(a priori) 제 원칙이라고 일반적으로 일컬어지고 시간과 공간을 초월하여 타당한 것으로 간주되는

72) Anatol Rapoport, "Various Meanings of 'Theory'" in James Rosenau, ed., *International Politics and Foreign Policy*, New York: The Free Press, 1961, p. 44.

73) Evan Luard, *Types of International Society*, London: Collier Macmillan Publishers, 1976, pp. 5-8.

일련의 광범위한 일반명제들에 적용될 수 있다. 이런 일반화는 연구가 토대로 삼는 출발점, 즉 가정으로 취해진다. 예를 들어 심리학에서 권력에로의 의지(will to power)라든가 성적 욕망, 혹은 어떤 다른 요소와 같이 특수한 동기의 지배에 관한 광범위한 주장이 이런 종류의 이론들이다. 국제관계에서 국가들간의 동기로서 국력에 대한 열망의 최우선이나 해외시장의 추구에 관련된 주장들이 이런 유형의 이론에 속한다. 그런 광범위한 명제들은 어떤 일반적 '체제'의 핵심이나 혹은 단순히 국가행동의 설명을 위한 원천으로 사용될 수 있다. 대부분의 사람들은 우주에 관한 비교적 간단하고 쉬운 설명체계를 갖고 싶어하고 그리하여 많은 작가들은 자신들이 거의 모든 것을 설명할 수 있는 원칙을 발견했다고 생각하려 하기 때문에 이런 종류의 많은 이론들이 개발되었다. 이런 이론들은 종종 매우 단순화된다. 예를 들어 권력에로의 의지는 단순히 개인들 사이의 중요한 하나의 동기일 뿐만 아니라 유일한 동기이다. 그리하여 국가들간의 권력욕은 단지 중요한 한 개의 동기가 아니라 항상 가장 중요한 동기이다. 이러한 이론들은 설명의 단순한 지름길을 추구하는 슬로건 이론들로 비판될 수도 있다. 그러나 매력적인 단순성과 포괄적 특성 때문에 이런 종류의 이론들은 광범위한 호소력을 가지며 어쩌면 가장 잘 알려져 있다.

셋째, 이론은 보다 상대적인 형태의 일련의 명제들을, 즉 관찰에서 얻어진 것이지만 상당한 정도의 보편타당성을 갖는 것으로 간주되는 일련의 개별적 제 일반화를 말할 때 사용된다. 여기에서 접근법은 본질적으로 경험적이고 방법은 보통 귀납적이다. 국제관계에서 그런 일반화는 국가의 본질과 동기에 관한 선험적 견해보다는 실제 현재의 국가들의 행동에 대한 주의깊은 관찰에 토대를 두게 될 것이다. 국제관계에서 현대국가는 자국의 안보에 본질적이라고 생각하는 인접지역에서 초조하고 침략적인 성격을 보이기가 아주 쉽다는 명제가 이런 형태의 경험적 이론의 한 예가 될 수 있을 것이다. 근본적으로 우리는 가정이 아니라 결론들을 취급하는데, 이것들을 우리는 일반이론(generalization theory)이라 부를 수 있다.

넷째, 일련의 유추(analogies)나 비교가 이론으로 간주될 수 있다. 이것들은 일련의 현상을 다른 현상의 관점에서 설명하는 비유적(metaphoric) 이론들이라 할 수 있다. 목적은 유사성을 추출함으로써 본질적 특징을 지적하는 것이다. 예를 들어, 정치에서 수천 년 동안 자체의 생명을 가지며 성장이나 쇠퇴할 수 있는 유기체나 생명체의 관점에서 국가를 설명하고자 한 이론들이 있었다. 최근에 많은 이론들은 일련의 투입과 산출과 환류의 기계적 작용의 관점에서 생각되는 하나의 '체제'와의 비교를 추구해 왔다. 국제관계에서 국제사회를 기계적 체제나 게임과 같은 유추로써 분석하려는 비슷한 이론들이 있다. 그러나 그러한 모든 모델들이 가지고 있는 어려운 문제는 그것들이 어느 정도의 왜곡을 어쩔 수 없이 초래한다는 점이다. 국가를 유기적 구조로 생각한다든가 혹은 국제사회를 환류작용을 가진 하나의 체제로 생각하는 것은 한두 개의 유용한 통찰력과 비교를 촉진시킬 수 있다. 그러나 장기적으로는 그것을 오도할 뿐이다. 왜냐하면 사용된 유추의 모든 본질적 현상들이 분석되는 실제사회나 체제에 존재한다는 가정을 가져오기 때문이다. 예를 들어, 국가가 구성원들과 무관하게 그 자체의 생명력을 갖게 되고 국제사회는 자동적 적응을 하는 환류(feedback)작용과 같은 것들을 갖게 된다. 이것은 실제세계의 증거로부터라기보다는 사용된 은유에서 나오는 가정이다. 바꾸어 말하면, 은유가 지배하게 되고 이미지가 실제 현실을 대치해 버린다. 국제사회를 연구하고 싶으면 국제사회 그 자체를 연구하는 것이 더 간단할 것이다.

다섯째, 이론은 분석을 위한 틀(framework)을 의미할 수 있다. 어떤 묘사체계든 어떤 개념들을 사용해야 하고 서술이나 분석을 위해서도 특수한 요인들을 선택해야만 하는데 여기서 사용하는 개념이나 분류, 혹은 초점들은 이른바 '이론'을 대변한다. 그런 일련의 개념들은 우리가 어떤 구체적 분야에서 직면하는 일정하지 않은 사실들과 현상들을 추려내는 수단, 즉 자료들을 조직하는 하나의 체계이다. 이러한 근거에서 모든 정치나 국제관계의 연구에는 적어도 하나의 암시적 이론이 존재한다고 말할 수 있다. 즉 적어도 중요하다고 느껴지는 것들을 선별하거나 서술 혹은 논의될 필요가 있는 사건들이나 요인들에 관한 기본적인 가정들이 존재한다는 말이다. 이것은 이론이란 말의 엉성한 사용을 대변하는 것으로서 보통 이론은 이런 것 이상의 어떤 것, 즉 하나의 테제(thesis), 저변에 있는 원칙들에 대한 일련의 천명, 일련의 기본적 원인과 변수를, 그리고 심지어 설명될 수 있고 정당화될 수 있는 일관성있고 명시적인 가설을 의미한다. 마르크스주의적 저작들은 이런 의미에서 이론의 한 예를 대변한다. (두 번째 유형의 이론을 대변하기도 하지만) '계급', '계급투쟁', '생산관계', '사회내부의 모순', '잉여이익', '혁명' 등과 같은 개념들에 관심을 집중시킴으로써 그들은 정치관계의 현상을 고려하고 분석하는 하나의 특수한 방법을 촉진한다. 이와 비슷하게 국제관계의 저작에서 전략적 관계와 힘의 균형, 지정학, 국가의 내적 사회구조나 경제적 지배와 종속에 일차적 초점을 맞추는 연구들은 각각 독특한 방법으로 일련의 이론적 제 가정을 의미한다. 이런 종류의 이론은 국제적 현상유지의 관심을 촉진시키고 연구 및 분석을 위해 서로 다른 자료를 강조할 것이다. 이런 의미에서 이론이란 본질적 이정표를 제공함으로써 통일되지 않은 세계의 혼란한 미궁에서 보다 쉽게 길을 찾게 할 수 있는 하나의 지도로 간주될 수 있다.

이상의 아주 상이한 형태의 이론들을 구별하는 한 가지 방법은 그것들이 추구하는 것을 통해서 구별하는 것이다. 대체적으로 말해, 첫 번째는 연구를 안내(guide research)하려 하고, 둘째는 설명(explanation)하고자 하며, 셋째는 일반화(generalization)하고자 한다. 그리고 넷째는 비교(comparison)하고, 다섯째는 초점(focus)을 맞추려 한다고 할 수 있을 것이다. 실제로 많은 이론들은 이런저런 분류에 배타적으로 속하지는 않는다. 그러나 적어도 원칙적으로 이러한 유형들이 구별될 수 있을 것이다.[74] 그러나 과연 이것이 별개의 범주로 간주될 수 있는지는 의심스럽다. 왜냐하면 거의 모든 유형의 이론이 동시에 규범적일 수 있기 때문이다.[75]

여기에서 이론들은 다시 다른 방법들로 더 세분화될 수도 있을 것이다. 예를 들어, 우선 모든 면에서 국가들의 행동에 관련되는 (모든 국가는 항상 모든 행동에서 힘의 극대화를 추구하는 것이라는 이론처럼) 일반이론과 국가행동의 어떤 특수한 면들에만 관련되는 (국가의 전략적 행동이나 경제활동에 관한 이론같이) 부분적 이론으로 세분화할 수 있을 것이다. 또 다른 방법으로, 이론들은 모든 시대 모든 사회에 타당하다는 의미에서 절대 이론과 특수한 시대 특수한 체제에만 타당하다는 의미의 상대적 이론으로 세분화될 수 있을 것이다. 세 번째로는 하나의 전체로서 국제체제와 같이 광범위한 사회에 관련된 광의의 이론과 민족국가 자체의 본질이나 행동에 관한 것과 같이 좁은 사회에 관련된 협의의 이론으로 세분될 수도 있을 것이다. 끝으로 그 이론들은 현상의 직접관찰로부터 그 관찰에 입각하여 결론에 도달하는 귀납적 이론과 일반적 명제의 천명에서 시작

74) 국제관계에 국한시켜서 말할 때 국가들이 어떻게 행동하느냐보다는 어떻게 행동해야 하느냐에 관련된, 서술적이기보다는 규범적(normative) 이론도 지적될 수 있을 것이다.

75) Evan Luard, *op. cit.*, p. 8, note 6.

하여 이 명제에서 끌어낸 논리적 결론에 도달하는 연역적 이론으로 세분될 수도 있을 것이다.

그러나 우리가 선호하는 종류의 이론이란 우리가 이론을 통해 무엇을 원하느냐에 의존할 것이다. 만일 우리가 일련의 결론들을 원한다면 일련의 전제인 유형의 이론을 선택하지 않을 것이다. 만일 우리가 길 안내에 도움이 될 지도를 원한다면 우리는 비교하도록 계획된 은유적 이론을 채택하지 않을 것이다. 다른 말로 바꾸어 표현한다면 상이한 유형의 기능을 수행하도록 계획된 이론의 많은 상이한 유형을 위한 자리가 있을 수 있을 것이다. 어떤 한 유형의 이론이 존재하거나 타당하다는 사실은 다른 유형이 그릇된 것이라는 사실을 반드시 입증하지는 않는다. 궁극적이고 또 유일한 이론의 시험은 그것이 국제사회를 전체로서 우리가 이해하는 데 과연 얼마나 실질적 도움을 줄 수 있느냐이다.

7. 국제관계이론의 종류

앞서 우리는 여러 가지 이론들을 다섯 가지의 유형으로 분류하였다. 여기에서는 최근 국제관계연구에서 나온 몇 가지 이론들을 앞서 지적한 다섯 가지 범주에 따라 분류함으로써 여러 이론의 특징을 보다 쉽게 이해해 보고자 한다.

첫 번째 범주에 속하는 연구의 안내를 추구하는 이론들은 국제관계의 경우에 분석의 상이한 차원에 따라 세 가지의 형태를 찾아볼 수 있다. 어떤 작가들은 국가들의 관계가 첫째, 인간 개인의 차원에 속하는 것으로 인간의 본성을 조사함으로써 연구가 되어야 한다고 주장한다. 예를 들어서, 동양에서 고대 중국의 콩츠(孔子)나 멍츠(孟子)는 전쟁의 발생 여부가 통치자가 올바른지의 여부에 달려 있기 때문에 통치자를 교육함으로써 전쟁을 완전히 제거할 수 있다고 믿었다. 다른 시대의 개혁자들은 전쟁이 일반적으로 인간들의 사악함에서 연유한다고 믿고, 이것이 축출되고 순화되어 모든 적대감과 편견이 제거되면 전쟁이 폐지될 수 있을 것이라고 믿었다. 전쟁의 궁극적 원인이 인간의 심리적 구조, 특히 내재적인 저돌적 충동이라는 믿음은 지난 반 세기 동안에 특히 보편적이었다. 이것은 인간의 행동이 기본적인 '저돌적 충동'에 의해 결정된다는 사실을 보여주려 한 심리학자들과, 인간행동이란 동물들과 같은 욕구와 충동에 의해 결정된다는 것을 보여주려고 한 인성학자들에 의해서 촉진되었다. 그것은 유네스코 헌장에 새겨진 것처럼 "전쟁은 인간의 마음에서 시작한다"라는 개념 속에 암시되어 있으며, 흔히 국가와 국력을 찬미하는 국가적 선전이나 이념적 믿음에서 유래한다. 그러한 이론들은 국제관계가 인간의 개별적 심리를 통해 접근되어야 한다고 제안한다. 인간심리의 연구가 국제관계에서 어떤 역할을 수행함에는 틀림없겠지만 그것만으로 충분하지는 못하다. 개인의 저돌적 충동은 전쟁이 아닌 수많은 출구를 갖고 있다. 따라서 전쟁을 설명하기 위해서는 때로는 평화롭고 때로는 전쟁하면서 사는 인간들의 본성을 조사하는 일뿐만 아니라 그 속에서 전쟁이 발생하는 국제적 환경의 본질을 조사하는 것이 필요한 것이다.

두 번째 차원의 접근법은 국제관계를 생각하는 가장 중요한 방법이란 국가들의 본질을 조사하는 것이라고 주장한다. 이 주장에 따르면, 국내적 압력과 정부제도, 그리고 정치적 구조의 조사를 통해 각국이 추구하는 형태의 외교정책을 알 수 있고, 그리하여 국가관계의 전체구조를 알 수 있게 되는 것이다. 이런 이론들은 전체로서의 국제사회가 아니라 개별 구성원에 관심을 집중한다. 그것들은 각 국가에 대한 외부로부터의 도전이나 전체 국제적 환경의 성격이 아니라 정부제도나 계급구조 및 국가 엘리트와 같은 문제들에 관심을 집중시킨다. 루소나 윌슨은 민주국가가 일반적으로 평화애호적이고 협력적인 반면에 독재정부는 침략적이고 팽창주의적이라고 믿었다. 이런 이론들의 약점이란 국가의 내적 성격과 외적 행동 사이의 어떠한 일정한 상관관계를 발견하기가 진실로 어렵다는 사실이다. 정부나 제도를 바꾼 국가들도 종종 그 전과 동일한 정책들을 계속 추구하기 때문이다.

전체체제보다는 개별 구성단위의 연구에 집중하는 접근법의 예는 이른바 '정책결정이론'(decision-making theory)을 들 수 있다. 이것은 국가들 내에서 외교정책결정에 도달하는 절차를 분석하는 것이다. 따라서 정책에 영향을 미치는 여러 세력들, 즉 관련된 관료집단들, 정당 및 압력단체의 영향, 언론과 여론의 효과 등을 분석한다. 이런 분석이 전적으로 무의미한 것은 아니지만 지금까지 이 분야에서 볼 수 있는 대부분의 작품들은 구체적인 상황에서 영향을 미친 요인들보다는 영향을 미칠지도 모르는 종류의 요인들을 서술하는 것으로 고도로 일반화된 것들이다. 구체적인 상황에서 일련의 결정을 조사한 페이지(Glenn D. Paige)의 작품도 그 결과는 확정적이지 못하다.[76] 더욱이 훨씬 더 자세하고 구체적인 연구를 한다고 해도 그것이 결정에 도달하는 데 사용된 특수한 절차들이 특수한 상황과 위협이나 도전에 대한 대응을 결정하는 데 중대한 영향을 미친다는 사실을 보여줄 것 같지 않다. 그런데 국제관계의 학도들이 진실로 알고 싶은 것은 어떻게 결정에 도달하느냐의 문제라기보다는 무엇이 정책을 결정하느냐이며 이 두 가지는 아주 다른 문제들이다. 그

76) Glenn D. Paige, *Korean Decision*, New York: The Free Press, 1968.

리고 그러한 연구는 집단적 정책결정의 절차들뿐만 아니라 다른 두 개의 차원인 개인심리와 국제환경의 분석을 필요로 한다. 만일 어떤 이론이 전체환경의 지배적 영향을 무시한다면 그것은 만족스럽지 못할 것이다. 여기에서 전체환경의 영향으로서는 국제체제의 성격과 그 체제 내에서 용납할 만한 국가 행동에 대한 기대, 체제 속의 국력과 영향력 및 경제적 부의 효과, 다른 국가들의 행동에 대한 두려움이나 힘의 균형, 그리고 개별 정부나 국가의 본질에 집중할 때 적절히 분석될 수 없는 많은 요인들을 들 수 있겠다.

세 번째 차원에 속하는 유형의 접근법 이론은 국제사회에 관한 것이다. 이 이론들은 국제체제가 힘의 균형의 원칙이나 체제의 필요성에 의해 지배되는 곳으로 생각하는 것들이다. 이런 이론들은 체제의 필요성과 본질이 각 개별 구성원들에게 그 자체의 내적 논리를 어떤 의미에서 강요하는 것을 암시한다. 즉 국가들은 힘의 균형을 도모하고 체제를 지탱하기 위해서 일정한 방식으로 행동해야 한다는 것을 의미한다. 그러므로 이런 이론들은 모든 인간의 행동이 천부적 특성과 전혀 무관하고 또 환경적 요인들에 의해 배타적으로 설명될 수도 있다고 생각하는 심리이론들에 비교될 수 있을 것이다. 따라서 이 이론들도 균형을 상실하고 있다. 국가들의 행위가 국제사회의 성격에 의해서 상당히 결정된다는 사실에는 별로 의심의 여지가 없지만, 그러나 내적 요인들을 전혀 고려하지 않는다는 것도 잘못이다. 어떤 주어진 상황에서 내적 및 외적 요소들의 상대적인 중요성을 결정하는 것이 중요한 일이다.

이러한 종류의 방법론적 연구는 주제에 대한 우리의 접근을 명확히 하고 학문의 도구를 갈고닦게 하는 역할을 수행한다. 그러나 어떤 특정의 차원에서 특정의 요인들에 관심을 집중시킴으로써 다른 차원 및 요인들을 평가절하하거나 무시하는 경향이 있다. 그리고 실제적 문제보다도 방법에 주로 관심을 가짐으로써 특수한 상황에서 국제관계의 저변에 있는 구체적 요인들에 대한 우리들의 이해를 깊게 해줄 것 같지 않다.

두 번째 범주에 속하는 이론들, 즉 몇 개의 선험적 일반화나 개념들에 기초한 이론들은 국제관계에 관한 많은 대표적 인물들을 갖고 있다. 전쟁이 일반적으로 경제적 조건, 그리고 특히 자본주의 생산자들의 해외시장의 추구의 결과라는 마르크스, 레닌 및 그들의 추종자들의 대담한 주장이 성공적인 이러한 방법의 한 예이다. 특정의 시기에 걸쳐 발생한 전쟁들을 조사하고 그 원인들에 대한 결론에 도달하는 대신에 이들은 다른 모든 것이 유래하는 하나의 가정에서 출발한다. 즉 자본주의 국가들은 해외시장을 필요로 하고 그것들을 확보하기 위해 전쟁을 한다고 가정한다. 그러면 어느 곳에서든 모든 전쟁은 이 원인의 결과이며, 그러기에 자본주의가 해체된다면 전쟁을 위한 주요 동기가 제거될 것이기 때문에, 사회주의 국가들간에 전쟁은 결코 발생할 수 없다고 주장하기는 아주 쉬운 일이다.

그러나 많은 전쟁은 다른 원인들을 갖고 있고, 또 많은 자본주의 국가들도 시장을 위해 전쟁을 하지는 않는다는 사실을 발견하는 관찰자는 어리둥절하게 된다. 그러므로 그런 이론들은 전쟁의 원인들이나 현대사회에서 일반적으로 국제적 행위를 조사하고자 할 때 아주 설득력 있는 기초로서 보통 봉사하지 못한다. 또 다른 선험적 이론의 형태는 때때로 한스 모겐소의 이름과 특히 관련되는 현실주의 이론이라고 알려진 아주 유명하고 영향력 있는 논제이다. 이 이론은 '힘'이라는 용어로 정의되는 이익의 관점에서 정치가는 생각하고 행동하며, 국제정치는 모든 정치처럼 힘을 위한 투쟁이라는[77]

77) Hans J. Morgenthau, *Politics Among Nations*, 5th re. ed., New York: Knopf, 1978, p. 29.

다소 독단적인 천명과 가정에서 출발한다. 그리고 이 가정은 과거나 현재 그리고 미래의 정치가들이 정치무대에서 취했고 또 취할 행동을 추적하고 예상할 수 있게 해준다는 것이다. 이런 형식의 추리가 지니는 약점과 허위성은 많은 비평가들에 의해서 지적되었다. 이들은 이익이나 힘이라는 개념의 모호성과 부정확성을 지적했다. 또 그들은 수단으로서의 힘과 목적으로서의 힘을 구별하지 못한 점을 지적했다. 그들은 또 보편적 의미에서의 힘과는 무관한 국가행위의 많은 측면들을 적절하게 설명하지 못한다는 점에서 그 실패를 지적했다. 대부분 국가들의 대체적인 활동을 대변하는 우호관계나 경제 및 문화적 영향을 신장시키는 것과 같은 행동을 수단을 달리하여 힘을 추구하는 것이라고 말하는 것은 그 힘이라는 단어가 갖는 모든 의미의 '힘'을 박탈해 버리는 것이다. 그 단어의 타당한 유일한 의미는 군사력이거나 타국들을 강제할 일반적 능력이다. 그리고 이것들의 각각은 목적으로서가 아니라 주로 수단으로서, 그것도 다른 많은 대안적 수단들 중에 하나로서 간주되는 것이 타당할 것이다. 그러나 이 이론의 보다 기본적 약점은 선험적 진실의 천명으로서 바로 그 성격에 기인한다. "외교정책의 성격은 수행된 특수한 조치들과 그런 조치들이 가져올 미래의 예상되는 결과들을 조사함으로써만 확인할 수 있다"[78]라고 모겐소는 말하고 있지만 실제로 그의 가설은 인용된 말로 단지 천명되었을 뿐 결코 적절하게 입증되지 않고 있다.

이것은 논제가 설득력을 통해 주장되기보다는 하나의 특징적이고 때론 극단적인 견해의 도전적 천명으로서, 즉 단지 논제로서 영향을 미치는 이론의 전형적 본보기이다. 이런 선험적 형태의 모든 이론은 독자들에겐 그 진실이 전혀 분명하지 않은데도, 저자의 눈에는 입증을 거의 필요로 하지 않는 계시와 같은 부인할 수 없는 진실

78) *Ibid.*, pp. 4-5.

로 간주되는 것에 기초하고 있다는 결함을 지닌다. 대부분의 사람들이 입증되는 것을 보고 싶어하는 것을 가정해 버림으로써 그런 이론들은 학문에 근본적으로 중요한 다른 문제들을 회피한다. 분명히 이런 유형의 이론들은 독자들이 현실로 옮겨갔을 때 대체로 확실하지 못했다.

세 번째 범주에 속하는 이론은 보다 더 유용한 것이다. 이것은 국제사회의 제 사실에 관해 수집된 증거에 의해 입증되거나 입증될 귀납적 결론들로 구성된 것이다. 퀸시 라이트(Quincy Wright)의 고전적인 『전쟁의 연구』(*A Study of War*)[79]가 이러한 범주의 한 예가 될 수 있을 것이다. 즉 전쟁의 현상에 관련된 기본적 사실들이 검토되고 분석되고 있으며 일반적 결론들을 끌어내려는 시도가 이루어지고 있다. 많은 다른 작품들이, 특히 외교정책 연구들이 이 범주에 속한다. 그러나 이 방법은 아직 체계적으로 널리 사용되고 있지는 않으며, 일반적으로 널리 수용되고 있는 일반화나 법칙들이 이 방법의 사용을 통해서 발견되었다고 말하기는 어렵다.

더욱이 이 방법은 의미 있는 결실을 만들어낼 수 있을 것 같지도 않다. 특수한 상황 속에서 국가들의 행위는 지속적이고 체계적인 연구, 관계의 특수한 유형(예를 들어 동맹관계)의 비교연구, 경제적 지배유형 및 일반 경제관계의 연구들이 이런 종류의 이론의 중요한 밑바탕을 세우는 데 도움이 될 수 있을 것이다. 그런데 현재 이 분야의 비교연구 작품의 일반적 불모성에 대한[80] 하나의 가능한 이유는 이론에 관해서 쓰는 저자들과 국가나 지역적 및 국제적인 경험적 사례 연구에 종사하는 사람들 사이에 넓은 격차가 있다는 사실

79) Quincy Wright, *A Study of War*, Chicago: Chicago University Press, 1942.

80) 한 예외적 작품을 예로 든다면 Christer Joensson, *Super Power*, London: Frances Pinter, 1984를 들 수 있겠다.

이다. 전자의 사례는 종종 역사에 관한 깊은 지식이 부족하고, 후자는 이론에 별로 관심을 두지 않는다.

지금까지 널리 사용되는 경험적 접근법의 한 형태는 이른바 계량적(quantitative) 방법이다. 이것은 순수하게 '수량적' 증거에 가능한 한 널리 의존함으로써 객관성을 확보하도록 계획된 것이었다. 이 접근법의 학파에 속하는 사람들은 자신들의 방법을 통한 국제체제의 편견 없는 체계적 조사가 중요한 변수를 낳을 구체적이고 연구 가능한 문제들에 집중할 수 있게 한다고 주장한다. 만일 국제관계라는 학문이 어떤 가치 있는 학문적 지위나 존경심을 얻으려 한다면 인상이나 추측 그리고 초점 없는 사건들의 기록에 단지 의존하기보다는 입증 가능한 결론에 도달할 수 있게 해줄 기술과 개념 그리고 절차들을 개발하는 것이 절실하게 필요하다는 것이다. 모든 규범적 판단을 엄격히 피하고 단지 상황을 측정하기만 한다는 비난에 대해서 그들을 단지 방법에만 관심이 있다고 대답함으로써 자신들의 연구가 어떻게 사용되느냐의 문제는 그들의 통제력 밖에 있다고 주장한다. 오늘날 이 수량적 방법이 다른 모든 사회과학분야에서처럼 국제관계분야에서도 널리 사용되고 있지만, 그러나 문제는 그것들이 아무리 엄격하게 사용되고 또 그 장점들이 무엇이든지에 상관없이 그것이 이루어낸 결론들이 국제관계에 대한 우리들의 이해를 향상시키는 중요한 역할을 수행했다고 확신할 수는 없다는 점이다. 이러한 연구들의 많은 것들을 최악의 경우에는 무관하고 최선의 경우에도 별로 중요하지도 않은 문제에 답하려고 하는 것처럼 보인다. 그럼에도 불구하고 이런 방법에 대한 헌신은 '과학'(science)과 통계 그리고 신빙성과 숫자 사이에는 밀접한 상관관계가 있다는 가정을 반영한다. 모든 사회의 연구에 숫자와 계산이 중요할 뿐만 아니라 긴요한 영역이 존재할 것이다. 따라서 국제관계분야에서도 그러한 수량적 계산이 타당성을 발휘할 수 있는 영역이 존재할 것이다. 그러나 학문을 '과학적'(scientific)으로 만들기 위해 수량적 자료만이 신빙성이 있고 적절하다고 하는 일반적 믿음은 과학 그 자체의 경험에 전적으로 어긋난다. 많은 과학적 연구는 제1차적으로 숫자에 의존하는 것이 아니라 서술과 분석에 의존한다. 그리고 이 사실은 인간과학에 훨씬 더 진실한 것이다. 심리학적 연구는 어린아이가 하루에 몇 차례 웃거나 운 것을 셈하는 데 의존하는 것이 아니라, 어린아이의 행동을 연구・묘사하고 그 이유를 이해하려는 데 의존하고 있다. 마찬가지로 국가들간의 관계를 조사할 때 우리는 예를 들어 유엔 투표의 분포와 같은 것을 계산함으로써 뭔가를 알 수 있겠지만, 그 행동에 깔려 있는 동기들을 연구함으로써 훨씬 더 많은 것을 알 수 있을 것이다.

네 번째 카테고리에 속하는 유형의 이론은 다른 학문에서 빌린 유추나 개념에 입각한 은유적 형태의 이론으로서 최근에 국제관계에 관한 저작활동에서 가장 널리 사용되어 왔다. 그 중에서도 몇 가지만 간단히 살펴보면, 먼저 게임이론에서 얻은 개념과 결론을 사용하여 국가간 협상과 흥정을 조사하는 형태가 있다. 이 게임이론은 기업조직과 경제적 경쟁에 관해 1940년대에 개발된 이론이다.[81] 국제정치에서 이 이론의 적용은 다른 은유적 이론들의 몇 가지 장점과 모든 단점들을 갖는다. 즉 그것은 일정한 종류의 세계에서 정부가 취할 합리적 길이 무엇일까에 대해서 우리가 보다 명확하게 이해하도록 해줄 수 있을 것이다. 그러나 그 세계는 실제세계와는 너

81) 게임이론은 1920년대에 수학자 에밀 보렐(Emil Borel)과 존 노이만(John von Neumann)의 초기 논문들로 거슬러 올라갈 수 있지만, 이 분야는 1944년 노이만과 경제학자인 오스카 모겐스턴(Oskar Morgenstern)의 『게임이론과 경제행위』(*Theory of Games and Economic Behavior*)의 출판으로 정착되었다.

무도 동떨어진 것이어서 그 결론들이란 오직 학술적으로만 흥미롭다. 그것은 정부의 행동이 경쟁적 게임에 참여하는 자의 행동과 아주 근사한 것으로 가정한다. 예를 들어 게임의 참가자들은 다수와의 복잡한 상관관계 속에서가 아니라 하나나 소수의 상대방과 고립적으로 투쟁한다. 그들의 목적은 언제나 승리, 즉 어떤 대가를 치르더라도 상대방을 패배시키는 것이다. 그들은 이 목적을 위해 전략을 세운다. 그리고 그들은 합리적이고 깊이 생각하며 냉정한 방법으로 게임을 행한다. 또한 그들은 국내여론, 압력단체들이나 동맹국들, 국제여론, 상대방의 이익, 도덕, 국제사회에 대한 자신들의 개념과 같은 보이지 않는 본질적 요인들과 실제 국제관계의 세계에서 중요성을 갖는 모든 다른 요인들을 전적으로 무시한다.[82] 그리하여 이 이론은 대부분의 사회적 요인들, 즉 국제사회에서 국가행위를 결정하는 데 실제로 중대한 역할을 수행하는 제 영향과 국가들의 사회에서 유래하는 염원들을 무시한다. 뿐만 아니라 국제관계에서 완전한 승리란 매우 드문 것이다. 그러므로 다른 은유적 이론들과 마찬가지로 이 이론은 현상을 엄청나게 단순화시킨다.

만일 모든 정부들이 전적으로 합리적이며 전적으로 냉정하게 행동한다면 국제관계의 연구는 여러 가지로 단순하게 될 것이다. 그리하여 실제 세계에서보다도 국가들이 취할 행동을 계산하는 것이 훨씬 쉬울 것이다. 그러나 우리들 대부분의 관심사인 실제적 삶에서 정부들은 보다 더 복잡한 동기들을 갖고 있다. 정부란 동일한 국가들과 우호와 대립을 동시에 추구한다. 정부는 국내여론뿐만 아니라 해외여론에 의해서, 정부 내의 서로 다른 부서들과 압력단체들의 입

82) Robert Putnam의 2차원 게임이론은 이러한 문제점들을 극복하려는 초보적 시도라고 하겠다. 그의 "Diplomacy and Domestic Politics: The Logic of Two-Level Games," *International Organization*, Vol. 42, No. 3, Summer 1988 참조.

장에 의해서 지도자들의 비합리적 희망과 공포와 편견에 의해서 전통과 과거의 습관에 의해서 그리고 적을 패배시키는 유일한 목적과 모순될 수 있는 많은 다른 요인들에 의해서 영향받는다. 정부는 또한 대부분의 게임이론이 전적으로 무시하는 가능성으로서 위협과 강제뿐만 아니라 설득과 양보에 의해서도 영향받는다. 더욱이 대립자들은 죄수의 딜레마(Prisoners' Dilemma)에서처럼 서로가 완전히 단절되어 있지 않고 상호작용을 계속하고 있다. 왜곡은 끝이 없고 따라서 은유가 현실을 대치해버린다. 다른 국가들이 냉정하게 그리고 오직 이기적 동기에 따라 행동하고 또 할 것이라는 생각을 촉진시킴으로써 그런 이론들은 자국정부가 그렇게 행동해야 한다는 결론을 진작시킨다. 그리하여 그런 이론들은 이른바 자기 충족적 예언(self-fulfilling prophecy)이 되어버리고 만다.[83]

흥정과 억제의 여러 이론들도 거의 마찬가지이다. 어떤 군비통제나 군비 축소같이 진실로 흥정해야 할 입장에 처한 상황 속에서 흥정의 기본적 원칙들을 이해하는 것이 국가들에게 유용할 수도 있겠지만 대부분의 국제관계란 그런 종류의 것이 아니다. 진실로 흥정하는 상황 속에서도 흔히 보이지 않는 심리적 요인들이 관련된다. 여기서도 비합리적 요소들이 크게 작용한다. 합리적인 상대방에게서 일정한 반응을 불러일으켜야 할 위협이나 경고는 종종 정반대의 효과를 가져올 수 있다. 즉 위협이나 경고가 상대방을 억제하기보다는 오히려 상대방의 도발을 유발할 수 있다. 그런 이론들은 약소국가가 강대국에 대해 억제나 위협을 했을 땐 비합리적임에도 불구하고 강대국가가 약소국가에 대해 억제나 위협을 했을 때에는 '합리적'이라는 결론에 도달할 것이다. 그러므로 가정상 그러한 이론은 힘과 공포 같은 요인들의 중요성을 극대화하는 반면에 다른 요인들, 예를

83) Evan Luard, *op. cit.*, p. 18.

들면 일반적으로 도덕적 태도는 말할 것도 없고, 타국들의 기대, 국가간 상호교류의 전통, 국제사회의 합리적이고 믿을 만한 구성원이라는 명성에 대한 욕구나 국내여론의 영향과 같은 요인들을 생략해 버린다. 그러므로 이것은 지나치게 단순화된 가정들에 입각한 또 다른 모델인 것이다.

훨씬 더 광범위하게 사용된 은유적 이론은 일반적으로 체제이론(System Theory)이라고 불리는 것이다. 이 이론들은 국제사회가 하나의 기계적 체제로 비교될 수 있다고 가정한다. '국제체제'라는 표현은 18세기 이래로 사용되어 왔다. 그러나 근대에 와서 이 말은 규제과정과 환류 및 자기조절 등의 능력을 갖춘 기계 기능과의 유추를 창조하기 위해 보다 일관된 방법으로 사용되었다. 많은 제작자들이 이 유추를 다소 체계적으로 사용했다. 그러나 그렇게 하는 과정에서 그들은 국제사회의 본질에 관한 꽤 초보적이고 잘 알려진 사실들을 기계적 엔지니어링의 언어로 전환시키는 것 이상은 별로 한 것이 드물다. 아마도 이런 유형의 가장 잘 알려진 작품은 모턴 캐플런(Morton Kaplan)의 것으로 그는 여섯 개의 가능한 국제체제의 모델들을 제시했는데, 그것들은 서로 다른 힘의 분포로 구성되었으며 각 체제를 유지하기 위해 각 구성단위들에게 필요한 행동규칙들을 요구한다.[84] 다른 모든 은유적 이론들처럼 그러한 접근법은 간단하지만 기본적인 결함을 갖는다. 즉 그 결론들의 타당성이 각 모델을 뒷받침하는 제 가정에 전적으로 달려 있다. 그리고 그러한 사정들은 고도로 단순화되어 있으며 실제로 존재하는 어떤 국제체제도 별로 닮지 못하고 있다. 어떤 경우에 그 모델들은 실제 세계를 심각하게 왜곡하고 있다. 따라서 그 모델들은 현실에 관해서 우리들에게 말해

84) Morton A. Kaplan, *System and Process in International Politics*, New York: John Wiley & Sons, 1957.

주는 것이 전혀 없고 오직 각 모델 내에서 요구되는 상상의 세계에 관해서 말해준다. 캐플런이 제시한 네 개의 모델은 실제로 존재하는 어떠한 국제체제를 닮으려고조차 하지 않고 있으며, 힘의 균형체제(the Balance of Power System)와 느슨한 양극체제(the Loose Bipolar System)의 두 체제에 대한 정의도 어떤 실제체제와도 동떨어진 것이다. 그러므로 이런 가정들에 입각한 결론들은 특히 국제관계를 설명해 주는 것으로 간주될 수 없을 것이다.

또 다른 단점은 대부분의 다른 은유적 체제들처럼 이것이 사용된 은유에서 유래하는 자동적 왜곡을 가져온다는 사실이다. 예를 들어, 환류(feedback)의 개념은 정보의 회수나 자체조절을 위한 어떤 자동적 과정이 존재한다는 가정을 즉각적으로 세운다. 그러나 실제 체제의 작용을 발견하기 위해서는 다른 학문에서 유래하는 파편적인 언어를 사용하는 연구보다도 실제세계와 정부들에 의해 실제로 사용되는 정보수집 및 정책결정의 연구가 국제체제가 작용하는 방식에 관해 보다 더 정확한 설명을 제공할 것이다.

여기에는 또 다른 내재적 왜곡이 있다. 체제와 그 체제의 필요성에 배타적인 관심을 집중함으로써 그런 이론들은 개별구성원들, 즉 국가들 및 정부들의 행동이 자국의 어떤 내부적 결정이나 동기에 의해서라기보다는 그 체제에 의해서 결정되어야 한다는 가정을 유발한다. 그리하여 외부환경의 영향과 각국의 내부적 세력의 영향에 부여된 상대적 중요성을 구별할 때 이 이론들은 외부환경의 영향에 압도적으로 또 부당하게 중요성을 부여하게 한다. 바로 이런 이유에서 적어도 암시적으로나마 그런 이론들은 아주 보수적이다. 왜냐하면 그것들은 행동을 결정하는 것이 체제이기 때문에 국가들은 체제 내에서 단지 사는 법과 또 경쟁국들보다도 규칙들을 보다 더 기술적으로 수행하는 것을 배워야 한다는 가정을 촉진시키기 때문이다.

뿐만 아니라, 이 이론은 체제의 서로 다른 구성원들의 다양한 동기를 고려하지 않는다. 그것은 심지어 동일한 목적을 달성하기 위해서 사용될 수 있는 상이한 수단들, 예를 들어 강제적인 혹은 양보적인, 정치적 혹은 경제적 위협이나 설득 등과 같은 수단의 차이를 거의 고려하지 않는다. 그것은 상이한 무기기술, 상이한 커뮤니케이션 제도나 상이한 국제법 및 도덕에 관한 개념에 따라서 정부들간이나 지역간 그리고 시대간에 게임이 수행되는 방식에 아무런 중요한 차이가 없다고 가정하는 성향이 있다. 끝으로 어쩌면 보다 더 기본적인 것으로 이 이론은 우리들에게 말해주는 것이 하나도 없다는 점이다. 그 이론이 끌어낸 결론들이라는 것이 맨 처음 모델을 세울 때 전제한 가정들로부터 나오기 때문에 전적으로 동어반복(tautology)이다. 가지고 나온 것이 결국 가지고 들어간 것에 달려 있다. 오직 실제 세계의 모든 중요한 세부 내용들이 모델 속에 들어 있을 때에만 그런 모델들이 정확한 결론들을 제공할 것이다. 그리고 이런 경우에는 실제 세계 그 자체를 연구하는 것이 보다 더 간단할 것이다.

이상의 여러 가지 많은 비판은 체제이론뿐만 아니라 어떤 종류의 은유적 이론에도 적용된다. 그것들은 국제체제 그 자체보다도 은유의 주체에 관해서 우리에게 더 많은 것을 말해줄 것이다. 예를 들어, 국제관계를 경제체제 내의 관계와 비교하려는 형태의 이론은 경제시장에서 발생하는 경쟁과 대결 및 흥정과 국가간 거래에서 발생하는 경쟁과 대결 및 흥정의 형태들 사이의 유혹적 유추를 발견할 수 있지만, 그러나 그것은 그 자체의 왜곡을 받아들이게 된다. 이윤을 극대화하기 위해서 국가들이 조심스럽게 자신의 행동을 계산한다든가, 힘이 지지자들을 살 수 있는 통화라든가, 실제 삶에서 전쟁이 무역전쟁에 쉽게 비교될 수 있다는 등의 이 모든 것들은 현실을 설명하기보다는 왜곡한다.[85] 이 두 개의 체제유형간의 차이란 심오한 것이다. 그리고 이 두 경우에 정부들이 이익을 계산하는 방법마저도 전적으로 다양하다. 따라서 은유에서 유래한 잘못된 가정들이나 개념들을 국제사회에 대한 우리의 견해에 수입할 가능성이 있다.

끝으로 다섯 번째의 범주에 속하는 저작들이 있는데, 이것들은 국제사회에서 관계의 본질에 관한 대담한 일련의 명제들을 제시하기보다는 분석을 위한 하나의 개념적 틀(framework)을 제공하는 이론들이다. 그런 이론들은 국제관계의 연구를 위해서 보다 세련되고 또 주의깊게 정의된 개념적 틀을 발전시키는 데 중요한 역할을 수행할 수 있었다. 그러나 그것들은 연구의 범주에서 비교적 개략적이고 비체계적이었다. 그것들은 힘의 균형이나 경쟁적 영향력, 이념 및 경제적 이익집단들의 대립 등의 관점에서 전통적 분석의 유형을 크게 넘어서지 못했다. 그런 작품들은 대부분이 국제관계라는 현상의 어떤 체계적 조사와 분류를 시도하지 않았으며 국제적 관계의 현상과 관련된 일반적 결론을 끌어내려고 시도하지 않았다. 따라서 국제관계의 학문이 오늘날 필요한 것은 어쩌면 이런 종류의 보다 체계적 분석을 계속해 나가는 일일 것이다.

그러나 이런 유형은 하나의 근본적 어려움에 직면하고 있다. 그것은 어떻게 틀을 발견하고 또 어떻게 국제관계의 분석시 가장 근본적으로 중요한 개념들과 요인들을 찾아내서 일반적 동의를 얻느냐 하는 문제이다. 최근에 다른 학문들—예를 들어 인류학이나 심리학 같은—로부터 나온 개념들이 보다 널리 사용되게 되었다. 그러나 이것은 지금까지의 비체계적이고 산만한 토대 위에 서 있다. 즉 이런 유형의 이론들에 대한 분류체계가 이루어지지 못하고 있다.

85) Evan Luard, *op. cit.*, p. 20.

이상의 다섯 가지의 범주에 분류된 모든 유형의 이론들은 현재 국제관계를 다루는 여러 저작들 속에 이런저런 형태로 대변되고 있다. 각 이론들은 국제관계에 대한 우리의 이해를 증대시키고 심화시키는 데 무시 못할 일익을 담당할 것이다.

제4장

국제체제이론: 체제의 구조와 안정의 관계

> 외교란 승리의 모습을 피하는 기술이다.
>
> – 메테르 니히 –
>
> 내가 무엇을 생각하는지 당신은 결코 모른다. 내 생각을 안다고 큰소리치는 사람들에게, 그런 사람들에게 나는 훨씬 더 많이 거짓말을 한다.
>
> – 아돌프 히틀러 –

옛 라틴말에 "Primo Vivere deinde Philosophari"라는 말이 있다. 이것은 "먼저 어떻게 살아남을 수 있는가 하는 문제부터 생각한 후에 그 밖의 다른 문제들을!"의 의미를 갖는다고 한다. 그런데 오늘날 "어떻게 살아남을 것인가에 관하여 생각한다는 것은 결국 국제정치에 관해서 생각하는 것"을 의미한다.[1] 일찍이 나폴레옹은 자기의 사전에는 불가능이라는 체념적인 단어는 없다고 말했지만, 역사의 사전이야말로 "용서"라는 자비로운 명사가 없으며 국제정치의 법전에는 "정상참작"이라는 향기로운 낱말이 없다. 왜냐하면 국가간에는 영원한 동지도 적도 없고 오직 국가이익만이 존재한다고 갈파한 19세기 "조지 캐닝"의 촌철은 지나간 인류 역사를 통해 만고의

1) John Herz, *International politics in the Atomic age*, New York: Columbia University press, 1959, p. 3.

진리처럼 군림해왔기 때문이다. 오늘날 숨가쁜 혁명의 시대에 살고 있는 우리에겐[2] 역사가 부여하는 기회를 슬기롭게 이용하여 순조로운 인류역사의 항해를 할 수 있는 정치외교적인 지혜와 상상력 그리고 용기와 인내가 그 어느 때 누구에게보다도 절실하게 요청되는 것 같다. 과거의 역사에는 전진이 있으면 후퇴도 있을 수 있었으며 정상도 있고 탈선도 있었다고 하겠지만 현대의 핵시대는 단일레일을 급행속도로 질주하는 고속전철처럼 한번의 후퇴나 탈선은 곧 인류의 새벽이 없는 영원한 수면을 의미한다고 해도 과언은 아닐 것이다. 지금까지 평화시에는 아들이 아버지를 묻고 전시에는 아버지가 아들을 묻었지만, 만일 또 다른 세계대전이 발발한다면 무덤을 팔 사람이 없게 되는 것이다.

이러한 역사적 숨조이는 위기일발의 상황 속에 살면서도 현대인들은 그 어느 때보다도 높은 생활수준을 만끽하면서 서기 21세기를 논하고 있다는 것은 인간역사의 잔인한 희롱이 아닐 수 없으며 인간이성의 어쭙잖은 간교가 아닐 수 없다. 어쩌면 우리는 헨리 키신저(Henry Kissinger)의 비유처럼[3] 인간들을 벌할 때 그의 욕망을 너무나 완벽하게 충족시켜 줌으로써 벌했다는 그리스 신화에 나오는 운명의 여신 네메시스(Nemesis)의 심판대 위에 서 있는지도 모른다. 이 아이러니에 가득 찬 우리 인류의 딜레마를 고 아이젠하워 대통령은 "평화에 대한 대안이 없다"라고 단정했었다. 참으로 오늘날 우리는 핵무기의 위협 앞에서 우리 인류가 살아남을 수 있을 것인가 하는 절실한 의문에 앞서 우리는 정말로 "이 지상에 살아남을 만한

2) 헨리 키신저는 그의 저서 *Nuclear Weapon and Foreign Policy*, New York, 1957, p. 5에서 이렇게 말했다. "현재 국제관계는 잘해도 매우 어렵다. 지금까지는 동시에 발생할 수 있는 매우 다양한 혁명이 없었지만 현재는 특별하고 긴박한 일이다."

3) *Ibid.*, p. 3.

자격이 있느냐"하는 의문에 직면하고 있다고 해도 과언은 아닐 것이다.[4] 그러므로 우리는 지금 최후의 만찬을 즐기고 있는지도 모르는 상황 속에서 살아가고 있다고 하겠다.

이러한 엄청난 도전은 물론 인간이성의 발현이라고 할 수 있는 현대과학과 산업기술의 발전이 부여한다. 장엄한 대자연을 정복하고, 망막한 우주의 신비를 적나라하게 파헤치고, 인간을 질병과 기아의 수용소에서 구출하고 무지의 암흑적 동굴로부터 해방시켜 준 인간이성의 찬란한 금자탑인 현대과학과 기술이 아이러니하게도 인간자체의 생존을 위협하는 죽음과 파괴의 그림자를 불길하게 늘어뜨리고 있는 것이다. 그렇기 때문에 "인류는 전쟁에 종지부를 찍지 않으면 안 된다. 그렇지 않으면 전쟁이 인류에게 종지부를 찍을 것이다"라고 고 케네디 대통령은 사자후를 토하면서 "오늘에는 현대무기의 무서운 파괴력 때문에 전쟁에서 승리자가 얻을 수 있는 것은 폐허의 잿더미뿐일 것"이라고 참담하게 덧붙이지 않았던가? "인간들은 폐허를 만들어 놓고 이것을 평화라고 부른다"는 로마의 역사가 타시투스(Tacitus)의 통한에 찬 냉소를 우리는 이제 더 이상 잠꼬대나 언어의 장난이라고 일소에 붙일 수만은 없는 벼랑에 다다른지도 모른다. 참으로 현세대는 자신의 자살이나 문명의 석기시대화는 차치하고라도 인류역사상 처음으로 다음 세대의 존립에 대한 거부권을 행사할 능력을 소유하게 된 것 같다.[5] 이러한 까닭에 만일 인류가 30년 이내에 멸망한다면 그것은 기아나 질병 때문에 멸망하는 것이 아니라 국제관계의 변수인 외교정책의 실수에 의해서 멸망하게 될 것이다. 이제 종교적인 종말관은 구체적인 현실적 가능성으

4) Henry Kissinger, *Necessity for Choice*, New York: Harper and Low publishers Inc., 1960, p. 9.

5) J. William Fulbright, *The Arrogance of Power*, New York: Vintage Books, 1966.

로 우리의 눈앞에 그 몰골을 드러낸 셈이다.

그렇다면 인류의 비극적 종말은 불가피한 것일까? 그러나 반드시 그렇지만은 않을 것이다. 생존의 마진이 위험스럽게 줄어든 것은 사실이지만 그러나 아직 마진은 남아있다. 그렇기 때문에 비극적인 인류의 종말이 반드시 역사발전의 불가피한 필연적 진행과정인 것으로 단정할 것을 거부하는 것이다. 인간이 에덴의 동산에서 무화과를 따먹고 제우스의 경고에도 불구하고 판도라의 상자를 열어버린 강한 허영과 호기심의 소유자이기 때문에 비극적인 종말을 회피할 수 있다는 보장이 없는 것도 사실이다. 그러나 적어도 인간이 이성의 발견을 통해서 자멸을 초래할 수 있는 능력을 과시할 수 있었다면, 또한 이와 동시에 자멸을 방지할 수 있는 이성과 합리적인 판단력, 그리고 자제력을 또한 소유하고 있는 도덕적 실체임을 부인할 수 없을 것이다. 그러므로 인류자체의 생존을 좌우할 수도 있는 국제관계란 우리가 완전히 무시하기에는 너무나 중요하며, 그렇다고 한눈에 이해하기에는 너무 어려운 과제임엔 틀림없지만, 국제관계의 슬기로운 논리는 인류에게 부과된 야속하리만큼 부담스러운, 진실로 일대 역사적 도전이라고 해도 지나친 말은 아닐 것이다.

인간은 어쩌면 평화보다는 전쟁을 더 좋아하는 취향을 내면에 갖고 있는지도 모른다. 그리고 영구평화란 그 실현가능성은 유보하고라도 반드시 바람직한 것만은 아닐지도 모른다. 그러나 양차세계대전에서 모든 지혜와 능력 그리고 있는 열정을 소진시키고 그 허탈감을 채 극복하기도 전에 무서운 아마겟돈의 서곡이 들리기 시작한 현대인류에게 어떻게 하면 평화를 유지할 수 있을 것인가하는 의문은 참으로 목이 메는 문제가 아닐 수 없다. 인류는 평화건설에 대한 집념이 강하게 나타나고 긴장완화의 무드와 안정에 대한 희망이 고도로 상승하던 상황 속에서 엉뚱하게도 1차대전이라는 뜨거운 불바다의 노도에 휘말려 들었던 쓰라린 비극적 경험을 20세기 초에 실감했으며, 항상 전쟁의 도발위협과 불안감 속에서 전전긍긍하면서도 그런대로 안정과 평화를 향한 소위 "냉전의 시대"를 보낸 역설적인 역사의 아이러니를 기록했다. 참으로 국제정치현상에 있어서 영상과 실제의 괴리는 육감적 인상이나 외교적 화려한 수사학과는 판이하게 큰 것이 아닌가 생각된다.[6] 평화의 활기찬 무드가 퍼져가는 가운데 전쟁의 불꽃이 난무하는가 하면 전쟁의 위협 속에서 불안에 움츠리고 숨조리는 상황 속에도 평화와 안정의 실제적 현실은 진행되기도 했으니 말이다. 베를린의 한 참호 속에서 히틀러가 연출한 "신들과 세계의 멸망"(Göttermenderung)의 피날레가 장식된 뒤 사반세기가 훨씬 지나도록 아무런 국제평화조약조차 아직 제대로 맺지 못한 채 핵대결이라는 아마겟돈의 공포와 이념적 증오와 갈등 속에서 살아온 것이다. 그러므로 소위 1919-1939년간의 20년의 위기에 비하면[7] 냉전의 사반세기의 위기는[8] 결코 수치스럽기만 한 과거는 아니었다고 할 수 있을 것이다.

그렇다면 세계평화는 다가오고 있는 것일까? 그러나 역사의 신은 아무런 대답이 없다. 묵시적 동의일 수도 있고 무반응의 부정일 수도 있다. 아니 어쩌면 긍정과 부정을 동시에 시사하여 주고 있는지도 모른다. 인간은 전쟁여신 마르스(Mars)의 달콤한 유혹에 현혹되어버린 탈선을 번번히 저질러온 생각은 있으나 의지가 빈약한 갈대에 지나지 않는가 보다. 그렇기 때문에 오스카 와일드는 "전쟁이

6) Hugo Grant, *Appearance and Reality in International Relations*, New York: Columbia University press, 1970.

7) Edward Hallett Carr, *The Twenty Years' Crisis, 1919-1939: an Introduction to the Study of International Relations*, London: Macmillan & co. Ltd, 1946.

8) Kim Yong Hum, *Twenty Years of Crisis, the Cold War Era (1945-1965)*, New York: Prentice-Hall, 1968.

나쁜 것이라고 인정되고 있는 한, 전쟁은 언제나 그의 매력을 잃지 않을 것"이라고 악의 매력에 취약한 얄궂은 인간성을 개탄했는지도 모른다. 어쩌면 프로이드가 갈파한 것처럼 인간에게는 삶에 대한 애착과 죽음에 대한 향수, 사랑과 증오, 새디즘적 본능과 마조히즘적인 욕구의 양극적인 속성이 야누스처럼 동시에 작용하고 있는지도 모른다.[9] 그리하여 죽음에 대한 향수가 파괴적 본능으로 나타나는 것인지도 모른다. 이러한 야누스적인 부조리한 속성 때문에 인간사회 속에서 "종교는 사랑을 위해 증오"를, "정권은 자유를 위해 억압"을, "혁명은 행복을 위해 비극"을, "전쟁은 평화를 위해 폐허"를 초래하는 수많은 패러독스를 낳았는지도 모르겠다. 인간이야말로 생각하면 생각할수록 모순으로 뭉쳐진 신비스러운 불가사의로서 조물주의 걸작인 것만 같다.

아롱(Raymond Aron)은 "1차대전은 외교의 실수에 기인했다"고 판단했고, 처칠은 "2차대전은 전혀 불필요한 전쟁이었다"고 개탄했다.[10] 그러므로 우리가 국제정치현상을 보다 잘 이해할 수만 있다면 현재의 국제관계를 평화를 향한 우리의 염원에 따라 관리할 수 있을 것이다. 이러한 목적이 성격상 달성될 수 없다고 할지라도 우리의 노력에 따라서는 우리가 의식적인 작업으로 충분히 피할 수 있는 비극적 상황마저도 불가항력의 숙명처럼 감수하지는 않게 될 것이며 적어도 비극의 실현확률을 최소화할 수는 있을 것이다. 여기에 국제정치학의 존재이유가 있는 것이며 시지프스(Sisyphus)같은 탐구의 항해를 계속하지 않을 수 없는 당위적인 사명이 깃들어 있는 것이라 하겠다. 우리는 아마겟돈을 회피하고 인간사회의 야누스적

9) A letter to Einstein, Vienna, 1932.

10) Stanley Hoffmann, *The State of War; Essays on the Theory and Practice of International Politics*, New York: Praeger, 1965, p. 255에서 재인용.

사원에 미네르바를 탄생시킬 수 있는 상상력과 지혜를 발견하기 위해 노력하지 않으면 안 된다.

이러한 노력에 있어서 우리는 가능성과 그 한계성을 동시에 의식하고 영원이나 절대의 차원이 아닌 역사의 상대성의 세계 속에서 질서와 안정을 추구하여야 한다. 불가능한 것을 추구하는 무모한 우를 탈피하면서 "제한된 성취란 무한한 실패와는 같지 않다"는[11] 전제 위에서 점진적으로 우리의 국제적 위기가 강요하기 전에 국제안정제도를 건축해야 할 것이다. 이것은 어떤 새로운 청사진의 문제가 아니라 태도의 문제이다. 오늘날 국제적인 문제가 너무나 많은 즉각적인 문제를 야기시키는 혁명적 시대이기 때문에 모든 문제의 의미를 깊이 숙고할 여유가 주어지지 않는다. 그러므로 우리가 당면한 가장 심각한 문제는 현대가 우리의 미래를 압도하지 않도록 충분히 넓은 조망에 대한 절실한 요청이라고 할 수 있을 것이다.[12]

궁극적으로 국제관계란 전쟁과 평화의 함수관계라고 할 수 있다면 핵무기의 출현은 전쟁과 평화의 존재양식 즉 국제정치의 성격을 변질시킴으로써 고전적 방정식을 깨뜨렸다고 할 수 있다. 전통적인 국제정치에 있어서는 "힘"이란 물량적으로 어느 정도 계산이 가능했을 뿐만 아니라 "물량적인 힘"은 군사적으로 나타나며 동시에 "정치적 힘"으로 전환된다는 방적식이 성립되었던 것이다. 그러나 핵무기의 정치적 기능이란 그것을 사용하지 않는데 있다고 규정됨에 따라서 힘의 물량적 공급과 군사적인 사용과 정치적인 효과 사이에는 상당한 변질이 생기게 되었다.[13] 즉 "힘"과 "정치적 영향력"

11) Inis L. Claude Jr. *Swords into Plowshares : the Problems and Progress of International Organization*, New York : Random House, 1964, p. 40.

12) Henry Kissinger, "Conditions of World Order," *Daedalus XIV* Spring, 1966, p. 529.

13) Stanley Hoffmann, *Gulliver's Troubles, or the Setting of American*

사이의 고전적 함수관계가 더 이상 성립하지 않게 된 것이다. 한국전쟁과 월남전은 바로 이러한 새로운 힘의 현상학의 생생한 경험적 증거가 되고 있는 것이다.

이러한 새로운 힘의 현상학은 역사의 새로운 아이러니를 분만했다. 즉 과거에는 다극체제성과 문화적 의식의 동질성이 국제정치의 목적과 수단의 제한를 가져온 반면에 오늘날에 와서는 수단에 있어서의 상대적인 제한이 그 목적에 있어서의 완화와 다극체제적 특성을 부활시키고 있는 것처럼 보인다.[14] 바꾸어 표현한다면, 19세기의 전략가 칼 폰 클라우제비츠(Carl von Clausewitz)는 전쟁을 수단을 달리한 정책의 연속이라고 정의하였으며 이러한 정의는 18-19세기의 유럽국제관계사에서 군사력과 정치적 효과 사이의 방정식을 잘 표현해 주었지만 오늘날 핵무기의 무시무시한 파괴력은 이제 더 이상 전쟁이 국가의 목적달성을 위한 외교적 수단으로서의 의미를 거의 상실하게 만들고 말았다는 뜻이다. 그렇다고 해서 군사력의 정치적 효과가 완전히 백지화된 것을 말하려는 것은 결코 아니다. 1968년의 브레즈네프 독트린은 체코국민들을 탱크로 짓밟았으며, 이스라엘은 무력의 사용을 통해서 국가적 존립을 유지해 오고 있고, 월맹군은 지상에서 최강의 미국의 체면에 먹칠을 했는가 하면 터키는 키프로스에서 그 군사력을 과시했다. 이외에도 2차대전 후 오늘에 이르기까지 세계에서는 수많은 전쟁이 도발되었다. 그렇기 때문에 아직도 군사력의 효과는 현존한다는 것을 부인할 수 없을 것이다. 그렇기 대문에 "고전적 방정식의 붕괴"란 말은 현대국제사회에서는 현대무기의 특수한 성격으로 인하여 국제관계가 쉽사리 무한대전으로 뛰어들지 못하게 하는 내재적 저항력을 지적하려는 것이다.

Foreign policy, New York: McGraw Hill Inc., 1968, pp. 26-33.

14) *Ibid.*, p. 56.

그렇다면 세계평화는 가능한 것일까? 세계평화란 국제체제의 안정을 전제로 하며 세계대전이 그러한 국제체제의 붕괴를 의미한다면 오늘날 형성되어 가고 있는 국제체제는 인류의 종말론을 반증하는 것일까? 또 세계대전의 방파제는 무엇일까? 이러한 종류의 의문은 과거의 수많은 철학자의 에너지를 소진시키고 지적인 허탈을 가져왔음에도 불구하고 결코 만족할 만한 해답을 얻지 못했다. 그렇다고 해서 우리가 외면할 수 있는 성질의 것도 아닌 것이다. 왜냐하면 특히 현대는 과거 그 어느 때보다도 생존의 마진이 급속히 줄어들었기 때문이다. 과거의 세계대전이 전통적인 세력균형체제의 붕괴에 기인했던 것이라고 말할 수 없다면 인류의 자멸을 의미하는 미래의 세계대전은 정치적 균형과 억제체제의 파괴에 기인할 것이라고 내다볼 수 있을 것이다. 그런데 억제란 궁극적으로 핵무기의 파괴력을 내포하는 것이기 때문에 오늘의 국제적 안정은 억제와 동시에 정치적인 균형체제의 보완을 필요로 한다고 할 수 있다. 그리고 이러한 군사적 억제의 양극구조와 동시에 정치외교적 다극구조라는 "균형"에 입각한 새로운 국제질서의 모색이 키신저가 건설하려는 소위 "우리시대의 평화구조"가 아닐까 한다.

평화의 구조는 일찍이 "루소"(Rousseau)와 "칸트"(Kant)에 의해서 주창되었다. 궁극적으로 평화란 전쟁의 원인을 제거함으로써 보장될 수 있는 것이기 때문에 전쟁의 원인이 되는 주권국가제도의 폐지를 의미하며 구체적으로 "세계국가"가 필요하다고 루소는 판단했다. 루소는 그러나 민족국가의 폐지는 불가능하며 세계국가의 출현 또한 상상할 수 없다고 부언함으로써 영구평화의 불가능에 대한 회의적인 태도를 취했었다. 반면에 칸트는 민족국가의 제도가 없어지지 않는다고 하더라도 평화는 가능하다고 믿었다. 그는 민족들의 연방(Volkerbund)을 통해서 평화를 결국 보장할 수 있을 것으로 생각했으며 이러한 그의 낙관적 세계관은 윌슨(Thomas Woodrow Wilson)의 이상주의로 이어지고 국제연맹과 국제연합의 기초가 되었던 것이다. 이러한 칸트를 정신적 아버지로 하여 탄생한 국제기구는 그러나 평화를 보장하지 못한다. 국제연맹은 파시스트의 희롱에 유린당한 채 제2차대전의 불길 속에서 타버렸으며 유엔도 그 창설 이래 수많은 전쟁의 채찍에 여위어 이제는 몰골만 앙상하게 남았다고 해도 과언은 아닐 것이다. 그렇기 때문에 일찍이 루소는 칸트를 내다보면서 "세계연방제란 필요할 때는 불가능하고 가능할 때에는 불필요한 것"이라고 갈파했던 것이다.[15)]

이러한 역사적 경험을 누구보다도 잘 의식하고 있는 키신저가 말하는 "우리시대의 세계 평화구조"는 루소나 칸트의 이상과는 분명히 다른 것임에 틀림없을 것 같다. 한편으로 군사력을 부단히 증가시키는 것을 원하지 않으면서도 또 한편으로는 "세계국가"의 건축이나 "국제연합"을 통한 평화보장의 숭고하나 추상적인 생각도 가지고 있는 않는 것이 분명하다. 키신저가 "평화의 구조"를 말할 때 그것은 앞서 지적한 것처럼 균형을 토대로 한 이중구조 즉, 군사전략적 양극구조와 정치외교적 다극구조의 조화 속에서 단순히 전쟁이 없는 정태적 평화가 아니라 메테르니히(Klemens Wenzel Lothar von Metternich)의 약동하는 동태적 평화임에 틀림없을 것이다. 그렇다면 키신저의 평화구조는 정말로 세계평화를 약속하는 것일까? 모든 평화에의 노력이 그렇다면 그것은 평화의 가능성은 보여주고 있다고는 할 수 있지만 영구적 평화의 보장은 될 수 없을 것 같다. 그렇기 때문에 평화구조란 상대적인 의미에서만 평가될 수 있는 것이

15) Vaughan, *The Political Writings of J. J. Rousseau*, Cambridge Eng, 1915, p. 338.; Stanley Hoffmann, *The State of War; Essays on the Theory and Practice of International Politics*, New York : Praeger, 1965, p. 70에서 재인용.

다. 국제정치사에서 비엔나, 베르사이유 그리고 포츠담은 모두 평화의 구조를 창립하려는 노력이었다. 그러나 포츠담은 지난 사반세기의 냉전을 낳았고 베르사이유 체제는 20년의 위기 끝에 2차대전의 포격에 의해 침몰되었으며 "비엔나 체제"만이 1세기간의 안정을 보장했던 것이다. 키신저가 메테르니히를 높이 평가하는 이유도 바로 여기에 있으며 그 공적은 상대적인 의미에서 주어지는 것이다. 왜냐하면 1815-1919년 사이에는 수많은 제한전쟁과 혁명의 물결이 유럽을 진동시켰기 때문이다. 따라서 균형에 그 본질을 든 "비엔나체제"가 상대적인 안정을 가져온 반면에 그 균형은 항상 불안의 가능성이 동반했다고 할 수 있으며 키신저의 평화구조도 이러한 상대적 안정과 불안의 동반이라는 양극적 개념의 동일선상 위에서 평가되어야 할 것이다. 그렇다면 새로이 전개되고 있는 국제정세는 평화를 약속하는 것일까?

1. 국제체제와 국제안정의 관계

1) 국제체제의 의미

오늘날 "체제"(system)라는 말이 여러 학문에서 널리 사용되고 있으며 그 사용목적 중의 공통적인 것의 하나는 개념화나 연구의 통일된 방법의 이용으로 각양각색의 내용을 통합하려는 데 있는 것 같다. 그러므로 체제란 본질적으로는 지적인 구성체(construct) 혹은 분석적 틀(scheme)이라고 할 수 있으며 일반적으로 말하면 일련의 제 관계가 세분화된 실체(entity)의 군에 가까운 것이라 하겠다.[16] 국제정치학에서의 체제의 개념 즉, 국제체제의 개념은 모톤 캐플란(Morton Kaplan)의 저서 『*System and Process in International Politics*(1957)』에서 처음으로 등장하였는데 1960년대에는 국제체제(International Systems)란 용어가 거의 보편화되었다고 해도 과언은 아닐 것이다. Kaplan은 세력균형체제(The Balance of Power System), 느슨한 양극체제(The Loose bipolar System), 경직된 양극체제(The Tight bipolar System), 보편적 단일체제(The Universal System), 위계적 단일체제(The Hierarchical System) 그리고 전단위 거부권 보유체제(The Unit Veto System)의 6가지 유형으로 세분했다. 이 체제들은 서로 배타적인 것은 아니고 다만 비교분석을 위해서 분류된 것이라고 조심성있게 부언하면서 캐플란은 이 체제들은 공통된 특징이 있는데 그것은 이 체제들이 기본 행동률(essential rules)을 갖고 다른 내적인 요소(예를 들면 행위자의 유형, 행위자의 능력, 정보, 변화규칙 등)를 공유하고 있으며 또 모두가 환경조건들을 갖고 있다는 점이라고 한다.

---

16) Anatol Rapoport, *International Encyclopedia of the Social Sciences*, Vol. 15, The Macmillan Company and Free press, 1968, p. 453. 체제개념의 현대적 사용은 그러므로 다음과 같은 특징을 짓는다. 첫째, 체제는 그것의 환경과 명시적으로 구분된다. 둘째, 체제의 내적요소는 분명히 명시적으로 드러난다. 셋째, 체제 내의 요소간에는 긴밀한 상호관계가 있으며 체제와 그 환경간에도 상호관계가 존재한다. 넷째, 이러한 모든 상호관계가 연역을 포함하는 곳에서는 논리적 그리고 수학적인 법칙이 적용된다. 다섯째, 체제와 실제세계사이의 관계에 관한 주장은 과학적인 방법의 법칙에 따라 확인된다. 정치체제(political system)란 전체사회로부터 정치의 영역을 분리시키려는 것으로 정치학에서는 1950년대에 도입된 것이다. 체제의 개념을 채택함에 있어서 정치학자들은 다른 사회과학자들의 적지 않은 도움을 받았는데 특히 파슨스(T. Parsons)는 사회체제의 기술적 개념을 발전시켜 정치학들이 접근법을 채택하는 데 특별한 공헌을 했던 것이다. 오늘날 앨몬드(G. Almond)나 이스턴(D. Easton)은 정치영역에 있어서 파슨스의 설명에 적지 않게 힘입었다고 할 수 있다.

호프만(Stanley Hoffmann)은 국제체제란 "국제현상의 분석자가 복잡하고 혼란스러운 많은 자료에 구조와 의미를 부여하려고 노력하는 하나의 방법"이라고[17] 말하면서 "국제체제란 추구되는 목적과 수행되는 과제의 범위에 의해서 특징지워질 뿐만 아니라 그 목적을 달성하고 그러한 과제를 수행하는 데 사용되는 수단에 의해서 특징되는 세계정치의 기본적 단위간에 발생하는 관계의 패턴"이라고 정의했다.[18] 이 패턴은 대체로 세계질서의 구조 즉, 각 주요단위간에 작용하는 힘의 성격과 능력, 힘의 양상과 그리고 그런 단위들의 정치문화 등에 의해서 결정된다고 할 수 있다. 이것은 어쩌면 학자에게는 불가결한 가정의 표현이라고 할 수 있다. 즉 역사란 아무리 혼란스러워도 교통정리될 수 있으며 객관적으로 관찰될 수 있는 관계의 패턴과 중요변수가 존재한다는 가정인 것이다. 그런데 국제체제는 언제나 폐쇄된 체제(closed system)가 아니라 열린 체제(open system)라는[19] 사실을 간과해서는 안 된다. 아롱은 운동경기(sports)와 국제정치를 비교한 바 있는데 이것은 국제체제의 열린 체제적인 성격을 이해하는 데 도움이 된다.[20] 운동경기는 경기의 목적과 규정이 분명히 구체적으로 명시되어 있고 공간적으로 한정된 경기장 내에서 하는 것이며 참가자의 수가 정해져 있고 심판관과 청중이 있다. 그런데 여기에서도 경기의 결과는 그때그때의 전략과 상황에 따라서 이루어지기 때문에 단순히 운동의 논리에 의해서 결정되지 않는다. 즉 결과는 불확실하며 예측하지 못한 요인들이 크게 작용할 가능성이 있다.

17) Stanley Hoffmann, *Gulliver's Troubles, or the Setting of American Foreign policy*, New York: McGraw Hill Inc., 1968, p. 91.

18) *Ibid.*, p. 90.

19) Stanley Hoffmann, ed., *Contemporary Theory in International Relation*, New Jersey, 1960, p. 47.

20) Raymond Aron, *Peace and war: a theory of international relations*, New York: F. A. Praeger, 1967, pp. 8-10.

반면에 국제정치에 있어서는 규범은 모호하고 규칙의 위반에 대해 제재할 심판관이나 비판하는 청중이 존재하지 않는 것이다. 그렇기 때문에 운동경기 같은 결정된 체제도 아닐 뿐만 아니라 그 결과의 예측성 또한 더욱 어렵게 되는 것이다. 즉 예측할 수 없는 요인의 가능성이 훨씬 큰 것이다. 그렇기 때문에 협동과 경쟁이 동시에 관련된다는 관점에서 볼 때에는 운동경기와 국제정치는 유사한 면을 가지고 있지만 국가의 행동은 운동선수의 행동에 비해서 훨씬 예측하기가 어려운 것이다. 왜냐하면 국제정치의 참가자가 갖는 목적은 운동선수들이 보다 많은 골을 넣으려는 것처럼 단순하지 못하고 그 전략 또한 행동규범의 불완전성으로 인해 더욱 다양하고 복잡한 것이기 때문이다. 오란 영(Oran Young)은 국제체제가 상호간에 의사전달을 할 수 있는 상당한 능력을 소유하고 있고 목적의식을 가진 제한된 수의 행위자 사이에서 경쟁적이며 동시에 협조적인 상호작용을 포함하고 있다는 점을 지적하고, 각 행위자들은 그들의 외적 행동이 간단한 모델 속에서는 포착하기가 종종 힘든 비교적 복잡하고 집단적인 실체라는 관점에서 경제학에서 사용되는 소위 "독과점"(Oligo-Poly)의 성격을 내포하고 있다고 주장했다.[21)] 아롱도 모든 국제체제의 구조는 언제나 독과점이라고 주장하는데 그 이유는 영이 지적한 협조와 경쟁의 측면에서가 아니라 역사상 그 어느 때나 중요행위자가 국제체제에 의해서 결정되는 것이라기보다는 오히려 국제체제를 결정해 왔기 때문이라고 한다.[22)] 사실

21) Oran Young, "The Perils of Odysseus: On Constructing Theories of International Relations," in Raymond Tander and Richard H. Ullman, ed., *Theory and Policy in International Relations*, Princeton University press, 1972) p. 191. 여기서 과두체제의 개념에 관해서는 Paul A. Samuelson, Economics, *5th* ed., New York, 1961, chap. 25를 참조.

22) Raymond Aron, *op. cit.*, p. 95.

상 역사적으로 볼 때에도 체제구성원인 주요강대국 중 한나라의 내적인 정치체제(하위체제)의 변화가 국제관계의 스타일과 그리고 때로는 국제관계의 과정까지도 변화시키는 데 충분한 경우가 없지 않다. 예를 들어 프랑스 혁명에 의해 야기된 유럽체제의 붕괴과정은 바로 이러한 역사적 사실을 무엇보다도 뚜렷하게 인식시켜주고 있는 것이다.[23)]

국제체제에는 여러 가지가 있을 수 있다. 왜냐하면 이것은 앞서 지적한 것처럼 본질적으로 국제정치현상의 분석을 위한 하나의 지적인 틀이기 때문이다. 행위자의 결정에 영향을 주는 이념이나 감정을 중심으로 할 때에는 동질적 체제와 이질적 체제로 이분할 수 있으며 추구하는 목적과 목적달성을 위한 수단을 중심으로 할 때에는 온건한 체제와 혁명적 체제로 양분할 수 있다. 그러나 여기에서는 국제체제를 구성하는 강대국의 수에 입각한 근대역사적으로 대표적인 2개의 국제체제 즉, 다극체제과 양극체제로 구분하여 그 안정성을 논할 것이다.

2) 다극체제(Multipolar System)

(1) 다극체제의 안정성

전통적으로 사회과학자들은 가능한 변화의 수가 증가하면 그만큼 다원적 이익의 "보이지 않는 손"(invisible hand)이 보다 효과적으로 기능할 가능성도 증가한다고 믿어왔고 또 그렇게 관찰해온 것

23) 프랑스혁명과 불안정화에 관해서는, Kyoung Won Kim, *Revolution and International System*, New York, 1970을 참조.

같다. 그러므로 어떤 비인간적 사회체제의 안정에 대한 가장 큰 위협은 선택할 수 있는 파트너들의 부족에 있다고 할 수 있다.[24] 바꾸어 말하면 인간집단사회의 안정은 억제와 균형의 가능성이 높은 다원주의에서 그 안정성의 높은 확률을 발견할 수 있다는 뜻이다. 라인홀트 니버(Reinhold Niebuhr)가 지적했던 것처럼 인간집단은 충동을 억제하는 이성의 힘이 개인보다도 약해서 타인의 욕구를 이해하는 능력이 적고 따라서 보다 덜 억제된 이기심이 지배하기 때문이다.[25]

다원주의는 어떤 체제이든 그 체제의 안정성이 그 체제가 갖는 테두리 내에서 부정적 피드백(negative feedback)[26]과 교차 압력(cross-pressuring)[27]의 성격이 강할 때 그 가능성이 증가하며, 내부적

---

24) Karl Deutsch and J. David Singer, "Multipolar Power Systems and International Stability," in James Rosenau, ed., *International Politics and Foreign Policy re. ed.*, New York: Free press, 1969, p. 318.

25) Reinhold Niebuhr, *Moral Man and Immoral Society: a Study in Ethics and Politics*, New York; London: Charles Scribner's Sons, 1932, p. XI.

26) 부정적 피드백은 긍정적(Positive) 혹은 증폭적 피드백(amplifying feedback)과 구별되는 것으로서 자가수정의 현상(The phenomenon of self-correction)을 의미한다. 즉 어떤 일정한 방향으로 충동이 증대하면 그 체제는 이 충동에 대해 절감되는 반응을 보이고 점점 그런 충동에 응전작용(counteract)하는 경향을 나타내는 것이다. 이것은 예로서 자동비행장치, 증기기관 통제장치 그리고 대부분의 통합된 사회체제에서 볼 수 있는 자기통제 체제이다. 이것은 긍정적 피드백의 산불, 복리이자, 핵분열, 통제불능의 끝없이 치솟는 인플레이션 또는 디플레이션 그리고 마약중독 같은 것들에서 볼 수 있는 자기파괴 체제와 대조된다.

27) Cross-cutting pressure는 정치현상에서 볼 수 있는 것으로 모든 개인들이 여러 가지 정치적으로 관계된 역할들을 동시에 하게 되면 그 개인은 대체로 여러 가지 역할에 의해 서로 상이한 가치관이나 행태 그리고 조직적 방향으로 끌려서 한 가지의 역할에 대한 집착력이 약화되는 것을 의미한다. 예를 들어서 어떤 사람이 ① 사랑스런 부모 ② 재향군인조직의 회원 ③ 공장 소유주 ④ 카톨릭 신자라는 4개의 역할을 동시에 수행하고 있다면 ①과 ③의 요인들은 그로 하여금 평화공존의 외교정책을 지지하게 할 것이고 ②의 요인은 그를 "성전"을 지향하게 할

갈등의 심각도는 그 구성원들의 역할의 중복도에 반비례한다는 원칙에 입각하고 있다.

그런데 이러한 체제의 안정을 좌우하는 피드백과 교차적 압력의 성격은 그 구성원의 수적인 요소에 크게 의존한다. 즉 그 체제 내의 구성원의 수가 증대하면 그만큼 그들간의 보상적 상호작용(compensatory interaction)이 증가되는 결과를 가져오며 이에 따라서 심각한 충돌의 개연성은 감소되는 것이다. 이러한 다원주의의 안정성을 도이치(Deutsch)와 싱어(Singer)는 국제정치에 적용하였는데 그들은 독자적 행위자의 수적인 증가가 가져오는 가장 분명한 효과는 전체체제에 있어서 가능한 쌍의 수적인 증가를 의미한다고 하며 이러한 쌍의 수적인 증가나 감소는 그 체제의 안정성에 직접관계가 된다고 설명한다.[28] 우리가 이러한 다원주의의 일반적 견해를 받아들인다면 우리는 다음과 같은 의문을 제기하지 않을 수 없다. 즉 독자적 행위자의 수적인 증가가 안정에 기여한다면 이러한 관계의 양적 성격에 관한 것으로 안정과 수적증가는 계속적으로 정비례하는가 아니면 가장 적당한 수준이 존재하는 것인가 하는 문제이다. 여기에 대한 답변으로서 도이치는 각 행위자의 증가나 감소가 그 체제 내에서 가능한 쌍 다시 말해서 쌍무적 상호관계의 기회의 수에 영향을 미치는 정도에 달려있다고 주장한다.[29] 그 영향력은 가능한 쌍을 계산하는 표준공식 $\frac{N(N-1)}{2}$ 을 적용함으로 알 수 있다. 예를

것이며 ④의 종교적 관계는 아마 깊은 모순을 일으키게 될 것이다. 이와 같이 여러 가지의 상호관계역할의 기회는 일단의 서로간의 압력을 야기시키게 되어 어떠한 첨가나 강화를 억제시키게 되는데 이러한 역할의 세분화 결과에 따라 생기는 압력을 Cross-cutting pressure라고 한다.

28) Deutsch and Singer, *op. cit.*, pp. 317-318.
29) *Ibid.*, p. 318.

들어 $\frac{N(N-1)}{2}$의 공식을 이용할 때 완전한 양극체제는 오직 하나의 쌍이 가능하며 3극체제는 3쌍, 4극체제는 6쌍, 5극체제는 10개의 쌍을 아래 도표에서처럼 발견할 수 있다.

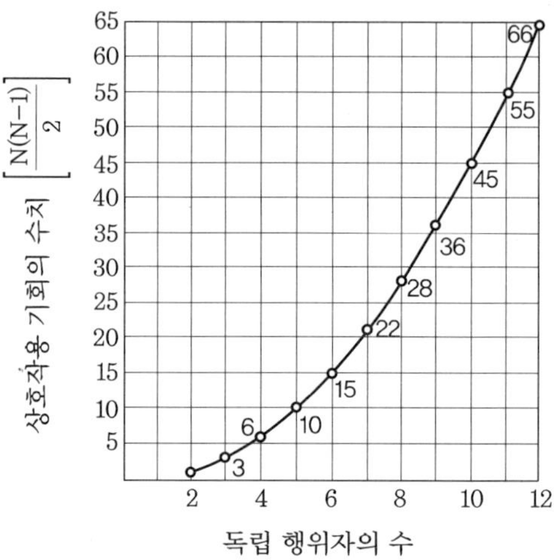

‖ 상호작용의 기회30) ‖

이 도표에서 독자적 행위자의 숫자가 만들 수 있는 가능한 쌍의 수 즉 상호관계의 기회에 영향을 미치는 정도를 다소 극적으로 보여주고 있다. 우리가 양극체제로부터 3극체제로 이동할 때, 그 체제 내의 상호관계의 기회는 3이 되고 또 다른 행위자가 증가되면 쌍의 관계는 3만큼 증가하고 있다. 그리하여 행위자 열에 있어서 1국가의 증가는 상호작용의 기회 열에 있어서 (N-1)의 증가를 가져온다. 여기서 우리는 직감적으로 N이 5가 될 때까지 가능한 쌍의 숫자는 불충분하며 그 이상을 넘어설 때에 안정을 향상시키는 증가는

30) Deutsch and Singer, *op. cit.*, p. 318.

매우 급속히 확대됨을 알 수 있다. 그러므로 우리는 독자적 행위자의 수적인 증가와 무력 갈등 가능성 사이의 상호관계는 반비례관계에 있다는 하나의 논리적 설명이 가능하다고 할 수 있다.

앞서 인용한 두 학자가 제시하는 또 다른 국제정치에 적용한 다원주의 안정성은 관심의 분배에 있어서의 가속적인 감소이다. 두 학자는 한 체제의 독작적 행위자의 수적인 증가는 각국들이 타국에 대해 기울일 수 있는 관심의 몫이 필연적으로 감소된다고 주장한다.[31] 이것은 추가되는 각 행위자가 타행위자와 동등한 관심을 끌거나 또는 그 체제의 기존 행위자와 같은 관심을 끈다는 것을 꼭 의미하지는 않는다. 다만 특정국가의 전체적인 외적 관심은—즉 정보과정과 자원배분능력—아래 그림에서 보는 바와 같이 정상분배에 따라서 그 체제 내의 모든 타 국가들 사이에 분배된다는 것을 의미하는 것이다.[32]

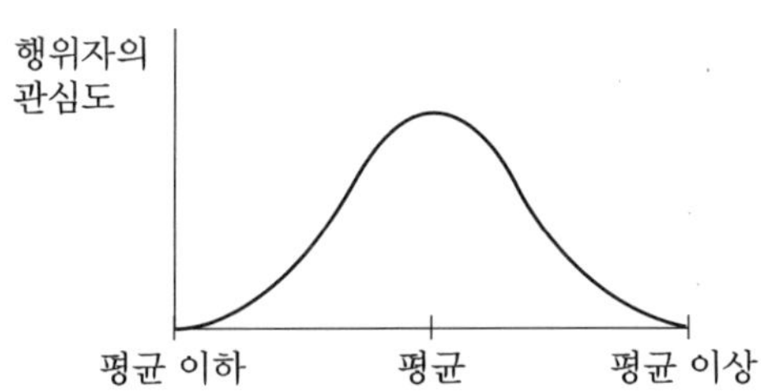

‖ 관심의 공유 ‖

이 그림에서 우리는 체제에 있어서 행위자의 전체적 숫자 중 매우 소수가 국가 A의 매우 적은 양의 관심을 받고 있고 그들 중 대부분은 적당한 양의 관심을 받으며 또 매우 적은 수의 국가만이 인

31) *Ibid.*, p. 319.
32) *Ibid.*

상적으로 고도의 관심을 받고 있음을 알 수 있다. 그러나 이러한 관심의 분배커브(Attention distribution curve)의 형태에 관계없이 모든 국가는 얼마간의 관심을 끌고 있다는 사실도 부인할 수 없는 점이다. 만일 국가 A의 관심 중 최소의 관심을 받고 있는 국가들이 제휴(coalition)를 하게 될 경우 이것은 A가 다른 나머지 독자적 행위자(즉 국가)간에 재분배할 남아있는 관심의 양에는 별로 영향을 미치지 못할 것이다. 그러나 제휴가 원래 관심보다 큰 관심을 기울인 국가간에 발생한다면 A는 더 이상 그의 정보과정과 자원분배능력에 대한 보다 적은 요구로서 그 제휴국들을 취급할 수 없을 것이다. 그러므로 이 경우에는 체제에서 타 행위자들에게 분배되는 잔여관심도는 눈에 띄게 감소하게 될 것이다. 이제는 체제 내에서 각국의 제한된 관심능력은 2국의 타 관계군(sets of relationship)에 할당되어야만 한다. 이때 우선순위는 그것이 파트너인 모든 쌍무적 관계에 가게 되는 반면에 그것이 구성원이 아닌 쌍은 무시될 수는 없겠으나 보다 적은 양의 관심을 받게 될 것이다. 여기서 후자와 같은 경우의 몇몇 예들은 미국이 소련과 유고, 영국과 이집트, 인도와 파키스탄 쌍에 기울인 관심에서 찾아볼 수 있으며 소련의 아랍과 이스라엘, 쿠바와 미국 그리고 프랑스와 알제리 등의 쌍짓기에서도 발견될 수 있다. 이처럼 각 국가들은 그의 관심을 체제 내의 쌍들의 대부분에게 분산하지 않을 수 없을 것이다.[33]

그렇다면 그러한 관심의 배분 위에서 양극체제에로의 경향 혹은 양극체제에서 다른 체제에로 이양하는 어떤 경향이 있다면 그 경향 혹은 추세는 어떤 효과를 갖는 것일까? 이 문제에 대해 도이치와 싱어는 독자적 행위자들의 수적인 각각의 증가에 따라 국가 A가 속해있는 쌍들의 총수도 역시 N-1의 공식에 따라 하나씩 증가할 것

33) *Ibid.*, p. 319.

이라는 가정에 따라 다음과 같은 분배도를 작성했다.[34)]

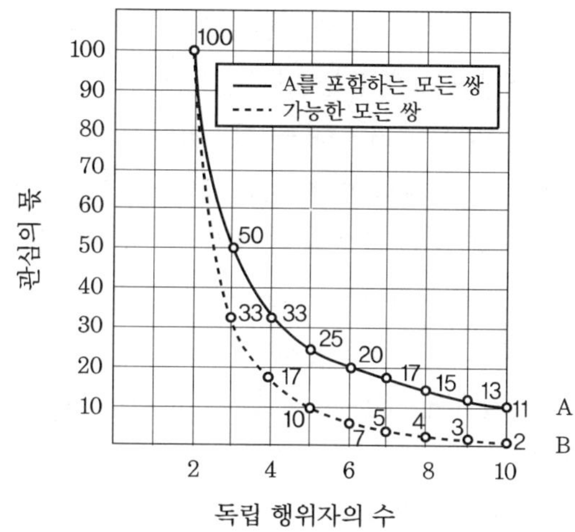

▌관심의 분배▐

국가 A가 속해있는 쌍들의 수가 하나 증가하면 직선에서 볼 수 있는 것처럼 어떤 하나의 그러한 쌍짓기에 대해 줄 수 있는 관심의 양은 떨어지고 이리하여 3행위자들은 각각 A의 평균 50%씩의 관심을 받는 A가 포함되는 2개의 쌍들이 가능하게 된다. 4행위자들은 3개의 그러한 쌍을 산출하는 데 관심은 33%가 되고 5행위자들은 각각 25%의 관심만을 받은 채 4개의 쌍들을 만들어 내고 있다. A가 속하는 쌍들만이 A의 관심에 소모를 가져올 수 있다는 조건을 무시하고 모든 가능한 쌍이 그러한 요구를 한다고 가정한다면 관심의 커브는 보다 급속히 행위자의 수적 증가에 반응할 것이다. 그림에서 점선 커브가 보여주듯이 각각 새로운 행위자는 $\frac{N(N-1)}{2}$의 공식에

34) *Ibid.*

따라 쌍의 전체 수를 증가시킨다. 이에 따라 각 쌍에 할당되는 관심의 비율은 훨씬 급격히 떨어지게 된다.

그렇다면 가용한 관심의 비율에 있어서 이러한 급속한 감소는 체제의 안정에 어찌하여 영향을 미치는 것일까?

소통이론(Communication Theory)에 있어서 어떤 일정한 신호 잡음비율(Signal-to-Noise ration)하에서는 그 신호는 본질적으로 간파하기 어려운 것으로 일반적으로 인정되고 있다. 즉 그것은 체제 내의 소음(Noise or random disturbance)에 대처하는 그 힘이 약화되기 때문에 그의 중요성을 상실하게 된다고 한다. 이와 같은 일반원리는 사회적 상호작용에 적용될 수 있을 것 같다. 라포포르트(Anatol Rapoport)와 셸링(Thomas C. Shelling)에 의하면 어떤 두 국가간의 상호작용은 그들간의 메시지 교환의 특수한 케이스로 간주될 수 있다고 한다.[35] 이 경우에 각 국가는 그 당시의 가장 현저한 자신의 적으로부터 오는 메시지를 고조의 초기단계에서 갈등의 조짐에 관계된 신호로 간주해야만 할 것이다. 그리고 다른 모든 국가들의 Pairs에 관한 모든 다른 메시지들은 상대적으로 별로 이 특별한 갈등과는 무관한 소음(noise)으로 생각하는 경향에 젖을 것이다.[36] 이것이 모든 다른 소통과정에 타당한 것이라면 최소의 신호 잡음비율의 일반적 요구는 이 갈등의 조짐에도 타당할 것이다. 그러므로 우리는 그것이 타 국가나 혹은 쌍에 관한 모든 다른 메시지에 대해서 특정한 라이벌로부터의 메시지에 대해 정부가 갖는 관심도에 의해서 측

35) Anatol Rapoport, *Fights Games and Debates*, Michigan: Ann Arbor, 1960, pp. 213-222; Thomas C. Shelling, *The Strategy of Conflict*, Cambridge, Mass.: Harvard University Press, 1960, pp. 83-118.

36) Colin Cherry, *On Human Communication: A Review, a Survey, and a Criticism*, Cambridge: Technology Press of Massachusetts Institute of Technology, 1957, p. 42.

정된다고 가정할 수 있다.[37] 만일 우리가 갈등의 고조를 위해서 10%의 최소관심도를 필요로 한 그러한 갈등의 가능성은 국제체제 내에서 남아있는 행위자들 중의 어느 한 행위자에 대해 어떤 국가가 갖는 평균 관심의 하락과 더불어 급격히 감소하는 것이다. 체제의 행위자가 수적으로 증가하는 것과 더불어 이러한 가능한 평균 관심의 하락은 위 도표의 A, B 커브에서 보는 바와 같다. 여기서 우리는 또한 체제 내에서 어떤 두 행위자들간의 확대되는 갈등의 평균 가능성(예를 들어 20, 10 또는 15%)을 허용하는 데 필요한 최소관심도를 알 수 있다. 커브 A와 B의 교차점은 행위자들의 수적인 증가가 얼마나 빨리 국제체제를 위험지대로부터 이동시키는가, 다시 말하면 행위자의 수적인 감소가 얼마나 빨리 나머지 행위자 사이의 갈등을 확대시킬 평균위험을 증가시키는가를 보여주고 있는 것이다.

이렇게 볼 때 우리는 여기서 다극체제의 보다 큰 안정성을 확인할 수 있으며 동시에 몇 개의 양적 사실들의 의미를 암시받을 수 있다. 어떤 특정된 하나의 갈등에 대해서 기울일 수 있는 관심의 평균 몫은 체제 내에 3개 이상의 힘의 중심이 있을 때 급격히 하강하며 5개 이상의 힘의 중심이 있는 경우에 더욱더 부드러워진다는 사실을 발견하게 된다.[38] 그러므로 체제의 안정은 치명적 관심배분에 주어진다고 해도, 갈등의 확대에 돌입하는 모든 국가의 경향에 크게 의존한다는 사실을 알 수 있을 것 같다. 그러므로 만일 한 국가의 외적 관심의 어떤 최소비율이 한 국가가 군사적 갈등으로 가는 행동에 필요하다면, 그리고 행위자들의 수적인 증가가 다른 행위자에 할당할 수 있는 몫을 감소시킨다면 그러면 그러한 수적인 증가는

37) Deutsch and Singer, *op. cit.*, p. 320.
38) *Ibid.*, p. 320.

체제에 대해 안정화 효과를 갖게 될 것이다.[39]

(2) 다극체제안정 이론의 비판

다극체제는 다원주의의 성격에 입각하여 타 체제보다도 더 안정성이 높다고 주장되어 왔으며 몇몇 학자들은 이것이 힘의 균형 덕택이라고 주장해 왔다.[40] 그러나 이것이 앞서 논한 다원주의에 입각하여 단기적으로는 보다 안정된 체제라고 인정되어 왔지만 이것이 항구적인 안정성을 갖는다고 할 수는 없을 것이다. 다극체제가 갖는 장기적인 불안정성에 대해선 대체로 다음과 같은 5가지 이유가 지적될 수 있다.

첫째로 만일 우리가 마키아벨리적인 보통 제로섬 게임의 가정과[41] 전통적인 게임에 관한 이론을[42] 받아들인다면 우리는 각 경쟁

---

39) *Ibid.*, p. 321.

40) 예를 들어 Kaplan, Burns, Morgenthau, Liska 등을 들 수 있다.

41) 제로섬(zero-sum) 게임은 Fixed-Sum 게임이라고도 불린다. 이 게임에 있어서는 모든 플레이어들에 한 보상의 총계는 zero이다. 그러므로 어떤 한 플레이어가 이기는 경우에는 상대방은 반드시 패배하기 마련이다(예, 체스, 포커나 브리지 게임 등). 즉 어떤 한 플레이어의 이득은 언제나 상대방 플레이어의 희생에 의해서 이루어진다. 그러므로 제로섬 게임은 혼합되지도 않고 해소되지도 않는 그러한 갈등의 유형을 의미한다. 게임이론이 발견되기 전 4세기가 넘는 시대에 마키아벨리는 다른 군중의 권력을 조장시키는 군주는 자신의 권력을 감소시킨다고 기술하면서 그의 권력개념에 대한 모델로 이 유형을 사용했었다.

42) 게임이론은 원래 경제학자 Oskar Morgenstern의 경제이론(Theory of Games and Economic Behavior)에서 출발했다. 이것은 뒤에서 다시 언급되지만 간단히 말해서 결정작성을 위한 가정에 관한 규범적 이론 즉, 행위자의 합리성을 전제로 했을 때 가능한 행동의 규범을 논하는 이론이라고 집약될 수 있다. 그러나 게임이론은 그 자체만으로 국제적 갈등을 설명하거나 해결하지 못하는 결함을 가지고 있다고 Arther Burns는 지적하고 있다. 그의 논문 "From Balance to Deterrence," in James Rosenau, eds., *International Politics and Foreign Policy*, New

국들을 보통 라이벌의 희생으로 얻을 수 있는 모든 영토나 인구를 쟁취하려고 노력할 것이다. 뿐만 아니라 그들은 그 자신에게는 새로운 라이벌들을 만드는 일은 결코 하지 않을 것이다. 그러므로 그들의 지도자가 그 당시에 힘의 정확한 균형을 오판하거나 그의 경제나 인구가 경쟁에 필요한 군비지출이나 군사적인 노력의 점증하는 증가분을 감당할 수 없는 국가의 파괴성을 이 모델은 제공하고 있으면서도 새로운 국가의 탄생은 제공하지 않는다. 만일 국가소멸의 가능성은 매우 적다고 하더라도 0보다는 크고 주요 신흥세력의 출현가능성이 0이라면 이때 이 모델은 효과적인 경쟁자들의 수적인 감소를 예견할 수 없으며 이것은 궁극적으로 2강대국의 세계 혹은 유일강대국만의 생존으로 몰리게 될 것이다. 이러한 현상은 로마의 출현과 성장시대에서 그 예를 찾아볼 수 있다. 따라서 국제정치에서 널리 수용되고 있는 게임적 경쟁의 현실을 인정할 때 다극체제의 장기적 불안정은 부인될 수 없는 것이다.

둘째, 고질적인 장기적 불안감을 들 수 있다. 다극체제에 있어서 국가 A가 막강한 동맹형성을 획득함으로써 그의 현재 적대국인 B를 완전히 파괴해 버릴 수 있는 반면에 또 다른 경우에 A는 자신을 파괴할 적들의 압도적 힘의 제휴를 직면할 가능성을 예상하고 이에 대비하지 않을 수 없어 상존하는 불안감에서 헤어날 수가 없는 것이다. 단기적으로는 동맹형성과정의 중요 경향이 충분히 빈번하다고 할 수 있겠지만 장기적으로 볼 때에는 세력균형의 세계는 궁극적으로 극적이며 비극적인 변화의 출현을 지역적으로 그리고 마침내는 체제적 차원에서 예상하지 않을 수 없는 것이다. 이러한 예상은 역사적 자료와 상당히 일치한다. 어떠한 균형체제도 몇 세기를 넘어서까지 계속된 일이 없으며 그 체제들 내에서 경쟁하는 원

York: Free press, 1961, p. 351을 참조.

래의 강대국들은 오직 보다 짧은 기간 동안만 독자적 강대국으로서 살아 남았던 것이다.43)

셋째, 다극체제는 국제적 갈등의 심각성을 완화시킬 수 있다는 사실을 전적으로 부인할 수 없으나 반면에 국제적 갈등의 수적인 증가를 간과해서는 안 될 것이다.44) 왜냐하면 양극체제가 단 하나의 적대관계를 갖는 반면에 다극체제는 사실상 헤아리기 어려운 많은 갈등을 내포할 가능성이 높기 때문이다. 다극체제에서는 국제적 행위자들의 관심이 전 체제에 널리 확산되는 반면에 표출되는 국제적 다양한 이익은 더욱 복수화될 것이다. 궁극적으로 국가이익이란 국민의 태도, 가치관, 전통, 지리적 상황, 경제적 · 군사적 힘, 이념적 성격 그리고 정부구조 등의 복잡한 혼합체라고 할 수 있다. 그런데 다극 국제질서에서는 국제체제 내에서 많은 국가들이 중요행위자이기 때문에 거의 혼란에 가까운 광범위한 이익과 주장이 거의 필연적으로 수반된다. 국제적 갈등은 국제체제에 있어서 부분적으로 그것이 갖는 기능이라고 볼 수 있다. 그러므로 요구가 많아지면 많아질수록 그만큼 그것을 조정하기가 어려워 진다고 해도 과언은 아니다. 따라서 다극체제는 다양성을 증가시킴으로써 또한 동시에 이익의 충돌가능성도 증가시킨다는 사실을 우리는 인식해야만 하는 것이다.

넷째, 핵무기의 위협을 들 수 있다. 핵무기가 널리 확산되어 있는 경우에 다극체제의 보다 빈번한 갈등은 파괴 또는 재앙의 결과를 가져오게 될지도 모른다. 만일 다극체제가 그 옹호론자들의 주장

43) A. J. Toynbee, *A Study of History 3: the Growths of Civilizations*, London: Oxford University Press, 1935, pp. 355-356.

44) Richard Rosecrance, "Bipolarity, Multipolarity and The Future," in James Rosenau, ed., *International Politics and Foreign Policy re. ed.*, New York: Free press, 1969, p. 329.

처럼 조화되고 안정된다는 보장만 된다면 핵무기의 확산도 국제체제를 불안정으로 몰고 가지는 않을 것이다. 그러나 보장은 어느 곳에도 없는 것이다. 뿐만 아니라 행위자들이 타 행위자들에 대해 관심을 진실로 기울이는 데 실패한다면 핵확산의 의미는 참으로 심각한 문제가 되지 않을 수 없다. 물론 오늘날 모든 국가들이 타 국가의 관찰에 게으름을 피우고 있지는 않지만 만일 어떤 국가들이 서로 주의를 기울이지 않았을 경우 — 예, 태국과 볼리비아 — 이것은 결코 낙후된 정치의 일반적인 특성이라고만 간주할 수는 없는 것이다. 체제 내에서 때로는 일어날 수 있는 일부분의 소통의 단절은 우호적이든 적대적이든 다른 국가들과의 접촉 깊이나 폭에 의해서 보완되는 이상의 것이다. 이러한 접촉은 서로 다른 국가적 이익을 갖는 국가들을 연결시키기 때문에 적대감정을 유발하게 될 수도 있는 것이다. 이 경우 적대감정에 핵무기가 부여된다면 이것은 국제적 불안정의 요인이 되고도 남음이 있다.

다섯째, 다극적 국제체제는 어떤 하나의 동맹관계의 변화나 군사적 지위의 중요성을 감소시키는 반면에 이것은 동시에 거의 필연적으로 불확실성을 확대시킨다. 양극체제에 있어서 양극의 상대적 지위에 있어서의 조절은 전 체제에 중대한 의미를 갖는다. 그러나 그 변화는 비교적 예측하기가 쉬운 것이다. 다극체제의 세계에 있어서는 동맹관계나 군사적인 기술의 변화는 그 체제에는 전체적으로 결정적인 것이 되지 않을 수 있지만 그 결과를 예측하기란 훨씬 더 어렵게 되는 것이다.[45] 동맹형성의 가능성은 무한하고 군사적인 배치도 미로처럼 한이 없다. 이렇게 되면 다극체제는 정책결정의 어려

45) Arther Burns, his "From Balance to Deterrence," in James Rosenau, ed., *International Politics and Foreign Policy*, New York: Free press, 1961, p. 355.

움을 증대시킨다. 즉 결과는 전혀 예측되지 않으며 선택은 매우 복잡해지는 것이다. 다극체제는 이처럼 예측가능성을 축소시켜버리기 때문에 안정된 결과를 성취하기가 훨씬 어렵게 되는 것이다. 전쟁은 의지의 실패를 통해서가 아니라 이해의 실패에서 일어날지도 모른다는 사실을 우리는 인식하지 않으면 안 될 것이다.

이상의 5가지 이유에서 알 수 있는 것처럼 다극체제의 안정이론은 단기적 안정에는 상당한 설득력이 있지만 장기적으로는 한계가 있음을 부인할 수 없다.

(3) 다극체제 안정의 조건

다극체제가 단기적으로는 보다 안정성이 있다고 할 수 있으나 장기적 안정의 보장이 없으며 상존하는 고질적 불안정의 요인 때문에 일종의 조건부 안정체제임을 앞서 분석했다. 캐플란은 다극체제의 안정을[46] 위해서 다음과 같은 6개의 기본 행동률을 제시하고 그 체제가 성공적으로 운영되기 위해서 주요 국가 행위자는 이 행동률을 지켜야만 한다고 주장한다.[47]

① 능력을 증가시킬 것. 그러나 싸우기보다는 협조할 것.
② 능력을 향상시키는 데 실패하기 보다는 차라리 싸움을 선택할 것.
③ 주요 행위자를 제거하기 보다는 오히려 싸움을 중지할 것.
④ 모든 동맹형성에 반대하고 체제 내에서 지배적인 지위를 차

---

46) 다극체제란 캐플란의 경우엔 "힘의 균형체제"를 의미한다.
47) Morton Kaplan, *System and Process in International Politics*, New York: John Wiley & Sons Co., 1957, p. 23.

지하려는 어떤 단독 행위자도 반대할 것.

⑤ 초국가적인 기구나 정치원칙을 표방하는 행위자들을 억제시킬 것.

⑥ 패배했거나 위축된 주요 국가 행위자로 하여금 받아들일 수 있는 역할 파트너로서 체제 내에 복귀를 허용하거나 혹은 주요 행위자 유형 내에, 어떤 이전의 비주요 행위자를 끌어들이는 행동을 할 것. 그리고 모든 주요 행위자를 받아들일 수 있는 역할 파트너로 취급할 것.

여기서 힘의 균형 즉 다극체제유지의 처음 2개 원칙은 국제사회체제 내에 어떠한 하부체제(sub-system)도 존재하지 않는 사실을 반영한다. 그러므로 주요 국가 행위자들은 자신의 보존을 위해서는 자체만의 힘이나 그들의 동맹에 의지할 수밖에 없는 것이다. 그러나 그 자신이 약하면 그의 동맹국들이 그를 저버리게 된다. 그러므로 주요 국가 행위자는 궁극적으로 그 자신의 국가적 가치를 보호할 능력을 소유하지 않으면 안 된다. 셋째 원칙은 타 국가들이 미래의 잠재적 동맹국으로서 소중하다는 사실을 설명해준다. 게다가 민족성은 잠재적 팽창에 제한을 가할 수도 있다. 넷째와 다섯째의 원칙은 지배적 동맹형성이나 국가 행위자는 타 국가 행위자들의 이익에 위협이 된다는 사실을 인정하고 있다. 여섯째 원칙은 체제의 구성원이 힘의 균형 체제의 기본원칙이나 규범에 따르는 행동에 달려 있다는 것을 말해준다. 만일 주요 행위자의 수가 줄어든다면 국제체제에 있어서 힘의 균형은 불안정하게 될 것이다. 그러므로 일정 수 이상의 주요 국가 행위자의 수를 유지하는 것이 체제의 안정을 위한 하나의 필요조건이 된다. 그리고 이러한 조건은 패배한 행위자나 개혁된 일탈 행위자들을 체제의 정회원으로 복귀시킴으로써 가장 잘 만족시켜줄 수 있는 것이다.

지금까지 설명한 6개의 원칙은 어느 것이나 나머지 원칙과 함께 "균형"(Equilibrium)[48]에 있다. 그리고 기본 행동률의 수는 감소될 수 없다. 하나의 원칙이 실패하면 또 다른 원칙의 실패를 수반하게 되기 때문이다.[49] 그러므로 체제유지를 위한 이 원칙들은 상호의존하고 있는 것이다. 예를 들어서 패배한 주요 국가 행위자들은 잠재적으로 지배적인 동맹형성을 억제할 수 있는 동맹형성을 곤란하게 만들 것이다. 이 원칙들의 균형은 계속적인 균형이 아니며 그때그때의 특수한 행동의 결과로 생긴 균형이다. 그러므로 체제를 변경하는데 작용하는 어떤 변화가능성은 충분한 시간적 여유만 주어진다면 상당히 크게 된다.

지금까지 말한 기본 행동률 균형이 아닌 다른 2개의 균형이 국제체제의 특징으로서 존재한다는 사실도 지적될 수 있다. 하나는 이 원칙군과 국제체제의 타 변수간의 균형이고 또 다른 하나는 국제체제와 그의 환경 혹은 배경 사이의 균형이 그것이다. 만일 행위자들이 이 원칙에 따라서 행동하지 않는다면 행위자들의 수와 성질은 변하게 될 것이다. 역으로 행위자들의 성질과 수가 변하게 되면 이 원칙에 따른 행동이 유지되기 힘들다. 예를 들어 능력이나 정보에 있어서 모종의 변화는 이 체제의 원칙과 양립될 수도 있고 양립하지 않을 수도 있는 것이다. 만일 한 변수의 가치, 예를 들어 어떤 특정된 경우 동맹형성의 능력이 변할 경우 다른 행위자들의 정보가

48) 여기서의 균형은 혼란 후에 기계적으로 원상복귀하는 시소의 균형과 같은 것이 아니다. 오히려 다른 변수의 변화결과로서 선택된 변수들의 안정을 유지하는 일정한 상태(steady state) 또는 영구균형(homeostatic equilibrium)이다.

49) Morton Kaplan, "Variant on Six Models of International Systems," In James Rosenau, ed., *International Politics and Foreign Policy re. ed.*, New York: Free press, 1969, p. 293.

그에 따라 함께 변화하지 않으면 그 체제는 유지될 수 없게 될 것이다. 요컨대 위의 원칙들은 체제를 위한 균형원칙이다. 그러나 이것도 행위자가 체제의 균형을 유지하는 데 관심을 갖고 있지 않다면 그것이 단지 균형원칙이라는 이유만으로 행위자들에 의해서 그 원칙들이 준수될 것이라는 것을 의미하지는 않는다. 행위자에 대한 제약은 행위자로 하여금 계속해서 그 원칙에 따라 행동하게 자극하거나 혹은 한 두 행위자들이 그렇게 자극받지 않을 경우에는 다른 행위자들이 일탈하는 행위자가 이 원칙에 따른 행동에 복귀하게 하는 방향으로 자극하게 될 것이라는 뜻이다.[50] 그러나 만일 앞서 지적한 체제 내의 타 변수와 환경이 그들의 균형상태에 있지 않을 경우 일탈행동이 예견될 수 있다.

"힘의 균형"체제의 운영을 설명해주는 역사적 실례는 발견하기가 비교적 용이하다. 만일 나폴레옹이 이 원칙에 따라서 행동했었더라면 유럽국가들은 나폴레옹을 용인했었을 것이다. 부르봉 왕가의 부활은 원칙③의 적용을 허용했으며 이것이 가능하지 않았더라면 국제체제는 즉각적으로 불안정하게 되었을 것이다.[51] 프랑스의 국제체제에로의 복귀는 제 6 원칙을 만족시켰다. 유럽협조체제는 원칙①을 설명해 주고 있으며 삼국협상(Entente Cordiale)은 원칙④를, 18-19세기의 역사는 원칙②를 각각 설명해준다. 그러나 아마도 가장 적절한 원칙③의 실례는, 그의 의도는 원칙이 의미하는 것보다는 더욱 복잡한 것이었다고 하더라도, 사도바(Sadowa)에서 보여준 외교사에 빛나는 비스마르크의 외교일 것이다.[52] 주요 국가 행위자들이

50) *Ibid.*, p. 294.
51) *Ibid.*
52) 비스마르크는 그의 숙적 오스트리아를 무력으로 굴복시키고서도 사도바에서 외교적 협상을 통해 오스트리아를 계속 독립국으로 존속시켰을 뿐만 아니라 배당금도 적게 요구하여 오스트리아에 국가적 굴욕감을

준수해야 할 앞서 지적된 원칙 외에도 안정을 위한 중요한 조건이 주요 국가 행위자의 수라는 점은 이미 지적한 바 있다.

오늘날의 국제적 상황하에서 국제체제안정을 위해서 반드시 지적하고 넘어가야 할 조건이 있으니 그것은 핵무기의 확산억제와 그 관리문제이다. 오늘날 우리는 빠른 축소 즉 부분적 또는 전면적인 군비축소에 적지 않은 관심을 갖고 있다. 만일 우리가 군비축소에만 관심을 쏟는다면 양극체제가 더 바람직할 것이다. 왜냐하면 행위자의 수적인 증가와 그에 따른 외교적 유동성이 군비경쟁의 과정을 완화시킨다면 똑같은 이론으로서 그것은 축소의 과정도 역시 늦추게 되기 때문이다.[53] 그러나 만일 우리가 미국과 소련 사이의 치열한 군비경쟁의 급속한 확대를 방지하는 데 주로 관심을 갖는다면 다극체제에로의 전향이 보다 바람직할 것이다. 그런데 오늘날 핵이 확산되어 가고 있다.[54] 뿐만 아니라 핵보유의 주요 강대국들 중에 미·소·영은 지난 50여 년간 그들의 정부형태를 보유했다는 의미에서 정치적으로 안정되었었다. 그러나 중간 수준과 약소국들은 앞으로 핵을 향해 안간힘을 쓸 가능성이 농후하며 이들 국가들 중 몇 나라는 국내정치의 안정과 국제문제의 조심성이 상대적인 의미에서 결여된 나라들이다. 만일 이러한 국가들 간에 특히 국내정치체제가 불안정하고 군사정책에 덜 신중한 국가들간에 핵확산이 가속화된다면 국제체제의 안정은 보다 더 위험스럽게 될 것이 틀림없다. 따라서 국제체제의 안정을 위해서는 앞서 말한 여러 원칙과 동시에 핵무기의 억제와

주지 않으려고 노력했었다. 그 결과 프러시아는 그 후에 일어난 프랑스와의 대결에서 오스트리아를 우호적 독립국으로 이용할 수 있었던 것이다.

53) Deutsch and Singer, *op. cit.*, p. 323.

54) 인도의 핵실험 성공과 이집트와 이스라엘에 대한 미국의 원자로 설치 원조조약 등은 핵확산의 기미로 간주될 수 있을 것 같다.

관리가 성공적으로 운영되어야만 한다. 따라서 핵무기의 분산을 억제시키기 위한 미국과 다른 강대국들의 성공적인 어떠한 노력도 국제체제의 안정에 기여할 것임은 두말할 필요가 없을 것이다.

3) 양극체제

(1) 양극체제의 안정성

다극체제가 유럽협조체제의 1세기에 걸친 지속성에서 그 안정성으로 과시함으로써 낭만적 향수를 오늘날 불러일으키고 있다면 양극체제의 안정성은 그 이유야 어쨌든 간에 지난 사반세기를 통한 국제체제적 차원에서의 안정에 입각하고 있는 것 같다.[55] 물론 냉전시기에 간헐적이며 국지적인 전쟁과 적지 않은 무력충돌이 있었던 것을 부인하지는 않으면서도 그러나 그러면서도 국제체제적 차원에서의 안정은 유지되어 왔기 때문에 양극체제의 특성은 더욱 안정된 것이라고 주장하면서 체제의 양극성에 입각한 안정의 가능성을 높게 보고 있는 학자는 케네스 월츠(Kenneth N. Waltz)이다. 월츠에 의하면 양극적 대결은 양극국가들이 안정에 공통의 이익을 갖기 때문에 적어도 체제적인 차원에서 다극체제보다도 더욱 안정적이라고 주장한다.[56]

---

55) Kenneth Waltz, "The Stability of a Bipolar World," *Daedalus*, Vol. 93, No. 3, summer 1964, pp. 881-909.

56) Kenneth Waltz, "International Structure, National Force and Balance of Power," in Sondermann and Others, ed., *The Theory and Practice of International Relations 3rd ed.*, New Jersey: Prentice-Hall, 1970, pp. 356-357.

전쟁이란 대체로 2가지의 조건하에서 발생한다고 한다.[57]

첫째, 한 국가가 전쟁을 해도 그 결과로 인해서 이미 그 국가가 소유하고 있는 상당한 자원이나 영토 혹은 만족의 요소들을 잃어버릴 염려가 없다고 생각할 때에 발생한다. 둘째, 한 국가가 전쟁을 하게 되면 가진 모든 것을 잃어버릴 것이지만, 가진 것이 별로 없는 경우에 발생한다. 만일 우리가 이상의 2가지의 전쟁발생이론을 수락한다면 양극체제의 막강한 무력적 대결은 쉽사리 무한대전으로 뛰어들지 않을 내재적 저항력이 있음을 부인하기 어렵다. 왜냐하면 양극국가는 오늘날 전쟁을 하게 되면 가진 모든 것을 잃어버릴 것은 물론이고 잃어버릴 너무도 많은 것을 가지고 있기 때문이다. 그러나 이러한 양극체제의 팽팽한 경쟁과 대결에 있어서 한편이 상대방을 제거하려고 시도할 것인지 그렇지 않을 지는 그래도 불확실한 문제가 아닐 수 없다. 여기에 대해 월츠를 비롯한 양극체제의 안정성을 말하는 사람들은 소위 제 2 차 공격 능력(Second-Strike capability)이 억제력에 조심성을 추가해준다고 설명한다.[58] 양극체제는 이렇게 본다면 대규모전쟁의 아마겟돈에 대한 두려움이 전체적인 안정을 유지하고 또 여기에 그 체제의 안정성을 기대하는 것 같다. 그러나 월츠는 오늘날 조그마한 변화도 양극 초강대국의 중대한 이익의 손실을 가져오기 때문에 두 국가들이 그들의 상호행동에 자제를 가한다는 점 외에 다음과 같이 국제적 안정요인들을 제시하고 있다.[59]

첫째, 미국과 소련은 자신의 동맹국들에게 의존하고 있지 않기 때문에 자기들의 이익에 맞게 독자적으로 전략을 세울 수 있다는

57) R. Rosecrance, *Action and Reaction in World Politics,* Boston: Little Brown, 1963, p. 199.

58) Kenneth Waltz, *op. cit.*, p. 357.

59) *Ibid.*

것이다. 이 두 나라는 실제적으로나 잠재적으로나 그들의 가장 가까운 경쟁국가들에 비해서 그 힘이 월등하기 때문에 제3국의 불안정적 행동을 상당히 통제하거나 그런 행동의 결과를 포용할 수 있다는 것이다. 예를 들어 미국과 소련은 중국이나 프랑스가 공격할 수 있을지도 모르는 핵공격에 대해서 자체방어의 능력을 가지고 있다는 것이다.

둘째, 오늘날 전세계적으로 볼 때 현저한 국가능력의 자원 차이는 양극구조를 충분히 신축성있게 해준다는 것이다. 즉 동맹관계의 일탈이나 국가간 의리관계의 변화는 양극구조를 결정적으로 변질시킬 수 없기 때문에 동맹국의 비타협적 태도도 무관심하게 취급할 수 있으며 한 걸음 더 나아가서는 그런 국가의 버릇을 효과적으로 훈육할 수 있다는 것이다. 다시 말하면 두 국가는 그러므로 제3국가의 행동을 완화시키거나 혹은 그들의 활동을 억제시킬 수 있는 충분한 압력을 행사할 수 있다는 것이다.

사실 역사적으로 영국과 프랑스의 "수에즈 진격"은 미국의 재정적인 압력에 의해서 중단되었으며, 장개석은 본토의 공격을 미국의 협조거부로 수행하지 못했다. 그러므로 이러한 주장은 부인하기 어려운 것이 현실이며 적어도 당분간은 양극체제 안정성의 이론이 그 설득력을 잃지 않을 것 같다. 그러나 이러한 설명도 우리가 보다 상상력을 확대할 때 그러한 안정성의 가능성 속에서도 역시 불안정의 요인은 발견될 수 있는 것이다.

(2) 양극체제 안정성의 비판

양극체제의 안정성에 관한 이론은 다음과 같이 대체로 3가지 관점에서 비판될 수 있을 것 같다.

첫째, 양극체제는 궁극적으로 팽창이나 침략에 대한 본능을 내포한다.60) 국제적 양극화가 상대방의 대응 압력(Counter-Pressure)을 불러 일으키기 때문에 어느 한쪽의 성공적인 팽창을 방지하는 데 도움이 될 수 있다는 것이 현실이기는 하지만 이것은 팽창에 대한 동기자체를 감소시키지는 않으며 오히려 증대시킬 우려가 있다. 양극의 경쟁이 치열해지고 확대되면 한쪽의 어떤 행동은 반대쪽에 의해서 전략적 배치로 의식될 것이다. 어떤 국제적 의미도 부여하지 않은 행동들조차도 양극체제에서는 경쟁의 관점에서 보여지게 된다. 그리고 이러한 현상은 양 진영의 정치적 적대감을 야기시키기 마련이다. 한편의 적대감은 다른 편에 의해 응수되고 불화의 속도는 증가한다. 이 경쟁은 제로섬 게임의 경쟁과 같은 것이기 때문에 이것은 매우 자연스러운 결과이다. 자기향상의 관심이나 자기배치의 유지는 2개국 경쟁의 틀에서는 현실적인 것이며 그러한 경쟁이 일어나는 심리적인 상태는 점점 악의화하게 된다. 이런 과정이 어느 일정한 수준에 도달하게 되면 한쪽이 자신의 적을 공격하였을 때의 결과를 생각할 뿐만 아니라 스스로 선제공격을 하지 않았을 때의 위험도 계산하게 된다. 결국 이러한 선제공격의 상호가 갖는 두려움은 견디기 어려운 지점에 까지 확대될 수 있다. 이런 경우 앉아서 당하기 보다는 예방전쟁이 보다 나은 선택으로 보일 수 있는 것이다.

둘째는 인식론적인 문제이다. 소련과 미국이 세계지배 아니면 최소한 상대적 지위를 유지하기 위한 투쟁 속에 있기 때문에 한편의 행동은 직접적으로 다른 쪽의 지위에 영향을 미치고 있다. 모든

---

60) Richard Rosecrance, "Bipolarity, Multipolarity and The Future," in James Rosenau, ed., *International Politics and Foreign Policy re. ed.*, New York: Free press, 1969, p. 326.

국제적 변화는 두 국가의 균형에 영향을 미치기 때문에 매우 중요한 의미를 갖는다고 볼 수 있다. 그러나 이와는 달리 똑같은 양극체제를 인식하는 데 있어서 양국의 균형적 안정에 영향을 미침이 없이 상당한 영토적 또는 정치적인 변화가 가능하다고 보기도 한다. 미국은 균형에 영향을 미치지 않고 중국을 얻을 수도 있다는 것이다. 만일 이러한 후자의 인식이 사실이라면 그것은 국제정치가 2인 제로섬 게임과 같지 않기 때문이다. 즉 미국에 대한 이득이나 손실이 각각 소련에 대한 손실과 이익으로 되지 않는다. 국제적 균형에 있어서 소련과 미국의 근본적 관계를 뒤엎지 않는 상당한 변화가 가능하게 된다. 그러나 이렇게 되면 이것은 이미 양극체제라고 할 수 없을 것이다.[61)]

셋째, "위기에 의한 평화"(Peace by Crisis)라는 처방은 하나의 막연한 "완화제"(palliative)이다. 이것은 마치 세계의 가장 평화스러운 상태가 전쟁 일보 전(on the brink of war)이라고 말하는 것과 비슷할 것이다. 국가들이 눈앞의 전쟁을 피하려고 보다 더 노력을 한다는 의미에서 평화적 성격이 존재한다고 할 수 있을지는 몰라도 전쟁의 위협은 더 큰 것이다. 적어도 우리는 위기가 평화에로의 가장 좋은 길이라고 말할 수는 없을 것이다.

(3) 양극체제의 안정조건

힘의 균형체제에서는 균형자의 역할이 어떤 동맹형성도 지배적이 되는 것을 방지하기 때문에 일종의 통합적 역할(Integrating role)을 했다. 그리고 이상적 힘의 균형체제에서는 이러한 국가 행위자도 균형자의 역할을 할 수 있는 것이다. 그러나 양극체제에서 통합적 역

61) Richard Rosecrance, *op. cit.*, p. 327.

할은 중재 역할이 된다. 즉 이 역할이 양극의 어느 한 편에 가담함으로써 수행되는 것이 아니라 이들간의 조정을 하는 역할에 그치게 된다. 그렇기 때문에 비진영국가나 범세계적 행위자들만이 양극체제에서는 이 역할을 수행할 수 있다. 양극체제의 기능은 초국가 진영(Supra-National Bloc)의 조직적 특성에 달려있다. 만일 두 진영들이 위계적으로 구성되어 있지 않다면 동맹형성의 변화가 두 개의 정점 주변에서 발생한다는 것 이외에는 양극체제를 닮는 경향이 있다.[62] 만일 한 진영이 위계적 조직의 성격을 갖고 다른 한 진영이 위계적으로 조직되지 않는다면 여러 가지 결과가 예측될 수 있다. 위계적 또는 혼합된 단계적 진영은 기능적 통합이 너무 커서 위성국들이 탈퇴하거나 여러 다른 국가적 실체를 형성하기가 어렵게 될 것이기 때문에 그의 구성원국들을 계속 유지하게 될 것이다. 한 진영에 있어서 회원국의 상대적인 항구성은 비회원국들에게는 위협이 되기 때문에 그러한 진영은 새로운 회원국들을 끌어 들이기가 쉽게 될 것이다. 비위계적인 진영은 그의 회원국들을 완만하게 장악하지만 비회원국들과 어떤 협력관계로 들어가기 쉽다. 그러나 위계적으로 조직된 진영으로부터 의식되는 압력은 비위계적 조직 진영이 그의 진영 활동을 통합하게 하거나 다른 지역에 확대하도록 하게 하거나 그렇지 않으면 오히려 그 진영을 약화시키고 손상시키게 될 것이다.[63] 그러나 만일 양 진영을 일반적으로 지지하기 보다는 어떤 특정문제에 따라서 이쪽, 저쪽을 선택하면서 일관성없는 지지를 하게 될 것이다. 양 진영이 다 같이 위계적으로 조직되면 그들이 추구하는 목표는 유사하게 되어 서로 양립할 수 없는 상황으로 빠져들고

62) Morton Kaplan, "Variant on Six Models of International Systems," in James Rosenau, ed., *International Politics and Foreign Policy re. ed.*, New York: Free press, 1969, p. 296.

63) *Ibid.*, p. 297.

말 것이다. 그리고 이렇게 몰린 상황하에서는 군사력의 어떤 급속한 변화도 국제체제를 불안정하게 만들 것이다. 바로 이러한 이유 때문에 양주요 진영에 의한 제 2 차 핵공격 체제(Second Strike Nuclear System)의 소유는 체제안정을 위한 필요 조건이 된다.

이런 조건 외에도 양극체제는 그 체제의 안정을 위해서 그들이 행동할 때 지켜야 할 일정한 기본 규칙이 있을 수 있는데 이것을 캐플란은 다음과 같이 12항목으로 제시했다.[64]

① 위계적 또는 혼합위계적 통합원칙을 표방하는 모든 진영은 상대 진영을 제거하려고 할 것.

② 위계적 또는 혼합위계적 통합원칙을 표방하는 모든 진영은 싸우기보다는 협상하고 대규모 전쟁보다는 소규모 전쟁을 하고 그리고 상대 진영을 제거하는 데 실패하기 보다는 차라리 일정한 모험과 비용의 요인들하에서는 대규모 전쟁을 할 것.

③ 모든 진영은 상대 진영의 힘에 비교하여 그들의 능력을 증가시킬 것.

④ 비위계적 조직을 표방하는 모든 진영 행위자들은 능력을 증가시키기 위해 싸우기보다는 협상을 하고 능력을 증가시키는데 실패하기 보다는 소규모전쟁을 할 것. 그러나 이러한 목적을 위해서 대규모전쟁을 도발하는 것은 삼갈 것.

⑤ 모든 진영 행위자들은 상대 진영에게 지배적인 힘의 지위를 허용할 바에는 차라리 대규모전쟁을 사양하지 말 것.

⑥ 모든 진영 회원국들은 목적들이 크게 충돌할 때 범세계적

64) Morton Kaplan, *System and Process in International Politics*, New York: John Wiley & Sons Co., 1957, pp. 38-39.

행위자의 목적보다 그들의 진영 목적을 우선시킬 것. 그러나 상대 진영의 목적은 범세계적 행위자의 목적에 굴복시킬 것.

⑦ 모든 비 진영 국가 행위자들은 그들의 국가적 목적과 보편적 행위자의 목적을 상호조정할 것이며 진영 행위자들의 목적은 범세계적 행위자의 목적에 굴복시키려고 시도할 것.

⑧ 진영 행위자들은 그들 진영의 회원국을 증가시키려고 시도할 것. 그러나 만일 대안이 그 국가를 상대 진영에 가담하거나 그 목적에 동조하게 하는 것이라면 그 국가의 비회원 지위를 허용할 것.

⑨ 비회원국가들은 진영 행위자들간에 전쟁의 위험을 감소시키기 위해 행동할 것.

⑩ 비회원국가들은 범세계적 행위자의 회원으로서 역할을 수행하는 경우를 제외하고는 타 진영 행위자에 불리한 진영 행위자의 정책을 지지하지 말 것.

⑪ 범세계적 행위자는 진영간의 양립할 수 없는 것(Incompatibility)을 감소시킬 것.

⑫ 범세계적 행위자는 한 진영 행위자에 의한 무력의 사용과 같은 커다란 일탈의 사건에 대항해서 비회원국가들을 동원할 것. 그런데 이 규칙은 타 규칙에 의해 균형을 잡기가 되지 않는다면 범세계적 행위자가 범세계적 단일체제의 초기 형태가 되게 만들 것이다.

이상의 규칙에 따라서 어느 한 진영이라도 행동하지 않게 되면 양극체제는 불안정하게 되고 다른 체제로 변질하게 된다. 예를 들어 한 진영이 타 진영을 완전히 제거하면 그 체제는 위계적 체제화할 것이고 범세계적 행위자가 그의 기능을 지나치리만큼 완벽하게 수행한다면 그 체제는 범세계적 단일체제로 변할 것이다. 그렇기 때문에 양극체제가 그 구조적 안정성을 확보하기 위한 조건은 앞서 열거한 규칙에 따라 행동할 것과 제 2 차 공격 능력의 보유라고 집약될 수 있을 것이다.

2. 현 국제체제의 구조적 성격과 그 안정성의 전망

1) 현 국제정치적 상황과 국제체제

키신저가 "죽의 장막"을 은밀히 노크한 후 전개되기 시작한 1970년대의 국제정치적 현상은 한동안 "양극체제에서 다극체제로," "탈이데올로기의 시대의 도래" 또는 "이변의 시대" 등 거의 유행어적인 용어가 소낙비처럼 쏟아지면서 세계적 긴장완화라는 새로운 장밋빛 평화시대에 대한 예측이 밀물처럼 휩쓸었다. 그러나 "죽의 장막"은 아직도 불안스러운 그림자이며 "철의 장막"도 걷히지 않고 있다. 그러므로 긴장완화의 수사학이 협조적인 듯 하면서도 본질적으로 경쟁적인 초강대국간의 관계를 모호하게 할 수는 없다. 특히 2대 강대국이 그 기본철학, 정치구조, 사회정치적인 우선순위, 국가이익 계산의 간격과 축적된 불신은 아직도 현저하게 남아있는 것이다.[65] 그렇기 때문에 비록 외교적인 공식표현상의 용어는 부드러워

65) Oran Young, "Trends in International Peacekeeping," in Linda Miller, ed., *Dynamics of World Politics,* New York: Prentice-Hall, 1968, p. 254.

지고 변하였다고 할지라도 국제적 현실은 별로 크게 바뀐 것이 없다고 할 수 있다. 그러므로 키신저는 새로운 시대를 창조한 것이 아니라 다만 실제적 현실을 공식적으로 인정하고 확인해주었던 것이라고 해도 과언은 아닐 것이다.

오늘날 세계의 지도자들은 분명히 과거와는 달리 평화의 시대를 약속하고 있는 것 같다. 그러나 아직도 냉전적 유산은 완전히 청산된 것도 아니고 청산될 전망도 그렇게 밝지만은 않은 것 같다. 다만 냉전시대의 비교적 단순하고 선명했던 흑백의 의식에서부터 회색의 그림 같은 의식의 불투명한 영상 속에 밀려 주마등 같은 그날그날의 사건들이 스쳐가고 있다. 분명히 우리는 과거와는 다른 새로운 시대에 살고 있는 것 같다. 그렇다면 새로운 시대 새로운 국제적 현상은 어떠한 정체를 갖고 있는 것일까? 우리는 새로운 시대의 외교적 용어를 교통정리하면서 현실체를 이해하지 않으면 안 된다. 실제적으로는 국제정치에 있어서 정책의 채택이 중요하지만 그러한 정책의 선택은 국제정치현상의 철학적인 이해와 정치적 지혜를 필요로 하며 이 이해와 지혜가 정책의 선택에 전제되지 않으면 안 될 것이다. 비록 그것이 복잡하고 혼돈스러워 시지프스 같은 노력을 필요로 한다고 할지라도 현실의 이러한 복잡성은 결코 지적인 게으름에 대한 변명이 될 수 없을 것이기 때문이다.

오늘날 핵무기의 어두운 먹구름 속에서도 국제관계의 전통적인 "3가지 특징"은 변함이 없다. 약술하면 다음과 같다.66)

첫째, 국제적 환경이 분산되어 있다. 즉 그것은 그의 최고의 충성을 사실상 자체에 돌리는 적어도 어떤 보다 높은 목적의 달성이 자신의 주된 이익과 가치의 보존이나 혹은 자신의 목표의 향상과

66) Stanley Hoffmann, *Gulliver's Troubles, or the Setting of American Foreign policy*, New York: McGraw Hill Inc., 1968, p. 10.

분리할 수 없는, (국가)단위들로 구성되어 있다. 따라서 국제정치는 항구적 경쟁의 한계를 벗어나지 못하고 있는 것이다. 둘째, 각 집단들은 여러 가지 면에서 서로 상이하다. 인구, 자원, 내부적 단결, 외부적인 비전, 국내적 구조, 이념, 역사적인 경험 그리고 지정학적인 위치 등이 판이하다. 따라서 본질적으로 경쟁은 불확실하다. 셋째, 경쟁하는 단위들 위에 군림하는 세속적인 힘 즉 카이저(Kaiser)의 힘이 부재하기 때문에 각 국가는 경쟁의 심각성이 평화적인 수단만으로는 성취할 수 없는 목적을 달성하기 위해서 무력에 호소할 자유를 보장받고 있다. 요컨대 국제정치는 국내정치에 비교할 때 협동보다는 갈등의 만연에 의해서 특징되며 갈등은 언제나 폭력화할 가능성을 내포하고 있는 것이다. 그렇다고 해서 국제적 경쟁이 동일한 행동이 반복되는 단조로운 발레는 아니며 그 불확실성에도 불구하고 아비규환으로 가득 찬 순수한 랜덤 게임도 아니다. 여기에는 서로 시간적 공간적으로 상이한 외교적 성좌가 있으며 각각은 그 자체의 규칙에 의해 표기된다. 따라서 밤하늘에서 별자리를 찾듯 국제정치현상에서 국제관계의 체제적 유형을 구별하는 것이 국제정치이론화 작업의 과제이기도 한 것이다.

오늘날 새로이 등장하는 1970년대의 국제체제는 분명히 변동의 과정 속에 놓여 있다. 뿐만 아니라 국제체제의 차원에 의한 현 국제정치현상의 분석은 아직 시기상조일지도 모른다. 그러나 그것이 막연한 이상적 형태이기는 하겠지만 크게 분류하여 온건한 체제에 비교하여 혁명적 체제로 지칭할 수 있을 것이다. 실제로 모든 국제적 상황이 전적으로 온건한 체제이거나 전적으로 혁명적 체제라고 할 수는 없을 지도 모른다. 왜냐하면 각 체제는 점진적으로 붕괴될 수도 있으며 심지어 혁명적 전체 내에서도 약간의 온건함이 전혀 없을 수 없기 때문이다. 그러나 추구되는 목적과 사용되는 수단의 성격에 따라서 분류한다면[67] 현 체제는 분명히 혁명적 체제의 성격이 농후하다고 할 수 있다.

온건한 체제의 이상적 형태는 소위 18-19세기의 고전적인 힘의 균형 체제를 들 수 있다.[68] 혁명적 체제에도 여러 가지의 유형이 있을 수 있지만 현 체제를 혁명적 체제로 지칭할 수 있는 구체적인 이유로서 다음과 같은 4가지를 들 수 있을 것 같다.

첫째, 무엇보다도 기술혁명을 들 수 있다. 기술의 발전속도가 너무 빠르고 각 국가간의 차이가 상당히 크기 때문에 기술혁명은 국제적 불안정을 초래할 가능성이 적지 않다.[69]

오늘날 강대국간에는 치열한 기술발전을 위한 경쟁이 벌어지고 있으며 MIRV(Multiple Independently-targeted Reentry Vehicle)는 물론 이제 1977년에는 MARV(Maneuverable Reentry Vehicle)가 등장하는 핵탄두의 짙은 먹구름 속에 살게 될 것 같다.[70] 뿐만 아니라 지구적 차원의 남과 북의 문제는 날로 더욱 심각해지고 있다. 이에 따른 군사적, 경제적, 정치적, 논리적 그리고 이념적인 불평등과 불균등은 기술혁명을 왜곡시키고 때로는 초강대국에 봉사하거나 가장 현상(Status Quo)에 불만을 품고 있는 국가에 봉사하게 되는 것이다. 이러한 현상은 국제적 안정에 분명히 역기능적으로 작용할 가능성이 높다고 할 수 있다.

둘째, 국제체제의 구조에 있어서 미증유의 이질성(Heterogeneity)을 들 수 있다. 인류역사상 처음으로 국제체제는 전 지구에 걸쳐 있

---

67) *Ibid.*, p. 13.

68) 앞서 다극체제의 안정성에서 상세히 설명했음.

69) John Herz, *International politics in the Atomic age,* New York: Columbia University press, 1959 and Stanley Hoffmann, *Gulliver's Troubles, or the Setting of American Foreign policy*, New York: McGraw Hill Inc., 1968, p. 18.

70) *Economist*, July. 6. 1974, p. 11.

지만 그 기원과 형태에 있어서는 매우 상이한 성분을 포함하고 있다. 비록 현대국제정치의 기본단위가 민족국가이긴 하지만 오늘날과 같은 다양성은 일찍이 없었다. 다시 말해서 현대의 민족국가는 그 국가의 통합의 정도에 있어서 매우 상이하다.

어떤 국가는 이제 국가형성(nation-building)을 추구하고 있는가 하면 어떤 국가는 형식적으로만 국가의 면모를 갖추고 있는 것이다. 따라서 정치적 목적과 제도에 대한 총화가 없는 형편이다. 아롱이 말한 "외교분야의 통합"(unity of diplomatic field)은 "맹렬한 통합"(fiery unity)상태에 있다. 뿐만 아니라 역사적 차원에 있어서도 어떤 국가는 수세대 수세기에 걸쳐 존재해왔고 제도적 틀을 같이 유지해온 반면에 어떤 국가는 이제 비틀거리면서 걸음마를 익히고 있는 실정이다. 이러한 이질성은 소련과 미국을 중심으로 한 힘의 분배를 매우 불균등하게 만들고 있으며 이에 따른 주요긴장관계 즉 초강대국의 상호대치는 그들 사이나 혹은 자기의 진영내부에 있는 여러 취약한 부분에서 야심, 긴장과 학대를 통한 영원한 갈등의 위험성을 잉태하고 있는 것이다.[71]

셋째, 국내정치체제의 심각한 다양성을 들 수 있겠다. 정치체제의 다양성이 너무나 현저하기 때문에 정치학자들이 분류의 틀에 동의하기 조차 어려운 상태이다.[72] 이러한 현상은 키신저가 지적한 것처럼[73] 국내정치구조가 본질적으로 서로 다른 정통성 위에 서 있을 때 국제문제의 해결은 더욱 복잡해지는 것이다. 정치가들은 예전처럼 자리를 같이 하지만 설득력은 그들이 더 이상 같은 언어를 말

71) Stanley Hoffmann, *op. cit.*, p. 18.
72) *Ibid.*
73) Kissinger, "Domestic Structure and Foreign Policy," in James Rosenau, ed., *International Politics and Foreign Policy re. ed.*, New York: Free press, 1969, pp. 261-262.

하지 않기 때문에 감소되고 말았다.

넷째, 민족주의의 재등장 또는 민족의식의 급속한 팽창을 들지 않을 수 없다.[74] 과거에는 민족주의가 국제관계의 독립변수적인 역할을 했다면 제 2 차 세계대전 후 냉전이 계속되는 동안에 거의 사멸되다시피 한 민족주의가 국제관계로 인하여 부활하는 역사의 아이러니를 우리는 결코 역사의 단순한 우연으로만 돌릴 수는 없는 것이다. 18세기말의 프랑스 혁명이 낳은 국제질서의 위기도 실상 이와 같은 민족주의에 입각한 국가의 형성과정으로 볼 수 있으며 제 1 차 세계대전에 의한 유럽협조체제의 붕괴과정은 민족주의의 발전과 전파에서 오는 거센 파도가 1815년 비엔나에서 구출된 보수정통질서를 다시 침몰시킴으로써 일어나는 유럽의 역사가 내포하고 있던 일종의 "자기모순"과 불만의 폭발현상이라고 해석할 수 있는 것이다.

그러한 까닭에 "힘의 균형체제"의 대표적인 전략가인 "메테르니히"와 "비스마르크"의 건축물은 민족주의의 어뢰를 맞고 침몰했다고 할 수 있다. 그러므로 민족주의는 많은 정치철학자 특히 토인비(Arnold Toynbee)같은 역사학자에 의해서 "세계평화에 대한 위협"[75]으로 매도되어 왔다. 따라서 오늘날 우리가 맞이하는 새로운 민족의식의 팽창은 국제적 안정에 불안의 먹구름이 아닐 수 없다.

이상의 설명에서 다소 분명해진 것처럼 오늘날 우리의 현 국제체제는 18-19세기의 고전적 세력균형체제의 온건한 체제에 비교할 때, 그리고 20세기의 공산주의혁명과 신생국의 기대 상승의 혁명 등

---

74) 예를 들어 석유와 식량의 문제를 제기하는 데 있어서 세계의 매스컴은 "자원민족주의"라는 새로운 용어를 만들어냈다.

75) Anold J. Toynbee, "The Threat of Nationalism," in Sondermann and Others, ed., *The Theory and Practice of International Relations 3rd ed.*, New Jersey: Prentice-Hall, 1970, pp. 42-45.

을 감안할 때 "혁명적 체제"라고 불러도 지나침이 없을 것이다.

2) 현 국제체제의 구조적 성격

오늘날 국제체제는 시간적으로 급속하고 공간적으로 광범위한 변화를 겪고 있는 혁명적 체제라고 앞서 지적했다. 특히 미-중의 정상회담을 필두로 일련의 여러 정상회담을 가진 후에 우리는 여러 가지의 가능성을 발견했으며 이것이 서로 혼돈스럽게 얽히고설켜 국제정치의 본질적 전후 패턴을 깊숙이 변질시키고 있는 상황에 우리는 처해 있다. 이러한 추세를 감지한 키신저는 양극체제는 끝나가고 있으며 혁명적 양극성은 정치적인 양극화를 방지하는 데 실패했을 뿐만 아니라 오히려 정치적 다극화를 촉진시켰다고 설파했다.[76)] 반면에 월츠는 현 체제가 양극체제의 계속에 불과하다고 주장했다.[77)] 이처럼 서로 대립되는 주장은 현대의 군사력의 의미에 대한 상이한 관점에서 비롯되는 것 같다. 즉 무력의 평가절하를 받아들이느냐 아니면 이것을 거부하느냐에 따라서 양극체제의 "만종"과 그의 "계속성"이라는 대립되는 입장을 취하게 되는 것이다. 그렇기 때문에 현대의 국제체제의 구조는 군사적인 힘 즉 무력의 성격에 대한 이해를 전제하지 않으면 안 된다.

오늘날 무력의 평가절하 즉 비효율성을 주장하는 입장은 대체로 다음과 같은 이유를 들고 있는 것 같다.

첫째, 초강대국 즉 미국과 소련의 핵군사력은 상호균형에 의해

76) Kissinger, "The End of Bipolarity," in Sondermann and Others, ed., *op. cit.*, pp. 50-51.

77) Kenneth Waltz, "International Structure, National Force and Balance of Power," in Sondermann and Others, ed., *op. cit.,* p. 361.

서 그들의 효과적인 힘은 0과 같다. 즉 가장 좋은 무기인 핵무기가 그 사용도가 가장 낮은 것이다. 이러한 현상을 허츠(Herz)는 "절대적 힘은 절대적 무기력과 같다"(Absolute power equals absolute impotence)라고 갈파했는데[78] 이러한 힘의 비사용성은 무력의 전통적인 의미를 상실했다는 것이다. 둘째, 전쟁확대의 두려움은 재래식 무기의 사용마저도 특히 미-소의 경우엔 강력하게 억제하고 있다. 셋째, 핵시대에 있어서 막강한 군사력은 더 이상 효과적인 통제를 보장하지 못한다. 소련은 그의 아시아, 아프리카의 위성국들을 통제하지 못했으며 미국은 동남아에서 약한 적에 대해서 조차 군사력을 건설적인 목적을 위해 사용하는 것이 어렵다는 사실을 실감했다. 따라서 가장 강한 국가의 힘에 정치적 보수는 비례하지 않게 된 것이다. 넷째, 정치적으로 적극적인 세계의 약소국들은 세계여론을 핵무기이든, 재래식무기이든 그 사용에 상당한 억제력으로 행사하고 있다.

이상의 이유들이 서로 복합적으로 작용하여 무력의 사용을 보다 더 값비싼 것으로 만들었으며 전반적으로 무력의 가치를 절하하게 되었다는 것이다. 이러한 상황을 아롱은 "현대국제질서가 갖는 하나의 특징으로서 유한투쟁적인 성향"이라고 불렀다. 즉 모든 분쟁은 본질적으로 잠정적일 수밖에 없으며 특히 미소간의 군사적인 균형이 동결되어 있는 상황에서는 오직 재래식전쟁이나 게릴라 전쟁 같은 투쟁만이 허용될 수 있다는 것이다. 그러므로 "오늘의 핵시대의 국제정치적인 현실은 유격대의 기관총이 세계지도를 바꿔놓는데 탱크나 원자탄 이상의 구실을 할 수 있는 상황인지도 모르겠다"고 아롱은 지적했다.[79] 그러나 우리는 영상과 현실의 사이에는 상

78) John Herz, *op. cit.*, p. 22.

79) Raymond Aron, "Anachichal of Power," *Daedalus,* Spring 1966, pp. 46-70.

당한 간격이 있으며[80] 설마라는 부사는 가끔 우리의 뒤통수를 치면서 일으키는 파란이 가설을 현실로 바꾸어 버리는 그 의외성 때문에 더욱 인상적인 것을 우리는 어쩔 수 없다. 어쩌면 아롱의 말처럼 역사는 현자가 가질 수 있는 것보다 더 풍부한 상상력을 가지고 있는지도 모른다. 그러므로 양극체제의 계속성을 주장하는 사람들의 주장처럼 힘의 사용을 주저한다는 것이 즉 키신저의 표현을 빌리면 "결의"(resolve)의 부족이 반드시 힘의 약세를 의미하는 것 같은 방정식은 그대로 받아들이기 힘든 것 같다.

초강대국들이 교착상태에 빠져있을 때 약소국들이 행동할 자유의 범위가 확대된다는 사실은 부인할 수 없지만 그러나 이러한 현상이 인상적이라고 하여 약소국과 강대국간의 힘이 본질적으로 변질된 것은 아닐 것이기 때문이다. 약소국들이 이따금 독자적으로 행동할 기회를 발견하기는 하지만 그것은 어디까지나 부분적이고 단편적인 것에 불과하다. 국제적 균형 내지 안정을 위해서는 미국과 소련의 계속적인 노력없이는 불가능한 것이다. 따라서 미국과 소련은 자체안보를 위해서도 국제적인 교착상태의 영구화를 각자 안보에 대한 최소의 기반으로 추구하지 않으면 안 된다.[81] 그리고 이러한 양국가의 노력은 약소국들이 잔물결을 일으킨다고 할지라도 계속되지 않으면 안 되는 것이다. 미국과 소련의 상대적인 힘이 교착상태를 깨뜨림이 없이 변할 수 있는 마진은 소위 "제 2 차 공격능력"(Second-Strike Retaliatory Forces)의 확보로 인해서 더욱 넓어진 것이 사실이다. 그러나 세력변화의 다양성도 한계가 없을 수 없다. 미국에 불리한 미사일 격차(Missile Gap)가 있다고 생각되던 때에 흐루시초프는 특히 베를린과 쿠바에 대해서 불쾌하게 덤벙거렸다. 그러나

80) Hugo Grant, *op. cit.*
81) Kenneth Waltz, *op. cit.*, p. 358.

이것을 통해 미국의 핵군사력유지의 필요성이 무엇보다도 절실히 입증되었던 것이다.

힘이란 그것이 아주 충분하게 그리고 적절하게 존재하는 곳에서는 눈에 잘 보이지 않는 법이다.[82] 국내정치에 있어서 사회의 질서가 잘 잡히고 그 정부가 유능하고 존경받으면 받을수록 그만큼 그 나라의 경찰은 보다 적은 힘을 필요로 하는 법이다. 국제관계에 있어서도 마찬가지로 그의 힘이 월등히 우월한 국가는 그의 힘을 보다 덜 빈번히 사용해도 된다. 아이젠하워 대통령이나 흐루시초프가 인식했던 것처럼 무력에 대한 비의존이 가장 강력한 국가의 교리인 것이다.[83] 즉 강력한 국가는 그들의 약한 이웃국가들보다도 빈번히 무력을 사용할 필요가 없다. 왜냐하면 강대국들은 설득이나 경제적 흥정, 뇌물공세, 원조의 확대 또는 억제적 위협을 다양하게 구사함으로써 그들의 이익을 보호하고 자기의 의지대로 행동할 자유를 보장받고 있기 때문이다. 그러므로 막강한 핵무기를 보유한 강대국이 그 무기를 실제로 사용하지 않는다고 해서 힘이 절하되었다는 판단은 착각일 수밖에 없는 것이다.

무기의 보유는 그것의 사용과 동일시될 수 없으며 힘의 유용성이 그의 사용성과 혼동해서는 안 되는 것이다.[84] 그러한 혼동은 힘의 분석에 있어서 마치 폭력수단을 사용하지 않는 경찰력은 약하며 곤봉을 휘두를 때에만 강하다고 얘기하는 것과 마찬가지가 된다. 다른 말로 바꾸어 설명한다면 재산을 많이 가진 사람이 돈을 쓸 때에만 부자라고 말하는 것과 같다. 즉 구두쇠의 돈이 시간이 흐름에 따라 돈의 가치를 상당히 상실해버렸다고 하는 것처럼 넌센스가 아닐

82) E. H. Carr, *The twenty years' crisis, 1919-1939*, London: Macmillan & Co. Ltd., 1946, pp. 129-132.
83) Kenneth Waltz, *op. cit.*, p. 351.
84) *Ibid.*, p. 352.

수 없다. 그러므로 로버트 터커(Robert Tucker)가 지적했던 것처럼 힘이 그 사용성을 상실했다고 주장하는 사람들은 사실상 힘의 무절제한 사용이라는 관점에서 하는 말이다. 그러나 그러한 주장을 뒤집으면 정반대의 결론이 나온다. 즉 군사력이 비명시적이고 자제력있게 사용되는 환경에 군사력이 갖는 기능을 생각해보면 자제력 있는 힘의 사용은 그 사용성이 더욱 크다는 말이 되는 것이다.[85] 군사력이란 궁극적으로는 전쟁에서 사용되는 순간에 가장 유용한 것일지도 모른다. 그러나 오늘날과 같은 인류의 전멸의 위기 속에서는 키신저의 이론처럼 그것이 침략을 억제함으로써 사용할 필요조차 없을 때에 가장 유용할 수 있는 것이다. 특히 군사적으로 최강대국이 현상유지를 원할 때에는 무력의 비사용이 그 힘의 표시가 되는 것이며, 오히려 그 힘을 사용해야만 할 때에는 그 힘의 효율성은 축소된 것이라 할 수 있다. 그러므로 우리는 무력이 실제전투에서 사용될 필요가 없을 때에도 그 힘은 국가에 봉사하고 있다고 판단할 수 있다. 역사적으로 볼 때 1914년까지의 1세기에 걸친 영국의 해군력은 세계각지에서 제국주의적 모험을 감행하면서 모든 침략자들을 방어하기에 충분히 강했다. 그런데 영국의 힘이 약화되자 군사력은 전면전에 사용되지 않을 수 없게 되고, 사용됨으로써 영국의 힘은 더욱 그 유용성을 상실했던 것이다.

핵무기만이 핵무기를 억제할 수 있다. 전쟁의 확대를 억제하는 수단으로서 핵무기는 봉사한다. 막대한 무력을 사용하고 싶은 이런 국가의 유혹은 그 상대국이 복구할 수 있는 충분한 능력을 소유하고 있을 때 약화되게 된다. 뿐만 아니라 핵무기의 존재는 재래식무

---

85) Robert W. Tucker, "Peace and War," *World Politics*, Vol. XVII, Jan 1965, p. 324; James Rosenau, ed., *International Politics and Foreign Policy re. ed.*, New York: Free press, 1969, p. 309에서 재인용.

기의 사용도 훨씬 신중하게 만든다. 왜냐하면 재래식무기로 시작된 전쟁의 확대가 핵무기를 완벽하게 규제하리라는 보장이 없기 때문이다. 그러나 군사력이란 여러 가지의 다양한 형태와 수준으로 행동할 수 없는 국가들에 의해서는 덜 신중하게 사용될 수 있는 것이다. 그러므로 그것이 핵무기이든 재래식무기이든 간에 힘의 균형이 이루어진 경우 그 군사력의 결과 즉 효과가 0이라고 할 수는 없는 것이다. 강대국들은 그들이 핵무기를 가지고 있다는 단순한 이유 때문에 강한 것이 아니라 그들의 방대한 자원에 의해서 군사력이든 다른 형태이든 간에 모든 형태의 힘을 생산하고 유지할 수 있기 때문에 강한 것이다.

뿐만 아니라 군사력의 의미는 통제력과 구별되어야 한다. 앞서 군사력의 행사를 자제하는 국가가 결코 약한 국가가 아니라고 지적했던 것처럼 통제에 어려움을 겪는 국가가 그 군사력의 허점을 노출하고 있는 것이라고 단정할 수는 없을 것 같다. 코랄 벨(Coral Bell)은 "대량파괴의 무기가 갈수록 야만스럽게 유능해진다고 하더라도 낡은 총과 19세기적 정치이념만으로 무장한 혁명적 게릴라가 세계의 세력균형을 뒤바꾸는 데 있어서 가장 효과적인 수단임을 입증했다"고[86] 아주 그럴듯하게 갈파했다. 그러나 이것은 바로 군사력과 통제를 동일시한 착각에서 나온 것 같다. 혁명적 게릴라는 내전을 승리로 이끌지는 몰라도 국가간의 전쟁에서 이기는 것은 아니었다. 그리고 어떠한 내전도 그것이 미국이나 소련의 내부에서 발생하지 않은 한 그것은 결코 세계의 세력균형을 변경시킬 수는 없을 것이다. 제 2 차 세계대전 후 발생한 많은 내전들은 이러한 사실을 충분히 입증해준다. 세계에서 가장 인구가 많은 중국에서 조차도 냉전에

---

86) Coral Bell, "Non-Alignment and the Power Balance," *Survival*, Vol. 5, Issue 6, 1963, p. 255.

있어서 충성대상의 변화를 가져왔지만 세계적 힘의 균형을 심각하게 흔들지는 못했던 것이다. 타 국가에 대해 힘의 상당한 마진을 향유하는 국가는 타 국가들에서 발생하는 변화에 대해 신경을 곤두세우고 있을 필요가 별로 없는 것이다. 그러므로 즉각적인 반응의 부재는 무기력의 좌절을 노출하는 경우도 있겠지만 오히려 힘의 탁월한 우월성을 보여준다고 할 수도 있는 것이다.

월남전을 회고할 때 군사력과 통제력을 동일시한다면 미국은 분명히 그의 약세를 노출시켰다. 그러나 일찍이 흄(David Hume)이 지적했던 것처럼 "힘은 언제나 피치자측"에 달려 있는 것이다.87) 통치자는 수적으로 소수이기 때문에 피치자의 다소 자의적인 동의 위에서만 통치를 할 수 있는 것이다. 만일 모든 치자의 명령에 분노에 찬 무시나 무반응만이 있다면 어떠한 정부도 통치할 수 없는 것이다. 만일 어떤 국가가 내적인 무질서와 단결의 결핍으로 인하여 스스로 통치하지 못한다면 어떠한 외국인의 집단도 어떤 군사력도 통치를 할 수 있으리라고 합리적으로 기대할 수 없는 것이다.88) 만일 공산주의가 동남아에 대한 위협이라면 군사력만으로는 그것에 대처가 충분하지 못하다. 내전 또는 반란이 문제일 경우에 어떤 외국군대가 스스로 통치하지 못하는 국가를 평정하기란 매우 힘든 일이 아닐 수 없는 것이다. 군사력이란 국제적으로 사용될 때 어떤 "영토"에 대한 통제를 하기 위한 수단이지 그 내부에서 통치하는 수단은 아닌 것이다. 즉 군사력은 그것이 핵무기이든 재래식무기이든 그것을 사용하는 국가가 타국의 외적인 행동에 영향을 미치는 수단인 것이다. 월남에서 미국은 효과적인 정치질서를 세우는 정치의 임

87) David Hume, "Of the First Principles of Government," in Henry D. Aiken, ed., *Hume's Moral and Political Philosophy*, New York: Hafner, 1948, p. 307.

88) Kenneth Waltz, *op. cit.*, p. 354.

무까지 직면했었다. 그렇기 때문에 만일 군사적으로 강한 국가가 소국의 정치질서를 수립하지 못했기 때문에 미국은 약소한 국가라고 말할 수는 없을 것이다. 그것은 마치 망치가 충치를 드릴링하는 데 적합하지 못하기 때문에 약하다고 말하는 것이나 마찬가지가 될 것이다.[89] 그러므로 우리는 정치적 통치의 무능력은 반드시 군사적인 약세를 의미한다고 단정할 수 없으며 강대국이라고 해서 나폴레옹이 인식했던 것처럼 그 군사력으로 모든 것을 다 할 수는 없는 것이다.

그렇다면 힘의 본질은 어디에 있는 것일까? 우리는 그것이 약소국이 할 수 없는 것을 강대국은 할 수 있다는 사실을 의식해야 하며 이것이 바로 힘의 본질이라고 말할 수밖에 없는 것이다. 예를 들어 중국은 미국이 동남아에서 행동했던 것처럼 이상으로 라틴 아메리카의 어떤 나라에서 통치의 문제를 보다 효과적으로 해결할 수는 없을 것이다. 그러나 미국은 전쟁의 확대에 대한 억제력을 계속 유지하면서 지구의 아득히 먼 구석에서도 막강한 군사력으로 개입할 수 있었던 것이다. 이러한 행동은 세계최강의 국가가 아닌 어떤 다른 국가의 능력도 능가하는 절대적인 힘의 과시요 군사력의 서사시라고 해도 과언은 아닐 것이다. 그러므로 우리는 월남전에서 강대국의 군사적인 힘의 약세를 보았다기 보다는 오히려 현대사에서 군사력의 한계에 대한 투명한 증거를 실감했다고 판단하는 것이 보다 더 타당할 것이다.

그렇다면 현대국제체제의 구조적 성격은 어떻게 정의할 수 있을까? 우리는 이것을 군사적인 양극구조와 정치외교적인 다극구조를 동시에 갖는 "이중적 복합구조"라고 부를 수 있을 것 같다.

역사적 변천의 과정이란 본질적으로 변화와 연속성이 동시에

89) *Ibid.*, p. 355.

전개되는 살아있는 광장이라고 할 수 있다면 지난 사반세기에 걸친 냉전으로부터 차츰 정치외교적 다극화 또는 긴장완화체제에로의 전환도 결국 양극체제의 연속성을 배제할 수 없는 변화의 과정이라고 하지 않을 수 없으며 그 이유는 앞서 지적한 힘의 양극성이 아직도 세계에 지배적인 힘으로 군림하고 있다는 사실의 인정에서이다. 만일 우리가 역사적으로 익숙해진 다극체제 또는 양극체제의 어느 하나로만 단순하게 현 체제를 규정한다면 우리는 나무는 보지만 숲을 보지 못하는 우를 범할 우려가 있는 것이다. 따라서 우리는 과거의 일원적인 국제체제의 실체를 이제 우리는 "이원적인 구조"라는 보다 강력한 상상력을 요구하는 체제로 부르고자 하는 것이다. 양극체제는 우리에게 균형의 거의 자동적인 조정을 제공하지만 동시에 양극국가간의 갈등관계를 심화시킨다. 다극체제는 체제의 전체에 갈등관계를 분산시키는 것과 동시에 주요국가간에 갖는 갈등의 중대성을 축소시키게 된다. 그러므로 우리의 현 국제체제를 보다 잘 분석하기 위해서는 각 체제의 약점을 배제하면서 바람직한 점들을 종합하지 않으면 안 될 것이다.

오늘날 2대 초강대국의 관계는 타국가들의 행동에 상당한 제약을 받고 있고 또 앞으로도 그럴 것 같다. 즉 국제관계가 2대 초강대국간에 벌어지는 단순한 제로섬 게임만은 아닐 것이라고 판단된다. 만일 다극적 도전이 충분히 강해지면 양극국가들이 외부의 요구에 반대하기 위하여 서로간의 경쟁관계를 완화시킬 수도 있는 것이다. 이러한 관점에서 생각하면 양극국가들은 다음 2개의 전제 위에서 상호 승인하에 긴장완화를 꾸준히 추구할 것 같다.[90]

첫째, 직접 양극체제의 내부적 경쟁에 있어서 지배적인 우월성을 성취한다는 것은 어렵다. 둘째, 양극체제의 외부적 환경 속에서

90) Richard Rosecrance, *op. cit.*, p. 330.

중요한 이익을 획득한다는 것도 어렵다. 이러한 전제 외에도 오늘날 미국과 소련은 이념적 대립에서 완전히 탈피하지는 결코 못하고 있겠지만 적어도 인류의 자멸을 의미할 수도 있는 제 3 차 세계대전을 예방해야 한다는 데에 있어서는 서로의 세계관이 상당한 접근을 보고 있는 것만 같다. 이러한 사실은 사반세기의 치열한 냉전적 위기 속에서도 베를린 위기, 월남전, 쿠바 위기 등에서 소련과 미국이 취한 자세에서 너무도 뚜렷하게 보여 준 것 같다. 따라서 앞으로 외부적 도전에 직면했을 때 미소양극국가들은 국제적 현상유지가 더 바람직하다고 생각하고 이를 계속 추구할 것 같다. 이들간의 협조적 자세는 국제체제 내의 다른 곳에서 발생하는 긴장과 갈등에 의해서 오히려 강화될 가능성도 없지 않기 때문에 다극적 경향이 짙어지면 짙어질수록 그만큼 양극국가들의 공동보조도 더욱 빈번해질 수 있을 것 같다. 이러한 상황 속에서 하나의 불확실한 가능성은 양극국가들의 일방적이든 동시적이든 정책의 전복이다. 잃어버린 힘의 지위가 혁명적 열정과 낭만성을 되찾기 위해서 양극국가가 다극적 구성원들에게 과거의 관계나 동맹의 가치를 재인식시키려고 할 때 그들 사이의 긴장과 갈등이 심화될 수도 있는 것이다.

최근 미국과 서구는 신대서양헌장의 원칙을 재천명했으며 이것은 NATO의 단결을 재확인하기 위한 것이었다고 할 수도 있다. 만일 유럽에 대한 헌신이 일방적으로 강화된다면 소련과의 긴장완화에는 찬물을 끼얹는 결과가 될 수도 있는 것이며 한편 소련은 중국과 베트남 등에게 소련과의 동맹형성의 이점을 인식시키려는 시도는 미국과의 긴장완화에 영향을 주게 될 것이다. 그러므로 긴장완화의 추진과 유지는 이론적으로나 실제상으로 다같이 본질적 중요성을 갖는 것이다. 이론적으로는 그것이 경직된 양극체제인 제로섬 게임의 적대관계 또는 죄수의 딜레마에서 벗어나기 때문에 중요하다.

실질적인 면에서는 긴장완화가 핵무기의 확산을 관리하고 통제하는 수단이 된다. 핵무기는 갈등과 협력의 논리적 문제에 영향을 주지 않는다. 어느 정도의 양극국가간의 동의는 서로 대치하고 있는 핵무기체계에도 불구하고 성취되어 왔다. 핵무기의 확산은 그것이 유발하는 새로운 갈등 때문에 중요한 것이 아니라 낡은 갈등의 진행 속에서 과격한 선택을 고무하기 때문에 중요한 것이다. 그리고 이것은 양극적인 차원에서 얻어진 힘의 균형을 위협하게 된다. 핵무기는 먼 장기적인 관점에서 보면 오늘의 이중적 국제체제의 구조를 일반적 다극체제로 변질시킬 인상을 주기는 하지만 현 국제체제를 이중구조의 복합국제체제라고 지칭할 때 이것은 앞으로 당분간은 계속될 국제체제구조라고 할 수 있을 것이다.

3) 현 국제체제 안정성의 전망

오늘날 우리가 처해있는 국제적 현실이 궁극적으로 어떠한 미래를 가져올 것인가에 대하여 자신을 가지고 예측하기는 어렵다. 국제관계를 결정하는 요소는 너무할 정도로 다양하며 유동적이기 때문에 우리가 지금 목격하고 있는 국제질서의 향방을 정확하게 인식하고 판단한다는 것은 거의 불가능에 가깝다고 말하는 것만이 정확한 표현일 것이다. 아롱의 말처럼 모든 정치적인 행동은 오직 그 가능성에 의존할 수밖에 없으며 국제적인 위기를 살아온 사람은 누구든지 그것이 사라예보이건 라인란트 위기이건 아니면 쿠바 위기이건 간에 그것을 오직 직감적으로 알고 있을 뿐이다. 오직 사건이 발생한 후에야 그 사건들은 필연적인 것처럼 보이는 것이다. 즉 사후적 관점의 이점(Benefit of Hindsight)만이 그렇게 보이게 한다는 말이다.[91] 그러므로 오늘날까지의 사회과학연구방법을 가지고서는 미래를 예측한다는 것이 거의 불가능하다는 사실을 부인할 수 없다고 하겠다. 그러나 또 다른 각도에서 보면 국제질서란 전쟁과 평화의 변증법적인 발전과정이기 때문에 전쟁 아니면 평화일 것이라고 일기예보식의 전망만을 내리고 돌아서 버리기에는 우리의 미래가 너무나 위험스럽고 불안한 것이다.

국제질서의 앞으로의 향방에 대해 자신있게 논할 수 없다는 것은 그러나 무지의 침묵에 대한 변명은 될 수 없는 것이다. 국제정치현상이 하룻밤 사이에 탈바꿈하는 것이라고는 할 수 없으며 국제정치의 속성은 그 자체의 논리를 그 나름대로 갖고 있는 것이며 또 미래에 대해 전혀 예상하지 못한다는 것은 우리가 의식적인 노력으로 충분히 피할 수 있는 비극마저도 불가피하게 초래할 수 있는 것이다. 우리는 분명히 예측하기 어려운 전환의 순간에 처해있다. 냉전시대의 비교적 단순하고 선명했던 의식구조에 비해서 주마등 같은 세계의 불투명한 영상이 우리 시야의 초점을 흐리멍덩하게 하고 있는 것이다. 그리고 이른바 미래학에서 가장 널리 사용되고 있는 "놀라움없는 투영법"(Surprise-free Projection)은 본질적으로 중요한 요소들은 과거와 같은 방향과, 혹은 유사한 방향으로 진행되어 간다고 하는 가정하에 미래의 전체적인 상을 그려보는 것인데[92] 주지하다시피 국제관계는 돌발적인 사건으로 가득 차 있는 것이며 더군다나 전환의 과도기에 있는 현시점에서 국제체제의 안

91) Stanley Hoffmann, *The State of War; Essays on the Theory and Practice of International Politics*, New York: Praeger, 1965, p. 31에서 재인용.

92) Herman Kahn and Anthony J. Wiener, *The Year 2000; A framework for Speculation on the Next Thirty Three Years*, New York: Macmillan Publishing Company, 1969, pp. 7-8.

정성을 전망한다는 것은 실로 귀신을 웃기는 일이라고 해도 과언은 아닐 것이다.

그러나 인간의 역사에 있어서 기적과 비약의 가능성이 전무한 것은 아니겠지만 본질적으로는 점진적 발전의 부단한 연속이라고 할 수 있기 때문에 미래가 과거의 기계적인 연속일 수 없다는 엄연한 사실을 인정하면서도 미래의 향방을 짐작한다는 것은 어느 정도 가능하고 또 현재의 관리를 위해서 필요한 것이라고 할 수 있다. 국제관계에 있어서 "기회주의적인 외교"나 "곡예사적인 스릴"의 면이 전적으로 부재한 것은 아니라 할지라도 현대국제체제하에서 그 구조적인 특징으로 인해 임기응변에도 한계가 있는 만큼 근본적인 세계질서의 물결을 인식하는 것이 전혀 불가능한 것만은 아니다. 즉 순간순간 표출했다가 명멸해가는 단속적인 작은 물결이 아니라 근저에서 지속적으로 유유히 흐르는 거대한 해류와도 같은 국제질서의 형성향방은 포착될 수 있을 것으로 생각된다. 미래의 국제안정에 대한 불안과 확신이 엇갈린 착잡한 심정을 피할 수는 없지만 우리의 주관적 감정과는 관계없이 국제정치의 객체는 그 운행을 계속하는 것이기 때문에 국제정치현상의 이론에 입각하여 예상되는 가능성과 기회를 어떻게 이용하고 어떠한 방법으로 이에 대처해야 하는가 하는 응용의 가능성을 발견하는 노력을 우리는 포기할 수 없는 것이며 포기해서도 안 될 것이다.

"우리는 만인을 우리의 친구로 만들 것을 기대할 수는 없어도, 아무도 우리의 적이 되지 않도록 노력할 수는 있다"고 그의 취임사에서 냉전의 대결의 시대의 막을 내리고 새로운 협상의 시대의 도래를 천명한 닉슨 대통령은 키신저를 건축가로 삼아 "우리시대의 세계평화구조" 건설의 깃발을 들었다. 그리하여 사반세기 전에 윈스턴 처칠이 크레믈린의 폐부를 찌르고 외쳤던 "철의 장막"(Iron

Curtain)이 “죽의 장막”과 함께 국제긴장완화의 다사로운 물결에 발을 적시고 있는 것이다. 그런데 키신저가 건축하려는 “세계평화구조”란 결국 앞서 지칭한 현 체제의 이중적 구조를 조화시키고 이것을 평화를 위해 제도화시키는 것이 아닌가 한다. 따라서 현 국제체제의 안정에 대한 전망은 곧 키신저의 평화구조의 앞날에 대한 전망이라고 해도 지나친 말은 아닐 것 같다.

양다복합구조적 체제에 있어서 중요한 특징은 부분적으로는 대결하고 부분적으로는 조화를 이루는 이중성의 공존이다. 양극국가간의 관계는 다극체제권 내의 갈등과 도전을 억제하는 데 상호관심을 반영한다는 점에서 협조적이다. 그러나 양극국가간의 관계가 서로 각자가 다극체제권과의 관계에 있어서나 혹은 군사전략적인 면에서 상대측의 우월성을 방지하려고 노력한다는 점에서는 경쟁적이 아닐 수 없다. 다극권 내의 국가들도 똑같이 이중적인 이익의 형태를 갖게 될 것이다. 서로간에는 다양한 국가적 지위나 조망에서 생기는 경쟁의식이 있지만 양극권의 야심에 저항하는 데에 있어서는 공통된 관심이 서식한다. 같은 다극권 국가들에 대해서는 초강대국들로부터 경제적 원조나 군사적인 안보보장을 뒷받침하는 개별적인 관심이 있을 것이다. 그러나 전체적으로 볼 때 어떤 경우이든 제로섬 게임의 패턴을 닮지는 않을 것이다. 양극권은 서로 직접적으로 대립하지 않으려고 할 것이며 다극권은 그들 사이에 돌이킬 수 없는 적대관계를 발전시키려고 하지는 않을 것이다. 각 권내에서와 각 권간의 갈등은 상당히 억제될 것이다. 이익이 협조적임과 동시에 갈등적인 이러한 복합체제에 있어서 일개 국가의 지위변화결과는 예측하기가 더욱 힘든 반면에 또 다른 한편으론 국가관계가 보다 조화롭기 때문에 힘의 균형에 대한 필요성은 상당히 둔화될 수 있고 전쟁의 가능성도 그것이 국지전이든 전면전이든 다극체제에서보다

도 훨씬 감소될 것이다.93)

갈등은 대체로 2가지 면에서 완화될 수 있다. 다극권은 2대 핵 초강대국들이 결판을 내는 것을 방지하는 데 기여할 수 있고 양극권의 억제적 영향력 다극권국가들 간의 극단적 갈등을 예방하고 완화시킬 수 있을 것이다. 이러한 상황을 게임이론을 적용하여 설명하면 비제로섬(Non-Zero Sum) 게임 또는 혼합 동기(Mixed-Motive) 게임이며 특히 이 게임의 한 모델인 치킨 게임(Chicken Game)의 성격을 내포한다고 할 수 있을 것이다. 이런 게임은 경쟁과 협조의 양 성격을 동시에 갖는 것이다. 상대자들이 서로 이기려고 노력한다는 점에서 이 게임은 경쟁의 게임이 되며 그들의 행동을 공통이익과 조정시킬 수 있는 그들의 능력에 따라 공동으로 이득을 보거나 손실을 볼 것이라는 점에서 조정과 협조의 게임이 되기도 하는 것이다. 치킨 게임은 미국서해안에 있는 10대의 갱들에 의해서 행해졌다고 전하는데 두 명의 플레이어가 한 직선도로 위에서 서로 직선으로 마주 보고 그들의 차를 높은 속력으로 몰아댄다. 이때 충돌을 회피하기 위해서 도로 중앙으로부터 먼저 벗어나는 자는 치킨으로 불리워지며 "졸장부"로 조롱과 망신의 대상이 되지만 도로 중앙으로부터 벗어나기를 거부하는 무모한 플레이어는 영웅으로 숭앙된다는 것이다. 몇몇 주석자들에 의하면 이 게임은 국제정치에 있어서 핵무기로 서로 위협하는 초강대국간의 정면대결과 우연성 이상의 유사성을 띠고 있다는 것이다.

양다복합체제(Bi-MultiPolarity System)라고 지칭한 현 국제체제는 두 개의 극권이 서로 억제적인 효과를 갖는다는 점에서 그 체제의 안정성을 다소 낙관적으로 논했지만 설사 전쟁이 발발한다고 하더라도 그것은 국지전이든 전면전이든 양극체제의 결판보다는 그것이

93) Richard Rosecrance, *op. cit.*, p. 332.

내포한 다극성 때문에 훨씬 견딜만한 것이라고 할 수 있으며 또 실제적인 갈등은 다극권국가들간의 전쟁형태를 대체로 취할 것이며, 양극국가간의 장기적 위기가 완전히 배제되지는 않는다고 할지라도 중대한 공동이익의 인식에 의해서 완화될 것이다. 이러한 상황은 3개의 서로 다른 국제체제 내의 적나라한 갈등의 가능성과 결과를 나타낸 아래 그림을 통해서 설명될 때 보다 분명해질 수 있을 것 같다.

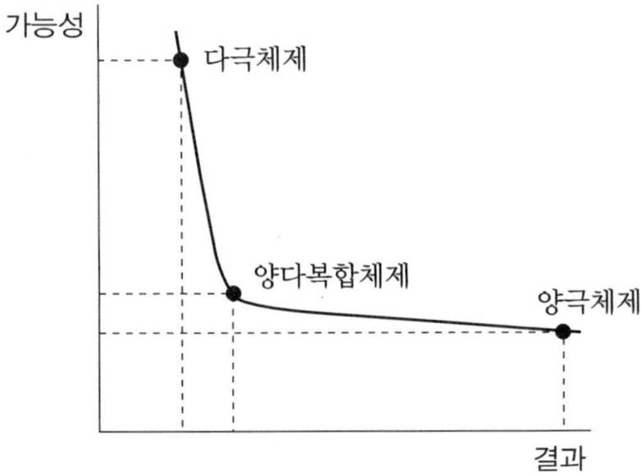

3개의 다른 국제체제하에서 국제적 갈등의 가능성과 결과[94]

여기서 체제를 가리키는 점 아래에 있는 점선의 각 직사각형은 그 국제체제에 의해서 지탱되는 폭력의 양을 뜻한다. 양다복합체제는 폭력을 배제하지는 않지만 양극체제나 다극체제보다는 훨씬 적게 축소되는 전망을 보여준다. 만일 국제적 안정이 목적이라면 양극과 다극의 특징을 동시에 포함하는 체제가 합리적인 체제일 수 있다. 특히 긴장완화가 계속되는 한 중대한 핵대결의 위협은 상당히

94) Source: Richard Rosecrance, figure in James Rosenau, ed., *International Politics and Foreign Policy re. ed.*, New York: Free press, 1969, p. 332.

줄어들 것이기 때문에 양다복합체제는 어느 체제보다도 국제적 안정을 가져올 수 있는 체제라고 할 수 있다.

지금까지 기술한 상황은 핵무기가 상당히 많은 국가들 사이에 널리 확산하게 되면 그에 따라 변화가 따를 것이다. 그런데 그것은 엄격한 다극체제에 가장 클 것이다. 왜냐하면 핵무기를 확보하려는 동기가 강력하게 작용하는 반면에 핵초강대국과 보조를 같이 하는데 작용할 억제력은 거의 진공상태나 다름없을 것이기 때문이다. 그리고 강대국에 의한 핵보유에 대한 억제도 결핍되게 될 것이다. 양극체제에서는 핵무기란 이미 직면한 위협에 대해 별로 덧붙일 것이 없다. 핵의 확산없이도 양대진영의 대변동은 충분히 위험스러운 상태이기 때문이다. 양다복합체제에서도 핵확산의 과정이 폭력의 수준을 높일 것이지만 그러나 체제 내의 양극체제적 영향이 확산의 범위를 축소시키거나 파괴적 충격을 제한하게 된다. 그 결과는 다음 그림에서 보다 분명히 설명될 수 있다.

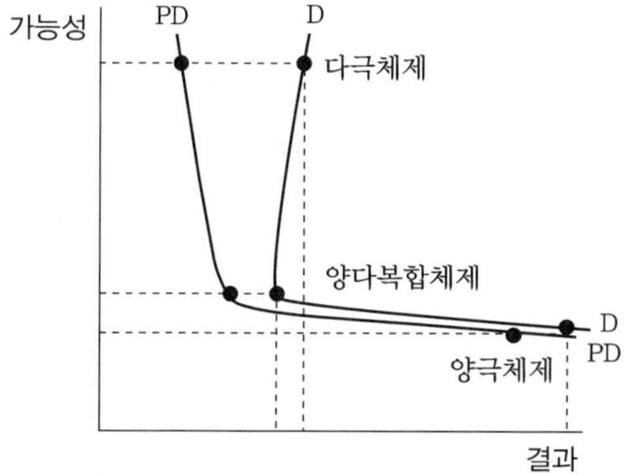

▌많은 국가들이 핵무기를 사용 가능한 선택이 되기 전(PD선)과 후(D선) 국제적 갈등의 가능성과 결과95) ▌

95) Source: Richard Rosecrance, *op. cit.*, p. 333.

그림에서 만일 PD가 핵확산 이전의 국제적 갈등의 결과를 나타낸다면 D는 핵무기가 많은 국가들에 대해 사용 가능한 선택이 된 후의 결과를 가리키고 있다. 여기서 양극체제가 2초강대국의 갈등의 결과 때문에 별로 매력적이지 못한 반면에 다극체제는 이전에 가진 이점들의 대부분을 상실한다. 여기서는 갈등의 확률이 높을 뿐만 아니라 갈등의 비참한 결과가 여실히 드러나고 있다. 양극이나 다극체제와 비교할 때 양다복합체제는 보다 매력적인 안정된 체제가 아닐 수 없다. 이런 양다복합체제가 현 체제와 반드시 일치하는 것은 아니며 더구나 키신저의 평화구조와 동일시할 수 있는 것은 아니다. 그러나 적어도 거시적인 안목에서 볼 때 이러한 2대권으로 구성된 개연성 있는 체제는 과거의 체제에 비해 그 안정전망이 더 밝다고 할 수 있을 것 같다.

3. 국제적 안정에로의 길

1945년 8월 2개의 원자폭탄이 히로시마와 나가사키를 황무지로 만들었을 때 인류는 새로운 시대에 돌입했었다. 이후 군사기술의 발전속도는 인류의 존멸 위험성을 말하는 것이 결코 시기상조일 수 없을 만큼 발전되었다. 그리하여 다른 형태의 생명체는 자연환경의 변화에 의해 위협을 받고 또 사라지기도 했지만 인간은 그 자신이 발명한 핵무기와 탄도미사일에 의해 위협을 받게 되었음은 주지의 사실이다. 그러나 마치 익숙해진 재난이 위협으로 느껴지지 않는 것처럼 우리는 이것을 자주 말함으로써 둔화되고 있다. 우리는 수소폭탄이 아직 우리를 죽인 일이 없기 때문에 앞으로도 설마 죽이지는 않을 것이라고 어느 정도 믿고 있는 것 같다. 그러나 이것이야말로 참으로 위험한 태도가 아닐 수 없다. 우리는 문화적인 자랑스러운 존재는 차치하고라도 생물학적인 존재로서도 살아남기 어려운 현실을 망각해서는 안 되는 것이다.

물론 아마겟돈의 비극은 일어나지 않을 수도 있다. 그러나 그러한 비극을 회피할 수 있는 합리적인 보장책을 우리는 아직 발전시키지 못했다.[96] 그러므로 어쩌면 항구적인 평화란 희구한다고 할지라도 그것은 천국처럼 인간의 능력 밖에 있는지도 모른다. 그러나 우리는 적어도 국제체제적 차원에서의 안정을 얻기 위해 할 수 있는 노력을 포기해서는 안 될 것이다. 비록 오늘날 군사적 혹은 외교적, 어떤 분야에서건 극적인 결과를 기대하기는 힘들게 되었다고 할지라도 역사의 흐름에 인류의 운명을 송두리째 위탁해버릴 수는 없는 것이다. 우리는 가능한 인위적인 노력을 다하고 미래를 위한 상상력과 정치적 지혜를 개발하지 않으면 안 될 것이다. 과거의 전쟁도 모두가 불가피한 것은 아니었으며 인간의 본성에 입각한 불가항력적인 것은 아니었다. 그렇기 때문에 우리는 앞으로 제 3 차 세계대전의 아마겟돈을 정중히 거부하면서 또한 동시에 그것이 불가피한 것이 되지 않도록 노력하지 않으면 안 되는 것이다. 과거의 전쟁은 종교적 갈등이나 환상에 찬 메시아적 사명감, 외교기술의 졸렬성 등 여러 가지 요인들이 많았다. 그리고 소위 현실주의자들의 주장처럼 국제적 현실만을 올바르게 인식한다고 해서 전쟁을 방지할 수 있는 것도 아니다. 키신저의 말처럼 "국제적 현실"이란 것이 포장하여 선물할 수 있는 그런 것은 아니다. 왜냐하면 현 국제정치의 갈등은 국제정치의 현실이 뭐냐 하는 현실관 내지는 세계관의 개념적 차이에

96) Inis L. Claude, *Power and International Relations*, New York: Random House, 1962, p. 4.

서 발생하는 경우가 적지 않으며, 개념에 입각한 목적의식이 또한 중요한 변수라고 하지 않을 수 없기 때문이다. 그러므로 국제적 현실이란 결코 학자가 결정할 수 있는 성질의 것이 아니며 갈등 자체가 결정하는 것이다. 그러므로 국제현실은 자기마다 현실을 가지고 대립 협조하는 어떤 것이며 이것을 보다 그 실체에 가깝고 이해하고 이에 대응하는 정치철학적 지혜가 가능하고 또 실천할 수 있는 것이다. 이것은 다시 말하면 합리적인 전략과 이성있는 정책 수행을 통한 국제적 긴장과 갈등의 슬기로운 관리가 필요하다고 말하려는 것이다.

국제적 긴장과 갈등의 관리는 결국 힘의 관리를 의미하는 것이 될 것이며 이 힘의 관리는 단순히 군비의 축소나 관리에 국한되지는 않는다. 인간사회에 있어서 폭력의 가능성은 어쩔 수 없이 고유한 것이며 폭력의 잠재력을 제거한다는 것은 불가능한 것이기 때문에[97] 힘의 폐지가 아닌 관리라는 현실적인 문제를 취급할 수밖에 없는 것이다. 그리고 이런 힘의 관리는 오늘의 현실을 그 출발점으로 하지 않으면 안 될 것이다. 그리고 이것은 곧 갈등상황을 축소시키는 전략이라고 부를 수 있을 것이다. 국제적 갈등의 축소는 여러 가지 각도에서 그 방법이 논의되었다. 루소는 18세기 유럽 모든 나라의 절대군주지배체제가 전쟁의 근원이라고 믿었다. 그리하여 당시에 생피에르(Abbe St. Pierre)의 평화유지를 위한 군주연맹(League of Princes)의 계획을 비현실적이라고 거부하면서 루소는 절대군주체제를 폐지함으로써만 평화는 확보될 수 있다고 생각했던 것이다.[98] 그러나 그의 평화구상은 역사적으로 지금까지도 그 실현성이 거부되었다.

한편 막스레닌의 공산주의자들은 자본주의경제체제에 전쟁의

---

97) *Ibid.*, p. 7.

98) K. Deutsch, *The Analysis of International Relations*, N.J.: Prentice-Hall, 1968, p. 152.

근원을 돌렸다. 즉 국가간의 갈등은 고도로 발전한 자본주의가 내포하고 있는 자체의 모순에 기인한다고 주장하면서 자본주의 경제체제를 폐지하고 그리하여 궁극적으로는 계급의 지배를 폐지하기만 하면 모든 국제적 갈등 즉 전쟁은 저절로 사라지게 된다고 믿었던 것이다. 이러한 논리는 레닌의 제국주의이론의 기저이다. 그는 막스의 이론에다가 영국의 홉슨(John Atkinson Hobson)과 힐퍼딩(Rudolf Hilferding)의 이론을 가미하여 제국주의론을 발전시켰다.[99] 레닌의 이론은 리카도(David Ricardo)의 임금의 철칙과 맬서스(Thomas Robert Malthus)의 인구팽창론을 가미하여 더욱 그럴듯하게 보일 수 있다. 즉 자본가는 이윤을 재투자하여 자본축적은 기하학적으로 급증하는데 인구의 팽창에 따라 노동력은 수요보다 공급이 많아 노동의 가치는 최저한의 임금으로 결정된다. 그리고 국내시장의 구매력은 한계가 있기 때문에 생산의 포화상태가 오며 이때 축적된 자본은 산업자본이 아니라 금융자본이 되지 않을 수 없다는 것이다. 그리하여 축적된 자본의 투자를 못하여 야기되는 공황을 막기 위해 자본가는 국외진출을 꾀하게 되고 국가가 경제공황을 피하기 위해 이들을 뒷받침해 줌으로써 국가간의 갈등은 필연적이라는 것이다. 그러므로 막스레닌주의의 국제적 갈등은 고도로 발전한 자본주의 해외시장확보를 위한 경쟁으로 돌리는 이론이 그럴듯하게 보일 수 있는 것이다. 그렇다면 최근 1968년의 체코사태를 비롯하여 헝가리, 폴란드 등 공산국내의 많은 갈등과 모순 그리고 긴장관계는 어떻게 설명할 수 있는가? 1917년 소련혁명 이래 많은 공산주의국가가 탄생했지만 그들간의 관계에서도 평화는커녕 발생하는 갈등을 탱크로 해결하는 그들의 행동은 공산주의 이론의 기저자체가 현실을 올바로 인식하

99) Kenneth Waltz, *Man, the State, and War*, New York: Columbia University Press, 1959, p. 145.

지 못한 정치적 선전에 지나지 않음을 웅변적으로 증명해주고 있는 것이라 하지 않을 수 없다.

또 다른 한편으로는 세계정부(World Government)를 세움으로써 국제평화가 가능하다고 주장하는 사람들이 있다. 국제기구를 통한 평화의 실현이 국제연맹의 비극과 국제연합의 무기력으로 인해서 좌절되자 세계정부를 통한 평화를 주장하는 것이다. 그러나 이것은 일종의 권력으로부터 도피에 지나지 않는다고 할 수 있다. 왜냐하면 세계평화를 수립하는 것이 내일 당장 가능하다고 할지라도 인간의 정치생활은 그대로 남아있기 때문이다.100) 권력에 대한 인간의 의지에서 발생하는 같은 문제들이, 권력투쟁에 기인하는 똑같은 갈등들이 그리고 인간에 의한 인간의 지배와 여기서 발생하는 정치생활의 똑같은 문제들은 세계정부가 출현한다고 해도 사라지지 않을 것이다. 오늘날의 기술상태와 그 잠재력은 세계정부를 합리적인 필요로 만든 것이 사실이지만 그러나 그것이 정치의 부정적인 측면에 대한 만병통치약은 될 수 없는 것이다. 예를 들어서 세계정부 그 자체만으로는 평화적인 수단으로 미국과 소련의 갈등을 해결할 수 없을 것이다. 전쟁과 평화의 문제는 계속 그 해답을 요구하고 다만 우리는 국가간 전쟁을 "내란"이라고 부를 수 있을 뿐이다. 미국정부를 수립함으로써 저절로 노예의 문제가 해결되지 않았던 것처럼 국제적인 문제가 세계정부의 수립만으로는 해결되지 않을 것이다. 그러므로 세계정부 수립 후 전쟁은 세계대전이 아니라 내전(Civil War)이라는 용어의 차이 외에 아무것도 아닌 것이다.101)

그렇다고 해서 국제적인 안정 내지는 평화라는 숭고한 이념을

---

100) Han J. Morgenthau, *Politics in the Twentieth Century*, Illinois: University of Chicago Press, 1962, p. 7.

101) *Ibid.*, p. 8.

내세우고 일방적으로 갈등완화를 위해서 순교자처럼 노력한다면 그러한 국가는 국내적인 긴장과 갈등에 직면하게 될 것이다.[102] 그리고 적대적인 국가에게 취해진 그러한 일방적인 양보가 그에 상응하는 가시적인 양보를 빨리 불러일으키지 못하게 되면 국내적인 위험성은 더욱 비등해질 것이다. 그렇기 때문에 이러한 일방적인 노력의 성공 가능성이 희박할 뿐만 아니라 일방적인 시도는 이용당할 우려가 많기 때문에 행동으로 옮겨질 것을 기대하기가 힘든 것이다. 그러므로 우리는 제한된 변화의 추진들이 보다 안전하고 효과적일 수 있으며 이것들은 기대될 수도 있는 것이다. 그리고 제한적인 변화는 각 국가의 갈등 포용능력과 갈등의 관리능력을 전반적으로 향상시키는 방향으로 추진되어야 할 것이다.[103] 이러한 전략은 곧 상호상반되는 이익을 감소시키고 상호일치하는 이익을 증가시키는 작업이 될 것이다. 이것이 어떻게 그리고 어떠한 대가로 이루어질 수 있는가의 문제는 각 이익의 성격에 달려 있게 될 것이다. 심각한 경제적 경쟁을 벌이고 있는 국가들은 전문화의 서로 상이한 노선이나, 다른 시장 혹은 주요 이익의 다른 지리적인 영역으로 각각 이전할 수 있을 것이다. 정치적인 목적들도 다시 조정될 수 있을 것이며 보다 덜 갈등적인 대안적 관심의 초점이 각국의 여론을 위해서 창조될 수도 있을 것이다.[104]

예를 들어서 1962년 쿠바의 위기는 미국의 끈질긴 노력에 의해서 소련의 중거리 탄도미사일이 쿠바에서 제거됨으로써 해소되었는데 이러한 방법으로 위협과 우려는 제거될 수 있을 것이다. 1961년 피그만 작전이 실패한 이후로 미국이 지원하는 어떠한 침공의 시도

---

102) K. Deutsch, *op. cit.*, p. 151.
103) *Ibid.*, p. 156.
104) *Ibid.*

도 없을 것이라는 당시 미국정부의 확약에 의해서 소련과 쿠바의 두려움은 진정될 수 있었고 그 후 단계적인 갈등완화조치에 따라서 1962년 이후부터는 쿠바 주변의 긴장은 현저하게 감소되었던 것이다. 또한 이익의 충돌을 현저하게 감소시킬 수 없다고 할지라도 공통적인 이익을 강조하고 그 비중을 확대시킴으로써 갈등은 완화될 수 있다. 상호일치하는 이익을 명백히 인식시키고 충돌하는 이익의 중요성을 격하시키면서 대중의 관심을 갈등으로부터 협조로 변화시킬 때에 상호긴장은 현저하게 완화될 것이다. 갈등감소의 이와 같은 노력은 궁극적으로 각 국가의 지도자 및 국가에 정치적으로 관련된 지배층들이 갖고 있는 세계관의 일치 내지는 접근을 필요로 할 것이다. 그리하여 모든 국가들이 스스로의 이익을 위해 전쟁보다는 평화를 지향하게 되어야 하는 것이다. 대화란 자기의 의견을 말하고 동시에 남의 의견에 귀를 기울이고, 그 어느 편이 순수한 정통성을 손상시킴이 없이 심오한 인간적 이해가 형성되는 소통의 한 양식이다.

1973년 1월 24일 월남협정에 관한 기자회견에서 키신저는 "항구적인 평화는 그 어느 쪽도 자기가 원하는 모든 것을 이룩하려고 하지 말아야만 도래할 수 있다"는 인식이 최종적인 협정의 핵심이었음을 분명히 밝혔다. "국제안정은 상대적인 만족"에 따라서 모든 관계당사국측의 "상대적 불만"에 달려있다. 그의 주장은 대두하는 그의 소위 "세계평화구조"는 질서와 힘이라는 중요한 요소와 아울러 그것은 역사의 창조에 의해서뿐만 아니라 역사의 과정 속에 존재함으로써 형성될 것이라는 논지를 뒷받침하는 것처럼 보인다. 과거에는 국가들이 그 경쟁 상대국보다 우위의 지정학적, 군사적 힘을 축적하려고 경주하였으나 핵시대에는 상대국이 그 보복으로써 파괴적인 손실을 가할 수 있기 때문에 미소양국들은 각자의 힘이 반드시 사용가능한 정치적인 힘이 되지 못하다는 사실을 인식하고 있는 것 같다. 그러나 공동이해에 대한 인식이 자동적으로 조정되는 것은 아닐 것이다. 항상 대화를 통해 새롭게 정의할 필요가 있다. 이와 동시에 우리가 필요로 하는 것은 제반문제를 서로 싸우지 않고 논의할 수 있는 신뢰감, 우리 세계의 성격을 같이 정의할 수 있는 지혜와 정의로운 미래를 같이 설계할 수 있는 용의와 비전이 필요한 것이다. 주권국가간의 의견상충은 오직 협상 아니면 힘, 그리고 국내정치체제에 달려 있다. 한 국가의 가치관 내지 세계관은 무엇이 옳은가를 정의해 준다면 그 나라의 힘은 무엇이 가능한 것인가를 결정해 주고 그 국내정치체제는 어떤 정책을 실제로 수행할 수 있고 지속할 수 있는가를 한정해 주는 것이다. 그러므로 합리적인 전략과 이성있는 정책이란 두 개의 부분적으로 상충되는 노력을 포함하는 것이다. 즉 한 국가의 이해, 목적, 가치관을 정의하는 일과 그것을 다른 국가의 이해, 목적, 가치관에 연결시키는 일이다. 따라서 정책결정자는 바람직한 것과 가능한 것 사이의 균형으로 잡아야 할 것이며 결정과 행동에 있어서 타이밍의 중요성을 이해하고 있어야 한다. 기회란 저장해둘 수 없는 것이라서 한번 지나가 버리면 그만이기 때문이다. 키신저는 그의 국무장관 취임 후에 국무성의 직원들에게 행한 연설에서 다음과 같이 말했다.

> "…진전이란 언제나 부분적인 조치와 선택적 목표의 상대적인 충족으로 측정될 것이다. 언제나 극단적인 주장을 수반하기 마련인 가치관과 그리고 이것을 증진시키기 위한 타협을 필요로 하는 노력에는 긴장이 불가피하다. 외교정책은 대내적으로는 정의의 관점에서 설명되지만 그러나 국내에서 정의라고 규정된 것도 대외적으로는 협상의 주제가 된다. 그러므로 국제무대란 외국인들의 교활한 술책에 의해 미덕이 오히려 꺾이고 마는 토론장으로 간주되게 된 것도 우연이 아니다. 주권국가들의 사회에서는 평화의 추구가 역설을 내포한다. 즉 어느 한쪽의 절대정의를 강요하려는 시도를 다른 모든 국가들이 절대부정의로 보

게 될 것이라는 말이다. 어떤 국가의 절대안전의 추구는 나머지 타국가들에게는 절대불안전의 추구로 비칠 수 있을 것이다. 안정이란 상대적 만족 여하에 달려 있으며, 따라서 여러 상대적 불만 여하에 달려 있는 것이다. 그러므로 평화의 추구는 특히 이념상의 충돌이 존재하는 시기에는 공존이라는 실용적인 개념을 가지고 있어야 한다.…"[105]

국가간의 협상에서는 부분적이고 불완전한 그러나 무시할 수 없는 타협의 성과를 의식적으로 추구해나가는 신축성있는 작업을 계속해야 한다. 일치하는 인류의 생존이라는 고차원적인 세계관의 원칙에 폭넓은 행동의 융통성을 결부시켜야 한다. 오늘날 핵무기는 국제정치의 본질을 완전히 바꾸지 못했으며 인간의 본성도 변경시키지 못했다.[106] 그렇기 때문에 히로시마와 나가사키에서 사용된 핵무기가 처음이자 마지막으로 사용되었다고 단정하는 것은 순진한 생각일 것이며, 앞으로의 모든 전쟁이 핵전이 될 것이라든가 폭력이 인류를 멸망시키고 말 것이라고 단언하는 것 또한 순진하기는 하지만 국제정치의 논리를 이해하지 못한 소치일 것이다. 그렇기 때문에 아마겟돈과 영구평화라는 양극점의 사이에서 항상 위험성을 의식하면서도 국가간의 화해에 의해서만 국제적 안정이 성취될 수 있다는 전제 위에서 느리지만 보다 가능한 화해의 전략만이 합리적이라 믿고 이를 실현하기 위한 이성있는 정책을 추구해 나가야만 할 것이다. 요컨대 국제적 안정은 화해를 목표로 하는 소위 아롱이 말하는 합리적인 전략과 이성있는 정책에[107] 달려있다고 하겠으며 우리는 이것을 우리시대의 평화전략(Strategy of Peace)이라고 부를 수 있을 것이다.

---

105) 『미국사조』 1호, Seoul, 1974.

106) Raymond Aron, *On War*, New York: Doubleday, 1958, pp. 12-13.

107) Raymond Aron, *Peace and War*, New York: F. A. Praeger, 1967, pp. 767-787.

제5장

역사의 종말과 포스트모던 국제정치: 20세기말 지성적 위기의 철학적 배경

> 인간은 목적 없는 삶보다는 그 목적의 부재를 자신의 목적으로 삼을 것이다.
>
> – 니체 –

1. 역사의 종말과 국제사회

제2차 세계대전 후 거의 반세기 동안 치열하게 계속된 냉전의 갑작스러운 종식은 '역사의 종말'이라는 역사철학적 선언을 가져왔다. 프랑스대혁명의 200주년인 1989년 프란시스 후쿠야마(Francis Fukuyama)에 의한 '역사의 종말' 선언은[1] 비극적인 월남전 종결 이후 계속되어 1987년 폴 케네디의 『강대국들의 흥망』[2]의 출판으로 절정에 달했던 이른바 미국 쇠퇴론을 무색하게 만들면서, 냉전에서의 미국의 승리를 선언하고, 그 승리가 곧 역사의 종말을 가져왔다

1) Francis Fukuyama, "The End of History?," *National Interest*, No. 16, Summer 1989, pp. 3-18. 후쿠야마는 이 논문을 확대하여 *The End of History and the Last Man*, New York: Free Press, 1992를 출판하였으나 이 장에서는 그의 논문을 인용하기로 한다.

2) Paul Kennedy, *The Rise and Fall of the Great Power*, New York: Random House, 1987.

는 역사철학적 심판이었다. 이 역사의 종말은 세계사에서 정치 및 경제적 자유주의의 당당한 최후의 승리를 의미했다. 폴 케네디의 미국 쇠퇴론이 역사의 순환론적 연구에 근거하여 특히 19세기 말의 영국과 20세기 말의 미국 사이의 유사성을 추출하여 제시함으로써 비관적이며 과거지향적이었다면, 후쿠야마의 종말론은 역사의 철학적 가정에 근거하여 낙관적이며 미래지향적이다.[3] 세계정세에 대한 장기적인 역사적 전망에 대한 열망과 지성적 갈증을 어느 정도 풀어주는 데 이 쇠퇴론과 종말론은 분명히 기여했다. 쇠퇴론이 위험을 경고하고 쇠퇴를 역전시킬 행동을 촉구했다면, 이와 대조적으로 종말론은 위험의 경고대신 안녕의 환상을 제공했다.[4] 그렇다면 역사철학적 '역사의 종말' 선언은[5] 어떤 철학적 가정에 근거하고 있는가? 그것이 국제사회에 시사하는 의미는 무엇인가?

후쿠야마의 역사의 종말론은 본질적으로 헤겔의 역사철학에 대한 알렉산드르 꼬제프(Alexandre Kojeve)의 해석을 20세기의 황혼기에 적용시킨 것이다. 꼬제프는 헤겔 속에서 '역사의 종말'이라는 개념을 재발견한 헤겔주의자였다. 이 개념은 역사란 그 자체의 목적을 가지고 있으며 그 자신의 숨겨진 계획(cunning)을 통해 보편적 자유

3) 쇠퇴론이 역사적으로 결정론이라면 종언론은 역사로부터의 탈출을 의미한다. Samuel P. Huntington, "No Exit: The Errors of Endism," *The National Interest*, No. 17, Fall 1989, p. 4.

4) *Ibid.*

5) 역사철학적 전망은 그 매력에도 불구하고 국제관계 이론화 작업에서 그동안 거의 배제되어 왔었다. 그것은 역사철학이 세상을 하나의 계획(plan)으로 보고 있다는 퀸시라이트(Quincy Wright)와 스탠리 호프만(Stanley Hoffmann)의 비판 이후 국제 관계학의 탐구대상을 하나의 장(field)으로 간주해 왔기 때문이다. Quincy Wright, *The Study of International Relation,* New York: Appleton-Century-Crafts, 1955; Stanley Hoffmann, "International Relations: The Long Road to Theory," *World Politics*, Vol. 11, No. 3, April 1959, pp. 346-377.

와 합리성을 구현하는 국가제도로 인간들을 안내한다는 것이다. 19세기의 칼 맑스가 역사의 종말을 공산주의와 동일시했다면 20세기의 꼬제프는 그 원칙들을 우리시대에만 성취되고 있는 보편적(universal)이고 동질적(homogeneous)인 국가라고 부른다.[6] 꼬제프는 1806년에 역사가 끝났다고 선언한 헤겔을 부활시키려고 했다. 이 해에 헤겔은 예나(Jena) 전투에서 프러시아의 군주제가 나폴레옹에 패배하는 것을 목격했고 프랑스 대혁명의 이상이 승리하는 것을 보았으며 자유와 평등의 원칙을 실현하는 국가의 임박한 보편화를 보았다.[7] 즉, 헤겔은 나폴레옹 전쟁, 특히 예나의 전투소리에서 역사가 완성되고 있거나 아니면 이미 완성되었음을 감지할 수 있었다.[8] 1806년 이후 노예제도나 노예무역의 폐지, 노동자나 여자, 흑인 등 소수민들에게 참정권의 확대와 같은 실현되어야 할 과업이 많았지만 자유민주주의 국가의 제 원칙은 더 이상 발전될 수 없었다. 또 1806년 이후 1세기 반 동안에 혼란한 사건들이 많았지만 꼬제프는 헤겔이 본질적으로 옳았다고 주장했다.[9] 20세기 두 차례의 세계대전과 그에 수반된 혁명과 소용돌이는 이 원칙들을 공간적으로 확대하는 효과를 가져왔을 뿐이라는 것이다. 역사의 종말과 함께 출현하는 국가는 법률제도를 통해서 인간의 보편적 권리를 인정하고 보호하는 만큼 자유주의적이고, 국가가 피치자의 동의에 의해서 존재하는 만큼 민주적이다. 꼬제프는 이러한 이른바 '보편적이고 동질적인 국가'의 실제적 구현을 제 2 차대전 후 서유럽 국가들에게서 발견했

6) Steven B. Smith, "Existentialism, Marxism and Hegelianism: A Reconsideration of Alexandre Kojeve," *The World and I,* March, 1989, p. 540.

7) Fukuyama, *op. cit.*, pp. 4-5.

8) Alexandre Kojevc, *Introduction to The Reading of Hegel,* New York: Basic Books, 1969, p. 44.

9) Fukuyama, *op. cit.*, pp. 4-5.

다. 그에게서 역사의 심오한 과정을 이해하는 것은 의식의 발전에 관한 이해가 요구된다. 왜냐하면 의식이 물질적 세계를 궁극적으로 의식의 이미지로 다시 만들기 때문이다. 따라서 역사가 1806년에 끝났다고 말하는 것은 인류의 이념적 진화가 프랑스와 미국의 혁명적 이상에서 완성되었다는 것을 의미한다. 따라서 꼬제프에게 유럽의 전후세대의 의식이 전 세계에 걸쳐 보편화되지 않았다는 것은 문제가 되지 않는다. 만일 이념적 발전이 사실상 끝나버렸다면 그 동질적 국가가 결국 물리적 세계에 걸쳐서 승리할 것이기 때문이다.[10] 꼬제프는 근대 미국의 평등주의가 맑스에 의해서 꿈꾸던 계급없는 사회의 본질적 성취를 대변한다고 지적했다.[11] 그것은 미국에 빈부의 격차가 없다는 것이 아니라 경제적 불평등의 근본적 원인이 근본적으로 평등주의적이고 어느 정도 재분배주의적인 미국의 법률 및 사회적 구조와 관련되지 않는다는 뜻이다. 이러한 꼬제프의 역사철학적 조망을 20세기 말 오늘의 역사적 시점에 적용한 후쿠야마에게도 역사의 종말은 모든 사회들이 성공적 자유주의적 사회가 될 것을 요구하지 않는다. 대신 그것은 모든 사회가 보다 높은 형식의 인간사회를 대변한다는 이념적 자처를 종식시키는 것이 요구된다. 정치 및 경제적 자유주의는 파시즘과 공산주의의 도전에 성공적으로 대처하여 승리했을 뿐만 아니라 앞으로 어떤 종교나 민족주의도 자유주의와 성공적으로 경쟁할 수 없다. 현대의 자유주의 그 자체가 역사적으로 행복한 삶의 성격에 대해 합의하지 못하고 평화와 안정의 최소조건들마저도 제공하지 못한 종교에 기초했던 사회적 취약성의 결과로 인한 산물일 뿐만 아니라, 현재 정치적 대안으로 유일하게 신정(theocracy)을 제시하는 이슬람의 교리는 비모슬렘 세계에

10) *Ibid.*, p. 8.
11) *Ibid.*, p. 9.

서 거의 호소력을 갖지 못하고 있기 때문이다.[12] 오늘날 민족주의도 민족적 독립의 소극적 염원의 차원을 넘는 정치적 계획을 갖고 있지 못하며, 포괄적인 사회경제적 계획을 갖고 있지도 않다. 따라서 후쿠야마는 오늘의 세계가 사회정치적 조직의 근본 원칙들이라는 측면에서 1806년 이후 별로 발전하지 못한 것처럼 보인다고 주장한다. 그때 이래로 자유주의보다도 더 앞섰다고 주장하는 이념들의 깃발 아래 수행된 수많은 전쟁과 혁명들이 있었지만 그것들은 결국 동질적 국가를 확산시키는 데 기여했을 뿐이다.

보편적 동질국가는 국제관계의 전반적 성격에 중대한 영향을 미칠 것이다.[13] 즉, 이념적 대안이 없는 탈이념적 세계, 다시 말해 자유주의가 보편적으로 실현되어 버린 세계의 국제관계는 과거와 근본적으로 다를 것이다. 역사가 끝난 신세계의 국제관계는 19세기의 제국주의나 19세기 강대국의 행동양식으로 복귀하지 않을 것이며 국제적 삶은 정치나 군사전략보다는 경제에 더욱 사로잡힌 삶이 될 것이다.[14] 맑스·레닌주의가 사라진 세계에서 우리는 19세기의 국가간 경쟁적 관계가 아니라 공동시장화(common marketization)를 목격하게 될 것이다. 여기저기에 고립된 맑스·레닌주의자들이 남아있을지 모르지만 중대한 관심사가 될 만큼 큰 강대국이 없다는 사실이 이른바 역사의 전위부대라는 그들의 입장을 완전히 손상시킬 것이며, 강대국간 갈등의 가능성이 감소하고 국제적으로 점증하는 공동시장화의 시대를 우리가 맞고 있다는 것이다. 이것이 물론 국제적 갈등 그 자체의 종식을 의미하지는 않는다. 국가간의 갈등은 여전히 존재하겠지만, 그리고 인종적·민족적 폭력사용의 높은, 어

12) *Ibid.*, p. 14.
13) *Ibid.*, p. 15.
14) *Ibid.*, p. 16.

쩌면 증가하는 수준의 갈등이 존재하겠지만 대규모의 갈등은 역사의 무대에서 사라질 것이다. 후쿠야마에 의하면, 인정받기 위한 투쟁, 순전히 추상적 목적을 위해 생명의 위협을 무릅쓸 용의, 대담성과 용기, 상상력 그리고 이상주의를 불러일으키는 세계적인 이념투쟁이 이제는 경제적 계산, 끝없는 기술적 문제들의 해결, 환경적 관심 그리고 세련된 소비자 욕구의 만족에 의해서 대치되는 권태로운 삶의 세계로 접어들 것이라는 것이다.[15)]

2. 역사의 종말과 자유주의

후쿠야마의 이러한 자유주의의 승리와 그에 따른 다가오는 세계에 대한 전망의 철학적 원천인 꼬제프의 근대인간, 즉 역사의 종말 이후의 인간은 앨런 블룸(Allan Bloom)의 지적처럼 헤겔의 인간보다는 니체의 마지막 인간(the last man)에 더욱 가깝다.[16)] 그리고 만일 마지막 인간이 이성의 궁극적인 산물이라면 이성은 나쁜 것이며 구원의 희망을 위해선 비이성을 찾아야만 할 것이다. 신이 죽었다면 우리는 새로운 신들을 필요로 한다. 이런 분석의 결과는 지축을 흔드는 것이고 근대성에 대한 가장 근대적인 사유이다. 분명히 후쿠야마는 그런 방향을 가리키고 있다.[17)] 따라서 자유주의는 승리했지만

15) *Ibid.*, p. 18.
16) Allan Bloom, "Response to Fukuyama," *The National Interest*, No. 116, Summer 1989, p. 21.
17) 꼬제프의 이러한 잠재성에 관해서는 1940년 말에 리오 스트라우스(Leo Strauss) 논의에서 이미 제기되었다. 이들의 논의와 서신내용에 대해서는 Victor Gourevitch and Michael S. North, ed., *Leo Strauss on Tyranny*, Revised and Expanded edition including the Strauss-Kojeve

그러나 그것은 결정적으로 불만스러운 것일 수 있다. 공산주의는 자유주의적 합리주의의 빗나간 확장이었으며 그것은 바람직하지도 않고 또 성공할 수도 없다는 것을 우리 모두가 경험했다. 그러나 비록 파시즘이 전쟁에서 패배했지만 그것의 어두운 가능성들이 완전히 끝난 것은 아니다. 따라서 후쿠야마의 분석이 옳다면 파시즘이 유일한 미래는 아니라 할지라도 하나의 가능한 미래가 될 것이다.[18] 뿐만 아니라 삐에르 아스네(Pierre Hassner)의 의문처럼 국제정치의 지배적 추세에 대한 후쿠야마의 전망이 정확한 것이라 할지라도 그의 역사적 종말이 인류역사의 근본적 새출발을 대변하는 것인지 아니면 스펭글러식의 역사적 순환론의 종말을 대변하는 것인지는 분명하지가 않다.[19] 왜냐하면 신세계는 돈의 역할증대, 대도시의 성장과 무질서의 증가, 각종 미신의 확산, 대문명의 쇠퇴 등과 전통적으로 관련된 도피주의적 기분전환을 위한 광적인 추구와 같은 우리들에게 친숙한 요소들을 갖고 있기 때문이다. 이런 경우엔 시저나 새로운 예언자들, 새로운 영웅주의와 종교나 정복과 광란이 신세계에 찾아들 수 있기 때문이다. 따라서 역사의 종말이 있을지도 모르지만 우리들의 경계심에 종말이 있어서는 안 된다.[20]

또한 국내정치에서 역사의 종말이 곧 국제정치의 종말은 아니다. 자유주의적 국제 질서는 덜 폭력적일지 모르지만 힘이란 여러 가지 모습을 취하는 것이기 때문에 힘이 수직적 위계질서를 계속 정의할 것이다. 그 결과 강자는 여전히 하고 싶은 대로 행동하고 약자는 그것을 인정할 수밖에 없을 것이다.[21] 존 루이스 개디스(John

Correspondence, New York: Free Press, 1991.

18) Allan Bloom, *op. cit.*, p. 21.

19) Pierre Hassner, "Response to Fukuyama," *The National Interest*, No. 16, Summer 1988, p. 22.

20) *Ibid.*, p. 24.

Lewis Gaddis)의 주장처럼 냉전의 시기가 긴 평화의 시대였다고 이해하는 사무엘 헌팅톤(Samuel Huntington)은 냉전의 종식이 국가간의 정치적, 이념적, 외교적, 경제적, 기술적 그리고 심지어 군사적인 경쟁의 종식을 의미하지 않는다고 주장한다.[22] 그에게서 냉전의 종식, 즉 역사의 종말은 힘과 영향력을 위한 국가간 투쟁의 종언을 의미하기보다는 오히려 국제정세에서 비예측성의 증가와 그에 따른 불안정과 폭력의 증대를 의미한다. 자유주의국가들간에는 전쟁이 종식되었다는 주장도 경험적 근거에 의존하고 있긴 하지만, 첫째, 민주주의 국가는 이 지구상에 여전히 소수이고, 둘째, 민주주의 국가의 수도 꾸준히 증가하고 있다고 말할 수 없으며, 셋째, 민주주의 국가간의 평화도 그것이 민주주의의 특성보다도 외부적 우연요소들에 더 깊게 관련될 수 있다. 따라서 역사의 종말을 선언하면서 후쿠야마가 이념으로서 공산주의의 종말을 선언한 것은 브레진스키의 표현 대로 공산주의의 실험이 대실패(the grand failure)[23]로 끝난 만큼 타당성이 있다. 그러나 공산주의의 종말로부터 국제관계의 힘으로서의 이념의 퇴장과 자유주의의 보편적 세계로 즉각 비약하는 것은 지나친 상상력의 확대이다. 왜냐하면 세대가 바뀌면서 언제든 이념의 부활은 가능하고 자유주의 세계 내의 갈등 역시 배제할 수 없으며 어떤 이념의 승리도 새로운 이념의 등장을 예방하지는 못하기 때문이다. 보다 일반적으로 말해서 역사의 종말은 역설적으로 말하면 맑시즘의 퇴장을 반영하기보다는 오히려 그것의 만연함을 반영한다. 왜냐하면 역사의 종말이라는 이미지는 맑스에게서도 나오기

21) Stephen Sestanovich, "Response to Fukuyama," *The National Interest*, Vol. 16, Summer 1988, p. 35.

22) Samuel P. Huntington, *op. cit.*, pp. 5-6.

23) Zbigniew Brzezinski, *The Grand Failure,* New York: Charles Scribner's Sons, 1989.

때문이다. 다시 말해 후쿠야마가 이전의 모든 모순들이 해소되고 모든 인간적 욕구가 충족되는 보편적 동질국가에 대해서 말할 때 이것은 능력에 따라 일하고 필요에 따라 분배되는 계급모순이 없는 사회의 이미지와 다름아니기 때문이다. 후쿠야마가 자유주의를 역사의 종착지라고 말할 때 맑스는 공산주의가 역사의 수수께끼에 대한 해결이라고 말한다. 이들은 사실상 같은 말을 하고 있는 것이며 같은 방식으로 생각하고 있다. 그렇기 때문에 아이러니컬하게도 공산주의를 논박하는 후쿠야마의 주장 속에 맑시즘의 논리가 생생하게 살아있다.[24] 뿐만 아니라 역사의 종말론은 역사의 예측가능성을, 다시 말해 현재의 영구성을 지나치게 강조하는 환상에 기초하고 있다. 동시에 인간의 연약함과 비합리성을 너무 무시하는 경향을 보여주고 있다. 인간이란 분명히 합리적이고 관대하며 창조적이고 현명하지만 동시에 종종 인간이란 어리석고 이기적이며, 잔인하고 사악한 존재이다. 역사에서 완전한 패배는 있을 수 있다. 그러나 역사에서 최종적 해결은 없다. 인간들이 존재하는 한 역사의 상처로부터 탈출구는 없다.[25] 따라서 역사의 종말을 염원하는 것은 인간적일 수 있지만 그것의 실현을 기대하는 것은 비현실적이다. 냉전은 분명히 세계의 질서를 수립하고 조직하는 두 개의 상이한 방식, 즉 두 세계관 사이의 경쟁을 대변했다. 그러한 의미에서 근본적인 갈등은 끝났을지 모른다. 그러나 그런 이념적 갈등의 근원에는 '국가의 힘'은 물론이고 사회경제적 문제들이 있다. 후쿠야마의 논리에 따른다 해도 우리는 한편으로 헤겔과 꼬제프식 역사와, 다른 한편으로는 앞으로도 계속될 '덜 근본적인' 갈등과 전쟁의 역사를 구별하지 않으면 안 된다.[26]

24) Samuel P. Huntington, *op. cit.*, p. 9-10.
25) *Ibid.*, p. 9.
26) Fred Halliday, "International Relations: Is there a New Agenda?," *Millennium*, Vol. 20, No. 1, Spring 1991, p. 71.

역사적으로 자유주의의 보편화가 국제평화를 가져다 줄 것이라는 믿음과 가정은 역사의 종말론자들이 처음 제의한 것은 아니다. 그것은 자유주의 사상과 함께 탄생하고 성장하고 변천을 겪어 온 국제질서에 대한 하나의 패러다임이었다. 다시 말해서 자유주의의 범세계적 보편화가 평화로 가는 길이라는 사상은 근대 서양 정치사상사에서 전개된 중심적 사상이었다. 제 2 차 세계대전 이후 치열한 냉전이 전개되는 가운데 현실주의적 국제정치 패러다임 속에서 살아 온 세대에게 자유주의의 감격스러운 승리가 인류역사상 전례없는 장엄한 사건으로 인식되는 것은 어쩌면 당연하다. 그러나 정치사상사의 역사적 관점에서 본다면 그것은 불사조 같은 자유주의 패러다임의 재강조에 지나지 않는다. 이러한 패러다임은 17세기의 존 로크(John Locke)의 정치사상으로부터 연유했다고 보통 주장된다.27) 그러나 국가간 상호연계가 평화의 가능성을 가져온다고 처음 주장한 것은 아이러니컬하게도 국제사회를 전쟁상태로 규정한 토마스 홉스(Thomas Hobbes)였다.28) 어떤 국가도 자족할 수 없다는 사실이 국가들로 하여금 상호관계에 들어가지 않을 수 없게 한다고 믿었던 홉스는 바다를 통해 수입될 수 있는 상품의 사용을 국가가 향유할 수 없는 것은 유감스러운 전쟁의 방해 때문이라고 보고 안전이나 이윤을 위한 상호이익에 관한 합의가 국가들 사이의 상품욕망을 만족시킬 것으로 내다보았다.29) 즉, 그는 상업정신에 의해 진작되는 국가관계의 발전가능성을 내다보았던 것이다. 그러나 절대적 경쟁

27) Paul R. Viotti and Mark V. Kauppi, *International Relations Theory,* New York: Macmillan, 1987, p. 194.

28) 홉스의 국제정치 사상과 그것이 미친 철학적 영향에 대한 필자의 논의를 위해서는 Sung Hack Kang, "Thomas Hobbes on Peace among Nations"를 참조. 『평화연구』, 제 5 권, 제 1 호, 경희대학교, 1985. 2, pp. 157-182를 참조.

29) Thomas Hobbes, *Leviathan*, pp. 186, 286.

은 허영심과 경제적 희소성에 기인한다고 보고 인간의 계몽과 통상에 평화의 가능성을 본격적으로 기대한 것은 로크와 몽테스키외(Montesquieu)였다. 로크에게서 재산의 소유는 평화를 위한 진정한 수단이었다.[30] 특히 몽테스키외는 평화란 통상의 당연한 결과로 보았다.[31] 이러한 인식은 아담 스미스나 데이비드 리카아도 같은 자유주의 경제학의 아버지들에 의해서 계승되고 리처드 콥든(Richard Cobden)을 중심으로 하는 이른바 맨체스터(Manchester) 학파의 교리가 되었다. 이들은 국가란 정복보다도 통상을 통해서 더 부유해질 수 있으며 평화의 요체는 아이디어와 상품의 교환을 증진시키는 제도와 발명이라고 생각하면서 이상향의 세계란 하나의 시장이라고 믿었다. 그들은 워털루 전투 이후 당시의 긴 평화를 상품과 아이디어의 국제적 흐름의 결과로 보았다.[32]

19세기 말 유럽의 주요 국가들이 대부분 산업화되고 그에 따른 교통, 통신, 수송의 발달과 함께 확장된 통상과 무역으로 자유주의자들의 눈엔 이제 전쟁이란 불가능하게 되어버린 것으로 보였다. 1898년 폴란드의 은행가로 알려진 이반 블로흐(Ivan Bloch)는 근대의 무장과 사회조직이 전쟁의 수행을 불가능하게 만들었다고 하면서 전쟁의 종언을 선언했다.[33] 산업화에 따라 근대무기의 화력이 결정적 전투를 불가능하게 만들어 버렸다고 보았기 때문이다. 이러한 자유주의적 예상과 기대는 이른바 상호의존 시대의 진정한 아버지라고 간주될 수 있는 노만 엔젤(Norman Angell)에게서 하나의 절정을

30) Allan Bloom, *Giants and Dwarfs,* New York: Simon and Schuster, 1990, p. 217.

31) Montesquieu, *The Spirit of Laws*, Ch. 13, sec 3와 Ch. 20, sec 1과 sec 2.

32) Geoffrey Blainey, *The Causes of War,* New York: Free Press, 1973, pp. 18-19.

33) Michael Howard, *The Lessons of History,* Oxford: Clarendon Press, 1991, pp. 97-98.

이루었다. 그에 의하면 근대성(modernity)의 본질은 합리적 기능의 분업과 효율적 이용에 바탕을 둔 대규모의 합리적 경제에 있고, 국제분업에 참가함으로써 형성되는 상호의존 관계의 명령이 사회경제 정책을 지도해 나갈 때 국가들은 근대세계에 진입하게 되며, 이런 근대화의 일종의 철의 법칙은 자국 내에서 불충분한 물질과 발명을 외부로부터 들여올 필요성을 낳는 것으로 보였다. 따라서 그는 근대적 민주사회에서 국민적 안녕과 복지가 기본적 정치이상이기 때문에 상호호혜적 의존관계의 확대는 대규모 전쟁을 환상으로 만들었다고 주장했다.[34] 그러나 대규모 전쟁이 거대한 환상이라는 19세기 말 이래 자유주의자들의 기대가 오히려 아니러니컬하게도 거대한 환상에 지나지 않았음을 역사는 1914년 8월의 총성으로 시작된 비극적 제1차 세계대전으로 증명해 버렸다.

34) Cornelia Navari, "The Great Illusion Revisited: The International Theory of Norman Angell," *Review of International Studies*, Vol. 15, No. 4, October 1989, p. 345; Jaap de Wilde, "Norman Angell: Ancester of Interdependence Theory," in James Rosenau and Hylke Tromp, ed., *Interdependence and Conflicts in World Politics,* Aldershot, England: Avebury, 1989, pp. 13-30. 근대사회를 산업사회와 동일시할 수 있다면서 산업화와 평화의 긴밀한 관계를 처음 주장한 사람은 Saint-Simon과 Auguste Comte였다. Miriam Bernheim Comant, ed., *Politics and Society,* London: Oxford University Press, 1958과 Raymond Aron, *The Dawn of Universal History,* George Weiderfeld and Nicholson, 1961을 참조. 이에 대한 20년 후의 재평가에 관해서는 Raymond Aron, "War and Industrial Society: A Reappraisal," *Millennium*, Vol. 7, No. 3, Winter 1978-9, pp. 195-210을 참조.

3. 자유주의와 평화

제 1 차 세계대전이 자유주의자들의 기대를 잿더미와 죽음 속에서 하나의 환상으로 만들어 버렸지만 그들은 대전 후 자신들의 희망을 결코 포기하지 않았다. 그들은 오히려 전후의 새로운 국제평화를 자유주의의 국제기구에서 기대했다. 당시 우드로우 윌슨 대통령을 비롯한 베르사이유 궁전에 모인 세계지도자들은 전쟁의 원인이 비밀외교와 세력균형이라는 힘의 경쟁정책에 있었다고 판단하고 공개외교와 국제적 민주주의라는 자유주의사상의 토대 위에서 평화의 보장을 구하기로 결정했었다. 이때에 그들이 원용한 사상은 18세기말 국제 평화를 카테고리컬 명령이라고 주장한 임마뉴엘 칸트(Immanuel Kant)의 자유국제주의(Liberal Internationalism)였다.

칸트는 모든 국가들이 평화를 위한 조약의 세 가지 최종적 조항들을 수락할 때 영구적 국제평화가 도래할 것으로 내다보았다. 이 조항들은 사실상 평화를 위한 조건이었다. 첫째로, 국가의 시민헌정제도가 공화정이어야 한다. 칸트가 공화정을 말할 때 그것은 도덕적 자율성과 개인주의 그리고 사회적 질서를 함께 결합하는 문제를 이미 해결해 버린 정치사회를 의미했다. 그것은 사유재산의 인정과 시장경제, 권력분립을 이룩한 대의(代議) 정부의 토대 위에 서 있는 사법적 자유와 평등이 보장되는 것을 요구한다. 두 번째의 조항은 자유주의 국가들의 평화와 안전을 유지하는 평화로운 국가연합이다. 세 번째 조항은 평화로운 국가연합과 연결된 범세계적 법률을 수립하는 것이다. 그러나 칸트의 이러한 이상을 구현하고자 했던 윌슨의 국제연맹은 세계평화를 보장하지 못했다. 칸트도 국제연맹 같은 제도가 영구평화를 보장할 것으로 확신하지는 못했었다. 왜냐하면 칸트 자신이 영구평화의 보장을 위한 추가항목에서 자연의 숨은 계획, 다시 말해 신의 섭리를 기대했기 때문이다.

그러나 윌슨의 국제연맹이나 칸트의 신의 섭리도 제 2 차 세계대전을 방지하지는 못했다. 국제연맹 체제는 창설된 지 겨우 10여 년 만에 만주와 아비시니아에서 그리고 제 2 차 세계대전의 불길 속에서 타버렸다. 그러나 제 2 차 대전의 종결은 루스벨트 대통령의 자유주의적 성향으로 또다시 국제연합이라는 새로운 이름의 국제기구에 미래의 국제질서와 평화를 기대하게 되었다. 따라서 칸트의 국가연합은 그 시험에서 성공하지 못했지만 그의 자유국제주의 사상은 2차대전 후에도 여전히 합리주의적 서양지성사에 계승되었다. 칸트가 국가간 무역과 상호의존관계, 그리고 여기에 기초한 개인들의 초국경적(transnational) 연계관계가 강력한 상호이익을 가져오고 이것이 다시 평화를 향한 중요한 충동을 야기시킨다고 보았던 국제주의는[35] 전후시대에도 국제관계 연구의 패러다임으로서 그 중요성을 상실하지 않았다. 그것은 전후 데이비드 미트레니(David Mitrany)의 기능주의 이론의 모습으로 등장하여 처음에는 광범위한 주목을 끌지 못했으나[36] 1950년대 말과 60년대에 걸쳐 서유럽 국가들 사이의 통합가능성과 당위성을 논의한 이른바 통합이론의 부각과 함께 새롭게 관심을 끌기 시작했다. 냉전의 동서갈등이 가장 치열했던 이

35) Michael W. Doyle, “Kant, Liberal Legacies and Foreign Affairs,” *Philosophy and Public Affairs*, Vol. 12, Summer and Fall 1983, pp. 205-235, 323-353과 “Liberalism and World Politics,” *American Political Science Review*, Vol. 80, No. 4, December 1986, p. 1161과 Andrew Hurrell, “Kant and the Kantian Paradigm in International Relations,” *Review of International Studies*, Vol. 16, No. 3, July 1990, pp. 203-204.

36) Kenneth W. Thompson, *Masters of International Thought,* Barton Rouge: Louisiana State University Press, 1980, pp. 202-215.

시기에 서유럽 국가들간의 관계는 전통적인 '전쟁상태'나 단순한 외교적 공존의 단계를 넘어서 전례 없는 협력관계에 의해서 특징되었다. 그러나 1960년대 유럽통합의 지체와 이것을 적절하게 설명하지 못한 주도적 이론의 실패는 '통합이론'의 보편적 타당성에 대한 의구심을 불러일으키기도 했다. 적절한 이론을 개발하는 데 대한 어려움에도 불구하고 지역통합에 관한 논의와 저작들은 국제정치를 연구하는 데 대한 중요한 자유주의적 접근법과 아이디어들을 촉진시켰다.[37] 이런 자유주의 사상은 1970년대 이래 국제사회의 상호의존론으로 계승, 확대 발전되어 현실주의적 권력이론의 보완 및 대안으로서 급속히 파급되었다.[38] 자유주의적 상호의존론은 그러나 1980년대 국제레짐(international regime)의 중요성과 안정성에 관한 논의를 거치면서, 그리고 80년대 말과 90년대 초 세계적 양극체제의 붕괴를 목격하면서 단순한 권력이론보다도 더 적실한 국제관계의 패러다임으로 보다 많은 사람들에 의해 인정받게 되었으며 '역사의 종말' 선언과 함께 유일한 패러다임으로까지 주장되었다.

그러나 자유국제주의의 이러한 지속성과 최근의 각광은 전후 거의 반세기에 가까운 '긴 평화'의 덕택이었다. 바꾸어 말하면 그 긴 평화가 자유주의 승리의 원인이었지 자유주의의 결과라고 보기는 어렵다는 말이다. 왜냐하면 냉전시대의 긴 평화는 위험스러웠던 관

37) Robert Keohane and Joseph S. Nye, Jr., "International Interdependence and Integration" in Fred I. Greenstein and Nelson W. Polsby, ed., *Handbook of Political Science*, Vol. 8, Reading: Addison-Wesley, 1975, Ch. 5.

38) 1970년대 초에 Robert Keohane과 Joseph Nye가 *Transnational Relations and World Politics,* Cambridge: Harvard Univesity Press, 1972에서 시도하고 1977년 *Power and Interdependence,* Boston: Little Brown, 1977에서 최종보고한 국제관계의 복합적 상호의존모델은 현실주의적 권력이론의 많은 가정에 의문을 제기하면서도 권력이론을 완전히 대치하지는 못한다고 주장했다. 서문 p. vii을 참조.

계였음에도[39] 불구하고 여러 가지 복합요인들의 결과였기 때문이다. 첫째로 냉전의 양극적 국제체제의 구조는 매우 단순해서 그것을 유지하기 위한 탁월한 정치적 지도력을 요구하지 않았다. 이 국제적 양극체제는 케네츠 왈츠(Kenneth Waltz)의 주장처럼 전통적인 힘의 균형체제보다도 구조적 안정성을 갖고 있었다.[40] 둘째로, 이러한 양극체제는 핵의 공포에 의해서 강력한 추가적 안정화 요인을 갖고 있었다. 핵파괴의 분명한 위협은 핵시대의 정치지도자들의 전쟁에 관한 낙관적 오산을 훨씬 어렵게 만들어 버림으로써 건전한 조심성과 신중성을 유발했다. 셋째로, 정찰위성과 같은 기술혁명이 상대국의 능력에 대해 보다 정확한 평가를 가능하게 해주고 기습공격의 모험을 감소시켰으며, 또한 군비통제에 관한 중요한 합의도 가능하게 해주었다. 넷째로, 냉전시대에 미소는 이른바 묵시적 게임의 규칙을 발전시켰다. 개디스(John Lewis Gaddis)가 제시한 항목들을 원용한다면 ① 영향권의 상호존중 ② 직접 군사적 대결의 회피 ③ 오직 최종적 수단으로서만 핵무기 사용 ④ 예측 못할 합리성보다는 예측가능한 유추(analogy)의 선호(서백림과 쿠바가 그 예) ⑤ 상대의 지도력을 손상시키려는 시도의 금지 등이다.[41] 다섯째로 공포의 균형에 입각한 초강대국들은 그들이 구성하고 있는 국제체제의 구조적 성격, 즉 체제적 명령으로 인하여 국제적 불안정을 몰고 올 각 국내적 요소들을 통제하지 않을 수 없었다. 국제체제의 안정이 국가 외교정

39) Adam B. Ullam, *Dangerous Relations,* Oxford: Oxford University Press, 1983.

40) Kenneth N. Waltz, "The Stability of a Bipolar World," *Daedalus*, Vol. 93, No. 3, Summer 1964, pp. 881-909; *Theory of International Politics,* Reading: Addison-Wesley, 1979.

41) John Lewis Gaddis, "The Long Peace," *International Security*, Vol. 10, No. 4, Spring 1986, pp. 99-142; *The Long Peace,* Oxford: Oxford University Press, 1987, pp. 237-243.

책에서 다른 정책목표들을 압도할 수밖에 없었다.[42)]

이러한 긴 평화의 요인들은 자유주의 평화사상에 의해서보다는 오히려 현실주의적 국제관계 관리에 의해서 보다 잘 설명될 수 있는 것들이다. 냉전의 시기에 자유주의가 틀림없이 어떤 간접적인 영향을 미쳤을 것이지만, 평화의 직접적 기여자나 수훈자로 인정하기는 어렵다. 오히려 자유주의는 생명의 안전이 가능하고 어느 정도 보장된 국제적 환경 속에서만 발전하고 꽃피울 수 있다고 말하는 것이 보다 더 정확할 것이다. 2차대전 직후 루스벨트 대통령의 꿈과 자유주의자들의 기대에 부응하여 국제적 평화와 안전을 기약했던 국제연합은 이 긴 평화의 냉전시대에 평화의 수호자로서의 주도적 역할을 수행하지 못했음은 명백한 사실이다. 물론 덤버튼 오우크스(Dumbarton Oaks)와 샌프란시스코에서 국제연합이 창설될 당시 창설자들이 가정했던 국제체제와 실제로 등장한 국제체제 사이의 커다란 괴리가 국제연합의 위치를 크게 손상시켰다. 따라서 냉전의 시대에 국제연합은 자유주의자들의 기대에 부응할 수 없는 근본적 제약에 의해서 그리고 70년대에 국제연합 내 이른바 남북대결에 의해서 국제연합 그 자체가 거의 마비상태에 빠졌다는 평가도 부정할 수 없다.[43)] 또한 1985년 이후 고르바초프의 등장으로 새로운 활력을 찾기 시작해서 1991년 걸프전의 과정에서 새롭게 보여준 국제연합의 중요한 역할과 헌장으로의 복귀경향도 자유주의의 승리라고 보기보다는 현실주의적 편의에 의해서 국제연합이 새롭게 활용되게 되었다고 보아야 할 것이다.

우리는 아직도 국제적으로 칸트의 평화조건들을 모두 충족시

42) Kenneth Waltz, *op. cit.*, Ch. 8 and 9; John Lewis Gaddis, *op. cit.*, pp. 226-229.

43) 강성학, "국제기구 연구경향과 유엔체제," 『국제정치논총』, 제30집, 2호, 1991.

키지 못하고 있다. 민주공화정은 여전히 지구상에서 소수이고 범세계적 법률은 수립되어 있지 못하다. 국제사회에서 칸트의 법의 지배는 여전히 미래의 꿈으로 남아 있다. 칸트의 자유주의적 국제주의가 여전히 평화의 가능성을 가리키고 있지만, 그것의 실현은 칸트 자신의 고백처럼 위대한 예술가인 자연의 힘이나 신의 섭리에 의해서나 보장될 것이다. 그러나 신의 섭리는 현실정치의 세계가 아니라 종교의 세계에 속할 수밖에 없다. 칸트 자신도 자연이, 즉 신의 섭리가 그런 평화의 계획을 갖고 있거나 원한다는 것을 입증하지 못했다.[44]

4. 역사의 종말과 포스트모더니즘의 도전

'역사의 종말' 선언으로 인간에 대한 근대계몽주의의 합리성을 전제로 하는 자유주의의 승리를 채 만끽하기도 전에 자유주의는 새로운 지성적 도전에 직면하고 있다. 근본적인 역사적 변화는 지성적 위기를 낳는다. 정책을 지도하는 지성적 위기는 총체적 위기이다. 그리고 그러한 총체적 위기는 근본적 의식의 변화, 혹은 발상의 전환 또는 패러다임의 이동을 요구하는 새로운 지성적 도전을 맞이하게 된다. 역사의 종말은 분명히 그러한 근본적인 역사적 변화이다. 역사의 종말 뒤엔 진실로 새로운 것이 발생하지 않는다는 헤겔주의자들의 주장과는 아주 정반대로 이제 가장 의미있는 변화가 발생하고 있다고 주장하는 것이 포스트모더니즘이다. 이것은 마치 19세기

44) Stanley Hoffmann, *Janus and Minerva,* Boulder: Westview Press, 1987, p. 402.

헤겔의 역사이성에 대한 니체의 도전처럼[45] 오늘의 포스트모더니즘은 근대성에 대한 어쩌면 가장 완전하고 순수한 표현이라고 간주되는 꼬제프의 헤겔식 합리주의에 대한 도전, 바꾸어 말해서 20세기 '역사의 종말'에 대한 도전으로 가장 잘 정의될 수 있다. 오늘의 포스트모더니스트인 장 프랑수와 료타르(Jean-Francois Lyotard)는 꼬제프의 합리주의, 즉 역사의 종말에 정면으로 도전하는 대표적 인물이라 할 수 있다. 꼬제프에게 헤겔은 마지막 스승이었다. 19세기의 헤겔에게처럼 20세기의 꼬제프에게서도 부정(negation), 다시 말해 인간행위로서 모순되는 명분이나 정의의 개념 사이의 변증법적인 대립의 역사는 끝났다. 합리적이고 정의로운 사회는 적어도 원칙상으로는 실현되었기 때문에 남아있는 유일한 '투쟁'이란 헤겔의 『국가철학』(*The Philosophy of Right*)에서 제시된 합리적 진리를 적용하고 강화하는 투쟁뿐이다. 료타르는 바로 이러한 꼬제프의 주장에 대항하여 칸트의 미학으로 복귀한다. 그는 칸트를 따라 예술의 숭고함(sublime)의 경험과 정치적 '사건들'에 의해서 창조되는 극단적 형태의 숭고함 사이에는 본질적 계속성이 있다고 강조한다.[46] 칸트에게 그러한 사건의 대표적 예가 프랑스대혁명이다. 목격한 자들은 정치적 사건들에 대한 '열정에 가득찬' 반응에서 발생하고 있는 사건 그 자체를 넘어서 보편적, 심지어 무한한 의미를 가리키는 의식을 경험

45) Friendrich Nietzche, *The Use and Abuse of History,* Indianapolis: The Bobbs Merril, 1957.

46) Thomas L. Pangle, *The Ennobling of Democracy,* Baltimore: The Johns Hopkins University Press, 1992, p. 26. 여기에서 숭고함이란 칸트에게 특수한 감각적 대상이나 이미지로서 적절히 대변될 수 없는 경외로서 무제한하고 영원함에 대한 보편적인, 심지어 막연한 개념의 경험이다. 이 개념은 원래 Edmund Burke의 *Philosophical Inquiry into the Origins of Our Ideas of the Subline and Beautiful*(1957)에서 나온 것으로 버크에게 장엄함은 우리의 공포, 궁극적으로는 난폭한 죽음이나 허무의 공포에 뿌리를 둔 경험이다. 이러한 논의를 위해서는 앞의 책 pp. 23-25 참조.

한다. 칸트는 미학에서 그런 숭고함으로부터 정치적 열정으로의 아주 자연스러운 이동을 매우 위험할 뿐만 아니라 심지어 병적인 것이라고 경고했다. 따라서 칸트에겐 숭고함의 미학에 뿌리를 둔 정치적 열정을 판단하고 규제하며 통제하는 분명하고 선명한 원칙, 적어도 하나의 원칙이 있다. 이 원칙이 이른바 카테고리컬 명령이며 그것의 함축적 의미는 바로 인간의 자연권이다.

그러나 료타르에게 칸트의 이 정치적 미학의 주도적 핵심은 위험스러울 뿐 아니라 전혀 믿을 것이 못된다.[47] 료타르는 자꼬방(Jacobin) 당의 테러를 1789년 '인간과 시민의 권리선언'의 결과로 보고, 심지어 히틀러주의와 프랑스 공화국의 인권을 위한 제국주의적 십자군 운동 사이에는 중요한 유사성이 존재한다고까지 주장한다. 그에게 정치적 열정을 제약할 수 있는 것은 별로 없다. 따라서 합리주의에 대한 그의 도전은 맹목적이고 위험스러우며 병적이다. 왜냐하면 포스트모더니즘은 무엇보다도 합리주의를 거부하기 때문에 칸트의 합리적 보편성도 거부한다. 이러한 논리적 맥락에서 볼 때 칸트는 포스트모더니즘의 원천이 될 수 없다. 그 원천은 니체와 하이데거(Heidegger)일 수밖에 없다. 왜냐하면 포스트모더니스트들에게선 사건이 어떤 '계시'일 수 있지만 그 계시는 역사나 시간 속의 존재로부터 출현하는 것으로 인식되기 때문이다.[48] 특정의 역사와 시간 속에서 계시된 진리나 가치에게는 보편타당성이 없다. 거기에는 오직 상대적이고 제한적인 타당성만이 존재한다. 바로 여기에 역사주의의 성격과 도덕적 상대주의가 만개한다. 그리고 이에 따라 '모든 것이 가능한' 허무주의적 '마지막 인간'의 정당성이 철학적, 논리적 근거를 갖게 된다. 이렇게 포스트모더니즘이 역사주의적 성격을 노

---

47) *Ibid.*, p. 27.
48) *Ibid.*, p. 66.

출할 때 그것의 담화는 결코 새로운 것이 못 된다. 그것은 니체, 특히 하이데거 이후 우리와 함께 있었다.

우리 시대의 지성적 힘은 실증주의와 실존주의였다. 실증주의는 학문적 영향에서 실존주의를 능가했지만 실존주의는 대중적 영향력에서 실증주의를 훨씬 능가했다. 실증주의는 과학적 지식만이 진정한 지식이라고 믿는 반면에, 실존주의에겐 모든 이해와 행동의 원칙들이 역사적이다. 즉, 실존주의에겐 근거 없는 인간들의 결정과 운명적 섭리 외엔 아무런 토대가 없다. 과학이 진정한 지식이기는커녕 그것은 세계를 보는 여러 가지 견해 가운데 하나에 지나지 않으며, 모든 견해는 동일한 존엄성을 갖는다. 이러한 견해의 실존주의는 하나의 운동(movement)이며 이 중심에 바로 하이데거의 사상이 있다. 그의 사상이 오늘날 많은 사람들에게 호소력을 갖는 것은 인간의 삶과 사상이 전적으로 역사적이며, 역사는 합리적 과정이 아니라는 가정의 수락 때문이다.

역사주의적 통찰력은 이전의 모든 사상이 한시대에만 타당할 뿐이기 때문에 결함이 있다는 것을 보여준다. 따라서 그것은 최종적인 통찰력이다. 절대적인 통찰력은 역사의 절대적인 순간에 속한다. 이것이 바로 헤겔의 주장이었다. 이 역사의 절대적 절정은 역사의 종말이기 때문에 동시에 최종적 쇠퇴의 시작이기도 하다. 이런 점에서 스펭글러(Spengler)는 헤겔 역사철학의 궁극적 결론을 도출했을 뿐이라고 하겠다. 많은 사람들이 헤겔에 도전했다. 맑스는 매우 효과적으로 도전했던 인물이다. 어떤 면에서 맑스에게 역사는 완성되기는커녕 시작도 하지 않았다. 우리가 역사라고 부르는 것은 단지 인류의 예비기록이다.

맑스는 세계사회(world society)를 내다보았다. 니체는 계급 없는, 따라서 정치가 없는 사회의 비전을 어느 누구보다도 전면적으로 문제 삼았다. 그는 공산세계의 인간을 '마지막 인간', 즉 궁극적 타락상태에 있는 인간으로 보았다. '무엇을 위한 자유가 아니라 무엇으로부터 자유만을 요구하는' 공산주의에서 그는 민주적 평등주의와 자유의 완성만을 보았다. 니체는 인류의 미래가 사전에 결정되어 있다는 것을 수용할 수 없었다. 이 마지막 인간에 대한 대안이 위대성과 고결성에서 과거의 모든 인간 유형을 능가하고 극복하는 유형의 인간, 즉 '초인간'(Ubermensch)이다. 미래는 민주주의와 함께 하는 것처럼 보였다. 그리고 당시 다가오는 20세기는 전쟁의 시대로 보였다. 그리고 이 두 가지는 20세기의 과업이라고 생각되는 것과 양립할 수 없는 것으로 니체는 생각했다. 이 과업은 여론에 의존하기 때문에 연약하고 불안정한 정부에 의해서 수행될 수 없다. 새로운 상황은 새로운 귀족, 즉 슈퍼맨 집단의 등장을 요구한다. 따라서 그에게 현재는 가장 큰 위험과 동시에 가장 큰 희망의 순간, 즉 역사의 갈림길로 보였다.

하이데거의 역사철학도 맑스나 니체와 같은 구조를 갖는다. 즉, 최종적 통찰력이 도달하는 순간은 종말론적 전망의 문을 연다. 그러나 하이데거는 맑스보다 니체에 가깝다. 이 두 사람은 플라톤에서 시작했고 그것의 궁극적 결과가 현재의 퇴영인 허무주의를 결정적인 것으로 간주한다. 하이데거의 철학은 인간이 그 어느 때보다도 자신의 인간성을 상실할 보다 큰 위험에 처해 있는 아주 위험한 순간에 속한다.[49] 그에게 현대의 가치평등화를 향한 합리주의적 운동과 자유주의의 열린 사회는 삶의 기준이 붕괴했고 헌신이 상실된 것을 보여주는 징후들이다. 합리주의적 사회는 물질적 복지를 강조한다. 모든 인간들은 허영심의 만족과 이웃 및 동포의 인정과 찬양

49) Leo Strauss, *Studies in Platonic Political philosophy,* Chicago: The University of Chicago Press, 1983, p. 33.

을 추구한다. 합리적이고 평등주의적 민중민주주의의 정당성이 일단 주어지면 이것은 암세포처럼 성장하여 준봉적 여론과 모래알 같은 개인들에 대한 선전이 절대적 위치에 오른다. 정치적 차원에서 민주적 보편주의와 공동체 의식은 막스 베버가 '절차적 합리성'이라고 불렀던 것의 부드럽고 넋을 잃게 하는 폭정(tyranny) 속에서 시민적 존재의 관료제도화로 치닫는다. 이것은 편협한 개인주의, 활력 없는 황폐로의 역사적 운동이다. 따라서 하이데거는 '탈합리주의의 미래'라는 이름으로 합리주의에 대해 철학적으로 세련된 반란이 필요하다고 보았다. 이것은 우선 서양사상의 인내에 찬 비판적 연구를 요구한다. 합리주의적 전통의 텍스트(text)와 저자들의 권위를 해체하는 것, 삶의 합리적 기초를 제공하려는 그들의 주장과 시도를 뿌리째 뽑아내는 것을 요구한다.[50] 포스트모더니스트들은 인류의 위대한 텍스트들이란 인종주의, 계급주의, 남성우월주의의 표현에 지나지 않는다고 치부한다. 그러나 이러한 도전은 학술적 유행을 낳았다.[51] 해체주의(deconstruction)를 표방하는 이들은 사르트르 이후 파리의 하이데거주의자들, 특히 데리다(Derrida)나 푸코(Foucault) 등에 의해 영향받은 지식인 집단이다.[52] 이들 사고의 1/3은 맑스주의이고 2/3는 니체주의이다. 니체를 따라 하이데거는 근대과학의 전계획에 가장 급진적 의구심을 던졌다. 그것은 이성의 억압에서 마지막 예측가능한 단계이며 철학의 이름으로 진리의 철학을 거부하는 입장이다. 모든 텍스트들이 저자들의 의식적, 무의식적 동기를 발견하기 위해서 해체되고 재해석되어야 한다. 니체의 말처럼 이들에게서 모든 철학은 저자의 숨은 고백이며 가장 활기찬 권력으로의 의지이

50) Thomas L. Pangle, *op. cit.*, p. 40.
51) 이 유행은 파리에서 사라진 것처럼 결국 사라질 것이다.
52) Allan Bloom, *The Closing of the American Mind,* New York: Simon and Schuster, 1987, p. 379.

다.[53] 과거의 철학은 소크라테스의 본보기를 따라 지식에 관한 것이었다면 이제는 권력에 관한 것이 되어버렸다. 지적 삶 자체가 권력에 대한 의지의 투쟁이 되어버린 것이다. 어쨌든 이들이 요구하는 해체주의는 좌익의 도그마적 허무주의이다. 텍스트는 없고 해석만이 존재한다. 모든 사람이 동등한 비평가이다. 이것은 근대인간들이 자족하는 최종적 단계이다. 이들에겐 보다 높고 고결한 것이 없다. 이것은 맑스식 인도주의의 최종적 단계이다.[54] 그러나 맑스는 모든 의식이 사유재산의 객관적 관계에 종속된다고 보았던 반면에 포스트모더니스트들은 맑스의 속박에서 인간의식을 해방시켜 버린다. 니체와 하이데거의 전 투쟁은 맑스가 대변했던 모든 것에 대항하는 것이었다. 니체는 맑스 식의 객관주의로부터 예술을 구원하기 위해서 유감스럽게도 객관성을 포기했다. 따라서 좌익의 세계에서 니체를 불러내는 것은 스탈린이 신을 부르는 것과 같다. 따라서 바보들에겐 도움이 될지 모르지만 지적으로는 말이 되지 않는다. 진정한 플라톤이나 로크가 없을 때, 위대한 텍스트의 고상한 빛이 변덕스런 해석의 불타는 횃불에 의해 영원히 감추어질 때 세상에 대한 우리의 창문은 닫히고 말 것이다.[55]

5. 포스트모더니즘의 도전과 인식론적 역사주의

포스트모더니스트들에게 사건은 하나의 계시이다. 냉전의 종식

53) Allan Bloom, *Giants and Dwarfs*, pp. 24-25.
54) *Ibid.*, p. 293.
55) *Ibid.*, p. 294.

과 그에 따른 역사의 종말은 분명히 역사의 계시적 사건이다. 그러나 포스트모더니스트들은 단지 냉전시대의 국제적 사유양식 뿐만 아니라 국제정치의 계몽주의적 토대 위에 서 있는 모든 근대 국제정치 이론화 형식을 거부하려 한다. 바꾸어 말하면 이들은 근대과학적 합리성 그 자체에 대해 근본적으로 도전하려는 것이다. 포스트모더니즘은 결코 한 개의 학파를 형성하거나 통일된 접근법을 제시하고 있지는 못해도 대표적 인물들에게서 몇 가지 공통점을 발견할 수 있다.56)

첫째, 무엇보다도 지식이나 진리가 형성되는 방법의 문제를 제기하면서 서양세계의 합리주의와 실증주의가 기초하고 있는 지적 가정들에 도전한다. 둘째, 이들은 분석상 사실과 가치 사이의 구별과 일반적으로 사실성에 대한 우리의 개념에 근본적 도전을 제기하고, 우리의 사실성에 대한 개념은 자연에 근거하기보다는 인습적이고 문화적으로 형성된 것이라고 주장한다. 셋째, 이들은 국제정치의 모든 기존 이론들을 '해체'(deconstruction)하고 완전히 새로운 작업이 착수되어야 한다는 입장이다. 즉, 국제관계의 모든 이론은 근대 합리주의에 입각하고 있기 때문에 포스트모던시대에는 포스트모던 이론화작업이 나와야 한다는 주장이다.

따라서 근대화는 바로 그 자체의 성공 때문에 이제 역사적 단계에서 물러서야 한다. 근대사회의 가장 두드러진 특징은 근대국가, 즉 주권국가라는 속성인데 그 국가가 근대화를 촉진하는 세력이었던 시대는 지나가고 있고 그 존재가치도 탈근대화에 의해서 위협받고 있다는 것이다.57) 이런 포스트모더니스트들의 패러다임 전환요

56) Donna U. Gregory, "Forward" in James Der Derian and Michael J. Shapiro, ed., *International Intertextual Relations,* Lexington: Lexington Books, 1989, pp. 13-14.

57) Mark Hoffman, "Restructuring, Reconstruction, Reinscription, Rearticulation:

구는 역사의 종말과 함께 과거에 전례 없는 전혀 새로운 지성적 도전으로 보일 수 있다. 많은 구체적인 면에서 새로운 것이 지적되고 있고 또 새로운 용어가 사용되고 있다. 따라서 우리는 쿤(Kuhn)식의 과학적 혁명을 국제정치 영역에서도 경험하고 있는 것처럼 보인다. 이런 도전이 국제정치 분야에서는 새로운 것이지만 그러나 정치학의 방법론적 인식론의 관점에서 본다면 결코 새로운 것이 되지 못한다. 이미 1960년대 말과 1970년대 초 미국 정치학계에서 유사한 논의가 있었다.[58] 1950년대와 60년대 미국의 '행태주의의 혁명'은 그것의 인식론적 뿌리를 실증주의, 따라서 궁극적으로 고전적인 영국의 경험주의에 두고 있었지만, 철학적 운동으로서 실증주의는 1950년까지 사실상 종식되었다. 실증주의는 과학철학에서도 강력한 공격을 받았다. 당시에 주도적 지식론은 칸트나 헤겔의 작품에 기초하고 있었으며 보다 정확하게는 19세기에 발생한 헤겔식 전통의 급진화에 있었다. 즉, 당시 세계는 혼돈과 변화와 형성과정(becoming)의 관점에서 이해되었다. 인간의 정신이 어떤 최종적, 객관적 혹은 절대적 방식으로 자연의 본질, 즉 현실을 간파할 수 있다는 견해가 부인되었다. 그리고 이러한 입장은 특히 니체에 의해서 포괄적으로 발전되었다. 이런 입장은 독일에서 역사주의(historicism)로 알려졌으며 니체는 물론 딜타이(Wilhelm Dilthey), 스펭글러(Spengler), 만하임(Karl Mannheim), 현상학의 아버지인 후설(Husserl)과[59] 그의 제자 하

Four Voices in Critical International Theory," *Millennium*, Vol. 20, No. 2, Summer 1991, p. 183.

58) 1970년대 미국정치학회에서 발표된 Eugene F. Miller의 논문과 토의가 그것을 입증해 준다. Eugene Miller, "Positivism, Historicism and Political Inquiry," *American Political Science Review*, Vol. 66, No. 3, September 1972, pp. 796-817.

59) 근대 과학의 철학적 가정에 대해 가정 통렬하고 유명한 비판자인 에드먼드 후설(Edmund Husserl)의 입장은 그의 마지막 저서 *The Crisis of*

이데거(Heidegger)의 영향을 통해 널리 파급되었다. 그리고 이것이 20세기에 와서 미국의 역사학자들에게 지대한 영향을 끼쳤다. 이들에게 인간의 삶과 사고란 아주 역사적이다. 즉, 역사란 합리적 과정이 아니다.60)

역사주의란 여러 가지 의미가 있다. 하이예크(Frederich Hayek)와 포퍼(Karl Popper)는 사회 전체가 발전하는 방식을 발견하고 이런 역사발전의 법칙 위에서 미래를 예측하는 것이 사회과학의 주된 과제라는 방법론상의 의미에서 역사주의란 용어를 사용했지만, 이들보다 앞서 이미 18세기에 비코(Giambattista Vico)와 헤르더(Johann Herder) 그리고 20세기 초 마이네케(Friedlich Meinecke)가 모든 역사적 현상의 유일한 성격을 강조하는 의미로 사용한 이래 모든 지식은 본질적으로 시간과 공간에 상대적이라는 인식론적 의미로 사용되어 왔다. 지식론으로서 역사주의는 다음과 같은 세 가지 점에서 실증주의와 다르다.

첫째, 역사주의는 실증주의와는 달리 순수한 감각자료의 직접적 의식을 부인한다. 반면에 실증주의는 경험이 개념에 우선한다. 따라서 경험, 즉 감각을 통한 자료에 의존함으로써 자연에 대한 편견없는 견해에 도달할 수 있다는 입장이다. 역사주의는 감각인식의 해석에 있어 칸트식이다. 칸트는 감각자료란 원래의 순수한 상태에

European Sciences and Transcendental Phenomenology, trans. David Carr, Evanston, Ill.: North Western University Press, 1970을, 그리고 현상학적인 인식론을 정치의 이해에 적용하려는 시도는 Hwa Yol Jung, *The Crisis of Political Understanding: A Phenomenalogical Perspective in the Conduct of Political Inquiry,* Pittsburgh: Duguesne University Press, 1979.

60) 실증주의에 반대하는 데 있어 perspectivism, subjectivism, relativism, instrumentalim 등의 이름이 사용되었다. 후설과 하이데거의 논의를 위해서는 Leo Strauss, "Philosophy as Rigorous Science and Political Philosophy" in Leo Strauss, *op. cit.*, pp. 29-37.

선 의식에 도달할 수 없다고 주장했다. 우리 마음 속의 선험적 원칙이나 카테고리에 의해서 통일되고 구조를 이룰 때에만 그것들이 이해될 수 있다. 역사주의는 칸트처럼 인식과정에서 인간의 정신이 적극적인 창조적 행위자라고 믿는다.

둘째, 역사주의는 실증주의와는 달리 인간정신의 역사성을 믿는다. 우리의 인식은 정신에 의해서 변형된 형태로 우리에게 알려진다고 주장함으로써 역사주의자는 칸트의 입장을 취한다. 그러나 칸트는 역사주의자는 아니다. 칸트는 이해의 원칙이 자연적, 즉 어느 시대, 어느 사회에서도 일정하다는 흄(David Hume)에 동의한다. 역사주의는 정신의 질서수립원칙과 카테고리는 시대와 문화의 계승과 함께 달라진다고 주장하는 헤겔을 따른다. 역사적 탐구는 객관적 세계에 대한 유일한 견해가 없는 대신에 여러 가지 조망(perspective) 혹은 세계관(Weltanschauung)이 존재한다는 것을 보여준다. 헤겔은 이런 다양성이 이성의 내적 논리로부터 나온다고 이해했다. 따라서 모든 지식은 본질적으로 조망에 지나지 않으며 사회적 및 개인적 창조물이다.

셋째, 역사주의는 실증주의와는 달리 진리의 절대성을 부정한다. 역사주의는 정신의 역사성을 강조함으로써 자연의 이해에서 '객관적'이거나 진실이라는 지식의 가능성에 의문을 품는다. 즉, 절대적 지식에 대한 모든 주장을 원칙적으로 근거없다고 주장한다. 헤겔과 맑스는 역사의 시대적 계승은 최종적 단계를 향해 필연적으로 발전한다고 믿고, 최종단계의 견해가 역사과정의 총체적인 진실한 설명을 대변한다고 주장함으로써 상대주의를 극복하려고 했다. 니체 이후 역사주의자들은 문화적 계승이 내적 필연이나 합리성을 반영한다는 것을 부인했다. 역설적이게도 만일 최종적 진실이 인정될 수 있다면 그것은 자연에 대한 최종적 진실이 가능하지 않다는 원칙뿐이다. 역사의 전개를 뛰어넘는 곳으로부터 이해될 수 있는 어떤 탈시간적 진리의 가능성은 부인된다.

이상과 같은 19세기의 인식론적 도전을 받은 실증주의는 과학철학에서 추가적인 두 개의 강력한 저항을 받는다. 하나는 비트겐슈타인(Ludwig Wittgenstein)의 언어분석 철학과 또 하나는 과학사의 새 해석이다.[61]

첫째, 1930년대 초에 비트겐슈타인은 언어가 경험으로부터 의미를 부여받는다는 자신의 원래의 입장을 뒤집으면서 역으로 경험이 언어로부터 의미를 부여받는다는 언어분석 철학을 제시했다. 언어의 기능이 마치 칸트가 주장하는 정신의 선험적 카테고리처럼 작용한다는 것이다. 즉, 우리는 세계가 언어에 의해서 질서지어지고, 표현한 대로만 알고, 바로 그 세계에 속하는 사실과 사물만이 우리의 언어가 인정한다는 것이다.[62] 비트겐슈타인에 의하면 언어란 인간의 삶과 행동의 다른 표현들로부터 구별되는 어떤 고립된 구조물로서 간주될 수 없다. 우리의 언어활동은 사회의 토대로서 봉사하는 문화 전체의 언어적 전통, 바꾸어 말하면 삶의 형식의 일부이다. '생활'이 역사의 과정에서 등장하는 세계관의 저변에 자리하고 있으며 인간사유의 성격을 결정한다는 독일 역사주의자들의 견해와 유사하다.

둘째, 과학사의 새 해석으로 반실증주의적 반란은 폴란드의 논리학자 아즈듀키비쯔(Kasimir Ajdukiewicz)에 의해서 시작되었다. 1930년대 초에 그는 역사주의적 언어론에 입각하여 과학 그 자체가 역사의 관점에서 이해되어야만 한다고 주장한 것이다.[63] 그는 과학

61) 비트겐슈타인의 전통 정치철학에 대한 도전의 분석에 관해서는 John W. Danford, *Wittgenstein and Political Philosophy,* Chicago: University of Chicago Press, 1978.

62) Eugene Miller, *op. cit.*, p. 803.

63) *Ibid.*, p. 803.

체계를 포함하여 모든 지식은 언어의 일부인 개념들을 구현하는 것이며 그 언어의 규칙에 따라 사용될 때에만 의미를 갖게 된다는 것이다. 언어란 그것의 개념적 도구에의 헌신(commitment)이 우리가 경험적 자료에 부여하는 해석을 결정한다. 따라서 여러 가지 언술적이고 개념적인 체계에 부응하는 여러 세계관(world-perspectives)이 있지만 결코 완전한 하나의 세계상(world-picture)은 없다는 입장이다. 진실과 거짓의 판단은 특수한 세계관에 항상 상대적이라는 것이다. 그에 의하면 인식론자도 상이한 세계관의 경쟁적 주장 사이에서 결정할 수 없다. 왜냐하면 그 또한 자신의 판단을 지시하는 어떤 개념적 도구의 포로이기 때문이다.[64]

현재의 과학사가들은 아즈듀키비쯔의 주장과 매우 유사한 역사주의적 가정에서 출발하여 어떤 목적지향적인 과정으로서 과학사가 이해될 수 있다는 암시를 거부한다. 과학사의 새 해석을 이해하는 기본적 자료는 토마스 쿤(Thomas Kuhn)의 『과학혁명의 구조』(*The Structure of Scientific Revolution*)이다.[65] 쿤은 과학의 일반교과서식 이미지는 과학사의 최근 연구에서 의문시되고 있다고 보고 과학의 이미지에 결정적 전환을 분명히 하려 했다. 그에게서 과학의 교과서식 이미지란 전통적으로 실증주의와 관련된 것을 지칭했다. 그것은 과학발전이 열린 공동체 속에서 누진적으로 발생한다는 입장이다. 쿤은 그러나 과학의 진화를 역사주의자들이 역사과정을 서술하는 것과 같은 방식으로 서술한다. 쿤에 의하면 '정상과학'의 시기에 과학적 공동체는 만연한 패러다임에 의해서 지배된다. 그의 패러다임이란 세계관과 비슷한 개념으로 과학공동체의 역사적 조망으로써 세

64) *Ibid.*
65) Thomas Kuhn, *The Structure of Scientific Revolution*, 2nd ed., Chicago: Chicago University Press, 1970.

상을 보는 방식이며 개념적, 이론적, 수단적, 방법론적, 그리고 심지어 준형이상학적 가치와 헌신의 총체적 체계이다.66) 이 패러다임이 문제의 선발, 자료의 평가, 가설과 이론의 수락을 계도하고 결정한다. 정상과학은 이런 식으로 제 1 차원적 원칙들을 당연시하여 과학공동체 내에 고도의 경직성과 편협성이 존재하게 된다는 것이다. 그러나 쿤은 과학발전의 역사적 유형을 어떤 패러다임에서 다른 패러다임으로의 혁명적 전환으로 서술한다. 즉, 과학적 탐구의 성격에서 변혁은 어떤 패러다임이 다른 패러다임에 의해서 대치될 때 발생한다. 현재의 패러다임이 어떤 상황에서 설명력을 상실하여 정상과학이 위기에 직면할 때 새로운 이론들이 그 상황의 설명을 위해 발명되고 그것들 중에 하나가 새로운 패러다임의 핵심이 된다. 패러다임은 합리적이고 논리적 근거 위에서 의도적 선택으로 수용되거나 거부되는 것이 아니라 그것은 오직 신념 위에서만 이루어진다.67) 그에 의하면 경쟁적 패러다임의 진실성을 평가할 초패러다임적 토대는 존재하지 않는다. 따라서 쿤의 역사주의적 입장은 분명하다.

이상과 같이 과학철학에서 실증주의에 대한 혁명이 진행되고 있을 때 아이러니컬하게도 미국의 정치학계는 행태주의 혁명을 통해 실증주의적 입장을 채택하고 있었다. 쿤의 입장이 행태주의의 근본을 위협한다는 것을 확실하게 인식하지 못한 채 쿤이 행태주의의 입장강화를 위해 인용되기까지 했다.68) 이러한 실증주의적 과학주의는 미국의 국제정치학 분야에서 최근까지 지배적인 패러다임의 지위를 누려왔다. 오직 1980년대 말에 와서야 탈실증주의가 논의되기 시작한 것은69) 국제정치학이 하나의 독립적 학문분야로서 그 역

66) Eugene Miller, *op. cit.*, p. 804.
67) Kuhn, *op. cit.*, p. 158.
68) Eugene Miller, *op. cit.*, p. 807.
69) Yosee Lapid, "The Third Debate: On the Prospects of International

사가 비교적 짧을 뿐만 아니라 그동안 많은 도전에도 불구하고 이른바 현실주의적 권력정치 이론이 최근까지 국제정치학의 패러다임으로서 그 지위를 상실하지 않았기 때문이라 하겠다. 그리고 이 현실주의 이론은 분명히 실증주의적 인식론에 입각하고 있다. 왜냐하면 현실주의에게 권력투쟁은 역사적이 아니라 시간과 공간을 초월하는 영원한 것이기 때문이다. 어쨌든 국제정치학에서 탈실증주의적 시도는 앞서 논의한 포스트모더니즘의 등장과 그 시기를 거의 함께 하면서 실증주의, 근대적 합리주의에 더불어 도전하고 있는 셈이다. 또한 인식론적 관점에서 본다면 다같이 앞서 논의한 것처럼 역사주의의 도전이라고 말할 수 있을 것이다. 이러한 관점에서 포스트모더니즘은 내용상으로 볼 때 결코 완전히 새로운 미증유의 지성적 도전이라고 간주하기 어렵다. 그것은 어쩌면 진부한 역사주의의 재도전이라고 보는 것이 보다 더 적절할 것이다. 뿐만 아니라 과학철학은 국제관계의 이론도 아니다.[70)]

Theory in a Post-positivist Era," *International Studies Quarterly*, Vol. 33, No. 3, September 1989, pp. 235-254; K. J. Holsti, "Mirror, Mirror on the Wall, Which are the Fairest Theories of All?," *Ibid.*, pp. 255-262; Thomas J. Bierstecker, "Critical Reflection on Post-positivism in International Relations," *Ibid.*, pp. 263-268; Jim George, "International Relations and the Search for Thinking Space; Another View of the Third Debate," *Ibid.*, pp. 269-280.

70) Alexander Wendt, "Anarchy is What States Make of it: Social Construction of Power Politics," *International Organization*, Vol. 46, No. 2, Spring 1992, p. 425.

6. 포스트모던 국제정치?

아리스토텔레스 이래 정치란 인간의 완전한 자아실현을 허용하는 것으로 이해되었다. 자유주의의 등장 이래 정치란 최선의 선(善)인 자유를 수호하는 것으로 생각되었다. 푸코에 의하면 근대권력이 이 두 개의 계획을 훼손해 버렸다. 즉, 인간의 본성이란 존재하지 않으며 또한 권력이 배제된 절대적 자유란 없는 것이다. 그럼에도 푸코는 자유를 위한 투쟁을 선언했다. 따라서 하버마스(Habermas)가 제기한 "권력이 피할 수 없는 것이라면 왜 싸우는가?"라는 의문을[71] 충분히 해소하지 못한다. 이러한 도덕적 정치적 교착상태는 푸코가 니체에 그 뿌리를 두고 있기 때문이다.[72] 니체에게 투쟁은 영혼의 영원한 음식이다. 푸코에게 정치란 마치 전쟁과 전투, 전술과 전략의 장이다. 푸코에 의하면 '정치란 다른 수단에 의해서 수행되는 전쟁'[73]에 지나지 않는다. 이것은 클라우제비츠의 방정식을 뒤집은 것이지만 푸코는 구체적인 전선을 구축하거나 구체적인 적을 지칭하지 않는다. 그 결과 우리는 특별히 싸울 사람도 없고, 행동보다는 무관심의 성향만을 지닌 채로 사방팔방에서 위협받는 정치적 무인도에 남게 된다. 그러나 푸코에겐 모든 것이 위험스럽다. 따라

71) Leslie Parl Thiele, "The Agony of Politics: The Nietzschean Roots of Foucault's Thoughts," *American Political Science Review*, Vol. 84, No. 3, September 1990, p. 908에서 재인용.

72) *Ibid.*, p. 909, 이런 입장에 반대하는 Scott Johnson과의 토론을 위해서는 "Reading Nietzche and Foucault: A Hermeneutics of Suspicion?," *American Political Science Review*, Vol. 85, No. 2, June 1991, pp. 581-591.

73) *Ibid.*, p. 916.

서 우리는 언제나 뭔가 할 일이 있다. 푸코의 입장은 무관심이 아니라 비관적 초행동주의(hyper and pessimistic activism)이다.[74] 그러한 비관적 초행동주의는 바로 정치화한 비극적 영웅주의의 본질이다.[75] 즉, 우리는 목표들이 성취될 수 있는 것이기 때문에 행동하는 것이 아니라 용감하게 투쟁하는 것이 운명이기 때문이다. 바꾸어 말하면 우리는 투쟁하지 않는 삶은 살 만한 가치가 없는 것처럼 보이기 때문에 투쟁하는 것이 된다. 니체와 함께 푸코는 철학적 탐구의 고통스런 성격을 주장한다. 진리는 냉철한 조사의 발견이 아니라 치열한 투쟁의 산물, 즉 승리의 전리품이다. 따라서 진리의 본질은 언제나 파당적이며, 우리는 모두 서로 싸운다. 만인에 대한 만인의 투쟁이다.[76]

푸코의 작품은 홉스식 계획의 반명제(antithesis)처럼 보일 수 있다. 왜냐하면 홉스는 리바이어던을 수용함으로써 만인의 전쟁상태로부터 탈출하고자 했기 때문이다. 그러나 푸코에 의하면 우리는 아직도 홉스의 자연상태를 벗어나지 못했다. 홉스 이후의 자유주의가 자유를 가장 소중하게 간직하고 정치투쟁을 필연적 전제조건으로 간주한다면 푸코는 투쟁을 가장 소중하게 간주하면서 정치적 자유를 그에 부수적인 성취로 단정한다. 푸코는 자유를 방해의 부재나 합리적 행동을 위한 심리적 전제조건의 성취로 보지 않는다. 그것은 행동 그 자체 속에 있다. 마치 아리스토텔레스의 덕스러운 활동의 즐거움처럼 푸코는 자유를 투쟁에서 나와서 긴 무행동에서 끝나는

74) Michel Foucault, "On the Genealogy of Ethics: An Overview of Work in Progress," in Hubert Dreyfus and Paul Rabinow, eds., *Michel Foucault*, 2nd ed., Chicagio: University of Chicago Press, 1983, pp. 231-232.

75) Leslie Paul Thiele, *op. cit.*, p. 916.

76) Michel Foucault, *PowerKnowledge: Selected Interviews and Other Writings 1972-1977,* New York: Pantheon Books, 1980, p. 208.

것으로, 또 투쟁의 목표가 아니라 투쟁의 병발과 동일시한다.77) 따라서 푸코의 관심은 투쟁의 정신을 이해하고 장려하는 데 있다. 그러나 무엇을 위한 투쟁인가? 특히 국제사회에서 투쟁은 무엇을 위한, 어떤 방식에 의한 투쟁인가가 분명하지 않다.

포스트모더니스트들은 인간의 충성심을 형성하고, 역사과정을 구성하고 정치사회적 경계선을 부여하는 주권(sovereign)의 존재를 거부한다. 왜냐하면 진실과 의미가 의심스럽고 주체의 형식이 의심스럽기 때문이다. 따라서 그들은 모든 주권적 해결을 의문시한다. 포스트모더니스트들은 민족국가의 주권에 비판을 가할 뿐만 아니라 '국제정치학' 같이 독자적 학문을 분명히 정의하고 구분하는 모든 시도를 비판한다. 애쉴리(Ashley)와 워커(Walker)에 의하면 국가와 학문은 모두가 시간의 특수한 개념에 의존하고 집단적 정체성(identities)을 규제하는 기원, 구체적 시대와 결정적 분수령의 기억을 불어넣는다. 그런 면에서 학문은 국가와 유사하다.78) 포스트모더니스트들은 상이한 학문들간의 지성적인 배타적 현상을 강조한다. 국제관계에서 그들은 과학적 방법만이 객관적 지식을 제공할 수 있다는 주장과, 국제정치학이 주로 국가간 전략적 관계에 관한 것이라는 믿음으로 한정된 분야 내에서 두 개의 헤게모니적이고 배타적인 조망들이라고 주장한다.79) 즉, 그들에게 모든 이론은 지성적이고 정치적인 배타성의 자체 상표를 만들어 내지 않을 수 없다.80) 따라서 그들은

---

77) Leslie Paul Thiele, *op. cit.*, p. 922.

78) R. K. Ashely and R. B. J. Walker, "Reading dissidence/Writing the Discipline: Crisis and Question of Sovereignty in International Studies," *International Studies Quarterly*, Vol. 34, No. 3, 1990, pp. 367-416.

79) *Ibid.*

80) Andrew Linklater, "The Question of the Next Stage in International Relations Theory: A Critical-Political Point of View," *Millennium*, Vol. 21, No. 1, Spring 1992, p. 83.

모든 총체화하는 조망(totalizing perspective)의 창조를 반대한다. 애쉴리와 워커는 오늘날 국제정치학에 만연한 학문적 위기에 질서를 부활시키려는 어떠한 기도도 자연상태의 여파로 인한 리바이어던의 경우와 비슷하게 주권적 남성의 목소리를 계시할 것이라고 주장한다.[81] 포스트모더니스트들은 어떤 종합적 조망으로 다양성을 극복하려고 하는 것이 아니라 오히려 위기의 인식을 고양시켜서 인간의 임시변통에 대한 임의적 제약들이 도전받고 깨어지게 하려고 한다. 이런 관점에서 볼 때 국제정치 연구의 목적에 대한 합의의 토대가 존재하지 않는다. 아무런 안전한 방법도 없고 국제정치의 영역이나 범주에 대한 의견차이를 해소할 방법도 없다. 그들은 여러 가지 섬 같은 이론들을 결합하는 수단을 발명하기보다는 오히려 그런 노력을 방해하고 분열시키며 지연시키려고 한다.[82] 그들에게 국제정치 이론들의 축적은 오히려 문제가 된다. 왜냐하면 이른바 최종적 해결의 지나친 누적과 너무도 적은 미지의 영역의 느낌을 가져오기 때문이다. 그들은 지성적 도그마주의와 학문적 폐쇄성에 항의하고 다양한 학문적 견해 사이의 새로운 연결을 시도하고 학문적 탐구와 정치 및 사회의 한계인들의 저항운동 사이의 연계를 만들어 낼 것을 주장한다. 그것은 새로운 형태의 공동체와 인간공동체의 상이한 표현가능성을 타진할 필요성에 대한 강력한 주장이다. 즉, 그들은 자유의 윤리를 선포한다. 이 자유의 윤리가 엄밀하게 실천되는 경우에 어떠한 목소리도 어떤 배타적 토대 위에 영웅적으로 설 것을 효과적으로 주장할 수 없다.[83] 국제정치학의 역사에서 지성적 차이를 화해시킬 열쇠를 갖고 있는 것은 아무 것도 없으며 또한 미래에 탐

---

81) *Ibid.*
82) Ashely and Walker, *op. cit.*, p. 414.
83) *Ibid.*, pp. 394-395.

색되어야 할 발전의 길을 가리키는 이정표도 없다. 상이한 조망들의 요소들을 함께 보다 간결한 조망으로 엮을 어떤 변증법적 발전도 가능하지 않다.

포스트모더니스트들이 국제관계의 역사 속에 아무런 의미가 없다고 지적하는 것은 과연 옳은 것인가? 국제정치에 관한 아이디어의 필연적이고 직선적 발전이라는 헤겔식의 관점을 부정하는 뜻에서는 옳다. 그러나 최근 역사를 분석해 보면 주요 토론에서 무엇이 중요했으며 보다 적절한 국제관계의 설명을 개발하려는 시도에서 어떤 이득과 손실이 발생했는가를 보여줄 수 있다. 상이한 조망들을 비교함으로써 무엇이 보존되어야 하는가를 이해할 수 있다. 그런 변증법적 작업은 서로 상이한 조망이 어떻게 기여하는가를 보여준다. 그리하여 낡은 정교리(orthodoxy)를 새로운 정교리로 대체하지 않으면서도 다양성을 질서 짓고 또 그것을 초월하는 이른바 체계적 재건축의 가능성을 계시할 길은 없는 것일까?[84)]

7. 역사의 종말과 국제정치학

역사의 종말과 함께 다가온 포스트모더니즘은 근대 합리주의(과학주의)의 무덤 위에 피어나는 21세기의 지성적 꽃이 될 것인가? 적어도 국제정치에 관한 한 필연적이고 직선적이라는 헤겔식의 역사발전의 의미는 국제관계 속에서 발견될 수 없다고 주장하는 포스

---

84) Yosef Lapid, "The Third Debate: On the Prospects of International Theory in a Post-positive Era," *International Studies Quarterly*, Vol. 33, No. 2, 1989, p. 236.

트모더니스트들의 주장은 옳다. 국제관계의 전체가 헤겔식으로만 진행되어야 할 이유는 없기 때문이다. 국제관계이론도 다른 이론들처럼 '언제나 누군가를 그리고 무엇인가를 위한 것'이다.85) 그러나 그 '누군가'가 '우리 모두'가 되고 그 '무엇인가'가 우리 모두의 '공동선'일 수는 정녕 없는 것일까? 로버트 코헤인(Robert Keohane)의 관찰처럼 그 도전들은 그것이 국제정치의 중심적 문제들을 밝혀주는 구체적인 경험적 연구계획들을 개발하지 않는 한 새로운 이론적 출발로서는 국제정치학분야에서 자리잡기 어려울 것이다.86)

전쟁이 역사의 수레바퀴를 굴려왔다면 냉전체제의 종식으로 인한 세계대전 가능성의 소멸은 역사의 종말로 인식될 수도 있다. 베를린 장벽이 무너졌으며 1990년 11월 21일 파리헌장(The Charter of Paris)에서 유럽과 북미의 34개국은 '대결과 분단시대'의 종말을 선언했다. 유럽의 안보와 협력에 관한 상설회의도 설립되었다. 1990년 8월 이라크의 쿠웨이트 침공은 유엔을 세계무대의 중심부로 끌어올리면서 유엔에 새로운 힘과 기회들을 부여했다. 성급한 유엔신봉자들에게는 어제의 유엔창설자들의 꿈이 실현될 수 있는 것처럼 보인다.87) 뿐만 아니라 세계무역이 전통적인 강대국간 군사적 경쟁의 대안이 되고 있다. 오늘의 세계에서 점점 더 관련성을 갖는 것은 지

---

85) Robert Cox, "Social Forces, States and World Order: Beyond International Relations Theory," *Millennium*, Vol. 10, No. 2, Summer 1981, p. 128; Robert O. Keohane, ed., *Neorealism and Its Critics,* New York: Columbia University Press, 1986, p. 207.

86) Robert Keohane, "International Institutions: Two Approaches," *International Studies Quartely*, Vol. 32, No. 4, December 1988, pp. 379-396; Pauline Rosenau, "One Again into the Fray: International Relations Confronts the Humanities," Millennium, Vol. 19, No. 1, Spring 1990, pp. 83-110.

87) 강성학, "국제기구 연구경향과 유엔체제," 『국제정치논총』, 제30집 2호, 1991. 2, pp. 49-76.

정학(geopolitics)뿐만 아니라 지경학(geoeconomics)이다.[88] 일본 같은 나라의 경제력은 많은 다른 나라들의 군사력을 압도하고 있다. 심지어 주권국가가 통제하기에는 무기력한 세계경제의 측면들이 있으며 기업의 세계주의는 민족국가의 군사력 및 경제력마저도 제약하고 있다. 고도의 기술주의적 국제주의가 지배하는 평화적 경쟁의 시대가 도래했다는 낙관적 전망이 우리를 유혹한다.

그러나 이러한 낙관주의는 성급하다. 그것은 너무도 지나치게 합리적이다. 인간사에는 언제나 계산할 수 없는 요소들이 있다. 이성보다는 감성에 기초한 행동은 언제나 숙명적 매력을 지닌다. 인류는 역사를 통해 전쟁과 파괴를 되풀이해 왔다. 윌리암 포크너(William Faulkner)의 말처럼 "과거는 결코 죽지 않는다." 이른바 '이성의 시대' 이후 우리는 전쟁과 파괴의 비극을 계속했을 뿐만 아니라 이성이란 범세계적 속성도 아니다. 공산세계의 몰락과 동유럽 및 남미, 아시아에서 신민주국가들의 등장을 새로운 '이성의 시대'의 도래로 믿어서는 안 된다. 소련제국의 몰락은 새롭고 보다 더 위험스런 시대를 가져올지도 모른다.[89] 냉전체제는 적어도 힘의 균형, 공포의 균형을 제공했다. 그것은 어느 정도 이성에 입각한 공통된 이해였다. 이제는 그러한 균형이 없다. 하나의 초강대국이 새로운 질서를 어떻게 건설해야 할지 탐색하고 있으며 모든 다른 국가들도 변화의 세계 속에서 변화 그 자체의 추이를 예상해 보려고 애쓰고 있을 뿐이다.

---

88) Edward N. Luttwak, "From Geopolitics to Geo-Economics," *The National Interest*, No. 20, Summer 1990, pp. 17-23.

89) John J. Mearsheimer, "Why We Will Soon Miss the Cold War," *Atlantic Monthly*, August 1990, pp. 35-40. 이 논문은 원래 *International Security*, Vol. 15, No. 1에 "Back to the Future: Instability in Europe after the Cold War"의 제목으로 1990년 여름에 발표되었다.

현재 우리가 경험하고 있는 이런 낙관적 분위기는 1830-40년대에 유럽을 휩쓴 민족주의적 도취감을 상기시킨다. 당시 그리스와 벨기에는 독립을 성취했다. 그러나 폴란드(1830), 독일(1848), 이탈리아(1848), 헝가리(1849) 등의 민족주의적 열망은 좌절되었다. 오늘날 동유럽국가들은 거의 평화적으로 변화되었지만 사라예보에서는 비극적 전투가 계속되고 있으며 팔레스타인과 쿠르드족을 포함하여 도처에서 분리주의자들은 그들의 열망을 불태우고 있다. 민족주의와 국가이익의 시대는 결코 끝나지 않았다. 역사진행과정의 오늘의 시점에서 볼 때 아직도 오직 민족국가만이 인간생존의 안녕과 복지와 인권을 보호할 수 있다. 국가이익과 국가적 편의만이 궁극적으로 국가를 움직이는 동력이다. 국가가 자신의 존재의의를 포기하지 않는 한 국가들의 세계는 여전히 '무정부 상태'로 유지될 것이다.[90] 그리고 그런 '무정부적 상태'의 결과인 필연적 힘의 균형체제가 어쩌면 세계정부보다도 평화와 안정을 유지하는 데 보다 값싸고 효과적일 수도 있다.[91]

따라서 탈냉전 이후에도 탈맑시즘 이후에도 국제정치는 여전히 중요한 국제적 이해관계에 관련되며 근대 국제정치의 본질에서 벗어나기 어려울 것이다. 근대 국제정치학은 국가이익이라는 이름 아래 구체적인 욕구, 권리, 목적과 주장을 가진 주권국가를 주된 국제적 행위자로 간주한다. 따라서 국제정치학은 국가 이익을 성취하기 위해 어떻게 국가와 그 지도자들이 외교와 군사전략을 수행하는지에 관한 설명이다. 기본적 가정은 외교정책이 특정 시기에 특정 국가와 그 지도자들에 의해서 의식적이고 의도적으로 계획되고 실천

90) Alexander Wendt, *op. cit.*, pp. 391-425.

91) Kenneth Waltz, *Theory of International Politics,* Reading: Addison-Wesley, 1979, p. 111; Sung-Hack Kang, *op. cit.*, pp. 162-169.

된다는 것이다. 국제정치의 이런 기본적 개념은 1648년 이전의 국제정치에서 지배적이지 못했다. 중세를 통해서 유럽의 정치사상은 로마제국을 부활시키거나 아니면 그 후계자를 찾는 아이디어에 의해서 지배되었다.92) 실제로 1453년까지 비잔티움에 기반을 둔 동로마제국이 존재했으며 터키에 의해 콘스탄티노플이 정복되자 모스크바의 대공(Grand Duke)은 황제(Czar)라 자칭하고 "첫 번째 로마는 로마에, 제 2 의 로마는 콘스탄티노플에, 제 3 의 로마는 모스크바에," 그러나 제 4 의 로마는 없을 것이라고 단언했었다. 서방에서 '독일 민족의 신성 로마제국'은 때때로 정치적 현실의 모습을 띠기도 했지만 적어도 하나의 개념으로 살아 남았다. 역사적인 관점에서 본다면 16-17세기의 이른바 종교전쟁들이란 제국주의 개념과 주권국가라는 공동체 개념의 충돌에 의해 특징되는 정치적 전쟁들이었다. '종교문제들'이란 그 갈등의 이념적 표현이었다. 제국의 지지자들은 대부분 가톨릭으로서 성직상 권위로부터 이탈하기 위해 종교개혁을 이용한 군주들의 독립적 영토의 출현을 억압하려고 시도했다. 그 종교적 노선도 그러나 30년 전쟁에서 당시 프랑스가 청교도의 입장을 지원함으로써 선명하게 그어지지 못했다. 프랑스는 가톨릭국이었지만 유럽대륙에서 가장 강력한 주권국가였고 따라서 이해할 수 있는 기존이익을 갖고 있었다. 1648년이 근대 국제정치의 출발점으로 보통 간주되는 것은 바로 이때 이후부터 권력투쟁의 성격이 변질되었기 때문이다.

1648년 이후부터 본질적으로 개별국가들은 서로간 경쟁자가 되었으며, 이 경쟁으로부터 주권국가의 개념과 이들 주권국가들간의 공동체 개념이 등장했다. 경쟁은 전쟁으로 표출되었다. 전쟁은 이미

92) Cornelius F. Murphy, Jr., *The Search for World Order*, Dordrecht: Martinus Nijhoff Publishers, 1985.

소유하고 있는 영토를 안전하게 하기 위해서, 그리고 가능하다면 그것을 더 넓히기 위해서 수행되었다. 영토에 대한 주장이 종종 상속권에 관한 것이었기에 전쟁의 원인은 흔히 왕조적인 것이었다. 즉, 누가 정당한 지배자 혹은 계승권자인가의 문제였다. 따라서 군대 없는 군주란 파산한 기업인과 같았다. 이런 이유에서 군주들은 치열한 전투를 서로가 피하려고 했었다. 전투에서의 패배도 불명예가 아니었다. 전쟁은 제한된 목적, 때론 대수롭지 않은 목적을 위해 수행되었고, 굴복하는 것이 최후의 일인까지 싸우는 것보다도 더 바람직한 종전 양식이었다. 패배자는 어떤 정치적 양보를 하는 것으로 충분했다. 어떤 국가도 패전의 결과로 궤멸당할 것을 걱정하지 않았다. 통치자들은 오늘의 적이 내일의 동맹국이 될 수 있다는 것을 잘 알고 있었다. 따라서 경쟁하는 군주들 사이에는 국제체제 유지라는 공통의 이익이 존재했었다. 국제체제의 유지는 어느 특정한 국가나 국가집단이 다른 국가들을 위협하는 힘의 집중, 즉 헤게모니를 방지하는 힘의 균형에 달려 있다고 생각되었다. 17, 8세기 군인들은 강인했지만 싸울 동기가 부족했다. 그들에겐 목적의식이 없었으며 명령 소리에 복종하는 것만 요구되었다. 18세기에도 유럽대륙에는 애국심의 개념이 존재하지 않았다. 당시의 국가는 영토국가일 뿐 민족국가는 아니었다. 따라서 '전쟁은 왕들의 전쟁'이었다.93)

프랑스혁명은 모든 것을 변화시켰다. 프랑스의 혁명군인들은 혁명을 구하기 위해서 그리고 후에는 프랑스의 영광을 위해서 싸웠다. 프랑스의 군대는 프랑스 인구 중 남자의 수에 의해서만 그 크기가 제한받는 시민군대였다. 자신의 인력이 사실상 무제한한 것을 알았던 나폴레옹은 교전의 대가를 걱정하지 않았고 이전의 세기에 경

---

93) Michael Howard, *War in European History,* Oxford: Oxford University Press, 1976, p. 73.

험하지 못한 맹렬성을 갖고 공격했다. 이런 전쟁의 새로운 양상은 힘의 균형에 기초한 18세기의 국제체제를 붕괴시켜 버렸다. 그러나 나폴레옹의 군대는 곧 외국의 침략자들로 보였고 침략당한 나라 사람들의 마음 속에 프랑스 군대를 거의 무적으로 만든 똑같은 애국심을 불러일으켰다. 민족주의가 탄생한 것이다. 그리고 전쟁을 위해 민족주의가 동원되었다.[94] 프랑스인들은 혁명의 이상인 자유, 평등, 박애를 전 유럽에 확산시키는 데 성공하지 못했지만, 민족주의를 확산시켰으며 그 결과 자신들이 창조한 민족주의에 의해 마침내 패배했다. 그러나 여러 가지 면에서 비엔나회의 이후 19세기 국제체제는 18세기의 체제를 닮고 있었다. 유럽은 여전히 힘과 위신을 위해 서로 경쟁하는 국가들간의 공동체였다. 국제관계의 지혜는 여전히 힘의 균형을 유지하는 데 있었다. 전쟁이 불법화되지 않았다. 당시 군사사상가 클라우제비츠의 불멸의 방정식처럼 "전쟁은 수단을 달리한 정책의 연속"이었다. 19세기의 국제체제는 18세기 체제의 속성을 유지했으며 고전적 국제체제의 전형이 되었다.[95] 따라서 우리는 그것을 클라우제비츠의 체제라고 불러도 좋을 것이다.[96]

제 1 차 세계대전을 경험한 뒤 1918년 베르사이유 평화회담에 참석한 세계의 지도자들은 이 클라우제비츠 체제를 국제연맹의 집단안전 보장으로 대치하려고 시도했다. 그러나 그러한 기대는 염원에 지나지 않았다는 사실이 제 2 차 대전의 발발과 함께 분명해졌다. 제 2 차 세계대전까지 미국과 소련은 클라우제비츠 체제의 구성원이 아니었다. 그러나 그들은 클라우제비츠 체제의 안정이 요구하는 행

94) Barry R. Posen, "Nationalism, the Mass Army and Military Power," *International Security*, Vol. 18, No. 2, Fall 1993, pp. 80-124.

95) Edward Vose Gulick, *Europe's Classical Balance of Power,* New York: W. W. Norton, 1955.

96) Anatol Rapoport, *The Big Two,* New York: Pegasus, 1971, p. 38.

동원칙에 따라 참전했다. 이들 국가들이 일단 참전하자 자신들만이 그 체제의 주요 구성원이라는 것을 발견했다. 양극적 초강대국의 시대가 도래한 것이다. 이제 국제체제가 범세계적으로 확대된 시대에 범세계적 외교와 전략의 구사가 요구되었다. 미소의 정책결정자들은 두 국가의 완전히 다른 정치적 이념을 대변함으로써 이념적 대결양식을 전면에 부각시키면서도 서로가 대결하는 양극적 대결구조를 형성했다. 그리하여 그들의 국제정치에 대한 사고와 행동양식은 과거의 강대국들과 다를 수 없다는 것을 재발견했다. 국제연합은 과거 국제연맹의 운명을 되풀이하는 것처럼 보였다. 이른바 냉전의 이 시기에 두 초강대국들은 그러나 핵의 공포에 의해서 자신들의 대결양식은 평화공존을 전제로 할 수밖에 없었다. 비약적 기술의 발전과 함께 무기의 무서운 파괴력은 그것을 사용하지 않으려는 마음도 그만큼 강화시켰다. 자신들을 포함하여 인류의 생존을 위해 미·소는 자신들의 행동양식에 한계를 설정해야만 했던 것이다. 그러나 핵시대에도 국가가 결정적으로 중요한 행위자였고 분권화한 세계 속에서 경쟁적 기본성격을 극복하지 못했다. 클라우제비츠 체제의 기본성격이 계속 유지된 것이다.

역사의 종말이 선언된 양극적 냉전의 종식은 클라우제비츠 체제의 종언을 의미하는 것인가? 국가간의 국제체제는 사라지는 것인가? 냉전의 종식은 과거 소련제국의 해체로 인해 새로운 국가들을 탄생시켰다. 국제사회가 독립국가들로 구성되고 국가간의 불평등한 힘의 관계가 존재하는 한 그들이 형성하는 국제체제의 종언은 허구나 희망의 표현이었다. 제 1 차 세계대전이나 제 2 차 세계대전의 종결이 국제체제의 소멸을 가져오지 못했던 것처럼 냉전의 종식도 국제체제 자체의 소멸을 가져오지는 못한다. 근대적 국제체제는 국가라는 정치적 단위가 그 생명령을 상실하지 않는 한,[97] 즉 범세계 단일국가가 탄생하지 않는 한 계속 존속될 것이다.

이러한 근대 국제체제의 본질적 지속에 대한 강조는 국제정치의 많은 차원에서 그동안 꾸준히 겪고 있는 중요한 변화들을 간과하려는 것은 아니다. 새로운 정치, 경제 및 사회적 구조들이 등장하고 과학기술이 더욱더 다이내믹해짐에 따라 옛 구조들이 변질되고 있다. 국제정세의 국가중심적 구조는 국가간 문제들이 발생하고 관리되는 보다 고도의 복잡성에 의해서 도전받고 있다. 통화위기나 환경오염과 같은 많은 문제들은 그 범주가 초국가적이고 그 결과 각국 정부가 효과적으로 대응하지 못하고 있으며 국제적 다이내믹스에 의해 지탱되는 다변성에 직면하고 있다. 또한 세계정세의 점증하는 상호의존성은 국가의 독자적 정책을 지탱하려는 국가의 능력을 크게 약화시키고 있다. 그 결과 국내정치와 국제정치 과정의 긴밀한 연계성이 부각되고 국제관계에 대한 새로운 인식과 국제정치 및 경제의 상호작용의 종합이 요구되기도 한다.[98] 이러한 시대적 요구에 부응하려는 많은 이론가 중 한 사람인 제임스 로스노우(James Rosenau)는 국제관계의 심오한 변화를 강조하면서 포스트 국제정치

---

97) 레이몬드 버논(Raymond Vernon)도 그의 저서명이 주는 잘못된 인상에도 불구하고 국가의 주권은 결코 궁지에 몰려 그 존재가치를 상실하고 있지 않다고 주장한다. "Sovereignty at Bay: Twenty Years After," *Millennium*, Vol. 20, No. 2, Summer 1991, pp. 191-195.

98) 그러한 요구는 1970년대 초부터 많은 국제정치학자들에 의해서 꾸준히 제기되었다. 스탠리 호프만(Stanley Hoffmann), 로버트 코헨(Robert Keohane), 죠셉 나이(Joseph Nye, Jr.), 에드워드 모스(Edward Morse) 등의 저작들은 항상 그런 요구를 제기했었다. Robert Keohane and Joseph Nye, Jr., eds., *Transnational Relations and World Politics*, Cambridge: Harvard University Press, 1971; *Power and Interdependence: World Politics in Transition,* Boston: Little Brown, 1977; *Stanley Hoffmann, Primacy or World Order,* New York: McGraw-Hill, 1978; Edward Morse, *Mordernization and the Transformation of International Relations,* New York: Free Press, 1976.

의 이론화 작업을 촉구한다.[99] 그러한 작업을 위해서 그는 다음 다섯 가지의 세계적 변화의 동력에 주목할 것을 제안하고 있다.[100]

첫째는 산업사회 질서에서 후기산업사회 질서로의 전환이며 전자공학적 혁명과 관련된 기술의 다이내믹스이다. 전자공학적 혁명은 정치, 경제, 사회적 거리를 아주 좁혀 놓았으며 아이디어, 사진, 통화 그리고 정보의 이동을 아주 신속하게 만들었고 그 결과 사람들과 사건의 상호의존성이 매우 높아졌다.

둘째의 세계적 변화의 동력은 새 기술과 국제적으로 보다 깊은 상호의존성의 직접적 산물인 새로운 문제들(예를 들면 대기오염, 테러행위, 마약무역, 통화위기, AIDS)의 출현이다. 이런 문제들은 과거 전통적 문제들과 달리 본질적으로 초국가적인 문제들이다.

셋째의 동력은 정치적으로 해결해야 할 주요 문제들에 대한 국가와 정부의 만족스런 해결능력의 감소이다. 이런 감소는 옛 문제들이 점점 국제성을 띠게 되기 때문이며 그 결과 시민들의 국가에 대한 복종도 더 이상 당연시될 수 없게 되었다.

---

99) James N. Rosenau, "Global Changes and Theoretical Challenges: Toward a Post-International Politics for the 1990s," in Ernst-Otto Czempiel and James N. Rosenau, eds., *Global Change and Theoretical Changes: Approches to World Politics for the 1990s,* Lexington: Lexington Books, 1989, pp. 4-6; James N. Rosenau, *Turbulence in World Politics*, Princeton: Princeton University Press, 1990, pp. 3-20. 로스노우는 자신의 포스트국제정치의 입장이 철학적 포스트모더니즘과는 무관하다고 주장한다(p. 6). 그러나 탈근대국가, 즉 탈근대 국제체제의 세계는 전통적 근대정치 텍스트에 입각한 인식으로부터의 전환을 요구한다는 점에서 포스트모더니즘과 완전히 무관하다고 주장할 수 없다. 다만 로스노우는 포스트국제정치학도 과학적이어야 한다는 그의 주장에서 그는 인식론적, 철학적 입장에서 여전히 근대주의자라고 할 수 있다. James Rosenau, "The Scholar as an Adaptive System," in Joseph Kruzel and James N. Rosenau, *Journeys Through World Politics,* Lexington: Lexington Books, 1989, p. 64.

100) James Rosenau, *Turbulence in World Politics*, pp. 12-13.

넷째는 모든 조직의 차원에서 발견되는 분권화의 추세이다. 국가 체제의 약화와 함께 하위체제(하위집단주의)가 국가에 버금가는 일관성과 효율성을 획득하게 되고 그 결과 그동안의 중앙집권적 성향과는 아주 대조적으로 탈집중화·분권화의 추세가 가속화하고 있다.

다섯째, 새로운 상호의존성에 대응해야 하고 또 후기 공업사회 질서의 신기술에 적응해야 하는 국가를 비롯한 모든 집단들을 구성하는 개인들의 기술과 정향에 대한 앞의 네 가지 결과의 영향이다. 즉, 확대된 분석기술과 능력의 향상 및 권위에 대한 정향이 보다 더 자각되어 현 세대는 과거의 세대들처럼 국제정세에 관해 더 이상 무관심하지도 않고 또 조작되지도 않는다. 로스노우에 의하면, 이러한 변화로 인해 우리는 지난 약 300년간 계속된 단순한 국가 중심적(state-centric) 세계가 아니라, 어떤 단일 행위자나 행위자집단도 지배적이지 못한 고도의 다원주의 체제를 구성하는 정부 및 비주권적 행위자들로 구성된 다중심적(multi-centric) 세계의 등장을 목격하고 있다.101) 이런 세계에도 과거의 유산들이 여전히 남아 있어 신구세력간의 동시성(simultaneity)과 각 행위자들보다도 그것들의 상호작용이 더욱 새로운 변화이기 때문에 이런 복수중심적 세계는 고도로 불확실한 세계라는 것이다.102)

그러나 그런 복잡하고 불확실한 세계도 국제사회의 본질적 무정부 상태를 극복한 세계, 즉 탈아나키의 세계는 아니다. 역사의 종말 이후 역사의 부록에 속하는 모든 개인과 집단들이 경제적 이득만을 위해 냉정한 경제적 계산 위에서만 행동하는 세계는 아닐 것이다. 분명히 여러 가지 새로운 변화를 경험하고 또한 미래의 세계는 보다 복잡하고 혼란스런 일종의 국제적 대중사회 같은 인상을

101) *Ibid.*
102) *Ibid.*

줄 수도 있다.[103] 그러나 국제적 무정부상태가 극복되기 이전에 국제정치학에서 포스트 국제정치의 선언은 시기상조임에 틀림없다. 포스트모더니즘의 도전은 국제사회에서 평화보다는 전쟁, 질서보다는 무질서를 조장할 것이 거의 확실하다. 어쨌든 새로운 인식론이나 새로운 과학철학이 국제관계의 이론이 되지는 못한다.[104] 앞으로도 여전히 국제정치학의 제1차적 관심은 국가라는 정치적 단위로 구성된 국제관계에 남을 것이다. 우리의 현재가 역사와 관련되었듯이 우리의 미래도 현재 속에서 발견될 것이다. 상당기간 주권국가가 국제체제 속에서 여전히 주도적 행위자로 남을 것이다.

8. 결　　론

오늘의 세계는 반세기에 걸친 치열한 냉전시대의 종언으로 분명히 역사의 전환점에 서 있다. 전 세계에 걸친 공산제국의 몰락은 현시점을 역사의 종말로 선언하는 것을 가능하게 해 주었다. 그러나 이 순간의 본질과 성격을 간파하기 위해서는 공산제국의 전체주의로부터의 극적이고 경이적인 해방을 환영하는 축제를 끝내고 다가오는 불확실한 미래의 지도적 비전을 모색하지 않을 수 없다. 냉전에서 서방 자유민주주의의 승리는 무엇을 의미하는가? 맑스주의는

103) Yale H. Ferguson and Richard W. Mansbach, "Between Celebration and Despair: Constructive Suggestions for Future International Theory," *International Studies Quarterly*, Vol. 35, No. 4, December 1991, p. 371.

104) Alexander Wendt, "Anarchy is What States Make of It: the Social Construction of Power Politics," *International Organization*, Vol. 46, No. 2, Spring 1992, p. 425.

서양문명 세계의 지성적 선물 가운데 하나가 아니었던가?

반맑스주의의 원칙적 기반은 개인의 권리, 즉 시민권과 재산권을 가진 자유민주주의와 민주공화제였다. 그러나 자유주의란 계속해서 논란의 대상이 되었고 모호한 것이 되었다. 자유민주주의의 개인주의와 자유시장 경제체제는 어떻게 시민정신, 시민적 단결과 조화를 이룰 것인가? 자유주의자들이 처음에 파시즘과 그리고 나중에 공산주의라는 분명한 정치적 악에 대항할 때에 자유주의의 모호성을 의식하지 못했다. 그러나 이제 자유세계는 맑스-레닌 독재의 위협이 사라지면서 불확실하고 모호한 정신적 토대의 문제에 직면하지 않을 수 없게 되었다. 2세기 전 자유공화제가 유럽과 미대륙에서 구체제를 타도했을 때 시민적 정신적 토대에 관한 의문들은 '계몽주의' 혹은 '이성의 시대'의 선구자였던 사상가들의 정치철학에 의해서 신체제가 정당화되었다. 홉스, 스피노자, 로크, 칸트 그리고 헤겔에 이르는 근대사상가들은 인권에 관해서뿐만 아니라 자연권을 강조했었다. 그것들은 자연상태, 사회계약 그리고 카테고리컬 명령과 같은 근본적 개념에 의해서 정당화되고 도덕적 자연법칙이나 자연의 신법(神法)으로 논설되었다. 그러나 현재 세계의 정신적 풍토를 특징짓고 있는 것은 부정과 회의와 환멸이다. 이른바 포스트모더니즘이란 기존의 모든 근대성에 관한 도전 이외엔 아직 분명하게 제시하는 것이 없다.105)

더구나 이 포스트모더니즘이란 것이 근대성이 사라져 버린 후

105) Gregory B. Smith, "Cacophony or Silence: Derrida's Deconstructionism and the Possilbility of Political Philosophy," *The Political Reviewer*, Vol. 18, Fall 1988, pp. 127-162. 이러한 대안 없는 도전의 문제점은 바로 하이데거의 문제점이었다. 하이데거에 대한 이런 문제의 논의를 위해서는 Michael Allen Gillespe, *Hegel, Heidegger and the Ground of History*, Chicago: The University of Chicago Press, 1984. 특히 제 5 장을 참조.

에 존재하는 어떤 것이 아니라 오히려 근대적 합리주의로부터 탈출하지도 못하면서 더 이상 그것을 신뢰할 수 없다는 입장을 취하고 있을 뿐이다. 즉, 정책적 행동방향에 관한 대안을 제시하지 못하는 포스트모더니즘은 '힘이 곧 정의'인 권력정치 상황으로부터 아무런 탈출구를 제공하지 못하고 있다.106) 아니 오히려 권력투쟁만을 심화시키고 있다고 하는 것이 보다 더 정확할 판단일 것이다. 거대한 힘의 원천으로서 뿐만 아니라 그런 힘을 어떻게 사용할 것인지에 대해 권위 있는 지침으로서 이해된 감성적 이성에 대한 믿음과 신앙, 그것이 바로 근대성의 핵심이다. 따라서 과학을 위한 투쟁은 동시에 보편적 대중의 계몽을 위한 문화적・정신적 투쟁이었다. 이것은 비합리적이고 비과학적인 편협한 어떤 부족이나 민족적 전통과 미신 같은 것에 뿌리를 둔 부당한 정치 및 경제적 헤게모니에 대항하는 혁명으로부터 시작했다. 그러나 이런 현실의 부정(negation)에는 새로운 긍정(affirmation)이 뒤따랐다. 새로운 문화는 좋은 삶에 대한 새로운 내용과 목적과 개념들을 보유해야 했다. 따라서 새로운 과학, 도덕, 정치, 미학, 철학과 종교가 낡고 비과학적인 전통적인 것들을 대치하게 하려고 했다. 공적 및 사적인 삶의 합리적이고 보편타당한 삶의 토대를 제공하려는 계몽사상가들의 그런 위대한 시도는 완벽하게 성공하지는 못했지만 인류애와 평등, 국민적 동의에 입각한 정부, 자유시장, 신성한 개인적 영역의 인정과 같은 주도적인 도덕 및 정치적 개념들이 자유주의의 정신적 보루로 남아 있다.107)

근대의 합리주의는 루소에서 시작하여 니체와 하이데거에서 절

106) Ken Booth, "Security and Emancipation," *Review of International Studies*, Vol. 17, No. 4, October 1991, p. 316.

107) Thomas L. Pangle, *op. cit.*, p. 3.

정을 이룬 철학적 비평가들에 의해서 진실로 인간적인 설명을 할 수 없다고 공격받았다. 그리하여 합리주의의 원래의 정기는 부식되고 약해지고 불안정하게 되어버렸다. 자연권은 거부되고, 재산권은 회의적인 반응을 불러일으켰다. 합리주의는 성차별주의, 유럽주의, 비인간적인 공리주의, 심지어 기술적인 착취라는 의심까지 받게 되었다. 그리하여 오늘의 세계는 환상적으로 강력한 기술 및 경제적 자원의 소유가 오히려 인간의 정신적 목적이나 토대에 대해 불확실하게 하는 사회를 만들어 버렸다. 이런 사회는 현재 이른바 포스트모더니즘이라는 아주 문제가 많고 회의적이며 본질적으로 허무주의적인 문화적 '신이즘'(新 ism)에 점점 침투당하고 있다. 이것은 정신적 절망과 철학적 도그마주의, 시민적 무책임성으로 인해 그 위험성이 인식되지 못한 채 기존의 모든 것에 대한 해체주의적인 매력만을 파급하고 있다. 이것이 국제정치분야를 포함한 모든 분야에서 우리가 직면하게 된 최대의 지성적 위기이다. 미래의 역사는 이 도전에 대한 우리의 응전양식과 그 성패 여부에 따라 그 모습을 달리할 것이다. 그리고 이것은 정치지도자들이 피할 수 없는 역사창조의 기회와 책임의 영역이다.[108]

108) Sung-Hack Kang, "A Quest for the Study of Historical Statesmanship in International Relations,"『사회과학논집』, 고려대학교, 1985, pp. 185-199.

제 6 장

한스 J. 모겐소와의 철학적 산책: 국제정치를 어떻게 생각할 것인가?

> 만일 내가 현실주의적 환경 속에 살았더라면 나는 훌륭한 이상주의자가 되었을지도 모른다.
>
> – 한스 J. 모겐소 –
>
> 냉전 종식 직후 힘과 그것의 중요성에 관해 관심을 가진 학자들은 통찰력을 얻기 위해 보다 전통적 형태의 현실주의로 기울고 있다. 모겐소와 그의 아이디어들이 다시 시의적절한 것이 되었고, 따라서 새로운 세대의 독자들을 위해 역사적 및 지적 맥락에 맞출 필요가 있게 되었다.
>
> – 리처드 니드 리보우 –

제 2 차 세계대전의 종결 와중에 유엔을 주도적으로 창설한 미국인들 사이에 만연된 자유주의적 국제정치 접근방법을 목격한 모겐소는 그런 자유주의적 국제정치관을 현실성 없는 이상주의로 공격하고 칼 슈미트(Carl Schmitt)가 말한 소위 다른 체제, 즉 "정치적인 것"을 자유주의자들처럼 부정하지 않고 오히려 그것을 인정하도록 했다. 슈미트에게 근대의 시대정신인 자유주의의 특징은 비정치적인 것을 통해 정확하게 "정치적인 것"의 부정(negation)이었다. 슈미트의 관점을 적용하면 미국의 오랜 전통인 자유주의는 그곳에서 "정치적인 것"을 제거해 버렸다. 자유주의는 비정치적이고 탈정치적 담론양식으로 정치를 수행한다. 그리하여 자유주의는 "정치적인 것"뿐만 아니라 "정치적인 것"에 대한 진지함을 사멸시켰다. 자유주의가 만들어 낸 연막을 제거하고 자유주의가 숨겨 놓은 은닉처로부터 "정치적인 것"을 환원시켜야 했다.

일찍이 16세기 초 이탈리아에서 마키아벨리가 "정치적인 것"을 종교와 도덕철학으로부터 해방시키고 17세기 홉스가 그것을 자연법사상으로부터 옹호하려 했고 또 1920년대 슈미트가 유럽 특히 독일에서 팽배한 자유주의로부터 "정치적인 것"을 구별시키려고 했던 그 역할을 1940년 후반 한스 모겐소가 미국 땅에서 스스로 자처하고 나섰던 것이다. 그에게 영향을 끼친 슈미트가 "정치적인 것"에 관한 객관적 논의를 위한 "출발점"을 제공하는 것으로 만족했던 반면에 모겐소는 자유주의적 정치관에 대한 대안적 다른 인식체계, 즉 "정치적인 것"을 부정하지 않고 오히려 인정받게 하는 새로운 패러다임, 즉 소위 "정치적 현실주의" 이론을 "성공적으로" 제시했다. 그리하여 "현대 국제정치학의 창시자"로 옹립되었다.1)

그러나 그의 국제정치이론은 모겐소 자신의 고백처럼 그가 새롭게 발명하거나 발견했던 것이 아니라 유럽의 전통적 지혜를 현대의 문제에 적용한 것이었다. 바꾸어 말하면 유럽이라는 구세계의 특수한 전통적 지혜를 미국이라는 신세계에 성공적으로 식목했던 것이다. 구체적으로 모겐소의 사고방식은 아주 슈미트적이다. 1929년 8월 모겐소는 베를린에 있는 슈미트의 아파트에서 그를 만나고 나

---

1) Stanley Hoffmann, "An American Social Science: International Relations," in *Janus and Minerva: Essays in the Theory and Practice of International Politics,* Boulder and London: Westview Press, 1987, p. 6.

오면서 "지금 나는 살아 있는 가장 악마 같은 사람을 만났다"고 중얼거렸지만[2] 그 후 자신의 저작에서 모겐소는 슈미트의 "정치적" 분석의 비판을 꾸준히 자제했다. 젊은 날의 모겐소에 미친 슈미트의 지적 영향은 그에겐 너무 무거운 유산이었을 것이다.[3] 모겐소가 자신의 박사학위논문을 준비하는 동안 그리고 자신의 "정치적인 것"의 개념을 개발하는 데 있어서 그는 슈미트의 자유주의에 대한 비판을 철저히 공부했었다. 그리고 15년 후 미국에서 그것을 잘 사용하였다.[4] 실제로 슈미트는 모겐소에 의해 면도날 같은 분석가, 자기 시대의 탁월한 진단자로 묘사되었다.[5]

슈미트의 말처럼 일반적으로 국가와 관련되는 일을 정치적이라고 한다. 그러나 사실 국가는 정치적인 것을 먼저 전제한다. 자유주의 정치이론은 국가와 사회를 구분하여 사회를 우위에 두고 정치적인 것을 법적 행정적 결정으로 국한시키면서 모든 사회적 현상을 탈정치적 혹은 비정치적인 것으로 간주한다. 토머스 페인(Thomas Paine)의 말처럼 "사회는 합리적으로 규제되는 욕구의 결과이고 정부는 우리의 사악함의 결과"로 간주한다. 자유주의는 인간은 선하고 정부 관리는 부패하기 쉽다는 가정 위에 서 있다. 그렇지 않은 어떤

---

2) Christoph Frei, *Hans J. Morgenthau: An Intellectual Biography,* Baton Rough: Louisiana State University Press, 2001, p. 160.

3) 바로 그런 이유에서 본장의 논의가 모겐소 자신이 아니라 슈미트로부터 시작하는 것이다.

4) *Ibid.*, p. 197.

5) *Ibid.*, p. 161. 알폰스 죌러(Alfons Söller)에 의하면 모겐소의 정치적 현실주의는 카를 슈미트의 권위주의적 반자유주의와 헤르만 헬러(Hermann Heller)의 민주적 사회주의 사이에서 바이마르 정치학의 역사적 맥락에서 개발되었다. 그는 독일에선 슈미트의 개념을 채택하지 않았지만 미국에서 자기 자신의 입장을 찾았다. 이런 주장의 확인을 위해서는 Alfons Söller, "German Conservative in America: Morgenthau's Political Realism," *Telos*, No. 72, Summer 1987, p. 161 참조.

제도도 자유주의적이라고 말할 수 없다. 자유주의는 정치적인 것을 윤리적인 것에 묶고 그것을 경제에 예속시켜 탈정치적 사회를 추구한다. 그것은 인간이 위험스럽고 역동적 존재라고 생각하지 않는다. 근대 자유주의가 수백 년간 풍미하면서 탈정치화가 지속되었다.

그러나 19세기 말부터 민족국가의 등장으로 국가가 국민의 복지를 직접 향상시켜야 하는 국가의 기능이 보편화되면서 국가와 사회는 고도로 상호 침투하게 되었고 그 결과 그리스 시대의 폴리스(*polis*) 공동체 같은 전체국가(total state)로 변해 버린 세상에서 "정치적인 것"이 단순히 "사회적인 것"과 구별되어야 할 필요가 있다. 더구나 단일 세계국가가 없는 국제사회에서 국가간 "정치적인 것"의 명확한 이해는 더욱 필요하게 되었다. 여기서 "정치적인 것의 본질"을 묻는 것은 정치적인 것에 무슨 특수한 것이 있는가를 묻는 것이다. 슈미트는 정치적인 것이란 특수하게 정치적인 의미를 가진 모든 행동이 그것으로 추적될 수 있는 그 자신의 궁극적인 구별에 입각해야 한다고 주장했다. 그리하여 도덕의 영역에서 최종적 구별이 선과 악의 사이를, 미학의 영역에서는 아름다운 것과 추한 것의 사이를, 그리고 경제의 영역에서는 이윤이 있는 것과 이윤이 없는 것 사이의 최종적 구별이 있는 것과 꼭 마찬가지로 특수하게 정치적 구별은 "친구와 적"의 구별에 있다고 주장했었다.6)

그는 여러 가지 상대적으로 독립적인 인간의 사고와 행동이 그 자신들의 기준을 갖고 있다는 가정 위에서 "정치적인 것의 기준"을 제시했던 것이다. 이 기준은 궁극적인 구별의 성질을 갖고 있으며 보다 정확하게 말하면 궁극적인 대립들이다. 따라서 도덕의 기준은 선과 악의 대립이고, 미학의 기준은 아름다운 것과 추한 것의 대립

6) Carl Schmitt, *The Concept of the Political*, trans. George Schwab, New Brunswick New Jersey: Rutgers University Press, 1976, p. 26.

이다. 이런 일반적 관계로 자신의 위치를 확인하면서 슈미트는 적과 친구의 구별을 특수하게 정치적 구별로 정의했다. 여기서 적과 친구는 공적인 적(public enemy)과 공적 친구로 항상 이해되어야 한다. 사태를 보는 적과 친구라는 양식의 두 요소들 가운데 "적"이라는 요소가 우선한다. 정치적 관계의 본질은 구체적 "대립"의 언급 속에 내포되어 있다. 그러므로 "적"이 친구보다 우선된다. 왜냐하면 실제 영역에 존재하는 싸움의 잠재력은 적의 개념에 속하지 친구의 개념에 속하지 않기 때문이며, 또 인간의 삶이란 전쟁의 잠재력, 긴박한 위급성, 즉 가장 극단적 가능성으로부터 그것의 특수한 "정치적인" 긴장을 받기 때문이다. 그러나 전쟁의 가능성만으로는 정치적인 것을 구성하지 않는다. 왜냐하면 전쟁이란 단지 극단적인 정치적 조치로 끝나는 것이 아니기 때문이다. 그것은 또 어떤 자율적인 영역, 즉 "정치적인 것"의 영역 내에만 국한되는 긴급한 위급성이 아니라 전쟁이란 동시에 인간에겐 간단히 신체적 죽임의 진정한 가능성과 관련되고 또 그 관련성을 유지하고 있기 때문이다.

환언하면, 적의 개념엔 상존하는 전투의 가능성이 속한다. 전쟁이란 조직된 정치적 실체간 즉 국가간의 무장전투이다. 내전은 조직된 단위, 즉 국가 내에서 일어나는 무장전투이다. 스스로 상처 내는 내란은 국가의 생존을 위험하게 한다. 무기의 본질은 그것이 인간들을 죽이는 수단이다. 따라서 적이라는 단어처럼 전투라는 단어도 원래의 실존적 의미에서 이해되어야 한다. 전투란 모든 인간들이 언제나 어떻게든 관계하는 모든 경쟁을 의미하지 않으며 지적 논란이 상징적 레슬링을 의미하지도 않는다. 왜냐하면 인간의 전 생애가 하나의 투쟁이고 또 모든 인간이 상징적으로 전투원이라는 것이 사실이기 때문이다. 적과 친구 그리고 전투라는 개념은 그것들이 신체적 죽임의 진정한 가능성과 관련되는 바로 그 이유 때문에 그 단어들의 진정한 의미를 얻는 것이다.

전쟁은 적의에 기인한다. 전쟁이란 적의 실존적 부정이다. 그것은 적의의 가장 극단적 결과이다. 전쟁이란 단지 수단을 달리한 정치의 연속이라는 클라우제비츠의 유명한 격언도 전쟁이란 정치적 결정이기 때문에 누가 적인지에 관해서 정치적 결정이 이미 내려졌다는 것을 가정하고 있다. 따라서 적과 친구의 구별은 실제로 싸우는 군인이 결정해야 할 문제가 아닌 것이다. 적은 정치적으로 결정되는 것이다. 전쟁은 정치의 목표도 목적도 아니며 더구나 정치의 바로 그 내용도 아니다. 그러나 상존하는 가능성으로서 전쟁은 인간의 행동과 사고방식으로 결정하고 그리하여 특수하게 정치적 행위를 창조하는 주도적인 전제이다. 적과 친구의 구별은 단결과 분리, 즉 결합과 분열의 극단적 수준의 강렬성을 나타낸다.[7)]

7) 칼 슈미트 저서의 1927년의 초판에선 "강렬성"의 개념이 없었으나 1932년 재판에서 이 개념이 등장했다. 당시 젊은 학자였던 한스 모겐소는 자신의 1929년 박사학위논문에서 "정치적"이라는 순전히 형식적 개념을 발전시켰는데 그때 "강렬성"의 개념을 자신의 기준으로 이용하여 슈미트의 적과 동지의 기준에 대한 대안으로써 자신의 계획을 제시했었다. 슈미트는 이 새 제안이 아주 마음에 들어서 그 주제에 관한 자신의 축하 편지를 보냈었다. 그리고 1929년 8월 이 두 사람은 베를린에서 만나기로 했었다. 슈미트가 1932년 재판에 원저자를 밝히지 않은 채 이 "강렬성"의 개념을 포함시키자 모겐소는 크게 상처받아 자신의 글에서 이 표현을 강조했다. 이 문제에 관해서는 Carl Schmitt, *The Concept of the Political,* p. 26; Christoph Frei, *Hans J. Morgenthau: An International biography,* Baton Rouge: Louisiana State University Press, 2001, pp. 160-161; Heinrich Meier, *The Lessons of Carl Schmitt,* Chicago: The University of Chicago Press, 1998, p. 29; Hans J. Morgenthau, "Fragments of an Intellectual Autobiography: 1904-1932," in *Truth and Power: A Tribute to Hans J. Morgenthau*, ed., Kenneth W. Thompson and Robert J. Myers, New Brunswick, 1984, pp. 1-17을 참조할 것. 모겐소의 그런 주장에 대한 최종적 진실과는 관계없이 저자의 생각으로 슈미트와 모겐소 모두가 정치적인 것에 관한 "강렬성"의 개념은 칼 폰 클라우제비츠가 "전쟁론"에서 이론적 전쟁과 실제 전쟁의 관계를 논하면서 "극단화" 현상을 강조한 것에서 영감을 얻었지 않았을까 하고 생각한다. 실제로 클

정치적인 것을 구성하는 이런 정향 즉 행동양식은 정치적인 것이 근본적인 것으로 다른 영역들과 함께 하나의 비교적 독립적 영역이라는 것을 보여준다. 즉 정치적인 것은 권위적(authoritative)이다.[8] 그리고 바로 이런 의미에서 정치적인 것은 도덕이나 미학 또는 경제 등의 영역과 동등하거나 유사하지 않다. 요컨대 정치적인 것은 하나의 독립적 세계인 것이다. 정치적인 것이 전투 그 자체에 있는 것이 아니라 그럴 진정한 "가능성에 의해서 결정되는 정향," 즉 행동양식에 있다는 슈미트의 견해는 토머스 홉스의 자연상태를 상기시킨다. 홉스는 자연상태를 전쟁상태로 기술하면서 자연상태란 실제 전투에 있는 것이 아니라 그렇게 할 성질(disposition)에 있다고 주장했었기 때문이다.[9] 홉스의 자연상태가 슈미트에겐 진정으로 정치적인 상태인 것이다. 따라서 슈미트가 자연상태라는 홉스의 개념을 명예로운 자리로 복귀시켰다고 하겠다.[10] 정치적인 것이 인간이

라우제비츠의 저작은 그들이 자신들의 저서에서 그를 인용하는 것으로 보아서 두 사람 모두에게 아주 익숙한 문헌이었다. 이들의 "정치적," 전쟁과 전투, 강렬성이나 극단성 등의 개념들은 클라우제비츠에게 가장 중요한 개념들에 속한다. 널리 알려진 것처럼, 클라우제비츠는 "전쟁이란 수단을 달리한 정치의 연장"이라고 정의했고 그것은 타당한 것이다. 그리고 그것의 역, 즉 "정치란 수단을 달리한 전쟁의 연속"이라는 것도 역시 명백하다. 그러나 수단이 다르다는 것이 아주 중요하다. 정치 특히 국내정치란 평화로운 대결의 형식을 취하지만 전쟁은 조직된 폭력적 대결이다. 따라서 전자의 참여자는 모두 정치적으로 패배해도 살아남는다. 그러나 후자의 많은 참여자는 군사적 패배에서 살아남지 못한다. 전쟁은 죽이는 것이다. 그래서 전쟁에 관한 논쟁은 아주 강렬한 것이다. Carl Von Clausewitz, *On War*, trans. Michael Howard and Peter Paret, Princeton, N.J.: Princeton University Press, 1976, 특히 Book 1, chap. 1 참조.

8) "정치적인 것"이란 "사회적 제 가치의 권위적 분배"라는 20세기에 가장 유명한 데이비드 이스턴(David Easton)의 자유주의적 정의도 "권위적"을 포함하고 있다.

9) Thomas Hobbes, *Leviathan: or the matter, forme and power of a commonwealth ecclesiasticall and civil,* Macmillan, 1962.

10) Leo Strauss, "Notes on Carl Schmitt, The Concept of the Political," in

처해 있는 상태이다. 정치적인 것이 자연적인, 즉 근본적이고 극단적인 인간의 상태로서 유일한 상태(the status)인 것이다.

그러나 슈미트의 자연상태는 홉스의 자연상태와는 근본적으로 다른 방식으로 정의되었다. 홉스에게 자연상태는 인간 개인들의 전쟁상태이지만 슈미트에게 그것은 집단간 특히 국가간의 전쟁상태이다. 바로 이런 차이에서 슈미트의 전쟁상태가 국제정치학과 보다 더 직접적인 관련성을 갖는다고 하겠다.[11] 슈미트에게 모든 정치적 행위는 친구와 적의 구별을 지향한다. 반면에 홉스의 자연상태가 만인에 대한 만인의 전쟁상태라는 사실은 자연상태의 포기를 자극하는 것으로 되어 있다. 홉스에게도 자연상태는 적어도 국가간의 관계에서 계속된다. 따라서 홉스의 개인간의 전쟁상태로서 자연상태에 대비하는 홉스의 논증은 슈미트가 의미하는 정치적인 것, 즉 인간 집단간 관계의 자연적 성질을 의문시할 필요가 없다. 그럼에도 불구하고 슈미트에 의하면 그것은 "죽음의 불사"를 자국의 구성원들에게 요구할 수 있는 정치적 집단 즉 국가의 본질에 속한다. 이런 요구의 권리를 홉스는 인정하지 않았다. 홉스에겐 전투에서 생명에 대한 두려움 때문에 도망치는 자는 불명예스럽게 행동했을 뿐이지 부당하게 행동한 것이 아니다.[12]

홉스에겐 국가도 개인으로부터 오직 조건부적 복종, 다시 말해서 그 개인의 구원이나 생명의 보존에 모순되지 않는 복종만을 정당하게 요구할 수 있는 것이다. 왜냐하면 생명을 확보하는 것이 국

Heinrich Meier, *Carl Schmitt and Leo Strauss: The Hidden Dialogue*, trans. J. Harvey Lomax, Chicago: The University of Chicago Press, 1995, pp. 98-99.

11) 홉스의 자연상태와 국제평화와의 관계에 관해서는 강성학, 『소크라테스와 시이저』, 박영사, 1997, 제10장 참조.

12) Thomas Hobbes, *op. cit.*, 1962.

가의 궁극적인 토대이기 때문이다. 그러므로 인간이란 그렇지 않으면 무조건 복종할 의무가 있긴 하지만 자신의 생명을 위태롭게 하는 모험을 감행할 아무런 의무를 지지 않는다. 왜냐하면 죽음이야말로 가장 큰 악이기 때문이다. 홉스는 그 결과로부터 위축되지 않았으며 미덕으로서 용기의 지위를 명시적으로 부인했다. 바로 이런 사실에 의해 홉스는 자유주의의 창시자이다. 순전한 생명확보의 권리가 홉스의 자연권을 요약해 준다. 그리고 그것이 양도할 수 없는 인권, 즉 국가보다도 우선권을 가지며 또 국가의 목적과 한계를 결정하는 개인의 권리 주장의 성격을 완전하게 갖는다. 참된 생명 확보에 대한 자연권 주장에 대한 홉스의 초석은 자유주의의 의미에서 전 인권제도로의 길을 놓았다. 홉스가 후세에 발전된 자유주의와 다른 점이 있다면 그것은 오직 그러나 분명히 홉스는 문명의 자유주의적 이상이 무엇에 대항하여 끈질기게 싸워 나가야 하는가를 알고 또 그것을 보았다는 사실일 것이다. 그 싸움은 단지 부패한 제도에, 즉 지배계급의 사악한 의지에 대항해서뿐만 아니라 인간의 자연적 사악함에 대항해야 한다는 것이었다.

비자유주의적 세계에서 홉스는 인간의 비자유주의적 본성에 대항하여 자유주의의 초석을 놓는 데 선두에 나섰다. 반면에 후세의 인간들은 자신들의 전제와 목적을 모르고 신의 창조와 섭리에 입각하여 인간본성의 원초적 선을 믿거나 아니면 자연과학적 중립성에 입각하여 자연의 향상에 대한 희망들, 즉 인간 자신의 경험에 의해 정당화되지 않은 희망들을 품었다.[13] 홉스는 극복될 수 있는 한계 내에서 자연상태의 극복을 시도했다. 반면에 후세 인간들은 자연상태를 몽상에서 만들어 내거나 아니면 자연상태를 잊었다. 그러나 궁극적으로 그런 몽상이나 그런 망각은 자연상태를 부정한 결과일 뿐,

13) Leo Strauss, *op. cit.*, p. 101.

즉 홉스가 도입한 문명의 지위의 결과일 뿐이다. 자유주의는 자연상태, 즉 위험함과 위험하게 된 자연상태를 잊었던 것이다. 그런데 슈미트가 자연상태에 대한 홉스의 명시적 부정에 있는 자유주의의 뿌리를 공격하기 위해서 홉스에게 돌아간 것이다. 비자유주의적 세계에서 홉스가 자유주의의 창설을 이루었던 반면에, 슈미트는 자유주의적 세계에서 자유주의의 비판에 착수했었다.

슈미트에게 정치적인 것은 인간에 의한 인간의 신체적 죽음의 진정한 가능성을 조회함으로써 구성된다. 진정한 가능성으로서 전쟁은 오늘도 여전히 존재한다. 그렇다면 오늘날 전쟁의 가능성을 그리하여 정치적인 것을 완전히 제거하려는 강력한 운동이 존재한다는 사실의 관점에서 볼 때, 또 그리고 이 운동이 시대의 정신상태에 크나큰 영향력을 행사할 뿐만 아니라 전쟁이란 거룩하거나 도덕적으로 선하거나 이윤이 남는 것도 아니라는 진정한 환경을 권위적으로 결정한다는 사실의 관점에서 볼 때, 전쟁은 내일에도 아니 모레에도 가능할까? 바꾸어 말해, 비록 정치적인 것의 폐지가 지금까지 결코 성공하지 못했지만 그럼에도 불구하고 전쟁의 폐지가 미래에는 가능하지 않을까? 아니면 전혀 가능하지 않은 것일까? 슈미트에 의하면, 정치적인 것은 인간 삶의 하나의 기본적 특징이다. 이런 의미에서 정치는 운명이다. 그러므로 인간은 정치로부터 탈출할 수 없다. 정치적인 것의 피할 수 없음은 인간이 정치적인 것을 제거하려고 시도할 경우에 어쩔 수 없이 빠져드는 모순에서 드러난다. 그런 시도는 그것이 정치적일 경우에만 성공의 전망을 갖는다. 즉 만일 그런 노력이 인간들을 친구와 적으로 집합시킬 만큼 충분히 강력할 경우에 그리하여 만일 그런 노력이 평화주의자들을 비평화주의자들에 대한 전쟁으로, 즉 전쟁에 대항하는 전쟁으로 몰고 갈 수 있을 경우에만 성공의 전망을 갖는다. 그러면 전쟁을 반대하는 전쟁이 명백히 인류의 마지막 전쟁으로 개시될 것이다.

그러나 그런 전쟁은 필연적으로 강렬하고 비인간적이다. 왜냐하면 그 속에서 적은 막아야 할 뿐만 아니라 틀림없이 격멸해야 할 비인간적 괴물로서 싸울 것이기 때문이다. 그러면 인류를 위해 정치적인 것을 제거하려는 노력이 필연적으로 다름 아닌 비인간애의 증대라는 결과를 가져오게 될 것이다. 정치적인 것이 인간 삶의 기본적 특징이라고 말할 때, 환언하여, 인간이 정치적이기를 멈추면 인간이기를 멈춘다고 말할 때, 이 말은 또한 인간이 정치적이기를 멈출 때 인간은 인간적이기를 멈춘다는 것을 정확하게 의미한다.[14] 그리하여 만일 인간이 정치적인 것을 제거하려고 시도할 때 모순에 빠지게 되면, 그런 시도는 오직 부정직을 통해서만 궁극적으로 가능하게 될 것이다. 즉 인간의 살인행위로써 전쟁을 저주하고 그래서 인간들에게 전쟁을 수행하고 그리고 전쟁에서 죽이고 스스로 죽임을 당하도록 요구하는 것은 명백히 하나의 사기인 것이다. 따라서 정치적인 것은 가능할 뿐만 아니라 현실이며 또 현실일 뿐만 아니라 동시에 필연적인 것이다. 그것이 인간본성에 있는 것이기 때문에 필연적인 것이다. 그러므로 정치적인 것의 부정은 인간 본성에 대한 논쟁으로 되돌아갈 수 있다. 궁극적인 논란은 인간이 원래 선하냐 아니면 악하냐이다. 그러나 여기에서 "선"과 "악"은 구체적으로 도덕적 혹은 윤리적인 의미에서 취하는 것이 아니라 "선"은 "위험하지 않은" 것으로 이해되고, "악"은 "위험한" 것으로 이해되어야 하는 것이다. 따라서 궁극적 의문은 인간이 위험한 존재인가 아니면 위험하지 않은 존재인가, 다시 말해, 위태로운 존재인가 아니면 해가 없는 위태롭지 않은 존재인가이다.

모든 거짓 없는 정치이론은 인간의 위험성을 전제한다. 따라서

14) *Ibid.*, p. 105.

인간의 위험성에 관한 명제는 "정치적인 것"의 지위에 관한 궁극적인 전제인 것이다. 정치적인 것의 필연은 인간의 위험성만큼 확실한 것이다. 그러나 인간의 위험성은 흔들림 없이 확실한 것인가? 슈미트에겐 인간의 위험성에 관한 명제는 신앙(faith)의 인류학적 고백으로서 하나의 가정이다. 그러나 인간의 위험성이 진실로 규명된 것이 아니라 오직 가정되거나 신념이라면, 그 반대도 가능하다고 간주될 수 있으며 인간의 위험성을 제거하려는 시도가 실천될 수 있을 것이다. 인간의 위험성이 오직 믿음에 근거한다면 원칙적으로 그것은 위협받고 또 그와 함께 정치적인 것도 역시 위협받는다. 그러나 지구와 인류의 완전한 무정치적 상태가 발생할 것인지 그리고 언제 발생할 것인지에 대해서 슈미트는 스스로 알지 못한다고 고백해 버렸다.[15)]

그럼에도 불구하고 슈미트가 주장하는 것처럼, 정치적인 것이 피할 수 없는 것이라면 그것은 위협받을 수 없다. 이것은 국가간의 관계가 이루는 국제정치의 세계에선 더욱 분명해진다. 왜냐하면 여기에선 가능성만으로도 단 하나의 정치적 대립이 존재하는 한 정치적인 것은 피할 수 없다. 이곳엔 단 하나의 국가보다는 언제나 더 많은 국가들이 존재한다. 국가는 적의 실제적 존재를 그리하여 다른 국가와의 공존을 전제한다. 전 지구와 모든 인류를 포용하는 하나의 세계국가는 존재할 수 없다. 정치의 세계는 단일 우주가 아니다. 다원적 우주이다. 이런 의미에서 모든 국가이론은 다원주의적이다. 국가는 원래 모든 인류와 전 세계를 포용한다는 의미에서 우주적일 수 없다. 어떤 국가가 인류의 이름으로 적국과 싸울 때 그것은 인류를 위한 전쟁이 아니라 특정된 국가가 적국에 대항해 우주적 개념을 찬탈하려는 것이다. 그 국가는 평화정의 진보와 문명이라는 개념

15) Carl Schmitt, *op. cit.*, p. 54.

들을 자신의 것으로 주장하고 적국에게 그런 것들을 부인하는 것과 같은 방식으로 인류와 자국을 동일시하려는 것이다.

인류 그 자체를 위한 전쟁은 존재하지 않는다. 진정한 인류란 적과 친구가 없는 비정치적 세상이다. 인류란 정치적 개념이 아니며 어떤 국가나 사회도 아니다. 18세기의 인류라는 인도주의적 개념은 당시 기존의 귀족적 봉건제도와 그에 수반하는 특권들을 부인하는 논박적인 개념이었다. 자연법과 자유주의의 개인주의적 독트린들에 따르면 인류란 우주, 즉 개인 관계의 모든 것을 포용하는 사회적 이상향이었다. 이것은 전쟁의 진정한 가능성이 배제되고 모든 친구와 적의 분열적 집단화가 불가능하게 되는 때에만 실현된다. 이런 우주적 사회에는 국가의 형식을 취한 민족이나 계급투쟁 그리고 "적의 집단"이 더 이상 존재하지 않을 것이다.[16] 많은 사람들에게 범세계적 공동체의 이상은 다름 아닌 전반적 탈정치화라는 유토피아적 개념에 지나지 않는다. 모든 대가를 지불해서라도 이루는 보편성(우주성)은 필연적으로 완전한 탈정치화와 그와 함께 특유의 국가들이 존재하지 않는다는 것을 의미할 수밖에 없다.

1919년 파리평화조약의 결과로 창설된 국제연맹은 "국가들의 사회," 즉 국제사회라고 불러야 적절하다.[17] 이 기구는 국가들의 존재를 가정하고 상호관계 중 어떤 것들을 규제하고 또 심지어 자신들의 정치적 존립을 보장하는 하나의 조직이다. 이곳에서 국제적인 것과 국가간, 즉 탈정치화된 우주적 사회와 국가간 기존 국경의 현상의 보장간의 기본적 반테제가 존재한다. 국제연맹이 국가들을 폐지하지 않았던 것처럼, 그것은 전쟁의 가능성을 제거하지 않는다. 그것은 새로운 전쟁 가능성들을 도입하고 전쟁 발생을 허용하고 연

16) *Ibid.*, p. 55.
17) 바로 여기에서 후에 논할 국제사회의 모습이 자연스럽게 등장한다.

합 국가들의 전쟁을 승인하고 또 어떤 전쟁들을 정당화하고 승인함으로써 오히려 전쟁에 대한 많은 장애물들을 치워 주었다. 그것은 국제연맹의 이사회와 총회의 이름하에 만나는 외교적 회의제도로서 특수한 상황에선 아주 유용한 만남의 장소이다. 그러나 이것은 연맹이 아니라 동맹에 가깝다. 보편적이지 않은 국가들의 연맹은 잠재적 혹은 실제적 동맹을 대변할 때만 정치적으로 중요할 수 있다. 그것은 전혀 세계국가가 아니었다.

세계국가가 전지구와 인류를 포용한다면 그것은 국가가 아니다. 그냥 막연히 "국가"라고 불릴 수 있을 뿐 정치적 성격을 모두 상실할 것이다.18) 어쨌든 세계국가의 창설 가능성은 없어 보이지만 정치적인 것은 계속 위협받을 것이다. 왜냐하면 평화주의자들과 비평화주의자들간의 대립은 사라지지 않을 것이기 때문이다. 만일 정치적인 것이 궁극적으로 위협받는다면 정치적인 것의 위상은 궁극적으로 정치적인 것의 현실성을 인정하는 것 이상이어야만 한다. 그것은 위협받는 정치적인 것의 옹호, 즉 정치적인 것의 긍정(affirmation)이어야 한다. 따라서 슈미트는 정치적인 것이 위협받는데도 불구하고 "정치적인 것"을 긍정했다. 그러나 인간의 위험스러움의 긍정은 그 자체로서 정치적 의미를 갖지 않고 오직 규범적, 즉 도덕적 의미를 갖는다. 다시 말해서 그 긍정은 국가를 형성하는 힘(권력)으로서 힘을 긍정하는 것이다. 그 힘은 마키아벨리가 말하는 비르투(virtu)에 해당한다. 우리는 여기서 또한 자연상태의 덕(virtue)으로서 홉스의 두려움(fearfulness)을 상기할 수 있다. 따라서 전쟁 같은 도덕이 슈미트의 정치적인 것의 긍정을 위한 궁극적 정당화가 되는 것처럼 보이며, 또 정치적인 것의 부정과 정치적인 것의 입장간의 대립은 평화주의적인 국제주의와 호전적 민족주의간의 대립과

18) Carl Schmitt, *op. cit.*, p. 55.

일치하는 것 같다.

평화주의자들의 이상은 현 상황에서 행동과 이해에 아무런 의미를 갖지 못한다고 거부한 슈미트는 원칙적으로 세계국가(the world state)의 가능성을 통일된 인류의 소비와 생산에서 전적으로 무정치적인 동반자로 인정하면서도 범세계적 경제 및 기술적 집중이 내포할 무서운 힘이 어떤 인간들에게 넘어갈 것인가를 묻는다. 즉 세계국가에서 어떤 인간들이 지배할 것인가를 묻는 것이다. 이 의문은 그때 가서는 인간들이 완전히 자유로울 것이기 때문에 인간에 대한 인간의 정부가 불필요할 것이라고 희망하는 것으로 끝낼 수 없다. 왜냐하면 그 의문은 "무엇을 위해" 인간들이 자유로울 것인지에 대한 의문이 즉각 제기되기 때문이다. 이 의문에 대한 답은 그때 가서는 인간들이 위험스럽지 않을 것이라는 낙관적 전제나 여전히 위험스러울 것이라는 비관적 전제 위에서 이루어질 수 있다. 이 의문은 인간에 대해 인간의 정부가 불필요할 것인지에 관한 것이다. 따라서 위험스러움은 지배의 욕구를 의미한다. 그러면 궁극적인 논쟁은 호전성과 평화주의 혹은 민족주의와 사해동포주의 사이에서가 아니라 소위 권위주의적 이론과 무정부주의적 이론간에 발생한다.[19]

슈미트에겐 만일 친구와 적의 구별이 단지 하나의 가능성만으로도 끝난다면 정치가 없는 세계관, 문화, 문명, 경제, 도덕, 법률, 예술, 오락 등만 있을 것이며 정치나 국가는 없을 것이다. 평화주의가 실현된 세계는 정치가 없는 세계일 것이다. 그런 세계에서는 어쩌면 아주 흥미로운 모든 종류의 대항과 대조, 경쟁과 음모들이 있겠지만 인류에게 자기의 생명을 희생하도록 정당하게 요구할 수 있는 기반을 가진 대항은 없을 것이다. 바로 여기에서 슈미트가 평화주의의 이상을 거부하고 왜 정치적인 것을 긍정하는가가 분명해진

19) *Ibid.*, p. 60.

다. 즉 그는 정치적인 것이 위협받는 상태에서 인간 삶에 대한 위협이 심각해 보이기 때문에 정치적인 것을 긍정했던 것이다. 따라서 정치적인 것의 긍정은 궁극적으로 다름 아닌 규범 즉 도덕의 긍정이 되는 것이다.[20)]

오늘 이 순간에도 인류는 서로 싸울 진정한 가능성을 가진 집단과 국가들로 분할되어 있다. 그러나 과거와 근본적으로 달라진 것은 인간들이 분쟁을 벌인다는 사실에서 발생하는 것이 아니라 그들이 분쟁을 벌이는 대상에서 발생한다. 인간들을 싸우게 하는 것은 어떤 것이 중요하다고, 즉 권위적이라고 간주되느냐에 달려 있다. 시대에 따라 권위적이라고 간주되는 것들이 달랐다. 16세기엔 신학이 권위적이었다. 17세기엔 형이상학이, 그리고 18세기엔 도덕이 권위적이었다. 19세기엔 경제가 그리고 20세기엔 기술이 권위적이다. 근본적으로 세기마다 다른 영역이 중심영역이다. 정치적인 것이 중심영역인 경우는 결코 없다. 그러나 중심영역들은 변화하는 반면에 정치적인 영역은 항상 운명으로 남는다. 인간의 운명으로서 정치적인 것은 인간에게 궁극적으로 무엇이 중요한가에 달려 있다. 국가 역시 각 중심영역으로부터 현실과 힘을 얻는다. 왜냐하면 친구와 적으로 구분되는 권위적 문제들과 그것들에 관한 분쟁도 마찬가지로 권위적인 영역에 의해서 결정되기 때문이다. 따라서 근대의 특징인 탈정치화의 정확한 의미는 변하는 중심영역의 계승에서 어떤 법이 지배하는가를 이해할 때에만 이해할 수 있다. 이 법은 중립화로 향하는 경향, 즉 안전, 명확, 합의 그리고 평화를 가능케 하는 기반을 얻으려는 노력이다. 여기에서 합의와 평화는 무슨 대가를 지불해서라도 얻어내려는 합의와 평화이다. 그러나 원칙적으로 이미 고정된 목적에 대한 수단에 관해서 합의에 도달하는 것은 언제나 가능한

---

20) Leo Strauss, *op. cit.*, pp. 112-113.

반면에 언제나 목적 그 자체에 관해서는 분쟁이 있다. 즉 우리는 정의로운 것과 선한 것에 대해서만 서로가 그리고 자기 자신과 언제나 싸우는 것이다. 따라서 만일 무슨 대가를 지불해서라도 우리가 합의를 추구하려면 무엇이 옳은 것인가에 대한 의문을 완전히 포기하고 수단에만 관심을 갖는 길밖에 없다.

슈미트는 근대 유럽이 중립적 토대 그 자체를 찾아 마침내 기술에 대한 신앙에 도달했다는 것이다. 우리가 영원히 논쟁을 벌일 수 있는 신학적, 형이상학적, 도덕적 그리고 심지어 경제적 문제들과 비교하면 순전히 기술적 문제들은 참신하게 새로운 어떤 것을 수반하고 있다. 그러나 기술은 항상 수단이며 무기이다. 그리고 기술은 어느 누구에게나 봉사하는 바로 그런 이유 때문에 그것은 중립적이지 않다. 이런 중립의 가면은 무슨 대가를 지불해서라도 합의에 도달하려는 절대적이고 명백한 중립적 토대를 발견하려는 어리석은 시도를 폭로한다. 무슨 대가를 지불해서라도 도달하려는 합의는 인간적 삶의 의미를 대가로 지불하는 합의로써만 가능하다. 모든 대가를 지불하는 합의란 인간이 무엇이 옳은가에 관해 질문하는 것을 단념하는 경우에만 가능하다. 그러나 인간이 그 질문을 단념한다면 그는 인간이기를 포기하는 것이다. 그러나 만일 그가 무엇이 옳은가에 관해 진지하게 질문을 하면 싸움은 다시 점화될 것이다. 삶과 죽음의 싸움, 즉 친구와 적으로 인류의 집단을 나누는 "정치적인 것"의 정당성은 결국 무엇이 옳은가에 관한 질문의 심각성의 덕분이다.[21]

홉스가 자연상태를 부정한 반면에 슈미트는 자연상태를 긍정했다. 그 자연상태는 온전한 전쟁상태이다. 따라서 자연상태의 긍정은 호전적일 수밖에 없어 보인다. 그러나 자연상태로의 복귀는 전쟁의

21) *Ibid.*, pp. 114-115.

긍정을 의미하는 것이 아니라 현상의 안전을 포기하는 것을 의미한다. 전쟁이 이상적인 어떤 것이기 때문이 아니라 기존 현상의 안락과 태평으로부터 손상되지 않고 부패하지 않은 자연으로 돌아가서, 순수하고 전적인 힘으로부터 인간사의 질서가 다시 일어날 수 있도록 하는 것이 필요하기 때문에 안전이 포기된다. 그리고 정치적인 것 그 자체의 긍정은 싸움 그 자체의 긍정이 되는 것이다. 정치적인 것 그 자체를 긍정하는 사람은 싸우고자 하는 모두를 존중한다. 그는 자유주의자들만큼이나 관용적이다. 그러나 그 의도가 정반대이다. 자유주의자들은 그 모든 정직한 신념도 이 법적 질서, 즉 평화를 신성한 것으로 인정하는 한 그것들은 모두 존중하고 묵인하는 반면에 정치적인 것을 그대로 긍정하는 자는 진지한 신념, 즉 전쟁의 진정한 가능성을 향한 모든 결정을 존중하고 묵인한다. 그리하여 정치적인 것의 인정이 정반대의 대립을 이루는 자유주의임이 입증된 것이다. 따라서 정치적인 것의 긍정은 슈미트의 자유주의에 대항하는 첫 단어일 뿐이다. 즉 그 긍정이 자유주의에 대한 과격한 비판을 준비할 수 있게 해 준다. 그러나 슈미트에게 궁극적으로 중요한 것은 자유주의에 대항하는 전투가 아니며 정치적인 것의 긍정이 그의 최후의 진술도 아니다. 그의 최종적인 진술은 "인간사의 질서"이다. 그럼에도 불구하고 자유주의에 대한 논박이 아주 흔히 슈미트의 최후의 진술인 것처럼 보이고, 또 그가 아주 번번이 자유주의에 대한 속박에 얽혀 들어가서 그의 진정한 의도에서 유리된 채 자유주의에 의해 미행당하는 차원에 억류되어 있다는 것도 사실이다.[22)]

제 1 차 세계대전 후 독일에서 바이마르공화정이 탄생하는 상황과 바이마르헌법의 자유민주적 성격 그리고 당시 허용된 극단주의적 정치운동 등을 유의하면서 슈미트는 국가가 태형을 가하는 기둥

22) *Ibid.*, p. 118.

으로 전락하는 데 경악했으며 그래서 그런 상황을 반전시키길 희망했다. 그는 바이마르공화정의 독일국가를 강화시키려는 노력에서 당시 철학적이거나 혹은 전술적 이유에서 광범위하게 퍼져 있는 자유주의의 기본적 가정, 즉 아무리 반공화주의적이라 할지라도 모든 정당이 의회진출과 집권을 위해 경쟁할 수 있도록 자유롭게 허용되어야 한다는 가정에 도전했다. 이것은 그런 정당들의 집권을 위한 유일한 조건은 합법적으로 행동해야 한다는 것을 의미했다. 정치적 좌우익들이 부르주아의 합법성을 집권을 위한 무기로 사용하는 것을 인식하고 또 국가에 대한 이념적 전복을 노리는 극단주의적 운동 가운데 하나가 승리할 것을 두려워했던 슈미트는 바이마르공화정의 지도층이 친구와 적을 구별할 즉각적인 준비를 하고 그에 따라 행동할 능력에 대해 별로 희망을 보지 못했다. 그리하여 1932년 슈미트는 국가의 전복을 의도하지 않은 정당들만 의회 진출과 집권을 위해 경쟁할 권한이 인정되어야 한다고 주장했다. 이것은 정치적 양측 극단주의자들을 몰아내는 것을 의미했다. 바이마르의 말기에 슈미트는 대통령의 권한을 과감하게 강화시키고자 했다. 그래서 그는 대통령제의 개념을 개발했다. 비록 그의 대통령제가 바이마르헌법에 뿌리를 두고 있었지만 슈미트의 개념은 헌법을 넘어섰고 그리하여 바이마르헌법의 정신과 문구에 더 이상 일치하지 않았다. 바꾸어 말하면 그는 기존의 국가를 구원하고 강화하기 위해서 헌법의 일부를 희생시킬 생각이었다. 슈미트는 무엇보다도 대통령에 복종하고 또 대통령과 단결한다는 조건하에서만 정당과 바이마르의회를 수락할 것이라는 것을 분명히 암시했다. 바이마르의 말기에 일어난 대통령제는 실제로 히틀러를 위한 길을 열었다고 오늘날에도 널리 비난받았지만 그러나 이것은 슈미트 주장의 핵심을 놓친 것이다.23)

23) George Schwab, "Introduction," in Carl Schimitt, *op. cit.*, p. 15. 슈미트

최종적으로 등장한 제도는 그가 촉구했던 것에서 알맹이가 빠진 형

에 대한 거의 일반화된 도덕적 비판에도 불구하고 그가 나치와 무관함을 보여 주려는 최근의 시도에 관해서는 Joseph W. Bendersky, "Carl Schmitt at Nuremberg"와 "Interrogation of Carl Schmitt by Robert Kempner" 그리고 슈미트의 답변들에 관해서는 1987년 여름 학술지 *Telos*(Vol. 72)의 슈미트에 관한 특집(특히 pp. 91-129)을 참조할 것. 제1차 대전 직후 당시 독일의 국가적 위기를 극복하기 위한 강력한 대통령제의 채택은 슈미트에 훨씬 앞서 막스 베버에 의해 제안되었다. 그것은 베버가 미국을 여행한 경험에서 얻은 개념이었다(H. H. Gerth and C. Wright Mills, eds., "A Biographical View," in *From Max Weber: Essays in Sociology*, New York: Oxford University Press, 1958, p. 18). 베버는 제1차 대전 중 미국 윌슨 대통령이 발휘한 카리스마적 지도력에 의해 큰 인상을 받았던 것으로 보인다. 그리고 슈미트는 베버의 의회주의와 카리스마적 영도력에 관한 이론을 자신의 정치이론의 출발점으로 삼았다(Wolfgang J. Mommsen, *The Political and Social Theory of Max Weber*, Chicago: The University of Chicago Press, 1989, p. 71). 그리하여 정치 지도자로서 국민에 의해 직접 선출된 제국 대통령의 개념을 포착했다(Wolfgang J. Mommsen, *Max Weber and German Politics 1890-1910*, Chicago: The University of Chicago Press, 1984, pp. 382ff. 그리고 제10장을 참조). 몸젠은 막스 베버가 추구했던 대통령제는 프랑스 드골의 제5공화정 헌정질서와 아주 흡사하다고 주장했다. 드골이 집권하기 위해 프랑스의 위대한 국가적 과거를 의식적으로 이용했듯이 베버도 훌륭한 카리스마적 지도자들에게 비스마르크의 걸리버의 릴리프스 같은 후임자들이 파괴한 비스마르크의 국가적 성취의 영광을 부활시킬 기회를 주어야 한다고 생각했다(*Ibid.*, pp. 411ff). 시대순으로 본다면 드골이 베버의 강력한 헌정질서의 계획을 독일이 아닌 프랑스에서 구현했던 셈이다. 그런 지도자는 어느 때 어떤 제도에서나 드문 것이다(Michael Joseph Smith, *Realist Thought From Weber to Kissinger*, Baton Rouge and London: Louisiana State University Press, 1986, p. 41). 그러나 강력한 카리스마적 지도력의 주장을 모두 히틀러의 집권과 무리하게 연결시킨다면 니체의 "초인," 헤겔의 "세계 역사적 인간," 루소의 "입법자," 홉스의 "절대 주권자," 마키아벨리의 "군주" 그리고 궁극적으로는 플라톤의 "철인왕"으로까지 거슬러 올라가야 할 것이다. 프랑켄슈타인 박사의 괴물처럼 당시의 철학자들이 그런 악명의 지도자들을 창조한 것이 아니다. 의도하지 않은 결과 아니 대부분 원래 철학자들의 가르침을 왜곡한 결과라고 보는 것이 좋을 것이다. 그런 천재적 철학자들의 사상은 그들이 살았던 시대의 조건을 반영하는 것이지만 그런 천재의 탄생은 역사의 우연의 산물이지 어떤 사회과학적 법칙의 산물은 아닐 것이다. 지나치게 철학자와 그의 정치적 영향력을 과대평가하거나 직접 연

태였다. 따라서 친구와 적을 구별할 필요성에 대한 슈미트의 호소에도 불구하고 당시 힌덴부르크(Paul von Hindenburg) 대통령은 계속 법률주의적 교리의 영향하에서 벗어나지 못했고 그리하여 바이마르가 직면하고 있는 정치적 도전들을 억제하고 또 제거하는 강력한 조치를 취하지 않았다. 그는 부정적 성향의 정당들이 집권을 위해 활동하고 경쟁하도록 계속 허용했을 뿐만 아니라 칙령에 의해 통치하는 것을 싫어했다. 헌법을 구하기 위해 극단적인 조치를 착수할 생각은 힌덴부르크 대통령에게 전혀 없었다. 그는 칙령에 의한 통치가 자신이 수호하겠다고 한 선서에 모순된다는 혼란한 생각에 젖어 있었다.

슈미트는 1922년에 이미 『정치신학』이라는 저서를 "주권자는 예외적 상태를 결정하는 자"라는 유명한 문장으로 시작했었다. 이 하나의 문장에서 그는 "지도자"의 본질적 개념을 포착했다. 즉 법의 통치가 언제 중단될 수 있는가를 결정할 수 있는 주권을 구현하는 자가 지도자라는 것이다. 국가는 법에 의해 운영되는 것이 아니라 법은 국가의 피조물이며 국가가 결정하는 대로 사용되어야 하는 것이다. 통치와 질서와 때로는 결단주의(decisionism)라고 명명된 결단의 사이에서 슈미트가 끌어내려는 것은 새로운 헌정질서를 수립하려는 것이었다.[24] 슈미트에게 법의 모든 개념은 근본적으로 정치적

계시키는 무리한 상상력은 창조적이라기보다는 오히려 정치적 악의 속죄양을 찾는 지성의 자살행위라고 보아야 할 것이다. 슈미트의 정치이론에 관한 가장 최근의 포괄적 평가에 관해서는 John P. McCormick, *Carl Schmitt's Critique of Liberalism,* Cambridge, U. K.: Cambridge University Press, 2007; Heinrich Meier, *The Lesson of Carl Schmitt: Four Chapters on Distinction between Political Theology and Political Philosophy,* Chicago & London: The University of Chicago Press, 1998을 참조.

24) Philip Bobbitt, *The Shield of Achilles: War, Peace, and the Course of History,* New York: Alfred A. Knopf, 2003, pp. 593-594.

인 것이었다.

한스 모겐소는 1937년 미국으로 이민 가 1943년 시카고대학의 전임교수가 된 후 1946년 『과학적 인간 대 힘의 정치』라는 저서를 출판하면서 미국 정치학계에서 명성을 얻게 되었다.[25] 곧이어서 그는 1948년에 『국가간의 정치』, 그리고 1951년에 『국가 이익의 변호』라는 2권의 보다 광범위한 내용의 작품을 내놓았다.[26] 이 저서 3권의 3위 일체로 모겐소는 미국 정치학계에서 저명한 위상뿐만 아니라 국제정치학에서 일종의 여론지도자(opinion leader)로서의 역할을 확립했다.[27] 그리하여 그의 이름은 “정치적 현실주의”라는 특수한 조망 및 정치적 프로그램과 점차 동일시되었다. 그리고 그의 저서 『국가간의 정치』는 정치학의 고전으로 인정받았다. 그는 정치적 현실주의의 웅변적 대변인이 되었으며 1980년 그가 사망할 때까지 그의 이 저서는 미국에서 6번째 수정판이 나왔으며 여러 나라에서 번역되었다. 그리고 마침내 그는 현대 “국제정치학의 창시자”로 간주되게 되었다.[28]

모겐소는 독일에서 학생시절이던 1923년 가을에 외교사학자인 헤르만 옹켄(Herman Oncken) 교수가 가르친 2개의 세미나 과목에서 처음으로 독특한 현상으로서의 정치를 접했다.[29] 2개의 세미나 과목 중 하나는 비스마르크 치하의 독일 외교정책에 관한 것이었고

---

25) Hans J. Morgenthau, *Scientific Man versus Power Politics,* Chicago: University of Chicago Press, 1946.

26) Hans J. Morgenthau, *Politics among Nations,* New York: Alfred A. Knopf, 1948; *In Defense of the National Interest,* New York: Alfred A. Knopf, 1951.

27) Alfons Söllner, “German Conservatism in America: Morgenthau's Political Realism,” *Telos*, No. 72, Summer 1987, p. 163.

28) Stanley Hoffmann, “An American Social Science: International Relations,” in *Janus and Minerva,* Boulder and London: Westview Press, 1987, p. 6.

29) Christoph Frei, *op. cit.*, p. 120.

또 하나는 일반외교와 군사정책의 원칙에 관한 것이었다. 모겐소는 이 주제들에 큰 흥미를 가졌고 또 많은 것을 배웠다고 고백했다.[30) 따라서 모겐소의 "정치적 현실주의"는 비스마르크의 현실정치(Real Politik)에 의해서 처음 형성되었다고 할 수 있다.[31) 옹켄 교수가 상정한 정치란 그 자체의 특수한 세력들을 가진 자율적 삶의 영역으로 보인다. 여기엔 다른 법칙들이 적용되며 보다 높은 재능이 필요하다. 왜냐하면 정치란 하나의 기술이기 때문이다.[32) 정치에 종사하는 사람은 누구나 하나의 세력권(power sphere) 내에서 움직인다. 초자연적인 "인류의 목적들"이 존재하지만 그것들은 정치권에 그 기원을 갖고 있지 않다. 왜냐하면 정치란 철저히 이 현세에 관한 것이기 때문이다. 즉 정치란 현실의 와중에서 일어난다.[33) 모겐소는 "현실정치"란 말이 중언부언이라고 말했다. 왜냐하면 모든 정치는 현실이기 때문이다.[34) 따라서 정치는 어떤 형식으로 압축되거나 혹은 어떤 체제로 생각할 수 없다. 그것은 삶의 바로 뿌리를 다룬다. 그것은 모든 것들의 지레(lever)이다. 그 결과 이상적 목적의 실현은 언제나 삶 그 자체가 묶여 있는 정치, 즉 구체적인 정치질서에 의해서 지배된다. 모겐소 자신도 모든 것의 지레로서 정치를 경험했었다. 옹켄 교수가 정치영역의 뿌리와 관련된 기본적 본능, 즉 가장 깊은 내면의 욕구와 비합리적 힘들에 관해서 말했을 때 모겐소는 의미 있게 받아들였다.

더구나 모겐소에겐 옹켄의 생각들이 바로 교실 밖에서 경험적

30) *Ibid.*
31) Alfons Söller, *op. cit.*, p. 161.
32) Herman Oncken, "Politik als Kunst"(1911), in *Nation and Geschichte: Reden and Aufsäze, 1919-1935,* Berlin, 1935, p. 363; Xheiaroph Dewi, *op. cit.*, p. 120, 주 20에서 재인용.
33) Herman Oncken, *op. cit.*, p. 367.
34) Christoph Frei, *op. cit.*, p. 21, 주 22.

으로 확인되었다. "1923년 가을 뮌헨대학에서 성직자들과 수녀들이 대학의 복도에서 나치스 당원 학생들에 의해서 쫓겨나던 장면을 결코 잊지 않을 것이다"라고 말했다.[35] 옹켄 교수의 세미나는 1924년 봄에 끝났다. 그때까지 모겐소는 무엇이 정치적 영역을 구성하는가에 대해 보다 나은, 보다 일관된 개념을 갖게 되었다. 그때부터 그는 호기심에 사로잡힌 독학과 남독을 통해 기본적 핵심을 넓히고 심화시켜 나갔다. 프리드리히 니체, 막스 베버(Max Weber) 그리고 니콜로 마키아벨리에게서 모겐소는 자신의 조망, 즉 냉혹하고 꾸밈없는 현실주의, 다시 말해서, 힘에 대한 하나의 정면적 조망을 공유하는 권위자들과 스승들을 발견했다.[36] 그는 속이고, 위장하고 또 윤색하려는 모든 것과는 반대로 무엇이 정치영역인가를 결정하려고 노력했다. 그는 독일의 도덕주의적 접근법과는 대조를 이루는 니체의 지적 정직성, 베버의 맑은 객관성, 그리고 마키아벨리의 무자비한 경험주의를 높게 평가했다. 모겐소의 목적은 정치적 영역을 다른 삶의 영역과 혼동하지 않고 정치적 영역을 내부로부터 파악하는 능력을 의미하는 절대적 객관성에 도달하는 것이었다.[37]

그는 자신의 동포들이 당면문제들을 혼동할 때, 즉 도덕주의적 감정을 정치적 힘으로 착각하고 또 불분명한 추리를 정치적 지혜로 착각하는 것을 볼 때 미칠 것 같았다. 그는 독일인들을 정치인들로 바꾸는 교육이 필요하다고 생각했다. 그러나 그런 교육자의 역할을 수행할 사람이 독일에는 없어 보였다. 그는 독일인들의 정치적 사유가 너무 혼란스럽고 초보적이라고 간주하고 그 자신 스스로 교육자

---

35) 1966년 8월 8일 자 『뉴욕타임스』(*New York Times*). 이 사건들은 뮌헨에서 히틀러의 쿠데타가 실패한 상황 속에서 발생했다. Christoph Frei, *op. cit.*, p. 121과 주 27에서 재인용.

36) *Ibid.*

37) *Ibid.*, p. 122.

가 될 결심을 했다. 그리하여 1927년 여름 모겐소는 마키아벨리에 관한 연구를 위해 참고문헌의 목록을 수집하기 시작했다. 그러나 그 과정에서 그는 프리드리히 마이네케(Friedlich Meinecke)의 『국가이성의 개념』(*Die Idee der Staatsräson*, 1914)이라는 작품을 접하게 되면서 자신의 집필 계획을 단념했다.[38] 모겐소는 국가이성에 관한 마이네케의 저서가 아주 많은 것을 내포하고 있기 때문에 마키아벨리에 관한 자신의 집필 계획을 포기했던 것이다.[39]

그러나 보다 중요한 프로젝트가 남아 있었다. 그것은 정치적 현실을 내부로부터 파악하는 것 그리고 그것을 개념적으로 자율적 삶의 영역으로 재구성하는 것이었다. 모겐소는 국제적 사법기능의 성격과 한계에 관한 자신의 1929년 박사학위논문에서 처음으로 "정치적인 것"의 한계를 규정하려고 시도했다. 이 연구에서 모겐소는 엄격한 법적 카테고리 때문에 국제법의 실천을 국한시키는 좁은 한계를 거듭 지적했다. 그리고 이 젊은 모겐소는 역동적이고 비판적인 접근법, 즉 초점이 국가관계의 정치적 성격으로 이동할 때에만 발전할 것이라고 보는 사고방식을 부각시켰다. 그리고 정치적인 것의 특징은 정치행위에 종사하는 사람의 심리 속에서 찾아야 하며, 정치적 문제들은 항상 힘의 문제라고 덧붙였다.[40] 그리고 1930년 「인간 본성에서 정치적인 것의 기원에 관해서」라는 미출판된 독일어 논문에서 그가 정치학에 절실하게 필요하다고 생각되는 "심리학적 토대"에 기여했다.[41] 이 논문에서 정치는 하나의 자율적 삶의 영역으로

---

38) *Ibid.* 이 책(*Die Idee der Staatsräson*)은 1957년 *Machiavellism: The Doctrine of Raison d'Etat and Its Place in Modern History*라는 제목하에 처음으로 영어 번역본이 나왔다.

39) *Ibid.*, p. 123.

40) *Ibid.*, p. 124.

41) *Ibid.*, pp. 124-125.

구상되었으며 모겐소의 출발점은 이 영역의 사회적 성격이었다.

윤리나 종교는 개인의 고립된 영혼에서 나타날 수 있지만 정치 영역은 그 자체를 넘어서는 어떤 것을 가정한다. 그것은 외부적 목적 즉 타인의 영혼과의 관련을 필요로 한다. 그러나 정치의 이런 사회적 성격이 국가에 특수한 구조적 토대에서 결정될 수 있다고 생각해선 안 된다. 그런 접근은 국가 그 자체가 "정치적인 것"을 이용하여 설명될 필요가 있기 때문에 악순환에 빠지게 될 것이다. 따라서 모겐소는 정치를 내부로부터, 즉 그 속에서 작용하는 힘들에 의해서 설명하고자 했다. 모겐소에 의하면 바로 그런 힘들은 언제나 개인 속에 뿌리를 두고 있다. 사회적 구조들을 이해하는 데 우리가 갖고 있는 유일한 접근로는 개별 인간들을 바라보는 것이다. 우리가 정치적이라고 지명하는 모든 현상은 정치적인 것의 원천으로서 인간의 심리로 돌아간다. 따라서 정치적인 것의 본질에 관한 통찰력을 얻는 유일한 방법은 인간영혼의 본질을 이해하는 것이다. 이렇게 볼 때 정치는 사회적 현상이고, 그 현상은 개인들간의 관계뿐만 아니라 "정치적"이라는 용어의 형용사적 형식이 지시하는 것처럼 각 개인 내부에 있는 특성(quality)이 되어야 한다. "정치적인 것"은 어떤 주어진 문제를 정치적인 문제로 변질시키는 구체적인 특성이나 특징인 것이다. 따라서 모겐소는 정치적인 것을 각 개별 인간에게 존재하면서 필연적으로 타인에게 향해진 힘으로 생각하게 되었다.

그리하여 모겐소는 "정치적인 것"이란 하나의 내적 힘으로 확립했지만 아직 이 현상에 대해 그럴듯한 토대를 부여하지 않았다. 힘에 대한 염원은 그 자체가 "궁극적 힘들"의 산물이며 따라서 설명이 필요한 것이다. 이를 위해 그는 당시 유행하는 새로운 학문인, 지그문트 프로이트(Sigmund Freud)의 정신분석에 매료되기도 했다. 그러나 모겐소는 니체에 의존하여 인간에 관한 "궁극적 사실들"을 이해하려고 했다. 즉 인간의 의식은 인간의 동기체제의 모든 우여곡절을 넘어서 자기보존과 자기를 내세우려는 생명에 대한 충동을 만나게 된다고 생각했다. 자기보존의 충동이 인간 동기의 가장 명백한 요소이다. 자기보존의 충동이 기본적 요구에 대한 반응이라면 자기를 내세우려는 욕구는 넘치는 에너지의 기능이다. 보다 높은 발전단계에서 생명은 만개하여 스스로를 의식하게 된다. 자기를 내세우려는 욕구도 경험적 표현들의 모든 다양성을 강조해 준다고 모겐소는 생각했다.

실제로 인간에겐 "자기가 무엇을 할 수 있는가"를 보여 줄 수 있는 수많은 방법들이 있다. 예를 들어 도구를 만드는 데서 혹은 사냥이나 스포츠 혹은 전투 등에서 보여줄 수 있다. 이런 모든 일을 하는 데서 인간은 자신의 힘의 범위를 시험하고 자신의 힘을 의식하게 되는 것이다. 모겐소는 나중에도 종종 이런 가장 폭넓은 니체적 의미에서의 힘(power)을 말하고는 하였다.[42] 자신을 내세우려는 욕구의 많은 표현들 가운데 인간을 지배하려는 힘의 욕구란 하나의 구체적 실례일 뿐이다. 그러나 이것이 정치권, 즉 정치적 영역을 구성한다.[43] 정치적 맥락에서 힘이란 보다 협의의 의미에서 즉 사회적 관계를 통제하는 능력으로 이해된다. 보다 구체적으로, 힘이란 "한 사람의 의지가 다른 사람의 심리를 지배하려는 동기적인 힘"을

42) 모겐소의 "자기를 내세우려는 욕구"는 니체의 "힘에 대한 의지"(will to power)와 잘 어울린다.

43) 이런 모겐소의 인류학적 견해는 홉스의 견해와 완전히 일치한다. 그러나 힘에 대한 열망이 자기를 내세우려 한다는 모겐소의 개념은 홉스나 스피노자에 의해 제시된 근대 합리주의적 이론의 자기보존의 계산과는 전혀 일치하지 않는다. 모겐소에 의하면 생명의 역동성과 힘은 자기보존 같은 정체적 개념과 융합될 수 없다. 따라서 이 점에서 모겐소는 전적으로 니체 쪽에 속한다고 하겠다(*Ibid.*, p. 127). 모겐소의 지성적 조망 형성에 가장 중요한 영향을 미친 사람은 니체였다는 주장에 관해서는 p. 94를 참조.

받는 방식으로 한 사람이 다른 사람에게 영향을 미치기 위해 사용되는 것이다. 모겐소에게 이 동기적 힘의 원천이 무엇인지는 한 가지 중요한 예외적인 경우를 제외하고서도 차이가 없다. 그 예외적 경우란 실제로 물리적 힘이 관련되자마자 힘이란 용어는 정치적 함축을 상실한다는 것을 의미한다. 왜냐하면 정치적 힘(정치권력)이란 철저히 정신적인 것, 즉 두 두뇌간의 심리적 관계이기 때문이다.[44]

그러나 힘을 정의하는 것은 모겐소의 주된 목적이 아니었다. 그는 인간을 지배하려는 힘의 욕구, 즉 각 개인 내부에 있는 힘으로 이해되는 "정치적인 것"에 대한 심리학적인 설명을 발견하는 데 더 많은 관심이 있었다. 일찍이 니체는 일반적으로 자기를 내세우는, 즉 자기주장에 대한 욕구와 특히 인간을 지배하려는 힘의 염원은 "더 많이"위한 욕구가 바로 기쁨의 본질이기 때문에 내적 한계를 모른다고 지적했었다. 완전한 기쁨의 만족이란 자신의 욕망의 궁극적 대상에 대한 지배력을 얻음으로써만이 성취될 수 있을 것이다. 인간 본성의 이런 특수한 면의 현실주의적 근사치로서 모겐소는 성적 영역에서 돈 후안(Don Juan)과 정치적 영역에서 알렉산더와 나폴레옹을 지적했다. 요컨대 사람들이 어느 곳에서 함께 살든 그들의 기본적 욕구들이 갈등을 일으킨다. 그 결과 상대적 지위와 힘에 관한 지속적인 재평가가 존재할 뿐만 아니라 모든 종류의 대상에 대한 끊임없는 경쟁이 존재한다는 것이다. 모겐소에겐 이것은 모든 표현에서 갈등을 의미하고 이런 표현들 중 하나가 정치적 투쟁이다. 이것이 바로 정확하게 정치적인 것에 관한 모겐소의 심리학적 개념이 후에 그의 정치에 대한 사회학적 개념을 처음으로 다룬 곳이다. 즉, 사회적 차원에서 하나의 내적인 개인의 힘으로서 "정치적인 것"이

44) 여기서 크리스토프 프라이는 모겐소가 막스 베버의 힘에 대한 정의를 따르고 있다고 주장한다. *Ibid.*, p. 128, 주 54 참조.

란 힘의 투쟁(권력투쟁)으로서의 정치로 귀착한다.

후에 모겐소는 정치학의 맥락에서 정신분석학의 적용에 대한 유보를 종종 표명하곤 했다. 그는 정치적 경험의 복잡성과 다양성을 그러한 환원주의적 이론으로 설명하는 것이 불가능하다고 보았기 때문이다. 그러나 그는 자신의 기본적 요강을 포기하진 않았다.[45] 그는 자신의 박사학위논문과 1930년의 미발표 논문을 확장하여 정치에 관한 자신의 새롭게 발전된 개념을 국제적 긴장과 분쟁에 적용하였다. 그 결과 1933년 「정치적인 것의 개념과 국제분쟁이론」에 관한 연구를 출판하게 되었다.[46] 여기서 정치적 영역을 간파하려는 그의 초기 노력들이 최종적 공식화(formulation)를, 또 어떤 면에서는 그것들의 절정을 발견했다. 모겐소는 그 이후 줄곧 그가 의존하는 개념적 도식을 채택했다.[47] 그는 사회적 현상으로서의 정치란 국가를 초월하고 또 실제로 선행한다는 자신의 입장을 재확인했다. 정치란 사람들이 함께 사는 곳에선 언제나 발생한다. 이 주장엔 새로운 것이 없다. 새로운 것은 힘에 대한 이런 열망이 3가지 다른 모습을 취한다는 도식에 있었다. 즉, 힘에 대한 열망은 기존의 획득된 힘을 유지하거나 그것을 증대시키거나 아니면 그것을 과시하려는 모습으로 나타난다는 것이다.[48] 힘을 유지하고 증대시키고 또 과시하는 것, 바로 이것이 인간들, 보다 정확하게 말해서, 정치적 인간(homo politicus)의 본질적 행동양식이라는 것이다. 모겐소가 여기서 제시하는 것은 정치적 행동양식을 이해하고 또 추정하는 하나의 이상형적(an ideal-typical) 개념이다. 이런 이상형적 분류는 모겐소가 스스로

45) *Ibid.*, p. 129.

46) Hans Morgenthau, "La Notion de 'politique' et la Théorie des Differents Internationaux," Paris, 1933, *Ibid*에서 재인용.

47) *Ibid.*

48) Hans Morgenthau, 앞의 프랑스어 논문, p. 43.

인정했듯이[49] 막스 베버의 "직업으로서의 정치"(Politik als Beruf)라는 그의 유명한 1919년에 발표한 에세이에 등장했었다.

> 우리에게 정치란 힘을 공유하려고 노력하거나 힘의 분포에 영향을 미치려고 노력하는 것을 의미한다. 이것은 본질적으로 일상적 어법과 일치한다. 어떤 문제가 "정치적 문제"라고 말할 때, 각료나, 혹은 관리가 "정치적" 관리라고 말할 때 혹은 어떤 결정이 "정치적으로" 결정된다고 말할 때 그것이 의미하는 것은 언제나 힘의 배분, 유지 혹은 이전의 관심이 그 문제에 답하고 또 그 관리의 행동범위를 결정하는 데 결정적이라는 것이다. 정치에서 활동하는 사람은 이상적이든 이기적이든 다른 목적에 봉사하는 수단으로써 혹은 "힘을 위한 힘"으로써, 즉 힘이 부여하는 자부심(prestige-feeling)을 즐기기 위해서 힘을 추구한다.[50]

모겐소는 1933년에 발표한 논문에서 베버의 분류를 국가들의 행동에 적용했다.

> 외교정책이란 자국의 힘을 유지하거나 증대시키거나 아니면 과시하려는 의지일 뿐이다. 그리고 이런 3가지의 표현 행위는 현상유지 정책, 제국주의 정책 그리고 위신 정책에서 그것들의 기본적인 경험적 표현을 발견한다.[51]

이런 분류는 15년 후인 1948년 『국가간의 정치』(*Politics among Nations*)에 그대로 반복되었다.

> 모든 정치적 현상은 힘을 유지하거나 증가시키거나 혹은 과시하는 3

49) Chritoph Frei, *op. cit.*, p. 130, 주 59.
50) Max Weber, "Politics as a Vocation," in H. H. Gerth and C. Wright Mills, trans. and eds., *From Max Weber: Essays in Sociology,* New York: Oxford University Press, 1958, p. 78.
51) Hans Morgenthau, 앞의 프랑스어 논문, p. 61.

> 가지 기본 형태 중의 하나로 집약될 수 있다. 정치의 이 3가지 전형에 현상유지 정책, 제국주의 정책, 그리고 위신 정책의 3가지 전형적 정책이 일치한다.[52]

그 후 이 정치적 행동에 관한 이런 분류는 오늘날까지 모겐소의 이름과 관련되어 왔다.

앞서 언급한대로 1937년 7월 28일 신대륙 미국으로 이주한 모겐소는 이곳에서 새로운 지적 환경을 발견했다. 그는 무엇보다도 사유와 추론에서 특별히 미국적인 방식에 직면했다. 그리고 이 과정에서 지성적 문화충격(culture shock)을 경험했다. 그는 미국적 정신의 주요 특징들에 당혹했고 완전히 아연해 했다. 미국은 중요한 아니 심지어 실존적 문제들에 대해서 다른 대답을 했을 뿐만 아니라 더 중요한 것은 이런 대답들이 자신의 관점에서 보면 잘못된 것이었다.[53] 어쨌든, 모겐소의 행동주의자적 대응과 잘못된 것을 교정하려는 그의 결심은 역사적 맥락 속에서 보고 해석해야만 한다. 유럽에서 독일의 성공적 기습전쟁(Blitzkrieg)과 극동에서 일본의 중단 없는 팽창으로 미국은 무서운 도전에 직면하게 되었다. 1941년 12월 일본의 진주만 기습공격으로 모겐소는 좌절감에 빠졌다.

1939년 히틀러의 폴란드 침공 이후 줄곧 모겐소는 자신의 능력의 한계 내에서 유용한 기여를 할 방법과 수단을 찾고 있었다. 그러나 미국에 보다 익숙하게 된 후에야 그는 자신의 새로운 나라인 미국을 위해 실질적이고 지속적인 봉사를 할 수 있는 기회가 보였다. 그는 마음속에서 원천적이고 심오한 어떤 것을 성취하고 싶어 했다. 이러한 배경과 이런 저변의 동기 속에서 모겐소는 『과학적 인간 대

52) Hans J. Morgenthau, *Politics among Nations: The Struggle for Power and Peace*, 6th ed., New York: Alfred Knopf, 1985, p. 52.

53) Christoph Frei, *op. cit.*, p. 182.

힘의 정치』를 썼다.[54] 그리고 1946년 출간된 이 저서에서 모겐소는 미국에서 처음으로 그리고 여러 가지 방식으로 자기 철학의 가장 기본적 입장을 제시했다.[55] 그는 미국의 기본 철학적 가정에 뿌리를 둔 지적, 도덕적 및 정치적 질환을 진단했다.[56] 법률주의, 도덕주의, 이상주의, 완벽주의, 경험주의, 사실존중주의, 형식주의 그리고 무엇보다도 과학주의 같은 전형적 증상이 쉽게 탐지되었다. 이런 각 주의들 속에서 모겐소는 하나의 불건전한 과장, 다시 말해 개별적으로 대항해야만 하는 지성적 오류를 인지했다. 그러나 이 모든 증상에는 미국적 질병 그 자체, 즉 인간과 세계를 일반적으로 바라보는 잘못된 방식이 있었다. 모겐소에게 그것은 철학의 위기였다.[57] 따라서 모겐소는 자신을 위기의 관찰자와 분석자로서뿐만 아니라 그 질병을 치료할 수 있을 의사로서 생각했다.[58]

모겐소가 처방한 치료는 미국에서는 대부분 알려지지 않은 것으로 그가 유럽에서 가져왔던 지성적 치료약이었다. 보다 구체적으로 모겐소는 미국인들의 사유가 새로운 과학 시대 이전의 부문들을 알게 하는 것을 자신의 과업으로 삼았다. 그리하여 첫째로 지나치게 낙관적인 인생관의 근원적 악에 대항해 그는 인간 실존의 불가항력적 조건의 비극적 요소를 내놓았다. 둘째로, 인간이 합리적으로 발견하고, 계획하고 또 통제할 수 있는 것에 관한 지나친 기대 앞에 그는 과학적 방법의 한계를 강조했다. 셋째로, 타락한 자유주의의 잘못된 희망과 순진한 법률주의의 단순화 그리고 독선적인 도덕주

54) Hans J. Morgenthau, *Scientific Man versus Power Politics,* Chicago: University of Chicago Press, 1946.

55) Michael Joseph Smith, *Realist Thought from Weber to Kissinger,* Baton Rouge and London: Louisiana State University Press, 1986, p. 135.

56) Hans J. Morgenthau, *op. cit.*, p. 6.

57) *Ibid.*, p. 2.

58) Christoph Frei, *op. cit.*, p. 185.

의에 대항하여 모겐소는 정치적 세력들의 항구성과 정치의 자율성을 치켜들었다.[59)]

첫째, 인간의 실존적 조건의 비극적 요소로서 모겐소는 라인홀드 니버(Reinhold Niebuhr)가 말한 소위 "역사적 낙관주의"가 미국적 오류의 근원이라고 보았다. 역사적 낙관주의란 사람들로 하여금 진화를 구원의 과정, 즉 궁극적 선을 향한 인류의 상향식 진보라고 생각하게 한다. 더구나 이 진보를 신의 힘이나 은총이 아니라 개별인간 자신의 이성의 덕만으로 모든 자신의 문제들을 정복할 인간의 내재적 능력으로 돌린다. 따라서 모겐소는 이런 철학의 주된 특징은 이성에 대한 의존이라고 주장한다.[60)] 그리하여 합리주의가 치유해야 할 질병의 유일하고 가장 치명적인 요소가 된다. 이것 또한 모겐소의 견해에 따르면 불건전한 과잉이다. 바로 그 뒤엔 인간이 성취할 수 있는 것에 대한 과장된 신념이 있다. 이성에 대한 이런 신념은 도덕적 딜레마, 정치적 갈등 및 사회적 문제들이 이해될 수 있을 뿐만 아니라 궁극적으로 해결될 수 있다는 순진한 자신감을 낳는다. 기존의 결함과 불완전성들은 앞서 이성부족의 잔재로 변명된다. 계몽과 교육이 진보의 도구로 아니 심지어 도덕적 진보의 도구로 간주된다. 왜냐하면 앎이 미덕이고 죄악은 주로 무지에 기인하기 때문이다. 악은 자율적 세력이 아니라 순전히 무지의 산물이다. 따라서 악은 잘못된 생각, 즉 이성의 부족에 있다.[61)] 악은 이성의 진보와 더불어 세상에서 점점 제거될 것이다. 그러므로 완전한 행복도 쉽게 도달할 수 있다. 어떤 내재적 무능력도 경험적 세계에서 알 수 있는 모든 것을 알게 되는 것을 막지 않기 때문에 인간사의 실제 상태와

59) *Ibid.*
60) Hans J. Morgenthau, *op. cit.*, p. 3.
61) *Ibid.*, p. 15.

그것의 완성 사이의 거리는 단지 수량적 성질일 뿐이라서 지식의 진보적 축적으로 극복될 수 있다.[62] 이것이 모겐소가 미국적 사유에서 특히 문제라고 생각하는 점이었다. 그것은 "현재 이곳에서 완성의 약속"이 문제였다.[63] 역사적 낙관주의는 지상에서 선이 얻어질 수 있는 것처럼 믿는다. 그리하여 "있는 것"(is)과 "있어야 할 것"(ought to be)의 메울 수 없는 간극을 궁극적으로 부정한다. 즉 그것은 이상과 현실간의 대립을 흐려 놓는다. 그리하여 모든 것을 알 수 있고, 배울 수 있고 또 실행할 수 있다는 환상이 창조된다.

모겐소가 인식했던 것은 자신의 힘에 대한 인간의 지나친 자신감뿐만 아니라, 삶 그 자체의 "평범화," 다시 말해서 그것 때문에 증가하는 기술이 반드시 하나씩 극복할 일련의 작은 장애물들로 삶이 용해되는 하찮은 낙관주의이다.[64] 이런 과잉 자신감과 삶의 평범화에 대적하고 또 바닥으로부터 공격해 올라가기 위해서 모겐소는 니체의 정신이며 최선의 독일 전통인 역사의 비극적 차원을 부활시킨다. 즉 "삶의 비극적 감각," "인간 삶의 비극적 성격," "인간 삶의 내재적인 비극적 요소," "인간 삶의 비극적 조건," "악의 비극적 현존," "인간실존의 비극적 원소들," "인간실존의 비극적 복잡성" 등을 부활시킨다.[65] 진보에 대한 맥빠진 신념에 대한 개선책으로서 비극적 차원이 우선 무지보다도 인간실존의 한계에 대해, 다시 말해 욕망과 능력간, 당위와 존재간, 이상과 현실간의 영원한 심연에 주의를 환기시킨다.

자신의 목적을 성취한 인간은 아무도 없다. 자신의 욕망이 언제나 자신의 성취를 초과할 것이다. 자기가 성취할 수 없는 정신적

62) *Ibid.*, p. 17.
63) *Ibid.*, p. 18.
64) *Ibid.*, p. 207.
65) Christoph Frei, *op. cit.*, p. 187.

운명과 그가 그대로 있을 수 없는 자신의 동물적 성질 사이에 걸쳐 있는 채로 인간이란 자신 마음속의 염원과 실제적 조건 사이의 대조를 자신의 개인적이고 고귀한 인간적 비극으로 경험하도록 영원히 저주받았다.[66] 그런 것이 인간의 운명이다. 인간은 신이 아니라 매우 불완전한 존재이다. 그리고 그는 자신의 모든 결함을 결코 극복할 수 없을 것이다. 그의 불안정은 자신의 실존에서 확고한 자리를 잡고 있기 때문에 언제나 그곳에 있을 것이다. 따라서 인간은 자신의 욕망을 절제해야만 한다. 이 비극적 요소는 기술의 창조물이 아니라 실존의 특징이다.[67] 역사적 낙관주의는 끝없는 진보, 즉 확실한 해결과 용인한 조건들의 전망을 제공한다. 그러나 모겐소는 정반대로 반복하는 유형, 피할 수 없는, 그래서 비극적인 요소들, 해소할 수 없는 불협화음, 모순들, 그리고 사물의 본질에 내재적이어서 인간이성이 해결할 힘이 없는 갈등들에 주의를 환기시켰다.[68] 이런 관점에서 볼 때 항구적 평화에 대한 희망은 투쟁의 항구성에 자리를 내주어야만 한다. 즉, 선의 궁극적 승리는 선과 악의 끝없는 갈등에 의해 대치되고, 이성의 믿음은 그것이 진보의 도구로써 뿐만 아니라 가장 어두운 열정에 봉사하도록 조작될 수 있다는 준엄한 암시에 의해 적당한 위치가 매겨져야 한다. 이성을 완전히 믿는다는 것은 이성이 봉사할 보다 강력한 비합리적 힘에 전장을 넘겨주는 것이다.[69] 매년마다 눈에 띄는 선으로의 진보는 없고, 단지 오늘은 선을 그리고 내일은 악을 보는 미완결의 갈등이 있을 뿐이다.[70] 모겐소의 이런 솔직함과 우울함은 니체에게서 유래한 것이다. 그는 니

66) Hans J. Morgenthau, *op. cit.*, p. 221.
67) Christoph Frei, *op. cit.*, p. 188.
68) Hans J. Morgenthau, *op. cit.*, p. 206.
69) *Ibid.*, p. 155.
70) *Ibid.*, p. 205.

체로부터 오래전에 인간 조건의 비극적인 면에 관해서 배웠고 그래서 지금 그의 가장 중요한 영감이 된 것이다.

둘째로 미국정치학의 과학주의, 특히 시카고학파의 행태주의를 비판하고 나섰다. 그것은 자연과학에 잘못된 유추에 토대를 두고 또 정치에서 결정적인 정신적 갈등을 오해함으로써 계획의 잠재력뿐만 아니라 인간 계몽의 잠재력까지도 과대평가하고 있다고 주장했다.[71] 찰스 메리엄(Charles E. Merriam)의 이름과 학술활동에 밀접하게 관련된[72] 시카고학파의 교육 프로그램은 "응용"을 크게 강조하고 또 동일하게 가장 엄격한 "경험주의"에 집착했다. 그것은 무엇보다도 역사적 낙관주의와 진보에 대한 확고한 신념에 완전히 젖어 있었다. 즉 그것은 인간이 이성을 통해 자신과 세계를 이해할 수 있다는 확신 위에 서 있다.[73] 그러나 모겐소의 입장에서 본다면, 그것은 일상생활의 조건들이 본질적으로 합리적이고 인정할 만한 규칙들에 의해 지배받고 있으며 따라서 그것들에 관해 우리가 실제로 의존할 수 있으며 또 그것들의 진로를 계산할 수 있다고 믿는 것처럼 보였다. 그렇기 때문에 형태주의자들은 사회적 현상들이 계량적 연구방법의 도움으로 궁극적으로 간파될 수 있을 것이라고 확신하고 또 자연과학을 모델로 삼은 "멋진 신정치의 과학"(a brave new science of politics)을 창조하길 희망했다. 주디스 슈클라(Judith Shklar)의 말처럼, 그들의 목표는 정확한 예측, 직업적 전문성 및 변치 않을 정치개혁을 가능하게 해 줄 변화의 궁극적 결정 원인들에 도달

71) Alfons Söller, "German Conservatism in America: Morgenthau's Political Realism," *Telos*, No. 72, Summer 1987, p. 164.

72) Dwight Waldo, "Political Science: Tradition Discipline, Profession, Science, Enterprise," in Fred Greenstein and Nelson Polsby, eds., *Governmental institutions and processes*, Handbook of Political Science, Vol. 5, Reading, Mass.: Addison-Wesley, 1975.

73) Hans J. Morgenthau, *op. cit.*, p. 122.

할 완벽한 과학이었다.74) 그러나 모겐소는 그런 주장들의 순전한 무지에 격노했다.75)

그러나 당시 시카고대학에서 자기 신분상의 불확실성 때문에 모겐소는 미국의 사회과학 일반에 관한 포괄적 비판의 틀 내에서 과학주의를 보다 광의적인 방식으로 공격했다.76) 그리하여 그는 남들이 직면하기를 원치 않는 한계를 또다시 지적했다. 그에 의하면 자연과학의 세계에서는 인간은 스스로 이해, 모방 및 통제의 지배자임을 입증했다. 그러나 불행하게도 불확실성적 자연에 대한 증대된 지배가 일찍부터 비슷한 가능성이 있는 사회적 영역에서도 전제된다는 기대를 자아냈다. 다시 말해 사회과학도 언젠간 자연과학이 이미 성취한 것을 달성할 수 있으리라는 기대를 낳았다. 그리하여 과학적인 동일한 성격의 지식과 통제가 사회적 세계에서도 진실이라고 믿는다.77) 모겐소의 입장에서 볼 때 이런 믿음들은 헛된 환상이요, 맥 빠진 꿈이다. 그것들을 밝혀 주기 위해서 모겐소는 어떤 근본적 사실들을 상기시킨다. 물이 섭씨 100도에서 끓는다는 것을 알기에 물의 온도를 그 수준으로 올리면 마음대로 물을 끓일 수 있다. 물이나 철의 반응에 대해 정확히 예측하는 것은 분명히 가능하다. 즉 A가 원인이면 B라는 결과가 나온다. 실제로 자연과학은 그것의 기술적 성취를 이런 형태로 확신하고 실험적으로 입증된 발견에 토대를 두고 있다. 그러나 이런 종류의 확실성이 사회적 영역에선 불가능하다.

사회과학은 원인의 발생에 대해서뿐만 아니라 일단 원인이 발

74) Judith Shklar, "Redeeming American Political Theory," *American Political Science Review,* 85, 1991, p. 14, Chritoph Frei, p. 191에서 재인용.

75) Chritoph Frei, *op. cit.*, p. 191.

76) *Ibid.*

77) Hans J. Morgenthau, *op. cit.*, p. 127.

생한다해도 결과의 발생에 대해서 의심한다.[78] 그리하여 사회적 상호작용의 복잡한 네트워크는 구체적으로 인과관계로 풀기가 불가능하다. 각 결과는 다음 단계 변화의 원인으로 동시에 작용하고 또 각 원인은 수많은 결과를 초래할 수 있을 것이다. 한 개인이 어떤 사건에 어떻게 반응할까? 집단 아니 전 국민의 반응에 관해서는? 각 개인이 창조성과 이성 그리고 선택의 자유를 부여받고 있다는 사실만으로도 그 분석자의 과업은 거의 불가능하게 만드는 것이 충분하다. 더구나 각 개인의 결정은 그 자체가 신체적 및 심리적 조건들의 미로에 기반을 둔 과정의 결과이다. 이런 상황에서 예측이나 사회적 기획 등과 같은 것은 고사하고 정확한 사실 발견의 가능성을 믿는다는 것마저도 희망적 사고이다. 인간이란 자기 자신의 반응에 대해서 대체로 알지 못하는데 그런 그가 어떻게 타인들의 반응들에 관해서 더 잘 알 수 있겠는가?[79] 사회과학자는 어떤 유형과 전형적 윤곽을 찾아서 개인들의 행동과 사회적 현상을 사후에 조사할 수 있고 그리고 나서 그것들을 분류할 수 있겠지만 그것들을 예측할 수는 없다. 사회과학은 기껏해야 일련의 가설적 가능성들을 제시할 수 있을 뿐이며 그것들도 각각 어떤 일정한 조건하에서만 발생할 수 있다. 그리고 그런 가능성들 가운데 어떤 것이 실제로 발생할지는 "추측"에 지나지 않는다.[80] 그 이상을 얻을 수가 없다. 모겐소의 견해로는 총체적 지식과 모든 사회적 문제에 대한 명확한 해결을 학자로부터 기대하는 것은 불합리하다. 모든 불확실성을 제거할 방법이 없다. 최고의 현대적이고 세련된 과학적 방법마저도 소용이 없다. 그리하여 모겐소는 자신의 삶이 다할 때까지 계속 수행할 논쟁,

---

78) *Ibid.*, p. 131.
79) *Ibid.*, p. 129.
80) *Ibid.*, p. 130.

즉 형태주의적 연구계획의 방법론적 가정들과 방법적 과잉에 대항하는 정열적 투쟁을 시작했다. 또한 스탠리 호프만(Stanley Hoffmann)의 말대로 명시적이기보다는 묵시적으로, 여기서 모겐소는 하나의 본질적으로 미국적인 속성, 즉 확실성의 추구, 계산할 수 없는 것을 계산하려는 욕망과 씨름했다.[81]

전통주의자인 모겐소의 주된 주장은 존재론적(ontological)이다.[82] 계량적 방법은 조사하는 주제의 성격을 올바르게 다룰 수 없다는 주장이다. 그는 측정할 수 없는 것과 헤아릴 수 없는 것의 중요성을 강조한다. 왜냐하면 정치에서 중요한 것은 바로 그 셀 수 없는 것이기 때문이다. 힘이란 계량화가 되지 않는 국제관계의 특성이다. 계량화될 수 있는 것은 힘을 구성하는 확실한 요소들이다. 따라서 그런 힘의 수량적 요소와 힘 그 자체를 동일시하는 것은 흔한 실수이다. 만일 이 정치인이나 저 정부가 얼마나 많은 힘을 갖고 있는가를 알고자 한다면 역사적이고 또 어쩔 수 없이 질적 판단을 위해 계산기와 컴퓨터를 버려야 한다.[83]

원칙적으로 모겐소는 계량적 방법의 사용을 반대하지 않는다. 그것도 여러 가지 다른 방법들 가운데 하나의 경험적 방법(heuristic approach)으로써 그에 걸맞은 자리가 있다. 그러나 그는 그 방법이 성취할 게 별로 없는 분야에서 계량적 절차에 과도하게 그래서 불건전한 의존이라고 간주되는 것에 대항하는 것이다. 뿐만 아니라 모

81) Stanley Hoffmann, "An American Social Science: International Relations," *Daedalus: Journal of The American Academy of Arts and Science,* Summer 1977, pp. 41-59; Stanley Hoffmann, *Janus and Minerva: Essays in the Theory and Practice of International Relations,* Boulder, Colo: 1987, pp. 3-24.

82) Christoph Frei, *op. cit.*, p. 193.

83) Hans J. Morgenthau, *Truth and Power: Essays of a Decade: 1960-1970,* New York: Praeger, 1970, P. 245.

겐소는 사실들을 이론과 역사로 넓히지 않고, 개인적 판단을 내림이 없이, 요컨대 사실들을 의미 있게 연계시키지 않고서 사실들이 스스로 말하기를 원하는 순진한 경험주의를 지속적으로 비난한다. 궁극적으로 경험주의와 사실존중주의는 과학자들을 그들의 보다 넓은 정치적 및 사회적 맥락 속에서 문제들을 파악하지 않고 데이터를 수집하고 관리하는 데 그치는 단순한 일개의 기능인으로 전락시킨다는 것이다.

유럽에서 젊은 법률가일 때 모겐소는 당시 독일의 공법 및 헌법의 지배적인 추세에 반대하여, 즉 현실로부터 완전히 괴리된 사람들과의 싸움에서 경험적 연구의 적극적이고 거리낌 없는 주창자였다. 그러나 미국에서 그는 이론과 역사의 중요성을 강조하고 또 때때로 과학의 내재적 한계를 상기시키는 데 있어서 경험적 연구에 대한 과장된 열정을 공격하는 데에도 그때 못지않게 단호했다. 그렇다면 모겐소의 입장이 완전히 변한 것일까? 실제로 변한 것은 그의 개념이라기보다는 오히려 그의 지적 환경이었다. 그의 과거 독일에서 반대자들이 방법론적 스펙트럼의 한쪽 끝을 차지하고 있었다면 미국에서는 그의 새로운 반대자들이 다른 쪽 끝에 서 있었다. 지식추구를 향한 그 자신의 방법을 내세우는 데 있어서 모겐소는 유럽과 미국에서 일방적으로 치우친 입장들이라고 생각되는 것을 교정하여 그것들을 자기 자신의 중앙 위치로 끌고 갈 수밖에 없었던 것이다.[84]

셋째로, 모겐소가 미국에서 부패한 자유주의, 순진한 법률주의와 독선적 도덕주의의 열정에 대항하여 미국인들에게 전달하려고 했던 것은 "정치의 자율성"이었다. 모겐소에게 미국의 과학주의는 하나의 전형적이지만 그러나 결코 잘못된 세계관의 가장 불길한 징

84) Christoph Frei, *op. cit.*, p. 194.

후는 아니었다. 지나치게 낙관적 세계관의 가장 위험한 부작용은 제 2 차 세계대전 후 자유세계의 운명에 결정적인 전선, 즉 정치의 영역에서 표명되었다. 역사적 낙관주의도 정치적 사고를 전염시켰다. 미국의 외교정책이 잘못된 지성적 가정에 토대를 두고 있었지만 그것이 때때로 옳고 즉 부분적이고 잘 균형 잡힌 것으로 될 수 있었던 것은 오직 우연이었다. 따라서 가장 시급한 과제는 구체적인 정책을 교정하는 것이 아니라 저변의 전제들, 즉 정치에 관해 생각하는 바로 그 방식을 교정하는 것이었다. 자신의 새로운 조국인 미국에서 모겐소의 사명은 성격상 단순히 지성적인 것일 뿐만 아니라 아주 실천적이었다. 즉 그는 "이론"을 그리고 장기적으로는 정치의 실천을 위해서 글쓰기에 착수했다.[85] 현실정치 무대에서 역사적 낙관주의에 의해 위험에 처한 사고방식은 자유주의 철학에 의해 "가장 전형적으로" 대변되었다. 여기서 "자유주의"라는 용어는 정치에 관해서 생각하고 또 정치에 종사하는 지성적으로서 오도된 방식으로 간주되는 "퇴폐적 자유주의"를 의미했다. 독일 바이마르공화국의 "부패한" 자유주의는 영국의 네빌 채임벌린(Neville Chamberlain)의 "순진한" 자유주의처럼 실패했었다. 그러나 미국에선 아무도 그런 실패들로부터 교훈을 얻으려고 하는 것 같지 않았다. 오히려 정치적 현실에서 종종 벗어나고 그리하여 정치적 사유를 좀먹는 퇴폐의 제 1 차적 본보기를 제공하는 것은 특히 미국식 자유주의였다.[86]

그리하여 모겐소는 바로 이것으로부터 시대가 특히 국제정치의 무대에서 제기하는 정치적 문제들을 이해하고 처리하는 미국인들의 무능력이 유래한다고 보았던 것이다.[87] 따라서 그는 지성적 및 정

85) *Ibid.*, p. 195.
86) Hans J. Morgenthau, *op. cit.*, p. 106.
87) *Ibid.*, p. 5.

치적 역사 속으로 여행하는 맥락에서 미국인 독자들을 자유주의의 출발점과 전성기로 되돌아가게 하고 나서 퇴폐적 타락을 정확하게 보여 주려고 했다. 보다 구체적으로 그는 자유주의 철학이 어떻게 부상하는 중상계급과 봉건제도의 잔재가 19세기의 갈등에 의해 지배된 조건하에서 정치이론으로 변환되었는가를 보여 주었다. 자유주의적 부르주아는 자신을 자유, 진보 및 이성을 위한 운동의 전위대로 생각했었다. 그러나 시작부터 그러한 감정은 기존의 봉건질서에 대항했을 뿐만 아니라 국가, 전통 그리고 정치 그 자체에 대항했다. 개인 자유나 사유재산 혹은 자유경쟁에 대한 어떤 정부의 제약도 힘의 남용으로 그리고 바로 그런 사실에 의해서 악마가 하는 일로 규탄되었다.[88] 오래지 않아 경제와 자유, 즉 기술과 의회주의의 복잡한 제휴가 그것의 적들, 즉 절대국가와 봉건귀족제도를 쓸어 버렸다. 그리고 이 승리와 함께 자유주의는 원래의 목적을 달성했던 것이다. 그러나 자유주의적 사유는 과거의 적들이 몰락한 뒤에도 살아남아 그것의 가정들과 자명한 원리들이 이 승리로 인해 강화되어 버렸다. 모든 정치철학의 역사적 상대성을 망각한 채 19세기는 하나의 독특한 역사적 그리고 철학적 형태를 역사적 조건과 상관없이 언제 어느 곳에서나 응용될 불변의 합리적 가정과 자명한 원리체계로 격상시켰던 것이다.[89]

바꾸어 말하면 구체적 조건하에서 성공적으로 집행되었던 아이디어와 어젠다가 잘못 일반화되었고 또 보편적 타당성을 얻게 되었다는 것이다. 그리고 바로 이 독단주의가 자유주의의 퇴폐적 추락을 초래했던 것이다. 국가에 대한 국내적인 정치투쟁의 부산물이었던 자유주의 이론이 이제 국제관계로 확장되었다. 그 과정에서 국내무

88) *Ibid.*, p. 22.
89) *Ibid.*, p. 20.

대에서 그 가치를 입증했던 구체적 어휘와 구체적 도구들이 전적으로 판이한 영역으로 이월되었다. 바로 이것이 미국에서 여전히 지배적이라고 모겐소가 발견한 국제관계의 견해를 낳았던 것이다. 즉 정치가 회피되었거나 주변화되었거나 아니면 간단히 무시된 개념을 낳은 것이다. 힘의 정치의 황량한 현실에 대항하도록 삶의 다른 영역에서 온갖 형식들과 처방들이 도입되었다. "법의 지배," "법적 보장," "자유무역," "국제적 커뮤니케이션," "국제법," "국제기구" 그리고 종종 "과학"이 바로 그것들이다. 그리하여 정치적 전략이 과학적 "기획"에 의해 대치되고, 정치적 결정이 과학적 해결에 의해, 정치인이 전문가에 의해, 정치가가 정치고문에 의해서, 입법자가 법률공학자에 의해서 대치되어야 한다는 것이다. 그리하여 이런 정치철학은 정치가 기껏해야 최종적으로 극복되어야 할 악으로서 자리를 차지하는 과학적 사회이론으로 끝나게 된다.[90]

이런 자유주의의 구체적 어휘와 용어의 대용에서 모겐소는 하나의 자율적 영역으로서의 정치를 제거하려는 기도를 포착했다. 어떤 나라에서는 자유주의자들이 모든 다른 사람들과 똑같이 정치에서 항상 적극적이다. 그들은 세상으로부터 정치적 영역을 진실로 말살하지 못했지만 비정치적 어휘를 토대로 정치에 종사함으로써 정치주의에 베일을 씌웠다. 그리하여 자유주의는 정치 그 자체를 제거하지 않았지만 그러나 정치에 대한 적합한 이해와 정치를 다루는 건전한 방식을 막아 버렸다. 세월이 가면서 퇴폐적 자유주의가 희망적 사유, 기만적 희망 그리고 추상적 이상들의 직물 속에서 뒤섞이게 되었고 또 단순화시키는 계획에 사로잡혀 버렸다. 그 결과 사람들은 정치적 현실을 직면하고 자기 자신의 판단력을 구사하지 못하게 되어 버렸다는 것이다. 모겐소는 전형적인 실례들로 법률주의,

90) *Ibid.*, pp. 29, 32.

도덕주의, 평화주의적 자유주의 그리고 민주적 민족주의 같은 사고의 환언주의 유형을 들었다. 물론 모든 이런 방식과 처방들이 정치의 진실한 성격을 바꿀 수 없으며 바꾸지도 않을 것이다. 그러나 그것들이 정치에서 사용되는 언어에 영향을 주고 또 변질시켜 실제로 일어나고 있는 것을 숨기기 쉬운 언어로 대치한다.[91]

자유주의는 국제정치의 영역에서 자신의 목적을 힘의 정치의 관점에서, 즉 국제적 현실의 토대 위에서가 아니라 자신의 합리주의적 오해의 전제에 맞추어 표현한다. 따라서 국제정세에서 자유주의적 계획은 외교정책의 합리주의적 이데올로기이다.[92] 이데올로기들은 가면을 쓰고, 숨기고 또 위장한다. 때론 이데올로기들이 심지어 완전한 자기기만을 수반하기까지 한다. 모겐소는 정치현실의 본질을 보여 주기 위해서 자유주의 정체를 밝히고자 했다. 그리하여 정치적 이론과 실천에서 건전한 추론의 이데올로기적 감염에 대항하여 그는 최대한 객관성을 목표로 하는 하나의 "현실주의"를 수립했다. 미국에서 아주 만연된 정치에 대한 흐리멍덩함을 제거하기 위해서 모겐소는 정치의 영역이 인정되고 그것의 항구적 존재가 인정되도록 신경을 써야만 했다. 그 결과 그는 자유주의적 정치의 부정(negation)을 긍정, 즉 정치의 항구적 현실의 명시적 인정으로 맞섰다. 나아가서 모겐소는 이 긍정을 도덕적으로 무관심한 것으로, 즉 우리가 "정치적인 것"과 정치를 도덕적 토대 위에서 비난하거나 용서하는 것과는 별개의 것으로 간주한다. 간단히 말해 그러한 정치의 긍정이 건전한 분석과 적절한 행동을 위한 필요조건이다. 그리하여 정치가 완전히 말살되지는 않을지 모르지만 머지않아 대치될 것이라는 자유주의의 희망에 대항하여 모겐소는 "정치적인 것"과

91) *Ibid.*, p. 71.
92) *Ibid.*

정치의 항구적 본질을 강조했다. 그리하여 모겐소는 다음과 같이 선언한다.

> 모든 인간들에 공통적인 힘에 대한 욕구에 뿌리를 둔 힘의 정치란 바로 이런 이유로 사회적 삶 그 자체에서 분리될 수 없다.93)

모겐소는 힘을 위한 투쟁을 인간본성에 근거한 사회적 삶의 기본적 특징으로 제시했다. 즉, 인간은 "본래 정치적 동물"이라는 것이다. 여기서 모겐소가 말하는 정치적 동물이나 공동생활을 하는 존재라는 아리스토텔레스의 개념이 아니라94) 죽을 때까지 힘을 추구하는 존재라는 홉스적 개념이다. 따라서 합리주의 철학은 인간의 본

---

93) *Ibid.*, p. 9.

94) 아리스토텔레스는 인간이란 원래 정치적 동물(Zoon Politikon)이라고 말했다. 이것을 그는 인간이란 합리적 동물, 즉 선과 악, 정의로운 것과 불의, 해로운 것과 이로운 것에 대한 의견을 가진 원래 합리적 동물이라는 것과 연계시킨다. 우리가 어떤 의견을 갖고 있을 때 우리는 이성이 있다. 그것은 자신뿐만 아니라 타인에게도 적용된다. 우리의 합리성은 어떤 기이하게 선호하는 토대에 입각해 사는 것을 막는다. 물론 우리의 이성적 추리가 불건전하거나 편견일 수도 있다. 그러나 이성적으로 추리하려는 시도가 우리를 정치적 동물이 되게 한다. 우리는 자신이 살아가는 방법을 정당화하는 이유를 대지 않고는 살 수 없다. 그래서 우리는 공공의 개념, 즉 이성을 이용하여 우리가 내세우는 것을 규정하고 또 실행하려는 정치적 모임의 개념 없이는 살 수 없는 것이다. 이성이 없다면 우리가 내세우는 것은 단지 근거 없는 공격, 즉 순전히 힘을 행사한 것에 지나지 않을 것이며, 내세움이 없다면 우리의 추리력은 동면상태에 머물러 아무런 효과가 없을 것이다. 그런데 인간적 내세움은 언제나 의도적으로 분열적이다. 우리 집단 대 당신들의 집단식으로 말이다. 그래서 그것은 항상 정치적이다. 모든 정치적 모임은 인류의 나머지를 배제함으로써 의도적으로 부분적이고 자기 집단이 우수한 삶의 방식이라고 생각함으로써 결연히 파당적이다. 따라서 아리스토텔레스에 의하면 자연의 기준이란 적어도 인간사에 있어서 원래 경합적이다. 그래서 여러 개의 정치체제가 존재하는 것이고 또 인간들은 원래 정치체제들에 관해 선택권이 있다는 것이다. 따라서 아리스토텔레스는 그의 『정치』에서 최선의 정치체제를 제시했다.

성과 사회적 세계의 성질 그리고 이성 그 자체를 오해했다는 것이다.[95] 거의 부지불식간에 모겐소의 자유주의 비판은 그것이 인간본성에 대한 부적합하고 잘못된 견해라는 비판이 된다. 그의 관점에서 보면 믿을 수 없는 인류학적 전제를 기초로 하여 출현한 것이 "정치"에 관한 긍정적 개념이 없는 정치철학이다. 그래서 그는 자신의 "인류학적 전제"를 "진실한" 정치철학을 위한 토대로 대신했다. 그렇게 하는 데 있어서 인간본성에 대한 "적합한" 그래서 아주 "회의적인 견해"를 고집하면서 정치적 구성요소로서 "힘에 대한 욕구"를 제시했다. 그 결과 모겐소는 인간 삶의 정치적 차원을 항구적 현실로서 긍정할 뿐만 아니라 "과학적 인간"의 부당한 간섭에 대항하여 "정치의 자율성"을 내세웠다. 정치란 그 자체의 법칙을 따르는 것이다. 그가 성취하고자 하는 것은 정치에 적합한 지적 접근방법의 "해방" 즉 일종의 "독립"선언이었던 것이다. 다른 사유의 기준으로부터 그런 해방과 독립의 과정에 기여하려는 것이 바로 그의 "정치적 현실주의"의 목적인 것이다.[96]

모겐소는 정치적 현실주의를 위한 투쟁을 계속했고 국제정치학 분야에서 정치적 현실주의의 대변으로서 명성을 높여 가면서 정치적 현실주의 이론의 학문적 기수가 되었다. 모겐소의 정치적 현실주의 요지는 한마디로 국가이성이며, 구체적으로 독일판 국가이성이다.[97] 그는 책임 있는 정치가에게 초연함과 객관성을 혹독하게 요구했다. 그의 1951년 『국가이익의 변호』라는 저서는 힘으로 정의되는 국가이익의 고려에 토대를 둔 건전한 분석과 합리적 행동에 대한 긴급요청을 담고 있다. 마이네케로부터의 아래 인용문이 이 저서

95) Hans J. Morgenthau, *op. cit.*, p. 5.
96) Hans J. Morgenthau, *Politics among Nations*, p. 16.
97) Christoph Frei, *op. cit.*, p. 219.

의 핵심적 메시지를 집약하고 있다.[98]

> 정치 지도자는 자신을 엄격하게 통제해야 한다. 즉 그는 자신의 감정과 개인적 취향과 혐오를 억제하고 또 공동선을 확보할 실천적 과업에 완전히 몰두해야만 한다. 그는 또한 아주 냉정하고 합리적으로 국가의 실제적 이익을 규명하고 또 이것들을 어떤 감정적 연상으로부터 분리를 하려고 해야 한다. 왜냐하면 비스마르크가 말했듯이 증오와 복수심은 정치에서 나쁜 상담역이기 때문이다.[99]

국가의 정상에는 크라토스(Kratos)와 에토스(Ethos)간, 즉 힘의 충동에 의해서 진작되는 행위와 도덕적 책임에 의해 진작되는 행위 사이에는 하나의 교량, 다시 말해 국가이성이 존재한다.[100] 따라서 정치가는 적합한 행동에 관한 정치적이고 윤리적인 원칙들 사이에서 사로잡히지 않을 수 없다. 군사적 힘과 정치력이 영원한 국가적 위대성의 조건들인 반면 그 위대성의 내용은 지적이고 도덕적인, 즉 개념과 가치들의 숨겨진 자원에서 나온다.[101] 그러나 정치와 윤리 사이의 균열을 제거할 방법은 없으며 명쾌한 해결책이 없다. 따라서 그들간의 딜레마와 긴장은 영원히 남을 것이다. 따라서 모겐소에게는 절대적이고 순결한 선이 얻을 수 없는 곳에서, 그나마 유일하게 도덕적으로 의식적인 정치적 행동이란 차악을 선택하려고 노력하는 것이다.[102] 이렇게 볼 때 그는 명백하게 막스 베버의 "책임의 윤리"를 고수한다. 성공적으로 행동하는 것, 즉 정치기술의 규칙에 따라

98) *Ibid.*, p. 218.

99) Friedrich Meineke, *Machiavellism: The Doctrine of Rasion d'Etat and Its Palace in Modern History,* Boulder and London: Westview, 1984, p. 6.

100) *Ibid.*, p. 5.

101) Hans J. Morgenthau, *A New Foreign Policy for the United States,* New York: Alfred Knopf, 1969, p. 176.

102) Hans J. Morgenthau, "The Demands of Prudence," in *The Restoration of American Politics,* Chicago: University of Chicago Press, 1962, p. 16.

행동하는 것이 정치적 지혜이다. 그러기 위해서는 정치가는 무엇보다도 하나의 핵심적 능력, 즉 분별력(prudence)에 의존해야 한다. 분별력이 모겐소의 행동철학의 맥락에서 유일한 하나의 주요 덕목이다.[103] 그의 어휘에서 분별력이란 영리함과 조심스러운 것 이상을 포괄한다. 분별력이란 실천적 지혜와 통찰력, 상상력, 결합력, 서로 다른 것들을 동시에 고려하는 능력 및 건전한 초연함 등을 상정한다. 최종 분석에서 분별력은 건전한 판단을 대표한다. 이것은 훌륭한 정치가가 추상적 원칙과 구체적 정치행동간을 중재할 뿐만 아니라 인간의 정치적 본성과 도덕적 운명을 화해시킬 수 있게 해주는 필요불가결한 최고의 특성이다. 분별력 있게 행동함으로써 정치가가 궁극적 선을 얻지 못할지는 모르지만, 그러나 적어도 인간적으로 가능한 것을 얻을 수 있으리라는 것[104]이 정치가들에게 주는 모겐소의 가르침이다.

앞서 모겐소는 1920년대 바이마르공화정 시대에 독일인들의 정치적 사유가 너무 갈피를 잡지 못하고 유치한 도덕주의적 방법에 젖어 있다고 생각하여 정치교육자가 되겠다고 결심했을 때, 그는 마키아벨리와 정치기술에 관한 유용한 개요서를 순진한 독일인들을 위해 쓰려고 했었다. 그러나 국가이성에 관한 마이네케의 저서가 이미 같은 내용을 많이 담고 있다는 것을 발견하고 그 계획을 단념했었다고 지적했다. 미국으로 이주한 뒤 제2차 대전의 종결과 함께 미국인들의 도덕주의적 방법에 도전하기 위해서 모겐소는 결국 그런 내용의 책들을 출간하여 미국인들을 위한 정치교육자가 되고자 했다. 바꾸어 말해서 모겐소의 야심은 구세계인 유럽의 전통적인 지

103) Hans J. Morgenthau, *Politics among Nations*, p. 12; "The Problem of the National Interest," p. 109.
104) Christoph Frie, *op. cit.*, p. 225.

혜를 유토피아의 대륙으로 가져와 신세계에서 현실주의의 교육자 즉 "스승"이 되는 것이었다.105)

그렇다면 모겐소가 그런 야심을 얼마나 성공적으로 달성했을까? 미국의 국제정치학의 주류는 모겐소가 승인하거나 인정하지 않았을 현실주의자이지만, 즉 모겐소주의자는 아니지만, 모두가 현실주의자가 되었다. 그리고 그의 인기에도 불구하고 대체로 모겐소는 오해되었다.106) 스탠리 호프만에 의하면 모겐소의 메시지는 아주 오도되긴 했지만 분명히 이해된 반면에 그의 다른 메시지가 분명하게 이해되지 못했다.107) 우선 『국가간의 정치』에서 대부분의 독자들이 기억하는 것은 정치적 현실주의의 주된 이정표, 즉 힘의 관점에서 정의된 국가이익의 개념이다. 그리하여 외교정책의 척도로서 힘에 대한 모겐소의 찬양이 제 2 차 대전 후 미국의 지도자들에게 어필했고 따라서 하나의 지적 축복으로 인식되었다. 정치적 현실주의가 미국의 범세계적 행동주의에 대한 정당성을 봉인해 주었다. 그러나 다른 한편으로 많은 정책 결정자들이 모겐소의 또 다른 중요한 메시지인 외교정책에서 필요한 온건성과 분별력에 대한 요구를 간파하지 못했다. 그리하여 모겐소의 야심은 패러독시컬한 결과를 낳고 말았다고 말할 수 있을 것이다.

---

105) Stanley Hoffmann, "Hans Morgenthau: The Limits and Influence of Realism," in *Janus and Minerva: The Essays in the Theory and Practice of International Politics,* Boulder and London: Westview, 1987, p. 76.

106) *Ibid.*, pp. 76-77.

107) *Ibid.*, pp. 77ff.

제7장

국제정치이론과 세계의 앞날:*
투키디데스, 월츠, 후쿠야마, 키신저

> 국제정치이론이란 그것 없이는 서로 무관하고 또 이해할 수 없는 수많은 현상들에게 질서와 의미를 부여하는 것이다.
>
> – 한스 J. 모겐소 –

1. 투키디데스(Thucydides)

우리는 민주화된 사회 속에 살고 있다. 그런데 민주정치가 이루어지는 사회에서는 무엇보다도 매스미디어가 가장 중요한 영향력을 행사한다. 특히 텔레비전은 여론을 전달하고 형성하는 데 있어서 실로 제왕적인 역할을 하고 있다.

과거 전통적으로 최고 통치지도자의 영역에 속한다고만 간주되었던 국가의 외교정책에도 이 매스미디어, 특히 텔레비전은 중요한 영향력을 행사하고 있다. 그런데 여기에 문제가 있다. 언론은 문제

* 본 장은 2000년 1월 교육방송의 「EBS 세상보기」에서 저자가 21세기 국제정치의 이해를 주제로 4차례 강의한 내용의 녹취록을 정리한 것이다.

점을 지적하지만, 해결책을 제시하는 경우가 드물다. 다시 말해 언론은 약속받은 땅을 제시하지 않는다. 이는 대체로 언론이 모든 정책에 대해서 일차적으로 비판하는 것을 목적으로 삼기 때문이다. 그렇기 때문에 언론은 정책에 영향을 미치지만 어떤 면에서는 무책임하고 일시적이라고도 말할 수 있다. 그러나 민주주의사회의 정치지도자는 이러한 언론의 영향을 받은 독자나 시청자들의 여론을 의식하여 외교정책을 결정하지 않을 수 없다.

오늘날 우리는 엄청난 정보의 홍수 속에 살고 있다. 지난 50년간의 냉전시대에는 많은 정보가 있다 하더라도 그것을 걸러내는 판단의 준거 기준이 있었다. 그것은 곧 '정치적 이념'이었다. 그런데 이 정치적 이념이 사실상 냉전의 종식과 함께 사라지자, 이제는 무엇이 올바른 정책인가에 관해서 모든 사람들이 각각 상이한 생각을 갖게 되었다. 때문에 오늘날 외교정책을 생각하거나 결정하는 사람은 어떤 방향으로 이를 결정할 것인가에 대하여 스스로 자신을 갖기가 매우 어렵게 되었다. 이는 외교정책의 세계 자체가 불확실한 세계이기 때문이기도 하지만, 한번 취하는 결정이 그만큼 중요하기 때문이다. 만약에 인류가 30년 내에 멸망한다면 우리가 요즘 걱정하는 기아나 질병, 또는 환경의 오염 때문이 아니라 외교정책의 실수에 의한 핵전쟁으로 멸망하게 될 것이다. 이처럼 외교정책이란 우리 모두의 삶과 직결되는 것임에도 불구하고 우리는 냉전종식 이후에 외교정책의 준거 기준을 상실함으로써, 정보의 홍수에 빠져 있음에도 그 정보들을 적절히 다룰 수 있는 안목을 갖지 못하고 있는 것이 현실이다.

그렇다면 이러한 안목은 어디에서 구할 수 있을 것인가? 그것은 국제 정치를 본질적으로 논의한 고전에서 구할 수 있다. 20세기의 가장 위대한 정치지도자 가운데 한 사람인 윈스턴 처칠은 "미래를 내다보기 위해서는 고대로 돌아가라"고 말했다. 그는 제 2 차 세계대전을 승리로 이끌었을 뿐만 아니라 자기가 이를 어떻게 승리로 이끌었는가를 쓴 회고록으로 노벨 문학상을 받았으며, 거의 역사가와 마찬가지의 지성을 가지고 있었던 인물이었다. 그의 말처럼 우리의 21세기를 내다보기 위해서는 아주 먼 옛날로 돌아가야 될지도 모른다. 왜냐하면 인간의 본성이란 매우 지속적인 것이며, 국제정치는 이러한 인간의 변하지 않는 본성에 따라 과거로부터 유사한 양상을 반복해 왔기 때문이다. 이러한 관점에서 투키디데스의 『펠로폰네소스 전쟁사』는 국제정치의 본질을 꿰뚫어 보기 위한 안목을 갖추는 데에 대단히 유용한 서양의 고전이라 할 수 있다.

1) 영원한 재산(Eternal Possession)

투키디데스는 소크라테스와 동시대인 기원전 5세기의 인물이었다. 펠로폰네소스전쟁에 투키디데스 또한 참여하였으나 작전상의 실패에 대한 책임을 지고 쫓겨났다. 그렇게 추방된 후 투키디데스는 전쟁터를 쫓아다니면서 자신이 직접 보고 들은 바를 생생하게 기록하였는데, 이것이 바로 『펠로폰네소스 전쟁사』이다. 투키디데스가 처음부터 이 책을 '펠로폰네소스 전쟁사'라고 불렀던 것은 아니다. 원래 투키디데스는 자기의 저서에 '영원한 재산'(Eternal Possession)이라고 제목을 붙였다. 이는 투키디데스가 인간의 역사는 되풀이된다고 생각했기 때문이었다. 그는 자기가 쓴 책이 인류의 영원한 교훈서가 되기를 기대했고, 그 야심적인 기대를 반영하여 책의 제목을 '영원한 재산'이라 하였다.

투키디데스는 "전쟁이란 난폭한 스승"이라고 하였다. 이것은 전쟁의 폭력성을 보여주는 것이기도 하지만, 실제로 전쟁은 인간에게 삶의 근본적인 조건들을 '난폭하게' 가르쳐 준다는 의미로 사용된 것이었다. 인간은 전쟁을 통해서 삶의 가장 본질적인 조건들을 깨닫게 된다. 예를 들어 휴전선에서 전쟁이 터졌다는 소문이 삽시간에 전달되었다고 가정해 보자. 많은 사람들은 우선 가게로 뛰어가서 라면을 사게 될 것이다. 그리고 또 어떤 사람들은 휴지를 사게 될 것이다. 이는 사람들이 자기에게 본질적으로 필요한 것이 무엇인가를 떠올렸기 때문이다. 그들은 우선 먹거리를 위해서 비상식량으로 라면을 생각했으며, 또한 라면을 먹은 다음을 생각했기 때문에 휴지를 구하게 되었다. 설령 평상시에 매우 편안한 삶을 살고 심지어 사치스럽게 사는 사람조차도 일단 전쟁이 터지게 되면 가장 인간의 본질적인 모습으로 돌아가게 된다. 이처럼 인간은 전쟁을 통해 삶의 냉혹한 진실에 접하게 된다는 뜻으로, 투키디데스는 전쟁을 삶의 근본적 조건들을 가르쳐 주는 '난폭한 스승'이라고 불렀던 것이다.

투키디데스의 『펠로폰네소스 전쟁사』를 좀 더 깊이 이해하려면 우선 투키디데스가 '역사가'로 분류된다는 점을 알아 두어야 한다. 철학자들은 대체로 훈계로써 교훈을 준다. 그들의 책은 동·서양을 막론하고 대개 '이래서는 안 되고, 저래서는 안 되고, 이래라 저래라' 라는 식의 훈계 또는 격언으로 채워진다. 그러나 역사가들은 사실을 기록하고 이를 통해 독자들이 대리 경험을 하면서 스스로 역사의 교훈을 얻도록 한다. 즉 철학자들이 직접적으로 교훈을 전달한다면 역사가들은 비밀스럽고도 간접적으로 교훈을 전달한다고 할 수 있고, 때문에 이를 읽는 사람에 따라 교훈은 서로 다를 수 있다. 이처럼 700여 페이지에 달하는 『펠로폰네소스 전쟁사』 속에서도 우리는 수많은 교훈들을 찾아볼 수 있으나 여기서는 전쟁의 원인과 과잉팽창의 문제, 그리고 강대국과 약소국간 관계에 대한 문제 등을 집중적으로 살펴보도록 한다.

2) 전쟁의 원인

전쟁은 어떻게 일어나는가? 아테네와 스파르타가 전쟁을 일으킨 고대 그리스 세계에는 마치 우리의 냉전 시대와 마찬가지로 약 160여 개의 국가(폴리스)들과 2개의 초강대국(아테네와 스파르타)이 있었다. 당시 최강의 해양 국가였던 아테네 제국을 대륙국가인 스파르타가 먼저 공격함으로써 27년간의 펠로폰네소스전쟁이 시작되었다.

그 당시에는 누가 보아도 아테네가 최강대국이었으며, 스파르타의 국력은 사실상 그에 미치지 못했다. 그럼에도 불구하고 왜 스파르타는 아테네를 먼저 쳤던 것일까? 투키디데스는 여기에서 전쟁의 진정한 이유를 찾아볼 수 있다고 생각했다. 당시 스파르타는 아테네의 힘이 점점 증가하고 있었으므로 시간이 흐를수록 힘의 경쟁에서 아테네가 유리해지고 스파르타는 불리하게 될 것이라 생각했다. 때문에 스파르타는 더 늦기 전에, 지금이 시기적으로 적기라고 생각하여 선제공격을 가했고 이로써 전쟁이 시작되었다. 즉 전쟁의 진정한 원인은 바로 스파르타가 아테네의 힘의 증가에 대해서 갖고 있던 '두려움'이었던 것이다. 스파르타는 이 두려움으로부터 벗어나고 세력의 우위를 점하기 위해 전쟁을 개시했던 것이다.

우리는 대체로 힘이 센 국가가 약한 국가를 정복하기 위하여 전쟁을 일으킨다고 생각한다. 물론 역사적으로 이러한 전쟁도 많이 있어 왔다. 그러나 투키디데스는 힘이 비슷한 국가들 사이에서의 전쟁은 오히려 상대적으로 힘이 약한 쪽이 강한 국가를 먼저 공격함으로써 발발할 수 있다고 보았다. 왜냐하면 두 개의 강대국가는 소위 '제로섬 게임'의 심리상태에 빠지기가 쉽기 때문이다. 나의 이익은 그만큼 상대방의 손실이 되고, 상대방의 이익이 그만큼 나의 손실이 되는 치열한 경쟁상태 속에서는 적국에 대한 공포로부터 벗어나고 자신의 안전을 기하기 위해 약한 쪽에서 먼저 전쟁을 일으키기가 쉽다는 것이다. 즉 오늘날 국제 정치학의 용어로 한다면 '양극체제의 불안정성'을 주장한 최초의 인물이 바로 투키디데스라고 할 수 있다. 비록 지금 돌이켜 보면 긴 평화의 시대였다고 할 수도 있겠지만, 지난 50여 년간 우리가 양극 체제 속에서 항상 전전긍긍할 수밖에 없었던 것도 냉전의 시대가 바로 이러한 양극체제적 성격의 시대였기 때문이다.

과거 우리 정치지도자들의 말들을 살펴본다면 이러한 사실이 좀 더 명확하게 나타난다. 한국전쟁 이후 1950년대-70년대에 걸쳐 한국의 정치지도자들은 늘 "북한의 무력이 우리보다도 훨씬 강하기 때문에 언제 다시 제 2 의 전쟁을 일으킬지 모른다," "북한은 호시탐탐 남한을 노리고 있다. 절대 경계를 늦춰서는 안 된다"면서 남북간의 현저한 힘의 차이로 인해 북한이 언제 다시 남침해 올지 모른다고 국민들의 경각심을 높였다.

그런데 1980년대에 접어들면서부터 남한의 정치지도자들은 다른 말을 하기 시작했다. 즉 이제는 "우리가 월등하게 잘살고 강력한 국가가 되어, 북한은 이에 초조한 나머지 남한을 공격할지도 모른다"면서, "따라서 우리는 그만큼 경계해야 한다"고 주장하게 되었던 것이다. 이러한 변화는 동시대를 살아온 일반인들의 눈에는 과거의 정치지도자들이 거짓말을 했거나, 아니면 그 이후의 지도자들이 거짓말을 하고 있는 것이라고 보일 수도 있다. 그러나 그들이 거짓말을 한 것은 아니다. 힘이 강할 때에도, 상대적으로 힘이 약할 때에도 전쟁을 일으킬 수 있는 것이 국제정치의 본질적인 성격이기 때문이다. 만일 우리가 적대적인 상대국보다 다소 힘이 강하다고 하여 전쟁이 일어나지 않을 것이라 믿는다면 그것은 하나의 환상에 불과하다. 설마가 사람 잡는다는 말과도 같이, 설마 하는 동안 국제정치의 현실은 항상 뒤통수를 치면서 우리에게 놀라움으로 다가서게 되는 것이다.

3) 과잉팽창에 대한 경고

스파르타와의 전쟁 중이던 기원전 415년 여름에 아테네의 정치지도자들은 시실리를 정복하자는 데 의견을 모았다. 만일 아테네가 시실리를 점령하게 되면 전략적으로 매우 유리해질 뿐만 아니라 거기에서 엄청난 부 또한 획득할 수 있을 것이었다. 그리하여 알키비아데스를 중심으로 한 아테네의 민주정치 지도자들은 스파르타와의 전쟁 중이었음에도 불구하고 시실리섬 원정을 수행하기로 결정하였다.

그러나 결과적으로 이 원정은 아테네에게 엄청난 비극을 가져다주었다. 알키비아데스는 젊었지만 아주 야심적이고 군사전략에 뛰어난 인물이었다. 그러나 바로 이 때문에 그는 많은 사람으로부터 질투를 받았고, 알키비아데스가 엄청난 군대를 이끌고 시실리로 떠난 후 본국에 남아 있던 정치지도자들은 그가 과거에 행했던 잘못을 문제 삼아 그를 소환하라는 결정을 내리게 되었다. 알키비아데스는 전쟁을 앞두고 본국 정부의 소환 때문에 귀국할 수밖에 없었다. 그러나 아테네로 돌아가게 된다면 그는 재판을 받게 될 것이고, 어쩌면 재판에서 죽음을 맞이하게 될지도 모른다고 생각했다.

결국 알키비아데스는 스파르타로 망명을 해버렸으며 자신의 탁월한 군사전략을 스파르타에 전수해 주었다. 이는 사실상 아테네에게 치명적인 타격이 아닐 수 없었다. 그런데 이런 와중에 아테네는 인품은 훌륭했으나 군사전략적인 능력이 부족했던 니시아라는 인물에게 사령관 직을 맡기는 실책을 범하였다. 이러한 내분의 상태 속에서 아테네는 이미 원정을 떠난 군인들에게도 지원을 게을리하였고, 결국 이들 아테네 원정군은 시실리에서 패배하였다. 이들이 패배해서 돌아오는 과정 속에서 수없이 죽어가는 그 비참한 모습을 투키디데스는 생생하게 기록하고 있다.

투키디데스는 당시 아테네의 시실리 원정을 지나친 팽창, 즉 군사전략적 용어로 말한다면 '과잉산개'(over-stretch)라고 보았다. 즉 과잉팽창은 비극을 가져온다는 경고를 우리에게 보여 주었던 것이다. 현대에 이와 같은 교훈을 잊었다가 이를 새삼 깨달은 것이 미국이었다. 미국이 지구의 반대편 베트남에 60만의 어마어마한 대군을 파견한 것은 바로 미국의 오만에서 비롯된 과잉팽창이었으며, 결국 이것은 아테네와 같은 실패로 귀결되고 말았다.

이처럼 지나친 팽창에 대한 경고는 단지 국가에만 해당되는 것은 아니다. 한국이 외환위기를 겪게 될 당시 기업들은 자기의 능력을 고려하지 않은 채 문어발식으로 무분별하게 팽창해 있었고, 이것이 외환위기를 불러온 중요한 원인이 되었다. 개인도 마찬가지이다. 통장의 잔액은 생각하지 않고 과잉소비를 일삼으면 머지않아 파산하게 될 것이 불을 보듯 뻔하다. 즉 지나친 팽창은 반드시 비극을 가져오게 되는 것이며, 따라서 항상 온건한 정책, 절제 있는 정책을 취해야 한다는 것이 투키디데스의 가르침이라고 말할 수 있다.

4) 강대국과 약소국

투키디데스가 우리에게 보여주는 강대국가와 약소국가간의 관계는 『펠로폰네소스 전쟁사』 제 5 편의 '밀로스의 대화편'에 잘 나타나 있으며, 어쩌면 이것이 이 책의 압권이라고도 말할 수 있다. 투키디데스는 700페이지에 달하는 책에서 이 부분만을 대화체로 만들어 놓았는데, 이는 양국의 대화 속에서 국제정치의 본질적 속성이 얼마나 노골적으로 나타나고 있는지를 극적으로 보여주기 위한 것이다.

스파르타와의 전쟁 중에서 아테네는 군사전략적으로 매우 중요한 위치에 있는 약소국가 밀로스에 군대를 상륙시키고 그들에게 굴복할 것을 요구했다. 아테네인들은 이렇게 말한다. "우리가 과거 페르시아와의 전쟁에서 이겼기 때문에, 혹은 과거에 당신들이 우리에게 상처를 입혔기 때문에 이를 보상받기 위하여 당신을 정복하려 한다고 말하지 않겠다. 따라서 '우리는 스파르타의 식민지이지만 전쟁에 참여한 적이 없다. 우리가 당신들에게 해를 끼친 적이 없는데 왜 우리를 정복하려고 하느냐'는 식으로 얘기하지 말라. 그런 얘기는 할 필요가 없다. 지금 당신들이 신경 써야 할 것은 이 순간에 당신들이 실질적으로 얻을 수 있는 것이 무엇인가 하는 데 관해서 초점을 맞추는 것이다."

그러면서 그들은 이른바 권력정치에 있어 실로 영원히 남을 만한 표현을 남겼다. 아테네인들은 밀로스인들에게 말한다. "국가간 관계에 있어 정의는 동등한 힘을 가진 그러한 국가들 사이에서만 가능한 것이다. 정의라고 하는 것은 아름다운 이름일 뿐이다. 정의를 말하기 위해서는, 권리를 말하기 위해서는 동등한 힘이 필요하며, 이러한 힘이 없을 경우에 정의라고 하는 것은 한낱 아름다운 수사에 지나지 않는다. 강대한 국가는 자기가 얻고자 하는 것을 얻으며, 약한 국가는 그것을 인정할 수밖에 없는 것이다(The strong do what they can, the weak suffer what they must)."

이 말에 밀로스인들은 "정의는 항상 존재하는 것이다. 그리고 지금은 당신이 강대국가이지만 장기적으로 볼 때 영원한 강대국가란 없다. 정의를 존중하지 않는다면 아테네는 언젠가 이 지구상에 정의를 존중하지 않음으로써 보복받은 본보기가 될 것이다"라고 주장했다.

그러자 아테네인들은 이렇게 말했다. "우리가 앞으로 그런 보복을 받고 위험에 처한다는 것은 당신들이 신경 쓸 바가 아니다. 그것은 우리에게 맡겨라. 우리가 우리보다도 약한 국가에 패배할 때에 그것이 놀라운 일이고 우스꽝스러운 일이지, 우리보다도 강한 국가에 패배하는 것은 전혀 놀라운 일이 아니다."

그러자 밀로스인들은, 그렇다면 자신들이 스파르타와의 사이에서 중립을 지키면 될 것 아니냐고 제안했으나 아테네인들은 이를 거절했다. "우리 아테네인들이 두려워하는 것은 당신들의 적대감이 아니다. 우리는 해양제국으로서, 해양에서 계속 강한 힘을 유지하기 위해서는 섬나라인 밀로스를 우리의 제국에 굴복시켜야만 하는 것이다. 만약 우리가 당신 같은 조그마한 섬나라 하나를 굴복시키지 못한다면 우리는 약한 국가로 세상에 인식될 것이며, 이는 제국에 커다란 혼란을 초래하게 된다. 그러므로 절대로 당신들의 중립을 인정할 수 없다."

이에 대해 밀로스인들이 "우리가 굴복한다면, 우리는 세상의 불명예를 갖게 되는 것이고 수치스럽게 되는 것 아니냐"고 하자, 아테네인들은 "감당할 수 없는 강력한 국가에 굴복하는 것은 결코 수치가 아니다. 당신들과 우리들 사이에는 명예니, 수치니 하는 것들이 끼어들 틈이 없다"고 응수했다. 그러자 밀로스인들은 "우리에게는 우리를 도와줄 신이 있다. 뿐만 아니라 우리에게는 우방국가인 스파르타가 있다. 그들은 우리를 도우러 올 것이다. 왜냐하면 스파르타는 우리의 동족일 뿐만 아니라 그들 자신의 명예를 위해서 우리를 도와줄 것이기 때문이다. 비록 지금 당장은 우리가 약소국이지만 스파르타가 우리를 돕는다면 우리에게도 승리의 가능성이 있다"면서 끝까지 굴복하려 하지 않았다.

이 말에 아테네인들은 "그런 신은 우리에게도 많다. 우리 아테네를 돕는 신도 얼마든지 있다"면서 "신들의 세계에서도 강력한 신이 약한 신을 지배한다. 이것은 하나의 자연의 법칙이다. 이 자연의 법칙은 우리 아테네가 처음 만든 것도 아니고 처음 적용하는 것도 아니다. 강자가 약자를 지배하는 이 자연의 법칙은 옛날부터 있어 왔으며 지금도 있고 앞으로도 영원히 그러할 것이다. 그러므로 입장을 바꿔서 당신들이 강대국가이고 우리가 약소국가라면, 당신들도 우리처럼 행동할 것이다. 왜냐하면 그것이 인간의 본질적인 본성이기 때문이다"라고 답했다.

또한 아테네는 다음과 같이 말했다. "스파르타는 오지 않을 것이다. 스파르타는 자기 자신들의 안전을 먼저 걱정할 뿐만 아니라 그들은 그렇게 용기 있는 민족이 되지 못하기 때문이다." 보통 민주국가의 인간이 활기차고 대담성을 갖는 반면 전체주의 국가의 사람들은 항상 눈치를 보고 조심스럽게 사는 경향이 있으므로, 아테네인들은 스파르타가 밀로스를 구하는 정도의 일에 원군을 보내진 않을 것이라고 생각한 것이다.

이쯤의 대화에서 아테네인들은 짜증이 났다. 그래서 그들은 이렇게 말했다. "지금 우리의 대화에서 중요한 것은 당신들이 당면한

'생존에 관한 문제'인데, 당신들은 자신의 생존에 관하여 이야기하지는 않고 미래에 '있을지도 모르는 희망'에 관해서 얘기하고 있다. 당신들은 헛된 명예심에 빠져있다. 당신들은 전쟁이냐, 여러분들 삶의 안정이냐 라고 하는 중요한 선택에 있어서 무엇이 합리적 선택인가 하는 것은 생각하지 않고, 불확실한 미래의 희망에 모든 것을 걸고 있다. 이것은 당신들이 그만큼 무감각하고 오만하다는 것이다." 즉 이 단 한 번의 결정에 자신들의 전 운명이 달려 있다는 점을 왜 깨닫지 못하느냐는 것이다. 그러면서 아테네는 "이제 당신들에게 결정을 맡기겠다"는 말을 남기고 떠나버렸다.

남은 밀로스의 지도자들끼리 항전이냐 굴복이냐를 놓고 토론한 끝에, 흔히 그런 대화에서는 강경론자가 앞서듯 밀로스의 지도자들도 항전하기로 결정을 내렸다. 그들은 "우리가 700년간 누렸던 자유와 독립을 포기할 수 없다"고 외쳤다. 즉 그들은 그것을 포기할 준비가 전혀 되어 있지 않았기 때문에 자기들을 '도울지도 모르는' 신을 믿고, 또 '도와줄지도 모르는' 스파르타의 지원을 기대하면서 아테네군에게 "밀로스 섬을 떠나라"는 최후통첩을 보냈던 것이다.

그러자 아테네인들은 "당신들은 당장 자신의 눈앞에 있는 것보다도 허황된 미래에 기대하고, 지금 눈앞의 확실한 것을 취하지는 않으면서 미래의 불확실한 것을 취하는 정말 이상한 사람들이다"라면서 무력행사를 개시했다. 양자간 힘의 차이는 대단히 큰 것이었기에 예상대로 전투는 그리 오래가지 않았다. 밀로스인들은 무조건 항복을 하였고, 아테네인들은 항복한 이 밀로스인들의 모든 성인 남성들을 처형했다. 그리고 여자와 어린아이들은 노예로 팔아버렸다. 밀로스인들은 저항을 선택함으로써 처참한 종말을 스스로 자초했다고 말할 수 있다. 즉, 투키디데스는 정책적인 한 번의 실수가 국가의 운명을 좌우한다는 것을 말해주고 싶었던 것이다. 자신의 현실을 직시하지 못한 자에게 그 대가는 특히 가혹했다.

5) 현실주의 패러다임의 시조

펠로폰네소스전쟁에서 최종적으로는 스파르타가 승리하게 된다. 그러나 『펠로폰네소스 전쟁사』 전체를 읽고 난 다음에 우리가 느끼는 것은 아테네 제국이 멸망하고 마침내 정의가 승리했다고 하는 만족감이 아니다. 실제로 우리는 매우 슬픈 감정을 느끼게 된다. 왜냐하면 아테네인들이 최종적으로 멸망했지만 그것은 '정의의 승리'가 아니었기 때문이다. 정의도 바로 이 전쟁의 희생물이었다. 아무도 밀로스인들을 구하지 못하였으며, 이 약소국가는 완전히 멸망해 지구상에서 사라져 버리고 말았던 것이다. 아테네가 최종적으로 전쟁에서 졌다는 사실은 이미 죽어버리고 노예로 팔려버린 밀로스인들에게 아무런 위안이 되지 않았을 것이다.

또 하나 중요한 사실은 스파르타가 승리하면서 그리스세계가 이제 스파르타의 제국이 되었지만, 아테네의 제국주의 정책이나 스파르타의 제국주의 정책은 사실상 차이가 없었다는 점이다. 전쟁 중에 스파르타는 '아테네로부터 그리스인들의 해방'이라는 명분을 내세우면서 동맹국들을 독려하였으나 정작 전쟁에 승리한 다음에 스파르타가 다른 약소국가들에게 취했던 정책은 과거의 아테네가 취했던 것과 조금도 다르지 않았다. 그들은 강압적이고 억압적이었다. 약소국가에게 승리의 기쁨은 사실상 어느 곳에도 없었던 것이다.

이러한 투키디데스의 교훈을 통해서 우리는 무엇을 느낄 수 있는가? 여기에는 전쟁의 원인, 과잉 팽창의 문제점, 그리고 민주국가에 있어서의 선동정치의 위험성, 부적절한 정치지도자가 적절한 정치지도자를 대체했을 때 당면하게 되는 위험성 등등 많은 것들이 있다. 그러나 우리는 이것을 통해서 무엇보다도 정치적인 삶의 한계와 그 궁극적인 비극성을 보게 된다. 이 역사책을 읽고 나면 다시 한번 인간이란 무엇이고, 정치란 무엇인가 하는 것을 되묻게 되는 것이다. 전쟁을 통해서 우리는 인간의 한계를 목격하게 된다. 그리고 정치의 한계를 목격하게 된다. 따라서 정치에 관해서 지나치게 기대해서는 안 되며, 지나친 기대는 반드시 커다란 실망을 안겨주고 말 것이라는 투키디데스의 교훈을 우리는 새겨들어야 할 것이다. 투키디데스는 이처럼 정치, 특히 국가간의 국제정치를 비관적인 관점에서, 혹은 비극성을 강조하는 관점에서 바라봄으로써 국제정치학에서 이른바 '현실주의'라고 하는 패러다임의 시조가 되었다.

장 자크 루소는 "투키디데스의 이 책을 읽으면 그것은 마치 눈앞에서 정치적인 현상을 보는 것과 마찬가지이다"라고 평했다. 그만큼 투키디데스의 『펠로폰네소스 전쟁사』는 읽는 사람에게 큰 감동을 주는 동시에 정치적인 비극성과 정치의 한계를 지적함으로써 우리 모두가 정치에 대하여 겸손한 태도를 갖도록 해 준다. 특히 국가간 관계의 본질적인 성격을 우리에게 말해주고 있다는 점에서 이 책의 가치는 매우 크다. 국가간의 관계에서 국가는 지나친 모험이나 팽창을 지양하면서도 동시에 안전을 위해서 얼마나 많이 노력해야 하는가를, 투키디데스는 오랜 시간을 뛰어넘어 변함없는 국제정치의 본질적 접근을 통해 보여주고 있는 것이다.

2. 케네스 월츠(Kenneth N. Waltz)

오늘날 우리는 세계 평화라고 하는 것, 국가간의 평화라고 하는 것을 매우 당연한 것으로, 우리 모두가 다 같이 원하는 것으로 이해하고 있다. 그러나 그 평화가 모든 사람들에 의해서, 모든 국가들에 의해서 진실로 추구된 역사는 사실상 그리 길지 않다. 적어도 1914년 6월 28일 오스트리아의 페르디난드 황태자 부부의 피격이 도화선이 된 제 1 차 세계대전의 발발 전까지 각 국가는, 특히 당시의 유럽의 강대국가들은 평화를 추구하지 않았다. 그들은 '국가이익'을 추구했다. 평화란 그 국가이익의 추구가 상호 균형을 이루는 상태, 이른바 '세력균형' 또는 '힘의 균형'이 이루어지는 상태 속에서 부산물로 주어지는 선물에 지나지 않았다. 즉 당시의 국가들은 평화 그 자체를 외교 정책의 목적으로 추구하진 않았던 것이다. 오히려 이들은 클라우제비츠가 "전쟁은 수단을 달리한 정책의 연속"이라고 말한 것과 같이 국가의 외교 정책적 목적을 추구하는 데 있어 전쟁을 최후의 수단이지만 항상 사용할 수 있는 것으로 생각하였다.

그러나 제 1 차 세계대전의 참화와 그 비극성이 너무도 컸기 때문에 사람들은 생각을 달리 하기 시작했다. 레마르크의 『서부전선 이상 없다』에서 묘사되기도 했던 바와 같이, 당시 제 1 차 세계대전에 참여했던 유럽 국가들의 병사들은 도대체 자기가 무엇 때문에 이 전쟁에 참여했는지도 알지 못한 채 죽어갔다. 그들에게 전쟁의 목적을 제시했던 사람은 미국의 우드로 윌슨 대통령이었다. 당시 그는 이 전쟁을 민주주의를 위한, 민주주의를 안전하게 하기 위한 전쟁이라고 규명하였다. 즉 인류 역사상 최초로, 전쟁의 명분으로서 영토라든가 왕위 계승권과 같은 구체적 문제가 아닌 추상적인 목적이 제기되었던 것이다. 그러자 오히려 사람들은 이런 추상적인 목적을 위하여 목숨을 초개같이 여기면서 더욱 열심히 싸우는 모습을 보이게 되었다.

이처럼 제 1 차 세계대전의 비극이 너무 컸기 때문에 당시의 지도자들은 평화 그 자체가 국가들의 외교 정책적 목적이 되어야 한다는 데에 공감하기 시작했다. 따라서 이들은 윌슨 대통령을 중심으로 하여 평화 그 자체를 목적으로 하는 기구를 탄생시켰으며, 범세계적 평화를 위한 이 최초의 국제기구가 바로 국제연맹이었다. 일찍이 칸트는 각 국가들이 민주국가가 되고 그 국가들이 국제적인 연맹을 이루면서 만민법에 따라 행동하게 된다면 세계 평화는 가능할 것이고 또 사실상 보장될 것이라고 생각했다. 국제연맹의 창설을 주도했던 윌슨 대통령은 칸트주의자였으며, 따라서 국제연맹의 창설에는 사실상 칸트의 사상이 많은 영향을 미쳤다고 볼 수 있다.

그러나 그 당시 몇 나라를 제외하고는 대부분 민주국가가 아니었다. 결국 국제연맹은 세계 평화를 이룩하지 못한 채 19년 만에 요절하고 말았다. 그 짧은 국제기구의 생명, 19년이라고 하는 그 기간은 사실상 매우 위태로운 시간이었기 때문에 카아(E. H Carr)와 같은 사람은 이 시기를 "20년간의 위기"라고 불렀던 것이다. 그런데 제 2 차 세계대전이 끝난 이후에도 미국의 프랭클린 루스벨트 대통령을 중심으로 새로운 세계 질서에서 평화를 유지하기 위해서는 국제연맹을 보다 더 현실적으로 보완한 국가간의 연합이 필요하다는 인식이 확산되었고, 이로써 오늘날의 국제연합이 탄생하게 되었다.

1) 현실주의의 등장

국제정치학이 하나의 독자적인 학문 분야로 인정받기 시작한 것은 제 1 차 세계대전의 종결 이후로, 그 역사가 매우 짧다. 초창기 국제정치학에서는 국제연맹에 대한 연구, 즉 세계 평화를 어떤 국제제도적인 방법으로 해결할 것인가에 관한 문제의식이 지배적이었다. 따라서 제 2 차 세계대전 직후까지는 윌슨 대통령과 같은 생각이 국제정치학계의 지배적인 흐름이었다. 윌슨에 의하면 민주정부는 소수의 독재자들이 아니라 직접 싸움에 나서서 목숨을 버려야 할 국민들 스스로가 전쟁과 평화를 결정하게 되므로, 전세계 국가들이 민주화된다면 자연히 이들은 가급적 전쟁을 회피하게 될 것이고 따라서 세계 평화가 올 것이라고 내다보았다. 이처럼 20세기의 초반기에는 자유주의적인 생각이 풍미했으며, 이러한 생각들은 오늘날 다시 부활하는 양상을 보이고 있다. 마르크스주의자들도 자유주의자들과 비슷한 생각을 했다. 이들은 만일 전세계가 사회주의 국가가 된다면 이들 사회주의 형제국가들 사이에서는 전쟁이 없을 것이라고 보았다. 즉 한편에서는 자유민주주의체제가 전세계에 보편적인 가치와 제도가 된다면 세계평화가 이루어질 것이라고 생각하였으며, 일부의 사회주의자 또는 마르크스주의자들은 전세계의 사회주의 국가화가 세계 평화를 보장할 것이라고 주장했던 것이다.

그러나 역사상 최악의 비극이었던 제 2 차 세계대전을 겪으면서 이러한 생각들에 대하여 강력하게 도전하는 지성적 노력이 일어나게 되었는데, 이들이 바로 '현실주의학파'였다. 현실주의 학파의 대표적 인물로서 '현대 국제정치학의 아버지'라 일컬어지는 한스 모겐소(Hans J. Morgenthau)는 기존의 자유주의적인, 그리고 사회주의적인 평화관에 대하여 근본적인 비판을 가했다. 즉 어떠한 정치제도가 전세계에 보편적으로 보급됨으로써 세계 평화가 이룩될 수 있다는 생각은 잘못되었다는 것이다. 왜냐하면 그것이 자유민주주의든 사회주의든 그것을 전세계에 보편화시키기 위해서는 '강요'가 수반될 수밖에 없고, 그러한 강요는 곧 저항을 야기하게 되며, 결국에는 이것이 오히려 전쟁의 원인이 될 수 있다고 보았기 때문이다. 그는 어떤 질서가 보편적으로 훌륭한 질서인가 하는 것에 관하여 동의를 구할 수는 없다고 보았다. 모든 것은 사실상 상대적일 수밖에 없기 때문에 민주주의든 사회주의든 그것이 보편적 가치라는 합의를 이룰 수는 없으며, 따라서 자신의 가치를 전세계에 보급시키려고 하는 것은 사실상 '지배'의 수단이자 동시에 이를 감추려는 명분에 불과하다는 것이다.

또한 인간은 본질적으로 이기적인 존재일 뿐만 아니라 권력에 대한 욕망에 가득 차 있다는 것이 그의 인식이었다. 결국 정치라고 하는 것은 이 권력에 대한 욕망으로 가득 차 있는 인간들 사이의 투쟁일 수밖에 없고, 따라서 본질적으로 권력투쟁일 수밖에 없다고 하는 것이 모겐소의 주장이다. 권력투쟁이 일어나는 현상은 결국 전쟁상태를 의미한다. 따라서 그는 기본적으로 전쟁상태인 국가간의 기본적인 성향을 부인하면서 국가들 사이에 어떠한 평화가 가능할 것이라고 믿는 자유주의자들에 대해, 그것은 그들 자신이 스스로를 기만하고 있을 뿐만 아니라, 다른 사람들을 속이는 것에 불과하다고 비판했다.

인간 본성에 관한 모겐소의 이와 같은 본질적 인식은 토마스 홉스의 생각과 매우 유사하다. 모겐소는 홉스의 사상을 그대로 이어받았다. 그러나 홉스가 인간 계몽의 노력이 계속되고 통상의 발전으로 인간들이 욕구를 만족시킬 수 있게 되면 평화가 가능하다고 생각했던 것에 비하여, 모겐소는 인간의 본성 자체를 미루어 볼 때 세계 평화를 기대하기란 쉬운 일이 아니라는 비관적 입장을 취했다. 그러므로 인간과 국가는 이를 염두에 두고 항상 조심하지 않으면 안 된다는 것이다.

2) 구조적 현실주의자 월츠

월츠는 현실주의의 중요한 가정들은 수용하면서도 기존 현실주의의 한계를 지적하면서 국제정치학의 이론화를 시도하였다. 때문에 국제정치학계에서는 그를 '신현실주의자'라 하여 모겐소를 위시한 '전통적 현실주의자'들과 구분한다. 또한 그가 국제사회의 구조적 속성을 중시했다는 의미에서 월츠를 '구조적 현실주의자'라고 부르기도 한다.

월츠는 전쟁이 인간의 본성에서 비롯된다는 생각을 "제 1의 이미지"(The First Image)라고 규정하고, 이를 강력하게 비판했다. 그가 이러한 생각을 반대하는 이유는 다음과 같은 두 가지의 이유에서이다. 첫째, 우리는 인간의 본성이 무엇인가 하는 것을 정확하게 알 수 없다. 모겐소는 인간을 이기적인 존재로 보고 악한 존재로 인식하였으나 인간의 본성을 그렇게 단순하게 판정할 수만은 없다는 것이다. 수많은 악인들을 보면서 인간은 악한 존재라고 생각할 수도 있지만, 동시에 사랑을 베풀고 자기 자신을 희생하고 자선을 베푸는 선한 인간들 또한 얼마든지 발견할 수 있다. 이처럼 선한 행동과 악한 행동을 보여주는 사람들로 가득 찬 세계에서 인간이 선하다 혹은 악하다는 본성에 관한 규정은 불가능하며, 때문에 인간의 본성에서 전쟁의 원인을 생각하는 1차적인 이미지는 잘못되었다는 것이다.

둘째로, 인간의 본성 때문에 평화가 불가능하다는 입장은 우리의 도덕적 희망에 배치되기 때문에 수용할 수 없다는 것이다. 만약 인간의 본성 때문에 전쟁이 발생하는 것이라면, 바로 그러한 인간들이 그동안 평화를 위해서 노력해온 과정들을 설명할 수 없게 된다. 따라서 월츠는 이처럼 인간의 본성에서 전쟁과 평화의 문제에 관한 설명을 찾으려는 현실주의의 주장들에 대해서 비판적인 입장을 취했다.

한편 앞에서도 언급했던 것처럼 칸트, 마르크스, 윌슨 등이 국내의 정치적인 제도, 혹은 그 구조에 잘못이 있기 때문에 전쟁이 일어난다고 주장한 데 대하여 월츠는 이러한 생각을 "제 2 의 이미지"(The Second Image)라고 불렀다. 만일 전쟁이 이처럼 어떠한 국내적인 정치제도나 또는 경제적인 제도의 잘못으로 인해 발생하는 것이라면 보편적으로 정의롭다거나 정당하다는 원칙에 입각하여 모든 국가들의 정치제도가 바뀌어야 할 것이다. 그러나 무엇이 정의인가라는 것에 관하여 인류는 사실상 합의할 수 없을 것이다. 국가들은 각각 상의한 정의관들을 가지고 있고 그 정의관에 입각한 정치 질서를 갖고 있기 때문이다. 만일 어떤 국가가 자신의 정치적 질서만이 정의로운 것이고 다른 정치 제도는 정의롭지 못한 것이라고 규정하게 되면 세계 평화를 위해서 자기 자신의 정치제도를 보급하려고 할 것이며, 그것은 곧 세계 평화를 가져온다는 명목하에 전 세계에 대한 선전포고를 하는 것과 마찬가지가 될 것이다. 즉 영구 평화를 위한 노력은 사실상 영구적인 전쟁을 가져올 수밖에 없다는 것이다.

설령 모든 국가들이 칸트나 윌슨 식으로 자유주의 원칙을 수행한다 하더라도 민주주의 국가들 사이에 분쟁이 없다고 보장할 수는 없다. 실제로 민주주의 국가들 사이에도 이해갈등에 의한 분쟁은 늘 있어 왔다는 것이다. 또한 민주주의 국가들 사이의 분쟁이 반드시 평화적으로 해결될 것이라는 기대도 아직 확신할 수는 없다. 민주주의의 세계적인 역사는 짧기 때문이다. 오늘날 민주주의 국가들 사이에 직접적인 전쟁은 없었지 않으냐고 할 수도 있지만, 이들은 냉전시대 동안 사실상 동맹 국가였기 때문에 전쟁이 없었던 것이라고도 생각할 수 있다. 즉, 앞으로 민주주의 국가들 사이에서 심각한 분쟁이 발생했을 때 그 국가들이 자신의 국가적 이익을 위해서 무력을 사용하지 않을 것이라는 보장은 어디에도 없다는 것이다. 때문에 민주국가들 사이에 있어 무력의 사용이 배제될 것이라고 생각하는 것은 비합리적 환상이며, 전쟁의 위험성은 그것이 민주국가이든, 또는 다른 형태의 정치제도이든 간에 항상 존재한다고 말할 수 있다.

월츠는 이와 같이 인간의 본성이나 국내적인 정치제도에 입각하여 전쟁의 원인을 분석하려고 하는 입장을 거부하면서, 전쟁의 근본적인 원인은 힘을 중심으로 한 국제 관계의 '구조' 때문이라고 규정했고 이러한 생각을 "제 3 의 이미지"(The Third Image)라고 하였다. 국제사회, 국제체제는 세계정부가 없기 때문에 하나의 무정부상태로 볼 수 있다. 왈츠는 이 무정부상태 속에서 이루어지는 경쟁 속에 바로 갈등과 전쟁의 원인이 있다고 보았던 것이다. 월츠를 '구조적 현실주의자'라고도 부르는 것은 바로 이 때문이다.

3) 현실주의의 이론화

사실 이러한 생각은 고대 그리스의 투키디데스를 비롯해서 마키아벨리, 루소 또는 홉스 같은 정치 사상가들이 이미 암시적으로 제시했던 것이다. 월츠가 이들과 다른 점은 그들이 그렇게 암시적으로 제시했던 전쟁의 원인을 매우 정밀하고도 정확한 하나의 '이론'으로 제시하려 했다는 것이다.

월츠는 국가간 관계에 있어서 가장 궁극적인 관심은 바로 생존, 즉 국가의 안보라고 본다. 월츠는 국가를 하나의 합리적인 존재로 간주한다. 합리적인 국가는 자기 자신의 생명을 위태롭게 하면서까지 권력이나 경제적 이득, 영광 등을 추구하지는 않을 것이다. 즉 국가는 생존 이외의 다른 어떤 목적을 위하여 생명의 위협을 무릅쓰지는 않을 것이다.

그런데 각 국가들이 이처럼 생존과 국가 안보를 추구한다는 것은 곧 모든 국가들이 동일한 것을 추구하고 있다는 뜻이며, 이것이 바로 국내정치와 국제정치간의 근본적인 속성의 차이를 만들어 낸다. 국내 정치는 대체로 위계질서로 구성되어 있다. 그리고 그 속에서 구성원들은 각자 서로 상이한 기능과 역할을 수행한다. 어떤 사람이 명예를 추구한다면, 어떤 사람은 예술을 추구하기도 하고, 어떤 사람이 권력을 추구한다면, 또 어떤 사람은 자연의 비밀을 캐려하기도 할 것이다. 이처럼 국내 정치는 위계적인 질서를 바탕으로 상이한 사람들이 상이한 목적을 추구하고 있기 때문에 월츠는 이를 '유기체적인 세계'라고 불렀다.

이 유기체적인 세계 속에서의 투쟁이나 경쟁이라고 하는 것은 반드시 승자를 내고야 만다. 즉 모든 사람들이 승자가 있기를 원하는 것이 바로 국내 정치의 게임이다. 예컨대 선거를 한다고 가정해 보자. 사람들은 선거에서 누군가가 이기기를 기대한다. 그리고 누군가가 선거에서 승리한다면 많은 사람들이 그 승자에게 편승하는 성향을 보여주게 된다. 즉 누구나 강자, 힘이 있는 자, 권력을 잡은 자에게 편승하려고 하는 성향을 보여주는 것이 국내 정치의 특징이다. 선거뿐만이 아니라 설령 쿠데타 같은 것을 통해서 누군가가 불법적으로 정권을 잡았다 할지라도 그 권력자에게 편승하려 하고 하나로 통합되려고 하는 성향을 가지고 있는 것이 국내 정치의 특징이다. 개인도 권력이나 돈이나 인간이 추구하고자 하는 그런 가치를 많이 가지고 있는 사람들이 대체로 친구가 많다. 그 사람들에게 편승하려고 하는 인간의 본질적인 속성이 통용되기 때문이다.

그런데 국제정치의 세계에서는 이것과는 정반대의 현상이 나타나게 된다. 국제정치에서는 어떤 국가가 힘이 강해지고 지배적인 힘을 가지면 가질수록 우방을 잃게 된다. 특정 국가가 지나치게 강해지면 그 국가가 자신들의 국가를 지배하게 될지도 모른다는 두려움이 앞서기 때문에 그들은 다른 국가들과 힘을 합쳐서 강대국을 견제하려는 성향을 보이게 되기 때문이다. 즉 이것은 국가들이 서로 상이한 것을 추구하는 것이 아니라 자국의 안보와 번영이라는 동일한 목적을 추구하기 때문에 발생하는 현상이다. 어느 특정 국가가 그것을 지나치게 소유하거나 또 소유할 가능성이 있을 때에는 다른 국가들이 힘을 합쳐서 그것을 견제하려고 하며, 이것이 곧 '균형잡기'이다. 즉 국내정치의 본질적 성격이 '편승'이라면 국제정치의 본질은 바로 '균형'과 '견제'라고 말할 수 있다.

최근 중국과 러시아가 서로 힘을 합쳐서 미국을 견제하자는 입장을 밝힌 바 있다. 그들의 견제가 실제로 성공할 수 있을지는 미지수이다. 그럼에도 불구하고 미국의 독주 및 세계 초강국으로서의 일방적인 행동들에 대해 중국과 러시아가 위협의식을 느끼고 미국을 견제하지 않으면 안 되겠다는 생각을 갖게 된 것은 바로 이와 같은 국제정치의 본질적 성격에 입각한 것이라 할 수 있다.

4) 구조와 행위자와의 관계

국제정치에서는 힘의 균형을 이루는 것이 보편적인 현상이다. 그런데 세계적 구도에서 볼 때 힘의 균형이라는 것은 사실상 강대국들 사이에서만 해당되는 문제라고 말할 수 있다. 이것은 그들이 미치는 영향력의 크기 때문이다. 예컨대 미국이나 중국에 대한 이해 없이 아프리카의 작은 나라들을 연구하여 국제정치를 제대로 이해하기는 어렵다. 그것은 마치 대한민국의 대재벌을 이해하지 않고서 대한민국의 경제를 말할 수 없는 것과 같다. 국제정치 현상에 있어서도 강대국가를 중심으로 해서 우리가 이해할 때, 우리는 비로소 국제정치의 본질적인 성격을 이해할 수 있다.

그리하여 두 개의 강대국을 중심으로 하여 2개의 세력이 서로 견제하고 있을 때 이를 '양극체제'라 하고, 강대국이 3개 이상일 때 '다극체제'라 한다. 그런데 월츠에 의하면 국제체제구조 그 자체는 강대국가들이 모여서 이루게 되는 것이지만, 일단 그 구조를 이루고 나면 구조 자체가 구성원인 국가들의 행동양식에 영향을 미치게 된다. 즉 체제의 구조가 각 국가들의 외교 정책에 영향을 미치게 된다는 것이며, 이 점이 바로 월츠의 매우 독특한 주장이자 그의 이론의 핵심이라고 할 수 있다.

남녀라는 행위자와 결혼이라는 구조를 통해 이를 좀 더 부연해 볼 수 있겠다. 한 개인은 결혼할 때까지는 매우 자유스럽다. 그러나 결혼 서약을 하고 일단 부부가 되어 하나의 가정을 이루게 되면 남편과 아내는 과거 결혼하기 이전과 같은 행동의 자유를 누리기 힘들다. 이것은 가정이라고 하는 체제(family system)의 구조(structure) 자체가 가정을 이룬 구성원들에게 일정한 행동 양식을 요구하고 제안하기 때문이다. 이처럼 각각의 구성원들이 체제에 구조를 이루지만, 구조가 일단 이루어지면 이 구조는 구성원들에게 영향을 미치게 된다.

또 다른 예로서 군중심리를 들 수 있다. 각자 개인적인 생각을 가진 사람들이 모여 군중을 이루지만 그 안에서 어떤 하나의 심리, 이른바 군중심리라는 것이 형성되면 각 개인들은 그 군중심리에 영향을 받게 된다. 그때부터는 자기 생각에 따라서 움직이는 것이 아니라 군중심리에 따라 움직이게 되는 것이며, 이는 군중이라는 하나의 구조가 그 구성원들에 대해서 영향을 미치는 것이라고 볼 수 있다. 시장도 마찬가지다. 생산을 한 사람들이 시장에 들어갈 때에는 자기 스스로 가격을 정해서 들어갈 수 있었다. 그러나 그 시장에서 일단 상품이 판매되기 시작하면 그때부터 가격은 시장의 메커니즘에 의해 책정된다. 즉 시장 자체가 생산자의 가격책정에 영향을 미치는 것이다. 이와 마찬가지로 국제정치에 있어 하나의 체제가 이루어지면, 그것이 양극체제일 때는 양극체제 나름대로, 다극체제일 때는 다극체제 나름대로 구성원들의 행동 양식에 영향을 미치게 된다.

5) 극성과 안정성

양극체제와 다극체제 중 어떠한 형태가 보다 더 국제 사회에 평화를 가져다줄 것이냐 하는 문제에 관해 케네스 월츠는 독특한 입장을 취하였다. 투키디데스 이래로 거의 모든 국제정치 이론가들은 대부분 다극체제가 안정적인 정치체제라고 생각해 왔다. 그런데 월츠만은 양극체제가 훨씬 더 안정적인 체제라고 보았다. 왜냐하면 국가는 자신의 생존을 위해 합리적으로 상대방과 자기 자신의 힘을 계산해야 하며, 이러한 힘의 계산에 있어 다극체제보다는 양극체제일 때에 착오가 적을 수 있다는 것이다. 양극체제는 적과 동지의 구별이 명확하므로 자기 힘을 향상시키거나 조정하기만 하면 곧 상대방과 힘의 균형을 이룰 수 있으므로 그는 양극체제가 다극체제보다 안정된 체제라고 주장했다. 그래서 월츠는 우리가 전전긍긍하면서 살았던 지난 반세기의 냉전시대가 실은 오히려 안정적이고 평화로운 시대였다고 본다.

그런데 냉전의 종식과 더불어 양극체제가 무너진 앞으로의 세계는 어떤 체제가 될 것인가? 월츠는 다극체제가 탄생하고 있다고 보았다. 월츠의 판단에 따르자면 체제의 구조적인 성격으로 보았을 때 앞으로 국가들은 전에 비해 훨씬 불안정한 상태에 놓이게 될 것이다. 그런데 그럼에도 불구하고 월츠는 냉전종식 이후의 세계에서도 평화를 기대할 수 있다고 본다. 바로 핵무기가 확산될 때 국제사회는 안정될 수 있다고 주장하는 것이다. 대부분의 이론가들과 정치가들은 핵의 확산을 매우 위험한 것으로 여겼으며 핵의 확산과 이로 인한 핵의 군비 경쟁은 이 인류를 위태롭게 하는 것으로 여겼다. 그러나 월츠는 양극체제가 힘의 계산의 용이성으로 인해 다극체제보다 안정적일 수 있었던 것과 같이, 핵의 확산이 국가간 힘의 계산을 매우 명료하고 간단하게 해 주므로 핵 확산을 통해서 세계는 오히려 더욱 안정될 수 있을 것이라고 생각했던 것이다.

그러나 월츠의 주장처럼 다극체제가 더 불안정하다고만 보기는 어렵다. 왜냐하면 우리는 역사적으로 18~19세기 유럽의 다극체제가 매우 안정적이었음을 알고 있기 때문이다. 국가의 합리성에 대한 가정 역시 월츠의 일방적인 생각이라고 할 수 있다. 때때로 인간은 자유를 위해 자신의 목숨까지 바치기도 한다. 마찬가지로 국가도 자유, 즉 독립을 위해서 투쟁한다. 인간이나 국가가 자유나 독립을 위해서 목숨을 걸고 투쟁하는 현상을 우리는 역사에서 보아 왔으며, 앞으로도 목격하게 될 것이다. 그렇기 때문에 월츠가 말하는 국가의 합리성, 그리고 이 합리성에 입각하여 계산 착오가 적은 양극체제나 핵의 확산이 세계 평화를 가져올 수 있다고 보는 것은 사실상 매우 위험스런 전망이라고 할 수 있다.

그렇다면 월츠의 이론은 어떠한 가치가 있을 것인가? 그는 우리가 국제정치 문제를 다룰 때에 나타날 수 있는 문제점들을 매우 명확하게 보여 주었다. 다시 말해 환원주의에 대한 비판이나 구조의 중요성에 대한 강조, 그리고 현실주의의 이론화 작업 등을 통해 월츠는 기존의 국제정치이론들이 갖고 있던 한계를 드러내는 동시에 이 문제들에 관한 논의를 할 수 있는 교육적인 가치를 제시하였다. 냉전 이후의 세계를 전망할 때에도 월츠의 이론은 다양한 논의들을 촉발시키는 의미 있는 출발점이 될 수 있을 것이다.

3. 프랜시스 후쿠야마(Francis Fukuyama)

역사에는 전환점이 있다. 하지만 역사가들이 특정 연도를 중심으로 역사의 전환점을 잡는 경우는 많지 않다. 대체로 이들은 인간의 의식에 또는 인간의 삶에 매우 중요한 영향을 미치는 사건을 기준으로 삼아 전환의 세기를 논하게 되는 것이다. 예컨대 거대한 혁명이라든가 전쟁, 또는 전쟁의 종결 등이 그것이다.

냉전의 종식은 이러한 전환점의 하나임에 틀림없다. 1999년 말과 2000년 오늘의 차이란 그다지 크지 않다. 그러나 냉전의 종식 전과 후 사이에는 사실상 엄청난 차이가 있다. 냉전이 종식된 1989년부터 우리는 이미 21세기의 삶을 사실상 살고 있다고 해도 과언이 아닌 것이다.

역사의 전환점은 많은 사람들에게 이 새로운 세상이 어떤 의미를 갖는 것인가에 대한 고민의 기회를 제공한다. 사람들은 그러한 충격을 통해 무언가 새로운 깨달음을 갖게 되는 것이다. 그러한 순간을 칸트는 에드먼드 버크의 용어를 빌려 "경이로운 순간"(Sublime Moment)이라고 말했다. 어떤 사건이 터지거나 또는 종결되는 그 순간을 목격할 때에 인간은 깨닫는 것이 있다. 이를테면 불교에서 말하는 '득도의 순간'과도 같은 깨달음의 순간이 오게 되는 것이다. 1806년의 헤겔에게도 그러한 순간이 있었다. 당시 프러시아의 시민이었던 헤겔은 자기의 조국인 군주국 프러시아의 군대가 프랑스혁명의 아들로 자처하는 나폴레옹의 군대에 의해 무참하게 짓밟히는 것을 직접 목격했다. 그 순간 헤겔은 '아, 역사는 끝났구나!'라고 외치면서 역사의 종말을 선언했던 것이다.

1989년 냉전이 종식되었다. 냉전이 종식되는 바로 그 순간, 20세기의 헤겔주의자였던 프랜시스 후쿠야마는 '아, 이것이 정말로 역사의 종말이다!'라고 생각했다. 그는 냉전 후의 세계가 이전의 세계와 근본적으로 다르다고, 즉 그 때가 하나의 획을 긋는 시점이라고 보았던 것이다. 그리고 그러한 세계가 사실상 눈앞에 전개된 것이다. 후쿠야마는 냉전이 종식되어 가고 있었던 1988년 말, 당시 소련의 대통령이었던 고르바초프의 연설문을 읽을 때 그러한 깨달음의 순간을 맞이했다고 밝혔다. 연설문 속에서 후쿠야마는 "사회주의의 본질은 경쟁이다"라는 문구를 읽었고, 이 말이 사실이라면 역사는 끝난 것이라고 생각하여 프랑스 혁명 200주년이 되는 1989년에 「역사의 종말」이라고 하는 논문을 발표했다. 이 논문이 센세이션을 일으키자 후쿠야마는 이를 확대하여 저서로 출판하였으며, 이 책이 바로 『역사의 종말과 마지막 인간』이다.

1) 역사 종말의 의미

후쿠야마가 말하는 역사의 종말이란 무슨 의미이고 그 이후의 세계는 과연 어떤 세계인가? 후쿠야마에 의하면 그것은 모든 인간들이 물질적인 욕구를 만족시켜 가는 과정에서 전세계의 시장이 하나의 공동시장으로 되고, 또한 전세계가 자유 민주주의 정치체제 속에서 살아가게 되는 세계, 그리하여 평화로우면서도 모든 사람이 물질적인 욕구에 만족하게 되는 그러한 세계, 따라서 거대한 역사적 투쟁은 사라지고 오로지 이런저런 부분적이고도 국지적인 사건들로만 가득 찬 세계, 그렇기 때문에 어쩌면 매우 권태로운 삶이 기다리고 있는 그러한 세계이다. 이것은 곧 냉전의 종식과 더불어 사실상 과거 그 수많은 사람들이 고려해 왔었던 영원한 평화의 시대가 도래하게 된 것임을 의미한다.

앞에서도 잠시 언급했듯이 후쿠야마가 이런 생각을 하게 된 것은 헤겔주의자의 시각으로 역사를 보고 있기 때문이다. '역사는 발전한다'는 생각이 대두된 것은 불과 19세기에 이르러서였으며, 그 전에는 투키디데스와 같이 역사는 마치 사인 · 코사인 곡선처럼 반복되는 것으로 생각했다. 반면 헤겔은 역사가 직선의 형태를 띠면서 발전한다고 보았다. 그런데 역사가 직선처럼 발전한다고 하면 그 발전에는 반드시 목적지가 있게 마련이다. 따라서 역사의 발전이 목적지에 도달했다면 역사는 끝나 버린다는 것이다. 만일 이러한 역사관을 수용하지 않는다면 후쿠야마에게 그다지 큰 의미를 부여할 수는 없을 것이다. 그러나 적어도 역사의 물결은 인간 자유의 확대를 위해서 도도하게 흘러가는 것이라는 생각을 갖는 사람이 있다면, 그는 아마도 헤겔주의자의 입장을 이해하면서 역사의 종말이라는 개념도 유의미하게 받아들일 수 있을 것이다. 후쿠야마는 역사가 직선적으로 발전한다고 하는 개념을 헤겔로부터 받아들였기에 역사의 종말이라는 개념을 쓸 수 있었던 것이다.

그렇다면 역사가 그처럼 꾸준히 직선처럼 발전해 가서 어느 단계에 가서 멎게 되기까지의 원동력은 무엇인가? 후쿠야마는 역사 발전의 원동력으로 2가지를 들었다. 첫째는 역사에 근본적인 방향성과 어떠한 진보적인 성격을 부여하는 것은 바로 자연 과학이며, 이러한 자연 과학의 발전이야말로 역사를 직선적으로 발전하게 하는 원동력이 된다는 것이다. 자연 과학의 지식 또는 진리들은 축적되고 누진적인 것이다. 증기력이 발전하고, 전기가 발전하고, 오늘날에는 컴퓨터 칩이 사용되고 있듯이, 과학적인 발전이란 그것이 한 번 발견되면 후퇴하지 않고 원인무효의 상태로 돌아갈 수 없으며 계속해서 축적되게 된다. 이 과학적인 지식은 결국 우리 인간이 필요로 하는 '생산'에 있어 사실상 가장 중요한 역할을 수행한다. 즉 과학의 발전으로 인해 인간은 생산 및 경제적 활동과 욕구를 충족시킬 수 있는 한계를 점점 넓혀갈 수 있게 되므로 과학의 발전이야말로 역사가 직선적으로 발전하는 데 있어 기본적인 동력이라는 것이다. 그런데 과학 기술에 입각해서 상품이 생산되고, 이들이 교환되고, 이를 통해 인간들이 욕구를 만족시키게 되는 장이 바로 시장이다. 그렇기 때문에 후쿠야마는 시장을 과학 기술의 발전에 입각한 역사가 직선적으로 발전하게끔 하는 가장 중요한 기관사로 본다.

또 하나 역사 발전의 원동력은 헤겔 또한 강조했던 정신적인 것이다. 경제가 물질적인 것이라면 이것은 정신적인 것으로서, 다른 사람으로부터 인정받고 싶어 하는 인간의 본원적인 욕망이다. 헤겔은 최초의 두 사람이 자신을 인정받기 위하여 목숨을 걸고 죽을 때까지 싸울 때로부터 인간의 역사가 시작되었다고 보았다. 나중에 등장하는 '마지막 인간'에 견주어서 표현한다면, 아마 이들을 '첫 번째 인간'이라고 말할 수 있을 것이다. 즉 인간은 물질적인 안정을 갈구하면서도, 동시에 다른 사람들로부터 인정받고자 하는 강렬한 욕구를 위하여 투쟁하는 존재라는 것이 바로 인간에 관한 헤겔의 견해였다. 그런데 타인들로부터 인정받고 싶어 하는 이 욕구를 국가에 투영시켜 본다면, 국가는 바로 다른 국가로부터 인정받기 위해서 투쟁하는 것이고 국가간의 그러한 투쟁은 곧 전쟁을 뜻한다. 따라서 헤겔은 전쟁이 역사의 발전에 기여한다고 보았다. 그는 전쟁을 "신의 행진"이라고 생각했던 것이다.

한편 후쿠야마는 타인으로부터 인정받고자 하는 인간의 욕구는 일방적이 아니라 상호성이 보장될 때라야 충족할 수 있게 되는 것으로, 이를 가능케 하는 정치제도가 바로 자유민주주의 정치제도라고 보았다. 따라서 프랑스혁명에서 표출되었던 인간의 기본적 욕구인 자유와 평등은 상호 인정이 가능한 자유민주주의의 원칙 속에서 실현되는 것이기 때문에, 그는 자유민주주의체제를 궁극적이고도 역사적으로 최종적인 정치체제로 보았다.

냉전종식 이후의 세계를 보면 인간은 세계 공동시장화를 통해서 경제적인 욕구를 만족시키고 있으며, 동시에 자유민주주의체제가 보편적이고 가장 정당한 정치체제로 사실상 인정되고 있다. 이처럼 인간은 심리적인, 정신적인 원초적 욕구가 만족되는 세계에 도달하게 된 것이며, 역사는 그 절정에 다다랐다. 그래서 후쿠야마는 냉전의 종식과 함께 "역사는 끝나 버렸다"는 역사 철학적 선언을 했던 것이다.

2) 자유민주주의체제의 승리

이러한 후쿠야마의 주장이 냉전 종식 이후 센세이션을 불러일으켰던 이유는 어디에 있는가? 그것은 냉전이 종식되었을 때에 많은 사람들이 그 의미를 궁금하게 생각했으며, 이에 대하여 후쿠야마가 역사의 종말을 선언함과 동시에 앞으로 우리가 살아갈 세계는 이러한 세계라는 하나의 비전을 제시했기 때문이다. 국제정치학에서는 사실상 이러한 역사 철학을 거부한다. 왜냐하면 국제정치학에서는 역사라고 하는 것을 본질적으로 예측이 불가능한 것으로 보기 때문에 역사가 일정한 계획에 따라서 발전한다고 하는 입장을 받아들이기 어렵기 때문이다. 그러나 냉전 종식은 다분히 국제정치적 현상임에도 불구하고 이에 대하여 국제정치학이 미래에 대한 전망을 제시하지 못하고 있을 때에 후쿠야마가 역사의 종말을 선언하면서 역사 철학적인 전망을 제시하자 많은 사람들이 이를 토의의 대상으로 삼게 되었다.

앞에서 본 바와 같이 역사의 종말이란 이미 헤겔이 1806년에 선언했던 것이다. 그런데 이 헤겔의 개념을 그에 이어 두 번째로 활용했던 사람은 알렉산더 꼬제프(Alexandre Kojève)라고 하는 철학자였다. 꼬제프는 20세기의 가장 위대한 좌·우익 지성인들인 사르트르와 레이몽 아롱의 스승이었다. 그는 1960년대에 미국과 서유럽의 세계를 보면서 자유민주주의 체제 속에서 인간들이 물질적인 욕구에 만족하는 것을 목격하고는 역사는 끝나버렸다고 생각했다. 이미 의미 있는 역사의 투쟁이 끝나버렸는데, 더 이상의 철학적인 논의는 의미가 없다고 간주했던 것이다. 그래서 그는 대학 교수직을 버리고 유럽공동체의 관리에 투신했다. 프랜시스 후쿠야마는 이 역사의 종말을 세 번째로 우리의 20세기의 말, 그리고 21세기에 적용한 인물이다. 다시 말해 그는 헤겔의 기본적인 입장에 서 있으면서 꼬제프를 통해 우리가 살아가는 세계를 향하여 '20세기의 역사의 종말'을 선언하였던 것이다.

자유민주주의가 순탄하게 이러한 역사의 종말에 도달한 것은 물론 아니다. 후쿠야마에 의하면 자유민주주의는 그동안 많은 도전에 직면해 왔고 거기에서 승리한 유일한 정치제도이다. 예컨대 자유민주주의체제는 파시즘으로부터 엄청난 도전을 받았다. 그러나 자유민주주의는 파시즘에 맞서 피비린내 나는 전쟁과 투쟁을 통해서 승리했다. 자유민주주의체제는 또한 공산주의체제의 도전을 받았다. 그리고 이에 대하여 50년간의 냉전과 치열한 투쟁을 통해서 결국 승리를 거머쥔 것이다. 후쿠야마는 이제 더 이상 자유민주주의체제에 도전할 수 있는 이념, 맞설 만한 가치 있는 철학체계가 없다고 본다. 그렇기 때문에 그는 역사가 종말에 도달했다고 선언했던 것이다.

물론 이것이 갈등이나 소규모의 전쟁과 같은 것들까지 사라진다는 것을 의미하지는 않는다. 다만 역사의 발전을 가져올 만한 투쟁이 더 이상 없다고 하는 것이다. 아직도 대학의 캠퍼스에는 마르크스주의자들이, 그리고 어디엔가 또 파시스트들이 있을 것이지만 그들은 역사가 발전하는 데, 또는 역사가 진행하는 데 있어서는 별다른 영향을 미치지 못한다.

따라서 중국의 체제변화에 대해서도 후쿠야마는 낙관하고 있다. 중국은 이미 시장경제를 수용했으며, 어떤 나라도 중국의 1당독재체제를 바람직한 정치체제로 보고 모방하려 하지 않는다. 때문에 중국도 원칙적으로 이러한 자유시장을 통해서 자유민주주의로 가지 않으면 안 될 것이라고 본다. 또한 그는 이슬람의 도전에 대해서도, 이슬람이 실제로는 세력을 확장하지 못하며 그 자체를 유지하기에 바쁜 정치적인 또는 종교적인 이념이기 때문에 자유민주주의에 대해서 도전하는 세력이 될 수는 없다고 주장한다. 즉 세계시장의 공동화와 자유민주주의 체제를 통해 역사는 나아간다는 근본적이고 원칙적인 합의에 이미 전 세계가 도달했다는 것이다.

그렇다면 역사 이후의 시대는 어떤 시대가 될 것인가? 자유민주주의는 보편적인 인간의 권리를 인정할 뿐만 아니라 다른 한편으론 인간의 본질적인 욕구를 다 충족시킴으로써 어떤 의미에서는 더 이상 정신적인 욕구마저 없는 인간들을 양산하게 될 것이다. 즉 사람들은 물질적인 욕구에 만족하면서 역사적으로 의미 있는 투쟁을 더 이상 하려 하지 않고 포기해 버리게 될 것이며, 이러한 사람을 그는 니체의 개념을 빌려 "마지막 인간"이라고 하였다. 니체는 역사의 방향성을 부정하면서 역사는 열정과 힘에 의해서 창조되는 것이라고 보았다. 따라서 철학적으로 본다면 헤겔과 니체의 사상은 사실상 융합하기가 대단히 어려운 것임에도 불구하고 이들 두 개의 철학을 하나로 묶어서 21세기에 대한 전망을 내린 것, 이것이 바로 후쿠야마의 독특한 입장이라고 할 수 있다.

3) 영구평화시대의 도래

후쿠야마가 봤을 때 자유민주주의 정치체제는 역사의 최종적이고도 가장 바람직한 정치체제인 동시에 평화를 가져오는 정치제도이다. 따라서 냉전 종식 이후 민주주의와 평화의 상관관계에 기대를 거는 민주평화론의 득세와 후쿠야마의 주장은 동일한 입장에 서 있는 것이라고 말할 수 있다. 이처럼 민주주의와 평화를 연결시키는 사고방식은 칸트로부터 비롯된 것으로, 자유민주주의체제가 확대해 나아간다고 하는 것은 곧 항구적인 평화의 시대가 오고 있다는 의미로 이해되는 것이다.

그렇다면 이 자유민주주의 체제를 가져오기 위해서 가장 중요한 것이 무엇인가? 그것은 경제 발전이다. 경제 발전을 통해서만 사실상 자유민주주의체제를 가져올 수가 있는 것이다. 그런데 이러한 경제 발전은 또 어떻게 해야 이룰 수 있는가? 후쿠야마는 바로 자유시장 경제체제, 즉 자본주의체제를 수용할 때에만 그와 같은 경제발전이 가능하다고 생각한다. 따라서 이들의 순서를 바꾸어 이야기한다면 우선 경제정책이 자유주의화해야 하고, 이로써 경제 발전이 가능하게 되며, 경제의 발전은 민주정치 제도의 확산을 가져오게 될 것이고, 이러한 민주정치 제도의 확산을 통해서 세계의 평화가 이룩될 것이다. 이와 같은 기본적 원칙에는 모든 국가들이 동의하고 있기 때문에, 앞으로의 세계는 평화로운 세계가 될 것이라고 보는 것이 후쿠야마의 생각이다. 전세계가 공동시장화되어 거기에서 인간들이 자기들의 다양한 물질적 욕구를 만족시키고, 전세계적으로 동질화된 자유민주주의체제 속에서 자유와 평등을 향유하게 되는 이러한 세계가 곧 역사가 끝나 버린 이후의, 말하자면 역사의 부록에 해당하는 세계가 될 것이라고 그는 내다보았던 것이다.

그렇다면 후쿠야마는 전쟁의 원인을 무엇이라고 보고 있기에 이처럼 낙관적인 전망을 하고 있는 것일까? 전쟁은 인간의 본질적인 욕구에서 발생하는 것이다. 그런데 이 욕구를 표현하기 위해서 후쿠야마는 플라톤의 티모스(tymos)라고 하는 개념을 사용한다. 이 티모스는 사기(士氣), 활력, 용기, 열정 등의 말로 표현되는 것으로, 플라톤은 이것이 인간을 움직이는 매우 중요한 동력 가운데 하나라고 보았다. 따라서 헤겔의 '인정받고자 하는 욕구'가 곧 플라톤 식으로 말하면 티모스가 되는 것이다. 원래 이 티모스, 인정받고자 하는 이 욕구는 매우 투쟁적인 것이었다. 그런데 자유민주주의체제 속에 살면서 인간의 인정받고자 하는 원초적인 욕구는 법적으로 충족되어 그 투쟁의 필요성이 사실상 상실되었고, 또한 물질적인 욕구에 만족하게 됨으로써 인간은 사실상 무장 해제되어 버렸다는 것이 후쿠야마의 생각이다. 즉 인간의 원초적인 티모스는 자유민주주의체제가 이룩되고 세계 공동시장을 통해 인간의 소비자적 욕구가 만족된다면 더 이상 투쟁적인 성격을 상실해 버리게 된다. 그러므로 자유민주주의체제와 세계 공동시장화는 영구 평화, 즉 항구적인 평화를 인간에게 가져다줄 것이라고 보는 것이다.

이러한 분위기 속에서 국가는 사실상 무기력해질 것이다. 때문에 이러한 국가로 구성된 세상은 더 이상 영웅이 존재하지 않는 세상이다. 우리는 과거 역사적으로 이름을 떨쳤던 영웅들을 기억하고 있다. 그런데 역사가 끝난 이후의 세계에 있어서는 그처럼 대단한 정치적인 지도자, 또는 전쟁의 영웅이 더 이상 태어날 수 없다. 그래서 후쿠야마는 역사가 끝나버린 이후 '마지막 인간', 즉 허무주의에 빠진 인간들로 가득 찬 세계 속에서 인간들은 영웅 대신 팝스타나 텔레비전의 스타에 열광하면서 살아갈 것이라고 내다보았다.

후쿠야마보다도 앞서 꼬제프는, 마르크스가 꿈꾸었고 레닌이 말하던 그런 세계는 이미 이 지구상에서 사실상 이루어졌으며 그곳이 곧 미국이라고 주장한 바 있다. 즉 미국식 삶의 양식이란 인간의 모든 욕구를 매우 자연스러울 뿐만 아니라 정당한 권리로서 요구하고 그것을 즐기는 것이므로, 역사 종말 이후 전세계는 '미국화'될 것이며 이처럼 미국화된 삶이야말로 마지막 인간들의 삶이라고 그는 내다보았다. 후쿠야마 또한 팝뮤직이나 텔레비전 스타에 열광하는 미국화한 세계의 모습이 역사의 발전의 단계로 보았을 때 필연적인 현상이라고 본다. 개인의 자유와 권리가 강화됨으로 해서 가정이 파괴될 것이며, 많은 사람들이 마치 섹스를 스포츠처럼 즐기는 세계가 될 것이다. 그렇기 때문에 역사 종말 이후 소위 허무주의자들, 마지막 인간들로 가득 찬 그러한 세계를 생각해 본다면 그것이 정말 우리가 지향해야 할 바람직한 세계인가 하는 것에 대해서 의구심을 갖지 않을 수 없다.

이에 대하여 후쿠야마는 그것을 원하든 원하지 않든 간에 역사는 일정한 방향으로 진행하는 것이므로 이와 같은 필연적 법칙에 의해서 도달한 세계의 양상 또한 피할 수 없는 것이라고 본다. 역사 종말 이후의 이 세계에 관해서 많은 사람들이 만족해하지 않을 수도 있다. 그러나 의미 있는 투쟁을 상실해 버린 나약한 인간들이 사실상 부르주아·쁘띠 부르주아로서의 삶을 살아가는 그러한 세계 이상을 기대하기란 어려울 것이라는 게 역사가 종말한 이후의 세계에 대한 후쿠야마의 전망이다.

4) 철학적 조망과 현실

그런데 그의 말처럼 인간이 과연 상호 인정만으로 만족할 수 있을 것인가? 후쿠야마는 헤겔의 관점은 잘 계승하고 있으나 아리스토텔레스의 관점은 놓치고 있다. 아리스토텔레스는 인간이란 불평등한 자는 평등을 원하고, 평등한 자는 불평등을 원하는 존재라고 보았다. 이를테면 자기 자신이 정당한 대접을 받지 못한다고 생각하는 사람은 남들과 평등한 대접을 요구한다. 그런데 만일 다 같이 평등한 대접을 해주게 되면 그 안에서 다시 불만이 대두된다. 자신은 남보다도 좀 더 나은 대접을 받아야 그것이 정당한 대접을 받는 것이라고 생각하게 되는 것이다. 즉 불평등한 자는 평등한 대접을 원하고, 평등한 자는 불평등한 대접을 원하는 것이다.

이런 것들은 우리 주변에서도 쉽게 발견할 수 있다. 만일 누군가를 우연히 만나거나 대할 때에 자연스러우면서도 상대방에 대해서 특별한 관심이나 존경을 표하지 않고 사무적으로만 대하면 상대방은 이를 당연한 것으로 여기기보다는 매우 불쾌하게 여길 것이다. 왜냐하면 인간은 자기에게 특별한 대접, 남들보다 좀 더 나은 대접을 기대하기 때문이다. 그렇다면 자유민주주의 세계에서 인간들이 상호 인정만으로 만족할 수 있을 것인가? 대부분은 그런 세계를 만족스럽게 생각하지 않을 것이다.

또한 앞으로의 세계가 자유민주주의체제와 공동시장화를 통해 정신적 · 경제적인 욕구를 만족시키면서 살아가게 될 것이라 하더라도, 과연 이것이 헤겔이나 후쿠야마가 말하듯 전 세계적인 현상일 것인가도 생각해 볼 문제이다. 미국이나 서유럽, 일본에서와 같이 자유민주주의체제를 이루고 또 높은 경제적 수준을 즐기고 있는 사람들의 관점에서 본다면 그의 주장에 동의할 수도 있다. 그러나 이들을 제외한 아시아, 아프리카, 중동의 많은 나라에서는 지금도 사실상 '역사적인' 투쟁들이 벌어지고 있다. 그들은 역사가 직선적으로 발전하는 것이 아니라 여전히 반복되는 그러한 세계 속에 살고 있는 것이다. 동아시아의 관점에서 보더라도 후쿠야마가 제시한 역사의 종말 이후의 세계는 여전히 요원하다. 많은 정치학자들은 21세기의 동아시아가 과거의 18세기나 19세기의 유럽과 같이 힘의 균형을 추구하는 세계가 될 것이라고 전망한다. 자칫하면 과거 18세기, 19세기와 같은 전쟁의 비극이 또다시 일어날 수 있다는 점을 경고하는 것이다. 비록 헤겔의 입장에서 후쿠야마는 전 세계 인류의 역사에 관해서 말했지만, 실제로 그것을 전 세계에 그대로 적용시킬 수 있다고 하는 데에는 이처럼 사실상 유보적 태도를 보이지 않을 수 없다.

뿐만 아니라 설령 전 세계적으로 그러한 현상이 일어난다 하더라도 국내적으로 팝스타에 미치고, 텔레비전 스타에 미치고, 물질적인 욕구에만 만족하고, 섹스를 즐기면서 사는 사람들이 도대체 몇 년이나, 혹은 몇십 년이나 그러한 삶에 만족할 것인가? 이들은 다시금 새로운 욕구의 충족을 요구하게 될 것이다. 때문에 만약 후쿠야마가 예상하듯 미래에 국가간 평화가 이룩되어 국제적인 전쟁이 어려워진다면, 인간의 본질적인 욕구는 국내적으로라도 표출될 것이다. 때문에 국내 정치는 더욱더 요란스럽고, 투쟁이 강화되고, 혁명적인 분위기가 고조될 것이며, 그렇다면 결코 이를 과거와 전혀 다른 세계라고 말하기는 어려울 것이다.

역사의 전환점에서 역사를 바라보는 데에는 새로운 면을 특별하게 강조하는 전망도 있고, 과거로부터 계속 이어져 온 지속적인 면을 강조하는 전망도 있다. 프랜시스 후쿠야마는 냉전의 종식 이후 새로운 부분, 역사의 새로운 현상에 관하여 중점적으로 전망하였다는 데에 의미가 있다고 할 수 있다. 후쿠야마는 인간이 오랫동안 기대해 왔던, 전쟁이 사라지고 평화가 이룩된 이후의 미래세계를 철학적으로 전망하였다. 여기에 인간의 현실과 본질적 성향에 대한 고민을 병행하면서 그의 주장들을 음미해 본다면, 우리는 그로부터 현재와 미래를 보는 데에 있어 더욱 유용하고도 의미 있는 통찰들을 얻어 낼 수 있을 것이다.

4. 헨리 키신저(Henry A. Kissinger)

오늘날 국제정치학 분야에 있어 냉전 종식 이후 기존의 모든 이론들은 도전받고 있다. 뿐만 아니라 이른바 포스트모더니즘으로부터의 가차 없는 공격은 기존의 모든 이론들을 사실상 해체하고 있다. 그러나 강력한 도전과 해체의 공격에도 불구하고 그들은 만족할 만한 새로운 대안을 제시하지는 못하고 있다. 그 결과 우리는 이론적인 혼란, 지성적 분자화, 혹은 철학적인 분열 속에 살고 있다 해도 과언이 아니다. 한 사람의 위대한 철학자나 이론가, 또는 정치가에게 끊임없이 돌아가고 의존함으로써 지식의 지평을 넓히던 시대는 사라져버렸다. 우리는 마치 지식의 백화점에 들어와 있는 것과 같이, 유혹적이고 새로운 수많은 지식들에 둘러싸여 있다. 지식 상품의 과잉공급 속에서 살고 있다 해도 과언이 아닌 것이다.

그러나 새로운 지식이나 새로운 정보가 반드시 우리 삶의 지혜가 될 수는 없을 것이다. 오히려 한 사람의 위대한 철학자나 또는 이론가, 정치가와 끊임없이 대화함으로써 보다 믿을 만한 지혜를 얻을 수 있는 것이다. 헨리 키신저는 바로 우리 시대의 그러한 인물이 될 수 있다고 본다. 키신저는 1000페이지에 달하는 그의 명저 『외교』(*Diplomacy*)에서 국제정치의 세계를 내다볼 수 있는 있는 안목을 분명히 제시하고 있기 때문이다.

1) 유럽 세력균형체제의 역사

이 책의 서두는 "마치 어떠한 자연의 법칙에 따르는 것처럼, 모든 세계에는 전 국제체제를 자신의 가치에 따라서 형성하고 자신의 힘과 의지, 지적인 능력을 가지고 새로운 질서를 추구하는 국가가 등장하는 것처럼 보인다"는 말로 시작된다. 다시 말해 모든 세기에는 세계 질서를 형성해 나가는 주도적인 국가가 있어 왔다는 것이다. 여기서 말하는 국제체제란 30년간의 피비린내 나는 종교전쟁을 끝낸 이후 1648년에 새롭게 만들어진 국제질서, 이른바 '웨스트팔리아체제'를 말하는 것이다. 이것은 당시 프랑스의 리슐리외가 주도하여 영토 국가를 중심으로 하고 힘의 균형에 입각한 안정된 국제질서를 도모하려는 결과로 탄생된 것이었다.

18세기의 많은 철학자들이 소위 세력균형 혹은 힘의 균형에 관해서 논의해 왔음에도 불구하고 그 당시 유럽의 군주들은 자기의 조상들이 늘 그래왔던 것처럼 자신들의 생존과 세력의 확대를 위하여 수많은 전쟁을 치렀다. 그런데 그들의 목적이 무엇이든 당시에는 전쟁에서 사용할 수 있는 힘이 제한되어 있었기 때문에 당시의 전쟁들은 매우 소규모로 벌어졌으며, 때문에 이 시대를 '제한전쟁'의 시대라고도 부른다.

그러나 프랑스혁명 이후 나폴레옹의 등장으로 전쟁은 '절대전쟁'의 성격을 띠게 되었다. 즉 무제한의 목적을 위해서 무제한의 수단을 사용하게 된 것이다. 나폴레옹은 유럽의 전통적인 힘의 균형질서를 무너뜨렸다. 따라서 나폴레옹을 패배시킨 당시 유럽의 보수주의 국가들은 새로운 국제체제를 창조하고자 했을 때 바로 세력균형으로 돌아가려 했다. 특히 오스트리아의 메테르니히는 영국의 캐슬레이 외상과 더불어 이와 같은 균형적 사고에 매우 익숙하였다. 따라서 그는 힘의 균형을 구현한 새로운 국제질서의 구조를 구상하였고, 이때 탄생된 유럽의 5대 강대국 체제가 바로 '유럽협조체제'였다. 이것은 당시의 국제질서에 안정을 가져왔다고 평가되고 있다.

그러나 메테르니히와 캐슬레이가 물러난 이후 그의 후계자들은 그들만한 정치적 수완이나 탁월성을 갖고 있지 못했다. 이들은 힘의 균형을 제대로 조절하지 못했고 결국 유럽협조체제는 붕괴되고 말았다. 이처럼 위험한 시기 속에서 힘의 균형체제를 새롭게 등장시켜 유럽의 평화와 안정을 도모했던 인물이 비스마르크였다. 비스마르크는 무력을 사용하여 독일을 통일하였지만, 독일제국을 이룩한 1871년 이후에는 무력사용을 억제하고 국제적인 안정을 모색함으로써 평화롭게 힘의 균형체제를 운영하였다. 그러나 비스마르크 이후의 후계자들은 비스마르크만한 국제적 안목과 감각을 갖고 있지 못했다. 이들은 비스마르크가 그렇게도 중요하게 다루었던 힘의 균형에 관해 무관심해졌고 국가의 이익을 위해서라면 힘의 균형도 깨뜨릴 용의가 있다는 태도를 취했다. 이러한 독일의 정책은 결국 제1차 세계대전의 발발로까지 이어지게 되었던 것이다.

헨리 키신저는 나폴레옹 전쟁을 끝맺은 1815년의 비엔나회의로부터 제1차 세계대전이 터진 1914년까지의 99년간의 한 세기를 힘의 균형 또는 세력 균형의 원리에 의해서 유럽이 안정을 이루었었던 시기로 이해하였다. 그는 당시의 정치지도자들의 힘의 균형을 유지하려는 노력에 의해서 국제적인 안정과 평화가 가능했다고 하면서 이 시기의 정치지도자들을 매우 높게 평가하였다.

2) 미국의 외교적 전통

한편 제 1 차 세계대전에 뒤늦게 미국이 참전했고, 이러한 미국의 참여 덕택으로 서방국가들은 승리를 거둘 수 있었다. 제 1 차 세계대전을 끝낸 이후 국제질서는 우드로 윌슨 대통령을 비롯한 미국의 지도자들에 의해서 새롭게 구상하게 되었는데, 이들은 과거의 메테르니히나 비스마르크와는 다른 국제질서관을 가진 사람들이었다. 그들은 힘의 균형에 입각하기보다는 힘을 하나로 모아서 침략자를 응징하자는 집단안전보장제도를 주창했고, 이를 구현하기 위하여 국제연맹을 탄생시켰던 것이다. 키신저는 이처럼 힘의 균형이라는 원칙을 버리고 새롭게 구성된 집단안전보장의 질서를 유럽의 성격이나 역사적인 교훈과 전혀 맞지 않는, 새롭지만 잘못된 개념에서 출발한 것이라고 보았다.

그러나 미국인들은 자기들의 대통령이 주도하여 탄생시킨 그 국제연맹조차도 거부했다. 당시의 미국인들은 유럽인들과는 달리 평화를 정상적인 상태로 여겼으며, 침략자가 있을 때에는 힘을 모아서 응징하면 된다고 생각했던 것이다. 그런데 만일 집단안전보장제도를 실현하기 위한 국제연맹에 가입하게 되면 모든 침략자를 자동적으로 응징하는 집단안전보장제도의 원칙에 따라서 미국은 무차별적으로 모든 분쟁과 전쟁에 참여하게 될 것이었다. 미국인들은 이처럼 무차별 개입의 가능성을 보여주는 국제연맹에의 가입을 원치 않았다. 결국 미국인들은 전통적으로 유럽의 안정을 지켜왔던 세력균형체제도 거부했고, 자신들의 대통령이 제시한 새로운 국제질서의 운영체제도 거부하면서 자신들의 오랜 전통적인 고립주의로 돌아갔던 것이다.

비록 그 당시 미국인들은 자국이 국제연맹에 참여하는 것을 거부하였지만, 이른바 '윌슨주의' 라고 불리는 우드로 윌슨 대통령의 노력은 이후의 미국 외교정책에 있어 새로운 출발점이 되었다고 해도 과언이 아니다. 미국인들은 국제정치에 대한 유럽적인 생각, 즉 국제정치란 권력정치이고 따라서 힘의 균형에 입각해서만 세계의 안정과 평화가 이루어질 수 있다고 보는 생각을 부인하게 되었다. 그들은 권력정치나 세력균형 등은 유럽적인 것이며, 자신들은 유럽을 떠날 때 이미 그 모든 것을 버리고 떠나왔다고 생각하는 것이다. 즉 미국은 유럽과 달라야 된다고 하는 생각과 전통으로 인해 그들은 세력균형을 유럽적인 것이라며 거부하고, 자기들의 외교정책을 선언하거나 표명할 때에는 항상 도덕적으로 포장하는 전통을 갖게 되었다. 때문에 우드로 윌슨 대통령으로부터 지금의 클린턴 대통령에 이르기까지 미국의 대통령들과 정치지도자들은 그들의 외교정책을 천명하거나 선언할 때 항상 윤리적이고 국제법적인 용어를 사용하여 도덕적인 포장을 해 왔다.

바로 이 점에 대하여 키신저는 문제를 제기하였다. 그는 국제정치는 본질적으로 권력정치이며, 또한 이러한 권력정치는 매우 자연스러운 현상인 동시에 피할 수 없는 현상이라고 생각했다. 왜냐하면 그는 권력정치란 힘을 마음대로 휘두르는 것이 아니라 자국의 힘의 한계를 인정하고 그것을 수용하는 토대 위에서 출발하는 것으로 이해하였기 때문이다. 다시 말해 그는 힘의 정치 또는 권력정치라고 하는 것은 바로 이처럼 '힘의 한계'를 인식하는 정치의 형태라고 보았던 것이다.

그래서 키신저는 통치술, 즉 외교정책을 수행하는 기술을 중시한다. 그는 외교정책의 기술에서 가장 중요한 것은 첫째, 무엇보다도 국가 이익을 정확하게 파악하는 것이고 둘째, 자기 국가에서 동원할 수 있는 가용 능력을 현실적으로 평가하는 것이며 셋째, 경쟁적인 입장에 있는 국가들의 이익을 파악하고 그러한 힘의 맥락 속에서 다른 나라들과 적절한 관계를 맺어가는 것이라고 생각했다. 만일 어떤 국가가 세계를 지배하기에 충분한 가용 자원이 있다면 아마도 헤게모니를 추구하게 될 것이다. 그러나 전세계를 지배할 수 있는 힘을 갖고 있지 않다면, 그 국가는 명시적이든 묵시적이든 간에 다른 국가와의 동맹을 통해서 자국의 힘을 향상시키고, 그렇게 함으로써 국가들 사이에 있어서의 힘의 균형을 이루어 국제적인 안정을 도모할 수 있다는 것이다. 19세기에 영국의 외상과 수상을 지냈던 팔머스톤은 “국가 간에는 영원한 적도 영원한 친구도 없으며, 오로지 국가 이익만이 영원한 것이다”라는 유명한 경구를 남겼는데, 헨리 키신저는 바로 이 팔머스톤의 경구가 사실상 국제정치의 본질을 말해주는 것이라고 생각하였다.

유럽에서 이와 같은 권력정치가 지배하고 있던 시기에 미국은 세력균형이나 권력정치에 끼어들 필요가 없이 고립주의 정책을 추구해왔다. 키신저에 의하면 그것은 미국인들이 스스로 선택했다고 말할 수도 있지만 사실상 미국의 지리적인 조건에 크게 기인한 것이었다. 미국은 태평양과 대서양이라는 두 대양 덕택에 그처럼 고립주의적 정책을 추구할 수 있는 일종의 특혜를 받았다는 것이다. 키신저에 의하면 이러한 19세기 미국의 고립주의는 국제정치의 관점에서 본다면 하나의 사치였다. 그런데 오랫동안 이러한 고립주의적 전통에서 살아온 탓에 권력정치에 대한 경험이 부족하고 이를 거부하려 하며 또 여기에 개입하지 않으려고 하는 미국인들의 성향은 20세기에 들어와 미국 외교정책에 있어 커다란 재앙이 되었다는 것이다. 미국은 세력균형이 아니라 항상 이처럼 고립주의적인 정책의 전통을 이어가려 했고, 이 때문에 미국은 제 2 차 세계대전을 막을 수도 있었던 1920년대의 기회들을 놓치고 말았다는 것이다. 뿐만 아니라 키신저는 미국이 제 2 차 세계대전에도 일종의 십자군 운동과 같은 정신으로 참전했고, 이러한 성향의 연장선상에서 1950년대와 1960년대에 걸쳐 이른바 '무차별 반공주의'의 외교정책을 수행했다고 본다. 이것은 미국인들이 오랫동안 고립주의에서 살아온 경험에서 비롯된 것으로, 기본적으로 잘못된 외교정책이라는 것이다.

3) 미국외교정책의 이중성

키신저에 의하면 미국의 정치 지도자들이 힘의 균형을 전혀 몰랐던 것은 아니다. 예컨대 20세기 초반의 시어도어 루스벨트나 70년대의 리처드 닉슨 대통령 등은 힘의 균형과 세력균형 정책에 대하여 상당히 잘 알고 있었다. 그러나 힘의 균형 정책을 이해하는 정치 지도자가 한두 명 있다고 미국 외교정책이 전반적으로 유럽적인 힘의 균형 정책에 토대를 둘 수는 없었다. 그래서 제 2 차 세계대전에 참전할 때에도 미국은 힘의 균형 정책에 입각해 외교정책이나 참전을 정당화하지 않았다. 1940년 유럽에서 히틀러의 지속적인 승리는 힘의 균형을 사실상 깨뜨렸다. 당시 미국의 프랭클린 델라노 루스벨트 대통령은 유럽의 균형을 위해서 미국이 전쟁에 참여할 수밖에 없다는 생각을 하고 있었다. 그러나 그는 미국 국민들에게 '유럽의 세력균형을 복구하기 위해서' 미국이 참전해야 한다고 말할 수 없었다. 미국 국민들은 그것을 즉각적으로 거부할 것이기 때문이었다. 바로 그때에 루스벨트 대통령이 처했던 딜레마를 일시에 해결해준 것이 일본의 진주만 기습이었다. 일본은 1941년 12월 7일, 이른바 "토라토라토라 작전"을 통해서 진주만을 기습했고, 이는 미국이 전쟁에 참여할 수 있는 명분을 가져다주었다. 그들은 '침략자를 응징하기 위해서' 전쟁에 참여해야 한다고 말했다. 다시 말해 미국은 전쟁 문제를 다룰 때에도 법률적인 관점에서 생각하고 일종의 사법적인 조치로서 전쟁을 이해했던 것이다. 이처럼 침략자를 응징하고 무조건 항복을 받아내어 그 전쟁을 치른 정치지도자들을 심판해야 된다고 하는 것이 전쟁에 대해서 미국인들이 갖고 있는 개념이다.

전쟁의 문제를 도덕적인 관점에서 평가하는 것은 상당히 오랜 역사를 지니는 것이다. 중세에 기독교인들은 자신들의 전쟁에 대해서 이른바 '정의로운 전쟁', '성전'(聖戰)이라는 명분을 붙였다. 그것은 침략자는 가차 없이 응징한다는 성격을 띠고 있는 것으로, 미국의 외교정책에는 바로 그와 같은 중세의 기독교적 시각, 정의로운 전쟁관이 중요한 역할을 하고 있다. 그래서 제 2 차 세계대전이 끝나고 평화가 왔을 때에도 미국은 새로운 세계 질서를 위해 윌슨이 과거에 만들었던 국제연맹을 보다 현실화하여 국제연합을 만들었고, 안전보장이사회의 5대 강대국들이 세계의 경찰역할을 할 것으로 기대했다.

제 2 차 세계대전 이후 개편된 새로운 국제질서를 안정적으로 유지하기 위해서는 미국과 소련 사이에 긴밀한 협력관계가 필요했다. 그러나 소련은 이를 수용하지 않으려고 했다. 미국에게 소련은 믿음직한 파트너이기보다는 미국과의 경쟁을 준비하는 잠재적인 적대세력이었다. 따라서 미국은 이른바 대소 봉쇄정책을 선언하고 그것을 집행했던 것이다. 봉쇄정책은 사실상 힘의 균형정책의 일종이라 할 수 있다. 그러나 그들은 이를 자유주의 국가들을 수호하기 위한 반공정책의 일환이라고 설명하였고, 이것이 호소력을 갖게끔 하기 위하여 무차별 반공주의 정책을 봉쇄정책에 적용하였다.

그러나 미국의 정치지도자들이 실제로도 그러한 윌슨주의적 개념에만 입각해서 행동했던 것은 아니다. 그들은 봉쇄정책을 사실상 세력균형 정책으로서 집행하였다. 양극체제 속에서 세력균형정책이란 상대방의 영향권을 그대로 인정하는 동시에 거기에 개입하지 않는 것이었다. 예컨대 미국은 1956년 헝가리 반란이나 1968년 체코사태에 개입하지 않았다. 이들 나라를 소련의 영향권으로 인정해버렸던 것이다. 즉 미국의 외교정책은 그들이 말로 하는 선언과 실제의 행동 사이에 늘 상당한 간격과 차이를 보여주게 되었다.

키신저는 미국 외교정책에 있어 이러한 말과 행동의 차이를 대단히 위험스러운 것으로 보았다. 왜냐하면 그는 냉전 종식 이후 21세기의 국제 세계는 다극체제가 될 것으로 전망하였고, 미국은 이에 적응할 역사적 경험이 부족하다고 생각했기 때문이다. 키신저에 따르면 비록 미국이 군사적인 면에 있어서는 패권적이고 최고의 군사력을 가지고 있지만 우리 시대의 군사력이라고 하는 것은 사실상 제한된 가치가 있을 뿐이다. 그렇기 때문에 앞으로 국제질서는 미국, 유럽, 일본, 중국, 러시아 그리고 어쩌면 인도가 여기에 참여함으로써 다섯 개 내지 여섯 개 국가가 주도하는 다극체제가 될 것이다. 그러나 미국은 역사적으로 단 한 번도 이러한 다극체제를 운영해 본 적이 없다. 즉 많은 국가들 중의 하나로서 행동한 경험이 별로 없다는 것이다. 따라서 미국이 복잡한 국제체제 속에서 하나의 강대국으로 진흥하기 위해서는 유럽으로부터의 경험을 배워야 된다고 하는 것이 키신저의 생각이다.

4) 미국은 유럽의 역사에서 배워야

냉전 종식 이후 오늘날의 세계에서는 이른바 세계화가 점증하는 동시에 다른 한편으로는 기존의 질서들이 분열되고 있다. 즉 세계는 통합과 분열을 동시에 경험하고 있는 것이다. 이렇게 복잡하게 변하고 있는 세계 속에서 미국은 마음대로 이 세계를 지배할 수도 없고, 그렇다고 이 세계로부터 완전히 철수할 수도 없다. 키신저는 미국 외교정책이 바로 이러한 딜레마의 상태에 빠져 있다고 생각했다. 지배할 수도 없고 과거처럼 고립으로 돌아갈 수도 없는 이러한 상황에서 미국이 배워야 하는 것은 세력균형체제를 운영했던 유럽인들의 전통과 경험이라는 것이다.

키신저는 현재와 앞으로의 세계는 여러 가지 면에서 18세기와 19세기의 유럽이 경험했던 세계와 놀라울 정도로 유사하게 전개될 것이라고 전망한다. 따라서 그는 국제정치에 있어 새로운 면보다는 늘 계속되어 왔던 것, 지속적이었던 것 등을 더 중요하게 생각하였고, 앞으로의 세계도 이러한 것들이 지배하게 될 것이라고 예상하였다. 21세기에는 세계를 완전히 지배하는 국가도 없고, 또 모든 국가들이 각자 고립주의에 빠질 수도 없다. 특히 미국 자신이 과거처럼 완전히 고립정책으로 돌아갈 수 없는 상황이 되었다. 따라서 미국이 세계 질서 유지에 기여하기 위해서는 유럽과 아시아에 있어서, 즉 전세계 힘의 균형을 유지하는 정책을 추구해야 한다고 생각하는 것이다.

이와 같은 목적을 달성하기 위해서 키신저는 미국이 윌슨주의적 요소를 상당부분 버려야 한다고 주장한다. 그리고 유럽인들이 늘 그래왔던 것처럼, 미국도 재래식의 국가이익 개념에 입각하여 외교정책을 수행해야 한다는 것이다. 구체적으로 미국은 첫째, 주요 국가들이 가질 수 있는 어떠한 불안감을 완화시키기 위해 노력해야 하고 둘째, 국제질서를 뒤엎을 정도로 야심적인 국가는 억제해야 하며 셋째, 위험한 갈등을 해소하는 데 있어서 미국은 적극적으로 중요한 역할을 수행해야 한다. 윌슨주의적인 구세주 역할을 버리고 재래식 국가이익의 개념에 입각해서 외교정책을 수행할 때만이 미국은 말과 행동의 차이를 줄이면서 미국이 처한 딜레마에 유연하게 대응해 나갈 수 있고, 또한 세계 질서의 유지에 기여할 수 있다는 것이다.

그렇다면 앞으로 미국이 수행해야 할 힘의 균형정책은 어떠한 것인가? 키신저에 의하면, 그리고 역사적 경험에 의하면 힘의 균형정책을 수행하는 데에는 영국식과 비스마르크식의 두 가지 방법이 있다. 영국식은 평화 시에는 동맹을 맺지 않다가 힘의 균형이 깨졌다고 생각할 때에 약한 쪽을 도와줌으로써 균형을 잡으려고 하는 것이다. 그렇기 때문에 영국식은 보통 사태가 악화될 때까지 기다리는 성향을 보인다. 그러나 비스마르크식은 동맹 체제를 유지하면서 일어날 수 있는 잠재적인 갈등을 사전에 예방하기 위하여 '예방외교'로써 국제질서를 관리해 나가는 것이다. 비스마르크는 자신의 그러한 노력을 '정직한 중재자'라 하였고, 이를 통해서 국제적인 안정을 유지하기 위한 조치를 취해 왔던 것이다. 그런데 이러한 비스마르크식의 방법은 정치지도자의 매우 탁월한 능력을 필요로 한다. 키신저가 미국의 외교정책에 대하여 걱정하는 부분이 바로 이것이다. 미국이 앞으로 주도적인 국가로서 세계 질서를 유지하기 위해서는 비스마르크와 같은 탁월한 능력을 미국의 정치지도자들이 보여주어야 한다는 것이다. 바꾸어 말하면 그 말 속에는 미국의 정치지도자들이 비스마르크와 같은 능력과 통치술을 갖추기 어려울 것이라는 걱정이 내포되어 있는 것이라 할 수 있다.

5) 21세기의 한국외교정책에 주는 함의

그렇다면 이 책이 한국의 상황에 있어 시사하는 점은 무엇인가? 키신저에 의하면 21세기의 아시아는 18세기의 유럽과 같은 힘의 균형 체제가 될 것이다. 미국은 아시아에서 세력균형이 깨어질 상황이 오면 그것이 미국의 국가이익에 중대한 위협이 된다고 보고 적극적으로 개입하게 될 것이다. 그런데 4년마다 선거를 통해 정치지도자들이 바뀌는 미국정치의 특성상 비스마르크적인 힘의 균형정책이 지속적으로 수행되지 않을 수도 있다. 만약 미국의 정치지도자가 영국식의 세력균형 정책을 채택하게 된다면 미국은 국제적인 분쟁에 대하여, 특히 어떠한 힘의 균형 파괴가 자국에 결정적 영향을 준다고 생각되지 않는 작은 분쟁이나 갈등에 대하여 불간섭의 원칙을 적용하게 될 것이다.

미국이 이처럼 불간섭의 원칙을 적용하게 된다면 그것은 도덕적으로는 포장될 수 있다. 그러나 그러한 포장 이면에는 미국이 더 이상 국제질서 유지를 위한 대가를 지불하지 않겠다는 의미가 숨어 있다. 즉 앞으로는 미국도 국제안보에 무임승차하겠다는 것이다. 다극체제에 있어 가장 심각한 문제는 모든 나라들이 질서 유지를 위해 주도적인 책임은 지지 않으려 하면서 서로 평화에 무임승차하려고만 한다는 것이다. 누구도 책임 있게 분쟁과 갈등의 해결을 위한 노력을 하지 않기 때문에 그것이 대규모의 전쟁으로 진전될 수도 있다.

따라서 만일 미국인들이 아시아에 있어 한반도문제가 강대국들 사이의 힘의 균형에 결정적으로 영향을 미치는 문제가 아니라고 생각하게 된다면, 미국은 한반도문제에 대하여 불개입의 원칙을 적용하게 될 수도 있다. 이것은 한반도의 미래를 조금은 불안하게 만드는 전망이다. 따라서 현재의 한국 외교정책에 있어 가장 피해야 할 것은 미국인들이 이 땅에서 스스로 떠나게 되는 현상이다. 여기에는 역사적인 아이러니가 있다. 20세기 초 대한제국은 일본을 비롯한 다른 강대국가의 영향력을 억제시키기 위하여 미국이 개입해 줄 것을 요청했다. 그러나 그 당시 미국은 한반도의 문제가 미국의 국가이익에 직결된다고 생각하지 않았기 때문에 이를 거절했고, 우리는 미국에게 엄청난 원망을 했다. 그런데 한 세기가 지난 지금, 만약 우리가 미국에게 한반도로부터 손을 떼라고 요구한다면 우리는 한 세기 이전에 우리 조상들이 했던 정반대의 실수를 범하게 될 것이다.

지난 반세기 동안 아시아의 질서는 미국에 의하여 안정되어 왔고, 한반도의 평화 또한 미국에 의해 유지되었다는 점을 과소평가해서는 안 될 것이다. 키신저가 말하는 미국 외교정책의 본질과 앞으로의 방향을 들으면서 우리는 미국 외교정책에 있어 상당한 변화의 가능성을 짐작할 수가 있다. 또한 이를 제대로 파악하지 못했을 때 우리는 20세기 초와 같은 불행을 또다시 겪을 수도 있음을 잊지 말아야 할 것이다.

제8장

주권국가와 다원주의적 국제사회론

> 우리는 "국가들의 사회"를 가져야만 한다.
>
> -우드로 윌슨-

현대 국제사회의 질서와 정당성에 대한 패러다임은 사상적으로는 근대 국가의 정치사상의 문을 열었던 르네상스기의 마키아벨리 시대로까지 거슬러 올라간다. 마키아벨리가 살았던 르네상스 시대엔 중세 봉건주의의 오랜 위계적 사회질서의 정당성이 붕괴되고 있었다. 그리하여 인간사회의 정당성에 관한 새로운 형판(型板)이 필요했으며 그것은 새로운 제도, 즉 토머스 홉스에 의해서 "인간 신"(Mortal God)이라 명명된 국가(근대국가)에 의해서만 제공될 수 있었다.[1] 그러나 국가를 절대시해야 한다고 주장한 최초의 정치 사상가는 마키아벨리였다. 중세의 변화는 1453년 오스만 제국에 의한 콘스탄티노플의 정복으로 시작했지만 국제사회의 헌정적 변혁은 프랑스의 샤를 8세가 1494년 이탈리아 반도를 침공했을 때 촉발되었다. 샤를 8세의 청동제 대포들이 이탈리아의 성벽과 요새화된 마을을 단

1) Michael I. Ioward, "Foreword," in Philip Bobbitt, *The Shield of Achilles,* New York, Alfred A. Knopf, 2002, P. 15.

숨에 파괴해 버리자 중세의 질서를 지탱했던 모든 것들이 쓸모없게 되었다. 그 결과 이탈리아의 군주들과 과두정치 집정관들이 하나의 아이디어를 짜냈다. 그것은 새로운 계약이었다.

그 계약은 국가에 관한 것으로 통치자를 안전하게 만들자고 약속한 계약이었다. 그리하여 세금을 거두고 병참지원을 조직하며 왕을 보호하기 위한 상비군을 두고 그 지위체제를 결정할 항구적 하부구조인 국가를 군주의 의지에 따라 통치하도록 했다. 그러나 세월이 흐르면서 그런 조치로 확보된 것은 군주들의 불멸성이 아니라 국가의 불멸성임이 분명해졌다.[2] 그리하여 불멸의 존재인 "근대국가"가 탄생하게 된 것이다. 근대국가는 15세기 말 이탈리아 반도에서 필연적 요구에 의해 군주(prince)의 지배로부터 군주국가(princely state)로의 전환에 기인했다. 이 시기 이전에도 "국가"(state)들은 분명히 존재했었다. 그러나 이 국가들은 투키디데스 시대의 "도시국가"들처럼 적어도 의식 속에서는 시민사회로부터 분리된 그런 법률상의 실체로 생각되지는 않았었다.[3] 투키디데스에게 국가는 결코 사물이 아니었다. 그것은 "법적 인격성"(legal personality)을 갖고 있지 않았다고 말할 수 있는 것이다. 그리스 시대의 국가는 아무 때나 그 형태를 바꿀 수 없는 인간들의 공동체였으며 사회 그 자체와 분리된 어떤 법적 속성을 가진 하나의 추상적 존재로 인식되지 않았다.

그러나 근대국가는 권력을 행사하는 지도자들로부터는 물론이고 그것이 통제하는 사회로부터도 분리될 수 있는 하나의 독립적 실체이다. 그리고 바로 이 분리가 국가에게 불멸성의 잠재력을 제공했던 것이다. 그 결과 오늘날 우리가 당연시하는 국가의 모든 법적

---

2) Philip Bobbitt, *The Shield of Achilles,* New york: Alfred A. Knopf, 2002, P. 80.

3) H. H. Gerth and C. Wright Mills, *Max Weber: Essays in Socilogy,* Oxford: Oxford University Press, 1946, pp. 256-257.

특징, 즉 정통성, 인격성, 지속성, 순결 그리고 무엇보다도 "주권"이 처음으로 국가 그 자체에 부여되었던 것이다. 그것은 군주들이 갑자기 더 위협받게 된 전략적 경쟁상황을 관리하기 위하여 상설 관료제도의 봉사가 요구될 때 발생했다. 그리고 이 전략적 경쟁이 근대국가의 본질적 특징인 민간관료제와 군사관료에 의해 뒷받침되는 최고의 통치기구를 촉발시켰다.[4] 그런 전략적 경쟁은 이탈리아 반도에서 부유하지만 허약했던 이탈리아 "도시"들에 의해 군사적 혁신이 촉발되었다. 즉, 당시 아주 부유했던 이탈리아의 도시들은 직업군인, 즉 용병대장들에게 전적으로 의존하게 되었다. 그러나 이들은 신을 위해 봉사했던 중세의 기사들과는 달리 금전적 이익에만 관심을 보였다.[5]

피렌체(플로렌스)를 대표하여 마키아벨리가 맨 처음 수행한 외교적 사명은 피사(pisa)를 회복하기 위해 노력하고 있던 용병집단의 보수를 협상하는 것이었다. 피사에서 용병대장들은 관찰하면서 마키아벨리는 이 군대가 진격명령을 거부하고 하극상을 일으키더니 순식간에 사라져버리는 상황에 주목했다. 실제로 1502년 말 몇 개월 동안 마키아벨리는 시니가글리아(Sinigaglia)에 있었는데 그때 그곳에서 체사레 보르자(Cesare Borgia)는 많은 적대적 용병대장들에게 자신과 만나자고 설득한 후, 그들이 도착하자마자 그들 모두를 살해해 버렸다. 이런 사건들은 마키아벨리에게 용병에 대한 의존의 취약성과 무자비하고 단호한 정치지도자의 필요성을 확인해 주었

4) Gunther E. Rothenberg, "Maurice of Nassau, Gustavs Adolphus, Raimondo Montecucolli, and the 'Military Revolution' of the Seventeenth Century," in Peter Paret, ed., *Makers of Modern Strategy: From Machiavelli to the Nuclear Age,* Princeton: Princeton University Press, 1986, p. 33.

5) Felix Gilbert, "Machiavelli: Renaissance of the Art of War," in Peter Paret, *op. cit.*, pp. 12-13

던 것이다.[6)]

그 후 마키아벨리는 다음과 같은 제안서를 작성했다. 첫째, 피렌체는 징집된 시민군을 보유해야 한다. 금전적 이득의 추구는 필연적으로 용병대장들을 부패시킬 것이다. 그들은 자신의 병사들을 보존하기 위해 결정적 전투를 피하고 보다 높은 보수 지급자에게 팔려 가고 또 자신의 고용주를 배반하기도 하며 유리할 땐 스스로 권력을 장악하려 할 것이기 때문이다. 둘째, 군주는 자신의 신민들로부터 충성을 불러일으키는 제도들을 창설해야 한다. 셋째, 법적 및 전략적 조직은 상호의존적이다. 좋은 군대가 있는 곳에 좋은 법이 있고 좋은 법이 있는 곳에 좋은 군대가 있다.[7)] 넷째, 기만과 폭력은 개인에겐 나쁜 것이지만 그러나 군주가 국가를 대신해서 행동할 때는 정당화된다. 다섯째, 성공적 외교를 가능하게 하기 위해서는 상설 외교공관과 세련된 정보망이 유지되어야 한다. 여섯째, 법과 전쟁에서 군주의 전술은 그것이 역사의 우연성에 의해 지배되는 전략적 목적에 얼마나 기여하느냐의 합리적 평가에 의해서 측정되어야 한다. 이 모든 것들은 하나의 최종적 결론에 도달하는데 그것은 군주란 국가를 발전시켜야 한다는 것이었다.[8)] 군주국가는 군주로 하여금 국가의 이성에 근거하여 자신의 행위를 합리화할 수 있게 된다. 그는 이제 자신을 위해서뿐만 아니라 국가에 봉사하도록 행동할 수밖에 없다.

여기서 우리는 이 시기에 국가(state)라는 말이 업무의 상태를 의미하는 라틴어원의 스타투스(status)가 제도화된 상황으로서 국가(state)로 변질되었다는 사실에 주목할 필요가 있다. 국가는 군주의

6) Philip Bobbitt, *op. cit.*, p. 86
7) Machiavelli, *The Discourse*, Ⅲ, 31.
8) Philip Bobbitt, *op. cit.*, p. 86.

권한을 확장함으로써 봉건 시대의 군주에 대한 신하의 서약과 그 채무가 상실된 관계를 이제 “시민의 의무”로 대치하게 되는데, 이것은 마키아벨리의 징집군대가 실현되면 결정적인 변화를 이룰 것이다. 마키아벨리는 시민관료제도가 봉신들의 전략적 및 법적 역할을 대신할 것을 촉구했다. 이제 공복(civil servents)들이 보다 믿을 만한 국가의 하부구조를 제공할 것이다.[9] 아마도 마키아벨리의 통치술에 가장 중요한 직무상의 의견은 1505년 12월의 법령으로서 그것은 피렌체 시민군의 조직을 명하는 것이었다. 이 법령은 마키아벨리에 의해서 작성되었으며 그 전문은 몇 가지 마키아벨리의 근본적 견해를 전달하고 있다. 그중에서 특히 공화정의 토대는 정의와 군대, 즉 헌정적 및 정략적 능력의 결합이라는 아이디어였다. 또한 혼자서 행동하는 군주란 칙령만이 필요한 반면에 “군주국가”는 법률을 필요로 하기 때문에 그 법령이 이런 상념들을 구현하고 있다는 사실도 역시 중요할 것이다. 이것은 군주 자신의 사적 권위보다도 국가의 공적 권위의 형성으로 나아가는 본질적 이행이었다.

이탈리아 제도의 현저한 특징 중 하나는 소위 힘의 균형(balance of power)이었다. 이 개념은 당시 은행업의 대가였던 메디치(the Medici)가문에서 시작되었다. 수지나 균형은 원래 은행업의 개념이다.[10] 그러나 이 개념은 군주국가들의 이탈리아의 사회, 즉 이탈리아의 국제사회가 형성된 근대 세계에 와서야 등장했다. 이탈리아인들에게 균형이 유지되어야 한다는 것은 군주국가가 언제나 팽창욕구를 갖고 있다는 마키아벨리의 관찰을 보완하는 개념이었다. 군주

9) Machiavelli, *The Prince*, pp. 43-44.
10) 그리고 그것은 무역 수지(the balance or trade)의 개념으로 발전했다. 힘의 균형과 무역수지 간의 개념적 관계에 관한 상세한 논의를 위해서는 Jonathan Haslam, *No Virtue Like Necessity,* New Haven: Yale University Press, 2002, 제 3 장 참조.

국가(princely state)에 대해 왕정국가(kingdom)의 주된 이점은 우선 그 지배 대상인 영토적 규모의 차이에 있었다. 그러나 왕정국가가 군주국가와 어떻게 다른가는 1576년 장 보댕(Jean Bodin)에 의해서 분명하게 제시되었다.

보댕은 국가지도자가 일반인과는 다른 도덕적 규칙을 따를 수 밖에 없다고 주장한 마키아벨리를 공격했다. 마키아벨리에게 국가란 인간이 아닌 그 어떤 것이기에 국가를 위해 봉사하는 데 있어서 군주는 일반인들의 행위를 지배하는 것과 다른 명령에 복종해야 한다는 것이었다. 그러나 보댕은 그런 권고는 군주의 권위를 약화시키는 성향이 있다면서 마키아벨리에게 도전하였다. 군주국가가 개인으로서의 군주로부터 관료조직을 가진 군주, 즉 군주와 국가로의 도약이라면 왕정국가로의 변화는 오히려 반대로 "군주의 신격화"였다. 바꾸어 말하면, 군주국가는 자신의 관료 및 군사조직으로부터 군주의 개인적인 것을 단절하고 지금까지 인간에게만 부여된 속성을 가진 "국가"를 창조했다. 그러나 왕정국가는 군주와 국가라는 두 요소를 재결합하여 "왕을 국가 그 자체"로 만들게 된다.[11] 이젠 군주가 "짐이 곧 국가다"라고 말할 수 있게 된 것이다. 보댕은 만일 그런 왕이 비도덕적으로 보인다면 이것은 국가의 정당성을 손상시키게 될 것이라고 주장했다.

그러나 그에게 마키아벨리보다도 훨씬 더 위험스러운 사람들은 인민들의 저항권을 주장하는 사상가들이었다. 모든 권위는 하나의 주권자, 즉 하나의 의지에 귀속되어야 한다고 보댕은 고집했다. 따라서 왕은 신민들의 동의가 있건 없건 그들에게 어떤 법이라도 부과할 수 있었다.[12] 그에게 인간의 의지가 자기 신체의 주권자인 것

11) Philip Bobbitt, *op. cit.*, p. 102.
12) *Ibid.*, p. 102.

과 똑같이 왕의 의지는 국가의 주권자였다. 이것은 전제 정치론적 신념이다. 그리고 그것이 왕정국가의 입헌적 독트린이다. 아마도 오늘날 우리는 왕정국가의 실제 전제주의적 성격을 과장하기가 쉽다. 사물이 먼 거리에서 보면 비슷하게 보일 수 있기 때문이다. 그러나 당시 왕정국가에선 오늘날 우리가 생각하는 것보다는 더 많이 합의를 따르고 복잡한 조정을 거치는 것이 일상적이었다. 근대국가의 주권에 대한 생각은 16세기 프랑스에서 종교적 내전으로부터 발생했지만 실행과 기능에서 국가를 그 자체로서의 "권리"와 "진실"을 가진 하나의 기계로 파악하고 또 분명한 체계적 개념으로 발전시킨 것은 17세기 영국의 토머스 홉스였다.

홉스는 국가가 없는 자연상태를 전쟁상태로 간주했다. 그에게 자연상태는 실제의 싸움에 있지 않고 자연상태의 알려진 성질(disposition)에 있다. 종교적 내전들이 유럽의 거의 전역에 가져온 핏빛으로 물든 혼란을 알고 있는 홉스는 국가주권 속에서 평화를 확보하고 안전을 보장할 수 있는 유일한 힘을 보았다. 이제 절대적 복종을 명령하는 것은 인간 신(Mortal God)인 근대국가라고 생각되었다. 근대국가를 위한 결정은 구체적으로 세속화의 결정이었다. 왜냐하면 독특한 이런 의미에서 국가를 완전히 비교할 수 없고 독특한 역사적 특수성은 이 국가가 세속화의 수단이라는 데 있었다. 이 새로운 실체인 근대국가는 중세의 신성한 제국과 교황의 정신적 권위를 제거했다. 그리고 무엇보다도 이런 성격의 국가는 십자군들의 종말을 의미했다.

세속화는 하나의 종말을 장식하고 또 새로운 시작을 의미했다. 주권적 정치 단위들이 서로서로 마주보고, 그리하여 효율적인 역할 수행능력의 덕택으로 그리고 원칙적 평등의 토대 위에서 새롭고 세속적이고 또 합리적인 질서를 이루는 비히모스(Behemoth)들과 리바이어던(leviathan)들의 국가적 다원주의가 계층적 조직과 신성한 정향을 가진 기독교세계의 정치적 및 신학적 질서를 대치한 것이다. 근대국가들은 국내적으로 분명한 재판권을 수립하고 중앙 집중화된 입법 행정과 사법을 이용하여 종파간 및 파벌간의 분쟁을 잠재우는 데 성공한다. 국가 자신들간에 근대국가들은 자신들의 경계가 설정된 영토에 대해 관할권의 상호인정을 통해 반목을 거두는 데 어느 정도 성공했다. 이제 전쟁은 국가들간의 전쟁이 되었다. 그리고 국가는 내전을 종식시킴으로써 국가임을 입증한다. 따라서 내전을 종식시키지 않으면 국가가 아니다. 국가와 내전은 서로를 배제한다. 국가의 시대가 계속되는 한 국가 내에 적은 더 이상 없을 것이다.

영토의 밖에서 국가는 국가의 형식을 갖춘 다른 "정당한 적"에 대해서만 신경을 쓸 것이다. 국내의 모든 것은 경찰에 맡기고, 전쟁은 외교정책과 동의어가 될 것이다. 이제 국가가 스스로 모든 법을 제정한다. 그렇지 않으면 국가는 진실로 존재하지 않고 또 평화 확보의 기능을 충족시키지 않는다. 그러면 자연상태가 다시 지배할 것이다. 그리고 그것은 더 이상 전혀 국가가 아니다. 그렇다면 그 자신의 "옳음"과 "진리"를 스스로 갖고 있는 국가라는 기계장치는 무슨 목적을 위해 구체적으로 이용될 수 있고 또 이용되어야 할까? 그것은 안식과 안전과 질서의 수립을 위한 수단이다. 따라서 주권자의 명령은 기독교 종교를 금지시키고 기독교 신앙의 공개적 부인을 요구해도 복종해야만 한다. 홉스는 주권국가를 종교 위에 두었기에 그의 인간 신이 기독교 신을 사실상 대치해 버린 것이다. 그에게 국가는 세속화된 세계의 새로운 신이다. 홉스는 개념적이고 체계적인 방법으로 종교개혁을 완성한 셈이다. 기독교 신이 안전을 더 이상 보장하지 못하게 된 이상, 그것을 보장할 새로운 인간 신의 창조가 필요했던 것이다.[13] 근대 왕정국가의 승리로 유럽의 사

13) 필자의 국가간 평화에 대한 홉스의 논의를 위해서는 강성학, 『소크라

상에서 합리주의의 광범위한 유입이 수반되었다. 그리하여 루이 14세의 전제적 권한을 내세우는 자들 가운데 한 사람인 보쉬에(Bossuet)는 정부란 이성과 지성의 작품이라고 주목할 만한 주장을 했었다.

보쉬에는 왕권에는 4가지 특징이 있다고 주장했다. 그것은 첫째, 신성하고, 둘째, 가부장적이고, 셋째, 절대적이며, 넷째로 이성에 따른다는 것이다. 왕정의 이런 특성들은 신이 내린 왕조적 계승의 양식에 의해서, 왕의 인격을 대신하는 국가에 대한 의무 때문에, 내부든 외부로든 다른 어떤 제도에 대해서도 계층상 의무의 부재 때문에, 그리고 독단적이기보다는 세속적이고 합리적이기 때문에 정당한 것으로 특징지을 수 있을 것이다. 그리고 다음의 6가지의 제도적 구조들이 왕정국가를 상징했다. 첫째, 상비군(영국의 경우엔 해군), 둘째, 중앙집권적 관료제도, 셋째, 정규화된 전국에 걸친 과세제도, 넷째, 해외의 상설 외교대표부, 다섯째, 경제적 부와 통상을 증진시킬 체계적 국가정책, 그리고 여섯째, 왕이 교회의 수장이 되는 것 등이다. 이러한 제도적 특징들에도 불구하고 그 내용을 자세히 들여다본다면 왕정은 상비군을 보유했지만 적어도 수적인 면에서 외국 용병들이 여전히 지배적이었다. 중앙집권적 관료제도도 세입을 올리기 위해 관직들이 팔려 나갔다. 외교는 보다 공식화되고 대표부는 보다 더 안정적이었지만 공관의 주요의무는 여전히 왕실을 위한 결혼계약을 협상하는 것이었다. 끝으로 왕정국가가 자국 내 산업을 규제하고 또 보호했음에도 불구하고 그것은 사적 부의 확장, 그리하여 세금 세입을 증대시키기 위한 것이 아니라 국가의 권한을 올리기 위해서 그렇게 했다. 그리고 왕정국가는 종종 빚을 갚지 않았다. 30년전쟁의 결과로 왕정국가가 현저하게 수립되었지만 그것

테스와 시이저』, 박영사, 1997 참조.

은 부분적으로는 전쟁 수행방법으로 인한 것이었다. 어쨌든 영토국가(territorial state)의 씨앗이 그때 뿌려졌다. 마이클 하워드에 의하면

> 30년전쟁에서 전투는 잔혹함과 무의미함의 극치에 달했다. … 용병들은 일단 살아남기 위해서 민간 주민들을 약탈해야만 했으며 자신의 집이 불타 버리고 자신들의 가족이 살육당한 민간인들은 전략적 계산에 의해서가 아니라 나름대로 우선 살아남기 위해서 아직 약탈당하지 않은 영토를 찾아 나서는 군대에 몰려들었다.[14)]

그러한 공포는 영토적 주체에 헌정적으로 토대를 두는 그런 국가의 필요성을 부여했다. 잔인하게 당한 주민들이 산골로 도망치고 또 포위된 도시들로 몰려들었을 때 그들은 국가가 보호해 주길 기대했다. 30년전쟁으로 인한 실제 인명손실의 규모에 관해서는 논란이 있어 왔다.[15)] 어떤 역사가들은 당시 독일 인구의 3분의 1을 말하고 또 당시 신성로마제국 인구의 20–40퍼센트가량이 고갈되었다고도 한다. 전쟁 초기 보헤미아에서 3만 5천 개의 마을 중에서 종전 시 약 6천 개만 남았다고도 한다. 어떤 전쟁지대에선 주민의 반 이상이 상실되었다. 1631년 피난민들이 모여든 마그데부르크(Magdeburg) 같은 곳은 공격 목표로 변해 거의 전 인구가 사라졌다. 이러한 사건들은 영토국가들의 생존능력과 그것에 대한 열망을 증폭시켰다.

베스트팔렌 이후 프랑스는 왕정국가로 남았지만 네덜란드 그리고 영국과 프로이센 등은 성공적인 영토국가로 변모했다. 베스트팔렌의 평화는 지금까지 왕조적 세습과 정복의 관습적 제도에 의해

---

14) Michael Howard, *War in European History,* Oxford: Oxford University Press, 1986, p. 37.

15) John Theibault, "The Rhetoric of Death and Destruction in the 'Thirty Years' War," *Journal of Social History*, Vol. 27, Winter 1993, p. 272.

부여된 국가의 헌정적 정통성의 원천을 증대시켰다. 그리하여 30년 전쟁과 베스트팔렌 평화는 과거의 국가간 차원의 종교적 투쟁을 종식시키고 전략적 의제를 세웠다. 이 전쟁의 결과로 특정된 주민들은 특정된 국가와 자신들을 동일시할 수밖에 없게 되었다. 이제 영토국가는 왕정국가와는 대조적으로 특별한 관심을 갖게 되었다. 왕조국가가 인물(왕) 중심으로 조직되었다면 영토국가는 국경의 지속성에 의해 정의되었고 따라서 끊임없이 국경에 관해 안달복달하게 되었다. 영토국가에겐 국경이 정당성, 방위선, 징세의 근거 등 모든 것이 되었다. 그리고 영토국가는 활기찬 무역제도에 의존했다. 왜냐하면 국내시장은 흔히 별로 크지 않았을 뿐만 아니라 수입관세가 세입의 큰 몫을 차지했기 때문이다. 그리하여 그런 국가들은 유사한 외교적 및 전략적 목적을 갖게 되었다. 이 목적들은 합리적 국경, 자유로운 바다와 열린 시장, 어느 국가도 타국의 문제를 지배하도록 허용되지 않는 국제적 합의, 국제무대에서 세속적 국가의 선호 및 계속적인 외교적 대화 등을 포함했다. 그러나 무엇보다도 영토국가는 적극적이고 포용적인 국가들의 사회, 즉 국제사회에 의존했다. 일단 정통성이 간단히 세습이나 정복에 근거하지 않고 공식적으로 비준된 조약과 동의 위에 수립되게 되자, 오직 국제사회만이 힘의 균형에 의해 요청되는 끊임없는 영토적 조정에 정당성을 부여할 수 있었다.

왕조적 국가의 절정을 이룬 프랑스 루이 14세에 의한 헤게모니 추구의 좌절과 함께 맺어진 1713년의 위트레흐트조약(the Treaty of Utrecht)은 힘의 균형을 조약체제의 목적으로 명시한 최초 유럽의 조약이었다. 그런 목적을 달성하기 위해서는 국제사회가 필요했다. 그러나 위트레흐트는 전쟁에 중요한 역할을 부여했다. 힘의 균형은 영토적 조정을 허용할 뿐만 아니라 이따금씩 그것을 필요로 했다. 따라서 영토적 조정을 위한 소규모의 전쟁이 빈번하게 되었으며 영토가 전통이나 주민의 염원과는 관계없이 이양되고 조정되었다. 외교제도의 내적 일부로서 이런 전쟁의 결정적이고 비상한 역할은 전쟁수행의 점증하는 전문화를 낳았다. 전쟁으로 영토 확장을 통해 프로이센의 영토국가를 이룬 프리드리히 대왕이 이 시대의 성공적 전형이라면 변화에 적응하지 못한 채 영토가 분할당한 폴란드가 실패한 국가의 본보기가 될 것이다.

프리드리히 대왕은 마키아벨리의 소위 비르투(virtu)를 가장 잘 발휘한 대표적인 군주였다. 역사가들은 프리드리히 대왕을 근대 초기의 "계몽군주"라고 명명했다. 그는 우리 시대엔 사악함에 의해서보다는 무지에 의해서 더 많은 실수가 범해진다고 말했었다. 프리드리히는 자신이 왕이 되기 이전에 이미 "사나이"였음을 자랑스러워했다.[16] 그에게 사나이가 되는 것은 또한 철학자가 되는 것을 의미했다.[17] 1739년 프리드리히는『마키아벨리의 군주를 반박함』을 저술했고 그것은 볼테르에 의해『반마키아벨리』라는 제목으로 바뀌어 1740년 세상에 알려졌다. 그의 왕조는 프로이센이 근대국가로 발전하는 데 있어서 근간이 되었다. 그리고 그 왕조의 기틀은 호엔촐레른왕가의 마지막 지배자 때까지 살아남았었다. 그러나 그들이 지배자라는 이 왕가의 본능이 프리드리히에게 완전히 부재했다. 분명히 위대한 통치자의 가장 개인적인 충동은 그에게도 아주 기본적 활력으로 존재했다. 그러나 처음부터 프리드리히는 당시 인습적이고 관습적인 의미에서의 통치자는 아니었다. 그의 "반마키아벨리"가 그런 인상을 확인해 주었다. 여기서 우리는 통치자란 자기 "인민들의

16) 사나이다움(Manliness)에 관한 최근의 본격적 연구에 관해서는, Harvey C. Mansfield, *Manliness,* New Haven: Yale University Press, 2006을 참조.

17) Friedlich Meinecke, *Machiavellism: The Doctrine of Raison D'etat and Its Place in Modern History,* Boulder and London, 1984, p. 275(최초 영문판은 1957년 Yale University Press 출판).

제 1 의 봉사자"(the first servant of the state)이며 따라서 통치자는 자신의 신민들을 단지 자신과 평등한 자들로뿐만 아니라 어떤 점에서는 자기의 주인으로 간주해야 한다는 언급을 발견할 수 있다.[18]

순수하고 엄격한 국가이성의 정신이 프리드리히를 사로잡았었다. 그는 자신이 스스로 2가지의 원칙, 즉 명예와 국가의 이익에 의해 움직인다고 말했다. 1757년 1월 10일 그는 핀켄슈타인 장관에게 다음과 같은 유명한 지시를 내렸었다.

> 만일 포로가 되는 것이 나의 숙명이라면 그러면 나의 개인에 대해서는 최소한의 관심마저 갖는 것을, 혹은 내가 갇혀 있는 곳에서 내가 쓸지도 모르는 어떤 것에도 조금이라도 주의를 주는 것을, 누구에게나 금지한다. 그런 불행이 내게 떨어진다면 나는 국가를 위해 나 자신을 희생시킬 것이다. 그리고 나의 모든 장관들과 장군들은 나의 석방을 위해 어떤 땅이나 몸값도 제공하지 않도록 목숨을 걸고 책임져라. 그리고 내가 이 세상에 전혀 존재하지 않았던 것처럼 전쟁을 계속하고 또 모든 이득을 장악하라.[19]

프리드리히의 이런 결의는 깊고도 근원적인 감정에서 분출되었다. 그는 국가의 요구에 양립할 수 있는 최고 수준의 지상의 행복과 물질적 복지, 지적 자각과 도덕적 활력을 확보하는 것을 아주 진지하고 신성한 과업으로 간주했다. 왜냐하면 얼음 같은 냉혹함과 내적 따스함이 그에게선 동시에 그리고 서로 대립하면서 항상 용솟음치고 있었기 때문이다. 그리하여 그의 행동 방향은 언제나 아주 분명하고 확실했다. 국가의 필요라는 지상명령은 언제나 또 어떤 선택의 기회가 있는 모든 경우에 인류의 요구, 그리고 심지어 자신의 계몽주의의 철학적 이상들을 누르고 승리했다. 통치자와 국가 앞에 그가

18) *Ibid.*, p. 280.
19) *Ibid.*, p. 281에서 재인용.

세우는 최고의 과업은 물리적 힘의 보장과 그것의 강화라는 기존의 국가이성의 편협한 목적을 포용했을 뿐만 아니라 그것은 또한 인민을 교육시키고 행복하게 만드는 다른 인도주의적 개념까지도 포용했다. 그에게 인도주의적 국가의 이상과 힘 있는 국가의 개념은 국가에 관한 2개의 개념으로 공생했다. 인도주의적 국가의 이상은 계몽주의에 의해서 새롭게 창조되었거나 아니면 적어도 새로운 내용으로 채워진 것이었고 힘 있는 국가의 개념은 삶과 역사와 경험에서 분출하여 일상적 경험과 필요성에 의해서 끊임없이 새롭게 확인된 것이었다. 그리고 후자가 전자에 우선했다. 그러나 이 우선순위가 국가의 인도주의적 개념의 소멸로 결코 이어지진 않았다.

그러나 아주 처음부터 프리드리히는 작은 군주국가를 경멸했다. 왜냐하면 그는 비왕조적 방식으로 그리고 순전히 국가 그 자체의 노선에 따라 생각했기 때문이다. 그가 독일세계의 작은 국가들에게서 보았던 것은 그것들에 대한 그의 경멸감만 심화시켰다. 최소한 그는 큰 국가와 작은 국가들은 아주 다른 규칙에 따라 취급되어야 한다는 모든 정치의 근본적 규칙을 존중했다. 그의 전 생애를 프리드리히는 큰 국가들의 관계와 중대한 조건들에만 진실한 관심을 두었었다. 그는 필연성에 입각한 정복자와 기질상의 정복자를 구별하고 만일 전자가 진실한 정의를 유지하기 위해 자신의 재능을 사용한다면 그에게 진정한 영광을 돌렸다. 프리드리히는 자신을 "야만적 수술"로 인간들을 더 큰 위험으로부터 구원하는 외과의사에 비유했다. 그래서 전쟁과 힘의 정치를 위한 정당한 근거를 모색하고 또 염원했다. 그에게 유럽에서 힘의 균형의 중요성은 공격적 전쟁마저 정당화시키는 것이었다. 즉 만일 가장 강한 유럽의 강대국의 압도적 힘의 증가가 전 우주를 집어삼킬 위협이 있다면 예방전쟁도 정당한 것이었다. 그는 과거에 위대한 인간이란 적들이 자신의 손발을 묶고 자신의 힘을 파괴할 수 있는 위치에 도달하기 전에 자신의 힘을 사용했다고 생각했다.

그는 자신이 마키아벨리의 세계에선 마키아벨리식으로 행동할 수밖에 없다고 믿었다. 당시엔 영토가 부와 힘의 척도였다. 국가의 경쟁력이 거기에 있었다. 그는 힘의 정치를 계몽주의의 이상에 종속시키려고 시도한 자신의 반마키아벨리즘을 포기하고 힘의 정치의 자율적 본질을 인정했다. 그리고 마키아벨리의 미덕을 아주 효율적으로 발휘했다.[20] 그에게 계몽주의의 태양은 정치에서 야만성의 밤을 극복하는 데 아직 성공하지 못했다. 야심적 강대국들 사이에 처해 있으면서 이에 무관심한 국가는 머지않아 재난을 당하고 만다는 마키아벨리의 말이 옳다고 그는 고백했었다.[21]

그러나 프리드리히의 정치적 사고와 행위에서 반마키아벨리에 대한 마키아벨리의 승리는 정치과정의 일면에 지나지 않았다. 마키아벨리에 대한 반마키아벨리가 승리한 다른 측면도 있었다. 왜냐하면 프로이센이 프리드리히 대왕의 영도하에서 단순히 강대국만 된 것이 아니라 문명화되고 헌정적인 국가로의 길에 접어들었기 때문이다. 프리드리히는 프로이센을 강력한 근대국가로 키우기 위해 비난할 만한 마키아벨리적 조치들을 취했지만, 국내문제에선 비록 시대적 그리고 국가의 조건에 의해 심하게 제약당했지만 자신의 인도주의적 이상들이 적용되는 영역을 발견했었다. 국가의 이성에 인도주의적 목적을 흡수하려 했던 프리드리히의 염원은 오직 불완전하게만 성취될 수 있었다. 그러나 그는 계몽주의 시대정신에 입각하여 그가 계승했던 약소국 프로이센을 슐레지엔전쟁(1740-50), 7년전쟁

20) Harvey C. Mansfield, *Machiavelli's Virtue,* Chicago: The University of Chicago Press, 1966, 특히 pp. 6-52.
21) Friedrich Meinecke, *op. cit.,* p. 302.

(1756-63) 그리고 바이에른왕위계승전쟁(1778-79) 같은 수많은 전쟁을 통해 유럽의 강대국가 중 하나로 인정받는 "강대국 프로이센"을 건설하여 대왕(the Great)의 칭호를 얻은 대표적 근대 계몽군주였다.[22)]

영토를 토대로 한 절대왕정국가는 18세기 말에 "민족" 개념에 의해 도전받았다. 민족은 정당성의 새로운 기준을 창조했을 뿐만 아니라 새로운 국민 전쟁 시대의 병력 규모와 동기를 유일하게 제공할 수 있었다. 그리하여 국가가 민족으로 하여금 국가를 위해 행동하도록 동원하는 국가형태, 즉 "국가민족"(state-nation)이 프랑스혁명과 나폴레옹전쟁을 계기로 등장했다.[23)] 나폴레옹 지배하에서 프랑스는 자국의 영토 안에 많은 민족들을 편입시켰지만 프랑스 밖에서는 모든 민족주의를 억압했다. 나폴레옹의 제국주의는 약탈로 보상받았다. 자유, 평등, 그리고 박애를 천명한 민족이 이제는 비프랑스 주민들을 정복하고 그들 머리 위에 군대를 주둔시키고 그들의 상품을 몰수하고 그들의 무역을 왜곡하고 엄청난 배상금과 세금을 거둬들이고 젊은이들을 징집했다.[24)] 그러나 나폴레옹의 프랑스는 영토국가를 대치하려는 시도라기보다는 영토국가들의 사회에 합류하는 것이었다.

나폴레옹제국은 무엇보다도 나폴레옹이 프랑스혁명의 군사전략적 혁신을 계승했기에 가능했다. 군사 혁신 중 우선 첫째로, 일반징집을 통해 병사의 수에서 엄청난 증가를 이루었다. 이것은 프랑스

---

22) Christopher Duffy, *Frederick The Great: A Military Life,* London: Routledge, 1985.

23) 여기서 "국가민족"(state-nation)이라는 개념은 국가가 민족을 위해 봉사하는 "민족국가"와 구별되는 것으로 국가가 민족을 수단으로 동원하는 국가형태로서 필립 보빗(Philip Bobbitt)이 분류한 것이다. 이 개념에 관해서는, Philip Bobbitt, *op. cit.,* p. 146을 참조.

24) Paul M. Kennedy, *The Rise and Fall of the Great Powers,* London: Unwin Hyman, 1988, p. 133.

지휘관들에게 사용할 수 있는 병사의 형태를 변경시켰지만 과거와는 다른 종류의 전투 그리고 더 많은 전투를 수행할 수 있게 해 주었다. 클라우제비츠가 지적했듯이 전쟁이 갑자기 3천만 국민들의 일이 되었다. 그들은 스스로를 시민이라고 간주했고 그 결과 프랑스의 적들은 극단의 위험에 직면했다.[25] 1800년 이후 나폴레옹은 18세기 초 중엽의 7만 5천여 명의 군대와는 대조적으로 보통 25만 명이 넘는 병력으로 전투를 수행했다. 둘째는 포의 개혁은 유럽에서 가장 효율적이고 기동력 있는 포를 생산했다. 셋째, 여러 개의 다른 길을 따라 동시에 진군할 수 있는 자율적이고 자립적인 여러 사단으로 군대의 분리가 전략적 이동에 더 큰 속도와 융통성을 제공했다. 넷째, 방어적 발포를 강조하는 전선으로부터 충격을 강조하는 공격분대로의 전환은 훈련은 부족했지만 열정적인 신병들을 이용할 수 있게 할 뿐만 아니라 전투의 폭력성을 증가시켰다. 요컨대 병사들의 수적인 큰 증가, 보다 크고 보다 더 세련된 행정 서비스, 혁신적인 포 전술과 포의 기술적 향상은 전투의 모든 단계에서 보병, 기병 및 포병의 긴밀한 합동작전을 처음으로 가능하게 만들었다. 그런 군대들이 그들을 여러 길을 따라 해산시키고 결정적 순간에 모두 집결시켜 단번에 적을 쳐부술 수 있는 사령관을 기다리고 있었다.

피터 패리트(Peter Paret)는 나폴레옹이 없었을 경우 그런 군사혁신의 효과에 대해 다음과 같이 추측했다.

> 툴롱(Toulon)에 가기 전에 나폴레옹이 살해되었었더라면 프랑스는 유럽의 힘의 균형을 깨뜨리려는 노력을 중단했거나 아니면 적어도 늦추었을 것이다. 유럽 전역에 걸친 전쟁이 요구하는 거대한 노력에 대한 그의 고집이 없었다면 프랑스 정부는 아마도 프랑스의 "자연적" 국경을 확보하는 것으로 만족했었을 것이다. 전쟁이 계속되었다 해도 혁명

25) *New Cambridge Modern History,* Vol. 9, p. 273.

> 과 전쟁의 변질은 프랑스를 여전히 유럽에서 가장 강력하지만 유럽공동체를 지배하고 또 실제로 그것을 제거하기보다는 유럽정치 공동체에 통합된 국가로 남게 했었을 것이다.[26)]

프랑스의 군대는 곧 여러 국가들의 애국적 적대감의 목표물이 되었다. 제국을 창조한 국가민족의 민족주의는 민족의 의지를 국가에 대한 봉사에 집중시켰다. 그리하여 그것은 타민족들을 굴복시키고 낯선 제도들을 그들에게 강요했던 것이다. 프랑스혁명이 프랑스 민족주의에 불을 붙였지만 혁명의 아들로 자처한 나폴레옹은 유럽의 민족주의를 오히려 억압하고 질식시켰다. 나폴레옹은 모든 영토국가들로 하여금 군사적으로 경쟁하려면 국가민족 형태에 준봉하도록 강요했다. 그리하여 나폴레옹을 패배시킨 뒤 개최된 빈회의 평화수립도 민족국가의 창설을 모색하지 않았다. 평화를 유지하기 위해서 전시상태로 연합을 그대로 지속시키는 것이 당시 영국의 외교부장관 캐슬레이(Robert Stewart Castlereagh)의 전략적 혁신이었다.

이것을 달성하기 위해서 그는 고도로 어려운 목표들에 착수했다.[27)] 우선 첫째로 조국을 적에게 팔아먹은 적의 협력자로 새 정권을 낙인찍히지 않도록 하면서 프랑스의 새로운 정권을 정당화시킬 정도로 프랑스의 국가민족을 보존하면서도 나폴레옹의 초대형국가(Superstate)를 철폐해야 했다. 둘째, 감질나게 하는 프랑스의 제안과 협박하는 프랑스인들의 위협에 직면하여 동맹국들의 협력이 궁극적인 가치가 있을 것이라고 그들을 설득해야만 했다. 그것은 영국의 동맹국들이 상당한 영토적 이익을 취하지만 영국은 그러지 않을 것

---

26) Peter Paret, "Napoleon," in Peter Paret, ed., *Markers of Modern Strategy: From Machiavelli to the Nuclear Age,* Princeton: Princeton University Press, 1986, p. 126.

27) Philip Bobbitt, *op. cit.,* p. 161.

이라는 것을 의미했다. 셋째, 빈회의의 지도자회의를 제도화하여 정기적으로 만나 다국적 협력을 계속 유지하게 하지만 그러나 어떻게든 회원국들이 유럽의 여러 나라에서 혁명에 의해 위협을 느낄 때 그것이 국내적 억압의 수단으로 변질되지 않도록 해야만 했다. 넷째, 5대 강대국들 중 어느 한 국가나 혹은 그 국가의 연합이 전쟁을 통해서 성공할 것이라고 합리적으로 기대할 수 없을 정도의 압도적 규모의 믿을 만한 무력의 공약을 그는 얻어내야만 했다. 다섯째, 그는 자신을 단순히 반동적 메테르니히의 추종자로 묘사하는 휘그(Whigs)당원들로부터는 물론이고 여론을 조종하는 수사학적 재주와 기술을 가진 같은 당 내의 조지 캐닝(George Canning)으로부터의 완강한 반대를 무릅쓰면서 모든 일을 수행해야만 했다. 여섯째, 그는 카르타고식 평화를 원하는 프로이센인들, 독일을 희생시켜서 대국의 헤게모니를 꿈꾸고 있는 러시아인들, 국가민족의 새로운 발전과 그것의 민족적 감정을 이용할 능력에 의해 위협받고 있다고 느끼는 오스트리아인들 그리고 영국을 자신들의 대륙적 꿈을 좌절시키고 일차적 박해자로 간주하는 프랑스인들과의 협력 속에서 행동해야만 했다. 캐슬레이는 국가가 통제할 수 없는 민족주의가 분출되지 않은 국가민족은 긍정적인 특징이 있음을 완벽하게 이해하고 있었다. 그런 국가의 리더십은 코즈모폴리턴적이다. 그것은 신속하게 결정할 수 있고 장기적 공약을 할 수 있었다. 워털루전투에서 나폴레옹을 영원히 제거한 동맹국 파트너들은 1815년 11월 20일 앞으로 20년간 빈의 결정을 전복하려는 어떤 기도가 있을 경우엔 각국이 6만 명의 병력을 파견하기로 공약하였다. 그리고 3년 후 1818년 가을 아헨(Aachen)회의에서 4국동맹을 재확인했음에도 불구하고 프랑스를 유럽사회의 소위 "평화의 기술"을 보호하기 위해서 강대국들의 사회에 가입시키는 5개국 동맹이 형성되었다. 소위 외교사에서 흔히 말하는 유럽협조체제(the Concert of European Powers)라는 용어는 이곳에서 처음 사용되었다. 그것은 상황을 안정화시키기 위한 것이었다. 그러나 외교사 학자들이 대체로 간과해온 빈체제의 가장 두드러진 특징 가운데 하나는 프랑스혁명과 나폴레옹전쟁으로 무질서하게 흐트러져 버렸던 국제적 경계선을 새롭게 긋고 그것을 국제규범으로 유지시켰다는 점일 것이다. 즉, 근대 영토국가의 가장 핵심적 조건인 국제적 경계선의 국제적 존중을 국제사회의 안정을 위해 긴요한 조건으로 계속 간주했다는 사실이다.

빈에서 부활되어 지금까지 유지해 온 국제사회는 우선 나폴레옹 이전 다수의 정치적 당사자들의 모임이다. 우리는 국제사회의 이런 조건을 베스트팔렌 국제관계의 헌정적 토대인 관할권적 다원주의라고 부를 수 있을 것이다. 둘째, 국가의 국내적 일은 자신들만의 일이며 자신들의 국내적 가치들을 선택하고 자기방식대로 추구할 수 있다. 따라서 국가주권은 그런 가치들의 다양성을 수용하도록 기대된다. 우리는 이런 형태의 다원주의를 가치 다원주의라고 부를 수 있을 것이다. 그리고 국가들의 사회, 즉 국제사회가 유지하는 국제정치의 보다 더 심오한 다원주의이다. 그러나 이런 고전적 정치학에서 다원주의라는 용어의 의미는 오늘날 우리 세대의 사회과학에서 사용하는 의미와 혼동되어서는 안 된다. 후자의 의미는 국제기구들과 비정부적 기구들을 포함하는 국가와 다른 조직된 집단들이 국제정치에서 주요한 행위자들이라는 사회학적 개념을 말한다. 이런 사회학적 사실은 국제정치에서 국가주권의 중요성을 감소시키는 것으로 보인다.[28] 그러나 이것은 고전적 국제사회학자들이 "다원주

28) P. Willetts, "Transnational Actors and International Organizations in World Politics," in J. Baylis and S. Smith, eds., *The Globalization of World Politics,* Oxford: Clarendon Press, 1997, p. 289.

의"라는 용어로 의미했던 것이 아니다. 그들은 법률 및 정치이론에서 사용되는 원래의 의미로 그 용어를 사용했다. 즉 그들은 당시 국가들의 사회의 영토적-관할권적 다원주의와 그런 사회가 순응하는 가치 다양성을 지칭했다. 따라서 다원주의란 주권국가들의 헌정적 자유의 표현이며 바로 그 국가들이 순응하는 국내적 가치들의 다양성을 표현했다. 이런 고전적 의미의 다원주의는 일원론(monism)과 연대주의(solidarism)의 개념과 정반대의 의미로 사용되었다. 아이제이어 벌린(Isaiah Berlin)의 다음과 같은 가치 다원주의에 관한 단언이 그런 고전적 의미를 확실하게 해 줄 것이다.

> 인간관계란 어쩌면 결코 철저하게 분석되는 것은 물론 철저하게 묘사될 수도 없는 개성의 인정 위에 수립된다. 공동체들, 문화들, 시대들을 이해하는 데, 즉 그들이 무엇이고 무엇을 위해 노력하며 무엇을 느끼고 고통받고 창조하는가, 그들이 어떻게 자신들을 표현하고 자신들을 보며 생각하고 행동하는가를 이해하는 데에도 그렇다. 인간들은 자신들을 뭉치게 하는 것, 즉 공동의 혈통, 언어, 땅, 집단적 경험의 유대를 의식하기 때문에 집단으로 모인다. 이런 유대들은 독특하고 감지할 수 없으며 궁극적이다. 문화적 경계선들은 인간들에게 자연스럽고 그들의 내적 본질과 환경 그리고 역사적 경험에서 우러난다. 그리스 문화는 독특하고 무진장하게 그리스인들의 것이다. 인도, 페르시아, 프랑스도 바로 다름 아닌 그 자신들이다. 우리 문화는 우리들의 것이다. 문화들은 같은 표준으로 잴 수 없는 것이다. 각각이 그 자신이고 신의 눈에 영혼들이 그런 것처럼 각각은 무한한 가치를 지닌다. 한 개를 위해 다른 것을 제거한다는 것, 위대한 정복자들이 그랬던 것처럼 한 사회를 굴복시키고 문명을 파괴하는 것은 자신으로 스스로 존재할 수 있는 권리, 자신만의 이상적 가치들의 관점에서 살 권리에 대한 가공할 범죄이다.[29]

29) Isaish Berlin, *The Crooked Timber of Humanity,* Princeton, N.J.: Princeton University Press, 1990, p. 38.

인류 역사의 집에는 많은 저택들이 있다고 말한다.[30] 이런 은유는 전 세계에 걸쳐 생활양식의 뚜렷한 다양성을 지칭하는 것으로 그것은 특정한 영토적 집단으로 모여들어 그들 집단의 가치에 따라 자신들의 삶을 살아가는 인간들의 성향에 의해 나타난다. 국제정치에는 각기 다른 가치나 혹은 특이한 가치의 독특한 자기식의 가치를 가진 많은 집단들이 있다. 생활양식의 전 지구적 다양성의 현실은 국제정치의 규범적 건축을 탐구하려는 사람들에겐 누구에게나 중압감을 주는 인간조건의 오랜 특징이다. 그것은 현실적이기를 희망하는 어떤 규범적 탐구에 의해서도 무시되거나 비켜갈 수 없는 하나의 현실이다.

그러나 자신으로 존재할 권리, 즉 자신의 이상적 가치의 관점에서 살 권리에서 시작하여 서로 다른 때에 서로 다른 수많은 사회와 집단들과 그 속의 인간들이 추구하는 목적과 궁극적인 가치들을 인정하는 다원주의이다. 그러나 그런 목적들이 양립할 수 없다고 할지라도 그것들의 다양성이 무제한한 것일 수는 없는 것이다. 왜냐하면 인간의 본성이란 그것이 제아무리 다양하고 또 변화에 직면한다고 해도 적어도 인간이라고 부르려면 어떤 원천적 속성(generic character)을 틀림없이 갖고 있기 때문이다.[31] 어떤 특정된 피조물이 무엇이며, 그 행동에서 어떤 종류의 규칙을 따르는가, 또 그것의 제스처가 무엇을 의미하는지를 더 이상 이해할 수 없는 한계가 있다. 그런 상황에서, 즉 의사소통의 가능성이 무너질 때 우리는 교란, 즉 불완전한 인류에 관해서 말한다. 그러나 인류의 한계 내에서 목적의 다양성은 비록 유한하지만 광범위할 수 있다. 한 문화의 가치가 다른 문화의 가치들과 양립할 수 없다는 사실이 가치의 상대주의를

30) Robert Jackson, *op. cit.*, p. 179.
31) Isaiah Berlin, *op. cit.*, pp. 79-80.

수반하지는 않는다. 물론 이 상대주의는 상이한 문명들의 전망이나 동일한 문명의 단계 사이의 양립 불가능성뿐만 아니라 가치들간의 피할 수 없는 갈등의 항구적 가능성을 남길 것이다.[32]

그렇다면 분리된 문명들의 가치들이 양립할 수 없는 사실이 제시하는 정치적 및 도덕적 질곡을 완화시킬 가능성은 전무한 것인가? 벌린의 반응은 2가지이다. 하나는 자연법의 길이 있고, 또 하나는 실용주의의 길이 있다. 우선 첫째는 규범적 원칙을 위한 자연법의 길이다. 옛 자연법의 개념으로의 일종의 복귀가 반드시 옛날처럼 신학적 혹은 형이상학적 토대에 근거할 필요는 없다. 따라서 우리의 가치가 객관적이고 보편적인 것이라고 말하는 것은 우리가 거역할 수 없는 외부로부터 우리에게 부과된 어떤 객관적 법전이 존재한다는 것을 말하는 게 아니다. 그것은 우리가 추운 것보다도 따뜻함을, 거짓보다는 진실을 추구하고 또 타인에 의해 무시당하거나 오해받기보다는 있는 그대로의 자신을 인정받고자 하는 것을 피할 수 없는 것처럼, 우리가 인간이기 때문에 이런 기본적 원칙들을 수락할 수밖에 없다는 것을 말하려는 것이다. 이런 원칙들이 기본적이고 또 그것들이 오랫동안 널리 인정 되었을 때 우리는 그것들은 보편적인 윤리적 법률이라고 생각하게 된다.[33] 그런 기본적이고 보편적인 원칙들은 아직도 유효하다. 타인들의 문명이 우리의 것과 다르고 또 지리적으로 먼 곳에 있는 그들과 함께 하나의 세계속에서 살아가야 하는 필연성은 그 타인들을 우리와 같은 동료 인간으로 인정하고 또 그들에게 인정을 요구하는 그리하여 서로간의 존엄성과 자유를 인정하는 우리의 능력을 이겨내지 못한다. 그런 규범적인 가치가 여전히 존재한다면 어쩌면 바로 그것이 모든 인류의 위대한 사회에

32) *Ibid.*, p. 80.
33) *Ibid.*, pp. 204-205.

관한 그로티우스적 개념일 것이다.34)

둘째는 실용주의의 길이다. 이것은 갈등이나 충돌을 완벽히 제거할 수 없기 때문에 기대할 수 없다고 할지라도 그것들을 완화시킬 수 있는 길을 모색하고 실천하는 것이다. 권리주장들이 균형을 이루고 타협에 이를 수 있다. 구체적인 상황에서 모든 권리주장이 모두 다 균등하게 설득력을 갖고 있지는 않는다. 자유도 그렇고 평등도 그렇다. 결코 최종적이고 절대적이지는 못해도 우선순위가 수립되어야 한다. 그 우선순위를 수립할 때 정치 지도자들의 첫 번째 의무는 고통의 극단들을 피하는 것이다. 혁명, 암살 그리고 전쟁 같은 극단적 조치들이 절망적 상황에서 요구될지도 모른다. 그러나 그런 극단적 조치들의 결과들이 예상했던 것과는 판이하게 다르다는 것을, 즉 그런 조치들이 향상을 가져 올 보장, 아니 충분히 높은 개연성마저도 존재하지 않는다는 것을 역사는 우리에게 가르쳐 주고 있다. 개인 생활에서나 국가정책에서 우리는 과감한 행동의 모험을 할 수 있을 것이다. 그러나 우리는 우리 자신이 그렇게 몰릴지도 모른다는 것, 즉 그런 조치들의 효과에 관한 확실성이 반드시 죄 없는 사람들의 피할 수 있는 고통으로 이어진다는 것을 항상 의식하고 결코 잊어서는 안 될 것이다. 따라서 규칙이나 가치 그리고 원칙들이 구체적인 상황에서 어느 정도 서로간에 양보해야만 한다고 한다. 실용주의적 해결이 때론 잘못일 수 있지만 그러나 보다 빈번하게 이로울 것이다. 따라서 하나의 일반적 원칙으로 말할 수 있는 최선이란 절망적 상황의 발생, 즉 견딜 수 없는 선택상황의 발생을 막아줄 위험스런 균형(equilibrium)을 유지하는 것이다. 그리고 그것이 우리 지식의 한계의 관점에서 그리고 더 나아가 개인과 사회에 관한 우리의 불완전한 이해의 관점에서 우리가 항상 매진할 수 있는 것

34) Robert Jackson, *op. cit.*, p. 181.

이다.35)

이것은 계몽된 자기이익의 도덕성이다. 그리고 바로 이것이 국제정치에서 현실주의의 도덕적 목소리이다. 이것은 기록된 역사를 통틀어 인류의 다수에 의해서 공유된 가치를 가진 사회들의 사회인 국제사회 속에서의 삶의 형식에 의해 강요되는 하나의 원칙이다. 이것이 보편적 원칙이 아니라면 그것 없인 국제사회가 존속되기 어려운 최소한의 원칙이다. 국제사회에서도 결코 타협할 수 없는 경우가 있다. 그러나 다른 한편으론 국제사회문제의 완벽한 해결책을 모색한다는 것은 피를 부르는 일이다. 이것은 가장 순수한 마음을 가진 가장 진지한 이상주의자들이 요구한다고 할지라도 결코 보다 나은 방법이 아니다. 인류의 가장 엄격한 도덕주의자였던 이마누엘 칸트마저도 "비뚤어진 인류의 재목으로부터는 어떤 반듯한 것도 만들어질 수 없다"고 주장했었다. 도그마가 요구하는 반듯한 유니폼 속으로 인간들을 몰아넣는 것은 거의 언제나 잔학행위로 가는 길이다.36)

인간들이 상호간의 적대감, 갈등, 탄압, 굴복, 노예제도나 전쟁에 빠져들지 않고 유한적인 지구 공간 위에서 나란히 살아갈 예상되는 방법을 찾아야 한다는 공동인정에 대한 대응으로 지금까지 가져온 가장 기본적이고 동시에 가장 분명히 제도화된 조직이 있다. 이는 곧 다원주의라는 규범을 유지해 온 근대 국제사회이다. 관할권적 다원주의는 국가주권제도를 통해 인류의 다양성에 부응한 것이다. 그리고 이것이 정치적 독립을 향유하고 또 행사하는 국가의 주민들의 손에 특수한 가치들을 창조하고 수호하는 정치적 책임을 부여함으로써 가치다원주의를 가능하게 하고 있다. 결국 주권이 외부

35) Isaiah Berlin, *op. cit.*, pp. 17-18.
36) *Ibid.*, p. 19.

의 간섭 없이 헌정적으로 수호되는 영토적 공간을 제공하기 때문에 국제사회의 다원주의에 이바지하고 있다. 국제사회는 인간 신들인 주권국가들의 사회이다. 그러나 평등한 신들의 세계에도 각자 신들이 보유한 힘에 따른 어떤 위계질서적 규범과 원칙이 있다. 그리고 그것들은 역사적으로 진화했다.

17세기 주권국가들의 국제사회가 탄생한 이후 오늘날까지도 국제적경계선, 즉 국경선은 국제사회의 대표적인 국제규범이다. 국경선 그 자체의 논리엔 "민족"이나 "민족국가"라고 부를 그 어떤 것을 가정할 만한 것은 아무것도 없다. 민족이나 민족국가란 19세기와 20세기 국제사회의 특징적인 것이고 또 21세기에도 지속될 국경선에 대한 독특하고 또 근본적인 하나의 정당화이다. 물론 그 이전의 시대에는 다른 정당화가 있었으며 그것들 중 가장 공통적인 것이 영토에 대한 왕국들의 일상적 규범적 권리주장인 왕조적 권리의 정당화였다. 중세 시대에 준독립적 영토는 기독교 교회의 주교들과 기타 성직의 당국자들의 소유였다. 즉, 유럽은 영토적으로 왕국들뿐만 아니라 주교구들로 분할되었었다. 어떤 주교들은 준 독립적이었고 또 어떤 주교들은 로마에 있는 교황의 관할권하에 있었다. 바로 그런 상황이 정치적 삶의 곤란한 특징이요 정치적 갈등의 원천인 영토적 관할권에 관한 보호성을 창출했다. 국제적 국경선의 열쇠는 민족이나 부족, 언어상이나 종교적 공동체나 혹은 사회학적인 독특한 집단이 아니었다. 오히려 그것은 독립성의 토대 위에서 다른 모든 집단으로부터 영토적으로 떨어져 하나의 집단으로 거주한다는 것은 일정한 사람들의 염원이나 결심, 권리 아니면 의무, 전통 아니면 체념이거나 혹은 어떤 다른 공통된 성향이었다.[37] 그런 영토에서 거주

37) Robert Jackson, *The Global Covenant: Human Conduct in a World of States,* Oxford: Oxford University Press, 2000. p. 318.

하는 특정된 사람들은 언어나 종교 혹은 문화 등과 같은 사회학적인 특징들을 공유할 것이며 또 그런 자신들의 공통적인 사회적 주체성을 하나의 독립적 국가의 관할권에 대한 권리주장을 뒷받침하는 정당화로서 당연히 이해할 것이다. 그러나 사회적 주체성은 보통 동일한 국경선을 두는 영토 내의 사회학적 조건들은 상이한 사람들의 집단들을 모으는 국가의 관할권과 동일하지 않은 것이다.

오늘날 대부분의 국가들은 사회 구성적인 면에서 다인종으로 구성되고 있다. 국제적 국경선은 주권국가의 영토적 관할권의 가장 멀리 떨어진 범위를 표시하는 인위적인 지리적 선들이다. 그 한계선을 넘어서면 비록 특정된 국가의 힘이나 부, 영향력이나 위신이 강하게 느껴진다고 할지라도 관할권을 갖고 있지는 않다. 왜냐하면 그 선을 넘어서면 다른 주권국가의 관할권이거나 아니면 특정된 국가들의 해양선을 넘는 공해 같은 국가관할권 부재지역이기 때문이다. 더구나 국가들이 국경선들에 의해서 분리되는 경우에도 그들은 국경선들을 공유한다. 즉 국가들은 그들을 분할하는 것을 공동으로 보유하고 있는 것이다. 국제적 국경선이란 정의상 그리고 기하학상 두 개의 주권국가들에 의해 항상 보유된다. 이런 국제국경선들은 국가들의 영토적 관할권뿐만 아니라 국가들의 합의를 상징한다. 즉, 그것들이 국제사회의 구성적 한 요소인 것이다. 소위 제국들의 시대가 사라진 오늘날에 국제국경선들은 정치적 독립의 영토권의 경계를 정한다. 따라서 국제 국경선들은 아이제이어 벌린(Isaiah Berlin)이 분류한 이른바 "소극적 자유"의 가치인 간섭받지 않는 자유, 즉 불간섭의 원칙과 밀접하게 관련되어 있다.[38)]

유엔헌장 제 2 조 제 4 항의 원칙은 어떤 국가의 영토적 순결에

38) Isaiah Berlin, *Four Essays on Liberty,* Oxford: Oxford University Press, 1969, 3장.

대해서도 위협이나 무력의 사용을 금지하고 있다. 유엔헌장은 국경선을 넘나드는 활동들을 금지하고 있는 것이 아니다. 유엔헌장은 또한 영향 받는 관할권을 가진 모든 정부들이 동의한 국경선의 변화도 금지하지 않는다. 또한 그것은 국경들의 사용과 중요성의 변화도 금지하지 않는다. 그것은 오직 국제 국경선을 침해하고 또 위협이나 무력 사용과 관련된 간섭과 기타 임의적이고 침투적인 국제적 활동을 금지할 뿐이다. 바꾸어 말하면 유엔헌장은 국가주권의 원칙과 가치를 떠받들고 있는 것이다. 국경선들은 다원주의적 세계정치의 수많은 영토권들을 구성하고 그것들에 관해서 불간섭을 포함하여 다른 주권적 권리와 의무를 정의한다. 국경선들은 그것들 스스로가 국가안보를 제공할 수는 없지만 국가이익과 국가간 안전의 영토적 범위의 경계들도 정한다.

그러나 그것들은 국가이익의 비영토적 범위의 경계를 정하지는 않는다. 그리고 강대국의 경우에 비영토적 국가이익의 범위는 자신들의 국경선을 훨씬 넘어서 확대할 수 있다. 그러나 안전한 국경들을 항구히 보유한다는 것이 마지노선 뒤에서 살아가는 것을 의미하지는 않는다. 그것은 국경선이 일반적으로 정당하고 합법적이라고 간주되는 국제사회 속에서 살아가는 것이다. 비록 국제적 경계선들이 순전히 인습적인 것이라 할지라도 그럼에도 불구하고 그것들은 역사적 시간을 통해 현저한 안정성과 지속성을 보여 주었다. 편의나 타성 혹은 습관이나 무관심이 특정된 국제적 경계선을 보존하는 데 중요한 역할을 할 수 있다. 그러나 국제적 경계선들은 보다 근본적인 차원에서 상호간의 수락이나 아니면 적어도 국가들간의 관용이나 특별히 경계선을 침범할 위치에 있는 강대국들에 의한 관용에 의해서 유지된다. 보통은 전쟁의 결과로 인한 것이지만 무력에 의한 국제 경계선의 변경은 수용되었으며 이것은 역사적으로 흔한 일이었다. 외국영토의 무장개입과 정복은 국제법에 의해서 그렇게 인정되는 주권국가들의 권리였다. 그러나 20세기에 들어서 국경선은 높아진 정당성과 어느 정도의 존엄성을 획득하게 되었다.

20세기 민족자결의 시대 이전에는 유럽에서 역사적으로 국제적 경계선과 그것들이 한정하는 영토는 상속의 규칙이나 결혼, 구매, 정복 등에 의해서 규제되었다. 영토란 교환할 수 있는 재산이었다. 그러나 무엇보다도 그 시대엔 모든 국경선들이 법에 의해서 결정되었다. 영토는 군사적 승리의 전리품이었다. 국제적 정복의 권리도 있었다. 무장한 힘에 의해서 결정된 경계선들은 영토적 갈등이 재발하여 새로운 현상이 수립될 때까지 독립적 관할권을 정해 주었다. 전쟁 발발시 국경선은 군사 강국들에 의해 침입되고 관할권은 찬탈되었다. 전쟁이 끝나면 국경선들은 승전국들을 만족시키도록 다시 그어졌다. 그리하여 1815년 패배한 프랑스의 국경선들이, 그리고 1918년 패전한 독일의 국경선들이 승전 국가들에게 유리하게 변경되었다. 나폴레옹전쟁과 제 1 차 세계대전은 그 이전과 그 이후에 그랬던 것처럼 정치적 지도를 다시 만들었다. 무력에 의해 국제적 경계선들의 마지막 재수립은 물론 제 2 차 세계대전의 연합국들에 의해서 이루어졌으며 1943년 테헤란 회의와 1945년 포츠담회의에서 특히 미 · 소 그리고 영국 사이에서 합의되었다.

그러나 오늘날 우리는 유엔헌장을 위반하는 무력에 의해 결정되는 국경선들이 인정받을 수 없는 그런 다른 새로운 세계 속에서 살아가고 있다. 1945년 유엔 창설 이후 국제사회는 기존 국경선을 방어하거나 보존하거나 복귀시키기 위한 경우에만 무력사용을 인가할 준비가 되었다. 이것은 국제사회의 운영방식에서 많은 중요하고 광범위한 결과를 가져오는 근본적 변화였다. 20세기 후반기에 세계의 정치지도는 당시 통용되던 법적 유형으로 동결되었다. 일종의 현상의 참호구축작업이 있었다. 즉 기존의 국경선이 신성화되어 합법적 국경선 변경이 그만큼 더 어렵게 된 것이다. 1945년 이후 유럽에서 그리고 탈식민화된 아프리카에서 법률상의 경계선들이 그것들에 물리적 도전에 직면해서조차 거의 예외 없이 보존되었다. 아프리카에서 이것은 기존 국가들의 근본적 유약함을 고려할 때 더욱더 놀라운 일이다. 왜냐하면 아프리카 대부분의 국가들은 국내적 정당성, 안정성, 단결성 및 능력에서 심각하게 부족하기 때문이다.39) 유럽에서 중대한 예외는 동·서독간의 통일이었다. 그러나 구동독과 서독의 경계선이 대외적 1945년 이후 전혀 변경되지 않았다는 사실이 지적되어야 할 것이다. 유럽에서 기존 국경선의 보존은 유럽안전협력기구(The Organization for Security and Cooperation in Europe)와 유럽위원회(The Council of Europe)의 중심적 원칙이다. 1975년 헬싱키최종결의서(The Helsinki Final Act)는 국경선들이 국제법에 따라 평화적 수단과 합의에 의해서만 변경될 수 있다는 원칙을 표명했다. 1990년의 신유럽을 위한 파리헌장(The Charter of Paris for a New Europe)도 동일한 원칙을 재천명했다. 아프리카에서도 국경선의 존중이 아프리카 단결기구의 신성한 규범이다. 세계 어느 곳에서나 적용되는 그것은 유엔헌장의 기본적 조항이다. 즉 그것은 불간섭의 기본 원칙의 요점이다. 요즈음에는 국경선들이 침략 국가를 응징하는 경우조차도 수정될 수 없는 것처럼 보인다. 이라크는 쿠웨이트의 침략범죄를 저지르고 걸프전에서 압도적인 군사적 패배를 당했음에도 불구하고 자국의 국경선을 유지했다.

따라서 우리는 기존의 국제적 경계선들이 예외적이고 또 실제

39) Robert Jackson and Carl G. Rosberg, "Why Africa's Weak States Persist: The Empirical and Juridical in Statehood," *World Politics,* Vol. 35, No. 1, 1982, pp. 1-24.

로 거의 절대적 가치를 부여받은 시대에 살고 있다. 기존의 국제적 경계선들은 합법성은 물론이고 정당성의 표현이다.40) 관련된 원칙은 "소유하고 있으니 소유해도 된다"(uti possidetis, ita possideatis)는 것이다. 현대 국제사회의 규범적 담론으로 번역할 때 이 원칙은 국경선을 공유하고 있는 모든 국가들이 그것을 변경하는 데 동의하지 않는 한 현 국경을 존중하라는 것이다. 이것은 과거 식민지 상황에서 그리고 국경을 새로 긋는 동의가 모든 영향받는 국가들로부터 나오지 않는다면 국가들이 붕괴되는 맥락에서 국제 경계선을 결정하는 데 수용되는 규범이다. 이 원칙은 원래 19세기 라틴아메리카에서 기원했다.41) 식민 시대의 행정상의 경계선들이 일반적으로 수락될 수 있는 어떤 대안적인 영토적 규범이 없는 상황에서 국제적 경계선을 긋는 경우에 대체로 적용되었다. 즉, 라틴아메리카의 신생국들은 그 규범에 수렴되었고 또 그들은 그것을 지켰다. 라틴아메리카의 이 전례는 1960년대 탈식민화 시기에 아프리카에서 답습되었다. 즉 식민지 경계선들이 아프리카 대륙의 새로운 국제경계선을 결정하기 위해 유일하게 일반적으로 수용된 토대였다. 라틴아메리카와 아프리카에서 "소유하고 있으니 소유해도 된다"는 원칙은 탈식민화 후 지역적 평화와 질서 및 안전을 위한 살아 있는 규범적 토대의 모색과 밀접히 관련되었다.42)

이 원칙의 진화에서 가장 최근의 단계는 냉전이 종식될 때 소련과 구유고슬라비아의 붕괴였다. 소련연방이 붕괴되자 연방내의

40) Robert Jackson, *op. cit.,* pp. 326-327.

41) Fred Parkinson, "Latin America," in Robert H. Jackson and Allen James, eds., *States in a Changing World: A Contemporary Analysis,* Oxford: Clarendon Press, 1993, 제12장.

42) 라틴아메리카와 아프리카의 비교를 위해서는, A Kacowicz, *Zones of Peace in the Third World,* New York: SUNY Press, 1998, 특히 제 3 장과 제 4 장을 참조.

행정적 경계선이 후속 독립국가연합(the Common Wealth of Independent States, CIS)의 국제적 경계선이 되었다. 붕괴가 훨씬 난폭하고 더 위험스러웠던 구유고슬라비아에서도 내부의 행정적 경계선들이 후계 국가들을 정하는 데 사용되었다. 1991년 슬로베니아와 크로아티아가 벨그라드로부터 그 논리적 귀결이 완전한 분리인 보다 큰 정치적 자유를 향한 조치를 취했을 때 공산유고슬라비아는 분열하기 시작했다. 프랑스의 헌정위원회 의장인 로베르 바댕테르(Robert Badinter)의 주제하에 유럽연합이 창설한 중재위원회(Arbitral Council)가 유고슬라비아에서 자결을 위한 여러 가지 자결의 타당성을 심판하기 위해 소집되었다. 이 유럽연합위원회는 마케도니아와 슬로베니아는 독립을 위한 모든 조건들을 충족시켰지만 크로아티아와 보스니아의 승인은 시기상조라고 판결했다.[43] "국제 안정에 불가결한 국가들의 영토적 순결, 즉 이 위대한 평화의 원칙이 오늘날 보편적이고 또 우선적 규범의 성질을 획득했다. 구식민국가들의 인민들이 그것을 현명하게 적용했다. 따라서 유럽은 그것을 폐기하는 우를 범해서는 안 된다"[44]는 이 위원회의 판결은 "소유하고 있으니 소유해도 된다"는 원칙의 결정적 중요성을 강조했다. 이 동일한 규범이 미국의 외교에 의해 마련된 1995년 데이턴협정(the Dayton Agreement)의 토대였고 또 보스니아-헤르체고비나, 세르비아 및 크로아티아간에 서명되었다.

오늘날 책임 있는 어느 정치 지도자도 정복과 주민들의 강제이주의 권리를 부활시키기를 원하지 않고 있다. 그런 생각은 제2차 대전 이후 사장되었다. 역사적 경험에 비추어 볼 때 인종, 언어, 종

43) A. Pellet, "The Opinions of the Badinter Arbitration Committee," *European Journal of International Law,* 3, 1992, pp. 178-185; Robert Jackson, *op. cit.,* p. 268에서 재인용.

44) *Ibid.*

교 혹은 문화 같은 비사법적 고려사항들을 국제 경계선을 결정하는 데 포함시키지 않으려는 대단한 경향이 있다. 지구상에는 경계선의 지위나 위치가 분쟁의 대상이 되는 많은 곳이 있음을 감안할 때, 국제사회와 대다수 구성원들이 무장 세력에 의한 영토적 변경이라는 전통적 방식으로의 어떤 복귀도 보고 싶어 할 가능성은 거의 없다. 1995년 데이턴협정과 그 후 보스니아의 나토(NATO) 점령은 국제정치의 과거 고전적 현실주의를 복원하기 위한 것이 아니라 법적소유권(uti possidetis juri) 원칙을 방어하기 위한 무력사용으로 이해되어야 할 것이다. 유고슬라비아로부터 분리요구를 강화시키는 효과를 갖는 코소보(Kosovo)의 나토점령조차도 합의에 근거하지 않는 분리의 어떤 지원도 억제했다.

세습된 경계선들의 존엄성과 안정은 국제사회의 근본적 건축용 블록(a building block)이며 대다수의 주권국가들이 지지하는 원칙이다. 만일 현재의 그런 실행이 포기되거나 민족자결의 사회학적 독트린을 선호하여 심각하게 의문시된다면 국제사회의 다수, 아니 대다수의 구성원들이 거의 확실히 부정적으로 영향받을 것이다. 예를 들어 만일 그것이 크로아티아나 보스니아-헤르체고비나 혹은 코소보에서 발생하도록 허용된다면 그것은 발칸의 이웃과 그곳을 넘어서는 다른 다인종 국가들의 주권으로부터 독립 요구와 어쩌면 무장한 도전들을 촉발시킬 수 있을 것이다. 따라서 현재의 사법적 규범을 지원하는 데에는 어쩔수 없는 공동의 국제적 이익이 존재한다. 기존의 국경선들은 문화, 종교, 언어 및 대부분의 다른 사회학적 인민간의 분할을 초월하는 하나의 드문 국제적 합의를 표현하고 있다. 그것은 소위 문명 충돌에 교량 역할마저 하고 있다. 이것은 물론 모든 국가가 자신들의 현 국경선에 만족할 것이라는 것을 의미하지는 않는다. 오히려 많은 국가들이 불만스러울지도 모른다. 그러나 그것은 보다 근본적인 그 어떤 것을 의미한다. 즉 어떤 특수한 경우에 그 국경선들이 아무리 거북하거나 불만스럽다고 할지라도, 그것들이 그리고 그것들을 뒷받침하는 사법적 실천이 안정적일 수 있고 또 모든 사람들에게 일반적으로 수락되는 준거기준이 될 수 있다는 점이다.

요컨대 국경선들이 국제정치의 하나의 구성적 규범으로 봉사할 수 있다는 것이다. 국제 경계선들은 헌정 규칙들이 국내적으로 국가에 제공하는 동일한 봉사를 하고 있다. 그것이 공정하지 않을지는 모른다. 그것이 정의롭지 못한지도 모른다. 또 그것이 공평하지 않을지도 모른다. 그러나 그것은 명확하고 예측 가능하다는 엄청난 실천적 이점을 갖고 있다.[45] 국경선들은 정치적 공직자들의 이익과 정치적 공직 그 자체의 권위간의 연결체인 헌정 규칙과 비슷한 방식으로, 미국의 국부 가운데 한 사람인 제임스 매디슨(James Madison)은 질서가 잘 잡힌 헌법에서 야심과 이익간에 균형을 잡을 필요성을 역설했었다. 즉, 그는 야심이 야심을 막도록 해야만 했다. 인간의 이익은 자리의 헌정적 권리와 연계되어야 한다고 주장했었다.[46] 성공적으로 제도화된 국내정치에서 그 연계는 계몽적이고 효과적인 헌법에 의해서 제공된다. 성공적으로 제도화된 국제정치에서 그것은 부분적으로나마 모든 독립 국가들의 지리적 윤곽을 아주 분명히 해 주고 또 세계 지도상에서 인정받고 수호되는 장소를 분명히 표시해 주는 안정되고 정당하며 또한 항구적인 국경선들에 의해서 제공되고 있다고 하겠다.

---

45) Robert Jackson, *op. cit.*, p. 333.
46) James Madison, *The Federalist Papers*, No. 51.

제9장

전쟁이론과 러일전쟁

> 전쟁은 숙명의 모습을 띤다. 그러나 특수한 전쟁들의 구체적 원인들에 관한 연구는 전쟁이 결코 필연적이 아니었음을 보여준다. 어떤 의미에서 모든 전쟁은 외교의 실패라고 부를 수 있다.
>
> –스탠리 호프만–
>
> 과거는 죽지 않았다. 아니 그것은 심지어 과거가 아니다.
>
> –윌리엄 포크너–

전쟁의 참혹한 비극을 겪을 때마다 인류는 "왜?"를 절규했다. 많은 사람들이 전쟁의 원인에 관해 추측해 왔다. 그 결과 전쟁의 일반적 원인에 관한 수많은 "설명"들은 전설적인 바벨탑(The Tower of Babel)의 건축자들의 혼란스런 언어처럼 무의미한 각축을 벌였다. 그리하여 아이러니컬하게도 많은 평화이론가들은 자신의 설명과 다른 설명을 제시하는 자들을 평화를 위해 전쟁을 해야 할 전쟁광으로 간주했다. 따라서 인류 역사는 "평화를 위해" 전쟁을 해 온 역설로 가득하다. 그러나 전쟁의 진정한 원인을 발견할 수만 있다면 그리하여 그것이 제거된다면 인류가 평화를 누릴 수 있을 것이라는 인류의 염원은 여전히 계속되고 있다.[1)]

1) 영구평화의 필요성에 오히려 부정적으로 답하는 주장에 대해서는

근대 세계에서 인류는 전쟁의 비극을 경험할 때마다 전쟁의 주된 죄인을 지명하는 지성적 유행에 휩쓸렸다. 그리하여 각 시대마다 각 세대들은 상이한 전쟁의 주범을 지명했다. 18세기 유럽과 아메리카 식민지에서 전범은 군주와 왕조들인 것으로 널리 간주되었다. 그러한 논리는 일견 타당한 것처럼 보였다. 왜냐하면 이전 세기의 주요 전쟁들은 유럽의 궁정들간에 수행되었기 때문이다. 당시 유럽 귀족들의 의지는 여론에 의해서 견제되지 않았다. 귀족들의 목적은 일반 대중들의 전정한 욕구나 염원과는 무관했으며 오히려 정반대였다. 따라서 진실로 평화애호적인 정치체제는 전쟁과 평화의 결정이 포탄을 피하려는 대중들의 진정한 염원을 반영하는 사람들에 의해 이루어지는 공화정, 즉 민주정일 것이라고 생각되었다. 바로 이 시기에 탄생한 미국은 그러한 감정을 구현하는 헌법을 채택했던 것이다.

몽테스키외에게 군주제는 전쟁으로, 공화정은 평화로 가는 길이었다. 전쟁이 민주주의의 부재에 의해 산란된다는 견해는 영국의 자유주의자들과 미국의 국부들에게 지대한 영향을 끼쳤다. 토머스 제퍼슨과 토머스 페인은 전쟁의 원인을 지구의 머나 먼 지역에서 수행되는 토지에 대한 유럽 왕조간의 끊임없는 투쟁으로 간주했다.[2] 칸트도 자신의 『영구평화론』에서 비슷한 생각을 평화의 조건으로 제시했으며 그의 지적 후에는 미국의 윌슨 대통령이 20세기에 그러한 견해를 대변했던 것이다.

민주주의와 세계평화간의 등식에 대한 가장 강력한 도전자는 맑스-레닌주의였다. 왜냐하면 민주주의는 당시 모두가 자본주의 위

Report from Iron Mountain: On the Possibility and Desirability of Peace, New York: A Delta Book, 1967 참조.

2) Michael Howard, *War and the Liberal Conscience*, New Brunswick, N.J.: Rutgers University Press, 1978. 특히 제1, 2장.

에 서 있었기 때문이다. 칼 맑스도 동양적 전제정치(Oriental Despotism)는 전쟁 위에서 번창하지만 자본주의는 전쟁이 주식시장에 미치는 나쁜 영향 때문에 전쟁을 피할 것이라고 지적했다. 그러나 맑스는 근대역사의 진정한 진보적 추진력은 착취계급과 비착취계급, 즉 부르주아와 프롤레타리아간의 계급투쟁이라고 가르쳤다. 맑스가 기본적으로 상·하 계급간의 수직적(vertical) 갈등으로 기술했던 것을 레닌은 수평적(horizontal) 차원으로 확대시켰다. 그리하여 전쟁에 자본주의 강대국들간의 충돌을 포함시키는 제국주의 이론을 수립했다. 즉 맑스의 수직적 갈등에 추가된 이 새로운 다이나믹한 과정이 부르주아 착취의 최고 형태이며 죽어가는 구체제의 진정한 표현이고 근대전쟁의 주된 원인이었다. 이런 종류의 역사적 결정론은 과거 소련 공산제국 외교정책의 철학적 토대였으며 사회주의 국가들뿐만 아니라 자유세계의 맑스-레닌주의자들에 의해 수용되었다. 그들에게 진정한 평화란 사회주의의 평화이며 자본주의의 국내외적 모든 흔적이 청산될 때에만 찾아오는 것이다. 그들에게 그 밖의 모든 형태의 평화란 거짓이다. 아마도 20세기에 맑스-레닌주의의 이름하에 죽음으로 청산된 사람들의 수는 양차 대전에서 죽은 사람들의 수를 상회할 것이다. 계급살해(classicide)의 희생자들, 즉 스탈린과 모택동의 숙청의 희생자였던 수천만의 러시아인들과 중국인들, 그리고 1975년 베트남 전쟁 이후 인도차이나에서 발생한 5백만 명의 살육 등은 사회주의적 평화수립이 얼마나 잔혹한 것인가를 목도하게 했다. 결국 맑스-레닌주의는 자본주의의 무덤이 아니라 사회주의의 무덤임이 판명되었다.[3)]

냉전의 종식과 함께 역사의 종언이 선언되고 진정한 "미국의

3) 경제이론들이 그 논리에 있어서 다른 어떤 이론보다도 더 잔인할 수 있다는 것은 아이러니가 아닐 수 없다. 정말 그것들은 우울한 과학이다.

세기"(the American Century)가 인정되면서 20세기 초 한때 미국이 주창했던 자유주의적 국제정치 패러다임이 부활하여 새롭고, 강력하게 그리고 광범위하게 확산되고 있다. 그러나 작금의 민주주의 평화론자들이 주장하는 민주주의와 평화와의 관계는 통계적 상관관계(correlation)일 뿐 인과관계를 설명해주는 이론은 아니다.4) 민주평화론의 대표적 주창자인 마이클 도일(Michael Doyle)도 민주주의 국가간의 인상적인 평화의 기록이 자유주의가 평화의 유일한 척도임을 입증하지는 않는다고 인정하면서5) 누구도 그들간의 전쟁이 불가능하다고 주장해서는 안 된다는 입장을 취하고 있다.6) 제 2 차 세계대전 후 자유민주주의 국가들은 공동의 무서운 적을 눈 앞에 둔 동맹국가들이었다. 그리고 그들 민주주의 국가간의 우호관계의 발전과 유지를 가능하게 했던 것은 오히려 동맹체제에 입각한 평화가 아니었을까? 뿐만 아니라 오늘날 모든 국가의 정치 지도자들은 여전히 국가의 이성, 즉 자국의 이익을 보호하고 증진하기 위해 노력하고 있다. 그들은 여전히 국가이성의 수호자들이다. 그리고 국가이성은 근대와 함께 출현한 개념이다.

5세기 전 마키아벨리는 수 세기의 통치자들과 통치자가 되려는 사람들 및 정신의 형성자들에게 기독교 문명에서 해방된 성공적인 근대적 인간의 이미지를 보여주기 시작했다. 이 근대 인간의 정신은 오늘날 난폭한 제로섬 게임이라 부를 수 있는 것, 즉 생존을 위해서는 타인을 죽일 필요성이 상존하는 우위(primacy)를 위한 경합에 언

---

4) Hidemi Suganami, *On the Causes of War*, Oxford: Clarendon Press, 1996, pp. 102-104.

5) Michael Doyle, "Liberalism and World Politics," *American Political Science Review*, Vol. 80, 1986, p. 1156.

6) Michael Doyle, "Kant, Liberal Legacies and Foreign Affairs," *Philosophy and Public Affairs*, Vol. 12, 1983, p. 213.

제나 사로잡혀 있다. 이 근대 인간이 타인을 볼 때 타인을 자기의 잠재적 암살자나 잠재적 희생자, 혹은 자기 적들의 잠재적 처형자로 생각한다. 그리고 토머스 홉스가 마키아벨리의 뒤를 따랐다. 마키아벨리가 소수의 사람들에게 충고했던 것은 우리 모두가 살아가는 세상은 필연적으로 자연상태, 즉 만인에 의한 만인의 전쟁상태에 지나지 않는다고 가르쳤다고 홉스는 말한다. 이것은 인간이 다른 인간의 자연적 약탈자라는 것이다. 근대 정치철학은 이렇게 탄생한 것이다.[7)]

그 후 이러한 사고방식을 가진 사람들은 무수히 많았다. 그리고 그런 근대적 정신구조들 가운데 가장 유명한 것이 지구상의 거의 모든 대학에서 보통은 암암리에 가르치고 있는 맑시즘이다. 칼 맑스는 마키아벨리가 전하는 피렌체의 모직물 노동자들의 폭동인 치옴피 반란(Ciompi Rebellion)의 대변자가 주장했듯이[8)] 인간관계의 역사란 필연적으로 생산수단을 가진 자들의 그렇지 못한 자들에 대한 착취의 역사임에 틀림없다고 가르친다. 프리드리히 엥겔스도 『가족, 사유재산 그리고 국가의 기원』에서 지금까지 존재했던 모든 사회에서 부모자식간의 관계가 필연적으로 죽을 때까지 계속되는 상호 착취의 관계라고 주장한다.[9)] 따라서 맑스주의자들이 무엇이든 인간관계에 관해 생각할 수 있는 유일한 문제는 누가 누구를 양식으로 삼을 수 있는가이다. 물론 근대 서양지성사에서 맑시즘이 유일한 일탈은 아니었다. 상당한 보수주의자들을 포함하여 여러 종류의 사회적 다윈주의자들(Social Darwinists)이 있다. 그들은 적자만이 생

---

7) 토머스 홉스의 사상에 관한 저자의 상세한 논의를 위해서는 강성학, 『소크라테스와 시이저』, 서울: 박영사, 1997, 제 7 장 참조.

8) Niccolo Machiavelli, *The Chief Works and Others*, trans. by Allan Gilbert, Vol. 3, Durham, N.C.: Duke University Press, 1965, pp. 1159-1160.

9) 부부관계는 말해 무엇하리오.

존할 권리가 있고 자신들만이 최고의 적자들에 속한다고 믿는다. 그들에게 삶은 투쟁이므로 타인의 이익은 곧 자신의 손실이다. “당신은 일해! 나는 먹을거야!”라는 식으로 링컨(Lincoln)이 “원초적인 정치적 죄악”이라고 부른 것에 빠진다. 그들에겐 삶의 전쟁을 어떻게 잘 수행해 나가느냐가 문제일 뿐이다.

근대 문명의 교리나 기준을 진지하게 신봉하는 사람들조차도 증오심에 휩싸이거나 눈 앞의 문제가 다른 어떤 것보다 중요한 것으로 보이면 그런 문명의 교리나 기준들을 쉽게 팽개치곤 한다. 근대 사회의 많은 사회운동들(social movements)도 이익의 비양립성에 관한 인식을 전파한다. 포스트모더니즘도 결국 모든 것을 삶의 투쟁 수단, 정치적 지배를 위한 도구로 간주한다. 이러한 인식의 소유자들이 수립한 근대 국가들간의 관계란 본질적으로 전쟁상태이고 결국에는 루소(Rousseau)의 지적처럼 개인간의 전쟁상태보다 훨씬 심각한 전쟁상태가 되어 버렸다. 그러나 전쟁이 근대 인간과 사회의 전유물이나 창조물은 결코 아니었다. 그것은 인류의 정치생활과 함께 있었다. 전쟁이란 한 국가가 다른 국가에게 자신의 의지를 강제로 실현하기 위해 폭력을 사용하는 것이다.[10] 그리고 전쟁은 기록된 역사에서 가장 오래된 현상 가운데 하나이다.

뿐만 아니라 전쟁을 연구하는 사람들에게 전쟁은 거의 무엇이든 점화할 수 있는 화재와 같은 것이다. 셀 수 없는 생물학적, 심리적, 물질적 그리고 정치적 요인들이 전쟁을 도발할 수 있다. 국제체제의 수많은 요소들과 수많은 외교정책적 목적 및 기술적 수단들이 전쟁의 모습을 이루었다. 모든 사회에서 갈등은 때로는 물질적이고 언제나 심리적인 어떤 희소성 때문에 발생한다. 세계는 풍요의 파라

10) Carl von Clausewitz, *On War*, ed. and trans. by Michael Howard and Peter Paret, Princeton: Princeton University Press, 1976, p. 75.

다이스가 아니다. 그것은 결코 모든 두려움을 진정시키고 모든 욕구를 충족시키며 모든 욕망을 채워주지 못한다. 설사 모든 것들이 갑자기 풍성하고 잘 배분된다고 할지라도 권력은 여전히 귀한 상품이고 상호 이해도 마치 상식처럼 여전히 불균등하게 분포될 것이다. 국가들 사이에서 갈등은 거의 "불가피하게" 전쟁으로 변한다. 스스로 다른 집단들과는 다르다고 강렬하게 느끼고 또 최고의 충성은 오직 자신들에만 향하는 집단들 간의 경쟁은 폭력의 근거를 마련한다. 결국 전쟁은 가용한 행동방법과 열정의 출구로서, 이득계산의 수단으로서, 위대해지려는 꿈과 환상 그리고 많은 사람들의 공포와 신념의 운반수단으로서 봉사하기 위해 있다. 분열된 세계에서 희소성과 불공평함은 전쟁을 눈에 잘 띄게 만든다. 만일 지도자들과 국가들이 무력을 사용할 수 없었다면 수많은 목적이 추구될 수조차 없었을 것이다. 부분적으로는 공갈이고 또 부분적으로는 구타인 권력게임은 어떤 시점에서 권력이 강제적으로 사용될 것이라는 점을 항상 가정했다.[11)]

스탠리 호프만(Stanley Hoffmann)의 지적처럼 전쟁은 하나의 "숙명"이라는 인상을 준다. 그러나 레이몽 아롱(Raymond Aron)이 제 1 차 세계대전을 "외교의 실패"라고 부르고 윈스턴 처칠(Winston Churchill)이 제 2 차 세계대전을 "불필요한 전쟁"이었다고 불렀던 것처럼 어떤 의미에서 모든 전쟁은 외교의 실패라고 할 수 있다.[12)] 바꾸어 말하면 모든 전쟁이 다 필연적인 것은 아니었다. 우리가 역사가 바버러 터크먼(Barbara Tuchman)의 『바보들의 행진』[13)]이나 『8월

---

11) Stanley Hoffmann, "The Sound and the Fury: The Social Scientist versus War in History," in *The State of War: Essays in the Theory and Practice of International Politics*, New York: Praeger Publishers, 1965, pp. 254-255.
12) *Ibid.*, p. 255.
13) Barbara W. Tuchman, *The March of Folly: From Troy to Vietnam*, New

의 대포』[14]를 읽으면서 끊임없는 안타까움과 탄식과 울분을 느끼는 것은 결코 전쟁이 불가피하지는 않았다는 것을 확신할 수 있게 해 주기 때문이다.

그렇다면 전쟁은 완전히 우연(fortune)의 산물, 즉 인간의 오직 자유로운 선택의 결과일 뿐인가? 거기에 필연(necessity)의 요소는 없는 것인가? 전쟁의 대서사시를 통해 톨스토이(Tolstoy)는 전쟁을 아직 발견되지 않은 사회적 역학의 법칙에 따라 작동하는 인간사회들의 계획되지 않은 운동과 수렴현상과 충돌의 한 단계로 간주했다.[15] 루소와 칸트처럼 톨스토이도 역사에 의한 인간자유의 궤멸을 전쟁 속에서 보여주었다. 그러나 루소가 역사를 폐지함으로써 인간자유의 승리를 확보하고 칸트가 역사철학에 의지하여 자연의 숨겨진 계획이 인간을 자유의 실현과 평화로 안내할 것이라는 기대를 제시했지만 톨스토이는 역사 속에 남아 있으면서 전쟁의 만족스런 해결을 찾지 못했다. 그에게 인간의 행동들이 자유로워 보인다면 그것은 우리가 인간들을 지배하는 법칙을 알지 못하기 때문이다. 따라서 만일 우리가 역사의 법칙을 알기만 한다면 역사에서 인간행동의 자유는 지구가 정지해 있다는 환상에 비교될 수 있는 하나의 환상에 지나지 않는다는 것을 알게 될 것이다.[16]

그러나 톨스토이는 오늘날의 사회과학자들과는 달리 경험적 지식이 그 해답을 제공할 것으로 생각하지 않았다. 오히려 그의 소설은 원인들에 관한 한 사회과학의 방법들에 대한 길고도 격렬한 공격이었다. 그에게 사회과학은 원인의 탐구가 법칙의 탐구로 바뀌지

York: Ballantine, 1984.

14) Barbara W. Tuchman, *The Guns of August*, New York: Macmillan, 1962.

15) W. B. Gallie, *Philosophers of Peace and War: Kant, Clausewitz, Marx, Engels and Tolstoy*, Cambridge: Cambridge University Press, 1978, p. 108.

16) Stanley Hoffmann, *op. cit.*, pp. 257-258.

않는 한 쓸모없는 것이었다. 환언하면 사회과학자가 시도해야 하는 일은 물리학의 법칙들에 비견될 만한 법칙들을 발견하는 것이다.[17] 법칙은 우리에게 어떻게(how)를 말해주지만 왜(why)는 포기한다. 그런 법칙들은 인간이 자신의 욕구나 이익이나 아이디어로 인해 어떻게 행동하느냐를 서술하지 않고 인간이 어떻게 자신이 이해하지 못하는 힘에 의해서 움직이는가를 서술한다. 그것들은 인간이 만든 역사의 법칙이 아니라 역사에 의한 인간 파괴의 법칙이다.[18]

그러나 역사가 인간의 통제력을 초월하는 힘에 의해서 지배된다고 할지라도 인간사에서는 필연 그 자체도 인간 자신의 "됨"(making)에 관한 것이다. 왜냐하면 신(神)이나 운명 혹은 초자연에 의해 밖에서 강요되는 필연과 그런 지배력이 없는 인간의 움직임에 기인하는 필연간에는 차이가 있기 때문이다. 전자는 인식은 되지만 이해되지 못한 채 숭배되거나 아니면 증오받을 수 있다. 그러나 후자는 인간 행위의 통계적 규칙이나 혹은 인간 의도의 사악한 상호작용이나, 또 의도와 결과 간의 차이나 혹은 의지나 경험적 힘의 충돌에 기인하는 필연이거나 아니면 자신들의 마술이 가져올 궁극적 결과를 알지 못하는 인간들에 의해서 시작된 저항 못할 과정들의 효과에 기인하는 필연이다. 따라서 그런 모순과 대결과 재발들이 신(神)이나 초자연에 의해서 계획되었을지도 모르지만 그런 계획의 실행은 비신비주의적 용어로 설명될 수 있을 것이며, 또 적어도 그렇게 우리는 노력해야 할 것이다.[19] 일찍이 비코(Vico)가 지적했던 것

17) 톨스토이가 말하는 법칙들은 콩트(Comte)나 헤겔(Hegel)이 말하는 법칙과 유사한 것이라고 생각된다. 이에 대해서는 F. A. Hayek, "Comte and Hegel," *Measure*, Vol. 2, No. 3, Summer 1951, pp. 324-341을 참조. 톨스토이의 역사관에 관해서는 Isaiah Berlin, *The Hedgehog and the Fox*, London: Weidenfeld & Nicolson, 1953을 참조.

18) *Ibid.*, p. 258.

19) *Ibid.*, p. 259.

처럼 "신(神)이 우주를 창조했다는 것이 진실일지는 모르지만 인간이 역사를 만든다"는 것은 확실한 진리이기 때문이다.

전쟁의 인과관계에 관한 일반이론의 전형은 퀸시 라이트(Quincy Wright)의 기념비적 작품인 『전쟁의 연구』(*A Study of War*)이다. 어떤 전쟁이 발생할지의 여부를 결정하는 라이트식 방법의 핵심은 그가 한 국가가 다른 국가와 전쟁을 결정하는 데 관련되는 여러 가지 요인들간의 관계라고 주장하는 수학적 방정식이다.[20] 라이트는 생물학적, 문화적, 사회적 및 정치적, 법률제도적 그리고 기술적 차원 등 인간 생존의 모든 차원에서 전쟁을 결정하는 수많은 요인들을 발견한다. 그리고 각 개인의 욕망의 경우처럼 각 요인이 다른 요인에 의해 상쇄되거나 균형잡히지 않으면 전쟁을 초래할 수 있다는 것이다. 라이트의 이런 방정식은 마치 동양의 음양이론처럼 균형을 표현하면서 그것의 와해를 설명하고 또 예측하려 한다. 그것은 적대감이나 경제적 손익의 기대와 같은 요인들에 숫자상의 가치를 매기기 위한 단순한 작동(mechanism) 이상을 모색한다. 그는 세련된 것처럼 보이는 방법으로 이런 현상을 처리하기 위해 적분과 함수 같은 수학적 표현의 사용을 시도했다. 그러나 결국 그의 방정식은 특성(성질)과 불가량물(imponderables)마저도 임의로 숫자로 대치할 것을 필요로 한다. 그리하여 들어간 만큼 나온다는 원칙의 명백한 예가 된다.[21] 전쟁원인의 이론화에 관한 라이트의 소위 과학적 시도가 있은 후인 1950년대 말, 『갈등해소』(*The Journal of Conflict Resolution*)와 『평화연구』(*The Journal of Peace Research*) 같은 학술지의 출간과 함께 계량화나 내용분석(content analysis) 같은 최신기술을 이용하는 "평화연구"

---

20) Quincy Wright, *A Study of War*, Chicago: University of Chicago Press, 1942, pp. 1261-1283.

21) Paul Seabury and Angelo Codevilla, *War: Ends and Means,* New York: Basic Books, 1989, pp. 37-38.

와 1960년대 초 전쟁의 상관관계(the Correlates of War)의 조사[22]가 연구분야로서 등장하면서 소위 사회과학자들은 물리학자나 화학자들처럼 인간행위의 법칙을 세우려고 모색했다. 그러나 그들이 수립한 이론들이란 어떤 면에서 라이트 방정식의 일부에 지나지 않는다.[23] 즉 그것들은 전쟁의 발발에 영향을 미친 모든 요인들을 함께 모아 "객관화"함으로써 전쟁의 발발을 설명하려고 하는 대신에 그것이 인종이든, 계급이든, 종교든, 군비경쟁이든 간에 한두 가지의 "객관적" 요인들만 뽑아내어 근본적인 원인 또는 일반적 원인으로 설명하려 하였다. 그러나 그들이 주장하는 요인은 실제로 설명이 되지도 못하거나 전쟁을 시작하는 사람들의 마음속에서는 별로 중요한 요인이 아닐 수 있다. 따라서 재생 가능한 증거의 수집과 그것의 체계적 분석이 전쟁 및 평화와 관련된 일반적 요인들의 이해에 커다란 약진(breakthrough)을 가져올 것이라는 희망과 전망으로 시작한 전쟁의 과학적 연구는 기대된 약진을 가져오지 못했다.[24]

인간은 본래 목적을 추구하는 정치적 존재이다. 인간의 타인들에 대한 호기심은 보통 그들의 의도에 관한 것이며 그런 호기심이 없다면 정치학도 없을 것이다.[25] 국가라는 조직 자체도 인간의 목적달성을 위해 수립된 것이다.[26] 역사에 대한 인간 자신들의 모든

---

22) 이것은 종종 미시건 계획(the Michigan Project)라고 불리우기도 함.

23) Donald Kagan, "The Pseudo-science of 'Peace'," *The Public Interest*, No. 78, Winter 1985, pp. 45-46.

24) John A. Vasquez, "The Steps to War: Toward a Scientific Explanation of Correlates of War Findings," *World Politics*, Vol. 11, No. 1, October 1987, p. 108; David Dessler, "Beyond Correlations: Toward a Causal Theory of War," *International Studies Quarterly*, Vol. 35, No. 3, September 1991, pp. 337-355.

25) K. W. Kim, "The Limits of Behavioral Explanation in Politics," *Canadian Journal of Economic and Political Science*, Vol. 31, No. 3, 1965, p. 326.

26) 국가의 기원에 관한 저자의 철학적 검토를 위해서는 강성학, 『소크라

기여를 역사 속의 인간을 연구하는 데서 제외시킬 수는 없다. 바로 이러한 이유에서 톨스토이의 주장에도 불구하고 우리는 "어떻게" 뿐만 아니라 "왜"를 묻지 않을 수 없다. 그것들은 따로 분리시킬 수 없는 것이다.27)

그렇다면 전쟁은 "왜" 그리고 "어떻게" 발생하는 것일까? 약 2천 5백년 전 그리스의 역사가 투키디데스(Thucydides)가 후세에 영원한 교훈을 위해서 썼다는 야심작 『펠로폰네소스 전쟁사』28)에서 그것에 대한 대답을 제시했었다.29)

> "… 오래지 않아 그리스인들은 둘로 분열되었는데 한 집단은 아테네를 그리고 또 다른 집단은 스파르타를 따랐다. 이것들은 분명히 2개의 가장 강력한 국가들이었다. 하나는 육지에서 그리고 또 다른 하나는 해상에서 …. 각자 동맹국들을 가진 아테네와 스파르타는 서로 전쟁상태였던 반면에 서로가 다른 이해관계를 가진 그리스의 다른 국가들은 이제 아테네나 스파르타 어느 한 쪽에 합류했다. … 내적 평화의 시기가 있었지만 전반적으로 이 두 강대국은 서로 싸우거나 자신의 동맹국들 내부의 혁명을 진압하고 있었다. 그 결과 그것들은 고도의 군사적

테스와 시이저』, 서울: 박영사, 1997, 제3-4장을 참조.

27) *Ibid.*, p. 259. 이것을 because of(weil)의 물음과 in order to(um zu)의 물음으로 구별하는 방법론적 논의를 위해서는 Alfred Schutz, *The Phenomenology of the Social World*, Northwestern University Press, 1967; K. W. Kim, *op. cit.*, pp. 315-327을 참조. 국제관계이론 분야에선 홀리즈와 스미스가 "설명"과 "이해"의 형식으로 구분하고 있다. M. Hollis and S. Smith, *Explaning and Understanding International Relations*, Oxford: Clarendon Press, p. 90 참조.

28) Thucydides, *History of the Peloponnesian War*, trans. by Rex Warner, Penguin Books, 1954.

29) 홉스에 의하면 철학자는 훈계(precept)로 가르치는 반면에 역사가는 서술로 가르친다. 서술은 독자들에게 비밀스럽게 그리고 훈계로 할 수 있는 것보다 더 효과적으로 가르친다. Leo Strauss, *The City and Man*, Chicago: Chicago University Press, 1964, p. 144. 따라서 여기서도 투키디데스의 주장을 다소 길지만 직접 인용하여 처리하려고 한다.

준비상태에 있었으며 힘든 위험의 학교에서 자신들의 군사적 경험을 획득했다.…

그러나 내 생각으로는 전쟁의 진정한 이유는 서로간의 주장 때문에 숨겨져 있기가 쉽다. 전쟁을 불가피하게 만든 것은 아테네의 힘의 성장과 이것이 스파르타에서 야기한 두려움이었다."[30)]

"특히 당신들(스파르타인들)과 아테네인들간에 엄청난 차이가 있다고 우리가 생각할 때 우리 이웃의 결점을 지적한 누구 못지않은 권리가 우리에게 있다고 생각한다. 우리들 생각에 당신들은 이 차이를 전혀 모르고 있다. 왜냐하면 아직까지 당신들이 싸울 수밖에 없는 이 아테네인들이 어떤 사람들인지 즉 얼마나 아니 얼마나 완전히 당신들과 다른지는 상상조차 해본 적이 없기 때문이다. 아테네인들은 언제나 혁신자들이다. 그들은 결심이 빠르고 그것을 재빠르게 실행한다. 반면에 당신들(스파르타인)은 현상유지에 능하다. 당신들은 새로운 아이디어를 창조한 적이 없으며 당신들의 행동은 목표에 미치지 못하는 경향이 있다. 다시 말해서 아테네인들은 대범하고 자신들의 자원의 한계를 능가할 것이다. 그들은 모험적이며 위험의 와중에서도 자신에 차 있다. 그러나 당신들(스파르타인)의 본성은 언제나 능력 이하로만 일하고 자신의 판단이 아무리 건전해도 그것을 불신하고 위험은 언제나 있는 법이라고 가정한다. 당신들이 망설일 때 그들(아테네인들)은 결코 주저하지 않는다. 당신들이 국내에 안주할 때 그들은 언제나 해외에 있다. 왜냐하면 그들은 멀리 가면 갈수록 더 많이 얻게 될 것으로 생각하는 반면에 당신들은 아차하면 당신이 이미 소유하고 있는 것도 위태롭게 될 것으로 생각하기 때문이다. 그들이 승리하면 그들은 당장 여세를 몰고 나가며 만일 패배를 당하더라도 조금도 물러서는 일이 거의 없다. 자신들의 신체에 대해 그들은 마치 자신의 신체가 아닌 것처럼 국가를 위해 그것을 소모시킬 만한 것으로 간주한다. 그리고 각자는 또 다시 조국을 위해 무언가 주목할 만한 일을 할 생각으로 자신의 지성을 배양한다. 그들은 만일 일단 어느 것을 겨냥했는데 그것을 얻지 못하면 그들은 이미 자기의 것을 박탈당한 것으로 생각한다. 반면에 그들은 자신들의 기획이 성공적이더라도 그 성공을 자신들이 그 다음에 할 일에 비하면 아무것도 아니라고 생각한다. 그들은 만일 어떤 착수

30) Thucydides, *op. cit.*, 제 1 권 제18-23장.

한 일에 실패하면 자신들의 희망을 어떤 다른 방향에 겲으로써 곧바로 그 손실을 만회한다…. 그들은 평화와 평온보다는 고난과 활동을 선호한다. 한마디로 그들은 원래 스스로 조용한 삶을 살거나 남들이 그렇게 살도록 가만두지 못하는 사람들이다."[31]

"… 우선 우리의 힘을 현재의 극단적 상황까지 증가시키게 강요한 것은 실제적 사건들의 과정이었다. 즉 페르시아에 대한 두려움이 우리의 주된 동기였다. 비록 그 후에 우리들도 우리 자신의 명예와 이익을 생각했지만 … 그리고 엄청난 위험이 관련될 때에는 누구도 자신의 이익을 돌본다고 책망을 들을 수 없다…. 우리는 그것이 우리들에게 제공될 때 제국을 수락하고 나중에 그것을 포기하는 걸 거부하는 데 있어서 인간의 본성과 반대되는 어떠한 일도, 어떤 비범한 일도 하지 않았다. 아주 강력한 동기들이 우리가 그렇게 하는 걸 막고 있다…. 안전, 명예 그리고 자기 이익이 그것들이다. 그리고 이런 방식으로 행동하는 것도 우리가 처음이 아니다. 천만에 말씀이다. 약자가 강자에 복종해야 하는 것은 언제나 법칙이었다. 뿐만 아니라 우리는 우리가 현재 우리의 힘을 가질 만하다고 생각한다."[32]

이상 3개의 인용된 문단을 결합해 보면 인간본성은 변하지 않으며 인간들은 3가지의 기본적인 욕구, 즉 안전(공포로부터)과 명예 그리고 이익을 위해서 행동한다. 인간은 동일한 욕구에서 다른 인간들이 저지하지 않는 한 언제나 힘과 부와 명예를 추구한다. 정치적 지식은 그런 과정에 대한 이해에 기여할 수는 있겠지만 인간들은 그 과정을 통제하지 못한다. 심지어 지식의 발전과 기술 혹은 경제적 발전도 인간의 행위, 즉 국제관계의 본질을 바꾸지 못한다. 오히려 인간의 힘, 부 및 기술의 증가는 사회집단들의 갈등을 심화시키고 전쟁의 규모를 증대시킬 뿐이다. 투키디데스에게는 소크라테스와는 달리 인간의 이성은 인간의 본성을 개조하지 못하여 언제나

31) *Ibid.*, 제 1 권 제70-71장.
32) *Ibid.*, 제 1 권 제75-76장.

욕구, 즉 열정의 노예로 남을 것이다. 이런 전제 위에서 투키디데스는 방법론적 관점에서 전쟁이란 개인적 차원과 개인의 성향을 배양하는 정치체제(political regime)의 차원 및 국제체제의 3차원에서 전쟁의 원인들을 발견할 수 있지만 근본적인 원인은 숨겨져 있는 원인, 즉 양극적 경쟁관계에 있는 아테네와 스파르타간의 힘의 불균형이 초래한 스파르타의 두려움이었다고 명백하게 주장했다. 그는 전쟁의 진정한 원인은 무정부적 국제사회에서 개인차원이나 정치체제에서 초래하는 근인(近因: immediate causes)에 있기 보다는 원인(遠因: remote causes)에 해당하는 힘의 관계에 있다고 보았던 것이다.

투키디데스 이후 전쟁의 원인에 관한 연구에서 그런 3차원의 이론적 추론에 기여한 우리 시대의 선구적 작품은 케네스 월츠(Kenneth N. Waltz)의 『인간, 국가 그리고 전쟁』이다.[33] 여기서 월츠는 국제체제 속에 전쟁을 막을 것이 아무것도 없는 국제적 무정부 상황이 전쟁의 "원인"(遠因: underlying cause), 즉 그가 말하는 "허용적(permissive) 원인"이라고 판단했다.[34] 그런 무정부적 상황이 왜 전쟁이 끊임없이 발생하고 또 왜 국가들은 언제나 싸울 준비를 하는 것이 합리적이라고 생각하는지를 말해 준다.[35] 뿐만 아니라 그런 상황은 또한 인간의 본성이나 국내 정치체제를 겨냥한 평화계획이 얼마나 부적절한지를 보여주며 또한 어떤 경우에 국가간의 힘의 경

33) Kenneth N. Waltz, *Man, the State and War: A Theoretical Analysis*, New York: Columbia University Press, 1959. 이 3차원으로의 분류는 C. A. W. Manning이 1942년에 국제연맹의 실패에 관한 언급에서 처음 사용한 것으로 인정되기도 하지만, 사실은 근대 철학자들과 자연법학자들이 널리 사용했던 방법이다. C. A. W. Manning, "The Failure of the League of Nations," *Agenda*, 1942. 그러나 궁극적으로는 투키디데스에까지 거슬러 올라가야 할 것이다.

34) Kenneth N. Waltz, *op. cit.*, pp. 230-236.

35) *Ibid.*, p. 160.

쟁이 어떻게 전쟁으로 빠져들게 되는가를 설명해 준다.36) 요컨대 월츠 자신은 그의 소위 3가지 이미지 중에서 제 3 의 이미지, 즉 국제체제적 차원의 이론가이다. 이런 점에서 그는 분명히 투키디데스를 따르고 있으며, 자기 스스로 루소에 의해 크게 영향받았음을 자신의 저서에서 보여주고 있다.37)

루소는 국제정치의 피할 수 없는 안보의 딜레마를 사슴사냥의 우화로서 적절하게 설명해주고 있다. 즉 자연상태에서 다섯 명의 배고픈 사람들이 모여 함께 사슴을 포위작전으로 잡기로 동의했다. 각자는 사슴의 5분의 1로 만족할 것이다. 그러나 그들 각 한 사람의 배고픔은 토끼 한 마리로 족할 것이기 때문에 토끼를 잡을 수 있게 될 때 그들 가운데 한 사람은 그것을 붙잡을 것이다. 이 배반자는 자신의 배를 채우겠지만 결국 사슴은 도망치고 말 것이다. 그의 당장의 이익이 결국 자기 동료들에 대한 배려보다 앞선다는 것이다.38) 이 간단한 우화를 통해서 루소는 인간 자신들의 일상적 욕구를 충족시키기 위해 서로가 의존하기 시작할 때 그들이 어떻게 행동할 것인가를 상정했다. 각자가 자신의 욕구를 충족시키는 동안에는 갈등이란 없었다. 그러나 자연적 장애와 인구의 증가가 결합하여 협력을 필요하게 만들 때 갈등이 발생했다. 따라서 이 사슴사냥의 사례에서처럼 "개인의 즉각적인 욕구"와 "집단의 일반적 이익"간의 긴장은 한 사람의 일방적 행동으로 해소된다. 그가 자신의 배고픔에 의해서 동기를 부여받는 만큼 그의 행동은 열정(passion)의 행동이다. 이성(reason)은 그에게 그의 장기적 이익은 협력적 행동으로 모

36) *Ibid.*, pp. 233-234.

37) *Ibid.*, pp. 165-186.

38) J. J. Rousseau, "Discourse on the Origin and Foundations of Inequality," Roger D. Masters, ed., *Jean-Jacques Rousseau: The First and Second Discourses*, New York: St. Martin's Press, 1964.

든 참가자들을 이롭게 하는 것이며 이것도 경험을 통해 확신을 수립하는 데 달려 있다고 말했을 것이다. 그러나 동시에 이성은 그에게 만일 자기가 토끼를 포기하면 자기 옆사람이 토끼를 잡기 위해 자기 위치를 벗어나고 자신에겐 충성의 어리석음만 남게 될 것이라고 말해줄 것이다.

이와 같은 논리로 국제적 무정부상태에 조화가 존재하려면 나 스스로가 완전히 합리적이어야 할 뿐만 아니라 다른 모든 사람들도 완전히 합리적이라고 안전하게 가정할 수 있어야만 한다. 그렇지 않으면 합리적 계산의 토대가 없게 된다. 다른 사람들의 비합리적 행동을 나의 계산에서 참작하면 아무런 명확한 해결책이 나오지 않고, 그러한 참작을 하지 않고 합리적 계산에 입각하여 행동하려 들면 나의 파멸을 자초하게 될 것이다. 루소는 사슴사냥 딜레마의 어려움이 행위자들에게 있을 뿐만 아니라 그들이 처해있는 상황에 있음을 지적했다. 따라서 그것은 인간을 개조함으로써 간단히 해결될 수 있는 문제가 아니다.[39)]

루소는 국가들의 행동을 자연상태 속 인간들의 행동에 비교한다. 인간들이든 국가들이든 행동하는 단위들이 자연상태를 자신들 위에 존재하는 권위없이 공존하는 상태로 규정함으로써 자연상태라는 용어는 근대세계의 국가들에게도 그대로 적용될 수 있다. 국가들이 처해 있는 자연상태는 신중함(prudence)을 무용지물로 만든다. 왜냐하면 모든 것이 우연에 맡겨질 때 신중한 것은 쓸모없기 때문이다. 행동하는 국가들의 성격이 상황을 더욱 절망적으로 만든다. 왕들의 전 생애는 국경선 너머로 자신의 지배를 확장하고 국경선 내에서 자신의 지배를 더욱 절대화하는 두 개의 목표에만 집중되어 있다. 왕들이 갖고 있을 어떤 다른 목적도 이 두 목표 가운데 하나

39) Kenneth N. Waltz, *op. cit.*, p. 170.

를 위한 것이거나 아니면 단지 그것들을 얻기 위한 구실에 지나지 않는다. 그런 세계에서 신중함이 쓸모없다면 제정신으로 산다는 것은 아주 위험하다. 왜냐하면 미친 자들의 세계에서 제정신을 갖는 것 자체가 일종의 광기이기 때문이다.40)

어떤 국가가 자신의 염원을 모든 국가들이 관점에서 정당하다고 주장할지도 모른다. 그러나 그런 의도에도 불구하고 각 국가가 추구하는 목적들의 수립은 일방적인 것이 아니라 특수한 제한된 타당성만을 갖는다. 사실이 그렇기 때문에 특수한 의지에서 필연적으로 발생하는 갈등을 예방하고 조정할 상위 권위의 부재는 전쟁이 불가피하다는 것을 의미한다. 즉 특수성 사이에서 사건들이 발생하게 되는 것은 우연이 아니라 필연이다. 달리 말하자면 국제적 무정부 상태엔 자동적인 조화란 존재하지 않는다. 사슴사냥의 예에서 토끼를 잡는 자의 의지는 그 자신의 관점에선 합리적이고 또 예측할 수 있는 것이다. 그러나 나머지 사람들의 관점에선 그것은 임의적이고 변덕스런 것이다. 모든 개별 국가의 경우에도 그렇다. 자국에서 완전히 선한 의지가 다른 국가들의 난폭한 저항을 야기할 것이다. 전쟁이 불가피하게 될 것이다. 그렇다면 그것이 개별 국가들의 변덕스러운 행동 때문인가? 아니면 그들이 속해 있는 국제체제 때문인가? 루소는 후자를 강조했다. 그러나 국제체제의 중요성을 강조하는 것은 갈등을 초래하고 무력사용을 낳게 된 국가들의 행동들이 전혀 중요하지 않다는 것을 의미하지 않는다. 전쟁의 즉각적 혹은 촉발적 원인은 국가들의 구체적 행동이지만 그것들이 존재하고 또 그들의 재앙을 초래하도록 허용한 것은 일반적인 국제체제의 구조라는 것

---

40) J. J. Rousseau, *A Lasting Peace through the Federation of Europe and the State of War*, trans. by C. E. Vaughan, London: Constable and Co., 1917, pp. 88-91.

이다. 따라서 국가들의 이기심과 사악함과 어리석음의 모든 흔적을 제거하는 것이 영구평화의 수립에 기여하겠지만, 그러나 국제체제의 구조 즉 무정부 상태를 변화시키지 않고 전쟁의 모든 근인(近因)들을 직접적으로 제거하기 위해 노력한다는 것은 하나의 공상에 지나지 않는다.[41]

따라서 인간의 개조나 국가정체의 변화만으로 전쟁의 재발을 궁극적으로 막을 수 없으며, 세계정부가 수립되지 않는 한 국제적 무정부 상황이 전쟁의 근본적 원인이라는 것이다.[42] 그렇다고 해서 월츠가 그의 소위 제 1 과 제 2 의 이미지의 전쟁요인들을 전혀 무시한 것은 아니다.[43] 그는 원칙적으로 전쟁의 단일원인(single-cause) 이론에 비판적이었다. 그는 제 1 차적 이미지인 인간 본성이 전쟁의 유일한 결정요인이라고 보는 것이 부적절하다고 주장했으며[44] 제 2 의 이미지인 국내적 요인을 유일한 결정요인으로 간주하는 것에 비판적이었다.[45] 그는 어떠한 단일 이미지도 항상 부적절하다고 분명히 말했다.[46] 그것들은 부분적 이론에 지나지 않기 때문이다. 그는 전쟁의 주요 원인들의 소재를 3가지 이미지로 다음과 같이 정의했다.

---

41) 루소의 전쟁과 평화에 관한 탁월한 분석을 위해서는 Stanley Hoffmann, "Rousseau on War and Peace," in *Janus and Minerva*, Boulder: Westview Press, 1987. 제 2 장을 참조.

42) 이러한 견해는 사실상 국제정치학의 소위 현실주의 이론의 토대이며 국제정치 이론가들에게 광범위하게 수용되어온 견해이다. Martin Wight, *Power Politics*, ed. by Hedley Bull and Carsten Holbraad, Leicester: Leicester University Press, 1978, p. 101 참조.

43) Kenneth N. Waltz, *op. cit.*, pp. 184-185, 218, 232, 238을 참조.

44) *Ibid.*, p. 181.

45) *Ibid.*, p. 225.

46) *Ibid.*, p. 230.

> "전쟁의 주요 원인들은 어디에서 찾아야 하는가? 그 대답은 다양성과 모순성으로 갈피를 잡지 못하게 한다. 이런 다양성을 처리할 수 있기 위해서는 대답을 다음의 3가지 항목하에서 정리할 수 있다. 즉 인간내부, 개별 국가의 내부 구조, 그리고 국가(제)체제 내부가 그것들이다. … 원인의 3가지 예상이 순서대로 번호가 붙여져 국제관계의 이미지로 언급될 것이며 각 이미지는 중요한 원인 관계를 찾는 소재에 따라 정의된다."47)

따라서 전쟁의 주요원인이 전쟁의 단일원인이 될 필요가 없으며 실제로 그렇게 간주될 것 같지 않다. 오히려 어떤 특수한 종류의 원인을 주요 원인으로 선정하는 것은 다른 보다 덜 중요한 종류의 원인들이 존재한다는 판단을 수반한다고 가정할 수 있다. 그렇기 때문에 월츠가 정의한 3개의 이미지 모두가 적어도 묵시적으로는 복합원인(multi-causal)들이라고 보는 것이 옳을 것이다. 월츠의 3가지 이미지들은 그가 올바르게 거부한 것처럼 단일인과관계(mono-causality)에 관한 것이 아니라 원인적 비중(causal weighting)을 정하는 것에 관한 것이라고 할 것이다.48) 그럼에도 불구하고 월츠는 한편으로 제 1 차원 및 제 2 차원적 원인과 다른 한편으로 제 3 차원적 원인들을 질적으로 구분했다. 그에 의하면 처음 2개의 차원들은 전쟁의 촉발 원인들이고 제 3 차원이 전쟁의 허용적(permissive) 원인, 즉 전쟁의 가능성 바로 그 자체를 설명해 주는 조건이라고 주장했다.49) 즉 월츠는 전쟁의 원인을 촉발(efficient)적 원인과 허용적 원인으로 구분하고 촉발원인을 근인(immediate causes)과 그리고 허용적 원인을 근본적 원인(underlying causes)과 동일시했다. 월츠의 판단에

---

47) *Ibid.*, p. 12.

48) Hidemi Suganami, *On the Causes of War*, Oxford: Clarendon Press, 1996, p. 14.

49) Kenneth N. Waltz, *op. cit.*, pp. 231-233.

따르면 촉발원인들은 우연적인 것들이고[50] 많은 전쟁의 근인들은 보잘것없는 것인[51] 반면에, 허용적 원인 즉 국제적 환경[52]은 국가간 전쟁의 기원에 대한 사실상 최종적인 설명[53]을 제공한다는 것이다. 스가나미 히데미(Suganami Hidemi)는 전쟁원인에 관한 월츠의 2가지 유형을 아래 표와 같이 요약했다.

‖ 월츠의 2가지 원인 유형 ‖

촉발(efficient)원인	허용적(permissive) 원인
특수한 전쟁을 발생하게 한다. 우연적이고 종종 시시하다. 특수한 전쟁의 근인이 된다.	전쟁의 가능성 자체를 설명한다. 국가간 전쟁기원의 최종적 설명을 제공한다. 전쟁의 근본적 원인을 이룬다.

출처: Hidemi Suganami, *On the Causes of War*, Oxford: Clarendon Press, 1996, p. 5.

두 가지의 원인에 대한 월츠의 대조적 언급은 자신이 촉발원인이 허용적 원인보다도 덜 근본적이라고 판단하고 있음을 노출시켰다. 모든 우연적이고 종종 시시한 촉발원인들은 처음 2개의 이미지에서 발견되고 근본적인 허용적 원인은 제 3 의 이미지에서만 발견될 수 있다고 주장함으로써[54] 월츠는 자신이 밝힌 것처럼 제 3 의 이미지 이론가임에 틀림없다.[55]

---

50) *Ibid.*, p. 231.
51) *Ibid.*, p. 235.
52) *Ibid.*, p. 233.
53) *Ibid.*, p. 231.
54) *Ibid.*, pp. 230-238.
55) 월츠는 나중에 그의 명성을 가져다 준 『국제정치이론』(*Theory of International Politics*)(1979)에서 처음 2개의 차원을 하나의 카테고리, 즉 단위차원의 환원주의(a unit level reductionist) 이론으로 압축시키고 제 3 의 이미지를 국제정치의 체제적 차원의 구조적 이론으로 부각시켰다. 그 결과 그는 신현실주의자(neo-realist) 혹은 구조주의자로 불리었으나 그 자신은 구조적 현실주의자(structual realist)로 자처하고 있다.

그렇다면 우선 전쟁과 관련된 원인들이 모두 월츠 식의 3가지 카테고리 속에서 말끔하게 분류될 수 있을까? 이 3가지 카테고리의 밖에 속하는 것으로 월츠가 간과한 것은 없을까? 아니면 3가지 이미지는 각각 모든 것을 포함시키기 위해 월츠의 3가지 이미지 그물을 확장하면 되는 것일까?

월츠의 첫 번째 이미지에서 전쟁의 중요한 원인들은 인간의 본성과 행위 속에서 발견된다. 전쟁은 인간의 이기심, 잘못된 저돌적 충동과 어리석음에 기인한다. 이것은 이미 잘 알려진 것이다. 그런데 월츠는 첫 번째 이미지의 논의에 개인의 특성(personal traits)을 포함시켰다. 즉 어떤 국가 지도자들의 호전적 성격이 전쟁의 주요 원인으로 포함된 것이다. 그러나 인간의 본성과 어떤 특정된 국가 지도자들의 개성은 동일선상에 놓여 있지 않다.[56] 인간의 본성과 어떤 사람이 어떤 인물인가와의 사이에는 질적인 차이가 있다.[57] 인간 본성이란 "인간"을 형성하는 것의 일부인 일단의 특징인 까닭에 그것은 모든 인간들에게 공통적이며 인간들에게 배타적으로 속하는 것이다. 반면에 개성은 오직 어떤 사람들만의 특징이다.[58] 따라서

56) 소위 합리적 선택이론을 전쟁의 원인 분석에 적용한 메스퀴타(Bueno de Mesquita)도 비슷한 문제점을 보여주었다(Bueno de Mesquita, *The War Trap*, New Haven: Yale University Press, 1981). 히틀러(Hitler)를 단순히 자신의 이익을 극대화하는 합리주의자로 간주할 수는 없기 때문이다. 이 점에 대해서는 Alexander J. Groth, "Bueno de Mesquita, Hitler and Rationality in Statecraft," *The Political Science Reviewer*, Vol. 20, Spring 1991, pp. 286-311을 참조. 더구나 모든 사람들이 언제나 이익에 의해 엄격하게 주도된다는 합리적 선택이론분야에서도 이것은 의문시되고 있다. 제인 맨스브리지(Jane Mansbridge)가 주장하듯 인간행위와 사회조직은 너무도 복잡하여 이기적 이익에만 근거할 수 없으며 의무, 사랑 그리고 악의와 같은 것을 고려해야 한다(Jane Mansbridge, *Beyond Self-Interest*, Chicago: University of Chicago Press, 1990, p. ix).

57) Hidemi Suganami, *op. cit.*, p. 18.

58) *Ibid.*

전쟁 원인의 조사와 관련하여 인간의 본성은 모든 정치 철학자들과 생물학자들의 전형적인 출발점이 되는 반면에 개성은 역사가들과 심리학자들의 관심거리이다.[59] 따라서 이것들이 동일한 것처럼 취급될 수는 없을 것이다.

한걸음 더 나아가 월츠의 첫 번째 이미지 속에는 특수한 영토에 대한 욕망이나 혹은 경쟁국가 측에서 볼 때 영토확장의 두려움과 같은 지도자들의 어떤 구체적 정신상태까지 포함되어 있다. 심지어 지도자들이 취한 구체적 행동들까지도 이 첫 번째 차원에 속하는 것으로 간주되었다.[60] 어떤 욕망이나 두려움, 욕심이나 편집광적 성격 그리고 어떤 특정된 지도자가 특수한 경우에 염원과 공포심을 갖는 능력이 "인간 속"에 존재한다[61]는 것을 인정한다 해도 그것들이 모두 같은 의미에서 그런 것은 아니다. 이런 항목들은 각각 모든 인간들에게 속하는 것, 어떤 종류의 인간들에게 속하는 것, 그리고 구체적인 상황에 처한 어떤 특정된 개인에게만 속하는 것으로 분명하게 구별되는 것이다. 그렇지 않으면 인간 본성이 어떤 의미에서 1914년에는 전쟁의 원인이었고 또 같은 방식으로 1910년에는 평화의 원인이었다고 말하는 것처럼[62] 인간의 동일한 본성이 무한히 다양한 사회적 사건들을 설명해야만 하는 사실 때문에 사회적 사건들의 원인분석 요인으로서의 인간 본성의 중요성은 감소될 수밖에 없을 것이다. 따라서 월츠도 이 이미지가 특수한 전쟁의 발발을 오직 부분적으로만 설명할 뿐 전쟁 그 자체를 전혀 설명하지 못하기 때문에 부적절하다고 생각했다. 어쨌든 월츠의 첫 번째 이미지는 일종의 쓰레기 하치장(dumping ground)처럼 되었는데, 그것은 이 카테고

59) *Ibid.*
60) Kenneth N. Waltz, *op. cit.*, pp. 218, 232, 234.
61) *Ibid.*, p. 12.
62) *Ibid.*, p. 28.

리를 처음 제시한 정의의 한계를 넘어 확대한 결과라고 할 것이다.

월츠는 자신의 두 번째 이미지로 확장시켰다. 처음에 제시한 기본적 정의에 의하면 두 번째 이미지는 특정된 국가의 국내적 구조에서 중요한 전쟁원인을 찾는다.[63] 이것도 잘 알려진 것이다. 나폴레옹과의 전쟁에서 마침내 승리한 뒤 비엔나 회의에 모였던 유럽의 지도자들은 모두가 혁명적인 자유주의 정체(政體)를 전쟁의 원인으로 간주했었다.[64] 그러나 이 카테고리 내에 전혀 어울리지 않는 품목이 포함되어 있다는 것은 거의 알려지지 않고 있다.[65] 후에 월츠는 특정된 개인들의 구체적 사고와 행동을 "인간 내부"에 속하는 것으로 취급할 뿐만 아니라 그런 품목들은 두 번째 차원, 즉 국가차원의 특징으로도 간주하고 있다.[66] 이것은 주요 정책결정자들이 생각하고 행동하는 것이 국가의 이름으로 행해지는 만큼 국가가 생각하고 행동하는 것으로 전가될 수 있게 한 것이다. 물론 지도자들의 사고와 행동은 국가들의 것으로 전가될 수 있다. 예를 들어 포클랜드(Falkland) 군도에 대한 아르헨티나 지도자들의 염원과 병력 진주의 결정은 그 군도에 대한 아르헨티나라는 국가적 염원이고 또 국가의 결정으로 간주되는 것이 일반적이다. 그러나 그런 염원과 결정이 아르헨티나 국가의 속성일 수 있다는 의미와 아르헨티나 군사독재체제의 속성이라는 의미 사이에는 분명히 차이가 있다. 전자는 전

---

63) *Ibid.*, p. 12.

64) Michael W. Doyle, *Empire*, Ithaca: Cornell University Press, 1986, p. 234; 프랑스 혁명과 전쟁간의 관계에 관한 본격적인 연구로서는 Kyung Won Kim, *Revolution and International System: A Study in the Breakdown of International Stability*, New York University Press, 1970; 혁명과 전쟁간의 비교연구를 위해서는 Stephen M. Walt, *Revolution and War*, Ithaca: Cornell University Press, 1986을 참조.

65) Hidemi Suganami, *op. cit.*, p. 20.

66) *Ibid.*

가의 문제이고 후자는 월츠의 제 2 의 이미지가 처음에 규정한 조건, 즉 정치체제의 문제가 된다. 따라서 이런 후자를 의미하는 카테고리에 전자 즉 국가행위의 품목을 추가한다는 것은 원래 제시된 정의와 전혀 일치하지 않는다.67)

어쨌든 두 번째 이미지의 확대도 명쾌한 평가를 어렵게 만든다. 특정된 국가의 어떤 내부 구조적 특성이 수행 중인 일련의 전쟁의 근본원인이 될 수도 있으며, 이와는 대조적으로 국가의 특수한 행동들이 특정된 전쟁발발의 부분적 설명에 지나지 않을 수 있다. 따라서 내부 구조적 특징뿐만 아니라 특수한 국가행위를 함께 포함하는 두 번째 카테고리의 전반적 중요성을 평가하는 것은 비생산적이 될 수밖에 없다.68)

월츠에게 전쟁의 허용적 원인, 즉 근본적 원인은 국제적 환경에서만 배타적으로 발견된다. 만일 국제체제에 전쟁을 막는 것이 전혀 없다는 사실이 전쟁의 허용적 원인이라면 같은 방식으로 인간의 속성에, 아니 그 문제에 관한 한 어느 곳에도 전쟁을 막을 것이 전혀 없다는 사실도 전쟁의 허용적 원인으로 계산되어야만 할 것이다. 월츠의 평가에 의하면 제 3 의 이미지는 어떤 특수한 전쟁이 아니라 전쟁 그 자체의 가능성을 설명해 준다는 사실이 이 차원의 분석이 갖는 장점이다. 그러나 국제적 무정부 상태를 고려할 때에도 어떤 때에는 전쟁이 있고 또 어떤 때에는 평화가 있다. 일찍이 아놀드 월퍼즈(Arnold Wolfers)가 지적했던 것처럼, 각자가 독립적 결정과 행동을 할 수 있는 어떤 복수의 주권국가들의 존재만으로도 평화없는 상태를 설명할 수 있다. 따라서 무정부적 상황이 구체적 갈등의 필요조건들 가운데 한 가지를 구성한다. 그것 없이는 평화적이든 비평

67) *Ibid.*, p. 21.
68) *Ibid.*, p. 22.

화적이든 국제관계 자체가 존재하지 않는다.69) 그러나 국제관계를 구성하는 세계의 주권 국가들의 분열, 즉 국제적 무정부 상태도 갈등뿐만 아니라 국제 협력의 전제조건이 되는 것이다. 월츠 자신도 이러한 상황을 인식하고 있다. 즉 "비효율적인 세계정부인 경우엔 틀림없이 내란이 있을 것이지만 세계정부가 수립되면 국가간 전쟁은 더 이상 없을 것이라는 말은 물론 사실이다. 그러나 불행하게도 그런 말은 진실이지만 하나마나한 소리라는 것이다."70) 그러한 이해에도 불구하고 월츠는 국제적 무정부상태를 전쟁의 허용적 원인으로 부각시키고 여기에 아주 특별한 중요성을 부여했다. 그는 그것을 국가간 전쟁기원의 최종적 설명으로 간주했다.

> "그것은 인간의 비합리성이나 국가의 결점과 같은 우연적 원인에 의지하지 않고 그 속에서 어떤 사건도 전쟁을 야기할 수 있는 그러한 틀에 관한 이론에 의지하고 있기 때문에 최종적 설명이다."71)

만일 그 틀이 원인이라 부를 수 있다면 그것은 전쟁의 허용적 혹은 근본적(underlying) 원인이라고 가장 잘 규정할 수 있을 것이다. 그러나 월츠도 국제체제의 구조가 어떤 국가로 하여금 타국가에 대한 공격을 발생시키지는 않는다는 것을 인정한다.72) 그 공격의 발생 여부는 양국의 행동에 영향을 끼칠 국가의 위치, 군기, 힘, 이익, 정부형태, 역사 및 전통과 같은 여러 가지 특수한 상황에 달려있다. 그들이 서로간에 싸운다면 그것은 그들이 그 경우에 특별하게 정의한 이유 때문일 것이다. 이 특별한 이유들이 전쟁의 근인 혹은 촉발

69) Arnold Wolfers, *Discord and Collaboration: Essays on International Politics*, Baltimore: Johns Hopkins Press, 1962, p. 67.
70) Kenneth N. Waltz, *op. cit.*, pp. 228-229.
71) *Ibid.*, p. 231.
72) *Ibid.*, p. 232.

원인들이 될 것이다. 그리고 이 근인들은 첫 번째와 두 번째 이미지 속에 내포되어 있다. 국가란 국가를 위해 정책을 결정하는 비교적 소수의 지도자들과 그 소수에게 영향을 미치는 많은 사람들의 이유나 열정에 의해서 서로가 공격하거나 자신을 방어하도록 자극받는다. 어떤 국가는 내부적 조건으로 전쟁에 보다 능숙하고 또 자신들의 능숙함을 시험하려는 경향에 젖어 있다. 첫 번째와 두 번째의 이미지에 포함된 요인들의 변화는 평화의 시기를 창조하거나 깨뜨리는 데 있어서 중요하고 실제로 결정적이다.[73] 따라서 어떤 전쟁의 발발에 관해 그 원인을 설명하기 위해서는 근본적인 원인과 촉발원인을 함께 규명함으로써 그 특수한 전쟁의 발발을 보다 정확하고 완전하게 설명할 수 있다고 할 것이다.

그러나 월츠는 그 후 국제정치의 이론서인 『국제정치이론』(*Theory of International Politics*)에서 약간의 강조의 차이를 노정한다. 1959년의 작품에서 월츠는 국제적 무정부상태로 전쟁 자체의 가능성을 설명해 준다고 강조한 반면에 20년 후인 1979년의 작품에선 그것이 전쟁의 재발(recurrence)을 설명해 준다고 강조했다.[74] 그에 의하면 전쟁은 재발하는 현상이다. 그리고 전쟁은 단위(제 1 의 이미지 및 제 2 의 이미지) 차원의 변화에도 불구하고 발생한다. 따라서 오직 변함없는 요인, 즉 국제체제의 무정부적 구조가 전쟁의 재발현상을 설명할 수 있다는 것이다.[75] 물론 국제체제에는 전쟁을 불가능하게 할 것이 아무것도 없으며 이것이 바로 국제환경의 불변의 상수(constant)임에는 틀림없다. 그렇다면 마찬가지 논리로 많은 변화에도 불구하고 인간이나 국가의 성질에도 전쟁의 가능성 자체를

73) *Ibid.*
74) Hidemi Suganami, *op. cit.*, p. 26.
75) Kenneth N. Waltz, *Theory of International Politics*, Readings, Mass.: Addison-Wesley, 1979, p. 66.

불가능하게 할 것이 아무것도 없다는 면에서는 여전히 상수로 남게 된다.[76] 이렇게 볼 때 국제적 무정부 상태가 상수임에도 불구하고 그것의 상존이 전쟁의 재발 그 자체를 설명해 주지는 못한다. 그것은 전쟁의 재발이 가능한 이유의 일부만을 보여줄 뿐이다. 그리고 분명히 "재발의 가능성"과 "실제적 재발"은 동일선상에 있지 않다.[77] 따라서 월츠는 전쟁의 허용적 원인들 가운데 하나를 가리키고 있을 뿐이다. 따라서 전쟁의 허용적 혹은 근본적 원인이 국제체제적 차원에서만 배타적으로 존재한다는 월츠의 주장은 지탱될 수 없다.[78]

월츠의 20년 만의 변화는 소위 설명력있는 "국제정치 이론"을 발명하기 위해서 취한 조치이지만[79] 전쟁의 발생을 설명하는 데 있어서는 오히려 "하나의 커다란 실족(misstep)"이라고 할 수 있을 것이다.[80] 전쟁의 원인에 대한 제 3 차원만으로의 설명은 분명히 부족하다. 그렇지 않다면 투키디데스도 증가하는 아테네의 힘에 대한 두려움 때문에 스파르타가 전쟁을 결정했다고 천명한 뒤 그토록 많은 사건들을 그렇게 상세하게 기술하지 않았을 것이다. 투키디데스는 분명히 당시 전쟁이 불가피했다고 생각했다. 그러나 불가피성의 주장을 중요하게 만드는 것은 그 시점의 선택이다. 일단 스파르타의 군대가 아테네의 국경선을 넘은 뒤, 즉 기정 사실 후 전쟁이 불가피했다고 말하는 것은 너무도 자명하여 별 의미가 없다. 그 전쟁이 숙

---

76) Hidemi Suganami, *op. cit.*, p. 27.
77) *Ibid.*
78) *Ibid.*, p. 31.
79) Kenneth N. Waltz, *op. cit.*, 제 1 장.
80) 이 표현은 원래 스탠리 호프만(Stanley Hoffmann)이 모턴 캐플란(Morton Kaplan)의 체제이론에 가한 비판에서 사용했던 것이다. Stanley Hoffmann, *Contemporary Theory in International Relations*, Englewood Cliffs, N.J.: Prentice-Hall, 1960, p. 40.

명적이었다는 것은 역사적 분석을 할 수 없는 철학적이고 형이상학적인 주제이다. 역사적 논의는 이 두 극단적 입장 사이에 토대를 둔다. 어느 특정된 순간에 주어진 상황은 인간들에게 단 하나만의 실제적 대안 이외에는 다른 길이 없다는 것을 인정할 수 있지만 그러나 다른 때 그들은 여러 개의 가능성들 가운데서 자유롭게 선택할 수 있으며 좋든 나쁘든 자신들의 운명에 영향을 미칠 수 있다.[81] 따라서 제 1 차원 및 제 2 차원의 이미지에 속하는 촉발(precipitating) 요인들이 단지 갈등의 시점(timing)을 결정하는 데에만 중요한 것이 아니다. 그것은 갈등의 과정에 중요한, 심지어 결정적인 영향을 미칠 뿐만 아니라 전쟁을 막는 경우에는 갈등의 제 3 의 이미지 즉 근본적(underlying) 갈등 요인들을 완화시킬 수도 있는 것이다.[82]

아테네와 스파르타간의 소위 펠로폰네소스의 전쟁으로 가는 과정에서도 적어도 다섯 번의 중요한 결정들에 의문을 제기할 수 있다.[83] 첫째, 왜 코린트(Corinth)는 자신의 조치가 코르시라(Corcyra)와의 전쟁을 가져오기 쉽다는 것을 알면서도 에피담누스(Epidamnus)의 내전에서 수세에 몰린 파벌을 돕기로 결정했었는가? 코린트인들은 정치적, 경제적, 외교적 혹은 전략적 필연성에 의해서가 아니라 감정적으로 행동했다. 그들은 완전히 합리적인 동기에서보다는 증오심, 질투 그리고 복수심에 압도되어 상황의 현실을 올바로 평가하지 못했을 뿐만 아니라 코르시라 해군의 특별한 중요성을 무시했었다. 두 번째의 중요한 결정은 아테네가 코르시라의 동맹 제안을 수락한

81) Donald Kagan, *The Outbreak of the Peloponnesian War*, Ithaca: Cornell University Press, 1969, pp. 4-5.

82) Richard Ned Lebow, *Between Peace and War*, Baltimore: The Johns Hopkins University Press, 1981, p. 334.

83) Donald Kagan, "The Pseudo-science of 'Peace'," *The Public Interest*, No. 78, Winter 1985, pp. 56-58.

것이다. 아테네인들은 코르시라의 함대가 잠재적인 적의 수중에 들어가게 될지도 모르는 모험을 하려고 하지 않았다. 그 결정은 두려움에 근거했고 합리적인 것이었다. 셋째, 페리클레스와 아테네인들은 그 다음의 중요한 결정을 했었다. 즉 그들은 메가라(Megara)인들과의 통상금지(embargo) 조치를 취하고 포티데아(Potidea)에 최후통첩을 보냈다. 그들은 자신들의 조치가 온건하고 정당한 것이며 스파르타인들도 그렇게 생각할 것이라는 오산을 했었다. 넷째, 이번에는 스파르타인들이 중대한 결정을 내렸다. 아테네가 기원전 445년의 조약을 깨뜨렸다고 결정을 내렸던 것이다. 그러나 아테네인들은 그 조약을 위반한 것이 아니었다. 스파르타인들은 아테네의 침략을 두려워하여 "예방적 전쟁"을 결정했지만[84] 그들의 두려움은 근거 없는 것이었다. 그러나 그들은 기다리지도 않았고 또 아테네의 중재제안을 거부했었다. 다섯째는 아테네인들이 마지막으로 중요한 결정을 했다. 메가라 칙령(Megarian Decree)이 철회된다면 전쟁을 피할 수 있다는 스파르타인들의 입장에도 불구하고 페리클레스는 그것을 거부하고 아테네인들이 전쟁결정을 고수하도록 설득했다. 페리클레스는 스파르타의 안전이 의존하고 있는 펠로폰네소스 동맹의 주도권을 유지하기 위해서 자신들의 동맹을 보호할 스파르타의 필요성을 심각하게 고려하지 못했던 것이다.

월츠는 정치의 본질을 제시한 최초의 진정한 정치철학자로 자부한 토머스 홉스처럼 국제정치의 본질적 이론을 제시하려는 야심에서 초기 투키디데스의 영향에서 벗어나 홉스의 영향에 압도되어 버렸다고 할 수 있을 것이다. 그는 홉스처럼 전통적 국제정치의 소위 현실주의를 단순화시켜 "보다 엄밀한 의미의 이론"을 제시하려

---

84) Donald Kagan, *On the Origins of War and the Preservation of Peace*, New York: Doubleday, 1995, p. 56.

했다. 그리하여 전통적 현실주의자들과는 달리 국제체제의 구조 외에 모든 다른 요인들을 배제한 "구조적 현실주의자" 혹은 "신현실주의자"가 되었다.[85] 그 결과 그는 홉스의 결함을 그대로 유지하게 되었다. 인간 본성에 관한 홉스의 이미지가 그의 모든 정치이론을 조건지었다. 그에게 인간은 서로가 원래 어울리지 못하는 이기적 개인이다. 죽음의 공포가 인간들로 하여금 사회계약을 맺게 했다. 따라서 그에겐 사회계약 이전의 무정부 상태와 사회계약 이후의 강력한 주권하의 상태라는 두 개의 상이한 "구조들" 내에서 인간의 행동을 예측하는 것이 쉽게 되었다. 그 결과 모든 실질적 목적을 위해서 인간이 행동을 결정할 때 고려하는 유일하게 중요한 요인은 구조라고 생각하게 되었다.

홉스는 국제관계의 상태가 개인의 자연상태와는 다르다고 지적한다. 왜냐하면 국가의 수립이 자연상태 속에서 타인에 대해 갖는 극단적 공포심을 제거하기 때문이다. 그러나 국제관계도 여전히 본질적 안보의 딜레마에서 해방되진 못할 것이다. 인간 본성에 대한 홉스 식 가정은 국제관계의 차원에서 계속적인 무정부 상태를 낳는다. 따라서 국가간의 상대적 힘의 수준이 국가간의 관계를 분석할 때 고려할 유일한 요인이 된다. 그러나 여기서 인간의 행동이 예상하기 쉽지 않기 때문에 인간 본성에 대한 홉스의 상정이 잘못된 것

---

85) 전통적 현실주의와 신현실주의간의 차이에 관한 논의를 위해서는 Robert Gilpin, "The Richness of the Tradition of Political Realism," in Robert O. Keohane, ed., *Neorealism and Its Critics*, New York: Columbia University Press, 1986, pp. 301-321을 참조. 반면에 이들간의 기본적 유사성과 동일한 철학적 토대에 관한 주장을 위해서는 Allan James, "Realism of Realism: The State and the Study of International Relations," *Review of International Studies*, Vol. 15, No. 3, July 1989, p. 216; Laurie M. Johnson, *Thucydides, Hobbes and the Interpretation of Realism*, Dekalb, Illinois: Northern Illinois University Press, 1993, pp. 203-209를 참조.

이라면 구조는 더 이상 결정적 성격을 갖진 못한다. 뿐만 아니라 그런 현실주의자들의 틀 속에서 인간은 거의 아니 전혀 자유의지를 갖지 못한다. 왜냐하면 인간들은 주어진 국제체제가 지시하는 행동에 준봉할 자신들의 열정에 사로잡혀 있기 때문이다. 그렇다면 만일 인간들이 자유의지가 없고 서로간 작용과 반작용의 기계적 행동만 하는 것으로 기대된다면 이런 정책 혹은 저런 정책에 관해서 말하거나 권유하는 것은 아무런 의미가 없게 된다.86)

그러나 우리가 항상 올바른 정책을 모색한다는 것은 정책적 선택의 중요성을 인정하기 때문이다. 분명히 홉스가 자신이 영국인의 올바른 정치교육을 위해 번역했던 투키디데스를 지나치게 단순화했다면 월츠는 논리적 귀결을 따름으로서 정책의 "사려깊은 선택"(deliberate choice)을 과소평가했다고 할 수 있다. 그러나 투키디데스

---

86) 냉전 종식 이후의 국제정치의 이론화 작업에 대한 근본적인 재검토 과정에서 투키디데스가 본격적으로 재검토되고 있는 것은 올바른 방향이라고 할 수 있다. 이에 관해서는 영문 학술 계간지 『안보연구』(*Security Studies*)의 1995년 겨울호 "현실주의의 뿌리"(Roots of Realism)에 관한 특집을 대표적으로 들 수 있다. 그 외에도 이 문제와 관련하여 Daniel Garst, "Thucydides and Neorealism," *International Studies Quarterly*, Vol. 33, No. 1, 1989, pp. 3-27; Michael W. Doyle, "Thucydidean Realism," *Review of International Studies*, Vol. 16, No. 3, July 1990, pp. 223-237; Richard Ned Lebow & Barry S. Strauss, eds., *Hegemonic Rivalry: From Thucydides to the Nuclear Age*, Boulder: Westview Press, 1991; Steven Forde, "Varieties of Realism: Thucydides and Machiavelli," *The Journal of Politics*, Vol. 54, No. 2, May 1992, pp. 372-393; Laurie M. Johnson Bagby, "The Use and Abuse of Thucydides in International Relations," *International Organization*, Vol. 48, No. 1, Winter 1994, pp. 131-153을 참조. 아이러니하게도 냉전 종식 이전에는 투키디데스가 평화에 대하여 비관적 전망을 시사하는 것으로 취급되었다. 이에 대해서는 Peter J. Fliess, *Thucydides and the Politics of Bipolarity*, Baton Rouge: Louisiana State University Press, 1966; Peter R. Pouncey, *The Necessities of War: A Study of Thucydides' Pessimism*, New York: Columbia University Press, 1980; Louis J. Halle, *Civilization and Foreign Policy*, New York: Harper, 1952, pp. 261-277을 참조.

는 개인이 취하는 사려깊은 선택을 중요시했으며 그런 선택과 역사의 사건간의 밀접한 관계를 강조했다.87) 투키디데스는 역사적 인물들이 자신의 통제 밖의 어떤 힘에 의해 내몰리는 것으로 보기는커녕 그들을 사건들의 의식적 발기인으로 보았다. 투키디데스의 역사서에서 연설문들은 정책결정에 앞서 지도자들이 행하는 숙고와 그 내용을 제시함으로써 갈등에 대해 인간들이 행사하는 지도력(direction)을 강조했다.88)

국제적 무정부 상태는 어떤 전쟁의 경우에는 중요한 근본적 원인으로 작용할 수 있지만 다른 전쟁의 경우엔 다른 요인들이 근본적 원인으로 작용할 수 있다. 정치 지도자들의 오인(misperception)89) 이나 국내정치90) 또는 사회경제적 요인91) 아니 어쩌면 불완전한 인

---

87) Daniel Garst, *Ibid.*, p. 6. 홉스와 투키디데스간의 지성적 관계에 관해서는 Richard Schlater, ed., *Hobbes' Thucydides*, New Brunswick, N.J.: Rutgers University Press, 1975, 서문과 pp. 10-27을 참조. 방법론적으로 말하면 홉스가 환원주의(reductionism)에 빠졌다면 월츠는 보편적 오류(universal fallacy)를 범했다고 하겠다. 보편적 오류에 관해서는 Moshe M. Czudmowski, *Comparing Political Behavior*, London: Sage Publishers, 1976, pp. 35ff. 참조.

88) Mare Cogan, *The Human Thing: The Speeches and Principles of Thucydides' History*, Chicago: University of Chicago Press, 1981, p. 194.

89) Robert Jervis, "War and Misperception," *The Journal of Interdisciplinary History*, Vol. 18, No. 4, Spring 1988, pp. 625-700; Jack S. Levy, "Misperception an Causes of War: Theoretical Linkages and Analytical Problems," *World Politics*, Vol. 36, October 1983, pp. 76-99; Geoffrey Blainey, *The Causes of War*, New York: Free Press, 1973, chap. 3; Richard Ned Lebow, *Between Peace and War*, Baltimore: The Johns Hopkins University Press, 1981, pp. 254-263. 오인의 원천에 관해서는 Robert Jervis, *Perception and Misperception in International Politics*, Princeton: Princeton University Press, 1976; Robert Jervis, "Perceiving and Coping with Threat," in Robert Jervis, Richard Ned Lebow, and Janice Gross Stein, *Psychology and Deterrence*, Baltimore: The Johns Hopkins University Press, 1985, pp. 13-33을 참조.

90) Jack S. Levy, "Domestic Politics and War," *The Journal of Interdisci-*

간 본성이 전쟁의 근본적 원인으로 당연히 간주될 수 있을 것이다.[92] 따라서 국제체제만이 언제나 전쟁 그 자체의 유일한 허용적 혹은 근본적 원인이라는 주장은 거부되어야 할 것이다.[93] 예를 들어 무성한 산림에선 항상 산불이 발생할 가능성이 존재한다. 그러나 전쟁의 경우처럼 산불이 항상 반드시 발생하는 것은 아니다. 특정된 시간에 특정된 곳에서 인화가 발생하는 것은 기온이나 풍향과 같은 여러 가지 요인과 조건에 달려있다. 마찬가지로 비록 국제체제의 무정부적이고 경쟁적인 성질이 전쟁의 발생을 허용함에도 불구하고 지속적 갈등관계에서 시간적 및 공간적으로 어느 지점에서 전쟁을 발생시키는 것을 설명할 수 있는 중요한 촉발요인들이 존재하는 것이다.[94] 따라서 버나드 브로디(Bernard Brodie)가 적절히 지적했듯이 본질적으로 절충적이고 포괄적이지 않은, 즉 처음부터 모든 종류의 다양한 요인들을 고려하지 않은 어떤 전쟁원인의 이론도 — 그것이 일반전쟁이든 특수전쟁이든 — 바로 그 이유 때문에 틀릴 수밖에 없다고 하겠다.[95]

현재 우리에겐 전쟁의 원인을 설명하는 데 도움이 될 무수한 "이론들"이 있다. 소위 전쟁의 과학적 연구의 결과인 상관관계(correlates)의 연구가 적지 않다. 1963년부터 전쟁의 상관관계 프로젝트를 주도해 온 데이비드 싱어(J. David Singer)의 "우리 지식에서 진

---

plinary History, Vol. 18, No. 4, Spring 1988, pp. 653-674; Jack S. Levy, "Declining Power and the Preventive Motivation for War," *World Politics*, Vol. 40, October 1987, pp. 101-105.

91) K. L. Nelson and S. C. Olin, Jr., *Why War?: Ideology, Theory and History*, Berkeley: University of California Press, 1979, pp. 188-191.

92) Hidemi Suganami, *op. cit.*, p. 31.

93) *Ibid.*, p. 32.

94) T. V. Paul, *Asymmetric Conflict: War Initiation by Weaker Powers*, Cambridge: Cambridge University Press, 1994, p. 15.

95) Bernard Brodie, *War and Politics*, New York: Macmillan, 1973, p. 339.

정한 발전이 이루어지기 시작하고 있다"[96]는 대담한 주장에도 불구하고 이런 연구방법은 상당한 문제를 안고 있다. 첫째의 그리고 가장 분명한 문제는 사실(facts)의 선택(selection)에 관한 것이다. 설명하고자 하는 현상, 즉 전쟁이 명확하게 정의되고 비슷한 유형의 모든 현상에 관한 증거가 조사되어야만 한다. 어떤 특정된 시기에 발생한 전쟁의 전체 수가 제한되어 있기 때문에 아주 작은 수의 탈락도 도달된 결론을 심각하게 왜곡할 수 있다. 그리고 이런 왜곡은 통계적 비교에 주로 의존하는 연구에는 특히 치명적이다. 둘째, 사실의 선택과는 별도로 사실 그 자체에 관한 정확한 지식의 문제가 있다.[97] 과거의 전쟁에 관해서 우리가 갖고 있는 증거가 정확한 비교나 통계학적 결론을 위한 토대를 제공하는 경우는 극히 드물다. 세 번째 문제는 자료 수집의 방법에 관한 것이다. 특정된 시기나 지역에서 발생한 전쟁의 수를 비교하고 있다면 선발의 원칙이 어쩔 수 없이 중요하게 된다. 예를 들어 나폴레옹 전쟁은 한 번으로 간주되어야 하는가? 아니면 여러 번으로 계산되어야 하는가? 네 번째 문제는 사실의 해석과 관련된 것이다. 사회과학에선 자연과학에서처럼 치밀하게 통제된 실험적 조건하에서 연구될 수 있는 사건들이 발생하지 않는다. 역사에서 사건들의 과정에 영향을 미치는 요인들은 너무도 많고 복잡해서 의심의 여지가 없는 상관관계를 수립하는 것이 거의 불가능하다. 그런 상관관계를 수립하려는 시도는 흔히 임의적이고 의심스런 초기의 가정에 의존한다. 예를 들어 어떤 연구는 전

96) J. David Singer, "Accounting for International War: The State of the Discipline," *Journal of Peace Research*, Vol. 18, No. 1, 1981, p. 14.

97) 펠로폰네소스 전쟁에 관해서는 투키디데스의 기록이 유일하지만 그러한 이유로 끊임없이 그 객관성의 문제가 제기되어 왔다. 이 점에 관해서는 W. R. Conner, "A Post-Modernist Thucydides?" *The Classic Journal*, Vol. 72, 1977, pp. 289-298을 참조.

쟁을 시작한 국가와 당한 국가들을 구별하고자 한다. 그러나 특수한 갈등을 시작한 주된 책임이 어떤 국가에게 있는지에 관한 판단은 어쩔 수 없이 임의적이므로 논란의 여지가 있다. 어떤 국가가 "침략자"로 분명히 그리고 논란의 여지없이 항상 규정될 수 있는 것은 아니다. 예를 들어 비스마르크는 전쟁이 아니면 심각한 국가적 굴욕을 선택할 수밖에 없는 상황으로 타국들을 몰고 가는 탁월한 수완가였다. 뿐만 아니라 군사력의 규모뿐만 아니라 사기, 경험, 훈련, 전투준비상태, 지리적 및 기타 전략적 이점 그리고 가능한 동맹국의 행동 등을 포함하는 상대적 국력에 대한 정확한 평가를 내리는 데 큰 어려움이 있다. 더욱이 특정된 순간에 힘의 균형이 어떻게 주요 당사자들에 의해서 인식되고 있는지를 확실히 알기는 더욱 어렵다. 다섯째 그리고 어쩌면 전쟁 연구에 과학적 방법을 적용할 때 발생하는 가장 중요한 문제로서 이 방법은 쉽게 측정되어 계량적 방법을 쉽게 적용할 수 있는 요인들에 연구자들이 초점을 맞출 수밖에 없게끔 한다는 점이다. 그러나 계량적으로 분석할 수 없는 중요한 요인들이 있다. 예를 들어 분쟁의 대상인 특수한 문제, 외교정책적 목적, 전쟁의 결정이 이루어지는 방식과 그것들에 미치는 영향들, 손실계산, 동맹국의 입장 그리고 관련 국가와 국제사회의 일반적 여론 등을 들 수 있을 것이다. 이 모든 것들은 전쟁이 왜 그리고 어떻게 발생하는지에 관한 이해를 높이려는 모든 노력들이 관심을 가져야 하는 문제들이다.[98] 뿐만 아니라 변수들간의 긴밀한 관계가 발견되었다고 할지라도 그 상관관계란 인과관계와는 다른 것이다.[99]

아직도 일반적 현상으로서 전쟁을 단독으로 설명해 줄 수 있는

98) Evan Luard, *War in International Society*, London: I. B. Tauris, 1986, pp. 9-11.

99) 이 점에 관한 상세한 검토를 위해서는 Hidemi Suganami, *op. cit.*, 제3장을 참조.

단일의 인과관계의 이론을 찾을 수 없다.[100] 어쩌면 우리는 차라리 "너무도 많은 이론들과 이론들의 분류가 있어 결국 무엇이든지 전쟁을 야기할 수 있으나 아무것도 확실히 전쟁을 야기하지 않을 것"[101]이라고 자조적으로 말할 수도 있을 것이다. 그러나 그동안 전쟁원인에 관한 수많은 연구들이 완전히 쓸모없지는 않았다. 전쟁연구분야에선 솎아내는 작업이 늘 있어왔다. 비록 그동안의 연구들이 통일된 단일이론의 창조로 이어지지는 못했지만 그것들은 전쟁의 원인들에 관한 우리의 이해에 분명히 크게 도움이 되었다.[102] 현재로선 진정한 원인을 찾아내기란 불가능하기 때문에 대부분의 전쟁을 설명하기 위해서는 여러 종류의 이론적 설명양식뿐만 아니라 여러 가지 분석의 차원이 동시에 필요하다고 하겠다. 그 과정에서 솎아내는 작업이 계속될 뿐만 아니라 분석의 차원간 통합도 계속될 것이다.

그러나 특수한 전쟁의 원인을 이해하고 설명하기 위해서 우리는 그런 지적 노력이 결실을 볼 때까지 기다릴 수 없으며 기다릴 필요도 없다. 왜냐하면 특수한 전쟁의 분석은 여전히 가능한 것이며 거기서 도출된 결론은 이론적 논의에 기여할 수 있기 때문이다. 러일전쟁과 같은 특수한 전쟁의 원인을 분석하고자 할 때 우리는 다음의 2가지 의문을 염두에 두고 답하려는 노력을 할 수 있다.

첫째, 러일전쟁이 발생할 때 양국간의 대결을 가져오는 데 기여한 조건들은 무엇이었는가? 즉 일반적으로 전쟁들의 원인이라고 간

---

100) 이것은 최근에 기존 전쟁이론들을 요약하고 분석한 그레그 캐쉬먼(Greg Cashman)의 결론이기도 하다. Greg Cashman, *What Causes War?* New York: Lexington Books, 1993을 참조.

101) Berenice A. Carroll and Clinton F. Fink, "Theories of War Causation: A Matrix for Analysis," in Martin A. Nettleship, et al., ed., *War, Its Causes and Correlates*, The Hague: Mouton, 1975, pp. 55-71.

102) Greg Cashman, *op. cit.*, p. 279.

주되는 공통적 조건은 없었는가?

둘째, 러일전쟁은 어떤 특수한 요인들, 즉 촉발적 요인들에 의해서 영향 받았는가? 즉 전쟁의 발발을 가져온 사건들과 행동들은 어떤 것들이었으며 공격의 시점은 어떻게 결정되었는가?

이런 의문들은 전쟁의 원인(遠因: remote causes)과 근인(近因: immediate causes)들은 무엇이었는가라는 의문으로 바꾸어 말할 수 있을 것이다. 러일전쟁 원인의 분석을 시도한 앞의 장들의 내용들을 중심으로 러일전쟁의 발발과정을 다음과 같이 요약할 수 있다.

> 20세기 초에도 다극적 국제체제는 열강들의 제국주의적 야심이 창궐하는 심각한 무정부 상태였다. 국가들은 소위 안보 딜레마에 빠져 있었다. 강경한 자세를 과시하고 적을 억제하기 위해 위협과 오만함, 강압적 행동, 도전, 극단정책, 최후의 통첩과 무력시위 같은 권력정치의 전술들이 주저없이 사용되고 그것들이 적대적 반작용을 가져오기 쉬운 시대적 상황이었다. 그런 상황에서는 일단 안보상의 위기가 발생하면 비록 그것이 일종의 "죄수들의 딜레마 게임"(prisoners' dilemma game)으로 시작하는 경우에도 곧 소위 "치킨 게임"(the game of chickens)으로 변질되어 대결의 소용돌이에 빠져드는 성향이 있다. 그렇게 되면 당사국들은 후퇴를 수용할 수 없으며, 자국의 확고한 대결의지를 과시하면 상대방(적)이 후퇴할 것이라고 믿기 쉽다. 그 경우에 확고한 대결의지가 압도적 힘의 우위에 의해 뒷받침될 경우 종종 성공하기도 한다. 중(청)일 전쟁 후 동북아에서 승전국 일본의 세력확장을 견제하려는 러시아의 주도로 이루어진 소위 3국 간섭은 그러한 맥락에서 성공했었다. 일본은 3국과 대결할 힘을 갖고 있지 못했다. 러시아에 대한 원망과 분노가 부글거렸다. 러시아는 분명한 일본의 경쟁국이 되었다. 일본은 중(청)일 전쟁 후 강대국과의 동맹의 필요성을 절감했다. 그리고 그런 굴욕을 되풀이하지 않기 위해 무력증강에 박차를 가했으며 영국과 동맹을 체결했다. 그리고 러일간의 대결의 진행은 양극적 동북아 지역체제의 형성을 가져오면서 그들은 서서히 "제로섬 게임" 식의 사고와 심리상태에 빠져들었다.

뿐만 아니라 러시아와 일본의 국가정책은 그들간의 무력충돌을 이미 예감할 수 있게 하였다. 러시아는 시베리아의 개발을 위해 1891년부터 이미 시베리아 횡단철도 건설을 진행하고 있었으며 열차의 수송능력은 엄청난 잠재력을 갖고 있었다. 그것은 단지 경제적인 면에서뿐만 아니라 군사전략적으로도 새로운 포석이었다. 그것은 동북아지역으로의 평화적 침투를 통한 러시아 제국의 영향력 확대를 계획한 비테 재무장관에 의해 주도되었다. 시베리아 횡단열차는 머지않아 경적을 울리며 태평양을 향하도록 계획되었다. 다른 한편에선 일본이 메이지 유신 이후 자국의 안전을 도모하기 위해서 서양의 제국주의를 모방하여 일본제국의 건설을 위해 부국강병책으로 급속한 국가의 성장을 성취해 갔다. 당시 일본의 급속한 성장은 그러한 성장이 필요로 하는 여러 가지 많은 자원에 대한 욕구, 즉 측면적 압력을 받고 있었다. 특히 3국간섭에 의해 자국의 야심이 좌절되자 일본은 군사력 강화에 더욱 집중했다. 1900년 5월 중국의 의화단 사건의 발생을 기화로 러시아가 만주를 사실상 점령해 버리자 일본의 두려움은 심화되었다.

그러나 러시아의 야심을 견제하려는 것은 일본만의 소망이 아니었다. 1890년대에 소위 "화려한 고립"정책의 한계를 의식한 영국도 같은 생각이었다. 당시 러시아는 1894년 이래 프랑스와 동맹관계에 있었다. 당시 일본에서는 메이지 유신의 제 1 세대 지도자들이 물러나고 대신 제 2 세대 지도자들이 정권을 장악하였으며 그들은 자국의 군사력 증강만으로는 러시아에 대한 견제가 힘들다는 사실을 깨닫고 1902년 영국과 동맹을 체결함으로써 영국을 통해 프랑스를 사실상 견제하고 자국의 안보조건과 군사적 힘을 향상시켰다. 일본은 사실상 러시아와의 전쟁에 대비하였다. 그러나 러시아의 짜르는 전제 군주적 오산에 젖어 웅장한 야심을 갖고 있었다. 그는 자신의 환상적 야심에 호소하는 강경론자들인 베조브라조프 일파에 극동정책을 일임했다. 그 결과 일본과의 군사적 대결의 위험성을 피하려는 비테는 실각하게 되었다. 러일간의 갈등의 소용돌이 속에서 조선반도와 만주에 대한 양립할 수 없는 정책적 목적의 대립으로 외교적 노력은 한계에 부딪치고 말았다. 초조한 나머지 예방전쟁을 모색하는 일본의 정치 및 군사 지도자들과는 달리 짜르는 러시아의 압도적 국력이 일본의 공격을 억제해 줄 것으로 믿고 있었다. 일본의 의도와 능력 및 행동에 대한 짜르의 오판으로 러시아는 전쟁에 대한 적절한 준비를 갖추지 못했다. 러시아는 일본을 계속 과소평가하고 있었다. 전쟁을 하지 않고도 전쟁을 준비해 온 일본의 사무라이들을 견제할 수 있을 것이며 만약 전쟁이 발발한다고 하더라도 일본을 쉽게 패배시킬 수 있으리라는 러시아의 막연한 과신은 전쟁에 승산이 있을 뿐만 아니라 설령 패전할 망정 물러설 수 없다는 일본 사무라이들의 결연한 각오와 크게 대조되었다. 즉 일본의 지도자들은 러시아와의 전쟁은 불가피하며 전쟁을 성공적으로 수행할 수 있지만 만일 그렇지 못한 경우에도 그만한 대가를 지불할 것이라는 가정 위에 서 있었다.

당시 양국에는 국내정치적 영향도 있었다. 일본에서는 러시아와의 전쟁을 촉구하는 소위 호전적·국수주의적·제국주의적 매파들이 집단적으로 정부에 개전의 압력을 계속 가하고 있었다. 러시아에서 혁명의 분위기 상승을 막기 위해, 조국을 위해, 그리고 짜르를 중심으로 모든 러시아인들을 단결시키기 위해 소위 "작은 전쟁의 승리"를 촉구하는 세력이 정부 내에 도사리고 있었다. 양국은 평화보다는 승리를 원하고 있었던 것이다. 전쟁이 불가피하다고 인식했던 일본의 지도자들은 시베리아 횡단철도가 완공되기 전에 기습공격을 단행함으로써 힘의 열세를 보완할 수 있다고 계산했다. 따라서 일본은 지금 개전하지 않으면 나중에 오히려 더 불리하게 될 것이라는 계산에 입각하여 기습 선제공격을 단행하는 소위 예방전쟁을 시작했던 것이다. 1904년 2월 8일 마침내 일본의 사무라이들은 러시아인들을 향해 기습적으로 검을 내리쳤던 것이다.

이러한 러일전쟁의 원인에 관한 분석의 집약은 다음과 같은 이론적 논의를 가능케 한다.

첫째, 국제체제나 지역체제의 극성(polarity)이 전쟁과 평화의 문제를 일방적으로 결정하지는 않는다. 러일전쟁 전야에 지역체제는 양극적이었지만 이 지역체제를 내포하고 있던 국제체제는 다극체제였다. 그러나 어느 체제가 러일전쟁을 발생시키는 데 근본적인 기여를 했는지가 불분명하다. 바꾸어 말하면 체제의 극성(polarity)이 무엇이든 체제 그 자체가 전쟁을 막지는 못했다고 하겠다. 뿐만 아니라 동북아의 지역체제는 일본에 대해 일종의 유화정책을 채택한 미국의 루스벨트 대통령의 지도력에 의해 전쟁없이도 체제의 구조적 변화를 겪었다. 즉 동북아 지역체제 자체가 소멸해 버린 것이다. 이 때는 아직 유화정책이 무조건 부정적으로 인식되는 시대가 아니었다. 따라서 모든 분쟁의 요소들이 지역체제의 형성을 가져오지는 않는다고 하겠다.

둘째, 영일동맹의 체결은 평화보다는 더 흔히 전쟁이 동맹의 체결의 뒤를 따른다는 가설을 입증했다. 동맹체제는 본질적으로 힘의 균형을 위해서 체결되지만 일본의 경우처럼 중(청)일전쟁에서 승리한 뒤 3국간섭으로 분노에 찬 국가와의 동맹은 전쟁을 촉발시킬 가능성이 높다. 특히 영국과 같은 주요 강대국과의 동맹은 아직 강대국의 지위를 확보하지 못한 일본과 같은 국가에게는 전쟁결정에 크게 기여할 수 있다. 따라서 동맹의 체결이 국제적 힘의 균형 형성에 기여함으로써 국제체제의 안정에 반드시 기여하는 것은 아니라고 할 수 있다.

셋째, 국내의 정치적 불안정과 대외전쟁과는 항상 직접적인 인과관계나 상관관계(correlation)가 있는 것이 아니다. 러일전쟁 전야에 있어서 러시아는 국내 정치적으로 불안정한 상황에 놓여 있었다. 하지만 선제공격을 감행한 일본은 국내적으로 러시아처럼 혁명적 분위기나 상황에 직면하고 있지 않았다. 오히려 일본의 지도자들은 개전을 촉구하는 군인들의 집단적 감정과 열정의 지원을 받고 있었다. 일본은 당시 측면적 압력을 받고 있었지만 평화적 정권교체를 이루었다. 따라서 국내의 정치적 불안정과 국제전쟁간의 직접적 연계는 보편적으로 성립될 수 없다.

넷째, 정치 지도자들의 인식(perception)의 중요한 역할은 러일전쟁의 발발과정에서도 발견되었다. 짜르의 인식능력은 시대착오적인 전제적 황제로서의 지위에 근거한 젊은이의 자만심에 의해 채색됨으로서 정확한 현실인식을 상실했다. 그는 일본인들의 이익과 목적에 무감각했으며 그들의 결의를 과소평가했다.

다섯째, 강한 국력은 그 자체가 곧 위협은 아니라 하더라도 그것을 사용하는 자의 의도나 정책결정자들의 변화로 인해 위협적인 것으로 쉽게 변질될 수 있다. 평화적 이용을 상정했던 비테의 시베리아철도 건설계획은 비테를 계승한 매파들인 베조브라조프 일파에 의해 보다 저돌적으로 이용되고 말았다. 따라서 국력은 단순히 중립적인 것이라고 치부할 수 없다.

여섯째, 일본에서는 러일전쟁 전야에 그동안의 이토의 온건한 정책이 새로운 젊은 세대 지도자들의 보다 적극적인 대외정책으로 대체되었다. 이처럼 지도층의 세대교체는 기존 외교정책의 변화나 적어도 그것을 추진하는 방법의 극단화와 같은 변화를 초래한다고 하겠다. 따라서 정치적 세대교체는 면밀한 관찰 대상이 되어야 한다.

일곱째, 어떤 국가의 국제적 행위를 예상하거나 아니면 적어도 바르게 이해하기 위해서는 관련 국가의 역사적 목적을 항상 염두에 두어야 한다. 그러한 목적을 가진 국가는 국가간의 끊임없는 주마등 같은 작용과 반작용 속에서 어느 때 적절한 기회를 제공하게 되면 그 목적을 달성하기 위해 행동을 개시한다. 전쟁이란 "무엇 때문에" 시작되기도 하지만 결국 "무엇을 위해" 싸우는 것이다. 정치란 결국 목적이 있는 활동이다. 따라서 전쟁의 원인을 규명하고자 할 때 정치적 목적을 빠뜨리는 것은 정치적 재료를 빠뜨리는 셈이 될 것이다. 정치적 목적이 서로 양립할 수 없을 때 외교는 한계에 부딪치게 되고 그러면 강제수단에 의한 목적달성이 고려되기 시작한다.

여덟째, 전쟁 발발에 기여하는 많은 요인들에도 불구하고 전쟁이란 결국 무력사용의 행동에서 시작한다. 공격의 단행은 소위 군사전략적 고려에서 결정된다. 정치 지도자들은 소위 공격의 정점(culminating point)에 도달했다고 판단될 때 공격을 단행한다. 러일전쟁에서처럼 전반적으로 국력이 열세인 측에서는 지금이 아니면 더 불리해질 것이라고 판단되어질 때가 공격의 정점이 되는 것이다. 일본의 정치 지도자들은 자신들의 개전 결정이 일종의 예방전쟁이라고 믿었다. 그들은 예방전쟁의 "펠로폰네소스 신드롬"을 겪고 있었던 셈이다.[103] 어쨌든 전투행위의 시작, 운명의 그 순간, 즉 공격의 타이밍을 알기 위해서는 관련국가의 군사전략적 상황을 이해해야만 한다. 또한 일본은 전쟁의 원칙을 철저하게 준수했다. 일본은 공격의 정점에서 진격을 중단하고 평화를 적극 모색했다. 그리하여 망국적인 소모전에 빠져 들어가지 않고 전투에서는 물론이고 전쟁에서의 승리를 궁극적인 정치적 승리로 승화시킬 수 있었다.

이러한 이론적 논의는 러일전쟁이 전쟁 발발의 여러 가지 중요한 요인들을 동시적으로 갖추고 있었음을 말해 주지만 결코 그것이 필연적이었음을 입증하지는 못한다. 전쟁 당시에 이미 세실 스프링-라이스(Cecil Spring-Rice)가 주장했던 것처럼 러일전쟁은 예방할 수 있는(preventible) 전쟁이었다.[104] 당시 상황은 한편으로는 러시아의 제국주의적 팽창주의에 대해 동북아에서 가장 가까이에서 민감하게 위협을 느낀 일본의 도전이었다고 할 수 있으며, 또 다른 한편으로는 조선반도에 대한 일본의 제국주의적 독점지배의 야욕에 대한 러

103) 이 표현은 Kalevi J. Holsti, *Peace & War: Armed Conflict and International Order, 1648-1989*, Cambridge: Cambridge University Press, 1991, p. 11에서 원용한 것이다.

104) Stephen Gwynn, ed., *The Letters and Friendships of Sir Cecil Spring-Rice*, Vol. 1, Boston, 1929, p. 405; Ian Nish, *op. cit.*, p. 253에서 재인용.

시아의 견제였다고 할 수도 있다. 따라서 역사에서 가정이 부질없는 것이라지만 직접적 무력충돌의 계기가 된 러시아의 만주점령의 쟁점에서 볼 때 러시아는 양보를 통해 전쟁을 막거나 피할 수 있었을 것이다. 러시아는 1902년 4월의 만주로부터의 철군협약을 준수하거나 조선반도에서 일본의 지위보장을 수용할 수도 있었을 것이다. 그러나 러시아는 철군약속을 지키지 않았으며 지연전술을 펴면서 일본에 만족스런 양보를 하지 않았다. 당시 러시아가 양보의 유화정책을 채택했다고 할지라도 러시아 제국의 위신에 미친 타격은 패전에 비교하면 아무것도 아니었을 것이며 그 당시는 국가간 유화정책이 무조건 부정적으로 인식되던 시대도 아니었다. 이미 앞에서 논의된 협상과정에서 지적했던 것처럼 1903년 5개월에 걸친 일본과의 협상에서 러시아는 일본측에 완고했으며 무감각(insensitive)했었다.[105] 러시아는 일본의 치밀어 오르는 울화를 감지하지 못했으며 짜르는 젊은이의 자만심에 빠져 있었다.[106]

러시아의 짜르는 평화를 원했지만 상황의 심각성을 깨닫지 못했다. 또한 러시아가 전쟁을 원하지 않았다면 자신의 전략적 지위가 철도의 증설 및 개선과 함께 매일 향상되고 있다는 의미에서, 즉 시간이 자기 편에 있다는 의미에서 그랬었다고 할 수 있다. 러시아의 지도자들은 자국의 협상에서 지연정책이 일본 지도층 내부의 평화주의자들, 소위 비둘기파들마저도 러시아에게 매운 맛을 보여주어야 한다고 결심하게 만들고 있다는 사실을 전혀 깨닫지 못했다. 뿐만 아니라 협상을 보다 신중하게 생각하고 전쟁을 피해야 한다는 여론이나 언론의 압력도 전혀 없었다. 당시 러시아의 국민들 특히

105) Ian Nish, *The Origins of the Russo-Japanese War*, London: Longman, 1985, p. 240.

106) Hidemi Suganami, *op. cit.*, p. 180.

소외된 지식인층은 극동의 상황에 대해서 잘 알지 못했으며 전쟁에 대한 정신적 준비가 없었고 전쟁이 터지자 대체로 무관심했었다.107)

러시아는 그런 짜르의 무감각과 국민들의 무관심 외에도 러시아 지도자들이 일본을 대하는 태도에서 몰지각함(thoughtlessness)을 보여주고 있었다. 즉 그들은 일본이 막강한 러시아제국의 군사력에 대항하여 전쟁을 감행할지도 모른다는 생각을 전혀 하지 않았다.108) 1900년 이래 주일 러시아 공사관 전속 무관이었던 반노프스키(Vannovskii) 대령은 일본이 유럽에서 가장 약한 군대와 비견될 만한 현대 육군을 발전시키려면 약 1세기가 필요할 것이며 현재 일본의 군대는 유치한 단계라는 견해를 갖고 있었으며, 일본주재 러시아 공사 로젠(Rosen)도 전쟁 발발 바로 10일 전에 러시아가 1개 사단만 동원해도 일본은 굴복할 것이라고 철석같이 믿고 있었다.109) 이처럼 러시아 지도자들은 몰지각한 생각에 젖어 일본이 공갈치고 있으며 결국 전쟁을 시작하지 못할 것이라고 믿었다. 일본의 군사력에 대한 이러한 러시아 측의 터무니없고 몰지각한 과소평가는 양국간의 역사적 냉랭함 때문에 일본 군부가 의도적으로 자국의 군사정책을 비밀스럽게 추구한 데서 기인했다고 할 수 있을 것이다.110) 러시아는 전쟁을 시작한 작위(commission)의 책임은 없을지 모르지만 전쟁의 발발을 방치한 무작위(non-commission)의 책임은 결코 면할 수 없을 것이다.

일본은 1904년에야 러시아에 전면적 도전을 감행했지만 이미 팽창주의적 제국주의 국가였다. 일본은 기존의 서양 제국의 반열에 있음을 인정받으려는 강력한 야심 때문에 조급하고 초조한 모방적

107) Ian Nish, *op. cit.*, p. 241.
108) Hidemi Suganami, *op. cit.*, p. 180.
109) Ian Nish, *op. cit.*, pp. 168, 249.
110) *Ibid.*, p. 241.

제국주의 국가였다. 일본 제국주의의 무자비한 방법 때문에 중국인들과 조선인들은 러시아인들보다도 일본을 더 싫어했다. 일본인들의 야심은 어느 제국 못지않았다. 그러나 국제문제에 있어서 일본의 종속적 역할(subordinate role)을 여전히 수용했던 이토 같은 정치 지도자들이 일선에서 물러나고 새로운 세대가 일본이라는 함선을 국제무대로 이끄는 선장직을 맡게 되자 일본 외교정책의 목표는 보다 적극적으로 추구되기 시작하였다. 그리고 그것은 일본 대중들의 집단적 감정과 열정에 더 잘 부응하는 것이었다. 그리고 일본에게는 먼저 선제공격을 단행한 작위(commission)의 책임이 있다. 그 작위의 책임은 두 가지이다. 첫째는 물론 선제공격을 의식적으로 단행했다는 점이다. 그런 예방전쟁이 국제사회에서 정당화될 수 있을 것인가? 둘째로, 일본은 기습공격으로 선전포고를 하기도 전에 먼저 전쟁행위를 실행했다는 점이다. 일본인들이 선제 기습공격의 필연성을 아무리 정당화하려 해도 일본에 동정적이었던 국가를 포함하여 국제사회는 그런 행위를 경멸했다.[111] 일본인들은 전쟁의 정당성을 러시아의 팽창주의와 협상에서의 비타협적 태도에서 찾겠지만 일본 자신도 팽창주의적 제국주의 국가였음을 부인할 수 없을 것이다. 자신의 영토도 아닌 조선반도와 중국에서 자신의 "몫"을 확보하려 했던 일본이 단지 방어적 의도만을 갖고 있었다고 인정하기는 어렵다. 러시아가 협상에서 양보를 했다고 할지라도 그 후의 역사 과정에 비추어 볼 때 일본이 또 다른 기회를 포착하여 결국 전쟁을 감행했을 가능성을 배제하기 어렵다.

전쟁이 발발하는 곳에는 언제나 오인(misperception)과 오산(miscalculation)이 있는 법이다.[112] 결국 정치란 행위자들의 의도와

111) *Ibid.*, p. 243.
112) Stanley Hoffmann, "On the Political Psychology of Peace and War: A

그들의 행동을 형성하는 인식을 고려하지 않고서는 이해될 수 없는 것이기 때문이다. 당시 일본은 의도적으로 거짓 인상을 주려고 노력하지 않았다. 그들의 입장은 분명했다. 러시아가 아주 분명하게 일본의 전쟁불사의 결연함을 간파하지 못한 것은 러시아인들의 눈이 멀었기 때문이었다. 눈이 멀었던 것은 짜르 혼자만은 아니었다. 그러나 짜르의 눈이 멀었을 때 러시아 제국은 러일전쟁이라는 암초를 피할 수 없었다. 이러한 논의의 귀결에서 볼 때 국제정치의 어떤 체제의 구조적 특성은 사건들을 저런 방향보다는 이런 방향으로 기울게 한다. 그러나 그런 상황이 전쟁이 필연적이라는 것을 입증하지는 않는다. 정도의 차이는 있어도 행동의 자유는 언제나 있다. 그리고 인간의 결정은 때때로 최악의 결정을 막을 수 있는 것이다.[113] 따라서 체제이론은 제한적일 수밖에 없다. 본서에서 앞서 논의한 것처럼 그것은 국내정치와 사회, 정치 지도자들의 개성과 국내적 요인들을 간과하기 때문이다. 정책결정자들의 특성도 문제가 된다. 어떤 지도자들은 능수능란하고 또 어떤 지도자들은 실수를 한다. 어떤 사람들은 매우 소심한 반면에 어떤 사람들은 지각있는 사람이라면 하지 않을 모험을 하기도 한다. 때로는 일탈적 행위가 다른 사람들에 의해 대처되기 때문에 별다른 장기적 영향을 미치지 않는다. 그러나 그러한 경우에도 단기적 영향은 매우 클 수 있다. 따라서 국제체제적 조망은 정치 지도자들과 국내정치가 변할 때에도 동일하게 남아있는 패턴을 보는 데 도움이 된다. 그러나 그러한 패턴이 항상 존재하고 있는지는 분명하지 않다. 따라서 우리는 우연과 돌발사건의 역

Critique and an Agenda," in *Janus and Minerva*, Boulder: Westview Press, 1987, p. 418.

113) Joseph Nye, Jr., *Understanding International Conflict*, New York: Harper Collins College Publishers, 1993, p. 15.

할에 대해 경각심을 가져야만 할 것이다.[114] 바로 이러한 사실에 비추어 볼 때 당시 러일전쟁 발발에 대한 강대국의 지도자들, 특히 러시아와 일본의 정치 지도자들의 중요한 작위 또는 무작위의 역할이 결코 간과되어서는 안 될 것이다.

114) Robert Jervis, "System Theory and Diplomatic History," in Paul Gordon Lauren, ed., *Diplomacy*, New York: The Free Press, 1979, pp. 239-240.

제 10 장

근대정치철학과 평화: 홉스에서 칸트까지

> 국가간의 적대적 동기의 부재를 가정하는 것은 인간이란 원래 야심에 차 있고 복수심에 불타 있으며 탐욕스런 존재라는 사실을 잊는 것이다.
>
> – 알렉산더 해밀턴 –

고대정치철학의 제 1 차적 관심이 '정의'에 있었다면, 근대 철학자들의 주된 관심은 '평화'와 '자유'였다. 또한 근대정치철학자들은 국내평화뿐만 아니라 국제평화에 대해서도 깊은 관심을 가졌다. 국제관계의 특징은 국내사회와는 판이하게 진정한 의미의 정부조직이 없다는 점이다. 국제정치의 과정은 바로 이러한 특징으로 인해서 국내정치와는 근본적으로 다르게 진행되었다. 정치철학은 비록 국내정치에 관한 연구에 집중해 왔지만, 국제관계 학도들에게도 적실성이 있다는 점에서 중대한 의미를 지닌다. 일반인들뿐만 아니라 국제관계 학도를 괴롭혀 온 문제, 즉 평화의 조건을 파악하고 달성하는 문제는 그것이 위기의 시대에 처해 있을 때에는 정치철학자들도 괴롭게 했다.[1)]

그동안 정치철학자들과 국제관계 분야의 전문가들 사이에 의견

1) Kenneth N. Waltz, *Man, the State, and War,* New York: Columbia University Press, 1954, p. 12.

교환이 거의 없었다는 점을 단호하게 부인할 수 있는 사람은 거의 없을 것이다. 그러한 균열은 양방향으로 전개된 결과이다. 즉 극소수의 예외를 제외한 국제관계의 전문가들이 정치철학을 거의 무시해 왔다고 한다면, 정치철학자들도 과거의 철학자들이 국제관계에 관해서, 특히 평화의 가능성에 관해서 무엇을 말해 왔던가에 별 관심을 기울이지 않았던 것이다.2) 그러한 상호무시는 결코 우연한 문제가 아니었다. 니체(Friedrich Wilhelm Nietzsche)가 지적했듯이 인간은 '시대정신을 창조하는'(horizon-creating) 동물이기 때문이다. 우리는 과학이 시대정신인 시대에 살고 있기 때문에 우리의 지적 지평선을 초월하는 것, 즉 '과학주의'의 동굴을 벗어나 정치철학의 햇빛 속으로 들어가는 것이 어려운 일이라는 점은 이해할 만하다. 현재의 국제관계연구는 국제관계에 관한 과학적, 즉 인과적 학문을 세우는 일에 치중하고 있다. 그것의 주제도 현재와 과거의 객관적 행동들의 '존재'에 관한 것이지 '당위'(ought)에 관한 것이 아니다. 이러한 접근법은 과거의 정치 및 도덕 철학자들의 사상 중 단지 규범적인 전망에만 속한다고 여겨지는 것에 대해서는 관심을 가질 여지를 없게 만든다. 특히 미국의 국제관계학도들의 경우, 정치철학의 가치를 과소 평가하는 경향이 있어 왔다.

그러나 이제, 국제정치라는 경험과학이 우리의 모든 필요를 충

2) Arnold Wolfers, *Discord and Collaboration,* Baltimore: The Johns Hopkins University Press, 1962, pp. 223-224. 주목할 만한 예외적 사례들로는 다음을 볼 것. Stanley Hoffmann, "Rousseau on War and Peace," in *State of War,* New York: Frederick A. Praeger, Inc., 1956, pp. 54-87; Thomas L. Pangle, "The Moral Basis of National Security: Four Historical Perspectives," in Klauss Knorr, ed., *Historical Dimensions of National Security Problems,* Lawrence: The University Press of Kansas, 1976, pp. 307-372. 최근의 시도로는 다음과 같은 일례가 있음. Donald W. Hanson, "Thomas Hobbes' Highway to Peace," *International Organization*, Vol. 38, No. 2, Spring 1984, pp. 329-354.

족시킬 수 있을 것이라고 더 이상 자신 있게 기대할 수는 없다. 베트남에서 겪은 미국의 비극이 아이비엠(IBM) 컴퓨터의 과학적 분석의 지적 한계를 여실히 드러냈을 뿐만 아니라, 경험 과학자들은 몇몇 주변적이고 사소한 사례연구들을 제외한다면, 전쟁과 평화에 관해 어떤 의의 있는 이론도 산출하지 못했던 것이다. 콜린 그레이(Colin S. Gray)가 주장하듯이, 국제관계 전문가들의 모임에 참석해 보거나, 보다 엄밀히 말해 관련 전문 잡지들의 내용을 조사해 보면, 사소함의 철칙(Iron Law of Triviality)을 증명하는 증거들이 인상적으로 눈에 띌 것이다.[3] 국제관계와 정치철학을 연결하려는 하나의 시도로서, 그리고 평화가 어디에서 오고 가는가 하는 근본적 문제에 대한 하나의 온건하고 신선한 고찰로서 이 논문은 국가들간의 전쟁과 평화에 관한 토마스 홉스(Thomas Hobbes)의 사상을 분석하고자 한다. 물론 전쟁과 평화에 관한 홉스의 정치철학이 국가들간의 정치적 문제들에 대해 실제적이고 상세한 해결책을 제시해 주는 것은 아니다. 그러나 그것은 국제정치적 문제들이 발생하는 주요 영역들의 논리적 지형, 구조, 그리고 윤곽을 드러내 준다. 꽤 최근에 찰스 바이쯔(Charles Beitz)와 마이클 월저(Michael Walzer)는, 비록 현실주의를 거부하도록 우리를 설득하고 있지만, 홉스의 사상을 국제정치 이론에서 소위 '현실주의'(realism)라고 부르는 것의 패러다임격으로 묘사한다.[4] 헤들리 불(Hedley Bull)은 홉스가 '진정한 평화 철학자'로

---

3) Colin S. Gray, *The Geopolitics of the Nuclear Era: Heartland, Rimlands, and the Technological Revolution,* New York: Crance, Russak & Company, Inc., 1977, pp. 2-3. 그레이는 학술적으로 부적절한 주요한 사례로 *International Studies Quarterly*와 *Journal of Conflict Resolutions*를 들고 있다.

4) Charles R. Beitz, *Political Theory and International Relations,* Princeton: Princeton University Press, 1979, p. vii and Chapter 1; Michael Walzer, *Just and Unjust Wars,* New York: Basic Books, 1977, p. 4.

인식되어져야 한다고 주장한다.[5] 이 논문은 홉스가 왜 이러한 새로운 주목을 받을 만한 가치가 있는지를 보여 주고자 한다.

1. 홉스와 자연상태

토마스 홉스(Thomas Hobbes, 1588-1679)는 17세기 영국의 정치철학자로서 주로 불안에 시달리는 인류의 자연적 상황에 대한 이론가로 알려져 왔다. 그 불안은 매우 심대하여 '만인에 대한 만인의 투쟁'이라는, 따라서 죽음에 의해서만 끝날 수 있는 끊임없고 이기적인 힘의 추구라는 논리적 귀결을 낳는다. 많은 경우에 이것은 전적으로 사실이다. 홉스에게 있어 주권국가들 사이의 관계란 만약 최소한의 공동사회를 유지시킬 어떤 합의도 없고 중앙정부도 없으며 법을 집행할 경찰 기관도 없을 경우 전개될 국내생활과 유사하다. 홉스는 정부가 없는 상태의 인간이 자신의 본성을 보존하기 위해서 자기 자신의 힘을 사용해야 하는 정글 같은 무정부상태로서의 '자연상태'(state of nature)를 상정했다.

> 그러한 상태에서는 근면의 여지가 있을 수 없다. 왜냐하면 수확이 불확실하기 때문이다. 따라서 토지의 경작, 항해 및 바다를 통해 수입될 수 있는 상품의 사용, 널찍한 건물, 많은 힘을 요하는 물건들의 운반 및 이동 수단, 지표에 관한 지식, 시간의 계산, 기술, 학문, 사회 등이 존재할 여지가 없다. 무엇보다도 나쁜 것은 계속적인 공포와 급작스런 폭력적 죽음의 위험으로 인간의 삶은 고독하고 가난하고 역겹고 잔인하고 짧은 것이다.[6]

5) Hedley Bull, "Hobbes and the International Anarchy," *Social Research*, Vol. 48, Winter 1981, pp. 725-738.

그러므로 홉스에겐 최악의 정부가 무정부보다는 나은 것이다. 마치 아무도 벗어날 수 없는 운명처럼, 인간에겐 근본적인 존재방식이 있다. 인간과 국가에 대한 홉스의 이해는 도덕적이지도 비도덕적이지도 않고, 선하지도 악하지도 않은 자연상태의 한 원자로서의 인간이란 관점에서 출발한다. 이것은 인간 본성에 대한 코페르니쿠스적 발견이었다.

> 우선, 나는 모든 인류의 일반적 성향을 제시하고자 한다. 그것은 죽음에 의해서만 그치는, 영속적이며 끊임없이 추구하는 힘을 향한 욕망이다. 그리고 이것의 원인은 인간이 항상 현재 향유하고 있는 것보다 더 강렬한 즐거움을 희망하기 때문이거나 혹은 온건한 힘에 만족할 수 없기 때문이 아니라, 보다 많은 힘을 획득하지 않고서는 잘 살기 위해 현재 그가 가지고 있는 힘과 수단을 보장할 수 없기 때문이다.[7]

홉스는 자연상태를 인간들로 하여금 항상 경외심을 갖게 하는 공동의 권력이 없을 때면 언제든지 존재하는 상태인 전쟁상태와 같은 것으로 본다는 점을 분명히 한다.

> … 이런 인간의 성향은 자연적인 것이다. 인간이 어떤 강제적 권력에 대한 공포를 통해 제약되지 않는다면, 만인이 서로를 불신하고 두려워할 것이다. 그가 가졌을 법한 자연권에 의한 것처럼 필연적으로, 그는 자기자신의 보존을 위해 자신이 가진 힘을 사용하지 않을 수 없을 것이다.[8]

홉스에 따르면 자연상태의 인간은 비참한 삶을 영위한다. 즉, 자연상태에서 인간의 삶은 '고독하고 가난하고 역겹고 잔인하고 짧

---

6) *Leviathan*, Chap. 13.
7) *Ibid.*, Chap. 11.
8) Hobbes's Preface of *De Cive*.

은'(solitary, poor, nasty, brutish, short) 것이다. 그들의 비참함은 욕구와 죽음의 공포가 자연상태에서 평등하다는 점, 즉 자연적인 평등에서 유래한다.

> 자연상태의 모든 인간은 타인을 해칠 욕구와 의지를 소유한다. … 인간이 서로를 해치려고 하는 가장 빈번한 이유는 많은 인간이 동시에 동일한 것에 대한 욕구를 갖기 때문이다. … 모든 사람은 자기에게 좋은 것을 바라고, 나쁜 것, 무엇보다도 특히 자연적 악들 중 최악인 죽음을 회피한다. 인간의 이런 충동은 돌이 아래를 향해 구르는 것처럼 자연스러운 것이다. … 권리란 단어는 다른 어떤 것을 의미하지 않는다. 단지 모든 인간은 올바른 이성에 따라 자기의 자연적 능력을 사용할 자유를 지닌다는 뜻이다. 그러므로 자연권의 첫번째 근거는 모든 인간이 다른 인간들과 마찬가지로 생명과 구성부분들을 보호하려 노력한다는 점이다.[9)]

"모든 인간은 평등하다." 이것이 근대 정치사상의 근본이다. 그러나 그것이 사실인가? "일부 사람들은 다른 사람들보다 더 평등하지 않는가?" 플라톤은 인간의 평등을 부인했다. 인간은 능력, 성격, 그리고 조건들에 있어 불평등하지 않은가? 그러나 홉스는 심리적 구조의 견지에서 볼 때 인간은 평등하다고 여겼다. 즉, 인간은 욕구와 공포의 관점에서 볼 때 평등하며, 또한 자신의 욕구를 만족시키는 능력에 있어서도 일반적으로 평등하다. 인간은 쾌락을 추구하고 고통을 회피하려 하며, 영광과 힘 그리고 안전을 원한다. 인간은 서로를 죽일 만큼 충분히 강하지만 안전하기에는 너무 약하며, 무한한 욕구와 힘에 대한 열정으로 인해 필사의 생존경쟁 속으로 빠져들지 않을 수 없다. 따라서, "만약 어떤 두 사람이 둘이 함께 즐길 수 없는 어떤 동일한 대상을 원한다면, 그들은 적이 된다. … 이러한 인

---

9) *De Cive*, Chap. 1, Art. 4, 6, 7.

간 상황은 만인에 대한 만인의 투쟁상태이다."[10]

홉스의 출발점은 '경험상 만인이 알고 있고 아무도 부정하지 않는' 그런 원칙이다. 그는 신이나 시민사회에서 출발하지도 않으며, 사회적 존재, 또는 그보다 우월한 존재로서의 인간에서 출발하지도 않는다. 그는 자연상태와 그 속에서 만인이 소유하고 있는 자연권에서 출발한다. 그리고 "자연권이란 자신의 본성, 즉 자신의 생명을 보존하기 위한 목적으로 스스로가 의지하는 대로 자신의 힘을 사용하기 위해 각자가 갖는 자유이다. 즉 그 자신의 판단과 이성으로 볼 때 가장 적합한 방법으로 여겨지는 어떤 것을 행할 수 있는 자유(liberty)이다."[11]

그렇다면, 평화의 가능성은 어디로부터 오는가? 홉스에 따르면, 자연상태의 인간으로 하여금 사고하지 않을 수 없게 만들고, 자신과 자신을 둘러싼 위험들에 대한 자의식을 일깨우는 것은 다름 아닌 근원적으로 세차게 몰아치는 공포이다. 이 공포로 인해 인간은 자기보존의 과업에 스스로의 관심을 집중시키게 되고 타인으로부터 자신을 보호하기 위해 죽을 때까지 계속해서 힘을 추구하게 된다. 보다 강한 이웃으로부터의 공격을 예상하고 서로 선수를 치려 노력하는 과정에서 끊임없는 전쟁상태에 빠져들게 된다. 결국 인간들은 그들 공동의 방위를 위해 전능한 권력을 가진 공동의 우월한 주권에 개인 스스로를 복종시키자는 계약에 다른 많은 사람들과 함께 참여함으로써 그런 비참한 삶으로부터 벗어나려고 한다. 이리하여 국가(state 또는 commonwealth)라고 불리는 리바이어던(Leviathan)이 등장하게 된다. 공포에 질린 절망적인 상태의 인간에게 비참한 삶으로부터의 탈출구를 제공하는 것이 바로 이 리바이어던이다. 공포야말로

10) *Leviathan*, Chap. 13.
11) *Ibid.*, Chap. 14.

인간으로 하여금 평화를 지향하게 만드는 것으로, 이 공포가 인간들로 하여금 자신들의 이성과 상의하도록 이끈다. "이성은 적절한 평화의 조항들을 제시한다. … 이 조항들은 자연법(Law of Nature)이라고도 불린다."[12)]

2. 자연상태와 국가들간의 평화

자연상태에서 인간이 직면하는 그러한 상황은 한 국가가 여러 국가들 사이에서 직면하는 상황이기도 하다. 그것은 자제 이외의 제약은 모르는 정치 단위들간의 경쟁의 장으로, 국가의 자유는 자연상태에서 만인이 소유하는 것과 동일한 것이다.

> … 모든 시대에 있어서 왕과 주권적 권위를 지닌 자는 그들의 독립성으로 인해 계속하여 빈틈없는 경계상태에 있기에, 서로 무기를 겨눈 채 눈싸움을 계속하는 검투사들과 같은 상태와 태세를 취하고 있다. 즉, 왕국의 국경에 있는 요새, 수비대, 총포, 그리고 주변국에 대한 계속적인 스파이 파견, 바로 이런 것들이 전쟁 태세인 것이다. …
>
> 전쟁에 있어서는 어떤 것도 부정의하지 않다. 이와 같은 만인에 대한 만인의 투쟁에서는 어떤 것도 부정의하지 않다는 것 또한 당연한 결론이다. 그곳에는 정과 사, 정의와 부정의의 관념이 설 자리가 없다. 공동의 권력이 없는 곳에는 법도 없으며 법이 없는 곳에는 부정의도 없는 것이다. 힘과 기만이 전쟁에서의 두 가지 핵심적 덕이며 … 따라서 그런 상태에선 소유권도 지배권도 없으며, 너의 것과 나의 것의 구분도 없다. 그 누구라도 어떤 것을 획득하고 지킬 수 있는 한에서만 그의 것이라고 할 수 있을 뿐이다.[13)]

12) *Ibid.*, Chap. 13.
13) *Leviathan*, Chap. 13.

> … 국가들이 처한 상태는 본질적으로 자연적, 즉 적대적이다. 싸움을 그친다고 할지라도 그것은 평화라 불리워질 수 없으며, 단지 한숨을 돌리는 휴지기일 뿐이다. 즉, 그 상태에서도 한편의 적은 다른 편의 동태를 예의 주시하면서, 조약이 아닌 적의 힘과 계획에 따라 자신의 안전을 평가한다.[14]

분명, 진정한 평화의 시대도 있고 격렬한 경쟁의 시대도 있다. 그러나 국가간 관계의 지배적인 양상은 전쟁상태이다. 홉스는 전쟁과 평화의 부침을 날씨에 비유했다.

> 전쟁이란 전투 내지 싸우는 행위에만 존재하는 것이 아니라, 전투에 의해 싸우고자 하는 의지가 충분히 알려져 있는 시간 동안에 존재하는 것이다. 그러므로 시간이란 관념은 날씨의 본질에서처럼, 전쟁의 본질에서도 고려되어야 한다. 나쁜 날씨의 본질이 한두 차례의 소나기에 존재하는 것이 아니라 여러 날에 걸친 그런 경향 속에 존재하는 것처럼, 전쟁의 본질도 실제의 싸움에 있는 것이 아니라 드러난 전투 의향에, 그와 반대되는 확신을 가질 수 없는 기간 내내 존재하는 것이다. 그 밖의 모든 시간은 평화이다.[15]

홉스에 따르면 전쟁이란 전투상태만이 아니라, 기후와 마찬가지로 주권자들 사이의 갈등이 힘에 의하지 않고는 해결될 수 없는 상태가 지배적인 상황이다.

그렇다면, 홉스에게 있어 주권자들의 상호관계에 적용되는 자연법이란 "그들 자신의 보존과 방위에 공헌하는 것에 관한 결론 내지는 정리"[16]일 뿐이라는 결론이 나온다. 국가들의 법을 자연법으로 환원함에 따라, '자연법'과 '국가들의 법'은 같은 것이 된다. 홉스는 그 사실을 분명하게 지적한다.

---

14) *De Cive*, Chap. 13.
15) *Leviathan*, Chap. 13.
16) *Ibid.*, Chap. 15.

> 자연법은 인간의 자연법과 도시의 자연법으로 구분될 수 있다. 전자만이 자연법이란 명칭을 얻었다. 후자는 국가들의 자연법이라고 불릴 수도 있을 것이지만, 속되게는 국가들의 권리라고 지칭된다. 양자의 가르침은 비슷하다. 그러나 일단 설립된 도시들은 실로 인간들의 사적 소유권의 양태를 띠기 때문에, 그 법이 개개 인간들의 의무에 관해 논해질 때에는 자연법이라고 불리며, 전체 도시들이나 국가들에 적용될 때에는 국가의 권리라고 불린다. 그리고 이제까지 논한 자연법과 자연권의 구성요소들이 전체 도시들이나 국가들로 전환되면, 국가들의 법률들과 권리의 구성요소들로 간주될 수 있을 것이다.[17]

자연상태에서 인간은 타인의 행동에 의해 자신의 생명을 잃을 수 있다는 끊임없는 공포 속에서 산다. 이와 같은 끝없는 적대와 위협의 상태에서 인간은 자신을 효과적으로 보호하기 위해 어떤 수단이라도 사용할 권리를 가진다. 게다가 각각의 인간은 가장 효과적인 수단이 무엇인지를 판단할 권리를 가진다. 홉스에 따르면 독립된 국가들도 자국의 안전을 유지하는 데 필요하다고 여겨지는 것은 무엇이든 할 수 있는 똑같은 권리를 지닌다. 독립된 국가들이 검투사의 상태와 태세를 취하고 있기 때문이다. 다시 말해, 국가의 자유는 만인이 자연상태에서 갖는 자유와 같은 것이다. 국가들은 상호의존적이 아니므로, 모든 국가는 자신의 안전이라는 이익을 가져오는 데 가장 좋다고 판단되는 것을 할 수 있는 절대적 자유를 지닌다. 결과적으로,

> … 인민의 안전을 명하는 법에 의해 군주가 자신의 의무를 알듯이, 그 법은 군주에게 이익을 얻을 수 있는 기술도 가르쳐 준다. 도시의 권력, 즉 어떤 국가에서든 주요 통치를 담당하는 그의 권력은 시민의 힘을 위해 존재한다.[18]

17) *De Cive*, Chap. 14.
18) *Ibid.*, Chap. 13.

> 사전 무장은 인민의 방위에 필수불가결한 것이다. … 일격을 받은 뒤의 모병과 무장은 불가능하지는 않다 하더라도 최소한 너무 늦었다고 할 수 있다. … 그러므로 우리가 만약 국가의 안전을 의도한다면, 전쟁의 공포에 대비해서 평화의 시대에 충분한 재정을 저장해 두어야만 한다. 그러므로 적의 의도를 발견하고 수비대를 유지시키고 언제든 쓸 수 있도록 재정을 준비하는 것은 신민의 안전을 위해 통치자가 반드시 해야 할 일이며, 자연법상 군주는 신민의 복지를 증진시키기 위해 전력을 다해야만 하기 때문에 그가 첩자를 보내고 군대를 유지시키고 요새를 구축하고 이런 목적을 위해 세금을 요구하는 것은 합법적인 것이다. 오히려 이렇게 하지 않는 것이 불법적인 것이다. 경멸이든 무력이든, 의심스러운 외세를 감소시키는 데 유익한 것은 또한 무엇이든 여기에 추가될 수 있다. 왜냐하면, 행여 자신의 부주의로 인해 악이 발생하지 않도록, 의심스러운 악은 그들의 권력에 의해 방지되어야만 하기 때문이다.[19]

그러나, 이러한 구절들에도 불구하고, 홉스가 서로 대결하고 있는 국가들이 원초적 자연상태의 특징인 맹목적인 자기파괴적 투쟁을 일삼고 있다고 믿었다고는 확실하게 주장할 수 없다. 그에게 있어 국가란 인간이 원초적 상황을 벗어나기 위한 과정의 일부였다. 원래의 원초적 상황인 전쟁은 정치 단위체 내로 함께 결합함으로써 내부적으로 감소되고, 공격의 모험을 줄임으로써 외부적으로도 감소된다. 논리적으로 볼 때에도, 국가들이 자신들이 변형시킨 상태와 똑같은 상태에 있다는 것은 불가능하다.[20]

그러나 위에서 언급한 홉스의 논의가 다른 것에 의해 완화되지 않는다면, 평화는 일순간조차도 불가능할 것이다. 그러므로 홉스는 국가들이 상호 적대적인 검투사들의 상황에 있다고 보기는 했지만, 다음과 같은 논의로써 그것을 완화시키고 있다.

---

19) *Ibid.*, Chap. 13.

20) Murry Forsyth, "Thomas Hobbes and the External Relations of States," *British Journal of International Studies*, Vol. 5, October 1979, p. 208.

> … 그러나 주권자들은 그렇게 함으로써 자기 신민들의 근면을 유지하기 때문에, 특정한 인간들(주권자들)의 자유가 비참함을 수반한다는 결론이 나오지는 않는다.[21]

국가들의 경우 자연상태의 곤경이 개인들만큼 심각하지는 않다. 조직의 이성에 의해 국가는 대다수 구성원을 전쟁의 직접적 영향으로부터 보호할 수 있기 때문이다. 그리하여 아놀드 월퍼스(Arnold Wolfers)가 해석한 대로, "개인들보다는 국가들이 전쟁에서의 절제와 배상의 수용과 같은 어떤 제약들을 준수할 가능성이 크다."[22] 다시 말해, 홉스의 자연상태가 주권국가에 적용될 경우, 전쟁에서의 절제와 극기의 여지가 있다. 그러므로 홉스는 국제 평화를 위해 국가들 간의 리바이어던을 만들 필요가 있다고는 명시적으로도 암시적으로도 주장하지 않는다. 홉스가 볼 때, 국제 평화는 월드 리바이어던(world Leviathan)이 없어도 가능한 것이다.

국가들간의 전쟁과 평화에 관한 홉스의 생각은 주의 깊은 독자들에겐 역설적인 것이다. 왜냐하면 인간이 전쟁상태를 탈출할 수 있는 유일한 방법은 모든 것에 대한 권리의 상호 포기에 의한 것이기 때문이다. 이러한 탈출은 각 당사자들이 계약을 준수할 것이란 점을 모두가 확신해야만 보장된다. 그러한 확신을 가질 수 있는, 따라서 믿을 만한 평화와 안전을 발견할 수 있는 유일한 방법은 '모든 것에 대한 권리'를 포기하여 독립적으로 권력을 독점하는 절대적 주권자에게 그것을 양도하는 것뿐이다. 왜냐하면, "칼이 없는 계약(covenants)이란 단지 말일 뿐인 것이며, 인간을 안전하게 할 힘이 전

---

21) *Leviathan*, Chap. 13.

22) Arnold Wolfers and Laurence W. Martin, eds., *The Anglo-American Tradition in Foreign Affairs,* New Haven: Yale University Press, 1956, p. 38.

혀 없는 것"[23]이기 때문이다. 인간의 자연적 정념은 인간을 편견, 자만, 복수와 같은 것으로 이끌기 때문에, 어떤 권력에 대한 공포와 두려움이 없이 계약이 준수될 것이라고 기대하는 것은 인간의 자연적 정념과 반대되는 것이다. 그러나 홉스에게 그러한 칼, 즉 리바이어던의 필요성은 국경에서 멈춘다. 홉스는 국가들이 자신들간의 안전과 평화를 확보하고 어떤 국가의 생명을 보존하기 위해 월드 리바이어던을 필요로 한다고는 말하지 않는다. 다시 말해, 세계 내의 국가들은 자연상태 내의 개인들과 유사해서, 완전히 선하지도 법에 의해 통제받지도 않으므로 그들간에는 갈등과 폭력이 불가피하다. 그러나 홉스에 따르면, 그렇다고 해서 세계 국가(world state)가 세계 평화라는 문제에 대한 해답으로 귀결되는 것은 아니다.

3. 홉스의 분별력

홉스가 국가들간의 '전쟁과 평화'(peace and war)에 관해 분명하고도 상세하게 고찰한 것은 아니기 때문에, 이 문제에 관한 그의 간헐적 언급들을 검토하여 그의 생각을 비평하는 것은 공정하지도 신중하지도 못할 것이다. 그러나 그는 국제적 자연상태가 개인들의 자연상태에 비해 더 참을 만한 것이라는 점을 강하게 암시하고 있기 때문에, 우리는 이에 관한 그의 사상을 보다 폭넓은 정치이론의 맥락에서 검토할 수 있을 것이다. 홉스는 어떻게 불안이 인간들을 자연상태에서 기어나오게 하여 리바이어던을 세우게 했는가는 설명하지만, 국가들의 경우에도 이런 식으로 리바이어던을 요청하지는 않

23) *Leviathan*, Chap. 17.

는다. 그러므로 국제경쟁에서 완충 기제로 역할하는 것은 바로 국가 자신이라는 그의 역설의 핵심을 검토하는 것이 중요하다. 국가의 자연권을 제한하는 권력이 없기 때문에 국제정치가 평화의 상태가 아니라 할지라도, 그리고 그것이 인간성의 더러운 특징들을 최악의 상태로 재등장시킬 수 있는 상황이라 할지라도, 역시 국제적 전쟁상태는 견딜 만한 것이다. 스탠리 호프만(Stanley Hoffmann)의 해석에 의하면, 국제적 자연상태가 덜 끔찍한 데는 두 가지 이유가 있다.[24] 첫째, 국가들은 자연상태의 인간들보다 강하기 때문에 그들의 안보 딜레마, 즉 전멸의 공포가 덜 절박하다. 둘째, 국가의 존재는 바로 시민들의 안전을 위한 보장책이다. 즉, 자연상태에서는 아무도 안전하지 않지만, 국가간의 전쟁에서는 모든 사람의 일상생활이 다 영향받는 것은 아니다. 그렇다면, 그런 완충효과가 평화를 유지하는 데 충분한 것인가 하는 문제 제기가 가능할 것이다. 만약 인간들이 자연상태에서의 불안에 의해 결국 평화라는 공동 이익으로 나가지 않을 수 없다고 한다면, 그러한 홉스적 설명 양식에서 볼 때 왜 국가들의 경우엔 같은 결론에 도달하지 않는가? 인간들은 전쟁상태를 통해 평화를 추구하고 방어적 자세를 취하는 분별력을 배우게 된다. 확실히 홉스의 주권자가 평화에 대한 신민집단의 의지를 체현한 것이라면 홉스의 이런 원리를 국가들간의 관계에도 적용시킬 수 있지 않을까? 다시 말해 홉스적 주권자들이 국가들간의 새로운 사회계약을 창출하여 국가들간의 자연상태에도 적용시킬 기회를 꾀한다는 결론이 나올 수도 있지 않을까? 즉, 그의 사회계약 이론이 세계정부의 창설을 지향하고 있지는 않는가?

그러나 홉스는 그런 정책의 권고가능성을 암시조차 하지 않는

---

24) Stanley Hoffmann, *The State of War,* New York: Frederick A. Praeger, Publishers, 1965, p. 62.

다. 왜냐하면 국가들간의 자연상태는 몇몇 중요한 점들에 있어서 개인들간의 자연상태와 상이하기 때문이다. 사회계약을 형성하는 규범적 결론을 유효하게 하는 데 있어서, 개인들간에는 존재하지만 국가들간에는 결여된 두 가지 조건이 필요하다. 자연적 평등과 고도의 지리적 이동성(도망갈 능력)이 그것이다.25) 첫째 조건은 개인이 계약을 준수하기에 합당한 필연적 상황을, 그리고 그에 따른 계약 준수를 보장해 주는 상황을 만들어 주며, 둘째 조건은 어떤 사람도 타인을 노예화시킴으로써 자신의 나약함을 극복하려는 시도를 실행불가능하게 만든다.26) 개인들간의 자연상태에서는 걸리버도 릴리프션들도 없고 사자도 토끼도 없으며 … 걸리버나 사자 같은 인간이 될 수 있는 길도 없다. 그러나 국가들 사이에서는 항상 소수의 걸리버들과 다수의 릴리프션들이 있으며, 어떤 국가도 인접국으로부터 '달아날' 수 없다. 인간들의 평등은 자연적 사실이지만 '주권국들간의 평등'은 단지 편리한 법적 신화에 불과하다. 국가들 사이에서, '걸리버들'은 계약을 영원히 준수해야만 할 이유가 없으며, '릴리푸션들'은 그들이 그렇게 하리라고 신뢰할 길이 없다. 홉스가 번역을 했고 의심할 여지 없이 그로부터 상당히 많은 것을 배웠을, 위대한 『펠로폰네소스 전쟁사』의 저자인 투키디데스(Thucydides)는 이미 오래 전에 "강자는 자신이 할 수 있는 것을 하지만, 약자는 자신이 해야 하는 것을 수용하지 않을 수 없다," "국가들은 말하자면 불평등하게 태어난다," 그리고 "국제 체제의 역사는 가장 큰 불평등의 역사이다"라고 단언했던 것이다.27)

게다가, '주권적 대표자'는 주권의 어떤 부분도 양도하거나 포

25) Thomas L. Pangle, *op. cit.*, p. 339.
26) *Ibid.*
27) Robert Tucker, *The Inequality of Nations,* New York: Basic Books, Inc., Publishers, 1977, p. 3.

기할 권리가 없다는 도덕적 사실을 기억해야 한다. 분할불가능하며 양도불가능한 주권이라는 이 유명한 교의는 바로 근본적인 도덕적-정치적 원칙으로서의 계약이란 관념으로부터 도출된다. '사회계약' 이론은 어떤 정치적 권위나 정부는 자신의 합법적 권력을 원칙상 오직 피치자의 직접적인 만장일치의 계약으로부터만 도출할 수 있다는 뜻을 함축하고 있다. 구속받지 않는 하나의 주권하의 세계정부는 사회계약의 원리에 따라 이론적으로 고려해 볼 수 있지만, 그러려면 기존 주권정부의 철권이 해체되어야만 한다. 그러나 이것은 기존의 모든 주권자들이 세계정부를 위해 동시에 자멸하려 하지는 않을 것이란 점만 보아도 현실적으로 불가능한 것이다. 현실적으로 볼 때, 국가들간의 전쟁상태는 극복 불가능한 것처럼 보인다.

그렇다면, 그의 가르침이 주는 이런 필연적 결론에도 불구하고 그의 원리의 보급에 의해 "인류가 불멸의 평화를 향유하게 됨으로써 … 어떠한 전쟁의 구실도 거의 남아 있지 않게 될 것이다"[28]라고 어떻게 홉스가 역설할 수 있었을까? 토마스 팽글(Thomas Pangle)에 의하면 그 이유는 다음과 같다. 우선, '계몽', 즉 인간의 본성과 진정한 자연법에 대한 지식의 확산으로 인해, 그 통치자들이 자만과 공허한 영광의 추구란 어리석은 짓이며 평화와 안전이 우선적 가치를 지닌다는 사실을 깨닫는 국가들의 세계로 점차 나아갈 것이다. 동시에, 계몽은 대중들의 종교적 분파주의와 민족적 허영심을 약삭빠른 물질적 이기심으로 전환시킬 것이다. 게다가, 홉스의 원리에 의하면 도덕적으로 아무도 어떤 것에 대한 대가로 자신의 생명을 포기하도록 강요될 수 없기 때문에, 전장에서 군대를 유지할 수 있는 정부의 능력도 계몽으로 인해 침식될 것이다. 끝으로, 국가들이 더욱더 통상에 몰두하게 됨에 따라 인간들과 국가들은 상호간의 평

28) *De Cive*, Epistle Dedicatory.

화로운 소통과 상품교역 관계를 깨는 데 훨씬 덜 적극적이 될 것이다.[29] 그러나 영광, 명예, 지배, 그리고 우월에 대한 집착은 능력 있는 많은 인간들에겐 여전히 심각한 유혹으로 남게 될 것이라는 판단에 따라 홉스는 국제적인 자연적 환경의 변화에 대해 품었던 희망을 제한한다. 이와 같은 저변의 비관주의로 인해, 외부로부터의 위협에 대비한 정예병력뿐 아니라, 국가 내에도 고도로 집중된 강한 경찰력이 있어야 한다는 홉스의 권고가 더욱 생명력을 지닌다.[30]

홉스는 인간의 계몽, 참된 원리의 교육 및 이러한 원리의 보급 등을 통한 평화를 예견했으나, 그 성공 여부에 대해 매우 낙관적인 것은 아니었다. 왜냐하면, 인간들이 마지막 전쟁의 공포를 잊자마자 전쟁이 재발할 가능성이 크거니와, 모든 지상의 생물들이 그러하듯 자만의 왕인 국내의 리바이어던도 부패하기 쉽기 때문이다.[31] 이러한 이유들 때문에 토마스 홉스는 국가들간의 평화를 확보하고 유지하기 위해 월드 리바이어던을 요청하지 않았던 것이다. 홉스는 여기서 멈췄다. 바로 이와 같이 결론적 단계가 모호하고 부족하기 때문에, 홉스가 국내 정치질서에 대한 정치철학자로는 간주되었으면서도 국가들간의 평화에 관한 진정한 철학자로서는 간과되었던 것이다. 그러나 그의 영향은 이론적 결론을 향한 진전을 좀더 이룬 그의 철학적 계승자들을 통해 여전히 우리와 함께 하고 있다.

---

29) Pangle, *op. cit.*, pp. 339-340.
30) *Ibid.*, p. 340.
31) *Leviathan*, Chap. 28.

4. 홉스사상의 계승: 로크, 몽테스키외, 루소

존 로크(John Locke, 1632-1704)와 찰스 몽테스키외(Charles Montesquieu, 1689-1755)는 때로 홉스의 '자연상태'에 대한 묘사와 정반대의 수사적 인상을 주기도 한다. 그러나 가장 중요한 점들에 있어서는 홉스의 묘사와 일치한다.[32]

> 여기서 자연상태와 전쟁상태는 분명한 차이를 지닌다. 이것을 혼동하는 사람들도 있지만, 실제로 양자는 평화, 선의, 상호부조 및 생존의 상태가 적대, 악의, 폭력 및 상호파괴의 상태와 다른 만큼이나 큰 차이를 지니는 것이다. 인간들간에 재판할 권위를 지닌 공통의 우월자가 지상에 없는 상태에서, 사람들이 이성에 따라 살아가는 것이 바로 자연상태이다. 그러나 타인에 대한 폭력의 행사 내지는 폭력을 행사하겠다는 의도의 표명에도 불구하고, 그 구제를 호소할 공통의 우월자가 없는 것이 전쟁상태이다. 이 상태에서는 그러한 호소를 할 수 없기 때문에, 비록 공격자가 사회 속에 있는 동포의 일인이라 할지라도, 그에 대항한 전쟁을 할 수 있는 권리가 인간에게 부여된다. … 권위를 지닌 공통의 재판관이 없는 경우, 모든 인간들은 자연상태에 놓이게 된다. 그리고 권리도 없이 어떤 사람의 신체에 폭력을 가하는 것은, 공동의 재판관이 있든 없든, 전쟁상태를 야기한다.[33]

---

32) 정반대의 인상에 대해서는 다음을 참조할 것. John Locke, *The Second Treatise of Government*, Chap. 9. 그리고 Montesquieu, *The Spirit of Laws*, Chap. 1. Section 2-3, Chap. 9, Section 2, Chap. 30, Section 19. 후자와 같은 해석에 대해서는 다음을 참조할 것. Rechard H. Cox, *Locke on War and Peace,* Oxford: The Clarendon Press, 1960. 그리고 Thomas L. Pangle, *Montesquieu's Philosophy of Liberalism: A Commentary on The Spirit of the Laws,* Chicago: The University of Chicago Press, 1973.

33) Locke, *op. cit.*, Chap. 3, Sect. 19.

전쟁상태는 적의와 파괴의 상태이다. 그러므로, 열정적이고 성급하진 않지만 침착하고 확고하게 타인의 생명에 위해를 가할 계획을 말이나 행동으로써 선언한 경우, 그는 그 선언의 대상이 되는 사람과 전쟁상태에 놓이게 된다. 왜냐하면 그런 선언으로 인해 그 자신의 생명도 타인의 힘 앞에 노출시킴으로써, 위협을 받는 자나 그를 방어해 주기 위해 결집해 그의 투쟁의 지지하는 자들에 의해 죽을 수 있기 때문이다. 인간이 자신을 파멸시키겠다고 위협하는 자를 파멸시킬 권리를 가지는 것은 온당하고도 정당한 것이다. 왜냐하면 근본적 자연법에 의해 인간은 가능한 한 보존되어져야 하지만, 모든 것이 보존될 수 없을 땐 무고(無辜)한 자들의 안전이 우선시되어야 하기 때문이다. 또한, 인간은 자신에게 전쟁을 감행하거나 자신의 존재에 대한 적의를 드러낸 자를 늑대나 사자를 죽이는 것과 마찬가지 이유로 파멸시킬 수 있을 것이다. 즉, 그들은 공통의 이성법에 구속받지 않고 힘과 폭력 이외의 규칙이 없으므로 그들에게 붙잡히는 날엔 틀림없이 우리를 파괴할 위험하고도 해로운 맹수로서 취급되기 때문에 우리가 그들을 죽일 수도 있는 것이다.

그러므로 타인을 자신의 절대적 권력 내에 두려는 자는 그럼으로써 스스로를 그 타인과의 전쟁상태에 놓이게 하는 것이다. 즉, 그것은 타인의 생명에 대해 위해를 가할 의도의 표명으로 이해된다. 왜냐하면, 나의 동의 없이 나를 자신의 권력 내에 두려는 자는 그렇게 되었을 경우 나를 자신이 의도하는 바대로 이용할 것이며, 마음이 내키면 나를 파괴시키기도 할 것이기 때문이다. 또한 아무도 나의 자유로울 권리에 반하는 폭력에 의해 강제하지 않고는, 즉 나를 노예화시키지 않고는 나를 자신의 권력 내에 두려는 염원을 가질 수가 없기 때문이다. 그러한 폭력으로부터 자유로운 것만이 나의 생존의 유일한 안전책이므로, 나는 이성의 명령에 의해 그런 자를 생존의 보호막인 자유를 빼앗을 생존의 적으로 간주한다. 그러므로 나를 노예화시키려는 자는 나와 전쟁상태에 돌입하게 되는 것이다. 자연상태에서 타인의 자유를 빼앗으려는 인간은 반드시 그 밖의 모든 것도 빼앗으려는 의도를 지닌 것으로 여겨져야만 한다. 자유란 여타 모든 것의 토대이기 때문이다. 이것은 사회상태에 있는 자가 그 사회나 국가의 다른 사람들이 가진 자유를 빼앗으려 할 경우, 그들로부터 여타의 모든 것도 빼앗으려는 의도를 지닌 것으로 여겨져, 전쟁상태에 놓인 것으로 간주되어져야만 하는

것과 마찬가지인 것이다.[34)]

국가정부의 삶은 인간의 삶과 유사하다. 인간은 자연적 방위의 경우 죽일 권리를 가지며, 정부는 자신이 생존을 위해 전쟁을 할 권리가 있다. 자연적 방위의 경우 나는 죽일 권리를 가진다. 왜냐하면 적대자의 생명이 그에게 소중한 것과 마찬가지로 나의 생명도 나에겐 소중하기 때문이다. 이와 마찬가지로 한 국가의 생존은 다른 국가의 생존과 마찬가지로 소중하기 때문에 전쟁을 할 수 있는 것이다.

시민들의 경우 자연적 방위권이라 해서 꼭 공격이 필요하다는 의미는 아니다. 공격 대신 적당한 법정에 호소하기만 하면 된다. 그러므로 개인들은 법의 조력을 기다리기만 하다간 곧 죽게 될 때와 같이 긴박한 경우가 아니고는 이러한 방위권을 행사할 수 없다. 그러나 국가들의 경우 자연적 방위권은 때로 공격의 필요성을 수반한다. 예컨대, 한 국가의 입장에서 볼 때 평화를 계속 유지시킴으로써 타국이 자신을 파멸시키는 것이 가능케 되며, 오직 즉각적인 공격만이 자신의 파멸을 방지할 수 있는 유일한 방법일 경우가 그러하다.[35)]

그러나 로크와 몽테스키외는 인간의 적대적 경쟁성의 원천을 허영심보다는 '경제적 희소성'에서 더 찾는다. 그들은 대부분의 정치행위를 경제적 동기까지 거슬러 가며 규명하는, 정치와 역사에 대한 경제적 해석의 방법을 제시한다.[36)] 이런 해석은 인간 투쟁의 가장 중대한 근원이 홉스가 생각한 것보다는 더 합리적이고 덜 공격적인 동기에 있다는 뜻을 함축한다. 재산을 통해 안전을 획득하려는 염원이 만족될 줄 모르는 것이거나 심지어 권력, 영광 및 지배에 대한 염원보다도 더 만족될 줄 모르는 것이라 해도, 이런 염원의 만족을 향한 전진은 어떤 사람이 더 부유해지고자 한다면, 모든 또는 거의 모든 사람들도 더 부유해져야만 하는 경제적 관계와 더불어 이루어진다는 점을 매우 분명하게 인식하도록 인간들은 배울 수 있다.

34) *Ibid.*, Sect. 16-17.
35) Montesquieu, *op. cit.*, Chap. 10, Sect. 2.
36) Thomas Pangle, *op. cit.*, p. 340.

이러한 함의는 홉스의 낙관주의적 측면을 반영하는 것이다. 국가들은 상호에 대한 영원한 전쟁상태 속에서 존재한다. 그러나 계몽이 확산됨에 따라 전쟁상태는 어떤 합리적 제한들에 대한 상호인정에 의해 규제될 수 있다. 즉,

> "지식은 인간을 부드럽게 만들고, 이성은 자애심을 가져온다."
> "상업은 파괴적인 편견을 고쳐준다. 부드러운 생활방식이 있을 때면 반드시 상업이 있고, 상업이 있을 때면 반드시 부드러운 생활방식이 있다는 것은 거의 일반적인 법칙이다."
> "상업의 자연적 효과는 평화를 가져온다는 점이다. 서로 협상하는 두 국가는 상호의존적이 되게 된다."[37]

이러한 추론에 따르면, 국제적 상호의존은 평화의 첩경이다.

한편, 홉스의 비관주의적 측면을 더 반영한 사람은 루소(Jean Jacques Rousseau, 1712-1778)였다. 루소에 따르면, 국제적 상호의존은 불안과 경쟁의 원천이다. 바로 다른 국가에 대한 한 국가의 의존과 외부시장 및 천연자원에 대한 접근의 필요성으로 인해 국제관계를 악화시키는 불안과 의심이 야기된다. 홉스는 폭력을 인간 본성의 표현이라고 보았지만, 루소가 볼 때 전쟁은 사회상태에서 일어나는 것이다. 루소는 인간이 사회상태로 들어가자마자 자신이 나약한 존재라는 감정을 상실한다는, 따라서 평등이 멈추고 전쟁상태가 시작된다는 몽테스키외의 주장[38]을 수용하고 발전시킨다. 그러므로 루소는 전쟁이란 본질적으로 국가들간의 투쟁이라고 주장한다. 인간의 행위는 인간의 진정한 자아가 아니라 왜곡된 자아로부터 야기된다. 왜곡된 자아는 사회가 만든 것이며 사회만이 책임이 있다.

---

37) Montesquieu, *op. cit.*, Chap. 13, Sec. 3, Chap. 20, Secs. 1-2.
38) *Ibid.*, Chap. 1, Sec. 3.

> … 전쟁이란 인간과 인간 사이의 관계가 아니라 국가와 국가 사이의 관계이다. 개개인들은 서로 우연하게 적이 될 뿐이다. 인간으로서 적이 되는 것이 아니고, 시민으로서 적이 되는 것도 아니며, 다만 병사로서 적이 되는 것이다. 즉, 조국의 구성원으로서 적이 되는 것이 아니라, 오직 그 방위자로서 적이 되는 것이다. 결국 각 국가는 오직 다른 국가만을 적으로 가질 수 있을 뿐, 인간을 적으로 삼을 수는 없는 것이다.[39]

> 이처럼 그들 자신들간의 자연상태 속에 여전히 놓여져 있던 정치체들은 이제 개인들로 하여금 그런 자연상태를 벗어나지 않을 수 없게 만들었던 불편을 경험했다. 왜냐하면 이런 상태는 정치체를 구성한 개인들에게 그것이 치명적이었던 것보다 훨씬 더 치명적이 되기 때문이다. 그리하여 본성을 경악케 하고 이성을 분노케 하는 국가적인 전쟁, 전투, 살육 및 복수가 인간의 피를 흘리게 하는 영예를 덕들 중 하나로 꼽히게 하는 그런 모든 무시무시한 편견들과 함께 발생했다. 이리하여 가장 뛰어난 인간들조차 서로의 목을 베는 것을 의무로 생각하게끔 만들었다. 마침내 인간들은 영문도 모른 채 같은 인간들을 수천 명씩 학살했다. 자연상태에서 전 지구상의 전 시대에 걸쳐 범해졌던 것보다 더 많은 살육들이 단 하루의 전투에서 저질러졌으며, 더 폭력적인 유린들이 단 한 도시의 약탈에서도 자행되었다. 이것이 인류가 서로 다른 여러 사회들로 구분된 데 따르는 첫번째 결과라고 볼 수 있는 것이다.[40]

인간 본성 속의 아무 것도 한 인간으로 하여금 다른 인간을 죽이도록 강요하지는 않으므로, 전쟁이란 인간의 필요가 아니라 사회적 필요와 접목된 탐욕, 허식 및 변덕 때문에 하는 것이다. 한 국가의 출현으로 인해 여타의 모든 인간 촌락들은 전멸과 저항 사이의 선택을 강요받는다. 이 말은 다른 국가들이 일련의 연쇄반응에 의해 설립된다는 뜻이다. 그런 상황의 동학에 대해 다시 한번, 매우 올바

---

39) Rousseau, *Social Contract*, I. 4.
40) Rousseau, *Origin of Inequality*, Ⅱ.

르게 비난이 가해져야 한다. 즉, 비록 대부분의 국가들이 평화롭게 살고자 하더라도 몇몇 주요한 범죄국들이 문제를 일으키는 한, 그들은 그렇게 살 수 없다. 게다가, 국제적 갈등은 폭력, 이해관계, 강도 등의 폭과 같은 여러 점들에 있어 개인들간의 경쟁보다 훨씬 더 심각하다. 따라서 국가들은 갈등과 폭력을 결코 완화시키지 않고 오히려 확장시킨다. 그리하여 국제적 갈등의 결과는 인간들간의 갈등보다 훨씬 더 극악한 것이다. 홉스는 상이한 '국가이성'이 공동의 이익으로 수렴되어 상호갈등을 완화시킬 것으로 추정했다. 루소는 국제정치이론에서 매우 큰 중요성을 지니게 되는 주장을 통해, 이와 같은 자유주의적 국제정치 이념의 주요 부분을 파괴한다. 루소에 따르면, 국가들간의 경쟁 같은 치열한 경쟁의 상황에서 공동 이익이란 덧없고 별로 중요하지 않은 것이다. 우선 국가들의 실상부터 살펴보기로 하자. 인간들은 결국 시민사회에서 자신들의 공통이익을 인식하고 확신하게 되지만, 그들의 목적은 '외부'에 대비해 '내부'를 보호하는 것이다. 국가들간에는 전쟁이 제도화되어 온 것이다. 게다가, 국제적 갈등은 전제자들을 위한 보호장치이며, 세계적 불안은 국내적 안전을 보증한다는 점을 잊어서는 안 된다. 즉, 전제자들에게 세계 평화는 국내적 불안을 수반하지 않는가? 루소는 분리된 채 각각 움직이는 개별적 이익들이 모두에게 이익이 되는 하나의 해결점으로 수렴되기 위해서는 기적에 가까운 어떤 것이 있어야 할 것이라고 보았다. 즉, 공동이익에 근거한 제한들이란, 루소가 볼 때 허구적인 것이다. 그럼 합리적 행동 노선을 규정하려는 각국의 노력에서 연유할 수 있는 자제의 가능성은 어떠한가? '게임의 규칙'이 너무 유동적이어서, 즉 그것의 심리적 요인이 너무 중요한 것이어서 합리성에 대한 의미 있는 정의를 내릴 수 없다. 루소는 국제 경쟁에 걸린 이해관계란 계산가능한 화폐단위나 어떤 진정한 측정수단으로 전환될 수 없다고 인식했다. 그러므로 자제 역시 환상인 것이다. 흄(Hume)은 루소와는 좀 다른 뉘앙스지만 유사한 논조로 “정의의 의무는 개인들보다는 국가들 사이에서 덜 강하다”고 주장하는데, 이것은 도덕성에 이중 기준 즉 하나는 개인들에 대한 기준이고 또 하나는 국가들에 대한 기준이 있음을 시사하는 것이다. 그러므로 루소의 세계관(Weltanschauung)에서 볼 때, 전쟁과 평화에 관한 홉스의 생각은 그에 관한 로크와 몽테스키외의 사상과 더불어 국제정치를 다소 순진하고 낭만적이며 이상주의적으로 이해한 것이라는 비난을 면할 길이 없다. 루소는 국제적 정글 속에서 삶에 대한 위협과 폭력은 홉스가 예기한 대로 완화될 수 없다고 경고함으로써 홉스에서 진일보를 이룩했다. 루소에 따르면, 우리는 평화를 위해 책을 쓰는 대신 군대를 일으켜야 한다.41)

5. 홉스사상의 재음미: 임마뉴엘 칸트

칸트(Immanuel Kant, 1724-1804)의 정치철학과 홉스 및 로크의 자유주의 사이에는 주목할 만한 일치점이 있다. 주권국가는 근본적으로 독립적인 삶을 살아가는 인간들에 의해 이루어진 사회계약을 통해 이 땅에 존재하게 되고 또 정당성(legitimacy)을 얻는다. 정부의 목적은 생명, 자유, 재산 및 행복 추구의 자연권을 확보하게 하는 것이다. 그러나 초기 자유주의 이론과의 현저한 차이가 외교정책에서 발견된다. 즉, 정언명령(categorical imperative)의 보편성에 대한 광

41) F. H. Hinsley, *Power and the Pursuit of Peace,* Cambridge: Cambridge University Press, 1963, p. 49.

범위한 참여를 가능케 하는 조건들을 촉진시키려는 정치적 목표는 전체로서의 인류에 대한 세계시민적 관심을 내포한다. 국가적 분리 상태와 전쟁이 계속됨으로 인해 인간은 종종 타인의 존엄성을 인식하지 못하는 상황에 처하지 않을 수 없다. 게다가, 전쟁은 인간의 정력을 평화로운 도덕적 추구와 자기개선으로부터 다른 데로 돌린다. 그러나 '영구평화'를 초래할 방법을 발견하려는 노력은 일종의 직접적인 도덕적 의무이다. 칸트는 앞선 자유주의 철학자들인 홉스, 로크, 몽테스키외 등이 영구평화를 향해 시도했던 것을 훨씬 더 넘어서려 했다.

칸트는 혁명적 전쟁들의 소용돌이치는 드라마, 특히 이들 전쟁의 첫번째 주요한 변환점을 지켜볼 수 있는 유리한 입장에 있었다. 그것은 혁명주의적 프랑스와 절대주의적 프러시아 사이에 1795년 4월에 조인된 바젤의 평화(Peace of Basle)에 의해 일어났다. 이 사건은 앞서 있었던 1713년의 유트레히트 조약(Treaty of Utrecht)이 생 삐에르(Abbé de Saint Pierre)에게 영향을 미쳤던 것처럼 칸트에게 감명과 기쁨을 주었다. 그는 영속적인 평화 조약에 관한 견해를 피력할 기회를 잡았고, 그것을 자신의 작품인 『영구평화론』(*Zum ewigen Frienden*)에서 구체화시켰다.[42] 칸트는 과거에 수없이 많이 조인되고 파기되어 온 바 있는 절대주의적 통치자들간에 맺어지는 전통적 형태의 조약이 아니라, 모범적 평화조약을 위한 초안으로 결론을 맺는 국제관계의 본질에 관한 일반적 논문을 염두에 두었다. 칸트가 『영구평화론』에서 언급했듯이, 이제 필요한 것은 '전통적인 평화의 조약'(foedus pacis)이라기보다는 '평화를 위한 조약'(foedus pacificum)이었다.[43]

---

42) F. Parkinson, *The Philosophy of International Relations,* Beverly Hills: Sage Publications, 1977, p. 67.

43) *Ibid.*

영구적 평화를 확보하기 위하여, 칸트는 홉스의 원초적 자연상태에서부터 출발한다. 칸트는 국가들 사이의 상황을 '전쟁상태'인 '자연상태'로 규정한다.

> 나란히 살아가는 인간들간의 평화상태는 자연상태가 아니다. 자연상태는 전쟁상태이다. … 이웃에 의해 각자의 안전이 보장되지 않는다면 각자는 자신의 이웃을 적으로 취급할 것이다.[44)]

> 전쟁이란 자연상태에서 자신의 권리를 힘으로써 주장하는 서글픈 방책일 뿐이다. … 거기선 어느 측도 부정하다고 판결될 수 없다. … 국가들 사이에 처벌적 전쟁이란 생각될 수 없다. 국가들간에는 상급자와 하급자의 관계가 있을 수 없기 때문이다.[45)]

그러나 개인들의 경우와 꼭 마찬가지로 국가들의 경우에도, 외적 자유(external freedom)가 확보될 수 있다면 자연상태는 틀림없이 극복될 것이라고 주장함으로써 칸트는 홉스적 시각과 결별한다. 그러므로 그는 사회계약, 즉 국가들간에 어떤 종류의 국제조직을 형성하기 위해 노력하는 것은, 도덕은 물론 정의의 의무라고 역설할 수 있었다. 칸트에게 어떤 종류의 국제조직이나 연방주의(federalism)는 다른 어떤 사상가에 있어서보다 중요하다. 왜냐하면 최고 수준, 즉 독립국가들의 관계에서 그러한 질서가 없다면 어떤 수준에서의 공법 질서든 그 가능성이 위태롭게 될 것이기 때문이다.[46)] 게다가 이와 같은 어떤 미래상이 없다면 영속적이고자 하는 평화란 개시될 수도 없을 것이기 때문이다.

---

44) Kant, *Perpetual Peace*, in Hans Reiss, ed., *Kant's Political Writings,* Cambridge: Cambridge University Press, 1970, p. 98.

45) *Ibid.*, p. 96.

46) Partick Riley, *Kant's Political Philosophy,* New Jersey, Totowa, Rowman and Littlefield, 1983, p. 114.

자연상태의 묘한 도덕적 지위로 볼 때, 어떤 국가도 전쟁을 한다는 이유로 비난받을 수는 없지만 동시에 모든 국가들은 법률하에 평화를 추구할 의무를 지닌다. 서로에 대한 국가의 행위는 공동의 우월자가 없는 상태에서 사는 인간들간에 획득되는 법률적 규범에 따라야 한다. 그러므로 이웃 국가로 하여금 국제적 사회계약, 즉 국가들의 연맹(league of nations)에 가담하도록 강제할 수도 있다.47) 이러한 논리적 흐름을 계속 따른다면 칸트는 결국 진정한 세계정부, 즉 월드 리바이어던을 지지하지 않을 수 없을 것이다. 그러나 칸트는 세계정부가 해답이라고 결론 내리진 않는다.48) 그는 원칙적으로 옳은 것을 실현할 수 없는 것은 극복할 수 없는 인간성의 약점— 탐욕, 민족적 자부심, 근시안적인 사고—때문이라고 비판하면서, 그것을 지지하지 않는다. 그러나 인간 본성의 약점이 월드 '리바이어던'의 실현을 방해하는 유일한 것은 아니다. 하나의 법과 하나의 체제(regime)하에 있는 평화롭고 빛나는 세계를 묘사하면서, 칸트는 그러한 권력의 집중과 생활방식의 동질성이 초래할 수 있는 무서운 결과에 가서는 전율하면서 후퇴한다.

> 그러나 이성의 이념에 비추어 볼 때, 독립적이지만 이웃하는 다수의 국가들이 분리되어 존재하는 것이 하나의 우월한 권력하에 국가들이 합병되어 있는 것보다 낫다. 왜냐하면 후자는 다른 국가들을 뒤엎고 결국 하나의 보편적 군주제를 초래하여 그 정부가 커질수록 법률들이

---

47) 자연상태의 인간(또는 사람들)은 나의 안전을 박탈하고 나를 해친다. 그가 내 옆에 있다면, 단순한 그의 위치에 의해, 비록 그가 적극적으로 나를 해치려 하지 않더라도 그렇다. 그가 처한 상태의 무법성(lawlessness)에 의해 그러하며, 그것은 끊임없이 나를 위협하는 것이다. 그러므로 나는 그로 하여금 나와 더불어 공동의 시민법의 상태로 들어가든지, 아니면 내 이웃으로부터 떠나도록 강요할 수 있다. Kant, *op. cit.*, p. 98n.

48) Kenneth Waltz, "Kant, Liberalism, and War," *The American Political Science Review*, Vol. 56, No. 2, June 1962, p. 337.

> 점진적으로 힘을 잃고, 무정한 전제정치는 선의 씨들을 질식시킨 뒤 결국엔 무정부상태로 전락될 것이기 때문이다.[49]

칸트의 입장은 딜레마에 처해 있다. 왜냐하면, 만약 국가들의 연맹이 평화를 집행할 만큼 충분히 강하다면, 사실상 그것은 초국가(super-state)가 되어 그 구성국들의 권리를 억압하지 않을 수 없게 될 것이기 때문이다. 반면, 국가들의 연맹이 이러기에 충분할 만큼 강하지 않다면, 구성 국가들 사이의 경쟁이 불가피하여 그들은 다시 국제적 무정부상태로 전락할 것이기 때문이다.[50] 이 점에 이르게 되면 정치가들로 하여금 그들 자신과 그들의 정책을 국가들의 연맹을 창설하는 데 바치도록 훈계할 충분한 근거를 칸트가 과연 가지고 있었는가 하는 점이 의문시된다. 여기서 칸트의 사상은 홉스, 로크 및 몽테스키외를 상기시킨다.

> 전쟁과 양립할 수 없는 상업정신이 조만간 모든 국가에서 우세를 획득한다. 국력하에 포함된 모든 권력들 중에 아마도 재정력이 가장 믿을 만할 것이므로, 국가들은 어떤 도덕적 충동이 없더라도 평화라는 고귀한 대의를 추진하지 않을 수 없으며, 전쟁이 일어날 우려가 있을 때면 언제든지 숙고에 의해 그것을 방지한다. 그들은 꼭 영구 동맹을 맺고 있기라도 한 듯이 그렇게 한다. … 이런 식으로, 자연은 인간 정념의 메커니즘에 의해 영구평화를 보장한다.[51]

자연 또는 섭리적 과정이 칸트가 언급한 첫번째 '보장자'이다. 그리고 이 첫번째 보장자는 공화적 형태의 정부라는 두 번째 '보장자'에 의해 지지된다.

---

49) Kant, *op. cit.*, p. 113.
50) W. B. Gallie, *Philosophers of Peace and War,* Cambridge: Cambridge University Press, 1979, p. 24.
51) Kant, *op. cit.*, p. 114.

> 공화주의적 헌정은 그 기원이 순수할 뿐만 아니라 … 바람직한 결과, 즉 영구평화를 달성할 전망을 제시한다. 그 이유는 다음과 같다. 즉, 선전포고를 하기 위해서 시민들의 동의가 필요하다고 할 때, … 시민들이 온갖 전쟁의 참화를 스스로 부담하면서, 그처럼 위험한 일을 착수하는 데 매우 망설이게 될 것은 너무나 당연한 일일 것이기 때문이다.[52]

칸트는 다른 사람들 중 투키디데스(홉스의 스승)에게 배워야만 될 역사적 교훈을 철저하게 망각했던 것 같다. 그는 또한 민주주의적 애국심이 군사적 활력, 또 심지어는 공격성과 연관되어 있다는 루소(칸트 자신의 스승)의 인식도 알지 못한 것 같다. 그러나 칸트가 두 '보장자들' 중 어떤 것에도 완전한 신뢰를 두지 않은 것은 그의 건전한 상식 덕분이다. 사실상 칸트는 전례없는 대규모 군대와 들어본 적이 없는 경제력과 기술력을 보유한 이 새로운 체제들이 내포한 소름끼치는 가능성을 보다 잘 파악하고 있는 것 같다.

> 또 그것(잦은 전쟁)에 의해, 끊임없이 훈련을 받고 이전보다 더 많은 전쟁장비로 무장되어 있어야만 하는 군대를 유지하는 데 드는 경비가 점점 더 높아져야만 한다. … 그 동안에 저장된 자원들이 다음 전쟁의 경비를 충당하기에 충분한 한, 어떤 평화도 충분히 오래 지속되지 않을 것이다. 반면, 국채의 발명은, 비록 영리한 것이긴 해도, 궁극적으로는 자충수적인 편법인 것이다.[53]

따라서 세 번째이자 가장 견고한 영구평화의 보장자인 국가들의 연맹은 국력을 쇠약하게 하는 반복적인 전쟁을 겪은 뒤 국가들의 힘이 결국 소진되었을 때 형성된다.

---

52) *Ibid.*, p. 100.
53) Kant, *Theory and Practice*, Reiss ed., *op. cit.*, p. 90.

전쟁을 통해 군비 과세와 끝없는 군비 축적을 통해 어떤 국가든 평화시조차 겪지 않을 수 없는 궁핍을 통해 자연은 국가들로 하여금 처음으로 불충분하고 시험적인 조치나마 취하지 않을 수 없게 한다. 그리하여 결국 참화와 혁명 그리고 완전한 힘의 소진을 경험케 한 뒤에, … 자연은 국가들로 하여금 무법의 야만상태에서 벗어나 국가들의 연맹으로 들어가게 만든다.[54]

이 점에서, 칸트는 실제로 영구평화란 반복적인 고생의 경험을 통해서만 일어날 것이라고 단언하는 것 같다. 여기서 칸트는 평화에 대해 홉스가 가진 비관주의뿐 아니라 궁극적인 평화의 가능성에 대한 전망도 반영하고 있다. 즉, 홉스는 다음과 같이 주장한다.

인간들이 자신들의 어둠(darkness)을 깨달을 수 있는 방법은 오직 하나, 살아가는 동안 자신들에게 일어나는 뜻하지 않은 불운으로부터 추론하는 길뿐이다.[55]

칸트는 홉스가 출발했던 곳에서 출발하여 영구평화를 향한 자신의 노력을 계속했으나, 결국엔 국제관계에 대한 홉스의 냉정한 비관주의 내지 현실주의로 돌아왔다. 홉스는 월드 리바이어던이 가능하지 않다는 것을 알고 있었기에, 국제평화를 위해 그것을 요청하지 않았다. 칸트는 그 괴물을 창설하는 것이 지극히 어렵다는 점을 깨닫고 있었음에도 불구하고, 일종의 제한된 형태의 리바이어던이라 할 수 있는 국가들의 연맹을 요청했다. 그럼에도 불구하고, 칸트에 홉스의 영향이 미쳤음은 분명하다. 홉스와 칸트의 차이는 칸트가 국가들간의 평화의 중요성을 홉스보다 더 강조한다는 점이다. 왜냐하면 칸트에게 있어서는 인간들간에 완전한 시민 헌정을 창설하는 문

54) Kant, *Idea for a Universal History with a Cosmopolitan Purpose*, Seventh Proposition, Reiss ed., *op. cit.*, p. 47.
55) *Leviathan*, Chap. 44.

제조차 법적 지배를 받는 국제관계라는 문제에 달려 있으며, 이것이 해결될 때까지는 시민 헌정 창설문제도 해결될 수 없기 때문이다.[56]

6. 결　론

카아(E. H. Carr)가 약 60년 전에 국제관계학에 대해 언급했듯이, 국제관계론은 아직 유년기에 있다.[57] 이 분야에서 있었던 자의식적으로 개척적인 작품들이 흘린 피와 땀에도 불구하고, 국제관계이론이 극히 미숙하다는 점을 대담하게 부인할 수 있는 사람이 있을지는 의문이다. 비록 그런 작품이 있더라도, 브레진스키(Brzezinski)는 대학에서 행해진 대략 90퍼센트의 연구가 정책 수립가들에겐 쓸모없거나 부적절한 것이라고 말한 것으로 전해진다.[58] 그럼 왜 그런가? 주된 이유는 '오딧세이의 모험'(Peril of Odysseus)[59]과 같은 것으로, 국제관계의 연구가 여전히 '과학주의'의 동굴 속에 있기 때문이다. 정치학자들은 무지개를 잡으러 산에 올라가는 어린아이처럼 국제관계에 대한 과학적 이론을 발견하려 시도해 왔다. 바꿔 말하면, 정치학자들은 엄밀하고 인과적이며 일반법칙적인 설명력과 예측력

56) Kant, *Idea for a Universal History*, Reiss ed., *op. cit.*, p. 47.

57) E. H. Carr, *The Twenty Year's Crisis 1919-1939,* London: Macmillan and Company, Ltd., 1939, p. 1.

58) John C. Garnett, *Commonsense and The Theory of International Politics,* London: The Macmillan Press, Ltd., 1984, p. 1.

59) Oran R. Young, "The Perils of Odysseus: On Constructing Theories of International Relations," *World Politics*, Vol. 24, Supplement, Spring 1972, pp. 179-203.

에 바탕한 이론을 구축하려 해 왔다. 이러한 노력의 기록들을 살펴보면, 그들이 자신의 탐구 주제인 역사적 사회적 현상에 대해 가장 근면하고 기술적으로도 잘 훈련되어 있으며 고도로 세련된 다른 사회과학자들보다도 더 풍부한 상상력을 지니고 있다는 사실을 분명히 알 수 있다.

그럼에도 불구하고, 저주받은 시지프스(Sisyphus)처럼 대부분의 현대 정치학자들은 국제정치 현상에 대한 성공적 이론화라는 목표를 향해 자신들이 올바른 길을 가고 있는지 재고하는 일을 멈추지 않는다. 부언하면, 국제관계의 과학적 이론이라는 그들의 목표가 손에 잡히지 않음에도 불구하고 그들은 과학적 이론 구축을 위한 자신들의 노력을 멈추려 하지 않는다. '과학을 향한 종교적 헌신'은 그들이 직면해 온 반복된 좌절에도 불구하고 꺽여지지 않아 왔다. 사실, 기껏해야 사소하다 할 수 있을 뿐인 그들의 업적과 멈출 줄 모르는 그들의 노력 사이에 가로놓인 간극이 역력하기 때문에, 자신의 목표에서 더 멀어질수록 노력을 배가하는 사람이 광신자(fanatic)라는, 종종 인용되는 산타야나(Santayana)의 광신자에 대한 정의가 적용될 수도 있을 것이다.

이처럼 유감스런 상황을 극복하기 위해 우리는 과학주의의 황무지에서 문명의 편안함으로, 즉 정치철학으로 복귀해야만 한다. 그리고 우리는 "모든 예술품과 공작품들의 경우와 마찬가지로, 철학의 모든 분과에서 같은 정도의 정밀성을 기대할 수는 없으므로 우리가 이 학문(인간행동학)을 다루는 방법은 그 주제가 요구하는 정도의 정확성만 획득할 수 있다면 충분할 것이다"[60]라는 아리스토텔레스의 경고를 상기해야만 한다. 즉, 우리는 정치학으로부터 수학적 엄

60) Aristotle, *Nichomachian Ethics*, trans. by H. Rackham, Leob Classic Library Edition, Harvard University Press, 1926, p. 7.

밀성을 기대해서는 안 된다. 정치학의 주제는 그렇게 다루기에 걸맞지 않기 때문이다.

홉스가 국제관계의 '일반 원칙'만을 제공한 것도 그 때문일 것이다. 대부분의 그의 계승자들과 달리, 풀 수 없는 것은 풀지 않은 채로 애매모호한 것은 애매모호한 채로 솔직하게 남겨 놓았기에 홉스의 명성이 계속되는 것일 것이다. 원칙이란 보다 더 일반적일수록, 보다 더 융통성 있고 유연하게 되는 법이다. 홉스는 그의 정신과 통찰력이 미칠 수 있는 한 계속 나아갔지만, 불확실성이 지배하는 곳에선 멈추었다. 그는 그의 계승자들보다 더 신중한 철학자였다. 공포는 인간을 신중하게 만드는 법이듯이,[61] 국제관계의 불확실성에 대한 홉스의 공포는 국가들간의 평화를 철학화하는 데 있어 그 자신을 신중하게 만들었다. 오늘날 국가들간의 '불안한'(troubled) 평화가 궁극적으로는 자멸적인 핵의 공포에서 연유하는 신중성에 의존하고 있으며, "우리의 핵무기 시대에서조차 국제정치적 삶은 여전히 홉스가 묘사했던 '자연상태'와 더 닮았다"[62]는 사실을 부인할 수 있는 사람은 아무도 없을 것이다.

오늘날 단 하나의 위대한 책이나 저자한테 계속 돌아가거나 의존하는 일이 사라져 가고 있으며, 그 결과 우리의 사고방식이 원자화되고 있다. 그러나 홉스는 여전히 그러한 복귀와 의존의 원천일 수 있다. 국가들간의 평화에 대한 그의 신중한 사상이 우리의 국제적 상황에 대한 필수적 이해와 국제 평화를 향한 적절한 열망을 제

61) Leo Strauss, *The Political Philosophy of Hobbes: Its Basis and Its Genesis,* Chicago: The University of Chicago Press, 1952, p. 166.

62) The Harvard Nuclear Study Group: Albert Carnesale, Paul Doty, Stanley Hoffmann, Samuel P. Huntington, Joseph S. Nye, Jr. and Scott D. Sagan, *Living with Nuclear Weapons,* Cambridge: Harvard University Press, 1983, p. 24.

공할 수 있기 때문이다. 게다가, 현대 정치철학자들에 대한 그의 막대한 영향으로 인해 홉스가 실제로 무엇을 말했고 무엇을 말하지 않았는지에 대해 우리의 지적 호기심이 끌리지 않을 수 없다. 홉스는 그의 인간관으로 인해 격렬한 비난도 받아 오고 열광적인 갈채도 받아 왔다. 그를 비판하는 사람들은 그것을 비관주의적이라고 비난해 온 반면, 그를 찬미하는 사람들은 그것을 현실주의적이라고 칭했던 것이다. 어쨌든, 홉스는 그가 인간의 자연적 성향이라고 여긴 것을 토대로 하여 정교한 자연법의 학설을 발전시켰다. 핵무기나 대량 테러리즘이 있기 훨씬 전에, 홉스는 불가피하고 논리적이고 신중하며 머나먼 평화에로의 길을 파악했는데, 그것은 갑작스런 폭력적 죽음(sudden violent death)을 만인이 두려워하는 데서 비롯되는 것이다. 홉스는 우리를 영구평화로 인도하지는 않았지만, 그의 정치철학은 우리의 영원한 자산이 되어 왔다. 그의 평화철학은 그의 계승자인 칸트에 의해 빛을 잃어 왔다. 그러나 칸트를 향해 문을 연 사람은 바로 홉스였다. 그의 계승자들이 평화에 관해 기울인 거의 모든 철학 행위는 토마스 홉스에 대한 각주에 불과하다고 볼 수도 있다. 이런 의미에서 홉스는 국제평화 정치철학의 코페르니쿠스(Copernicus)였다고 해도 과언이 아닐 것이다.

제 11 장

자본주의와 공산주의: 정치철학사적 조망

> 비록 진리라 할지라도 쓰지 말아야 할 것이 있는 법이다.
>
> – 이사야 벌린 –

마르크스주의는 인간의 삶, 즉 인간의 과거, 현재 그리고 미래의 삶에 관한 하나의 포괄적인 설명을 제시한다.[1] 마르크스의 공산주의는 당시의 지배적인 삶의 양식, 즉 자본주의에 대한 근본적 도전이었다. 따라서 자본주의와 공산주의는 함께 근대세계의 축소판이라고 할 수 있다. 즉 자본주의와 공산주의는 어떤 면에서 근대세계를 함께 구성하고 있다. 따라서 이 두 가지를 이해하는 것은 곧 근대세계의 토대를 이해하는 것이 된다고 할 수 있다. 이러한 간단한 명제가 수락될 수 있다면 전근대세계에서 근대세계로 이행하면서 근대가 둘로, 즉 자본주의와 공산주의로 분열되었다는 것을 인정할 수 있을 것이다. 근대가 출현하기 위해서는 어떠한 형태로든 전

1) Joseph Cropsey, *Political Philosophy and Issues of Politics,* Chicago: The University of Chicago Press, 1977, p. 90. 이 장이 크랍시(Cropsey)의 이 논문집에 재수록된 여러 논문들에 크게 의존하여 작성된 것임을 고백하고자 한다. 또한 이 장문은 개괄적으로 작성되었기에 자세한 각주는 생략하였다.

근대 혹은 고대가 처리되어야만 했었을 것이다. 따라서 이에 대한 비철학적인 역사가들의 해석 또한 다양하게 시도되었다. 예를 들어 자본주의의 등장을 신교(Protestantism)에 관련시키는 사람들은 로마의 카톨릭 교회의 지배에 의해 대변되는 구질서가 근대질서가 형성될 수 있기 전에 어떻게든 처분되어야만 했다고 가정하고 있다. 아울러 고대질서의 근대질서에 의한 대치, 또는 고대와 근대간의 구별을 신교에 의한 구교의 대치로 이해하고 있다.[2] 좀바르트(Sombart)는 고대의 상황을 대치하는 데 핵심을 제공했던 것은 종교개혁의 영향이 아니라 유태인공동체에서 통용되고 있던 힘이었다고 믿고 있다.[3] 어쨌든 자본주의의 출현은 고대의 정치경제적 실제의 대치를 필요로 했다는 점에는 합의가 존재한다고 할 수 있다.

1. 르네상스와 근대

르네상스는 이런 대치와 어떤 관계가 있는 것일까? 르네상스란 고전적 사고방식의 부활을 의미한다. 따라서 르네상스가 엄격한 의미에서 우리가 알고 있는 근대성의 출현의 토대가 된다면 우리는 고대의 고전적 교리 속에서 자본주의와 공산주의의 기묘한 합성의 근원을 발견할 수 있어야만 할 것이다. 그러나 그것은 결코 쉬운 일이 아니다. 왜냐하면 철학, 특히 정치철학의 진화과정 속에는 진실

2) Max Weber, *The Protestant Ethic and the Spirit of Capitalism,* New York: Charles Scriber's Sons, 1958; Tawney, *Religion and Rise of Capitalism,* Gloucester, Mass.: Smith, 1963.

3) Werner Sombart, *The Jews and Modern Capitalism,* New York, 1962; 영어번역초판, 1913.

로 의식적이고 의도적인 고대질서의 거부가 있었기 때문이다. 정치철학사에서 고전적 교리를 분명하게 거부한 예는 마키아벨리에서 발견된다. 그는 공동의 삶, 즉 정치 및 사회적 존재의 도덕적 토대를 다시 성찰함으로써 정치철학사에서 중요한 하나의 분기점을 이루었다. 그러나 그는 고전철학자들처럼 자신의 주제를 통치자에 집중시켰으며 통치자의 지혜보다는 통치기술에 관해서 말하고 있다.

이후 정치철학사에서 보다 포괄적으로 고전적 전통을 명백하게 거부한 사람은 군주보다는 시민을 주제로 삼았던 홉스였다. 플라톤과 아리스토텔레스의 이름과 관련된 고전철학은 '본질'(nature)이라는 개념으로부터 출발한다. 목적론적(teleological)이라는 단어는 '목표'나 '완성' 혹은 '정상'의 의미에서 '끝'(end)이 있다는 것을 암시한다. 아리스토텔레스는 『정치학』에서 만일 우리가 어떤 것의 본질을 알고 싶다면 그것의 원시적 형태가 아니라 완성된 형태를 보아야 한다고 주장한다. 그러나 홉스를 필두로 한 근대철학자들은 정반대의 입장에 있다. 즉 그들은 본질적인 것을 완성된 형태가 아니라 원시적 형태와 연결시켰던 것이다.

아리스토텔레스에게서 본질적인 것은 '무엇으로부터'라기보다는 '무엇을 지향하여'를 의미했었다. 따라서 그에게서 인간이 문제가 될 경우엔 탁월성의 개념과 그에 따른 인간생활의 완성이 관심이었다. 그러나 본질적인 것을 완성이나 완전성과 결부시키게 되면 우리는 곧 어떤 사람은 그 상태에 접근하겠지만 다른 사람들은 그렇지 못하고 또 다른 사람들은 전혀 그렇지 못하다는 것을 알게 된다. 즉 우리는 인간들의 자연적 불평등을 목격하게 된다. 따라서 우리가 목적론적 본질의 개념과 그에 따른 탁월성의 차이라는 의미에서 불평등의 개념으로 정치적 논의를 시작할 때 통치에 관한 결론은 자연스럽게 나온다. 즉 고대인들은 적절한 인간적 자격을 갖춘 사람들이 통치자의 지위에 오르면 잘 구성된 정부이고 다른 사람들에게 무엇을 하라고 말하는 통치자들이 그럴 만한 자격을 갖추지 못했다면 그만큼 그 정부는 나쁜 정부이다. 따라서 본질에 대한 이해의 목적론적 성질에서 파생되는 불평등의 개념은 통치에 대해 자격 있는 자들과 자격이 없는 자들 사이의 차이를 가져오는 정치학에 자연스럽게 귀결된다. 그리하여 통치의 자격에 관해서 알고 싶을 때 우리는 어떤 형태의 지혜, 어떤 특별한 인간적 특성의 표현을 배제하기 어려울 것이다.

2. 근대의 출항

홉스는 '자연상태'를 상정하고 그것으로부터 정치적 논의를 시작함으로써 아리스토텔레스의 입장을 철저하게 그리고 명시적으로 문제삼았다. 자연상태에서 인간의 조건은 무엇인가? 인간은 자신에 대한 사랑에서 출발한다. 인간이란 자신의 보존에 대한 욕망을 갖고 있으며 그것은 곧 생존의 욕망을 의미한다. 삶이란 그것을 구성하는 어떤 물질의 운동이며 인간의 삶이란 작은 부분들의 운동이다. 인간에겐 생존의 욕망이 너무도 압도적으로 강해서 그것에 저항할 방법이 없다. 그것에 저항하려는 시도는 오히려 인간의 본질에 어긋나려는 시도이다. 따라서 홉스는 우리가 인간의 진실된 본질을 알고자 한다면 목적론적인 인간의 완성이 아니라 모든 사람들에게 내재하는 그 어떤 것을 알아야 한다고 말한다. 본질은 모든 인간들을 인간으로서 움직이는 것이어야만 한다. 그리고 생존의 욕망이 곧 그것이다. 홉스는 이리하여 모든 사람들이 일상적 경험에서 보고 발견할 수 있는 것에 인간본질의 토대를 두게 되었다. 사람들이 비현실적이라고 생각하는 도덕이나 신학의 개념에 근거하는 정치질서가 아니라 모든 사람들이 공감하는 것에 근거하는 정치질서가 현실적이다. 이런 근대의 반란은 정치 및 도덕적 처방에 보다 현실적인 토대를 발견하는 시도였으며 홉스는 생존을 인간의 본질적 권리라고 불렀다. 그러나 우리의 본질이 행하도록 요구하는 것들을 행하는 것이 우리들의 권리라면, 우리들은 잘잘못을 말해줄 수 있는 도덕적 기준을 상실하지 않겠는가? 내적 욕구에 의해서 모든 것이 정당화된다면 그것은 분명히 비이성적이다.

스피노자의 지적처럼 만일 동물의 본질이 그러한 것이라면 자신의 행동에 책임을 묻는 것은 전적으로 부적절하다. 그것은 자연질서에서 도덕적 판단을 끌어낼 토대를 파괴해 버리기 때문이다. 자연상태란 무엇인가? 자연상태에서 인간들의 조건은 무엇인가? 홉스는 만인에 대한 만인의 투쟁이라고 말한다. 인간들은 피할 수 없다. 그들은 항상 싸울 뿐이다. 따라서 원칙적으로 생존의 욕망은 상호살인을 낳게 된다. 따라서 자연상태 속의 삶이란 그 유명한 홉스의 묘사처럼 고독하고 가난하며 지겹고 잔인하고 짧은 것이다. 이런 상태하에서 삶의 법칙은 무엇인가? 삶의 법칙은 자연의 법칙, 즉 자연법(natural law)이다. 따라서 자연법은 홉스의 전통 속에서 이해될 때 도덕적 법칙이 아니다. 그것은 생존의 법칙이다. 따라서 자연상태에서 힘과 사기는 중요한 미덕이 된다. 실로 카인은 자연법에 충실한 자연스런 인간이 되는 것이다.

그러나 어느 시점에 가서 사람들은 그것이 더 이상 용인될 수 없다고 이해하게 된다. 그래서 사람들은 함께 모여 계약을 맺고 자연법의 최종적 끝이라고 가르치는 평화를 위해서 자연적 자유의 완화에 합의하게 되었다. 따라서 자기보존을 열망하는 과정에서 자연상태를 계속한다는 것은 로크가 나중에 표현했던 것처럼 끝없는 불편(inconveniences)을 가져올 것이라는 순수한 계산에서 인간들은 협약에 의해 국가를 만드는 패러독스에 도달했다. 아리스토텔레스가 인간이란 원래 정치적 동물로서 자신의 완성을 위해 사회 속에서 타인들을 필요로 한다고 주장했던 것과는 달리, 홉스는 이른바 인간에 관한 그러한 자연적 사회학은 아리스토텔레스의 넌센스라고 최종적인 결론을 내렸다. 어쨌든 계약에 의해 인간들은 자연상태의 조건을 극복했으며 절대적 복종을 요구하는 주권적 존재가 될 어떤 개인을 자신들 위에 세우기로 합의함으로써 평화를 추구했다. 그는 그들 모두를 대변한다. 그리하여 그것은 절대군주제를 낳는다. 그러나 인간들은 이 절대적 권위를 자신들 위에 세움으로써 사회 속에서 자신들의 생명과 보존을 위태롭게 만들었음을 깨닫게 되었다. 적어도 모두가 자기 속으로 자신의 안전을 보장할 힘과 권리를 갖고 있었으며 스스로 할 수 있을 만큼 할 수 있었던 자연적 평등의 조건으로부터 탈피함으로써 오히려 자연적 자유와 평등은 절대군주에 의한 위협과 대규모의 인습적 불평등에 의해 대치된 상황으로 바뀌어 버렸다.

이것이 근대적 교리의 특징이며 이때부터 인간들은 다른 문제들로 애태우게 되었다. 즉 우리는 다른 종류의 동물들과 진실로 다른 것인가? 우리는 실제로 다른 동물들과 우리가 인정하고 싶은 이상으로 공통점들을 더 많이 갖고 있지 않은가? 이런 의문들은 모든 의미에서 진실로 하나의 시작이다. 고대에서 진실이라고 생각되었던 바로 그 전통이 거부되어 버린 것이다. 그 결과 가운데 하나는 물론 교회의 권위에 관련된 인간의 해방이었다. 세속적 권위의 절대성은 상대적으로 교회 권위의 축소를 의미하기 때문이다. 홉스에겐 하나의 최고권위가 있을 뿐이었다. 그에겐 단일한 하나의 통일된 주권이 존재한다면 갈등과 대결은 없을 것이고, 자연의 목적인 평화가 도래할 것이었다. 그러나 자연상태에서 시민사회상태로의 이전은 그 자체의 목적 실현을 실패하게끔 했던 것처럼 보인다. 왜냐하면 이제 인간들은 많은 타인들로부터가 아니라 모든 힘이 집중된 한 사람으로부터 오는 위험에 직면하게 되어 버렸기 때문이다. 따라서 우리는 로크를 필요로 하게 되었다.

3. 시민사회와 자본주의

로크의 자연상태에 대한 가르침은 홉스의 것과 사실상 같은 것이다.[4] 물론 로크의 자연상태에 대한 해석에는 심각한 논란이 있어왔다. 로크에게서 자연법은 이성의 법이다. 그러나 그 이성의 법이란 것이 그에게선 결국 자기보존의 법이다. 그가 본 자연법은 신성하고 불변하고 항구적인 법이다. 그는 이 모든 표현을 자기보존의 법으로 간주하고 있으며 또한 자연법에 관해 사용했다. 그리고 자연상태의 불편함에 관해 강조하고 자연상태에서 시민사회 상태로의 이전은 홉스에서와 똑같은 목적을 갖고 있다. 물론 로크는 홉스를 단지 되풀이한 것만은 결코 아니었다. 로크는 바로 '자본주의의 아버지'였다. 생존은 곧 재산(property)의 보존을 의미했다. 그렇다면 로크가 규정하는 자본주의 사회는 어떤 성격의 사회일까? 그것은 개인주의적 사회라고 이해되었다. 각자는 자신이 완벽한 헤게모니를 갖고 있는 작은 제국에 의해서 둘러싸인 하나의 실체이다. 물론

4) Richard H. Cox, *Locke on War and Peace*, Oxford: The Clarendon Press, 1960.

그 작은 제국을 통치하는 데에는 여러 가지 법적 규정과 제약들이 있지만 그것은 어쨌든 그에게 속한다. 그리고 이것은 자연법에 의해서 정당화되는 일종의 신성한 영역을 이룬다. 이때 이 자연법은 빈곤의 자연적 위험에 대해서뿐만 아니라 자신의 작은 제국을 보호하기 위해서 자신 위에서 권위를 인정받은 다른 사람들의 침해에 대해서까지 인간의 보존을 가리키는 법이다. 그리고 이 자연법을 경제에 적용할 때 그것은 경제의 법칙이 된다. 바꾸어 말하면 경제의 법칙은 곧 자연법이다. 그리고 이것은 대단히 중요한 사실이며 자본주의적 냄새를 풍기게 된다.

경제학자들 사이에서의 시장 메커니즘의 이해는 시장 전체가 완전하게 통제될 수 없다는 점이다. 그곳에는 조절과 적응이 있을 뿐이다. 물론 마르크스는 이것을 어떻게든 부인할 것이다. 로크는 진실로 자본주의의 아버지였지만 그렇다고 아담 스미스의 기여를 우리는 과소평가할 수 없다. 아담 스미스는 경제적 자유를 주장했었다. 그에 의하면 인간들이란 자신들의 이익을 추구하도록 내버려 둘 때 그들은 부산물로서 공공선을 창출한다는 것이다. 즉 인간들이란 마치 보이지 않는 손에 의해서처럼 자신들의 원래 의도의 일부가 아닌 목적을 진작시키게 된다는 것이다. 따라서 모든 인간이 자신의 문제들을 스스로 처리할 때 이 문제들은 유능하고 헌신적인 하인의 손에 있는 셈이 되는 것이다. 로크와 스미스에게서 개인적 재산의 축적은 곧 자연권이다. 왜냐하면 인간은 자기보존을 위해 축적하는 동물이기 때문이다.

그러나 그러한 재산축적의 자유는 심각한 불평등한 사회를 낳는다. 따라서 홉스, 로크, 스미스의 근대적 인간과 사회는 루소에 의해서 강력히 도전받게 된다. 루소도 인간이란 어떤 중요한 면에서, 즉 나이, 성 및 지성 등에서 결코 평등하지 않다는 것을 인정하면서도 사회적 불평등의 기원을 재산에서 찾았다. 루소가 상정하는 자연상태에서 인간들은 선했기 때문이다. 그는 자연상태에서 인간들이 난폭하고 저돌적이라고 생각한 홉스와 로크를 비판했다. 루소는 인간이 시민생활을 통해서 이기적이고 저돌적이며 사납고 경쟁적이고 시기하는 존재가 되었다고 보았다. 루소의 자연상태에서 인간은 2개의 단순하고 낮은 차원의 열정만을 갖고 있었다. 하나는 자신에 대한 사랑이며, 다른 하나는 남의 고통과 눈물에 대한 연민의 정이다. 그들은 단순할 뿐 지성이 없다. 단순함은 선이요 미덕이다. 그러나 시민사회에 들어와서 인간은 변해 버렸다. 이것은 무엇을 가리키는 것일까? 인간의 본성 같은 것은 존재하지 않는다. 인간의 본성은 매우 급속하게 변했다. 그리고 인간성은 사회적 조건의 변화에 의해서 영향받고 또 실제로 결정되었다.

그렇다면 이런 사회적 조건들은 무엇이었을까? 처음에 사람들의 수는 매우 적고 그들은 서로 멀리 떨어져 살았다. 인구가 증가하자 궁핍하게 되었다. 그들은 준비해야만 했다. 인간이기에 그들은 준비해 둘 수 있었다. 공룡들은 분명히 준비하지 못했다. 이성적 존재인 인간들은 숙달할 수 있었다. 이것은 루소에게 매우 중요한 사실이다. 왜냐하면 이것이 그와 전통 및 상식을 연결시켜 주기 때문이다. 이제 시민사회는 이 모든 것을 파괴한다. 시민사회의 토대는 무엇인가? 그것은 재산이다. 재산 즉 빈곤에 대비할 필요성은 인간들로 하여금 땅의 작은 부분에 경계선을 긋고 “이것은 내 것이다”고 선언하게 만들었다. 그러나 원래 재산은 존재하지 않는다. 그것은 모두 인습에 의해서 보장되고 있는 것이다. 그리고 그 결과는 바로 불평등이다. 어떤 사람들은 다른 사람들보다도 더 부자가 되었다. 유산자들은 묘한 방법으로 무산자들에 대항하여 자신들의 재산을 보호하는 것이 참으로 중요하다고 설득한다. 이상하게도 모든 사람이 그런 생각을 갖게 된다. 그리고 이것이 시민사회의 기원이다. 자신의 재산에 관해 방어할 수 없는 상태로부터 정부에 의해서 보호되는 상태로의 이전하는 것은 큰 발전이라고 로크는 생각했었다. 그러나 루소는 이것을 근본적으로 문제삼았다. 루소가 볼 때 자연상태에서 시민사회에로의 이전은 축복이기는커녕 아주 모호한 성질을 갖기 때문에 시민사회에 대한 훨씬 더 근본적으로 반대하는 것이 가능하게 되었다. 그리고 이런 근본적인 도전은 마르크스에서 국가의 소멸, 즉 시민사회의 소멸로 끝나게 되었다.

시민사회가 뭘 했는가? 그것은 불평등, 이기심과 같은 저돌적이고 침해적인 인간의 모든 특징을 진작시켰으며 또 인간들을 부자유스럽게 만드는 경향이 있었다. 루소는 이 문제를 해결하려고 노력했으며 그의 해결책은 시민사회의 폐지가 아니라 특정한 형태의 정부를 만드는 것이었다. 입법과정에 모든 사람들이 적극적으로 참여하여 자신들을 스스로 규제하는 일반의지가 표현되는 그런 종류의 정체(regime)를 만드는 것이었다. 이것은 모든 사람들이 구속받고 그것도 아주 심하게 구속받는 것을 의미한다. 그것은 전통적 의미의 민주주의 체제가 아니다. 오히려 루소는 민주주의란 전혀 해결책을 제시할 수 없는 것으로 생각했다. 루소는 자기 자신을 포함하여 모든 사람들을 아주 엄격하게 규제하는 조치에 모든 사람들이 자유롭게 참여하기를 원했다. 그리고 이런 자기자신의 규제가 도덕의 본질이 되었다. 그리하여 루소에게서 도덕과 자유는 하나의 어떤 정치적 통치하에서 결합되었다. 루소는 여전히 정치철학자였다.

4. 공산주의의 도전

마르크스는 자연상태와 시민사회상태의 구별에서 시작하지 않았다. 자연상태와 시민사회상태의 구별이 마르크스에게선 불가능하다. 왜냐하면 자연에 대한 마르크스의 이해가 그것을 허용하지 않기 때문이다. 자연상태 같은 것은 없다. 헤겔에게서처럼 마르크스에겐 자연이란 그 자체가 역사적일 뿐이다. 자연이란 항상 그리고 어느 곳에서나 같은 것이어야 한다. 이미 루소에게서 인간본성은 역사적이었다. 그러나 마르크스에 와서는 모든 자연이 역사적이다. 모든 것이 변화의 과정에 있을 뿐이다. 즉 우리는 뭔가 새로운 것이 되는 과정(becoming)에 있으며 이것이 존재의 참된 토대가 된다. 이것이나 저것이 아니라 존재의 참된 토대는 이행(transition)이다. 그러므로 자연이라 부르는 것이 '되고 있는 중'이며 따라서 역사적이다. 이제는 '자연상태 대 시민사회상태'가 아니라 '선사(先史) 대 역사'의 구분이 중요해진다. 따라서 마르크스의 형식화에서 중요한 것은 시대적 구분이다. 어찌하여 이렇게 된 것일까? 인구증가에 따른 궁핍, 노동분업의 착취 때문이다. 스미스에서 노동분업은 일종의 축복의 원천이었다. 그러나 그것은 대체로 대가를 요구했다. 마르크스는 그 대가를 지불하고 싶지 않았다. 그것이 마르크스의 특징이다. 노동분업은 마르크스에게 하나의 문제가 되었다. 인구의 압력하에서 자신들을 보존하기 위해 생산할 필요가 있게 되자 인간들은 생산 도구를 사용하여 재산을 얻게 되었다. 그러나 재산이 들어올 때 평등은 빠져나갔다. 재산을 소유하자마자 인간들은 재산을 보존해야만 한다. 그리고 재산을 보존하기 위해서 그들은 정부를 가져야만 했었다. 여기까지는 루소, 홉스, 로크를 상기하게 된다. 그리고 그들은 강제력을 완전히 수용할 준비가 되어 있었다.

그러나 마르크스는 강제력을 수용할 준비가 되어 있지 않았다. 그는 대가를 지불하려고 하지 않았다. 만일 우리가 완전한 급진주의자가 되려면 우리들이 어떤 방법으로는 반대하고자 하는 모든 것의 뿌리로 돌아가야 한다. 그리고 그 뿌리에서부터 항상 발전을 가리키는 역사의 교리를 시작하면 된다.[5] 그리하여 마르크스에게서 시민사회(즉 정부)와 함께 등장한 노동분업과 재산의 결과는 소위 인간의 소외였다. 첫째로 인간은 내적으로 소외되었다. 왜냐하면 그는 더 이상 전체적 인간(whole human being)이 아니라 노동분업에 복종하는 인간이 되었기 때문이다. 즉 "그가 무엇인가?"라는 질문에 대한 답이 그는 '인간'이다라고 말할 수 없고, 그는 양화공이거나 바이올린 연주자, 배관공, 학생 혹은 교수에 지나지 않게 되었다. 그리하여 인간은 부분적 인간이 되었으며 그것은 좋지 않다는 것이다. 둘째로, 우리는 전 인류의 파멸을 가져옴으로써 소외되었다. 즉 인류는 영국인, 중국인, 미국인, 한국인 … 등으로 분열되어 좋지 않게 되었을 뿐만 아니라 국내적으로는 생산수단을 소유하고 운영하는 사람들과 생산수단에 봉사하는 사람들간의 계급을 낳게 되었다는 것이다. 어디를 보아도 분열이 보일 뿐 어느 곳에서도 전체를 더 이상 발견할 수 없게 되었다는 것이다. 이것은 경제조건의 결과였다. 마르크스는 인간의 삶, 사고, 존재 그리고 도덕에 관한 모든 것, 실로 모든 것이 생산의 조건에 의해서 결정된다고 생각했다. 그렇다면 시민사회란 무엇인가? 마르크스에게서 그것은 강제적 착취에 지나

5) 이런 의미에서 미국에서 1970년대 후반, 한국에서 1980년대에 유행했던 소위 해방 3년사나 한국전쟁 연구의 일부는 마르크스주의자들의 전략적 선택이었다고도 지적할 수 있을 것이다.

지 않았다. 그것은 계급정부일 뿐이었다.

마르크스는 모든 인간의 문제들, 즉 이기심, 빈곤, 자유, 도덕성 등 모든 문제들을 한번에 완전히 해결할 것을 고집했다. 그러기 위해서는 뿌리로 되돌아가야 했다. 그 모든 것의 원천(재산제도, 즉 생산수단의 소유와 운영)으로 되돌아가야 했다. 재산제도를 공산화하면 인간들의 불화와 소외의 전제도가 당장 몰락할 것이다. 정부는 불필요하게 될 것이다. 그것은 좋은 시작이 될 것이다. 재산의 보호가 필요 없게 되어 강제력이 더 이상 필요하지 않게 될 것이다. 루소가 그렇게도 비판했던 경쟁심은 사라질 것이다. 노동분업도 불필요하게 될 것이다. 이런 평화로운 조건 속에서 모든 사람들은 자기가 하고 싶은 것을 할 것이고 따라서 노동은 사라질 것이다.[6] 그리하여 아침엔 사냥꾼이 되고 오후에 낚시꾼이 되고 밤에는 비평가가 될 수 있기 때문에 하는 일엔 부담이 없을 것이다. 그리고 이것이 바로 궁극적인 자유일 것이다. 즉 시민사회의 존재이유가 사라질 것이다. 인간들의 행동에 아무런 제약이 없게 될 것이며 도덕성은 무관하게 될 것이다. 착취의 필요성이 사라지고 자신의 능력에 따르는 사회에서 자신의 필요에 따르는 세상이 될 것이다. 이처럼 경제적 조건만 바뀌면 인간의 도덕성은 재생될 것이다. 인간의 본성과 사회의 본질은 철저히 역사적인 것이 된다. 경제에 자연적 카테고리가 없다. 모든 것은 역사적이다. 우리 눈에 보이는 모든 것은 역사적이어서 발생했고 또 그래서 사라질 수밖에 없을 것이다. 이것이 마르크스의 일반적 견해이다.

6) 마르크스는 이 말로 일 자체가 사라지는 것을 의미한 것이 아니라 노동이 더 이상 무거운 짐이 되지 않는 것이라는 것을 의미했다.

5. 결　론

인류를 위한 박애정신과 어떤 야심을 갖는 것은 참으로 좋은 일이다. 그러나 그것이 항구적이고 불변의 자연법이라고 불러 마땅한 어떤 것의 성질에 절대 맞지 않는 것이라면 그것을 실행하려는 모든 기도는 인류를 참화로 이끌고 의도했던 것과는 정반대의 결과를 가져올 것이다. 인류를 노동과 착취의 굴레로부터 해방을 약속한 마르크스주의 정권들은 실제로는 소련 공산정권의 역사가 보여 주듯 폭정의 자유의 억압체제에 지나지 않았음을 역사는 증명해 주었다. 마르크스주의의 실험이 완전한 실패로 귀결된 데에는 여러 가지 이유가 있겠지만 우리는 "마르크스의 교리 자체의 전제들이 근본적 결함을 갖고 있었던 것은 아니었을까?" 하고 물어야 한다. 하이예크의 지적처럼 마르크스주의는 지성의 궤도이탈이었을 뿐만 아니라 '과학'으로 포장한 미신에 지나지 않았다고 말해도 결코 지나친 말이 아닐 것이다. 그리스의 비극처럼 공산주의는 그 자체에 죽음의 씨앗을 내포하고 있었던 것이다. 좌절한 마르크스주의자들은 근대성 자체를 거부하는 포스트모더니즘에 빠짐으로써 모든 마르크스주의가 그 기원을 둔 근대사상가들, 아니 이성의 산물인 지성 그 자체와 함께 동반 자살을 원할지 모른다. 그러나 힘멜파브의 지적처럼 포스트모더니즘은 자유와 창조의 슬로건으로 우리를 유혹하지만 그것은 지성과 도덕적 자살에의 초대라고 말할 수 있다.[7] 그러한 지

7) Gertrude Himmelfarb, *On Looking into the Abyss: Untimely Thoughts on Culture and Society,* New York: Vintage Books, 1995, p. 160; *The De-Moralization of Society: From Victorian Virtues to Modern Values,* New York: Alfred A. Knopf, 1995, pp. 9-12.

성적 나락에 빠지지 않기 위해서 우리는 그리스 고전철학의 전통으로 돌아가야 한다. 그 전통은 인간적 열정에 의해 이성에 부과되는 한계를 영원히 망각함이 없이 이성을 존중하고 끊임없이 배양하도록 인간들에게 가르치고 있기 때문이다.

제12장

평화의 神 윌슨의 평화사상

> 책을 읽어서 현명하기는 쉽다. 그러나 정세의 와중에서 현명하기는 무한히 어렵다. 서재에서 차분하고 고요하게 앉아서 국사의 실제 영역의 무한히 다양하고 어려운 문제들의 와중에 있는 사람에게 트집 잡는 사람은 자기의 판단을 내뱉기 전에 수정하고 또 그를 규탄하기 전에 어려움을 깨닫기 위해 아주 조심해야 한다. 죽고 떠나 버린 사람들의 전기들 속에서 우리는 얼마나 자주 그들이 살았을 때 우리가 그들을 규탄했던 것에 관한 충분한 설명, 즉 명예로운 설명을 보았던가? 그리고 우리는 바쁜 공무수행의 와중에 있는 어떤 사람들의 곁에 서면 그들에 대해 관대한 비판자가 되고 반면에 그들의 사적 삶에서 그들을 보지 않은 사람들이 가혹한 비판자가 되는 것일까? 그들을 알지 못하는 사람들은 그들의 천성을 모르고 또 그들의 동기를 이해하지 못하기 때문이다.
>
> – 우드로 윌슨 –

태초에 말씀이 있었다. 그리고 종말에도 말씀이 있었다. 아름다운 말, 희망을 부풀게 하는 말, 민족을 감동시키고 또 세계를 매혹시키는 말이 있었다. 놀랄 만한 순간에 군대보다도 더 강력한 말이 있었다. 가장 처참한 희생을 영광스런 투쟁으로 보이게 만드는 말이 있었고 또 5대양에 떨치고 수십 년에 걸쳐 메아리치는 말이 있었다. 우드로 윌슨 대통령은 그런 말의 사나이였다. 그의 행동이 중요하지 않았다는 뜻은 아니다. 그러나 윌슨 대통령은 미국을 사회적 책임의 새로운 수준으로 이끌었으며, 무서운 전쟁에서 국가를 승리로 이끌었다. 그러나 그의 유산은 그의 말이었다. 비록 그의 발걸음이 여정의 끝에서 비틀거렸지만 그의 말은 계속 살아서 후세들로 하여금 그가 결코 달성할 수 없었던 것을 성취하도록 진작시켰다.[1)]

프랭클린 루스벨트 대통령이 말했듯이 미국의 위대한 대통령들은 모두가 국가의 삶에 어떤 개념들이 명확해져야만 할 때 사상적 지도자들이었다. 그리하여 워싱턴 대통령은 연방단결 개념을 확신시켰고, 제퍼슨과 잭슨 대통령은 민주주의 개념을 실현시켰다. 링컨 대통령은 단결과 자유를 실현했으며 클리블랜드(Grover Cleveland) 대통령은 정직의 개념을 펼쳤다. 시어도어 루스벨트 대통령과 윌슨 대통령은 대통령직을 하나의 설교단으로 활용한 자신의 시대에 자기 방식대로 도덕적 지도자들이었다.[2)] 정치 지도자들이 성공하기 위해서는 도달하려는 목표를 갖고 있어야 할 뿐만 아니라 추구하는 목표가 달성할 가치가 있다는 것을 의회와 국민들에게 확신시켜야만 한다. 그런 점에서 민주주의의 정치란 궁극적으로 교육적 과정, 즉 설득과 동의를 얻기 위한 모험이다. 그리고 그 모험의 핵심적 도구는 말이다. 윌슨은 학자-정치가로서 대표적인 '말의 지도자'였다. 그의 말은 "영구적 세계평화수립"이라는 메시지를 담고 있었다. 고대 그리스인들의 표현방식을 차용한다면, 윌슨은 '평화의 신'이었다. 그는 평화로운 세계를 위한 희망과 염원에서, 즉 역사에서 살아남아 숨쉬는 20세기의 예언자이며 축이 되는 인물이었다.[3)]

---

1) H. W. Brands, *Woodrow Wilson,* New York: Times Books, Henry Holt, 2003, p. 1.

2) *Ibid.*, p. xv에서 재인용.

3) Arthur S. Link, *Woodrow Wilson: Revolution, War and Peace,* Wheeling, Illinois: Harlan Davidson, 1979, p. 128.

1919년 12월 4일 윌슨 대통령을 실은 전 독일의 여객선 조지 워싱턴(George Washington) 호가 파리를 향해 뉴욕 항에서 출항하기 위해 맨해튼을 지나갈 때 고층건물에서 수만 명의 환송객들이 손수건을 흔들고 색종이를 뿌렸다. 배가 자유의 여신상을 지나치자 거대한 비행선이 흔들거렸으며 비행대가 공중제비를 했다. 그 너머에는 11척의 전함이 대통령이 승선한 배를 목적지까지 호위할 준비를 했다. 유럽에서의 환영은 훨씬 더 열광적이었다. 9일 후 조지 워싱턴 호가 프랑스의 브르타뉴(Bretagne) 해안에 모습을 보이자 브레스트(Brest) 시의 전 주민들의 함성과 "인간 권리의 챔피언 만세," "국제회의 창시자에게 영광을"이라는 슬로건을 내건 현수막들은 오직 서막에 불과했다. 프랑스의 역사상 파리에서 윌슨 대통령을 기다리는 그런 규모의 군중 모임은 없었다. 약 200만 명의 파리 시민들이 미국의 대통령을 환영하기 위해 거리로 쏟아져 나왔다. 퍼레이드의 일정에 따라 건물 창가의 좌석은 300프랑에 팔렸으며 청소년과 어린아이들은 "정의의 화신 윌슨"을 한번 보기 위해 가로수에 올라갔다. 윌슨 대통령과 프랑스의 레이몽 푸앵카레(Raymond Poincaré) 대통령을 실은 첫 번째 마차와 함께 8마리의 말이 끄는 마차들이 길을 따라 지나갈 때 3만 6천 명의 프랑스 군인들이 질서유지를 위해 군중들을 막아섰다. 먼 곳에서 환영의 포 소리가 울렸고 제비꽃 꽃다발들이 윌슨 대통령의 부인이 탄 마차에 비 오듯 쏟아져 거의 마차가 묻혀 버릴 정도였다. 함성은 귀를 먹게 했으며 심지어 두려울 정도였다.

포크(Fock) 장군, 클레망소 수상, 로이드 조지(Lloyd George) 영국 수상, 장군들, 귀환하는 장병들이 지나갔다. 윌슨은 함성 속에서 자신을 초인(superhuman)이라고 부르는 소리를 들었다.[4] 그런 장면

4) Gene Smith, *When the Cheering Stopped: The Last Years of Woodrow*

은 윌슨이 그 다음 주에 런던, 칼리슬과 맨체스터를 방문했을 때도 그대로 되풀이되었다. 1월 초 고대의 전통에 따라 금빛 모래가 뿌려지고 "평화의 신을 환영합니다"라는 현수막이 걸린 로마에 들어선 후 줄리우스 카이사르도 그보다 더 장엄한 승리감을 결코 맛보지 못했다고들 했다.[5] 밀라노에선 그의 열렬한 환영이 히스테리에 가까웠으며 윌슨 자신도 감격해 눈물을 글썽였다. 거대한 군중이 거리를 가득 채웠고 "인류의 구원자"와 "대서양을 건너온 모세"라고 윌슨을 환호하는 전단들이 그가 탄 자동차에 홍수처럼 쇄도했다. 라스칼라에선 사람들이 그의 서명(autograph)을 극성스럽게 요구했고 윌슨의 주치의 그레이슨(Grayson)은 서명받은 사람들 중 많은 사람들이 그의 서명에 입 맞추고 그것을 가슴에 갖다 대는 것을 목격했다. 이탈리아 전역에 걸쳐 그곳 가정들이 그의 서명 옆에 신성한 촛불을 밝혔다.[6]

그러나 유럽인들이 윌슨을 그렇게 특별하게 기리는 것이 연합국 수상들에겐 악몽이었다. 그런 미증유의 시위들은 단순한 장관을 초월했다. 실제로 그것들은 대중의 정치적 의견의 분명한 표현이었다. 사실상 "인민"들은 윌슨의 신임을 과시했다. 그들은 윌슨에게 평화회의가 소집되기 전에 국제연맹을 위해 계속 호의적인 분위기를 띄워 나갈 수 있는 예상치 못한 기회들을 가져다주었다. 윌슨은 영국에서 시작하여 군국주의와 제국주의 그리고 힘의 균형이라는 개념을 강력하게 규탄해갔다. 윌슨은 그가 말을 건넨 모든 장병들이 구질서를 타파하고 새로운 질서를 수립하기 위해 싸운 것으로 실제로 믿고 있다고 말했다. 그는 구질서의 중심에 힘의 균형이 있으며

Wilson, New York, 1964, p. 39.

5) Thomas J. Knock, *To End All Wars: Woodrow Wilson and the Quest for a New World Order,* New York: Oxford University Press, 1992, p. 195.

6) *Ibid.*

이 균형은 검으로, 즉 경쟁적 이익의 불안한 균형으로 결정된 것이었다고 설명했다. 전쟁이 시작했을 때 국가들의 연맹은 인간들이 생각할 수는 있지만 결코 얻을 수 없는 어떤 것으로 간주되었지만, 이제는 세계의 주도적 마음들이 그것을 얻을 결심에 차 있다고 말했다. 그런 갑작스럽고 강력한 "목적의 통일"이 전에 이 세상에서 목격된 적은 결코 없었다는 것이다.[7)]

그러나 그의 그런 메시아 같은 사고와 발언이 유럽의 지도자들에겐 결코 반가울 리 없었다. 프랑스의 클레망소(Clemenceau) 수상이 한번은 윌슨에게 말하는 것은 예수그리스도에게 말하는 것 같다고 빈정거렸으며, 영국의 조지 수상은 때론 윌슨이 예수와 나폴레옹 사이에 앉아 있는 것처럼 느꼈다고 언급한 바 있었다.[8)] 학자-정치가로서, 플라톤 식으로 말한다면 일종의 철인왕으로서, 윌슨은 시대적 사명감에 젖어 있었다. 그는 어떻게 그런 비전과 사명의식을 갖게 된 것일까? 윌슨이 링컨 대통령의 진정한 이해를 위해 촉구했던 것처럼, 윌슨의 진정한 이해를 위해서는 그가 대통령이 되기 전의 삶에 관한 면밀한 조사가 필요할 것이다. 링컨에게처럼 윌슨의 대통령 직무 기간은 그의 특성을 형성하는 기간이 아니라 시험하는 기간이었을 것이기 때문이다. 윌슨이 57살에 미국의 제28대 미국 대통령이 되었을 때 그의 성품과 국사에 관한 그의 판단 중 많은 것들은 이미 형성되어 있었다.[9)] 그는 이미 지난 35년 동안 국사에 관해 정력적으로 그리고 심도 있게 생각했었다. 국사에 관련된 사실들과 원칙들에 대한 오랜 생각은 변치 않는 판단의 구축을 가져왔다. 가르치고 저술하고 또 행정을 수행하는 적극적 삶이 인격과

---

7) *Ibid.*, p. 196.
8) *Ibid.*, p. 199.
9) Harley Notter, *The Origins of the Foreign Policy of Woodrow Wilson,* Baltimore: The Johns Hopkins Press, 1937, p. 3.

개성의 어떤 변함없는 속성을 그의 내면에 심었다. 그의 폭넓은 연구와 정치적 사실들과 철학의 정통함은 비상했다. 그리하여 그가 대통령직을 맞았을 때 그의 행동방향은 어느 정도 이미 선택되었고 자리 잡혀 있었다. 요컨대 그는 국정을 다룰 준비된 대통령이었다. 그러나 그가 자신의 그런 사고의 궤도를 따라갈 수 있을지, 간다면 얼마나 멀리 갈 수 있을지의 여부는 그가 직면할 기회와 장애에 달려 있을 것이다.

윌슨은 미국 남부의 엄격한 장로교회 집안에서 태어났다. 그는 가정과 종교와 남북전쟁 시기의 "남부"의 환경적 영향을 크게 받았으며 어린 시절 남북전쟁 전투지역 가까이에 살면서 전쟁으로 인한 파괴와 인간의 희생을 알게 되었다. 전쟁과 전쟁 후 재건의 경험은 후에 남북을 동시에 잘 이해한 『분열과 재통일』이라는 자신의 저서[10]에서 제시된 생각들의 토대가 되었다. 여기서 그는 남북전쟁이 남부의 정신을 정복하지는 못했지만 국민의 정부와 의식을 보다 진정으로 용접하는 데 성공했다는 견해를 제시했었다.[11] 유혈과 전쟁에 대한 윌슨의 혐오가 감수성이 예민했던 소년 시절의 체험에 뿌리를 두고 있다는 것을 부인하기 어려울 것이다. 그러나 그는 후에 그 시대를 생각할 때 공평하려고 노력했다.[12] 또한 그의 굳은 신앙심은 세상이 정당한 신에 의해 통치되고 있다고 믿었다. 그는 불의에 대한 투쟁과 인간열정에 대한 투쟁이 신에 대한 책임의 핵심이라고 생각했고 또 사랑이 이끄는 힘이 최고의 힘이며 가장 숭고하다고 생각했다. 모든 인간은 자신의 행동에 대해 신에게 책임을 지는 것이며 그는 또한 진실한 인생관은 인간의 경험에서 부분적으로

---

10) Woodrow Wilson, *Division and Reunion, 1829-1889,* New York, 1893.

11) William E. Dodd, *Woodrow Wilson and His Works,* New York, 1932, p. 12.

12) Harley Notter, *op. cit.*, pp. 5-6.

반영되는 정신적이고 도덕적인 것이라 믿었다. 그에겐 인간 자신의 양심이 사람들의 의견보다도 더 높은 재판소이며 눈앞의 현재가 아니라 미래가 중요했다. 정의로운 법은 성경을 통해 알려졌으며 그래서 시간이 흐르면서 인류의 삶을 틀림없이 지배할 것으로 그는 믿었다.[13] 나아가서 윌슨의 종교적 교육과 가정생활엔 가치와 영원함을 숙고하는 것이 강조되었다. 물질적 성취는 지성적이고 정신적인 성취보다 못한 것으로 간주되었다. 정신적인 것들이 본질적인 것이었다.[14] 어쩌면 윌슨의 인생관에서 물질적인 것은 그 자체가 목적이 아니라 어떤 목적을 위한 단지 수단에 불과하다고 믿었던 것보다 기본적으로 더 중요한 개념은 없었을 것이다.[15]

윌슨은 대학생 시절 미국 정치와 연계하여 영국의 정치사상에 관한 독서에 심취한 지 2년 만인 1879년 「미국에서 내각정부」라는 기사를 썼다. 헨리 루시(Henry W. Lucy), 글래드스턴(Gladstone), 배젓(Walter Bagehot), 브라이트(Bright), 그리고 버크(Edmund Burke)의 글들을 접하고 위대한 영국 정치가들에 관한 에세이들을 작성하고 싶은 그의 욕구를 자극했다. 그는 존 리처드 그린(John Richard Green)의 『영국인들의 역사』를 읽고 영국적 마음이 미국의 마음이며 미국인들은 영국의 혈통이라고 믿게 되었다.[16] 영국인들의 원칙들과 관습, 경험과 문학, 그리고 영국의 제도들이 그의 저술에서 빈번히 호의적인 언급의 대상이었다. 그린에 대한 그의 높은 인정은 그가 단 많은 주석에서 입증되었다.

윌슨은 16–17세기의 역사와 관련해서 그린이 많이 사용했던

13) Ray Stannard Baker, *Woodrow Wilson, Life and Letters*, Vol. 1, New York, 1927-1939, pp. 40-41.
14) *Ibid.*, p. 46.
15) Harley Notter, *op. cit.*, p. 10.
16) Ray Stannard Baker, *op. cit.*, p. 125.

"협약"(covenant)이나 "거룩한 연맹과 협약"이라는 용어에 큰 매력을 느꼈다.[17] 지도력에 관한 윌슨의 실질적 이해에 관한 어느 정도의 개념이 1880년 비스마르크에 대한 그의 글에서 등장했다. 거기에서 그는 지도력에서 도덕을 분리시키지는 않았다. 그러나 그는 모든 복잡한 통치술에서 최고의 도덕적 기준들을 종종 정치가들이 준수하지 못하는 어려움을 현실적으로 인정했다.[18] 그는 영국의 정치가 피트(pitt) 연구에서 훌륭한 원칙들이란 특히 짧은 시기에 완전하게 성취되는 일이 별로 없다는 것을 발견했다. 항구적 업적이란 느리고 또 어떤 의미에서 진보와 실수의 회피는 여론과 보조를 맞추는 데 있다는 것을 깨닫게 되었다. 그는 또한 대중들의 심판은 원칙과 도덕에 토대를 둘 것이라고 생각했었던 것 같다. 피트가 국가의 명예와 안전으로 가는 유일한 길을 자신의 조국에 강요하려 했을 때 그의 지고한 영향력마저도 무기력하게 되었다고 말하면서 윌슨은 여론의 힘을 계속 논했었다.

윌슨은 대학 시절과 졸업 직후 그에게 가장 영향력이 컸던 독서는 월터 배젓과 에드먼드 버크의 저서들이었던 것처럼 보였다. 그것들로부터의 인용문들이 그의 대화에서조차 빈번하게 등장했기 때문이다. 윌슨은 자신을 이 두 사상가의 신봉자로 간주했다.[19] 그렇지만 배젓의 사상이 당장은 더 중요했다. 1884년 윌슨은 배젓이 자신의 미국 정부에 관한 모든 연구를 고무했었다고 썼다. 배젓의 에세이들이 윌슨의 『의회정부』[20]라는 저서의 모델을 제공했다. 배젓은 윌슨에게 한 정부의 이해는 특성과 환경 및 동기를 노출하는 모

---

17) Harley Notter, *op. cit.*, pp. 15-16.
18) *Ibid.*, pp. 16-17.
19) *Ibid.*, p. 18.
20) Woodrow Wilson, *Congressional Government: A Study in American Politics,* Boston: Houghton, Mifflin, 1885.

든 것에서 추구되어야 한다는 아이디어를 주었다. 젊은 시절 배젓은 1851-1852년에 우연히 프랑스에 있었는데 그때 프랑스는 루이 나폴레옹의 쿠데타에 의해서 술렁이고 있었다. 윌슨은 프랑스인들의 기질이 그 가변성과 지나친 민감성으로 인해 비록 치명적이기까지는 않더라도 자치정부의 성공에 아주 심각한 장애가 된다는 것을 배젓으로부터 배웠다.

그러나 윌슨은 알렉시스 드 토크빌(Alexis de Tocqueville)이 이미 민주주의에 대한 자기 동포들의 능력에 동일한 의구심을 표했었다는 것을 알고 있었다. 토크빌은 자기 동포들의 성격과 연역적 사고의 습관 그리고 일반화시키는 성향과 그들을 가장 빈번히 감동시키는 것이 원칙보다는 흥분이라는 사실에 근거를 두었다. 에드먼드 버크의 저술들이 그런 방향으로 윌슨을 확인시켜 주었다. 그가 여러 가지로 습득한 정치에 있어서 경박하거나 폭력적 방법보다는 질서와 꾸준한 성장을 선호했다. 추상적 원칙들로부터의 연역에 입각하기보다는 사리에 맞는 원칙과 경험에 입각한 행동을 선호했다. 그리고 배젓, 토크빌 그리고 버크의 견해에 의해서 영향받은 결과로 윌슨은 프랑스 철학의 추상적이고 혁명적인 양상에 크게 영향받은 정부에 대한 강력한 불신감을 갖게 되었다. 그에겐 반혁명적 감정이 아주 강했다.[21)]

윌슨은 정부 각료들이 외국과의 조약을 의회에 사전에 설명해야만 하고 또 조약에 대한 적절한 설명을 공개적으로 할 수 없다면 그런 조약은 체결되어서는 안 된다는 것을 거의 의심할 여지없이 배젓으로부터 읽었다. 배젓은 솔직히 말하는 것이 현실에 대한 건전한 분위기를 조성하고 의심으로부터 벗어나게 하여 조약이 흔히 내포하는 모호성을 방지할 것이라고 주장했다. 따라서 계약의 조건들

21) *Ibid.*, p. 20과 주 89.

뿐만 아니라 이유와 의도들이 공개되어야만 한다는 것이다. 배젓과 함께 윌슨은 은밀한 상호간에 해가 없는 공개조약을 희망했다. 또한 아마도 배젓이 원천적 자료로써 윌슨의 사고방식에 일반적으로 기여한 것은 가장 고도로 발전된 정부 형태에서 하나의 본질적 방식으로의 토론에 대한 윌슨의 믿음이었다.[22] 윌슨은 공개적 협의가 힘의 본질이라고 생각하게 되었다. 윌슨이 배젓을 분석과 비판 없이 그의 모든 아이디어들을 수용한 것은 아니었다. 그는 배젓에게서 민주주의에 대한 굳은 신념의 결핍을 발견하고 그것을 비판했다. 또는 그는 배젓이 행동을 지시하는 원칙들을 명료하게 설명하지 못했음도 발견했다. 윌슨은 영국의 배젓으로부터 "책임감"과 같이 미국의 조건에 유용할 수 있거나 민족성이 미치는 한계와 같은 정부철학을 다루는 아이디어들만을 취했다. 따라서 이 영국 사상가의 영향은 부분적인 것에 지나지 않았으며 윌슨 자신의 생각에 의해서 뿐만 아니라 근대 국제문제들의 변화하는 양상에 의해서 수정되었다.

윌슨은 정치사가 보여 주듯, 위대한 위기의 시대가 인간에 의한 역사창조의 시대라고 믿었다. 그는 위기의 시대가 지도력을 촉진시킨다는 식으로 역사를 해석했다. 또 전체 국가의 원칙들과 이익에 입각한 행동을 결정하는 지도력의 최고형태의 발전을 촉구했다. 1879년 대학을 졸업하자 법률 직업이 정치적 고위직으로 가는 길이라고 생각하고 법을 공부하기 시작했다. 그것은 한때 확실한 길이었다. 미국의회는 변호사들로 가득했다. 그러나 법률 공부는 윌슨에게 맥 빠지는 것이었다. 영국의 헌정사와 정치에 관한 저작들이 그의 취향에 더 잘 맞았다. 그래서 그는 시간이 허락하는 한 전적으로 그것들을 읽었다. 사상을 주도하거나 철학을 창안하고 정책을 세웠던 그런 위대한 사람들을 연구하면서 그는 진실로 위대한 인간이란 어

22) *Ibid.*, p. 22.

떤 주목할 만한 명분과 동일시되었음을 발견했었다. 그런 사람들의 경력은 자기 시대의 역사와 아주 긴밀하게 관련되어 서로 분리될 수 없었다. 즉 위대한 인간은 어떤 분명한 방향으로 항상 노선을 정해야만 한다.

윌슨은 위대성의 분석에 관해 분명히 많이 생각했었다. 그에게 위대한 지도자로 인식된 영국의 존 브라이트(John Bright)는 계몽된 보수주의를 대변했다. 실제로 "지혜란 언제나 보수적이다." 그는 이 말이 정치가란 깨달음을 낳고 또 언제나 발생하는 문제들에 경험을 적용하도록 고안된 개혁을 주장해야 한다는 의미로 받아들였다. 더 나아가 브라이트는 관용이란 칭송할 지적 자질이지만 정치에선 별 가치가 없는데, 왜냐하면 정치란 명분의 전쟁이며, 원칙들의 창 시합이기 때문이다. 의심하는 자는 무력하다는 가설들의 건전성을 보여 주었다. 윌슨은 자신의 명분과의 절대적 일체성이 성공적 지도력의 첫 번째이며 커다란 조건이라고 생각했다. 그리고 바로 그것이 정치가의 계획을 선명하고 결정적인 것으로 만들고 그의 목적을 주저하지 않게 하여 그를 국가의 지도자와 역사의 창조자로 만든다고 윌슨은 믿었다.

윌슨은 16살이 된 이후 글래드스턴을 위대한 정치가로 칭송했다. 그에게 글래드스턴은 영국의 여론을 원칙의 보다 높은 단계로 그리고 보다 더 자유롭고 보다 더 합리적인 정책수단으로 발전시킨 인물이었다. 글래드스턴은 시적 감수성을 갖고 있었다. 그리고 그것이 글래드스턴으로 하여금 광범위한 동정심을 얻게 했다고 윌슨은 자신이 쓴 글래드스턴에 관한 글에서 언급했다. 그리고 바로 그런 특성이 그로 하여금 영국의 자유주의적 경향의 화신이 될 수 있게 했다는 것이다.[23] 그러나 글래드스턴의 노선이 일관된 것은 아니었

23) *Ibid.*, p. 29ff.

다. 실제로 글래드스턴은 성인이 되어 자신의 견해를 완전히 바꾸었다. 그러나 그것은 진실로 정상적인 일이었다고 윌슨은 판단했다. 왜냐하면 젊은이의 시험받지 않은 견해란 경험을 통해 성장하면서 종종 바뀌어야만 했기 때문이다. 정치가의 생애에서 새로운 조건들이 원래의 믿음을 정부정책으로 부적합하게 만들 때 어느 정도의 변화는 필요한 것으로 인정되어야만 한다. 글래드스턴은 의견의 "절대적 불변"의 기준에 의하면 비일관적이었다. 그러나 의견의 불변성이란 일반적으로 공정한 시험이 아니었다. 의견이란 한때 건전했었을 수 있지만 더 이상 그렇지 못할 수 있다. 아니 그것이 결코 건전하지 못했었을 수도 있다. 그리고 그런 사실은 나중에야 판명된다. 어느 경우든 변화는 바람직스러운 것이다. 그런 문제에선 옳음과 진실이 적당한 기준이라고 윌슨은 판단했다. 그는 과학의 세계에서 못지않게 통치의 세계에서도 발전과 변화야말로 진실로 일관성을 기록했다고 생각했다.

1882년 윌슨은 애틀랜타에서 법률회사를 세웠지만 1883년 1월에 전망이 밝지 않아 낙담했다. 더구나 그는 정치에 관해 공부하기를 원했다. 그래서 27살에 그는 변호사 사업을 포기하고 존스홉킨스 대학에서 장학금을 받았다. 그의 야심은 정치사상의 세계에 활기를 불어넣고 계몽적인 인물이 되는 것이었다. 그의 대학원 공부에서 자신의 영국과 미국 정부에 관한 지식의 보충으로 프랑스와 독일의 정부를 조사하려 했지만 그의 첫 번째 과목은 국제관계사였다. 그는 미국 헌정의 연구를 계속했고 애덤 스미스와 존 스튜어트 밀, 그리고 미국 경제학자들의 작품에서 경제철학을 공부하기도 했다. 그러나 정치학이 그의 주된 관심이었다. 윌슨의 에너지는 바로 이 분야에서의 생산적 학문에 주로 집중되었다. 존스홉킨스 대학에 있을 때 그의 첫 저술은 "위원회 아니면 내각정부?"라는 제하의 논문이었다.

그는 곧 "의회정부—미국정치연구"라는 제목으로 책임정부에 대한 자신의 견해를 더 길게 표현할 준비를 시작했다. 그것은 미국외교관계의 역사에 관한 그의 생각을 보여 주는 것이었다. 대통령의 영향력을 막강하게 만든 것은 초기 대통령들의 성격이었을 뿐만 아니라 그들은 예외적 기회를 가졌다고 윌슨은 믿었다. 그러나 조약의 비준과정에서 대통령에 대한 상원의 권고적 관계로부터 개탄할 사태가 발생하였다. 상원이 그 기능을 대통령과의 경쟁으로 간주하게 된 것이다. 그러나 더욱 나쁜 것은 상원이 수차례나 미국외교관계의 역사에서 아주 심각한 결과의 흉조인 무책임성으로 행동했었다는 것이다. 그의 저서는 "책임"에 대한 윌슨의 옛 신념과 현재를 위한 교훈을 제공하고 또 현재의 경험을 이해하려는 역사 연구에 대한 자신의 동기를 과시하였다.

1885년 초 다른 관심이 윌슨의 주목을 끌기 시작했다. 그는 박사학위를 포기하기로 결심했다. 왜냐하면 자격시험을 위해 요구되는 독서로 자신이 선택한 독서를 포기하는 것이 요구되었기 때문이다. 1886년 4월에 윌슨은 「헌법하의 책임정부」라는 논문을 끝냈다. 여기에서 미국인들은 여론과 법에 따르는 시민행동에서 분명히 표현되는 건전한 "법률의식"을 갖고 있기 때문에 법을 준수하고 스스로 자제한다는 믿음을 표현했다. 그는 미국 외교 관계로부터 예시를 제시하고 또 그것들을 영국 외교 문제의 예들과 부정적으로 대조하면서 행정부의 상원에 대한 의존성을 또다시 입증했다. 미국의 역사에서 외교 관계가 중요한 시기에는 대통령이 전면에 나서지만, 오직 예외적인 환경 속에서만 대통령이 정책의 진정한 창안자와 업무의 지도자로서 강력해질 수 있었다는 점을 윌슨은 또다시 지적하였다.

그는 연방정부에서 진정한 "책임"을 촉구하였다. 그는 브린모어(Bryn Mawr)에서 가르치는 것이 만족스럽지 않았다. 1886년 4월에 정부를 더 잘 연구할 수 있는 국무성에서 일자리를 찾는 데 실패했지만 처음으로 의회를 방문했다. 그리고 집필하기 시작한 『국가』(*The State*)라는 저서에서 윌슨은 오늘날 우리는 오직 정부가 말하고 행하는 것, 그리고 정부 당국자들의 연설과 행동을 통해서만 정부를 알 수 있지만 우리는 수면 밑을 볼 수가 있고 그리하여 그들의 성격에 대해 보다 많이 발견할 수 있다고 믿음을 표현했다. 정부의 모든 외형적 표명의 철저한 지식을 수단으로 윌슨은 그것의 본질적 성격에 침투하고 싶어 했다. 『국가』는 보다 넓은 정치철학의 보다 넓은 분야에서 하나의 저술적 교과서가 될 것으로 기대되었다.

다음 해에 윌슨은 "정치연구"라는 에세이를 발표했다. 정부란 평범한 사람들의 선을 위해 있는 것이며 따라서 정부의 문제는 그런 견해로부터 설명되어야 한다. 그러기 위해서 우리는 헌법과 법들의 뒤로 돌아가서 법의 운영에 의해서 자유가 어떻게 영향을 받는가를 알기 위해 정부의 업무수행을 조사해야 한다. 우리는 그런 평범한 사람들이 자유를 향유하고 있는지를 알아보아야 한다. 진실은 언제나 논리만 아는 사람들에 의해서보다는 삶을 아는 사람에 의해서 더 잘 간파된다. 그리고 윌슨은 정부의 사실들과 정신에 관한 진실한 지식을 얻는 이러한 방법은 협상의 호의적 진전을 돕기 위해서 외교에서도 적용될 뿐만 아니라 필요하다고 썼다. 이런 언급들은 윌슨이 대통령으로서 외교에서 비공식적 방법이 우수한 결과를 가져오며, 또 외국 정부를 이해하기 위해서는 타국 정부의 겉모습의 뒤로 돌아가야 한다고 생각하는 성향을 예시했다.[24] 가능하면 자기에게 개인적으로 직접 보고하는 대리인을 사용함으로써 그는 공식적 접촉이 허용하는 것보다도 더 잘 타국 정부를 이해할 수 있을 것이다. 그런 대리인의 사용은 자신의 개인적 조사에 대한 하나의 자

24) *Ibid.*, pp. 41-42.

연스런 대체가 될 것이다.

"행정부의 연구"라는 보완적 논문이 곧 뒤따랐다. 여기에서 윌슨은 유럽의 정치적 삶의 변화에 관한 분석을 통해 이 정부들이 조금씩 조금씩 신민들의 높아 가는 목소리에 반응하면서 시민 복지를 더 존중해간다고 결론지었다. 그러나 그런 계몽주의적 정신에도 불구하고 그들은 여전히 전제적이었다. 프리드리히 대왕과 프리드리히 빌헬름 3세에 의해 대중에 봉사하도록 프로이센에 건설된 칭송할 만한 체제는 독일인들의 제도화의 효율성과 동시에 독일인들의 공공정신의 위약성과 유순함을 보여 주었다. 미국과 영국은 정신적으로 자유롭기 위해서 효율성에서 어느 정도의 상실을 감수하고자 했다. 국가들의 국내구조에 내재적인 특성이 자연히 진보를 느리게 했지만 그러나 근대 민주주의는 효율적 정부에서 진전을 허용할 발전단계에 도달했다. 물론 실질적 개혁은 여론이 존재하는 곳에선 어디에서나 느리고 타협으로 가득할 것이다. 그러나 정부의 역사적 발전은 자치정부에 대한 인민들의 꾸준한 부상을 가르쳤다. 윌슨은 그런 수준의 성장단계에 있는 정부를 이상화하지 않았다. 그는 근대 헌정제도 속에서 여론을 찾기 위해서는 대중이 분발하게 해야 한다고 믿었다. 지도자나 개혁가는 우선 대중이 기꺼이 귀를 기울이고 올바른 의견을 갖게 해야 한다. 진실하고 명백한 것으로 충분하지 않다. 그것은 상식화되어야만 수용될 것이다. 그럼 그때 가서는 국가가 진실에 입각해 행동할 것인가라는 의문이 제기될 것이다. 윌슨은 상당한 의구심을 가졌다. 왜냐하면 인류의 대부분은 엄격히 비철학적이기 때문이다.[25] 그럼에도 불구하고 그는 통치자란 피치자의 단지 봉사자에 지나지 않는다는 것이 모든 사람들에게 당연히 명백히 되어야 한다고 생각했다. 그러나 민주주의가 몇 나라에선 오래되

25) *Ibid.*, p. 42.

었지만 근대의 개념과 조건을 토대로 한 민주주의는 여전히 성취되지 못했다.

윌슨은 이 산업화와 통상의 시대의 욕구들이 빠르게 축적되고 있다고 경고했다. 따라서 보다 효율성이 개발되어야만 한다. 그리고 공직자들은 국민들을 위해 더 잘 봉사하도록 격려되어야 한다. 미국인들은 연방자치정부와 함께 각주의 자치정부를 짜 맞추는 커다란 문제에 종사하고 있다. 이 과업을 성공적으로 수행한다는 것은 미국이 세계를 이끌어 갈 것임을 의미할 것이다. "힘의 집중화 대신에 직권의 허용된 분할과 함께 광범위한 통일이 있어야만 한다. 이것이 공동의 목적추구를 위한 정부들이 명예의 평등과 명예로운 복종으로 결합되는 미국식 정부로 가는 경향이다."[26] 이렇게 1887년 6월에 윌슨이 표명한 이 중요한 견해는 아메리카 대륙 국가들의 연맹을 모델로 삼지만 힘이 보다 덜 중앙집중화된 세계의 국가들의 연맹에 관한 윌슨의 비전이 처음으로 천명된 것이었다.[27] 그것은 주권이라는 용어와 관련된 힘의 어떤 제한을 상정했다. "명예의 평등"으로 그는 오직 큰 국가들만 염두에 두었다. 약소국가들은 우선 연합해야 한다. 그러면 세계연맹이 뒤따를 것이다. 이 개념은 정치적 피라미드의 개념이었다. 윌슨은 아주 일반적 원칙들 이상을 언급하지 않았지만 그의 말은 뚜렷하게 법적이고 자발적인 힘의 분배에 토대를 둔 조직된 국제적 삶을 예측하는 그런 것이었다. 그리고 그것은 연방민주주의 성공적 수행을 통한 미국의 지배적 영향력을 전망해 주었다.[28]

웨슬리언 대학(Wesleyan University)으로 직장을 옮긴 윌슨은 근

---

26) *Ibid.*, p. 43에서 재인용.
27) *Ibid.*
28) *Ibid.*, p. 44.

대 경제학의 아버지 애덤 스미스에 관한 에세이를 집필하였다. 윌슨은 스미스의『국부론』이 인간의 여러 가지 애타적 동기들을 서술한 그의『도덕적 감성론』에 의해 보완되고 있음을 알아차렸다. 윌슨은 경제적 이익추구의 진력에서조차 인간들이란 사랑, 자비심, 동정심 그리고 자선에 의해 인간들이 때때로 움직인다는 자신의 인상을 제시했지만 그러나 그는 이기심이 의문의 여지없이 유력한 힘이라는 것을 인정했다.[29] 1889년 봄에 와서 윌슨은 1886년에 집필하기 시작했던『국가』를 완성했다. 여기서 그는 독일 황제가 근대 지배자들 중 가장 강력하다고 생각했다. 그러나 그가 무책임하게 외교문제를 장악하고 있고 막강한 군사력을 보유하고 있으면서 무제한적 권한을 행사하고 있다고 생각했다.[30] 윌슨은 이 책에서 몇 개의 흥미로운 일반적 감상을 제시했다. 역사의 진보란 비약에 의해서보다는 적응에 의해 이루어졌다. 혁명이란 언제나 반동이 뒤따랐다. 왜냐하면 제도들이란 새로운 이론이 아니라 새로운 환경에 대응하여 바뀌었기 때문이다. 1889년 자치정부를 향한 역사적 운동이 진행되고 있다는 자신의 철학적 관점에서 윌슨은 당시 러시아의 절대군주정부가 터키의 경우처럼 현재의 유럽에서 비정상적인 것으로 간주했다. 긴 역사의 척도를 정치의 발전에 적용할 때 진보의 노선은 일직선으로 나가고 있음을 알 수 있다고 선언했다. 즉, 머지않아 민주주의가 세상에서 보편적으로 지배할 것으로 보인다는 것이었다. 그는 국가들도 성인으로 성장하고 있고 인민들은 자치할 만큼 충분히 나이가 들어간다고 썼다. 군사적 전제주의는 이제 어쩔 수 없이 단명한 것으로 보였다. 이것은 정부가 과거보다 무력에 덜 의존한다는 것을 의미하지는 않았다. 왜냐하면 그는 모든 정부란 최종적 분석에서

29) *Ibid.*
30) *Ibid.*, p. 46.

“조직된 무력”이라고 썼기 때문이다.[31]

그러나 민주주의에서 강압적 무력은 마지막 수단이라는 점을 강조했다. 1889년 윌슨에게 세상은 크게 변했다. 정부의 도덕과 양심이 변했다는 것이었다. 정부의 목표는 이제 개인들을 국가목적을 위해 이용하는 대신에 개인들을 돕도록 되었다. 즉, 국가민족이 민족국가가 된 것이다. 윌슨은 인류에서 공통의 법적 양심을 발견했기 때문에 정부에서 “양심”을 발견할 수 있었다. 정부의 도덕이 향상되고 있다는, 즉 정부의 양심이 예민해지고 있고 또 민주주의가 보편적으로 지배할 것이라는 신념은 미래의 대통령에게 아주 중요한 관점이었다. 그런 신념이 “민주주의가 안전한 세계”를 만들겠다는 그의 생각의 배경을 노출시켰다. 역사적 경험에 의하여 혁명이 아니라 적응에 의해서만 진보가 진실로 이루어질 수 있다는 그의 믿음은 예를 들어 라틴아메리카에 관련하여 중대한 것이었다. 동일한 저서에서 그는 부분적으로는 도덕으로 또 부분적으로는 적극적 합의로 이루어진다고 간주하는 국제법의 논의에 두 쪽을 할애했다. 국제법은 강력한 제재력이 없다. 그래서 그것은 올바른 행동과 정의 및 인간들의 양심 등으로써 제정되지 않았지만 보편적으로 얻은 고려사항들의 원칙들에 의존한다. 한 가지 측면에서 그것은 국가들이 서로 거래하는 데 있어서 그들을 통제해야만 하는 규정집이었다. 그러나 다른 측면에서 그것은 실제로 조약에서 인정되고 또 전례에 따라 수락되는 규칙들의 단순히 일반화된 천명에 지나지 않았다. 윌슨은 모든 국제법의 윤리적 성격에 관한 이런 강조를 넘어서는 자신의 견해를 제시하지 않았다. 그러나 윌슨이 국제법을 어느 정도 철저히 공부했었다는 사실은 그로티우스(Grotius), 바텔(Vattel) 및 국제법에

31) 이런 정부, 즉 국가에 대한 윌슨의 인식은 널리 인용되는 막스 베버의 국가에 대한 정의의 제시보다 한 세대나 앞선 것이었다.

관한 다른 작가들을 자신이 읽었다는 증거는 그의 예리한 언급에서 나타났었다.[32)]

제임스 브라이스(James Bryce)의 『미국연방』이라는 책을 평하는 기회에 윌슨은 우연히 경제적 영향을 분석했다. 그의 논의는 미국정치에서 수단과 방법 뒤에 놓여 있는 국가발전의 원동력과 물질적 환경의 중요성을 지적했다. 미국제도의 역사는 그것들이 어떻게 미국에서 영국인종의 전진에 수반하는 물질적, 경제적 및 사회적 조건들에 의해 지배되었는가를 보여 주었다. 그때까지 미국의 정치발전뿐만 아니라 미국인들의 지성적 발전을 지배한 것은 정치적 원칙들이 아니라 그런 조건들이었다. 그러나 패러독시컬하게도 윌슨은 미국의 민주주의, 미국의 정치적 아이디어들 그리고 미국의 민족성이 미국의 제도들이 그랬던 것처럼 형성되었다는 자명한 결론을 진실로 수락하지 않았다. 그는 그것들이 제도들과는 분리되었었다고 주장했다. 미국의 정치는 미국인들의 성격의 표현이며, 그 성격은 비록 미국의 특이한 법적 지위와 전례 없는 물질적 환경에 의해서 수정되었다고 할지라도 영국인종의 역사에서 항구적인 세력들이 작용한 결과였다는 것이다. 그는 미국인들이 사실상 새로운 조건에서 옛 삶을 살고 있으며, 미국이 더 늙고 북적되게 됨에 따라서 그리고 미국의 자원이 감소되어 감에 따라서 그 구별이 급속하게 상실되고 있다고 믿었다.[33)] 요컨대 윌슨은 물질적 요인들의 힘을 인정했지만 그 힘은 영향력에서 제한적이었던 것으로 간주했다. 그에겐 미국인들의 성격이 바로 미국 정치의 설명이었다. 미국의 법과 제도 혹은 실제정치가 물질적 요인들에 의해서 제아무리 많이 영향을 받았다 해도 미국의 민주주의는 단순히 정부의 형태 혹은 어떤 독트린체계

32) *Ibid.*, p. 48.
33) *Ibid.*

라기보다는 발전단계이기 때문에 그것은 오직 성숙과 함께 왔다는 것이다.

윌슨에게 민주주의는 자제하는 행위이며 또 그것의 유일한 토대는 성격이었다. 제도들과 성격은 의식적 노력과 자손에게 전해지는 적성을 통해서 발전하는 게 틀림없었다. 영국인들만이 습관을 통해서 인민의 제도를 접근했다는 것이다. 그러므로 민주주의가 스위스와 미국에겐 하나의 강장제였던 반면에 그것이 프랑스와 스페인에겐 오직 흥분제나 천천히 죽이는 독약이었을 뿐이며, 남미의 국가들에겐 하나의 징발된 발광제에 지나지 않았다는 것이다. 그들은 민주주의를 배양하는 대신에 그것을 채택했었다. 윌슨은 미국이 자유롭기 때문에 민주주의를 갖고 있는 것이지, 미국이 민주주의를 갖고 있기 때문에 자유로운 것은 아니라고 썼다.[34)]

후에 윌슨이 자신의 외교정책을 발표했을 때 남미국가들과 필리핀에 관한 그의 정책들은 방금 각심하게 표현된 사상 때문이었다. 즉 습관과 느린 경험이 효율적인 민주주의로 가는 길을 세웠다. 혁명과 저개발된 성격은 그곳 인민들의 품행과 성격에 성숙함을 가져다줄 것으로 가장 잘 전망되는 모든 수단은 동원하여 처치되어야 할 장애물들이었다. 1890년 윌슨은 뉴저지대학에서 공법교수직을 제안받았다. 그리고 이제는 그의 성숙한 학문생활도 본격적으로 시작되었다. 그는 스스로 성숙하고 있는 것이 아니라 성숙함의 뚜렷한 감정을 갖고 있으며 이제는 더 이상 자신을 내세우고 또 자기의견을 주창하는 데 주저할 필요를 느끼지 않는다고 썼다.[35)] 다음 해에 존 버지스(John W. Burgess)의 『정치학과 비교헌법』의 서평이 프린스턴에서 교수가 된 후 그의 첫 출판물이었다. 여기서 그는 민주적 구

34) *Ibid.*, p. 49
35) *Ibid.*, p. 52.

조란 언제나 느리게 탄생한다는 자신의 주장을 되풀이했다. 그런데 여기서 그는 버지스처럼 그것이 개인에게 있건 아니면 집단에게 있건 간에 주권자와 정치권한의 원천으로서 인식되는 국가와 주권자에 의해 그 권한이 부여된 정부를 구별했다. 주권이 정부에 활력과 형태를 부여한다는 것이었다. 주권은 정부보다도 보다 높고 보다 더 지속적인 것이었다. 국가가 헌법을 만들고 정부는 그것에 효력을 부여했다. 이것은 윌슨이 국민을 대변하는 조직으로서 정부와 최고 의지를 가진 국민 사이를 최초로 명백하게 구분한 경우였다. 이 구분을 적용하는 것이 어렵다는 것을 인정하면서도 윌슨은 그것이 타당하고 또 본질적이라고 간주했다.[36)]

1891년 여름 강의에서 해방된 자유시간이 윌슨에게 명상할 기회를 허용했다. 그 결과 윌슨은『저자 자신』이라는 자전적 에세이를 냈다. 어떤 특성이 저술에서 저자에게 명성과 불멸을 가져다주는지를 알고 싶어 했다. 어떤 독창적인 개성과 논조와 관점 그리고 그것들을 말할 때 작가가 하나의 힘으로 인정될 수 있는 방식으로 말하는 것이 중요하다고 윌슨은 썼다. 과거에 그는 인간들의 목적들을 설득하려고 했었다. 이제 그는 그렇게 하는 것이 삶과 문필의 위대한 승리에 속한다고 설명했다. 자립과 자아발전이 독특한 저술의 선행 조건들이었다. 스스로 보는 능력은 군중들과 함께함으로써가 아니라 어떤 초연함과 자아봉쇄에 의해서 얻어질 수 있는 것이다. 건설적 상상력에는 오직 격리된 상태에서만 가능한 어떤 불멸의 묘기가 있다. 아이디어들의 제 1 차적 원천은 인간 자신의 정신이라고 윌슨은 믿었다.[37)] 만일 이 문제에서 굴복한다면 개성이 패배할 것이다. 윌슨의 관점은 자신의 아버지로부터 마음이 다른 사람들의 아이

36) *Ibid.*, p. 53.
37) *Ibid.*, p. 54.

디어들로 가득 차 있어서는 안 된다고 일찍이 배웠던 것과 일치했다.

1892년 봄 그가 가르친 국제법 강의에서 윌슨은 국제법이란 사회적 도덕이 그런 것처럼 모두가 의견에 달려 있다. 즉 그것의 본질은 제재가 아니라 의견이요 묵시적 동의이며 습관이라고 가르쳤다. 그것의 토대가 인간본성의 어떤 법칙들에 대한 공동의 인식과 인정이라고 생각하는 데 있어서 그는 요한 블룬칠리(Johan Bluntschli)를 따랐다.[38] 윌슨의 중요한 그 다음 저서는 앞에서 언급한 적이 있는 『분열과 재통일』로 1893년 3월에 출판되었다. 미국의 남북전쟁에 관한 이 연구는 초연함과 학문의 정신을 보여 주었다.[39] 미국적 사고에 대한 이 저서의 공헌은 남북전쟁이 국가적 개념에 대한 확산된 생명력과 진정한 힘을 부여한 이후까지 미국은 진정한 하나의 국가가 아니었다는 판단에 있었다. 국가적 개념에 대한 윌슨의 이해는 뚜렷한 정신적 환경을 갖고 있었다. 그는 미국이 물질적 힘과 목적보다는 더 위대한 것이라고 강력하게 믿는 경향이 있었다. 그에게 미국의 진정한 위대성은 단순한 크기나 부가 아닌 대륙의 정복에서 나오는 정신과 이상주의에 있었다. 경제적 강박충동이 비록 근본적이기는 하지만 보다 높은 차원의 목적을 위한 수단에 불과했다. 바로 이런 해석이 "고귀한 미국의 운명"이라는 그의 개념에 확고한 실속을 부여했다.

윌슨은 정치가들의 전기에 너무 몰두하여 마치 칸트의 정언명령이 제약하는 조건과 무관하게 작용하는 것처럼 정치가가 절대적으로 자유로운 선택을 할 수 있는 것으로 가정했다. 그는 "비스마르

38) 요한 블룬칠리(1808-1881)에 관한 간결한 정리를 위해서는, Philip Bobbitt, *The Schied of Achilles; War, Peace and the Course of History,* New York; Alfred A. Knopf, 2002, pp. 567-569 참조.

39) Harley Notter, *op. cit.*, p. 54.

크 공작"이라는 글의 첫 출판에서 거의 그렇게 인정했었다. 1893년 8월 존 모스(John T. Morse)가 쓴 『에이브러햄 링컨』이라는 책의 서평에서 모스가 링컨 대통령의 격렬한 시기까지 그를 형성했던 미국적 요소들을 보다 통찰력 있게 제시하지 않았다고 절제된 말로 유감을 표했다. 왜냐하면 역사란 통치술의 기초가 되는 것이고 또 링컨의 위대한 권력의 행사를 제공한 사건들 속에 그런 미국적 요소들의 역사가 있기 때문이었다. 그는 강박적인 역사적 결정론의 존재를 인정하면서도 완전히 그렇지는 않다고 생각했다. 나머지는 위대한 원칙의 관점에서 이루어지는 선택에 달려 있다는 것이다. 바로 그런 원칙들은 인류의 사회적 경험으로부터 형성되는 것이 사실이지만 그러나 그것들은 옛 진실뿐만 아니라 인간의 염원을 대변했다.

다음에 윌슨은 『정치적 주권』이라는 에세이를 발표했다. 여기서 그는 유권자의 지배를 첫째로 주권기구인 최고의 입법기관과 둘째로 주권의 대리자인 행정부로부터 구별했다. 그에게 주권은 원천적으로 명령하는 통치권한이었다.[40] 윌슨에겐 정치의 역사이기도 한 자유의 역사에서 어떤 자유들은 차단되어 주권의 행사에 제약을 가했다. 그것은 관습의 제약, 인정된 권리와 전례들이었다. 그런 역사의 과정에서 인민들은 국가의 최고 권력에 대한 자신들의 관계를 의식하게 되었으며 또 불굴의 실천이나 엄숙한 성문규약에서 끊임없이 자신들의 복종의 조건을 정함으로써 그런 관계들의 항구성과 확실성을 부여하려고 노력했다. 따라서 최종적 발전에서 인민의 의지가 법률의 초석을 이루었다. 실제로 주권자는 언제나 인민의 의지에 어느 정도 의존했다. 물론 인민 자신들이 헌법을 만들지는 않았

40) 이런 윌슨의 주권에 대한 인식은 피상적으로나마 카를 슈미트의 것과 비슷했던 것으로 보인다. 다만 윌슨이 슈미트보다는 적어도 한 세대는 앞섰었다.

지만 그들은 동의했다. 어느 경우에나 헌법은 공동체의 규약으로써 인민들이 주권적 권한을 행사하는 사람들을 생각하는 기준을 제공했다. 실제로 인민들은 견제와 권한을 세우는 그들의 주권자들과 덜 형식적인 협약을 체결할 수도 있었다. 그러나 궁극적으로 인민들이 통치자들의 행동을 조건 짓는다. 그들이 최종적 통제자이지만 그러나 그들이 주권자는 아니다. 권한은 정부에 속하는 것이다. 미국 같은 연방제공화국에서 주권기관은 의회였다. 인민과 그들의 정부 사이에 관한 윌슨의 구별이 완전히 확인되었다.41)

1894년 초에 윌슨은 다음 역사서인 『위대한 미국인들의 캘린더』의 집필에 착수했다. 그는 미국의 정신을 색슨족의 자유정신 이상의 것으로 생각하면서 한때 물질적이고 이상적이었던 황무지를 굴복시키는 과업의 특수한 영향을 언급했다. 미국인들은 진보적이었다. 링컨이 그런 유형의 최선의 본보기였다. 윌슨이 보기엔 뉴프런티어가 공식적으로 끝나 버린 지금 미국은 새로운 조건에 적합한 지도자들, 즉 자유의 타당성을 확신하고 미국제도들의 보다 심오한 원칙들에 집착하지만 절제된 본능을 가진 그런 새로운 지도자들이 필요했다.

1896년 5월 처음으로 영국을 방문한 뒤 윌슨은 아일랜드 출신의 영국 정치가 에드먼드 버크에 관심을 집중했다. 윌슨은 영국에 머물 때 자신의 마음속에 독특한 자리를 차지하고 있는 버크의 묘소를 방문했었다. 버크의 저작들은 윌슨의 대학 시절 이래 그에게 가장 매력적이고 또 그를 지도하는 영향력에 속했다. 윌슨은 버크가 미국인들에게 미국에 관한 그의 명연설에서 국사에 관한 올바른 행동철학을 제공했다고 믿었다. 1896년 당시 "영국 자유의 해설자"에 관해 글을 쓰면서 윌슨은 버크의 신념의 타당성에 관해 언급했었다. 윌슨은 자유정부에 관한 버크의 정의를 수용하고 또 사용했다.

41) *Ibid.*, p. 59.

> 만일 누가 나에게 자유정부가 무엇이냐고 묻는다면 어떤 실천적 목적을 위해 그것은 인민도 그렇게 생각하는 것, 즉 내가 아니라 바로 그들이 이런 문제에 대해 자연스럽고 합법적이며 또 유능한 판사라고 대답하겠다.42)

윌슨은 바로 이것이 문제의 핵심이 될 것이라고 결정하였다. 윌슨의 언급에 의하면 미국의 독립선언서는 바로 그런 뜻으로 말했을 뿐만 아니라 명시적으로 자신들의 삶을 어떻게 할 것인가를 스스로 결정하도록 각 세대들에게 맡기고 또 인간들이란 언제나 스스로 결정할 권리, 즉 자신들이 그 속에서 살아갈 정부를 결정할 권리가 있음을 주장한 것이었다. 요컨대 정치적 자유란 언제든지 자신들의 필요성과 이익에 맞추어 정부를 조정할 피치자들의 권리였다. 윌슨은 어떤 종류의 정부가 그들에게 적합한지는 인물들의 일반적 성격과 상황이 결정해야 한다고 버크를 또다시 인용했으며 또 그런 생각이 얼마나 정치적인가 하고 칭송했다. 본격적 설명을 하기 위해서는 1907년까지 기다려야 했다.

윌슨은 자결권에 관해서 1987년에 그리고 또 1901년에 그것은 미국 역사에서 확인된 원칙이라는 자신의 믿음을 토로했다. 실제로 그는 1902년 필리핀인들과 쿠바인들을 지칭하면서 자유와 자치정부의 실질적이고 진정한 미국적 개념을 위해 전투가 정당하게 수행되고 또 혁명이 정당하게 발생했다고 말했었다. 윌슨은 인민들이 자유나 바람직한 정책을 구성하는 것으로 생각하는 것을 수락할 것이지만 그러나 그는 질서와 자제의 습관이 그들의 경험에서 우선 깊이 자리 잡아야만 한다고 제언했다. 윌슨이 필리핀과 쿠바에 관한 정책에 자신의 생각을 적용해 나갈 때 그런 기본적 전제 위에서 자결이

42) 원래 Woodrow Wilson, *The Interpreter of English Liberty,* Mere Literature, p. 105에서 인용된 것으로 Harley Netter, *op. cit.*, p. 68에서 재인용.

진정한 것임을 의미하는 것이 분명했다. 만일 성숙과 정치적 능력을 향한 진전이 설득으로 효과를 볼 수 없다면 무력이 사용되어야만 할지도 모를 일이다. 영국인들과 미국인들은 국왕의 무력에 복종함으로 자치정부를 배웠다. 그러나 미국인들은 어떤 이기적 목적을 위해서 무력을 사용하지 않을 것이다.

버크는 민주주의를 지지하지 않았었다. 그는 비록 그것이 바람직스럽게 될지는 몰라도 민주주의를 깊이 불신했었다. 그러나 정부란 법에 의존하는 만큼 완전히 인간들에게 달려 있다고 생각하는 점에서 윌슨은 버크를 따랐다. 법의 실천이나 집행은 전적으로 인간들에게 달려 있기 때문이다. 따라서 정부를 의인화하고 관리들이 개인적으로 책임이 있다고 보기 때문에 윌슨이 1908년부터 법인 법률 뒤에서 책임면제를 향유하거나 추구하는 기업인들의 사실상의 책임에 대중적 관심을 끌었던 것은 아주 당연했다. 윌슨의 정부론에는 통치자 개인들이 개인적인 방식으로 책임을 지게 하는 아주 강력한 성향이 있었다. 그런 태도는 정부란 확실한 법과 개인적 책임에 항상 토대를 두어야 한다는 독트린과 잘 어울렸다. 이것은 그의 지도력에 관한 이론을 뒷받침했으며 또 정부에 대한 그의 도덕적 조망과 구별될 수 없었다. 그런 문제를 윌슨은 버크와 함께 도덕문제로 간주했으며 법률도 사회의 도덕적 이해의 일부로 간주했다. 이것은 모든 문제를 개인으로 축소시켰다. 왜냐하면 최종적 분석에서 도덕문제에 관한 모든 선택과 결정은 바로 개인의 책임이며 자기 영혼의 순결을 걸고 이루어져야만 한다는 것이 윌슨의 재천명된 신념이었기 때문이다.[43] 도덕과 개인의 책임에 관해 이런 견해를 가진 사람과, 특히 대통령으로서 그의 일반적 사상은 물론 자기의 국내정책을 지배하는 이런 생각의 요소들을 외교정책으로 끌고 가는 성향이

43) *Ibid.*, p. 71.

있는 사람의 경우라면 정부란 기본적으로 인간들이며 따라서 정부의 문제가 근본적으로 도덕적이라는 신념으로 인해 그의 외교정책이 현저하게 개인적일 것이라는 점을 상당히 설명해 줄 것이다.

그러나 정부에서 도덕에 대한 윌슨의 강조는 그 중요성에서 훨씬 더 엄격했다. 버크와 함께 윌슨은 도덕을 법률보다 상위의 기준으로 간주했다. 버크는 도덕을 주로 종교적 관점에서 출발하여 어쩌면 보다 철학적으로 생각했었다. 그러나 도덕적 기준의 우월한 권위에 대한 윌슨의 신념은 도덕 그 자체에 관한 그의 개념만큼이나 여러 경우에서 분명했다. 즉 개인적 야심에 따른 올바른 행동, 정의, 진실, 공동복지의 존중 같은 경우에서 그랬었다. 그것은 신자유에 대한 그의 이상과 비전과 미국의 성취를 위한 사실상 북극성, 즉 가시적 지도원리였다.[44] 1911년에 윌슨은 그런 개념들에 대한 종교적 토대를 가장 충실히 말했다. 인간과 국가들은 바로 그런 기준에 의해서 점점 더 심판받게 되었다는 것이다. 실제로 그는 미국이 성경의 계시에서 유래하는 정의의 요소들에게 그런 헌신을 모범적으로 보이기 위해 미국이 탄생했다고 깊게 믿었다. 윌슨은 확실한 도덕적 행위의 기준들이 우월하고 또 정부나 법의 범위 밖에 있으며 따라서 법이란 도덕적 판단에 복종해야 하고 또 덜 완벽한 것으로 믿었음이 분명했다.

이미 지적한 것처럼 윌슨은 개인이 도덕의 문제에서 유일한 책임의 단위라고 생각했다. 의도와 행위의 본질적 순결인 정당함이란 우리 모두가 타인들에 의해 심판받는 기준일 뿐만 아니라 우리가 자신들을 심판하는 기준인 것이다. 그는 개혁이란 법을 통해서가 아니라 양심을 통해서 올 것이라고 생각했다. 사실상 그런 도덕적 심판은 언젠가는 사회질서의 성격을 결정하는 데 최고 권력이 될 것

44) *Ibid.*, pp. 72-73.

이다. 냉소적으로 부도덕적이거나 이기적이고 세속적 의미에서 실질적으로 되려는 성향은 도덕적으로 되려는 성향을 정복하지 않을 것이다. 진실로 여기에 보다 높은 법, 즉 모든 계층의 모든 인간들에게 부여된 도덕적 의무가 있으며 이것은 일종의 사회적 성격의 법이었다. 윌슨의 이런 충만한 개념은 버크의 것과 동일한 토대와 목적을 갖고 있었다. 그러나 버크가 윌슨의 개념형성에 영향을 끼쳤던 반면에 윌슨의 논의에 만연한 종교적 철학이 또 하나의 중요한 원천이었음도 분명했다. 버크의 사상에 고귀한 영적 특징이 있었지만 그러나 그것이 윌슨의 수준에 접근하지 않았던 반면에 지배적 표현은 종교적이고 또 순전히 도덕적인 것으로 엄격히 합리적인 철학 이상의 신념을 암시했다.

두 사상가의 유사성은 사회적 기준으로서 도덕을 범위에 두고 또 사회과정을 광범위한 도덕적 조망으로 보려는 어떤 영향을 암시했다. 두 사상가는 본질적으로 조화를 이루었다. 그들은 사실에 대해서는 전혀 다르지 않았지만 토대와 설명에선 다소 달랐다. 마찬가지로 윌슨과 버크는 무엇이 국가를 이루는가, 그리고 무엇이 국가를 위대하게 만드는가에 관해서는 근본적으로 일치했다. 그것은 물질적 발전이 보다 더 중요한 일련의 정신적인 요인들보다는 못하다는 윌슨의 흔들림 없는 신념이었다. 특히 윌슨은 미국이 그것을 과시한다고 생각했다. 윌슨에게 국가들의 역사는 제도 같은 어떤 물질적인 것이 아니라 마음과 상상력과 같은 정신적인 것이었다.

윌슨의 국가의 의인화보다도 훨씬 더 주목을 끄는 것은 도덕적이고 정신적인 특성에 대한 강조였다. 미국은 부유하기 때문이 아니라 미국의 사상과 이상, 즉 성경에 씌어진 심판 기준들의 수락 때문에 더 강력했다. 비록 모든 국가들이 삶의 경제적 토대를 이루는 부를 창출해야만 하지만 미국은 부를 창조하기 위해서가 아니라 비전을 실현하기 위해서, 즉 이상을 실현하기 위해서 수립되었다. 실제로 윌슨은 만일 미국이 자신의 물질적 발전을 정신적 발전 앞에 두려워한다면 미국은 더 이상 미국이 아니며 따라서 원래의 약속을 철회하기 위해서 그 이름을 철회해야 할 것이라고 덧붙였다. 역사의 가장 심오한 사실은 정신적인 경험이고 마음의 비전이며 생명의 맥박인 정신의 염원이었다. 이것은 실질적 문제들을 무시하려는 것이 아니었다. 윌슨은 단지 이상과 희망을 보다 높은 가치로 간주했던 것이다. 버크의 국가개념도 윌슨의 것과 기본적으로 같았다. 각자는 버크의 용어를 빌린다면 국가를 하나의 도덕적 본질로 간주했다. 이처럼 비록 두 사람이 국가라는 것을 근본적으로 도덕적이고 정신적인 존재 상태라는 동일한 견해에 접근했지만 그들은 물질적 이익 특히, 재산에 대해 부여하는 존경심에서 서로 달랐다. 재산권에 대한 버크의 존중은 그의 철학에서 윌슨의 경우에서보다는 더 높은 위치를 차지했다.[45] 아마도 윌슨은 국가를 도덕적 그리고 아이디어와 정신적 및 도덕적 특징의 구현으로 보는 원래의 충동을 버크로부터 받았을 것이지만 그 이상의 영향은 추적하기 어렵다. 그러나 윌슨은 역사에 관한 독서에서 특히 존 리처드 그린의 『영국인들의 역사』[46]에서 국가를 도덕과 정신적 요소들의 복합체로 간주하는 또 다른 자극을 발견했던 것이다.[47]

윌슨은 국가들의 우호적 관계에 관해서도 버크가 서술한 바로 그 요인들을 토대로 자신이 분석한 유럽 국가들에 대한 호감과 반감을 드러냈다. 버크는 인간들이란 닮음, 일치성, 그리고 동정심에 의해 결합한다고 일반화했다. 국가들도 그랬다. 버크에 의하면 법

45) *Ibid.*, p. 76.
46) John Richard Green, *History of the English People,* Vol. 4, New York, 1878.
47) Harley Notter, *op. cit.*, p. 77.

률, 관습, 양식 및 삶의 습관에 있어서의 부합성만큼 국가간의 우호의 강력한 끈은 아무 것도 없었다. 그러나 분명히 더욱 중요한 것은 미국이 의무감을 갖고 있는 미개발 인민들에 대한 윌슨의 정책을 형성하는 자유와 정부관계에 관한 버크의 사상이었다. 버크가 미국인들이 자유에 헌신적일 뿐만 아니라 영국식 개념에 따르고 영국식 원칙들에 입각한 자유에 헌신적이라고 지적했었는데 윌슨도 그렇게 믿었다. 미국이나 영국은 모두가 프랑스의 정치철학에 영향 받은 국가들과는 대조적으로 자유에 대한 추상적 개념을 갖고 있지 않았다.[48] 버크는 정부란 실질적인 것으로 보았고 또한 인간의 욕구 가운데엔 자유와 권리뿐만 아니라 자신의 열정에 대한 충분한 자제력도 있다고 믿었다. 모든 것은 시대와 환경과 함께 다양하기 때문에 어떤 권리도 추상적 규칙으로 타결될 수 있는 것은 없었다. 그러나 영국에서 자유는 정부의 직접적 목적이었고 또 진실로 국가 그 자체의 중대한 우물이요 에너지였다고 버크는 생각했다.

자유란 정부와 결합되어야 한다고 버크는 1790년에 말했다. 즉, 자유란 공적인 힘, 도덕과 종교, 단결과 재산, 평화와 질서, 시민적 및 사회적 양식과 결합되어야 한다는 것이다. 윌슨이 인용했고 또 미국과 영국의 경험으로부터 설명적 사실과 주장을 끌어내면서 필리핀인들의 즉각적 자치정부 요구에 대한 그의 조심스럽게 적용했던 정책은 바로 버크의 이런 분석이었다.[49] 그것은 자결과 자치정부가 통제와 질서 있는 참여의 습관에 뿌리를 두어야만 한다는 그의 생각에 동반하는 아이디어였다. 윌슨은 정부에 관한 구체적인 전제에 기초한 철학을 세우고 있었음이 분명했다. 그는 정부의 문제란 도덕적 문제라는 버크의 견해를 수용했다. 그리고 이것은 논리의 규

48) *Ibid.*, p. 78.
49) *Ibid.*, p. 79.

칙과 항상 맞는 것이 아니라는 것도 그는 알고 있었다. 따라서 정부의 문제들이란 논리에서가 아니라 경험에서 도출된 원칙들에 입각하여 결정되어야 하는 실질적인 문제들이었다. 두 사람이 이렇게 합의하고 있었기 때문에 윌슨은 프랑스혁명은 사악한 것이었고 또 그것의 철학은 근본적으로 악마였고 부패시키는 것이었다고 생각하는데 있어서 쉽게 버크를 따랐던 것이다. 윌슨은 그것이 그릇된 것이었을 뿐만 아니라 사회적으로 값비싼 방법이었다고 생각했다. 프랑스혁명은 영국의 역사에서 자유의 성장이 보여 준 모든 원칙에 반했다. 프랑스혁명은 추상적 권리들의 설교로 정부를 뒤집었다. 그것은 지지자들을 속였던 것이다.

자유란 실제로 어느 경우에도 국가의 목적은 아니라고 윌슨은 썼다. 프랑스인들의 견해와는 대조적으로, 목표는 모든 계급의 이익들의 조정에서 올바른 공평이라고 버크가 생각했었던 것처럼 생각했다.[50] 윌슨에게 정부란 계약의 문제가 아니라 습관의 제도 그것도 수세대를 통해 아주 느리게 세워지는 제도였다. 혁명은 그릇된 방법이다. 그것은 영국의 역사가 지속적인 테제인 데 비해 하나의 유치한 독트린이었다. 버크처럼 윌슨에게도 모든 미덕처럼 좋은 정부란 행위의 실제적 습관이지 헌법적 구조의 문제가 아니었다. 영국의 메시지는 새로 건축하는 것보다는 개선하는 것이 더 낫다는 것이었다. 윌슨이 보기에 영국은 자국의 문제에 대한 도덕적 판단, 성격 및 목적을 유포시킨 버크를 통해서 말했던 것이다. 버크처럼 윌슨은 프랑스의 철학은 정부와 자유간의 조절을 깨뜨렸다고 믿었다. 따라서 그는 규율이 자치정부의 실질적 전제조건이라고 확신했다. 프랑스 정치철학에 대한 윌슨의 불신은 의심할 여지는 없으며, 또 그 불신이 버크에 대한 연구의 부산물이었다는 것도 의심의 여지가

50) *Ibid.*, p. 80.

없었다.

> 오직 철학자들과 철학적 역사가들만이 프랑스혁명에 대한 버크의 뜨거운 반감에 대해 버크를 책망한다. 인간들이 자기 시대와 이웃의 분위기를 호흡하는 차원보다 훨씬 높은 허공에서 학문하는 마음이 생각하는 것은 아주 당연하다. 그러나 정치가들은 현실정세에서 철수할 수 없는 것이다.[51]

윌슨은 버크가 옳았다고 판단했다. 버크는 사태를 건실하게 보았고 전체를 보았다는 것이다. 앞서 언급된 배젓, 그린, 토크빌과 브라이스 같은 다른 원천들도 기여했지만 버크가 꾸준한 도덕적 및 정치적 습관만이 자치정부, 민주주의 그리고 진보를 위한 건전한 초석이 될 수 있다는 윌슨의 믿음을 심화시켰다. 이런 신념들의 힘은 특히 라틴아메리카의 국가들과 필리핀인들에 대한 윌슨의 생각과 정책의 발전에서 곧 식별할 수 있게 되었다. 무력의 사용에 관해서도 윌슨은 무력의 타당성에 일반적으로 반대하는 버크의 주장을 수용했었던 것 같다. 왜냐하면 버크의 "탁월하게 실질적인 사고체계"의 설명으로 그런 주장들을 승인하듯이 버크를 인용했었기 때문이다.

버크는 1775년 영국이 그들의 애착과 선의를 염원했던 아메리카의 식민지 사람들에 관해서 말할 때 무력의 효력이란 일시적일 뿐이고 불확실하며 또 무력의 사용으로 목표를 손상시킨다는 근거에서 무력의 효력을 부인했었다.[52] 권한과 권위란 때때로 친절과 자제로 얻어지며, 또 만일 화해적이고 이성적인 조치들이 실패한다면 무력이 최후의 방책으로 남을 것이다. 유일하게 비견될 윌슨의

51) *Ibid.*, p. 82에서 재인용.
52) *Ibid.*, p. 83.

논의는 필리핀에서 아퀴날도(Aquinaldo)가 주도했던 반란을 진압시킨 것에 관련된 것이었는데 그 점에서 그는 미국적 원칙들에 따라 질서와 자유 및 자치정부를 수립하기 위해 무력의 사용을 분명히 정당화했다. 그러나 미개발되거나 아주 미숙한 사람들에게 대항하여 무력에 호소하는 것을 정당화하는 것은 윌슨에게 만족스런 일반적 토대를 제공하지 않았다. 그는 단지 그런 사람들에겐 도덕적이고 정치적인 선한 목적이 아주 노골적인 수단의 사용을 통해서만 성취될 수 있을 것으로 보았다. 지도자들이 보다 더 계몽되었고 또 이웃이라는 위치가 정책에서 제약하는 요인인 멕시코 인민들에겐 완전하게 그렇지는 않았다고 할지라도 카리브 해의 사람들에 관련해선 동일한 유추가 적용되었을 것이다.

버크는 고결한 도덕과 실질적 근거에서 편의적일 조치들에 관해 논의할 때 무력에 관해 우연히 말했었다. 윌슨은 그런 편법을 "근본적인 영국의 독트린"으로 간주했다. 그는 버크를 위대한 영국의 편법복음의 전도사로 간주했다.53) 그러나 이 두 사람이 가졌던 편법의 개념은 가치와 정치적 목적의 달성과 관련된 방법이나 태도뿐만 아니라 정의의 이상과도 관련되었다. 그리하여 윌슨은 1909년 자기가 정치생활에서 편법독트린의 떳떳한 사도라고 인정했다. 그것은 방향이나 원칙과는 관련이 없으며 방법이나 조건 그리고 속도와 관련된다고 그는 조심스럽게 지적했다. 이런 편법의 정당화와 정의로움은 버크로부터 유래된 것으로 보였다. 버크는 또 다른 방법으로 윌슨의 사상에 기여했거나 영향을 주었다. 버크는 윌슨의 가장 마음에 쏙 들고 또 윌슨의 어린 시절 가정교육에서 주입된 공적의무(public duty)의 개념을 제시했다. 윌슨은 공적의무를 좌우명으로 수락했을 뿐만 아니라 버크가 표현했었던 정신과 의미에 완전히 일

53) *Ibid.*

치하게 그것에 관해서 말하고 또 썼다. 버크는 "공적의무란 옳은 것이 알려져야만 할 뿐만 아니라 널리 지배적이 되어야 한다. 악한 것은 적발될 뿐만 아니라 패퇴시키는 것을 요구하고 또 필요로 한다"고 주장했었다.[54] 버크는 공적의무의 대상으로 "옳은 것"을 말했지만, 윌슨은 "옳은 것"과 "진실"을 함께 사용했으며 그것들이 실제로 동일하지는 않아도 분리될 수 없는 것으로 간주하는 성향을 보였다. 진실이 도덕적 속성을 가진 것으로 간주하는 성향 바로 그 자체가 윌슨 자신의 공적의무감을 아주 분명하게 해 주었다. 이것이 미국 외교정책 분야로 옮겨지면 미국의 국제적 의무가 진실과 현명한 원칙들과 관련된 도덕적 책임이 되었다. 윌슨이 그런 개념을 갖고 있었다는 증거는 아주 확실했다. 국제법의 성격에 관한 그의 견해마저도 윤리와 진실 그리고 의무의 이런 함축을 내포하고 있었다.[55]

버크가 사용한 용어들 중에는 근대에 윌슨의 이름과 연계된 것들이 있다. 버크는 '인류애'(humanity)나 '인류의 목소리' 그리고 '협약'(covenant)이라는 용어들을 많이 언급했었다. 윌슨은 대통령이 되기 이전에 이런 용어들의 사용에 이미 익숙해져 있었지만 대통령으로 선출된 후에는 그런 용어들을 현저하게 자주 사용하지는 않았다. 역사의 발전 과정에 관한 윌슨의 조망도 버크의 말에서 무언가를 얻었다. 버크는 "인류의 위대한 이익들이 기나긴 세대들의 계승을 통해서 관련되는 곳에서는 그 계승 자체가 그들에게 영향을 끼치게 될 충언들 속에 포함되어야만 한다"고 말했었다.[56] 버크의 저술은 솔직한 태도와 완전한 의견의 노출로 특징되었다. 윌슨은 바로 그 점에서 버크를 칭송했다. 버크는 국가에서 고결함과 힘의 감동적 본

---

54) *Ibid.*, p. 84에서 재인용.
55) *Ibid.*, p. 85.
56) *Ibid.*, p. 87에서 재인용.

보기를 윌슨에게 제공했다. 윌슨이 매우 존경하는 모든 정치가들은 성격과 행위에서 "열려 있는" 특징을 소유했다. 그는 피트의 솔직함, 브라이트의 직설적임과 열려 있는 면, 글래드스턴의 투명한 허심탄회함과 철저한 선의의 신념, 클리블랜드의 솔직한 성격과 허심탄회함, 그리고 존 헤이(John Hay)의 솔직한 고백을 칭송했다.[57] 1901년 윌슨에게 공적업무의 공개적 수행은 민주주의의 소중한 특징 가운데 하나였다. 그리고 미국이 그동안 훈련된 외교적 및 영사업무 직원 없이도 미국이 일을 처리해 온 사실에 대한 윌슨의 설명은 정치와 통상에서 민주국가의 외교 관계처럼 그렇게 단순하고 복잡하지 않은 업무의 경우에 훈련이 항상 불필요하다고 미국인들이 생각했다는 것이다. 그해 윌슨은 국제문제나 멀리 있는 속방의 관리에서 미국의 지도력은 획일적이고, 공개적이며, 책임성 있고, 또 총체적이어야 한다고 선언했다. 1912년 윌슨은 솔직함이 우리들 생의 법칙이 되었다고 말했다. 그리고 또 완전히 공개적인 태도만큼 건전한 태도는 없다고 말했었다. 이런 아이디어들에 대한 윌슨의 의식적 옹호는 연대기적으로 보면 그가 대학 시절의 초기에 버크를 읽은 데에서 기원했었을 것이다. 윌슨은 자신의 첫 공개 에세이인 비스마르크에 관한 것에서 그 정치가의 성격은 계략이 반드시 초래하는 오점으로부터 자유로울 수 없다고 생각했다.

버크의 저술이 윌슨에 상당한 영향을 미친 것은 분명하다. 반드시 민주주의에 관한 것은 아니라고 해도 훈련과 규율과 습관이 경험에 의해 굳건히 뿌리내릴 때 비로소 인간들이 자치정부를 위한 능력을 갖는다는 데 대한 윌슨의 신념은 버크에 의해서 크게 영향받았다. 공적의무에 대한 그의 개념도 버크의 견해에 의해 형성되고 그 적용에서 확대되었다. 윌슨이 '인류'나 '인류애' 같은 상징적 이념

57) *Ibid.*, pp. 89-90.

의 관점에서 생각하는 데서 그는 보다 더 습관화되었을 가능성이 있었다. 윌슨은 버크로부터 국가의 도덕적 개념을 취했을 것이다. 또한 정부란 주로 구조보다는 행위, 즉 법보다는 인간들의 일이라는 생각을 버크로부터 받았으며 또한 그로부터 정부와 자유 그리고 정부의 근본적 본질에 대한 특별히 실질적인 견해를 얻었음이 분명하다. 이것으로부터 윌슨은 버크와 함께 프랑스식 철학의 추상적 논리를 깊이 불신하게 되었고 또 방법으로서 혁명을 싫어하게 되었다. 따라서 윌슨에 대한 배젓의 영향이 이런 식으로 보완되었다. 배젓과 버크는 윌슨의 충언과 공개성에 대한 그의 태도를 형성시키는 데 모두 도움이 되었다. 하나의 교육적 경험으로서 버크 작품의 독서가 윌슨에겐 자신을 성숙시키고 영감을 주는 자극이었다. 윌슨은 일반적 조망과 판단 그리고 그가 자신을 위해 수용한 역사적 경험에서 도출된 원칙들에 대해 존중하는 마음을 버크에서 발견했었다.[58)]

1897년 7월 「국가의 발전과정」이라는 논문의 발표를 통해 대중주의(populism)에 관한 견해를 제시했다. 대중주의는 국가가 여전히 파벌로 분열되어 있다는 것을 상기시켰다. 파벌주의는 미국 역사에서 언제나 강력한 요소였다. 그에겐 경제적 및 사회적 발전에서 발생하는 이익분열의 악화가 인상적이었다. 미국의 국가생활에는 의견이나 정책의 어떤 공통의 기준도 없었다. 그는 서부개척 시대의 종말이 목전에 다다른 이상 미국은 자신의 역사를 재음미할 때라고 그는 예언했다. 왜냐하면 과거란 되풀이하지 않는 반면에 그것이 근본적 의미에서 미래를 만들어 갈 것이기 때문이다. 그는 단순히 팽창에 의한 성장인 구식의 성장은 끝이 났다고 추측했다. 그는 이제 아주 고도의 지도력이 미국인들에게 침착성과 성숙의 냉정한 선택을 가르치기 위해 요청될 것이라고 생각했다. 이런 생각들이 스페인

58) *Ibid.*, p. 92.

과의 전쟁이 미국인들에게 미칠 영향을 상정하는 배경이었다. 그는 외교정책을 미국의 전체 국가정책의 일부로 보았다. 이것은 외교정책을 그 자체의 전례와 규칙을 가진 독특한 분야로서가 아니라 미국의 모든 국가정세에 공통적인 목적들과 그에 따른 욕망을 추구하는 전체의 일부로 다루는 경향을 의미했다.[59]

1898년 초 윌슨은 프린스턴대학에서 "인간들의 지도자들"로서 문필가와 행동가를 대조하는 중요한 강의를 했다:

> 글 쓰는 사람들은 균형을 사랑하는 반면에 행동가는 실행할 수 있는 행동의 선을 치고 나아가서 균형을 소홀히 해야 한다. 바로 그렇기 때문에 학식 있는 사람들에게 종종 민주주의가 불쾌하다. 의미의 미묘한 차이와 근사한 제약들은 문제에 영향을 미칠 수 없다. 대중들의 행동을 유도하는 주장들은 항상 폭넓고 분명해야만 한다. 구체적 개념의 매우 총체적 골자만이 대중의 마음에 어떤 인상을 줄 수 있다. 그들은 자신들의 개념들을 아주 절대적으로 피력해야만 한다. 대중 속의 인간들이란 개인들로서의 인간들과 다르다. 대중연설에 적합한 총체적 어조와 방식은 개별적 인간들을 다룰 때 적합한 어조와 방식과는 판이하다. 인간들의 위대한 지도자들은 인간들의 대중과 근본적 동정심을 가져야만 했다. 여기서의 동정심이란 지성이라기보다는 감성의 통찰력을 의미하는 동점심이다. 바로 그것을 가지고 있기에 그리고 그것에 엄격히 맞추어 행동하기에 그들은 복종 받을 것이다. 즉 사람들은 그들이 정의롭다는 것을 알 것이기 때문에 복종할 것이다. 개별 인간들을 언제나 소외시킬 방식으로 그들은 다수를 지배한다. 그리고 그것이 인간들 지도자라고 불리는 그들의 논란의 여지가 없는 권리이다.[60]

지도력의 역동성은 설득하는 데 있기 때문에 자연히 대단한 인내력이 사용되어야 한다. 결국 지도자가 아주 신속하게 나아가는 것

---

59) *Ibid.*, p. 95.
60) *Ibid.*, pp. 97-98. 강조하기 위해서 인용문으로 재편집한 것임.

을 기대할 수 없을 것이다. 그는 다음 세대가 아닌 자신의 세대를 지도해 나가야 한다. 예를 들어 버크는 내일, 아니, 영원한 지혜를 배포했다. 그러나 그의 시대에 그를 따르는 것은 불가능했다. 우리의 느린 세상은 오직 우리 시대의 최고의 마음과 아이디어들을 따라가면서 시간을 보낸다. 오늘날에 와서야 세상이 버크의 가르침이 세상을 자유주의화시키는 그런 정책의 심장부에 있는 그를 따라갔다. 윌슨은 방식에 관해서 할 말이 더 많았다. 그는 타협이 정치의 진정한 전도자라는 명제를 전체적으로 부인할 수 없는 자신을 발견했다. 미시시피 강의 증기선을 조종할 때 별을 보고 그리고 일직선으로 조종하는 것이 불가능한 것만큼이나 정치에서도 별이나 똑바른 선으로 조종해 나가는 것은 불가능하다. 그러나 그렇다면 어떻게 타협을 정의할 것인가? 생물학자들은 모든 성장은 타협으로 이루어진다고 말하곤 한다. 타협도 또한 사회의 그리고 정치의 법이다. 만일 타협이 진보적이기만 하다면 타협은 부정직할 필요가 없다. 그 해답은 성장이다! 그리고 그것은 필요한 것이다![61]

도덕적 법률의 불가변적 원칙들을 통해서만 국가의 항구적 위대성과 행복을 달성할 수 있기 때문에 그런 원칙들이 지도자를 지도해야 한다고 윌슨은 선언했다. 그러나 윌슨이 생각하는 원칙들은 무엇이었나? 글 쓰는 사람들의 마음은 우연에 의해 제약받지 않는 완벽한 이상을 상상한다. 그러나 그들의 마음은 원칙들에 의해서가 아니라 개념들에 의해서 좌우된다. 그러나 정치가들이 생각하는 원칙들이란 주어진 환경의 미로에서 탈출하는 데 도움이 되는 실과 같은 것이다. 그러나 문필가의 마음은 원칙들이 불변적인 것이라고 생각한다. 전체를 생각하는 습관에 젖어 상상하는 마음을 정치영역에 던져 넣어 보라, 그러면 그것은 변화하는 모래 위에 서 있는 것

61) *Ibid.*

처럼 보일 것이다.[62] 분명히 윌슨에겐 실제적 사실들이 원칙들의 표현을 제한하고 수정했다. 수도원에서 생활하는 사람들에게 일관되지 못하게 보일지도 모를 일이 정치현실에선 적용하는 원칙과 근본적으로 일치될 수가 있는 것이다. 그 구별은 근본적이고 또 본질적이다. 그러나 정치가가 타협의 갑옷을 항상 입어야 하는 것은 아니라고 윌슨은 덧붙였다. 소위 대의명분의 커다란 영향력이 발생하면 인간들은 원칙들을 앞장서 주장했고 또 양보 없이 승리가 쟁취되었다. 어떤 대의명분은 당대에 출현하는 것이 아니다. 그것이 커다란 운동으로 출현했을 때 그것은 이미 거의 보편적으로 수용된 것이었다. 바로 그 시대정신이란 그런 자각 뒤에 던져진 것이었다. 정치가에게 지도력이란 해석 능력이라고 윌슨은 확신했다. 지도자는 공통의 사고를 읽어야만 한다. 그는 정치의 진보에서 다음 조치를 위한 국가의 준비를 아주 신중하게 시험하고 계산해야만 한다는 것이다. 근대 정치의 원칙은 인민들의 주권이었다. 19세기가 그것을 흔들리지 않게 수립했다. 그래서 정부의 행위에선 여론이 실려야만 한다는 것이다.

1899년 아일랜드를 방문하여 버크와 관련된 장소들을 둘러보고 귀국한 뒤 윌슨은 "교육에 있어서 거짓 애국심 대 진정한 애국심"이라는 주제의 연설을 했다. 이때 그는 자치정부가 본질적으로 민주적인 것은 아니라는 의견을 개진했다. 영국은 13세기부터 자치정부를 가지고 있었지만 1832년까지 영국은 전국적으로 불완전한 민주적 대표성마저 갖지 못했다. 그리고 1888년까지도 국왕이 지방의 판사들을 임명했다. 자치정부란 정부의 결정에 본질적으로 관리가 아닌 사람들이 참여하는 것을 의미했다. 그러나 민주주의는 자치정부를 위한 가장 건전한 토대였다. 그 구별은 투표에 의해서 그리고 관직을 맡는 것에 의해서 인민들의 참여 정도와 또 인민의 통제에 대한

62) *Ibid.*, p. 99에서 재인용.

책임 정도의 문제였다. 그러나 민주주의가 있든 없든 간에 자치정부는 사실상 소수자들에게 활동의 부담을 지웠다. 윌슨은 이렇게 민주주의에 대한 자신의 그림을 설명하면서 각 유능한 구성원들에 대한 의무에 관해서 버크를 상기하는 말로 표현했다. 버크는 "당신 의견들이 널리 지배적이 되도록 노력할 때까지 당신은 당신의 의무를 수행했다고 볼 수 없다"고 말했었다.63)

그동안 미국은 스페인과의 전쟁을 치렀지만 그것에 관해서 윌슨은 침묵을 지켰다. 1898년 12월 10일 파리에서 평화조약이 체결된 지 1년 후에야 윌슨은 그 조약의 조건에 관해서 언급했다. 그는 당시에 미국이 필리핀을 취하지 않길 바랐다면서 이제 그것을 어떻게 할 것인가의 문제만 남았으며 물론 성급한 젊은이들이 서부의 프런티어로 가듯 그곳으로 갈 수 있고 또 미국의 제도들도 갖고 갈 수 있을 것이라고 말했다. 그러나 만일 미국인들이 자신들의 제도적 방안들을 보낸다면 그것들은 과거 인디언들에게 포획당한 신사복의 꼴이 될 것이라고 윌슨은 경고했다.64)

1900년 초 윌슨은 『미국인들의 역사』라는 저서 집필의 준비를 시작했다. 국제법이란 그것을 집행할 힘이 없다. 미래의 문제는 강대국들의 결합의 문제였다. 오직 언어의 공동체만이 사상과 견해의 절대적 통일의 정밀한 공동체를 가져올 수 있다. 그리고 바로 이 정밀성에서 국적과 인류간의 주된 차이들을 발견할 수 있다. 그 정밀성이란 개별민족들에게 독특한 사상과 이상들이고 인류에게 공통적인 사상과 이상들이다. 공동의 의식을 함양하고 민족간 정신적 공동체감을 향상시키는 모든 것이 인류의 원칙들과 감성을 발전시킨다. 인류는 기독교와 미국 및 프랑스혁명의 자유주의적 정치에 의해서,

---

63) *Ibid.*, pp. 102-103에서 재인용.
64) *Ibid.*, p. 103.

또 국제법의 확장과 자유화에 의해서, 그리고 통상과 식민화 그리고 주민들의 교류에 의해서 발전되었다. 그리고 윌슨은 인간의 보편적 형제애의 보다 진전된 개념을 다루는 인류애보다도 민족이라는 것이 어떻게 선행했는지를 지적했다. 미국은 인류의 개념이 작용하기 위해 하나의 거대한 국제적 힘을 보유해야만 한다. 윌슨은 전 세계에 가장 유익할 결합을 이루어야만 한다고 결론지었다. 그는 또한 평등이 자유의 기본적인 원칙의 표현이라고 선언했다. 그가 스페인과의 전쟁에 직접적 관심을 돌렸을 때 윌슨은 그것이 제기하는 문제들을 염려했다. 미국이 국제정치와 머나먼 속방의 행정 속으로 뛰어든 결과 대통령에게 맡겨진 건설적 지도력을 위한 증가된 권한과 기회를 윌슨은 가장 중요한 것으로 선발했다. 윌슨의 관심이 주로 외교 문제들이 미국 정부에서 조종과 기회 그리고 책임에 미칠영향의 결과에 고정되었음에도 불구하고 외교문제의 영향이 그 이후에 반드시 미국인들의 공적 삶에서 권한과 견해를 근본적으로 바꿀 것이라 생각했었다는 점이 아주 중요했다.

그해가 다 가기 전인 12월 22일 윌슨은 뉴욕에서 “퓨리턴들”에 관해 연설했다. 여기서 그는 최근의 전쟁이 미국 외교정책에 끼친 영향에 관한 견해를 제시했다. 윌슨 외교정책의 기원에 관한 이해를 위해서 이때 그의 언명은 대단히 중요했다. 왜냐하면 그것은 그가 갖고 있는 일반적 이상과 미국의 고립이라는 기본적 정책을 새로운 조건에서 더 이상 적용할 수 없는 것으로 폐기하려는 압박감과 직접적으로 관련되었기 때문이다.[65] 그의 일반적 이상은 도덕적이고 또 팽창에 호의적이다. 그는 가슴속의 규율이 미국 힘의 팽창에 앞설 것이며 또 미국이 선행을 위한 양심과 원칙들을 해외에 전파할 것이며 그리고 어떤 의무감과 어느 정도의 신념과 또 미국인들이

65) *Ibid.*, p. 106.

스스로 만든 법에 대한 어느 정도의 숭배가 잊혀지지 않기를 기원했다. 그는 확실히 더 이상의 미국의 영토적 팽창을 예상하지 않았다. 그가 기대했던 팽창은 주로 힘에 있었다. 미국외교정책의 근본적 변화의 필연성에 관한 그의 생각은 기민했다. 모든 인간이 자신의 생각을 단호히 말해야만 하듯이 국가도 동일한 대담성을 가져야 한다는 것이었다. 워싱턴 대통령의 「고별사」(Farewell Address)는 미국인들이 충분히 성장하여 타국들과의 경쟁을 견딜 수 있을 때까지, 즉 바깥세상으로 나갈 만큼 충분히 클 때까지 자제하라는 뜻이었을 거라고 윌슨은 해석했다.66) 고립정책은 스페인과의 전쟁 이후 조건에 맞지 않다는 점을 분명히 했다. 워싱턴 대통령의 권고는 세계국가로서 미국의 성장을 반대하려던 것이 결코 아니었다는 것이다. 미국이 세계의 무대에 나설 준비가 될 때까지 기다려야 한다고 워싱턴 대통령은 단지 경고했을 뿐이라는 것이다.67) 이미 이때 윌슨은 미국의 외교정책이 미국의 새로운 세계적 지위와 힘에 맞도록 조정하는 근본적 변화를 겪고 있다고 솔직하게 믿었다. 그는 미국이 이제부터는 워싱턴 대통령의 고별사에 의해서 지도되어서는 안 된다고 주장했던 것이다.68)

1901년 「민주주의와 효율성」이라는 논문에서 윌슨은 세상에 민주주의에 대한 반동이 존재한다는 사실을 명백히 인정했다. 세상에는 민주주의의 안정과 정의, 너그러움과 순수함에 대해 의심이 있었다. 민주제도는 프랑스에서 기인했고 남아메리카에선 운영에서 재

---

66) *Ibid.*, p. 107.

67) *Ibid.*

68) 윌슨은 그 후 대통령으로서 유럽에서 치열하게 전쟁이 계속되던 1916년 5월 27일 "평화를 집행하기 위한 연맹"의 1주년 기념연설에서 이 점을 더욱 분명히 했다. Walter A. McDougall, *Promised Land, Crusader State: The American Encounter with the world since 1776,* Boston: Houghton Mifflin, 1997, p. 122.

앙적이고 혁명적이었다. 그리하여 민주주의가 미국에서 대체적으로 성공했지만 수세적이었다. 민주주의에 대한 윌슨의 신념은 명백했다. 그것은 원칙들에 대한 믿음만큼이나 그의 삶의 일부였다. 실제로 그 두 가지는 결합되었다. 즉 윌슨에게 민주주의란 정부의 형태라기보다는 일단의 원칙들이었다. 미국인들에게 민주주의는 토크빌이 예측했었던 것처럼 인민과 나라의 특수한 사회적 경제적 및 정치적인 조건들에 대한 미국인들의 적합성, 헌법제정자들의 총명함, 인민들의 깨우침, 어느 정도 문명의 단일성, 고립이 부여한 안정성, 미국인들 사이의 건전한 종교적 사고습관 그리고 분명한 정의감 덕택에 안정성이 보유되었던 것이다. 이처럼 윌슨은 제도와 마음가짐을 형성하는 영향으로서 경제적 요인들에 관해서는 별로 아니 전혀 생각하지 않았던 것으로 보였다. 그는 민주주의의 성공적 수립과 민주적 행위의 선행조건들을 나열할 때 민주주의를 위해 경제적 토대를 인정하는 어떤 흔적도 보여 주지 않았다.69)

미국은 정부의 정신과 관련된 많은 교훈을 세상에 가르쳤으며 또 미국인들이 승화시킨 정의의 원칙들이 통용되게 했다고 주장하면서 윌슨은 이런 원칙들 가운데에 공동의 문제에 공동의 동의 원칙, 인간의 성격과 의무의 이상에 대한 강조, 그리고 박애정신을 들었다. 미국인들은 하나의 중심적 목표로 "최고 의견의 창조와 규칙을 갖고 있다. 그러나 최근에 와서 민주주의가 정부 행동의 효율성과 순수성의 결합에서 가장 크게 실패했다고 주장했다. 민주주의는 세계가 지금까지 시도한 가장 건전하고 생명력 있는 정부제도이지만 효율성의 문제는 다른 어떤 정체에서와 마찬가지라는 것이다. 이제 미국의 새로운 해외 의무가 훈련을 필요로 할 것이다. 미국의 관심이 국내 문제에서 완성에 도달하기 전에 세계적 과제로 돌려진다

69) Harley Notter, *op. cit.*, p. 108.

면 치명적일 것이라고 두려워하는 사람들이 있지만, 윌슨은 그런 두려움을 공유하지 않았다. 그는 새로운 투쟁과 성취의 길 그리고 새로운 의무가 통일된 의지와 확실하게 된 목적의 교훈을 제공할 것이고 또 미국인들의 이상과 성격이 보존된다면 국내외에서 동시에 근본적으로 올바른 행동원칙을 밝혀 줄 것이라고 생각했다. 어쨌든 윌슨은 미국이 세계적 강대국으로 등장하는 것은 막을 수 없었을 것이라고 단호하게 말했다. 그리고 이런 기분으로 그는 세계 문제에서 미국의 미래 위치와 의무에 대한 자신의 신념들을 진술했다. 윌슨은 미국의 안녕이 이제는 세계적 영향력과 분리될 수 있는 것이 아니라고 분명하게 확신하였다. 1900년 20세기에 들어서자 윌슨의 「미국역사의 중요성」이라는 논문에서 미국이 청년기와 준비의 시절에서 벗어났다고 주장하면서 이제 미국은 평화의 제조자로서 그리고 지도자로서 세계문제에서 자신의 위치를 확보했다고 썼다. 미국의 역사는 미국인들의 이상과 목적인 자유가 정신적인 힘에 의해서 창조되었다는 것을 보여 주었다고 그는 믿었다. 20세기 미국의 역사적 드라마에서 과거가 앞으로 무엇이 발생할 것인가에 대한 열쇠가 될 것이라고 윌슨은 은밀하게 기록했다.70)

1902년 자신의 모교인 프린스턴 대학의 총장이 된 윌슨은 다음 해에 영국과 스코틀랜드 그리고 프랑스와 이탈리아를 여행하고 돌아온 뒤 근대적 마음의 동기와 정책을 꿰뚫은 해석의 걸작이라 스스로 생각한 "학문의 영도력"에 대한 철학적 강의를 했다. 여기서 그는 인간이란 정신이고 또 무엇을 하느냐에 의해서가 아니라 생각하고 희망하는 것으로 산다고 주장하면서 국가들도 마찬가지로 말했다. 그에겐 진실로 지도력이란 본질적으로 국가의 의견과 목적의 지도였다. 그 후 그는 1910년 뉴저지 주의 주지사가 되고 또 1913년

70) *Ibid.*, pp. 115-116.

제28대 미국의 대통령으로 취임할 때까지 법률적 전례가 지배적인 미국 사회에서 기나긴 인류의 역사에서 시험된 일반적 원칙들을 법률적 전례보다 더 존중하게 되었다. 그는 법적 마음보다는 정치가의 마음에 더 존경심을 갖는 것처럼 보였다. 그의 사상은 문자 그대로 보수적이지만 그러나 폭넓은 자유주의적 조망을 갖고 있었다.

1910년 그가 주지사로 정계에 입문했을 때 윌슨은 이미 저자로서 그리고 교육자로서 탁월한 명성을 갖고 있었다. 당시까지 미국의 역사에서 어느 누구도 미국의 문제와 정부, 역사 그리고 성격에 관해서 저술하면서 자신의 사상을 그렇게 상세하게 제시한 채 정치적 삶을 시작한 적이 없었다. 과거에 그 어떤 미국의 학식 있는 정치가도 자신의 이상과 아이디어들을 정치적 성취로 변형시킬 기회를 부여받은 적이 없었다. 그는 미국역사상 전무후무한 학자-정치가였으며 플라톤 식으로 말한다면 철인왕이었다. 바로 이러한 이유에서 윌슨이 자신의 연구와 교육적 경험에서 세운 이상들을 실천했는지 그리고 그가 어느 정도까지 환경과 사건들에 적응했는지에 관한 의문들이 아주 궁금하지 않을 수 없다. 오늘날 대부분의 역사가들은 그의 성취보다는 그의 한계, 즉 지성의 한계를 하나의 비극으로 기록하고 있지만 윌슨의 사상과 꿈은 약 1세기 후인 오늘날 21세기 초에 와서 유령처럼 출몰하여 세계 지도자들에게 끊임없이 전쟁의 위험성과 비극성에 관해서 경고하고 있다.[71] 우드로 윌슨의 역사적 시련은 하버트 후버의 말처럼 상상의 무대 위에서가 아니라 국가들의 실제 삶 속에 발생한 진정으로 하나의 그리스 비극이었다.[72]

---

71) Robert S. McNamara and James G. Blight, *Wilson's Ghost: Reducing the Risk of Conflict, Killing, and Catastrophe in the 21st Century,* New York: Public Affairs, 2001, p. 3.

72) Herbert Hoover, *The Ordial of Woodrow Wilson,* Washington, D.C.: Woodrow Wilson Center Press, 1992, pp. 300, 303(초판, 1958).

그러나 윌슨 자신은 그 생의 마지막 순간까지 자신의 입장에 대한 궁극적인 결과와 옳음에 관해 확신하고 있었다. 윌슨은 이렇게 말했다: "나는 궁극적으로 실패할 명분에서 승리하기보다는 궁극적으로 승리할 명분에서 차라리 실패하겠다."73) 그의 최후의 한마디로 윌슨을 특징짓는다면 그는 학자-정치가였지만 그의 정신은 본질적으로 정치가라기보다는 영원한 학자였다고 해야 할 것이다. 1913년 3월 4일 윌슨이 대통령 취임연설에서 그날은 승리의 날이 아니라 헌신의 날이라고 선언하면서 소위 "윌슨의 시대"가 출범했다. 이제 근대적 미국은 윌슨 대통령의 지도력에 의해서 동요되고 교육되고 또 시험받게 되었다. 윌슨은 미국에게 기준과 정책에서 세계적 지도력을 부여하고, 미국의 외교를 인류의 최고 수준으로 승화시키고 미국이 인류의 발전을 위해 행동하게 하고, 그리고 미국의 이상들을 전진시킬 외교정책의 근본적 개혁을 추진할 의도를 가지고 대통령직을 시작했다.

그러나 당시에 미국 국민들은 미국적 삶에 대한 그의 의상을 따를 준비가 진실로 되어 있었을까? 미국은 외교관계에서 물질적 및 국가적 이익들을 미국인들이 소중하게 생각하는 도덕적 및 정치적 원칙들에 복종시킬 준비가 되어 있었을까? 미국은 스페인과의 전쟁 이후 국제정치에 책임 있는 참여로 고립정책을 대치하기 위해 미국의 세계적 지위의 현실을 마주할 용의가 있었던가? 미국은 진실로 자국의 안녕과 평화의 안전을 확보하려는 다른 강대국들의 안녕을 통합할 용의가 있었던가? 갈등과 종합에 관한 이런 근본적 의문들에 윌슨이 성취할 성공의 정도가 달려 있었다. 역사는 미국이 그런 준비가 되어 있지 않았음을 입증해 주었다. 아직 세계도 전혀

73) Arthur S. Link, *Woodrow Wilson: Revolution, War and Peace,* Wheeling, Illinois: Harlan Davidon, Inc., 1979, p. 127에서 재인용.

준비되어 있지 않았었다. 그래서 윌슨은 너무 시대를 앞선 비운의 선각자가 되고 말았다. 윌슨의 꿈이 실현되지 않은 것을 우리는 얼마나 후회하는가? 왜냐하면 그것은 안전하고 행복하고 번영하는 세계와 현재의 끔찍한 전망 사이의 차이를 만들었을 것이라는 것은 의심의 여지가 없기 때문이라고 윈스턴 처칠은 아쉬워했다. 처칠의 그런 판단이 제 2 차 세계대전 중 그로 하여금 국제연맹을 계승하는 유엔의 창설에 앞장서게 했을 것이다.

제13장

인간적 딜레마와 정치가의 조건, 그리고 정책결정 구조와 과정의 영향

> 정상을 향한 투쟁은 인간의 가슴을 채우기에 충분하다.
> 따라서 시지프스는 행복하다고 생각해야 한다.
>
> – 알베르트 까뮈 –
>
> 누군가는 위대하게 태어난다. 또 누군가는 위대함을 성취한다. 그리고 누군가에겐 위대함이 덮친다.
>
> – 셰익스피어 –

I

인간은 이성적 존재라고 한다. 그러나 인간의 문제 특히 인간사회의 문제를 이성적으로 해결함으로써 평화와 정의를 실현하려는 노력에도 불구하고 우리가 살고 있는 사회의 문제는 더욱 복잡해지고 그 해결은 더욱 어려워지고만 있다. 이성의 발현인 현대기술문명은 사회 안정보다는 오히려 더 큰 불안을 가져오고 있다. 참으로 인간사회의 갈등은 인간의 지혜와 능력의 한계 밖에 있는 것만 같다.[1)]

---

1) Reinhold Niebuhr, *Moral Man and Immoral Society: a Study in Ethics and Politics,* New York: Charles Scribner's Sons, 1932, p. xxiv.

역사의 세계란 결코 이성에 의해서 정복되지는 않는다.[2] 게다가 인간이성이란 등불과 같은 것이어서 그 자체의 내재적 힘에 의해서 움직이지는 못한다. 그것이 움직이기 위해서는 운반되어야만 한다.[3] 그런데 운반을 담당하는 것은 추상적인 이성의 내적인 논리와는 관계없는 이익이나 감정의 비이성적이고 비합리적인 힘이다. 그래서 이성의 승리라는 것은 사실상 이성의 자기만족을 위해서 사용하는 데 성공한 비합리적 힘의 승리인 것이다. 우리가 사회영역에 이성을 적용시키려 할 때, 그 이성의 과정은 선험적인 것이다. 그러므로 우리가 이성적인 힘을, 즉 추리력(reasoning)을 사용하기 시작할 때 이익과 감정은 이미 결정되어 있는 것이다. 이처럼 인간이란 이성적 존재임과 동시에 이익이나 감정적인 충동에 의해서 지배되는 것이 사실임에도 불구하고 인간은 언제나 이성의 이름하에서 자신을 바라보는 성향이 있다.

인간은 자신의 비합리적인 성질에 이성의 복장을 입힌다. 소위 이념이란 것도 이러한 자기 합리화의 수단인 것이다. 이성이 시간과 공간을 정복하고 숨어있는 인간의 동기와 우주와 대자연까지도 정복했지만, 그러나 고대 그리스나 히브리인들이 제기한 인간의 문제, 즉 인간의 삶과 죽음, 필연과 우연, 물질과 감각, 그리고 전쟁과 평화의 제 문제들은 해결하지 못하고 있다. 그럼에도 불구하고 아직도 인간들은 이성의 무한한 능력을 믿고, 이성을 통해서 인간사회의 문제를 해결하려들며, 또 그 해결 가능성을 믿는 환상 속에서 살고 있는 것이다. 인간들은 그리하여 아직도 본질적으로 인간본성과 사회의 성격, 그리고 인간이성 그 자체의 성격을 오해하고 있으며, 인간

2) *Ibid.*, p. xiv.

3) Hans J. Morgenthau, *Scientific Man vs. Power Politics,* Chicago: The University of Chicago press, 1946, p. 155.

이란 이성 외에도 생물적 충동과 정신적 야심의 이차원적인 속성을 동시에 갖고 있다는 사실마저 인식하지 못하고 있는 것 같다. 그렇기 때문에 우리는 궁극적으로 인간문제의 해결을 위해서 인간성과 이성 그 자체의 성격을 이해하지 않으면 안 될 것이다.

아리스토텔레스 이후 합리주의자들은 철학자들이 보통 인간의 특성을 묘사하기 위해서 사용하는 이성에 의해서도 충분히 이해될 수 없는 정신적인 면을 인간이 가지고 있다는 사실을 항상 이해하고 있는 것 같지는 않다.[4] 그러나 만일 우리가 인간에게 합리주의를 전제해 버린다면 인간의 비합리성을 전혀 이해할 수 없게 되며 그리하여 내재적 비극의 씨앗을 발견하지 못하게 된다. 그러므로 합리주의의 전제를 벗기면서, 자기가 처해있는 시간과 공간의 상황한계를 뛰어넘을 수 있는 코페르니쿠스적인, 의식의 틀 자체인 이성의 본질에 대한 진정한 이해가 보다 절실히 요청되는 것이다.

인간은 도덕적 존재임엔 틀림없다. 그러나 도덕적 존재에 앞서 인간은 원래 정치적 동물인 것이다. 인간은 태어나면서부터 권력을 추구한다. 그러나 그의 실제적 조건은 어디를 가나 그를 타인의 힘에 대한 노예가 되게 한다. 아니 어쩌면 인간은 원래 노예로 태어났는데 어디에서나 주인이 되려고 하는지도 모른다. 인간의 욕망과 실제적 조건간의 이러한 불일치에서부터 권력의 도덕적 문제, 즉 인간이 지배하는 힘을 제한하고 정당화하는 문제가 야기되는 것이다. 그러므로 정치사상의 역사는 정치권력에 대한 도덕적인 평가의 역사[5]라고 해도 과언이 아니다. 그래서 인간의 역사 속에서 마키아벨리나 홉스는 인간의 숨겨진 동기의 어두운 구석을 설명하는 한줄기 빛은

4) Reinhold Niebuhr, *The Nature and Destiny of Man: a Christian Interpretation,* New York: C. Scribner's sons, 1949, p. 4.

5) Hans J. Morgenthau, *op. cit.*, p. 169.

될 수 있었지만 후손들을 위한 프로메테우스의 불을 밝힐 수는 없었던 우연적 산물이었다고 할 수 있다.[6] 인간은 이성보다 때로는 더욱 강렬한 생물적 충동과 정신적 야심에 의해 생각하고 행동한다. 그러므로 생물적 충동과 정신적 야심이 이성의 지배를 받도록 하는 것은 이성 그 자체의 도덕적 힘만으로는 감당하기 어려운 일이다. 설사 인간이 도덕적 존재라는 것을 인정한다고 할지라도 개인의 도덕적 행동과 사회집단으로 구성된 인간들의 단체행동 사이에는 현저한 간격이 있는 것이다. 왜냐하면 라인홀드 니버가 지적했던 것처럼 개별인간과 사회집단 간에는 서로 다른 기본적 속성이 존재하기 때문이다.[7] 개별인간은 때때로 자신의 이익보다 타인의 이익을 먼저 생각하고 행동할 수 있으며, 타인의 이익을 위해서 자신의 이익을 희생할 수 있는 존재라는 의미에서 도덕적일 수 있다.[8] 그러나 이러한 행동은 사회집단에게는 전적으로 불가능하지는 않다고 하더라도 상당히 어려운 것임을 부인할 수 없는 것이다.

Ⅱ

인간사회의 갈등은 콩도르세 같은 계몽주의자들이 생각했던 것처럼 단순히 인간의 무지에서만 발생하는 것이 아니다. 이것은 인간의 속성이며 집단의 지배적 속성인 이기심에서 발생하는 것이기 때문에 교육을 통한 인간의 계몽만으로 해결될 수는 없는 것이다. 그

6) *Ibid.*

7) Reinhold Niebuhr, *Moral Man and Immoral Society: a Study in Ethics and Politics,* New York: Charles Scribner's Sons, 1932, p. xi.

8) *Ibid.*

런데도 인간이성의 개발을 통해서 인간사회의 문제를 해결할 수 있다는 환상 속에 젖으면서 상당히 오랫동안 지배적이었던 사조는 합리주의철학에 입각한 자유주의였다. 이러한 합리주의적 철학을 대변하는 글래드스턴, 윌슨, 그리고 브리앙의 정치적 실패에서 알 수 있듯이 합리주의는 역사의 실제적 경험을 통해서 부정되었다. 이들은 탈레랑처럼 행동해야 할 때 성 루이스처럼 행동했던 것이다.[9] 그리하여 그 후 흄, 버크, 괴테 등에 의해서 합리주의의 한계가 지적되었으며 라인홀드 니버에 의해서 부정되었음에도 불구하고 아직도 합리주의적인 사고가 지배하고 있음은 역사에서 우리가 교훈을 의식하지 못하고 있다는 것을 의미한다.

자유주의철학이 국제문제에 적용되기 시작한 것은 나폴레옹 전쟁 이후였다.[10] 구체적으로 헤이그평화회의에서부터 시도된 자유주의사상은 국제연맹(League of Nations)에서 승리를 쟁취했다. 그러나 자유주의는 그 자체의 철학적 굴레에 얽매임으로써 민족통일이라는 신성한 원칙을 내세우면서 오스트리아와 수데텐란트의 병합을 정당화하는 독일의 팽창을 저지시킬만한 지적이고 도덕적인 힘을 갖지 못했던 것이다. 뿐만 아니라 이러한 자유주의는 자유주의사상에 꼭 들어맞지 않는 곳에서는 항상 결정적인 행동을 취하지 못하는 행동의 마비를 초래함으로써 중국, 에티오피아, 체코슬로바키아, 그리고 단치히 등을 위한 싸움에서 가장 적절한 시기를 놓치고 말았던 것이다. 즉 권력정치(power politics)가 합리주의에 입각한 자유주의를 패배시켰던 것이다. 뮌헨 굴복의 연출가였던 체임벌린이 히틀러의 평화서약을 담은 하얀 종이 한 장을 흔들면서 만면에 미소를 머금은 채 우리시대의 평화를 이룩했다고 선언했을 때 그것은 악마를

9) Hans J. Morgenthau, *op. cit.*, p. 40.
10) *Ibid.*, p. 41.

쫓아내는 신비로운 힘을 믿는 당시의 자유주의 지적태도의 비극적 상징이었던 것이다. 켈로그-브리앙조약과 로카르노조약도 마찬가지로 비극적 운명의 사생아였으며 국제연맹의 아우성도 없는 침몰은 자유주의가 국제사회에서 얼마나 보잘 것 없는 존재였던가를 극적으로 증명해 주었다.

Ⅲ

인간이 태어나면서부터 정치적 존재라면 정치는 곧 힘의 관계이다. 그러므로 힘없는 막연한 추상적 합리성이나 자유주의적 사고는 국제사회에서는 투쟁을 하기도 전에 투쟁을 포기하는 것이 되고 만다. 인간이 이성의 한계를 넘는 상상력의 소유자라는 인간자체의 본성을 오해하는 한 우리는 비극의 확률을 줄일 수 없다. 그러므로 인간성이 반드시 합리적이 아니라는 엄연한 사실을 우리는 부인해서는 안 될 것이다. 인간이 이성적 한계 내에서만 사고하고 행동한다고 할지라도 냉철한 이성 그 자체만으로는 이성의 실현을 기대할 수 없다. 비이성적인 정열이나 흥분이 이성의 통제를 뒤흔들어 버리게 되면 그 인간은 비합리적인 동물로 즉시 변할 수 있다. 이성의 명령과 정열의 명령이 우연히 일치하여 자기의 목적을 성취할 수도 있지만, 그것들이 일치하지 못했을 때 인간은 자신을 파괴하고 마는 것이다. 셰익스피어의 비극이나 알렉산더, 나폴레옹과 히틀러는 모두 이러한 극단적인 상황의 본보기가 될 수 있다. 이와 정반대의 또 다른 극단적인 예는 이성이 비이성적인 영역을 침투한 경우이다. 햄릿이나 상아탑 속의 학자 같은 사람 중에는 이처럼 정열이 마비된 인간들이 흔히 발견된다.

일찍이 사무엘 버터(Samuel Butter)가 갈파한 것처럼 본능에 의해서 교정되지 않은 이성이란 이성에 의해서 순화되지 못한 정열만큼이나 나쁜 것이다.[11] 그렇기 때문에 인간문제의 해결을 이성에만 전적으로 위임하는 것은 합리주의자들의 무기력을 상징적으로 나타내주고 있는 것이라 할 수 있다. 이성이 승리하기 위해서는 힘이 절대로 필요하다. 그러므로 정치적 관계라는 비이성적 현실에서부터 모든 인간 가치의 실현 작업이 출발되어야 한다. 환언하면 이것은 목적과 수단의 관계에 대한 현실적 이해에서의 출발을 의미한다. 목적과 수단의 관계 그 자체는 객관성을 갖고 있지 못하다. 그것은 관찰자의 사회관에 달린 것이다. 칸트와 맑스는 인간에 대해 인간이 수단으로 사용되는 것을 통탄하면서 모든 인간은 그 자체가 목적으로 간주되어야 한다는 논리관을 내세웠다. 그러나 플라톤과 아리스토텔레스에서부터 스펜서와 히틀러에 이르기까지 철학자와 정치가들은 어떤 인간들은 다른 인간의 목적을 위한 수단으로 태어난 것이라는 주장을 했다. 전자가 단순히 감상적인 만족에 치중되어 있다면, 후자는 스스로 그러한 권력을 상속받지 못했던 자들에 의해서는 자신들이 최고의 지위에 오른 뒤에 그러한 주장을 옹호했던 것이다. 인간사회에서 목적과 수단의 관계란 대단히 모호한 것이다. 어떠한 목적도 또 다른 목적을 위해서는 수단이 되고 만다. 그러므로 인간생활의 궁극적인 목적인 절대적인 선의 관점에서 볼 때에는 모든 인간활동은 수단에 지나지 않는 것이다. 따라서 모든 것은 선택의 문제이며 궁극적으로는 자기 자신과 타인 중 선택의 문제로 귀착될 수 있기 때문에 인간성은 악을 피할 수 없는 것이 되고 만다.

그렇다면 이러한 선택의 상황이며 힘의 관계인 정치 속에서 도

11) Hans J. Morgenthau, *op. cit.*, p. 157에서 재인용.

덕이 설 땅은 어디인가? 여기에 바로 인간적 딜레마가 도사리고 있는 것이다. 정치가 사회도덕실현의 한 방법이라면 이는 명백히 도덕과 양립할 수 있을 것이다. 그런데도 권력과 도덕은 언제나 양립될 수 없는 것처럼 권력은 도덕의 지탄을 받고 인류역사를 통해서 계속 매도되어왔다. 그러나 정치가 없는 도덕은 불필요한 것인지도 모른다. 정치의 종말은 정치적인 인간의 존멸을 의미하는 것이기 때문이다. 특히 주권적 존재로 구성된 국제사회에서 힘의 약화는 보다 강한 권력에게는 유혹이 되고 힘의 압제적 우월은 타국에 위협과 불안감을 자극하여 대항세력의 확대와 동맹형성의 비극적 악순환을 초래하게 된다. 이러한 악순환으로부터의 탈출구는 아직 발견되지 않고 있다. 과거에는 대체로 동일한 결과를 가져왔다. 즉 증가하는 불안과 긴장은 결판을 통해서 견딜 수 없는 부담을 해소시켰던 것이다. 그러므로 국가의 정책결정자는 어떻게 하면 예방전쟁을 가장 효율적으로 수행할 수 있을까 하고 골똘히 생각하면서 또 한편으로는 도덕적으로 유리한 입장을 쟁취하기 위해서 상대방이 전쟁을 도발하도록 최선의 책략을 강구하였던 것이다. 그리고 오늘날과 같이 인류의 생존자체가 위험스러운 역사적 상황 속에서도 그러한 미친 생각들이 지배자의 머릿속에 항상 맴돌고 있는 것이다. 여기에 인류의 비극적 판도라가 있으며 패러독스가 있다. 그러나 패러독스가 재미있는 것일지는 몰라도 결코 덜 비극적인 것은 아니다. 아직도 인류의 2/3 이상은 무지와 레미제라블의 상태를 벗어나지 못하고 있는데도 살인적 무기의 증대에는 주저함이 없다. 그렇기 때문에 인류의 아마겟돈은 피할 수 없는 것처럼 느껴지는 것도 무리는 아니다. 물론 이 모든 것은 소위 안보딜레마에서 발전되는 것이겠지만 이에 못지않게 문명의 발전 그 자체에도 기인하는 것이다. 그러므로 인간의 비극은 인간이성의 발현인 과학문명의 발전과 병행해서 인간의 정신이 발전하지 못한 괴리에서 잉태된 것이다. 즉, 지적인 인간의 지식은 점점 확대되어 가는데 도덕적 지식은 그렇지 못한 것이다. 그리하여 각 세대는 보다 많이 알지만 행동은 보다 잘하는 것이 없다.[12] 정말로 아는 것과 행하는 것은 별개의 것이 되고 있다.

인간이란 아무리 도덕적인 사람이라 할지라도 선과 악, 이성과 정열, 삶과 죽음, 건강과 질병, 그리고 평화와 전쟁의 끊임없는 갈등에 직면한다. 그리고 이러한 갈등 속에서 악마의 승리를 경험하고 자신의 선의가 악한 결과를 초래하고 마는 어이없는 아이러니도 경험한다. 그리고 그러한 끊임없는 삶의 과정 속에서 하나의 해답은 새로운 문제를 제기하고 하나의 성공은 또 다른 좌절을 수반하며 이러한 과정 속에서 참된 해답을 찾아 헤매는 것이다. 그러는 동안에 자신의 무지와 무력함을 통감하면서 슬픔을 맛보지 않을 수 없는 것이 인간의 운명인지도 모른다. 아니 어쩌면 헤로도토스의 말처럼 인간은 많은 것을 의식하지만 어느 것도 통제할 능력이 없는 것인지도 모른다.

자연과의 전쟁에서 인간은 신이나 마찬가지이다. 그러나 인간들과 싸울 때에, 즉 자기의 동료들과 싸울 때에는 짐승보다도 강하지만 현명하지는 못할 것이다. 이성이 필요할 때 그것은 무기력할 뿐이기 때문이다. 이러한 비극은 언제나 인류에게 있었다. 다만 오늘날 그 결과가 더 위협적일 뿐이다.[13] 그러나 그것이 아무리 불완전한 것이라 할지라도 이성이란 오직 인간에게만 부여된 축복이다. 또한 인간은 뭔가를 배우는 유일한 동물이다. 인간의 두뇌는 지식을 시간적 한계 없이 저장하고 전달할 수 있다. 그러므로 오늘날 10살

---

12) Frederick L. Schuman, *International Politics: Anrchy and Order in the World Society,* New York: McGraw-Hill, 1969, p. 684.

13) *Ibid.*

밖에 안 된 어린이는 500년 전에 가장 현명하고 나이 많은 사람보다 도 우주에 관해서 더 잘 알고 있다. 반면에 다른 동물들은 굶주림, 공포, 저돌성과 생식 같은, 로렌츠를 비롯한 동물학자들이 말하는 본능 외에는 가진 것이 없는 것이다.

그러나 도덕적인 지식의 면에서는, 즉 선을 행하는 그런 지식의 면에서는 석기시대의 야만인에서 발전한 것이 별로 없다. 소크라테스나 예수가 가르쳤던 것을 우리는 아직도 이해하지도 실행하지도 못하고 있는 것이다. 우리는 그 가르침을 원칙적으로 받아들일 뿐 현실에서는 그것을 거부하는 것이다. 모든 것은 변한다. 변화는 생명의 본질이요 원칙이기 때문이다. 여기에 대한 예외는 누구도 발견하지 못했다. 그러나 우리는 인간사회의 논리나 도덕에 대해서는 오직 립서비스만을 거듭해 왔다. 참으로 안타까운 인간의 질곡이 아닐 수 없다.

현대과학은 생활의 보다 편리한 수단만을 제공할 뿐 생의 목적이나 의미를 발견하는데에는 별로 도움이 되지 않는다. 루소의 주장처럼 과학과 기술의 발전은 오히려 인간의 도덕을 타락시켜왔다고 하는 것이 보다 더 적합한 판단일 것이다. 그러므로 인간의 질곡에서 벗어나기 위해서는 인간의 도덕과 논리의 발전이 무엇보다도 필요한 것이다. 과학과 기술은 우리의 세계를 변형시키고 새로운 문제들, 위험과 기회를 제시했다. 그러나 우리는 정치는 물론 도덕적 생활 속에서는 마치 아무것도 발생하지 않은 것처럼 행동하고 있는 것이다. 인간도덕의 발전, 여기에 우리의 인간다운 이성적 존재이며 도덕적 존재로서의 생존이 달려 있는 것이다. 이것은 인간성(humanity)의 재발견이라고 해도 좋을 것이다.

이러한 도덕의 재건은 기존의 종교에 의존할 수 없다. 기존의 종교란 스펭글러가 말한 '타락하는 문명의 제 이차적 헌신'(second religiousness)이거나 맑스가 부른 '인민의 아편'(the opium of the people)에 지나지 않는다.[14] 우리는 오직 모든 인간과 인간 사이의 사랑과 평화, 그리고 박애를 통해서 인류의 윤리적 가치와 도덕적 통찰의 유산을 생존과 구원의 토대로 삼는 새로운 정신적 태도에 의해서만 인간적 딜레마를 헤어나갈 수 있는 것이다. 그런데도 이러한 노력은 시도되지 않고 있다. 도덕적인 용기와 근면이 결핍되어 있는 것이다. 그리하여 도덕적 판단과 비도덕적 행동의 긴장 속에서 인간은 자기의 운명을 조절해 나가는 것이다. 정치적인 본능과 도덕적인 가치 사이에서 방황하면서 승리와 패배, 죽음과 삶, 그리고 인간 자유의 소진을 겪으면서 결코 꺼지지 않는 화염과 결코 결정되지 않는 영원한 변화와 혼미 속에 인간의 이성이 있는 것이다.

그리하여 이성은 승리와 패배를, 영광과 참상을 동시에 가르치고 있는 야누스와 같은 것이다. 바로 여기에 인간의 질곡, 인간의 비극, 인간의 딜레마가 있는 것이다. 그러므로 인간의 역사란 범죄와 어리석은 행동과 불의의 기록 외에 아무것도 아니라고 에드워드 기번은 탄식했으며, 에드먼드 버크는 역사란 대부분이 자부심, 야심, 발작, 복수와 욕망, 위선과 열정, 그리고 혼란스러운 대중의 갈등에 의해 야기된 참상으로 가득하다고 통탄했었다. 인간은 신이 되기를 추구하는 동물이다. 그러나 악마의 매력이 항상 그의 영혼을 위협하고 있다. 인간의 의 · 식 · 주와 섹스에 대한 동물적 필요는 인간이 영원히 소멸되지 않기 위해서 충족되어야만 한다. 다른 동물과는 달리 인간은 알고 있다.

> 자궁에서 무덤으로, 하나의 정자에서 한 마리 송장벌레의 먹이로, 한 번의 욕정에서 덧없는 먼지로의 운명을 인간은 피할 수 없다. 그러나

14) *Ibid.*, p. 687에서 재인용.

> 인간은 그가 선택할 수 없었던 요람과 그가 피할 수 없는 무덤 사이의 시간에서 얻었던 행운들을 최대로 활용하기 위해 분투해야만 한다.[15] 플루타르크가 현명하게 설명했던 바와 같이 '자신의 분노에 대해 납득하는 능력을 회피할 때, 인간은 금수보다도 야만적인 존재이다.[16]

인간의 운명은 정녕 궁극적인 비극을 피할 수 없으며 최후의 만찬은 거절할 수 없는 것일까?

Ⅳ

인류역사를 통해서 영구평화의 개념은 이상과 철학적 체계의 목표요 내용이었다. 비록 그 결과는 실망스러웠다고 할지라도 이러한 이상에 주어진 정신적인 에너지가 없었더라면 오늘날 살아있는 그나마의 윤리나 도덕도 긴장과 갈등의 제물이 되었을 것이다.[17] 우리는 평화를 희구한다. 그러나 우리는 무덤의 적막이나 노예의 안전보장을 바라지는 않는다. 우리가 추구하는 평화란 지상에서 인간의 삶을 살만한 가치가 있게 해줄 수 있고 우리의 후손에게 보다 나은 삶의 터전이 될 환경이다. 우리의 인간문제는 인간에 의해서 야기된 것이라고 해서 인간의 이성에 의해서 해결될 수 있다고 확신할 수 없으며, 오히려 그러한 가정에 의문을 제기하지 못하고 끝까지 옹호만 하려 든다면 '철학과 경험의 간격은 더욱 넓어지고 사고와 행동이 모

15) *Ibid.*, p. 6.

16) *Ibid.*, p. 27.

17) Willy Brandt, trans, Joel Carmichael, *A Peace Policy for Europe,* New York: Holt, Rinehart and Winston, 1969, p. 212.

두 다 마비되는'[18] 결과를 가져올지 모른다. 그러나 이러한 철학적, 인식적 도전을 모든 일반대중에게서 기대할 수는 없는 것이다.

그러나 우리는 싼타야나(George Santayana)의 소위 광신자(fanatic)의 비극적 운명[19]을 피하기 위해서 적어도 슬기로운 정치가에게 기대할 수는 있을 것이다. 니버가 주장했던 것처럼 인간적 딜레마를 극복하기 위해서, 그리고 평화의 문제가 궁극적으로 정치의 문제라면, 우리는 슬기로운 정치가의 역할을 기대할 수 있을 것이다. 이것은 물론 본질적으로는 정치철학의 문제이지만 여기에서는 평화실현작업을 기대할 수 있는 정치가의 자질과 조건은 어떤 것일까 하는 의문에 국한하여 논하려고 한다.

캐슬레이(Viscount Castlereagh)의 죽음은 유럽정치에 있어서 하나의 전환점이었다.[20] 캐슬레이의 죽음은 무엇보다도 메테르니히체제에는 커다란 손실이었다. 메테르니히는 그의 가장 위협적인 경쟁자를 결과적으로 패배시키는 그 순간에 그가 믿을 수 있는 유일한 친구를 잃어버린 것이다. 왜냐하면 메테르니히가 균형체제를 유지할 수 있었던 기본 조건은 영국과 공동보조를 취할 수 있는 가능성, 즉 '영국의 선택'에 있었는데 1822년 10월 베로나회의 전야에 캐슬레이가 돌연히 자살해버림으로써 메테르니히 외교의 기본조건이 흔들리기 시작했던 것이다. 왜냐하면 그의 후임인 조지 캐닝(George Canning)은 메테르니히와의 공동보조보다는 전통적인 영국의 균형자

18) Hans J. Morgenthau, *op. cit.*, p. 2.

19) 싼타야나는 광신자를 '그의 목적에서 멀어지면 멀어질수록 스스로의 노력을 배가하는 자'로 정의했다. Kyung Won Kim, "Korea, the United Nations and International System" in Asiatic Research Center, *International Conference on the Problems of Korean Unification Report,* Seoul, 1970, p. 182에서 재인용.

20) Henry A. Kissinger, *A World Restored,* New York: Grosset & Dunlap, 1964, p. 312.

적 역할을 추구했기 때문이다.[21] 그러나 캐슬레이와 캐닝의 차이는 본질적으로는 강조의 문제였다. 동맹을 자신의 피조물로 생각했던 캐슬레이는 그 형태를 유지할 마음의 준비가 되어 있었던 반면에 캐닝은 동맹의 갈등을 보다 명백히 할 수 있는 모든 가능한 기회를 사용했던 것이다.[22] 그러나 바로 이러한 뉘앙스의 차이에 메테르니히의 정책은 의존할 수밖에 없었던 것이며 그리하여 동맹체제 내에 러시아를 보존시키려는 그의 노력은 결국 동맹체제로부터 영국의 이탈을 초래하고 말았던 것이다.[23] 이처럼 정치가에게는 역사를 창조하는 자유가 어느 정도 부여되어 있는 것이다.

그런데 정치가에 의한 정책이나 전략의 선택은 어떤 사실(facts)에 있는 것이 아니라 해석(interpretation)에 있다. 이것은 본질적으로 인간의 도덕적인 행동을 포함한다. 즉 그것은 한낱 기술이나 방법의 문제가 아니라 국제정치의 원리와 역사관 그리고 질서의 개념에 의존하는 것이다. 그러므로 정치가의 시험은 힘의 관계를 의식하고 이러한 그의 지식이 그의 목적에 봉사하도록 할 수 있는 능력에 있는 것이다.[24] 즉 정치가는 철학자와는 달리 그의 비전을 실천해야만 하는 것이다. 그러나 비전은 실천에 앞서는 것이기 때문에 예언자적인 비전을 국내적으로 정당화하기 위해서 정치가는 교육자가 또한 되어야 한다. 국민의 경험을 너무 앞서는 정치가는 국내적 통합을 달성하지 못하며(예, 캐슬레이), 그의 정책을 국민의 경험에만 의존하는 자는 흐지부지 끝나고 만다(예, 메테르니히).[25]

바로 이러한 자유 때문에 대부분의 위대한 정치가는 본질적으

---

21) *Ibid.*, p. 313.
22) *Ibid.*, p. 314.
23) *Ibid.*, p. 315.
24) *Ibid.*, p. 325.
25) *Ibid.*, p. 329

로 보수주의의 대변자이거나 아니면 혁명가이다. 보수주의자는 국민의 경험을 이해하고 지속적관계의 본질을 이해하기 때문에 유능할 수 있으며 혁명가는 그런 경험을 초월하여 정의와 가능성을 일치시키기 때문이다. 보수주의자는 기본적 목적에 대한 통합에 의해서 정당화되고 혁명가는 자기의 원칙과 인물의 정당성에 대한 동의와 카리스마적인 매력으로 정당화한다. 즉 그의 목적과 인물이 수단을 정당화해 주는 것이다.[26]

정치가의 자질문제는 어느 사회에서나 국가적 도전에 직면했을 때는 더욱 중요한 것임은 두말할 필요가 없을 것이다. 오늘날 정치가의 능력은 조직의 조건과 창의력의 균형에 있다고 할 수 있다. 조직은 지속성의 중요성을 나타내고, 창의력(inspiration)은 당연하게 간주되는 틀을 극복하는 능력이다.[27] 사회의 안정이 조직의 일상적 문제에 기계적으로 반응하고 그 자원을 최선으로 사용하는 준자동적 메커니즘에 있다고 한다면 사회의 위대성은 일상의 한계를 넘는 새로운 설계도를 작성하는 그 용의성에서 나오는 것이다. 조직이 없으면 모든 문제가 특별한 것이 된다. 그러나 창의성이 없으면 그 사회는 퇴보하게 된다. 즉 그 사회는 새로운 환경에 적응하거나 새로운 목표를 설정하는 능력을 잃게 될 것이다. 적응의 실패는 공룡의 운명을 면하기 어렵다. 적응은 모든 생명의 본질이며 따라서 적응의 실패는 생물의 진화과정에서 볼 수 있듯이 생명체의 단절을 초래한다. 이것은 국가 사회에서도 마찬가지 일 것이다. 목표설정의 무능은 그 사회구성원의 사기를 저하시키고 권태의 탈출구에 대한 욕망을 일깨우게 된다. 사회는 그것이 행동하기에 너무 늦었을 때에만

---

26) *Ibid.*, p. 330.

27) Henry A. Kissinger, *Nuclear Weapons and Foreign Policy,* New York: Norton, 1969, p. 431.

사태를 의식한다. 그러므로 정치가는 그의 창의적인 영감이 이미 실제상의 경험이며 사실인 것처럼 행동하지 않으면 안 된다. 즉 정치가는 사회의 조직과 자기의 비전, 전통과 미래 사이의 다리를 놓지 않으면 안 되는 것이다. 그러나 이러한 역할수행은 오늘날과 같이 모든 것이 너무도 복잡한 현실 속에서는 결코 용이한 일이 아니다. 어떤 문제들은 복잡한 절차와 전개 과정 속에서 그 문제들을 보다 신중하게 숙고할 만한 에너지가 남아있기 힘들 것이다. 그리하여 개념적으로 생각할 문제들에 직면했을 때 복잡한 기술적인 문제들이 모든 관심을 빼앗아 버리게 되는 것이다. 그러나 정치가의 자질은 창조적이지 않으면 안 된다. 그리하여 행정조직이 운영될 틀을 제시해야만 하는 것이다.[28)]

조직이 형성된 동기는 전문적 기술의 필요 때문이지만 정치지도자의 임무는 도전의 비심각성 때문에 조직의 선에서 인식되지 않고 지나쳐 버릴지도 모르는 범위와 비전을 제시하는 것이다. 특히 현대와 같은 변화의 속도가 빠른 시대에는 미래에 대한 예측에 있어서 모험의 요소를 극소화하기 위해서 기존정책의 방향과 틀을 그대로 연속적으로 집행한다는 것은 오히려 가속적인 변화 때문에 역기능적인 결과를 초래할 수 있는 것이다. 변화의 속도가 안정적인 시대에 있어서 정책의 안정이 창조적인 구상보다도 더 중요할 수도 있다. 그러나 빠른 변화 속에서 보수적인 정책은 안정도 보장하지 못할 뿐만 아니라 결과적으로 비상시기가 거의 주기적으로 교차되는 악순환을 빚어내게 되는 것이다. 특히 창조적인 정책을 시도하는 대신에 낡은 정책을 고수하게 되는 중요한 이유는 역사의 성격에 있다. 역사에 있어서 정치가는 기회를 포착하지 못한 데 대한 책임

28) Henry A. Kissinger, *A World Restored,* New York: Grosset & Dunlap, 1964, p. 433.

은 추궁당하지 않지만 그러나 그가 실재로 취한 행동에 대한 결과에 대해서는 거의 예외 없이 책임을 질 수 밖에 없기 때문에 미래의 창조적 가능성 보다는 현재의 위험성의 극소화에 보다 더 많은 신경을 쓰게 된다. 역사에 있어서 놓쳐버린 기회는 그것이 반드시 좋은 기회였다는 아무런 구체적인 보장도 증거도 없기 때문이다. 그러므로 내일의 복잡한 업무는 건전한 가설을 개발시키는데 필요한 조망(perspective)을 거부하고, 혹 신선한 아이디어를 제시하기 위해 그러한 조직적 한계를 넘는 사람의 가설도 체계적으로 실험하지도 못한 채 주저앉고 마는 것이다.

그리하여 위기가 부인할 수 없는 객관적 사실로서 조성되었을 때에는 창조적 개혁의 가능성도 그만큼 감소되어 버린 후인 것이다. 그러므로 대부분의 비상대책은 그 효과에 있어서 단기적이며 피상적 안전과 위기의 악순환이 또 다시 계속되는 것이다. 현실은 언제나 유동적이고 입체적이며 유기적인 것이기 때문에 과거의 계속이 곧 안정이라는 관념적 노예가 되어버려서는 안될 것이다. 그러나 관념적 노예상태 속에서 정치가는 능동적이니 신축성이니 하는 아무도 반대할 까닭이 없는 수사학만을 첨가할 뿐 창조적 정책발상을 제시하지는 못하는 것이다. 참으로 창의력과 조직의 갈등은 인간역사의 어쩔 수 없는 숙명인지도 모른다. 창의력은 사건의 의미와 자기의 일체감을 의미한다면, 조직은 집단의 의미에 대한 복종을 필요로 한다. 창의력은 시간적인 제한이 없으며 그의 타당성은 그의 개념에 고유한 것이다.[29] 정치가는 조직과 창의력 간의 긴장이 현실화되지 않도록 노력해야 한다. 즉 힘의 사용에 대한 필요를 최소화하는데 충분히 자연스러운 의무감과 이와 동시에 일시적인 과감한 행동의 정당성을 필요로 하지 않는 충분한 결단성의 패턴을 창조해야 한다.

29) *Ibid.*, p. 317.

캐슬레이와 메테르니히가 힘의 균형 속에서 안보를 추구하는 균형의 정치가였다는 것은 별로 놀라운 일이 아니다.[30] 그들의 목표는 안정이었지 완성이 아니었다. 힘의 균형은 어떠한 질서도 침략에 대비할 물리적 힘이 없이는 안전할 수 없다는 역사적 교훈의 고전적 표현이다. 그리하여 유럽협조체제는 메테르니히의 도덕, 즉 정통성과 캐슬레이의 힘, 즉 안보의 연결에 대한 충분한 인식 속에서 탄생되었던 것이다. 따라서 오늘날 아마겟돈의 위험 속에서 국제적 안정을 유지하려면 메테르니히의 정통성과 캐슬레이의 힘의 균형에 대한 이해를 기저로 하는 세계관의 소유가 요청되는 것이다. 이러한 세계관과 이를 의미 있게 할 수 있는 상상력이 결여되고 있는 한 모든 국제관계는 행정과 기술의 문제로 전락하고 차원 높은 국제안보질서는 위험스러운 무지의 질곡 속에 더욱 빠져들어 가고 말 것이다. 비극은 예고가 없다. 다만 결과가 있을 뿐이다. 그러므로 정치가의 지혜는 지금 이 순간에 필요한 것이다.

V

오늘날 각 국가들의 정치제도나 구조는 안정된 국제체제 유지에 대해 미증유의 도전을 제기하고 있다. 관료적이며 실용주의적인 사회는 경험적 조직에 골몰하고 있으며, 이념적 사회는 관료주의적 태도와 혁명적 목적을 위해 이념을 사용하는 집단 간의 근본적 균열에 빠져있고, 신생국들은 영웅적 정권의 영구화를 위해 외교정책을 이용하려는 높은 동기를 가지고 있다.

---
30) *Ibid.*

이와 같은 여러 가지 차이는 이성적 제안 작성에 필요한 통합에 중대한 장애물이 되고 있다. 그리고 이러한 상황은 정치가들의 단기적 목적과 언제나 성공하려는 강인한 의지 때문에 더욱 복잡해졌다고 할 수 있다. 관료적 사회에서는 정책이 적어도 공통분모를 산출하는 절충에서 산출되는 경우가 비일비재하다. 그리고 이것은 현상유지를 관리함으로써 그의 명성이 얻어지는 개인들에 의해서 그렇게 된다. 반면에 이념적으로 제도화된 국가의 지도력은 본질적으로 제도적 조직의 포로가 되어있다고 할 수 있다. 그렇기 때문에 어느 지도층도 자체의 행정구조 내에서 심각한 반발을 불러일으킬지 모르는 급격한 변화를 시도하기 힘든 것이 현실이다. 뿐만 아니라 신생국의 카리스마적 지도자들은 마치 곡예사처럼 행동하기 때문에 한 번의 실수도 포용할 수 없는 처지에 놓여있다. 따라서 각 국가들이 같은 세계관이나 조망을 가지고 국제체제에 접근할 수 없게 되며, 오히려 국제적 불안정을 초래할 소지가 엿보이는 것이다. 그러므로 정책결정의 모체요 산파인 행정구조와 지도적 성격이 국제질서에 미칠 수 있는 부정적인 측면이 항상 존재한다.

행정구조적 성격의 측면

현대행정구조의 성격 중 부정적인 요소의 하나는 지도자의 신념이나 그들이 대변하는 이념과는 관계없이 작용하는 행정구조의 경직화 현상, 혹은 행정적 타당성이라고 할 수 있다. 환언하면 지나친 사실주의와 경험주의에 의해 야기되는 위험성이다.[31] 현대의 문

31) Hans J. Morgenthau, *Politics in the Twentieth Century,* Chicago: University of Chicago Press, 1971, pp. 351-358.

제들이 단지 개인적인 직감력으로 처리하기에는 너무 복잡하고 다양한 관련성을 갖고 있는 것이 사실이다. 그러므로 정책결정의 제도화는 오늘의 핵시대에 국제적 위험의 어쩔 수 없는 산물이라고 할 수 있다.32) 현대의 거의 모든 국가는 주어진 환경을 이해하고 또 필요하다면 환경을 조작함으로써 미래를 건설하려는 시도인 '계획'을 수립하며 이 과정 속에선 예측성과 무엇보다도 객관성이 요청된다. 또한 거대한 행정관료체제는 그 기존의 자체이익을 갖고 있다. 관료체제의 복잡화에 따라 그 운영의 내부적 표준절차는 반드시 타국의 것과 일치하지 않고, 심지어는 국내의 다른 행정구조와 판이하게 다르기도 한다.

정책은 단순히 개인의 합리적인 목적추구의 결과가 아니라 사회적 정치행정체제의 복잡한 구조 내에서 적어도 상호경쟁적인 입장에 설 수 밖에 없는 권력자들 사이에 형성된 일종의 힘의 균형의 결과이다.33) 오늘날 정책결정의 패러독스는 국내정치적 환경에 대한 통제력은 증가하는 반면에 국제문제에 있어서의 융통성은 감소되고 있다는 점에 있다. 관료조직의 목적은 대부분의 문제를 효과적으로 처리할 수 있는 표준운영절차를 제공하는 것이다. 관료는 그것이 취급하는 문제가 사실상 가장 빈번한 문제일 경우에 또 그 절차가 문제해결에 적합할 때에는 능률적이 된다. 왜냐하면 이러한 조건이 만족되면 최고지도층은 발생하는 문제와 형식의 필요를 창조적으로 다룰 수 있는 자유를 부여받기 때문이다. 그러나 그러한 조건

---

32) Henry Kissinger, "Domestic Structure and Foreign Policy" in James N. Rosenau, *International Politics and Foreign Policy: a Reader in Research and Theory,* New York: Free Press, 1969, p. 263.

33) Graham T. Allison and Morton H. Halperin, "Bureaucratic Politics: A Paradigm and Some Policy Implications" in Raymond Tanter and Richard Henry Ullman, *Theory and Policy in International Relations,* Princeton: Princton University Press, 1972, pp. 40-79.

이 충족되지 않는 경우에는 예상되었던 것과 실제로 일어난 것을 조절하는데 최고행정가의 모든 에너지가 관료체제에 흡수되어 버리게 된다. 즉 문제 자체만을 분석하다가 합리적 목적의식을 상실하게 되는 것이다. 그러므로 정책결정은 지연되고 결정에 도달했을 때 이미 건설적인 행동의 범위는 최소로 축소된다. 그리하여 확실성을 추구하다가 창조성을 잃어버리는 결과를 초래하고 마는 것이다. 이와 같은 현상은 현대관료국가의 중요한 특징이다.[34]

미국과 같이 실용주의적 전통을 보유한 사회에서는 현상의 "추세"보다는 현상자체의 분석에 대한 관심이 압도적이다. 계획은 종종 현상을 미래에 연결시킨다. 소련처럼 이념에 기초한 사회에서는 교리가 제도화되고 주석이 혁신을 대치한다. 요컨대 관료의 지식축적과 결정도출방법의 비인격성은 창조성의 높은 대가를 치르면서 성취된다. 관료적 의견의 통합을 도출하는 과정의 노력이 목적을 압도할 만큼 정책결정은 복잡한 것이다. 모든 사려깊은 행정가들이 막연하게나마 이러한 위험성이 존재한다는 것을 인식하는 반면에, 그들은 이러한 막연한 의식에 따라 행동한다는 것이 매우 어렵다는 것을 알고 있다. 그러므로 계획에는 립서비스만이 주어질 뿐이다. 뿐만 아니라 참모들은 유용성에 대한 고도의 동기를 가지고 있기 때문에 막연한 개념을 거부하려는 성향이 있다. 이들에게 있어서 객관성에 대한 요청은 미래를 현재의 보완된 비전으로 보는 경향을 낳는다. 그러나 참된 혁신은 현재의 지배적인 표준에 대한 도전이 없이는 불가능한 것이다. 따라서 현대관료의 딜레마는 모든 창조적인 행동이 외로운 반면에 모든 외로운 행동이 창조적이지 못하다는 데에 있다.[35]기술적으로 발전된 선진사회에서 정책의 경직성은 결정

34) Henry Kissinger, *op. cit.*, p. 264.
35) *Ibid.*

과정에 기인한다. 중대한 문제들은 흔히 오랫동안 인식되지 못한 채 지나쳐 버린다. 그러나 정책결정기구가 일단 어떤 정책을 제시하면 그것을 변경하는 것이 매우 어렵게 된다. 게다가 행정적 성공의 여부는 매우 단기적으로 측정되는 것이기 때문에 행정의 관료화가 굳어져버린 사회에서는 모든 압력이 단기적 성공을 강조하게 된다.

또한 정책결정자는 항상 자기 참모들의 사기를 의식하고 있다. 비록 자기가 그런 권한을 가지고 있다고 하더라도 참모진의 자존심을 손상시키지 않고서 그들의 견해를 빈번하게 거부할 수는 없는 것이다. 아니 어쩌면 결정자는 그럴만한 식견이 결여된 경우가 더욱 많을 것이다. 그러므로 참모에 대한 의존은 정책결정자들의 지배적인 성향이라고 해도 지나친 말은 아니다. 이와 같이 관료체제의 내부적 요청이 그것의 목적을 압도하고 있는 것이다. 그리고 이러한 타성은 미국 못지않게 고도로 제도화된 소련 같은 공산국가에서도 마찬가지이다. 실용주의는 판단보다는 수단에 더욱 관심을 갖는다. 즉 실용주의는 판단을 방법론으로 그리고 가치를 지식으로 축소시키려고 한다.[36] 그런 결과 실용주의는 사실의 중요성 해석보다는 오히려 사실의 수집에 더 관심을 갖는다. 연구시간은 단지 시간을 벌고 불안감을 완화시키는 수단이 되어 버린다. 그리하여 때로는 그 연구가 문제의 해결보다도 문제의 회피로 전락하고 마는 것이다. 이러한 복잡한 과정 속에서 연구 참모의 기술적 능력과 지도자가 소화할 수 있는 것 사이의 간격은 계속해서 넓어지게 된다. 이러한 상황은 행정가의 불안감을 더욱 높이며 양측의 경직성이나 임의성을 촉진시키는 결과를 가져온다. 특히 브리핑의 능력에는 한계가 있다. 그럴듯하게 느껴지는 것이 옳을 수는 없으며 올바른 것들도 그것이

---

36) Henry Kissinger, *The Necessity for Choice: Prospects of American Foreign Policy,* New York: Harper Collins Publishers, 1961, p. 342.

처음으로 제시되었을 때에는 그럴듯하지 않게 들릴지 모른다. 왜냐하면 인간이란 언제나 인식적 불협화음(cognitive dissonance)을 배척하는 속성이 있기 때문이다. 우리가 위대한 지도자라고 부르는 처칠, 링컨 그리고 루스벨트 등 그 누구도 참모들의 산물이 아니었다.[37] 그러나 불행하게도 현대의 정책결정자는 종종자기 참모들의 포로가 되어있다.[38] 그러므로 객관성과 계산에 대한 요청이 때때로 지도자의 본질적으로는 임의적인 초관료적 수단이나 결정에 의해서만 극복될 수 있는 교착상태를 유도한다는 것은 분명히 현대관료제도의 역설적인 일면이다.

이러한 관료제도의 침체성은 특히 오늘날과 같은 혁명적 국제체제의 시대에는 정치에 위험스럽고, 특히 국제관계의 수행에는 그 위험성이 더욱 확대되는 것이다. 각 행정기구가 내적인 문제에 점점 더 몰두할 때 외교는 그 융통성을 상실하게 된다. 지도자들이 관료조직을 무시할 수도 없기 때문에 정책결정에 복잡한 내적인 과정이 '주고받는 흥정' 이라는 전통적 외교에 브레이크로 작용하게 되는 것이다. 이러한 상황은 동맹국가들 사이에서는 물론이고 적대적 국가나 각 진영들 간에서 훨씬 심각한 문제가 된다. 왜냐하면 이념적 대립이 함께 작용하기 때문이다. 혁명적 시기의 초기단계에서는 이념이 중요하고 인물이 결정적인 역할을 할 수도 있다. 프랑스에서 악명 높았던 공포정치는 로베스피에르(Maximilien Robespierre)라는 개인의 제거로서 막을 내렸다. 볼셰비키혁명도 독일을 통해 러시아로 가는 그 유명한 기차 속에 레닌만 없었더라도 일어나지 않았을 것이다. 그러나 혁명이란 일단 제도화되면 행정구조는 그 자체의 기존

37) *Ibid.*, p. 354.

38) Henry Kissinger, "Domestic Structure and Foreign Policy" in James N. Rosenau, *International Politics and Foreign Policy: a Reader in Research and Theory,* New York: Free Press, 1969, p. 265.

이익을 발전시킨다.[39] 그리고 시간이 흐름에 따라 행정적 경직성과 타성은 다시 출현하게 된다.

이러한 환경 속에서 이념적 분단선을 넘어서는 “의미 있는 대화”는 상당히 어려운 것이다. 그러므로 외교는 경직되거나 아니면 공식적인 표준절차에 기초한 추상적인 형성과정으로 전락하고 만다. 이와 같이 지나친 행정조직화로 인해서 모든 선진국들이 고통을 겪는다면 발전도상국들은 효과적인 관료체제의 부재로 인해서 그때 그때 임의로 정책을 결정하는 무계획성 때문에 고통을 받는다. 요컨대 선진국의 지나친 제도화와 신생국들의 저발전된 행정적 미숙은 모두가 다 국제체제 안정에 역기능적인 결과를 초래할 가능성이 높다.

지도력의 성격

정책의 선택에 있어서 최후의 결정은 지도자 개인에 의해 이루어진다. 그러므로 지도자의 가치관이나 세계관 즉 인식적 판단의 기준은 정책결정에 중요한 역할을 하게 된다. 지도자의 의식구조는 그들이 그런 지위를 획득하는 과정에서 얻은 경험과 그들이 행동해야 하는 상황적 구조, 그리고 그 사회의 가치체계 등에 의해 형성된다. 이에 따라 지도력 유형은 관료적-실용주의적 선진지도자형, 이념적 유형 그리고 혁명적-카리스마적 유형으로 분류될 수 있다.

39) *Ibid.*, p. 266.

(1) 관료적-실용주의적 지도력(Bureaucratic-Pragmatic Leadership)

이런 지도체제의 주된 예는 서구, 특히 미국의 엘리트들이다. 근본적인 사회적 분열이 형성되어 있고 대부분의 의식된 문제들이 해결될 수 있었던 환경 속에서 나타난 그들의 정책에 대한 접근법은 실용적이고 다소는 기계적이다. 실용주의란 사건의 맥락이 해결을 가져온다는 신념에 기초하기 때문에 사건의 전개를 두고 보는 경향이 있다. 그리고 모든 문제는 충분한 에너지를 가지고 노력하면 해결된다는 신념이 팽배해 있다. 그러므로 지연이 회복하기 힘든 재난을 몰고 오리라고는 생각할 수 없다. 최악의 경우에는 나중에 노력을 배가하면 된다고 생각하는 것이다. 문제들은 세분화되고 각각은 해당 전문가에 의해서 취급된다. 상호관계에 대한 강조나 염려는 거의 없다. 정치적인 문제보다 기술적 문제에 신중을 기하고 보다 세련된 솜씨로 다루어진다.

실용주의에서는 일반적으로 주로 방법이 문제된다. 이러한 현상은 특히 엘리트들의 자질에 의해 더 심화된다. 법률가나 기업가 출신 행정가는 누구보다도 실용주의적이다. 법률가들은 가상적인 사건보다는 실제적인 사건취급을 좋아한다. 그러나 계획이란 성격상 가상적인 것이다. 계획의 성공은 기존의 틀을 극복할 수 있는 능력에 달려있는 것이다. 법률가는 또한 그들의 경험에 의존하는 성향이 있기 때문에 사건의 전개를 기다리며 일련의 돌발적인 문제들을 세련된 분석에 의존하려고 한다. 이것은 몇 가지 중요한 결과를 초래한다. 이것은 미국사회 내에서 외교정책을 국내의 문제와 동일시하는 이미 팽배한 경향을 가중시킨다. 문제는 사건의 압력이 막바지에 이르러서야 비로소 처리되며 그나마 관료체제 내의 협상과정에 의존한다. 이러한 절차는 장기적인 안목을 소홀하게 만든다. 왜냐하면 미래는 유권자들을 갖고 있지 않으며 또한 참모진도 없기 때문이다. 문제가 어떤 부처나 행정국이 책임을 질 때까지 간과되는 것이다. 이것은 미국외교가 경직성과 융통성의 발작 사이에서 양극단을 치닫는 특이한 현상을 부분적으로 설명해 준다. 그러기 때문에 이것은 미국과 같은 대규모의 선진관료체제를 갖는 행정은 비슷한 질곡에 빠져 있다.

기업엘리트들의 태도는 법률적 직업의 신념을 강화시키고 있다. 미국 기업의 중역들은 능력에 따른 선발의 과정을 통해서 그 지위를 획득한 사람들이다. 그러나 그들이 취급하는 문제는 이미 잘 알려진 절차를 취급하는 것에 지나지 않는다. 그들의 능력은 어떤 기존의 기능에 도전하는 것이 아니라 잘 작용된 기능을 조정하는데 있다고 생각되어진다. 이러한 역할은 기업에서는 비교적 효율적일 수 있다. 그러나 어떤 익숙치 못한 문제에 직면하게 되면 이들은 자신들의 기술적 참모의 대변인 노릇밖에 하지 못하게 된다. 그렇기 때문에 기업의 중역들은 법률가보다도 더욱 더 관료적 문제형성에 의존하는 것이다. 뿐만 아니라 중역들은 기술적 구제책이 아니라 문제의 형성이 문제라는 것을 대체적으로 법률가들보다도 더 의식하지 못하며 의식하려 들지도 않는다. 어떤 문제가 터지면 이러한 지도자들은 모든 자원을 동원시켜서 즉각적인 응급책을 강구한다. 따라서 장기적인 문제점을 간과할 위험성이 항상 내재한다. 행정결정은 인물이나 혹은 설득력이 중요한 역할을 하는 갈등적 압력 하에서 절충의 형태로 나타난다. 그러나 그런 절충에는 중대한 위험성이 내포되어 있다. 양측이 동의하지 않을 때 진실은 그 중간 어딘가에 있다는 격언을 반영한 것이기는 하지만 그러나 그 격언이 아무 때나 적용되면 여러 경쟁자들로 하여금 협상목적을 위해서 아니면 그들의 주장이 온건한 것처럼 보이게 하기 위해서 허구적인 극단적 주장을 작성하게 만드는 것이다.[40]

또 정책결정자의 임기응변적 경향과 참모의 권고절차에 대한 의존성은 모든 문제를 흑백문제로 이끌고 간다. 이것은 뉘앙스에 대한 감각을 억누르고 서로 무관하게 보이지만 중요한 사건들의 상호관계에 대한 인식을 어렵게 만든다. 그러므로 고도로 발전된 관료사회의 관료적, 실용주의적 지도자는 기술적인 문제를 다루는 솜씨는 매우 높다고 하더라도 역사적인 과정을 다루는 솜씨에는 한계를 가지고 있다는 점을 인정하지 않으면 안 된다. 국제관계를 운영함에 있어서 단기적으로 유능한 솜씨는 장기적 안목의 부재로 인해 국제적 긴장을 몰고 올 수 있음을 우리는 인식해야 한다.

(2) 이념적 지도력(The Ideological Type of Leadership)

공산주의사회에서 이념은 지속적으로 중요한 기능을 수행해왔다. 그것은 세계 여러 공산당간 단결을 유지하는 수단을 제공한다. 그것은 각 공산주의국가의 관료체제 내에서의 분쟁을 해결하는 기준이 될 뿐만 아니라 여러 공산주의국가들 간의 분쟁해결에 있어서도 기준이 되고 있는 것이다. 아무리 완화되었다고 하더라도 공산주의이념은 부분적이나마 국제적 긴장에 책임이 있다. 이것은 맑스주의의 전술적 처방이라기보다는 오히려 현실을 해석하는 맑스-레닌주의의 기본적인 인식론적 입장 때문이다. 공산주의자들과의 협상은 사회적 구조, 경제적 발전과정 그리고 무엇보다도 계급투쟁이 정치가의 개인적 신념보다도 더 중요하다는 소위 "객관적 요소" 때문

40) *Ibid.*, p. 269.

에 매우 어렵다. 개인적 신념이 주관적이라면 소련의 안보는 다른 정치가의 선의에 의존할 수 없는 것이다. 특히 다른 정치체제의 선의에 의존할 수 있도록 허용되지 않는다. 그들이 추구하는 것은 "절대적 안보"로서, 다른 국가들의 결정과는 무관할 수 있을 만큼 강력할 것을 필요로 한다. 그러나 한 국가에 대한 "절대적 안보"는 모든 타국에게는 "절대적 불안"을 의미하는 것이다. 왜냐하면 그것은 오직 다른 국가들을 무기력하게 함으로써만 얻어질 수 있는 것이기 때문이다.[41] 그러므로 그들의 근본적으로 방어적인 외교정책은 점점 전통적인 침략과 구별하기 어려워진다.

"객관적 요소"의 우위에 대한 신념은 과거 긴장완화의 시대가 왜 그렇게 위험스러웠는지를 설명해준다. 서방의 선의와 물리적인 이득 사이에 선택이 주어지면 그들에겐 후자를 취하려는 압력이 너무나 크기 때문이다. 서방과의 전시의 우호관계는 동구에서 공산주의 지배정부를 세우는 가능성에 희생되고 말았다. 제네바의 정신은 중동에서 미국의 지위를 추락시킬 수 있는 전망의 유혹을 견디어내지 못했다. 케네디행정부의 많은 교섭의 시도들은 무력의 균형이 미국과의 힘의 대결 시험에 적합하지 못하다는 사실을 쿠바미사일위기가 보여줄 때까지 계속 냉대를 받았던 것이다.

객관적인 요소에 대한 의존은 동서 양진영 간의 협상을 복잡하게 했다. 공산주의 협상가들은 역사발전의 법칙에 대한 이해의 우월성을 믿고 협상의 주고 받는 과정을 단지 협상 그 자체의 일부가 아니라 상부구조로만 생각하는 것이다. 외부세계에 대한 그들의 끝없는 우려는 공산주의지도자들이 권좌에 오르는 개인적 경험에 의해서 더욱 굳어져 있다. 합법적 정권교체가 부재하는 체제에서는 대부분의 에너지는 내부적 공작에 흡수되어 버린다. 그들은 때때로 물리

41) *Ibid.*, p. 270.

적인 힘에 의해서, 그리고 보통은 관료주의적으로 모든 가능한 적을 제거함으로써 권력을 장악한다. 스탈린은 자신이 권력을 잡는데 도와준 모든 사람들을 처형했으며 흐루시초프는 그의 상관이었던 카가노비치에게 굴욕을 주고 다른 동료들의 음모로부터 자기를 구해준 6개월 뒤에 주코프 장군에게 등을 돌렸다. 브레즈네프와 코시긴은 흐루시초프 덕택에 출세했지만 그를 타도하고 그의 실각 후 24시간 이내에 그에게 대한 불명예를 씌우는 공작에 돌입했다. 공산주의 지도층의 권력투쟁에서 성공하는 자는 누구든 강직하고 비감정적이며 헌신적이고 무엇보다도 권력에 대한 야수적 욕망에 의해서 충전된 자들이다. 그렇기 때문에 소련지도자들의 개인적인 경험은 어떤 선의의 엄숙한 선언도 액면 그대로 받아들이지 못하게 한다. 그들의 동료들에 대한 태도보다도 외국인들에게 더 너그러울 수는 없는 것이다.

개인적인 자질과 이념적 구조의 복합은 공산국가간의 관계에도 또한 영향을 끼친다. 국가 간 적대관계는 계급투쟁의 결과로 생각되기 때문에 이것들은 사회주의가 승리를 하는 그날에 가서야 소멸될 것으로 기대된다. 의견의 불일치가 생기면 그것은 공산주의의 내적 분쟁으로 간주하고 반대자를 추방하고 파멸시킴으로써 해결하려 드는 것이다. 그러나 다른 의견을 이단으로 취급하는 바로 그 경향이 의견의 불일치를 변화시켜 분열로 몰고 간다.

공산중국과 소련간의 논쟁은 여러 가지 점에서 소련과 비공산국가간의 것보다도 더욱 신랄한 것이다. 또한 개개 공산국가의 국내적인 구조가 국제관계에 미치는 영향도 여러 가지이다. 소련처럼 이념이 제도화된 경우와 중국에서처럼 혁명적 열풍에 젖어 있는 경우에 상당한 차이가 있는 것이다. 이념이 제도화되어 있는 곳에서는 특이한 형태의 실용주의가 발전한다. 즉 미국의 경우와 유사하지만 그들만의 현실이 동시에 작용한다. 그러므로 그들은 실용적이라고는 하지만 우선순위가 판이하다. 즉 그들은 이념적 고려나 개념적인 문제에 보다 큰 비중을 둔다. 따라서 소련의 고위지도자의 연설이 공산주의이념의 지루한 의식으로 시작할 때 그것은 단순히 격식을 차리는 것 이상의 의미가 있는 것이다. 중국처럼 보다 혁명이 진행 중인 국가는 이념적인 성격이 보다 농후하지만 역설적이게도 그들의 구조는 새로운 출발을 위한 보다 넓은 공간을 허용될 수 있다. 우리는 그들의 전술적 비타협성과 이념적 활력을 구조적 경직과 혼동해서는 안된다. 왜냐하면 관료적 권위를 초월하는 영도력에 그의 지배가 기초하고 있기 때문에 행정적 구조에 그다지 얽매이지 않는 것이다. 그러므로 만일 지도자만 바뀌면 혹은 그의 태도만 수정되면 정책은 보다 제도화된 공산국가들보다는 중국에서 훨씬 더 극적으로 바뀔 수 있는 가능성이 상당히 높다. 따라서 이념적 사회는 관료화되었든 그렇지 못하든 앞서 지적한 이유로 인하여 국제적 불안의 요인이 된다.

(3) 카리스마적－혁명적 지도력(The Charismatic-Revolutionary Type of Leadership)

오늘날 국제질서는 또 다른 지도 유형, 즉 카리스마적이며 혁명적인 지도자에 의해 영향을 받는다. 신생국의 많은 지도자들은 서방의 관료적 실용주의 방법과는 별로 관계가 없다. 왜냐하면 그들은 실용주의자들의 사고를 지배하고 있는 환경의 조작보다는 그들이 건설하려는 미래에 보다 더 많은 관심을 갖고 있기 때문이다. 독립운동을 전개한 그들은 자신들에게 끊임없이 적대적인 환경을 극복하게 해준 비전에 사로잡혀 있다. 보통 혁명가들은 물질적 고려에 전적으로 동요되지 않는다. 물질적 동기는 인간으로 하여금 생존의 위협을 무릅쓰고 혁명전쟁의 불확실 속에 뛰어들게 하지는 못한다. 만일 카스트로나 수카르노가 경제에 주된 관심을 가졌더라면 그들의 재능은 그들이 전복한 사회 내에서도 충분한 보답을 받았을 것이다. 그들의 희생과 헌신을 보람 있게 만든 것은 미래에 대한 비전, 즉 권력에 대한 야심이었다. 혁명가들에게 중요한 현실은 그들이 성취하려는 세계이지 그들이 극복하려는 세계는 아니다.[42] 이러한 조망의 차이는 서방 지도자와 신생국 지도자간 대화에서 대부분 합의가 어려운 이유를 설명해준다. 서방은 신생국의 긴장이 경제생활의 낮은 수준에 기인한다고 믿는 경향이 있다. 그들에겐 GNP 증가가 정치적 안정과 관련된 것으로 보인다.[43] 그러나 신생국 지도자들에게 경제발전은 그들의 야심에 대한 제한으로만 작용한다. 그리고 경제발전은 영웅적인 독립투쟁에 비해 느리고 고통스러우며 높은 기술적인 능력에 의해서만 성취될 수 있는 것이다. 성과는 너무 느리게 나타나며 자신들의 공적이 분명하게 수립되지도 않는다. 만일 카스트로가 경제발전의 이론가들의 권고를 따랐더라면 그가 얻을 수 있었던 최선의 것은 작은 발전된 국가를 몇십년 후에 통치하고 있다는 것뿐이었을 것이다.

뿐만 아니라 경제발전은 적어도 초기단계에서는 국내정치적 불안정을 확대시킨다. 경제발전은 전통적 정치사회구조를 파괴한다. 그리하여 현 통치자에게 자신의 정통성을 재수립하게 하는 끊임없는 압력을 가하게 되는 것이다. 이러한 목적을 위해서는 극적인 외교정책이 특히 적합한 수단이다.[44] 그리하여 신생국의 많은

42) *Ibid.*, p. 272.

43) Lipset은 경제발전과 정치발전이 정비례한다고 주장했다. Seymour Martin Lipset, *Political Man: the Social Bases of Politics,* Garden City: Doubleday, 1960.

44) Edward Shills, *Political Development in the New States,* The Hague:

지도자들은 모험적 외교정책이 경제발전의 전망을 해치지 않고 오히려 촉진시킬 수 있다고 믿고 있는 것 같다. 왜냐하면 초강대국간의 경쟁은 수혜자인 자신의 행동에 관계없이 경제적 원조를 계속하게 하기 때문이다. 무모한 외교정책의 성향은 많은 신생국들의 주체성의 불확실한 의식에 의해 상승된다. 그리하여 권위주의적인 정치체제를 지향하려는 압력과 외교정책을 국내적 단결을 가져오기 위한 수단으로 사용하려는 높은 동기가 실재한다. 신생국의 많은 지도자들에게 공산주의의 매력은 맑스-레닌주의의 경제이론이 아니라 그것이 제공하는 권위주의적 통치에 대한 절대적 정통성이다. 그러나 문제는 정부형태가 어떻든 간에 많은 신생국의 지도자들이 국내적 어려움을 회피하고 국민통합을 성취하기 위하여 외교정책을 그 수단으로 사용할 때가 있다는 점이다. 국제무대는 국내에서는 불가능한 극적인 조치에 대한 기회를 제공하고 있기 때문이다. 특히 국내적인 불안정에 신음하는 통치자는 이런 기회를 이용할 가능성이 매우 농후하다. 이것은 두말 할 것도 없이 국제적 불안정을 야기한다.

VI

우리가 역사를 읽을 때 적어도 어떤 목적을 가지고 있다면 그것은 과거의 잘못을 인식함으로써 또 다시 그런 실수를 되풀이 하지 않으려는 의지, 즉 삶의 지혜를 얻기 위해서일 것이다. 그렇다고 모든 사고와 판단이 과거의 경험에만 의존해서는 물론 안 될 것이

Mouton, 1966, p. 70.

다. 오늘날처럼 역사의 변천이 빠른 시대에서는 풍요한 과거의 경험이 현실적 순수이론 보다도 더 틀린 경우가 적지 않으며 현실은 현실 나름대로 그 자체 논리가 있기 때문이다. 그렇지만 역사적 교훈만큼 우리에게 혜택을 주는 것을 찾기란 그렇게 쉬운 일이 아니다. 그렇기 때문에 우리는 역사의 한계를 의식하면서도 조심스럽게 역사적 교훈을 찾아서 헤매는지도 모르겠다. 그러나 또 인간들은 현실의 이론에 얽매어 그 역사적 경험과 자각을 잊어버리는 망각의 미덕을 너무도 빈번하게 발휘함으로써 역사는 되풀이 한다는 낡은 격언을 종종 증명해 준다. 특히 국가이성은 과거의 산 경험으로부터 배우는데 근면하지 못할 뿐 아니라 심지어는 올바른 결론마저 내리지 못하는 경우가 허다하다. 왜냐하면 역사적 경험의 교훈이란 개인적 경험과 마찬가지로 우연적인 것일 뿐 아니라 그 교훈은 어떤 행동의 결과를 가르쳐 주지만 그에 버금가는 상황의 인식을 깨닫게까지 할 수는 없기 때문이다. 우리는 어떤 혁명적 상황의 가능한 결과는 알 수 있지만 그러나 그러한 지식은 우리가 혁명적 상황을 인식하기 못하기 때문에 공허한 것이다.45)

실로 역사란 필연적이거나 맑스주의자들의 주장처럼 결정지워진 것은 아니다. 그보다는 오히려 주체적 요청과 객체적 제한 사이의 갈등을 어떠한 인식을 통하여 극복할 수 있는가 하는 소위 토인비의 '도전과 응전의 장'이 곧 역사라고 할 수 있다. 오늘날 우리 민족이 직면한 가장 근본적인 도전은 남북한의 공존이라는 객관적 현실과 민족통일이라는 주관적 요청을 어떻게 조화시킬 수 있는가 하는 철학적 이해(verstehen) 문제로 귀착된다. 환언하면 한국외교정책의 딜레마는 민족통일이라는 궁극적 목적과 국가안보라는 현실적

45) Henry A. Kissinger, *A World Restored,* New York: Grosset & Dunlap, 1964, p. 331.

목적 사이의 긴장을 어떻게 해소할 수 있느냐의 문제이다.[46] 부인할 수 없는 남북공존의 현실과 끝내 포기할 수 없는 민족 통일에의 염원은 참으로 차원 높은 철학적 논리를 발견하지 않으면 안 되게 만들고 있다.

오늘날 국제정세는 변하여 가고 있다. 그러나 우리는 주변 강대국에 비해 그 잠재능력의 열세로 인하여 국제체제의 한계와 속성을 불가피한 것으로 받아들이는 것을 거부할 자유를 보장받지 못하고 있는 것이 안타깝고 서글픈 현실이다. 한국과 같은 상대적 약소국은 국내적인 힘의 극대화와 아울러 국제적인 영향력의 극소화 상태로 유도하도록 노력할 수 있을 뿐이다. 그런데 그러한 작업은 소망하는 것만큼 쉬운 일은 결코 아니다. 한반도를 중심으로 볼 때 동아시아의 지역체제는 다극적이질체제(multipolar heterogenous system)라고 볼 수 있는데 이것은 18-19세기의 고전적인 다극적 세력균형체제이면서 동시에 이념적으로 동질적인 체제와는 분명이 다른 것이다. 그러므로 주변국가 간에는 긴장과 불안정적인 요인들을 항상 내포하고 있다고 하겠다. 비록 과거 냉전시대에 볼 수 있었던 것과 같은 날카로운 대결은 크게 완화되고 있지만 아직도 본질적인 이념적 이질성으로 인하여 각 국가간의 커뮤니케이션과 스프라우트 교수가 지적하는 인식의 매개적 기능[47] 그리고 협상의 외교기술문제들이 여전히 현저하게 존재하고 있다.

그러나 이러한 불안정적인 제 요인들에도 불구하고 4대국 균형은 어느 정도 유지되고 진전되어 나갈 가능성이 없지는 않다. 4대강

46) Kyung Won Kim, *op. cit.*, p. 1191.

47) Harold and Margaret Sprout, 'Environmental Factors in the Study of international Politics', in James N. Rosenau, *International Politics and Foreign Policy: a Reader in Research and Theory,* New York: Free Press, 1969, p. 42.

국의 균형을 위해 이른바 균형자의 역할을 미국이 담당할 가능성이 짙다고 할 수 있기 때문이다. 환언하면 미국은 19세기의 영국이 유럽대륙에 대해서 취했던 정책과 같은 균형과 견제의 정책을 수행할 가능성이 큰 것이다. 이렇게 볼 때 한반도의 전략적 중요성은 더욱 커진다고 할 수도 있다. 과거에 한국이 서방자유진영의 전초기지로서 의미가 있었다면 이제부터는 세력균형의 세력완충지대로서 의미가 있다고 할 수 있기 때문이다. 그럴 경우 한국의 지위는 상당히 유동적이며 자주적인 것이 된다고 볼 수 있다. 왜냐하면 강대국간 유동적인 세력균형이 형성될 때에 한국은 장기적으로 특정된 동맹관계에만 얽매일 수 없으며 그럴 소망도 없기 때문이다. 오히려 유동적인 강대국관계를 이용하여 자주적이고 능동적으로 행동할 장기적 외교정책을 개발하는 것이 객관적으로 필요할 뿐만 아니라 민족적 견지에서 볼 때도 바람직한 자세일 것이다. 그러므로 한국외교의 방향을 객관적 상황에 대한 정세분석을 바탕으로 한 외교의 새로운 태도가 요청되는 것이다. 현실적인 가능성과 예상되는 결과에 대한 냉철한 계산은 정책의 채택에 우선 하는 것이며 새로운 정책의 채택은 지혜와 용기를 필요로 하는 것이다.

언제나 새로운 정세는 새로운 정책과 태도를 필요로 한다. 그리고 우리의 남북한 관계도 본질적으로 국제적인 현상임을 인정해야 한다. 특히 새로운 국제정세 속에서 남북관계도 역사적으로 변동되어 갈 수 밖에 없다는 것은 너무도 명백한 사실이다. 여기에는 영원한 금물도 있을 수 없으며 교조적인 자세도 있어서는 안 된다. 오직 궁극적인 목적에로의 굽히지 않는 의지와 그것을 실현하기 위하여 현실을 객관적으로 이해할 줄 아는 지혜만이 요구된다. 그런데 그러한 지혜는 사유의 자유 위에서만 출발할 수 있는 것이다. 왜냐하면 사유에 뒤따르는 인식은 본질적으로 현재에 대한 부정적 성격을 부인할 수 없으며 사유의 자유가 결여된 곳에서 지혜를 구한다는 것은 산에서 물고기를 구하는 것처럼 불가능하기 때문이다. 오늘날 우리는 많은 자유의 제한 속에서 살고 있다. 이른바 마르쿠제의 기술적 합리성(technological rationality)의 시대에 살고 있기 때문이다.[48] 무력과 공포에 의한 지배가 아니라 합리주의적 유혹과 적응의 논리에 기초한 고통 없는 전체주의적 체제가 가능한 시대에 살고 있는 것이다. 이러한 상황 속에서는 강제에 의한 복종이 아니라 의식의 상실로 인한 순종이 정상적인 것처럼 되어버리는 생활의 타성이 경직화된다. 그리하여 자유를 박탈당하는 것이 아니라 자유에의 의지를 잃어버린 눈물 없는 파시즘이 가능하게 된다는 말이다. 만일 한국의 기술적 성장으로 말미암아 의식에 따르는 비판적, 부정적 기능이 마비된다면 결과적으로 자칫하면 역사의 물결에 휩쓸려 자신의 주관에 따른 역사창조의 기수가 되지 못하고 단지 애처로운 말의 입장에서 이리저리 끌려 다니는 운명을 극복하지 못할 것이다.[49]

의식은 부정적이다. 그러나 동시에 발전을 위한 매개적 역할을 수행함을 인정해야 한다. 의식은 자기발전을 요구하면서 자기 극복의 길로 인도하는 것이다. 현재를 정의하고 현실의 한계와 내적 모순을 발견함으로써 이성의 횃불을 쳐들고 합리와 승화와 완성을 지향하는 것, 이것이 곧 의식의 본질적인 기능이 아닐 수 없다. 그러므로 현재의 부정이라는 불안정의 초래를 모험하지 않고서는 침체의 계곡에 빠질 수밖에 없으며 여기에 모든 인간 사회가 직면하고 있는 딜레마가 있는 것이다. 그러나 의식으로부터 도피하지 않고 의

48) Herbert Marcuse, *One Dimensional Man: Studies in the Ideology of Advanced Industrial Society*, London: Routledge & Kegan, 1964, p. 48.

49) 비스마르크는 국제관계에서는 말보다는 기수였던 대표적 인물이라 할 수 있다.

식을 확장하기 위해서, 존재의 안일한 유지만을 위해서가 아니라 존재의 변용을 위해서, 그리고 자유를 포기하지 않고 자유를 수호하기 위해서 우리는 부정적 의식의 발견을 계속해야만 할 것이다.

부정적 의식의 발전은 자유로운 분위기를 필요조건으로 한다. 독재주의 사회에서도 자연과학은 가능하겠지만 사회과학은 불가능하다. 그러므로 사회과학은 민주주의와 불가분의 관계에 있는 것이다. 민주주의도 바로 사회의식, 부정의 의식에서 나온 것임은 두말할 필요가 없을 것이다. 아니 어쩌면 인간역사 자체가 의식의 도전과정이리라. 의식은 새로운 가능성을 제시한다. 우리는 보다 적극적이고 비판적인 의식의 창조적 발전을 위해 노력해야 한다. 우리는 사회발전의 근원이며 생명인 의식에로 끊임없이 되돌아감으로써 절대주의적 태도에 빠지지 않고 항상 새로운 가능성에 대한 활력을 찾아야만 할 것이다. 이것은 강력한 창의력과 동시에 지적능력의 개발을 향한 강인한 의지를 의미한다. 중량과 함께 균형을, 성분과 함께 구성을, 내용과 함께 뉘앙스를, 그리고 가능성과 함께 한계성을 동시에 인식하고 영원과 절대의 차원이 아닌 역사와 상대성의 세계 속에서 질서와 안정을 추구할 수 있는 정치외교적 지혜는 발견될 수 있는 것이다. 오늘날 우리가 당면하고 있는 가장 근본적인 문제는 변화와 역사의 연속성을 동시에 의식하고 안정과 불안이 교차되는 국제사회 속에서 객관적 정세의 객체가 아니라 그 주체로서 개척해 나갈 수 있는 역사관에 입각한 정치외교적인 상상력과 지혜이며 이것을 활용할 수 있는 실천능력의 개발이라 하겠다. 이러한 노력에 게으름을 피울 때 우리는 역사가 되풀이 되지 않는 세계에 살면서 과거의 비극적 역사를 재연하는 가엾은 피에로의 운명을 면치 못할 것이다.

참으로 인류역사는 쉴 새 없이 살아서 움직이는 것이다. 그러나 자기가 처해 있는 시간과 공간의 상황한계를 뛰어 넘을 수 있는 용기와 스스로의 세계를 하나의 객체로 조망할 수 있는 활동적인 지성과 상상력을 소유하지 못한 자에게는 역사란 주어진 사실들이 별다른 의미도 없이 지루하고 권태롭게 진열되어 있는 하나의 박물관에 불과할지 모르지만, 끊임없는 변화와 새로운 가능성, 그리고 창조와 파괴의 광장이 곧 역사라고 하는 생의 무대인 것이다. 그러므로 중요한 것은 변화가 객관적 정세의 피동적 제물이 되어버리는 운명을 극복하고 그러한 변화들을 자신의 이상과 이익을 위하여 이용할 수 있는 지성만이 우리에게 필요한 것이다. 그리고 이러한 지성은 기존체제의 틀 속에서 맴도는 정신적 제약을 벗어날 수 있는 지적, 정치적 용기 없이는 역사의 차가운 수레바퀴 속에서 희생될 수밖에 없을 것이다. 기회는 너그럽게 부여하지만 용서의 미덕을 발휘할 여유가 없이 달려가는 것이 곧 인간의 역사이기 때문이다.

제14장

국제정치이론과 정치지도자의 역할

> 지도력은 세상에서 가장 쉽게 관찰되면서도 가장 적게 이해되고 있는 현상 중의 하나이다.
>
> – 제임스 맥그리거 번즈 –

1. 무지개를 좇아서

"국제정치분야의 연구성과가 최근 수십년 동안 양적으로 크게 확대되었다는 사실은 우리에게 매우 고무적인 일이라 할 수 있을 것이다. 그러나 그로부터 기대할 수 있는 이론적 설명력은 매우 미미한 수준에 불과하다는 것을 알게 될 때 우리는 크게 실망하지 않을 수 없게 된다. 그들 성과들은 상호연관된 틀 속에서 체계적으로 집약되지 못하고 있는 실정에 있다. 그리고 이에 대한 비판적 평가 역시 생산적으로 이루어지지 못하고 있을 뿐만 아니라, 설혹 있다손 치더라도 단지 동일한 종류의 요약과 피상적인 비판만이 단순하게 반복되고 있을 뿐이며, 따라서 기존의 오류들이 시정되지 않은 채 자꾸만 재현되고 있는 형편에 있다."1) 케네스 월츠(Kenneth N. Waltz)의 이러한 뼈아픈 지적은 카(E. H. Carr)가 국제정치학은 여전히 유치한 상태를 벗어나지 못했다고 개탄한 이래[2] 근 반세기가 지난 시점에서 이루어지고 있는 것이어서 우리에게 충격을 준다.

물론 이 분야에서 이론화를 시도하는 선구적 노력들이 의식적으로 진행되어 왔었지만, 현시점에서 볼 때 아직도 그것은 매우 초보적인 수준에 불과하다는 사실을 부정하기란 매우 힘들다. 그러한 이론화작업의 현황은 마치 '오디세우스의 모험'(Perils of Odysseus)[3]에 비유할 수 있을 정도로 우리에게는 '꿈나라'(never-never land)[4]의 이야기일 뿐이며, 또한 '과학주의'(scientism)[5]라는 어두운 '동굴'(플라톤적 의미에서)을 벗어나지 못한 채 허우적거리고 있는 실정에 있는 것이다. 게다가 국제정치이론 자체의 무용성까지 주장하는 목소리 또한 쉽게 접할 수 있다. 예를 들어 지미 카터(Jimmy Carter) 전 대통령의 안보담당 특별보좌관이었던 브레진스키(Brzezinski)는 대학의 연구성과물 중 약 90%가 현실적으로 쓸모없는 것이거나, 정책결정자에게 전혀 도움을 주지 못하는 것이라고 혹평한 바 있다.[6]

사정이 이렇게 되어온 데에는 여러 가지 이유들이 있을 것이다.

---

1) Kenneth N. Waltz, *Theory of International Politics*, Reading: Addison-Wesley Publishing Company Inc., 1979, p. 19.

2) E. H. Carr, *Twenty Years' Crisis 1919-1939*, London: Harper Torchbooks, 1939, p. 1.

3) Oran R. Young, "The Perils of Odysseus: On Constructing Theories of International Relations," *World Politics*, Vol. 24, Supplement, Spring 1972, pp. 179-203.

4) Fred Warner Neal and Bruce D. Hamlett, "The Never-never Land of International Relations," *International Studies Quarterly*, Vol. 13, No. 3, September 1969, pp. 281-305.

5) F. Parkinson, *The Philosophy of International Relations: A study in the History of Thought*, Beverly-Hills: Sage Publications, Inc., 1977, chap. 12.

6) John C. Garnett, *Commonsense and the Theory of International Politics*, London: The Macmillan Press, p. 1에서 이 두 구절을 재인용.

그러나 여기에서 무엇보다도 중요하게 지적할 수 있는 점 한 가지는 그동안 정치학자들이 국제정치현상을 이해하기 위한 수단으로 이른바 '과학적 이론'을 발견하려고 노력해 왔다는 것이다. 하지만 이는 마치 어린 아이가 무지개를 잡기 위해 산에 오르는 격이라고 밖에 말할 수 없을 것이다. 그들은 엄격한 인과관계 속에서 단일한 설명력을 갖는 이론을 구성해 보고자 했지만, 지금까지 그들이 보여준 성과는 극히 회의적인 수준에 머무르고 있을 뿐이다. 이는 사회과학자가 아무리 과학적으로 정교한 이론적 무장을 한다손 치더라도, 그들이 연구대상으로 삼고 있는 역사적 사회현상 자체는 그들보다 훨씬 더 상상력이 풍부하기 때문일 것이다.

그럼에도 불구하고 대부분의 현대 정치학자들은 마치 저주받은 시지프스처럼 국제정치현상을 성공적으로 이론화하려는 목표를 지속적으로 추구하고 있다. 즉 그들은 처음부터 불가능한 목표를 가지고 불가능한 시도를 계속하고 있는 것이다. 그러한 과정에서 수많은 시행착오가 계속되어 왔지만 아직도 그들이 이상으로 삼고 있는 바의 '과학성'에 대한 종교적 신념은 식을 줄을 모르고 있다. 일찍이 산타야나(Santayana)는 광신자를 일컬어 다음과 같이 정의하였다. 즉 자신이 노력을 경주하여 추구하는 바가 애초의 목표로부터 벗어나 멀어질수록 그 추구노선을 수정하기보다는 더욱 그것에 집착하는 사람이라고 말이다. 그리고 이러한 정의는 어쩌면 오늘의 국제정치학계가 처해 있는 현실, 즉 우리가 이미 '제 2 차 국제정치이론논쟁'(Second Great Debate)[7]을 통해서도 잘 알고 있는 것처럼 그동안의 부단한 과학화 노력에도 불구하고 여지껏 미미한 성과밖에 얻지 못

7) 이에 대한 학문적 논의가 가장 잘 이루어지고 있는 선집으로는 Klaus Knorr and James Rosenau, eds., *Contending Approaches to International Politics*, Princeton University Press, 1969.

하고 있는 바로 그 현실에도 정확히 적용될 수 있을 것으로 보인다.

이러한 현실은 하나의 비극이다. 다시 말해서 그것은 역사 속의 특정 사건을 역동적으로 형성하는 구체적 인간의 '동기'와 그 '행동근거'를 찾으려 하는 대신, 그러한 모든 인간적 색채들을 탈락시켜 버린 채 단지 그 사건을 성립시키는 외면적 원인만을 맹목적으로 추구해온 안이한 태도가 초래한 커다란 비극인 것이다. 따라서 우리가 특정 인간이나 국가의 행위를 이해하고자 할 때에는 무엇보다도 그들 내면의 동기에 주목해야 하며, 정치학 역시 바로 그러한 태도 위에서만이 비로소 온전하게 성공할 수 있을 것이다. 그리고 바로 이러한 이유에서 정치적 행위자의 숨은 동기를 규명하는 작업이 오랫동안 정치학의 중요한 연구과제였다는 사실을 설명해 주고 있다.

따라서 우리가 특정국가의 외교정책을 연구하고자 할 때에도 바로 위와 같은 맥락을 고려한다면 그들 국가의 내면적 동기를 밝히는 작업이 바로 핵심적 관건이 된다고 볼 수 있다.[8] 물론 그렇다고 해서 특정사건을 근원적으로 성립시키는 비인격적, 구조적 요인들을 무시할 수 있다고는 보지 않는다. 그러한 요인들을 추적하는 작업 역시 중단되어서는 안 될 것이다. 단지 여기에서 강조하고 싶은 점은 현재의 정치학 연구경향이 특정 행위의 내재적 동기나 목표들의 역할에 대해서는 과거에 비해 훨씬 적은 관심을 보이는 반면, 외부의 비인격적 요인들에 대해서는 과도한 관심을 보이는 식으로 편향되어 있다는 사실이다. 따라서 이제는 정치적 행위자의 동기를 발견하는 데 많은 주안점이 주어져야 할 것으로 보인다. 국제정

8) 이 점에 대해선 알프레드 슈츠를 참고하였다. 즉 그는 막스 베버의 과학적 방법론을 비판하면서 '이유동기'(Weil-Motiv)와 '목적동기'(Um-zu-Motiv)를 구분하고 있는데, 이에 대한 자세한 논의는 다음 책을 보라. Alfred Schutz, *The Phenomenology of the Social World*, Northwestern University Press, 1967.

치란 궁극적으로 구체적 인간들의 다양한 동기들이 상호작용하는 과정 속에서 성립하는 것이기 때문에 단순히 비인격적 요인들만을 추적하는 것만으로는 그 온전한 이해가 불가한 것이다. 비엔나 회의(the Congress of Vienna)에서 러시아 대사가 죽었다는 소식이 전해지자 그것이 단지 우연히 발생한 사건이었음에도 불구하고 메테르니히는 놀라 다음과 같이 소리쳤다고 한다. "아! 그게 정말인가? 그렇다면 도대체 그의 동기는 무엇이란 말인가?" 따라서 우리의 주제는 영원히 인간일 수밖에 없다. 바로 그 인간을 넘어선 어떠한 초월적 신이나 동물의 행동들이 더 이상 우리의 주제가 되어서는 아니 될 것이다.

2. 제정신*이 들다

인간의 정치적 행위는 그것이 의식적으로 이루어진 것이든 무의식적으로 이루어진 것이든 그 어떠한 경우에도 결국은 인간 자신의 동기로부터 연유해서 성립되는 것이라고 할 수 있다.[9] 물론 인간은 자신에게 어떠한 자극이 가해질 경우 거의 즉각적으로 그리고 자동적으로 반응한다. 그러나 이러한 경우에도 그 반응이란 결국 그

---

* 여기에서는 과학주의에 경도된 정치학 연구의 경향성을 술이 취한 상태(intoxicated)로 비유하고 있는데, 제정신(sobriety)이란 그것의 대칭개념이다.

9) 전쟁철학자인 칼 폰 클라우제비츠에 따르면, 전쟁을 일으키는 가장 근본적인 원인은 인간의 동기적 측면에서 이해할 수 있는 적대적 의도(hostile intention)이다. Carl von Clausewitz, *On War*, ed. and trans. by Michael Howard and Peter Paret, Princeton: Princeton University Press, 1976. p. 76.

것을 초래한 행동과 동일한 종류의 행동이 과거로부터 반복되면서 성립시킨 하나의 패턴을 전제하고 있는 것이다.[10] 다시 말해서 우리가 표면적으로는 어떤 행위나 반응을 당연한 것으로 간주할 수 있는 것처럼 보이지만 이는 오직 동기로부터 연유한 최초의 행위가 습관화된 경우에 한해서만 그러할 수 있을 뿐이다. 이미 고전철학자가 우리에게 가르쳐준 것처럼 인간은 기본적으로 이성적 존재이다. 또한 인간만이 유일하게 언어를 구사할 수 있는 동물이다. 신은 말하지 않고 다만 계시한다. 짐승은 말하지 못하고 다만 소리를 낼 수 있을 뿐이다. 그러나 인간은 이들의 중간에 위치한 좌절된 신이요, 야심에 찬 동물인 것이다. 따라서 인간의 행위는 신을 연구하는 신학이나 동물을 연구하는 행태주의를 통해서는 적절히 연구될 수 없는 것이다.

이렇게 볼 때 케네스 버크(Kenneth Burke)의 다음과 같은 지적은 우리에게 적절한 시사를 제공해 준다고 할 수 있다. "언어를 구사할 수 없는 유기체만을 가지고 실험해서는 그 언어를 구사할 수 있는 인간의 중요한 동기와 그곳에 내재된 본질적 차원을 결코 포착할 수 없다."[11] 언어는 단순한 기호가 아니다. 그것은 항상 구체적인 현상, 예를 들어 사건, 대상, 인간, 제도, 신분 집단, 계급 그리고 크고 작은 인간 집단 등을 지시하고 있다. 따라서 인간은 그러한 언어를 매개로 하여 구체적인 현상에 대한 자신의 행동방침을 정하게

10) 이 점에 대한 보다 더 자세한 논의는 다음을 참조할 것. John Steinbruner, *The Cybernetic Theory of Decision*, Princeton: Princeton University Press, 1974. 그리고 이에 대한 저자의 비판적 논의에 관해서는, Sung-Hack Kang, "The promise of the Communication and Cybernetic Paradigm in the Study of Foreign Policy Decision," *The Journal of Social Science*, Vol. 11, Korea University 1983, pp. 29-45.

11) Kenneth Burke, *Permanence and Change: An Anatomy of Purpose*, Indianapolis: The Bobbs-Merrill Company, Inc., 1965, p. 11.

된다. 그럼에도 불구하고 대부분의 정치학자들은 인간의 고유한 속성을 무시한 채 과학적 국제정치이론을 개발하여 $E=MC^2$와 같은 요술방망이를 발견하고자 부심했던 것이다. 이들은 인간 내면의 의지나 목표 등에 관심을 갖기보다는 단지 행동의 외부적인 측면만을 주시한다. 따라서 이들이 탐구의 대상으로 삼고 있는 정치현상은 인간이 탈락되어 버림으로써 결국 가장 비정치적인 세계로 전락하고 마는 것이다.

물론 과학주의는 현대에 들어와서 하나의 보편적인 시대정신으로서 군림하고 있다. 따라서 우리가 지적으로 그러한 과학적 조망을 넘어서는 것은 결코 쉬운 일이 아니다. 또한 과학주의의 '동굴'로부터 벗어나 태양의 빛과 마주설 수 있는 가능성 조차 쉽게 보이지 않는 듯하다.12) 이미 니체가 적절히 지적한 것처럼 인간은 자신의 '시대정신을 창조하는 존재'(the horizon creating animal)이다. 또한 인간은 시대의 아들인 것이다. 그러나 우리는 실증주의의 아버지였던 콩트(Comte)조차도 정치적 비전을 견지하고 있었다는 사실, 그리고 그 실증주의의 철학을 자신의 정치적 비전을 구현하는 데 필요한 수단으로서 채택하고 있었다는 사실을 잊어서는 안 될 것이다.

과학적 정신은 서구의 르네상스 이래 꾸준히 성장하여 온 것이지만 그것이 철학계에 커다란 충격을 주기 시작한 것은 특히 20세기에 들어서면서부터였다. 우리는 이미 학문 방법론상의 두드러진 변화, 즉 철학적 사변으로부터 행태주의를 거쳐 양적이고 수학적이며 통계적인 접근들이 크게 강조되는 금세기의 추세를 쉽게 목격할 수 있게 되었다. 이 결과 정치학은 그리스 시대 이래 모든 학문의

12) 자연과학의 영역에서조차 과학주의의 중추라 할 인과관계의 원칙이 역사적으로 우연한 것이라고 한다. 이 문제에 대해서는, Ernest Nagel, *The Structure of Science*, New York: Harcourt, brace & World, Inc., 1961, chap. 10.

왕으로서 누려왔던 지위를 더 이상 유지할 수 없게 되었고, 대신 가장 비정치적인 과학이 그 자리를 대신하게 되었다.[13] 그러나 이러한 과학적 추세는 국제정치학이 하나의 학문으로서 성장하는 과정에 대단히 부정적인 요소로 작용했다. 이미 1955년에 퀸시 라이트(Quincy Wright)가 우려한 바와 같이 애초의 국제정치학은 종합적인 성격을 지향하면서 성립하였지만, 과학적 방법의 등장은 그것의 통일성를 저해하는 방향으로 영향을 미쳤다.[14] 따라서 문제는 국제정치학이 사회현상을 설명하고 예측하기 위한 과학적 방법론을 개발하기에 적합한 분야인가 하는 점이다. 그러나 그 결과는 국제정치학이 하나의 학문으로서 분명한 자기동일성(identity)을 상실한 채 극심한 분열만을 거듭해왔을 뿐이다.[15]

하지만 다행스럽게도 최근에는 정치적 각성(political sobriety)과 탈행태주의를 강조하는 추세가 새롭게 대두되고 있다. 그리고 여기에서는 정치학이 더 이상 과학적 가설 등을 추구하는 헛된 꿈에 빠져선 아니 될 것이며 다시 과거의 전통적인 방법을 회복해야만 할 것이라고 주장한다. 따라서 알렉산더 조지(Alexander L. George)는 말한다. "과학적 접근을 크게 신뢰하고 또 그것으로부터 기대할 수 있는 성과에 대해서도 크게 낙관하고 있던 기존의 연구태도는 이제 정치의 본질적인 문제를 중시하는 전통적인 태도로 다시 바뀌어야

13) Dwight Waldo, "Political Science: Tradition, Discipline, Profession, Science, Enterprise," in Fred I. Greenstein and Nelson W. Polsby, eds., *Political Science: Scope and Theory*, Handbook of Political Science, Vol. I, Reading, Mass. Addison-Wesley Publishing Company, 1975, p. 114.

14) C. A. McClelland, "On the Fourth Wave: Past and Future in the Study of International Systems," in James N. Rosenau, ed., *The Analysis of International Politics*, New York: The Free Press, 1972, pp. 15-40에서 인용된 바와 같다.

15) F. Parkinson, *The Philosophy of International Relations*, Beverly Hills: Sage Publication, 1977, p. 4.

한다"고, 이제 바야흐로 구체적인 역사에 바탕을 둔 이론이 새롭게 등장하는 추세에 있는 것이다.[16)]

물론 『과거는 죽었다』(*The Death of the Past*)라는 플럼(J. H. Plumb)[17)]의 선언도 있었지만, 저자의 견해는 과거의 사건이란 결국 인간의 다양한 경험들이 구현된 것이라 할 수 있을 것이다. 따라서 그러한 사건을 연구한다는 것은 우리의 역사적 상상력을 형성하는 데 필요한 핵심적인 요건이 된다고 할 수 있다. 특정한 시간과 공간 내에서 구체적으로 존재하는 국가들간의 관계를 역사적으로 추적하는 과정에서 국제정치에 관한 우리의 지식도 새롭게 넓혀갈 수 있다고 본다.

그러나 현재 유행하고 있는 이른바 과학적 이론이라고 하는 것은 현상에 내재되어 있는 우연적인 사건들은 물론이고, 그 현상을 성립시키는 구체적인 시간과 공간의 맥락까지도 제거해 버린 후 남는 부분만을 다룬다. 다시 말해서 그곳에선 막연한 시간과 막연한 공간 속에서 이름없이 존재하는 인간과 역시 이름없는 국가들만을 연구의 대상으로 삼고 있는 것이다. 하지만 레오 스트라우스(Leo Strauss)가 이미 투키디데스의 『펠로폰네소스 전쟁사』(*The Peloponnesian War*)를 해설하는 논문에서 밝힌 것처럼 우리가 어떤 전쟁을 말하는 경우, 그것은 구체적인 시간선상에서 **구체적인 정치지도자들의 지휘를 받으며**[18)] 구체적인 도시와 국가들 사이에서 성립하는 구체적인 전쟁일 수밖에 없는 것이다.[19)]

---

16) Alexander L. George, "Case Studies and Theory Development: The Method of Structured, Focused Comparison," in the Paul Lauren, ed., *Diplomacy*, New York: The Free Press, 1979, p. 44.

17) John Harold Plumb, *The Death of the Past*, Boston: Houghton-Mifflin, 1970.

18) 강조는 저자가 함.

19) Leo Strauss, *The City and Man*, Chicago/London: The University of

니체의 지적처럼 인간은 시대의 아들이지만 그렇다고 그 시대에 전적으로 구속되는 존재만은 아니다. 물론 우리는 미래라는 수수께끼를 꿰뚫어 볼 수는 없다. 그러나 주의 깊게 과거를 연구해 봄으로써 우리는 미래를 통찰할 수 있는 중요한 단서를 마련할 수 있고 또한 창조적인 상상력을 키워나갈 수 있다. 이미 2000년 전에 투키디데스가 선언한 것처럼 우리는 과거 사건에 대한 지식을 축적함으로써 미래의 사건을 해석할 수 있는 안목을 얻게 되는 것이다.[20] 물론 역사적 사건을 완전히 객관적으로 해석할 수는 없는 일이다. 그러한 사건은 검시실에서 의사의 해부를 기다리는 시체처럼 간주될 수는 없을 것이다. 라인홀드 니버(Reinhold Niebuhr)의 설득력 있는 주장처럼 과거는 우리가 쉽게 읽을 수 있는 '열려진 책'(an open book)이 아니다. 그러나 우리가 그 책의 내용들을 자세히 음미하고 또 음미한다면 마침내 우리 시대의 특성을 투시할 수 있는 통찰력까지도 기대할 수 있는 것이다.[21] 콜링우드(R. G. Collingwood)는 역사가와 비역사가와의 관계를 훈련받은 나무꾼과 주의 깊지 못한 여행가와의 관계에 비유한 적이 있다. 즉 "여행가는 숲 속에서 나무와 초원 외에는 아무것도 없다고 생각하면서 줄곧 걷기만 하는 반면, 나무꾼의 경우는 초원에 가려진 호랑이까지도 발견해낼 수 있는 안목 또한 구비하고 있는 것이다."[22] 여기에서 콜링우드가 지적하고자 하는 것은 역사가의 임무가 역사에 내재되어 있지만 다소 분명하지 않은 특징들, 따라서 현재의 부주의한 안목 가지고서는 제대로

Chicago Press, 1964, p. 140.

20) Richard Schlatter, ed., *Hobbes's Thucydides*, New Brunswick, New Jersey: Rutgers University Press, 1975, Book I, Chap. 22.

21) Reinhold Niebuhr, "History's Limitations in the Nuclear Age," *The New Leader*, February 4, 1963, p. 19.

22) R. G. Collingwood, *An Autobiography*, Oxford: Oxford University Press, 1939, p. 100.

포착되지 않는 특징들을 밝혀내는 데 있다는 것이다. 그리고 우리는 이러한 역사연구를 통해서 도덕적이고 정치적인 삶을 실천하는 데 필요한 분별력까지도 제공받을 수 있다고 본다.[23)]

역사 속에는 수많은 문제상황, 특히 정치적인 문제상황이 존재한다. 여기에서 인간은 그에 대한 완벽한 해결책보다는 단지 견딜 수 있을 만한 수준의 해법을 희구할 수 있을 뿐이다. 이러한 맥락에서 볼 때 정치학은 결코 수학이 될 수 없으며[24)] 그보다는 차라리 의학에 가까운 것이라고 말할 수 있다.[25)] 여기에서 우리는 지금까지의 논의들을 국제정치학의 맥락 속에도 적절히 적용시켜 볼 수 있을 것이다. 즉 과거의 국가들이 현재 우리가 처한 상황과 유사한 상황에서 문제를 처리해 나가는 방법이나 고려하고 있는 제약 조건들, 그리고 그들이 결정한 선택들과 그로부터 파생된 여러 결과들에 대한 이해가 적절히 선행되지 않는다면 우리는 '현재의 문제에 대해서도 천편일률적이고 왜곡된 이해'[26)]에만 도달할 수 있을 뿐이라고 생각하지 않을 수 없다.

그러나 많은 학자들이 역사야말로 국제정치를 연구할 수 있는 '거대한 실험실'이라는 찬사를 쉽게 이야기하면서도 그 실험실에 직접 들어가서 실제로 작업을 진행시키는 경우는 아직까지 매우 드문 형편에 있다. 예를 들어 캐플런(Morton Kaplan)은 그가 집필한 주

---

23) *Ibid.*

24) Robert Purnell, "The Relevance of Ancient History to the Contemporary Study of International Politics," *British Journal of International Studies*, Vol. 2, April 1976, p. 37.

25) 이 점에 대해서는, 앨런 블룸(Allan Bloom)이 플라톤의 『공화국』을 해석한 논문을 참조할 것. Allan Bloom, *The Republic of Plato*, New York: Basic Books Inc., 1968, p. 414.

26) Klaus Knorr, ed., *Historical Dimension of National Security Problems*, Lawrence: Allen Press Inc., Kansas, 1976, p. 3.

요 저작의 서두에서 역사에 대한 찬사의 뜻을 다음과 같이 밝히고 있다. "하나의 학문으로서 국제정치학은 항상 역사로부터 도움을 받아야만 하는 측면을 가지고 있다. 역사란 국제정치적 행위가 발생하는 실험실인 것이다."[27] 그러나 캐플런 역시 이러한 말을 한 이후 실제로 그 실험실에 들어가 작업을 진행시킨 것처럼 보이지는 않는다.

사정이 이렇게 되어온 데에는 그럴 만한 이유가 있다. 즉 그것은 국제정치학을 선도하는 주요학자들이 역사를 자료로 사용하는 이론적 분석틀, 예를 들어 모겐소 류의 현실주의적 분석틀을 이 분야의 건실한 이론으로서 인정해 주지 않았기 때문이다.[28] 일단 강의실을 벗어나면 국제정치의 이론화 노력을 역사적으로 재평가하는 현실주의와 이상주의간의 논쟁이 더 이상 주목의 대상이 되지 못했다. 그리하여 그 논쟁의 분석양식은 말할 것도 없고 논쟁의 토대가 되었던 역사적 기초자료마저 배척해 버리는 경향을 낳았다. 다시 말해서 그것은 목욕물을 버린다는 것이 목욕하는 아이까지 버리는 격이 되었던 것이다! 그 결과 과학적 지식을 추구하려는 허망한 노력과 조숙한 '전문화'[29]가 어우러져 부정적인 상승작용을 일으키게 되었고, 따라서 국제정치학도들은 점점 더 국제정치적 사건이 발생하

---

27) Morton Kaplan, *System and Process in International Politics*, New York: 1957, p. 3, 역사가 이론을 구성하는 데 필요한 실험실이라는 생각은 레온 브룬슈빅(Leon Brunschvicg)에 의해서 처음 제기되었다. 이 점에 대해서는 다음을 참조; Raymond Aron, *Clausewitz: the Philosopher of War*, London: Routledge & Kegan Paul, 1982, p. 198.

28) 이른바 '상호의존론'은 이 범주에 포함된다. 이 분야의 대표작으로서 역사를 중시하는 입장을 '암묵적으로 반박'하고 있는 것으로 Robert Keohane and Joseph Nye, *Power and Interdependence*, Boston: Little Brown and Company, 1977을 참조.

29) Morton A. Kaplan, *Toward Professionalization in International Theory*, New York: The Free Press, 1979.

는 역사적 맥락을 이해하지 못하게 되었던 것이다.[30] 콜린 그래이(Colin S. Gray)가 주장한 것처럼, 그동안 국제정치학은 지나치게 세부적인 사실에만 집착해온 것(Iron Law of Triviality)이 사실이다. 이에 대한 증거는 우리가 국제정치학자들의 전문적인 모임에 참석해 본다든지, 이 분야의 전문 학술지의 목차만을 일별해 보면 쉽게 확인할 수 있다.[31] 이른바 국제정치의 전문가들이라고 하는 사람들은 기껏해야 '지혜가 결여된 지식'[32]만을 산출하고 있을 뿐이며, 따라서 학생들을 교육시키고 그들에게 비판적 정신을 함양시켜야 하는 과제를 소홀히 하고 있는 것이다.

따라서 우리가 진정으로 국제정치의 이론화 작업을 통해서 국제정치현상의 예측능력은 물론 현실적으로 유용한 정책대안이나 처방까지도 모색할 수 있기를 원한다면 거기에는 역사적 지식이 필수적으로 동원되어야만 할 것이다. 그러한 역사적 지식은 우리의 지적 지평을 확대시켜 줌과 동시에 강화시켜 줌으로써 미래를 투시할 수 있는 능력을 제공해 주기 때문이다. 스탠리 호프만(Stanley Hoffmann)의 주장처럼 국제정치학이 지금처럼 현재의 문제만을 다루는 데 치중한다면 결국 과거의 풍부한 경험을 무시하게 될 뿐만 아니라, 현재의 국제체제가 작동하는 메커니즘에 대해서도 매우 취약한 이해밖에 가질 수 없게 될 것이다.[33] 또한 이 경우 우리는 균형잡힌 비

30) 미국은 그 독특한 역사적 경험으로 인하여 일반적으로 역사의 가치를 평가절하하는 미국적 풍조를 만들어 내었다. Louis Hartz, *The Liberal Tradition in America: An Interpretation of American Political Thought since the Revolution*, New York, 1955를 참조.

31) Colin S. Gray, *The Geopolitics of the Nuclear Era: Heartland, Rimlands and the Technological Revolution*, New York: Crance, Russak & Company, Inc., 1977. pp. 2-3.

32) Erwin Chargaff, "Knowledge without Wisdom," Haper's, May 1980, pp. 41-48.

33) Stanley Hoffmann, "An American Social Science: International Relations," *Daedulus*, Summer 1977, p. 57.

교 연구가 불가능한 취약한 기반 위에 서게 됨으로써 때로는 현상의 지속적인 부분에만 지나치게 경도되어 역사의 연속성만을 강조하게 된다든지, 아니면 현상의 독특한 측면으로부터 인상적인 자극을 받아 역사의 특수성만을 강조하게 되는 잘못을 저지를 수 있는 것이다. 그러나 역사란 그렇게 간단한 성격의 것이 아니다. 우리가 좀 더 엄밀히 그것을 검토해 보면 새롭게 느껴졌던 점이 실제로는 이전에도 존재했었던 평범한 사실이었다든지, 일반 통념을 가지고 대하던 측면들이 생각보다 훨씬 더 복잡한 차원을 가지고 있다는 사실들이 밝혀질 수 있는 것이다.[34]

따라서 우리가 국제정치현상을 이론적으로 이해하고자 한다면 반드시 국제정치의 역사를 동원해야만 한다. 그렇지 않을 경우 우리는 이전에 무엇이 존재했었고, 그로부터 현재의 상황이 어떻게 전개되어 나왔으며 또 앞으로 어떻게 전개되어 갈 것인지, 그리고 그러한 전체적 맥락 속에서 현재를 어떻게 평가할 것인지 등에 관해서 적절한 이해에 도달할 수 없는 것이다.[35] 따라서 미국 정치학계의 제 1 세대 학자들이 견지하고 있던 다음과 같은 모토는 오늘의 우리에게도 여전히 중요하다고 할 수 있을 것이다. "역사는 과거의 정치이고 정치는 현재의 역사이다."[36]

---

34) *Ibid.*

35) Janes E. Dogherty & Robert L. Pfaltzgraff, Jr., Contending *Theories of International Relations*, 2nd, ed., Cambridge: Harper & Row Publishers, 1981, p. 16.

36) Richard Jesen, "History and Political Scientist," in Seymour Martin Lipset, ed., *Politics and the Social Sciences*, New York: Oxford University Press, 1969, p. 1.

3. 통찰력과 지도력

지도력, 혹은 우리가 통상 리더십이라고 부르는 문제는 그동안 국제정치영역에서 만연되었던 과학적 사조로 인해 연구가 가장 소홀히 되었던 분야라고 할 수 있다. 만일 어느 특정의 시기와 특정의 장소에서 국제적 안정과 평화가 유난히도 두드러졌다면 우리는 자연히 다음과 같은 의문을 떠올리지 않을 수 없을 것이다. 즉 무엇이 그러한 안정성을 가능케 하는가? 국가가 전쟁의 파국으로 치닫는 것을 막아준 조건들은 구체적으로 무엇인가? 여지껏 이러한 문제에 답하고자 하는 대부분의 학자들은 '힘의 균형'(balance of power)과 같은 비인격적 요인들에 주목해 왔다. 그러나 힘의 균형이라고 하는 것도 결코 자체의 논리에 따라 스스로 작동하는 체제일 수는 없는 것이다. 그렇게 생각할 수 있는 것은 국제정치를 다소 기계적인 시각에서 바라볼 때, 즉 정치지도자의 역할이란 단순히 국력을 외부의 불변적 환경에 적응시키는 것뿐이라고 간주하는 경우에나 비로소 가능한 것이다.[37] 그러나 역사상 존재했던 모든 힘의 균형체제는 결국 붕괴하였다는 사실을 우리는 인식해야만 한다. 그러한 힘의 균형체제를 관리할 수 있는 지도력이란 결코 모든 시대의 모든 지도자들이 쉽게 구비할 수 있는 종류의 것이 아니다. 바로 여기에 우리가 국제체제의 안정과 평화를 가능케 한 지도력의 중요성을 재인식할 필요가 있는 것이다.

헨리 키신저(Henry Kissinger)의 『부활된 세계』(*The World Re-*

37) Stanley Hoffmann, *Contemporary Theory of International Relations*, Englewood Cliffs, New Jersey: Prentice-Hall, Inc., 1960, p. 36.

stored)[38]는 이 분야의 주요한 업적으로 꼽을 수 있다. 그러나 여기에서는 키신저 자신도 밝힌 것처럼 주로 보수적인 지도자들, 특히 국가들간의 합의된 목표를 가지고 상호작용하는 지도자들을 다루고 있다. 다시 말해서 키신저는 자신이 영웅으로 평가하고 있는 메테르니히(Metternich)와 캐슬레이(Castlereagh)의 자각적인 노력, 즉 당시의 붕괴된 국제체제를 의식적으로 복구시키려는 그들의 모습을 상세히 다루고 있다. 메테르니히나 캐슬레이는 모두 수정주의자가 아니었으며 더구나 현상타파주의자도 아니었다. 일단 국가들간의 목표가 합의되고 난 후 그들에게 문제시되는 것들은 단순히 기술적인 것들이었다.

지도력은 먼저 국가간의 힘의 관계의 변화성을 지적으로 파악할 수 있는 능력의 정도와 그것을 자신의 목적 달성에 활용할 수 있는 능력의 정도를 통해서 테스트된다. 그러나 무엇보다도 지도력은 역사의 전개과정에 대한 철학적 이해를 필수적으로 구비해야만 한다. 역사는 헤겔이 주장하는 것처럼 자신의 완성을 위해 부단히 전진하는 그 무엇이라고 할 수는 없다. 또한 마르크스가 이야기하는 것처럼 결정론적으로 전개되는 것도 아니다. 그보다는 특정의 역사적 맥락 속에서 주관적인 목적과 객관적인 외부의 제약조건간에 성립하는 '도전과 응전'의 광장이라고 보는 것이 타당하다. 그리고 바로 이런 이유 때문에 정치지도자에게도 역사를 창조할 수 있는 기회가 부여되는 것이다. 아울러 이를 좀 더 달리 표현한다면, 역사상의 중대한 변화를 실현시키는 데에는 반드시 위대한 정치지도자가 필요하다고 말할 수 있다. 바로 헤겔이 말한 '세계사적 인간'(World-historical individuals)이 필요한 것이다.

38) Henry Kissinger, *A World Restored*, Boston: Houghton Mifflin Company, 1957, p. 33.

그렇다면 지도력이란 구체적으로 무엇인가? 정치가에게 역사를 창조할 수 있는 자유와 기회가 주어진다면 그는 종종 당시대적 과제에 대한 통찰력을 구비한 실천적인 정치인이 된다. 그는 자신의 국가이익을 심화시킬 수 있는 기회를 예리하게 포착하는 것이다. 보다 구체적으로 말해서 위대한 정치가는 두 가지의 상이한 정책대안을 가지고서 국제정치의 현장에 임한다. 하나는 '통찰력'(prudence)을 가지고서 불필요한 국제전쟁에 말려들지 않는 것이고, 다른 하나는 '절제력'(moderation)을 가지고서 불필요한 전쟁을 종식시키는 것이 그것이다. 대체로 보수적 성향을 갖는 정치지도자들은 전자의 범주에 속하는 반면, 혁명적인 수정주의자들은 후자의 범주에 속한다고 할 수 있다. 또한 매우 드물긴 하지만 비스마르크처럼 그 두 가지 범주를 모두 포괄하는 경우도 있다. 그러나 바로 이 점이 유럽의 역사에서 비스마르크가 유일하게 위대한 정치가로서 널리 인정되고 있는 이유가 되고 있다. 그러나 우리는 동아시아의 역사 속에서도 그렇게 위대한 정치가를 발견할 수 있다. 첫 번째 범주의 인물로선 미국의 대통령 시어도어 루스벨트(Theodore Roosevelt)를 꼽을 수 있고, 두 번째 범주의 인물로선 러일전쟁 당시의 일본의 정치지도자들을 꼽을 수 있기 때문이다.

루스벨트는 러일전쟁 직후 동아시아의 국제질서가 재편되는 과정에 임하면서 위대한 지도력을 발휘했다. 포츠머스 평화회담에서 러일전쟁이 최종적으로 끝날 때까지 루스벨트는 이른바 현실정치(Realpolitik)의 수완을 유감없이 발휘했다. 그는 확신에 찬 제국주의자였던 것이다. 그러나 러일전쟁이 끝나고 동아시아에서 미국과 일본을 축으로 하는 양극구조가 등장하기 시작하자 루스벨트는 일본에 대해서 이전의 태도를 고수하는 대신 유화정책(appeasement policy)39)

39) '유화'라는 용어는 '뮌헨'(München) 협정이 체결된 이래 경멸적으로 사

을 채택하였다. 루스벨트는 미국과 일본간의 우호적인 관계를 유지하기 위해서는 먼저 태평양 지역에서 양국이 추구하는 국가이익을 각각 이해하는 것이 필요하다고 생각했다. 일본의 해군력이 증강됨에 따라 필리핀은 루스벨트의 '아킬레스건'(Achilles' heel),[40] 즉 미국이 효과적으로 동아시아정책을 수행하고자 할 때 일본이 인질로 삼을 수 있는 국가로 부각되었다.[41] 이러한 문제상황을 인식한 그는 태프트(Taft) 장관에게 다음과 같은 훈령을 내렸다. 즉 필리핀에 가는 도중에 도쿄에 들러 "러일전쟁의 승리에 대한 축하의 메시지를 전하게 하였고,"[42] 그럼으로써 1905년 7월 이른바 태프트-카스라

용되고 있다. 그러나 그 이전까지는 본질적으로 긍정적인 의미로 사용되어 왔음에 유의해야 한다. 즉 그것은 1880년대의 글래드스턴(Gladstone)과 1919년의 로이드 조지(Lloyd George)가 실천한 사례에서도 분명하게 알 수 있는 것처럼 인간의 이성적 능력을 크게 신뢰하는 낙관적 가정위에 서있다. 뮌헨 협정이 체결될 즈음까지도 유화라는 용어는 매우 바람직스러운 것으로 간주되었지만 그것이 표방하는 정책이 실패로 돌아가면서부터 부정적인 의미로 변질되었을 뿐이다. 그러나 여기에서 저자가 채택하고 있는 유화정책의 의미는 이전의 폴 케네디(Paul M. Kennedy)가 채용한 의미와 비슷하다. 즉 그것은 합리적인 협상과 타협을 통해서 국제적 분쟁을 감내할 수 있을 만한 수준에서 해결하고자 하는 정책이다. 뿐만 아니라 그러한 과정을 통해서 값비싼 인명의 대가를 치러야 하는 무력분쟁을 피하고자 노력한다. 유화에 대한 케네디의 정의와 논의에 관해서는 그가 쓴 다음 논문을 참조. Paul M. Kennedy, "The Tradition of Appeasement in British Foreign Policy 1865-1939," *British Journal of International Studies*, Vol. 2, October 1976, pp. 195-215; Paul M. Kennedy, "Appeasement and British Defence Policy in the Inter-War Years," *British Journal of International Studies*, Vol. 4, July 1978, pp. 161-177.

40) 1907년 8월 21일 루스벨트가 태프트에게 보낸 것으로, *The Letters*, Vol. 5, p. 762.

41) Samuel Flagg Bemis, *A Diplomatic History of the United States*, 5th ed., New York: Holt, Rinehart and Winston, Inc., 1965, p. 475.

42) Ralph Eldin Minger, *William Howard Taft and United States Foreign Policy: The Apprenticeship Year 1900-1908*, Chicago: University of Illinois Press, 1975, p. 143.

협정(Taft-Katsura Agreement)을 체결할 수 있는 발판을 마련했다. 이후 그 협정에선 일본이 필리핀에 대해서 침략할 의도가 없음을 명시하였고 아울러 미국은 일본의 한반도정책에 간섭하지 않겠다는 점을 분명히 하였다. 루스벨트는 한편으로는 태프트-카스라 협정으로부터 힘을 얻고, 다른 한편으로는 1908년 11월 30일 작성된 루트-타카히라 각서(Root-Takahira Note)에 의지하여 우호적인 미일관계를 유지해 나갈 수 있었던 것이다.

루트-타카히라 협정(the Root-Takahira Agreement)을 체결한 후 미국 해군은 필리핀을 주요 해군기지로 삼으려고 오랫동안 품어왔던 계획을 포기하고, 대신 태평양의 전진기지로서 진주만을 개발하기 시작했다. 1889년까지만 해도 제국주의자였던 루스벨트는 이제 필리핀의 독립을 보장함으로써, 만일에 있을지 모르는 일본과의 전쟁시 필리핀이 자국에서 더 이상 '아킬레스건'이 되지 않도록 노력하였던 것이다. 이 점에 대해서 루스벨트는 명시적으로 다음과 같이 말하고 있다.

> 필리핀은 우리의 아킬레스건입니다. 그것은 일본과 관련된 현재의 상황을 위험스럽게 만드는 결정적 관건이 되고 있습니다. 따라서 당신은 어떠한 형태로든지 현명하다고 생각되는 방법과 화술을 동원하여 그들을 설득할 수 있어야 할 것입니다. 즉 그들 스스로가 현명하게 의회를 관리해 나갈 수만 있다면 우리는 가능한 빠른 시일 내에 거의 완전한 독립을 보장할 수 있을 것이라고 말입니다.[43]

핑켈슈타인(Lawrence Finkelstein)의 지적처럼 여기에는 하나의 패러독스가 있다. 1898년 듀이(Dewey)의 성공적인 필리핀 정복과 1907년 루스벨트가 태프트에게 보낸 다음과 같은 전문이 대비되는 데서

43) 1907년 8월 21일 루스벨트가 태프트에게 보낸 것으로, *The Letters*, Vol. V, p. 762를 참조.

말이다. "필리핀 군도는 우리의 아킬레스건을 형성하고 있다."[44] 루스벨트는 그가 대통령직에서 물러난 이후에도 자신의 유화정책이 계속적으로 수행되길 희망하면서 자신의 자리를 계승한 태프트에게 다음과 같은 주의를 환기시켰다. "우리의 핵심적 이해관계는 … 일본의 호의적인 의도를 보존시키는 것입니다. … 이를 위해서는 … 만주에 접근하지 않는 것이 특히 중요합니다. 그것은 이유가 어찌 되었든 간에 우리가 일본을 적대시하고 … 설혹 미미한 수준이라고 할지라도 그들의 이익을 위협하는 듯한 인상을 줄 것이기 때문입니다."[45]

이후 두 나라는 우호적이고 조화로운 관계를 유지한 것처럼 보인다. 미국이 전통적으로 일본에 대해서 취한 유화정책은 페리제독(Commodore Matthew Perry)이 일본에 상륙한 때부터 포츠머스 평화협정이 체결되기까지의 긴 기간 동안 계속되었다. 루스벨트 역시 일본에 대한 유화정책을 통해서 우호적인 관계를 지속시켜 나가고자 했다. 페리제독과 타운센드 해리스(Townsend Harris)가 그러한 우호적인 관계의 초석을 마련한 이래로 미・일관계는 국제정치의 역사에서 보기 드물게 친밀한 관계를 유지해 왔다. 또한 루스벨트는 적응력이 뛰어난 지도력을 보여주었다. 이러한 의미에서 대외정책이란 일종의 '적응행위'(adaptive behavior)[46]라고도 볼 수 있다. 비스마르크는 동맹관계를 말과 기수의 관계에 비유한 적이 있었다. 그리고 오스트리아-헝가리를 다룰 때 성공적으로 기수의 역할을 수행해 냄으로써 안정된 힘의 균형정치를 유럽 내에서 유지해 나갈 수 있었

---

44) Lawrence Finkelstein, "Castle in Spain: United States Trusteeship Plans in World War Ⅱ," *Unpublished Doctoral Dissertation*, New York: Columbia University Press, p. 597.

45) 1910년 12월 22일 루스벨트가 태프트에게 보낸 것으로, *The Letters*, Vol. 7, pp. 189-190.

46) James N. Rosenau, "Foreign Policy as Adaptive Behavior," *Comparative Politics*, Vol. 2. No. 3, April 1970, pp. 365-387.

다. 루스벨트 역시 그의 재임기간 동안 일본과의 준 동맹관계를 성공적으로 관리해 나감으로써 비스마르크와 비슷한 지도력을 보여주었다고 할 수 있다.

그러나 루스벨트가 일본에 대한 유화정책을 채택하기는 했지만 그 자신은 결코 소심한 지도자는 아니었다. 그는 '당근'과 '채찍'을 동시에 구사할 줄 알았기 때문이다. 예를 들어 그는 태평양지역에서 부상하는 일본의 지위와 힘을 견제하기 위해서 거대한 해군함대를 그곳에 파견하였다. 이는 일본의 지도자들로부터 순응적인 반응을 유도해 내려는 희망을 가지고서 일본을 명시적으로 방문한 것이었다. 그러나 이러한 루스벨트의 계획이 페리제독의 승리를 재연하고자 한 것이었다면 칼브(Marvin Kalb)와 아벨(Elle Abel)이 정확히 지적했던 것처럼 실패하고 말았을 것이다. "도쿄의 거대한 항구에서 미국의 함대는 동일한 규모의 일본함대로부터 정중한 예우를 받으며 대면하게 되었다. 이렇게 양측이 뱃머리를 서로 맞대고 대치하고 있는 모습은 양국의 부상하는 힘과 서로가 상대로부터 위협당하지 않겠다는 의도를 과시하는 것이었다."[47] 그럼에도 불구하고 루스벨트는 필요시 채찍을 사용할 수도 있음을 분명하게 보여주었다. 요컨대 그는 위대한 평화의 화신이었을 뿐만 아니라 통찰력 있는 정치지도자이기도 했던 것이다.

47) Marvin Kelb and Elle Abel, *Roots of Involvement*, New York: W. W. Norton and Company, Inc., 1971, pp. 39-40.

4. 절제력과 지도력

러일전쟁 당시의 일본 지도자들은 두 번째 범주에 속하는 보기 드문 지도력을 보여주었다.[48] 즉 그들은 일본 역사에서는 보기 드문 절제력을 발휘함으로써 전쟁을 종식시켰기 때문이다. 당시의 일본 지도자들은 다가올 전쟁에 내포된 위험성을 잘 알고 있었다. 따라서 그들은 1904년 2월 4일 전쟁수행을 결정했을 때부터 먼 안목을 가지고 있었다. 관동군 총참모장 코타마 켄타로(兒玉源太郎)는 만일 일본이 상당한 기간 동안 전쟁을 유리하게 이끌어갈 수 있다면 반드시 제3의 세력이 중재역할(good office)을 해 줄 것으로 예견하였다. 그리고 이토 히로부미(伊藤博文)는 그러한 역할을 해 줄 수 있는 유일한 인물로서 루스벨트를 꼽고 있었다. 따라서 그는 루스벨트와 하버드 대학에서 같이 공부한 후 오랫동안 친밀한 관계를 유지하고 있던 카네코 켄타로(金子堅太郎)에게 일본으로 건너가서 미·일간의 우호적인 관계를 촉진시켜 달라고 요청했다.[49] 따라서 일본의 지도자들은 전쟁을 시작할 때부터 전쟁을 종결시키는 문제도 함께 고려하고 있었던 것이다.[50] 전쟁과 평화에 대한 일본의 장기 전

48) 러일전쟁에 관한 저자의 상세한 분석에 관해서는 Sung-Hack Kang, "Impact of the Russo-Japanese War on the Northeast Asian Regional Subsystem: The War's causes, outcome and Aftermath," *Unpublished Doctoral Dissertation*, Northern Illinois University, 1981. 그리고 이것의 요약문은 *Korean Studies Forums,* No. 7, 1981, pp. 59-61에 수록되어 있음.

49) Schumpei Okamoto, *The Japanese Oligarchy and the Russo-Japanese War,* New York: Columbia University Press, 1970, p. 101.

50) Richard Storry, *The Double Patriots: A Study of Japanese Nationalism,* Boston: Moughton Mifflin Co., 1957, pp. 17-18에서 특히 p. 18의 각주 1번을 참조.

략은 1904년 6월 관동군 총사령관 오야마 이와오(大山巖)가 만주로 떠나면서 해군차관 야마모토 이소로쿠(山本五十六)에게 한 다음과 같은 말 속에 간결하게 함축되어 있다. “나는 만주의 전투에 전념할 것이오. 그러나 전쟁을 종결시키는 시점에 대한 결정은 당신에게 맡기겠소.”[51] 그들은 전쟁의 시작을 지연시키는 것이 더 이상 일본에 이롭지 못하다고 판단했을 때 전쟁을 시작했고, 비슷하게 전쟁을 지속시키는 것이 일본에 해롭다고 판단되었을 때 전쟁을 종식시킬 줄 알았던 것이다. 일본의 지도자들은 아테네인들과 같은 오류를 결코 범하지 않았다. 아테네인들은 펠로폰네소스 전쟁의 초기단계에서 승리를 거두자 스파르타에게 무조건적인 항복을 요구함으로써 전쟁의 최종단계에 가서 그들 자신이 무조건적으로 항복하게 되는 주요 계기를 만들었다.

따라서 일본의 지도자들은 ‘전쟁은 수단을 달리한 정책의 연속’이라는 클라우제비츠(Carl von Clausewitz)의 중요한 언명뿐만 아니라, 전쟁의 궁극적 목적이 보다 나은 평화에 있다는 사실을 정확하게 이해하고 있었던 것으로 보인다. 또한 과거의 실수로부터 신속하게 교훈을 이끌어낸 것도 당시의 일본의 지도력이 구비한 뛰어난 점이라고 할 수 있다. 청일전쟁에서 승리했음에도 불구하고 삼국간섭(the Triple Intervention)을 통해 유럽세력으로부터 고립을 당하게 되자 국가간의 외교가 차지하는 중요성을 뼈저리게 자각하기 시작했던 것이다. 따라서 이들은 일본이 세계의 강대국들과 어깨를 나란히 할 수 있기 위해서는 전쟁 능력만으로는 부족하고, 때로는 자국의 외교적 역량을 강화시키는 것이 시급하다는 사실을 분명하게 인식하였다. 따라서 일본은 만주로부터 러시아를 철수시키는 데 필요한 외교적 후원자를 물색하기 시작했다. 그들은 러시아가 추구하는 정

51) Okamoto, *op. cit.*, pp. 101-102에서 재인용.

책목표와 자국의 목표가 양립될 수 없는 것이기 때문에 전쟁이 불가피하다는 판단을 내렸다. 따라서 그 전쟁이 시작될 경우를 대비해서 러시아의 동맹국인 프랑스를 견제해 줄 수 있는 동맹국이 필요했던 것이다.

일본은 이러한 외교적 후원을 1902년의 영일동맹(the Anglo-Japanese Alliance)를 통해서 결정적으로 확보해 낸다. 일본의 국제적 지위를 크게 향상시키는 계기가 되었던 이 동맹은 러시아의 팽창을 명백히 반대하는 국가들과 중립적 입장을 견지하는 국가들을 확인할 수 있게 해 주었다. 즉 프랑스는 동맹이 체결되자마자 영국의 견제를 받아 중립을 지켜야만 했다. 그리고 미국은 비군사적 차원에서 그 동맹을 지지해 주었다. 또한 독일은 영일동맹이 체결되기 오래 전부터 어떠한 적대적 그룹에도 가담하지 않으려는 의도를 분명히 해오고 있었다. 1901년 러시아의 만주점령사건이 국제적으로 문제가 되었을 때, 독일은 러일전쟁 반발시 중립을 지키겠다는 입장을 표명함으로써 영국과 일본을 동시에 안심시켰다.[52)]

이후 일본의 외무상 고무라 주타로(小村壽太郎)는 영국의 약속을 시험해 보기 위해 전쟁 준비에 필요한 차관을 요청했다. 처음 영국은 그러한 차관을 제공하고 싶은 마음이 없었지만 결국 일본은 그것을 받아내었다. 고무라는 당시까지 영·일 양국간에 용인되어 온 영국의 중립정책을 마침내 구체적으로 승인할 수 있었다. 아울러 고무라는 차관 신청시 재정적 지원을 요구할 수 있을 만한 근거를 덧붙였다. 즉 만일 전쟁이 발생할 경우 그것은 넓은 의미에서 만주에서의 조약상의 권리와 통상의 기회를 유지할 수 있는 수단이 될 것이라는 점을 지적했다.[53)] 아울러 고무라는 미국에게 당시의 정세

52) John Albert White, *The Diplomacy of the Russo-Japanese War*, Princeton: Princeton University Press, 1964, p. 93.

를 알리면서 러시아가 특히 기존의 허용된 권리와 이 일을 위반하는 성향을 가지고 있음을 강조했다. 1904년 1월 5일 자 존 헤이(John Hay)의 일기를 보면 일본이 러시아의 강력한 태도를 서방세계에 외교적으로 알리는 데 성공하고 있음을 알 수 있다.

> 이제 확실히 어떠한 중재노력도 소용이 없게 되었다. 러시아는 일본에게 더 이상 양보하지 않겠다는 의지를 분명히 하고 있다. 러시아에서 실권을 장악하고 있는 알렉시에프(Alexeiev)와 베조브라조프(Bezobrazov)는 지금이야말로 일본을 쳐서 동아시아 지역에서의 영향력을 박탈할 수 있는 좋은 기회라고 판단하고 있다. 그들은 분명히 미국으로부터 두려워 할 게 아무것도 없다는 듯이 생각하고 있다. … 또한 유럽 내에서의 안전을 꾀할 수 있는 약속을 독일과 프랑스로부터 확보하고 있는 상태에 있다.[54]

그러나 현실적으로 러시아는 고무라의 뛰어난 외교적 수완으로 인해 국제적으로 완전히 고립되고 있었다. 다시 말하건대 일본의 지도자들은 전쟁을 개시해야 하는 시점과 함께 협상을 재개해야만 하는 시점도 정확히 알고 있었다. 그들은 당시의 형세를 뛰어나게 감지하고 있었던 것이다. 그러나 그러한 지혜와 시대적 감각도 군부와 외교적 차원간의 긴밀한 협조 없이는 좋은 결과를 보장할 수 없는 것이다. 당시 일본의 군부는 현명하게도 국가의 정책결정자들에게 종속되어 있었다. 군사적 목적과 정책은 국가의 목적과 외교를 통해서 예측가능한 상태에 있었던 것이다. 이렇게 정부의 두 부처간에 성립된 긴밀한 협력은 사실상 전쟁의 역사를 통해서 볼 때 매우 드문 일에 속한다. 일본 내에서조차도 이후 이러한 협력은 거의 찾아

53) *Ibid.* p. 118.

54) William Roscoe Thayer, *The Life and Letters of John Hay*, Boston: Houghton Mifflin Company, 1919, Vol. Ⅱ, p. 370.

볼 수 없게 된다. 근대국가가 탄생한 이래로 문민통제가 완벽하게 조화를 이룬 경우는 그 두 가지 차원이 한 사람에게 온전히 귀속될 때뿐이었다. 그리고 우리는 프리드리히 대왕과 나폴레옹, 그리고 비스마르크에게서 그것이 성공적으로 이루어진 사례를 겨우 엿볼 수 있을 정도이다. 대부분의 경우는 문민통제가 제대로 이루어지지 않았다. 즉 국가의 비군사적 측면의 능력과는 상관없이 단지 국가가 처해 있다고 생각되는 위험의 크기에 비례해서 문민통제 대신 군사적 측면의 독주가 쉬워졌던 것이다.[55] 따라서 당시 일본에서 이루어졌던 문민통제는 그것이 근대국가의 군국주의가 한창 성행하던 때에 성립되었다는 점에서 매우 이례적이라고 할 수 있다.

그러한 군국주의는 유럽의 강대국가들이 표방하는 국가정책에 종속되기보다는 오히려 정책을 형성시키는 역할을 해왔는데, 1806년, 1870년, 1871년에 있었던 프러시아의 군사적 승리가 그것을 태동시키는 주요 계기로 작용했다. 이후 모든 국가들은 프러시아처럼 정치적이고 사회적인 모든 측면들을 군사적인 '수단'으로 종속시키지 않고서는 결코 자국의 안보를 달성할 수 없다고 확신하게끔 되었다.[56] 그러나 유난히도 러일전쟁 중의 일본에서는 그러한 군우선정책(military policy first)이 득세하지 못하였다. 군사정책이 국가의 정치적 목적과 신중한 외교의 수단으로 간주되었던 것이다. 일본 지도자들은 결코 군사적인 수단 자체에만 의존하지 않았으며, 그것을 정치적인 목적과 함께 효과적으로 운용하였다. 이러한 의미에서 포츠

55) Russell F. Weighley, "Military Strategy and Civilian Leadership," in Klaus Knorr, ed., *Historical Dimension of National Security Problems*, Lawrence, Kansas: The University Press of Kansas, 1976, p. 39.

56) 제 1 차 세계대전 후 독일에서는 군사주의에 대한 신뢰가 크게 떨어졌으며, 따라서 제 2 차 세계대전이 일어나기 전까지 히틀러는 군부를 자신과 자신의 당에 크게 종속시킬 수 있었다. 일본에서도 제 2 차 세계대전이 끝나면서 군부에 대한 신뢰가 크게 떨어졌다.

머스 평화조약에 대한 신뢰가 유지될 수 있었던 것은 루스벨트 개인의 노력뿐만이 아니라 그에 상응하는 일본 지도자들의 노력이 있었기 때문이었다고 볼 수 있다.

포츠머스 평화회담에 참석한 일본지도자들은 이후의 군사제국주의에서는 찾아볼 수 없는 현명함, 즉 정치적으로 명료한 인식과 비스마르크적 지혜를 동시에 겸비하고 있었다. 거기에서 발휘한 고무라의 외교수환은 일본의 '사도와'(Sadowa)에 비견될 수 있을 정도였다. 일본의 지도자들은 1866년 7월 23일 비스마르크가 전후 오스트리아 정부로부터 높은 배상금을 받아내는 문제에 관해서 말한 의미를 잘 이해하고 있었다.

> 우리는 오스트리아에게 너무 깊은 상처를 주어서는 안 됩니다. 또한 불필요하게 비참한 느낌이 들게 하거나 복수심에 불타게 해서도 아니될 것입니다. 우리는 그 어떤 경우에도 오스트리아를 유럽의 일원으로서 인정해야 하며, 그럼으로써 그들과의 우호관계를 회복할 수 있는 여지를 항상 열어두어야 할 것입니다.[57]

우리는 러일전쟁이 끝난 지 불과 2년이 지난 1907년 7월 30일, 러시아의 외상 이즈볼스키(Alexander P. Isvolsky)와 일본공사 모토노 이치로(本野一郎) 사이에 체결된 협정(the Motono-Isvolsky Agreement)이 러·일간의 우호관계를 회복시킨 일본판 '사도와'(Sadowa)였다는 것을 알 수 있다. 이후 러시아는 일본에 대한 적의를 품지 않게 된다. 일본의 지도자들은 결코 자신들의 힘을 지나치게 과신하는 환상에 빠지지도 않았으며, 역사의 보편적 사명을 실현시키고자 하는 어떠한 의무감에도 도취되지 않았다. 그들이 믿고 따른 것은 구체적인

57) Paul L. Hughes, et. al., *European Civilization: Basic Historical Documents*, Totowa, New Jersey: Littlefield, Adams & co., 1972, p. 218.

현실이었지 결코 추상적인 이념이 아니었다. 일본의 계몽된 지도자들은 아마도 야심적이었을지 모른다. 그러나 그들은 목적과 수단간에 성립하는 평범한 진리를 거부함으로써 비극적 파국에 빠지곤 하는 낭만적 혁명주의자와는 달랐다. 그들이 취한 현실적인 이기주의가 보다 성공적인 전쟁과 평화를 가능케 한 초석을 마련해 주었다. 이는 그야말로 역사의 아이러니가 아닐 수 없다. 그들의 투쟁은 정신적인 것보다는 구체적이고 실현가능한 목표를 지향하고 있었다. 즉 목표가 제한된 수단에 의해서 예측가능하게 되었던 것이다. 그리고 그러한 행위의 수단을 제약하는 것은 기술적 수준의 한계로부터 연유하였는데, 이로 인해 무제한적이고 전면적인 파괴가 가능한 수단이 제공되지 못했던 것이다.

여기에서 저자는 합리적 정책결정과 그것을 성공적으로 수행한 일본의 집단적 지도력을 긍정적으로 평가하였다. 그러나 그렇다고 해서 합리적인 전략이 지도력의 모든 것이라고 말하고 싶지는 않다. 물론 전략은 합리적이어야 한다. 그러나 우리는 각기 상이한 문화적 배경으로 인해서 보편적으로 합의할 수 있는 '합리성'이라는 개념을 공유할 수는 없는 것이다. 더구나 우리는 합리적 진리가 드러내는 문제점을 역사에서 종종 접하게 된다. 그렇지만 우리가 지도력을 연구하고자 할 때 러일전쟁 당시의 일본의 집단적 지도력은 결코 빠뜨릴 수 없는 중요한 연구대상 중의 하나라고 할 수 있을 것이다.

5. 결 론

그렇다면 위대한 지도력의 선결요건은 무엇인가? 한마디로 그것은 '정치적 지혜'(political wisdom)라고 말할 수 있다. 그러나 그것은 고전정치철학자들이 광범위하게 취급하고 있기는 하지만 현대의 정치학에서 사용하는 '권력'(power)만큼이나 정확히 정의하기가 어려운 개념이다. 현대의 정치학자들은 그 두 개념을 정의해 보려고 많은 시간과 노력을 투입해 보았지만 아직도 주목할 만한 성과는 거두고 있지 못한 실정에 있으며, 단지 필요에 따라 그때그때 '조작적 정의'(operational definition)만을 제공하고 있을 뿐이다. 그러나 그러한 노력이 전혀 이해가 가지 않는 것은 아니지만 결국 그것은 산에 가서 고기를 잡으려는 시도에 지나지 않을 뿐이다. 이 점에 대해서 정치학의 아버지인 아리스토텔레스는 이미 2500여 년 전에 다음과 같이 경고했다는 점에 주목할 필요가 있다. 즉 "모든 예술적 작품에서 동일한 정도의 정확성을 추구할 수 없는 것과 마찬가지로, 철학의 모든 영역에서도 그러한 정확성을 추구할 수 없다. 따라서 정치학도 자신이 연구하는 주제가 허용하는 정도의 정확성을 달성할 수 있다면 그것으로 충분하다."[58] 이는 결국 우리가 정치학으로부터 수학적 정확성을 기대해서는 안 된다는 말로 요약될 수 있을 것이다. 정치적 지혜를 포함하는 정치학의 연구 주제가 이미 그러한 수학적 처리가 가능하도록 허용해 주지를 않고 있기 때문이다. 우리가 모호한 것은 모호한 채로 남겨두는 것이 정직한 처사라고 할 수

58) *Nichomachian Ethics*, trans. by H. Rackham, Loeb Classical Library Edition, Cambridge: Harvard University Press, p. 7과 p. 9.

있다. 아리스토텔레스에 의하면 위대한 지도력은 '직관적 이해와 과학적 지식의 조화'[59]로 이해할 수 있는 정치적 지혜를 토대로 성립하고 있다. 이것을 국제정치 차원에 적용시켜 본다면 우리는 국제정치적 지도력을 다음과 같이 정의해 볼 수 있을 것이다. 즉 무게와 균형, 구성요소와 구도, 내용과 뉘앙스, 가능성과 한계 등을 동시에 지각할 수 있는 정치적 능력이라고. 결국 이는 국제정치적 힘의 균형상태의 변화추세를 직관적으로 포착하고 미래의 전망에 부응하도록 현실을 재인식할 수 있는 지적능력으로 요약할 수 있을 것이다. 키신저는 비스마르크를 일컬어 "기회는 현재로부터 포착했지만, 영감은 미래로부터 이끌어 낸" 정치가라고 평했다.[60] 그러한 정치가는 '장엄함 인간'(a magnanimous man)이지 결코 자신의 목적을 현실에 적응시키는 우둔한 기회주의자는 아니다. 진정한 정치가는 야심에 찬 인간이지만 정치적으로 현명하게 심사숙고한다. 지도력이 정치적 지혜와 지적능력에 의존하는 것이라면 우리는 구체적으로 그것을 어디에서 발견할 수 있는가? 그러나 그것은 과학적 공식의 세계가 아니라 예술의 세계이다. 따라서 쉽게 판매할 수 있는 '기성품'으로서의 지혜나 '일괄포장된' 지적능력이란 세상에 존재하지 않는다. 단지 우리는 위대한 인간의 정신 속으로 끊임없이 귀의해 봄으로써 그것을 간접적으로 형성할 수 있을 뿐이다.

---

59) *Ibid.*, pp. 343-345.

60) Henry A. Kissinger, "The White Revolutionary: Reflections of Bismarck," *Daedalus*, Vol. 97, No. 3, Summer 1968, p. 910.

제 15 장

지성과 정책: 지도자의 상황인식과 정책결정

> 자신은 아무런 지적 영향을 받지 않고 있다는 실용적인 사람들도 보통은 어떤 죽은 경제학자의 노예이다.
>
> -존 메이나드 케인스-

“정책결정은 곧 정치이다.”[1] 로저 힐스먼(Roger Hilsman)이 이렇게 정의했을 때, 그도 이것이 동어 반복의 순환론(tautology)에 빠질 수 있다는 것을 알았을 것이다. 왜냐하면 정치란 매우 빈번하게 ‘정책결정과정’으로 정의되었기 때문이다. 따라서 그의 정의를 따르게 된다면, 흡사 제 꼬리를 물려고 빙빙 도는 개처럼, 우리는 정치와 정책결정 사이를 오가는 순환론에 휘말리고야 마는 우를 범하게 된다. 그러나 비록 그가 내린 정의가 동어 반복의 오류를 피할 수 없다고 할지라도, 그는 그것을 통해서 우리에게 다른 것을 말해 주고자 했다. 즉 단순히 합리적인 계산을 통해서 정책이 결정되는 것이 아니라는 사실을 우리에게 알려 주고자 했던 것이다. 힐스먼과 유사

1) Roger Hilsman, “Policy Making is Politics,” in James Rosenau, ed., *International Politics and Foreign Policy*, 2nd ed., New York: The Free Press, 1969, pp. 232-238.

한 학풍을 지닌 학자들 중에서 특히 그레이엄 앨리슨(Graham Allison)과 모턴 핼퍼린(Morton Halperin)은 '관료적 모델'(bureaucratic model)이라는 개념으로 만들어진 렌즈를 통해서 블랙박스의 비밀을 들여다보고자 했으며, 그리하여 합리적 분석모델이 정책결정과정을 설명하기에는 불충분하다는 점을 보여 주기 위해 노력했다.

앨리슨은 '정책결정의 핵심'을 보여 주겠다는 의욕적인 연구를 시도하였으며[2] 핼퍼린도 자신의 지적인 통찰력을 발휘하여 이를 더욱 발전시켰지만,[3] '블랙박스'는 여전히 '투명한 수정구슬'이 되지는 못하였다. 그러나 앨리슨과 핼퍼린이 이룩한 절반의 성공이 결코 납득하기 어려운 것은 아니다. 왜냐하면 각각의 연구들은 '줄다리기'(pulling and hauling) 정책결정과정의 제한된 기간만을 다루는 사례연구였기 때문이다.

관료적 모델에 대한 많은 비판들 가운데 찰스 허만(Charles Hermann)은 관료정치에 관한 이들의 연구에 몇 가지 중요한 한계가 있음을 지적한다. 즉 관료정치의 효과가 발휘될 수 있는 조건을 수립하는 데 부족했다는 것이다.[4] 달리 말하면 관료적 모델이라는 개념적 렌즈를 착용한 개척자들은 비록 합리적 결정이론의 한계를 매우 설득력 있게 보여 주기는 했지만, 합리성 모델을 성공적으로 대체할 수는 없었다는 것이다. 그리하여 관료적 정책결정이론이 오늘날의 정책결정이론에 단지 부분적이거나 보완적인 이론에 지나지 않는다고 하더라도 결코 지나친 말은 아닐 것이다.

---

2) Graham Allison, *Essence of Decision*, Boston: Little Brown, 1971.

3) Morton Halperin, *Bureaucratic Politics and Foreign Policy*, Washington D. C.: Brookings, 1974.

4) Charles F. Hermann, "Decision Structure and Process Influences on Foreign Policy," in Maurice A. East et al., eds., *Why Nations Act*, Beverly Hills, California: Sage Publication Inc., 1978, p. 74.

무합리성(non-rationality) 모델을 연구하는 학자들의 주장처럼, 합리적 결정이론은 비록 정교하고 일관성 있으며 유용하다고 하더라도 실제 현실과의 사이에 존재하는 일정한 거리를 본질적으로 좁힐 수 없다는 점은 부인할 수 없는 사실이다. 합리적 결정이론을 보다 광범위하게 적용하기 위해서는 정책결정자들의 신중한 손익계산이 요구되는데, 엄격하게 손실과 이익을 계산한다는 것은 매우 어려운 작업일 뿐만 아니라 현실적으로 불가능한 일이다. 가장 적절한 예로 체스게임을 들 수 있다. 체스게임을 가장 합리적으로 두기 위해서는 말이 움직일 수 있는 가능한 모든 경로가 무엇이며 그에 따른 결과 또한 무엇인지에 대해서 충분한 정보가 있어야 하며, 그리하여 선택해야 할 각각의 시점에서 최상의 길을 선택해야만 한다. 그러나 체스게임이 진행됨에 따라 각각의 말들이 움직일 수 있는 경우의 수는 무한하기 때문에, 합리적 결정과정이 불가능하다는 것은 명백한 사실이 된다. 일반적으로 합리적 결정이론이 제시하는 전통적이고 규범적인 권고사항이 있기는 하지만, 명백한 점은 실제정치에서 정책결정자의 선택이 합리적 결정이론이 요구하는 바에 근접하기 어렵다는 것이다.

그리하여 "정책결정의 실제적인 핵심은 무엇인가?"라는 문제가 다시 제기된다. 이 장은 커뮤니케이션(communication)과 사이버네틱스(cybernetics)라는 개념적인 렌즈를 통해서 블랙박스의 내부를 들여다볼 것이며, 블랙박스의 베일을 벗기기 위해서 이들 개념적 장치가 가지는 이점과 더불어 결점 또한 평가할 것이다. 우선 다음 절에서는 정치학에 중점을 두면서 사회과학 분야에서 이루어진 커뮤니케이션과 사이버네틱 접근법에 관한 지성사를 간단하게 살펴보고자 한다.

1. 지성의 역사

정치학에서 정치는 매우 다양하게 정의되었다. 먼저 라스웰은 "누가, 언제, 어떻게, 무엇을 얻는가"를 결정하는 투쟁으로 정의했고, 모겐소는 '권력투쟁'으로, 이스턴은 '사회적 가치의 권위적 분배'라고 정의했다. 그리고 정치는 주로 정부의 행위와 관련된 것이기 때문에, 어떤 점에서는 정치를 공적수단에 의해서 결정을 내리는 것이라고 할 수도 있다. 말하자면 거대한 인적공동체의 감독 및 자기감독(direction and self-direction)과 관련된 것이기 때문이다. 실제로, '정치'(politics)라는 용어를 보면, 도시국가(city-state)를 의미하는 그리스의 '폴리스'(polis)라는 용어로부터 그 어원을 찾을 수 있으며, 당시 그리스인들에게 폴리스는 가족 수준을 넘어서는 가장 의미 있는 공동체였다. 정부는 조타의 기술과 정보 및 통제의 신과학에 다같이 관련되어 있다. 배의 키잡이나 조타수에 해당되는 그리스의 용어는 '키버네테스'(*kybernetes*)였다. '통치자'(governor)와 '정부'(government)는 이 용어로부터 그 기원을 찾을 수 있으며, 커뮤니케이션과 통제를 다루는 학문인 사이버네틱스(cybernetics)도 또한 그 기원을 같이 한다.5)

정치학에서 커뮤니케이션과 사이버네틱스 접근법을 이용한 학자들 가운데 칼 도이치(Karl Deutsch)는 가장 중요하고 또한 두드러진 인물이다. 그는 사이버네틱스가 모든 종류의 조직에서 일어나는 커뮤니케이션과 통제를 가장 체계적으로 다루는 학문이라고 정의했

---

5) Karl Deutsch, *Politics and Government*, 2nd ed., Boston: Houghton Mufflin Company, 1974, p. 8.

다.[6] 도이치에 따르면, 커뮤니케이션 모델은 월터 캐논(Walter B. Cannon)의 '항상성'(homeostasis)의 개념과 노버트 위너(Nobert Wiener)의 '사이버네틱스'의 개념에서 지적된 것처럼 신경생리학(neurophysiology)과 통신공학(communication engineering)의 발달로부터 이루어진 것이다. 사이버네틱 모델의 몇 가지 특성과 문제점은 위너의 저서 『사이버네틱스』(*Cybernetics*)와 『인간의 인간적 활용: 사이버네틱스와 사회』(*The Human Use of Human Beings: Cybernetics and Society*) 등에서 광범위하게 논의되었다. 이들 커뮤니케이션 모델로부터 출발하여, 도이치는 인식, 새로운 것의 발견, 가치, 학습능력, 자각, 의지, 자율성, 통합, 개방, 성장 등과 같은 과정의 문제들에 관한 사회적 커뮤니케이션의 구체적인 개념을 설명하고자 노력하였다.[7] 1963년 도이치는 『정부의 신경조직』(*The Nerves of Government*)이라는 획기적인 저서를 통해 커뮤니케이션과 사이버네틱 모델에서 놀랄 만한 발전을 이룩하였다. 이전에도 많은 중요한 저서들을 출판하였으나 도이치는 이 책을 통해서 가장 큰 이론적 업적을 탄생시켰다.

그러나 『정부의 신경조직』에서 도이치가 위너와 탤코트 파슨스(Talcott Parsons)로부터 상당한 지적인 영향을 받았다는 점은 자명하다. 그는 사이버네틱스가, 단순한 운전으로부터 고난도의 기술을 요구하는 조종의 차원으로, 본능으로부터 결정과 규제 및 통제의 체제로 — 체제의 비순환적 측면까지 포함하여 — 관심의 초점이 이동하는 것을 보여주었다.[8] 도이치는 사이버네틱스를 통해서 모든 조직이 커뮤니케이션에 의해서 결속된다는 관점을 제시했다. 커뮤니케

6) Karl Deutsch, *The Nerves of Government*, New York: The Free Press, 1963, p. 76.

7) Karl Deutsch, "On Communication Models in the Social Science," *Public Opinion Quarterly*, Vol. 6, No. 3, Fall 1952, pp. 359-440.

8) Karl Deutsch, *The Nerves of Government*, p. 77.

이션은 조직체를 만들어내는 접합제와도 같은 것이다. 오로지 커뮤니케이션을 통해서만 집단은 같이 생각할 수 있고 같이 볼 수 있으며 또한 같이 행동할 수 있게 된다. 모든 정치체제는 체제의 생존과 향상을 위한 정보의 흐름에 결정적으로 의존한다. 정치체제는 전화의 교환대처럼 다른 곳으로부터 메시지를 받아들이고 또 다른 곳으로 그것을 전달한다. 이때 전화 교환대와도 같은 정치체제는 지나치게 많은 정보에 직면함으로써 그것을 체제 내로 충분히 수용하지 못하는 상황에 빠지기도 한다. 도이치는 이에 착안하여 정치체제에 그러한 과중이 가해지는 상황을 보다 정확하게 이해하기 위한 틀을 발전시키고자 했다. 이 틀 내에서는 결정이 근본적인 메커니즘이다. 도이치는 정책결정의 실제적 결과와는 대조적인 것으로서 정책을 결정하는 과정에 특별한 관심을 쏟았다. 즉 도이치는 정책결정의 결과보다는 오히려 정책결정이 일어나는 과정에 초점을 맞추는 사이버네틱스와 커뮤니케이션 이론의 토대를 물려준 것이다.

한편, 스타인브루너(John Steinbruner)는 다른 가정과 분석수준에 근거하여 정책결정 연구에서 사이버네틱 이론을 발전시키기 시작했다. 이에 대해서는 이후에 구체적으로 논의할 것이다.

2. 사이버네틱 접근법

정책결정에 대한 연구와 더불어 외교정책연구에 커뮤니케이션과 사이버네틱 접근법을 적용할 때, 분석의 수준이 문제가 된다. 데이비드 싱어(David Singer)[9]와 케네스 월츠(Kenneth Waltz)[10]가 주장

9) David Singer, “The Level-of-Analysis Problem in International Relations,”

한 바는 차치하더라도, 외교정책결정을 연구하기 위해서는 네 가지 분석수준이 존재할 것이다. 즉 개인적 수준과 조직의 수준, 그리고 국가적 수준과 국제적 수준 등이다. 이 절에서는 블랙박스에서 일어나는 과정을 연구하기 위해서 도이치가 사용했던 접근법을 간단히 언급하겠다. 블랙박스를 연구하기 위해 그가 사용했던 분석의 수준은 기본적으로 국가 혹은 정부의 수준이었다. 그러나 또한 도이치는 자신의 접근법을 국제적 수준에까지 적용시키고자 했다.[11] 도이치는 블랙박스가 곧 정부기구라고 간주했으며, 정부기구가 내리는 정책결정이란 모든 사람들의 머릿속에 저장된 기억들과 새로운 정보를 결합하는 것이라고 생각했다.[12] 개개인의 가장 중요한 기억의 대부분은 머리에 저장되어 있는 반면에 국가의 기억은 많은 곳에 산재해 있다. 물론 국가의 지도자와 고위관리, 엘리트 및 정치적으로 영향력이 있는 보다 많은 사회계층의 구성원 등의 머릿속에는 적은 양의 기억만이 저장되어 있다. 그러나 도이치의 주장은 다르다. 즉 실질적으로 가장 중요한 기억은 모든 사람들의 머리와 그들의 언어 및 문화 속에 저장되어 있다는 것이다.[13] 축적된 말과 이미지 그리고 문화적이고 도덕적인 선호는 특정한 종류의 사건에 대해 중요한 편견과 편향을 의미할 수도 있다. 그런데 인간은 사건에 대해 응답하는 그 시점에까지 이러한 편견과 편향을 인식하지 못한다.

---

in James Rosenau, ed., *op. cit.*, pp. 20-29.

10) Kenneth Waltz, *Man, the State and War*, New York: Columbia University Press, 1959.

11) Karl Deutsch, "The Impact of Communication upon International Relatons Theory," in Abdul A. Said, ed., *Theory of International Relations*, Englewood Cliffs, N.J.: Prentice-Hall Inc., 1968, Chap. V를 참조.

12) Karl Deutsch, *The Analysis of International Relations*, Englewood Cliffs, N.J.: Prentice-Hall, 1968, p. 75.

13) *Ibid.*

편견과 편향을 의미하는 이들 요소는 신문이나 책 또는 서류철, 지도나 그림 또는 기념비나 도서관, 외교보고서나 정책각서, 참모들의 전쟁계획, 정부관청의 기록 및 기업체의 기록, 법률과 조약 등에서 나타난다. 만일 정부가 결정사항에 필요한 정보를 빠르고도 정확하게 서류철에서 찾아낼 수 있다면, 보다 많은 서류철을 보유하고 있는 국가는 '보다 양질의' 기억장치를 갖게 되는 셈이다.

예를 들어, 1950년 6월 25일 밤에 북한이 38도 선을 넘어서 남한을 침략했다고 하는 전갈이 워싱턴에 도착했을 때, 국무성에 복귀하도록 연락을 받은 고위공직자들은 적절한 정보의 다양한 파편들을 기억해 내었다. 그들은 1930년대 서구 강대국들을 상기했다. 서구 강대국들은 1931년 만주와 1937년 중국에 대한 일본의 침략을 저지시키지 못하고 지나치게 오랫동안 판단을 망설였으며 1938년과 1939년 독일이 중부유럽을 침략했을 때에도 즉각적이고 단호한 조치를 취하지 못했었다. 또한 그들은 러시아의 스탈린이 미국의 의지를 계속해서 시험하고자 했다고 하는 당시 일반적으로 알려져 있던 견해를 기억해 내었다.

물론 모든 기억들이 같은 방향으로만 향하고 있는 것은 아니다. 미국의 국무장관 딘 애치슨(Dean Acheson)은 한국이 미국의 주요한 방위이익의 경계 밖에 있다고 말했으며, 몇몇 저명한 군지도자들도 미국이 한국에 군사적인 개입을 단행하는 것은 바람직하지 않다고 생각했다. 그러나 도이치의 견해에 따르면, 이러한 기억들은 정책결정과정에 그다지 큰 영향을 미치지 못했다. 특히 미국의 개입에 도움이 되는 주요한 기억들에 대해 불리하게 작용할 때에는 정책결정과정에서 고려되지 않았으며, 단기간에 상당한 규모의 미국 군대가 한국에서 전투를 치르게 되었던 것이다.[14] 정보가 수집되면서 한국

14) *Ibid.*, p. 76.

문제에 대한 미국 내의 논쟁이 일어났다. 한국정부는 미국에게 원조해 줄 것을 간곡히 요청했다. 그리고 당시 유엔 사무총장 트리그베리(Trygve Lie)는 안전보장이사회에서 표를 획득하는 데 적극적으로 나섰다. 또한 트루먼 대통령의 개인적인 기억과 성격이 미친 영향도 있었다. 결국 트루먼 대통령은 대통령 고문들이 근본적으로 동의하였던 결정을 내렸으며, 미국의 여론도 트루먼의 결정에 동의했다.[15]

여전히 미국이 아시아의 지상전에 개입하는 것이 옳지 못하다는 의견이 남아 있긴 했지만, 그것은 소수에 불과했을 뿐만 아니라 조직적인 힘을 갖지도 못했다. 오히려 의회와 언론으로부터는 부정적인 환류(negative feedback)보다는 긍정적인 환류(positive feedback)가 있었다. 글렌 페이지(Glenn Paige)의 연구[16]와 비교하면 한국문제에 대한 정책결정을 분석한 이 연구는 여전히 불충분하다. 이 사실을 통해서 도이치는 정책결정이 합리적인 계산을 통해서 이루어지기보다는 오히려 정보의 수집과정과 긍정적인 환류를 겪으면서 발전해 가는 것임을 말하고자 했다는 것을 알 수 있다.

그러나 도이치가 외교정책결정을 볼 때 착용했던 개념의 렌즈는 의심할 여지없이 합리성 모델에 속하는 것이다. 도이치에 의하면 사람들의 머릿속에 저장되어 있는 기억은 외부환경을 인식하는 방식을 통제하는 인지지도(cognitive map)를 만들어내며, 한 인간의 인지지도는 가치체계에 따라서 정보의 수집을 처리하고 선별하는 역할을 수행한다는 점에서 이데올로기와도 같은 것이다.[17]

외교정책을 결정할 때, 대통령과 외무부장관 등의 외교정책결정자들은 입법부와 다양한 주요정당이나 정치집단이 수용할지의 여

---

15) *Ibid.*, p. 77.
16) Glenn Paige, *Korean Decision*, New York: The Free Press, 1968.
17) Karl Deutsch, *Politics and Government*, p. 10.

부뿐만 아니라 국민들이 지지하는 것이 무엇인지를 알아내는 것이 중요하다. 또한 외교정책결정자는 외국이 지지하는 바가 무엇인지도 알아야 한다. 그들은 국가의 행동이 자국과는 멀리 떨어진 곳에서 어떠한 효과를 초래할지에 대해서도 알고 있어야 하며, 최소한 알고자 노력해야 한다. 그들은 어떠한 정책이 국내적인 성공을 거둘 수 있을 것인지 뿐만 아니라 어떠한 정책이 수만리 밖의 낯선 국가에서도 성공을 거둘 수 있을 것인지에 대해서도 역시 알고 있어야만 한다.[18] 제 2 차 세계대전 당시, 독일, 이탈리아, 일본, 이 세 강대국은 결국 자신들의 정부에 의해서 패망의 길로 가게 되었다. 왜냐하면, 이들 국가의 정책결정자들은 국내정치에서 권력을 획득하고 유지하는 데에는 매우 뛰어난 능력을 발휘했지만, 국제정치의 장에서 다른 국가들의 입장은 무엇이며 그에 따라 어떠한 정책이 성공할 수 있을 것인지의 여부를 현실적으로 평가하는 데에는 비참할 정도로 무능했음이 판명되었기 때문이다.

이것은 곧 도이치의 블랙박스가 정책결정자의 합리적 계산에 고도로 의존하는 조절체제(streering system)라는 것을 의미한다. 따라서 정책결정에 관한 연구로서 도이치가 제시한 모델은 합리성 모델이다. 이렇게 볼 때 앨리슨이 지나친 합리주의라고 하면서 합리성에 대해 비판했던 것과 똑같이 도이치가 제시했던 외교정책결정 이론도 비판할 수 있는 것이다. 게다가 도이치의 정책결정분석은 다분히 기계론적이어서 어떠한 정책결정과정의 본질적 내용도 다루지 못한다. 단지 전체적인 정책결정의 과정을 설명할 수 있을 뿐 블랙박스는 여전히 검게 남아 있다. 왜냐하면 블랙박스의 구체적인 상황은 여전히 다루지 않기 때문이다. 도이치가 제시한 모델에서 정책결정은 커뮤니케이션 흐름의 부수현상 이상은 아닌 것으로 축소된다. 이

18) *Ibid.*, p. 9.

것은 분석 수준의 문제로부터 그 중요한 근거를 찾을 수 있다. 그러나 어쨌든 도이치 자신도 『정부의 신경조직』의 첫머리에서 말했듯이, 그가 제시한 모델은 여전히 '임시적 보고서' 정도의 수준에 머물러 있다고 말할 수 있을 것이다.

다음의 제 3 절에서는 스타인브루너의 정책결정의 사이버네틱 이론을 다룰 것이다. 스타인 브루너는 무합리성에 근거한 사이버네틱 모델을 정책결정과정에 적용하고자 했다. 비록 시드니 버바(Sidney Verba)가 '무합리성의 가정'(assumptions of non-rationality)에 대해 비판하기는 했지만,[19] 스타인브루너의 모델은 정책결정 연구에서 사이버네틱 모델에 관한 한층 더 '진전된' 보고서라고 할 수 있다.

3. 스타인브루너의 모델

스타인브루너는 기본적으로 정책결정자로서의 개인을 정책결정 연구에서 분석의 수준과 단위로 삼았다. 모든 인간은 일상생활에서 지속적으로 매우 복잡한 결정의 문제를 해결해야만 한다. 그것은 생존에 관련된 문제이기 때문이다. 정책결정자는 능력의 제약과 중요한 문제를 결정하는 과정에서 발생하는 혼란스러운 변화와 다양성에 직면하게 되지만, 그럼에도 불구하고 기본적으로 성공적인 결정, 즉 신속하고 신뢰성 있는 결정을 행할 수 있다. 그러나 정책결정자가 합리적 결정이론에서 요구하는 정확한 계산을 지속적으로 수행한다고 보기는 어렵다. 따라서 합리적 결정에서 이루어낼 수 있는

19) Sidney Verba, "Assumption of Rationality and Non-Rationality in Models of the International System," in James Rosenau, ed., *op. cit.*, pp. 217-231.

결과와 동일한 결과를 수행할 수 있는 또 다른 방법을 발견하는 것이 필요하다. 스타인브루너는 그의 책 『사이버네틱 정책결정이론』(*The Cybernetic Theory of Decision*)[20]에서 분석적 패러다임의 합리성 모델과 같은 범위를 다루면서도 작동원칙은 전적으로 상이한 정책결정연구의 패러다임을 만들어내고자 했다. 그는 여기에서 두 가지 개념을 강조하였다. 즉 '단주기 정보환류'(short-cycle information feedback)과 '불확실성의 제거'(elimination of uncertainty)가 그것이다. 도이치의 사이버네틱 모델을 포함해서 합리성 모델은 정책결정자에게 복잡한 계산을 하도록 요구한다. 그러나 스타인브루너는 복잡한 계산을 하지 않고서도 문제를 효과적으로 해결할 수 있는 간단한 사이버네틱 메커니즘을 모델로서 제시했다. 사이버네틱 메커니즘은 단순히 몇 가지 환류변수를 추적하면서 그 이상의 환경적 요인은 무시해 버린다. 그리하여 정책결정의 메커니즘에서 환경에서 발생하는 복잡성은 고려의 대상이 되지 않는다. 사이버네틱 메커니즘에서는 어떠한 계산도 이루어지지 않기 때문에, 불확실성으로부터 어떠한 영향도 받지 않는다. 즉 적절한 정보를 충분히 갖지 못함으로써 합리적 정책결정자에게 항상 방해요소로 작용했던 불확실성이 이제는 어떠한 영향도 미칠 수 없게 된 것이다. 스타인브루너는 이러한 사이버네틱 메커니즘이 비록 단순하지만 고도의 적응력을 갖춘 행동을 할 수 있게 한다고 주장한다. 바꾸어 말하면, 정책결정연구의 사이버네틱 이론은 엄격한 제약 속에서의 정책결정을 제한하는 고도로 구조화된 환류 주기(feedback cycle)의 중요한 역할을 반영하려는 시도였다. 정책결정에서 나타나는 제약은 두 가지와 관련이 있다. 즉 정책결정자가 주목해야 할 정보와 주어진 시간 내에 고려

20) John Steinbruner, *The Cybernetic Theory of Decision*, Princeton: Princeton University Press, 1974.

될 수 있는 응답(response)의 범위가 그것이다.

스타인브루너는 테니스 선수를 예로 들고 있다. 테니스 경기장에서 선수는 어디에서 공을 받아내야 하며 공을 칠 때 어떠한 타격법을 구사할지 결정해야만 한다. 선수는 공을 받아내기 위해 항상 움직여야 하며 그것도 매우 짧은 시간 내에 해야만 한다. 그의 결정은 단순하게 이루어지며, 그렇게 함으로써 그는 큰 짐을 짊어지지 않아도 되는 것이다. 스타인브루너에 따르면, 바로 이때 정책결정과정 연구를 위해서 사이버네틱 패러다임을 고려해야만 한다는 필요가 제기된다는 것이다. 단순한 정책결정의 메커니즘은 자동조절장치(servomechanism)를 연상하면 쉽게 개념화할 수 있다. 즉 합리성 모델의 핵심을 이루는 최적화과정, 대안과 결과에 대한 명확한 계산, 선호배열(preference ordering) 등을 배제하는 정책결정과정이다. 그러나 가장 단순한 사이버네틱 메커니즘도 결코 매우 다양한 문제와 상충하는 것은 아니다. 왜냐하면 사이버네틱 메커니즘은 단지 환경을 계산의 대상에서 배제하기 때문이다. 이 메커니즘은 몇 가지 환류변수를 추적하기만 할 뿐 그 이상의 환경적 요인은 전적으로 무시해 버린다. 그리하여 정책결정과정의 메커니즘은 환경에서 발생하는 복잡성을 고려하지 않는다. 또한 명확한 계산을 해야만 한다는 부담도 사이버네틱스의 가정에서는 문제가 되지 않는다.[21] 그러한 정책결정자는 결정과 결과를 실제로 만들어내는 정보의 처리과정을 거치게 되는데, 그러나 이때에도 심리적으로 정책결정자는 명확하게 계획된 결과를 추구해야만 한다는 부담을 지지 않는다. 그리하여 불확실성으로 인해 발생하는 심리적인 효과는 최소화되는 것이다. 다시 말해 정책결정자가 민감하게 반응하는 정보를 받아들였을 때 그가 취해야 할 행동의 경로를 결정해 주는 가능한 '응

21) *Ibid.*, p. 57.

답'(responses)과 결정법칙(decision rules)은 몇 가지 되지 않는다고 가정한다.[22] 정책결정자는 매우 협소한 정보의 범위에서 연속적으로 응답을 해야 하므로 아무런 영향도 미치지 않는 대부분의 정보가 유입되는 것을 차단해야만 한다.[23] 사이버네틱스의 정책결정자는 이미 수립되어 있는 고도로 밀집된 환류 채널(feedback channel)을 통해서 들어오는 정보만을 수용하게 된다. 그리하여 실제로 결과에 영향을 미치는 많은 요소들이 정책결정과정에는 아무런 영향을 미치지 못하게 되는 것이다.

일상생활에서 이루어지는 대부분의 행동은 이 패러다임의 틀에서 이루어진다는 사실을 이해할 수 있다. 실제적인 측면에서 문제가 되는 점은 사이버네틱 패러다임이 일상적인 행동을 연구하는 데 중요한가의 여부에 있지 않다. 오히려 복잡한 상황에서 고도의 사고과정이 요구되는 정책결정에서도 사이버네틱 패러다임이 중요한지가 문제가 된다. 스타인브루너는 사이버네틱스의 논리로부터 추론된 가정들은 복잡한 상황에서 발생하는 정책결정을 설명할 수 있다고 주장한다. 그에 따르면 복잡성은 정책결정자가 응답할 수 있는 범위에 영향을 미친다.[24]

복잡한 상황에서의 적응력과 사이버네틱 패러다임의 내적인 단순성 사이에서 발생하는 긴장은 사이버네틱 분석의 매우 흥미로운 문제이다. 사이버네틱스의 논리가 결국 딜레마에 직면하게 되는 경로를 밟는 것은 당연하다. 이론의 내적인 단순성은 문제를 다루는 정책결정자들의 수가 증가할 수만 있다면 복잡한 상황에서도 유지될 수 있다. 그때 각각의 정책결정자들은 일정하게 제한된 영역에만

22) *Ibid.*, p. 67.
23) *Ibid.*
24) *Ibid.*

집중할 수 있고, 자신의 응답이 낳게 되는 다른 영역에서의 영향도 자신이 아닌 다른 정책결정자가 다루어야 할 문제가 되는 것이다. 복잡한 문제는 많은 수의 구체적이고 특수한 문제들로 나누어지게 되며, 각각의 소문제들은 제각기 다른 정책결정자들이 중점적으로 다루게 된다. 이렇게 하여 사이버네틱스는 거대한 관료조직의 등장을 설명한다. 확장된 조직 내에서 각각의 정책결정자는 사이버네틱스의 운영자가 되는 것이다.[25]

정책결정자들을 확대시킴으로써 단순성과 적응력간의 문제가 해결된다고 할 때, 그러한 체제하에서 개개의 사이버네틱스 정책결정자들은 어떻게 하여 필요한 초점을 제공하는 구조를 받아들이게 되는 것일까? 바꾸어 말하면, 어떤 식으로 중요한 제약이 만들어지게 되는 것일까? 스타인브루너는 인간의 고차원적 사고과정을 정교하게 다루기 위해서는 단순한 사이버네틱스 패러다임을 벗어나야만 한다고 답변한다. 왜냐하면 조직적 제도로부터 연유하는 제약은 부분적인 것이기도 하지만 또한 인간의 조작에 매우 민감한 것이기도 하기 때문이다.[26]

사이버네틱스 메커니즘이 작동하는 곳에서 어떻게 구조가 형성되는가를 설명하기 위해서, 스타인브루너는 단순한 사이버네틱스 패러다임을 보충하기 위해서 인지이론(cognitive theory)을 도입한다. 그는 다음과 같은 사실에 대해서는 어느 누구도 심각한 이의를 제기할 수 없을 것이라고 가정한다. 첫째, 인간의 뇌가 정책결정이 일어나는 궁극적인 중심이라는 사실과, 둘째, 최종적인 분석에서는 조직의 과정, 정치적 흥정, 합리적 계산 등이 인간의 심정적 작용에 근거를 둔다는 점, 그리고 셋째, 만약 인간의 정신이 상충하는 가치

25) *Ibid.*, p. 69.
26) *Ibid.*, p. 87.

들과 구조적 불확실성을 다루는 방식에서 체계적 규칙성이 존재한다면, 그리하여 규칙성에 대한 지식이 정책결정과정연구에 대해서 중요한 이론적인 근거를 제시해 준다면, 어느 누구도 그 함의에 대해서 어려움이 없을 것이라는 사실 등이다. 스타인브루너는 인지이론에서 다음과 같은 세 가지 논점을 더 알 수 있다고 주장한다.27)

(1) 인지 작용의 내용과는 상반되는 것으로서 구조와 관련이 있는 특정한 규칙성이 존재한다.
(2) 완전한 인간의 정신기관은 직접적이고도 즉각적으로 인식하는 것과 같이 매우 단순하게 작용한다.
(3) 인간의 정신에서 일어나는 현상 대부분은 직접적이고 의식적인 경험을 통해서 접근하는 것은 불가능하다.

스타인브루너에 따르면, 이 세 가지 논점은 복잡한 상황하에서 일어나는 정책결정의 분석에 인지이론을 적용할 수 있는 근거를 제공한다. 여기에서 가장 중요한 것은 첫 번째 논점에서 지적했던 규칙성이다. 어떠한 물체를 시각적으로 인식하는 것과 같은 일상적인 문제를 생각해 보면, 두 번째와 세 번째 논점에도 수긍할 수 있을 것이다. 첫 번째 논점은 이러한 규칙성이, 처리되고 저장되는 것의 내용에서는 주로 발견되지 않는다는 점을 말해준다. 따라서 비록 인간의 신념에서 나타나는 매우 복잡한 다양성으로부터 전적으로 도출해낼 수 없다고 하더라도, 몇 가지 중요한 구조적이고 과정에 관한 규칙성은 연구를 확대함으로써 서서히 알 수 있게 될 것이라고 스타인브루너는 주장한다. 이러한 규칙성은 복잡한 상황에서 어떠한 방식으로 결정이 구조화되는지를 본질적으로 설명해 준다.

자신의 논거를 뒷받침하기 위해서 스타인브루너는 인지이론의

27) *Ibid.*, p. 91.

다섯 가지 원칙을 제시했다.

(1) 추론적 기억의 원칙
기억 속에서는 '위계적' 혹은 '수평적' 관계라고 칭할 수 있는 것이 존재한다. 요컨대, 이것은 기억의 내용이 일반적인 문제로 조직된다는 것을 의미한다. 사람들은 전체적인 개념은 기억하지만 그 세밀한 부분까지 모두 기억하는 것은 아니다.

(2) 일관성의 원칙
일관성의 원칙은 인간 정신에서 일어나는 추론의 메커니즘을 제약한다. 이것은 곧 다른 기억들과 일관되게 내적인 신념의 관계가 유지될 수 있도록 정신작용이 일어난다는 것을 의미하는 것으로, 기억의 조직화와 새로운 정보의 처리과정에 영향을 미치는 제약이기도 하다.

(3) 현실성의 원칙
인간의 정신작용은 항상 주위의 환경과 밀접한 관련을 갖는다. 특히 안정적이고 중요하게 여겨지는 환경적 요인은 인간의 정신에 영향을 미친다. 바꾸어 말하면, 인간의 정신작용은 외부적 현실에 의해서 제약받는다는 것이다.

(4) 단순성의 원칙
위의 세 가지 원칙들은 인지적 정책결정자에게 경제성의 원칙이 필요하다는 점을 제시한다. 세계는 매우 다양하며 지속적인 변화의 과정을 겪고 있다. 그리하여 인간은 쏟아지는 정보를 매우 선택적으로 받아들인다. 인간은 중요한 것은 받아들이지만 그 외의 많은 부분은 망각하며 단지 물리적으로만 받아들이는 대부분의 정보에 주목하지는 않는다. 이 점은 사이버네틱 패러다임의 기본적인 가정과도 부합한다. 단순성의 원칙은 인지적 추론의 메커니즘이 가능한 한 신념의 구조와 상응하도록 작동할 것을 요구한다.

(5) 안정성의 원칙
안정성의 원칙이란 인지적 추론의 메커니즘이 핵심적인 신념의 구조가 변화하지 못하도록 작용한다는 것을 의미한다. 예를 들어, 특유한 개성이나 생활방식은 어른이 되어서도 대부분의 인간들이 변함없이 유지한다는 점은 일반적으로 인정된다.

스타인브루너는 이 다섯 가지 원칙이 인간의 정신작용이 복잡한 정책결정문제를 어떻게 다루는지를 논의할 수 있는 충분한 근거가 된다고 주장한다.[28] 즉 일반화하고자 하는 보편적인 경향으로 인하여 인간의 마음은 능동적이지만 또한 주관적으로 불확실성의 문제를 해결한다는 것이 인지이론가들의 주장이다. 그것도 복잡한 문제에서 발생하는 다양성의 문제와 충돌하지 않고서 문제를 해결한다는 것이다. 그렇다면, 불확실성의 주관적 해결은 어떻게 일어나는 것일까? 인지적 패러다임의 핵심적인 논점은 객관적 증거의 중요성이 아닌 다른 근원으로부터 인간의 신념은 형성되며, 부분적으로 독립적인 신념의 근원은 복잡성에 구조를 부여하며 그리하여 불확실성의 문제를 해결하는 데 매우 중요한 역할을 한다는 사실이다. 인지이론은 불확실성을 주관적으로 해결하는 세 가지 방법을 제시한다.

(1) 기억되어 있는 정보를 강화하고 중요시하는 원칙
즉 만약 정책결정자가 정책결정과정에서 얻게 되는 정보에 대해서 일반적인 신념을 부여하게 된다면, 특정의 사소한 결정에서 때때로 성공을 경험함으로써 일반적인 신념을 강화한다는 것을 의미한다.

(2) 비일관성을 관리하는 메커니즘의 작용
만약 기억 내에 존재하는 일관성, 단순성, 안정성 등의 원칙이 지속된다면, 이는 새로운 정보가 계속해서 야기하는 비일관성의 문제를 관리하는 메커니즘이 효과적으로 작동하고 있다는 사실을 의미한다.

(3) 소집단의 상호작용
불확실한 상황하에서 인간이 갖게 되는 중요한 특징은, 다른 사람들도 같은 의견을 가지고 있다는 사실에 주목하면서 자신의 판단을 강화한다는 점이다. 만약 다른 사람이 같은 정보에 대해서 같은 추론을 하게 이끌어낸다면 기존의 정책결정자의 신념체계는 보다 더 강화된다.

28) *Ibid.*, p. 103.

스타인브루너는 인지이론이 사이버네틱 패러다임과 관련해서 중요한 '보완적' 요소를 제공한다고 주장한다.[29] 즉 환경에 의해서 구조가 만들어지는 것이 아니라면 구조는 어떻게 발생하는가의 문제를 설명해 준다는 점이다. 바꾸어 말하면, 인지이론의 원칙들은 사이버네틱스 메커니즘이 작동할 수 있는 문제구조가 어떻게 수립되는지를 설명해 준다. 이것은 곧 복잡한 정책결정의 문제를 분석할 때 사이버네틱스 패러다임은 인지이론의 도움이 필요하다는 것을 의미한다고 하겠다. 사이버네틱스 패러다임에 의한 불확실성 통제의 단순한 과정은 수정되어야 하지만, 다양성을 제거한다는 근본적인 문제는 인지이론에서 여전히 중요성을 가진다. 나아가 스타인브루너는 다음과 같은 상황에서는 인지적 분석이 사이버네틱스 패러다임으로 축소된다고 말할 수 있다는 점을 덧붙인다. 즉 정책결정의 문제가 고유한 환경적 특성에 의해서 고도로 구조화된 경우, 현실의 제약이 강하게 존재하면서도 그것이 문제가 되지 않는 경우에는 인지이론의 사이버네틱스화가 이루어진다는 것이다.[30] 그러나 매우 복잡한 상황에서 주관적으로 불확실성을 해결하는 메커니즘이 사이버네틱스의 단순한 가정을 보완하는 역할을 수행한다. 이 둘 중 어떠한 경우에서라도, 정책결정자의 행동은 합리적 모델이 말하는 정책결정자의 행동과는 근본적으로 다른 것이다.

스타인브루너의 저술, 『사이버네틱 정책결정이론』(*The Cybernetic Theory of Decision*)은 무합리성에 기반한 정책결정연구에서 매우 야심적인 시도였다. 그가 제시한 모델은 합리적 분석방법을 거부하는 정책결정의 규칙을 만들어 내었다. 이 모델에서는 어떠한 결과가 나올 수 있을 것인가를 평가하지도 않으며, 가치를 최적화하기 위해서

29) *Ibid.*, p. 123.
30) *Ibid.*, pp. 123-124.

노력하지도 않는다. 불확실한 상황에서 이루어지는 정책결정은 합리적 분석의 과정이 아니라 인지작용이 일어나는 무합리적 법칙에 의해 구조화된다. 예를 들어 정책결정자는 그가 가진 가치들간에 교환(trade-off)이 이루어지는 관계가 존재한다는 것을 인정하지 않으려고 하며, 그러기 위해서 그는 그의 결정 환경을 개념화하고자 한다. 그리하여 어느 정도의 해석의 허용범위를 인정할 수 있도록 환경이 충분히 비구조화되었을 때, 정책결정자는 가치들이 서로 충돌하지 않도록 자신의 세계를 개념화함으로써 가치 사이에 벌어지는 교환작용을 억제하게 될 것이다.[31] 요컨대, 스타인브루너의 모델은 정책결정자가 교환의 존재를 부정하고 선택을 거부하며 확인되지 않은 확실성을 자신의 상황에 대한 시각의 탓으로 돌리도록 하는 불확실한 상황에서 인지적 힘이 강하게 작용한다고 주장한다.

4. 사이버네틱스 패러다임의 응용

북대서양조약기구(NATO)를 위해 제안된 다국적 핵군(multilateral nuclear force)에 관한 스타인브루너의 연구는 정책결정에서의 몇 가지 대안적 개념들을 분석하였다. 그리하여 인지적 과정 모델이 현상의 연구에 가장 잘 적용되는 모델이었다고 결론지었다. 그러나 여기에서 잭 스나이더(Jack Snyder)가 스타인브루너의 모델을 적용한 예를 소개할 필요가 있을 것이다.

스나이더[32]는 스타인브루너의 접근법의 대략적인 실행가능성

31) Jack Snyder, "Rationality at the Brink," *World Politics*, Vol. 30, No. 3, April 1978, p. 348.

을 시험해 보고자 했으며, 그리고 그것이 전략이론(strategic theory)을 위한 흥미로운 분파들(ramifications)을 만들어 내는 통찰력을 제시하는지 그 여부를 살펴보고자 했다. 그는 자신의 연구를 '쿠바 미사일 위기: 네 번째 절단'(The Cuban Missile Crisis: A Fourth Cut)이라고 명명했다. 그리고 그는 불확실한 상황에서 정책결정자가 환경을 개념화하고 그것을 구조화하는 데서 발생하는 비일관성을 관리하는 인지적 이론의 원칙들이 어떠한 역할을 수행하는지에 중점을 두었다. 또한 알렉산더 조지(Alexander George)와 줄리엣 조지(Juliette George)가 그들의 저서 『우드로 윌슨과 코넬 하우스』(*Woodrow Wilson and Colonel House*)[33]에서 제시했던 것으로서 앨리슨이 논의했던 조직적 역동성과 특유의 정신병리학과 같은 것으로 정책결정에 비합리적인 제약이 가해진다는 점에는 주목하지 않았다. 오히려 정책결정자들은 자신들이 선택한 결정사항들을 강조하면서 어떻게 자신들의 태도를 그들 결정사항들로 형성시켜 나가는지에 대한 대체적인 과정을 중점적으로 다루었다. 스나이더의 네 번째 절단을 요약하자면 다음과 같다.

(1) 교환(trade-off)의 회피
케네디(John F. Kennedy)와 대부분의 보좌관들은 두 가지 가치(전쟁의 방지와 미국의 국제적인 위신의 유지)가 서로 충돌하지 않도록 하는 방식으로 정책결정을 개념화하였다. 그들은 이 문제를 '당장의 전쟁 위험 감수'와 '이후 보다 더 큰 전쟁의 위험 감수'라는 측면에서 이해함으로써 그렇게 할 수 있었다. 만약 미사일이 무조건적으로 철수되게 만들지 않는다면 러시아인들은 이에 고무되어 베를린과 다른 지역에서 보다 더 큰 양보를 요구하게 될 것이라고 판단함으로써 케네디는

32) *Ibid.*, pp. 353-359.
33) Alexander George and Juliette George, *Woodrow Wilson and Colonel House*, New York: Dover Publications, 1976.

실질적인 확신을 갖게 되었다. 케네디는 '지금의 전쟁 대 이후의 전쟁'이라고 개념화함으로써 전쟁의 회피와 국제적 위신의 유지라는 두 가지 가치간에 외견상 존재하는 교환(trade-off)의 관계를 불식시켜 버렸던 것이다. 실제로 그는 그 두 가치가 상호보강한다고 보았다. 즉 쿠바에서 굳건한 위치를 고수함으로써 미국의 결의를 증명하고, 장기적 안목으로 보았을 때 발생할 수 있는 전쟁의 가능성을 줄였던 것이다. 이처럼 케네디가 고도의 불확실한 상황에서 확신을 갖게 되었다는 사실은 인지적 모델이 작동하였음을 매우 설득력 있게 보여준다. 합리적 패러다임은 어떻게 그러한 불확실성이 해결될 수 있는지를 설명해 주지 못한다. 그러나 인지적 패러다임은 인지적 원칙과 인지적 압력의 관점에서 어떻게 하여 케네디와 엑스컴(the ExCom)이 그러한 결정을 내릴 수 있었는지를 명백하게 설명해 줄 수 있다.

(2) 결정환경의 주관적 구조화

이처럼 불확실성이 매우 큰 상황에서 정책결정자는 두 가지 가치가 서로 충돌하지 않도록 잠재의식적, 무합리적, 인지적 과정 등이 정책결정을 구조화할 것을 기대한다. 피그스 만의 사건, 비엔나에서 흐루시초프와의 위험한 대결, 그리고 케네디는 정치력 경력은 길지만 용기는 그에 미치지 못한다고 하는 국내적 평판 등의 모든 요소들이 핵전쟁 그 자체를 방지하는 조치와 동등하게 중요한 가치가 있다고 여겨지는 미사일의 무조건 철수라는 결정을 가능하도록 했다. 그러한 두 가지 중요한 가치가 문제가 될 때, 두 가지 모두에서 큰 것을 획득할 수 있는 가능성—비록 마찬가지로 크게 잃을 수도 있는 위험을 감수해야 하는 것이지만—이 기대되는 전략을 택하도록 자신의 상황을 인식하게 하는 강한 인지적 압력이 케네디에게 작용했다고 생각하는 것은 결코 어려운 일이 아니다. 분석적이고 가치교환을 지향하는 문제의 해결방식은 케네디의 이러한 면을 말해 주지 못한다. 그러나 가치교환이 없는 인지적 방법은 이 점에서 성공적이다.

스나이더는 가치교환을 개념적으로 회피할 수 있는 다른 방법이 있다고 제시한다. 즉 그것은 쿠바에 미사일 배치의 중요성을 격하시키는 방법이다. 엑스컴에 참석한 인물들은 미사일을 배치한다고 해도 군사적 균형에 어떠한 영향도 미칠 수 없으며 미국의 위신도 침식되지 않을 것이라고 생각하면서 미사일의 배치를 묵인하고 어떠한 인지적 비용도 지불하지 않는 것이다. 예를 들어, 로버트 맥나마라(Robert McNamara) 국무장관은 바로 이러한 견해를 피력했다. 그는 "미사일은 단지 미사일일 뿐이다. 소련이나 혹은 쿠바로부터 발사된 미사일로 우리가 죽게 될지 아닐지의 여부에 어떠한 변화도 일어나지 않을 것이다"라고 말했던 것이다.[34)]

그러나 스나이더는 케네디가 처음부터 아무런 조치도 취하지 않아야 한다는 견해를 거절했었다고 주장한다. 케네디는 맥나마라와는 다른 인지적 압력하에서 움직이고 있었던 것이다. 민주당과 공화당의 의원들은 흐루시초프의 공격적 행동에 대해 비엔나와 베를린, 그리고 피그스 만의 사건에서 했던 것처럼 단호한 입장을 취할 것을 케네디에게 요구했다. 심지어 미사일 배치에 대한 사실이 알려지기 이전에도 공화당 후보들은 선거운동에서 케네디가 쿠바에서 '아무것도 하지 않는' 정책을 펼칠 것이라는 점을 가장 중심적인 쟁점으로 부각시켰다. 그리하여 쿠바 미사일 문제가 알려지게 되자 케네디는 쿠바문제에 대해 단호한 조치를 취하지 않게 된다면 탄핵을 면할 수 없을 것이라고 판단했던 것이다. 로저 힐스먼이 말했던 것처럼, "미국은 위험에 처한 상황이 아니었을 수도 있다. 그러나 행정부는 가장 위험한 상황에 처해 있었다."[35)]

따라서, 스나이더는 다음과 같이 주장한다. 즉 매우 불확실한 상황에서 이미 언급된 관점을 취했던 케네디의 확고함은 분석적 패러다임보다는 인지적 패러다임이 더 적실성이 있다는 점을 보여준다고 할지라도 케네디는 부조화가 야기하는 가치교환을 주관적으로

---

34) *Ibid.*, p. 356.
35) Roger Hilsman, *To Move a Nation*, New York: Doubleday, 1967, p. 197.

처리하는 방식으로 자신의 환경을 구조화했다는 것이다. 그리하여 스나이더의 결론을 정리하자면 다음과 같다. 케네디 대통령이 인지적 패러다임에서 예견되는 것처럼 불확실한 상황에서 확실성을 보았다. 그리고 그는 자신이 내린 봉쇄정책이 단순히 하나의 조치가 아니라 주어진 상황에서 취할 수 있는 유일한 것이었다는 점에 확신을 갖고 있었다. 그리하여 스나이더는 봉쇄정책을 선언한 그 날 "케네디는 가장 안정된 상태였다"라고 슐레진저(Schlesinger)의 보고서를 인용하면서 결론을 맺는다.

5. 스타인브루너 모델의 평가

앨리슨은 쿠바 미사일 사태에서 정책결정자들을 둘러싼 환경의 본질은 합리적 행위자 분석에 매우 적합하다는 점을 지적했다. 즉 "국가의 매우 긴급한 문제를 다루게 될 때, 관료집단으로부터 제약을 받지 않는 소집단의 정책결정자들은 가능한 정책대안들을 비교, 평가하고 결정을 내린다"[36]는 것이다. 정책결정자는 자신이 직면한 딜레마에 합리적이고 분석적인 방법으로 접근할 필요가 있다는 점을 매우 강하게 인식하게 된다. 그리하여 그러한 경우에 '다른 대안적 모델들'이 제 1 모델의 홈그라운드에서 경쟁하지 않을 수 없다고 앨리슨은 주장한다.[37] 제 2 모델인 표준운영절차(standard operating process)에 근거하여 일어나는 조직적 과정(organizational process)과 제 3 모델인 관료정치(bureaucratic politics)가 밝혀낸 차원과 요인들은,

36) Graham Allison, *op. cit.*, pp. 8-9.
37) *Ibid.*, p. 26.

스나이더가 스타인브루너의 모델을 시험할 때 보여주었던 것처럼 정책결정의 무합리적(non-rational) 인지과정에 근거하여 설명하더라도 똑같이 얻을 수 있는 것들이다.

스타인브루너의 모델과 일반적인 인지적 과정 접근법은 다음과 같은 두드러진 한계점으로 인해 공격받을 수 있다.

(1) 정책결정자 개인에 초점을 맞춘 모델(혹은 패러다임)은 다른 분석수준에서의 연구와 비교해서 국제적인 행위의 변화에 대해서는 충분한 설명을 하지 못한다.[38)]

(2) 이러한 모델은 연구를 수행할 때, 접근(access), 추론(inference), 부호화(coding) 등의 문제가 매우 어렵게 된다. 홀스티(Ole R. Holsti)는 다음과 같이 주장했다. "연구자가 인터뷰나 질문서 혹은 문서 등에 의존할 것인지와 상관없이, 인지적 과정 모델을 자신의 분석에 포함시키고자 하게 되면 그 연구자는 필요한 자료를 수집하기 매우 어려운 상황에 직면하게 된다."[39)]

(3) 사이버네틱스 모델은 또 다른 중요한 한계가 있다. 즉 정책결정에서 이 모델은 '수동적'(passive)이라는 점이다. 즉 '이니셔티브'(initiative) 외교정책이나 외교정책에서 '장기적인 계획수립'의 여지가 없어지는 것이다. 보수적인 외교정책에 대해서는 설득력을 가질 수 있지만 혁명적이거나 수정론적 정책에 대해서는 설득력 있게 설명할 수 없다. 달리 말하면, 사이버네틱스 패러다임은 변화를 설명하는 데 취약하다. 왜냐하면 신념은 개인적 수준에서 안정적이기 때문이다.[40)]

(4) 사이버네틱스 메커니즘의 성공 여부는 주변환경의 특성에 전적으

38) G. M. Bonham, "Cognitive Process Models and the Study of Foreign Policy Decision-Making," *Paper Presented to the 1975 ISA Convention*, p. 6.

39) Ole R. Holsti, "Cognitive Process Approaches to Decision-Making," *American Behavioral Scientist*, Vol. 20, No. 1, Sep./Oct. 1976, p. 21.

40) Kjell Goldmann, "Change and Stability in Foreign Policy: Detente as a Problem of Stabilization," *World Politics*, Vol. 34, No. 2, January 1982, p. 245.

로 달려 있다. 로스 애슈비(W. Ross Ashby)가 말한 것처럼, 환경에서의 '치명적인'(lethal) 불연속성은 사이버네틱 메커니즘을 무색케 할 것이다.[41)]

(5) 특히 스나이더의 '네 번째 절단'(Fourth Cut)을 보게 되면 다음과 같은 점이 지적될 수 있다. 즉 대통령의 인지과정을 상세하게 검토했음에도 불구하고 쿠마 미사일 위기시에 왜 케네디가 공격이라는 정책대안을 선택하지 않고 봉쇄를 선택했는가는 설명할 수가 없다.

만일 위에서 지적한 한계점들이 타당한 것이라면, 다른 한계점들에 대해서 보다 상세하게 논의하지 않더라도 인지적 접근법은 정책결정연구에서 일반이론(general theory)은 될 수 없다고 말할 수 있을 것이다. 그러나 정치학이 여전히 패러다임 이전의 단계에 머물러 있다는 사실을 상기한다면, 그리고 정책결정과정 연구의 각각의 접근법들의 유용성을 상대적으로 평가해 본다면, 사이버네틱 모델은 특정한 정책결정의 구조에서 일어나는 정책결정 연구의 이론화를 위한 매우 유용한 발견적인(heuristic) 지침이 될 수 있다.

찰스 허만(Charles F. Hermann)[42)]은 정책결정과정의 구조를 모두 9가지 유형으로 분류하였다.

(1) 지도자와 참모 집단(leader-staff group)
(2) 지도자와 자율적 집단(leader-autonomous group)
(3) 지도자와 대표자 집단(leader-delegate group)
(4) 자율적 집단(autonomous group)
(5) 대표자 집단(delegate group)
(6) 자율적 회의(autonomous assembly)

---

41) W. Ross Ashby, *A Design for a Brain*, New York: John Wiley and Sons, Inc., 1952, pp. 93f.
42) Charles Hermann, *op. cit.*, pp. 80-83.

(7) 대표자회의(delegate assembly)
(8) 자문 자율적 회의(consultative autonomous assembly)
(9) 자문 대표자 회의(consultative delegate assembly)

정책결정 구조를 연구하기 위한 유용한 지침으로 이 9가지 분류를 전적으로 수용하지는 않는다 하더라도, '지도자와 참모 집단'은 다양한 국가들에서 발견되는 결정 구조 유형이라고 할 수 있을 것이다. 허만에 의하면, 이 유형은 권위적 정책결정자가 독립적으로 행동하거나, 아니면 자신의 참모들 중 적은 수의 종속적인 인사(personnel)들의 조언 이외에 다른 조언은 없이 정책을 결정하는 경우를 포함한다. 종속적인 협의자나 자문역들은 자신들의 현재의 직책을 유지하기 위해 전적으로 정책결정자에게 의존하며 어떠한 독립적인 권력 기반도 없을 뿐만 아니라, 대외문제에 대해 그들이 섬기는 정책결정자와는 다른 정보와 전망을 정기적으로 얻을 수 있는 역할이 주어져 있지도 않다.[43] 그러한 유형의 정책구조에서는 스타인브루너의 모델이 정책결정과정을 분석하는 데 매우 유용한 것 같다. 니콜라이 레닌(Nikolai Lenin), 마오쩌둥(毛澤東), 아돌프 히틀러(Adolf Hitler), 그리고 다른 많은 독자적인 성향을 지닌 역사적 인물들과 같은 혁명가가 내리는 정책결정은 사이버네틱스와 인지적 접근법을 사용함으로써 상당 부분 그 비밀을 벗겨낼 수 있다.

사이버네틱스 접근법에는 또 다른 강점이 있다. 이 접근법은 많은 정책결정자들이 정책결정과정에서 피할 수 없는 역사적 교훈의 역할에 주목한다는 점이다. 국제관계이론의 과학화를 추구하면서 많은 학자들은 역사의 가치를 경시하는 경향을 보여 왔다. 막스 벨로프(Max Beloff)가 이전에 관찰했듯이, "모든 형태의 역사 중에서

43) *Ibid.*, p. 80.

외교사는 가장 가치가 없다."[44] 외교사는 사상사나 사회사에 비교해서 주로 사실에 입각하거나 특수성을 강조하며 지나치게 많은 명백한 '우연적' 요소를 포함하려는 성향이 있다. 국제관계 분야에서도 많은 관심이 외교분야로부터 등을 돌렸다는 사실은 그리 놀랍지 않다. 게다가 역사적 유사성은 사건을 추론하는 가장 원시적인 형태 중의 하나라고 할 수 있다. 그럼에도 불구하고 정책결정자가 어떤 사건을 이해하고 그에 대응하는 조치를 취하기 위해서 역사적 교훈을 무시할 수는 없다. 왜냐하면 역사가 과거의 사람들이 살아왔던 경험임은 명백하기 때문이다. 역사는 그 자체로 되풀이하지는 않는다. 그러나 역사적 교훈은 빈번히 이용된다.

물론 역사의 교훈이 자명한 것은 아니다. 그러나 선조들의 경험을 무시하고서는 어떠한 대중이나 정책결정자도 현재의 상황에 적절하게 대응할 수 없다. 스타인브루너가 지적했듯이, 정책결정자는 현재의 사건과 가장 근접하게 관련되는 과거의 사건이 무엇인지를 판단함으로써 외부 세계에 접근하고 그리하여 유사한 역사적 사례를 통해서 합당한 근거를 찾고자 한다. 어느 정도는 한국문제와 베트남문제에 관련된 미국의 결정은 유사한 역사적 전례로부터 도출해 낸 근거를 적용한 것이다. 사실 영국과 프랑스는 "1914년 여름은 이제 그만"(No more summer of 1914)이라고 하는 역사적 교훈에 따라 결과적으로 1930년대에 뮌헨에서 그러한 행동을 했지만, 미국은 한국과 베트남문제에 직면해서 "뮌헨은 이제 그만"(no more Munich)이라는 지상명령(imperative)에 근거하여 행동했던 것이다. 그리고 현재 미국은 "베트남은 이제 그만"(no more Vietnam)과 "이란은 이제 그만"(no more Iran)이라는 역사적 경험을 앞으로의 외교정책결정에서 본보기로 삼고 있는 것이다.

44) Max Beloff, *The Age of Absolutism: 1600-1815*, London, 1952, p. 28.

보다 엄밀하게 말하면, 정책을 결정함에 있어 발생하는 복잡성과 불확실성에 대처하기 위한 전략으로서 역사에 의존하는 경향은 오히려 많은 경우에서 찾아볼 수 있다. 이러한 성향은 헨리 키신저(Henry A. Kissinger)와 같은 전문적인 역사가이거나, 윈스턴 처칠(Winston S. Churchill)과 같은 아마추어 역사가 또는 해리 트루먼(Harry S. Truman)과 같이 과거의 기록이 현재의 정치적 문제에 대처하기 위한 유용한 지침을 제공한다고 믿고서 열심히 역사책을 읽는 자들이라고 할 수 있는 정책결정자들에게만 국한되는 것은 결코 아니다.[45] 정책결정을 위한 지침으로서 과거에 의존하는 것은 위기상황과 같이 매우 큰 심리적 부담이 존재하는 상황에서 가장 두드러진다. 만일 여기에서 행해진 분석이 틀리지 않다면, 스타인브루너의 사이버네틱스와 인지적 접근법은 성공적으로 적용될 때 정책결정이 이루어지는 직사각형의 블랙박스를 관통해 보기 위한 노력에 상당히 큰 공헌을 할 수 있을 것이다. 스타인브루너는 올바른 방향으로 매우 인상적인 출발을 시작한 셈이다.

6. 결　　론

루소가 사회를 바라보는 방식을 그대로 수용하지는 않는다고 하더라도 인간은 상호간에 의사소통을 시작함으로써 정치적 사회(political society)에 진입하게 되었다는 사실은 명백하다. 말을 통한

45) Ole R. Holsti & James N. Rosenau, "The Meaning of Vietnam: Belief Systems of American Leaders," *International Journal*, Vol. 32, No. 2, Summer 1977, p. 454.

것이든 글을 통한 것이든 모든 인간은 커뮤니케이션에 참여한다. 왜냐하면 커뮤니케이션은 한 사람의 심정이 다른 사람에게로 영향을 미칠 수 있는 모든 과정을 함축하고 있기 때문이다. 그리하여 커뮤니케이션이 없다면 정치사회는 존재할 수 없을 것이다. 덧붙여 근대국가는 커뮤니케이션의 발전과 더불어서 성장해 왔다. 인간은 자신의 생각을 상호 전달한다. 인간은 생각하는 동물이다. 그리고 생각하는 인간은 정보를 처리하는 존재이다.[46] 세부적인 생물학적 메커니즘과는 별도로 인간이 정보를 처리하는 과정을 연구하는 것도 가능하다.[47] 이러한 과정은 최근의 용어를 빌려 말하자면 '인지적 과정'(cognitive process)이라 지칭할 수 있다. 그러나 현재 인지적 과정 이론은 매우 추상적으로만 발전되어 있다.

따라서 사이버네틱스와 인지적 접근법의 미래는 인지의 구조가 어떻게 구성되어 있는지에 대한 우리의 지식이 얼마나 성장할 수 있는가에 달려 있다고 할 것이다. 그러한 구조는 신념체계, 인지지도, 선험적 도식(schema), 이데올로기, 세계관(Weltanschauung) 등과 같이 부를 수 있으며, 이것은 분석자의 용어 선호에 달려 있다. 또한 물리적, 사회적 환경에 관련된 정보를 받아들이는 개념적 렌즈로도 생각될 수 있다.

이때 새로운 난제가 제기된다. 즉 인간은 상황에 대한 정보에만 반응하는 것이 아니라 자신이 그 상황에 대해 가지고 있는 이미지에도 또한 반응한다는 것이다. 바꾸어 말하면, 인간은 어떤 일이 발생하는가의 관점에서만이 아니라 무엇이 일어나고 있다고 그들이

46) Herbert Simon & Allen Newell, "Information Processing in Computer and Man," *American Scientist*, Vol. 52, September 1964, p. 281.

47) Robert Jervis, "Consistency in Foreign Policy Views," in Richard Merritt, ed., *Communication in International Politics*, Chicago: University of Illinois Press, Ⅲ, 1972, p. 272.

생각하는가의 관점에서 그 사건에 반응한다는 것이다. 즉 인간은 상황에 대한 인식과 이미지에 따라 행동한다. 해롤드 스프라우트(Harold Sprout)와 마가렛 스프라우트(Margaret Sprout)는 관찰자가 인식하는 현상과 실제로 존재하는 현상을 구별하였다. 그들은 인간이 인식하는 환경을 개개인의 심리환경(psycho-milieu)이라고 불렀다.48) 심리환경은 이미지와 관념으로 구성되는데, 이 이미지와 관념은 한편으로는 인간이 그가 처한 환경으로부터 선택적으로 수용한 것과 다른 한편으로는 그의 가치체계와 의식적 기억 및 무의식적으로 저장된 경험, 이 둘간에 발생하는 일종의 상호작용으로부터 도출된 것이다. 또한 케네스 볼딩(Kenneth Boulding)에 따르면, 신념체계는 과거와 현재, 그리고 미래에 대한 수많은 이미지들로 구성되어 있다. 따라서 스프라우트와 볼딩의 논의로부터 적어도 이미지가 신념체계에 하부에 존재하는 한 부분이라는 사실을 실제적으로 추론해낼 수 있다. 여기에서 또 다른 병목지점에 도달하게 된다. 만약 외교정책결정과정의 연구자가 위에서 논의된 모든 요소들을 다 고려한다면, 또 다른 어려움에 직면하게 될 것이다. 즉 그들은 지나칠 정도로 너무 많은 것을 이야기하게 되고 아무런 특색이 없는 현학에 빠지게 될 것이다. 결국 정책결정 그 자체의 문제를 이해할 수 없을 것이다.

따라서, 정책결정자의 사이버네틱스와 인지적 구조를 완벽하게 관통하여 이해하려고 한다면, 다소간의 정신분열증이나 개념적 혼동의 소용돌이, 그리고 신경생리학적이고 신경심리학적 과정에 빠지고 말 것이다. 그리하여 정책결정과정의 연구와는 완전히 별개의 새로운 섬으로 표류하다 떠 밀려와 있는 것을 발견하게 될 것이다.

---

48) Harold Sprout and Margaret Sprout, *The Ecological Perspective on Human Affairs*, New Jersey: Princeton University Press, 1965.

그러나 사이버네틱스와 인지적 접근법을 이용하는 우리의 목적을 제한할 수만 있다면, 그리하여 이 접근법에 대한 과도한 낙관주의를 극복할 수만 있다면, 외교정책연구에서 정책결정이 일어나는 과정을 설득력 있게 그리고 부분적이기는 하지만 매우 의미 있는 설명을 할 수 있게 될 것이다.

제16장

안보외교정책과 지도자의 조건

> 신이 우주를 창조했을지는 몰라도 역사는 인간에 의해 창조된다.
>
> – 비코 –

1. 전쟁은 필연인가

"인간들은 사막을 만들어 놓고 그것을 평화라고 부른다." 로마의 역사가 타키투스의 말이다.

이 지구상에서 인간들이 조직한 공동생활, 즉 국가생활을 시작한 이래 그것이 도시국가이든, 군주국가이든, 제국이든 아니면 민족국가이든 그러한 국가들 사이에는 언제나 크고 작은 전쟁이 있어왔다. 오늘 이 순간에도 국가들은 자위권을 내세우면서 파괴적 폭력수단을 조직 강화하고 그것을 사용하는 데 원칙적으로 아무런 양심의 가책이나 주저함이 없다. 이러한 관점에서 보면 인류역사란 전쟁과 전쟁준비의 과정, 바꾸어 말하면 평화구축노력 실패의 기록이라 해도 과언이 아니다.

영국인들의 참된 정치교육을 위해 투키디데스의 『전쟁사』를 번역한 홉스는 국제사회를 '전쟁상태'로 정의하면서, 국가 간의 관계란 본질적으로 대립적이며 마주친 무기의 긴장상태하의 평화가 가능할 뿐이라고 내다보았다. 마주친 무기 속의 긴장된 평화, 그것은 바로 냉전시대의 불안한 평화였으며, 인류는 그러한 전전긍긍의 상태로부터 해방되기를 모두 염원했었다. 그리하여 세계인들은 최근 냉전의 종식을 진실로 환영했었다. 그러나 아이러니컬하게도 인류가 국제사회에서 탈냉전이 진실로 무엇을 의미하는 것인지를 채 깨닫기도 전에 갑자기 페르시아만에서 제 2 차대전 후 가장 처참하다고 할 수 있는 전쟁이 발발했으며, 서방세계의 이러한 곤혹을 기다리기라도 한 듯, 소련은 무장탱크를 동원하여 리투아니아 공화국의 자유를 짓밟아 버렸다.

그렇다면 비극적 전쟁은 왜 발생하는 것일까? 그것은 사악한 인간의 본성 때문일까? 아니다. 바로 그 인간들은 동시에 평화를 갈구하고 평화건설을 위해 노력해 왔다. 그렇다면 진정한(?) 맑스-레닌주의자들의 주장처럼 전쟁은 자본주의 사회체제에서 특수한 필연적 산물인가? 아니다. 전쟁은 자본주의의 탄생보다 선행하며, 공산국가들도 서로 전쟁을 했다. 자본주의체제는 오히려 번영을 통해 평화의 가능성을 보여주지 않는가? 그렇다면 전쟁은 세계정부의 부재 때문인가? 아니다. 세계정부의 수립기도는 오히려 전쟁을 가져올 것이며, 설사 세계정부가 기적적으로 수립된다 해도 그 속에서 발생하는 집단적 무력사용을 전쟁이라 부르는 대신에 내전이라고 바꿔서 부를 수 있을 것이다. 실로 역사상 전쟁들은 여러 가지 복합적 요인들에 의해서 발생해 왔던 것이다.[1)]

1) 전쟁의 원인에 관한 3차원적 분석의 고전적 기본서로는 Kenneth N. Waltz, *Man, the State and War,* New York: Columbia University Press, 1954를 들 수 있다.

그러나 전쟁이란 본질적으로 적을 자신의 의지에 복종시키려는 무력사용의 행위로서, 그것은 바로 정치의 연장이다. 즉 전쟁은 국가가 정치적 목적을 달성하기 위해 사용하는 최후의 수단이다. 따라서 전쟁이란 기대되는 이득과 예상되는 비용을 계산하는 국가지도자들의 의식적 결정의 산물이다. 전쟁을 결정한 정치지도자들은 다른 대안이 없었으며, 어쩔 수 없는 결정이었다고 자신들을 변호하지만 그래도 그것은 의식적인 정책선택의 결과이지 결코 역사의 필연은 아니다. 필연적인 전쟁은 없다. 결정을 위한 의식적 계산에서 낙관주의는 전쟁의 서곡이며 낙관적 계산결과는 전쟁의 근본적 원인이 된다.

궁극적으로 이길 수 있다는 낙관은 단순히 군사력에 대한 빈틈없는 계산에만 의존하지 않는다. 낙관은 정치적 이데올로기나 종교적 신앙과 불타는 애국심에서도 기인한다. 그것은 또한 다가오는 전쟁양상의 잘못된 상상과 과거의 패배를 둘러대고 승리를 소중히 간직하는 국민적 신화에 기인하기도 한다. 어쨌든 두 국가가 중대한 문제에서 근본적으로 대립하고 양국이 모두 승리의 가능성을 조심스럽게나마 낙관한다면 전쟁은 이미 잉태하기 시작한 것이다. 그러나 이 경우에도 전쟁의 최종적 선택은 그 이전의 수없이 많은 작은 결정들의 산물이며, 단 한 번의 행동결과는 아니기 때문에 전쟁은 신의 명령이나 역사의 필연일 수 없다.

핵무기의 발전도 전쟁을 불가능하게 만들지는 못했다. 핵무기는 핵보유국가들 사이의 계산을 사실상 혼동에 빠뜨렸지만, 비핵국가의 관계에선 핵무기의 사용이 사실상 배제됨으로써 정치적 수단으로서의 그 유용성을 발휘하지 못한 지 오래다. 이라크의 후세인이 미국과의 전쟁을 두려워하지 않는 자세는 그의 종교적 광신에서도 기인했겠지만 동시에 미국이 결코 핵무기까지 사용하지는 않으리라는 낙관적 계산을 하고 있었기 때문이라고 말할 수 있다. 칸트처럼 영구평화가 오고야 말 것이라고 믿는 것은 천년왕국의 도래를 믿는 종교인들처럼 이 지상에선 비현실적이다. 전쟁을 무조건 반대하고 나서는 절대적 평화론자들의 행위도 평화를 가져오지는 못한다. 절대권력이 절대로 부패하듯 절대적 윤리도 절대로 부패한다. 그것이 바로 역사의 교훈이다.

결론적으로 모든 전쟁이 결국 정치적 선택의 결과이기 때문에 국가지도자들은 역사창조의 특권을 부여받고 있다. 그 특권은 국민적 생존을 보장해야 하는 책임을 동반한다. 그렇기 때문에 전시에 평화의 가능성을 모색하듯 평화시에도 언제나 전쟁의 가능성에 대비하여야 한다. 그리고 이러한 자세야말로 모든 국가지도자들의 제 1 차적 조건이다. 그렇지 않다면 우리 인류는 숨막히는 긴장 속에서도 생존이 가능했던 지나간 냉전의 시대를 곧 그리워하게 될 것이기 때문이다.

2. 전쟁과 지도력

인간은 평화를 희구한다. 그러나 누구도 무덤의 적막이나 노예의 안전을 바라지는 않는다. 따라서 인간은 평화를 위해 전쟁을 하는 모순의 역사를 창조해 왔다. 오늘날에도 국제사회는 전쟁을 국가의 궁극적이고 정당한 수단으로 인정하고 있다. 이것은 하나의 패러독스다. 왜냐하면 인간들은 전쟁상태를 피하기 위해서 국가를 수립했는데도 불구하고 바로 그 국가는 정당한 수단으로 전쟁을 사용하기 때문이다.

전쟁과 국가 간의 이러한 패러독스를 이해했던 최초의 철학자는 토마스 홉스(Thomas Hobbes)였다. 반면에 헤겔(Hegel)은 시민사회와 국가를 구별하고 전쟁을 일종의 해방자요 신질서의 창조자로 보았으며, 그러한 전쟁을 국가의 아버지로, 또 국가를 신의 행진의 소산으로 파악함으로써 전쟁을 역사의 특별한 현상으로 간주했다. 서양문명사에서 최고의 군사전략가로 꼽히는 칼 폰 클라우제비츠(Karl von Clausewitz)는 전쟁을 정치의 연속선상에서 이해했으며 또 그러한 전쟁에 인간이성을 적용했다. 따라서 그는 누구보다도 전쟁의 문제에서 정치적 지도력이 갖는 중요성을 강조했던 것이다. 또한 클라우제비츠는 전쟁을 본질적으로 과학적 탐구의 대상이 아니라 기술의 영역에 속하는 것으로 규정했다. 그러나 전쟁연구가들은 지도력보다도 환경적 조건을 연구의 주된 대상으로 삼음으로써 투키디데스(Thucydides)의 전통을 따라왔다고 해도 과언이 아니다. 그리고 바로 이러한 전통 때문에 제임스 맥그리거 번즈(James MacGregor Burns)의 주장처럼 지도력이란 지상에서 가장 많이 관찰되면서도 가장 덜 이해된 현상이라 하겠다.

한편 클라우제비츠의 지적처럼 전쟁은 무력적 공격에서 출발하는 것이 아니라 방어가 시작될 때 시작한다. 예를 들어 제2차 세계대전은 히틀러의 체코 침공으로부터가 아니라 폴란드의 방어에서 시작된 것이다. 즉 무력사용 후에도 정치지도자들은 비록 줄어들기는 했어도 선택의 기회는 갖고 있는 것이다. 그리고 지도력에 대한 평가가 그 선택한 행동의 결과에 달려 있음은 주지의 사실이다. 그런데 이 정책적 선택의 상황은 본질적으로 불확실한 확률의 세계이지 과학적 확실성의 세계는 아니다. 따라서 정치학이 이제까지 과학주의의 지배적인 분위기에 젖어 소홀히 했던 연구의 주제가 바로 지도력에 관한 것이었다는 사실은 어쩌면 아주 당연한 결과였는지도 모른다.

그러면 만일 어떤 시기의 어떤 지역이 다른 시기의 다른 지역보다도 더 평화롭고 안정적이었다면 그 이유는 어디에 있는 것일까? 대부분의 국제정치 이론가들은 '힘의 균형'이라는 환경적 요인들로 설명해 왔다. 그러나 힘의 균형이란 스스로 규제되거나 자체적으로 교정(矯正)되는 그러한 제도는 아니다. 이것은 국제관계를 이해하는 약 300년 전통의 기계적 패러다임에서 유래한 것이지만 역사상 모든 힘의 균형체제는 궁극적으로 파괴되었다는 사실을 우리는 인정해야 한다. 힘의 균형은 그것을 관리하는 지혜로운 지도력이 동시에 수반되었을 때에만 유지가 가능하다. 그러나 그러한 지도력은 모든 시대의 모든 지역, 모든 세대에게서 충분하게 구비되지는 못했다. 국제적 위기의 특정 순간이 어떤 방향으로 진전되느냐는 결국 관련된 지도자들의 지도력에 달려 있는 것이며 전쟁과 평화의 문제는 바로 그러한 지도자들의 결정에 의해 좌우되는 것이다. 일찍이 비코(Vico)가 지적했듯이 신이 자연을 창조했다는 것이 사실일지도 모르지만 역사는 인간에 의해 만들어진다는 것은 분명한 사실이기 때문이다.

3. 지도자의 자질

지도력의 문제는 국가가 안보외교적 위협에 직면했을 때 그 중요성이 부각된다. 그런데 그러한 정치가의 능력은 조직의 조건과 창의력의 균형에 있다고 할 수 있다. 조직은 계속성의 중요성을 나타내고 창의력(inspiration)은 당연하게 간주되는 정책적 틀을 극복하는 능력이다.[2] 다시 말해서 안보외교적 지도력의 시험은 항상 변화하는 국제정치적 환경을 인식하는 지적 요소와 그 인식적 지식을 국가적 목적에 봉사하게 하는 실천적 요소로 구성된다.

여기서 지적 능력은 역사적 과정에 대한 철학적 이해없이 생각할 수 없다. 역사란 헤겔의 주장처럼 그 자체의 완성을 향한 발전적 운동으로 가정될 필요는 없다. 역사의 과정이란 맑스주의자들이 믿는 것처럼 이미 결정되어 있는 것도 아니다. 역사란 오히려 어떤 상황적 맥락 속에서 주관적인 목적과 객관적인 제약 사이의 도전과 응전의 세계라고 보아야 할 것이다. 바로 이러한 이유 때문에 정치지도자들은 역사창조의 기회를 부여받는 것이다. 그리고 역사의 어떤 시기에 시대적 변화를 실현하기 위해서 그것을 '신의 섭리'나 '정의', '이성', '변증법' 혹은 '시대정신'의 실현을 위한 하나의 도구에 지나지 않았다고 해석할지라도 시드니 훅(Sidney Hook)이 주장하듯 개인의 지도력과 결과 사이에는 밀접한 관계가 존재하는 것이다. 요컨대 지도자의 그러한 지적 능력을 역사에 대한 올바른 비전의 소유라고 바꾸어 말할 수도 있을 것이다.

그러나 정치가는 철학자와는 달리 그의 비전을 실천해야만 한다. 지도자의 안보외교적 실천능력은 두 가지의 가능성을 갖는다. 하나는 낡고 시대착오적인 국제질서를 타파하고 새로운 질서를 창조하는 혁명가의 길이요, 또 하나는 불필요한 전쟁을 방지하면서 안보외교정책을 국제적 변화에 분별력있게 적응시키는 현상관리자의 길이다.

비스마르크처럼 아주 드문 정치가는 양자 모두에 해당된다. 그는 1871년을 분기점으로 하여 그 전에는 전자의 길을, 그리고 그 후

2) Henry Kissinger, *Nuclear Weapons and Foreign Policy,* New York: W. W. Norton, 1957, p. 431.

엔 후자의 길을 선택했고 또 실천했던 정치가였다. 그리고 바로 이러한 이유 때문에 그는 유럽사에서 독특하고 또 위대한 정치가로 간주되어 왔다. 현상타파적 혁명가일 때 그는 자신의 역사적 비전을 실현하는 데 있어 목적과 수단의 관계를 올바로 이해했던 철저한 클라우제비츠언이었다. 그러나 현상위기의 관리자로 변신했을 때 그는 러시아에 대한 유화정책을 거듭 채택했다. 그러나 그의 유화정책은 체임벌린이 뮌헨협정에서 보여 준, 겁에 질리고 심약한 유화정책이 아니라 거인이 발휘한 절제력의 미덕이었다. 1930년대 말에 그렇게도 영국의 유화정책을 끈질기게 반대했던 윈스턴 처칠이 1950년에 다음과 같이 말했을 때 그는 비스마르크를 이해하고 있었다.

> 유화정책은 환경에 따라 좋거나 나쁜 것이다. 유약함이나 공포에서 나온 유화는 무익하고 치명적이지만 그러나 힘에서 나오는 유화는 장엄하고 고결할 뿐만 아니라 평화로 가는 가장 확실하고 어쩌면 유일한 길일지도 모른다.[3)]

이렇게 볼 때 안보외교정책적 지도력은 어떤 특정한 독트린에 있는 것이 아니라 자기시대에 당연하게 간주되는 사유적 틀을 극복하고 창의력을 적용시킬 수 있는 지성적 용기에 있다 하겠다. 바꾸어 말해서 안보외교정책상의 지도력이란 매파적 선동이나 비둘기파의 도덕적 설교에 있는 것이 아니라 주어진 상황 속에서 합리적인 정책과 이성적 정책을 선택하는 부엉이파의 지혜와 용기에 있는 것이라 하겠다. 요컨대 지도자의 바람직한 자질은 자신의 비전이나 정책적 선택을 국내외적으로 정당화할 수 있는 지성적 능력과 그것을 행동으로 보여주는 실천적 용기에 달려 있다고 해도 과언이 아닐 것이다.

---

3) Kenneth W. Thompson, *Winston Churchill's World View: Statesmanship and Power*, Baton Rongs: Louisiana State University Press, 1983, p. 4.

4. 동아시아의 역사적 지도력

앞서 저자는 안보외교적 지도력의 두 가지 가능성을 지적하고 구체적 사례로서 유럽사에서 잘 알려진 지도자를 제시했다. 그렇다면 우리의 역사에 직접적인 영향을 끼친 동아시아의 역사적 지도력은 어느 때, 누구에게서 발견될 수 있을까? 저자는 20세기 초 러일전쟁 당시 일본의 지도자들과 미국의 시어도어 루스벨트 대통령에게서 그러한 지도력을 발견할 수 있다고 생각한다.4)

러일전쟁 당시 일본의 지도자들은 일본의 전 역사를 통해서 보기 드문 지도력을 발휘했다. 이 당시 일본의 지도력은 과거의 실수로부터 신속히 체득한 깨달음에서 시작된다. 즉 청일전쟁 직후 이른바 3국간섭은 유럽강대국과의 대치 속에서 일본의 고립을 노출시켰다. 이때 처음으로 일본은 국가간 외교의 중요성을 뼈아프게 인식했다. 3국간섭으로 일본의 지도자들은 세계의 다른 강대국들과 어깨를 나란히 하려면 전선에서뿐만 아니라 외교의 무대에서 자국의 외교를 향상시켜야만 한다고 확신하였다. 따라서 한반도와 만주에서 러시아의 정책이 일본과 양립될 수 없고 전쟁이 불가피하다고 인식했을 때 그들은 러시아의 동맹국인 프랑스가 러시아에 가담하는 것을 억제할 수 있는 동맹을 구했고, 그리하여 체결한 것이 곧 1902년의 영일동맹이었다. 영일동맹으로 일본은 자국의 국제적 지위를 크게 향상시켰음은 물론 프랑스를 무력화시켜 버린 것이다. 미국의 비

4) Sung-Hack Kang, "A Quest for the Study of Historical Statesmanship in International Relations," 『사회과학논집』, 제13집, 고려대학교 정경대학, 1985, pp. 185-199.

군사적 대일지원이나 독일의 중립선언이 이번엔 러시아를 완전히 고립시켜 버렸다.

1904년 2월 4일 일본의 지도자들이 러시아와의 전쟁을 결정했을 때 그들의 눈은 멀리 내다보고 있었다. 즉 그들은 개전시에 이미 전쟁의 종결을 생각했던 것이다. 그리하여 그들은 하버드 대학에서 같이 수학한 루스벨트 대통령의 오랜 지인인 카네코 캔타로를 미국에 파견, 미 · 일 간의 우호를 증진시켰을 뿐만 아니라 적절한 시기에 루스벨트의 중재적 개입을 미리 마련했던 것이다. 전쟁과 평화에 대한 일본지도자들의 선견지명의 전략은 1904년 7월, 오야마 제독이 만주군 사령관으로 출발시에 해군장관에게 한 '만주에서의 싸움은 내가 맡는다. 그러나 언제 멈출지를 결정하는 것은 당신에게 맡긴다'는 말에서 아주 간결하게 드러난다. 즉 일본은 더 이상의 개전의 지연이 일본에 유해하기 때문에 전쟁을 시작하지만 그와 동시에 전쟁의 계속도 또한 유해하기 때문에, 이미 종전에 대비하고 있었던 것이다. 일본의 지도자들은 초전의 승리 후에 스파르타에 무조건 항복을 요구함으로써 펠로폰네소스 전쟁에서 결국은 자신들이 무조건 항복해야만 했던 아테네인들의 실수를 되풀이하지 않았다. 바꾸어 표현한다면 일본의 지도자들은 '전쟁이란 수단을 달리한 정책의 연속'이라는 클라우제비츠의 전략을 따르고 있었을 뿐만 아니라 전쟁의 궁극적 목적이란 보다 나은 평화이지 단순히 군사적 승리가 아니라는 클라우제비츠 전략의 궁극적 목적도 잘 이해하고 있었던 것이다.

이러한 국가정책의 성공은 단순히 우연적 산물이 아니라 당시 일본 국내 정치질서의 산물이었다. 이때만 해도 일본의 군부는 민간인 국가정책결정자들에게 복종했으며 군사정책과 목표는 국가적 목적과 외교에 의존함으로써 민간지도력과 군사전략이 철저히 조화를 이룬 일본역사상 거의 유일한 경우였다. 또한 포츠머스 평화회담에선 비스마르크 식 절제의 지혜를 유감없이 보여줌으로써 일본 군사력의 취약점을 감추고 외교적 타결을 통해 국제사회에서 존경받는 국가로 일본을 부각시켰던 것이다. 일본의 지도자들은 환상적 전능의식이나 혹은 범세계적 사명의식을 갖지 않았다. 지도이념은 물질주의였지 이념이 아니었다. 이 당시 일본지도자들의 정책은 수단과 목적 사이의 산문적 방정식에 주의를 거부하는 순전히 낭만적 혁명가의 비극적 차원을 내포하고 있지 않았다. 그리고 바로 그 점에 있어 당시 일본지도자들은 비스마르크의 혁명적 시기의 지도력을 재현시켰다고 하겠다.

반면 이 시기에 불필요한 전쟁을 예방하고 보수적 분별력의 지도력을 발휘한 지도자는 미국의 루스벨트 대통령이었다. 즉 1898년 필리핀을 장악할 때 미국 제일의 제국주의자였던 루스벨트가 이때에는 온건 보수주의자로 변신했던 것이다. 그는 러일전쟁 종결 직후에 새롭게 등장하는 국제적 상황에 대처하기 위해서 변신했던 것이다. 그는 러일전쟁 후 일본과 미국 사이에 등장하는 지역적 체제의 양극적 대립가능성에 직면하여 일본에 '유화정책'을 적용하였다. 당시 점증하는 일본의 해군력으로 인해 필리핀이 미국의 '아킬레스 힐', 즉 필리핀이 일본의 인질이 될지도 모른다는 예언자적 인식을 통해 미·일 간의 우호적 관계를 확실하게 할 필요성을 깨달았던 것이다. 따라서 그는 태프트 장관을 통해 한반도의 새로운 현실을 인정하는 선수를 치면서 필리핀에 대한 안전을 확보하는 한편, 1908년에는 루트-타카히라 각서를 통해 미·일 간의 오해나 불신에 따른 충돌의 소지를 제거하는 행동을 취했다. 즉 루스벨트는 이 각서의 정신에 따라 필리핀에서 미해군의 주요기지 건설계획을 포기하고 진주만을 태평양의 주요기지로 개발하는 정책전환을 단행했다.

이와 같이 루스벨트는 필리핀이 미국의 아킬레스의 힐이 되지 않도록 하기 위해 필리핀에게 독립을 주려 했고 불필요한 일본과의 마찰을 선도적으로 제거하려는 지도력을 보여주었다. 그리하여 그는 페리제독과 타운센트 해리스가 개척한 미·일 양국의 우호관계를 손상없이 지속시켰을 뿐만 아니라 그의 선도적 인식과 재빠른 행동은 일본에 대한 미국의 영향력을 존속시키는 데 크게 기여했었다. 게임이론의 용어로서 표현한다면 그의 지도력은 미·일 간의 양극적 제로섬게임의 심리적 질곡에서 양국이 함께 벗어날 수 있게 한 것이다.

그러나 그의 이러한 선도적 유화정책은 결코 앞서 언급된 무력감이나 공포에 질려서 나온 우둔한 정책이 아니었다. 그는 자신만만한 지도자였다. 그는 거대한 미국의 함대를 일본에 파견함으로써 미국의 유화정책이 잘못 이해되지 않도록 가시적으로 힘을 시위했다. 하지만 그는 힘을 과신하지는 않았으며 분별력있게 행동함으로써 불필요한 전쟁의 위험성을 제거하는 데 성공했던 것이다.

5. 지도력의 과제

오늘날 우리는 핵무기의 가공할 파괴력으로 인해 상호전멸의 위기가 계속되는 시대에 살고 있다. 따라서 현상을 타파하고 새로운 질서를 창조하는 혁명가의 지도력보다는 보수적 성향의 지도력이 더욱 요청되는 시대에 살고 있다. 그렇다고 해서 창의성을 무조건 위험시하거나 모험의 요소를 국소화하는 것만이 최선은 아니다. 왜냐하면 그런 경우 그 사회는 새로운 환경과 조건에 적응하거나 새로운 목표를 설정하는 능력을 상실하게 되기 때문이다. 적응의 실패는 공룡의 운명을 면하기 어렵다. 적응은 모든 생명의 본질이다. 목표설정의 무능은 그 사회구성원들의 사기를 저하시키고 권태의 탈출구에 대한 욕망을 불러일으킨다. 따라서 단순히 보수적인 정책은 안정도 보장하지 못할 뿐만 아니라 결과적으로 위기가 거의 주기적으로 반복되는 악순환을 빚어내게 된다.

그러나 여기서 창조적인 정책을 시도하는 대신에 낡은 정책의 고수만을 고집하게 되는 중대한 이유는 역사의 성격 자체에서도 유래한다. 역사에서 정치가는 새로운 기회를 포착하지 못한 데 대한 책임을 추궁당하지는 않지만 그가 실제로 취한 행동의 결과에 대해서는 거의 예외없이 책임을 추궁당하기 때문이다. 따라서 일반적으로 정치지도자들은 행동하기에 너무 늦었을 경우에만 사태의 심각성을 인정하게 되는 것이다. 그러므로 위대한 정치지도자는 자신의 창의적 영감이 이미 실제상의 경험이며 사실인 것처럼 행동하지 않으면 안 되는 것이다. 정치지도자는 사회의 경험과 자신의 비전 그리고 전통과 미래 사이의 가교역할을 하지 않으면 안 된다. 그러나 미래의 비전은 실제에 앞서는 것이기 때문에 자신의 예언자적 비전을 국내적으로 정당화하기 위해서 정치가는 교육자가 또한 되어야 하는 것이다. 국민의 경험을 지나치게 앞서는 정치가는 국내적 총화를 달성하지 못하며, 자신의 정책을 국민의 경험에만 의존하는 자는 흐지부지 끝나고 만다.[5)]

우리는 현재 2차대전 후에 형성된 국제질서구조의 연장선상에 살고 있다. 제 2 차대전 후 국제체제적 차원에서 수행된 국가들의 안보외교정책은 냉전의 경험을 거치면서 창조적 정책보다는 정도의

5) Henry A. Kissinger, *A World Restored,* Boston: Houghton Mifflin, 1957, p. 239.

차이는 있지만 대체로 안보지향적 정책의 내면화를 통해 거의 반세기의 평화를 가져왔다. 핵무기의 위협 속에서 전전긍긍해 온 사실을 상기한다면 이것은 인류역사의 빛나는 평화의 시기라고 할 수도 있을 것이다. 그러나 우리는 제2차대전 후 거의 300회에 달하는 이른바 제한전쟁을 경험했으며 이런 전쟁은 지금도 지구의 도처에서 계속되고 있다. 이러한 현상은 마이클 하워드(Michael Howard)의 지적처럼 우리시대의 전쟁 양상이 마치 18세기의 목적과 수단의 사용이 제한된 전쟁의 시대로 되돌아가는 것처럼 보이게 한다. 바꾸어 표현한다면 전쟁이 수단을 달리한 정책의 연속이라는 클라우제비츠의 방정식이 우리도 모르는 사이에 지배하는 시대로 되돌아온 것이다. 그리고 이러한 관찰이 정확한 것이라면 우리시대의 지도력은 과거의 계속이 곧 안정이라는 관념적 노예상태에서 벗어나 다가오는 위기를 사전에 포착하는 지적능력과 거기에 적극적으로 대처하는 실천적 능력이 그 어느 때보다도 요청된다 하겠다.

일단 위기가 부인할 수 없는 객관적 현실로 조성되었을 때에는 창조적 정책의 가능성도 그만큼 감소되어 버린다. 오직 이러한 단계에 와서야 비상사태를 선언하고 능동적이니 신축성이니 하는 아무도 반대할 까닭이 없는 수사학만을 구사하는 것은 참다운 지도력이라 할 수 없다. 참다운 지도력은 마키아벨리가 그렇게도 강조한 선견지명의 지적 능력과 클라우제비츠가 강조한 실천적 능력으로 집약될 수 있다. 그러한 지도력의 소유자는 결코 자신의 비전을 현실에 복종시키는 우둔한 기회주의자가 아니라 '장엄한' 인간이다. 이런 점에서 진정한 지도자는 보통사람이 아닌 야심에 찬 인간이며 그의 야심은 자신의 지성적 비전과 실천적 용기로 구성된다.

그러나 그러한 지성이나 용기란 돈으로 언제나 살 수 있는 기성품이 아니다. 왜냐하면 그 지도력은 과학적 방식이 아니라 하나의 기술이기 때문이다. 우리는 위대한 역사적 지도자들의 위대한 마음 속으로 끊임없이 되돌아 갈 때에만 간접적으로나마 그러한 기술에 접근할 수 있는 것이다. 어느 목수도 플라톤을 읽고 탁자를 만들지는 않았다. 안보외교정책은 철학자가 아니라 정치가에 의해서 결정된다. 따라서 우리시대의 안보외교정책이 필요로 하는 것은 철인-목수, 다시 말해서 지성적 정치가라고 할 수 있을 것이다.

6. 결　　론

콜럼버스의 말처럼 역사란 만장일치로 이루어지지 않는다. 이탈리아의 통일을 모색하던 사르디니아 왕국의 카브르 수상은 당시 열광적인 마찌니 공화주의나 기발한 지오베르티의 국가연합방안을 비현실적이라고 판단하고 국제적 여건과 강력한 동맹국의 힘을 통해서만 통일이 가능하다고 믿었다. 역사는 그가 옳았음을 입증했다.

독일통일의 위업을 성취한 비스마르크는 자유주의에 입각한 통일방안을 비웃었으며 제3국들의 우호적 중립만 주어진다면 프러시아의 자체 힘으로 독일 통일을 달성할 수 있다고 믿었다. 그는 그것을 스스로 증명했다. 월맹의 호지명이나 서독의 콜 수상은 각각 결정의 순간에 타강대국들의 방해만 없다면 통일이 가능하다고 믿었다. 호지명에겐 그런 방해로 인해 베트남 통일이 지연되었다면, 콜은 그런 방해를 사전에 예방함으로써 신속하게 독일통일을 달성하여 냉전종식의 실질적 기념비를 세웠다.

신국제질서의 형성과 함께 도래한 이른바 한반도의 4강외교 시대에선 캐슬레이의 대나폴레옹 연합전략과 카브르의 대프랑스 동맹

전략, 그리고 비스마르크의 자유행동을 위한 국제적 여건조성전략이 함께 체계적으로 종합되어 하나의 '한반도통일대전략'이 실행되는 계기가 되어야 한다.

20세기 최고 외교사상가 중의 한 사람인 헨리 키신저 박사는 "외교의 힘이란 비전과 기민한 행동의 결합에 있다"고 주장한다. 비전없는 기민한 외교행보는 보람없이 분주할 뿐이며, 기민한 외교행보 없는 비전은 공상에 지나지 않는다. 비스마르크는 역사의 발자국 소리를 듣는 자만이 역사의 창조자가 될 수 있다고 주장했다. 4강외교 시대의 도래는 한반도 통일을 위한 역사의 발자국 소리가 아닐까? 이제 통일외교는 국가의 최우선과제로서 본격적으로 추진되어야 한다. 왜냐하면 외교정책은 바버라 워드(Barbara Ward)의 말처럼 우리 모두의 운명이기 때문이다.

제17장

외교정책과 역사

> 과거를 지배하는 자가 미래를 지배하고 현재를 지배하는 자가 과거를 지배한다.
>
> – 조지 오웰 –
>
> 우리는 기억할 때와 잊어야 할 때를 알아야 하고 또 역사적으로 느끼는 것이 필요할 때와 비역사적으로 느끼는 것이 필요할 때를 본능적으로 알아야 한다.
>
> – 니체 –
>
> 역사가에게 과거는 여성과 같다. 역사가는 결코 싫증나지 않고 또 결코 이치에 닿는 말을 할 것으로 기대되지 않는 정부(情婦)와도 같은 과거를 사랑한다.
>
> – 마이클 오크숏 –

오늘날 한국의 적지 않은 국제정치학자들이 소위 정책과학이론 작업에 열중하고 있다. 이 이론은 거의 모든 경험적 및 규범적 이론과는 달리[1] 의도적으로 행동지향적인 용어로 작성된다. 정책과학자

1) 이론을 경험적, 규범적 및 정책과학적으로 구분한 것은 원래 월터 리프만(Walter Lippmann)이었다고 케네스 톰슨(Kenneth Thompson)은 지적했다. 그의 "Toward a Theory of International Relations," *American Politicial Science Review*, 49, September 1955, pp. 733-746을 참조. 이와 관련하여, Stanley Hoffmann, *Contemporary Theory in International Relations*, Englwood Cliffs, N.J.: Prentice-Hall, 1960; Richard Smoke and Alexander L. George, "Theory for Policy in International Relations," *Policy Sciences*, 4, December 1973, pp. 387-413; Alexander L. George and Richard Smoke, *Deterrence in American Foreign Policy: Theory and Practice*, New

들은 국가 지도자들의 결정에 봉사하고 그것들을 위해 글을 쓰며 합리화한다. 왜냐하면 그들은 지도자들의 목적과 전망을 공유하기 때문에 자신들을 단순한 기술자(technician)로 간주하거나 또는 적지 않은 국가에서처럼 지도자의 가정(假定)을 의문시하는 것이 허용되지 않기 때문이다.[2] 따라서 그들은 정치지도자들이 추구하는 구체적 과업을 위해 명시적으로 실천적 지침만을 제시하려고 한다. 즉 당면한 구체적 문제나 예상되는 미래의 구체적 문제들을 헤쳐나가기 위한 직접적이고 포괄적이며 쓸모있는 통찰과 도움을 제공하려고 노력한다. 따라서 그런 이론은 목적, 테크닉, 그리고 심지어는 가치까지도 찾아내어 분명히 하는 것을 포함할 것이다. 요컨대 정책과학이론은 정책결정자들에게 "당신이 말한 목표를 달성하기 위해서는 당신이 이러한 특별한 수단을 써야만 한다"고 말한다.

정책과학이론이란 정책의 "무엇"보다는 "어떻게"에 주로 관련되어 있는 것이다. 정책결정자들이 그런 이론을 활용할 수도 있지만 그러나 정책과학이론 자체는 별로 발전하지 못했으며 "유포된 일반화나 단절된 통찰"에 의해 주로 특징지어진다.[3] 그러나 정책 결정자들이 필요로 하는 것은 보다 세련되고 차별화된 이론, 즉 사건들의 차이를 구별하고 직접적인 진단과 예측적인 중요성을 갖는 변수들을 제시할 수 있는 이론이다. 그들은 현재의 이론에서 그런 품질을 발견하지 못한다. 조지(George)와 스모크(Smoke)가 적절히 지적했듯이,[4] 이해하려는 현실의 어떤 국면들을 단순화해야만 하는 것이 이론의 본질이다. 따라서 만일 이론이 정책적 유용성을 갖기 위해서

York: Columbia University Press, 1974, pp. 616-620 등을 참조.

2) Stanley Hoffmann, *Janus and Minerva*, Boulder: Westview Press, 1987, p. 419.

3) Alexander L. George and Richard Smoke, *op. cit.*, pp. 619-620.

4) *Ibid.*, p. 598.

는 이론의 수립과정에서 제외되었거나 지나치게 단순화된 실제적 현상의 요소들을 찾아내야 하며 이론의 내용과 사용을 위해 그것들의 함축된 의미에 주목해야 한다. 그러나 연역적으로 추리함으로써 조사자들은 "역사적 현실"의 시험을 거의 거치지 않은 비교적 추상적인 이론을 제공하게 된다. 한마디로 표현해서 정책과학이론은 너무 단순하고 추상적이다.

그러나 외교정책이란 정밀과학이 아니라 일종의 기술이다. 현대 국제정치학의 아버지라고 할 만한 한스 모겐소(Hans J. Morgenthau)는 공학도(engineer)의 합리성과 정치가의 지혜 및 도덕적 힘을 비교했었다. 즉 정치행동에서 진실로 성공적이고 합리적이기 위해서 정치가에게는 공학도와는 다른 종류의 지식이 필요하다. 그것은 확실한 사실들의 지식이 아니라 인간이 그것들에 따라 사회적 세계에서 움직이는 영구적 법칙에 관한 지식이다. 인간본성에 대한 열쇠는 그것들의 획일성으로부터 과학이 추론하는 사실들에 있지 않다. 그것은 과학적인 것을 뛰어 넘는 인간이 자신의 경험을 인간본성의 보편적 법칙으로 승화시키는 통찰과 지혜에 있는 것이다.[5]

인간 생존의 불안전이 인간의 지혜에 도전하는 그곳에 숙명과 자유, 필연과 우연의 상봉점이 있다. 승리의 보장도 없는 자신에게 불리한 여건 속에서 인간은 과학적 진리의 추구자가 되기보다는 영웅처럼 투쟁을 계속하는 것이다.[6] 그러나 정치가의 영감(inspiration)은 언제나 자신이 속해 있는 조직에 의해서 부과되는 제약에 의해서 시험받는다. 즉 그는 자신의 정책에 대한 국내적 지지를 획득할 필요성을 안고 있다. 영감과 조직 간의 이 갈등은 인간 역사의 피할

5) Hans J. Morgenthau, *Scientific Man vs. Power Politics*, Chicago: University of Chicago Press, 1946, pp. 219-220.

6) *Ibid.*, p. 223.

수 없는 요소이다. 영감은 위대성을 요구하지만 조직은 평범함이 지도력의 보편적 유형이라는 점을 인정할 것을 요구한다.[7] 따라서 치국책(statecraft)에 있어서 조직과 영감을 구별하는 것, 즉 관료적 요구와 정치지도력의 요구를 구별하는 것은 윤리와 철학의 과제이다.

국제적으로 생각하는 지도자에게 외교정책의 구조적 문제는 모든 관련 국가의 상대적 안정, 그리고 그들의 상대적 불안정을 보장하려고 노력하는 것이다. 즉 정치지도자는 능력과 의도 사이의 균형을 잡아야 한다. 그는 타국의 선의에 의존할 수 없다. 왜냐하면 그것은 외교정책의 포기가 될 것이기 때문이다.[8] 뿐만 아니라 관련 국가들이 기존의 질서를 끊임없이 전복하려들지 않도록 어떤 상식적 가치감각이 발견되어야만 한다. 만일 정당한 주권국가의 개념에 변화가 생기면 사건들은 국제체제의 전환, 즉 혼란의 시기를 가져올 것이다. 이것이 우리 시대의 문제들 가운데 하나이다.[9] 헤겔의 지적처럼 어떤 정치가는 자신의 영감으로 역사의 숙명적 교차로에 섰다. 그리고 비전과 용기 있는 행동으로 불멸의 명예를 획득했다.

인간은 자신이 알고 있는 것에 의해서나 혹은 자신이 성취하는 것에 의해서가 아니라 스스로 짊어지는 과업에 의해서 신화가 되는 것이다.[10] 따라서 키신저는 정치가를 미래의 비전을 갖고 있지만 그것을 자신의 국민들에게 직접적으로 전달할 수 없고 또 그 비전의 진실성을 확인해 보일 수 없는 고전적 드라마의 주인공에 비유했다. 국가들은 경험을 통해서만 배운다. 그런데 국가들은 행동하기엔 너

---

7) Henry A. Kissinger, *A World Restored: Metternich, Castlereagh, and the Problems of Peace, 1812-1822*, Boston: Houghton Mifflin, 1957, p. 322.

8) Henry Kissinger, *For the Record*, Boston: Little, Brown, 1981, pp. 116-117.

9) *Ibid.*

10) Henry A. Kissinger, *A World Restored: Matternich, Castlereagh and the Problems of Peace 1812-1822*, Boston: Houghton Mifflin, 1957, p. 317.

무 늦어버렸을 때에만 깨닫게 된다. 대조적으로 정치가는 자신의 직감이 이미 경험인 것처럼, 즉 자신의 영감이 이미 진리인 것처럼 행동해야만 한다. 정치가의 이런 도덕적 질곡은 시간을 초월하려는 노력과 그 시간 속에서 생존할 필요성에 기인한다. 바로 이러한 이유에서 정치가는 종종 예언자의 운명을 공유한다. 즉 그는 자국 내에서 명예를 얻지 못하고 자신의 계획을 국내적으로 정당화시켜야 하는 어려운 과업을 항상 갖게 되며 그들의 위대성은 보통 자신의 직감이 경험이 되어버린 후 오직 회고적으로만 분명하게 된다. 따라서 정치가는 교육자가 되어야만 한다. 즉 그는 국민들의 경험과 자신의 지혜 사이의, 국가의 전통과 미래 사이의 가교를 세워야만 한다.[11)]

따라서 외교정책에 대한 근본적인 도전은 물리적 자원이라기보다는 외교정책의 목적과 철학적 인식이다. 현명한 외교정책은 위험이 급박해질 때까지 기다리는 것이 아니다. 외교정책에 대한 창조적 사고는 우리시대의 근본적 패러독스를 간파하는 것을 의미한다. 창조성을 위한 상당한 여유가 있을 때에는 외교정책적 도전에 관한 사실들이 모호하고 불확실하기 쉽다. 그러나 우리가 모든 사실을 알게 되었을 때에는 종종 행동하기에 너무 늦다. 이것이 오늘날 상호의존적 세계화의 시대를 살아가고 있는 모든 국가 정치지도력의 딜레마이다. 그래서 정치지도력의 핵심 가운데 하나는 역사적 행동의 적절한 타이밍의 포착이다.

어느 시대에나 철학과 치국책 간의 관계는 역사적 애널로지(analogy)의 타당성에 관해 명백한 의문을 제기한다.[12)] 모든 인간은

---

11) 키신저의 이러한 문제에 관한 상세한 논의를 위해서는 강성학 역, 『키신저박사와 역사의 의미』, 서울: 박영사, 1985(Peter Dickson, *Kissinger and the Meaning of History*, New York: Columbia University Press, 1978) 참조.

12) Greg Russell, "Kissinger's 'World Restored' and Statemanship in Search of

애널로지로 추론하는 성향이 있다. 참으로 역사적 추론은 애널로지로 주장할 수밖에 없다. 그러나 역사적 사건이란 한편으로 과거에 일어났던 식으로는 절대로 일어나지 않는 독특한 발생인 반면에 또 다른 한편으로는 그것이 다른 사건들과의 어떤 유사성을 보여주는 한 전형적인 것이다. 따라서 우리가 현재 발생하는 사건들의 의미를 물을 때 우리는 축적된 역사적 지식의 보고에 의존해서 그 사건을 이해하고 판단할 수 있다. 실제로 역사가 정확한 분석을 제공해 주는 경우는 매우 드물다. 그러나 역사의 분석적 은유(metaphors)와 추정은 기능적으로 유용하다. 그것들은 인식적 간결화를 돕고 예증과 방향감각, 구조적 논증을 제공하며 아이디어들을 상세히 설명하는 데 도움이 된다.13)

역사적 현실은 역사와 역사학의 몫이다. 그러나 역사학자들이 서술하는 "역사"는 현재 정치적 삶을 살아가는 사람들의 수많은 상이한 해석에 직면한다. 역사가들도 유사성과 차이성의 중요성에 관하여 선호가 서로 다르다. 예를 들어 미국의 베트남전 개입을 옹호

World Order," *The Political Science Reviewer*, Vol. 22, 1993, p. 318. 치국책이 성공하기 위해서는 역사의 본보기에 의존해야 한다는 것을 처음으로 가장 강력하게 주장한 것은 마키아벨리였으며 그의 지나친 역사의존을 비판한 것은 동시대의 프란시스코 귀치아르디니(Francisco Guicciardini)였다. 이에 대해서는 Howard B. White, "Edmund Burke on Political Theory and Practice," *Social Research*, March 1950, p. 119. 귀치아르디니에 관해서는 Felix Gilbert, *Machiavelli and Guicciardini: Politics and History in Sixteenth-Century Florence*, Princeton: Princeton University Press, 1965를 참조.

13) Yaacov Y. I. Vertzberger, "Foreign Policy Decisionmakers and Practical-Intuitive Historians: Applied History and Its Shortcomings," *International Studies Quarterly*, Vol. 30, No. 1, 1986, p. 243. 국제정치학에서 "은유"의 재도입을 주장하는 것으로는 David B. Bobrow, "Complex Insecurity: Implications of Sobering Metaphor," *International Studies Quarterly*, Vol. 40, No. 4, December 1996.

했던 사람들은 뮌헨과 히틀러의 애널로지로 추론했으며 개입 정책에 반대했던 사람들은 아테네인들의 시칠리 원정이나 로마제국의 멸망을 가져온 사건들의 애널로지로 추론했다. 몽테뉴(Montaigne)의 지적처럼 어떤 사건도 다른 사건과 전적으로 같지 않은 것과 마찬가지로 어떤 사건도 다른 사건과 전적으로 다르지 않다. 그것은 자연의 교묘한 혼합물이다. 만일 우리 인간들의 얼굴에 유사성이 없다면 우리는 인간과 금수를 구별할 수 없을 것이다. 그러나 만일 다른 점이 없다면 우리는 서로를 구별할 수 없을 것이다.[14] 애널로지에 의한 추론은 인간사고에 본질적이다. 그러나 소위 "역사적 교훈"은 전혀 분명치가 않으며 사람들은 종종 특정된 역사적 경험에서 얻은 올바른 교훈에 동의하지 않는다. 뿐만 아니라 올바른 역사적 교훈을 얻었다고 할지라도 과거와 다른 새로운 상황에 그런 교훈들을 잘못 적용하기도 한다.[15] 역사철학자들도 그러한 카테고리에서 자유롭지 못했다. 그리고 바로 그러한 맥락에서 니체는 헤겔과 맑스를 비판했었다.[16]

역사의 상이한 해석과 그것들의 빈번한 인용의 심각한 문제점을 지적하기 위해 크리스토퍼 손(Christopher Thorne)은 역사의 여신(Clio)을 콜걸(call-girl)에 비유하면서 장 제네(Jean Genet)의 『발코니』(*The Balcony*)라는 작품을 상기시켰다. 이 작품에서[17] 자신의 집을

14) Jacob Zeitlin, ed., *The Essays of Michel de Montaigne*, New York: Alfred A. Knopf, 1936, Vol. 3, p. 270.

15) Ernest May, *"Lessons" of the Past: The Use and Misuse of History in American Foreign Policy*, New York: Oxford University Press, 1973, p. xi; Alexander L. George, David Hall, and William Simons, *The Limits of Coercive Diplomacy: Laos, Cuba*, Vietnam, Boston: Little, Brown, 1971, p. ix.

16) Friedrich Nietzsche, *The Use and Abuse of History*, trans. by Adrien Collins and Julius Kraft, New York, 1957.

17) 이것은 원래 *Le Balcon*이라는 1956년의 프랑스 작품이 1957년 영어로

"환상의 집"(House of Illusions)이라 부르는 마담 이르마(Madam Irma)라는 포주는 벨을 누르고 들어서는 모두가 다 나름대로 완전하게 생각해 낸 자신의 시나리오를 가지고 온다는 것을 발견한다.[18] 현 상황에 대한 자신의 이해가 정확하다는 것을 정당화하기 위해서 우리는 종종 정치인들이 "역사의 심판"에 자신있게 호소하는 소리를 듣는다. 그러나 역사의 신의 심판을 들추는 사람들은 자신의 외침이 문제를 해결하기 보다는 피해가고 있다는 사실을 인정하는 경우가 별로 없다. 도대체 "역사"가 그들의 이런저런 정책의 올바름을 입증해 줄 것이라는 말은 정확히 무엇을 의미하는 것일까? 자기가 주장하는 길이 성공할 것이라는 것을 의미하는가? 그렇다면 그 성공은 어떤 기준과 어느 정도의 기간에 의해서 판단한단 말인가? 아니면 미래의 역사가들이 모두가 하나같이 긍정적 판단을 할 것임을 의미하는가?

역사의 심판을 들먹이는 것은 정치가들에게만 국한되지 않는다. 수 세기에 걸쳐 수많은 역사가 자신들도 그랬었다. 『펠로폰네소스 전쟁사』의 첫 장에서 투키디데스는 자신의 기록이 과거와 닥쳐올 미래에 반복될 것을 분명히 이해하고자 하는 사람들에 의해서 유용하다고 판단되면 자신의 역사서는 영구불멸할 것이라고 선언했을 때[19] 그도 역사의 심판을 기대했었다. 투키디데스가 지금도 읽히고 연구되고 있다는 사실을 고려할 때 역사의 심판은 그의 손을 들어 준 셈이다. 머콜리(Macaulay)는 자신의 작품이[20] 투키디데스의

번역 출간된 것이다.

18) Christoper Thorne, *Border Crossings*, Oxford: Basil Blackwell, 1988, p. 13.

19) Thucydides, *History of the Peloponnesian War*, trans. by Rex Warner, Penguin Books, 1956, pp. 24-25.

20) Thomas Babington Macaulay, *History of England from the Succession of James Ⅱ, 1848-1862*, Vol. 5, New York: Longmans, 1898.

것에 미치지는 못하겠지만 동일한 위대성의 기준이 될 것을 열망했다.[21] 그리고 그의 작품은 실제로 오랫동안 영국인들의 정치적 지혜를 위한 교과서였다.

그러나 오늘날 출판되는 대부분의 역사책들은 정치적 통찰력과 지혜를 얻는 데 관한 한 투키디데스의 작품과는 달리 적절한 "교재"나 "부교재"로도 채택되지 않고 있다. 그것은 그것들이 정치적 통찰력과 지혜를 가르쳐 주지 않기 때문이다. 그리고 또한 그것은 오늘날 대부분의 역사가들이 소위 "신 역사"의 영향권, 보다 최근의 표현을 빌려서 표현한다면 신 역사의 "헤게모니"하에 있기 때문이다. 1921년 제임스 하비 로빈슨(James Harvey Robinson)이 왕조와 전쟁의 "쓸모없는 상설(詳說)을 그만두고" 인류학자들, 경제학자들, 심리학자들 및 사회학자들의 발견을 이용하는 소위 "민초들"의 역사를 촉구하면서 "신 역사"(New History)의 강령을 발표한 이래[22] 본질적으로 정치적인 것은 역사기술의 중심적 자리에서 밀려났다.[23] 이제 역사학 분야에서 신 역사가 대체로 새로운 정통파적 관행(orthodoxy)이 되었다. 이것은 정치적, 외교적, 헌정사적, 군사적 및 지성적 구역사(the Old History)가 더 이상 쓰여지지 않는다는 것을 의미하지

---

21) Gertrude Himmelfarb, "Who Now Reads Macaulay?" in Gertrude Himmelfarb, *op. cit.*, p. 145.

22) James Harvey Robinson, *The New History: Essays Illustrating the Modern Historical Outlook*, New York: Macmillan, 1912, pp. 8, 24, 132.

23) 거트루드 힘멜파브(Gertrude Himmelfarb)는 신역사의 선구자들로 로빈슨 외에 부르크하르트(Jacob Burckhart), 람프레히트(Karl Lamprecht), 그린(J. R. Green), 웰즈(H. G. Wells) 그리고 1929년에 창간된 『경제사회사 연보』(Annales d'historie économique et sociale)의 소위 아날학파와 그 학술지의 편집자 브로델(Fernand Braudel), 비어드(Charles A. Beard), 톰슨(E. P. Thompson), 홉스봄(Eric Hobsbawm), 앤더슨(Perry Anderson) 등을 들고 있다. 자세한 논의를 위해서는 힘멜파브(G. Himmelfarb)의 *The New History and the Old*, Cambridge: The Belknap Press of Harvard University Press, 1987의 서론을 참조.

않는다.[24] 그러나 구 역사가 완전히 대치되지는 않았다고 할지라도 대부분이 바뀌었다. 그리하여 과거에 역사학의 중심부에 있었던 것이 이제 변방으로 밀려났고 과거에 역사로 정의되었던 것이 이제는 역사의 각주로 전락했다.[25]

동료애의 정신에서 어떤 역사가들은 관용의 분위기가 지배하고 역사가들 각자가 자기 일을 하는 한, 즉 자기 나름대로 "천국"에 가는 한 그런 문제는 별로 중요하지 않다고 주장한다.[26] 그리하여 "신 역사"는 전통적 역사에 대한 도전을 대표한다. 이 도전은 심각하다. 왜냐하면 그것은 오늘날의 역사학 분야에서 신 역사의 지배, 즉 헤게모니 때문만은 아니다. 중요한 것은 신 역사, 즉 사회사는 정치가 빠져버린 역사라는 데 있다. 즉 신 역사는 정치를 무시하거나 부수현상(epiphenomena)으로 치부해 버리거나 정치학이나 사회학의 연구 주제로 간주하는 특징을 갖고 있다. 구 역사는 정치체제와 행정, 입법과 정치, 외교와 외교정책, 전쟁과 혁명을 전형적으로 다룬다. 반면에 신 역사는 계급과 인종집단, 사회적 문제와 제도, 도시와 지역 공동체, 일과 놀이, 가정과 성, 출생과 죽음, 유년시절과 노년, 범죄와 광기를 다룬다. 구 역사는 왕들과 대통령들, 정치인들과 지도자들, 정치이론가들을 주역으로 다루지만 신 역사는 익명의 민중들을 주제로 삼는다. 구 역사가 소위 "위로부터의 역사" 혹은 "엘리트의 역사"라면 신 역사는 "아래로부터의 역사" 혹은 "민중의 역사"이다. 그리고 신 역사는 헌법이나 조약, 의회의 토론, 정치관련 문헌이나

---

24) 구 역사는 종종 신 역사의 관점에서 쓰여진다. 그리하여 정치사는 계량화되거나 사회학적이 되고 지성사는 대중들의 믿음과 태도의 연구로 전환된다.

25) Gertrude Himmelfarb, *op. cit.*, p. 4.

26) G. R. Elton, "Two Kinds of Histroy," in Robert William Fogel and G. R. Elton, *Which Road to the Past? Two Views of History*, New Haven: Yale University Press, 1983, p. 83을 참조.

정당의 강령보다는 통계적 지표, 구두 인터뷰, 사회학적 모델과 정신분석학적 이론들에 의존하면서 서술적이 아니라 분석적인 경향이 있다.[27)]

신 역사는 상당한 비판을 받았다. 분석적 접근방법은 역사의 역동적 운동을 파악하지 못한다는 것이다. 즉 계량적 방법은 계량화될 수 있는 주제와 자료에 조사를 국한시킴으로써 역사를 좁히고 쓸모없이 만든다. 정신분석학적 해석들은 경험적 증거보다는 선험적(priori) 이론에 근거하고 있고 사회학적 모델들은 너무 추상적이어서 구체적인 역사적 상황을 밝히지 못한다. 유력한 이념적 편견은 역사가로 하여금 자신의 주제를 찾아 거기에 자신의 심적 태도와 가치를 부여한다. 즉 민중주의적 방법은 그들의 행동과 아이디어들이 결국 역사를 형성하는 데 기여한 현저한 인물들, 즉 지도자들을 수용하지 못한다. 여러 가지 기술과 접근법을 모두 수용하는 신 역사는 전체적으로 방법론적 관용하에서 칼 베커(Carl Becker)의 "모두가 자기 식대로 역사가"라는 유명한 언명을[28)] 입증해 주는 것 같다. 이 모든 비판들, 아니 그 이상의 비판이 논의되고 토론되어 왔다. 그러나 대체로 간과되었지만 더욱더 중요한 문제는 이미 앞서 지적한 것처럼 신 역사가 현저하게 사회사이기 때문에 역사가의 전통적 관심이었던 정치사가 빠진 그런 역사라는 점이다.[29)]

그럼에도 불구하고 사회사가들은 그것을 전체(total) 역사로서 유일하게 의미있는 역사라고 역사학계의 중심부에서 헤게모니를 구

---

27) Gertrude Himmelfarb, "History with the Politics Left Out," in Gertrude Himmelfarb, *op. cit.*, p. 14. 이것은 원래 1984년 4월 *Harper's Magazine*에 게재된 것임.

28) Carl L. Becker, *Everyman His Own Historian: Essays on History and Politics,* New York, 1935.

29) Gertrude Himmelfarb, *op. cit.*, pp. 14-15.

가하고 있다. 그들은 현재가 과거를 형성케 하고 그렇게 형성된 과거에다 무엇이 진짜이고 중요한 것인가에 대한 자신의 아이디어를 주입시키는 일종의 휘그 오류(Whig fallacy)를 범한다.[30] 현재가 과거를 결정하게 하는 것이 비역사적이라면 과거가 현재에게 알리는 것을 막는 것도 분명히 비역사적이다. 한때는 맑스주의자들만이 정치를 역사의 부수적 현상, 즉 저변의 경제사회적 "하부구조"의 "상부구조" 혹은 "그림자"로 간주했다. 오늘날 정치에 대한 그런 견해는 우리의 문화에 너무도 깊숙이 침투해 있고, 이 점에서 "이제 우리 모두가 다 맑스주의자이다"라고 말할 지경이 되었다.[31] 맑시즘은 자본주의의 멸망, 세계혁명의 승리, 공산사회의 수립 등 모든 것에서 실패했지만 정치적 사고들과 제도, 정치적 활동과 정치적 아이디어의 품위와 명예를 떨어뜨리고 더럽히는 데에서는 성공한 셈이다.[32] 이런 맥락에서만 본다면 의미있는 정치적, 이념적인 대결이 끝났다고 "역사의 종말"을 선언하고 역사의 종말 이후 소비자의 욕구, 즉 경제적 욕구가 지배하는 세상을 전망한 헤겔주의자 프랜시스 후쿠야마(Francis Fukuyama)도 그런 카테고리에 속하는 대표적 역사가라고 할 수 있을 것이다.[33]

어떤 의미에서 신 사회사가들은 맑스주의자들보다도 한 걸음

30) 휘그 오류란 반세기 전에 허버트 버터필드(Herbert Butterfield)가 현재 우리가 소중하게 생각하는 아이디어들과 제도들의 원천을 과거 속에서 찾으려는, 즉 역사를 거꾸로 읽는 무의식적 습관을 경고하기 위해 사용한 말이다. 그러나 그는 과거와 현재의 연속성을 부인하려 한 것은 아니었다. Herbert Butterfield, *The Whig Interpretation of History*, London, 1931.

31) Gertrude Himmelfarb, *op. cit.*, p. 16.

32) *Ibid.*

33) Francis Fukuyama, "The End of History?" *National Interest*, No. 16, Summer 1989, pp. 3-18; Francis Fukuyama, *The End of History and the Last Man*, New York: The Free Press, 1992.

더 나아간다. 맑스주의자들이 경제와 정치 간의 인과관계를 입증할 필요성을 느끼는 반면 아니 적어도 그렇게 주장하는 반면에 신 역사가들은 정치적 차원을 간단히 무시해 버리고 사회적 현실을 아주 포괄적이고 편재하게 만들어 어떤 정부형태나 법률 혹은 정치제도도 일종의 "사회적 통제"(social control)로 자동적으로 인식되게 하고 있다. 맑스의 고전적 하부구조를 대치한 새로운 하부구조는 평범한 사람들, 즉 민중의 일상생활, 즉 계급관계뿐만 아니라 남녀관계, 노동자와 농민들뿐만 아니라 범죄자들과 정신이상자들의 조건이다.[34) 바꾸어 말하면 그들에게 진정한 하부구조는 소위 시민사회(civil society)이다. 그러나 맑스주의자들에게 뿐만 아니라 사회사가들에게 하부구조란 바로 그 역사가가 하부구조로 간주하는 것일 뿐 동시대인들이 자신들의 삶과 시대에서 가장 중요한 것으로 간주하고 있는 것이 아니다. 맑스주의자들처럼 사회사가들은 자신들의 주제에 있어서 그들 자신들이 처한 현실을 이해하지 않고 "허위의식"(false consciousness)의 유죄를 너무도 쉽게 선언한다. 만일 과거에 대한 자신의 설명과 동시대인들의 그것 사이에 불일치가 있게 되면 자신이 그들보다도 더 현명하다고 자처한다. 그들은 자신이 사용한 최신의 분석기술이 자신에게 사회적 현실의 보다 객관적이고 보다 정확한 견해를 제공한다고 믿기 때문이다. 그리하여 자신의 의식이 옳은 의식이고 다른 사람들의 의식은 허위라고 믿는다.[35)

사회사가들은 멀쩡한 정신에서 이렇게 한다. 왜냐하면 과거에다가 자신이 부여하는 현실이 자기가 현재에서 인식하는 현실이기 때문이다. 만일 그들이 노동과 유희, 섹스와 어린 시절을 중요하게 취급한다면 그것은 자기 자신의 문화에서 그것들이 그들을 골몰하

34) Gertrude Himmelfarb, *op. cit.*, p. 17.
35) *Ibid.*

게 하는 것들이기 때문이며, 그것들이 정부나 정치의 "단지 형식적" 과정보다도 실존적 현실의 보다 중요한 부분이라고 믿기 때문이다.[36] 만일 그들이 정치전통보다도 민속전통에, 문서보다도 구두나 비공식적 증거에, 그리고 치국책에 관한 이론보다도 민중신화에 더 많은 신용을 부여한다면 그들은 자신이 명확하게 "기술하고 있는 문화"에 관해서보다는 "자신이 살아가고 있는 정치적 및 지성적 문화"에 관해서 더 많이, 자신도 모르게 더 많이 우리에게 말해주고 있는 것이다. 과거에다 자신의 현실감을 부과하는 데 있어서 그런 사회사가들은 바로 휘그식 해석을 보충하는 면들이 없이 그것의 모든 오류를 보여준다.

휘그식 해석은 그래도 과거의 정치적 문제들에 관해 깊은 관심을 부여했다. 그러나 사회사는 정치적 영역을 평가절하하면서 결국 역사 그 자체를 평가절하하고 있다.[37] 그것은 진지하고 영향력있는 동시대 사람들이 가장 의미있다고 생각한 과거의 면들을 의미없게 만든다. 그것은 정치적 권위를 위한 투쟁뿐만 아니라 정당한 정치적 권위, "사회적 통제"의 단순한 부수현상이 아닌 정치적 지배, 즉 지배 계급의 "헤게모니"를 단지 반영하는 것이 아닌 원칙과 실천, 가상적 실체가 아닌 권리와 자유 등의 바로 그 아이디어들 자체를 무의미하게 만든다.[38] 정치를 배제한 채 어떤 국가의 포괄적, 전체적 역사를 쓰겠다는 사회사가는 자신이 의식하는 것보다도 더 역사의 급진적 재해석 작업에 종사하고 있는 것이다.

그러나 그런 작업의 참으로 급진적 효과는 정치사를 평가절하할 뿐만 아니라 이성 그 자체, 역사와 정치에서의 이성, 즉 정치제

36) *Ibid.*
37) *Ibid.*, p. 18.
38) *Ibid.*

도란 적어도 부분적으로 공공복리와 좋은 삶을 진작시키기 위해 공적 삶을 조직하려는 합리적이고 의식적이며 신중한 시도의 산물이라는 아이디어를 평가절하하는 것이다. 이 점에서 사회사가들은 정치를 본질적으로 하나의 게임으로 간주하는 정치학자들의 본보기를 따르고 있을 뿐이다. 그런 정치학자들은 정치를 정치인들이 지위와 권력 및 공직상의 부수입을 위해 사기치고 또 이익과 열정과 유권자들의 편견을 이용하는 게임으로 간주한다. 이런 정치과정은 정치인들의 입장에서 권력의 목적이 아니라 권력을 얻고 유지하는 수단에 관해서만 합리적이라고 가정되며 유권자들 측의 입장에선 공공이익이 아니라 자신들의 사적 이익의 만족에 관해서만 합리적이라고 가정된다.[39] 정치학이 사용하는 언어가 바로 그런 것을 암시한다. 즉 정치학은 "정치가들"보다는 "정치인들," "시민들"이라는 말보다는 "선거권자" 혹은 "투표자"란 용어를 사용하고 있지 않은가?

신 역사는 정치적 훈육에 있어서 전통적 역사만큼 도움을 주지 못한다. 오히려 신 역사는 구 역사에 대한 향수를 자극한다. 신 역사에서 우리는 역사에 일관성을 제공한 통일된 테마들과, 우리의 역사적 기억과 유산을 구성하는 현저한 사건들, 그리고 인물들과 제도들, 극적인 운동과 문학적 우아함을 상실할 뿐만 아니라 합리적이고 "정치적 동물"로서 인간에 대한 개념을 상실할 것이다. 그러한 상실을 지속시키기는 훨씬 더 어렵다. 왜냐하면 그것은 인간 본성에 대한 급진적 재정의를 요구하기 때문이다. 아리스토텔레스가 인간이란 본래 정치적 동물이라고 정의했을 때 그는 가정이나 마을에서가 아니라 오직 폴리스(polis)에서 인간이 다른 동물들과는 결정적으로

---

39) *Ibid.* 건전한 민주주의를 위한 정치제도의 중요성과 그 폐해에 관해서는 Harvey C. Mansfield, Jr., *America's Constitutional Soul*, Baltimore: The Johns Hopkins University Press, 1991. pp. 16-17을 참조.

다르게 진실로 인간적일 수 있다는 것을 의미했다. 다른 동물들도 가정과 마을, 즉 사회를 구성하고 사회적 관계를 갖고 사회적 구조를 발전시킨다. 그러나 그것들이 갖고 있지 못하는 것은 정체(polity), 즉 인간이 의식적으로 또 합리적으로 정의로운 정체(政體)를 수립하고 훌륭한 삶을 살려고 노력하는 수단으로서의 법과 제도, 즉 정부이다.

헌법과 법률을 권력을 위한 공작과 계략 이상의 어떤 것으로 간주하는 그런 정치사만이 정치교육의 진정한 교재가 될 수 있다. 훌륭한 삶을 엘리트주의자들의 개념이라고 거부하고 아무런 삶이나 이해하려고 모색하면서 삶의 가장 낮은 곳의 탐구, 즉 삶의 무의식적이고 비반성적이고 비합리적인 국면들의 조사를 역사적 상상력의 승리로 간주하는 사회사가들은 인간이 독특하고 유일한 합리적 동물, 즉 정치적 동물이라는 것을 부인하는 것이다. 그렇다고 아리스토텔레스는 정치를 절대로 합리적 활동이라고 주장한 것은 아니었다. 아리스토텔레스의 "정치적 동물"은 현대의 인간이 알고 있는 모든 열정과 충동, 이익과 감정, 그리고 욕망과 비합리성을 갖고 있다. 그러나 그 "정치적 동물"은 단순히 동물 중의 하나가 아니라 인간으로서의 "이성"을 갖고 태어난 것으로 간주되었다. 따라서 아리스토텔레스는 인간의 합리적 활동은 오직 부분에 지나지 않지만 정치적 삶의 중대하고 본질적 요소라고 간주하였던 것이다.

합리성은 자유의 조건, 즉 인간의지의 자유로운 구사의 전제조건이다. 물질적이고 경제적 관심에 의해서 지배되는 사회적 영역에 비교할 때 정치적 영역이 합리적 선택에 보다 이바지할 수 있을 만큼 정치에는 자유의 잠재력이 있다.[40] 그리고 바로 이것이 정치사

40) *Ibid.*, pp. 31-32.

가 사회사에 비해서 보다 덜 결정론적(deterministic)일 수밖에 없는 이유를 설명해 준다.[41] 그리고 정치적 훈련을 위한 역사는 "신 역사학파"의 따분한 민중들의 일상생활의 기록이 아니라 역사적 사건들의 드라마, 아이디어의 힘과 개인들의 존엄성, 특히 위대한 정치가들의 역사창조의 경험에 관한 것이어야 한다. 그들이 자연과 세계와 자신이 속한 정치사회 속에서 거대한 비인간적(impersonal) 힘을 어떻게 인식하고 대처했으며 어떤 정책을 선택하고 결정했으며 그 결과가 어떠했는지에 관한 이해를 통해 그들의 정치적 지혜와 용기 그리고 분별력을 배우는 것이다.

그러나 우리는 그것으로부터 법칙이나 요리법이 아니라 마음의 교육만을 기대해야 한다. 그것이 역사의 연구에서 우리가 배울 수 있는 한계이다. 클라우제비츠가 전략이론과 군사(軍史) 연구에 관해서 말했던 것이 미래의 정치가를 위한 역사의 교육에도 그대로 적용될 수 있다.

> "이론이란[42] 미래의 사령관의 마음을 교육하는 것, 혹은 보다 정확하게 말해서 그를 전투장까지 동반하는 것이 아니라 자율적 교육을 지도하는 것을 의미한다. 그것은 마치 현명한 스승이 젊은이의 지적 개발을 지도하고 고무하지만 일생 동안 그 젊은이의 손을 잡고 그를 이끌지는 않으려고 조심하는 것과 꼭 마찬가지이다."[43]

역사는 정치가들이 자신들의 세계를 이해하는 데 도움을 줄 수 있다. 역사적 경험은 국가정책이 사람들의 결정과 행동에 의해서 이루어진다는 것을 반복해서 보여준다. 국가간의 동맹체제도 인간 행

41) *Ibid.*, p. 32.
42) 클라우제비츠는 이론이란 교리(doctrine)가 아니라 "연구"라고 주장했다.
43) Carl von Clausewitz, *On War*, ed. and trans. by Michael Howard and Peter Paret, Princeton, N.J.: Princeton University Press, 1976, p. 141.

위자들이 자신들의 의무에 구속된다고 느끼지 않는다면 아무런 의미가 없다. 역사는 무엇보다도 인간들의 결정적인 중요성을 연구한다. 즉 정치가들, 외교관들, 군인들과 수병들, 정치인들과 관료들, 현명한 자들과 어리석은 자들, 악당들과 때로는 영웅들을 연구한다. 역사는 인간 행위자들 간의 복잡한 상호작용을 취급하고 힘과 유약함, 능력과 감동, 미덕과 악덕, 사람들의 개성과 정신을 관찰한다. 그들은 현명할 수도, 어리석을 수도, 동정적일 수도, 복수에 불탈 수도, 선할 수도, 악할 수도 있으며 계획적이든 우연적이든, 직책 때문이든 아니면 인격 때문이든 간에 사람들은 차이를 만든다. 그리고 주어진 상황에서 개별 정치가의 솜씨는 언제나 기민하게 사건의 과정에 개입한다. 역사는 정책결정자들을 바로 이런 사실에 민감하게 해줄 수 있다.

역사는 또한 과거 정책결정의 과정을 흐르는 시간 속에서 조사한다. 그런 점에서 과거 과정의 상세한 조사는 시간의 흐름과 함께 변하는 요소와 변하지 않는 요소들에 집중된다. 바바러 터크먼(Barbara Tuchman)의 제 1 차 세계대전 발발과정의 연구는[44] 정치지도자들이 직면했던 어렵고 답답했던 상황을 상세하게 서술해 주었다. 케네디 대통령은 쿠바 미사일 위기 직전에 바로 그 책을 완독했고, 그 결과 중요한 영향을 받았다고 하지 않던가?[45] 뿐만 아니라 역사는 정책결정자들에게 균형감각을 갖게 하는 데 도움이 될 수 있다. 터크먼의 주장처럼 역사를 쓰는 본질은 선별이다. 중요한 것과 중요하지 않은 것을 구별하는 능력이 필수 조건이다.[46] 이 선별

---

44) Barbara W. Tuchman, *The Guns of August*, New York: Macmillan, 1962.

45) Graham T. Allison, *Essence of Decision*, Boston: Little, Brown, 1971, p. 218; Geoffrey Blainey, *The Causes of War*, New York: The Free Press, 1973, p. 39.

46) Barbara W. Tuchman, "The Historian's Opportunity," *Saturday Review,*

능력은 외교문제에 있어서 바로 정책결정자들에게 요구되는 능력이다. 왜냐하면 그들은 서류 속에 함몰되고 시간적 압력 속에서 무엇이 중요하고 무엇이 그렇지 않은지에 관한 지적이고 객관적인 판단을 해야만 하기 때문이다. 비스마르크(Bismarck)가 그렇게 성공적인 정치가가 될 수 있었던 특성 가운데 하나는 바로 그의 탁월한 균형감각이었다고 한다.[47] 그는 주어진 문제의 뚜렷한 특징을 간파하고, 선택과 행동에 부과되는 제약을 존중하며, 외교란 가능한 것의 기술이라는 것을 인식할 수 있는 능력의 중요성을 이해했던 것이다. 역사의 연구는 바로 그러한 기술을 위한 훌륭한 훈련이 될 수 있다.[48] 윈스턴 처칠은 17세기 말과 18세기 초 영국의 정치지도자이자 자기의 조상이었던 말보로 공작(the Duke of Malborough)의 역사적 연구에서 자신의 정치적 지혜와 전략 및 지도력을 체득했다고 하지 않았던가?[49]

그렇다면 역사를 어떻게 접근할 것인가? 그것은 마치 어린 학

February 1967, p. 71.

47) Gordon A. Craig, *From Bismarck to Adenauer: Aspects of German Statecraft*, New York: Harper & Row, 1965, pp. 15-19.

48) Paul Gordon Lauren, ed., *Diplomacy*, New York: The Free Press, 1978, p. 11.

49) Winston S. Churchill, *Malborough: His Life and Times*, Vol. 4, London: George G. Harrap and Co. 1933-1938의, Vol. 2, p. 959; Vol. 3, p. 20. 이것은 James W. Muller, "A Good Englishman: Politics and War in Winston Churchill's Life of Marlborough," *The Political Science Reviewer*, Vol. 18, Fall 1988, p. 125에서 재인용한 것이지만, 처칠센터(The Churchill Center)가 1998년 5월 15-16일 블렌하임궁에서 개최한 "Winston Churchill's Life of Malborough"라는 주제하의 제 3 차 윈스턴 처칠 심포지움에서 이러한 사항은 15일의 발표자들에 의해서 거듭 확인되었다. 말보로 공작 자신은 거의 전적으로 셰익스피어의 역사극에서 영국 역사에 관한 지식을 얻었다고 한다. 이점에 대해서는 강성학 역, 『셰익스피어의 정치철학』, 서울: 집문당, 1996(Allen Bloom, Harry V. Jaffa, *Shakespeare's Politics*, New York: Basic Book Inc., 1964), p. 8.

생들이 모방할 모델을 찾을 수 있을 것이라고 생각하면서 플루타크(Plutarch)의 『영웅전』을 뒤적이는 것을 결코 의미하지 않는다. 우리는 우리 시대의 문제들을 보다 효과적으로 조사할 수 있는 조망을 얻으려는 마음으로 역사를 접근해야 한다. 왜냐하면 외교정책의 수행은 각 경우에 비견될 만한 역사적 상황을 필요로 하기 때문이다. 우리는 역사 속에서 힘의 균형이나 국제적 정당성 혹은 개인적 특성의 영향에 관해서 끊임없이 말할 수 있다. 그러나 새로운 상황이 발생했을 때 만일 우리가 힘의 요소들이 무엇이고 어떻게 정당성이 형성되고 사건에 대한 구조의 영향이 무엇인지를 이해하지 않으면 그런 지식은 공허한 것이다.[50] 역사로부터 부분적으로는 배울 수 있지만 부분적으로는 철학적 영감인 직감적 느낌이 필요하다.[51]

정치가에겐 깊은 사고와 구체적 행동이 동시에 요구된다. 철학자는 그 영향을 계산할 수 없지만 당면한 상황에 매여있지 않는 자신의 사고에 책임이 없다. 정치가는 자기 행동의 효과에 책임이 있으며 구체적 상황 속에서 자신이 한 말의 결과에 묶여 있다. 철학자와 정치가에게는 모두 약점이 있다. 철학자는 행동하지 않으며, 정치가는 자신의 사고를 주변인들에게 제한한다. 그러나 칼 야스퍼스(Karl Jaspers)가 주장했던 것처럼 철학과 정치는 결합되어야 한다.[52] 정치가는 힘과 무력의 모든 수단을 스스로 유지하는 데 있어서 사실에 언제나 민감해야만 한다. 즉 자신이 어디에 서 있는지를 모르면 그는 소수의 몇 사람들에 의해서 밀려나는 우스꽝스러운 지도자로 끝나버릴 것이다. 또한 자신의 생명을 구할 수 있을지는 몰라도 "어쩔 수

50) Henry Kissinger, *For the Record*, Boston: Little, Brown, 1981, pp. 114-115.

51) Greg Russell, *op. cit.*, p. 319.

52) Karl Jaspers, *The Future of Mankind*, Chicago: University of Chicago Press, 1961, p. 237.

없었다"는 말로 자신의 조국의 운명을 위태롭게 할 수도 있다. 그러나 정치가는 모두가 살기 위해서 누군가가 서야 할 최전방에 선다. 그런 소수의 지도자는 고립되지도 신격화되지도 않지만 그를 인정하는 사람들의 진정한 의지 속에 뿌리를 두고 사람들을 외부의 물리적 힘에 의해서가 아니라 자신의 내부적 인격으로 지배한다.[53)]정치가는 역사적 상황의 틀 속에서 도덕적이고 정치적인 아이디어에 의해서 지도된다. 그는 계속되는 역사 속에서 일해야만 한다.

현재의 문제를 이해하고 해결하는 데 과거의 역사가 기여할 수 있는가 그리고 기여한다면 얼마나 기여할 수 있는 것일까? 『선악의 피안』(*Beyond Good and Evil*)에서 니체(Nietzsche)는 진실을 추구하는 철학자를 여자를 설복시키려고 노력하는 진지하지만 서투른 남자에 비유했다.[54)] 여자가 강압적 유혹에 항상 저항하는 것과 꼭 마찬가지로 진실은 철학자들의 끈질긴 요구에 저항한다. 그리고 이것이 철학적 도그마가 언제나 혼란스런 상태로 끝나버리는 이유이다. 진실에 대한 철학자의 의지는 서투른 구애자의 실수처럼 헛된 것임이 입증되었다. 오직 "자유정신"만이 그런 꼴사나운 추구를 포기하고 진실의 "폭압"으로부터 스스로 해방되는 의지력을 갖는다. 왜냐하면 여자는 진실을 원치 않는다는 것을 알기 때문이다.[55)]

"여자에게 진실은 무엇인가? 처음부터 여자에겐 진실보다도 더 맞지 않고 지겹고 적대적인 것은 없다. …… 여자의 탁월한 기술은 거짓말이며 그녀의 최고의 관심은 단지 겉모습과 아름다움이다. 남자들이여

---

53) *Ibid.*

54) Friedrich Nietzsche, *Beyond Good and Evil*, trans. by Walter Kaufmann, New York: Modern Library, 1966, p. 2.

55) Gertrude Himmelfarb, "Does History Talk Sense?" in *The New History and the Old*, Cambridge, Mass.: The Belknap Press of Harvard University Press, 1987, p. 171.

고백합시다. 우리는 바로 여자의 이 기술과 이 본능을 존중하고 사랑한다는 것을!"[56]

니체는 이처럼 철학자를 빈정거렸지만 『역사의 이용과 오용』(*The Use and Abuse of History*)에서 그는 서투르고 헛된 방법으로 역사를 유혹하는 역사가를 비판한다. 자기 애정의 대상이 진실을 원하지 않는다는 것을 깨닫지 못하고 또 자기 자신이 진실의 폭압에 저항할 "자유정신"에 미치지 못하기 때문에 철학자가 무능하다면, 역사가는 역사의 이용과 오용을 오해하고 또 역사에 의해 지배받는 대신에 역사를 정복할 만큼 충분히 강하지 못하기 때문에 무능하다. 오직 강력한 인물들만이 역사를 견디어 내고 약한 자들은 역사에 의해 소멸된다.[57] 현재에 대한 자신감이 없기 때문에 과거에서 빌리고, 과거를 객관적으로 이해하기 위해서 자신의 "주관성"(subjectivity)을 배제하고, 과거의 어떤 사건에 접근하는 적절한 성향은, 즉 과거에 의해 전혀 영향받지 않는 것이라고 믿는 역사가는 역사를 내시족(race of eunuchs)이 지배하는 "첩실"(harem)로 만든다. 내시에게 한 여자는 다른 여자와 다를 것이 없고 단지 하나의 여자, 여자 그 자체, "영원히 냉담한 것"일 뿐이다. 자기 스스로 역사를 만들 수 없기 때문에 그에게 역사는 "아름답고 객관적인" 것으로 남는다. "영원한 여성"을 향해 올라갈 수 없기에 역사를 끌어내려 자기 같은 중성(neuter)으로 만드는 것이다. 영원한 여성과는 불편하기 때문에 그는 역사를 "영원히 객관적인 것"과 관련시켜 역사를 무기력하게 만든다.[58]

---

56) Friedrich Nietzsche, *op. cit.*, p. 163.

57) Friedrich Nietzsche, *The Use and Abuse of History*, trans. by Adrian Collins and Julius Kraft, Indianapolis: Bobbs-Merrill, 1957, p. 32.

58) *Ibid.*, pp. 32-33.

그러나 니체에게 과거는 진정한 독립적 존재를 가지고 있으며 현재의 중대한 일부이다. 따라서 역사는 우리에게 필요하다. 삶과 행동을 회피하거나 이기적 삶과 비겁하고 야비한 행동을 변명하는 편리한 수단으로서가 아니라 삶과 행동을 위해 역사가 필요한 것이다.[59] 왜냐하면 보다 장엄하고 보다 고결한 어떤 것을 역사를 통해 이해하고 얻을 수 있기 때문이다. 역사는 삶과 행동을 어느 지점까지 향상시킬 수 있다. 그러나 그 지점을 넘어서면 역사는 인간의 삶과 행동을 무기력하게 하고 파괴적이 된다. 따라서 우리는 기억할 때 뿐만 아니라 잊어야 할 때를 알아야만 하고 또 역사적으로 느끼는 것이 필요할 때와 비역사적으로 느끼는 것이 필요할 때를 본능적으로 알아야 한다.[60] 역사적인 것과 비역사적인 것은 모두가 동등하게 개인과 공동체 그리고 문화체제의 건강을 위해서 필요한 것이다.[61]

니체의 역사에 대한 이런 입장의 정반대 편에 서 있는 사람 중의 하나가 마이클 오크숏(Michael Oakeshott)이다. 니체의 은유를 상기시키듯 그는 역사가는 과거를 사랑하지만 세상은 그런 종류의 사랑을 이해하지 못한다고 주장한다. 역사가는 결코 싫증나지 않고 이치에 맞는 말을 할 것으로 결코 기대되지 않는 정부(情婦)처럼 역사를 사랑한다는 것이다.[62] 즉 역사는 마치 정부(情婦)처럼 이치에 맞는 말을 하지 않는다는 것이다.

59) *Ibid.*, p. 3.
60) *Ibid.*, p. 8.
61) *Ibid.*
62) Michael Oakeshott, "The Activity of Being a Historian," in *Rationalism in Politics*, London: Methuen, 1962, p. 166.

"역사가는 과거를 숭배한다. 그러나 그 어느 때보다도 오늘날의 세계에선 과거를 사랑하는 사람들이 설 자리는 더욱 적다. 오늘의 세계는 사건들이 안전하게 과거 속에 묻혀 있기를 허용하지 않는다. 인공호흡의 과정을 통해서 사건들을 살아있게 하거나 필요하면 그것들이 메시지를 전달할 수 있도록 죽음에서 불러낸다. 왜냐하면 과거에서 배우기를 염원하고 그래서 모호한 권위하에 과거의 언급을 반복하는 "살아있는 과거"를 세우기 때문이다. 그러나 역사가에게 이것은 하나의 추잡한 마술이다. 왜냐하면 그가 사랑하는 과거는 이미 죽었기 때문이다. 세상은 죽은 것에 대해 사랑이나 존경심을 결코 갖지 않는다. 그것을 단지 상기하기를 원할 뿐이다. 세상은 과거를 남자처럼 취급하여 그것이 이치에 맞는 말을 하고 그것이 서민적 명분 그리고 일과는 반대로 말할 어떤 것을 갖고 있기를 기대한다. 그러나 과거는 죽었고 그래서 이제는 탓할 수 없는 것이다. 역사가들에게 과거는 여성이다. 그는 정부(情婦)를 사랑하듯이 역사를 사랑한다."[63]

역사는 과학과는 달리 어떤 종류의 일반적 원인에 대해서도 공간을 갖고 있지 못하다. 만일 역사에 우연이 없다면 일반적 원인이라는 아이디어 속에 암시되는 개념들인 "필연적" 혹은 "불가피한" 그 어떤 것도 존재하지 않는다. 역사가는 전쟁의 필요하고 충분한 일반적 원인들을 알지 못한다. 그는 오직 특수한 전쟁의 우연적이지도 않고 필연적이지도 않은 단지 "이해할 수 있는" 사건들의 특수한 과정을 알 뿐이다. 뿐만 아니라 역사가들의 태도는 비록 때때로 그렇게 보이기도 하지만 진실로 명상적이지도 않다. 왜냐하면 역사가는 역사소설가와는 달리 과거 사건들을 단순한 이미지가 아니라 사실(facts)로 보기 때문이다.[64] 역사적 과거가 갖고 있는 유일한 이해가능성(intelligibility)이란 역사가가 세운 환경적 관계들(circumstantial relations)이 제공하는 것이다.

---

63) *Ibid.*
64) *Ibid.*, pp. 157-158.

각 역사서는 하나의 독립적 그림이다. 따라서 다른 모든 그림을 배제할 만큼 진실이라고 말할 만한 유일한 그림은 없다. 여러 개의 그림들이 있을 뿐이다.[65] 역사에 부착된 어떤 진실이나 타당성도 보통 역사가들이 가정하는 것처럼 객관적 세계에서, 즉 역사가들에 의해 발견되고 재구성되기를 기다리는 지난 사건들의 세계에서 나온 것이 아니다. 왜냐하면 객관적 세계, 즉 역사가의 경험과 무관한 역사적 사건들, 아이디어가 아닌 사건들이나 사실들은 존재하지 않기 때문이다. 역사는 역사가의 경험이다. 그것은 바로 역사가에 의해서 만들어진다. 즉 역사를 쓰는 것이 그것을 만드는 유일한 길이다.[66] 이와 비슷한 맥락에서 카아(Carr)도 역사책을 읽기 전에 우리는 역사가를 먼저 알아야 한다고 주장한다.[67] 역사가에게도 궁극적으로 주관성은 피할 수 없는 것임을 인정할 수밖에 없기 때문이다.

진실은 영원한 신기루 같은 것인지도 모른다. 니체의 경우와는 달리 오크숏의 남자가 자신의 아내보다도 정부를 사랑하는 것처럼 역사를 사랑하는 역사가는 과거를 숭배하고 사랑한다는 그 모든 말에도 불구하고 오직 그녀가 죽은 후에야 그녀를 사랑할 수 있는 것처럼 보인다.[68] 진실뿐만 아니라 삶을 부인하기 때문에 니체가 진정한 허무주의자라고 생각했던 쇼펜하우어(Schopenhauer)는 역사의 여신 클라이어(Clio)를 가장 나쁘게 생각했다. 역사에서 그가 발견한 모든 다른 불완전성에다 클라이어는 매독에 걸린 흔한 창녀처럼 거짓과 허위에 철저히 감염되어 있다고 그는 주장했다.[69] 그러나 오

65) *Ibid.*, pp. 166-167.

66) Michael Oakeshott, *Experience and Its Modes*, Cambridge: Cambridge University Press, 1933. p. 99.

67) E. H. Carr, *What is History*, Penguin Books, 1964.

68) Gertrude Himmelfarb, *op. cit.*, p. 184.

69) Arthur Schopenhauer, *Parerga and Paralipomena: Short Philosophical Essays*, trans. by E. F. J. Payne, Oxford: Clarendon Press, 1974, Vol. 2,

크솟의 정부는 창녀는 아니다. 그녀는 사실상 나무랄 데가 없다. 그러나 그녀는 거짓말을 하지는 않지만 이치에 맞는 말도 하지 않는다. 오직 니체만이 클라이어가 진실은 아니라도—철학과 역사엔 진실이 없기에—과거에 관해서 따라서 현재에 관해서 중요한 어떤 것을 말할 수 있다면서 클라이어에게 경의를 표했다.

니체의 역사는 대부분의 역사가들이 수용할 수 있는 겸손하고 지각이 있으며 길들여지기까지 한 역사의 여신이다. 만일 우리가 역사 속에서 절대적 진리, 즉 여자 그 자체의 추구를 포기하고 실제의 여자를 추구한다면, 즉 영원한 객관성의 키메라가 아니라 오직 부분적으로만 알 수 있는 어떤 것의 현실을 추구한다면 우리는 과거를 사랑할 수 있고 그녀와 행복하게 살 수 있다. 더 나아가 우리는 그녀가 보잘 것 없는 정부 대신에 소포클레스의 에이잭스(Ajax)의 아내 테크메사(Tecmessa)처럼[70] 지각있는 아내로서 이치에 맞는 말을 할 것으로 기대할 수도 있을 것이다.

헤겔(Hegel)은 우리가 역사로부터 배울 수 있는 것은 우리가 역사로부터 아무것도 배우지 않는다는 것이라고 말했다. 산타야나(Santayana)는 과거로부터 배우지 않는 자는 그것을 되풀이할 수밖에 없다고 경고했다. 그러나 불행하게도 헤겔과 산타야나는 과거의 역사 중에서 어떤 과거를 의미하는지를 구체적으로 명시하지 않았다. 뿐만 아니라 동일한 역사로부터도 상이한 교훈을 추출할 수 있기 때문에 누가 기록하고 주장하는 교훈이 올바른 것인지에 대한 토론이 끝없이 계속될 수 있다.

---

p. 447.

70) 아리스토텔레스는 『정치학』에서 에이잭스(Ajax)를 거명하면서 여자의 좋은 충고에 귀를 기울이지 않는 자는 미친 남자라고 말한다. Mary P. Nichols, "Women in Western Political Thought," *The Political Science Reviewer*, Vol. 13, Fall 1983, pp. 252-253.

제 1 차 세계대전과 제 2 차 세계대전의 원인에 관한 토론이 좋은 예가 될 것이다.71) 제 2 차 세계대전 후 자유민주주의의 서방세계는 1930년대의 역사로부터 하나의 중요한 도덕적 교훈을 추출했다. 즉 세계를 지배하려는 침략자에게 유화정책은 안 된다는 것이었다. 유화정책은 침략자에게 유화자의 약점과 우유부단성을 노출시키면서 그의 입맛만 돋울 뿐이라고 전후 세대는 믿었다. 1931년 일본이 만주를 침략했을 때, 1935년 이탈리아가 이디오피아를 침략했을 때, 그리고 1936년 독일이 라인란트(the Rhineland)를 점령했을 때 국제연맹은 적절한 조치를 취하지 못했었다. 따라서 서방의 자유주의자들이 이 실패들을 통해 얻은 교훈은 평화의 보호를 위한 억제력의 중요성이었다. 그리하여 오늘날에도 많은 사람들은 사용할 신빙성있는 의지에 의해서 뒷받침되는 군사력만이 세계 평화의 보장이라는 데 여전히 동의한다.

1960년대 말 소위 베트남 전쟁의 교훈은 제 2 차 대전의 교훈에 강력히 도전했다. 그러나 1990년 냉전이 종식되면서 이라크가 쿠웨이트를 침략하고 그것이 성공적으로 격퇴되자 서방세계는 "베트남 전쟁의 신드롬"에서 회복되었다. 21세기에 들어서면서 이제 과거의 어떤 역사적 교훈이 우리에게 가장 적절하고 유익할 것인가? 역사의 신은 말이 없다. 우리도 자신있게 말할 수 없다. 그러나 역사의 교훈은 분명히 우리에게 여전히 필요한 것이다. 문제는 어떤 역사를 어떻게 올바르게 사용하느냐이다.

---

71) H. W. Koch, ed., *The Origins of the First World War: Great Power Rivalry and German War Aims*, 2nd edn., London: Macmillan Publishers Ltd., 1984; Esmonde M. Robertson, *The Origins of the Second World War*, London: Macmillan Publishers Ltd., 1971; Gordon Martel, ed., *The Origins of the Second World War Reconsidered: The A. J. P. Taylor debate after twenty-five years*, London: Unwin Hyman, 1986.

학문의 세계로부터 세련된 도움을 받지 못하는 정책결정자들은 자신들이 당면하고 있는 문제나 위기에 위험스럽게 단순화되거나 심지어 무관한 교훈을 적용시키는 경향이 있다. 어니스트 메이(Ernest May)는 정책결정자들이 보통 시간을 두고 생각하거나 당면문제의 성격을 충분히 분석하는 노력을 하지 않는다면서 다음과 같이 지적했다.

> "유추(analogy)에 의존할 때 그들은 떠오르는 첫 번째 것을 포착하는 경향이 있다. 그들은 보다 널리 찾지 않는다. 또 그들은 시간을 갖고 사건을 분석하지도, 그 적합성을 시험하지도, 심지어는 어떤 식으로 그것이 잘못될지 묻지도 않는다. 현재에 이르는 어떤 추세를 보면서 그들은 무엇이 그것을 낳았는가를 그저 가정하거나 아니면 단순한 그대로의 투사가 왜 잘못될지도 모르는가 하는 것을 고려하기 위해 멈추지도 않고 단지 그것이 미래에도 계속될 것이라고 가정하는 경향이 있다."72)

이러한 경향에는 정책결정자들의 책임만 있는 것은 아니다. 학자들이 그들에게 아무런 도움을 주지 못한 데에도 책임이 있다. 정책결정자들이 합리적으로 행동하기 위해서는 먼저 그들이 직면하고 있는 문제와 상황을 올바르게 이해하는 것이 필요하기 때문이다.

역사는 오늘의 당면위기와 비교할 만한 성격을 가진 과거 사례들의 연구를 통해 현재 당면하고 있는 문제들의 이해를 향상시킴으로써 정책결정자들을 위해 봉사할 수 있다. 비슷한 경우의 연구는 당시 정책결정의 동기와 그것이 관련 국가 간에 얼마나 정확하게 전달되었는가를 조사할 수 있을 것이다. 그리고 과거와 현재의 경우 어떤 공통점과 차이점들이 있는가를 찾아낼 수 있을 것이다. 당면요

72) Ernest May, *Lessons of the Past: The Use and Misuse of History in American Foreign Policy*, New York: Oxford University Press, 1973, p. xi.

구에 맞추어진 이러한 역사연구는 현재의 국제환경의 모든 면이 완전히 새로운 것이라는 믿음에 정책결정자들이 빠지지 않도록 도와줄 수 있는 이른바 대행 경험(vicarious experience)을 제공할 수 있다.[73]

과거의 역사적 사건들이 현재와 거의 동일하지 않을 것이며 반복될 어떤 구체적 행동의 방향을 제공하지는 않겠지만 과거 상황의 요소들과 사건의 유형은 발생할 것이다. 따라서 훌륭한 과거의 연구는 과거로부터의 빈약한 애널로지(analogy)에 가정을 두는 너무도 흔한 버릇을 정책결정자들이 피하게 하는 데 도움을 줄 것이다. 그것은 또한 잠재적 행위자들과 부수적인 문제들 그리고 중요한 결정을 내릴 때 고려해야 할 예상치 못한 결과들에 관한 확인목록(checklist)을 제공함으로써 일종의 감응장치로서 봉사할 것이다.

1945년의 핵의 혁명으로 국제사회는 근본적으로 새로운 시대에 접어들었으며 그 결과 1945년 이전의 어떤 시대나 사건의 연구도 소수의 국가들이 가공할 파괴력을 보유하고 있는 현재의 국제문제에 적절한 교훈과 통찰력을 제공할 수 없다는 주장도 옳다. 그러나 핵무기에 의한 죽음의 공포 속에서 전전긍긍하여 살아온 냉전의 시대를 돌이켜 볼 때 여러 가지 중요한 점에서 국가들의 행동양식은 핵 이전의 시대와 근본적으로 다르지 않았다. 실제로 두 초강대국의 경쟁은 마치 핵무기가 재래식 무기와 질적으로 다른 것처럼 행동하지 않았다. 오늘날에도 핵무기의 사용가능성은 거의 희박하다. 따라서 핵무기의 도래와 함께 무엇이 변했으며 무엇이 변하지 않았는가를 조사할 당위성은 크다. 물론 이것은 변화와 연속성에 대한 역사가들의 전형적 관심에 해당된다. 그러나 과거의 연구를 통해 비합리

73) Samuel F. Wells, Jr., "History and Policy," in Paul Gordon Lauren, ed., *Diplomacy*, New York: The Free Press, 1979, p. 271.

성, 잘못된 인식, 빈약한 커뮤니케이션, 위기 시 정부에 대한 통제력의 상실 등을 지적함으로써 역사연구는 냉철한 합리적 모델이나 협상이론, 혹은 체제이론의 내용을 너무 성급하게 수용하는 것을 경계하도록 해 줄 것이다. 역사 연구는 균형적 조망과 국내 및 국제사회의 중요한 경험을 제공할 것이다. 그런 역사학자는 주어지는 기회를 포착하고 또 보다 나은 외교정책을 개발하는 데 정책결정자들을 도울 수 있을 것이다.

물론 그것은 결코 용이한 일이 아니다. 정책수립에 영향을 미친다는 것은 실제로 공식적 직책에 있는 사람들에게도 어려운 일이다. 소위 관료정치에 관한 모든 문헌들은 사적 및 조직 그 자체의 이익이 정책결정에 거의 결정적인 영향을 미친다는 것을 강조한다. 정부 밖에 있는 학자들이 정책결정에 영향을 미칠 기회는 정부 내에 있는 사람들보다도 당연히 더 제약된다. 뿐만 아니라 "관료들은 너무나 바빠서 자신들의 생각을 바꾸지 못한다"는 소위 핼퍼린의 법칙(Halperin's Law)의 작동으로 인해서 그럴 가능성은 더욱더 줄어든다.[74] 정부 관리들, 특히 고위정책기구에 들어간 정치적 피임명자들은 자신들이 그런 기구에 가지고 들어간 가정이나 정보를 가지고 일한다. 신선한 아이디어에 프리미엄을 두는 자리에 있음에도 불구하고 이 바쁜 정책결정자들은 자신의 지적 자본을 보충할 시간을 갖는 일이 드물다. 고위 관리들은 관련 부처 간의 조정, 커뮤니케이션 및 통제활동에 자신들의 모든 시간을 보내버림으로써 깊이 생각하거나 새로운 정보를 획득할 기회를 갖지 못한다.

반면에 대부분의 학자들은 충분한 지식이 가용될 수 있다면 보

74) 이 핼퍼린의 법칙은 핼퍼린(Morton H. Halperin)이 1978년 9월 12일 워싱턴의 우드로 윌슨 국제센터에서 "History as an Instrument of Policy"라는 주제하에 개최된 회의에서 선언했던 것으로 전해지고 있다.

다 나은 정책이 채택되고 궁극적으로 국제적 평화와 조화가 이루어질 것이라는 계몽주의적 가정 위에 서 있다. 그러나 대부분의 관리들의 신념체계는 정부 내 및 정부 간의 갈등을, 학술적 이론의 타당성보다는 유용성을 그리고 현재적인 당면상황의 특수성을 더 중요시한다. 또한 그들은 대부분의 학자들이 정부의 정책결정체계가 실제로 어떻게 작동하는지를 모르고 있다고 믿기 때문에 관리들은 학문연구로부터 얻을 것이 별로 없다고 생각한다. 대부분의 학자들은 정부 관리들이 국가이익을 증진시키면서도 평화와 안정을 모색할 것으로 간주한다.

그러나 여러 사람들 및 사건들과 직접 관련된 혼란스런 상황 속에서 복잡한 정책대안들을 추려나가야 하는 대부분의 정책결정자들에게 분석적이고 객관적이기를 기대하기는 대단히 어렵다. 유행하는 관료들의 어법으로 말한다면 그들의 목적은 종종 자기 개인의 몫을 가장 적합한 것으로 만드는 것, 즉 관료정치에서 이기는 데 있다. 이러한 관료정치의 지배하에서 역사연구는 외면 당할 수밖에 없을 것이다. 그러나 관료정치의 본산이라고 할 수 있는 미국에서 1961년 이후의 대통령의 안보담당 특별보좌관들이 모두 역사적 분석에 있어서 고도로 훈련받은 사람들이었다는 사실은 정책수립에 역사적 안목이 얼마나 중요시되었는가를 단적으로 말해준다. 실제로 정책결정자들은 정책결정을 하는 데 있어서 역사의 실제 사용을 인정하든 안 하든 자신들의 주장과는 관계없이 실제로 역사를 사용한다.[75] 왜냐하면 로버트 저비스(Robert Jervis)가 적절히 설명했듯이 국가 간의 역사적 주요 사건으로부터 우리가 배우는 것은 새로 들어오는 정보를 해석하는 이미지의 결정에 중요한 요소이며, 따라서

75) Paul Gordon Lauren, "Diplomacy: History, Theory and Policy," in Paul Gordon Lauren, ed., *Diplomacy*, New York: The Free Press, 1979, p. 9.

우리는 미래가 어떤 의미에서 과거를 닮을 것이라는 가정을 하지 않고서는 우리의 환경을 이해할 수 없을 것이기[76] 때문이다. 역사는 정치가들에게만 맡겨두기엔 너무도 중요하다. 특히 역사의식이 결여된 지도자나 국가는 마치 상상력의 문학세계에서 이방인으로 남아 있는 사람처럼 공허하고 박탈당한 존재일 것이다.

역사는 우리에게 국가의 미래에 대한 실마리를 제공한다. 역사는 똑같이 반복되지 않는다. 역사가 무엇인가를 우리에게 가르칠 수 있다면 그것은 동일성을 통해서가 아니라 유추를 통해서이다. 델피의 계시(the Oracle at Delphi)처럼 어떤 특수한 역사적 사건도 여러 가지로 해석될 수 있다. 정치 지도자의 최대 도전은 정확한 유추를 하는 것이다. 여기서 그는 단 한번의 기회를 갖고 있을 뿐이다. 사실상 그는 자신과 자신의 조국을 상대로 단 한번의 실험을 하는 것이며 그에게 두 번째 기회는 없을 것이다.

---

76) Robert Jervis, *Perception and Misperception in International Politics*, Princetion: Princeton University Press, 1976, p. 217.

제18장

국제기구와 외교정책:
국제기구는 외교정책의 단순한 수단인가 아니면 프랑켄슈타인인가?

> 국제기구의 패러독스는 그것이 효율적이거나 완전히 유익한 것이 되기도 전에 필요불가결한 것이 되어버렸다는 사실이다.
>
> – 아바 이반 –

1. 서 론

20세기의 역사에 있어서 가장 현저한 특징 중의 하나는 국제평화와 안전의 유지 및 일반 복지 향상의 임무를 담당한 범세계적 국제기구의 등장과 활동이다. 19세기 초 노예제도의 폐지나 혹은 전쟁이나 자연 재난이 야기하는 인류의 고통완화와 같은 인도주의적 성격의 문제들을 취급하는 사적 국제기구, 즉 비정부 간의 국제기구들이 창설되었다. 또한 정치적 및 이데올로기적 운동과 통상 및 경제적 협력의 증대는 여러 가지 다양한 국제기구들을 만들어냈다. 초국가적인 연합을 형성함으로써 특수한 문제들에 관해 많은 관련 정부에 보다 효과적으로 영향력을 미칠 수 있을 것이라는 기대 때문이었다. 따라서 어떤 특수한 문제나 국제적 성격을 갖는 관심사를 대변하여 그런 사적 국제기구들은 여러 국내정치에서 일종의 압력단체로서 행동했으며 그러한 역할은 20세기에도 계속되었다.[1] 1997년 노벨 평화상을 수상한 윌리엄스(Jody Williams)의 국제지뢰금지운동(International Campaign to Ban Landmines)기구가 가장 최근의 실감나는 하나의 사례일 것이다. 오늘날 3개국 이상 활동하고 2개국 이상으로부터 재정적 지원을 받는 비정부 간 국제기구들은 1만 5,000개가 넘고 있으며 그 수는 계속 증가하고 있다.[2]

뿐만 아니라 1815년 빈 회의에서 창설된 라인강 항해중앙위원회(Central Commission of the Navigation of the Rhine)를 출발점으로 하여 창설되기 시작한 여러 가지 공공국제연합(public international union)기구들은 한 국가가 주권적 결정만으로 해결할 수 없는 소위 국제문제에 대한 인식의 확대와 국제협력의 이익과 필요성을 인정한 결과였다. 이러한 인식의 확산에 따른 실천적 행동은 20세기 초 범세계적 국제기구인 국제연맹의 창설에서 그 절정을 이루었다. 그러나 국제연맹은 일본의 군국주의, 이탈리아의 파시즘 그리고 독일의 나치즘의 노골적인 도전에 의해 짓밟혔고 결국 제1차 세계대전의 발발로 불타버렸다. 그러나 국제연맹은 유엔이라는 새로운 복장을 하고 불사조처럼 제2차 세계대전의 종결과 함께 재등장했다.[3] 비록 국제연맹은 그 사명의 수행에 궁극적으로 실패했지만 국제평화와 안전을 위한 범세계적 국제기구는 여전히 그리고 절실하게 필요했

1) Peter Willetts, ed., *Pressure Groups in the Global System,* New York: St. Martin's Press, 1982.

2) Leon Gordenker and Thomas G. Weiss, "Pluralizing Global Governance: Analytical Approaches and Dimensions," in Thomas G. Weiss and Leon Gordenker, eds., *NGOs, The UN & Global Governance,* Boulde: Lynne Rienner Publishers, 1996, p. 17.

3) Leland M. Goodrich, "From League of Nations to United Nations," *International Organization*, Vol. 1, No. 1, Winter 1947, pp. 3-21.

다는 것을 의미한다.

유엔의 창설은 다른 모든 정부 간 국제기구들처럼 참가국가들의 외교정책의 산물이다. 따라서 국제기구와 외교정책은 국제기구의 탄생 때부터 외교정책과 불가분의 관계에 있으며 특히 모든 국제기구는 그 참여가 원칙적으로 자발적이라는 사실을 고려할 때 회원국가는 국제기구가 가할지도 모르는 외교정책적 제약을 사전에 인식하고 있으며 그 제약의 수용을 공개적으로 그리고 원칙적으로 수락한 것이라고 해도 과언은 아닐 것이다. 그러나 국제기구는 그 결정을 위반하는 회원국가들에 대해서 강요할 독자적 힘을 갖고 있지 못하다. 즉 국제기구의 권위는 제한되어 있고 그 기능은 일반적으로 크게 제약받는다. 국제기구는 독립적 정치체제가 되지 못한 채 그 결정의 집행 여부는 결국 회원국가의 권한에 의존할 수밖에 없다. 국제기구는 정부처럼 세금을 거두거나 군복무를 집행할 수 없다. 바로 여기에 국제기구의 근본적 한계가 자리잡고 있다.

그러나 국제기구에 참여하는 국가들은 어느 국가도 유엔 같은 국제기구가 세계정부가 되길 결코 기대하지 않는다. 그들은 국제기구가 여전히 자국의 국가이익을 보호하고 증진하는 자국 외교정책의 수단으로 간주한다. 보다 정확히 말해서 유엔은 분쟁 당사국들의 열망에 따라 활용되기도 하고 그렇지 않기도 하는 추가적 수단이다. 왜냐하면 유엔 헌장 33조에는 분쟁당사국들은 무엇보다 먼저 협상 · 조사 · 중재 · 화해 · 조정 및 사법적 타결과 지역기구의 활용 혹은 자신들이 선택하는 조절이나 다른 평화적 수단을 통해 해결을 모색하라고 규정되어 있기 때문이다. 그러나 오늘날 세계가 경험하고 있는 정치적 · 기술적 · 문화적 및 경제적 변화와 국가 간 상호의존성의 증대는 국제평화와 안전 및 세계 공동번영을 위한 소위 범세계적 관리(global governance)의 필요성을 더 이상 도외시하거나 무시할 수 없게 만들었다. 따라서 현재 각 국가들은 고결한 애타적 관심에서가 아니라 자국의 생존과 발전이라는 이기적 계산에서 국제기구에의 적극적 참여와 회원국 간의 협력이라는 역사적 명령을 거부할 수 없게 되었다. 그 결과 오늘날 거의 모든 국가들은 정부 간 국제기구에 스스로 묶여 있는 상황이다.[4] 바로 여기에 국제기구와 외교정책의 관계에 관한 정확한 이해를 위한 지적 노력의 당위성이 있다.

2. 국제기구의 발전과 특성

외교정책은 여러 가지 목적을 추구한다. 따라서 국가가 국제사회에서 옹호하거나 증진시키려는 국가이익에도 우선순위가 있게 마련이다. 무엇보다도 국가의 자체보존이 최우선이다. 그것은 국가의 영토적 순결과 국민의 통일을 의미한다. 다음엔 국가의 독립으로 국내문제에 관한 외부의 개입으로부터 자유는 물론이고 대외문제에 관한 독자적 입장을 표현하고 실행하는 어느 정도의 힘을 의미한다. 17세기에 탄생한 주권적 독립이란 개념이 상호의존적 우리의 세계에서 우리가 매일매일 경험하는 사실과 꼭 들어맞는 것은 아니지만 그럼에도 불구하고 국가들은 독립의 이미지를 유지하고 있으며 그것이 위협받는다고 인식하면 그것을 유지하기 위해 높은 대가를 기꺼이 지불한다. 셋째, 국제사회에서 영향력이나 지위 혹은 권위를

4) Harold K. Jacobson, William M. Reisinger and Todd Mathers, "National Entanglements in International Governmental Organization," *The American Political Science Review*, Vol. 80, No. 4, December 1986, pp. 141-159.

높이는 일이다. 넷째는 기존의 국제체제 속에서 자국의 몫이다. 국가가 자국의 국경을 넘어서 행사하는 권리와 특권, 향유하는 친분과 자산, 그리고 짊어지는 공약과 의무가 외교정책이 추구하는 국가이익이다. 그리고 마지막으로는 높은 생활수준과 관련된 국민들의 기대와 요구가 또한 외교정책의 동기이다. 근대 특히 20세기의 외교정책은 여론이 과거보다도 더 많은 중요성을 갖는다는 사실에서뿐만 아니라 그 정책이 국가 운명의 전통적 목적과 함께 국민의 생활수준 향상과 관련된다는 의미에서 민주화되었다. 전시나 치열한 군비경쟁 시기의 경험이 보여주듯 생활수준이란 필요한 경우엔 보다 높은 국가이익을 위해서 희생될 것이다. 국가가 자신의 안전을 확보해야 할 세계에서 불행히도 무기는 때때로 식량보다 우선일 수밖에 없다. 이처럼 외교정책에 분명히 우선순위는 있다. 그러나 그러한 우선순위에도 불구하고 외교정책은 한 가지 목적을 위해 다른 모든 목적의 추구를 완전히 포기하지 않는다. 그것들은 거의 동시에 추구된다. 따라서 일반적으로 외교정책은 다목적 추구행위이다.

19세기 공공국제연합들이나 20세기의 국제연맹과 유엔도 국가들의 외교정책 수행과정에서 탄생한 국제기구들이다. 바꾸어 말하면 국제기구란 다른 모든 제도들처럼 필요의 산물이며 구체적으로 외교정책의 피조물이다. 그러나 동시에 국제기구의 창설자들은 가장 오래된 국제기구보다도 더 오래된 자유주의적 신념의 소유자들이었다. 그들은 모두가 자유주의적 국제제도들이 점점 더 평화스럽고 번영하는 세계를 창조할 수 있을 것이라고 믿었다.[5] 그러나 실제 정치 지도자들은 전통적인 쌍무적 외교만으로는 달성하기 어려운 공동이익의 달성을 위해 국제기구를 필요로 했다. 따라서 국제기

5) Graig N. Murphy, *International Organizations and Industrial Change,* New York: Oxford University Press, 1994, p. 13.

구란 외교를 상설 제도화한 것이었다. 즉 국제기구란 회원국가들의 공동이익을 추구할 목적으로 정기적인 정치적 상호작용의 수행을 위해 두 개국 이상의 주권국가들 간에 합의를 통해 창설된 하나의 공식적이고 지속적인 제도적 구조로서[6] 이것은 구조와 연속성에 의해서 전통적 외교시설과 구별된다.[7] 즉 국제기구란 정기적인 회원국가들의 모임, 결정의 구체적 절차 및 상설사무국의 설치라는 3가지의 구조적 특징을 갖는다. 오늘날 모든 국가들에게 대사관을 설치한 국가는 거의 없다. 대부분의 국가들은 강대국과 자국이 속하는 지역국가들 및 기타 몇몇 국가들에게 대사관을 두고 있다. 따라서 보통 한 곳의 대사관이 여러 나라의 대사업무를 함께 관장한다. 이러한 현실을 고려할 때 국제기구, 특히 유엔 같은 범세계적 기구는 다변적은 물론 쌍무적 외교의 접촉기회와 가능성에 중요한 영향을 미치고 있다.

근대 국제기구들은 19세기 유럽에서 산업의 발달로 인해 야기된 갈등의 해소를 위해 제한된 회원국가들이 특수한 목적을 추구하기 위해 공공국제연합들을 창설함으로써 발전하기 시작했다. 즉 산업혁명은 수송·통신 및 제조의 기술을 극적으로 변경시켰다. 그리고 이러한 극적인 변화는 보다 신속한 수송과 통신에 의해 그리고 국제매매의 증대, 원자재 수입의 증가 및 노동의 국제적 상호의존성 증가 등에 의해 야기되는 특수한 문제들을 다룰 특수 국제기구들의 필요성을 조장하였다. 그러나 국제평화와 안전의 유지라는 일반적

6) 이것은 Clive Archer와 Harold Jacobson의 국제기구에 대한 정의를 필자가 결합한 것이다. Clive Archer, *International Organizations,* London: George Allen & Unwin, 1983, p. 35와 Harold K. Jacobson, *Networks of Interdependence: International Organizations and Global Political System*, 2nd ed., New York: Alfred A. Knopf, 1984, p. 8을 참조.

7) Harold K. Jacobson, *op. cit.*, p. 8.

목적의 보편적 기구의 출현은 20세기, 보다 구체적으로 말해서 1919년에 와서야 창설되었다. 최초의 범세계적 국제기구인 국제연맹의 탄생은 제 1 차 세계대전이라는 당시까지 인류역사상 최대의 비극적 참상의 산물이었다. 다시 말해서 국제연맹은 제 1 차 세계대전에 참가한 당시 미국의 윌슨 대통령이 '민주주의가 안전한 세계를 위하여', '전쟁들을 끝내는 전쟁'이라고 명명하면서 새로운 평화수립의 조건으로 제시한 소위 14조항(14 Points) 중 14번째의 조항을 전쟁의 종결과 함께 실천한 것이었다.

그러나 국제평화와 안전을 국제연맹도 앞서 이미 시사된 것처럼 진공상태에서 창설된 것은 아니었다. 우선 자유주의의 오랜 평화모색의 지성사적 관점에서 본다면 국제연맹은 칸트의 영구평화론의 구현이었으며 실제적으로는 거의 1세기에 걸친 국제정치적 삶의 누적된 결과였다. 즉 1815년 빈 회의에서 수립되었던 유럽 협조체제는 강대국들이 제 1 차 세계대전 발발 이전까지 당면한 국제정치적 문제들을 다루기 위해 간헐적이나마 약 300회 이상의 회의를 열었다. 그 회의들은 강대국들이 주도했지만 때로는 약소국들도 참가했다. 그런 역사적 경험에 입각하여 국제연맹규약은 강대국들뿐만 아니라 약소국들도 회원국이 될 수 있도록 규정했다. 둘째로 국제연맹은 1899년과 1907년 소집된 두 차례의 만국평화회의에 의해서 설립된 헤이그 체제(Hague System)로부터 발전했다. 즉 국제연맹은 헤이그 체제에 의해 성문화된 갈등의 평화적 해결을 위한 제 절차로부터 많은 것을 빌려왔으며, 점증하는 보편성의 요구에 대한 헤이그 체제의 반응을 반영했다. 당시 보편성의 개념은 약소국가들의 포함을 의미했을 뿐만 아니라 유럽 밖 국가들의 참여를 의미했다. 셋째로 앞서 지적한 공공 국제연합들의 설립과 활동을 통해서 국가들은 관련 업무가 국제사무국에 의해 일상적으로 집행되도록 하기 위해서는 협조적 결정을 내릴 정기적 회의를 필요로 하는 문제들이 출현하고 있다는 사실을 인정했다. 국제연맹은 이런 공공국제연합의 실천을 광범위하게 빌려 왔다. 이러한 길고도 광범위한 경험을 고려하여 이니스 클로드(Inis Claude)는 1815년에서 1914년 사이의 시기를 '국제기구를 위한 준비의 시대'(the era of preparation)로 명명했다.[8)]

국제연맹은 근대 국제기구를 위한 긴 준비의 시대를 끝맺고 탄생한 보편적 국제기구였을 뿐만 아니라 그것은 새로운 평화유지방법을 위한 새로운 실험이었다. 이제부터 국제평화는 국제사회에서 헤게모니 국가의 등장을 막는 힘의 균형의 부산물로 얻어지는 것이 아니라 모든 국가들이 추구해야 할 외교정책의 목적으로 선언되었다. 그리고 그 국제 평화유지의 방법으로 강대국가들은 힘의 균형정책이 아니라 집단안전보장제도(collective security system)를 채택했던 것이다. 이제부터 국가 간에는 우방이나 적도 없으며 전략적 동맹이나 위협적 인접국가도 없고 달타냥과 삼총사들처럼 "하나가 모두가 되고, 모두가 하나가 되어"[9)] 미래의 침략국가를 국제연맹 회원국가들의 만장일치로 결집된 압도적 힘으로 억제하고 응징하여 국제평화를 이룩하겠다고 선언했던 것이다. 그러나 집단안보제도의 실천은 선언처럼 결코 쉽지 않았다. 국제사회에선 동일한 목적을 위해 변함없이 헌신하거나, 그 집단 내의 깊은 우정 그리고 이러한 헌신과 우정의 수행에 자신들의 기술과 노력 그리고 생명 그 자체까지도 바칠 단호한 용의성과 같은 특성이 부재하기 때문이다. 실제로 국제연맹은 당시 당사국인 미국은 물론이고 소련과 독일이 회원국

8) Inis Claude, Jr., *Swords into Plowshares: The Problems and Progress of International Organizations*, 4th ed., New York: Random House, 1971, p. 41.

9) Mariana S. Finkelstein and Lawrence S. Finkelstein, eds., *Collective Security*, San Francisco: Chandler Publishing Co., 1966, p. 1.

이 되지 못한 채 출발했으며 당시 국제연맹의 주요 회원국가들인 영국 · 프랑스 · 이탈리아 · 일본 등에겐 집단안보란 너무도 생소한 국가 행동원칙이었다. 뿐만 아니라 국제연맹의 집단안보를 발동시키기 위해 필요한 만장일치의 결정이란 국제사회에서 거의 달성하기 불가능한 조건이었다. 그리하여 1931년 만주에서 일본에 채이고 1935년 아비시니아에서 이탈리아에 의해 도전받은 국제연맹은 침략행위에 효과적으로 대처하지 못했으며 1939년 독일의 히틀러에 의해 불타버렸다.

그러나 집단안보의 개념은 제2차 세계대전의 잿더미 속에서 불사조처럼 새롭게 다시 부활하였다. 윌슨 대통령의 14개 조항의 내용들을 재확인한 것처럼 보이는 1941년 루스벨트 대통령과 처칠 수상의 '대서양헌장'은 보다 광범위하고 항구적인 일반평화제도의 필요성에 대한 그들의 믿음을 선언했다. 그리고 1945년 6월 샌프란시스코에서 오늘날의 유엔이 공식 출범한 것이다. 당시 유엔의 창설자들은 제2차 세계대전의 승전국가들인 안보리 상임이사국들 간의 우호적 협력관계를 전제하고 있었다. 그러나 그 해 7월 인류는 곧 핵시대를 맞았으며 1948년 유럽에서부터 전 세계는 양극적 냉전체제에 돌입하기 시작했다. 특히 1949년 9월 소련의 핵무장은 유엔의 집단안보제도의 운영을 사실상 마비시키게 되었다. 즉 유엔은 당시 새롭게 형성된 국제체제의 성격에 의해 거의 결정적 영향을 받게 되었다. 국제기구는 또다시 그 한계를 노출한 것이다. 집단안보에 의해 국제평화와 안전의 유지라는 유엔 창설자들의 새롭고 드높은 기대에도 불구하고 유엔은 그 기능과 정치과정에서 국제체제의 지배적 성격을 반영할 수밖에 없었던 것이다. 국제적 협력과 갈등은 그 특수성과 전개 및 결과가 국제체제나 관련된 하위체제로부터 결코 자유로울 수 없다는 것이 또다시 확인된 셈이다. 즉 국제기구의 효율성은 외교정책, 특히 국제체제의 구조를 형성하는 강대국들의 외교정책적 목표와 행동에 의존할 수밖에 없다는 사실이 재확인된 것이다.

3. 국제기구의 환경적 제약

국제기구란 협력을 위한 기회와 절차, 그리고 온건한 갈등의 추구절차를 제공한다. 따라서 국제기구의 효율성은 국제체제의 성격에 달려 있다고 하겠다. 레이몽 아롱(Raymond Aron)의 정의에 따르면 국제체제란 서로가 정기적인 관계를 유지하지만 언제든 전쟁으로 빠져들 수 있는 정치적 단위들에 의해 구성되는 앙상블(ensemble)이다.[10] 국제체제는 온건체제와 혁명적 체제로 분류할 수 있다.[11] 온건체제의 이상형은 서로 간의 야심과 균형을 억제하고 구성원들 간에 비슷한 힘의 균형을 유지하면서 폭력의 수준을 감소시키는 소위 힘의 균형체제이다. 이 체제의 기본적 조건 가운데에는 다극성과 국제적 정통성이 포함된다. 요컨대 힘의 균형체제는 다극적이며 동질적이어야 한다. 이 경우에 국제체제는 온건하고 신축성을 갖는다.

반면에 혁명적 체제란 국가 목적의 광범위한 폭과 국내정치에 대한 국제정치의 압도적 지배, 무절제한 수단의 사용, 중립의 부재, 동맹의 경직성 및 국제적 계층의 과장과 전복에 의해서 특징된다. 그러한 혁명적 체제는 양극체제이다. 이런 체제하에선 두 주요 강대

10) Raymond Aron, *Peace and War: A Theory of International Relations,* New York: Doubleday, 1966, p. 94.

11) Stanley Hoffmann, *Gulliver's Troubles, or the Setting of American Foreign Policy,* New York: McGraw-Hill, 1968, p. 12.

국들이 각각 자신이 동원할 수 있는 모든 수단으로 아주 광범위한 야심을 추구한다. 언뜻 보기엔 선택의 자유가 힘의 균형체제에서보다도 더 커 보이지만 그러나 실제로 각 경쟁국들은 서로에게 적대적인 정책을 추구하는 것 외엔 다른 선택이 별로 없다. 따라서 이 체제는 양국의 치열한 범세계적 경쟁으로 인한 불안정성에 의해 특징된다. 이 두 가지의 국제체제 중 끝없는 힘의 경쟁과 이념적 갈등에 의해 전면적 대결의 성격을 갖는 혁명적 국제체제 속에서 국제기구란 자체적으로 무력할 수밖에 없으며 국가 간 경쟁의 가엾은 객체로 전락한다. 역사적으로 이것은 국제연맹의 비극적 운명을 정확히 설명해 준다. 그렇다고 해서 모든 온건한 국제체제가 범세계적 국제기구로 하여금 중요한 역할을 수행하게 하는 것은 아니다. 온건한 국제체제하에서 범세계적 국제기구가 갈등을 완화하고 협력의 확산에 중요한 기여를 하기 위해서는 두 가지의 전제조건이 충족되어야 한다.[12] 첫째, 다변적 국제제도, 즉 국제기구를 국제적 갈등과 협력의 관리를 위한 정당한 채널로 만드는 국가들 간의 광범위한 절차적 합의가 있어야 한다. 둘째, 지역적 채널보다는 세계 보편적 채널에 대한 선호가 있어야 한다. 다시 말해서 온건한 국제체제는 국제기구를 위한 기회를 창출하지만 그러나 그런 기회들은 보잘 것 없거나 이용하기 어려울 수 있다. 유엔의 역사도 국제체제의 성격과 국제기구 사이의 긴밀한 관계를 명백하게 노출시켰다.

유엔 창설자들이 상정했던 유엔의 이미지는 전후 형성된 국제체제와의 커다란 괴리에 의해 크게 손상받았다. 유엔 헌장은 다원적이고 통제된 세계를 가정했고 또 그런 세계를 필요로 했다. 우선 유엔은 유럽 협조체제의 현대판인 강대국들의 협조체제에 의해서 운

12) Stanley Hoffmann, *Janus and Minerva,* Boulder: Westview Press, 1987, p. 294.

영될 것으로 상정되었다.[13] 또한 전후의 국제체제는 강대국들의 협조체제의 영향과 각국의 국내 정치체제 · 경제조건 및 국제적 정통성에 관한 낙관적 평가로 인해 온건한 국제체제가 될 것으로 상정되었다. 따라서 국제평화와 안전은 유엔 안보리의 5개 상임이사국들에게 일차적 책임이 부여되었다. 또한 헌장 제2조 7항의 국내관할권에 관한 규정과 중재와 화해의 전통적 절차를 수용한 헌장 제6장의 분쟁의 평화적 해결의 절차가 도입되었다. 또한 부국과 빈국 사이의 근본적 불균등의 문제를 내다보지 못한 채 국제 경제문제에 관해서는 막연한 규정들이 채택되었다. 이것들은 모두 온건한 국제체제에 보다 적합한 규정들이다. 그러나 1940년대 말의 양극적 국제체제는 그런 목가적 모습을 전혀 닮지 않았다. '동서' 간 및 '남북' 간의 치열한 이념적 갈등들이 강대국들 간의 합의와 온건성의 기회를 모두 위협하는 혁명적 국제체제의 세계에는 부적절한 헌장의 국제기구를 창설한 셈이 되었다.

그러나 항구적 마비냐 아니면 변형이냐의 기로에 선 유엔의 다수 회원국들은 변형의 길을 선택했다. 그 길은 헌장의 사실상(de facto)의 수정을 의미하는 것이었다. 즉 안보리의 법률적 우위의 지위에도 불구하고 강대국들 간의 합의의 붕괴에 직면한 유엔은 1950년 11월 3일 총회가 채택한 소위 '평화를 위한 단결 결의안'[14]을 통해 무력에 관한 문제에 안보리의 몇몇 책임을 총회에 부여함으로써 집단안보의 길을 재개했다. 또한 유엔 기관들도 헌장의 제2조 7항을 무시하고 식민지와 신탁통치 간의 차이를 흐리게 하려고 노력했으며, 집단적 개입과 유엔 주둔의 실현방법으로 전통적 외교절차를

13) Lawrence S. Finkelstein, "The United Nations: Then and Now," *International Organization*, Vol. 19, No. 3, Summer 1965, pp. 369-374 참조.

14) 총회 결의안 377A(V)호.

뛰어넘는 혁신을 단행했다. 경제개발이 국제정치의 주요문제로 등장하자 유엔은 기술원조와 개발을 위한 기관들을 늘려 나갔다. 그것은 참으로 놀라운 적응의 과정이었다. 그러나 그러한 적응, 즉 사실상의 변형도 유엔의 원래 이미지만큼이나 현실과는 먼 세계의 이미지에 근거했다. 즉 그것은 유엔을 인류의 공동이익을 대변하고 확대할 세력으로 만들 수 있고 또 그럴 것이라는 세계 공동체의 허구적 이미지였다.[15] 따라서 변형된 유엔도 또다시 환상과 환멸을 낳을 수밖에 없었다. 왜냐하면 그런 변형은 다수결의 지배와 사무총장의 능력에 관한 잘못된 기대에 토대를 두었기 때문이다.[16] 다수결의 지배에 대한 환상은 시도와 성취, 결의안과 문제해결 사이의 커다란 간격을 가져왔다. 투표와 복종 사이의 분명한 불일치는 평화를 위한 단결 결의안이 채택되자마자 발생하였다. 그리하여 그 결의안은 집단안보에 관한 한 완전하게 실행된 적이 결코 없었다. 더구나 1955년 이래 유엔 회원국의 증가 후로 단순한 수적 다수는 안보리의 거부권만큼이나 많은 불합리성을 발생시켰다. 뿐만 아니라 유엔 사무총장의 능력에 대한 기대도 두 차례나 산산이 부서져 버렸다. 한 번은 소련의 방해 때문에 트리그브 리(Trygve Lie) 사무총장이 사임했을 때였고, 두 번째는 유엔의 가장 심각한 헌정상의 위기의 와중에서 함마르셸드(Dog Hammarskjöld) 사무총장이 서거했을 때였다. 그의 '새로운 유엔'에 대한 꿈은 그의 죽음과 함께 사라져버렸다. 바꾸어 말하면 변형에 따른 새로운 유엔의 기대도 한낱 환상에 지나지 않았음이 분명해졌던 것이다.

그렇다고 해서 유엔 기구들이 완전한 무용지물로 전락했던 것

15) Stanley Hoffmann(1987), p. 295.

16) 사무총장 역할의 역사적 검토와 전상에 관한 상세한 분석을 위해서는, Benjamin Rivilin and Leon Gordenker, eds., *The Challenging Role of the UN Secretary-General,* Westport, Connecticut: Praeger, 1993을 참조.

은 아니다. 그랬더라면 오늘날까지 유엔은 살아남지 못했을 것이다. 국제연맹의 짧았던 생애에 비한다면 유엔은 반세기 이상 생존해 왔으며 그것도 치열했던 냉전의 시대 속에서도 살아남는 끈질긴 생명력, 즉 유용성을 보여 주었던 것이다. 그것은 냉전체제가 혁명적 체제이면서도 소위 '엄격한 양극체제'(tight bipolar system)가 아니었다는 것을 의미한다. 즉 양극적 대결이 유엔의 효율성을 언제나 감소시켰고, 두 초강대국들이 자신의 진영 내에서 자유롭게 무력사용이나 위협을 결행할 때 유엔은 겁먹고 비효율적이었지만, 그러나 두 초강대국 간의 대결의 완화와 심지어 자제와 협력이 전혀 없었던 것은 아니었다. 국제체제의 구조적 성격을 완화시키는 요인, 다시 말해 초강대국들의 외교적 목적과 행동을 제한하는 요인들이 등장했다. 그것들은 민족국가의 새로운 보편적 정통성과 핵시대 무력사용의 새로운 조건, 그리고 초강대국들이 자신들의 대결구조에 전 세계를 흡수하는 것을 불가능하게 만드는 국제체제의 이질성이었다.[17] 이 시대에는 아이러니컬하게도 민족주의의 정당성과 초강대국들의 상호충돌의 두려움에 의해서 보호받는 약소국가들이 오히려 두 초강대국가들의 결투에 여러 가지 제약을 가하는 것이 가능했던 것이다. 그 결과 유엔은 국제평화와 안전에 관련된 문제는 물론이고 경제·사회 문제에서 제한적이나마 기회와 역할이 주어졌던 것이다.[18]

---

17) John Lewis Gaddis, *The Long Peace,* Oxford: Oxford University Press, 1987.

18) 유엔 및 국제기구들의 경제·사회·인권 문제에 관한 역할과 기여에 관해서는, Thomas G. Weiss, David P. Forsythe and Roger A. Coate, *The United Nations and Changing World Politics,* Boulder: Westview Press, 1994, 제 2 부와 제 3 부 참조.

4. 그래도 유엔이 있었기에: 평화유지활동의 공헌

국제기구란 국가외교정책의 단순한 도구에 지나지 않는다는 가장 전통적인 관점에서 볼 때조차도 국제기구는 외교적 포럼의 폭을 넓혀줌으로써 국가의 외교정책 수행에 중요한 기여를 한다. 보다 구체적으로 말한다면 국가는 다음 세 가지의 방법으로 국제기구 특히 유엔을 외교적으로 활용할 수 있다.

첫째, 각 국가는 국제기구를 공개외교의 상설수단으로 활용할 수 있다. 오늘날 국제기구 특히 유엔은 적절히 사용하기만 하면 국가 간 분쟁과 위기를 다룰 효율적인 장치를 가지고 있다. 유엔 안보리와 때때로 총회는 공개외교(public diplomacy)를 수행할 무대를 제공하고 있다. 이 포럼들을 통해서 유엔은 분쟁의 타결을 위한 지침을 마련할 수 있다. 분쟁당사국들의 동의만 확보할 수 있다면 유엔의 평화유지활동을 통해 화재감시(fire watching) 수단과 냉각기(cooling-off period)를 가지면서 평화적 협상을 위해 필요한 분위기를 조성할 수 있으며 분쟁당사국들은 그러한 유엔의 역할을 언제든지 요청함으로써 평화적으로 자국의 이익을 보호하고 증진시킬 수 있다.

둘째로, 국가들은 유엔과 같은 국제기구의 사적 외교(private diplomacy)를 활용할 수 있다. 예를 들어 유엔 사무총장은 자신에 대한 신의나 공정성과 비밀보장과 같은 것에 대한 회원국가들의 독특한 기대 속에서 중재(good offices)와 조정(coordination)의 기능을 수행할 수 있다.[19)]

19) Alan James, "The Secretary-General as an Independent Actor," in Benjamin

셋째로, 유엔은 그동안 많은 경우에 국가들의 정책이 그들을 위험스러울 정도로 크게 노출된 입장으로 인해 심각한 긴장에 빠졌을 때 그런 위기로부터의 탈출구(escape-route)를 제공할 수 있다.[20] 즉 분쟁당사국들은 자국의 국가적 체면을 유지하거나 아니면 적어도 체면상실을 극소화하면서 유엔이나 국제기구를 통해 양보함으로써 위기에서 벗어날 수 있다.

이러한 방법으로 국제평화와 안전을 위한 유엔의 노력은 결코 부끄러운 기록만은 아니다. 평화유지와 전쟁의 방지는 유엔 밖에서와 마찬가지로 유엔 내에서도 강대국가들의 만장일치나 콘센서스에 달려 있다. 따라서 만일 강대국 간의 분쟁이 발생했을 때, 유엔 밖에서 대결하고 있는 바로 그 강대국가가 유엔 밖에서 해결하지 못한 것을 유엔 내에서 해결하도록 사실상 요청받는 셈이다. 이러한 문제를 유엔 창설자들은 인식하고 있었기에 평화유지와 관련된 어떠한 유엔의 결정도 강대국들의 동의 없이는 구속력을 가질 수 없다고 믿었다. 바로 이런 까닭에 안보리 결정과정에 거부권의 규정을 두었던 것이다. 분쟁해결에 유엔은 사용될 수도 있고 그렇지 않을 수도 있다. 그러나 만일 분쟁의 해결을 위한 조건이 강대국들의 만장일치라면 그리고 이것이 이루어진다면, 그것은 사실상 분쟁이 없다는 것을 의미한다. 그런데도 만일 유엔에 의지한다면 그것은 기존의 합의를 단지 인준하는 것에 지나지 않는다. 그러나 반대로 해소될 수 없는 강대국 간의 갈등이 존재한다면 안보리와 안보리의 거

Rivlin and Leon Gordenker, eds., *The Chanllenging Role of the UN Secretary-General: Making "the Most Impossible Job in the World"* Westport, Connecticut: Praeger Publishers, 1993, pp. 22-39.

20) Anthony Parsons, "The UN and the National Interests of Stastes," in Adam Roberts and Benedict Kinsbury, eds., *United Nations, Divided World*, 2nd ed., Oxford: Clarendon Press, 1993, p. 105.

부권을 우회하지 않는 한 유엔은 무기력할 수밖에 없다. 따라서 안보리가 개입할 수 있는 유일한 갈등이란 결국 약소국가들 간의 것이다. 평화유지에 관한 헌장 규정상의 모호성에도 불구하고 이것이 실제로 헌장상의 입장이라고 할 수 있다.

유엔 창설 직후 냉전체제의 형성으로 유엔 안보리가 헌장 제 7 장의 기능을 수행할 수 없게 되고 분쟁의 평화적 해결을 모색하는 제 6 장의 기능도 수행할 수 없게 되자 안보리와 총회 간의 책임분담에 사실상(de facto)의 변화가 발생했다. 이것은 유엔 창설 초기에 미국과 동맹국들이 공산국가들과의 대결에서 유엔을 유리하게 이용하고 그 후 약소 비동맹국가들이 유엔을 지배하게 되었기 때문이다. 총회가 안보리의 역할을 사실상 수행하게 만든 1950년 '평화를 위한 단결 결의안'[21]이 있기 이전에도 이미 총회는 강대국 간의 대결이 벌어지는 상황에서 정치적 영향력을 행사하기 위해 사용되었다. 즉 1946년과 1947년에 스페인과 그리스 문제에 총회는 책임을 맡았으며 팔레스타인 분쟁에도 관여했다. 1947년 한국의 선거와 '대한민국' 정통성의 승인도 비슷하게 총회결의안의 주제였다. 그리고 유엔이 실제로 서방국가들과 공산침략 간의 대결에 참여자로서 실제로 종사한 것도 바로 한국전쟁이었다. 소련의 안보리 복귀는 총회로 한국문제의 이관과 '평화를 위한 단결 결의안'의 채택을 초래했다. 이것이 안보리의 만장일치 부재시 평화유지를 위한 직접적 책임을 총회에 부여한 것이다. 평화유지를 위한 주된 책임이 만장일치의 원칙에 따라 기능하는 기관으로부터 3분의 2 다수결의 토대 위에서 결정을 내리는 기관으로서 이관은 국제적 갈등의 해소를 위해 강대국들의

21) 이 결의안은 1950년 11월 3일 총회에 의해서 채택되었다. 그것은 평화유지에 관한 문제에 대해 안보리의 합의가 없는 경우에 총회가 그 문제를 심의하고 실천행동을 취할 권한을 갖는다고 결의하고 있다.

합의를 규정한 헌장 원칙의 사실상의 개정이나 다름없었다. 유엔헌장의 작성자들은 총회가 경제 · 사회 · 문화 · 인권 문제에 관여하길 기대했던 것처럼 보일 것이다. 왜냐하면 이런 문제에 관련된 유엔의 모든 기관들은 안보리가 아니라 총회에 종속시켰기 때문이다. 이런 일반적 주제의 고려에서 파생되는 문제들은 참가국가들 뿐만 아니라 전체 인류의 일반 복지에 영향을 주고 또 그것들에 관한 권고안들을 정치적이거나 강요할 수 있는 것들이 아니라고 간주되었기에 다수결 투표가 합리적으로 보였던 것이다.

어쨌든 국제평화와 안전의 유지는 절실하게 필요했고 총회가 이 문제를 다루는 책임을 수용하면서 소위 유엔의 평화유지활동(PKO)이 실천되기 시작하였다. 유엔 깃발 아래 봉사하면서 여러 국가들로부터 모인 군사요원들이 평화협정이 다듬어지는 동안 종전협정을 감시하는 데서부터 군대의 철수를 돕고 대치 군사력 사이에 완충지대를 제공하고 또 갈등의 최종타결을 실행하는 일을 돕는 데 이르는 여러 가지 과업들을 수행해왔다.[22] 이러한 평화유지활동은 냉전의 종식과 함께 그 수가 늘고 복잡해졌다. 1997년 현재 유엔은 총 41개의 평화유지활동을 수행했으며 그 중 26개는 1989년 이후에 착수된 것들이다. 대부분 초기의 평화유지활동은 국가 간 갈등에 대응했다. 그러나 최근 평화유지활동은 때로는 정부가 기능하지 못하는 경우엔 국가들 내부의 갈등을 종종 다루었다. 푸른 베레모나 헬멧을 쓰고 유엔 지휘하의 소위 평화유지군과 함께 점증하는 수의 민간인들이 훨씬 더 어려운 임무를 부여받았다. 그들은 국민적 화해와 인권존중을 위한 환경을 조성하고 선거를 조직하고 감시했다. 평

22) 유엔 평화유지활동의 총체적 보고를 위해서는 United Nations, *The Blue Helmets: A Review of United Nations Peace-Keeping*, 3rd ed., New York: The United Nations, Department of Public Information, 1996을 참조.

화유지활동의 제 2 세대로 불리기도 하는 이러한 활동은 정치 · 사회 · 경제 및 인도주의적 요소들을 갖는 다기능적인 것으로 군인들과 함께 일할 민간인 전문가들을 필요로 한다. 모잠비크[23]와 엘살바도르[24]에서 평화유지군과 민간동료들은 무엇보다도 전투원들을 재집결시켜 무장해제시키고 무기를 파괴하고 대규모 인도주의적 원조계획을 조정하고 인권을 감시하는 일을 도왔다. 아이티 · 소말리아[25] · 캄보디아[26]에서의 임무는 그 사회의 자치능력을 재수립하는데 기여하는 것이었으며, 앙골라에선 복잡한 평화협정을 협상하고 실천했으며, 르완다[27] · 보스니아와 헤르체고비나[28]에선 인도주의적 원조물자의 수송을 보호했다.[29]

---

23) Pamela L. Reed, "The Politics of Reconciliation: The United Nations Operation in Mozambique," in William J. Durch, ed., *UN Peacekeeping, American Politics and the Uncivil Wars of the 1990s,* New York: St. Martin's Press, 1996, pp. 275-310.

24) Fen Osler Hampson, "The Pursuit of Human Rights: The United Nations in El Salvador," in William J. Durch, ed., *op. cit.*, pp. 69-102.

25) William J. Durch, "Introduction to Anarchy: Humanitarian Intervention and 'State-Building' in Somalia," in William J. Durch, ed., *op. cit.*, pp. 311-366.

26) James A. Schear, "Riding the Tiger: The United Nations and Cambodia's Struggle for Peace," in William J. Durch, ed., *op. cit.*, pp. 135-192; Michael Doyle and Nishkala Suntharalingam, "The UN in Cambodia: Lessons for Complex Peacekeeping," *International Peacekeeping*, Vol. 1, No. 2, Summer 1994, pp. 117-147.

27) J. Matthew Vaccaro, "The Politics of Genocide: Peace-Keeping and Disaster Relief in Rwanda," in William J. Durch, ed., *op. cit.*, pp. 367-408.

28) William J. Durch and James A. Schear, "Faultlines: UN Operations in Former Yugoslavia," in William J. Durch, ed., *op. cit.*, pp. 193-274; Leo Tindemans, et. al., *Unfinished Peace: Report of the International Commission on the Balkans,* Washington D.C.: The Brooking Institute Press, 1996.

29) 냉전 종식 후 유엔 평화유지활동에 관한 필자의 좀 더 자세한 논의를 위해서는, 강성학, "유엔과 미국: 교황과 황제처럼," 『IRI리뷰』, 제 2 권 제 3 호, 1997년 가을, pp. 79-88 참조. 또한 강성학, 『카멜레온과 시지

지금까지 평화유지활동 모두가 다 기대했던 성공을 거둔 것은 아니다. 그러나 중립적 개입세력으로서 그리고 정직한 중재자로서 유엔은 평화유지와 신뢰구축에 여전히 중요한 요인으로 남아 있다. 국제사회가 직면하는 새로운 상황을 헤쳐나가고 위험스런 성격의 갈등을 방지하고 해소하는 데 있어서 유엔은 계속해서 국가외교정책의 핵심적 수단이 될 것이다. 유엔 평화유지활동은 갈등을 통제하고 평화를 지향하는 유엔의 노력에 있어서 이 유일한 범세계적 기구의 가장 독창적이고 야심적인 사업이다. 평화유지군은 갈등을 봉쇄하고 국제적 갈등이 야기하는 고통을 완화시키도록 요구될 때뿐만 아니라 국가 간 전쟁의 발발을 예방하고 항구적 평화를 향해 나아가도록 유엔이 부름을 받을 때, 유엔의 평화유지활동은 계속 새로운 지평을 열어나갈 것이다.[30]

5. 국제기구와 국가의 외교적 영향력

조지 오웰 식으로 말한다면, "국가들은 평등하다. 그러나 어떤 국가들은 다른 국가들보다 더 평등하다." 아니 국가들은 원래 불평등하게 태어나 영원히 불평등하게 살아간다.[31] 국가 간의 규범적 평등에도 불구하고 만일 강대국가가 평화를 깨뜨리면 국제기구란

프스: 변천하는 국제질서와 한국의 안보』, 서울: 나남, 1995, pp. 161-173.

30) John Gerard Ruggie, "The UN and the Collective Use of Force: Whither or Whether?" *International Peacekeeping*, Vol. 3, No. 4, Winter 1996, pp. 1-20.

31) Robert W. Tucker, *The Inequality of Nations*, 강성학 역, 『불평등한 세계』, 서울: 박영사, 1983.

무력하여 그것의 역할이란 수동적 관망자나 편파적 가담자로 전락하게 된다. 그런 경우 국제기구는 국가 간 분쟁을 해소하는 수단이 되기보다는 갈등의 추가적 원인이나 장소가 되어 버린다. 또한 국제기구의 구조적 복잡성, 준의회주의식 절차 및 기능과 활동의 성격은 회원국가들이 국제기구를 통제하거나 자국의 여러 가지 국가이익을 추구하는 데 있어서 영향력을 행사하려는 정치적 투쟁의 무대가 된다. 특히 냉전시대에 외교전쟁이라고 부르는 것이 적절할 정치의 독특한 특징이 유엔에서 발전했다. 그리하여 독일의 전쟁철학자 클라우제비츠(Carl von Clausewitz)의 고전적 정의를 활용하여 말한다면 과거엔 전쟁이 수단을 달리한 외교의 연속이었다면 냉전시대엔 외교가 수단을 달리한 전쟁의 연속이었다.[32] 외교의 제 1 차적 중심지로서 유엔은 거의 매일같이 외교전의 무대가 되었다. 유엔에서 외교전을 수행하는 데 있어서 전략과 전술은 클라우제비츠가 기술했던 실제전쟁에서 사용된 것들과 비슷하다.[33] 즉 대담성, 끈질김, 수적 우위의 이용, 동맹결성 그리고 가능할 때는 언제든지 적을 혼란시키는 전략과 전술을 사용한다.[34]

그러나 외교전에서 전사들이 사용하는 무기는 군사적이 아니라 토론·투표·결의·의회식 책략 혹은 물질적 자원을 제공하거나 철회하는 의회식 투쟁의 흔한 기술들이다. 따라서 유엔은 헌장 제 1 조

---

32) Hans J. Morgenthau, *Politics Among Nations*, 5th ed., New York: Alfred A. Knopf, 1973, p. 354.

33) Benjamin Rivlin, "The Changing International Political Climate and the Secretary-General," in Benjamin Rivlin and Leon Gordenker, eds., *The Challenging Role of the Secretary-General,* Westport, Connecticut: Praeger, 1993, p. 8.

34) 이러한 전략과 전술에 관한 상세한 논의를 위해서는 Carl von Clausewitz, *On War,* Princeton, New Jersey: Princeton University Press, 1976, Book 3을 참조.

에서 규정하듯 "국가행동들을 조화시키는 중심지가 되기"보다는 각국 정부들이 자신들의 이기적으로 인식된 국가이익의 획득을 위해 서로 경쟁하는 장소가 되어 버렸다. 이러한 정치과정은 이런저런 방법으로 유엔의 각 주요기관들도 지배했다. 이것은 안보리에서 초기에는 소련에 의해 그리고 나중에는 미국에 의해 사용된 광범위한 거부권의 사용에 의해서 잘 나타났다. 1946년과 1970년 사이에 소련은 103차례 거부권을 행사했으나 미국은 한 번도 행사하지 않았다. 그러나 1970년과 1989년 사이에는 미국이 67차례의 거부권을 행사했던 반면에 소련은 11차례 거부권을 행사했다.[35] 그러나 거부권이 인정되지 않는 외교전의 무대인 총회에서는 이해관계를 같이하는 국가들 간의 연합(caucusing)을 통한 집단투표방식으로 외교전이 전개되었다. 그리하여 1970년대엔 공산진영과 빈번히 연대를 이루는 대다수의 제3세계 국가들에 의해 사실상 지배되어 총회는 서방세계 특히 미국에 대한 제3세계의 분노에 찬 성토장이 되기도 했으며, 이러한 현상은 경제사회이사회 및 그 산하기구들 그리고 유네스코·세계은행·IMF와 같은 비교적 덜 기술중심적인 유엔 전문기관들에서도 발생했다.[36]

유엔과 타기구에서 국가 간 연합전략이 공산권이나 77그룹의 제3세계 국가들에만 국한되는 것은 아니다. 스칸디나비아그룹·라틴 아메리카그룹·서유럽그룹·제네바그룹·비동맹그룹 등등 다양하게 연합이 이루어져 왔다. 그러나 제3세계 국가들의 유엔 내에서 빈번하게 벌인 집단투표 행위는 자신들이 원하는 권고 결의안들을

35) Sally Morphet, "Resolutions and Vetoes in the Security Council: Their Relevance and Significance," *Reviewing of International Studies*, Vol. 16, No. 4, October 1990, pp. 341-359.

36) 이러한 결과가 미국과 유엔 관계에 미친 영향에 관해서는 강성학(1997), pp. 94-97을 참조.

통과시키는 데 유력하였지만 그것들은 미국을 비롯한 선진 공업국가들의 협력 없이는 실행할 수 없는 것들이다. 그리하여 그들의 행위는 유엔 내의 헤게모니와 유엔 밖의 헤게모니 사이에 현저한 간격만 계속해서 확인하는 데 그치고 말았다.[37] 그러나 그들의 지속적인 정치행동의 결과로 인해 식민주의 · 아파르트헤이트 · 인종주의는 결국 모두 부당한 것으로 간주되었다. 선진국들은 그들의 연합세력에 의해서 강요되는 변화에 대체로 저항했지만 상당히 긍정적인 효과도 없지 않았다. 예를 들어 신국제경제질서(NIEO)는 전체적 합의로 채택되지는 않았지만 일반관세특혜제도(GSP), 상품통합계획(Integrated Program of Commodities), 발전도상국가들의 부채완화(debt relief for LDCs) 및 IMF의 여러 가지 편의 제공 등은 국제경제질서에 대한 남북 간의 투쟁에서 나온 것들이다.[38] 그렇지만 국가들은 어떤 문제가 자국 정부에 현저하면(salient) 할수록 국제기구에서의 결정에 대한 통제력을 잃지 않는 것이 그만큼 더 중요하다고 느낀다. 따라서 그런 정부는 다수결원칙에 의해서 이루어진 결정에 저항한다. 관련국가는 그런 결정의 실행에 들어가는 비용의 부담을 거절하는 일탈(opting out)의 행동을 취하게 될 것이다.[39] 비용부담이 헌장상 타당한 것이라면 그런 행위는 분명히 합법적이지 않지만 국제기구는 그것을 막을 수 없다.

국제기구 내에서도 밖에서처럼 국가의 지위가 영향력 행사와 깊은 관련성이 있다. 국제정치에서 일반적 영향력이 특수분야에서

37) Toshiki Mogamin, "The United Nations System as an Unfinished Revolution," *Alternatives*, Vol. 15, No. 2, Spring 1990, pp. 177-197.

38) Lawrence S. Finkelstein, "The Politics of Value Allocation in the UN System," in Lawrence S. Finkelstein, ed., *Politics in the United Nations System*, Durham: Duke University Press, 1988, pp. 31-32.

39) *Ibid.*, p. 24.

동일한 영향력을 항상 의미하는 것은 아니지만,[40] 국가의 국제적 지위는 분명히 영향력의 중요한 원천이다. 즉 군사력·경제력·이념력·매력 등을 포함하는 총체적 국력에 입각한 국제적 지위는 국제기구 내에서 중요한 의미를 갖는다. 그러나 그러한 국가의 지위 정도가 국제기구의 결정에 언제나 동일하게 영향을 미치지는 못한다. 왜냐하면 실제 참가하는 국가 대표자의 개인적인 속성이 영향력의 최종적 결과에 가감의 영향을 미치기 때문이다. 국제기구에서 대표자 개인의 영향력을 확대시키는 속성으로서는 그의 개인적 카리스마, 매력, 이념적 정당성, 협상능력, 전문적 지식, 능숙한 언어의 구사력, 기구와의 오랜 관련성, 경험과 명성, 그리고 연합형성 능력 등 다양하다. 부(富)나 중요 공직에의 피선, 학문적 성취와 같이 해당 국제기구 밖에서 얻은 그의 명성과 지위도 그의 영향력에 영향을 미칠 것이다. 그리고 이러한 개인적 속성들의 이점은 해당 국제기구의 성격에 따라 다양하게 나타날 것이다. 해당 국제기구가 주로 포럼 기능을 수행하는가 아니면 서비스 제공 기능을 수행하는가? 참여자 간의 상호작용이 주로 분석적인 능력을 요구하는가 아니면 흥정인가? 대표자가 자유민주주의자인가 아니면 사회주의자인가? 등으로 분류할 때 개인적 속성은 그의 최종적 영향력에 적지 않게 영향을 미칠 것이다.

뿐만 아니라 영향력은 여러 가지 방법으로 구사될 수 있다. 첫째는 제안자(initiator)가 되는 것이다. 언제나 새로운 것을 시도하고 제안하는 사람은 그것이 일단 의제가 될 때 이미 영향력을 구사하고 있는 것이다. 두 번째는 거부권자(vetoer)가 되는 것이다. 커뮤니

40) Harold K. Jacobson(1984), p. 115: David A. Baldwin, "Power Analysis and World Politics: New Trends versus Old Tendencies," in Klaus Knorr, ed., *Power, Strategy, and Security,* Princeton: Princeton University Press, 1983, pp. 3-36.

케이션의 전략적 위치에 있거나 광범한 정치적 자원의 통제로 새로운 시도를 막는다면 그것도 영향력 행사이다. 셋째로 만일 어떤 대표의 견해가 이미 알려져 있거나 추측되어 어떠한 이유에서건 그의 입장이 고려될 수밖에 없다면 그에 대한 통제자(controller)로서 영향력을 미치는 것이다. 넷째로 참여자들 사이에서 중재나 합의도출을 위해 봉사하는 사람은 브로커(broker)로서 영향력을 구사한다.[41] 이러한 상이한 방식의 영향력 행사는 모두 중요하며 반드시 한 가지 방법만이 변함없이 사용되는 것이 아니라 몇 가지가 동시에 사용되는 경우도 있을 것이다. 따라서 이러한 방법 중 어느 방법이 가장 중요한 것인가의 문제는 결정 배경의 총체적 맥락과 참여자들 간의 상호작용에 달려 있게 될 것이다. 요컨대 국제기구에서 회원국가의 궁극적인 영향력이란 국제사회에서 인정되는 그 국가적 지위와 그 국가를 대표하는 참가자의 개인적 속성에 달려 있다고 하겠다.[42]

41) Robert W. Cox and Harold K. Jacobson, et al., *The Anatomy of Influence: Decision Making in International Organization,* New Haven: Yale University Press, 1974, pp. 12-13.

42) 이것은 국제기구들 중 대표하위체제(representative subsystem)가 지배적인 경우에 특히 해당된다. 대표하위체제란 국가와 국제기구를 연결시키는 메커니즘이다(Harold K. Jacobson(1984), pp. 110-124). 이것은 국가의 국제기구의 양정체(political system)의 구성부분이다. 대표는 이 하위체제의 한쪽 끝에 있으며, 다른 쪽 끝에는 그에게 훈령을 내리는 관리이며 그는 국가의 수도에 머물고 있다. 그러나 모든 국제기구가 이런 경우에 속하는 것은 아니다. 국제기구 중에는 참여자 하위체제(participant subsystem)가 보다 지배적인 경우가 있다. 아주 전문적이고 기술적인 중심적 기구, 서비스 제공 기능이 주요업무인 기구가 이에 해당된다. 이 하위체제는 국제기구 자체, 즉 국제관료 제도를 의미한다. 이 국제관료 제도 자체가 정책결정에 지배적 영향력을 미치는 그런 국제기구에선 국가의 대표가 구사할 수 있는 영향력의 폭이 크게 줄어들 것이다.

6. 결　　론

유엔을 포함하여 모든 국제기구는 야누스와 같은 성격을 갖고 있다. 즉 그것은 외교정책의 수단이면서 동시에 세계공동체의 표현이다. 특히 유엔은 웨스트팔리아 체제와 범세계주의(globalism) 사이의 곤경에 처해 있다.[43] 국제기구는 국가이익의 추구에 있어서 폭력의 사용보다도 협력과 화해가 보다 더 바람직스럽다는 가치와 그 가치 실현방법과 절차를 대변한다. 그러나 유엔은 이스턴(David Easton)식의 '정치체제'는 아니다. 즉 유엔은 국내정치체제와 같은 의미의 정치제도는 아니다. 따라서 인간이 추구하는 제 사회적 가치의 권위적 분배를 국내정치에서와 같은 정도로 유엔과 국제기구에게서 기대할 수는 없다. 그러나 유엔정치도, 즉 국제기구정치도 분명히 그런 활동과 관련된 정치적 현상임에는 틀림없다. 권위적 분배가 성공적으로 이루어질 수 있는 확률이 상대적으로 크게 낮을 뿐이다. 그러나 적어도 그러한 정치과정이 확대되어 간다고 인정할 수 있다면 우리는 소위 범세계적 통치(global governance)의 시대를 맞고 있는 것이다.

범세계적 통치란 주권적 권위 없이 국경선을 넘는 관계를 통치하는 것이다.[44] 그것은 국제적으로 수행되는 광범위한 기능을 포함

---

43) John E. Trent, "Foreign Policy and the United Nations: National Interest in the Era of Global Politics," in Chadwick F. Alger, Gene M, Lyons and John E. Trent, eds., *The United Nations System: The Policies of Member States,* Tokyo: United Nations University Press, 1995, p. 479.

44) Lawrence S. Finkelstein, "What is Global Governance?" *Global Governance*, Vol. 1, No. 3, Sep.-Dec., 1995, p. 369.

한다. 즉 정보의 창조와 교환, 국제적 및 지역적 질서 그리고 특수한 국제의제에 영향을 미치는 원칙의 수립과 지식의 진흥, 국내적 규칙과 국가행위에 영향을 미치려는 노력, 중재·화해 및 분쟁의 해소, 물질적 자원의 분배, 기술원조와 개발계획의 마련, 인도주의적 및 긴급구호 활동, 평화와 질서의 유지 등 인류의 국제적 삶과 관련된 거의 모든 것이 '범세계적 통치'의 대상이 된다. 이러한 범세계적 통치는 민주주의가 보편적 가치로 인정되고 국민적 다양한 욕구충족이 정치의 책임으로 인식되는 오늘날에 주권적 영토국가에 모든 것을 기대하는 17세기의 국가제도만으로는 효율적이지 못하고, 때론 그러한 욕구의 충족이 불가능하다.[45] 21세기에는 이러한 괴리현상이 더욱 두드러질 것으로 예상된다. 따라서 주권적 영토국가들의 개념에 입각한 국제체제(international system)는 세계체제(global system)에로의 발전에 적응하지 않을 수 없게 되었다. 세계체제는 물론 세계정부는 아니지만 이제는 특정된 국가의 적지 않은 문제들을 세계의 문제, 즉 인류의 문제로 인식해야 할 세계사의 발전단계에 접어든 것이다. 이러한 상황에서 국제기구는 회원국들에게 지속적인 협의와 커뮤니케이션, 집단적 행동을 위한 최소한의 조정, 동맹체제들의 조절, 접촉 및 네트워크 그리고 다변적인 아이디어 교환의 기회를 제공한다. 특히 유엔은 세계적 차원에서 일종의 여론조사와 같은 매우 특별한 기능을 수행하고 있으며 일종의 외교적 바로미터(diplomatic barometer)로서 봉사할 수 있다.[46]

---

45) Mark Imber, "International Organizations," in John Baylis and N. J. Rengger, eds., *Dilemmas of World Politics,* Oxford: Clarendon Press, 1992, p. 182.

46) Marie-Claude Smouts, "France and the United Nations System," in Chadwick F. Alger, Gene M. Lyons and John E. Trend, eds., *The United Nations System: The Policies of Member States,* Tokyo: United Nations University Press, 1995, p. 188.

또한 국가들은 국제기구가 그 외교적 기능뿐만 아니라 영향력 기능(influence function)을 수행할 것이다. 이 기능은 개별국가들에 의해서보다도 주로 상호공통이익을 표방하는 연합들에 의해서 결정된다. 예를 들어 소위 북방의 선진자본주의 국가들은 유엔과 국제기구들에 영향력을 미쳐 국제행위의 소위 '문명화된'(civilized) 기준에 토대를 둔 안정되고 효율적인 국제체제를 마련하고 유지하기를 원한다. 그들에게 안정이란 당위적으로 마련된 국제레짐을 통해 규칙이 실행되고 분쟁이 타결되는 것을 의미하며, 효율성이란 공개적이고 비정치화된 과정 속에서 우선순위가 기존의 자원에 어울리는 손익계산에 입각한 프로그램들의 작성과 실행을 의미한다. 국제기구에 많은 분담금을 내는 그들은 자신들이 원하는 합의가 형성되지 않을 때, 거부권 행사나 자발적 기금 출연과 무팽창예산을 통해 국제기구의 예산에 효과적인 통제력을 유지하고자 한다. 반면에 남에 속하는 여러 국가들을 포함하는 중소국가들은 회원국들 간의 이론적 평등의 원칙을 통해 외교적 능력을 균등하게 해주는 효과를 갖는 국제기구의 다변적 제도를 통해 발언권을 행사하여 자신들의 영향력을 확대하는 수단으로 계속 사용할 것이다. 인물과 경험과 재정적 차원에서 자원이 부족한 약소국가들은 유엔을 투표수의 힘을 통해 자신들의 이익을 보호하고 확장할 뿐만 아니라 자신들의 영향력을 행사할 수 있는 유일한 장소로 간주할 것이다. 따라서 유엔을 비롯한 모든 국제기구에서 영향력을 위한 투쟁은 계속될 것이다.

따라서 국제기구는 여전히 외교정책의 수단이라는 본질적 성격을 상실하지 않을 것이다. 그러나 국제기구의 결정과 그것의 실천 촉구는 프랑켄슈타인처럼 당장 국가적 생존에 위협이 되지는 않을지 몰라도 적지 않게 국가들의 외교정책에 제약을 가하면서 범세계적 통치를 지향할 것이다. 어쩌면 인류의 미래는 국제기구, 특히 유엔이 국제적 사건이 발생한 연후에 단순히 반응하는 데 안주하기보다는 본래의 사명을 달성하기 위해 사전에 행동하는 혁신적 능력에 의해 크게 영향받을 것이다. 국제정치의 가장 두드러진 특징은 끊임없는 변화이다. 따라서 국제기구는 국제정치의 변화에 적응할 뿐만 아니라 오히려 변화를 촉진시킬 때에만 범세계적 통치(global governance)의 발전에 기여할 것이다.

제19장

국제기구의 연구경향과 유엔체제*

토머스 아퀴나스의 주장처럼 존재는 본질에 앞선다.
오늘날 유엔체제의 존재는 의심할 여지가 없다.
따라서 문제가 되는 것은 그것의 본질이다.

– 케야르 유엔사무총장 –

국제연맹은 19세의 나이에 요절했다. 그러나 유엔은 1990년 10월 현재 45세로 살아 있다. 하지만 현재 유엔체제는 중년의 안정보다는 오히려 중년의 위기를 겪고 있다고 할 수 있다. 위기의 중년은 청소년의 생활처럼 활기차지는 못하다. 그러나 "검토되지 않는 삶은 살 가치가 없다"는 소크라테스의 말을 국제기구에 적용한다면 '청소년'의 삶보다는 분명 '위기의 중년'이 보다 검토해 볼 가치가 있을 것이다. 또한 그런 검토는 중년의 위기의 원인과 전개 과정을 발견하고 그것을 극복하는 데 슬기롭게 활용될 수 있을 뿐만 아니라 그런 검토의 과정에서 파생되는 통찰력은 새로운 삶의 비전으로 봉사할 것이다.

* 이 논문은 1990년에 발표한 것으로, 1990년 이후의 국제기구와 유엔에 관한 저자의 논의를 위해서는, 강성학, 『카멜레온과 시지프스: 변천하는 국제질서와 한국의 안보』, 나남, 1995, 제 3 장, "포스트 냉전시대의 유엔: 루비콘 강을 건너서" 참조.

그러나 불행히도 한국의 국제정치학 분야에서 유엔체제 및 국제기구에 대한 관심과 연구를 피상적으로나마 조사해 보면 일종의 '에베레스트 신드롬'(Everest Syndrome)에 의해 거의 지배되어 왔다고 해도 과언이 아닐 것이다. 즉 한국에서 유엔체제 및 국제기구들은 '그것들이 단지 존재하기 때문에' 연구되었다. 보다 과장해서 표현한다면 국제기구론은 비인기 과목 및 버림받은 분야로서 겨우 생명을 유지해 왔다고 할 수 있다.

한국에서 유엔체제와 국제기구의 연구는 국제정치학의 다른 하위분야(subfield)에 비해서 오직 소수의 국제정치학자들에 의해서만 그 중요성이 인식되고 연구되어 왔다. 연구학자들이 소수인 것은 무엇보다도 유엔체제 및 국제기구에 대한 출판물이 우선 양적으로 매우 적다는 사실에 의해서 뒷받침된다.[1)]

이러한 현상은 하나의 아이러니이다. 왜냐하면 이미 외국에서는 국제정치학이 하나의 독자적 학문분야로 인식되기 시작한 20세기 초기에 국제기구가 가장 중요한 연구의 대상이었으며, 어떻게 보면 국제법, 외교사와 더불어 국제정치학의 모태였기 때문이다. 그러나 한국에서는 마치 정치사상 분야에서 그리스의 '고전적 정치철학'의 전통을 존중하는 관례에 따라 사상사에서 피상적으로 검토되듯 국제기구론도 다소 과장하여 말한다면 그것들의 존재를 확인하는 정도에서 머물러 왔다고 할 수 있겠다. 국제기구연구에 대한 이러한 '푸대접'과 국제기구연구의 빈곤현상은 다음의 몇 가지 요인들이 복합적으로 상승작용한 결과라고 할 수 있다.

첫째, 한국은 유엔을 통해 탄생한 국가였지만 지금까지 유엔의

1) 여기에서는 유엔체제를 소개하는 학부용 교과서들에 관해서는 언급하지 않고 대학원 수준에서 취급될 수 있는 국내학자들에 의한 연구논문과 서적을 중심으로 논의한다는 것을 우선 밝혀두고자 한다. 저자가 조사한 바로는 그런 논문들이 총 20편이 안 된다.

회원국이 되지 못함으로써 독자적인 대유엔정책의 현실적 필요성이 미미하게 되어 유엔이 정부나 학계의 충분한 관심을 받지 못했다.

둘째, 한반도가 남·북한의 첨예한 군사적 대치 및 동서대결의 현장이 됨으로써 국제적 협력보다도 대결적 갈등의 분위기에 지배되어 군사적 안보 위협이 상존했다. 따라서 국제정치를 바라볼 때 이른바 정치적 현실주의의 패러다임이 거의 도전받지 않고 한국인의 사고를 지배했다.

셋째, 국제기구가 한국의 경제 및 사회발전에 적지 않은 영향을 미쳤음에도 불구하고 그것이 정부를 통한 간접적인 것이었기 때문에 학자나 일반 국민들이 그 영향을 직접 경험하지 못했다.

넷째, 1970년대부터 유엔의 주도권이 제 3 세계에 의해 거의 장악되자 미국을 비롯한 서방 선진자본주의 국가들이 소수로 전락하여, 유엔체제와 거리를 두기 시작하였는데 이러한 추세가 한국에도 그 영향을 미쳤다. 즉 미국 및 서방자본주의 국가들이 유엔의 중요성을 격하하는 추세가 그들의 유엔 및 국제기구 연구에 반영되었으며 한국의 정부 및 학계도 이러한 추세에서 이탈하지 않았다.

그런데 1980년대 후반에 들어선 지난 몇 년 동안 우리는 유엔체제 및 국제기구의 역할 증대와 학문적 관심 확대를 가져올 몇 가지의 사태 발전을 목격할 수 있다.

첫째, 유엔 안전보장이사회에서 빈번하게 거부권을 행사하고 유엔활동에 소극적이었던 소련이 입장을 바꾸기 시작했다. 1987년 9월 소련 지도자 고르바초프는 유엔을 지원하고 유엔의 역할 증대에 기여하겠다고 선언한 후에 그것을 행동으로 뒷받침했다. 현대의 미다스처럼 그가 손대는 모든 것이 국제정치의 주요의제가 되어 버리는 현상을 고려할 때 소련의 입장변화는 유엔의 '부활'에 기여할 것이 분명하다.

둘째, 70년대 이후 거의 자동적으로 다수를 확보함으로써 유엔을 장악한 제3세계의 77그룹도 단순히 투표에 의한 결정을 밀어붙이기보다는 사전합의도출을 위해 노력할 것을 시사함으로써 유엔에서 채택된 결정이 보다 자발적 합의사항이 될 전망이다.

셋째, 1989년부터 가시화된 한국의 유엔 가입 노력은 비록 남·북한 간의 쟁점이 되고 있고, 중국의 입장변화가 아직 천명되지는 않고 있지만 한국의 유엔 가입 문제와 그 결과는 한국정부 및 학계의 주요 관심사가 될 것이 분명하다.

넷째, 국제정치학 분야에서 80년대에 부각된 이른바 '국제레짐'(International Regime)의 연구는 국제기구를 레짐의 한 주제로 간주함으로써 국제기구의 연구에 새로운 촉매역할을 하게 될 것이다.

다섯째, 최근 한국학계의 한국전쟁 연구의 유행은 당시 중요한 역할을 담당한 유엔의 역할에 대한 연구를 포함할 수밖에 없을 것이다. 이런 의미에서 비록 하나의 역사적 사건의 연구에 국한된 것이라 할지라도 유엔의 연구는 한국에서 이미 새롭게 시작된 것이라 하겠다.

이상과 같은 저자의 관찰이 비교적 정확한 것이라면 한국에서 유엔 및 국제기구에 대한 보다 적극적인 교육과 연구가 더 이상 지연되어서는 안 된다. 왜냐하면 국제기구의 역할이 증대하는 상호의존적 국제사회에서 그에 대한 이해는 전반적인 국제정치의 이해를 증대시켜 줄 뿐만 아니라 실천적 의미에서도 유엔체제 및 국제기구의 올바른 이해 없이 효과적인 대외정책의 수립을 기대하기 어려울 것이기 때문이다.

미·소가 냉전의 종식을 선언한 이후에도 국제정치의 본질은 힘의 정치일 것이다. 그러나 오늘날처럼 복잡한 상호의존시대에 권력정치의 패러다임만으로는 국제정치적 상황을 올바로 이해하고 그에 따른 올바른 외교정책을 수립하는 데 불충분하다. 적어도 국제기구를 올바로 이해하고 그에 대처하는 데에 지나치게 단순한, 이른바 현실주의적 자세는 국제사회에서 호전성만 과시할 뿐 국가이익의 증진에 별로 기여하지 못한다. 따라서 국제기구 특히 유엔체제를 고찰하고자 할 때 요구되는 것은 바로 국제정치 패러다임의 혁신적 전환, 아니면 적어도 국제기구에 대한 새로운 인식이라 하겠다.

1. 국제기구에 대한 국내외적 연구경향

한국에서도 1980년대에는 고무적인 연구논문들이 출판되기 시작했다. 우선 오기평은 1988년 『국제정치논총』에 기고한 "국제기구 연구시각의 변천에 관한 고찰"[2]에서 2차 대전 후 UN의 위상변화와 국제기구 연구 시각의 시대적 변화를 검토함으로써 국제기구학의 총괄적 소개를 제시하였다. 바꾸어 말하면 이 논문은 국제기구학의 제접근법에 관한 좋은 길잡이가 될 것이다. 오기평 외에도 유엔체제에 관한 비교적 꾸준한 연구업적은 박치영과 최종기에 의해 제공되었다. 박치영은 "유엔사무총장의 정치적 기능,"[3] "세계평화와 유엔의 기능,"[4] "유엔의 기능과 활성화 문제,"[5] "평화에 대한 유엔헌장의 개념과 국제평화에의 제접근법"[6] 그리고 "한국과 유엔"[7] 등을

2) 『국제정치논총』, 제28집, 제 2 호, 1988, pp. 219-236.
3) 『평화연구』, 제 4 권, 제 1 호, 1984, pp. 41-57.
4) 국제평화연구소 편, 『유엔을 통한 세계평화』, 서울: 경희대학교 출판국, 1985, pp. 37-46.
5) 국제평화연구소 편, 『유엔 과거, 현재, 미래』, 서울: 경희대학교 출판국, 1986, pp. 123-136.
6) Chi-young Park, "The U.N. Charter Concept of Peace and Approaches to

출판했다. 최종기는 "국제기구를 통한 분쟁해결에 관한 검토",[8] "변천하는 국제질서 속의 유엔의 역할"[9] 등의 연구논문을 발표했다. 이 외에도 박상식의 "유엔을 통한 국제평화유지: 유엔의 역할강화를 위한 제안"[10]과 김국진의 "국제기구연구를 위한 하나의 '패러다임'으로서 집단선이론에 대한 고찰,"[11] "유엔평화와 안전체제에 관한 진화적 조망"[12] 그리고 김상준의 "유엔의 역할: 40세의 유엔에 대한 반성"[13] 등의 논문은 국제기구, 특히 유엔에 관한 심도 있는 소수의 연구를 대변하고 있다.

그러나 한국의 국제기구에 관한 연구를 검토해 보면 다음과 같은 주된 특징이 발견된다.

첫째, 국제기구 연구는 유엔에 집중되어 있으며 유엔체제에 속하는 많은 산하기구 혹은 전문기구들에 대한 관심과 연구가 매우 부족하다.

International Peace," 『평화연구』, 제 6 권, 제 1 호, 1986, pp. 79-88.

7) Chi-young Park, "Korea and the United Nations," in Youngnok Koo and Sung-joo Han, eds., *The Foreign policy of the Republic of Korea*, New York: Columbia University Press, 1985, pp. 262-284.

8) 『국제기구논총』, 제24집, 제 2 호, 1984, pp. 29-48.

9) Chongki Choi, "The Role of the U.N. in Changing International Order–Focus on the Peace-Keeping Operation of the U.N. During the Korean War," 국제평화연구소 편, 『유엔을 통한 세계평화』, 서울: 경희대학교 출판국, 1985, pp. 113-130.

10) Sang-seek Park, "Maintenance of International Peace Through the United Nations: A Proposal for the Strengthening of the Role of the United Nations," 『평화연구』, 제 4 권, 제 1 호, 1984, pp. 59-81.

11) 『국제기구논총』, 제25권, 1985, pp. 213-225.

12) Kook-Chin Kim, "An Evolving Perspective of the UN. Peace and Security System," 국제평화연구소 편, 『유엔: 과거, 현재, 미래』, 서울: 경희대학교 출판국, 1986, pp. 249-281.

13) Sang-Joon Kim, "The Role of the United Nations–A Reflection on the U.N. at Forty," 국제평화연구소 편, 『유엔: 과거, 현재, 미래』, 서울: 경희대학교 출판국, 1986, pp. 171-199.

둘째, 유엔연구는 주로 유엔의 국제평화와 안전에 관련된 현장 해석과 안전보장이사회의 역할에 집중되었다.

셋째, 또한 유엔연구는 세계평화와 안전에 집중됨으로써 냉전 시대에 사실상 유엔의 권능이 제대로 발휘되지 못한 현실을 반영하게 되었고, 그 결과 유엔에 대한 기대를 오히려 약화시켰으며 유엔체제가 수행해 오는 많은 중요한 역할을 과소 평가해 왔다.

넷째, 유엔체제 내의 변화과정에 대한 추적과 그것의 분석이 충분히 이루어지지 못함으로써 한국의 대유엔정책에 대한 지적 안내와 뒷받침이 적절히 제공되지 못했다.[14)]

이러한 한국의 유엔체제 및 국제기구에 대한 연구의 양적 빈곤과 관심 및 연구의 제한성은 쉽게 이해될 수 있는 것이기도 하다. 왜냐하면 한국은 앞서 지적한 것처럼 그동안 무엇보다도 국가안보라는 국가의 제 1 차적 목적을 추구하는 데도 많은 어려움이 있었을 뿐만 아니라 한반도를 중심으로 한 동북아의 국제정치적 현실이 이른바 '고등정치'(high politics)에 의해 지배되어 왔기 때문이다. 따라서 강대국들의 권력정치에 대한 깊은 관심과 또 그것의 중요성은 유엔체제나 국제기구와 같은 국제제도에 대한 연구를 한낱 지적운동(intellectual exercise)에 불과한 것으로 인식시킬 수 있었을 것이다. 바꾸어 말한다면 그동안 한국의 국제정치학은 이른바 홉스적인 현실주의의 패러다임이 지배했으며, 그러한 현실주의적 패러다임 속에서 강력한 군사력에 의해 뒷받침되지 않는 국제기구란 국가가 국가이익을 증진시키는 데 사용하는 하나의 도구로서 인식될 뿐이었다.

---

14) 예를 들어 저자는 한승주 교수와 공동으로 이런 시도를 해본 적이 있으나 실질적 기여에 대해서는 회의적이다. 그것은 ITU에 관한 연구였는데, 이에 대한 자세한 내용은 저자의 『이아고와 카산드라: 항공력 시대의 미국과 한국』, 서울: 오름, 1997의 제12장, "국제전기통신연합(ITU)의 기능과 한국" 참조.

학술지 『국제기구』(*International Organization*)는 1986년 가을호에 유엔체제 창설 이후 40년간의 국제기구 분야의 연구결과에 대해 조사 평가하는 2개의 논문을 실었는데, 여기에는 두 개의 상반된 평가가 제시되고 있다. 프리드리히 크라토크빌(Friedrich Kratochwil)과 존 러기(John Ruggie)에 의하면 국제기구라 부르는 국제관계연구 분야는 활기차고 생산적이다. 그것은 국제통치(international governance) 현상에 대해 다시 직접적인 초점을 맞추고 있으며 또한 보다 일반적인 국제관계작품의 이론적 핵심에 가깝게 접근하는 혁신적 방법으로 연구대상을 추구하고 있다. 이것은 적지 않은 성과이다.[15] 반면에 제이 마틴 로체스터(J. Martin Rochester)에 따르면, "전후시대에 국제기구 분야의 성숙시기를 통해서 발견할 수 있는 하나의 패턴은 기구들의 연구로부터 국제기구 학자들의 꾸준한 철수였다. 그리하여 오늘날에 우리는 그런 분야가 오직 이름 외에 더 이상 실제로 존재하고 있는지의 여부를 묻지 않을 수 없는 지점에 이르렀다."[16] 또한 일반적으로 유엔과 국제기구들은 1980년대에 어려운 시대를 맞았다. 이것들의 몰락은 갑작스러운 것이 아니라 장기적으로 이어질 추세이다. 이와 비슷하게 지난 40년간 국제기구 연구에 대한 학문적 관심이 점차 약화되어 사실상 그 분야의 주체성(Identity)이 상실됨에 따라 1980년대에 국제기구 분야 그 자체도 몰락에 임박한 것 같다고 말했다.[17]

같은 시기의 국제기구 연구에 대한 조사와 평가에서 이처럼 크

---

15) Friedrich Kratochwil and John Gerard Ruggie, "International Organization: a State of the Art on an Art of State," *International Organization*, Vol. 40, No. 4, Autumn 1986, p. 763.

16) J. Martin Rochester, "The Rise and Fall International Organization as a Field of Study," *International Organization*, Vol. 40, No. 4, pp. 783-784.

17) *Ibid.*, pp. 797-798.

게 상반되는 결과가 나오는 것은 어디에서 기인하는 것인가? 그것은 국제기구에 대한 서로 상이한 개념과 정의에서 출발하고 있기 때문이다. 먼저 국제기구의 연구역사에 대한 긍정적 평가를 내린 크라토크빌과 러기는 국제기구의 이론적 접근을 국제통치(international governance)의 관점에서 보고 있는 반면에[18] 부정적 평가를 내린 제이 마틴 로체스터는 국제기구를 안보, 경제, 사회 그리고 관련된 분야에서 회원국들 간의 협력을 촉진시킬 제도적 장치의 설립을 제공하는 국경선을 초월하는 하나의 공식적 제도로 정의함으로써[19] 국제정치학의 독특한 하위분야(subfield)로 보고 있기 때문이다.

국제기구에 대한 이러한 상이한 개념적 정의에도 불구하고 양쪽은 처음엔 다같이 국제기구 특히 2차 대전 후 유엔체제에 대한 연구로부터 출발했다. 그러나 전자의 입장, 즉 국제기구를 국제통치의 관점에서 이해하는 연구자들은 그들의 관심을 유엔체제로부터 초기에는 지역주의와 통합이론으로 전환시켰으며, 최근에는 국제레짐에 집중된 관심을 보여왔다. 주된 과제가 통합을 증진시키는 것과 같은 보다 지리적으로 제약된 제도(예를 들어 유럽공동체)에 관심을 전환시킨 것은 전후 국제정치의 현실을 반영했다. 다시 말해 그것은 협력의 유형과 갈등통제의 방법이 더욱 강렬하거나 아니면 범국제체제보다는 보다 덜 모호한 하위체제들로 거대하고 상이한 문화적 국제체제를 분할한 현실을 반영했다. 최근 국제레짐에게로 전환된 관심은 미국의 국제적 헤게모니가 쇠퇴한 후 유지된 국제적 질서의 독립변수나 개입변수(intervening variable)를 찾으려는 노력의 일환이며, 마틴 와이트(Martin Wight)의 국제이론(혹은 패러다임)의 분류를 원용하여 말한다면 전후 냉전시대의 홉스식(혹은 현실주의적) 조망

18) Kratochwil and Ruggie, *op. cit.*, p. 754.
19) J. Martin Rochester, *op. cit.*, pp. 778-779.

에서 1970년대 중반부터 시작된 그로티우스식(혹은 합리주의적) 조망으로의 전환과정에서 등장한 새로운 학문적 유행이라고 말할 수 있을 것이다.[20] 그러나 이런 통합과 국제레짐에 대한 관심은 스탠리 호프만의 지적처럼 종종 국제기구의 연구를 왜곡했다.[21]

반면에 국제기구를 하나의 '공식적 제도'로 보는 연구자들은 오랫동안 유엔체제의 연구를 수행해 왔으나 최근에는 국제레짐의 성격, 전제조건 및 효과의 연구를 서서히 포함시킴으로써, 유엔제도의 기능적 기관들(혹은 유엔 산하 전문기관들)과 제도화되지 못한 유형에도 관심을 보이기 시작했으며 이들 기관들의 비교연구도 시도되었다.[22] 아직도 유엔체제 및 국제기구를 제도적 관점에서 연구하기를 고집하는 학자들은 유엔체제나 국제기구의 여러 가지 구체적 기능에 그 초점을 맞추고 있다. 이런 입장의 대표적인 학자 가운데 한 사람으로 해롤드 제이콥슨(Harold Jacobson)을 들 수 있는데 그의 『상호의존의 네트워크: 국제기구와 세계정치체제』[23]는 오랫동안 찬양받아 왔으며 교과서로 많이 사용되는 이니스 클로드(Inis Claude)의 『검에서 보습으로』[24]와는 크게 다르다. 즉 클로드 자신이 평화의 제접근법(ap-

---

20) 마틴 와이트의 이런 분류를 위해서는 Martin Wight, "An Anatomy of International Thought," *Review of International Studies*, Vol. 13, No. 2, July 1987, pp. 221-227 또는 Hedley Bull, "Martin Wight and the Theory of International Relations," *British Journal of International Studies*, Vol. 2, No. 2, July 1976, pp. 101-116을 참조.

21) Stanley Hoffmann, *Janus and Minerva*, Boulder: Westview Press, 1987, p. 293.

22) 예를 들면, Werner J. Feld and Robert S. Jordan, *International Organizations: A Comparative Approach*, New York: Praeger, 1983.

23) Harold Jacobson, *Networks of Interdependence: International Organizations and the Global Political System*, 2nd ed., New York: Alfred A. Knopf, 1984.

24) Inis L. Claude Jr., *Swords into Plowshares*, New York: Random House, 1956. 이 책은 그 후 몇 차례의 개정판이 계속되고 있다.

proaches to peace)이라 부른 세계질서의 아이디어에 집중한 반면에 제이콥슨은 지속적인 관심으로 국제기구에 초점을 맞추고 국제기구가 국내정부의 힘과 비견되는 힘을 행사하지는 못한다고 해도 헤어날 수 없는 국제체제의 일부로서 어떤 기능들을 수행하고 있는가를 경험적으로 보여주고 있다. 제이콥슨은 1974년 로버트 콕스(Robert Cox) 등과 함께 국제기구의 이른바 '블랙박스'(Black Box)를 해부한『영향력의 해 부』[25]에서 시도된 제기능들을 발전시켜 (수적으로는 축소시켜) 다음과 같은 5가지, 즉 ① 정보적 ② 규범적 ③ 법칙창조 ④ 법칙감시 ⑤ 운영적 기능들을 국제기구가 수행하고 있다고 제시하였다.[26]

그러나 이러한 유엔체제 및 국제기구의 기능에 대한 관심의 집중은 그것들을 보다 잘 이해하는 데 불충분하다. 왜냐하면 이런 접근법은 국제기구의 정책결정에 미치는 환경적 요인들을 과소평가하게 될 뿐만 아니라 오늘날 주요한 연구대상인 국제레짐을 어떻게든 공식적 제도와 연결시키지 않고서는 실제세계, 즉 현실을 충분히 반영하고 있다고 보기 어렵기 때문이다. 이것은 언스트 하스(Ernst Haas)의 주장처럼 1945년 이후 국제레짐이 오히려 쇠퇴했다고 할지라도[27] 로버트 코헨의 지적처럼 국가행동이란 상당히 널리 보급된 제도적 조절에 의존하기 때문이다.[28] 뿐만 아니라 바로 레

---

25) Robert W. Cox and Harold K. Jacobson, *The Anatomy of Influence: Decision Making in International Organization*, New Haven: Yale University Press, 1974.

26) Harold K. Jacobson, *op. cit.*, p. 83(초판은 1979년), 혹은 Harold K. Jacobson, "The State, Politics, and Economy: the Roles of International Institutions in the North Pacific Basin," Paper Presented at IPSA Roundtable in Seoul, May 22-24, 1990, p. 5.

27) Ernst B. Haas, "Regime Decay: Conflict Management and International Organizations, 1945-1981," *International Organization*, Vol. 37, No. 2, Spring 1983, pp. 189-256.

28) Robert O. Keohane, *International Institutions and the State Power*,

짐(regime)의 토대인 상호주관적 기대와 규범적으로 안정된 의미를 향상시키는 (혹은 감소시키는) 능력에 의해서 비공식적으로 질서를 잡는 장치의 효율성에 기여할 수 있기 때문이다.[29] 국제레짐이라는 개념에서 레짐은 국제정치학에서는 비교적 최근에 본격적으로 등장한 개념이지만[30] 정치학에서는 가장 오래된 개념 중의 하나이다. 예를 들어 고전철학 특히 정치학의 아버지인 아리스토텔레스에겐 가장 중요한 개념이었다. 그리고 그가 사용한 정체(political regime)는 제도뿐만 아니라 정신, 현대정치학적 용어로 표현한다면 정치체제(political system)와 함께 정치문화(political culture)를 내포하는 복합적 개념이었다. 정치현상을 보다 잘 이해하기 위해 정치체제와 정치문화가 세분화되어 연구되어 온 국내정치연구의 발전추세를 고려한다면 국제기구의 구조와 기능 및 문화가 동시에 연구되어야 할 것이다. 따라서 전통적 국제기구의 개념하에서 국제레짐을 수용하는 가장 적절한 방법은 국제기구를 하나의 정치체제로 인식하는 것이다. 이것은 특히 유엔체제를 연구하는 데 매우 필요한 인식이라고 하겠다. 왜냐하면 유엔체제는 국제정치의 바로 그 현장이기 때문이다.

2. 유엔체제 내의 변화추세

덤버튼 오크스(Dumbarton Oaks)와 샌프란시스코(San Francisco)

Boulder: Westview Press, 1989, p. 2.

29) Kratochwil and Ruggie, *op. cit.*, p. 775.

30) Stephan D. Krasner, *International Regimes*, Ithaca: Cornell University Press, 1983.

에서 유엔이 창설될 때 당시 창설자들이 갖고 있었던 유엔의 이미지는 그들이 가정했던 국제체제와 전후 실제로 등장한 국제체제 사이의 커다란 괴리에 의해서 손상되었다. 유엔헌장은 지금까지 구현되지 못한 하나의 다원적이지만 통제된 세계를 전제했고 또 그런 세계를 필요로 했다. 보다 구체적으로 말해서 첫째, 유엔은 현대판 유럽협조체제인 강대국들간의 협조에 의해서 관리되고 규제될 것으로 가정했으며, 둘째로는 바로 그런 협조가 국제체제를 온건한 체제(moderate system)로 유지할 것으로 전제했었다. 그러나 1940년대 후반에 등장한 냉전체제라는 양극적 국제체제는 온건하다기보다는 혁명적 체제였다. 유엔헌장은 동서 및 식민과 반식민이라는 두 개의 치열한 이념적 갈등이 강대국간의 협력의 가능성과 체제적 온건화를 모두 파괴해 버린 혁명적 세계에서 적실성을 상실할 수밖에 없었다. 왜냐하면 스탠리 호프만(Stanley Hoffmann)의 주장처럼 국제기구의 효율성은 국제체제의 온건성에 달려 있음이 분명하기 때문이다.31)

1950년대와 60년대 중반까지 치열한 냉전에 의해서 유엔이 손상되었다면 1960년대 중반부터 그리고 70년대의 긴장완화 시대에는 탈식민화로 회원국이 된 제 3 세계 국가들의 이른바 '77그룹'이라고 불리는 국가들의 집단적 투표행위에 의해서 유엔체제가 혼돈상태에 빠져버렸다는 평가를 받기 시작했다. 유엔헌장의 창안자들은 1국1표라는 단순한 주권평등의 원칙을 따르고 있었기 때문에 유엔헌장 속에 하나의 혁명적 구조를 자신들이 만들었다는 것을 예상하지 못했다. 이 구조는 힘의 원리를 뒤집었기 때문에 혁명적이라고 부를 수 있을 것이다. 유엔 기구 밖에서는 덜 강력한 국가들이 기구 내에

---

31) Stanley Hoffmann, *Janus and Minerva*, Boulder: Westview Press, 1987, p. 294.

서는 더욱 강력하여 헤게모니의 장소가 뒤바뀌었기 때문이다.[32] 이러한 헤게모니는 조직 내의 헤게모니(in-organization hegemony)라고 부르는 것이 적절할 것이다.[33] 어쨌든 1국1표원칙과 다수결에 의한 정책결정의 영향은 신생회원국들이 보다 더 자기주장을 할 수 있도록 만들어 주었다. 그리하여 제3세계 국가들의 거듭되는 집단투표 행위는 유엔창설에 주도적 역할을 했던 바로 미국이 1970년대 중반에 와서는 아이러니컬하게도 유엔총회에서 '다수의 횡포'(Tyranny of Majority)[34]를 규탄하면서, 유엔이 협상과 타협이라는 자신의 역할을 포기하고 수사학의 그림자 세계에 빠지고 있다고 하는 중대한 선언을 하게 되었다.[35] 이것은 미국을 비롯한 서방국가들의 유엔체제에 대한 불만을 당시 가장 직설적으로 표현한 것으로 유엔체제에 대한 그들의 입장변화를 표명하기 시작한 것이다. 게다가 당시 유엔의 활동과 그 비용의 대부분을 차지하는 국제경제관계 분야에서도 긴박한 정책문제들을 다루는 유엔체제의 능력에 대한 불만이 점증하였다. 이 불만은 너무도 만연되고 깊었기 때문에 총회는 유엔 내의 구조적 개혁에 대한 중요한 고려를 요구받았으며, 이것이 바로 1945년 유엔 창설 후 근본적인 제도적 변경에 대한 최초의 시도였다.[36]

---

32) Toshiki Morgami, "The United Nations System as an Unfinished Revolution," *Alternatives*, Vol. 15, No. 2, Spring 1990, p. 179.

33) *Ibid.*

34) 이들 국가들 사이의 많은 불협화음에도 불구하고 국제기구에서 이들은 흔히 그렇게 행동해 왔다. 유엔총회에서 이들의 단결된 행동에 관해서는 Keisuke Iida, "Third World Solidarity: the Group of 77 in the U.N. General Assembly," *International Organization*, Vol. 42, No. 2, Spring 1988, pp. 375-395를 참조.

35) 이것은 1974년 12월 6일 당시 주유엔 미국대사 존 스칼리(John Scali)에 의해서였으며 다른 서방국가 대표들이 공감을 표시했다. 이 점에 대해서, Harlan Cleveland, "The U.S. vs the U.N.?" *New York Times Magazine,* May 4, 1975. p. 16.

36) Ronald I. Meltzer, "Restructuring the United Nations System: Institutional

1975년 당시 유엔총회는 개발 및 국제경제협력을 위한 특별회의의 계획을 수립하고 있었다. 따라서 서방국가들은 날로 첨예해지는 남북관계의 대립을 완화시킬 수 있는 기회로 판단하고, 유엔체제의 효율성을 높이기 위해 유엔체제의 재구축(개혁)을 요구했던 것이다.[37] 이 시도는 4년이나 필요했지만 최종 결과는 실망스러운 것이었다. 이른바 1977년의 '다지에 개혁'(Dadzie Reforms)은 제 3 세계 국가들이 개혁을 신국제경제질서에 대한 범세계적 협상과 연계시킴으로써 선진국가들에 의해 사실상 외면당했다.[38] 서방국가들 특히 미국의 유엔체제에 대한 점증하는 부정적 태도는 '유엔체제의 양심'이라고 종종 지칭되는 유네스코(UNESCO)에 대한 미국의 최근 정책이 이를 가시적으로 보여준다.[39] 유엔체제에서 유네스코는 정치적 태풍의 눈이었다. 미국은 이 기구와의 한동안 소란스런 관계의 시기 후 1983년 말에 만일 미국의 개혁요구가 만족할 만큼 충족되지 않을 때에는 1984년 말에 탈퇴하겠다는 의사를 통보했다. 따라서 1년간에 걸친 유네스코에서 강도 높은 외교활동에도 불구하고 미국은 1984년 말 탈퇴했으며 영국과 싱가포르가 미국의 결정을 뒤따랐다. 당시까지 미국을 위시한 서방국가들은 두 가지 중요 쟁점 때문에 유네스

Reform Efforts in the Context of North-South Relations," *International Organization*, Vol. 32, No. 4, Autumn 1978, p. 993.

37) David Steele, *The Reform of the United Nations*, London: Croom Helm, 1987, p. 19.

38) 이 개혁안은 유엔총회 결의안 32/197로 다지에(Dadzie) 위원회의 권고를 구현했지만 총회결의안의 취약성은 잘 알려진 사항이다. 이 점에 대해서도 David Steele, *op. cit.*, pp. 21-22 참조.

39) 유네스코를 유엔체제의 양심이라고 부르는 표현은 여러 가지 형태의 말로 널리 사용되었다. 예를 들면, Pierre de Senarclens, "Fiasco at UNESCO: The Smashed Mirror of Past Illusions," *Society*, Vol. 22, No. 6, September-October 1985, p. 7; UNESCO, *UNESCO on the Eve of Its 40th Anniversary*, Paris : UNESCO, 1985, p. 18 등 참조.

코에서 시달려왔었다. 하나는 1967년 중동전쟁 이래 유엔의 다른 곳에서처럼 유네스코 내에서 반이스라엘적 표현을 동원하려는 아랍국가들의 운동이었다. 특히 아랍 국가들은 1974년 예루살렘에서 고고학적 발굴을 규탄하고, 대이스라엘 원조거부초지와 점령지역의 교육 및 문화적 분야에 대한 이스라엘 행정이 유네스코 사무총장에 의해 감시되어야 한다고 요구하는 절차상의 잘못된 조치가 취해졌다. 이 사건들은 미국의회와 서방국가들의 커다란 비판을 야기했다. 그리고 이 사건은 1976년 나이로 비총회에서 타결되었지만 유네스코에 대한 서방국가들의 의심과 적대감은 계속 남아 있게 되었다.

또 하나의 쟁점은 1972년 유네스코총회에서 소련진영에 의해 발의된 '신세계 정보 및 커뮤니케이션 질서'(the New World Information and Communication Order)에 대한 결의안이었다. 이 결의안은 유네스코가 무엇보다도 평화와 국제적 이해를 강화하는 데 있어 그리고 전쟁선전과 인종주의 및 아파르트헤이트(Apartheid)와 투쟁하는 데 미디어의 사용을 보장하기 위해서 미디어에 대한 정부책임의 원칙을 수립할 선언을 채택할 것을 요구했다. 이 소련 제안의 채택은 커뮤니케이션의 기술에 대한 관심으로부터 그것의 내용에 이르기까지의 이익의 우선권으로서 유네스코의 미디어 접근법에 있어 하나의 전환점을 찍는 것이었다. 이 새롭게 주장된 원칙들은 미국의 헌법은 물론 커뮤니케이션 시장에서 방대한 기존이익에 관련된 미국의 여러 가지 자유를 위협하는 것으로 보였다.[40] 그 결과 시민적 및 정치적 자유에 정보의 자유가 불가결한 것으로 믿는 사람들이 기존의 경제적 이익 때문에 그런 새 원칙들에 반대하는 사람들과 구별

40) Lawrence S. Finkelstein, "The Struggle to Control UNESCO," in David P. Forsythe, ed., *The United Nations in World Political Economy*, London: Macmillan, 1989, p. 147.

될 수 없게 되어버렸다. 미디어 자체도 1974년에서 1980년대까지 유네스코 및 유엔체제의 다른 곳에서 휘몰아친 정보자유에 대한 전쟁에서 당파적으로 휩싸이게 되었다. 이 갈등의 심각성은 1980년 벨그라드 유네스코총회 이래 크게 가라앉았는데, 이곳에서 말썽 많은 '맥브라이드 위원회보고서'(McBride Commission Report)가 열띤 논쟁 끝에 공식적으로 채택되지 않았다.41) 그러나 서방세계의 저항은 그런 조치를 차단하는 데 그치지 않았다. 이 문제에 대한 언론의 편파적 보도와 서방민주국가 대중들의 불만은 미국과 영국의 탈퇴를 야기하게 되었다.42)

그리하여 1970년대에 이 두 개의 말썽 많은 쟁점들과 관련된 유네스코는 미국 및 다른 주요 회원국들 사이에 유네스코에 대한 최초의 반란이라는 유산을 남겼다. 그리고 이런 과정은 미국 레이건 행정부에 중요한 영향력을 행사하게 된 이른바 신보수주의자의 반유엔운동을 유네스코에 맞추게 하는 데 도움이 되었다. 이 운동에는 유네스코에 대한 일련의 공격을 출판한 헤리티지 재단(the Heritage Foundation)이 앞장섰는데 그러한 출판물들은 유네스코 탈퇴가 올바른 것이라는 분위기 조성에 기여했다.43)

---

41) 맥브라이드 위원회의 보고서는 *Many Voices One World: Towards a New More Just and More Efficient World Information and Communication Order,* Paris : UNESCO, 1980로 출판되었다.

42) Lawrence S. Finkelstein, *op. cit.*, pp. 147-148.

43) 유네스코를 공격하는 헤리티지 재단의 출판물들에 대해서는 재단의 유엔평가계획의 산물인 *Backgrounders*인데 "For UNESCO: A Failing Grade in Education," No. 221, 21 October 1982; "UNESCO, Where Culture Becomes Propaganda," No. 233, 13 December 1982; "The IPDC: UNESCO vs. The Free Press," No. 253, 10 March 1983 등이 있다. 이 모든 것은 Finkelstein, *op. cit.*, p. 161에서 재인용한 것임. 유엔체제에 부정적인 신보수주의자들로서는 모니한(Moynihan), 버클리(Buckley)와 포도레츠(Podhoretz) 등을 들 수 있다. 이것에 관해서는 1981년 4월 8일 Chicago Bar Association에서 the United Nations Association of U.S.A.의 연차회의

그러나 미국과 영국의 유네스코 탈퇴결정을 이해하는 데는 앞서 지적한 2개의 쟁점들만으로는 충분하지 못하다. 우선 그 두 개의 문제들은 레이건 행정부가 1981년 출발할 때에는 잘 통제되었기 때문이다. 1982년 유네스코 미국위원단의 특별회의도 미국이 수락할 수 없는 원칙들이 포함하지 않는 '매스미디어 선언'(Declaration of Mass Media)을 가져왔으며 1980년 벨그라드총회도 미국적 시각으로는 성공으로 인정되었다. 특히 미국위원단은 계속 회원국으로 남고 또 보다 더 적극적으로 활동함으로써 미국의 이익이 가장 잘 옹호될 것이라는 결론을 내렸다.[44] 따라서 유네스코에 대한 미국 및 서방국가들의 진정한 불만은 다른 곳에서 찾아야만 할 것이다.

로렌스 핑켈슈타인은 서방국가 특히 미국의 목적은 첫째로 유네스코에서 통제력을 재수립하는 것과, 둘째로 유엔체제 특히 유엔에서 보다 광범위한 개혁을 달성하기 위한 전략으로 대유네스코정책을 채택하는 것이었다고 주장했다.[45] 즉 미국과 서방국가들은 유네스코의 보다 많은 에너지가 유네스코에겐 부적절한 신세계 정보 및 커뮤니케이션 질서(NWICO)나 신국제경제질서(NIEO), 팔레스타인, 식민주의, 아파르트헤이트(Apartheid), 인종주의, 평화, 군비축소 그리고 집단적 인권과 같이 논쟁적인 주제들에 대한 국제규범이나 표준 그리고 규칙을 변경시키려는 운동에 참여하기보다는 개발임무에 헌신되어야 한다는 입장이었다. 이런 입장은 스탠리 호프만이 지적한 국제경제 사회문제에서 무엇보다도 효율성을 강조하는 비정치적 실

에서 Lawrence Finkelstein이 행한 연설문 "The United States and The United Nations in a Complex International System"을 참조.

44) Lawrence S. Finkelstein, "Conference Document: Is the Past Prologue?" in *A Critical Assessment of US Participation in UNESCO*(1982년 6월 1일-3일 UNESCO를 위한 미국국립위원단의 특별회의에서 발표).

45) Lawrence Finkelstein, "The Struggle to Control UNESCO," in David P. Forsythe, ed., *op. cit.*, pp. 151-152.

용주의라는 미국적 전통[46]을 반영하는 것이다. 미국과 서방국가들에게는 유네스코가 77그룹 및 비동맹세력과 바르샤바 조약 회원국들이 결합된 투표수와 이들에 동조하는 유네스코 관리들의 행동이 더 이상 견딜 수 없는 수준이 되었기에 그들은 원래의 목적인 교육, 과학, 문화와 커뮤니케이션 그 자체로, 즉 유네스코헌장으로 복귀하지 않는 한 더 이상 관계를 맺지 않겠다는 입장이었다.[47]

미국의 대유네스코정책은 단지 유네스코에 국한되지 않으며 이것으로 미루어 보면 유엔체제의 앞날은 실로 비관적이다. 변함없이 거듭된 부인에도 불구하고 미행정부는 대유네스코정책이 유엔에 대한 경고가 아닌가 하는 의구심을 결코 불식시킬 수 없었다.[48] 그러나 유네스코정책을 보고 미국이 전유엔체제로부터 탈퇴할 것이라는 추론은 성급한 상상이 될 것이다. 유엔 45년의 역사에서 수많은 유엔결의안들의 공격대상이었던 이스라엘을 포함하여 지금까지 유엔을 자발적으로 떠난 국가는 없다. 뿐만 아니라 유엔에 대한 국제적 적대감이 팽배하던 1983년 9월 24일-28일에 『뉴욕타임스』와 CBS뉴스의 여론조사 결과에 의하면 89%에 달하는 미국 국민들이 압도적으로 미국이 계속 유엔회원국으로 남기를 원한다고 한다.[49] 따라서 미국의 정책결정에서 차지하는 국민적 여론의 중요성을 고려할 때

46) Stanley Hoffmann, "No Choices, No Illusions," *Foreign Policy*, No. 25, Winter 1976-1977, p. 123.

47) 유네스코 관리들의 정치적 역할에 대해서는, Lawrence S. Finkelstein, "The Political Role of the Director-General of UNESCO," in Finkelstein, ed., *op. cit.*, pp. 385-423과 Richard Hoggart, *An Idea and Its Servants: UNESCO from Within,* London: Chatto & Windus, 1978을 참조.

48) 예를 들어 국무성차관보 사무엘 데팔마(Samuel Depalma)는 이 주제에 대한 의회에서의 증언 제목을 "UNESCO–A Shot Across the United States' Bow?"라고 달았다. Finkelstein, "The Struggle to Control UNESCO"의 각주 60에서 재인용.

49) Linda M. Fasulo, *op. cit.*, p. 30.

앞으로는 비록 미국의 대유엔정책이 유엔체제 내의 많은 불만을 표출하겠지만 여전히 유엔의 중요국가로 남을 것이며, 대체로 서방국가들의 입장도 비슷할 것으로 예상된다. 그러나 동시에 유엔체제가 정치화되어 정치적 갈등을 오히려 심화시킨다는 인식 때문에 미국은 주요정치 및 경제문제들을 유엔을 통해 해결하려고 들지는 않을 것이며 국제문제들을 처리하는 유엔의 권한을 확대하려 하지는 않을 것이다. 어쩌면 유엔은 미국에게는 스스로 주도적으로 창조한, 그러나 더 이상 통제할 수 없는 프랑켄슈타인이 되어버렸는지도 모른다.[50)]

3. 새로운 활력소: 소련의 신유엔정책

1945년 소련은 중앙집권적 다수결 결정에 단호히 반대함으로써 유엔의 설계에 중요한 역할을 수행했다. 국제기구들을 불신했으나 비공산세계와의 관계를 위한 국제기구들의 가치를 알고 있던 소련은 유엔의 권능을 크게 제한시키기 위해 노력했으며 그런 면에서 대체적으로 성공했다.[51)] 따라서 유엔을 국제문제 해결을 위한 중요한 수단으로 만들기보다는 유엔의 다리를 묶는 데 더 관심을 기울

50) 이에 대해서는 Toby Trister Gati, ed., *The US, the UN, and the Management of Global Change,* New York: New York University Press, 1983과 Lawrence Finkelstein, ed., *The United States and International Organization: The Changing Setting,* Cambridge: The M.I.T. Press, 1969를 참조.

51) 소련은 유엔활동에 언제나 부정적이었으며 1960년 니키타 후르시초프는 자신의 구두를 벗어 유엔의 탁자를 두들김으로써 부정적 이미지를 강력하게 심었다.

였다. 또한 안보에 전념하고 자본주의국가들에 의해 지배되는 기구에 의해 어떤 유용한 목적도 성취될 수 없다고 확신하고 유엔의 경제 및 사회적 기능에 기본적으로 무관심했다. 이런 태도는 유엔체제 산하 전문기구들에게도 적용되어 그런 기구들의 창설단계에 참가하거나 영향력을 미치려고 노력하지도 않았다.[52] 소련은 이런 분야를 미국과 다른 시장경제국가들에게 사실상 맡겨버렸다. 또한 유엔의 경제계획에 전혀 관심을 갖지 않았고 저개발은 식민주의적 팽창주의의 결과라는 구실하에 유엔의 다변적 원조계획에도 별로 참여하지 않았다. 평화유지군에 재정적 지원을 전혀 하지 않았으며, 의무적 할당비용에서도 소련이 승인하지 않는 활동에 해당되는 액수를 정기적으로 삭감했다. 그들은 국제사법 재판소의 사용을 항상 반대하고 '국제 공무원'이라는 서방측 개념도 항상 반대했으며, 일반적으로 유엔을 제 3 세계 내에서의 선전과 서방세계를 비난하기 위한 무대로만 사용했다. 이런 부정 일변도의 소련의 태도로 28년간 소련외상이었던 안드레이 그로미코(Andrei Gromyko)는 '미스터 니옛'(Mr. Nyet)이라는 별명을 얻었던 것이다.

그러나 1985년 3월 고르바초프 등장 이후 소련의 대유엔정책은 소련 외무차관 블라디미르 페트로프스키(Vladimir Petrovsky)의 표현대로 '혁명적 변화'를 단행했다.[53] 고르바초프는 "동무들, 우리가 니옛, 니옛, 니옛의 외교정책을 가져야 한다는 것은 더 이상 허용될 수 없다"고 선언했으며,[54] 보다 구체적으로 1987년 9월 17일자 『프라우다』(*Pravda*)와 『이즈베스티야』(*Izvestia*)지를 통해 소련은 앞으로 유엔을 지원하고 유엔의 역할 증대에 기여하고자 한다고 천명했

52) 아직도 소련은 IMF, World Bank, GATT, FAO, IFAD 등에 가입하지 않았다.

53) *Time*, 4 July, 1988, p. 12.

54) *Ibid.*

다.[55] 또한 그는 새롭게 활성화된 유엔은 잠재적 갈등들을 예방하고 국제협약의 검정을 제공하며, 지역안전을 보장하고 테러리즘을 뿌리 뽑을 권한을 안전보장이사회에 부여해야 할 것이라고 주장하면서 평화유지군의 보다 광범위한 활용을 요구했다. 이렇게 활성화된 유엔은 환경문제, 우주의 사용문제, 그리고 무엇보다도 군비축소 문제에서 보다 큰 역할을 갖게 될 것이라고 주장했다.[56] 고르바초프의 이런 원칙적 전환의 선언은 페트로프스키 소련외무차관의 유엔연설에서 많은 제안들로 가시화되었다. 그 제안들은 다음의 두 가지 목적으로 집약될 수 있다.

첫째, 국제사법재판소의 강제적 관할권의 인정, 갈등의 경우 양측 군대의 철수를 촉진하고 휴전 및 휴전협정을 보장하기 위한 유엔 군사감시관 및 평화유지군 이용 증진, 유엔사무총장 지원, 각료급 안보이사회의 회의개최, 위기상황의 정치적 타결을 촉진하기 위한 유엔과 지역기구 간 협력의 확대, 세계우주국(World Space Agency)의 설립, 세계보건기구(WHO)의 틀 내에서 의료협력망의 설립 등과 같은 다변적 협상의 개시를 요구하는 것이다.

둘째, 포괄적 국제안전체제의 수립, 유엔의 결론을 제출할 전문가 및 직업연구가들의 독립적 위원회 설립, 국가들의 군사비 지출의 비교, 핵무기 사용금지에 관한 합의사항 위반과 핵 해적행위의 가능성을 다룰 행동의 정의, 유엔 및 유엔체제의 개혁에 관한 기존제안들의 공동조사, 국제금융제도의 구조개편에 관한 대화의 개최, 세계의 지적 엘리트 회원을 포함하는 자문위원회의 창설, 세계경제에서 발생하는 새로운 문제들을 사전에 찾아낼 제도의 유엔 내 설립, 군축조치의 진전에 따른 소련 기여의 증대, 스테레오 타입화된 '적이

55) Maurice Bertrand, *op. cit.*, pp. 131-132.
56) *Time*, 4 July, 1988, p. 12.

미지'(Enemy Image)를 불식할 수 있는 세계정보체제의 수립 등과 같은 문제들에 대한 공동연구의 수행을 요구하는 것[57]이었다.

이러한 소련의 대유엔 자세에 대해 한 유엔관리가 '러시아의 매력적 공세'(Russian's charm offensive)[58]라고 지칭한 것처럼 유엔회원국들에 의해서 대체적으로 긍정적인 평가를 받았다. 뿐만 아니라 소련은 그동안 소련의 대유엔 체불금(평화유지군비 할당액 1억 9천7백만 달러)을 1988년 4월에 지불하기 시작했고, 5월에는 아프가니스탄으로부터 소련군 철수를 개시하는 등 구체적 행동으로 평화공세를 뒷받침했다. 또한 미국측 요구를 수락하여 소련은 275명에 달하는 대유엔 파견인원을 170명으로 축소했고, 유엔체제를 향한 충성심을 고무하기 위해서 소련인 유엔공무원들이 장기계약을 할 수 있도록 허용했다.[59] 소련의 이러한 극적인 정책 및 태도의 전환은 선전과 기회주의 그리고 진정한 의식의 전환 등 많은 것을 내포하고 있을 것이다. 우선 첫째로 앞 절에서 논의한 것처럼 미국이 유엔에서 그 어느 때보다도 고립되어 있으며, 제 3 세계의 2/3에 달하는 절대다수와 공산권의 공동보조로 미국이 유엔에 등을 돌리기 시작하는 추세를 고려할 때 소련은 유엔에서 영향력을 증대시킬 수 있는 좋은 기회가 찾아왔다고 생각했을 것이다.

둘째로, 소련은 그동안 유엔체제에서 보여준 '적의 이미지' 아니면 적어도 '훼방꾼'의 이미지를 불식시키면서 유엔을 헌장체결시의 강대국 간 협조체제로 전환시키는 데 기여함으로써 세계의 정치

57) 이상은 모리스 버트란드(Maurice Bertrand)가 요약한 것으로 그의 *op. cit.*, pp. 132-133 참조. 이것은 원래 1987년 10월 7일 유엔총회 제 2 위원회 일반토론에서 페트로프스키 소련차관이 천명한 것으로 Document A/C, 2/42/SR, 4, pp. 8-11에 수록됨.

58) *Time*, 4 July, 1988, p. 12.

59) *Ibid.*, 이때까지 대부분의 소련인들은 약 3년 이상은 유엔에 근무할 수 없었다.

적 지도력을 장악하려 한다고 볼 수 있다.

셋째, 소련은 그동안 대유엔 체불금을 지불함으로써 미국의 체불행위가 내세우는 '합리화'의 근거를 제거함과 동시에 오히려 타국들에게 재정적 의무를 수행하도록 촉구함으로써[60] 제3세계로부터 유엔에서의 지지를 확보하려 한다고 할 수 있다.

넷째, 소련은 국내적 개혁을 성공시키기 위해 국제적 평화가 절실하고 그들이 주장해온 '공동의 안전'(Common Security)을 위해 이른바 '국제안전의 포괄적 체제'(a Comprehensive System of International Security)를 수립하고 이것이 유엔의 헌장과 유엔체제의 맥락 속에서 기능하기를 도모한다고 볼 수 있다.[61]

한 나라의 외교정책, 특히 초강대국으로서 소련의 국제적 위치를 고려할 때 소련은 분명히 새로운 대유엔정책에서 위의 네 가지 사항을 중심으로 하여 여러 가지 목적을 동시에 추구하고 있다고 하겠다. 이것은 하나의 야심적 계획이며 상당히 신빙성을 높여왔다. 특히 소련의 정책적 변화 가운데 가장 중요한 것은 소련이 평화유지기능을 전쟁중인 양측을 떼어놓고 휴전과 종전협정을 감시하는 가치 있는 작업으로 강조하기 시작했다는 점이다. 또한 유엔 43차 회의를 출발점으로 기존의 평화유지 레짐을 보다 효과적으로 만들고, 보다 정치적으로 적극적이며 예방외교에 긍정적인 입장을 제시하기 시작했으며 그것을 행동으로 보여주는 조치를 취했다. 1988-89년 소련은 ① 아프가니스탄에서 소련군 ② 앙골라에서 쿠바군의 철수를 감시할 유엔 군사감시단 ③ 이란-이라크 국경 유엔 휴전 감시단 ④ 나미비아에서 유엔 과도원조단(U.N. Transition Assistance

60) *Time*, 22 February, 1990, p. 22.
61) 이런 문제에 관한 저자의 논의에 관해서는 저자의 『이아고와 카산드라: 항공력 시대의 미국과 한국』, 서울: 오름, 1997의 제16장, "소련의 동아시아 정책: 고르바초프의 선언과 신사고"를 참조.

Group) ⑤ 중앙아메리카의 유엔감시단 등 여러 혼란한 지역에서 새로운 평화유지 작전의 수립을 적극 지원했다. 소련은 또한 캄보디아와 베트남을 설득하여 협상으로 이끌고, 최근에는 안전보장이사회의 다른 회원국들과 함께 유엔 평화유지군의 안전보장하에서 유엔이 캄보디아의 행정을 담당하고 선거를 감시하여 이 나라의 20년 갈등을 종결시킬 계획에 참여했다.[62] 유엔의 기술 및 경제활동에 대해서도 과거에 유엔체제의 기술관련기구들을 '갈등의 장'으로 언급했던 것과는 달리 이제는 그것들을 국제규제와 조정의 유용한 수단으로 간주하는 것처럼 보였다. 아울러 대한항공 007기 격추와 체르노빌 원자로의 화재사건 후에 국제민간항공기구(ICAO) 및 국제원자력기구(IAEA)와 광범위하게 협력했으며, 세계 상품가격을 안정시키는 데 기여하려는 운크타드(UNCTAD)의 공동기금(Common Fund)도 비준하고 또 지원배당금도 지불했다.[63] 이렇게 볼 때 소련은 상당히 전향적이고 자주적인 성명으로 유엔에서 입지를 강화했을 뿐만 아니라 의미있는 행동을 통해서 이를 뒷받침했다.

소련은 유엔에서 미국이 후퇴하는 분위기 속에서 세계정치의 무대인 유엔에서 보다 큰 역할을 수행하려는 것이며, 다만 그 방법이 유엔을 적극 활용하려는 쪽으로 바뀐 것이다. 소련은 개선되고 확대된 평화유지 레짐에서 역할과 기여를 통해 국제정치의 주요세력으로 남으려 하고 있으며, 그러기 위해 지역갈등의 예방과 억제에 안전보장이사회의 역할확대를 강조하고 있다. 상임이사국으로서 안보이사회의 권위를 확대함으로써 국제갈등관리에서 보다 큰 소련의 목소리를 확보하려는 것이다.

---

62) Thomas G. Weiss and Meryl A. Kessler, "Moscow's U.N. Policy," *Foreign Policy*, No. 79, Summer 1990, p. 99.
63) *Ibid.*, p. 100.

또한 소련은 유엔의 경제, 사회 및 환경분야에서도 보다 큰 역할을 수행하고자 한다. 세바르드나제 외상이 1989년 9월 유엔총회의 개막연설에서 강조했고 몰타정상회담에서 고르바초프 대통령이 부시 미대통령에게 반복했던 것처럼 소련은 이제 관세와 무역에 관한 일반협정(GATT), 국제통화기금(IMF), 세계은행(IBRD)에 가입하려는 관심을 표명했고 이것은 과거 이런 기구들을 사악한 자본주의 도구로 요란하게 비난했던 과거의 정책으로부터 중요한 전환을 의미한다.64)

소련의 이러한 광범위한 대유엔체제의 공세에 대해서 서방세계는 일반적으로 좀 더 두고 보자는 관망적 태도를 보여주고 있다. 이러한 상황은 유엔체제가 진실로 활성화되고 유엔이 헌장의 정신으로 되돌아가기 위해서는 아직도 많은 노력과 작업이 남아 있음을 말해준다.

그러나 동시에 소련의 대유엔정책의 급격한 전환은 유엔의 환경적 상황이 변하고 있음을, 그것도 급속히 변하고 있음을 분명히 보여주고 있다. 1989년 냉전체제의 종식을 선언한 몰타정상회담 이후 1990년 8월 이라크의 쿠웨이트 침공에 대한 안전보장이사회의 대응에서 보여준 소련의 정책과 소련과 미국 및 서방 선진국가들과의 협력관계의 비교적 밝은 전망을 고려할 때 소련의 대유엔공세로 유엔체제가 그 어느 때보다도 활성화될 수 있는 상황을 맞고 있다고 해도 과언은 아닐 것이다.

---

64) *Ibid.*, p. 103.

4. 정치체제로서 유엔체제

"우리는 유엔에서 가장 고전적 의미에서 이른바 로비활동에 많은 시간을 보냈다. 개념적으로 유엔에서 우리의 활동을 다변적 외교라고 생각하지 않는 것이 매우 유용하다고 생각한다. 그것은 외교가 아니라 정치이다. 다변적인 정치영역이며 유엔은 모든 다른 정치영역 특히 입법부와 매우 흡사하게 기능한다. 본인은 그것을 깨닫는 데에 처음 약 6개월을 소비했다."65)

이것은 전 유엔주재 미국대사 커크패트릭 여사의 말이다. 유엔은 외교의 광장이 아니라 정치의 현장이라는 주장이다. 이러한 유엔의 개념에서 유엔의 연구를 시작할 때 우리는 정치에 대한 개념적 정의를 우선 필요로 한다. 그동안 정치학자들에 의해서 제시된 많은 정의 가운데에서 20세기에 가장 유명하고 보편적으로 원용되는 것은 데이비드 이스턴(David Easton)의 '사회를 위한 제가치의 권위적 분배'일 것이다. 그러나 로렌스 핑켈슈타인(Lawrence Finkelstein)의 지적처럼 이스턴의 정의는 어떤 활동이 정치적이 되기 위해서는 가치를 분배하는 데 명백히 성공할 것이 요구된다. 그러나 이러한 요구는 불합리하다. 왜냐하면 그러한 정의는 명백한 분배적 결과가 발생하지 않을 때 가치를 둘러싼 갈등이나 투쟁을 배제해 버리기 때문이다.66) 그러나 정치란 분명히 그것들이 성공할 때나 실패할 때나 다같이 가치를 분배하려는 시도들과 관련된다. 그리고 이런 원칙은

65) Jean J. Kirkpatrick, in Linda M. Fasulo, *op. cit.*, p. 288.

66) Lawrence S. Finkelstein, "The Politics of Value Allocation in the UN System," in Lawrence S. Finkelstein, ed., *Politics in the United Nations System*, Durbam: Duke University Press, 1988, p. 1.

국내통치기구들만큼이나 유엔체제의 정책결정기구에도 적용된다. 따라서 유엔정치란 유엔체제 내에 가치의 권위적 분배와 관련된 활동이라고 생각해야 할 것이다.67) 그리고 여기서 '권위적'(authoritative)이란 적용받는 사람들에 의해서 '정당하다'고 수락되는 것을 의미한다.

따라서 만일 정치가 권위적 분배의 결과에 대한 투쟁에 관한 것이라면 유엔체제 내에서 진행되는 많은 것들은 정치적이다. 국가를 대표하는 국제기구의 직원과 행정관료들이 유엔정치의 행위자들이다. 이들은 자신이 관련된 기구 내에서 정책을 결정하고 집행하는데 많은 시간과 노력과 재능을 다해 '정치'에 참여하고 있는 것이다. 그러나 다른 국제기구들과 마찬가지로 유엔체제는 중앙집권적인 국내 정치체제와는 다른 정치의 성격에 대한 문제를 제기한다. 유엔기구란 결정의 수직적 구조(hierarchy)가 없는 국제체제 내에 존재한다. '수평적으로 조직된' 주권국가들의 체제란 동의하기를 주저함으로써 결정을 방해할 수 있는 능력을 각 주권적 구성원에게 부여하고 있다. 그런 체제란 맥락은 다르지만 모턴 캐플런(Morton Kaplan)이 유니트 비토(unit Veto)체제라고 부른 것과 흡사하다.68) 국제연맹협약은 총회와 이사회에 의한 결정의 만장일치제를 채택함으로써 국제질서의 성격에 대한 이러한 이해를 반영했다. 오늘날의 유엔체제에서는 유엔기구의 결정이 회원국들이 동의하지 않는 한 구속력을 가질 수 없다는 일반규칙에 의해서 그러한 이해가 대변되고 있다. 물론 회원국이 됨으로써 이미 동의를 했다는 예외규정이 헌장에 명시되어 있기는 하다.69)

따라서 국가들이 가치 있다고 생각하는 것의 권위적 분배란 분

67) *Ibid.*

68) Morton Kaplan, *System and Process in International Politics*, New York: John Wiley and Sons, 1957, pp. 50-51.

69) Lawrences Finkelstein, *op. cit.*, p. 3.

배적 결정에 의해서 영향받는 국가들의 동의를 필요로 하는 것이 국제체제의 규범이다. 이 규범은 우리가 전통적으로 이해하고 있는 외교, 다시 말해서 주권국가간의 관계수행과 같은 것이다. 외교란 유니트 비토 국제정치이다. 이 규범에 따르면 국제기구란 외교의 가공품이다. 그리고 이런 견해에서 보면 또 불가능하기까지 한 외교관계를 국가들이 갖게 하는 수단이다. 이런 의미에서 정부 간 국제기구들이란 외교의 편의적 도구이다.

그러나 유엔체제 내에서 많은 결정들이 투표에 의해서 합헌적으로 이루어진다는 것은 현저한 특징이다. 피상적으로 보면 결정에 도달하기 위해 투표한다는 것은 주권국가와 관련된 제도적 규범과 모순이다. 그러나 분명히 이런 식으로 분배된다. 투표가 실시되지 않고 결정이 합의에 의해 도달한 때에도 그것은 결정의 수단으로 투표가 가능한 헌장상의 맥락 속에서 이루어진다. 이렇게 볼 때 유엔기구에서의 정치는 수직적으로 조직된 국내의 정치체제 방식을 닮은 형태를 취한다.[70]

두말할 것도 없이 국제정치체제와 유엔체제에서의 정치란 서로가 크게 다르며 또한 중요하다. 하나의 예를 든다면 어떤 특정의 다수결에 의한 결정의 구속력에 대해서 유엔기구에서는 상당히 격렬한 분쟁이 발생한다. 최근 77그룹(G-77)의 다수를 구성하고 있는 많은 저개발 국가들(LDCs)은 투표규칙을 실제적 힘의 수단으로 사용하려 한다. 반면에 소수인 미국을 비롯한 선진 공업국가들은 전통적 주권의 규범을 강조한다. 이런 분쟁은 국제기구에서 효과적인 힘의 성격에 대한 투쟁, 바꾸어 말해서 무엇이 권위적 분배를 구성하느냐에 대한 투쟁으로 정확하게 표현될 수 있다. 최근에 이런 투쟁이 취한 하나의 형식은 자신들의 주권적 권리가 '횡포적(tyrannical) 다수'

70) *Ibid.*, p. 4.

에 의해서 짓밟힐 것이라는 소수의 걱정을 진정시키는 수단으로서 합의절차에 대한 의존이었다. 합의의 이론은 분배적 권위에 대한 투쟁에 세워진 하나의 장애이다. 그것은 소수에 속하는 국가들의 주권적 이익을 보호함과 동시에 다수결 절차로부터 주권제도를 보호하는 하나의 실용적 장치이다. 그것은 정치 형태의 투표보다는 전통적 외교형태의 흥정(bargaining)을 강조하는 것이다. 어쨌든 분배적 권위에 대한 투쟁의 궁극적 결과는 현재 예측할 수 없다. 따라서 유엔체제의 정치는 모든 회원국가의 동의에 의존하는 것으로부터 다수의 투표에 의존하는 것에 이르는 스펙트럼 상에 있다고 하겠다. 이 두 극단의 사이에 결정이 다수결에 의해서 결정될 수 있느냐 아니면 모든 회원국가들의 동의를 필요로 하느냐에 대한 흥미로운 투쟁의 중간지대가 있다. 유니트 비토체제에서의 결정권은 수많은 개별행위자들 사이에 확산되어 있기 때문에 다수결에 대한 보다 '중앙집권적'(centralized) 결정체제와 구별하기 위해서 '분권적'(decentralized)이라고 명명될 수 있다. 그리고 유엔체제에서 가치분배라는 정치의 스펙트럼은 다음과 같은 방식으로 표현될 수 있다.[71]

분권적 유니트 비토	⟷	권위적 분배에 관한 투쟁의 중간지대	⟷	중앙집권적 결정

여기에서는 각 지대의 경계를 정하지 않는다. 경계선은 확고하지 않다. 관련된 과정은 정태적이지 않고 다이내믹하다. 유엔체제는 초기에 중앙집권적 권위가 결여되어 있고 스스로 동의하지 않는 결정의 결과로부터 면제된 전통적인 주권적 국가 개념에 뿌리를 둔 다변적 외교(multilateral diplomacy)제도로서 간주되었다. 그렇지만 어느 정도 중앙집권적 권위도 처음부터 존재했다. 헌장 17조가 총회에

71) *Ibid.*, p. 5.

부여한 의무적 할당권(assessment powers)이나 헌장의 제 7 장하에서 안전보장이사회가 강제적 조치를 취할 수 있는 권한 등은 상당한 중앙집권적 권력이라 할 수 있다. 그러나 5대 상임이사국의 거부권을 고려한다면 안전보장이사회가 유니트 비토체제의 측면을 동시에 가지고 있으며, 새로운 회원국의 승인이 2/3이상 다수의 찬성에 따른다는 것은 또한 총회의 중앙집권적 권위를 말해 준다.

유엔체제는 그동안 이 두 방향으로 나아갔다. 그리하여 각 회원국의 동의에 권위가 기인하는 원래의 분권적 체제와 다수결의 결정에서 권위가 발견되는 중앙집권적 경향 사이의 새로운 혼합이 생겨났다. 이 두 개의 정치 과정 사이의 다이내믹한 혼합은 그것들이 전 유엔체제에 걸쳐 불균등하게 분포되어 있다는 것을 의미한다. 결정에서 상이한 기구가 상이한 유형을 보여줄 뿐만 아니라 안전보장이사회와 총회에서처럼 동일한 기구 내에서도 그런 차이가 존재한다. 또한 동일한 기구가 의제(agenda)상의 각 문제에 따라서 다르게 행동할 수도 있을 것이다.[72] 그러나 주목할 만한 그동안의 유엔체제 내의 추세는 다수결 절차로의 방향이었으며, 1970년대 경제문제, 특히 신국제경제질서(NIEO)의 수립과 관련된 계획과 예산 및 인적자원은 유엔의 우선순위와 가치분배에 깊어가는 갈등을 반영해 주었으며 유엔 내에서 중앙집권화의 압력이 가장 강력했다.[73] 따라서 주목할 만한 유엔체제 내의 추세는 국제기구들이 분명히 국가주권을 강조하는 분권적 결정형태와 보다 중앙집권적 정책결정을 가정하는 새로운 정치적 과정 사이의 상이한 혼합(mixes)을 보여준다. 어떤 국제기구가 어느 스펙트럼에 해당되는지는 그 기구와 정부 간의 관계에 달려

---

72) *Ibid.*, pp. 6-7.

73) Robert W. Gregg, "The Politics of International Economic Cooperation and Development," in Finkelstein, *op. cit.*, p. 113.

있다.[74] 단순한 대화의 광장에서 다변적 외교로, 그리고 가치의 권위적 분배를 수행하는 진정한 정치적 실체로서의 변화이다.

유엔체제의 정치적 목적은 회원국들의 이익에 봉사하는 것이다. 외부 위협으로부터 안전, 영토분쟁, 자신들 행동의 합법성 인정과 적대국 행동의 규탄, 규범과 규칙의 선포, 기술원조, 자국문제에 대한 외부간섭으로부터의 자율성, 자국이익에 손상을 입히는 타국의 국내적 행위의 변화, 자신들이 신봉하는 원칙들과의 충돌, 승인, 국위 그리고 자국동포에 대한 국제적 지위 등 그 항목은 실로 끝이 없고 무한히 다양하다. 이러한 제목적 달성을 위한 유엔체제의 기능은 앞서 지적된 제이콥슨의 기능분류에 따라 연구될 수 있다.[75] 그러나 이런 기능은 유엔체제가 정치체제라는 가정 위에서 이 체제의 분배적 과정으로 이해되어야 할 것이다. 왜냐하면 유엔체제는 외형상으로는 주권 국가들의 자치에 입각한 다변적 외교의 무대이지만 이곳에서의 많은 결정의 수단은 투표행위이기 때문이다. 유엔체제의 많은 성장(예를 들어 IDA, UNDP, UNCOF 등의 창설)은 소수의 강력한 저항을 누그러뜨리는 데 있어서 다수의 압력의 결과이다.[76] 식민주의, 아파르트헤이트, 인종차별은 모두가 유엔체제에 의해서 정당한 관심의 대상으로 수립되었으며, 투쟁을 통해서 그리고 궁극적으로는 앞서 제시된 '결정의 중간지대'를 통과하는 정치적 과정의 결과로서 정당성을 상실하게 되었다.[77]

---

74) Christer Joensson and Staffan Bolin, "The Role of International Atomic Energy in the International Politics of Atomic Energy," in Finkelstein, *op. cit.*, p. 303.

75) 제이콥슨의 5가지 기능 중에서 규범적 기능과 규칙창출의 기능은 분명히 구별하기가 어렵다고 핑켈슈타인은 주장한다. Lawrence S. Finkelstein의 제이콥슨 책에 대한 서평 *American Journal of International Law*, Vol. 74, No. 3, July 1980, p. 699.

76) Lawrence Finkelstein, *op. cit.*, p. 31.

신국제경제질서(NIEO)는 일반적 합의로 채택되지 못했다. 분명히 선진국들의 반대 때문이었다. 그러나 여기에서도 긍정적인 운동이 있었다. 일반특혜관세제도(Generalized System of Preference: GSP), 상품에 대한 통합계획, 발전도상국 부채경감 등이 결정의 중간지대에서 신국제경제질서에 대한 남북의 투쟁으로 등장한다. 이런 것들은 처음의 완고한 반대입장으로부터 서서히 변하는 선진국가들의 움직임을 말해 주는 본보기들이다. 따라서 비록 불균등하지만 유엔체제에는 중앙집권적 권위로의 움직임이 있으며 이것은 여러 가지 사례연구에 의해서 뒷받침되고 있다.78) 이것은 유엔이 강요할 수 없기 때문에 권위가 없다는 널리 보급된 신념에 배치한다. 그리고 바로 이것이 유엔에 대한 많은 오해의 진상이다.79) 이러한 잘못된 인식은 유엔체제에 대한 슬기롭고 효과적인 정책을 세우는 데 도움이 되지 않는다. 또한 유엔체제가 중앙집권화의 추세를 보여준다는 것은 주권국가가 대치된다거나 일소된다는 것을 결코 의미하지 않는다. 그것은 또한 유엔체제가 세계정부로 변할 것이라는 것도 결코 시사하지 않는다. 그것은 또한 세계의 국가들이 지금까지 국제적으로 수행한 업무를 새롭게 수행할 수 있는 길을 발견하고 있다는 것도 의미하지 않는다. 왜냐하면 유엔에서 중앙집권화된 권위는 국제관계를 행하는 하나의 수단이지 대체물은 아니기 때문이다. 여기서 강조하려는 것은 그러한 추세로 인해 유엔체제를 단순히 다변적 외교의 광장이라는 분권적 유니트 비토체제의 한계를 넘어 정치체제

77) *Ibid.*, pp. 31-32, 유엔의 집단적 정당화를 정치적 기능의 하나로 분석한 것에 대해서는 Inis Claude, "Collective Legitimization as a Political Function of the United Nations," *International Organization*, Vol. 20, No. 3, Summer 1966, pp. 367-379를 참조.

78) Lawrence Finkelstein, *op. cit.*, 총 15장 중에서 제 1 장과 제15장을 제외한 13개 장을 참조.

79) *Ibid.*, p. 479.

의 성격을 뚜렷이 보여주고 있다는 점이다.

이상에서 논의한 것처럼 유엔체제가 하나의 정치체제라면 유엔체제 내의 많은 산하기구들은 서로 다른 문화를 갖고 있으며 이 문화적 차이는 기구 운영에 중요한 역할을 수행하지 않겠는가 하는 의문이 제기될 수 있다. 정치문화란 정치과정에 질서와 의미를 제공하고 정치체제 내에서 행위를 통제하는 저변의 가정과 규칙을 부여하는 일단의 태도, 믿음, 그리고 감정으로 정의되고 그것은 정체의 정치적 이상과 작전규범을 포함한다. 따라서 정치문화는 정치의 심리적이고 주관적인 차원의 집단적 형태로서의 표현이다.[80] 문화적 차이의 영향은 국제협상에 관한 최근의 한 연구에서 중요한 자리를 차지했다. 비록 그 연구는 국가적 협상가에 관련된 것이지만 그것은 주관적 요소들을 강조하는 앞서의 정의와 비슷한 정의를 사용한다.[81] 거트 홉스테드(Geert Hofstead)는 문화를 한 부류의 사람들과 다른 부류의 사람들을 구별짓는 마음의 집단적 프로그래밍이라고 정의하면서, 민족의 문화적 프로그래밍은 국제협상에서 당사자들 간 서로 다른 사고와 느낌과 행동의 유형으로 유도한다고 주장한다. 문화에 핵심적인 것은 가치이다. 따라서 흥미롭게도 국제기구들도 역시 문화를 갖고 있다. 국제기구의 내적 문화는 커뮤니케이션을 촉진하기 때문에 중요하다. 그러나 기구의 문화란 피상적이다. 왜냐하면 그것은 보다 깊은 가치를 표현하기보다는 쉽게 체득한 공동의 상징이나 습관의 차원에 머물기 때문이다.[82]

---

80) Lucian W. Pye, "Political Culture," *International Encyclopedia of the Social Sciences*, Vol. 12, New York: The Macmillan & Free Press, 1968, p. 218.

81) Geert Hofstead, "Cultural Predictors of National Negotiation Styles," in Frances Mautner Markhoff, ed., *Processes of International Negotiation*, Boulder: Westview Press, 1989, pp. 193-194.

82) *Ibid.*

반면에 프어팅가(Poortinga)와 헨드릭스(Hendriks)는 문화를 그것을 공유하는 사람들의 삶의 모든 국면에 스며들어 있으며 문화적 집단의 구성원들에 의해서 대체로 공유되는 믿음, 가치, 그리고 규범을 의미하는 상징적 의미체제로 보면서 문화는 행동유형의 일관성과 구체적 상황에 대한 반응의 유사성을 수반한다고 주장한다.83)

국제기구들의 문화에는 거의 관심이 주어지지 않았다. 이 문제는 국제 기구들에 관한 비교적 야심적 작품이나84) 제이콥슨의 널리 존경받는 기본서85)에서도 제기되지 않았다. 그러나 국제기구들이 공유하는 특징에도 불구하고 서로가 크게 다르다는 아이디어는 문헌에서 흔히 발견된다. 이 점은 예를 들어 앞서 언급된 콕스와 제이콥슨86)의 저서나 핑켈슈타인의 작품87)에서 분명하다. 특히 콕스와 제이콥슨은 기구의 이데올로기(organizational ideology)라는 개념에 관심을 표명하였지만88) 문화에 주목하지는 않았다. 국제기구들은 그것들이 강조하는 상징이나 그들의 활력 그리고 기구의 스타일에 있어서, 그리고 또 그것들이 취급하는 국제문제의 성격과 처리방법에 관한 믿음에서 다를 것이다. 그리고 맥락은 다소 다르지만 한 기구의 구성원들이 그 기구의 주된 능력과 일차적 사명이 무엇이어야 하는가에 대해 갖고 있는 관념이 '기구의 본질'이라고 할 수 있다.89)

---

83) Ype H. Poortinga and Edwin C. Hendriks, "Culture as a Factor in International Negotiation: A Proposed Research Project from a Psychological Perspective," in Frances Mautner Markhoff, ed., *op. cit.*, pp. 204-207.

84) Werner J. Feld and Robert S. Jordan, *International Organization: A Comparative Approach*, New York: Praeger, 1983.

85) Harold Jacobson, *op. cit.*

86) Robert W. Cox and Harold K. Jacobson, *op. cit.*

87) Lawrence S. Finkelstein, *op. cit.*

88) Cox and Jacobson, *op. cit.*, pp. 22-23.

89) Morton H. Halperin and Arnold Kanter, "The Bureaucratic Perspective: A

그러므로 국제기구들의 정치문화의 연구는 그것들에 관한 우리의 지적 지평선을 크게 넓혀줄 것이다. 경험적 연구에 의해서 문화가 국제기구의 특징으로 존재하고 또 작용한다는 것이 확인된다고 할지라도 여전히 예측적 유용성의 문제는 남아 있다. 만일 문화가 존재한다면 국제기구가 어떻게 행동할 것인가에 관해 말할 수 있겠는가? 이 현상은 어떻게 평가되어야 할 것인가? 문화적 차이는 공유하는 세계적 사명의 추구에 방해가 될 것인가 아니면 서로 다른 사명을 수행하는 데 불가결한 자산이 될 것인가? 그러나 이러한 의문들에 대한 대답은 문화의 경험적 연구 후에 제기되어도 늦지 않을 것이다. 유엔체제를 하나의 정치체제로 인식할 때 국내정치체제의 이해에 정치문화의 이해가 중요한 것만큼, 국제기구의 정치문화의 이해가 국제기구의 이해에 기여할 것이라는 점만은 분명하다.

5. 결　　론

유엔체제의 창설 이후에 주권국가들의 회원국 수는 지난 약 반세기 동안에 꾸준히 증가했으며 새로운 기술적 환경은 국제사회를 더욱 좁게 만들었다. 이런 현상은 국제관계의 범주와 깊이에 많은 영향을 미쳤다. 오늘날 우리의 세계는 많은 문제를 제기하고 있으며 공동의 해결을 요구하고 있다. 그 속에는 단순히 쌍무적 국가관계만으로는 해결될 수 없는 중요한 문제들도 존재한다. 이런 문제들의

Preliminary Framework," in Halperin and Kanter, eds., *Readings in American Foreign Policy: A Bureaucratic Perspective*, Boston: Little Brown, 1973, p. 11.

복잡성과 다변성은 공동목적달성에 새로운 외교 스타일과 방법을 요구한다. 그리고 이런 관찰은 특히 국제기구에서 항상 천명된다. 오늘날의 이른바 상호의존적 국제사회 속에서 국제기구가 수행하는 중요한 역할은 여러 가지 분야에서 확대되고 있다. 유엔체제 초기의 주된 관심은 세계평화와 안전문제에 집중되었다. 그러나 시간이 흐르면서 국제기구들이 수행하는 실제적 기능들은 안전문제를 뛰어넘어 인류의 다양한 공통문제로 확대되었다.

그런 문제들의 해결을 도모하는 데 있어서 국제기구들은 오늘날 정책의 수단으로서 그리고 하나의 국제정치적 행위자로서는 물론이고 국가행동의 체제적 수정자로서 작용하고 있다.[90] 물론 유엔체제는 아주 처음부터 전후의 평화와 안전의 문제들이 최대의 관심사였다. 그러나 유엔체제의 가치가 국제기능의 회피나 성공 여부에 의해서만 판단되어서는 안 될 것이다. 유엔헌장의 제6, 7, 8장에서 취급되는 이른바 평화와 안전의 문제에 있어서도 유엔의 기여를 결코 과소평가해서는 안 될 것이다. 분명 유엔은 평화유지(peace-keeping)에 기여했다. 특히 1956년 중동의 위기를 관리한 유엔 비상군(The United Nations Emergency Force)은 평화유지업적의 현저한 기록을 달성했으며 그것이 1988년에 받은 노벨평화상은 실질적 기여의 인정서였다. 유엔은 아프가니스탄에서 소련의 철수나 이란-이라크 전쟁에서의 휴전 성취, 앙골라로부터 쿠바군의 철수에서 중요한 역할을 수행했으며 엘리어트 리처드슨(Elliott Richardson)이 이끈 유엔 참관위원단(UN Monitoring Mission)은 최근 니카라과 선거 성공의 중요한 요인들

90) Charles Pentland, "International Organizations," in James N. Rosenau, Kenneth W. Thompson, and Gavin Boxd, eds., *World Politics*, New York: Free Press, 1976, pp. 624-659. 혹은 Paul F. Diehl, ed. *The Politics of International Organizations: Patterns and Insights*, Chicago: Dorsey Press, 1989, pp. 5-14.

중의 하나였다.

평화를 발생시키는 데 있어서 유엔이 과거보다도 더 효과적일 수 있었던 것은 국제정치의 중대한 변화에 힘입은 것이다. 앞서 이미 논의한 것처럼 고르바초프 집권 이후, 소련은 국제갈등을 관리하는 데 있어서 미국의 이익과 양립하는 관심과 행동을 보여주었다. 특히 1990년 8월 2일 긴급 소집된 안전보장이사회에서 쿠웨이트로부터 이라크군의 즉각 철수를 요구하는 결의안이나 8월 6일의 대이라크 경제제재를 촉구하는 결의안 661호에서 미국과 소련이 보여준 협력은 그런 변화의 극적인 표현이었다. 1945년 창설 이후 처음으로 강대국들의 협력에 의해 유엔의 안전체제가 작동되는 것 같다. 유엔의 미래에 대한 낙관의 추가적 근거는 바로 유엔에 대한 보다 큰 의존을 소련이 강력하게 주장하고 있다는 사실이다. 따라서 유엔은 일종의 합의에 기초한 국제적 갈등의 관리를 계속할 수 있을 것이다. 게다가 새로운 국제적 상황은 '헌장에로의 복귀', 즉 헌장이 국제평화와 안전을 강요하기 위해서 안전보장이사회에 부여한 힘에의 이론을 가능하게 할지도 모른다. 그것은 루스벨트의 꿈이었다. 최근 중동에서 보여준 미국과 소련을 포함한 강대국들의 행동은 안전보장이사회가 그렇게 할 수도 있을 것이라는 것을 암시해 준다.

따라서 우리는 유엔체제를 비롯한 국제기구의 역할에 대해 빠지기 쉬운 두 가지의 유혹적 입장을 경계해야 한다. 하나는 비관적이고 냉소적인 입장으로서 중요한 국제문제들을 다루는 데 극적인 수사와 실제적 무능력을 강조하는 것이다. 보다 초조하고 묵시록적인 이런 마음에서 보면 유엔체제를 포함한 국제기구는 국제무대에서 중요한 행위자가 되지 못하며 또 그렇게 취급되어야 한다. 이들에게 유엔의 기록은 유엔이 돌아올 수 없는 지점에 도달했다. 세계는 전적으로 새로운 제도를 계획하거나 아니면 아예 기구없이 지내야 한다. 그러나 국제기구의 가치를 우리가 낮게 평가하는 악순환에 빠질 것이다.

또 하나의 유혹적 입장은 이상주의적인 것이다. 마르크스의 말처럼 인간들은 자신의 미래를 창조한다. 그러나 그들은 자신들이 원했던 대로 창조하지는 못한다. 의지와 제약이 상호작용하기 때문이다. 따라서 이상주의적 입장을 취하는 사람들은 국가주권에 의해 부과되는 제약을 충분히 인식하지 못하고, 오늘날 세계가 직면하고 있는 주요문제들이 국제기구를 통해 범세계적이고 신속하게 해결될 수 있다고 꿈꾸는 것이다. 그러나 냉전이 종식되고 강대국 간의 협조가능성이 높아졌다고 해서 모든 국제적 문제가 해결되고 영구평화가 도래한 것처럼 생각한다면 그것은 너무나 위험한 환상이며 국제 정치사적 교훈의 무지를 폭로할 뿐이다. 19세기 유럽의 역사가 보여 주듯이 국제분쟁의 근인(proximate causes)은 강대국의 협력체제에 의해서 어느 정도 해결이 가능할지 몰라도 원인(underlying causes)은 강대국 협조체제만 가지고는 성공적으로 해결하기가 매우 어렵기 때문이다. 따라서 국제기구의 올바른 이해는 그런 단순한 논리적 유혹의 거부를 요구한다. 국제기구란 국제정치과정에서 전적으로 무용지물도 아니며 전능하지도 않다. 국제기구는 국제관계에서 중요한 역할을 수행하지만 그것들이 미치는 영향력이란 직면하는 문제영역이나 국제적 상황에 따라서 다양하다. 바로 여기에 국제기구의 현실적이고 적실한 이해를 위한 광범위하고 자세하며 꾸준한 관찰과 연구의 당위성이 있다 하겠다.

제 20 장

현대국제기구이론과 포스트냉전시대의 유엔: 루비콘 강을 건너서

> 세계정부란 그것이 필요할 때는 불가능하고, 가능할 때는 불필요한 것이다.
>
> －루소－

포스트냉전의 현 시대에 국제기구 특히 유엔은 국제사회의 최우선적 의제가 되고 있다. 국제기구 이론은 국제정치학 그 자체와 함께 아주 오래된 것일 뿐 아니라 매우 젊은 학문의 영역이다. 우리 모두가 하나의 거대한 인류 공동체의 일부이며 따라서 인류 모두의 평화와 안녕을 위해 사해동포적 세계관을 갖고 살아가야 한다는 국제기구의 궁극적 가치를 고려한다면, 그 지성적 기원은 기원전 300년 경의 이른바 스토아 철학에까지 거슬러 갈 수 있다는 점에서 국제기구학은 아주 오래된 것이다. 비록 스토아 철학은 자신의 자립을 강조하고 자연(nature)과의 조화로운 삶을 가르쳤지만 현대 다원주의적 국제사회의 조망처럼 이 세계가 단지 국가들로만 구성된 것이 아니라 사건에 영향을 미치는 개인, 집단 및 다른 비국가적 행위자들로 구성된다는 생각은 분명 국제기구의 필요성과 존재의 가능성을 뚜렷이 암시했었다. 그 후 범세계주의는 특히 키케로를 통해 국가간의 법의 지배가 요구되는 등 로마의 지성에 영향을 미쳤으며 그 후에도 17세기의 그로티우스는 물론, 국제관계의 질서를 위해 국제법이 그 토대가 되어야 한다고 믿는 근대 철학자들, 특히 칸트를 포함하는 철학자들에게까지 광범위하게 영향을 미쳤다.[1] 한편 로마제국의 멸망 후 오히려 후세들에겐 그것이 영원한 이상으로 간주되어 세계평화의 가능성은 로마의 부활에 의해서 가능할 것이라는 '세계정부론'이 등장했다. 중세의 혼란한 시기에 단테는 로마제국을 모델로 14세기 초 세계군주제(De Monarchia)의 수립을 주창하였다.[2] 그러나 국제사회의 현실은 오히려 영토국가로의 분권화와 개별 주권국가의 강화로 발전했다.[3] 따라서 정부간 국제기구의 수립을 통해서 전쟁을 방지하고, 또 국가간 폭력을 제한할 이른바 평화계획들(peace plans)을 제시하는 사람들이 등장했다. 국가주권을 중심으로 하는 근대 국제체제(international system)의 효시로 간주되는 1648년의 웨스트팔리아 체제 수립 이후 국제기구를 통한 세계평화의 대표적 주창자들로는 17세기의 윌리암 펜(William Penn), 18세기의 쌩 피에르(Abbe de Saint-Pierre), 그리고 20세기에 지대한 영향을 미친 18세기 말의 임마누엘 칸트(Immanuel Kant)를 들 수 있다.[4] 따라서 국제

1) Mark V. Kauppi & Paul R. Viotti, *The Global Philospher,* New York: Lexington Books, 1992, pp. 93-102.

2) 최초의 세계정부론은 알렉산더 대왕에게 보낸 아리스토텔레스의 서한에서 발견될 수 있다는 주장과 그 서한이 과연 아리스토텔레스에 의해 쓰여진 것인가에 대한 논란이 있음을 지적해 두고자 한다. 이 점에 관해서는 S. M. Stern, *Aristotle on the World State,* Oxford: Bruno Cassirer, 1968과 Howard P. Kainz, ed., *Philosophical Perspectives on Peace,* London: Macmillan Press, 1987, pp. 2-5를 참조.

3) 중세 이후 세계질서를 위한 철학적 및 국제법적 모색과 그 좌절에 관한 논의를 위해서는 Cornelius F. Murphy, Jr., *The Search for World Order,* Dordrecht: Martinus Nijhoff Publishers, 1985를 참조.

기구의 지성사라는 관점에서 본다면 국제기구 이론은 인류의 지성사만큼이나 오랜 전통을 갖고 있다.

그러나 다른 한편으로 국제기구학은 기존의 국제기구의 역할과 행동을 설명하고 국제정치에서 그것의 특징을 제시하기 위해 실제로 관찰되는 현상에 관한 체계적 연구라는 의미에서 젊은 영역이다. 국제기구에 대한 관심과 체계적 연구는 20세기에 국제정치학이 하나의 독립된 학문 분야로 발전하는 초석이었으며 기존의 국제법 및 외교사와 함께 국제정치학의 모태였다고 할 수 있다.[5] 보다 엄격하게 말한다면 현대의 국제정치학은 20세기 초 창설된 국제연맹이라는 범세계적 기구의 정당성과 그로부터 기대되는 역할에 관한 연구에서 출발했다고 해도 과언이 아니다. 국제연맹의 평화유지방법인 이른바 집단안전보장제도는 1930년대에 일본, 이탈리아 그리고 독일에 의해 우롱당하다가 제 2 차 세계대전으로 그 무력함이 분명해졌으나 제 2 차 대전 후 루스벨트 미국 대통령을 비롯한 연합국 지도자들은 다시 유엔을 창설하여 집단안전보장제도에 인류평화의 미래를 기약했었다. 당시 유엔창설자들은 유엔의 집단안전보장제도가 아돌프 히틀러(Adolf Hitler) 같은 악마적 침략자를 막을 수 있을 것이라고 기대했었기 때문이다.[6]

---

4) 이른바 평화계획에 관해서는 F. H. Hinsley, *Power and Pursuit of Peace,* Cambridge: Cambridge University Press, 1963, Part I.; Harold K. Jacobson, *Networks of Interdependence*, 2nd ed., New York: Alfred A. Knopf, 1984, pp. 21-23을 참조.

5) 강성학, "국제기구 연구 경향과 유엔체제," 『국제정치논총』, 제30집 2호, 1990, p. 50; 국제정치학의 독자적 학문 분야로서의 발전과정에 관해서는 Stanley Hoffmann, *Contemporary Theory in International Relations,* Englewood Cliffs, MI: Prentice-Hall, 1960, and *Janus and Minerva,* Boulder: Westview Press, 1987. 특히 제 1 장을 참조.

6) 국제연맹과 유엔의 기원에 관해서는 David Armstrong, *The Rise of the International Organization: A Short History,* London: Macmillan, 1982.

그러나 유엔 창설 뒤 채 2년도 못 가서 시작된 미·소간의 불신과 대결, 그리고 그것이 확대된 자유진영 대 공산진영의 치열한 냉전은 유엔을 사실상 거의 마비시켜 버렸다. 특히 한국전은 당시 유럽의 냉전을 무장화시켜 버리는 결과를 초래하여 전세계가 무장된 양극체제 속에서 이른바 제로섬 게임의 심리상태 속에 빠져 버렸다. 그 결과 국제정치를 권력투쟁의 현상으로 간주하는 이른바 현실주의 권력이론이 국제정치학을 지배하게 되었으며 따라서 유엔을 포함한 국제기구들은 국제정치의 부수적 현상으로 간주되어 그 존재가치나 역할을 효율성이 별로 주목받지 못하게 되어 버렸다. 이것은 참으로 아이러니컬한 학문적 근시 현상이었다. 왜냐하면 이 냉전의 기간 동안에 국제기구는 그 수에서나 그 활동범위와 처리한 문제에서 실로 엄청난 확대와 발전을 이루었음에도 불구하고[7] 국제기구 연구의 관심이 대체로 유엔체제 특히 집단안전보장제도에 집중되었기 때문이다. 그리하여 1988년 유엔 평화유지군이 노벨평화상을 받았을 때에도 그것은 특별한 국제적, 그리고 학문적 관심이 되지 못했다.

그러나 소련의 몰락에 따른 냉전종식 직후 걸프전에서 수행한 유엔의 역할로 인해 팍스유엔의 시대라도 도래한 것처럼 생각될 만큼 유엔 역할의 필요성과 중요성이 강조되고 있을 뿐만 아니라 유엔의 강화 및 현실화를 위한 많은 제안과 주장들이 폭발하고 있다. 이러한 유엔에 대한 본격적인 관심과 연구의 새로운 등장은 유엔

---

7) 이 점에 관해서는 Harold K. Jacobson, William M. Reisinger and Todd Mathers, "National Entanglements in International Governmental Organizations," *American Political Science Review*, Vol. 80, No. 1, March 1986, pp. 141-159; Harold K. Jacobson, *Networks of Interdependence: International Organizations and the Global Political System*, 2nd ed., New York: Alfred A. Knopf, 1984를 참조.

헌장에로의 복귀는[8] 물론 더 나아가 새로운 국제적 현실을 반영하는 헌장 개정에 관한 것이기 때문에 이러한 국제기구학이 마치 새로 탄생한 학문적 영역인 것 같은 착각에 빠지게 할 정도이다. 그러나 체계적 국제기구학이 앞서 지적한 것처럼 비교적 젊은 학문이지만 냉전종식 후 발명된 것은 아니다. 따라서 이 논문은 국제기구이론의 발전 현황과 함께 현재 유엔을 중심으로 제기되는 새로운 주요 쟁점들을 조사할 것이다.

1. 국제기구의 개념과 유형

1) 국제기구의 개념

국제관계가 주로 국가간의 관계를 지칭했던 것처럼 "국제기구란 원래 국가들이 서로간의 관계 중에서 어떤 부문의 수행을 위해 공식적이고 지속적인 제도적 구조를 수립하고 발전시키는 과정"[9]이었다. 따라서 국제기구는 국가간의 조직, 즉 국제조직으로도 번역되고 또 그렇게 이해되었다. 이러한 개념적 이해는 국가와 정부대표들에 의해 수행되는 활동을 전제했었다. 그러나 이런 국가와 정부중심적 개념정의는 지난 40여 년간 점차 도전을 받아왔다. 왜냐하면 국제관계라는 용어가 국가간, 즉 주권국가의 공식대표들간의 관계에

8) 강성학, 앞의 논문, pp. 49-76.

9) Inis L. Claude, Jr., *International Encyclopedia of the Social Sciences*, p. 33.

만 국한될 수 없고 한 국가 내의 개인이나 집단들이 다른 국가의 개인들이나 집단을 상대로 형성하는 관계도 포함하는 보다 더 광범위한 의미로 사용하게 되었기 때문이다. 따라서 정부간이든 혹은 개인 및 집단간의 관계이든 국제관계가 조직된다면 그것은 곧 국제기구의 성격을 갖게 된다. 따라서 국제기구는 조직의 과정을 의미함과 동시에 간헐적이고 일시적이며 불안정한 개별적 관계에 안정과 지속성 그리고 응집성을 부여하는 공식적인 틀을 갖고 국가나 국가 내의 집단과는 별도로 존재하는 제도화된 관계를 의미한다고 하겠다. 그러나 국제기구에 대해 범세계적으로 수락되는 정의는 없다. 우리는 국제기구란 무엇인가에 대해 일종의 실용적인 합의(working consensus) 속에서 이 용어를 사용하고 있을 뿐이다.[10)]

『국제기구연감』(*Year Book of International Organization*)은 국제기구의 항목에 포함시키는 8가지의 기준을 다음과 같이 제시하고 있다.

(1) 그 목적이 적어도 3개국 이상을 포함하는 진실로 국제적인 것이어야만 한다.

(2) 회원은 적어도 3개국 이상의 완전한 투표권을 가진 개별적 혹은 집단적 참가이어야 하며 또 그 기구의 활동영역에 적절한 자격을 갖춘 어떤 개인이나 실체에도 회원자격의 문호가 개방되어야 한다. 투표권 행사는 어떤 국가 출신의 집단도 그 기구를 통제할 수 없도록 되어야 한다.

(3) 헌장은 회원들에게 지도부와 관리들을 정기적으로 선출할 권리를 부여하는 공식적 구조를 제시해야 한다. 또한 운영의 지속성을 위해 상설본부가 마련되어야 한다.

10) A. J. R. Groom, "The Advent of International Organization," in Paul Taylor and A. J. R. Groom, ed., *International Institutions at Work,* London: Pinter Publishers, 1988, p. 6.

(4) 관리들 모두가 특정기간 이상 동일한 국가 출신이어서는 안 된다.

(5) 적어도 3개국으로부터 기구의 예산에 대한 실질적 기여가 있어야 하며 회원국에게 분배하기 위한 이윤추구가 없어야 한다.

(6) 다른 기구와 유기적 관계를 갖고 있는 기구들은 그것이 독립적으로도 존재할 수 있고 또 자체의 관리들을 선출할 수 있다는 것을 보여 주어야만 한다.

(7) 현재의 활동에 관한 증거가 있어야 한다.

(8) 몇 가지의 금지기준이 있다. 즉 크기, 활동영역, 본부의 지리적 위치, 학명(nomenclature) 등은 어떤 조직이 '국제기구'인지의 여부를 결정하는 것과 무관하다.[11)]

이러한 『국제기구연감』의 정의는 국제기구를 전통적인 국가간 혹은 정부간의 국제기구에 국한시키는 한계를 보여주고 있기 때문에 오늘날에는 이런 한계를 뛰어넘는 보다 포괄적인 정의가 제시되고 있다.[12)] 클라이브 아처(Clive Archer)는 많은 정의를 조사한 뒤 "국제기구란 회원들의 공동 이익을 추구할 목적으로 2개 혹은 그 이상의 주권국가들 사이에 정부간이든 비정부간이든 그들 간에 이루어진 합의에 의해 수립된 하나의 공식적이고 지속적인 구조"라는 집약적이고 실용적인 정의를 제시하고 있다.[13)]

---

11) Clive Archer, *International Organizations,* London: George Allen & Unwin, 1983, p. 32.

12) 여러 학자들의 국제기구에 대한 정의의 소개를 위해서는 Clive Archer 의 앞의 책, pp. 32-35를 참조.

13) *Ibid.*

2) 국제기구의 분류

국제기구는 여러 가지 방식으로 분류되지만 가장 관례적인 분류는 정부간 국제기구(IGO)와 비정부간 국제기구(INGO 혹은 더 간단히 줄여서 NGO)로 구분하는 것이다. 유엔 경제사회이사회에 의하면[14] 정부간의 합의에 의해서 창설된 것만이 정부간 국제기구이고 그 외의 모든 국제기구는 비정부간 국제기구로 간주된다. 국제기구에 관한 이런 전통적 개념은 국제관계에 대한 주권국가관에 근거하는데 그것은 3가지 중요한 요소들을 내포하고 있다.[15] 첫째, 오직 주권국가들만이 거의 예외 없이 국제법의 주체이다. 둘째, 주권국가들은 국제법 앞에서 평등하다. 셋째, 주권국가는 합헌적으로 독립적이며 국제법은 그들 정부의 국내 관할권에 개입할 수 없다.

그러나 이러한 국가중심적 관계의 모델은 오늘날 국제정치적 현실을 반영하는 데 불충분하며 때로는 부적절하다. 왜냐하면 우리가 보통 그리고 정당하게 국제기구라고 부르는 많은 비정부간 기구들은 국가나 정부의 대표가 아니라 국가 내의 개인이나 집단, 협회나 조직을 회원으로 갖고 있기 때문이다. 이것들은 국제무대에서의 비정부적 혹은 비영토적 행위자로서 그들의 활동은 오늘날 점증하는 상호의존적 국제정치 시대의 두드러진 현상인 이른바 탈국가적(transnational) 상호작용을 낳고 있다. 코헨(Keohane)과 나이(Nye)는 탈국가적 상호작용을 "적어도 한 행위자가 정부의 기관이나 혹은 정부간 국제기구가 아닐 때 국경선을 통해 유형 및 무형의 품목들

14) 1950년 2월 27일의 유엔 경제사회이사회 결의안 288(X)호.
15) Clive Archer, *op. cit.*, p. 38.

이 이동하는 것"으로 정의했다.16) 그리고 그들은 커뮤니케이션, 수송, 재정, 여행의 4가지 세계적 상호작용의 유형을 들면서 그런 많은 활동들은 여러 가지 유형의 상호작용을 동시에 포함하고 있음을 지적하고 있다. 요한 갈퉁(Johan Galtung)은 이런 탈국제적 관계가 오늘날 국제관계의 중심적 관계이며 오늘의 진정한 국제사회를 이루고 있다고 주장한다.17)

국제기구가 정부간의 합의에 의해서 국가가 회원이냐 아니냐의 기준에 의해 분류하는 이런 전통적 방법 외에 오늘날에는 보다 세부적으로 분류하기도 한다. 제이콥슨(Jacobson)은 정부간 국제기구와 비정부간 국제기구를 다같이 그것들이 명시적으로 추구하는 목적과 회원자격의 범위라는 두 가지 기준을 적용하여 아래 표에서처럼 4가지 유형으로 분류한다.18)

‖ 국제기구의 유형과 그 예 ‖

목적 / 회원	특 수	일 반
제한적	(1) 아시아방송협회	(2) 아프리카단결기구
보편적	(3) 세계보건기구	(4) 유 엔

즉, 기구의 명시적 목적이 일반적인가 아니면 특수한가, 그리고 회원자격이 제한되어 있느냐 아니면 잠재적이나마 보편적이냐에 따라서 (1) 제한적 회원의 특수한 목적기구 (2) 제한적 회원의 일반적

16) Robert O. Keohane and Joseph S. Nye, *Transnational Relations and World Politics,* Cambridge, Mass: Harvard University Press, 1971, p. Ⅶ.

17) Johan Galtung, *The True Worlds: A Transnational Perspective,* New York: Free Press, 1980.

18) Jacobson, *op. cit.*, p. 12.

목적기구 (3) 보편적 회원의 특수한 목적기구 (4) 보편적 회원의 일반적 목적기구로 분류한다.[19] 회원자격의 범위라는 기준을 적용할 때 그것은 흔히 세계적 국제기구와 지역적 국제기구로 구분되며 거의 모든 국제기구는 정부간이든 비정부간이든 그것들의 창설 토대인 기본 서류에 자신들의 목적을 명백히 선언한다. 이외에도 국제기구는 그 기능면에서 주로 토론장을 위한 것인가 아니면 주로 봉사를 위한 것인가를 기준으로 분류되거나, 아니면 국제기구의 구조를 조사하여 회원들간의 평등성 또는 회원국 정부로부터의 독립성, 그리고 그 기구 내의 정부적 요인과 비정부적 요인의 균형같은 것을 기준으로 분류할 수도 있을 것이다.[20]

이러한 여러 가지 분류 방식들은 오늘날 거의 폭발적으로 증가된 수많은 국제기구들의 역할과 그것이 국제정치 전반에 미치는 영향을 이해하는 데 적지 않은 도움을 줄 것이며, 앞서 지적된 여러 가지 분류의 기준들을 복합적으로 결합하여 사용한다면 국제기구들의 분류를 더욱 세분화할 수 있을 것이다.[21]

---

19) 이러한 분류 기준에 따라 1981년까지의 국제기구연감에 수록된 국제기구를 구체적으로 분류한 것에 대해서는 앞의 책의 부록편, 즉 pp. 397-410을 참조.

20) Clive Archer, *op. cit.*, pp. 57-67.

21) 이른바 다국적기업(multinational corporations, 최근에는 transnational corporations로 표기됨)을 비정부간 국제기구의 일부로 간주하는 학자들도 있는데 이것들은 국제기구와 유사한 역할을 수행한다고 할 수도 있겠지만 명시적으로 이윤추구를 목적으로 하고 있기 때문에 국제정치경제 분야에서 보다 본격적으로 취급되어야 할 것이다. 비정부간 국제기구의 일부로 간주될 때 다국적기업은 '국제 비정부간 사업기구'(Business International Non-Governmental Organization [BINGO], 예: 다국적기업)로 부르기도 한다.

2. 국제기구 연구의 여러 접근법

제1차 대전 후 국제기구 연구는 국제정치학이 독립적 학문의 영역으로 발전하는 데 거의 주도적 역할을 수행했지만 제2차 대전 후 미국을 중심으로 본격적으로 진행된 국제정치학의 발전은 국제기구를 국제정치학의 일개 세부분야(subfield)로 정착시켜 버렸다. 그러나 국제기구의 꾸준한 성장과 무시 못할 역할은 국제기구 연구에서 전통적 방법 외의 다양한 접근법들을[22] 등장케 했다.

첫째로 국제기구에 대한 전통적 접근법은 국제기구를 국제체제의 부속물로 간주한다. 국가 및 정치단위를 가장 현저하게 지배했던 전통적 권력투쟁이론은 제2차 세계대전 직후 미국에서 이른바 현실주의라는 이름으로 체계적이고 새롭게 소개되면서 당시 시작된 냉전에 의해 그 타당성이 쉽게 수용되었고 그 결과 현대 국제정치학의 교범이 되었다. 현실주의는 국제기구를 국가가 자국의 이익을 추구하는 하나의 수단으로만 간주한다. 여기에서 국제기구란 국가들이 자발적으로 참여하지만 언제든지 국가이익에 불리하다고 판단되면 그것을 도외시하거나 탈퇴하면서 권력으로 정의되는 국가이익을 추구하는 국가들 관계의 부속물이다. 따라서 국제기구의 영향력이나 존재가치는 독자적으로 존재하지 않는다. 그것이 국가이익 추구를 위해 효과적으로 활용될 수 있으면 좋고 없으면 그만이다. 요

22) 국제기구의 접근법은 정치적 이데올로기나 혹은 국제정치적 패러다임의 산물이라고 할 수 있다. 전자에 관해서는 Clive Archer, *International Organizations,* London: George Allen & Unwin, 1983의 제4장을, 후자에 관해서는 Paul Viotti and Mark V. Kauppi, *International Relations Theory: Realism, Pluralism, Globalism*, 2nd ed., New York: Macmillan, 1993을 참조.

컨대 국제기구란 국제체제가 허용하는 범위 내에서만 활동한다. 이러한 입장을 취하는 대표적인 학자들은 현대 현실주의 국제정치학의 대표자인 한스 모겐소(Hans Morgenthau)를 비롯하여 레이몽 아롱(Raymond Aron), 헤들리불(Hedley Bull), 헨리 키신저(Henry Kissinger) 및 스탠리 호프만(Stanley Hoffmann) 등을 들 수 있을 것이다.[23)]

둘째로 국제기구를 국제사회 속의 독립된 하나의 제도(institution)로서 간주하는 입장을 들 수 있다. 이 접근법은 국제기구의 창설과정과 그들이 수행하고자 하는 목적 및 활동양태를 서술하려고 한다. 전통적 현실주의자들과는 달리 이 접근법은 국제기구를 국제정치에서 하나의 비국가적 행위자로 가정하면서 헌장을 해석하고 그에 따른 실천의 행동과정, 즉 무엇을 어떻게 하고 있는가를 설명함으로써 그것들의 중요성을 인식시키려 한다. 또한 이 접근법은 국제기구들이 그것의 궁극적 목적인 국제평화와 안전을 위해 무엇을 해야할 것인가를 촉구함으로써 국제기구의 당위적 사명의 수행을 요구하는 경향이 있다. 따라서 국제기구를 통한 평화의 길을 모색한다는 점에서 국제기구에 거는 오랜 서양문명의 지성사를 가장 잘 대변해 주는 입장이다. 이들은 이른바 현실주의자들이 주장하는 국제정치적 권력투쟁의 현실상은 극복되어야 할 뿐만 아니라 궁극적으로 극복될 수 있다는, 인류의 미래에 대해 비교적 낙관적 견해를 갖고 있으며 이런 의미에서 서구 계몽주의 사상의 후예라고 해도 지나침이 없을 것이다. 이 접근법의 대표적인 인물들은 이니스 클로

23) Hans J. Morgenthau, *Politics among Nations,* New York: Knopf, 1948; Raymond Aron, *Peace and War,* New York: Frederick A. Praeger Publishers, 1967; Hedley Bull, *The Anarchical Society: A Study of Order In World Politics,* New York: Columbia University Press, 1977; Henry Kissinger, *A World Restored,* Boston: Houghton Mifflin, 1957; Stanley Hoffmann, *Contemporary Theory in International Politics,* Englewood Cliffs, N. J.: Prentice-Hall, 1960.

우드(Inis Claude), 리로이 베네트(A. Leroy Bennett), 리랜드 굿리치(Leland M. Goodrich), 이반 루아드(Evan Luard) 등을 들 수 있다.[24)]

셋째로는 기능주의적 접근법을 들 수 있다. 이 접근법은 국제사회가 안고 있는 제문제들을 각각 해결하려고 하는 해당 국제기구들의 기능에 초점을 맞춘다. 즉 국제평화를 위해 국제기구들은 그동안 무엇을 했으며 또 국제사회의 복지와 윤리의 실현을 위해 모든 국제기구들이 수행해 온 역할과 기능을 종합적으로 분석하고 그것들이 국제체제와 어떤 관련을 갖는가에 대해 분석하려는 것이다. 세계평화재단의 후원으로 출판되는 학술 계간지 『국제기구』(*International Organization*)는 국제문제들이 각각 어떤 국제기구에 의해 어떻게 다루어지고 있는가에 대한 보고와 분석의 무대가 되어 왔으며, 국제기구들이 국제평화, 복지 및 윤리의 실현을 위해 수행한 제 기능과 그 성과를 종합적이고 꾸준하게 연구해 온 학자로서는 해롤드 제이콥슨(Harold Jacobson)을 들 수 있을 것이다.[25)]

넷째로는 국제레짐의 일부로서 국제기구에 접근하는 것이다. 국제레짐이란 국제관계의 특정한 영역에서 행위자들의 기대가 모아지는 "일단의 묵시적 혹은 명시적 원칙, 규범, 규칙 및 정책결정 절차"로서 정의된다.[26)] 그것은 행위자들이 행위를 규제하고 그 결과를 통제한다.[27)] 따라서 이 접근법은 국제기구가 그러한 국제통치와

---

24) Inis L. Claude, Jr., *Swords into Plowshares,* New York: Random House, 1956; A. Leroy Bennett, *International Organizations* 2nd ed., Englewood Cliffs: Prentice-Hall, 1980; Leland M. Goodrich, *The Untied Nations in a Changing World,* New York: Columbia University Press, 1974; Evan Luard, *The United Nations,* London: Macmillan, 1979.

25) Harold Jacobson, *The Networks of Interdependence*, 2nd ed., New York: Alfred A. KNopf, 1984; Johan Galtung, *The True Worlds: A Transnational Perspective,* New York: Free Press, 1980.

26) Stephan D. Krasner, ed., *International Regimes,* Ithaca: Cornell University Press, 1983, p. 2.

관련되기 때문에[28] 보다 포괄적인 국제레짐의 일부로 간주하면서 그것들이 국가를 비롯하여 모든 국제 행위자들에게 실제 어떻게 직접 간접으로 영향을 미치고 있는가를 조사함으로써 국가들이 이른바 국제체제의 주권적 원칙의 고집보다는 국제적 협력을 더욱 모색하고 있다는 현실로 우리를 안내하는 것이다.[29] 이러한 입장을 취하는 대표적 학자로는 이른바 국제적 상호의존의 시대의 도래를 강조하는 로버트 코헨(Robert Keohane), 죠셉 나이(Joseph Nye), 존 러기(John Ruggie), 헤들리 불(Hedley Bull), 스테판 크라스너(Stephan Krasner), 오란 영(Oran Young) 등을 꼽을 수 있다.[30]

다섯 번째의 국제기구 접근법은 국제기구를 하나의 정치체제(political system)로 간주하는 입장이다. 이것은 국내정치체제의 연구에서 정책결정과정의 이른바 검은 상자(Black Box)를 들여다 보려는 시도처럼 국제기구의 정책결정을 해부하려는 지적 시도로서 일종의 정치와 행정의 연구에 해당한다고 하겠다. 국제행정 관료들은 헌장이나 정관에 의해 부여된 정책결정을 위해 여러 가지 경쟁을 벌인

27) Robert O. Keohane and Joseph S. Nye, *Power and Interdependence,* Boston: Little Brown, 1977, p. 19.

28) Friedrich Kratochwil and John Gerard Ruggie, "International Organization: a State of the Art on an Art of the State," *International Organization*, Vol. 40, No. 4, Autumn 1986, p. 763.

29) 냉전의 동서대결시대에 유럽의 국제레짐 발전에 관해서는 Volker Rittbereger, ed., *International Regimes in East-West Politics,* London: Pinter, 1990을 참조.

30) Keohane and Nye, *op. cit.*,; John Ruggie, "International responses to technology: Concepts and trends," *International Organization*, Vol. 29, No. 3, Summer 1975, pp. 557-584; Stephan Krasner, *op. cit.*,; Hedley Bull, *The Anarchical Society: A Study of Order in World Politics,* New York: Columbia University Press, 1977; Oran Young, "International Regimes: Problems of Concept Formation," *World Politics*, Vol. 32, No. 3, April 1980, pp. 331-356. 여기서 국제레짐 연구자들 가운데에 레짐을 헤게모니의 산물로만 간주하는 사람들은 수정주의적 현실주의자라 하겠다.

다. 따라서 국제기구는 국제정치적 환경과 기구 내의 정치과정, 즉 사회적 가치의 권위적 분배에 관한 투쟁이 함께 작용하는 복잡한 정책결정의 무대로 간주된다. 따라서 국제기구의 결정에 참여하는 행위자는 누구이며 그들은 어떤 방식으로 영향력을 행사하는가? 또 그들이 도달한 결정은 어떤 의미를 갖는 것일까? 그것은 단순히 상징적 결정인가 아니면 규칙을 창조하는 일인가? 구체적 계획에 관한 것인가 아니면 단지 국제기구 자체의 운영에 관한 것인가? 그리고 그러한 결정에 영향을 미친 국제적 환경은 시대정신인가 이데올로기인가 아니면 단지 국제체제의 구조적 성격의 결과인가? 이러한 의문들에 대한 해답을 모색함으로써 국제기구의 실질적 역할의 성격을 규명하려는 대표적 인물로서는 로버트 콕스(Robert W. Cox), 헤롤드 제이콥슨(Harold Jacobson), 제임스 시웰(James P. Sewell)과 로렌스 핑켈슈타인(Lawrence S. Finkelstein) 등을 들 수 있다.[31]

여섯 번째는 국제기구에 대한 비교연구 접근법이다. 이것은 각 국제기구가 왜 창설되었고 어떻게 자신의 과업을 수행하고 있으며 또 어느 정도로 원래의 목적을 성취했는가를 설명하는 공통점과 차이점들을 규명하려는 시도이다. 이러한 시도의 결과는 국제기구들의 능력과 제약, 성공, 실패에 대한 보다 포괄적인 조망을 제공해 줄 것으로 기대된다. 이러한 비교연구는 비교할 국제기구를 정하는 기준의 설정과 조직상의 특징 및 운영경향의 평가에 필요한 지표를 개발해야 하고 국제기구의 성공과 실패의 설명에 필요한 변수들을 결정해야 하는 어려움이 없지 않지만 그럼에도 불구하고 국제기구

31) Robert W. Cox and Harold Jacobson, *The Anatomy of Influence,* New Haven: Yale University Press, 1974; James P. Sewell, *UNESCO and World Politics,* Princeton: Princeton University Press, 1975; Lawrence S. Finkelstein, ed., *Politics in the United Nations System,* Durham: Duke University Press, 1988.

의 비교연구는 다른 방법들에 의해서 제공되는 것보다 더 국제기구에 대한 이해와 지식발견에 기여할 것으로 기대된다. 앞서 지적한 여러 가지 어려움과 관심의 부재로 국제기구의 비교연구 결과는 많지 않지만, 대표적인 시도자로서 워너 펠드(Werner J. Feld)와 로버트 조단(Robert S. Jordan)을 들 수 있다.[32]

이상에서 논의된 연구방법 이외에도 국제기구 연구의 초기에 행해진 법률적 역사적 분석들도 여전히 존재한다. 따라서 국제기구의 연구에 어떤 방법론적 왕도(royal road)가 있다는 경험적 증거는 없다.[33] 요컨대 특정 연구방법의 우월성을 고집하기보다는 모든 연구방법에 대해 마음을 열어 놓는 것이 바람직하다.

3. 국제기구 연구의 이론들

'이론'이란 학계에서 여러 가지 의미로 사용되고 있다.[34] 국제기구에 대한 이론화 작업이 아직 엄격한 과학적 수준에서 요구되는 일련의 검증 가능한 서술적, 설명적 혹은 예측적 가설의 수립 수준에는 도달하지 못했지만 현재 사회과학 일반에서 통용되는 기준에 따라 국제기구의 현재나 미래에 관한 일련의 어떤 명제들의 체계를 국제기구의 이론이라고 한다면 그동안 국제기구에 관한 여러 가지

32) Werner J. Feld and Robert S. Jordan, *International Organization: A Comparative Approach,* New York: Praeger, 1983.

33) A. J. R. Groom, "The Advent of International Organization" in Paul Taylor and A. J. R. Groom, eds., *International Institutions at Work,* London: Pinter Publishers, 1988, p. 6.

34) Anatol Rapoport, "Various Meanings of Theory," *American Political Science Review*, Vol. 54, No. 4, December 1958, pp. 972-988.

이론들이 제시되어 왔다. 이런 이론들의 분류는 주제에 관한 일관성을 느끼게 하고 여러 가지 경험적 자료를 사용하는 개념적 틀을 제공한다. 폴 테일러(Paul Taylor)는 그동안의 이론화 노력을 3가지의 유형으로 분류했다.[35)]

1) 조정이론

조정이론(adjustment theories)은 기존의 개별국가들이 환경의 변화로 인해서 요구되는 것을 국제기구를 통해서 헤쳐나가고 또 자신들의 입장을 조절해 나가는 방법에 관한 이론이다. 이 이론은 정부들이 근본적으로 변했다고 보지 않는다. 따라서 이것들은 국제기구에서 상호 정부간 조절의 폭을 강조한다. 그러므로 이 이론들에서는 정부가 지배적 행위자이며 자국의 이익을 위해 기여하는 정도만큼 국제기구를 이용하는 것으로 간주된다. 이 조정이론들은 국제기구에서 행해지는 정부간 협력형태를 크게 6가지로 세분화한다.

첫째는 조절(coordination)이다. 이것은 일반적으로 매우 중요하다고 간주되는 목적을 달성하도록 계획된 프로그램을 수립하고 유지하기 위해서 국제기구 내 광범위한 협의과정을 통해 각 정부의 정책을 조절하는 것을 의미한다. 유럽공동체가 통합이라는 목적을 달성하기 위해 여러 가지 계획을 실현하는 과정을 좋은 본보기로 들 수 있을 것이며[36)] 유엔 사무총장의 제1차적 임무 역시 이 범주

---

35) Paul Taylor, "A Conceptual Typology of International Organization," in Paul Taylor and A. J. R. Groom, eds., *International Organization: A Conceptual Approach,* London: Frances Pinter, 1978, pp. 118-136.

36) 국제기구 내의 조절에 관한 비교적 포괄적 논의를 위해서는 Paul Taylor, "Coordination in International Organization" in A. J. R. Groom and

에 포함시킬 수 있다.[37)]

둘째는 협력(cooperation)이다. 여기서 협력이란 범위와 기간이 제한되어 있고 구체적으로 사전에 결정된 목표를 중심으로 공동과업에 국가들이 제한적으로 관여하는 것이라 정의할 수 있으며, 평화를 보존하는 데 성공하는 한 고전적 세력균형 체제에서 발견되는 정부간의 관계가 좋은 본보기이다.[38)] 그러나 그런 협력은 많은 국제기구의 틀 속에서도 발생하며 정치, 경제, 사회, 문화의 분야에서 발견될 수 있다. 이런 의미의 협력은 특히 과거 코메콘(COMECON)의 회원국들간의 관계에서 지배적 형태였다.[39)]

셋째는 조화(harmonization)이다. 이것은 여러 국가들의 개별 정책들이 서로서로 조화로운 제휴관계를 형성함을 의미한다. 국제적 조화는 많은 공동의 정보, 공동의 해석 및 개별정책 촉구에 관련된 가치의 합의 등을 필요로 한다. 이 조화의 개념은 앞서 논의한 '조절'보다는 덜 구체적이면서 잠재적 범위에서는 '협력'보다도 넓은 정책적 합의를 갖는 것으로 유엔의 예방외교의 기술이나 유럽이사회(Council of Europe)의 활동이 이에 해당된다.[40)]

넷째는 연합(association)이다. 이런 유형의 조정은 개념적이기

Paul Taylor, eds., *Frameworks for International Cooperation,* London: Pinter, 1990, pp. 29-43을 참조.

37) Lawrence S. Finkelstein, "The Coordinative Function of the United Nations Secretary-General" in Benjamin Rivlin and Leon Gordenker, eds., *The Challenging Role of the UN Secretary-General,* Westport, Connecticut: Praeger, 1992, pp. 60-80.

38) Richard, Rosecrance, *International Relations: Peace or War,* New York: McGraw-Hill, 1973, 제 5 장 참조.

39) Mihàly Simai, "Cooperation: the EMEA experience" in A. J. R. Groom and Paul Taylor, eds., *op. cit.*, pp. 44-55.

40) R. J. Harrison and Stuart Mungall, "Harmonization" in A. J. R. Groom and Paul Taylor, *op. cit.*, pp. 56-68을 참조.

보다는 실천적 현상의 특징을 반영하려고 한다. 그리고 그런 실천은 국가간의 연합 및 정부간 국제기구와 어떤 국가간의 연합이라는 2개 형식으로 구별할 수 있다. 국가간의 연합은 한자동맹(The Hanseatic League)과 같이 먼 과거에서 발견되지만 국제기구의 연합은 정부간 국제기구가 20세기에 뿌리를 내린 후 비교적 최근 현상으로서, 1981년 유럽공동체에 가입하기 이전까지 그리스 및 터키와 유럽공동체간의 관계에서 발견될 수 있으며 연방제나 비동맹운동의 회원국간의 관계에서 발견될 수 있다. 이 관계는 실천적이고 기능적인 조정에 집중하고 정치적 성격의 문제는 연기하거나 회피하는 성향을 갖는다.[41]

다섯째는 병립적 국가행동(parallel national action)이다. 이것은 여러 정부가 공동의 제도와 조정의 도움을 받아 광범위한 사업에 관해서 별개의 정책결정 절차를 거쳐 자국들의 입법을 조정하기로 동의하는 것이다. 이것은 새로운 지역적 중앙정부를 세우려는 움직임은 없지만 여러 국가들의 정사를 병립시키려는 결의가 존재하는 것으로 스칸디나비아 제국 사이의 북유럽이사회(The Nordic Council)가 가장 좋은 본보기이다.[42]

여섯 번째는 초국가주의(supranationalism)이다. 여기서 초국가주의는 정부들이 국제기구에게 다수결 투표에 의해서나 혹은 독립적인 공무원 위원회들에 의해서 취해지는 결정의 토대 위에서 공동관심의 영역을 관리하도록 허용하는 일종의 정부간 제도를 의미한다. 이런 색다른 권력은 좁은 범위의 영역 내에서 국제기구에 의해 종종 행사되며 기존 정부들의 이익에 맞게 행사하는 것으로 판결된

41) John Kinnas and A. J. R. Groom, "Association" in A. J. R. Groom and Paul Taylor, *op. cit.*, pp. 69-77.

42) Gunnar P. Nielsson, "The Parallel National Action Process" in Groom and Taylor, *op. cit.*, pp. 78-108.

다. 초국가주의는 공동 관심사가 계속 유지되고 현대세계 속의 새로운 요구에 부응하기 위해 정부가 사용하는 현대적 기술이다. 이것은 일종의 부분적 연방주의로 간주될 수 있다. 왜냐하면 권력이 중앙으로 이전되지만 참가하는 정부가 인정하는 영역에서만 행사되기 때문이다. 따라서 그 기구의 활동범위가 넓어지면 국제기구의 독립적 권력의 폭은 줄어드는 경향이 있다. 이것은 유럽석탄철강공동체(European Coal and Steel Communtiy)의 최고당국(High Authority), 서유럽연합(Western European Union)의 각료위원회가 그런 본보기가 될 것이다.43)

2) 통합이론

통합이론(integration theories)들은 정책결정의 맥락에서 질적인 변화를 서술하고 설명하는 이론이다. 즉 통합이론은 국제(국가)체제의 근본적인 변화에 관한 것으로 국가의 4개 차원 가운데서 개별적으로 혹은 함께 발생할 것으로 기대되는 변화이다. 여기서 4개의 차원은 ① 대중 혹은 시민차원 ② 집단차원(국가 내의 경쟁적 혹은 비정부적 제도) ③ 관료차원(행정부 차원) ④ 정치지도자 차원 등으로 세분화된다.44)

우선 통합이론 가운데 대중의 태도와 가치의 변화에 관한 대중적 차원의 이론을 들 수 있는데 이것들은 다른 차원의 변화도 무시하지 않지만 대중들의 태도 및 가치관의 변화를 통합의 시험이나

---

43) Paul Taylor, "Supranationalism: the Power and Authority of International Institution" in Paul Taylor and A. J. R. Groom, eds., *op. cit.*, pp. 109-122.

44) Paul Taylor, "A Conceptual Typology of International Organization" in Paul Taylor and A. J. R. Groom, eds., *op. cit.*, pp. 126-127.

통합의 주된 동력으로 간주한다. 일반적으로 이 이론은 공동체(gemeinschaft)의 발전에 관계된다. 이 이론가들 중에서 칼 도이취(Karl Deutsch)를 대표적 인물로 꼽을 수 있는데, 융합되고 다원주의적 안전공동체의 발전에 대한 그의 이론은 대중들의 태도변화를 크게 강조한다.45) 그는 분명히 국가간의 거래(transaction) 패턴의 변화와 정치적 융합의 발전에도 관심을 기울이지만 결정적인 발전은 가치와 태도의 공동체 발전이다. 그에게 거래의 발전은 공동체의 발전과 동일한 것이 아니라 발전의 지표에 불과하다. 데이비드 미트래니(David Mitrany)의 기능주의도 대중들의 태도 변화에 주로 관련된다. 즉 그것은 통합의 시험과 역학을 제공한다. 그는 특정의 과업에 집중하는 국제기구가 통합을 지원하는 대중적 태도를 자아내고 그 결과 국제사회의 보다 위험스럽고 경쟁적인 측면을 지탱하는 국가에 대한 충성을 수정하는 것으로 생각한다. 일단 초국경적 공동체 건설의 과정이 시작되면 새로운 욕구 충족을 위한 새로운 국제기구와 제도가 탄생하며 이것이 또 출현하는 공동체를 강화한다는 것이다.46) 도이취와는 달리 미트래니는 통합과정 속의 여러 차원간의 인과적 연결관계를 강조한다.

언스트 하스(Ernst Hass)에 의해서 대변되는 신기능주의자들은 사회 내 지배적인 경쟁성을 가정하고 게임규칙의 일반적 수용 속에 사회적 안정을 보는 다원주의적 모델을 수락한다. 이 견해는 정책결정 엘리트들에 대한 이익집단들의 요구에 의해 파생되는 압력을 강조하는데 이때 정책결정 엘리트란 주로 관료들을 의미한다. 여기서 이익집단의 요구는 정책결정자들이 성공적 통합의 경험을 다른 영

45) Karl W. Deutsch, et. al., *Political Community and the North Atlantic Area,* Princeton: Princeton University Press, 1957.

46) David Mitrany, *A Working Peace System,* Chicago: Quadrangle Books, 1966.

역에도 적용하도록 촉진하는 것으로 간주된다. 이 경우에 관료들은 기능적으로 이미 통합된 영역에서 야기되는 문제들에 직면하게 되고 더 많은 통합을 위한 조치들로 그 문제들을 해결하려 한다는 것이다. 또한 그들은 그런 문제들에 대응하면서 정치인들의 정치적 이익을 이익집단의 요구에 관련시킬 수 있다고 간주한다. 그리하여 관료들은 통합에서 중심적 위치를 차지하게 되고 새로운 초국경적 정치제도를 건설하는 데 유용한 도움이 된다. 그리고 이런 과정의 결과로 인해 주요과업 수행의 책임이 국가정부로부터 국제제도의 새로운 중심으로 이전됨으로써[47] 새로운 정치체제로의 통합이 이루어질 것으로 기대된다.

3) 정체이론

정체이론(constitutional theories)은 원칙적으로 국제체제의 급진적 변화를 추구하거나 혹은 명시적으로 예측하는 것으로 국제사회의 이상적 미래의 제도를 처방한다. 즉 이 이론들은 우리가 무엇을 열망하고 성취해야 하는가를 구체화하거나 그것을 촉구하는 당위적 이론들이다.

> 평등한 주권들로 구성된 비통합적 사회에서는 언제나 전쟁이 발생한다. 따라서 우리가 평화를 원한다면 우리는 민족국가들을 폐지하고 그것들을 하나의 세계정치 단위로 대체해야만 한다.

47) Ernst Hass, *Beyond the Nation State,* Stanford University Press, 1964; *The Uniting of Europe*, 2nd. ed., Stanford: Stanford University Press, 1968. Ernst Hass 자신의 재평가에 관해서는 Ernst B. Hass, *The Obsolescence of Regional Integration Theory,* Berkeley: University of California, Institute of International Studies, 1976을 참조.

이것은 1945년 뉴욕에서 출판되어 "금세기의 책이며 그렇지 않으면 금세기가 없을 것이다"라는 평가 속에서 17개국 언어로 25판을 기록한 『평화의 해부』(*Anatomy of Peace*)의 저자 에머리 리브스(Emery Reves)의 중심적 생각이다. 이 속에서 앨버트 아인슈타인도 원자에너지가 야기한 정치문제들에 대한 하나의 해답을 발견했다고 선언했다.[48] 이런 세계정부의 수립을 지원하는 지식인과 시민들의 운동은 제2차 세계대전 직후 유럽과 미국에서 활발하게 전개되었다. 이런 지성적 분위기 속에서 로버트 허친스(Robert Hutchins) 당시 시카고 대학 총장은 저명한 동료들과 함께 '세계헌법의 예비초안'(Preliminary Draft for a World Constitution)을 발표하기도 했다.[49] 당시 가장 유명했던 클러렌스 스트레이트(Clarence K. Strait)는 세계연방이 궁극적인 목표이지만 무엇인가를 공유한 적은 수의 국가들로 시작하여 차례차례 구축하는 것이 절대적으로 필요하다고 주장했었다.[50] 그러나 이런 활동 중에서 가장 포괄적이고 체계적인 제안은 이른바 클라크-손 계획(The Clark-Sohn Plan)이다. 그들의 '세계법을 통한 세계평화'(World Peace through World Law)는 세계연방정부구조의 고전적 설계도가 되었다.[51] 연방주의자들과 클라크-손의 제안

48) Maurice Bertrand, *The Third Generation World Organization,* Dordrecht: Martinus Nijhoff Publishers, 1989, pp. 55-56.

49) The Committee to Frame a New World Constitution, *Preliminary Draft for a World Constitution,* Chicago: University of Chicago Press, 1948.

50) Clarence K. Strait, *Union Now With Britain,* New York: Harper & Broyher, 1941; Freedom's Frontier, *Atlantic Union Now,* Washington D.C.: Freedom & Union Press, 1961.

51) Grenville Clark and Louis Sohn, *World Peace through World Law: Two Alternatives*, 3rd. ed., Cambridge, MA: Harvard University Press, 1966(초판 1958). 이것에 대한 간결한 논의를 위해서는 Harry B. Hollins, Averill L. Pauers and Mark Sommer, *The Conquest of War,* Boulder: Westview Press, 1989의 제4장 "A World Peace-Keeping Federation: The Clark-Sohn Plan"을 참조.

들은 결국 유엔의 개혁을 원했다. 왜냐하면 그러한 범주와 경험을 가진 기존의 기구를 활용하는 것이 논리적이고 합당한 것으로 보였을 뿐만 아니라 유엔의 제 1 차적 목적이 전쟁을 예방하는 것임에도 다시 평화유지를 위한 새로운 세계기구를 창설하는 것은 현 유엔의 빛을 잃게 할 수밖에 없을 것으로 보였기 때문이다.[52] 따라서 클라크-손 제안은 유엔총회를 세계 인민들에 의해 직접 선출되어 군비축소와 평화유지 문제를 최종적으로 책임지는 기구로 만들고, 이 총회가 선출하는 17명으로 구성되는 집행위원회(Executive)로 하여금 현 안보리를 대치케 한 다음, 이것이 군비축소의 과정과 평화유지제도의 다른 면들을 감독하고 지시하는 광범위한 권한을 가진 세계정부의 집행부로 행동한다는 것이다.

그러나 이런 다소 단순한 방법에서 점점 벗어나 보다 실용적 접근을 시도하는 것이 신연방주의(neo-federation)이다.[53] 냉전과 군비경쟁, 그리고 월남전 같은 많은 사건들은 기존의 연방주의 운동을 냉각시켜 버렸다. 따라서 신연방주의자들의 전략은 국가주권을 정면에서 공격하는 것이 아니라 기능주의자들의 뒷문으로 들어가는 전략이다. 본질적으로 이것은 국가주권을 조금씩 축소하면서 미래의 세계연방정부를 수립할 보다 굳건한 토대를 창조하기 위해 현 유엔 내외에 있는 기존의 기관들을 강화하자는 것이다. 따라서 연방주의자들은 더 이상 세계정부에 대한 간결하고 질서있는 해결책을 사치스럽게 추구하지 않는다.[54] 신연방주의자들은 세계적 기구가 '공동체'에 토대를 두어야 한다고 주장하는 점에서 기능주의와는 다르다. 그들의 해결책은 지구시민운동(planetary citizenship campaign)을

52) Clark and Sohn, *op. cit.*, p. Ⅷ.

53) Donald F. Keys, "The New-Federalist," *New Federalist Reprint Paper 1*, World Federalist Education Fund, Washington, D.C., 1973, p. 7.

54) *Ibid.*

지원하는 것이다. 따라서 신연방주의가 결코 구연방주의보다도 덜 이상적이라 할 수 없을 것이다. 그럼에도 불구하고 세계연방주의의 목표는 불완전한 세계를 보다 나은 세계로 전환시키길 염원하는 많은 이상주의자들에겐 여전히 합당한 목표로 남아 있다. 사람들은 연방제의 간결성과 친숙성으로 인해 계속 연방주의에 매력을 느낄 것이다.[55] 그러나 이러한 정체이론들은 여전히 하나의 중요한 단점을 갖고 있는데 그것은 현 국제정치의 현실에서 그것들이 어떻게 실현될 수 있느냐는 점이다. 그 목표의 달성은 여전히 신기루처럼 보인다.

4. 유엔헌정질서의 전개: 약속과 현실

국제기구에 관해 체계적으로 이론화해 보려는 많은 시도에도 불구하고 국제기구이론은 앞서 논의한 것처럼 아직 대체로 당위적 명제의 수준을 크게 뛰어넘지 못하고 있다. 냉전 종식 후 유엔헌장에로의 복귀운동은 새로운 보편적 세계기구의 청사진을 목표로 하고 있는 기존의 유엔을 통한 국제헌정질서의 지향을 표방하고 있다. 따라서 국제기구이론의 수준은 결국 유엔이 하나의 정치제도로서 발전하는 정도에 따라 크게 영향받을 것이다. 유엔헌장은 분명히 국제헌정질서의 틀을 제시하고 있으나 회원국들의 헌장의 준수 정도와 헌장의 현실적 적응 능력에 따라 국제헌정질서의 발전 정도가 결정될 수밖에 없다. 유엔헌장은 세계평화와 안전을 유지할 하나의

55) George A. Codding, Jr., "World Federalism: The Conceptual Setting" in A. J. R. Groom and Paul Taylor, *op. cit.*, p. 230.

포괄적 제도를 제공하고 있으며 이를 위해 무엇보다도 안전보장이사회의 역할에 크게 의존하고 있다.[56] 5개 강대국 특히 두 개의 초강대국이 이 제도의 성공적 운영에 가장 큰 책임과 부담을 지고 있다.[57] 중대한 안전보장이사회의 결정은 5개 상임이사국의 찬성표를 포함한[58] 다수결을 요구한다.[59] 따라서 이것은 거부권을 행사하는 강대국의 의사에 반하는 조치가 불가능함을 의미하고 강대국간 합의의 부재는 안전보장이사회가 아무것도 할 수 없게 만든다. 필요한 다수를 구성하기 위해서는 충분한 비상임이사국의 동의도 요구하고 있다. 따라서 1965년 헌장수정 이후에는 이론상으로 7개국의 비상임이사국들이 집단적 비토권을 행사할 수 있다. 강대국들이 압도적 영향력을 행사하고 안전보장이사회가 그들간의 차이를 조정해 공동결정에 도달할 수 있는 대화의 장이 되도록 계획되었지만, 그들에게 안전보장이사회의 결정에 대한 독점적 권한을 부여하지는 않았다.

유엔헌장은 모든 회원국들이 헌장에 입각한 안전보장이사회의 결정을 수락하고 행하도록 구속한다.[60] 실천에 있어 회원국들은 자국의 주권보다도 국제평화와 안전을 더 소중하게 간주해야만 할 것이다. 회원국의 지위를 수락함으로써 국가는 평화적 수단으로 분쟁을 해결하고 또 모든 국가의 영토 및 정치적 독립보장에 반하여 무력의 위협이나 사용을 피한다는 데 동의한다. 즉 회원국이 된다는 것은 모든 유엔 회원국들 앞에서 사실상 불가침선언을 하는 것이다.

---

56) 세계평화와 안전을 위한 유엔 총회의 역할에 관해서는 N.D. White, *The United Nations and Maintenance of International Peace and Security,* Manchester: Manchester University Press, 1990, Part 2를 참조.

57) 헌장 제24조 1항, 제11조 및 제12조 1항.

58) 헌장 제27조 3항.

59) 원래 11개국 중 7개국을 의미했으나, 1965년 개정 뒤 지금은 15개국 중 9개국의 찬성을 말한다.

60) 헌장 제25조.

안전보장이사회의 결정은 문제가 되고 있는 것의 합법성에 달려있는 것이 아니라 '유엔의 목적과 원칙에 입각하여'[61] 행동할 일반적 의무만을 지는 회원간의 정치적 합의에 달려 있다. 따라서 평화와 안전을 유지하거나 회복하는 데서는 융통성이 안전보장이사회 게임의 이름이며, 법적 지위가 아니라 정치적 합의가 결정의 기준이다. 예를 들어 헌장의 어느 것도 안전보장이사회가 침략자에 대적할 것을 요구하지 않는다.[62]

유엔의 헌장체제는 일반적 평화를 확보하도록 계획됨으로써 정해진 적에 대항해서 안전을 제공하도록 마련하는 동맹체제와는 다르다.[63] 그러나 안전보장이사회는 이사회의 명령에 대한 위반과 위반자에까지 공정할 수는 없을 것이다. 국제평화와 안전을 유지하거나 회복할 안전보장이사회의 소명은 평화의 붕괴를 예방하거나 붕괴 후에 평화를 회복하기 위해서만 권위적으로 행동하도록 위임받았다. 따라서 헌장은 그 제 6 장의 '분쟁의 평화적 해결'에 대한 안전보장이사회의 책임과 제 7 장의 '평화에 대한 위협, 평화의 파괴, 그리고 침략행위에 관련된 조치'에 대한 책임 사이에 중대한 분계점(threshold)을 두고 있다. 이 분계점은 헌장 제39조로서 이른바 '강제'

61) 제24조 1항, 유엔의 목적과 원칙은 헌장의 제 1 장에 명시되어 있다.

62) 이는 1990년 8월 초 이라크의 쿠웨이트 침공을 규탄하고 이라크에 대한 제재를 명령하는 유엔 안전보장이사회의 결정이 반대표 없이 이루어진 중요성을 강조해 주는 것이며, 소련이 무력제재에 동의하고서도 군사력을 직접 사용하지는 않겠다고 입장표명을 한 것은 이러한 사실을 설명하는 실례가 될 것이다.

63) 이러한 의미에서 현대의 집단안보란 헤게모니가 허용되어서는 안 된다는 아주 소중한 추상적 원칙을 옹호하도록 마련된 '고전적 세력균형체제'와 유사하다. 고전적 세력균형에 대해서는 Edward Vose Gulick, *Europe's Classical Balance of Power : A Case History of the Theory and Practice of One of the Great Concepts of European Statecraft,* New York: W.W. Norton, 1955; Alan Sked, ed., *Europe's Balance of Power 1815-1848,* London: Macmillan Press, 1979를 참조.

에 관한 제 7 장의 첫 번째 조항에 계획적으로 위치시키고 있다. 그것은 평화에 대한 위협, 평화의 파괴 혹은 침략행위가 존재한다고 안전보장이사회가 결정했을 때 이사회의 강제권한을 명기하고 있다. 국제평화와 안전을 유지하거나 회복하기 위해 이사회의 명령에 따르도록 강요하는 안전보장이사회의 권한과 회원국의 준수의무를 발생케 하는 것은 바로 이 결정이다.

제 6 장하에서 안전보장이사회는 오직 권고 권한만을 갖는다. 회원국들은 자신들의 분쟁을 평화적으로 해결할 헌장상의 의무를 넘어서 이사회의 권고를 준수하도록 강요받지 않는다. 그러나 안전보장이사회의 평화적 해결과 그것의 강제 잠재력은 일종의 공생적 관계이다. 상호간의 분쟁을 국가들이 해결하는 데 실패하면 그것은 곧 제 7 장에 따른 이사회의 조치를 초래할 것이기 때문이다. 제 7 장에 부여된 권한은 제 6 장하의 이사회 역할을 위한 지원의 원천이다.[64]

제 7 장은 아주 광범위하고 신축성있는 일단의 강제적 권한을 안전보장이사회에 부여했다. 안전보장이사회는 일단 제39조의 문턱을 넘어서면 필요하고 바람직하다고 결정된 잠정적 조치들을 당사국들로 하여금 준수하도록 촉구할 수 있다.[65] 안전보장이사회는 경제적 혹은 외교적 관계 그리고 통신 및 수송의 단절을 포함하는 비무력적 제재를 가할 수 있다.[66] 마지막으로 안전보장이사회는 국제평화와 안전을 유지 혹은 회복하는 데 필요한 육·해·공의 군사적

64) 이 연결 관계는 제34조에서 구체화되고 있는데, 이것은 분쟁의 계속이나 혹은 위협적 상황이 국제평화와 안전을 위태롭게 할 것인지의 여부를 결정할 권한을 이사회에 부여함으로써 제 7 장하의 강제적 권한과 분명히 관련된다.

65) 제40조.

66) 제41조.

조치들을 취할 수 있는데 그것에는 시위, 봉쇄 그리고 여타 작전들이 포함된다.[67] 그런 조치들을 수행하는 데 필요한 군사력과 편의는 이사회와의 특별한 합의하에서 회원국들이 제공하도록 되어 있다.[68] 군사문제에 대한 권고와 도움은 5개 상임이사국의 참모장들이나 그들의 대변자들로 구성되는 군사참모위원회에 의해 제공된다.[69]

제8장도 관련이 있다. '지역적 제도'라는 이름하에 그것은 지역적 안전제도를 정당화하고 있다. 실제로 이것은 지역분쟁의 평화적 해결을 위해 그런 제도들에 의존할 것을 장려하고 있다.[70] 그러나 헌장은 지역적 '강제'조치가 안전보장이사회의 승인(authorization)하에서만 취해질 수 있다는 것을 분명히 하고 있다.[71] 헌장은 국제평화와 안전의 유지를 위해 수행되거나 고려되는 지역적 행동들에 대해 안전보장이사회가 언제나 충분히 알고 있어야 할 것을 요구하고 있다.[72] 유엔체제는 이런 규정들에 입각하여 지배적인 위치를 차지하게 되었다.

그러나 유엔체제는 이미 잘 알려진 것처럼 헌장의 의도대로 작동하지 못했다. 1945년 헌장이 채택되자마자 헌장의 원칙들에 생명을 불어 넣는 데 필요한 합의가 존재하지 않았다. 냉전은 헌장체제의 성공에 필수적인 강대국가들의 협력 대신 그들을 상호적대국으

---

67) 제42조.
68) 제42조.
69) 제47조.
70) 제52조, 제53조는 분쟁을 평화적으로 해결하는 그들의 의무를 실현하는 데 회원국들이 의존할 수 있는 다른 수단들로써 '지역적 기관이나 제도'들을 포함시키고 있다.
71) 제53조 1항. 제2차 세계대전의 적국들에 의한 '침략정책의 재개'를 방비하려는 조치들은 예외로 하고 있다. 앞의 조항과 제107조.
72) 제54조.

로 만들어 버렸다. 안전보장이사회에 의해 사용될 군사력을 마련하기 위한 특별한 합의도 완결되지 못했다. 군사참모위원회는 소멸해 버렸다. 안전보장이사회를 비롯한 유엔체제는 세계문제들의 관리에 필요한 협력의 수단이 아니라 정치적 이득을 얻기 위한 투쟁의 장이 되어버렸다. 발전을 저해한 모든 요인들 가운데 아마도 가장 중요했던 것은 거부권을 행사하는 주요 두 국가들의 행동이었다고 할 수 있는데, 이 두 국가는 유엔에서 자신들의 보호망을 동맹국들과 우호적인 국가들로 강화하여 안전보장이사회의 '조치'에 대항했을 뿐만 아니라, 모든 영향력에 대해서 그런 국가들을 보호하려 했던 것이다. 이것은 비토권을 갖는 국가들이 자신들에 대해 취해지는 조치와 그들이 승인하지 않는 무력의 사용에 자신들을 끌어들일지 모를 '일련의 사건들'을 초래할 수 있는 결정을 사전에 봉쇄할 것이라는 원래의 기대로부터 전혀 예상하지 못한 이탈이었다.[73] 유엔의 평화와 안전체제는 사실상 변질되어 버렸다.

전후 평화와 안전을 위한 집단안보계획이 냉전의 도래와 함께 혼란에 빠지자 두 초강대국들은 집단안보 대신에 집단방어(collective defence) 체제에 눈을 돌렸다. 그 결과 세계는 미·소의 두 초강대국에 의해서 각각 지도되는 동맹체제와 이른바 비동맹 제3세계국가군으로 분열되었던 것이다. 중국은 1955년 반둥회의 얼마 후부터 이 제3세계국가군에 속했다. 그 결과 유엔은 어느 쪽도 승리를 희망할 수 없고 평화적 해결도 요원한 갈등들을 다루기 위해서 이른바 '평화유지'(peace keeping)라는 것을 고안해 냈다. 그리고 이것은 최근에

73) Ruth B. Russell, *History of the United Nations Charter: the Role of the United States 1940-1945,* Washington: Brookings, 1958, pp. 720-722; Leland M. Goodrich, Edward Hambro and Anne Patricia Simons, *Charter of the United Nations: Commentary and Documents*, 3rd and Revised ed., New York: Columbia University Press, 1969, pp. 217-218.

평화를 위한 촉매로서 군인들의 비폭력적 사용이라고 묘사되었다.[74] 평화유지군의 사용은 안전보장이사회 내의 분열 때문에 야기되는 제약을 벗어나기 위한 수단으로 기여한다. 따라서 그것의 본질적 특징은 동의라는 규칙에 대한 의존이다. 그리하여 평화유지기능은 헌장 제6장의 분쟁의 평화적 해결을 위한 유엔의 책임으로 발전했으며 제7장의 안전보장이사회의 강제권한으로부터 조심스럽게 분리되었다. 이것을 다그 함마슐트(Dag Hammarskjold) 전 유엔사무총장은 헌장의 새로운 6과 1/2장이라고 불렀다.[75]

유엔 평화유지기능은 1956년 수에즈 운하의 일방적 국유화 조치에 따른 이스라엘, 프랑스 그리고 영국의 이집트 침공시 최초의 유엔비상군(The United Nations Emergency Force 혹은 UNEF 1)의 수립으로 출발한 뒤 여러 곳에서 그동안 세계평화 유지에 기여했으며[76] 그 공로로는 1988년에 노벨평화상의 수상으로 세계적 공인을 받았다 하겠다. 그러나 그것은 유엔의 헌장이 의도한 집단안전보장제도의 무력함을 확인시켜 주는 것처럼 보이기도 했다. 바꾸어 말하면 유엔체제도 국제연맹처럼 권력정치를 극복하려는 근본 목적을 달성할 수 없다는 사실을 말해 주었다. 어쩌면 집단안전보장제도는 처음부터 불가능한 과업을 목적으로 설정했다고 볼 수 있다. 왜냐하면 그것은 로렌스 핑켈슈타인(Lawrence Finkelstein)의 지적처럼, 알렉산드르 듀마의 소설 속 주인공인 달타냥과 삼총사들 간의 '하나는 모두를 위해' 그리고 '모두는 하나를 위해'라는 개인적 차원의 개념을

---

74) Sir Brian Urquhart, "Beyond the 'Sheriff's Posse,'" *Survival*, Vol. 32, No. 2, May/June 1990, p. 197.

75) Secretary-General Perez de Guellar In United Nations Department of Public Information, *The Blue Halmets: A Review of United Nations Peace-Keeping,* New York: United Nations, 1988, V에서 인용된 것임.

76) 구체적인 역사와 사례를 위해서는 Henry Wiseman, ed., *Peacekeeping: Appraisal & Proposals,* New York: Pergaman Press, 1983을 참조.

국제사회에 적용시키려고 한 것이었기 때문이다.[77] 마치 그것은 원을 사각형으로 만들려는 시도였다.[78]

5. 유엔헌정질서의 강화와 위험: 루비콘 강을 건너서

냉전시대는 전쟁의 위협과 갈등 속에서 전전긍긍하면서도 결국 긴 평화를 유지했다. 그러나 그것은 유엔의 혁혁한 역할에 의해서가 아니라 냉전시대의 양극적 국제체제의 구조적 성격과 무엇보다도 핵공포의 덕택이었다.[79] 그러나 냉전이 종식되면서 1990년 8월 걸프위기시 유엔의 신속한 이라크 규탄과 경제제재의 발동은 유엔이 비로소 창설자들의 의도대로 기능할 것이라는 기대를 갖게 했다. 그러나 11월 29일 안보리 결의안 178호를 채택하고 '모든 가능한 수단'을 사용하도록 한 뒤에 유엔은 무대에서 밀려나고 세계의 모든 관심은 워싱턴으로 쏠려버렸다. 유엔헌장은 미국 같은 초강대국이나 혹은 그와 제휴한 국가들이 자국의 외교정책을 결정하는 수단으로 사용하는 것을 상정하지 않았다. 유엔의 이름으로 군사작전이 수행되려면 그것은 유엔 깃발하에서 행해져야 한다. 그러나 헌장 제47조가 요구하는 군사참모위원회는 전혀 이용되지 않았다.[80] 그럼에도

77) Marina S. Finkelstein and Lawrence S. Finkelstein, eds., *Collective Security,* San Francisco: Chandler, 1966, p. 1.

78) Mohammed Ayoob, "Squaring the Circle: Collective Security in a System of States," in Thomas G. Weiss, ed., *Collective Security in a Changing World,* Boulder: Lynne Rienner, 1993, pp. 45-62.

79) John Lewis Gaddis, "The Long Peace," *International Security*, Vol. 10, No. 4, Spring 1986, pp. 99-142; John J. Mearsheimer, "Back to the Future," *International Security*, Vol. 15, No. 1, Summer 1990, pp. 5-56.

불구하고 유엔 결의안을 근거로 한 유엔사령부하의 군대가 아니라 미국과 제휴국들, 즉 개별국가들의 군사행동으로 인해 걸프전은 군사적 강제력 사용에 관한 일종의 루비콘(Rubicon) 강을 건너 버렸다.

일단 쿠웨이트가 군사력으로 해방되자 이른바 신국제질서와 평화유지를 위한 유엔의 역할은 범세계적 관심이 되어버렸다. 그리하여 1992년 1월 31일 최초로 개최된 안전보장이사회의 정상회담에서는 브트로스 갈리 유엔 사무총장이 헌장의 틀과 규정 내에서 예방외교, 평화제조 및 평화유지를 위한 유엔의 능력을 강화하고 또 보다 효율적으로 만들 방법에 관한 분석과 권고안을 1992년 7월 1일까지 유엔회원국들에 제출하도록 요청했으며, 이를 위해 브트로스 갈리 사무총장은 '평화를 위한 당면과제'(An Agenda for Peace)를 6월에 제출했다.[81] 이것은 냉전 후의 세계질서 문제를 포괄적으로 검토한 것은 아니지만 냉전 후 세계가 직면한 도전들에 대해 대응할 유엔 능력의 강화를 위한 여러 가지 건의안과 제안들을 담고 있다. 1992년 가을 유엔총회의 논의에서 브트로스 갈리 총장의 야심적인 제안들, 즉 유엔이 상비군을 갖춘다던가 또 평화유지 활동의 보다 확실한 재정확보와 같은 제안들은 오직 제한적 결과만을 가져 왔으며 회원국가들은 자국 군대에 대한 통제력을 유엔에 이양하는 데 여전히 주저하는 것처럼 보였다.[82] 그러나 이 총회의 논의에서 예방외교, 평화제조 및 평화유지를 위해 유엔이 보다 강화된 능력을

---

80) Stephan Lewis, John Lewis "A Promise Betrayed," *World Policy Journal*, Vol. 7, No. 3, Summer 1991, pp. 339-341.

81) Boutros Boutros Ghali, *An Agenda for Peace,* New York: United Nations, 1992.

82) Adam Roberts, The United Nations and International Security, *Survival*, Vol. 35, No. 2, Summer 1993, p. 4; *Time,* 1993년 11월 15일 자, p. 26. 또한 미국은 미군에 대한 권한을 결코 포기하지 않을 것이라고 밝혔다. *International Herald Tribune,* 1993년 11월 20-21일 자, p. 3.

소유해야 한다는 명제에는 아무런 원칙적 반대가 없었다. 따라서 브트로스 갈리 총장의 제안들이 세계헌정질서의 발전을 위한 새로운 출발점이 될 수 있음을 의미한다고 해석할 수 있을 것이다.[83]

그러나 이것은 헌장 제 7 장에서 요구하는 집단안전보장제도의 실현을 모색하는 것이 아니라 분쟁의 평화적 해결을 위한 헌장 제 6 장과 다크 함마슐트가 이른바 헌장 6과 1/2이라고 부른 평화유지활동의 강화를 모색하는 것이다. 그리고 이러한 기능이 갈리 총장의 의도대로 실제로 강화된다면 그것은 제 7 장에 더욱 가까워져 '헌장 6과 3/4'을 구성하는 기능이라고 말할 수 있겠지만[84] 이 '헌장 6과 3/4' 활동들의 제도화와 운영은 여전히 제 7 장의 평화강제의 실행에는 미치지 못한다.[85]

노벨 평화상을 수상한 1988년 이래 유엔은 15개의 평화유지활동을 전개했는데 이것은 과거 43년간에 시행한 13개에 비하면 놀라운 역할의 확대이다.[86] 냉전의 종식 이후 수행한 평화유지활동

83) 브트로스 갈리 총장은 유엔 창설 50주년이 되는 1995년에 사회발전을 위한 정상회담이 개최될 것이며 그때까지는 '개발을 위한 당면 과제'(An Agenda for Development)를 제시하겠다고 언약하였다. Boutros Boutros Ghali, "An Agenda for Peace: One Year Later," *Orbis*, Vol. 37, No. 3, Summer 1993, p. 330.

84) 이것은 Thomas G. Weiss와 Meryl A. Kessler가 처음 사용한 표현이다. Thomas G. Weiss and Meryl A. Kessler, "Moscow's U.N. Policy," *Foreign Policy*, No. 79, Summer 1990, p. 112; Thomas G. Weiss, "New Challenges for UN Military Operations: Implementing an Agenda for Peace," *The Washington Quarterly*, Vol. 16, No. 1, Winter 1993, p. 61.

85) Leon Gordenker & Thomas G. Weiss, "The Collective Security Idea and Changing World Politics," in Thomas G. Weiss, ed., *Collective Security in a Changing World,* Boulder: Lynne Rienner Publishers, 1993, p. 15.

86) *Time,* 1993년 1월 18일, p. 16. 현재의 평화유지활동에 관해서는 계간지 *UN Chronicle*, 1993년도 판들을 참조. 유엔 평화유지군활동에 관한 연구로서는 Alan James, *Peacekeeping in International Politics,* London: Macmillan, 1990; Indar Jit Rikhye and Kjell Skjelsback, *The United Nations and Peacekeeping,* London: Macmillan, 1990; Robert C. R. Siekmann,

은 단순한 지리적 확대를 넘어서 과거와 다른 성격을 갖기 시작하였다. 그것은 전통적으로 국내 관할권에 속했던 것에 개입하기 시작한 것을 지칭한다. 1992년 3월 이른바 발칸위기에 직면하여 유엔은 종전이 선언되기도 전에 교전국가에 인도주의적 구조활동을 시작하였으며, 6월에는 유엔이 아무런 공식초청을 받지 않았음에도 불구하고 소말리아에서 구호품 배급의 보호를 위해 미국의 군사작전을 승인하는 전례없는 조치를 취했다. 캄보디아에는 유엔이 동년 3월에 캄보디아 유엔임시위원단(UN Transitional Authority in Cambodia)을 파견하여 새로운 정부수립을 직접 관장함으로써 과거 다른 어떤 유엔의 활동보다도 광범위한 평화유지작전을 실행했다.87)

이러한 유엔의 평화유지활동은 사실상 유엔 주도하의 헌정질서를 강화한 셈이다. 유엔조치들은 그동안 매우 느리고 또 변덕스러웠다. 유엔은 국제사회의 변화에 적응하면서 이제는 그 기능의 정확한 정의나 한계를 설정하는 것이 어려운 지점에 도달했다.88) 수단(Sudan)의 경우처럼89) 아직도 해당 정부들은 인도주의적 개입에 저항하지만 국가주권원칙에 대한 '헌장상'의 변호는 인도주의적 관심의 동원 앞에 굴복하기 시작했다고 보아야 할 것이다. 이러한 추세는 전통적인 국가중심적(state-centric) 세계가 다중심적(multi-centric) 세계에 의해 도전받는 혼돈스러운 세계에서 유엔이 새로운 권위의 소재지가

National Contingents in United Nations Peacekeeping Forces, Dordrecht: Martinus Nijhoff Publishers, 1991을 참조.

87) UNTAC 활동은 1993년 9월 26일 성공적으로 종결되었다. *International Herald Tribune,* 1993년 9월 27일.

88) Bruce Russett and James S. Sutterlin, "The UN in a New World Order," *Foreign Affairs*, Vol. 70, No. 2, Spring 1991, p. 70.

89) "UN Condemns Sudan and Iraq over Rights," *New York Times,* 1993년 3월 11일.

되고 있다는 것을 의미한다.90) 분명히 국가주권과 국제관할권 사이의 경계선은 유엔창설 이래 다시 그어졌으며 전자의 영역이 좁아지고 후자가 넓어졌다. 그러나 최근 인권과 인도주의의 창은 전통적 관할권의 방패를 뚫는 또 다른 개념적 루비콘 강을 건넌 셈이다.

냉전의 종식과 함께 유엔이 건너간 2개의 개념적 루비콘 강은 국제 헌정질서에서 무엇을 의미하는 것일까? 걸프전에서의 성공적인 제휴와 소말리아에서의 인도주의적 노력, 그리고 유엔 평화유지능력 강화의 거듭되는 촉구에도 불구하고 안전보장이사회는 동맹이나 강대국간 제휴나 일방적 미국 외교정책 실행을 대체할 수는 없다. 유엔은 완전한 독립적 국제정치의 행위자라기 보다는 여전히 상당한 정도로 회원국가들의 수단을 달리한 정책적 수단이다.91) 그러나 만일 유엔이 없었다면 국제사회의 정통성과 인류의 양심이라는 보편적 행위의 기준의 결여로 인해서 국제사회는 여전히 원시적 자연상태의 단계를 벗어나지 못하고 노골적 권력정치의 무자비한 투쟁 속에서 헤어나지 못했을 것이다. 유엔은 회원국 특히 강대국의 단순한 수단만이 아니다. 그것은 분명 국제사회의 힘의 현실을 반영하면서도 동시에 국제사회를 보다 나은 미래로 안내하는 행위자임에 틀림없다. 왜냐하면 유엔이 없었더라면 앞서 지적된 국제적 사건 대응은 전적으로 불가능하지는 않았을지 몰라도 매우 어려웠을 것이기 때문이다. 오늘날 미국을 위시하여 고도로 발전된 국내적 헌정질서를 갖춘 대부분의 국가들이 국내적으로 많은 난제에 봉착해 시

90) James N. Rosenau, *The United Nation in a Turbulent World,* Boulder: Lynne Rienner Publishers, 1992, pp. 42-50.

91) Ernest W. Lefever, "Reigning in the U.N.: Mistaking the Instrument for the Actor," *Foreign Affairs,* Vol. 72, No. 3, Summer 1993, p. 17; Edward C. Luck, "The U.N. At 40: A Supporter's Lament," *Foreign Policy,* No. 57, Winter 1984-95, p. 159.

원한 해결책을 강구하지 못하고 있는 현실을 고려한다면 발전도상의 유엔헌정질서의 능력부족과 한계만을 지적하는 것은 온당치 못하다. 유엔은 2개의 개념적 루비콘 강을 건너는 적응을 기술을 통해 국제평화와 안전의 달성이라는 헌장상의 목표를 추구했다. 이런 점에서 냉전종식 후 유엔은 국제적 헌정질서를 강화하는 추세로 나아갔다고 할 수 있을 것이다.

그러나 유엔이 건너간 루비콘 강의 건너편엔 여러 가지 위험이 도사리고 있다. 첫째는 애담 로버츠(Adam Roberts)가 적절하게 지적한 과적(overload)의 문제이다.[92] 유엔헌장은 안전보장이사회에 국제평화와 안전의 유지를 위한 제1차적 책임을 부여하고 있다.[93] 지난 수 년간의 실제 경험에서 보여 주었듯이 여러 곳에서 수행하는 평화유지 및 여타의 안전의 책임은 기존 유엔안전보장이사회와 유엔 사무국의 지원능력을 넘어서고 있다. 즉 이미 크게 확대된 평화유지 공약들 때문에 유엔사무국은 현 소말리아 위기가 요구하는 규모의 긴급한 실행조치를 지휘하고 통제할 능력을 현재 갖고 있지 못하다.[94] 브트로스 갈리 사무총장이 1992년 11월 29일 안보리 의장에게 보낸 서한에서 밝히고 있듯이[95] 유엔의 과적 문제는 지금도 심각하다. 그런데 앞으로 있을 전쟁이나 내전, 그리고 기타의 위기에서 유엔에 대한 요구는 엄청날 것이다. 최근 유엔의 인상적인 활동은 유엔에 대한 기대를 높여 놓았기 때문에 그만큼 요구는 더 많아질 것이다.[96]

---

92) Adam Roberts, *op. cit.*, pp. 6-8; James Rosenau, *op. cit.*, p. 69.
93) 헌장 제24조.
94) *Time,* 1993년 11월 15일 자, p. 27.
95) UN Doc. S/24868, 30(1992년 11월), p. 6.
96) 평화유지 활동의 보다 효과적 방안에 관한 자세한 논의를 위해서는 John Jorgen Holst, "Enhancing Peace-Keeping Operation," *Survival*, Vol. 32, No. 3, pp. 264-275; Mats R. Berdal, "Whither UN Peacekeeping?"

둘째, 국내관할권의 루비콘 강을 건넘으로써 유엔이 자칫 잘못하면 내란의 문제에 빠져들어 공정한 심판관이 아니라 교전당사자로 전락할 위험성이 있다. 인도주의나 인권에 대한 정의는 문화나 종교적 및 사회경제적 차이로 인해서 다를 수 있다. 역사의 종말을 선언한 후쿠야마의[97] 주장처럼 오늘날 서양 자유주의의 정신과 원리가 원칙적으로 인정된다고 할지라도, 그것들은 전세계적으로 실현된 것은 아니다. 따라서 푸른 헬멧을 쓴 인도주의나 인권이라고 해서 도전받지 않을 것이라는 보장은 없다. 21세기를 앞둔 현재 세계정치의 가장 현저하고 또 우려되는 경향은 한 나라가 더 이상 함께 살기를 거부하며 두 개 이상의 투쟁 집단들로 갈라서는 광범위한 정치적 분열이다. 피로 물든 민족적, 인종적, 종교적 분열의 배타성은 포스트냉전시대의 평화에 가장 큰 잠재적 위협이 되고 있다.[98] 민족적, 인종적, 그리고 종교적 열정은 인권이나 인도주의의 이성적 목소리에 길들여지기엔 너무도 강하다. 따라서 유엔의 국내관할권을 넘어선 일방적 개입은 유엔이 스스로 교전당사자로 전락하여 유엔의 노력 자체가 환멸을 가져올 위험성이 존재한다.

셋째는 유엔의 증대되는 역할수행을 위해 누가 지불할 것이냐의 문제이다. 유엔의 평화유지활동을 위한 재정적 어려움은 거의 만성적이다.[99] 그러나 냉전종식과 함께 평화유지군 활동의 확대는 재

Adelphi Paper 281, October 1993.

97) Francis Fukuyama, "The End of Histiory?" *National Interest*, No. 16, Summer 1989, pp. 3-18.

98) David Fromkin, "The Coming Millennium," *World Policy Journal*, Vol. 10, No. 1, Spring 1993, p. 4.

99) John G. Stoessinger, "Financing Peace-Keeping Operation" in John G. Stoessinger & Alan F. Westin, ed., *Power and Order,* New York: Harcourt, Brace & World, 1964, pp. 140-178; Susan R. Mills, "The

정적 어려움을 더욱 가중시키고 있다. 유엔의 평화유지활동 담당, 유엔 사무총장인 코피 아난(Kofi Annan)의 고백처럼 유엔은 너무도 적은 지원으로 너무나 많은 일을 수행하도록 요구받고 있기 때문에 심각한 단계에 도달했다.[100] 유엔평화유지군이 노벨평화상을 받았던 1988년에 유엔은 약 1만여 명의 유지군을 파견하고 있었던 반면에 1993년엔 거의 8만 명의 블루 헬멧을 파견하고 있는데 이것은 냉전종식 후의 급속한 증가를 반영해 준다. 현재 유엔은 군대를 파견해 준 국가들에게 이미 5억 달러의 빚을 지고 있으나 8만 명을 유지할 지원금을 모금하지 못해 '파산'지경에 있다.[101]

평화유지활동비는 유엔의 정규예산과 당사국의 지출, 자발적 헌금과 모든 회원국들에 대한 특별분담금으로 충당되어 왔다. 그러나 회원국들은 자국의 분담금을 기간 내 완전히 지불하지 않았다. 경제적 여건 때문이든 아니면 그런 유엔활동에 대한 부정적 태도의 결과 때문이든 1993년 10월 7일 현재 회원국들은 5억 3천 6백만 달러의 정규예산 체납금과 12억 달러의 평화유지분담금 체납비로 총 17억 달러 이상을 체납하고 있다.[102] 이 액수는 10월 6일 미국이 정규예산 체납금 2억 3천 3백만 달러와 평화유지 체납금 3억 달러를 합쳐 5억 3천 3백만 달러를 지불한 후의 체납금이며, 이것을 지불한 미국도 현재 4억 7천 2백만 달러를 여전히 체납하고 있는 실정이다.[103] 또한 유엔이 평화유지 활동을 시작한 6개월 내에 회원국들이 평화유지할당금 지불을 이행한 것은 30%를 넘는 경우가 거의 없

Financing of UN Peacekeeping Operations: The Need for a Sound Financial Basis" in Indira Jit Rikhe and Kjell Skjelsbaek, eds., *op. cit.*, pp. 91-110.

100) *Time,* 1993년 11월 15일, p. 26.

101) *International Herald Tribune,* 1993년 11월 2일.

102) 유엔 분담금 현황에 관해서는 *Time,* 1993년 10월 4일, p. 17을 참조.

103) *International Herald Tribune,* 1993년 10월 7일.

다.[104] 1993년 예상되는 32억 달러의 평화유지 예산중 10억 달러 이상이 체납상태에 있고, 미국 의회는 미국의 분담금을 그동안의 거의 1/3에서 1/4로 삭감해 버렸다.[105]

이러한 회원국가들의 불성실로 유엔은 증가하는 활동과 비용 사이의 격차가 오히려 넓어지는 이른바 지불능력(solvency)의 심각한 문제에 직면하고 있으며, 시원한 해결도 전망도 보이지 않는다. 이것은 포스트냉전시대에 유엔이 기대만큼의 역할을 수행하기 어렵도록 하는 중대한 제약요소 가운데 하나이다. 다크 함마슐트 이래로 가장 적극적이고 결의에 찬 브트로스 갈리 사무총장이 "냉전시대에 국가들은 하루에 10억 달러를 쓸 준비가 되어 있었으나 이제는 그 액수의 0.1%도 쓰려하지 않는다"고[106] 개탄하는 것은 참으로 아이러니컬한 일이다. 왜냐하면 냉전종식과 함께 세계지도자들은 모두가 적극적이고 단호한 유엔을 원한다고 주장했기 때문이다. 그러나 오늘의 유엔의 현실은 그런 지도자들의 말이 진심이 아니었음을 입증해 주고 있는 셈이다.

넷째, 유엔의 구조적 개혁에 대한 요구, 즉 헌장개정을 통해 유엔제도가 보다 더 국제적 현실을 반영하면서 보다 효과적 역할 수행을 모색해야 한다는 주장이 널리 확산되고 있는 점이다. 유엔의 구조적 개편 요구는 본질적으로 유엔의 역사와 그 시기를 같이하는 것이지만, 특히 1977년의 '다지에 개혁'(Dadzie Reforms)과[107] 1985년 유엔의 개혁에 관한 버트란드 보고서(The Bertrand Report)[108]가 유엔

104) *Time,* 1993년 11월 15일, p. 26.

105) *Ibid*, p. 27.

106) *International Herald Tribune,* 1993년 11월 2일.

107) David Steele, *The Reforms of the United Nations,* London: Croom Helm, 1987, pp. 21-22.

108) Maurice Bertrand, *op. cit.*, 부록을 참조.

총회의 공식문서로서 승인된 이래로 개혁의 요구는 구체적으로 논의되었지만 냉전의 종식과 함께 더 이상 지연시킬 수만은 없는 문제로 대두되고 있다. 그것은 특히 걸프전의 과정에서 드러난 일본과 독일의 병력파견에 관련된 유엔활동에의 제약으로 가시화되었다. 유엔헌장 107조는 아직도 독일과 일본을 적으로 간주하고 있으며 그들에 대해 어떤 회원국도 전쟁과 관련된 행동을 취할 수 있도록 허용하고 있다. 따라서 그들이 다른 회원국가에 대한 유엔의 군사적 조치에 참여한다는 것은 모순이 아닐 수 없다. 현재 안보리상임이사국들은 모두가 이런 낡은 조항의 삭제를 요구하는 일본의 요구에 동정적이지만[109] 헌장개혁에 관해서는 불안해하고 있다.

특히 1993년 제48차 유엔총회에서는 유엔에 대해 미국 다음으로 가장 많은 분담금을 지불하고 있는 일본과 독일은 “대표없이 세금없다”는 주장하에 상임이사국으로의 진출을 기대하고 있다. 특히 미국의 클린턴 행정부는 일본과 독일이 상임이사국이 되어야 한다는 입장을 분명히 했었다.[110] 그러나 거부권을 행사하는 상임이사국 수의 증가와 관련하여 브라질, 이집트, 인도, 인도네시아, 나이지리아 등 많은 다른 나라들을 그냥 둔 채 두 개의 ‘서방국가들’에게만 기존의 5개국과 동일한 지위를 부여하는 어떠한 제안도 반대에 부딪힐 것이 분명하다. 따라서 거부권이 없는 상임이사국이라는 새로운 카테고리를 창설하는 헌장 수정안이 보다 더 수용될 수 있지만 이 경우에도 후보국가를 결정하는 문제가 역시 많은 논쟁을 불러일으킬 것이다.[111] 오늘의 시점에서 헌장을 개정한다는 것은 실로 판

109) *Korea Herald,* 1993년 6월 9일.

110) 1993년 1월 25일 워렌 크리스토퍼(Warren Christoper) 국무장관은 유엔안보리의 재조직 시기가 왔음을 말하면서 클린턴의 선거 입장을 상기시켰다. Bill Cliton, “A New Covenant for American Security,” *Harvard International Review*, Vol. 14, No. 4, Summer 1992.

도라의 상자를 여는 것이다. 그렇다고 현 헌장을 그대로 유지한다고 하는 것은 유엔에 크게 기여하는 국가들의 불만을 높이고 유엔의 안과 밖에서 현실적 힘의 격차를 확대시킴으로써 유엔의 위상을 결국 실추시키게 될 것이다.

이러한 딜레마는 클린턴 미국 대통령이 9월 27일 제48차 유엔 총회 연설에서 상임이사국 확대라는 주제를 완전히 도외시하게 만들었다. 따라서 기대에 찬 후보국들은 물론 보다 균등한 대표권을 원했던 발전도상국들도 분명히 실망했을 것이다. 짐바브웨(Zimbabwe)의 로버트 무가베(Robert Mugabe) 대통령은 총회 연설에서 안보리를 규탄하면서 "유럽은 7석, 그 중 3석은 거부권, 반면에 제3세계는 크게 과소대표되고 있다"[112]고 불평했다. 당시 호소가와 모리히로(Morihiro Hosokawa) 일본 수상은 유엔에 기여할 의지와 적절한 능력을 가진 국가들에게 상임이사국의 문이 개방되어야 한다고 완곡하게 언급했으며, 클라우스 킨켈(Klaus Kinkel) 독일 외무장관은 보다 많은 대표권에 대한 제3세계의 주장을 지지한다면서 독일은 상임이사국 지위를 수락할 준비가 되어 있다고만 말했다. 그러나 독일인들은 거부권을 원하고 있음을 비공식적으로 강조하고 있지만 영국이나 프랑스는 양보할 준비가 되어 있지 않다. 알랭 쥐뻬(Alain Juppé) 프랑스 외무장관의 강조처럼 상임이사국이 된다는 것은 군사력을 투입할 준비성을 의미하는데 이것은 일본과 독일에겐 명백한 문제가 아닐 수 없다.[113] 따라서 이러한 규모의 헌장개정은 1995년 유엔창립 50주년이 되는 해까지 성취될 가능성이 별로 없어 보인다. 그러나 헌장개정을 위한 모색은 계속될 것이며 많은 제안과 역제안

---

111) Adam Roberts, *op. cit.*, p. 13.
112) *Foreign Report,* 1993년 10월 7일, p. 7.
113) *Ibid.*

들은 일종의 '작문실력 대결'을 낳게 될 것이다. 그리고 이러한 헌장 개헌과 관련된 유엔 내부문제는 이미 루비콘 강을 건넌 유엔이 적극적 활동에 집중하는 데 큰 제약으로 작용할 것이다.

다섯째, 미국은 1941년 제2차 세계대전에 참전하기 이전에 이미 대서양헌장에서 보다 광범위하고 항시적인 일반 안전제도의 필요성을 천명한 뒤 덤버튼 오크스(Dumbarton Oaks) 및 샌프란시스코에서 주도적으로 유엔을 창설하고 그 후 많은 국제기구의 창설과 발전에 기여했다.[114] 미국이 한때는 유엔을 큰 두통거리로 간주해 온 시기도 있었지만[115] 냉전의 종식과 걸프전 승리 후 당시 부시 미국대통령은 포스트 냉전의 세계, 즉 신국제질서유지에서 유엔의 중요한 역할을 기대했다. 실제로 앞서 이미 지적한 것처럼 집단안전보장제도가 유엔사령부 창설없이 발동됨으로써 유엔안보리로 하여금 일종의 루비콘 강을 건너게 한 것도 바로 미국이었다. 따라서 미국의 대유엔정책은 향후 유엔의 장래에 사실상 결정적 영향을 미친다고 해도 과언이 아닐 것이다. 미국에게 유엔은 처음부터 미국외교정책 실현의 수단에 지나지 않았다. 과거 윌슨 행정부가 국제연맹규약의 범위로부터 먼로 독트린에 의해 포함되는 지역을 제외시킬 것을 주장했던 것처럼 트루만 행정부는 유엔헌장에 제51조를 삽입하여 유엔 밖에서 지역안보기구를 수립할 회원국의 권리를 보존시켰다.[116] 그 후 미국은 자국의 국가이익을 유엔의 국제이익보다 거의

114) 미국과 국제기구와의 관계에 관해서는 Magaret P. Karns and Karen A. Mingst, eds., *The United States and Multilateral Institutions,* Boston: Unwin Hyman, 1990; Lawrence S. Finkelstein, ed., *The United States and International Organization: The Changing Setting,* Cambridge: M.I.T. Press, 1969; David A. Key, ed., *The Changing United Nations: Options for the United States,* New York: The Academy of Political Science, 1977.

115) 강성학, 앞의 논문, p. 58.

116) 그러한 첫 번째 지역적 합의는 1947년 9월 2일의 리오조약(Rio Pact)

언제나 우선시하는 것이 전통처럼 되어 버렸다. 따라서 미국의 대외 정책과 유엔의 정책이 조화보다는 대립과 갈등의 상황으로 전개될 때 현재 유일 초강대국인 미국은 유엔을 사실상 무력화할 수도 있을 것이다. 즉 미국이 주도할 수 있을 경우에만 유엔이 미국의 적극적 지원을 기대할 수 있다면, 그런 유엔에게는 기껏해야 상설토론장 이상의 역할을 기대하지 못할 것이다. 실제로 유엔에 그 이상의 기능을 기대해서도 안 된다는 주장도 강하다.

예를 들어 키신저 전 국무장관은 걸프전이 침략에 대응하는 다면적 행동이었다기보다는 미국의 결정에 영향력을 주려는 국가들로부터 미국이 다면적으로 지원받았던 전쟁이었다고 주장한다.[117] 올브라이트(Albright) 주유엔 미국대사도 유엔이 미국의 중대한 이익을 위한 대체적 보장자(substitute guarantor)가 될 수 없음을 선언했으며[118] 브트로스 갈리 사무총장과 미국정부의 마찰은 최근 점증하고 있다.[119] 따라서 유일한 초강대국인 미국이 유엔의 다면적이고 민주적인 다수결의 결정을 존중하는 힘의 공유를 적어도 유럽공동체의 회원국가들처럼 수용하지 않는 한[120] 브트로스 갈리 사무총장이 추진하는 '평화를 위한 당면과제'의 실현은 불가능하게 될 것이다.

으로서 서반구에 대한 집단방어의 원칙을 수립했다. William R. Keylor, *The Twentieth Century World*, 2nd ed., Oxford: Oxford University Press, 1992, p. 284.

117) Henry Kissinger, "Foreign Policy is about National Interest," *International Herald Tribune,* 1993년 10월 25일, p. 5.

118) 1993년 9월 2일 올브라이트 대사가 미국의 국립육군대학(National War College)에서 행한 연설문, 주한미공보원, *Backgrounder,* 1993년 1월 4일, p. 7.

119) *Interantional Herald Tribune,* 1993년 10월 18일, p. 5; 『조선일보』, 1993년 10월 26일.

120) Lawrence S. Finkelstein, "Some Aspects of Power Sharing in International Organizations," in John M. Bryson and Robert C. Einsweiler, eds., *Shared Power,* Lanham: University Press of America, 1991, pp. 309-339.

따라서 2개의 개념적 루비콘 강을 건너간 유엔이 국제평화와 안전이라는 헌장의 목적달성을 위한 역할수행에 있어서, 다시 말해 국제헌정질서의 수립이라는 목표를 향해서 반드시 긍정적 발전과정을 걸어갈 것으로 기대하기는 어렵다. 초강대국이 유엔의 이름만 빌려서 군사력을 동원하는 전례나 국내관할권 문제에 대한 평화유지활동의 확대 적용은 유엔을 오히려 혼란에 빠뜨릴 수 있으며, 냉전종식 후 유엔에 대한 증폭된 기대와 과적문제 그리고 헌장개정 같은 유엔 제도의 구조적 개혁문제들이 한꺼번에 제기됨으로써 유엔이 단지 소란스러운 논쟁의 무대로 전락한다면 과거 극히 제한된 범위의 활동만을 수행했던 냉전의 시대를 오히려 그리워하게 될지도 모른다.

6. 결 론

국가의 행위가 국가간의 협약에 의해서 제약받을 것이라는 기대는 아주 오래된 것이며 1980년대부터 학문적으로 유행된 이른바 국제레짐 이론은 이런 지성사의 계승이다. 서로간 분쟁을 해결하고 공동이익을 달성하기 위해 국제기구와 관련된 정치적 절차와 과정에 의존하는 국가들의 행위는, 함마숄드의 표현을 빌린다면, "국가관계의 원시적 제도화의 단계에서 세련된 헌정주의(sophisticated constitutionalism)의 단계로 이동하는"[121] 것이다. 현대 국제사회에서 수많은 국제기구들은 커뮤니케이션 네트워크로서 전세계를 거미줄

121) Wilder Foote, ed., *Dag Hammarskjold: Servant of Peace,* London: Bodley Head, 1962, p. 252.

처럼 연결하는 일종의 제6의 대륙을 형성하고 있다고[122] 주장될 정도이다. 그 중에서도 유엔은 일반적 목적의 세계보편적 유일 기구로서 국제평화와 안전의 보장을 제1차적 목적으로 하는 일종의 국제공공정책(International public policy)의[123] 실현을 추구해 왔다.

헌장의 약속을 완벽히 이행한 것은 물론 아니지만 유엔은 그동안 많은 제약에도 불구하고, (1) 탈식민화를 촉진시키는 데 기여했으며, (2) 국제법을 향상시켰고, (3) 인권에 대한 정의를 제시하고 거의 범세계적 승인을 얻어 왔으며, (4) 이른바 제3세계 국가들이 자신들의 문제들을 설명하고 또 그 해결을 주장할 수 있게 했으며, (5) 인구나 환경문제 같은 세계문제를 인식시켰으며, (6) 평화유지군 활동을 통해 세계의 무력충돌을 제한하고 냉각시키는 데 적지 않게 공헌을 했다. 적어도 유엔은 실천과 현실성의 부족에도 불구하고 '세계정치공간'(world political space)의 출발로서[124] 세계헌정질서의 형성과 발전에 기여했음을 부인할 수 없다.

오늘날의 높은 수준의 상호관계와 의존성 때문에 어떠한 정치적 갈등도 순전히 국내문제로만 남아있기 어렵게 됨으로써 현대정치는 사실상 세계정치가 되어버렸다.[125] 따라서 국가간의 문제의 해결을 함께 모색하는 국제기구들, 특히 범세계적 일반기구인 유엔체제의 임무와 역할은 그만큼 증대될 수밖에 없을 것이다. 그러

122) Johan Galtung, "Non-territorial Actors and the Problem for Peace" in Saul H. Mendlovitz, ed., *On the Creation of a Just World Order,* New York: Free Press, 1975, pp. 151-188.

123) 이것은 Marvin S. Soroos가 사용한 개념으로 그의 *Beyond Sovereignty: The Challenge of Global Policy,* Columbia, South Carolina: University of South Carolina Press, 1986을 참조.

124) Maurice Bertand, *op. cit.*, p. 44.

125) Evan Luard, *The Globalization of Politics,* New York: New York University Press, 1990.

나 만일 회원국가들이 스스로 해결할 수 없는 긴급하고 어려운 모든 문제들을 쏟아붓는 일종의 쓰레기 하치장(dumping ground)으로[126] 사용한다면 유엔은 그런 쓰레기더미에 묻혀 버리고 말 것이다.

과거 냉전시대에 양극적 국제체제의 구조적 성격으로 인해 유엔이 매번 활용되지 못함으로써 더욱 비효율적이 되고 그 결과 유엔이 그만큼 덜 중요시 되었지만[127] 이제 포스트냉전의 세계에서 유엔이 과적으로 인해 효율성을 상실하고 냉전시대 이상으로 마비상태에 빠져버린다면 국제사회의 큰 손실이 아닐 수 없다. 따라서 유엔은 그 자신을 위해서 언제 개입하고, 언제 빠져나올지, 특히 언제 '아니오'(No)를 말할 것인지를 잘 알아야 한다.[128]

국제기구의 선각자들이 일찍이 인식했던 것처럼 지속적인 평화와 안전 및 세계복지는 어떤 형태이든 국제기구를 필요로 한다. 브트로스 갈리 사무총장의 지적처럼 유엔은 망각의 고비에서 세계무대의 중심부로 돌아왔다.[129] 우리는 헌장의 세계를 건설할 수 있는 두 번째의 기회를 맞았다. 어쩌면 세 번째의 기회는 없을지도 모른다. 헌장의 원칙들이 일관성 있게 적용되어야만 신임이 줄지 않고 유엔의 가장 위대하고 독특한 특성인 도덕적 권위가 유지될 것이다. 그렇다고 유엔이 화석이 될 필요는 없다. 변화되는 국제사회에 적응하지 못한다면 공룡의 운명을 면하기 어려울 것이다. 따라서 유엔제도의 개혁과정도 끊임없는 것이며 제도적 개선에 종착역이란 없다.

---

126) James Rosenau, *op. cit.*, p. 40; Adam Roberts, *op. cit.*, p. 7.

127) Linda M. Fasulo, *Representing America,* New York: Facts on File Publications, 1984, p. 312.

128) Edwaed C. Luck and Toby Trister Gati, "Whose Collective Security?" *The Washington Quarterly*, Vol. 15, No. 2, Spring 1992, p. 51.

129) Boutros Boutros-Ghali, "An Agenda for Peace: One Year Later," *Orbis*, Vol. 37, No. 3, Summer 1993, p. 332.

그러나 제도가 흐르는 물처럼 변화무쌍해서는 질서의 틀이 될 수 없다. 따라서 유엔창설 50주년이 되는 1995년까지 유엔제도의 개선이 완결되기를 기대한다.[130] 그러나 헌장의 개정은 일종의 열린 판도라의 상자처럼 기존의 유엔체제마저 위태롭게 할 수 있다. 이것이 냉전종식 후 유엔이 직면하고 있는 가장 심각한 헌정상의 문제이다. 유엔의 헌정위기는 국내정치에서처럼 무질서와 혼란만을 야기할 것이다. 그럼에도 불구하고 아니 그렇기 때문에, 진부한 표현이지만 유엔체제는 만일 현재 존재하지 않는다면 이제라도 창설되어야 할 기구이다. 세계정부의 수립을 기대할 수 없는 오늘의 세계에서 유엔의 대체물은 없기 때문이다.

유엔을 포함한 국제기구들은 앞으로도 많은 국제문제를 다루게 될 것이며 많은 경우에 국제적 변화의 매개자 역할을 수행할 것이다.[131] 국제정치가 단순히 힘의 경쟁[132]에서 복잡한 문제중심의 국제정치과정으로 발전해 왔다는 과거의 역사가 미래의 전주곡이 될 수 있다면, 국제기구에서의 활동과 그에 대한 연구는 한국의 국제적 지위와 국제정치학 발전에 각각 절실히 요구된다. 초강대국가가 아닌 국가들이 국제사회의 의제를 결정하고 문제해결을 모색하는 데

---

130) Boutros Boutros-Ghali, "*An Agenda for Peace*," *op. cit.*, p. 48.

131) 변화의 매개자로서 국제기구가 갖는 역할에 대해서는 Ernst Hass, *When Knowledge is Power,* Berkeley: University of California Press, 1990; James N. Rosenau, *Turbulence in World Politics,* Princeton: Princeton University Press, 1990을 참조하고 구체적으로 환경분야에서 유엔이 창조적 변화의 매개자 역할을 수행하는 설명을 위해서는 Donald J. Puchala, "The United Nations and Ecosystem Issues: Institutionalizing the Global Interest" in Lawrence S. Finkelstein, ed., *Politics in the United Nations System,* Durham: Duke University Press, 1988, pp. 214-245.

132) 국제체제의 구조적 차원에서는 포스트 냉전의 세계도 여전히 균형을 이루려는 힘의 경쟁이 계속된다는 주장에 관해서는 Kenneth N. Waltz, "The Emerging Structure of International Politics," *International Security*, Vol. 18, No. 2, Fall 1993, pp. 44-79를 참조.

아주 필요하고 또 적절한 수단이 되기 때문이다.[133] 한국은 1991년 9월 17일 북한과 함께 유엔의 정식 회원이 된 이후 유엔에서의 활동을 강화하고 지역기구를 비롯한 기존의 국제기구에서 적극적으로 활동하고 있다. 1993년 제48차 유엔총회에서 한국의 한승주 전 외무장관은 유엔안보리의 비상임이사국으로의 진출 의사를 분명히 하면서 보다 효과적인 평화유지를 위한 유엔상비군 창설을 지지했다.[134] 지역기구인 아시아태평양 경제협력체(APEC)에서의 한국의 활동도 주목받고 있으며, 국제원자력기구(IAEA)와의 관계는 북한의 핵문제로 안보적 차원에서 진행되고 있다. 상황에 따라서는 한반도가 유엔 안보리의 집중적 관심과 결의 및 행동의 대상이 될 수 있는 상황이다.

요컨대 한국은 국제기구 활동에선 분명히 성년이 된 것이다. 그러나 유엔을 비롯한 국제기구에 대한 연구는 아직 유치한 단계를 벗어나지 못하고 있다. 냉전시대에 취약했던 유엔의 위상과 한반도의 국제정치적 여건, 그리고 그에 따른 지성적 분위기가 그렇게 만드는 데 크게 기여했다.[135] 한국은 유엔의 아들이면서도 아이러니컬하게도 1991년에서야 유엔에 가입하게 되었다는 사실은 유엔과 한국간의 기이한 운명을 잘 말해주고 있다. 국제정치의 성공적 이론화 작업이 하나의 환상적 추구라면,[136] 국제정치학의 일부인 국제기구의 이론화 작업도 신기루를 쫓는 것처럼 헛된 작업이 될지 모

133) Richard W. Mansbach and John A. Vasquez, *In Search of Theory: A New Paradigm for Global Politics,* New York: Columbia University Press, 1981, 특히 제 4 장 "Agenda Politics"를 참조.

134) *Korea Herald,* 1993년 10월 3일.

135) 이 문제와 한국에서의 국제기구 연구의 현황에 관해서는 강성학, 앞의 논문 참조.

136) Yale H. Ferguson and Richard W. Mansbach, *The Elusive Quest: Theory and International Politics,* Columbia: University of South Carolina Press, 1988.

른다. 그러나 국제기구의 연구는 세계적으로, 그리고 특히 한국에선 이론화 작업의 성공을 기대하기에 충분할 만큼의 사례연구마저 이루어져 있지 못한 실정이다. 많은 사례연구가 없는 가운데에서 성공적으로 이론구축을 기대한다는 것은 많은 나무가 없는 곳에서 아름다운 숲을 찾는 것과 같다. 국제기구 각각에 관한 연구는 숲을 이루는 나무처럼 선행되어야 한다. 따라서 지금은 이론을 논하기에 앞서 국제기구들에 관한 밀도있는 사례연구에 매진할 때이며 바로 이러한 관점에서 국제기구학은 가장 오래된 학문영역이지만 수많은 석·박사 학위논문의 출현을 기다리는 새로운 처녀지라고 해도 과언이 아니다.

제 21 장

냉전 후 유엔의 인도주의적 개입: 시지프스에서 이카루스로?

개입이 종종 비극적으로 비효율적일 뿐만 아니라 비도덕적일 수 있다면 불개입 또한 그러할 수 있을 것이다.

－폴 램지－

정부가 명확한 정책을 가지고 있을 때 … 그때는 TV가 별로 영향을 미치지 못한다. 그러나 문제가 발생하고 그에 대한 적절한 정책이 마련되지 못했을 때에는 정부는 무언가를 해야만 한다. 그렇지 않으면 국민과의 관계에서 재앙에 직면하게 될 것이다.

－코피 아난－

1. 서　　론

장엄한 역사적 변화는 높은 기대를 수반한다. 그러나 높은 기대란 사막의 신기루처럼 적막한 현실로 우리를 실망시킨다. 냉전의 종식이 인류를 국제평화의 새로운 시대로 인도하고 국가권력의 축소와 국제연합의 권력 및 권위의 증가를 가져다 줄 것으로 기대되었다면, 지난 10여 년 동안의 현실은 너무도 다르다는 점을 극적으로 보여주었다. 냉전의 틀 속에서는 초강대국들이나 그들의 동맹국들에 의해서 더 큰 전쟁으로 확대되지 않도록 관리되어 왔던 지역분쟁들이 이제는 본질적으로 다루기 힘들게 되어 버렸다. 지역의 분쟁세력들은 자신들의 차이를 싸움을 통해서 해결하도록 대부분 방임되어 왔고, 국제사회에는 무력갈등이 초래하는 대규모의 인도주의적 요구, 즉 많은 인도주의적 재앙들을 방지하기 위해서 인류라는 이름하의 국제공동체로부터의 개입이 필요하다는 요구들이 빈발해 왔다.

그 전환점은 1991년 4월, 유엔이 '안전보장이사회의 결의안 688호'에 기초하여 국제공동체는 자국민에 대해 견딜 수 없는 박해를 가하는 국가를 제지하기 위한 개입의 권리를 갖는다고 공식적으로 그리고 최초로 결정하면서 마련되었다. 그때 걸프전의 후유증 속에서 '사막의 폭풍작전'이 이라크 북부에서 야만적인 탄압을 받는 쿠르드족에 대한 '구원작전'으로 변형되었다. 최초로 유엔 안전보장이사회가 공동의 인류애가 때로는 '불개입의 원칙'에 우선함을 인정했던 것이다.[1)]

소말리아 내전은 이러한 변화를 강화시켜 주었다. 소말리아에 대한 유엔의 초기의 평화적인 개입이 약탈집단과 소말리아 종족들에 대해 아무런 효과가 없는 것으로 판명되자 유엔 안전보장이사회 결의안 794호는 기아와 질병으로 고통받는 대중에 대한 적절한 식량지원과 의료공급을 보장하기 위한 군사적 개입을 승인했다. 그러나 이것은 소말리아 전역에서 창궐하는 군벌들을 무장해제하고 황폐화된 국가의 정치, 경제적 기간조직을 재건하기 위한 '인도주의적 전쟁'으로 변형되었다.[2)]

1) Rosemary Righter, *Utopia Last: The United Nations and World Order,* New York: The Twentieth Century Fund Press, 1995, p. 336.

2) Adam Roberts, "Humanitarian War," *International Affairs*, 69, July 1993, p. 440. '인도주의적 전쟁'에 관한 다양한 논의를 위해서는 Charles

그때 유엔은 미국이 아이티의 군사작전에서 다시 직면한 '군사적 임무확대 증후군'에 직면했다. 구 유고슬라비아와 르완다에서의 갈등들은 국제질서에 있어서의 주권의 퇴화를 잘 보여주었다. 소말리아에서의 미군의 경험은 외국의 개입병력이 구호물자의 공급을 보장하고 통치질서를 수립하며 갈등으로 희생되는 사람들의 권리를 보호하려는 것조차도 결국은 그 자체가 점증하는 폭력과 더 많은 지역주민의 희생을 초래하는 촉진제가 되거나 심지어 그러한 희생의 양산에 공헌하는 폭력의 근원이 될 수도 있다는 사실을 보여주었다. 인도주의적 이유에 근거하여 군사적 개입의 정당성을 가정한다고 해도 그것은 특정한 군사행동을 유엔의 당위적 명령으로 만들지 못할 것이며 유엔의 회원국들을 보편적으로 구속하지도 못할 것이다.

결국 '인도주의적 개입'은 유엔에 있어서 좀 더 일반적으로 말하면, 우리 시대의 국제정치에 있어서 가장 주목할 만한 의제가 되어있다. 인도주의적 개입은 어떤 정부의 대규모 인권침해를 종식시키기 위해서 종종 군사적인 강제수단을 이용하여 해당 국가의 동의 없이 그 국가에 개입하는 것을 의미한다. 아주 최근까지 우리는 '개입'이라는 용어에 '인도주의적'이라는 형용사를 붙이지 않았었다. 그 대신에 국가의 주권을 위협한다는 의미의 '외부로부터의 개입(outside intervention)'이라는 말을 사용해 왔었다.[3] '외부로부터의 개

Krauthammer, "The Short, Unhappy Life of Humanitarian War," *The National Interest*, No. 57, Fall 1999, pp. 5-8; Donald K. Emmerson, "Moralpokitik: The Timor Test," *The National Interest*, No. 58, Winter 1999/2000, pp. 63-68; Elliott Abrams, "To Fight the Good Fight," *The National Interest*, No. 59, Spring 2000, pp. 70-77 등을 참조.

3) '인도주의적 개입'이라는 용어는 매우 광범위한 의미에서 인도주의적 목적을 위한 비강제적 행위를 포괄하는 의미로 종종 사용된다. Comfort Ero and Suzanne Long, "Humanitarian Intervention: A New Role for the

입' 또는 '국제적 개입'이라는 용어의 부정적이고 불유쾌한 의미 함축에도 불구하고 그것은 국제정치적 삶의 불가피한 일부가 되어왔다.[4] 이러한 의미에서 인도주의적 개입은 '헌 통의 새 술'이라고 표현될 수 있을 것이다. 아니 어쩌면 '새 통의 오래된 술'이라고 하는 것이 더 정확할 것이다.

2. 국가주권과 유엔 헌장상의 인권

E. H. 카아는 제 2 차 세계대전의 여파 속에서 20세기 전반기의 군사기술의 발달이 민족국가라는 것을 특히 군사적 및 경제적 안보면에서 시대착오적인 것으로 만들고 있다고 판단하면서도 사람들의 정체성에 대한 욕구를 충족시켜 주기 위해 민족국가가 유지되기를 희망했다.[5] 또 다른 반세기 후 주권국가는 카아가 희망했던 것처럼 홉스에 있어서의 국가구성원의 삶과 사유재산의 보호자로서 또는 로크나 존 스튜어트 밀에 있어서의 국가구성원의 권리의 수호자, 또는 루소에 있어서의 국가구성원의 집단적 의지의 체현자로 여전히 간주되고 있다. 실제로 국가가 인권의 어떤 부분을 침해하고, 어떤

United Nations?," *International Peacekeeping*, Vol. 2, No. 2, Summer 1995, p. 141.

4) 다른 국가의 국내 문제에 대한 외국의 군사적 개입은 펠로폰네소스전쟁까지 거슬러 올라갈 수 있다. 아테네와 스파르타는 이웃 도시국가들에 있어서의 내란 혹은 민주주의자들(democrats)과 과두주의자들(oligarchs) 사이의 정치적 투쟁에 개입했다. 투키디데스에 의하면 정부의 교체를 원하는 자가 외부로부터의 원조를 요청하는 일은 자연스런 것이었다. Thucydides, *History of the Peloponnesian War*, trans. by Rex Warner, Penguin Books, 1945, p. 242.

5) E. H. Carr, *Nationalism and After,* New York: Macmillan, 1945, Chap. 2.

국가구성원들의 안전과 사유재산을 공격하며, 또 사회를 분열시키는 적대적 집단들의 의지의 충돌 때문에 '일반의지'를 결여한 존재라고 할지라도 외국의 간섭은 여전히 그보다 더 큰 악으로 간주되고 있다. "좋든 싫든 내 조국을 위하여!"라는 애국적 절규는 현대 정치생활의 거의 모든 영역에서 국가의 주권이 지니는 불가침적 성격을 상징해 왔다. 그러므로 우리 국제관계학도들 모두가 지난 반세기 동안 이른바 '현실주의'라는 지배적인 학파 또는 패러다임에 사로잡혔던 것은 지극히 당연하다. 우리가 '현실주의'를 수용했는지, 아니면 그에 저항했는지의 여부는 중요하지 않다. 현실주의에서 갈등이란 무정부상태에서 홉스적 힘의 경쟁상황, 다시 말해 자연상태에서 국가 간의 자연스런 현상이며 오히려 설명될 필요가 있는 것은 국가들 사이의 드문 협조이다.

주권국가들 간의 완전한 국제체제는 경제학에서의 완전한 자유시장의 경우처럼 언제나 일종의 이념형이었다. 현실에 있어서는 기원전 416년 아테네인들이 멜로스인들에게 말했던 것처럼 강자는 자기들이 할 수 있는 것을 하고 약자는 그것을 인정해야 했다.[6] 다시 말해서 근대 국제관계사에 있어서 많은 국가들은 더 강한 국가에 의해서 정복되거나 통제되었고, 또는 자신들에게 부여된 내부적인 주권에 대한 제약에 직면했다.

더욱이 오늘날 국가주권은 두 개의 상반된 극으로부터의 심각한 압력을 받고 있다. 즉 기술과 전 지구적인 시장화의 보급 및 동질화 효과로부터의 구심력과 동시에 새로운 아니 갱신된 정신적 연대의 힘이라는 국지적이고 특수화하려는 원심력이다. 세계화 그리고 동시에 분열화의 힘은 여러 가지면에서 거의 4세기 동안 문명의

6) Robert B. Strassler, ed., *The Landmark Thucydides,* New York: The Free Press, 1996, p. 352.

기반을 제공해 온 근대국가와 국제사회에서 발견되는 통치의 능력을 능가하고, 좌절시키며 잠식하는 것으로 보인다. 현대 세계는 일종의 '오스트리아-헝가리'로 가득 차있다.7) 오늘날의 민족국가는 어떤 의미에서 1815년 이전보다 더 약하며, 1648년 웨스트팔리아조약으로 처음 수립된 이래 그 어느 때보다도 약하다고 주장할 수 있다. 그러나 민족국가를 대체할 어떤 새로운 종류의 정치적 조직체도 등장한 적이 없으며 또 등장하고 있지도 않다.

주권은 사실이 아니라 정치권력이 행사되고 또 행사되어야 하는 방식에 관한 주장의 표현이다.8) 해롤드 라스키(Harold Laski)가 주장했듯이 주권국가는 절대적인 논리가 아니라 역사적인 논리를 대변하는 것이다. 국가는 본질적으로 역사적 진화과정을 통해서 현재의 상태에 이르렀다.9) 국가주권의 이론은 근대국가의 요람으로 인식되어 온 유럽에서 근대국가의 진화과정과 병행 발전되어 왔다.10) 국가주권의 개념은 16, 17세기 유럽의 종교적, 사회적 그리고 경제적인 환경에 의해서 형성되었는데 그때 당시에 중앙집권적인 행정체제를 마련하고 폭력의 정당한 행사에 대한 본질적인 독점권을 보유하는 영토적으로 제한된 주권국가들의 체제가 봉건사회를 대체했다.

장 보댕(Jean Bodin)과 토머스 홉스(Thomas Hobbes)에게 주권은

7) Stanley Hoffmann, *Duties Beyond Borders,* New York: Syracuse University Press, 1986, p. 201.

8) F. H. Hinsley, *Sovereignty,* 2nd ed., Cambridge: Cambridge University Press, 1986, p. 1.

9) Harold J. Laski, *A Grammar of Politics*, 5th ed., Impression, London: George Allen & Unwin, 1978, pp. 44-48.

10) 근대국가의 성격의 변화에 관해서는 Philip G. Cerny, *The Changing Architecture of Politics: Agency and the Future of the State,* London: Sage, 1990을 참조. 특히 제 4 장을 참조.

최고의 강제력이었고, 주권에의 복종은 시민권을 정의하는 특징이 되었다. 그러나 존 로크(John Locke)는 중세적인 자연법의 전통을 부활시켰고, 인민의 동의로부터 스스로의 정통성을 도출해 내는 정부를 상정함으로써 홉스적인 국가주권의 개념을 완화시켰다. 장 자크 루소(Jean Jacques Rousseau)는 국가주권이 무제한적이고 불가분적이라고 주장함으로써 입헌적인 함정으로부터 주권을 해방시키려고 했다. 그러나 루소로부터 헤겔의 절대적인 도덕적 존재로서의 국가의 이상화로 발전하는 것은 비교적 간단했다. 헤겔은 절대적인 도덕적 존재로서의 국가를 그것이 지상에 존재하는 정신이며 그 정신 스스로가 세계의 실제적인 형체와 어떤 세계의 조직화를 구현한다는 의미에서 신의 의지와 동일시했었다.[11]

프랑스 대혁명과 그 뒤를 이은 나폴레옹전쟁의 종결 이후 국가주권은 하나의 원칙으로서의 지도적인 유럽 국가들의 대외적 행동에 그 어느 때보다 더 활발하게 적용되었다. 그때 이후로 국가주권은 정치적 조직체를 규정하는 하나의 원칙이 되었다. 주권국가들은 국가내부의 계급적, 인종적 또는 종교적 갈등을 해결하지는 못하더라도 관리하기 위한 주요한 수단이 되었을 뿐만 아니라 근대 국제관계의 핵심적인 요소가 되었다. 주권국가들은 여하한 경우에도 자신들보다 상위의 외부적 권위를 인정하지 않았다. 국가주권이라는 이데올로기는 근대국가 조직에 너무도 확고하게 침투해서 제 1 차 세계대전의 발생으로 국제체제가 붕괴되었을 때조차도 국제연맹의 경우와 같이 국가주권의 원칙을 억압하거나 제한하려는 제도적인 시도들이 실패로 끝날 수밖에 없었다.[12]

---

11) *Hegel's Philosophy of Right*, trans. T. M. Knox, Oxford: Clarendon Press, 1952, p. 166.

12) F. H. Hinsley, *op. cit.*, pp. 210-211.

주권의 이데올로기는 제2차 세계대전 이후 유엔의 창설 그리고 전후(戰後) 탈식민지화에 있어서 유엔의 역할에 의해서 오히려 강화된 것처럼 보였다. 그러나 유엔에 의해서 고무된 자결의 원칙은 인종집단이 아니라 영토에 초점을 맞추었고, 따라서 식민지 종주국들에 의해서 그어진 국경을 존중했다. 이로 인해 유엔의 회원국 수가 크게 증가했다. 그리고 국가주권의 원칙은 유엔의 헌장에서 소중하게 규정되었다.[13] 유엔 헌장 제2조의 7항은 "본 헌장의 어떤 규정도 본질적으로 유엔에 어떤 국가의 국내적 관할권에 속하는 문제들에 개입하는 권한을 부여하지 않으며, 회원국들로 하여금 그러한 문제들을 본 헌장에 따른 해결에 회부하도록 요구하지 않는다"고 선언했다. 헌장에는 인도주의적 목적을 위한 무력의 사용에 관해서는 아무런 언급이 없다. 유엔은 본질적으로 국가들의, 국가들에 의한, 국가들을 위한 보편적 조직으로 존재해 왔다. 어떤 정부가 침략행위를 저지르고 안전보장이사회가 그에 대항하여 행동하는 경우에만 국내적 관할권에 대한 침해의 금지가 정지될 것이다. 헌장의 제2조 7항은 "이 (국내적 관할권의) 원칙은 제7장하의 강제조치의 적용을 손상시키지 않는다"고 분명하게 규정하고 있다. 유엔 헌장은 인도주의적인 개입에 관해서는 아무 말이 없다.

그러나 헌장을 구상할 때부터 유엔은 인권증진을 위한 기구가 될 수밖에 없었다. 헌장의 제1조 3항은 인종과 성별, 언어 또는 종교에 대한 차별이 없이 모든 사람은 인권과 기본적 자유에 대한 존중의 증진과 고양을 목적으로 한다고 선언하고 있다. 제13조는 인권의 실현을 지원하기 위한 연구의 제안과 권고를 총회에 위임하고

13) 강대국이든 약소국이든 모든 국가의 주권평등의 개념은 1907년 제2차 헤이그 평화회의에서 처음 공식적이고 명확하게 제시되었다. 이에 관한 논의는 Louis J. Halle, *History, Philosophy and Foreign Relations*, Lanham: University Press of America, 1987, p. 80.

있다. 그리고 제56조는 제55조와 함께 국제연합의 모든 회원국들이 인권의 보편적인 존중과 준수라는 목적을 달성하기 위한 기구와 협력하여 공동의 그리고 개별적인 행동을 취하도록 하고 있다. 뿐만 아니라 유엔 총회는 1948년 12월 10일 '세계인권선언'을 채택했다. 그러나 냉전이 종식될 때까지 국가주권이 거의 언제나 인권에 우선했다.

3. 탈냉전의 도전

냉전 종식 이후의 사람들은 유엔 헌장이 "우리 유엔의 회원국(the states)들은…"이 아니라 "우리 유엔의 사람들(the people)은…"으로 시작된다는 사실을 갑자기 재발견하면서 유엔의 원칙이 국가주권이 아니라 개인의 주권 또는 인권이어야 한다고 주장하기 시작했고, 유엔으로 하여금 헌장의 새로운 해석에 기초하여 행동할 것을 촉구했다.[14] 국가주권에 대한 이와 같은 탈냉전의 도전은 장구한 국제관계사의 관점에서 보면 매우 독특하고도 심오한 것이다. 왜냐하면 과거처럼 자국의 힘의 지위와 이데올로기를 유지하거나 확장시키기 위하여 약소국의 주권을 침해하는 강대국가들 대신 세계는 이제 자결원칙의 또 다른 표현, 즉 기존의 국가들에 대한 탈근대적

14) 1945년 당시에 제안된 새로운 기관의 원래의 헌장 전문 초안은 "체약 당사자들(The High Contracting Parties)은…"으로 시작된다. 이와 같이 딱딱한 국제연맹 스타일의 도입부에 실망하여 최종적으로는 샌프란시스코에서 채택된 생동감 있는 전문으로 헌장을 다시 작성한 사람은 버지니아 길더슬리브(Virginia Gildersleeve)였다. Erskine Childers, "Forward" in. Phyllis Bennis, *Calling the Shots,* New York: Olive Branch Press, 1996, p. viii 참조.

반란에 직면하게 되었기 때문이다. 이것은 서양의 발칸화[15] 또는 '국가 없는 민족'[16] 아니면 자국민들을 먹여 살리고 최소한의 질서도 유지하지 못함으로써 종종 내란상황으로 전락하여 결국 황폐해진 '실패한 국가'[17]라고 불리울 수 있을 것이다. 과거 탈식민지화 시대의 자결주의 원칙이 새로운 국가들을 창출한 반면 이러한 탈근대의 물결은 기존의 '주권'국가들을 파괴함으로써 시작되고 있으며, 여전히 새로운 국가의 창출을 목적으로 하고 있다. 우리는 전세계적인 민중주의(populism)의 새로운 경향, 즉 '민중의 힘' 또는 '시민들의 목소리'를 주목하지 않을 수 없다. 우리가 경험하고 있는 정보혁명은 정부에 의한 국민들의 마음과 행동의 통제를 사실상 더욱 어렵게 만들고 있으며, 정부의 외교정책 의제의 많은 부분이 국민의 요구와 압력에 의해 설정되고 있다.[18]

결국 오늘날 대외적인 주권을 파괴하는 많은 요소들은 보편적인 인권의 추구라는 형태의 국내적인 기원을 가지고 있다. 이러한 현상은 국내 정치체제의 자유민주화가 국제체제로 파급되는 것을 의미한다. 국내에서 주권의 절대적인 힘이 제약되어야 했던 것처럼 국제관계에 있어서 국가주권의 힘도 핵심적인 영역에서 제한되어야 하고 또 국제적인 기관들에 의한 감시와 감독을 받아야 한다는 것이다. 이것은 우리가 막 진입한 탈근대적 국제사회에 있어서의 자유

15) Stjepan G. Mestrovic, *The Balkanization of the West,* London: Routledge, 1994.

16) Gidon Gottlieb, "Nations Without States," *Foreign Affairs*, Vol. 73, No. 3, May/June 1994, pp. 100-112.

17) Gerald Helman and Steven Ratner, "Saving Failed States," *Foreign Policy,* Winter 1992-93, pp. 3-20.

18) Stanley Hoffmann, "A New World and Its Troubles," in Nicholas X. Rizopoulos, ed., *Sea-Changes: American Foreign Policy in a World Transformed,* New York: Council on Foreign Relations Press, 1990, p. 280.

민주주의적 이념의 '파급'을 대변한다고 하겠다.

국내 문제에 대한 개입이라는 새로운 문제는 1990년대에 유엔의 국제평화와 안전을 위한 주요 업무가 되어 있었다. 유엔의 평화유지 활동은 이른바 헌장의 제$6\frac{1}{2}$장이라는 제 1 세대로부터 헌장의 제$6\frac{3}{4}$장이라는 제 2 세대로 이동했다고 말할 수도 있을 것이다.[19] 그리고 이것은 주로 이른바 CNN 요소 때문이다. 1995년 당시 유엔 사무총장이었던 부트로스 부트로스-갈리(Boutros Boutros-Ghali)는 "CNN은 안전보장이사회의 16번째 회원"라고 말했다.[20] CNN 요소는 실재하지만 그 효과가 시간의 시험대를 견뎌낼 것인지는 좀 더 두고 볼 일이다.[21] 텔레비전에 넘쳐 나는 고통의 뉴스들의 최종적인 함정은 아주 아이러니컬하다. 그러한 고통에의 지속적인 노출은 우리를 그만큼 그것에 민감하게 만드는 것이 아니라 오히려 친숙하고 무감각하게 만들 위험이 있다. 다른 사람들의 고통이 일상화되어 있는 자들이 그러한 고통들에 무관심해지는 경향이 있다는 것은 이미 잘 알려진 일이다. 루소가 지적했듯이 사람들은 같은 광경에 오래도록 직면해 있게 되면 더이상 감명을 느끼지 않는다. 습관은 우

---

19) '제$6\frac{3}{4}$장'이라는 용어는 리언 고덴커(Leon Gordenker)와 토머스 바이스(Thomas G. Weiss)에 의해서 만들어졌다. 이들의 "The Collective Security Idea and Changing World Politics," in Thomas G. Weiss, ed., *Collective Security in a Changing World,* Boulder: Lynne Rienner, 1993, p. 15 참조.

20) Larry Minear, Colin Scott and Thomas G. Weiss, *The New Media, Civil War & Humanitarian Action,* Boulder: Lynne Rienner, 1996, p. 4에서 재인용.

21) 동의는 만들어지는 것이라고 생각하는 이른바 동의조작론자들(the manufacturing consent school of thought)은 보도매체들이 정책을 창출하는 것이 아니라 오히려 그것들이 정부의 정책을 지지하도록 동원된다고 주장한다. Piers Robinson, "The CNN effect: Can the news media drive foreign policy?" *Review of International Studies*, Vol. 25, No. 2, April 1999, pp. 301ff.

리로 하여금 모든 것에 익숙하게 만든다. 너무 많이 보게 되면 우리는 더 이상 상상하지 않으며, 다른 사람들의 불행을 감지하도록 만드는 것은 오직 상상력이다. 따라서 성직자나 의사들이 냉혹해지는 것은 죽음과 고통을 너무 많이 목격한 결과이다.[22] 그러한 상황은 텔레비전 시청자들에게도 해당된다. 하나의 희생자가 시야에서 사라지면 언제나 다른 희생자가 그 자리를 대치한다. 텔레비전으로 방영되는 불행은 히드라를 닮았다. 즉 우리가 아무리 열심히 공격해도 그것은 존속한다.[23] 항상 가까이에 존재하는 불행에 단련된 대도시의 거주자들처럼 우리 유엔의 사람들도 그다지 멀지 않은 미래에 텔레비전으로 매일 전달되는 먼 곳의 고통을 완전히 외면해 버릴지도 모른다.

4. 인도주의적 개입과 집단안전보장제도

지금 우리는 어떤 기존의 정부가 공동체를 대변할 권위나 사람들로 하여금 복종하도록 할 수 있는 권력을 가지고 있지 못한 상황, 즉 국내적인 혼란과 무질서의 상황을 종식시키기 위해서 강제적인 성격을 띠고 취해지는 국내 문제에의 개입을 고찰하고 있다. 국경 바깥의 외부세력에 의한 개입의 도덕적 권한에 관한 중심적인 문제는 중세 기독교의 '정의의 전쟁'(just war) 독트린으로부터 현대의 '인권'에 이르는 여러 가지 근거에 호소하여 정당화되어 왔다. '정의로

22) Jean-Jacques Rousseau, *Emile or On Education*, trans. Allan Bloom, New York: Basic Books, 1979, p. 231.

23) Clifford Orwin, "Distant Compassion," *The National Interest*, No. 43, Spring 1996, p. 49.

운 전쟁'의 전통에서는 다른 국가 내에서 공식적인 정책의 명분하에 신민들이 살해되는 경우가 발생하면 비록 그들이 지원을 거부하는 경우라 할지라도 그 국가의 내정에 개입하는 것이 자연법상의 권리 심지어는 의무라고까지 인정되었다.[24] 여기서는 유엔의 창설자들이 18세기의 존 로크를 기원으로 하는 근대의 정치적 자유주의의 지성적 후예들이라는 점을 언급하는 것만으로도 충분할 것이다. 국제정치에 관한 로크의 비전은 독립적인 시민사회들로 구성되고 점차로 확대되어 가는 하나의 국제적 시민사회이다. 시민사회에서는 자연법을 준수함으로써 서로가 평화롭게 살아가는 것이 요구된다. 로크의 주장처럼 시민사회란 자연법이 공적으로 승인된 실정법들과 함께 존중되고 유지되는 사회이다. 이 자연법하에서는 법률의 침해에 의해서 위협받는 다른 개인을 원조해야 할 의무가 있다. 이것을 어느 한 회원국가가 법률을 위배했을 때 국가들에게 적용시킬 수 있을 것이다. 로크는 자연법과 국제법을 지탱하기 위해 개입의 가능성을 염두에 두었을 것이다.[25]

그러나 로크는 기독교적인 정의의 전쟁과는 결별한다. 왜냐하면 그는 정의나 보복적인 응징의 정통성을 사실상 포기하고 징벌로

24) Francisco de Vitoria, *Francisco de Vitoria: Political Writings*, eds. and trans., Anthony Pagden and Jeremy Lawrence, Cambridge: Cambridge University Press, 1991, p. 287. '정의의 전쟁'에 관한 현대의 연구로는 Paul Ramsey, *The Just War: Force and Political Responsibility,* New York: Charles Scribner's Sons, 1968; James Turner Johnson, *Ideology, Reason, and the Limitation of War: Religions and Secular Concepts, 1200-1740,* Princeton: Princeton University Press, 1975, and *Just War Tradition and the Restraint War,* Princeton: Princeton University Press, 1981; Michael Walzer, *Just and Unjust Wars,* New York: Basic Books, 1977; Jean Bothke Elshtain, ed., *Just War Theory,* New York: New York University Press, 1992 등을 참조.

25) Howard Williams, *International Relations and the Limits of Political Theory,* New York: St. Martin Press, 1996, pp. 94-95.

서의 전쟁의 목적을 전 인류의 안전확보라는 궁극적인 목적에 전적으로 종속시키기 때문이다. 그러나 어느 하나에 대한 위협은 당연히 모두에 대한 위협으로 간주될 수도 있기 때문에, 이것은 결국 모든 제 3 자가 '피해자'측에 가담하여 '그의 싸움을 지지'할 권리뿐만 아니라 사실 어느 정도의 의무까지도 지닌다는 것을 의미한다.[26] 그것은 인류를 위한 집단안전보장[27]과 집단적 개입 아이디어의 정교화를 위한 토대를 제공한다.

우리 시대의 도덕적 개입주의자들은 어떠한 형태로든 대량학살이 벌어진다면 세계질서가 그만큼 더 침식될 것이기 때문에 대량학살 그 자체가 국제적인 평화와 안정에 위협이 된다고 주장한다. 그러나 역사적으로 보았을 때 이 논리는 민주주의 체제에 살고 있는 사람들이 자신들의 국가이익에 대한 위협으로 볼 수 있고 따라서 군대를 필요로 하는 사건에 대비해 무엇을 필요로 했었는가를 너무 쉽게 무시한다. 국가는 생명을 구하기 위해서만 다른 국가에 자국의 병사들을 보내는 것은 아니다. 국내적인 정책 결정의 과정에서 외국인들의 생명이란 그다지 큰 비중을 차지하지 않는다.[28] 도덕적인 이익이 전략적인 이익과 결부될 때에만 국민은 개입으로 인한 출혈을 용인할 것이다. 유태인에 대한 히틀러의 만행이 미국을 제 2 차 세계대전으로 끌어들인 것은 아니었다: 진주만에 대한 공격이 미국을 전쟁으로 끌어들였던 것이다. 쿠르드인들에 대한 사담 후세인의 독가스 살포가 미국의 개입을 초래하지는 않았다: 사우디의 유전지

26) Thomas L. Pangle and Peter J. Ahrensdorf, *Justice among Nations*, Lawrence, Kansas: University Press of Kansas, 1999, pp. 154-155.

27) Richard H. Cox, *Locke on War and Peace,* Oxford: The Clarendon Press, 1960, p. 150.

28) Michael Walzer, *Just and Unjust War,* New York: Basic Books, 1977, p. 102.

대에 대한 그의 위협이 미국의 개입을 초래했던 것이다. 보스니아의 전쟁범죄 그 자체가 NATO의 개입을 부르지는 않았다: 결국 클린턴을 움직이게 만든 것은 발칸전쟁의 확대와 남쪽으로의 확전의 우려 그리고 이 모든 요소들에 의한 NATO의 신뢰성에 대한 위협이었던 것이다.[29)]

오늘날에는 과거보다 더 많은 인도주의적인 사건들에 대한 개입의 적절한 근거와 수단을 찾아내는 데 있어서 인권이라는 훌륭한 명분이 있다고는 해도 국제평화와 안보의 유지를 위해 정당화되는 개입과 대규모 인권침해의 방지를 위해서 정당화되는 개입 사이의 구분을 불투명하게 만드는 문제들도 발생할 수가 있다. 한 국가의 상황 또는 행동이 다른 국가와 국민의 평화와 안보에 대한 중대한 위협이 될 수도 있지만 그것은 중대한 대규모 인권침해를 막기 위한 인도주의적 개입 그리고 평화와 안정을 유지하기 위한 안전보장이사회의 의무와는 거의 관계가 없거나 전혀 관련이 없을 수도 있다. 유엔 헌장은 평화와 안전의 영역에 있어서 안전보장이사회의 권한이 사실상 제한을 받지 않는다는 점을 아주 분명히 하고 있기 때문에 안전보장이사회는 국제평화와 안전의 의미를 주로 인권침해에 의해서 촉진될 수 있는 개입에까지 확장 적용하는 것을 선호한다.[30)] 여기에 유엔의 '인도주의적 개입 원칙'이 '과잉확장'(over-stretching)될 위험이 도사리고 있다. 그러나 집단안전보장과 인도주의적 개입은 분석에 있어서 구별되어야 한다. 왜냐하면 인도주의적 개입이라는

29) Robert D. Kaplan, *The Coming Anarchy,* New York: Random House, 2000, p. 101.

30) Robert C. Johansen, "Limits and Opportunities in Humanitarian Intervention," in Stanley Hoffmann, ed., *The Ethics and Politics of Humanitarian Intervention*, Notre Dame, Indiana: University of Notre Dame Press, 1996, p. 63.

이름하의 국가주권의 침해가 유엔 헌장 제7장에 의한 집단안보 행위가 고려될 때 간단하게 적용되는 것은 아니기 때문이다.

만일 어떤 정부가 침략행위를 저지르고 안전보장이사회가 그에 대항하는 행동을 하기로 결정하는 경우라면 제2조 7항의 국내적 관할권에 대한 침해의 금지규정은 정지될 것이다. 국내 사회를 위협하는 중대한 인권침해에 대한 인도주의적 개입과 국제질서를 위협하는 침략에 대한 집단안보 행위를 구별하지 못하면 인권침해에 대한 개입에 소극적이 되고 또 인도주의적 개입의 정당화를 위한 보편적 근거도 사라지게 될 것이다. 그러나 두 개념을 명확하게 구분하면 침략에 저항할 필요성을 느끼는 국민의 감정에 거짓으로 호소함으로써 인도주의적 개입을 정당화하려는 위험스런 경향을 피할 수 있다. 뿐만 아니라 이 두 가지 개념에 대한 지성적 불투명과 혼동은 국제평화와 안전을 보호하기 위해서 그러한 개입이 필요하다고 주장함으로써 다른 국가의 국내적 관할권에 대한 자신들의 부당한 개입을 정당화하는 강대국들의 전통적인 경향을 무분별하게 조장할 수도 있을 것이다.

인도주의적 개입은 하나의 독특한 유엔의 집단적 행위이다.[31] 만일 인도주의적 개입이 평화에 대한 위협 및 침략에 대한 자위와 융합된다면 강대국들은 아무런 무력공격이 발생하지 않는 경우라도 헌장의 제51조에 입각하여 인권과 평화에 대한 모호한 위협을 구실삼아 자국의 이기적 이익을 위해 개입하려는 유혹에 빠질 수 있을 것이다. 일방적인 개입이 허용된다면 그러한 위험성은 특히 심각하

31) 1945년 이후 주로 유엔의 틀 밖에서 이루어진 인도주의적 개입 행위들에 관해서는 Michael Akehurst, "Humanitarian Intervention," in Hedley Bull, ed., *Intervention in World Politics,* Oxford: Clarendon Press, 1984, Chap. 7을 참조. 냉전 종식 이전의 인도주의적 관심은 주로 해외의 자국민 보호에 관한 것이었다.

고 국제체제를 불안정하게 할 것이다. 구별되지 못한 개입의 개념은 약소국들의 반대도 증가시킬 것이다. 인도주의적 개입에 대한 좀 더 엄격한 이해가 있다면 그들의 반대는 더할 것이다. 아무튼 약소국들은 개입에 대해서 그다지 열광적이지 않은데 왜냐하면 1999년의 동티모르와 체첸의 경우에서처럼 개입이란 대개 강대국들에 대해서가 아니라 바로 자기들에 대해서 발생하기 때문이다.

인도주의적 개입을 필요로 하는 대규모의 인권침해가 발생하면 인도주의적 개입을 비인도주의적 개입과 구별하기 위한 객관적 기준의 모색도 종종 함께 발생한다. 이러한 문제에 관한 결정의 바로 그 어려움 때문에 우리는 인도주의적 개입이라는 바로 그 아이디어 자체를 포기해 버릴 수도 있다. 종종 불간섭과 비참여의 절대적인 규칙을 고집하는 것이 최선일 것이라고 주장된다. 그러나 절대적인 규칙도 역시 무시될 것이며, 그렇게 되면 우리는 그 다음에 발생하는 상황에 대해 판단할 수 있는 아무런 기준을 갖지 못하게 될 것이다.32)

유엔체제에서 인도주의적 개입은 원칙적으로 안전보장이사회의 합의에 의해서 결정되며, 그것은 거의 5개 상임이사국의 합의를 의미하게 된다. 오늘날 인도주의적 개입에 대한 객관적 기준이 부재한 상황에서 5개 상임이사국의 합의가 여전히 기준이다. 그러한 합의는 통상 있어 오지도 않았고 또 오래 지속되지도 않을 것이다. 왜냐하면 냉전의 종식 이후 우리는 다문명과 다극의 세계로 진입했기 때문이다. 거의 반 세기 전에 루이스 홀(Louis Halle)이 지적했고33) 또 오늘날에는 새뮤얼 헌팅턴(Samuel Huntington)이 주장하는34) 바와

32) Michael Walzer, *Just and Unjust War,* New York: Basic Books, 1977, p. 108.

33) Louis J. Hall, *Civilization and Foreign Policy,* New York: Harper & Brothers, 1952.

34) Samuel P. Huntington, *The Clash of Civilizations and the Remaking of*

같이, 각 문명은 우주 그리고 그 속에서의 인간의 위치에 대한 특별한 비전을 나타내는 것이며, 외교정책은 오늘날에도 그러하듯이 국민성의 필연적인 반영이다. 어떤 면에서 유엔은 미국 문명의 산물, 좀 더 일반적으로 서구의 아이디어일 뿐만 아니라 어떤 독특한 미국적인 아이디어[35]의 산물이다.

안전보장이사회의 5개 상임이사국들은 새뮤얼 헌팅턴이 제시한 9개의 주요 문명권들 가운데 적어도 3개의 서로 다른 문명권을 대표한다. 만일 (몇몇 국가들이 제안하는 대로) 일본, 인도 그리고 브라질이 상임이사국이 된다면 그 국가들은 3개의 또 다른 문명권을 대표하게 될 것이며, 그렇게 되면 안전보장이사회에서 합의에 도달하는 것은 더욱더 어려워지게 될 것이다. 다시 말해서 그러한 이질적인 세계에서는 객관적 기준에 대한 보편적 동의뿐만 아니라 상임이사국들 사이의 합의도 더 어렵게 될 것이다.[36] 유엔의 사람들은 이제 '새로운 세계질서'의 행복감에서 벗어나 '새로운 세계 무질서'의 분열상태로 복귀했기 때문이다.[37] 그와 같이 확대된 안전보장이사회는 구체적인 일은 거의 하지 않으면서도 언제나 인류를 위해 장엄한 일을 하고 있다는 공허한 주장만을 되풀이할 것이다.

그러나 현 단계에서는 "개입할 것인가, 개입하지 않을 것인가"[38]는 문제가 되지 않는 것처럼 보인다. 개입의 반대자들 조차도

World Order, New York: Simmon & Schuster, 1996.

35) 미국적 세계관(worldview)에 관한 가장 흥미로운 논의는 아마 Louis Hartz, *The Liberal Tradition in America,* New York: Harcourt, Brace and World, 1995일 것이다.

36) 아시아의 사례에 관해서는 Han Sung-Joo, ed., *Changing Values in Asia,* Tokyo: Japan Center for International Exchange, 1999를 참조.

37) 음울한 미래의 세계에 대한 예견에 관해서는 Robert D. Kaplan, *The Coming Anarchy,* New York: Random House, 2000.

38) 이 문구는 1967년 4월 『포린 어패어즈』(*Foreign Affairs*)誌에 게재된 한

국내 문제에 대한 개입이 결코 정당화될 수 없다고 주장하는 경우는 거의 없다는 점에서 원칙적으로 우리 모두는 이미 정도의 차이는 있을지언정 인도주의적 개입론자들인지도 모른다. 인도주의적 개입론자들은 무엇보다도 국제 평화와 안보에 대한 위협이 될 수 있는 대규모의 인권침해를 방지한다는 도덕적 입장에 의존해 왔다. 그러나 정당한 개입의 기준이 무엇인가에 관해서는 종종 모호한 자세를 취해 왔다. 그러므로 문제는 여전히 "언제, 누가, 무엇을 위해서 그리고 어떻게?"라는 것이다.[39] 그리고 이 문제에 대해서는 앞으로도 여러 해 동안 명확한 답을 얻을 수는 없을 것이다.

5. 그래도 유엔밖에 없다

인도주의적 개입에는 너무 많은 남용의 위험성과 실행상의 어려움이 내포되어 있기 때문에 국제공동체는 아주 조심스럽게 진행해야 한다. 소말리아와 보스니아에서 유엔 노력의 불행한 실패는 도덕적, 군사적 그리고 정치적인 어려움을 잘 보여준다. 이러한 어려움에도 불구하고 대규모의 인권침해가 발생한 경우의 개입 거부나 인도주의적 개입의 전면적인 배제는 도덕적으로 수용할 수 없다. 이 두 가지의 입장이 상호간의 긴장관계 속에 존재하는 것이다.

개인적인 관점에서 보면 주권에는 두 가지의 상충하는 측면이 존재한다. 한편으로는 자유주의적인 정치체제에서 살고 있는 자유

스 모겐소(Hans J. Morgenthau)의 논문 제목이기도 했다.

39) Stanley Hoffmann, "The Politics and Ethics of Military Intervention," *Survival*, Vol. 37, No. 4, Winter 1995-96, pp. 37-45.

주의적 지성인들이 주권의 침식을 일종의 진보로, 즉 자신들의 정부에 의해서 인간에게 가해지는 태만과 위해의 모든 범죄에 대항하여 진작 행해졌어야 할 개선으로 보기가 매우 쉽다. 어떤 조건하에서는 외부의 개입이 그러한 개선책을 제공할 수 있는 것도 사실이다.

그러나 다른 한편으로는 많은 사람들이 외부의 개입에 대해서 매우 의심스런 눈초리로 바라보는 것 또한 사실이며, 그들은 자신들의 정부와 대항하는 투쟁을 전개할 때조차도 자신들의 삶에 대한 한 가지 형태의 침해를 다른 형태의 그것으로 대치하려고 하지 않는다. 자유민주화가 국제관계에 살며시 침투해 들어오고 있는지는 모르지만, 그러나 다양한 형태의 국내적 비자유주의는 물론 국내적 민족주의가 외부의 행위자 그리고 유엔을 비롯한 국제기관의 역할 확장에 장벽을 이루고 있다.40)

냉전 종식 이후 새로운 많은 현상들이 자국 이익을 정의하는 방법을 변화시켰지만, 국제정치와 경제의 신세력들의 힘을 정부의 힘과 혼동하는 것은 잘못이다. 국가는 규칙을 설정하고 또 국제정치의 게임규칙을 변화시켰다. 민족국가는 여전히 다른 어떤 대안적인 거대집단보다도 그 대부분의 구성원들에게 더 강력한 안전감, 소속감 또는 유대감 심지어는 개인의 정체성까지 제공하고 있다. 20세기의 전 기간에 걸쳐서 국가는 국제무대의 주요 행위자였고, 우리가 21세기를 내다 보아도 여전히 그러할 것이다.

오늘날 유엔은 대규모 인권침해의 적절한 방지를 위해 필요한 능력을 가지고 있지 못할 뿐만 아니라 부트로스 부트로스-갈리 전 사무총장이 역설했던 평화집행군도 보유하지 못하고 있으며, 제43조 규정의 효력을 발효시키지도 못했다. 유엔은 앞으로도 끊임없이

---

40) Stanley Hoffmann, *The Ethics and Politics of Humanitarian Intervention*, Nortre Dame, Indiana: University of Nortre Dame Press, 1996, pp. 18-19.

변화하는 이합집산과 강대국 권력투쟁의 도구로 존재하면서, 결국 인류의 기본적이고 솔직한 분열을 반영하게 될 것이다. 그러나 이러한 장애물들(또는 수단의 부족)이 우리로 하여금 '가능성'이 없는 곳에는 타당한 '당위'도 존재하지 않는다고 말하면서 도덕적인 요청이나 인도주의적인 대의명분에 눈을 감아버리거나 귀를 기울이지 않아도 좋은 것이라고 믿게 해서는 안 된다. 절박하게 요구되는 것은 유엔 능력의 확대이다. 왜냐하면 이것 이외의 유일한 대안이란 것은 국제평화와 안전을 위협할 만큼 충분히 중대하거나 절박하지도 않은 것으로 종종 치부하면서 국내적 재난에 무관심하거나, 아니면 국제적 안정과 보편적 정의에는 더 위험할 수도 있는 세력균형이나 영향권의 이름하에 강대국들의 더 전통적인 일방적 개입으로의 회기일 것이기 때문이다. 유엔의 굳건한 합의에 의해서 지지되고 그러한 합의를 대표하는 세력들의 연합에 의해서 수행되는 개입은 국제평화와 정의 그리고 질서에 기여하는 개입들과 이러한 목적들에 정면으로 배치하는 개입들을 구별하는 방법을 제공해 준다.

6. 결 론

1990년경까지 유엔의 평화유지 활동은 보통 바위를 산 정상까지 밀어올리면 굴러 내리고 또 굴러 내린 바위를 다시 밀어올리는 일을 영원히 반복하도록 저주받은 운명의 시지푸스(Sisyphus)의 신화와 동일시되었다. 그러나 윌리엄 더치(William J. Durch)가 지적한 것처럼 1993년 이후 그 신화는 이러한 시지푸스로부터 너무 높이 날아 태양에 의해 밀랍 날개가 용해됨으로써 추락해 죽은 비행자 이카루스(Icarus)의 그것으로 바뀌었다.41) 소말리아, 앙골라, 보스니아 그리고 르완다 같은 곳으로 개입해 들어가면서 유엔은 지나치게 확장되었고 완전한 용해의 위험에 직면하게 되었다.42) 그럼에도 불구하고 대부분의 유추와 마찬가지로 그러한 신화들은 정확한 것이 아니다. 모든 신화에는 예외가 있다. 그러나 이카루스의 비극은 분명 우리에게 기원전 415년 시칠리의 아테네인들이나 1960년대 말 베트남의 미국인들의 경우에서처럼 유엔 사람들의 과잉확장 가능성에 대해 경고하고 있다.

결국 인도주의적 개입의 성공을 보장하는 최선의 방법은 국제연합의 깃발하의 집단적 개입이 공정하며 또 명확한 위임과 제한된 능력의 범위 내에 국한되고 또 어떤 강대국들의 도구처럼 보이지 않게 하는 일이다. 유엔은 고결한 인도주의적 개입을 위해서 조차도 자신의 제한된 능력을 과잉확장해서는 안 된다.43) 그렇지 않으면 인도주의적 개입이라는 새로운 명령은 과거의 외세 개입과 별로 다르지 않은 구시대적 제국주의의 망령으로 곧 전락하게 될 것이다. 상당한 주의와 분별이 요구된다. 신중함은 훌륭한 통치능력의 핵심이다. 다시 말하면 우리는 골치 아픈 도덕적 문제들에 관해서 가톨

41) William J. Durch, "Keeping the Peace: Politics and Lessons of the 1990s," in William J. Durch, ed., *UN Peace Keeping, American Politics, and the Uncivil Wars of the 1990s,* New York: St. Martin's Press, 1996, p. 22.

42) *Ibid.*

43) 유엔의 평화유지 활동의 또 다른 문제는 주둔 기간의 과잉연장 문제라 하겠다. 즉 일단 개입한 경우에 비용이 엄청난 평화유지 활동을 얼마나 오랫동안 지속시켜야 하는가의 문제이다. 유엔 평화유지 활동의 목표는 평화유지 임무의 단순한 지속이 아니라 생명력 있는 정치적 타결을 촉진시키는 것이다. 유엔은 일단 평화유지군을 파견하고 나면 그것을 종식시키려는 노력에서 소극적인 것 같다. 이것은 장기적으로 유엔의 평화유지 활동에 부정적 영향을 미칠 것이다.

릭 신학자들이 채택했었던 비례주의(proportionalism)로 알려진 원칙을 따라야 할 것이다. 비례주의는 인도주의적 개입에 대한 유용한 도덕적 어프로치를 제공해 줄 수 있다. 신학적 용어로 비례주의는 훨씬 더 많은 '선'을 가능하게 하기 위해서 어느 정도의 '악'을 행하거나 용인하는 것이다. 비례주의는 완벽한 도덕적 혹은 이념적인 실현을 추구하는 사람들에게는 저주의 대상일 수도 있다. 그러나 인도주의적 개입이 인류를 위한 또 다른 십자군전쟁이 되어서는 안 되기 때문에 비례주의는 무자비한 원칙을 건전한 상식으로 완화시켜 줄 것이다. 선택은 우리 모두의 운명이다. 요컨대, 인도주의적 개입에의 유혹은 매우 강렬할 수 있지만 그러나 우리는 이카루스의 아버지 다에달루스(Daedalus)의 현명한 충고에 귀를 기울여야 할 것이다. "너무 높이 날지 말아라!" 그리하여 '이카루스의 비극'을 우리 스스로 자초하지 말아야 할 것이다.

제 22 장

21세기와 자유, 평등, 박애: 새로운 이데올로기로서의 인권

> 역사는 반복하지 않는다. 그러나 인간들은 여전히 반복한다.
>
> －볼테르－

> 우리의 현재가 과거에 관련되듯 우리의 미래는 오늘 위에 수립된다. … 다음 세기는 오늘의 결정들에 의한 볼모가 될 것이다. 따라서 우리는 가능한 한 후대에 미칠 영향의 완전한 이해하에 현재의 문제들을 처리해야 한다.

이러한 정신에 입각해서 『크리스찬 사이언스 모니터』(*The Christian Science Monitor*)지가 21세기에 직면할 주요문제들을 조사하여 제시한 의제는 핵의 위협, 과잉인구의 위험, 세계적 환경의 타락, 국제적 남북간의 격차, 교육제도의 근본적 재건의 필요성, 그리고 공적 및 사적 도덕성의 붕괴라는 여섯 가지 항목을 들었다.[1] 그런데 여기에선 현재가 과거 위에 서 있고 미래가 현재의 볼모라고 하

1) Rushworth M. Kidder, *An Agenda for the 21st Century,* Cambridge, Massachusetts: The MIT Press, 1987.

면서도 과거와 현재를 이끌어 온 역사의 동력, 즉 그동안 인간이 추구해 온 소중한 가치인 자유와 평등과 박애가 21세기의 의제 위에 올라있지 않다. 이것은 참으로 놀라운 간과이다. 프랑스 대혁명 200주년의 기념사에서 미테랑 대통령이 자랑스럽게 회상했듯 프랑스 혁명은 근대의 탄생을 알린 역사의 매우 가시적 전환점이었으며 혁명과 함께 탄생한 자유, 평등 그리고 박애의 3위일체적 이상은 과거와 현재의 근대사회를 움직여 온 역사의 수레바퀴였고 또 그 역사의 수레바퀴는 미래에도 계속 역사를 진전시키는 동력이 될 것이기 때문이다.

1. 자유와 공권력

정치사회에서 자유와 평등 그리고 박애의 개념들보다도 거의 즉각적인 감정적 반응을 유발시키는 어휘란 거의 없다. 또한 자유·평등·박애를 요구하는 슬로건보다도 더 새로운 희망과 기대를 자아낸 인간적 가치도 아마 없을 것이다. 그러나 또한 동시에 이 슬로건만큼 갈등과 도전에 따른 고통과 비극을 초래한 가치도 아마 거의 없을 것이다. 그러나 우리는 대체로 현대사를 자유의 확장과 불평등의 개선과 인권의 신장이라는 관점에서 이해하려고 했으며 또 그렇게 믿고 있다. 그러나 그것은 정말로 예정된 역사의 진로인가? 역사의 신은 물론 말이 없다. 묵시적 동의일 수 있으며 무반응의 부인일 수도 있다. 그러나 누구도 자유·평등·박애의 3위일체가 아무런 대가없이 쉽게 실현되리라고 주장하지는 못할 것이다. 그것들의 실현과정이 얼마나 어렵고 또 역사에 의해서 희롱당해 왔는지는 지난 200년간의 인류역사가 잘 말해 주고 있다. 참으로 헤겔의 말처럼 역사는 자유의 확대로 진행하지만 그 여로는 대살육장이었다고 해도 과언은 아닐 것이다. 그리하여 자유는 아이러니컬하게도 억압을 낳고, 평등의 추구는 새로운 불평등을 초래했으며 박애는 바로 그 이름하에 인권유린을 자행했던 것이다. 실로 자유·평등·박애의 3위일체는 인간들을 통합시키면서도 분열시켰으며 인간적 삶의 기본적 가치의 보호자이면서 또한 위협이었다. 마치 불이나 원자력처럼, 그리고 인간의 기억능력이나 사고능력처럼 그 3위일체적 가치는 인류에게 축복임과 동시에 저주였다고 해도 과언은 아닐 것이다.

개인이나 집단에 의한 새로운 자유의 요구는(전자는 자유주의요, 후자는 민족주의로 바꾸어 말할 수 있겠는데) 언제나 기존 정치질서에 커다란 위협적 도전을 의미했다. 따라서 오늘날 인류가 그나마 향유하고 있는 자유는 저절로 주어진 은총이 아니라 실로 피와 눈물어린 투쟁의 결과였다. 그리고 그 투쟁의 과정은 패러독시컬하게도 기존질서의 안정을 관리할 마키아벨리적 비르뚜(virtu)의 강화를 초래하게 되었다.

즉 기존질서의 안정과 안전을 위한 이른바 공권력은 우리가 자유의 확장을 찬미하는 동안 우리도 모르게 놀라우리만큼 급속한 강화를 가져온 것이다. 그 결과 근대사회에서 정치권력의 기능은 인간의 삶에 거의 결정적인 영향을 미치게 되었다. 한 가지 증거로 프랑스 혁명직전의 부르봉왕가 정부의 총예산이 당시 총국민소득의 8%도 못되었던 반면에 오늘날 공화국정부의 총예산은 총국민소득의 40% 이상에 도달함으로써 정부기능이 5배 이상 확대되고 강화되었음을 알 수 있다. 물론 정부기능의 확대가 곧 자유의 축소나 말살을 의미하지는 않는다. 실제로 오늘날 프랑스 사람들은 역사상 그 어느 때보다도 많은 자유를 누리면서 살고 있다. 그리고 이것은 거의 모든 서방 선진공업국에서 발견되는 현실이다. 그러나 그들은 진실로 자유롭게 된 것일까?

좀 과장하여 말한다면 오늘날 진정한 의미의 자유는 한낱 환상이 되어 버렸는지도 모른다. 왜냐하면 진정한 의미의 자유란 정부의 공권력에 의해서 주어지는 것이 아니라 정부의 공권력으로부터의 자유를 의미하기 때문이다. 복지국가의 기치 아래 현대의 편리하고 안락한 생활과 안정 그리고 물질적 충족의 유혹에 빠져버린 현대인들에게 정부로부터의 진정한 자유란 이미 불필요한 것이 되어버렸기 때문이다. 따라서 그렇게 퇴색된 자유에 대해서 슬퍼해야 할 어떠한 이유도 우리는 발견하지 못하고 있는 것만 같다. 왜냐하면 안정만 보장한다면 홉즈의 '리바이어던'도 주저없이 환영받을 수 있기 때문이다. 이것은 서구사회가 추구해 온 복지사회의 비전이었는지도 모른다. 그리하여 자유란 빼앗긴 것이 아니라 편안한 삶과 안정을 위해 기꺼이 지불한 대가였던 것이다.

2. 배신당한 평등

자유란 스스로 포기한 자가 아니라 빼앗긴 자에게서는 단념하기가 어려운 너무도 소중한 가치이다. 우리는 그러한 사실을 냉전시대의 구소련을 비롯한 동구사회에서 볼 수 있었다. 불평등한 사회를 청산하고 만인평등의 꿈 같은 사회를 약속받았던 소련 및 동구인들은 실제로 평등한 사회의 '약속의 땅'이 허구였으며 오직 자유만을 박탈당했다는 사실을 인식하게 된 것이다. "모두가 평등하다. 그러나 어떤 사람들은 다른 사람들보다도 더 평등하다"고 오웰

이 조소했던 '평등사회'가 현실로 되어버렸다. 그리하여 그들은 영원한 신기루인 평등을 위해 현재의 자유를 영원히 포기할 수 없다는 결론에 도달한 것이다. 아니 그들은 평등사회의 추구란 새로운 불평등한 사회만을 낳는다는 경험론적 결론을 얻은 것이다. 완전한 평등은 찬양받을 목표이지만 이것의 완전한 성취는 가정을 포함한 모든 사회적 제도의 폐지와 타고난 차이(예 : 아름다움)의 제거를 필요로 하는 것이다. 바로 이러한 이유 때문에 플라톤은 그의 『공화국』에서 새로운 정의사회를 건설하려 할 때에 가정을 폐지했고 현실적으로 제거가 불가능한 타고난 자질과 능력에 기초한 계급사회를 구상했던 것이다.

또한 현대사회에서처럼 생산품의 가치가 평등하지 못한 곳에서 노동에 대한 소득의 평등은 인센티브와 고용의 자유만을 말살할 뿐이었다. '평등'한 '계급사회'란 무엇보다도 그 자체가 모순일 뿐만 아니라 인간의 본성에 대한 오만한 무지였다. 그리하여 '평등'의 환상에서 깨어나자 인간들은 자유를 요구하게 되었고 그 자유란 자신의 삶의 방식을 선택할 자유, 즉 정보로부터의 자유를 의미하지 않을 수 없게 되었다. 또한 그것이 개인이 아니라 국가인 경우에는 스스로 국가적 삶의 방식을 결정할 자유, 즉 자결권을 의미하는 것이며 그것은 궁극적으로 국가주권의 '독립'과 별개로 생각할 수 없는 것이다.

그러나 그러한 의식과 그에 입각한 행동은 기존의 국내 및 국제질서에 대해서는 커다란 위협이 아닐 수 없었다. 왜냐하면 모든 의식은 본질적으로 현재의 존재의 대하여 부정적이다. 그리고 그것에 입각한 행동은 현상의 변화를, 그것도 근본적인 변화를 의미하기 때문이다. 헤겔의 변증법적 논리를 빌어서 말한다면 새로운 의식과 행동은 분명히 현상(status quo)에 대한 하나의 안티테제이며 테제,

즉 기존질서에 대한 도전, 바꾸어 말하면 투쟁의 선언이 되기 때문이다.

3. 평등보다는 자유

자유와 평등의 가치에 대해서는 선진공업사회에서도 조용한 의식의 전환이 진행되고 있음을 간과할 수 없다. '신보수주의'라는 이름하에 실제로는 존 로크식의 '고전적 자유주의'로의 복귀를 도모하는, 조용하면서도 갈수록 확대되어 가는 새로운 자유주의자들의 세력을 우리는 주목하지 않을 수 없다. 그들은 이미 영국과 미국에서 일종의 선거혁명을 통해 그들의 위세를 과시했다.

반세기에 걸친 진보적 뉴딜정책은 복지국가를 건설하고 미국을 초강대국으로 만드는 데 놀라운 성공을 거두었다. 그러나 바로 그 성공의 후유증은 복지국가에 대한 반성과 심지어 환멸까지 자아내면서 '미래로의 복귀'(Back to the Future)를 지향하게 만들었다.[2] 복지국가의 이념적 가치는 평등이었다. 평등은 공정한 분배를 통해서 추구되었다. 고전적 자유주의자들처럼 뉴딜주의자들도 행복은 주관적인 것으로 믿었다. 그리하여 미국 독립선언서에서 선언된 행복의 추구권을 믿었다. 그러나 뉴딜주의자들은 행복이 주관적이라 할지라도 행복을 추구할 수 있는 기본적인 조건은 객관적이라고 생각했으며 그러한 논리는 20세기의 정의론을 수립한 존 롤즈의 '결과의 평등'(equality of the results)을 추구했던 것이다. 즉 그들은 고전적 자

---

2) Back to the Future라는 표현은 *Time* 지(1986년 1월 20일) 에세이의 제목에서 따온 것이다.

유주의자들이 숭배한 '기회의 균등'(equal opportunity)에 만족할 수 없었던 것이다. 그러나 그러한 고결한 헌신과 노력은 아이러니컬하게도 보다 크고 강한 정부를 만들어 놓았으며 그리하여 정부에 의하여 관리되는 삶, 환언하면 일종의 전체주의적 공동생활을 가져왔고 그 결과 개인의 창의력과 선택권이 말살되었다고 인식하기 시작했던 것이다.

그리하여 바로 그렇게 잃어버렸고 또 잊어버렸던 개인의 진정한 행복의 추구권, 즉 정부의 간섭이 없는 보다 큰 개인의 선택권을 요구하게 된 것이다. 이것은 조용한 지성적 혁명이었다. 왜냐하면 그런 이른바 신보수주의의 물결은 과거 뉴딜주의처럼 적어도 한 세대의 사상적 기조로 작용할 것이기 때문이다. 그리하여 그들은 계속 평등보다는 자유, 분배보다는 창조, 결과의 평등보다는 기회의 균등, 집단보다는 개인, 코스모폴리탄적 인도주의보다는 민족적 이기주의를 추구할 것이다. 그러나 일단 복지국가의 혜택 속에서 살아온 뉴딜주의자들은 자신의 이익이나 가치관을 쉽게 포기하지 않을 것이다. 따라서 신보수주의는 신자유주의(Neo-liberalism)의 도전에 직면하게 될 것이고 신자유주의의 이론적 무장이 체계화될 때 보다 치열한 투쟁이 전개될 것이다. 우리는 분명히 탈산업사회에 살고 있다. 그러나 다니엘 벨 식의 이데올로기의 종언을 수락할 수는 없다. 왜냐하면 정치사회의 미래에 대한 대립과 투쟁은 비록 그것이 비폭력적으로 진행된다고 할지라도 이념과 형식의 성격을 띨 수밖에 없기 때문이다. 그리고 그 대립과 투쟁은 적어도 앞으로 한 세대 동안에는 평등보다는 자유의 요구가 산불처럼 타오를 것이다.

4. 사회정의라는 이름의 평등

동구와 서방 선진공업국에서 평등보다는 자유를 요구하는 함성이 메아리 칠 때 제3세계는 자유보다도 오히려 사회정의라는 이름의 평등, 개인주의 보다는 뉴딜주의의 요구가 더욱 팽배해질 것이다. 그것은 과거 선진공업국가들의 역사적 경험에서도 알 수 있듯이 산업화의 과정이 불평등의 심화를 가져오는 데다가 기대충족에 관한 혁명적 요구는 정치적 방법으로밖에 실현될 수 없기 때문이다. 그렇다고 정치적 안정을 위해서 산업화를 포기할 수도 없을 것이다. 왜냐하면 그럴 경우 인간은 자신의 기본적인 물질적 요구를 충족시킬 수 있는 수단을 발전시키지 못함으로써 빈곤과 질병 그리고 미래에 보다 더 위협적인 폭발을 잉태하거나 민족의 조용한 자멸을 초래할 것이기 때문이다. 따라서 그들에겐 급속한 산업화 이외의 대안은 없다. 그러나 산업화는 상당한 시간을 필요로 하는 것이다. 그러나 어느 곳에서나 오늘날의 인간은 오래 기다릴 수 없다. 왜냐하면 인생은 단 한번이기 때문이다. 따라서 그들은 평등한 삶의 조건을 요구한다. 그리고 그러한 요구도 자연히 정치적으로는 이념적 색채를 띠게 된다. 그러한 요구는 점진적인 뉴딜정책보다는 급진적인 사회주의 슬로건과 수사학을 사용할 것이다. 왜냐하면 그것보다 자본주의적 산업화에 대한 간결하고 손쉬운 역사적 대안이 없기 때문이다. 그들은 부르주아사회를 증오한다. 그들은 이념적으로 좌파이다. 그들은 연령적으로 젊은 대학인들이다. 그러나 그들은 결코 고전적인 좌파가 아니다.

그들은 니체와 하이데거식의 좌파이며 따라서 허무주의적 현상타파주의자들이다. 왜냐하면 그들은 이성을 거부하고 열정에 사로잡혀 있기 때문이다. 파시즘은 이성을 거부했다. 따라서 히틀러가 집권했을 때 칼 슈미트(Karl Schmitt)는 "오늘 독일에서 헤겔이 죽었다"고 말했다.[3] 헤겔은 위대한 대학인으로 이성을 숭배했었다. 맑스-레닌주의자들은 혁명전위대라는 구실로 민중들이 이성적이 되었기 때문에 대학은 더 이상 특별한 지위를 필요로 하지 않는다고 믿었다. 그러면서도 대학인이라는 이유에서 특별한 관심과 고려를 요구했다. 그들은 평등의 실현을 요구하는 자유를 구사한다. 그들은 우월한 사회모순의 인식과 우월한 도덕적 양심을 내세운다.

따라서 바로 여기에 그들의 숨겨진 엘리트주의가 자리잡고 있다. 그들은 본질적으로 지성의 상징인 대학을 배경으로 하는 엘리트주의자들이다. 그러한 의식과 자부심없이 어찌 감히 민중의 행복을 위해 그들을 이끌겠다고 나설 수 있겠는가? 따라서 그리스 역사가 투키디데스가 파악했던 것처럼 모든 혁명가들은 권력을 사랑한다. 권력에 대한 그들의 애정을 우리는 냉소적으로 꼬집을 필요는 없을 것이다. 권력은 분명히 인간이 추구하는 중요한 가치 중의 하나이며 위대한 정치, 사회적 비전을 실현할 수 있는 가장 효과적인 수단이기 때문이다. 다만 여기서 지적하고자 하는 것은 국민복지에 입각한 평등사회의 요구는 결국 정치적 투쟁일 수밖에 없으며 그러한 투쟁은 평등을 우선적 가치로 요구하는 세력들이 산업화를 추진하는 과정에 있는 대부분의 제3세계 국가에서 계속해서 이데올로기적 투쟁을 전개할 것이라는 점이다.

---

3) Allan Bloom, *The Closing of the American Mind,* New York: Simon and Schuster, 1987, p. 259에서 재인용.

5. 새로운 이데올로기로서의 인권

자유와 평등은 21세기에도 계속 역사의 동력으로 작용할 것이다. 그러나 자본주의나 사회주의라는 정치·경제적 이데올로기가 과거의 활력을 상실한 것도 사실이다. 따라서 동서는 다같이 새로운 이데올로기의 등장을 기대했다. 그것은 자유와 평등의 가치를 내포하면서도 보다 박애적 호소력을 지닌 그러한 이데올로기였다. 그리하여 20세기에 탄생하여 21세기의 이데올로기로 그 역할과 기능을 수행할 것으로 기대되는 것이 바로 인권(Human Rights)이라는 개념이라 하겠다. 엄격한 의미에서 인권은 20세기의 독창적 창조물은 아니다. 그것은 18세기의 고전적 자유주의의 사상에 원류를 둔 것으로 당시의 자연권(Natural Rights) 사상과 19세기의 기본권 개념이 확대·발전하여 형성된 것이기 때문이다. 또한 그것은 '미국의 독립선언'과 프랑스 혁명의 '인권과 시민의 제권리에 대한 선언'이라는 정치행동적 경험과 유산의 집합체이기 때문이다. 그리고 우리는 과거 19세기에 노예의 해방과 노동계급의 해방 그리고 여성의 해방이 요구될 때 그것들이 인권의 이름으로 요구되었음에 틀림없다고 인정한다. 그러나 인권이 보다 뚜렷하고 범세계적 보편성에 입각한 원리로 인정되고 선언된 것은 아무래도 20세기, 보다 구체적으로는 유엔헌장에 뒤이은 1948년의 유엔 인권선언이었다고 할 수 있다. 유엔 인권선언은 모든 사람과 국가에 대한 공통의 원칙과 기준을 제기함으로써 정치이데올로기적 국경선을 초월하는 범세계적 인간의 존엄성에 대한 요구였다.

이는 결국 동서남북을 포함하는 전 인류의 공동선언으로서 탈이데올로기적 성격의 새로운 이데올로기가 선언된 셈이다. 분명히 그것은 역사적 전환점이었다. 그러나 실제로 그 인권선언은 각국에 의해 자의적으로 해석되었고 또 그것의 적용을 각국 정부의 관할권 하에 둠으로써 도덕적 설교에서 벗어나지 못했다. 그럼에도 불구하고 인권의 보호는 인권선언 후 꾸준히 국제화되었고 보다 많은 국제적 합의의 가능성은 높아져 왔다. 뿐만 아니라 1970년대 중반부터는 인권이 미국 외교정책의 우선적 목표가 됨으로써 세계적 의제로 등장했으며 구소련의 세계적 지도자인 고르바초프가 인권의 서구적 의미와 기준을 수락함으로써 인권은 새로운 역사적 의미를 갖게 되었다. 물론 그러한 고르바초프의 선언이 구소련과 비공산세계를 분리시키는 헌정질서 및 개념적 간격을 메우지는 못했다.

그러나 긍정적인 면에서 인권은 첫째로, 대부분의 국가들이 문화적 그리고 여전히 이데올로기적 다양성을 갖고 있었음에도 불구하고 인권의 독트린에 공식적으로 찬성했으며, 둘째로, 각국 정부는 인권의 국제적 관심의 정당성을 인정하고 대규모의 인권유린이 국제평화에 위협이 된다고 할 때 그것이 타국 간섭의 정당성의 토대가 된다는 최소한의 합의가 가능하게 되었으며 셋째로, 국제사면위원회(Amnesty International) 같은 국제기구들이 성공적으로 세계여론을 동원하게 되었다.4)

그러나 이러한 긍정적인 발전이 모든 부정적 장애물을 일소한 것은 아니다. 여전히 인권의 해석과 적용 및 정책순위는 각 주권국가의 국내관할권에 속해 있다. 또한 인권과 주권의 관계에선 여전히 주권이 우월한 위치에 있기 때문에 인권유린에 대한 상호의 비방은

4) Zdenek Kavan, "Human Rights and Industrial Community," James Mayall, ed., *The Community of States*, London: George Allen & Unwin, 1982, p. 137.

국제적 긴장을 증대시킬 것이다. 따라서 새로운 정치적 이데올로기로서의 인권의 부각은 결코 보다 평화스럽고 안정된 미래를 약속하지 않는다. 여기서 강조하려는 것은 앞으로 다가오는 21세기에는 그동안의 역사적 동력인 자유와 평등의 실현을 위한 투쟁이 인권이라는 이데올로기적 슬로건과 정치적 상징조작에 의해서 전개될 것이라는 점이다.

6. 결 론

헤겔의 역사철학에 의하면 우리는 역사의 부록(Appendix)에 살고 있다. 그러나 19세기는 차치하더라도 지난 20세기의 역사를 살아온 사람들에게 역사는 끝나지 않았음이 분명하다. 그렇다고 공산사회의 천년왕국이 도래할 것 같지는 않으며 오히려 소련과 동구의 공산주의체제 몰락은 맑스의 예언과는 달리, 그리고 그의 과학과 역사관에서 보면 아이러니컬하게도 역사의 수레바퀴는 후진한 것이다. 자유·평등·박애는 어쩌면 영원한 이상이며 결코 도달할 수 없는 높은 언덕인지도 모른다. 그러나 근대의 역사는 그곳을 향하여 자유·평등·박애의 바위를 시지프스처럼 굴려온 것이다.

엄밀히 논리적으로만 따진다면 자유와 평등은 서로 모순되는 가치로서 동시에 실현될 수 없으며 박애란 인간의 완전한 새로운 탄생, 즉 인간본성의 개조없이는 불가능한 것이다. 그럼에도 불구하고 그 약속 받은 땅을 향한 인류의 꾸준한 노력이 없었다면 현재의 불만스러운 자유와 평등 그리고 박애마저도 유지되지 못했을 것이다. 우리는 패트릭 헨리처럼 "자유가 아니면 죽음을 달라"고 외칠 수 있다. 또 우리는 이반 카라마조프처럼 "사회정의 없이는 차라리 죽고 말겠다"고 절규할 수 있다.

그러나 우리는 솔직하게 말해서 자유없이도 생존이 가능하다. 국가를 통해서만 인간은 자유로울 수 있다는 헤겔의 주장을 수락하지 않는다 해도 도스토예프스키의 생각처럼 인간이란 자유롭기엔 너무도 연약한 존재라서 국가의 도움없이는 살 수 없는지도 모른다. 삶은 언제나 불공평했지만 국가없이 그 개선의 전망은 전무하다. 그렇다고 해서 우리는 복지사회의 리바이어던을 생각할 수도 없다. 따라서 자유와 평등의 대립과, 인권과 국가에 대한 헌신의 요구 사이에서 부딪히고 좌절하고 투쟁하면서 21세기를 맞게 될 것이다. 따라서 우리는 역사의 종언을 거부한다. 볼테르의 말처럼 역사는 되풀이하지 않을지 몰라도 인간은 되풀이한다. 인간들은 자유와 평등과 인권을 위해 21세기에도 투쟁할 것이고 아니 어쩌면 더욱 격렬히 투쟁할 것이다. 왜냐하면 우리 모두가 기다림에 지쳐 있기 때문이다.

제23장

탈근대 인간안보의 모색: 지구적 공동선을 향한 국제관계이론상의 개념적 실족*#

> 만약 어떤 사람이 강한 신앙심을 가지게 되면 그는 회의주의의 사치에 빠질 수 있다.
>
> – 프리드리히 빌헬름 니체 –

1. 서 론

1952년, 국제관계에 대한 소위 과학적 접근법들이 국제관계론 분야에 아직 도입되기 전에 아놀드 울퍼스(Arnold Wolfers)는 "국가안보를 모호한 상징으로서" 정의하고 다음과 같이 주장하였다:

"'국가이익' 또는 '국가안보'와 같은 정치학적 관용구들이 인기를 얻을 때 이들 관용구들은 특별히 조심스럽게 고찰될 필요가 있다. 이러한 관용구들은 서로 다른 사람들에게 똑같은 것을 의미하지

---

* 이 논문은 정부(교육인적자원부)의 재원으로 한국학술진흥재단의 지원을 받아 수행된 연구임(KRF-2004-005-B00006).

본 논문은 2007년 12월 14-15일 일본 토오쿄오 소재 유엔대학교에서 개최된 제7차 "한일안보와 유엔"에 관한 국제회의에서 발표된 것을 번역한 것임.

않을 수 있다. 이러한 관용구들은 심지어 어떤 정확한 의미를 가지지 않을 수도 있다. 그리하여, 이들 관용구들은 정책을 위한 지침과 폭넓은 합의의 근거를 제공하고 있는 것처럼 보이는 반면에 다른 한편으로 사람들 각자에게 그들이 선호하는 그 어떤 정책도 매력적이고 또 어쩌면 기만적인 이름으로 부를 수 있도록 허용하고 있는지도 모른다."[1]

냉전이 종식된 후에 인간안보는 국제관계에 있어서 국가안보에 대한 "대안적인" 정치학적 관용구로 등장하였다. 그런데 인간안보라는 이 정치학적 관용구는 반세기 전에 아놀드 울퍼스가 지적한 경우에 속할지도 모른다.

국제관계의 과학적 연구를 최초로 주장한 퀸시 라이트(Quincy Wright)가 말한 것처럼, 만약 최소한 어떤 학문 분야라는 것이 모종의 통일을 갖는 어떤 주제가 존재한다는 학자들간의 의식을 의미하는 것이라면[2] 국제관계론은 제1차 세계대전이 종결된 후인 1920년대에 독립적인 학문 분과로서 등장하였다. 비록 물론 이 학문 분야의 정의에 대하여 폭넓은 합의가 존재하지는 않았음에도 불구하고[3] 이 학문 분과의 첫 번째 과제는 국제평화와 안전을 성취하기 위하여 한 국가에 대한 "외부 침략"(external aggression)[4]이라는 위협으로

1) Arnold Wolfers, "National Security As An Ambiguous Symbol," in *Discord and Collaboration: Essay on International Politics*, Baltimore and London: The Johns Hopkins University Press, 1962, p. 147(원래는 *Political Science Quarterly*, Vol. LXVII, December 1952에 게재되었음).

2) Quincy Wright, *The Study of International Relations*, New York: Appleton-Century-Crofts, 1955, p. 23.

3) Stanley Hoffmann, *Contemporary Theory in International Relations*, Englewood Cliffs, N.J.: Prentice-Hall, 1960, p. 4.

4) "외부 침략"에 대한 정의는 아직도 국제사회에서 합의되지 못하고 있다. 이에 대해서는 Oscar Solera, Defining the Crime of Aggression, London: Cameron May, 2007 참조. 또한 침략범죄에 관한 특별연구그룹

부터 세계를 안전하게 만드는 방안에 관한 것이었다. 국가안보(national security)는 모든 국가들의 외교정책과 국제연맹의 목적에 있어서 최우선이었다.5)

오늘날 우리 시대에 있어서 인간 안보의 중심적 옹호, 증진자인 국제연합은 국가들의, 국가들에 의한, 국가들을 위한 국제기구였고 오늘날도 여전히 그렇다.6) 그러므로, 국제평화와 안보는 회원국의 본래적 자위권에 의해서든 아니면 국제연합의 집단안보에 의해서든 회원국의 국가안보를 통해서 확보될 것으로 기대되었던 것이다. 자유주의자들은 국제연합의 집단안보체제를 선택한 반면에 보수주의자들은 자위 그리고/또는 집단적 자위체제를 선호하였다.7)

오늘날 국제관계이론들간에 있어서 (독립된 학문분과로서 등장되기 전 그리고/또는 후에 발전된 것임) 근본적인 차이는 논의의 초점을 어디에 두고 있으며 국가의 본래적 자위권과 국제연합의 집단안보체제 둘 중 무엇을 강조하느냐 하는 것이다. "국가안보 최우선주의자들"은 소위 현실주의 학파에 속하는 반면에 국제연합의 집단안

(Special Working Group on the Crime of Aggression)의 이 문제에 관한 최근 논의를 위해서는 http://www.icc-cpi.int/asp/aspaggression.html 참조.

5) 제 2 차 세계대전 전에 국가 내의 소수민족 보호의 필요성 인정, 노동과 사회복지에 대한 보편적 기준의 수립 등을 포함하는 인권의 원칙이 발전되기 시작했다. 그럼에도 불구하고 국제법과 정치 질서는 국가주권의 원칙에 초점을 두고 있었다.

6) 비록 국제연합 헌장은 인권의 내용을 정의하고 있지 않지만 여러 곳에서 그것이 국제평화와 안전에 맞물려 있음을 시사하고 있다. 헌장의 제 1 조 2항, 제 1 조 3항, 제55조와 제56조를 각각 참조.

7) 집단안보체제와 집단방위체제의 차이점에 대한 초기의 논의를 위해서는 Arnold Wolfers, "Collective Defense Versus Collective Security," in *Discord and Collaboration: Essays on International Politics,* Baltimore: The Johns Hopkins University Press, 1962, Chap. 12(이 논문은 원래 Arnold Wolfers, ed., *Alliance Policy in the Cold War,* Baltimore, The Johns Hopkins University Press, 1959에 실렸었음).

보체제 옹호자들은 자유주의적 국제주의학파에 (또는 카(E. H. Carr)에 의해 유토피아주의자들이라고 불렸거나 모겐소(H. J. Morgenthau)에 의해 이상주의자들이라고 불린 사람들) 속하는 것으로 분류하고 있다. 그럼에도 불구하고 이들 두 학파의 가장 두드러진 공통점은 모두 국가중심적 이론가들이라는 점이다. 달리 말하면, 이 두 학파의 학자들 모두에게 국가안보가 항상 우선적이면서도 그들이 선호하는 수단만은 서로 다르다는 것이다. 이러한 의미에 있어서 그들 모두는 웨스트팔리아 국제주의 이론가들이라고 할 수 있으며 또는 간단히 근대 국가체제 이론가들이라고 할 수 있다.

그러나 냉전의 종식 후에 국가안보는 국제연합, 특히 세계정치와 현존하는 국제연합체제의 개혁 주창자들에 의해 도전 받기 시작했다. 정치적이고 학문적인 수사법은 뚜렷한 경향을 나타내는 문서화와 똑같지는 않지만 뚜렷하지 않은 어떤 경향의 핵심을 포착할 수도 있다. 인간안보는 이제 국제문제의 언어와 정책에 있어서 뿐만 아니라 정치계와 학계에서 또한 확고히 자리하고 있다.[8] 이렇게 된 것은 대체로 국제연합이 우리 시대 국제안보 이해의 핵심에 국가가 아니라 개인을 두는 새로운 국제규범을 제시하고 선양하며 나아가 강제하는 데 있어서 중요한 역할을 수행했기 때문이다.[9]

---

8) 인간안보의 계보학을 위해서는 S. Neil MacFarlance and Yuen Foong Khong, *Human Security and the UN: A Critical History,* Bloomington, Indiana: Indiana University Press, 2006, Part I 참조.

9) Fen O. Hampson and Christopher K. Penny, "Human Security," in Thomas G. Weiss and Sam Daws, eds., *The Oxford Handbook on the United Nations,* Oxford: Oxford University Press, 2007, p. 539.

2. 국가안보에 대한 인간안보의 우위: 국제관계의 마키아벨리적인 계기?

냉전의 종식과 함께 "우리들 국제연합의 인민들은"10)이라는 헌장의 표현은 국제연합체제에 있어서 보다 강조되기 시작했다. 비록 국가에 대한 전통적인 초점이 사라진 것은 아니지만 보다 인간 중심적인 세계질서는 전세계적인 의제가 되었다. 인간안보라는 개념은 개인의 보호, 권리 그리고 복지에 대한 서로 다른 고려라는 지적인 고안물로서 그리고 국제사회에 있어서 옹호의 도구로서 등장하게 된 것이다. 그 개념은 개별 인간이 안보 담론에 있어서 환원되지 않는 유일한 초점이며 다른 모든 언급사항들(국가 또는 세계)에 관련된 주장은 인간 개인의 주권과 남성 또는 여성의 삶에 있어서 개인의 존엄성에 대한 권리로부터 파생된다는 전제에 기초하고 있다.

인간안보의 옹호자들 중 많은 사람들은 이보다 더 강한 주장을 한다. 즉, 인간안보는 개인들의 안보필요성이 단순히 폭력 상황 속에서 신체적 생존을 넘어 삶에 기본적으로 필요한 것들에 대한 접근과 기본적 권리의 확립까지 확대됨으로써 모든 사람이 존엄한 삶을 영위할 수 있어야 함을 뚜렷이 인식하고 있는 것이다.11) 국제연합의 기본 목적이 국제평화와 안전의 유지인 반면에 이 세계 기구

10) 이는 국제연합 헌장의 전문(前文)을 시작하는 말인데 후에 국제연합 사무총장 코피 아난(Kofi Annan)이 2001년 12월 10일에 행한 그의 "2001년 노벨평화상 강연"의 제목으로 채택하였다. 이 강연문을 위해서는 Kofi Annan, "We the Peoples …" Nobel Peace Message, New York: Ruder Finn Press, 2001 참조.

11) S. Neil Macfarlane and Yuen Foong Khong, *op. cit.*, p. 2.

는 또한 안보에 대한 개인들의 열망이 널리 퍼져 있으면서 그것이 심각하게 좌절될 때 세계가 진정으로 평화로울 수 없다는 새로운 이해를 강조하기 시작한 것이다.

국제사회에 있어서 하나의 유행처럼 최근 인간안보 개념이 하나의 주요한 초점으로 발전하면서, 왈츠의 첫 번째 이미지(즉, 국가나 국제체계가 아니라 사람들)는 국제관계의 인과적 분석단위가 아니라 궁극적 주체로서 국제관계의 학문 분과를 다시 찾고 있다. 따라서 어느덧 우리는 모두 로크주의자가 되어 우리는 "안락한 자기 보존"을 위한 자연권을 가지고 태어났다고 믿고 있는데 이것이 우리 시대의 언어에 있어서 "인간안보"를 의미하기 때문이다. 우리는 이제 모두 후쿠야마가 의미하는 바 역사의 종말 후에 오는 세계에 있어서 "미국인들"이다.

사회들 내부와 사회들 사이에 존재하는 이해관계의 다원성을 감안할 때 불가피하게 인간안보가 무엇을 의미하는지에 대하여 논란이 있을 수 있다. 인간안보를 옹호하는 많은 사람들은 주의를 끌고 자원을 확보하려는 경쟁에 있어서 국가의 권리보다는 개인들의 권리를 우선시하려 하고 있다. 한 가지 핵심적 문제는 누가 확보되고 있는 개인들의 인간안보 내용을 결정하는가이다. 이 쟁점은 육체적 생존과 관련해서는 아마도 아무런 문제가 되지 않을 것이다. 하지만 사람들로 하여금 심리적으로 안전하게 하는 것은 국가를 물리적으로 안전하게 하는 것의 반대경우가 될 수 있는데 특히 국가들 자체가 개인들의 불안을 직접적으로 야기하는 장본인일 때 그러하다.[12]

12) 에마 로쓰차일드(Emma Rothschild)에 따르면 현대의 안보라는 용어가 유래하는 라틴 용어인 Securitas는 내적인 편안함(well-being)의 의미를 가리키고 있다. 이것은 개인적 문제여서 공동체나 국가들에 대해서는 사용되지 않았다. 이에 대해서는 Emma Rothschild, "What is Security,"

이제 인간안보는 품위 있는 인간 삶에 필요한 거의 모든 것을 포함함으로써 국제관계의 이론과 실제에 있어서 새로운 판도라의 상자를 열어 놓았다. 만약 인간안보가 모든 것을 의미한다면 보다 고전적인 용어와 철학적 담론에 있어서 "국가간의 정의" 뿐만 아니라 "인간의 행복," 또는 "사람들 사이의 정의,"[13]처럼 그것은 실제에 있어서 아무것도 의미하지 못할 수 있다.[14] 왜냐하면 인간안보의 조건은 너무 많고 따라서 이 개념은 정치적 의제를 우선시하고 구체적인 정치적 문제에 대한 구체적인 해결책에 초점을 가지는 정책결정자들이나 학자들에게 있어서 유용한 분석도구가 되기에는 너무나 모든 것을 포함하는 경향이 있기 때문이다. 인간안보의 근본적인 구성요소들은 외부적 침략뿐만 아니라 또한 소위 보안군(security forces)을[15] 포함하는 국가 내의 요인들에 의하여 위험에 처할 수 있다. 안보의 개념을 국가안보를 넘어 인간안보로 다시 구성하는 것은 간단할지 모르지만 우리가 세계를 어떻게 볼 것인지, 우리가 정치문제를 어떻게 조직해야 할지, 우리가 공공정책과 외교정책에 있어서 어떠한 선택을 해야 할지, 그리고 우리는 서로 다른 국가들에서 온 동류 인간들과 "충돌하는 문명들"[16] 사이에서 서로 어떤 관계를 가

Daedalus: Journal of the American Academy of Arts and Sciences, Vol. 124, No. 3, Summer 1995, p. 61.

13) Charles Beitz, *Political Theory and International Relations,* Princeton: Princeton University Press, 1979; Thomas L. Pangle and Peter J. Ahrensdorf, *Justice Among Nations: On the Moral Basis of Power and Peace,* Lawrence, Kansas: The University Press of Kansas, 1999.

14) Roland Paris, "Human Security: Paradigm Shift or Hot Air," *International Security*, Vol. 26, No. 2, Fall 2001, pp. 89-93.

15) Ramesh Thakur, *The United Nations, Peace and Security,* Cambridge: Cambridge University Press, 2006, p. 72.

16) Samuel P. Huntington, *The Clash of Civilizations and the Remaking of World Order,* New York: Simon & Schuster, 1996.

져야 할지에 대한 문제들에 있어서는 심대한 결과를 가져올 것으로 예상된다.

국제연합체제는 이 세계에 있어서 인간안보의 무수히 많은 목표들을 확보함과 동시에 거의 모든 것의 성취에 있어서 진척을 열망한다. 그러나 "인간안보"는 전통적인 자유주의적 국제주의자들이 지금까지 그러했던 것처럼 세 가지 곤경에 처하지 않을 수 없다. 첫째, 그것은 그 목표들에 있어서 일련의 뚜렷한 우선순위를 필요로 한다. 두 가지 오래된 문제가 아직도 우리들에게 남아 있다. 하나는 미얀마나 중국과 같은 곳에 있어서처럼 폭정에 의해 인간안보(그리고/또는 인권)가 유린될 때 이에 대하여 어떻게 할 것이며 소위 실패한 국가들은 물론이고 중국의 티벳족이나 이라크 또는 터어키의 쿠르드족처럼 내켜하지 않는 민족들에게 이민족의 통치가 부과되는 경우에 어떻게 대응해야 하는가의 문제이다. 이 두 가지 문제에 있어서 개입 여부를 둘러싼 해묵은 견해대립은 그 어느 때보다도 깊다고 할 수 있다.[17] 달리 말해 지금까지 국제연합에 의한 인도주의적 개입의 문제는 그 비일관성으로 인해 악명이 높은 것이다. 두 번째 곤경은 무력의 사용에 관련된 것이다. 인간안보를 위해 무인(無人) 군사력이 사용되어야 하는가? 만약 우리가 무인(無人) 군사력을 이용한다면 우리는 국가안보를 위해 부도덕한 어떤 수단도 정당화하는 권력정치(Machtpolitik)의[18] 마키아벨리주의자가 되는 것이다. 세 번째 곤경은 누가 그 수행자(agent)가 될 것인가의 문제에 관계된

---

17) Stanley Hoffmann, *World Disorders: Troubled Peace in the Post-Cold War Era,* Lanham, Maryland: Rowman & Littlefield, 1998, p. 78.

18) 권력정치(*Machtpolitik*)는 정치인들이 공공의 문제에 있어서 사적 생활에서 존중되는 도덕에 의해 제한받지 않는다는 것을 시사한다. Martin Wight, *Power Politics*, 2nd ed., Penguin Books, 1979(원래는 'Looking forward' Phamphlet No. 8, Royal Institute of International Affairs, London, 1946), p. 29.

다. 국제연합은 단지 강대국들이 그것의 필요한 지도력을 제공할 때만 효과적으로 행동하는 경향이 있다. 그렇다면 이것은 패권적 강제 행위인 것이다. 그러나 그들의 지도력이 없이 국제연합은 거의 아무것도 할 수 없다.

뿐만 아니라, 심지어 21세기 지구적, 민주적, 자본주의적, 그리고 평화적 세계라는 도취적 "놀라운 신세계"에 대한 예언자 중의 한 사람인 프란시스 후쿠야마(Francis Fukuyama)조차도 이제 민족국가 또는 "국가성"의 강화가 중요함을 강조함으로써 냉정을 되찾고 있다.[19] 국가 역할의 지속적 중심성을 보여주는 또 다른 증거로서 우리는 단지 유혈적인 내부 투쟁을 겪고 있는 국가들을 보기만 해도 된다. 이들 국가들에서는 국가의 어떤 기구든 그 통제를 확보하는 것이 목적이며 또한 분리하여 독립된 국가를 수립하는 것이 목적인 것이다. 국내문제에 대한 지구적 거버넌스와 인도주의적 개입이라는 인간안보의 새로운 규범적 틀이 등장했음에도 불구하고 관련 국제 관행의 발전과 그 효과성에 대한 평가는 국내 정치과정에 있어서 폭넓은 사회적 참여의 중심성에 대한 경시로 인하여 그 기대에 훨씬 뒤처질 것이라는 우려가 있다. 달리 말해, 국내 정치과정인 "통치"(governing)에 대하여 지구 거버넌스(governance)를 우선시하는 것은 국내정치과정이 국제기구에 의해 영향 받을 수 있다는 가정에 기초하고 있는데 이는 국내정치의 사회적 압력과 요구에 대하여 제대로 주의를 기울이지 않는 현상으로 나타날 수 있다는 것이다.[20]

19) Francis Fukuyama, *State-Building: Governance and World Order in the 21st Century,* Ithaca, New York: Cornell University Press, 2004.

20) David Chandler, "Back to the Future? The Limits of Neo-Wilsonian Ideals of Exporting Democracy," *Review of International Studies*, Vol. 32, No. 3, July 2006, pp. 475-494; Francis Fukuyama, *America at the Crossroads: Democracy, Power, and the Neoconservative Legacy,* New Haven: Yale University Press, 2006.

인간안보의 옹호와 인간안보에 관한 실제 사이의 곤경 또는 간격은 과거가 하나의 서곡으로서 보여질 때 정말 넓기만 하다. 롤랜드 패리스(Roland Paris)가 주장하는 것처럼 인간안보는 정치적 운동에 있어서 하나의 표어처럼 국가들, 국제기구, 그리고 비정부기구들이라는 다양한 행위자들을 성공적으로 통합시켰다. 정치적 운동으로서 지뢰협약의 협상 사례처럼 다수의 구체적인 목표를 성취하였다. 그러나 학문적인 개념으로서 인간안보는 너무 모호해서 무의미해지고 있고 그 결과 국가안보 대신에 인간안보를 채택하고자 하는 국제관계 이론가들에게 실제적인 지침을 거의 제공하지 못하고 있다.[21)]

3. 인간안보: 새로운 구성주의 접근법에 대한 또 하나의 유인력

인간안보의 문제는 외교정책의 실제뿐만 아니라 국제관계에 있어서 관념의 발전을 위한 국제연합의 역할에 있어서 하나의 고전적 사례가 되었다. 인간안보라는 개념처럼 구성주의는 국제관계의 학문 분과에 대한 비교적 "새로운" 이론적 접근이면서도 최근에 주요한 이론적 관점의 지위를 획득하였다.[22)]

---

21) 국가안보라는 개념 그 자체조차도 또한 똑같은 목적을 위해서는 너무 모호하였다. Arnold Wolfers, "National Security as an Ambiguous Symbol," *Discord and Collaboration: Essays on International Politics,* Baltimore: The Johns Hopkins University Press, 1962, 2nd ed., pp. 147-165(원래 *Political Science Quarterly,* Vol. LXVII, No. 4, December 1952에 게재되었음). 베리 부잔(Barry Buzan)에 의하면, 안보는 아직 저발전된 개념이다. Barry Buzan, *People, States and Fear,* 2nd ed., Boulder, Colorado: Lynne Rienner, 1991, pp. 3-12 참조.

22) 어떤 의미에서 구성주의는 국제관계 연구에 있어서 영국학파의 "영광스런 복귀"라고 할 수 있다. 영국학파를 종합적으로 다룬 경우를 위해

국제관계 연구를 위한 구성주의의 중요성과 그 부가적인 가치는 주로 간주관적인 지식의 존재론적 현실에 대한 강조와 이러한 현실의 인식론적이고 방법론적인 함의들에 대한 강조에 있다. 구성주의자들은 국제관계가 주로 사회적 사실들로 구성되어 있으며 이러한 사실들은 오직 인간의 합의에 의한 것이라고 믿는다. 그리고 "규범"에 대한 그러한 합의는 공간적-시간적 차이에 따라 변한다는 것이다. 구성주의자들은 "안보"를 군사적 능력보다는 문화에 의해 역사적으로 조건지워진 하나의 관계로 본다. 이 결과, 그들은 우연성과 맥락을 중시하는 방법론을 선호한다. 그들은 진화하는 인도주의적 개입이라는 관례를 포함하여 전략적 행동을 금지하거나 아니면 고무하는 서로 다른 시대의 "특정 규범"에 초점을 둔다.[23] 1994년 이래 국제정치에 있어서 국제연합에 의해 주도된 "인간안보 규범확산사업(norm entrepreneurship)"[24]은 우연히 국제관계이론에 있어서 소위 "구성주의적 전변"을 지지하게 되었다.[25] 나아가 구성주의

서는 Andrew Linklater and Hidemi Suganami, *The English School of International Relations: A Contemporary Reassessment,* Cambridge: Cambridge University Press, 2006; Alex J. Bellamy, ed., *International Society and Its Critics,* Oxford: Oxford University Press, 2005; Barry Buzan, *From International to World Society?,* Cambridge: Cambridge University Press, 2004 등을 참조.

23) Audie Klotz and Cecelia Lynch, *Strategies for Research in Constructivist International Relations,* Armonk, New York: M.E. Sharpe, 2007, p. 17.

24) 규범생명주기이론에 대해서는 Martha Finnemore and Kathryn Sikkink, "International Norm Dynamics and Political Change," *International Organization*, Vol. 52, No. 4, Autumn 1998, pp. 895-905 참조. 여기의 인용구는 Ian Johnstone, "The Role of the UN Secretary: The Power of Persuasion Based on Law," *Global Governance*, Vol. 9, No. 4, Oct.-Dec. 2003, P. 445; "The Secretary General as Norm Entrepreneur," in Simon Chesterman, ed., *Secretary or General?,* Cambridge: Cambridge University Press, 2007, p. 124에서 빌려옴.

25) Jeffrey Checkel, "The Constructivist Turn in International Relations Theory," *World Politics*, Vol. 50, 1998, p. 324.

학파는 국제관계이론으로 하여금 더 이른 시기의 국제관계이론 학파들 사이에 널리 유행했던 구태의연한 국가이론으로부터 벗어나 정책에 대한 보다 해석학적인 이해를 가능하게 하였다.[26)]

국제관계에 있어서 사회적 구성주의는 원래 기존의 지배적인 두 패러다임인 신현실주의와 신자유주의가 충분히 주의를 기울이지 않았던 부분들에 대한 비판으로서 등장했던 만큼 국제관계의 이론화에 있어서 관념, 정체성, 그리고 규범의 힘에 대하여 특별한 주의를 기울인다. 구성주의자들은 국제체계 또는 국제사회는 물질적 힘(군사력, 경제 및 자연자원과 같은 경성권력)뿐만 아니라 사회적 관계들(연성권력)에 의해서도 구성된다고 주장한다. 국가들의 정체성과 이익은 규범적 맥락 안에서 발생하는 사회적 상호작용 과정에서 정의되며 이러한 규범적 맥락이라는 것 자체도 그러한 상호작용의 결과로서 진화한다. 사회적 구성주의자들은 규범을 "주어진 정체성을 가지고 있는 행위자들의 적절한 행동에 대한 집단적인 기대감"[27)]이라고 정의한다. 이러한 기대감들의 효과는 행동을 제한할 뿐만 아니라 또한 그러한 행동을 하고 있는 행위자들의 정체성을 구성하고 이익의 양태를 형성하는 것이다. 사회적 구성주의자들의 이론에 있어서 중심적 전제는 행위자와 구조가 "상호간에 구성적"[28)]이라는

---

26) Rory Keane, "EU Foreign Policy Motivation: A Mix of Human Security and Realist Elements," in Sandra J. MacLean, David R. Black and Timothy M. Shaw, eds., *A Decade of Human Security,* Burlington, VT: Ashgate, 2006, p. 41.

27) Peter Kazenstein, "Introduction: Alternative Perspectives on National Security," in Peter Kazenstein, ed., *The Culture of National Security: Norms and Identity in World Politics,* New York: Columbia University Press, 1996, p. 5.

28) 미국에서 정치적 현실주의를 세운 학자인 고(故) 한스 모겐소(Hans J. Morgenthau)는 미국의 자유주의적 문화와 가치에 기초를 두고 있는 어떤 구성적인 규범들은 국제정치와 외교정책의 참된 성격을 이해하는

점이다. 한편으로 물질적 요소들과 외부적 환경이 한 국가의 행동을 결정하지 않으며 규제적이고 구성적인 규범과 공유되는 이해와 공동의 관행이 중요하다고 주장하는 것과 다른 한편으로 주어진 규범이 어떻게 형성되며 정체성의 양태가 어떻게 형성되며 그리고 어떻게 이해관계가 정의되는가 하는 문제는 서로 아주 다른 문제이다. 비록 구성주의는 정치생활에 있어서 작용하고 있는 과정에 대해서는 무엇인가 중요한 것을 말해주지만 그 자체로 외교정책들과 국제관계의 내용이 어떻게 될지에 대해서는 아무것도 말해주지 못한다.[29] 그리고 구성주의적 접근은 사회적 구성이 "국제사회"로부터가 아니라 "국내사회"로부터 시작한다고 말한다. 그러므로 그것은 조만간 국제연합과 같은 국제기구들에 의해 시도되는 전지구적 도달 시도에 대해서는 한계를 보여줄 것이다.

뿐만 아니라, 구성주의자들의 분명한 바람은 세계정치가 인간안보와 마찬가지로 적절한 세계정치의 규범, 정체성, 그리고 개념이 확산되고 내면화됨으로써 변형되는 것을 보는 것이다. 그러나 로버트 저비스(Robert Jervis)가 지적하는 것처럼 구성주의자들은 흥미롭게도 혁명적이고 사악한 규범과 관념들에는 거의 주의를 기울이지 않고 있다.[30] 이러한 실패는 아마도 물질주의적 이론들에 대하여 가장 강력하게 반대하고 있는 주장들을 무시하는 결과로 나타났다. 즉, 이러한 주장들의 사례에는 지난 세기에 있어서 가장 파괴적인 세 국가들인 히틀러의 독일, 스탈린의 소련, 그리고 국수주의의 일본 제국이 있는데 이러한 주장들은 이들 국가들에 있어서 지배엘리

데 있어서 "현실주의"가 결여되어 있는 이상주의적인 것이며 따라서 잘못된 것이라고 응답할지 모르겠다.

29) Robert Jervis, "Realism in the Study of World Politics," *International Organization*, Vol. 52, No. 4, Summer 1998, p. 976.

30) *Ibid.*, p. 974.

트들이 지니고 있던 규범, 정체성, 그리고 관념을 이해하지 않고는 파악될 수 없는 것이다. 그들 정권들은 먼저 그들 사회를 다시 만들고 그리고 나서 세계를 다시 만들려는 바람에 의해 추동되었던 것이다. 그들 중 어느 정권도 국가에 대해 그들이 그 이익을 위해 일해야 할 단위로 생각하지 않았다. 아마도 구성주의자들이 이러한 사례들을 등한시하는 이유는 이러한 사례들에 의하여 "현실주의는 절제의 힘이 될 수 있으며, 새로운 관념들은 세계를 더 악화시킬 수 있고 또 급진적 변화를 추구하는 사람들은 괴물이 될 수 있다는"31) 점이 시사되기 때문이다. 지금까지 구성주의의 이러한 잠재적인 부정적 결과를 구체적으로 부각시키고 이해하려는 충분한 노력이 기울여지지 않았다. 어쨌든 구성주의는 아직 국제관계이론에 있어서 중심적인 위치를 차지하지 못하고 있으며 구성주의 이론이 있다고 해도 그것은 유년기적인 상태에 머물러 있다고 할 수 있다.

4. 또 하나의 신기루를 위한 시기상조적인 약속?

인간안보는 국제연합 수립자들의 "일종의 의도하지 않았던 아이"였다. 일단 태어난 후에 그것은 국가가 그 국민들을 어떻게 다루든 그 자신의 문제라는 통상적인 유엔의 입장에 대해 수용을 거부하고 있다. 투키디데스의 유명한 대화에서 아테네인이 밀로스인에게 말한 것처럼 강자는 그가 할 수 있는 것을 할 뿐이며 약자는 달리 방법이 없이 고통을 당하지 않으면 안 된다는 전통적인 이해를 거부하고 있는 것이다. 국제연합체제에 의하여 대표되는 국제제도

31) *Ibid.*, p. 974.

는 국제정치에 있어서 걸리버를 묶어 맬 방도가 없는 릴리퍼스의 주민들과 같은 입장에 있다.[32] 그리고 우리의 평온한 시대에 있어서 이론가들과 주석가들은 국제관계의 "구성주의적 패러다임"[33] 또는 구성주의적 접근이라는 인기있는 용어를 사용하고 있다. 아마 틀림없이 현실주의 패러다임에 대한 가장 중요한 도전은 구성주의의 강한 방법론적 비전에서가 아니라 대신에 국제사회에 있어서 자유주의적 관념과 가치의 타당성에 대한 새로운 감각으로부터 나올 수 있다.[34] 그러나 번개의 섬광처럼 국제위기들은 국제정치라는 풍경의 실제 모습을 보여줄 것이다. 그렇게 되면, "무지개" 이론가들은 그들이 그토록 소란스런 작별을 고했던 "정치적 현실주의"를 다시 방문하게 될 것이다. 하지만 그들은 지난 세기에 그랬던 것처럼 아무런 사과 없이 다시 찾아올 것이다.[35] 오늘날 동북아시아 국가들

32) Stanley Hoffmann, *Gulliver's Troubles, Or the Setting of American Foreign Policy,* New York: McGraw-Hill Book, 1968. 미국을 길들이려는 국제연합의 시도에 대한 가장 최근의 한 보고를 위해서는 Eric Shawn, *The U.N. Exposed: How the United Nations Sabotages America's Security and Fails the World,* New York: Sentinel, 2006.

33) 몇몇 주석가들은 인간안보가 학자들과 정책실무가들 모두에게 새로운 패러다임이 되고 있다고 주장한다. Heather Owens and Barbara Arneil, "Human Security Paradigm Shift: A New Lens on Canadian Foreign Policy?" University of British Columbian Symposium on Human Security, in Majid Tehranian, ed., *Worlds Apart: Human Security and Global Governance,* London: I. B. Tauris, 1999, pp. 1-12 참조.

34) Robert Jervis, *op. cit.*, p. 972.

35) 국제관계론의 학문분과에 있어서 오늘날까지 미국이 가지는 곤경은 이상주의의 반대편은 현실주의가 아니라 물질주의라는 것을 이해하지 못하는 것이다; 진정코 이상주의와 현실주의는 최선의 가능한 조합이다; 역사는 사람들이 생각하고 믿는 바에 따라 형성되며 세계의 모든 물질적 구성은 그러한 것의 결과로서 단지 상부구조일 뿐이다. John Lukacs, *George Kennan: A Study of Character,* New Haven: Yale University Press, 2007, pp. 159-160 참조. 그러한 세심한 주장을 회수하기 위해서 우리는 카(E. H. Carr)로 되돌아가야만 할지 모른다. E. H. Carr, *The Twenty Years' Crisis, 1919-1939: An Introduction to the Study*

의 정치지도자들은 이것을 아는 것으로 보인다. 그렇지 않다면 왜 그들은 우리가 목도하고 있는 것처럼 끊임없이 재래식 무기의 최첨단화와 대량살상무기의 생산 한계를 넘을 준비를 함으로써 뚜렷한 군비경쟁에 임하고 있겠는가?[36] 국가들은 동아시아 안보문제에 있어서 확실히 중심적인 역할을 수행하고 있다. 그러한 의미에 있어서 강한 국가주의적 언어는 놀라운 일이 아니다. 아마도 그것은 불가피하다. 우리가 그것을 원하든 원하지 않든 간에 그것에 빠져들고 있다. 그것은 종종 핵심적 안보딜레마를 다루는 유일한 방법이다. 선진국들이 서로 간에 냉전의 종식 전보다 덜 두려워하고 있다는 것은 사실일지 모른다. 하지만 이러한 국가들은 아직도 비국가 행위자들을 포함하는 다른 곳으로부터의 안보위협을 우려하고 있으며 다른 국가들도 그들의 이웃들에 대하여 크게 염려하고 있다. 일본과 미국의 강화된 동맹은 물론이고 심지어 북대서양조약기구(NATO)의 가장 발전된 국가들 조차도 이 집단방위체제의 해체에 대하여 언급하지 않는다. 이러한 동맹체제들은 회원국들의 국가안보를 위한 것이지 세계사회의 인간안보를 위한 것이 아니다. 그래도 유럽연합은 그 회원국들을 대신하여 들어설지도 모르지만 그것이 성공적으로 그렇게 된다고 할 때도 그것은 그 자체로 유럽합중국과 같은 국가의 한 형태일 것이다.

그러나 유한한 생명의 신으로서 근대국가는 전세계적으로 말할 때 아직 살아있으며 다른 어떤 인간의 조직보다도 더 강하다. "주권

---

of International Relations, London: Macmillan and Co., 1939 참조. Tim Dunne, Michael Cox, and Ken Booth, eds., "Special Issue: The Eighty Years' Crisis, 1919-1999," *Review of International Studies,* Vol. 24, December 1998; David Frankin, *The Independence of Nations,* New York: Praeger Publishers, 1981도 참조.

36) Paul Bracken, *Fire in the East: The Rise of Asian Military Power and the Second Nuclear Age,* New York: Harper Colins, 1999.

에 있어서 혁명적 변화들"[37]에도 불구하고 국가는 곧 죽거나 시들어갈 것 같지 않다. 세속적인 신은 죽게 마련이지만 그래도 아직은 강건하게 버티고 있는 신인 것이다. 세계정부는 가까운 미래에 존재하지 않을 것이다. "인간안보"는 "국가안보 제일주의"의 국제관계 세계라는 바다에서 국제연합에 이끌리는 키메라라는 괴물 같이 "세계사회"의 수사적인 섬으로 남을 것이다. 이러한 국제관계에서 "미국의 역할은 기능적으로 세계정부 격으로 남아 있을 것이다."[38] 국제기구들(또는 제도들)은 지구적 거버넌스의 지속적이고, 효과적이며, 투명하고 또 책임성 있는 국가구조를 구축하는 데 그리 훌륭하지 못했다.

폭넓은 인간안보 규범은 지속되고 있는 국제연합체제의 과제, 예를 들면 새천년개발목표(Millenium Development Goals, MDGs) 같은 것에 대해 강한 철학적 기초를 제공하는 것과 같은 역할 속에서 "지구적 공공선"[39]이라는 실제 표현을 계속 찾고 있을 것이다. 실제, 진정으로 보편적인 기구로서 국제연합은 인간안보에 대해 위협적인 도전들의 전지구적인 성격에 대응해야만 하는 독특한 위치를 유지할 것이다. 실제에 있어서 인간안보라는 귀신을 안보 분석이라는 전통적 병에 되돌려 담기에는 너무 늦었는지도 모른다.[40] 지금까지

---

37) Daniel Philpott, *Revolutions in Sovereignty: How Ideas Shaped Modern International Relations,* Princeton: Princeton University Press, 2001. 교황 이노센트 10세가 웨스트팔리아의 해결을 맹렬히 비난한 이래 카톨릭 교회는 이 절대적으로 주권적인 국가를 신 같은 지위에 대한 우상숭배적인 주장자로서 그리고 궁극적으로 그 권위가 국경 밖 멀리에 있는 도덕질서와 자연법에 대한 모욕이라고 맹비난하고 있다.

38) Michael Mandelbaum, *The Case for Goliath: How America Acts as the World's Government in the 21st Century,* New York: Public Affairs, 2005, p. 218.

39) Fem O. Hampson and Christopher K. Penny, *op. cit.*, pp. 38-61.

40) Louis Emmerij, Richard Jolly and Thomas G. Weiss, "Forward," in S.

새로운 규범으로서 인간안보는 전지구적 합의라고 하는 "최고의" 지점에 이르지 못했는데 이러한 합의가 있은 후에야 인간안보는 많은 경험적 사례에 확산될 수 있을 것이다. 이 용어는 그리고 더 낮은 정도로 이 개념은 정책실무가들의 용어집에 파고들어가 있음에도 불구하고 국가의 정책결정에 있어서 괄목할 만한 역할은 아직 수행하지 못하고 있다. 세계 어디를 가나 정부의 쓰레기통들은 훌륭한 구상들로 넘쳐나고 있다. 인간안보는 국제사회에 있어서 아직 "강력하고도 공통적인 비전"이 되지 못하고 있다.41) 인간안보가 보다 높고 보다 평화로우며 안전한 세계로 반드시 이끌 목적론적인 과정의 한 부분이라고 서둘러 결론을 내리는 것은 아주 시기상조이다.

만약 이 개념이 존재한다고 하더라도 그것은 국제관계 분야에 있어서 패러다임 전환의 촉진제로서가 아니라 보조적인 주제로서 일 것이다. 지금 당장은 그렇다. 그것은 조만간 또 하나의 일시적인 학문적 유행으로 귀착될 것이다. 그리하여 새로운 "난폭한 스승"42) 이 우리들을 일깨워 다시 인간 삶에 대한 또 다른 참혹하고 잔인한

Neil MacFarlane and Yuen Foong Khong(2006), p. xi.

41) "강력하고도 공통적인 비전"은 미국 국제연합협회에 의하여 처음 제시되었다. United Nations Association of the United States of America, *Leadership at the United Nations: The Roles of the Secretary General and the Member States,* December 1986, p. 2 참조. 이것은 "합의된 지식"이라고 일컬어지는 것, 즉, 사회에 있어서 중요한 것으로 고려되는 현상들에 대하여 인과적 연결이 있는 것으로 일반적으로 받아들여지는 지식을 의미한다. Ernst B. Haas, *When Knowledge Is Power: Three Modes of Change in International Organizations,* Berkeley: University of California Press, 1990, pp. 20-21.

42) 투키디데스는 대규모 전쟁에 대해 대부분 사람들의 성격을 그들 운명에 걸맞도록 일깨워주는 "거친 스승"이라고 불렀다. Robert B. Strassler, eds., *The Landmark Thucydides,* New York: The Free Press, 1996, p. 199.

비극을 보여줄 때까지 한동안 존재하는 국제관계 이론의 역사에 있어서 또 하나의 학문분과적 신기루임이 드러날 것이다. 그렇게 될 때 국제관계이론에 대한 "인간안보"의 영향은 지나간 과거의 개념들 중 하나가 됨으로써 한때 유행했던 "공동 안보," "지구안보," "협력안보," 그리고 "포괄적 안보" 같은 신조어 개념들과 유사한 운명을 되풀이할 것이다.

5. 결 론

인간안보에 대한 국제연합의 옹호 입장은 뿌리를 내렸고 사라지지 않을 것이다. 어떤 의미에서 하나의 보편적 규범으로서 인간안보는 국제관계 학문분과를 규범적 학문분과인 국제법에 보다 가까이 해 놓았다. 그러나 국제사회의 "법"은 기본적으로 개인과 국가들의 어떤 행동에 대한 금지에 관한 것인 반면에 사회과학으로서 국제관계학이 추구하는 법칙은 그것이 개인들이든, 국가든 또는 국제체계든 변수들 간의 일정하고 필연적인 관계에 관한 것이다. 이러한 의미에 있어서 이 두 학문 분과 사이에는 건널 수 없는 심연이 존재하고 지워질 수 없는 경계가 있는 것이다. 그러나 우리는 종종 학제간 교류를 가로막는 편협한 배타주의를 무너뜨릴 수 있다. 국제법학자와 국제관계 이론가들은 지속적이고 심화된 대화를 통해 많은 것을 얻는다. 국제법은 너무 중요해서 국제법 학자들에게만 남겨 놓을 수 없으며 국제관계론 또한 너무 중요해서 국제관계 이론가들에게만 남겨질 수 없다.[43]

---

43) 인간안보는 많은 국제법 학자들에 의하여 국가안보에 대한 관심을 넘

요컨대, 인간안보는 과잉팽창된 안보개념이며 “과잉팽창”은 단지 군사작전에서만 위험한 것이 아니다. 그것은 또한 소위 방법론적으로 간결한(parsimonious) 국제관계이론을 의도하는 “학문적 작업”에 있어서도 위험하다. 비록 국가들이 결코 국제관계의 유일한 행위자들은 아닐지라도 우리는 국가들 없이 역사를 쓰고 현대적 분석을 하는 것이 가능할까? 우리는 안보의 주된 지시대상으로서 도전받지 않는 지배자 위치에 있는 국가로부터 멀리 떨어져 있을지 모른다. 하지만, 우리는 또한 보편적인 지구의 공동사회라는 유토피아로부터는 더 멀리 떨어져 있는지도 모르는 것이다. 인간안보는 한 인간으로서 우리 모두에게 심대하게 중요하지만 외교정책의 보편적 지침으로서는 그렇지 못하다. 그렇게 되기에는 정치의 세계가 너무나 복잡하다. 한 국가가 그 외교정책의 평가에 있어서 그 자체의 도덕적 완벽성을 필수로 한다면 그 국가는 “국가적인”(national) 것이나 “인간적인”(human) 것 모두에 있어서 완벽성도 그리고 안보도 달성하지 못할 것이다.

어 법의 궁극적 수혜자로서 개인들의 운명을 포함하는 방향으로의 자연적인 발걸음으로 보여졌다. 예를 들면 Gerd Oberleitner, “Human Security: A Challenge to International Law?,” *Global Governance*, Vol. 11, No. 2, April-June 2005, pp. 185-203 참조.

제 24 장

국제정치의 균형자는 아무나 될 수 있는 것이 아니다

우리는 남들에 의해서가 아니라 우리 자신들의 불화로 없어졌었다. 바로 지금도 우리는 남들에게 패배하지 않고 있지만 바로 우리 자신들이 스스로 정복되고 또 패배하고 있다.

– 플라톤 –

우리는 무엇보다도 평화로운 세상을 소망한다. 특히 한국인들은 한반도에서 제 2 의 한국전쟁의 재발을 막기 위해서라면 어떠한 대가도 지불할 용의에 차 있다. 뿐만 아니라 한반도의 평화체제의 수립을 위해 그동안 많은 정책연구기관들은 물론 학계에서도 적지 않은 노력과 다양한 방법론적 모색을 해 왔다.

그러나 평화의 수립을 위한 간절한 소망과 다양한 방법의 모색과 구체적 실천노력이 한반도의 우리 시대 우리 세대만의 창조적 활동이거나 전유물이 아니다. 세계사에서 참혹한 전쟁 후에는 거의 언제나 항구적 평화수립을 위한 노력이 경주되었다. 한국인들의 한반도 평화체제의 제도적 수립 구상과 노력에 앞서 인류는 특히 유럽인들은 참혹했던 제 1 차 세계대전을 치르면서 새로운 세계평화체제를 계획하고 그것을 제도적으로 구현했었다. 그것이 바로 인류 역사상 최초의 보편적 세계평화유지기구인 국제연맹이었다. 따라서 국제연맹의 재조명은 그 후예인 유엔의 장래를 내다보는 데 도움이 될 뿐만 아니라 세계평화와 안보를 위한 오늘의 헌정질서를 더 잘 이해할 수 있을 것이다. 뿐만 아니라, 우리가 소망하는 한반도의 평화체제가 제도화에 성공한다고 가정할 경우에 그런 국제적 평화체제가 실제로 얼마나 오랫동안 평화를 보장할 수 있을 것인가를 전망해 보는 데 있어서도 국제연맹의 창설과 작동 경험에 대한 검토는 우리 시대에도 여전히 적지 않은 적실성을 갖게 될 것이다.

돌이켜 보면 평화제도는 창설하기도 참으로 성공적으로 운영하기도 어려운 정치적 기술이었다. 1918년 11월 독일이 정전조건을 수용했지만 최종적 평화는 파리평화회의에 달려 있었다. 그러나 파리회담에서 강대국 대표자들은 독일의 배상금액의 규모와 패전국의 영토에 대한 통제와 같은 구체적 문제들에 대해서뿐만 아니라 현대외교의 성격 그 자체에 관해서 충돌했다. 윌슨 대통령은 그 어떤 지도자보다도 포괄적이고 이상적인 비전을 갖고 있었다. 그의 비전은 진정한 군비축소, 독일과 오스트리아 제국의 몰락으로 등장하는 민족들의 자결 그리고 바다의 자유에 대한 헌신과 같은 것들을 포함하고 있었다. 그리고 그것은 무엇보다도 국가간에 갈등과 분쟁을 도덕과 법을 통해 이성적으로 해결하고 항구적 평화의 확보를 국제연맹 창설의 주된 목적으로 삼고 있었다.

국제연맹은 윌슨의 평화로운 미래의 건설에 중심적인 것이었기에 그는 국제연맹의 수립을 독일과의 베르사유조약에는 물론이고 그 후에 있었던 불가리아, 헝가리, 오스트리아 그리고 터키와 각각 체결하는 모든 평화조약에 직접 집어넣었다. 그리하여 국제연맹은 전후 평화수립의 핵심이 되었다. 그러나 국제연맹과 세계평화정착간의 삼투성이 전부는 아니었다. 어느 주권국가도 평화조약을 비준하지 않고서도 국제연맹에 가입할 수 있었다. 더구나 이 조약들의 어느 당사국도 평화조약의 조항에 계속 구속을 받지만 연맹으로부터 탈퇴할 수 있었다. 당시 윌슨은 미국의 참전 기회를 힘의 균형 체제를 국제연맹을 통한 하나의 집단안보체제로 전환시키는 기회와 수단으로 사용하길 염원했다. 그러나 프랑스의 클레망소 수상을 비롯하여 유럽의 지도자들은 집단안보의 개념에 아주 회의적이었다. 각국의 처지가 판이하게 달랐던 것이다.

당시 윌슨 대통령은 전투의 현장에서 3천 마일이나 떨어져 있는 국가를 대변했다. 미국의 사상자 수는 비교적 미미했다. 더구나 미국은 종결과 함께 새로운 물질적 이득을 얻게 되었다. 즉 1914년 미국은 채무국이었다. 그러나 1918년 미국은 지구상에서 최대 채권국이 되었다.[1] 반면에 프랑스는 전쟁으로 황폐화되었다. 1918년까지 전체 2천 2백만 명의 남자 인구 가운데 거의 150만 명의 젊은이가 전사했고 추가로 4백만 명이 부상당했다. 프랑스의 경제와 정치 제도는 미국인들이 어떻게 해도 결코 감을 잡을 수 없을 만큼 깊은 상처를 입었다. 그리하여 프랑스인들은 전통적 자신감, 즉 그들의 활력(élan)을 상실했다. 그리하여 그들은 독일과의 전쟁에 의해 거의 과대망상증에 빠질 정도였다. 따라서 윌슨 대통령이 국제연맹과 신외교의 화신이었다면 클레망소 수상은 그의 반테제였다. 윌슨이 평화유지의 수단으로 집단안보를 믿었다면 클레망소는 여전히 회의론자였다. 프랑스보다도 인구 면에서 35퍼센트나 더 많은 독일과의 또 다른 전쟁을 두려워한 클레망소는 오랜 전통의 군사동맹이 고상한 집단안보의 실험보다는 더 잘 자국의 안보를 제공한다고 믿고 있었

1) Gary B. Ostrower, *The League of Nations From 1919 to 1929,* Gardern City Park, New York; Avery Publishing Group, 1996, p. 7.

다. 그러므로 국제연맹에 대한 그의 지지는 기껏해야 미온적일 수밖에 없었다. 그렇다고 해서 클레망소는 결코 군국주의자가 아니었다. 그는 전형적인 반성직자들인 소규모 토지 소유자들의 정당인 급진사회당의 지도자였다. 그는 공화정의 이상에 헌신적이었고 자기 세대의 여느 프랑스인 못지않게 제 3 공화국을 상징했다. 그는 훨씬 더 극단적인 민족주의자들을 피하려고 노력하는 애국자였다. 클레망소는 좋은 이유에서 호랑이라는 별명이 붙었다. 그는 탁월한 정치적 투사였으며 윌슨의 신외교 주창에 대항하여 자국의 전통적 이익을 옹호하기 위해 자신의 모든 능력과 기술을 발휘했다.

평화회의에서 또 다른 주인공은 영국의 데이비드 로이드 조지 수상이었다. 그는 민첩하고 역동적인 인물이었다. 그는 윌슨의 민족자결의 신념을 공유했지만 대영제국을 위협할지도 모르는 유럽 밖의 민족들에게 민족자결원칙의 적용을 거부했다. 그는 또한 독일을 유럽외교의 주류 속에 복귀시키려는 윌슨의 희망을 공유했다. 그러나 그는 동시에 국제연맹에 대해서는 별로 열정을 느끼지 못했으며 공개외교와 해상의 자유에 대한 윌슨의 동정심을 전혀 갖고 있지도 않았다. 영국인들은 신외교를 거부했고 조지 수상은 그들의 대변자로서 파리회담에 무거운 마음으로 참석했었다.

그밖에도 많은 다른 정치 지도자들이 파리회담에 참석했다. 나중에 첫 국제연맹총회의 의장이 된 현명하고 다감한 외교관인 벨기에의 폴 헤이만스(Paul Hymans)는 약소국들의 비공식 대변자 노릇을 했다. 약소국가들은 윌슨의 국제연맹 계획을 지지했다. 그것은 두 개의 중요한 이유 때문이었다. 하나는 국제연맹이 강대국가들의 힘이 정의를 만든다는 전통적 태도로부터 자신들을 보호할 수 있으리라는 기대였고, 또 하나는 국제연맹의 공식적 절차와 투표를 통해 그들이 거의 경험한 적이 없는 국제무대에서 어느 정도의 평등성을 제공받을 것이라는 이유에서였다. 헤이만스는 열렬한 국제주의론자였으며 체코슬로바키아의 에드워드 베네스(Eduard Benés)와 그리스의 엘루데리오스 베니젤로스(Eleftherios Venizelos)를 포함하는 다른 약소국 대표들의 유능한 도움을 받았다. 그들은 모두가 약소국들의 이익을 보호하려고 애를 썼지만 10개국 위원회(the Council of Ten)를 구성하여 별도로 회합을 갖는 강대국 대표들에 의해서 압도당했다.[2] 결국 강대국원칙이 작동했던 것이다. 당시 노부아키 마키노(Nobuaki Makino) 일본 대표는 국제연맹의 집단안보 개념에는 별다른 관심이 없었고 오직 태평양에서 일본의 영토적 팽창을 확보하고 인종적 평등의 지위 문제에만 관심을 기울였다. 비토리오 오를란도 이탈리아 수상은 동맹국들이 1915년 이탈리아의 참전을 유인했던 영토적 약속을 존중하도록 설득하는 과제를 부여안고 참석한 부드러운 신사였다. 일본과 이탈리아의 대표들은 자신들의 목적 달성이 어렵게 되자 각자가 회의장을 떠나겠다는 위협까지 했었다. 파리평화회의에 참가하지 못한 패전국 독일, 오스트리아는 아무런 영향력이 없었다. 배제된 러시아의 볼셰비키 정부도 마찬가지였다. 독일, 오스트리아 그리고 소련은 신외교의 원칙에 승전 동맹국들보다도 더 많은 동정심을 갖고 있었지만 파리회담에서 그들의 불참은 윌슨주의에 대한 보편적 지지를 감소시켰다.

미국의 일반 국민들도 신외교에 대한 열망이 부족했다. 윌슨은 본국에서 보다도 유럽에서 더 열렬히 찬양받았다. 전단의 표제들은 윌슨을 서양의 구원자로 선언했다. 항상 자신을 아주 심각하게 생각하는 습관이 있는 윌슨은 자연히 그런 찬양의 의미를 과장했다. 그

2) 이 10개국 위원회는 나중에 5개국 위원회(미국, 영국, 프랑스, 이탈리아, 일본)가 되었고 일본 대표가 자국에 직접 관련된 문제와 관련된 회담 외엔 참석하지 않는 관계로 결국에는 4개국 위원회(the Council of Four)가 되었다.

리하여 다른 비극적 인물들처럼 윌슨은 자신이 믿고 싶은 것을 믿었으며 자신이 듣고 싶은 권고만을 들었다. 평화회의에 참석한 아주 예리한 관찰자들 중 하나였던 케인스는 윌슨의 기질이 지적이 아니라 신학적이며 윌슨이 마치 돈키호테 같았다고 빈정대기도 했다.[3] 어쨌든 윌슨은 국가들의 연맹이 후에 평화를 위협할 수 있는 모든 불의를 바로잡을 것으로 굳게 믿었다. 미래에 대한 그의 신념은 그의 장로교회 신에 대한 신앙심과 같았다. 그는 국제평화와 안전이 국제연맹의 기둥 위에 얹혀 있다고 믿었다. 그래서 그는 파리에서 연맹의 규약을 작성하는 데 대부분의 시간을 보냈다. 그리고 그는 그것을 '협약'(Covenant), 즉 성서적이나 법률적인 특징을 갖는 어떤 것을 의미하는 성약 혹은 규약이라고 불렀던 것이다. 그것은 국내정치사회에서 일종의 헌법과 같은 것이다.

그러나 "국내헌정질서"라는 개념은 그동안 지배적인 미국적 국제정치학 분야에서 담론의 주류에 속하는 개념은 아니다. 그것은 영국학계에서 주로 사용되는 개념이지만 그럼에도 불구하고 그 개념에 전제로 하는 "국제사회"(international society)라는 개념은 아주 빈번하게 사용되어 왔다. 모든 사회에는 헌법(constitution)이 있다. 물론 모든 헌법이 성문헌법은 아니다. 예를 들어 영국의 헌법은 불문법이다. 모든 사회가 국가를 필요로 하는 것도 아니다. 그러나 사회가 되는 것은 어떤 특수한 방식으로 구성되기 때문에 헌법을 갖는다. 국제사회도 선진국의 헌법처럼 언제나 엄격히 지켜지지 못하고 후진국의 헌법처럼 번번이 짓밟히면 국제사회의 헌법적 원칙들을 역사적으로 꾸준히 모색해 왔다. 만일 군사문제에서 어떤 혁명이 전쟁에서 어떤 헌정질서의 승리를 가능하게 하면 그런 승리를 비준하

3) John Maynard Keynes, *The Economic Consequence of the Peace,* New York: Harcocurt, Brace and Howe, 1920, pp. 41-42.

는 평화회의가 정당한 국가들의 사회에, 즉 각 시대를 가르는 전쟁 후 국가들간 합의의 토대 위에 재구성 된 사회에 가입하는 조건을 정했다. 시대를 가르는 신기원적 전쟁을 종식시키는 각 대규모 평화회의가 국가들의 사회, 즉 국제사회의 헌법을 썼다. 그러나 모든 헌법은 또한 미래 갈등의 씨앗을 자체 내에 안고 있다. 1789년의 미국 헌법은 "권리 장전"과 함께 노예제도와 지방자치의 규정을 내포하고 있었기 때문에 1861년의 내전을 잉태하고 있었다.

비슷하게 1815년의 빈이나 1713년의 위트레흐트에서 제정되었던 것 못지않게 1648년 베스트팔렌에서 제정된 국제헌법도 방금 종식된 갈등을 타결했지만 앞으로 올 갈등의 조건을 정했다. 전환기의 우리 시대에 이런 개념의 중요성은 만일 우리가 다음의 시대를 가르는 전쟁의 필연성과 그것이 취할 상이한 형태까지 감지할 수 있다면 다음 그런 전쟁을 형성할 수 있다는 점이다. 그렇지 못하면 우리는 점점 난폭한 아나키와 국제적 환경과 어쩌면 21세기 초반에 지각 변동 같은 전쟁을 직면할 것이다. 그러나 경천동지할 전쟁의 가능성이 21세기를 위협한다고 할지라도 역사적으로 축적되어 온 기존의 헌정질서의 원칙을 강화하고 또 우리의 시대적 요구에 부응하는 새로운 헌정적 원칙들을 추가하고 유지해 나간다면 그런 비극적 전쟁을 촉발시킬 국제사회의 제도적 붕괴를 피할 수 있을 것으로 기대할 수 있을 것이다. 그렇다면 국제연맹의 경험은 아주 소중하다.

국제연맹규약은 국제사회의 새로운 성격의 헌법이었다. 과거의 국제사회의 헌법이 "평화의 조약"(the Treaty Peace)이었다면 국제연맹규약은 역사상 최초로 "평화를 위한 조약"(the Treaty for Peace)이었다. 이 새로운 헌법의 입법자들이 된 제 1 차 세계대전의 정치 지도자들은 유엔의 입법자들인 제 2 차 세계대전의 지도자들, 즉 윈스턴 처칠, 이오시프 스탈린, 프랭클린 루스벨트만큼 인상적이지는 못했다. 그러나 미국의 윌슨 대통령은 분명히 역사적으로 그들의 발전 선각자요 일종의 예언자였다. 역사가들이 윌슨의 역사적 위상에 대해 모두 다 확신하는 것은 세계 최대의 막강한 국력의 미국을 대표하는 윌슨 대통령이 없었더라면 국제연맹의 창설은 결코 불가능했을 것이라는 사실이다. 국제연맹은 미국의 국가적 위상, 윌슨의 비전과 의지, 그리고 정치적 지도력의 산물이었던 것이다.

그러나 윌슨 대통령의 고결한 비전과 헌신적 지도력에도 불구하고 그는 끝내 성공하지 못했다. 자신의 국민들이 연맹을 거부했고 또 연맹의 창설과정에서부터 이견으로 맞섰던 동맹국들인 프랑스와 영국이 필요할 때 베르사유체제의 헌법인 연맹의 규약을 준수하지 않고 또 그 정신에 입각하여 행동하지 않았기 때문이었다. 그렇다면 명백하게 드러난 유럽동맹 국가들과 윌슨으로 상징되는 미국간[4]의 그런 이견은 어디에서 기인하는 것일까? 그것은 유럽과 미국간의 지정학적 조건과 역사적 경험 그리고 철학적 인식체계의 차이에서 오는 것이라고 집약될 수 있을 것이다.

우선 첫째로, 근대 유럽 국가들은 지리적인 인접성으로 인해 국가들 상호간에 늘 경계할 수밖에 없었다. 그런 지리적 인접성은 거의 필연적으로 수많은 갈등들을 초래할 수밖에 없었다. 따라서 국가이성, 즉 항상 대외적 위협으로부터 국가안보를 최우선 정책으로 삼고 언제든 전쟁도 불사하는 소위 "대륙국들"의 "방위문화"가 유럽인들 속에서 발전되었던 것이다. 반면에 미국인은 건국 이래 대서양과 태평양이라는 거대한 두 대양에 의해 동서로부터 보호받고 국력

4) 여기에서 필자는 미국의회에 의해 윌슨의 연맹조약이 가까스로 거부되었지만 유엔 창설로 윌슨의 정신이 이어지는 미국의 정책을 "미국적" 입장으로 간주할 것이다.

의 현저한 격차로 인한 남북으로부터의 위협이 사실상 부재했기 때문에 지리적 조건은 평화를 평상시적 정상적인 상태로 인식하는 "해양국가"적 사고를 갖게 되었다. 따라서 그들은 국부 조지 워싱턴의 경고를 따라 유럽의 힘의 투쟁에 끼어들지만 않으면 되는 지리적 조건을 갖고 있었다.

둘째로, 유럽과 미국의 역사적 경험도 판이한 것이었다. 유럽 국가들의 긴 역사는 국가간 전쟁의 역사였으며 평화란 다음 전쟁을 준비하는 기간에 지나지 않았다. 특히 근대국가 체제가 수립된 이후엔 "전쟁이란 수단을 달리한 정책의 연속에 지나지 않는다"는 카를 폰 클라우제비츠의 정의는 당위적 원칙이 아니라 현실적 진리였다. 따라서 유럽인들에겐 국제정치란 곧 힘의 투쟁이었던 것이다. 반면에 최초의 근대 민주국가인 미국은 치열했던 독립전쟁의 기억은 말할 것도 없고, 1860년대 초기의 비참했던 남북전쟁의 참화가 그들이 기억할 만한 전쟁 역사의 거의 전부였다. 대외적 위협이 거의 없던 미국인들에게 전쟁은 역사 속에서도 아득한 것이었다. 유럽에 힘의 균형이 유지되는 한 미국은 안전했다. 유럽이 평화의 창조자라면 미국은 평화의 소비자였다.

셋째로, 지적된 지리적 조건과 역사적인 실제 경험은 유럽인들과 미국인들 사이엔 서로 다른 국제정치에 대한 철학적 인식체계를 갖게 했다. 그런 철학적 인식체계가 유럽에선 마키아벨리, 홉스, 마이네케, 슈미트, 모겐소로 이어지는 소위 힘의 정치를 정상적인 국제관계의 본질로 간주하는 대변자들을 낳았다면, 미국에선 일종의 탈정치적인 로크와 애덤 스미스의 정신을 구현한 윌슨과 같은 이상주의자를 배출했던 것이다. 유럽인들은 국가안전의 유지와 국제적 사회의 안녕을 생산하고 수호하는 전사의 신념체계를 개발, 발전 그리고 전승시켰다면 미국은 평화의 소비자로서 자신들이 직접 경험하는 국내정치의 연장선상에서 도덕적, 법률적 행동 양식을 국제사회에서도 기대하는 국제평화주의자의 신념체계를 내세워 그것을 전사들의 세계인 유럽에까지 보편화시키려는 염원을 발전시켰던 셈이다. 그리하여 대륙의 유럽인들은 거의 언제나 누가 적이고 친구인가를 구별하고 적에 대처하는 것이 삶의 방식이었다면 미국인들에겐 적과 친구의 구별은 불필요했고 오직 전쟁 그 자체가 적이고 평화 그 자체가 친구였다.

이러한 유럽과 미국간의 대조적 철학적 인식체계 혹은 세계관은 20세기 말 냉전 종식과 함께 오히려 뒤바뀌게 되었다. 제2차 세계대전 후 치열한 양극적 대결 체제 속에서 서방세계의 수호자로서 앞장선 미국이 전사의 인식체계와 신념을 발전시켰다면 미국의 방위 속에서 오랜 평화의 소비자였던 유럽인들이 이제는 국제사회의 법과 도덕을 강조하는 아이러니컬한 역사적 전환이 이루어진 것이다.[5] 어쩌면 이런 차이는 전방의 늘 긴장 속에서 경계에 임하는 군인과 후방의 평화스런 일상적 삶을 관리하는 행정요원간에 대외적 위협을 보는 시각과 사고방식의 근본적 차이에 견줄 만한 것이라고 말해도 좋을 것이다.

유라시아 대륙의 한쪽 끝에 자리한 한반도의 한국인들에겐 그 지리적 조건상 위협이란 항상 북쪽 대륙에 있었다. 그리하여 중국대륙에 강력한 통일 국가가 수립되면 결국 그 국가에 편승하여 안전을 모색했다. 그러나 해양으로부터 오는 어떤 세력도 배척했다. 한국인들이 편승한 중화제국이 보호자의 역할을 제대로 수행하지 못하는 것이 분명한 경우에도 해양세력인 일본이 편승을 요구할 때

5) 비슷한 요지의 보다 상세한 분석을 위해서는 Robert Kagan, *Of Paradise and Power: America and Europe in the New World Order*, New York: Knopf, 2003; Bruce Bawer, *While Europe Slept: How Radical Islam Is Destroying the West from Withen*, New York: Doubleday, 2006 참조.

그것을 끝내 거부함으로써 결국 강제로 굴복당하고 국권을 상실하기까지 했다. 그 과정에서 이이제이, 즉 균형 정책(balancing)도 시도해 보았지만 힘없는 균형자를 인정하는 국가는 없었다. 대륙세력과 해양세력이 비슷한 힘으로 한반도에서 맞대결을 하자 그 결과는 한반도의 분단이라는 민족적 비극을 초래하고 말았다.

그렇다면 반도 국가는 결국 분단이 지정학적 조건의 필연적 결과일 수밖에 없는 것일까? 반도의 한국인들은 어떤 철학적 신념체계를 갖고 어떤 안보전략을 구사해야만 자율적 삶을 영유할 수 있는 것일까? 가장 이상적으로 우리가 힘의 균형자 역할을 수행하면서 독립적이고 자주적인 국제적 삶을 개척해 갈 수 없는 것일까? 또한 우리는 대륙적 힘의 투쟁의 안보전략과 해양국가의 도덕적이고 법률적인 국제정치의 철학적 신념체계와 전략 중에서 우리는 어떤 것을 택해야 할 것인가? 아니 전통적으로 유럽의 소위 현실주의와 미국의 이상주의 그리고 냉전종식 후에 뒤바뀐 유럽의 이상주의와 미국의 현실주의를 넘어서서 그것들의 반도국가식 통합의 방법은 없는 것일까? 또다시 바꾸어 말해서, 윌슨과 모겐소를 통합하는 제 3 의 길은 없는 것일까? 아니 우리가 소위 강대국들을 슬기롭게 이용하면서 국제사회의 평화질서 구축과 유지에 주도적 역할을 할 수는 없는 것일까? 우리의 삶과 보다 직접적으로 관련된다고 인식되는 동북아의 소위 4강들 속에서 단순한 객체가 아니라 주체로서 오히려 그들을 주도할 수 없다면 최소한 그들간의 균형자 역할을 할 수는 없는 것일까?

이런 의문들에 답을 시도해 보기 위해 우리의 처지에 관련하여 적절한 역사적 교훈을 주는 타국들의 사례는 어떤 것이 있을까? 강대국에 둘러싸인 약소국의 비슷한 처지의 역사를 가진 국가로 폴란드와 한때 역사적으로 영세중립의 모델이 되기도 했던 벨기에가 종종 언급되기도 하지만 필자는 제1차 세계대전 후 무솔리니 치하의 이탈리아의 경우가 어쩌면 유용한 교훈을 제공할 수 있다고 생각한다.

제1차 대전 발발 전에 독일의 3국동맹체제의 일원이었던 이탈리아는 전쟁 발발 후 3국동맹에서 철수하고 영국과 프랑스의 식민지 확보 약속을 받아들여 3국협상 측에 가담하였다. 그리고 독일 동맹국들과 전쟁에서 값비싼 희생을 치렀지만 1919년 파리평화회의에선 윌슨 대통령의 민족자결원칙과 반식민지정책에 막혀 당시 이탈리아의 오를란도 수상은 아무것도 보상받지 못하고 "깨끗한 손"이지만 결국 "빈 손"으로 파리에서 돌아올 수밖에 없었다. 이탈리아는 불만으로 들끓었다. 비스마르크에 의한 독일의 통일을 도운 후 로마로 진격한 이탈리아는 프랑스의 보복을 두려워하여 독일의 3국동맹에 가담했었다. 전쟁 후 프랑스는 오히려 독일에 대한 승리로 국력이 강화되었을 뿐만 아니라 이제는 발칸지역과 다뉴브 강 연안 및 아프리카에서 이탈리아의 "정당한" 영향권 확대를 막고 있었던 것처럼 보였다. 이탈리아의 민족주의자들은 자국의 훼손된 승리의 관점에서 분노의 감정을 표출했다. 그리고 그들은 과거의 동맹국들에 대한 복수를 꿈꾸었다. 그리하여 종전 직후 강대국들 사이에서 등거리 외교정책으로 기울었다.

1919년 이탈리아를 휘감았던 분노에 찬 분위기는 베니토 무솔리니(Benito Mussolini)의 정신세계에 깊이 영향을 미쳤다. 이 이탈리아 파시즘의 지도자(Duce)가 1922년 정권을 잡았을 때 그는 파리평화회의에 의해 수립된 기존의 질서에 도전했다. 그에겐 그것이 프랑스의 헤게모니 체제였으며 자신의 조국을 패전국가들 쪽으로 몰고 가는 것이었다. 무솔리니는 이탈리아의 자존심과 국가적 위신을 2가지 주요 방법으로 회복시키려고 했다. 하나는 베르사유조약의 수정으로 위장하여 발칸에서 그리고 다뉴브 강 연안에서 영향권을 확보하고, 또 하나는 아프리카에서 이탈리아제국을 수립하는 것이었다. 이런 그의 야심엔 특별히 파시스트적인 것은 아무것도 없었다. 왜냐하면 과거 이탈리아의 자유주의 정치가들도 비슷한 제국주의적 목표를 추구했었기 때문이다. 더구나 국가의 행동양식에 관한 무솔리니의 많은 개념들은 그 자신이나 파시스트 이론가들에 의해서 발명된 것이 아니라 민족주의자들의 신념으로부터 전유된 것들이었다. 무솔리니가 확실하게 수립된 전략은 부족했지만 일관되고 또 결코 잊은 적이 없는 팽창주의적 목적들을 갖고 있었다.

1920년대 무솔리니의 외교정책의 주요 테마는 수정주의, 즉 현상의 타파였다. 그러나 여러 가지 제약으로 무솔리니의 현상타파정책은 본격적으로 착수되지 못했다. 우선 최고 지도자로서의 신참인데다 국내문제에 사로잡혔고 또 통화의 안정을 위해 국제 경제에 의존해야 했기 때문이었다. 그러나 무엇보다도 그는 발칸과 다뉴브 연안지역에서 지배적인 국가로 프랑스를 대치할 만한 군사력을 갖지 못했었기 때문이었다. 사실 당시 무솔리니의 반볼셰비즘 덕택으로 1920년대 유럽의 많은 보수주의 세계에서 그는 기존질서의 파괴활동가보다는 "좋은 유럽인"으로 간주되었다. 1934년 12월에 무솔리니는 이탈리아가 아프리카에서 대규모 공격을 위한 총동원을 시작할 절호의 순간이 왔다고 감지했다. 그리하여 1935년 10월 그가 에티오피아의 침공을 단행했을 때 서방 강대국들은 별로 의미 없는 제재조치의 적용을 제외하고는 이탈리아의 침공을 중지시킬 아무런 조치를 취하지 않았다. 그리하여 무솔리니는 하일레 셀라시에(Haile Selassie) 황제의 무력한 병력에 대해 결정적인 승리를 쟁취할 수 있었다. 무솔리니는 서방세계에 성공적으로 도전한 것에 대해 대단한 자부심을 느꼈지만 그의 새로 수립된 로마제국이 영국과 프랑스로부터 즉각적인 승인을 받지 못했을 때 심한 모욕감을 느꼈다. 그에게 존경심을 표하기는커녕 서방 강대국들은 무솔리니를 힘없는 사람들을 골라서 공격한 무책임한 전쟁 도발자로 치부했다. 이탈리아는 제국을 건설할 자격이 없단 말인가? 무솔리니와 이탈리아 국민들은 서방제국들의 이중기준을 간과하지 않았다.

1936년 5월 이탈리아제국을 수립한 뒤 무솔리니는 기로에 서게 되었다. 그는 서방국가들과 반히틀러전선이나 히틀러와의 동맹이나 아니면 그들간의 균형자로서의 역할을 택할 수 있었다. 그는 서방국가들로부터 식민지 양보를 얻어내기 위해서 독일과의 동맹을 맺겠다고 위협할 수 있는 균형자의 역할을 오랫동안 선호했었다. 그것은 그가 아주 자랑하는 "결정적 영향력행사"의 전략이었다. 그러나 이 전략을 추진하는 데 성공할 수 있기 위해서는 무솔리니에게 조종력과 힘이 필요했다. 그러나 그는 진실로 어느 것도 결코 갖고 있지 않았다. 더구나 1936년 7월 11일에 제 3 제국이 "신사협정"을 서명하여 오스트리아를 통합하려는 거보를 내딛자 그의 조종력은 심각하게 제한되어 버렸다. 그것은 참으로 아이러니컬한 것이었다. 왜냐하면 그때 무솔리니는 군 내의 인기와 군사적 승리의 정점에 있었기 때문이다. 그때 히틀러의 행동에 대한 무솔리니의 묵시적 동의는 독일에 대한 이탈리아의 유화정책의 시작을 표시했다.

더구나, 에티오피아의 침공 후 철저히 파시스트적이라고 서술될 분명한 테마가 그의 외교에 영향을 주기 시작했다. 그것은 민주주의와 공산주의에 대한 증오와 배금주의적 제국주의자들인 서방강대국들이 부패와 인구 하락에 의해 치명적으로 병들고 있다는 점증하는 그의 믿음이었다. 이것이 이전의 이탈리아의 손상된 승리의 감정과 섞여서 이런 파시스트적인 테마들은 이탈리아의 국익에 대한 무솔리니의 이해를 왜곡하고 또 변질시켰으며 자신의 등거리 외교정책을 손상시켰다. 그리하여 1936년 7월 말에 무솔리니는 스페인의 공화정부에 대한 프란시스코 프랑코 장군의 쿠데타 측에 잘못된 개입을 했다. 기대했던 신속한 작전 대신에 이탈리아는 내란의 유사에 빠졌다. 그러나 그는 더욱더 호전적이 되어 갔다. 자신이 승리를 이어가고 있다고 확신한 그는 서방국들이 타락하고 무기력하여 전체주의적 힘에 맞설 수 없을 것이라는 자신의 선전을 스스로 믿게 되었다.

1938년 2월 무솔리니가 지중해에서 저돌적 조치를 고려하고 있을 때 히틀러는 다음 달 오스트리아로 저항받지 않고 진격해 버렸다. 무솔리니는 히틀러의 대담한 기정사실화 작전의 성공에 보기 좋은 얼굴을 내미는 것 외에 달리 할 수 있는 일이 없었다. 그 순간부터 이탈리아는 독일의 군사적 철창에 갇히는 신세가 되었다. 이런 현실은 1938년 9월 뮌헨회의를 주재하여 소위 "평화를 구하는" 공정한 중재자로 나섬으로써 은닉되었다. 이 회의는 불운한 체코슬로바키아를 희생시키면서 수데텐란트를 독일이 병합하도록 허용했고 체코슬로바키아의 동맹국인 프랑스와 유화적 영국에 의해 체코슬로바키아는 궁지에 몰렸었다. 에티오피아와 스페인에서 이탈리아의 침공 때문에 영국과 프랑스로부터 더욱 멀어진 무솔리니는 1939년 5월 22일 히틀러와 스틸조약(the pact of Steel)을 체결함으로써 유럽에서 균형자 역할과 독일과의 평형성을 재장악하려 했다. 그러나 주축(the Axis) 내에서 평형성은 무솔리니 자신의 기이한 신화에 지나지 않았다. 히틀러를 견제하고 이탈리아의 결정적 영향력을 성취하려는 전술적 책략은 프랑스가 식민지 영역에서 그에게 전혀 겁먹지 않고 양보를 거절했을 때 완전히 빛나가 버렸다. 영민하게 시행된 힘의 정치에 근거하기보다는 유럽에서 결정적 균형자로 행동하려는 무솔리니의 노력은 일단 이탈리아의 수단을 넘어섰으며 3류 마키아

벨리언에 의해서 수행되었다.6)

더구나 무솔리니의 등거리 외교는 결코 공평하지도 공정하지도 않았다. 무솔리니는 나치 독일과의 긴밀한 연계를 맺을 수는 있었지만 그러나 서방국가들과는 결코 친선을 이룰 수 없었다. 권위주의체제로 이끌린 그는 민주주의 국가들에 의해서 거절당했다. 무솔리니는 1940년 6월 10일 이념적 동기에서가 아니라 사건들에 끌려서 전쟁에 빠져들었다. 외교정책에서 그의 파시스트 이데올로기란 엄격히 정의된 교리문답책에 지나지 않았다. 즉 그것은 무솔리니의 모순적이고 불같은 성격에 의해 격화된 편견과 역사적 분노의 엉성하고 일관성 없는 결합이었다. 그의 팽창주의적 외교정책의 목적은 원래 파시스트들에 의해서가 아니라 민족주의자들에 의해서 정해졌었다. 그는 분명히 자신의 파시스트적 색채를 가했으며 또 파시스트 용어로 자신의 제국주의를 표현했다. 그러나 외교정책은 종종 일관성 없이 임기응변식으로 결정되었던 것으로 드러났다. 그는 한편으로 힘의 균형에 관한 현실적 평가와 다른 한편으로 야심과 두려움에 의해 촉발된 열정의 돌풍 사이에서 오락가락했었다. 때때로 그는 자신의 선전 혹은 이념을 스스로 믿었다. 그러나 그는 또 때때로 의구심에 사로잡히기도 하였다. 많은 것이 이탈리아에 대한 다른 국가들의

6) H. James Burgwyn, *Italian Foreign Policy in the Interwar Period 1918-1940,* Westport, Connecticut: Praeger, 1997, p. xvii. 무솔리니의 외교형태에 관한 보다 상세한 역사에 관해서는, Gaetans Salvemini, *Prelude to World War II,* London: Victor Gollansz, 1953; James Barros, *The Corf Incident of 1923: Mussolini and the League of Nations,* Princeton, N.J.: Princeton University Press, 1965; John F. Coverdale, *Italian Intervention in the Spanish Civil War,* Princeton, N.J.: Princeton University Press, 1975; G. W. Baer, *The Coming of the Italo-Ethiopian War,* Cambridge, Mass., 1967; Federico Chabod, *Italian Foreign Policy: The Statecraft of the Founders,* Princeton, N.J.: Princeton University Press, 1966; Denis Mack Smith, *Mussolini's Roman Empire,* London: Longman, 1976을 참조.

행동과 반작용에 달려 있었다. 그는 전쟁을 통해 영광을 쟁취하려는 욕망을 넘어서는 근본적으로 이념적인 원칙들에 따라 행동했다고 보기 어려웠다. 역사적 분노에 의해 물들고 현대의 카이사르가 되려는 과대망상광적 욕구에 의한 행동주의 때문에 무솔리니는 결국 자신을 스스로 불안한 궁지에 빠뜨렸던 것이다.

무솔리니는 이탈리아의 진정한 군사적 및 경제적 약점을 반영하는 외교의 수행을 시도하지 않았다. 소수의 아첨꾼들 속에 고립된 무솔리니는 자신의 직감력을 믿었고 또 자신의 판단이 틀릴 수 없다고 믿고자 했다. 신비한 민족주의와 미래지향적 열망으로부터 그는 숙명론과 자발적 참여주의의, 대중에 대한 경멸과 기독교의 흘린 피를 통해서 구원받는 데 대한 대중들의 비합리적 믿음의 이상야릇한 혼합을 배양했다. 그러나 이탈리아인들은 그의 영웅적 기준에 부응하기를 거부했다. 그들은 무솔리니의 군사적 모험주의에 지쳤다.

서방국가들로부터 배척당한 무솔리니는 결정적으로 친독일적 관점을 가진 중재자로 이탈리아를 내세우거나 혹은 남부 유럽으로 독일의 팽창을 봉쇄할 교활하게 꾸민 발칸의 중립 진영에 대해서 히틀러가 피해의식을 갖지 않길 희망했다. 1940년 3월까지만 해도 그는 유럽에 대한 독일의 지배까지는 가지 않는 상태에서 전쟁을 끝낼 "제 2 의 뮌헨"을 주재할 희망을 버리지 못했다. 만일 독일이 프랑스를 침입하지 않았었더라면 이탈리아의 비교전국 지위는 무한정 계속되었을 것이다. 그러나 프랑스에서 거둔 히틀러의 전격 승리가 모든 것을 바꾸어 버렸다. 더 이상 "평화회의"의 아이디어를 품을 수 없게 되자 그는 이제 고통스런 현실에 직면했다. 프랑스가 패배하고 영국의 항복이 임박해 보였기 때문에 무솔리니는 히틀러에 도전하는 것은 미친 짓이라고 생각했다. 그래서 너무 늦기 전에 가담하는 것이 더 좋을 것이라고 판단했다. 그 결과 프랑스를 공격함으로써 무솔리니는 자신의 운명을 봉해 버렸다. 그는 역사에서 가장 악명 높은 "재칼"로서 역사에 기록될 것이다.[7)]

무솔리니는 약자의 위치가 분명해진 순간에 이탈리아의 운명을 독일에 묶어 버리는 선택을 했다. 이런 치명적 결정은 수년간 아마추어 외교와 국제정치의 개인화, 과도한 야심과 파시스트 이데올로기에 의해 파탄지경이 된 외교적 계산의 결과였다. 전쟁의 제국건설에 대한 무솔리니의 신념을 고려할 때 그는 이탈리아의 자원 부족과 대규모의 현대 전쟁의 지원물자로 거대한 군사력을 공급할 수 없는 자국의 저개발된 산업 능력에 어울리는 제한된 목적의 외교정책을 정교하게 수립하지 못했다. 히틀러는 압도적 힘의 우위의 입장에서 무솔리니를 대했다. 그는 이탈리아를 동맹국으로 필요로 하지 않았다. 그는 감상적 이유에서 무솔리니의 동승을 즐겼을 뿐이다. 1940년 6월에 무솔리니를 히틀러의 품안으로 결국 밀어 넣은 것은 이탈리아의 능력 한계에 대한 쓰라린 자각이었다. 이탈리아는 이제 히틀러의 처분에 전적으로 의존하는 제 3 제국의 위성국가에 지나지 않았다. 무솔리니는 히틀러의 전차에 뒤늦게 편승함으로써 그 한 번의 도박에 파시스트 정권과 이탈리아의 두체(지도자)로서 자신의 생존을 위해 자기 조국의 국가적 운명을 걸었던 것이다. 그러나 무솔리니는 자기가 그토록 염원하던 이탈리아의 "균형자 역할"을 시도하지 못한 채 결국 독일에 재칼처럼 편승하는 전략을 택하고 말았으며, 그 편승 대상의 잘못된 선택으로 인해서 무솔리니는 궁극적으로 조국의 국가 이익마저 희생시킨 파시스트 정권과 자신의 지위는 물론 생명까지도 보존할 수 없었다. 그의 국력이 뒷받침하지 못하는

7) *Ibid.*, p. 227. 냉전 종식에 뒤이은 한국의 유엔 가입 후 한국 외교정책의 스타일을 분석하면서 재칼의 가능성에 관한 필자의 논의를 위해서는, 강성학, 『새우와 고래싸움: 한민족의 국제정치』, 박영사, 2004의 제 7 장, 「유엔 가입과 한국 외교: 여우와 고슴도치」를 참조.

"균형자"로서의 역할에 대한 꿈은 신기루를 좇는 "한여름 밤의 꿈"에 지나지 않았던 것이다.

"국제간의 균형자 역할"과 행세란 참으로 매력적인 유혹이다. 마치 국가간의 관계를 인형극을 공연하듯 자기 뜻대로 수행할 수만 있다면 그런 지도자와 국가는 참으로 국제사회의 부러운 대상이 될 것이다. 그러나 지난 약 350여 년의 근대 국제정치의 역사에서 국제적 균형자의 성공적인 역할이란 극소수 국가와 그들의 지도자들에게 국한되었다. 17세기 중반기에 프랑스의 리슐리외, 18-19세기에 영국의 지도자들, 19세기 후반 독일의 비스마르크 그리고 냉전 종식 후 미국의 대통령들만이 담당할 수 있는 것이었다. 그것도 그 국가들이 국제사회의 최정상의 지위와 국력이 그런 외교술의 발휘를 가능하게 해 주었다. 국제적 균형자란 어떤 국가의 어느 지도자가 스스로 나서서 하겠다고 선언하여 인정되거나 수행할 수 있는 역할이 아니다. 자국의 국가적 역량을 고려하지 않고 무조건 나서게 되면 무솔리니의 이탈리아의 경우처럼 조국의 멸망을 자초할 수도 있는 위험스런 도박, 즉 슬기롭지 못한 외교정책과 전략으로 판명나고 말 것이다.

소위 민주화 이후 한국 외교정책의 난제는 근본적으로 사회의 전 분야에 걸친 급속한 민주주의적 의식의 확산과 허무주의적 충동으로 초래된 한국외교정책의 "비정치화"에 있다고 생각된다. 그것은 마치 역사적으로 과거 제 1 차 세계대전 후 독일 바이마르공화국 시절의 민주정치와 사회를 여러 가지 면에서 연상시킨다. 바꾸어 말하면 가장 큰 문제는 공공질서유지와 평화유지의 주권적 권한의 "국가의 권능"이 존중받지 못하고 있다는 사실이다. 윌슨과 베버는 주권적 국가란 정당한 무력수단의 독점체라고 정의했었다. 그러나 당시 바이마르공화국 시대 독일의 공권력은 자유민주주의라는 이름으로 행사되는 사적 폭력수단의 난무로 엄밀한 의미의 "근대국가의 속성"을 상실하고 있었다. 한편으로 과격한 파시스트들과 또 다른 한편으론 급진적 공산주의자들이 사회적 극심한 혼란과 정치적 허무주의로 몰고 갔다. 바로 그런 위험한 혼란 상태에서 "주권자란 예외적인 경우를 결정하는 사람"[8]이라고 선언하면서 대통령의 비상대권에 입각한 새로운 "리바이어던"의 수립을 주장하면서 "정치적인 것이란 적과 동지를" 구분하는 것이라고 정의했던 당시 독일의 대표적 헌법학자가 바로 카를 슈미트였다.[9] 그러나 슈미트가 참여한 나치스 정권의 독일국가는 그가 기대했던 "리바이어던"이 아니라 그의 제자 프란츠 노이만(Franz Neumann)이 서술한 것, 즉 국가가 아닌 무법천지의 무질서와 무정부 상태의 비히모스였다.[10]

따라서 21세기 초 한국의 민주주의가 1세기 전 독일의 바이마르공화정의 민주주의의 비극을 멍청하게 되풀이하지 않기 위해서는 당시 독일 민주주의의 역사와 슈미트의 비극적 운명으로부터 교훈을 얻어야 할 것이다. 급격한 민주화와 저항하기 어려운 세계화의 파고 속에서 국가주권의 몰락과 점증하는 국가간 경쟁의 심화로 인한 긴장이 날로 심각해지고 있으며 그것의 극복도 긴급한 과제이다.

---

8) Carl Schmitt, *Political Theology: Four Chapters on the Theory of Sovereignty*, trans. George Schwab, Cambridge, Mass.: MIT Press, 1986, p. 5. 원래 독일어판은 1922년 출간.

9) 그의 이 저서와 정치이론 및 영향에 관해서는 제 2 장에서 이미 비교적 상세히 논의했다.

10) John P. McCormick, *Carl Schmitt's Critique of Liberalism,* Cambridge, U.K.: Cambridge University Press, 1997, p. 285; Franz Neumann, *Behemoth: The Structure and Practice of National Socialism, 1933-1944,* New York: Harper & Row, 1944, p. xii. 슈미트는 비히모스를 종교적 광신주의와 혁명의 상징으로만 이해했다. Carl Schmitt, *The Leviathan in the State Theory of Thomas Hobbes: Meaning and Failure of a Political Symbol,* West port: Greenwood Press, 1996, p. 21. 원래 독일어판은 1938년 출간.

이런 21세기 초 한국의 국가적 위기 속에서 올바른 외교정책은 치명적으로 중요하다. 왜냐하면 외교정책은 국민의 일부가 아니라 국가 전체의 운명과 직결되기 때문이다.

한국의 외교정책이 국력의 강화와 개인의 자아실현을 통한 국민행복의 증진 그리고 궁극적으로 통일된 부강한 민주-민족국가의 지향이라면 그런 이성적 목적을 달성하기 위해 선택하고 구사해야 할 한국의 합리적 외교 전략이란 어떤 것이어야 할까? 그런 추상적 질문에 정확히 답하기는 참으로 어렵다. 그러나 적어도 하나의 소극적 답을 할 수는 있을 것이다. 그것은 분명 앞서 지적한 것처럼 한국이 동아시아의 균형자 역할을 자처할 일은 아닌 것 같다. 한국인들에게 그런 특권적 지위와 역할은 한동안 적어도 우리의 현 세대에게 주어질 것 같지 않다. 그것은 20세기 초 일본의 제국주의의 침략적 위협 앞에서 우리 조상들은 물론 당시 중국이나 러시아, 독일, 프랑스 혹은 미국도 성공적으로 수행할 수 없었던 그런 역할이었다. 그렇다면 한반도의 역사에서 오랫동안 비교적 성공적으로 국가의 존립을 유지시키고 발전할 기회를 부여한 것은 최강 최선의 문명국가에게 편승하는 길이 아니었던가?[11] 반도 국가의 한국인들은 치열한 힘의 정치를 심화시키는 대륙 국가들처럼 마키아벨리식으로만 행동할 수 없다. 그렇다고 해서 해양국가의 자유주의적 국제주의자인 미국의 윌슨 같이 국제도덕과 국제법의 지배를 앞장서 주장하고 그것들을 실제로 구현할 수 있는 능력의 소유자처럼 행동하는 돈키호테가 되어서도 안 될 것이다.

11) 이 문제에 관한 필자의 상세한 논의를 위해서는, 강성학, 『새우와 고래싸움: 한민족과 국제정치』, 박영사, 2004, 특히, 제 1 장 「한민족과 국제정치: 역사의 교훈과 전망」; 제 2 장 「주한 미군과 한미관계: 중년의 위기인가 황혼의 이혼인가」; 제 5 장 「한국 외교정책의 특성: 편승에서 쿼바디스로?」 등을 참조.

그렇다면 대륙과 바다를 공유한 반도국가에 살고 있는 한국인들이 대륙적 힘의 국제정치를 해양적 법과 도덕의 정치로 전환시키는 데 기여할 수 있는 길을 장기적으로 꾸준히 모색하면서 당장은 단기적으로는 우선 국가와 민족의 생존과 번영에 기여할 수 있는 슬기로운 정책과 효과적인 전략을 수행해 나가야 할 것이다. 오늘과 내일의 한국 지도자들에게 우선적으로 요구되는 것은 바로 그러한 "국제정치적 안목," 즉 "정신과 마음의 자세"이다. 그러나 그러한 정신과 마음의 자세란 하루아침에 사나이다운 "단호한 결심"에 의해서 이루어지는 것이 아니라, 그것은 올바른 "역사 철학"에 대한 충분한 교육과 그것의 줄기찬 "내면화"에 의해서만 이루어질 수 있는 것이 아닐까 한다. 종종 인용되어 여기서 재활용하는 것이 다소 주저스럽지만, 셰익스피어가 『줄리어스 시저의 비극』에서 캐시우스의 입을 통해 말했듯이

> 이봐, 브루투스. 결함은 우리의 별들에게 있는 것이 아니라
> 바로 우리들 자신 속에 있는 것이라네…

제 25 장

21세기 군사전략론: 클라우제비츠와 손자간 융합의 필요성

> 전쟁이란 국가에게 사활적 중대사이다. 즉 그것은 삶과 죽음의 영역이며 생존이나 멸망으로 가는 길이다. 따라서 전쟁을 철저히 연구해야만 한다.
>
> – 손자 –
>
> 당신은 전쟁에 관심이 없을지도 모른다. 그러나 전쟁은 당신에게 관심이 있다.
>
> – 레온 트로츠키 –

1. 서　　론

많은 사람들은 제 1 차 세계대전이 인류의 전쟁을 종결하는 마지막 전쟁이라고 생각했다.[1] 하지만 제 2 차 세계대전은 그것이 하나의 거대한 환상에 지나지 않았음을 증명했다. 제 2 차 세계대전의 종결과 함께 탄생한 유엔(UN)은 모든 국제적 분쟁들을 종식시킬 것으로 기대되었다. 하지만, 그러한 기대에도 불구하고 한국 전쟁을 비롯한 수많은 전쟁들이 동양과 서양을 막론하고 계속되었다. 소련

1) Thomas J. Knock, *To End All Wars: Woodrow Wilson and the Quest for a New World Order*, New York and Oxford: Oxford University Press, 1992.

의 붕괴와 함께 길고 긴 냉전이 막을 내리면서, 또다시 많은 사람들은 더 이상 전쟁이 일어나지 않을 수도 있다는 기대감에 부풀었다. 바로 그런 분위기 속에서 1991년 마틴 반 크리벌드(Martin van Creveld)는 『전쟁의 변환』(*The Transformation of War*)이라는 널리 주목받은 저서를 통해 자신과 비슷한 조직과 싸울 국가의 능력이 갈수록 의심스러울 뿐만 아니라 싸우지 않고 싸울 수도 없고 또 싸우지 않을 조직에 대해 충성한다는 것이 별로 의미가 없기 때문에 국가가 망각의 길로 접어든 것 같다고 주장했다.[2] 그는 제1차 30년 전쟁(1618-1648)의 참화가 종교전쟁들의 시대를 종식시켰듯이 1914-1945년간의 30년 전쟁이라고 부른 두 차례의 세계대전과 핵무기의 출현이 민족국가간의 권력투쟁에 종지부를 찍었다는 것이다. 그 결과 17세기에 실제로 그랬던 것처럼 주요행위자들이 이제 무대를 떠나야만 한다는 것이다. 뒤이어 1993년 존 키건(John Keegan)도 『전쟁의 역사』(*A History of Warfare*)[3]의 출간을 통해 전쟁이란 다른 수단에 의한 정책의 수단이 아니라고 선언했다. 전쟁은 국가들의 탄생보다도 앞섰으며 국가의 정책이 아니라 문화의 산물이라는 것이다. 메리 칼도어(Mary Kaldor)는 교전자들의 목적이 정치적인 것 못지않게 흔히 경제적 이득인 비국가 행위자들, 군벌들, 그리고 범죄자들이 관련된 새로운 전쟁 시대의 도래를 선언하면서 이들은 전쟁을 종결짓는 데 보다는 오히려 지속시키는 데 더 많은 관심을 갖고 있다는 결론을 내림으로써[4] 전쟁의 본질적 변화에 대해 주장하는 추세를 마무리 짓는 것처럼 보였다.

---

2) Martin van Creveld, *The Transformation of War*, New York: The Free Press, 1991, pp. 193-194.

3) John Keegan, *A History of Warfare*, New York: Alfred A. Knopf, 1993, p. 3.

4) Mary Kaldor, *New and Old Wars: Organized Violence in a Global Era*, Stanford, CA: Stanford University Press, 1999, p. 15.

그러나 지금도 국가는 여전히 정치의 조직 원리로 남아있으며 종교전쟁의 시대와는 다르게 국가간 무력투쟁도 아직 사라지지 않았다. 다만 그것이 지구의 제한된 지역에서 권력투쟁의 직접 군사적 차원을 잃었을 뿐이다. 뿐만 아니라, 그 후 발생한 걸프전쟁, 아프리카와 발칸반도에서의 사악한 전투들 그리고 한 순간에 3천여 명의 목숨을 앗아간 미국 9.11 테러사건과 그에 뒤따른 아프간 전쟁과 이라크 전쟁 등은 역시 그러한 기대가 한낱 허황된 소망에 불과하였다는 것을 다시 한 번 입증하였다. 오히려 국제사회에서는 국제평화와 안보를 위협하는 새로운 요인들이 등장했다. 언제 어디서 일어날지 모르는 테러의 위협뿐만 아니라 폭군들이 지배하는 이른바 불량국가(rogue states)들은 언제든지 자신들이 보유한 대량살상무기를 사용할 태세이다. 헤겔과 맑스의 역사철학[5]에 입각하여 프란시스 후쿠야마(Francis Fukuyama)가 선언했던 소위 "역사의 종말"은 21세기의 전야와 새벽에 그것이 하나의 신기루에 지나지 않았음이 분명해졌다. 최근에 고통스럽게 경험한 많은 전쟁들이 "역사가 다시 되돌아왔다"[6]는 명백하고도 확실한 교훈을 가르치고 있음에도 불구하고 여전히 많은 탈근대 글로벌리스트들은 여전히 후쿠야마가 제시한 역사관에 입각하여 사고하는 모습을 보이고 있다.

그러나 무엇보다도 테러에 대한 전쟁은 이제 막 시작되었다고 말해도 좋을 것이다. 이 전쟁의 궁극적인 목적은 영토의 정복이나 특정 이데올로기의 탄압에 있는 것이 아니다. 그 궁극적인 목적은 테러를 억제하기 위한 국가들 간의 공감대 형성을 위해 필요한 국제적 환경을 조성하고 적들이 테러를 일으키지 못하도록 하는 데

5) Francis Fukuyama, *The End of History and The Last Man*, New York: The Free Press, 1992.

6) Robert Kagan, *The Return of History and the End of Dreams*, New York: Alfred A. Knopf, 2008.

있다. 이런 전쟁의 근원은 이슬람이 아니라 바로 국가의 본질과 전쟁의 새로운 기술, 방법 그리고 목적과의 관련성에 근본적인 변화가 있기 때문이다.[7] 이러한 전쟁들의 본질과 구조를 폭넓고 깊게 이해하기까지는 상당한 시간이 필요할 것이다. 오늘날 우리는 국제적 사회가 대처해야 하는 전쟁과 폭력의 전 세계적인 확대를 목격하고 있다. 갑작스럽게 대두된 국제테러단체 조직망과 대량살상무기 그리고 더욱더 커져가는 수많은 민간인들의 취약성의 불안스러운 결합은 국제안보에 대한 전통적인 지혜의 근본적인 전환을 강력하게 요구하고 있다.

문명화된 국민들간의 전쟁을 단순히 국가의 합리적인 행위의 결과로 보거나 전쟁에 대한 인간들의 열정이 점차 사라져간다고 여겨 결국에는 군사력의 물질적인 충돌이 반드시 필요하지는 않을 것이라고 생각하는 것은 명백한 환상일 것이다. 만약 전쟁을 힘에 입각한 행위라고 간주한다면 전쟁에는 감정이 개입되지 않을 수 없는 것이다. 물론 전쟁이 적대감이라는 감정으로부터 발생하지 않을 수도 있다. 하지만 그것이 영향을 준다는 것은 틀림없으며, 다만 얼마나 많은 영향을 주는가는 문명화 수준에 따른 것이 아니라 상호 충돌하는 이익의 중요성과 그 갈등이 얼마나 오랫동안 지속되었는가에 따라 다르게 나타나는 것이다. 화약의 발명과 핵무기로 대표되는 화기의 지속적인 발전은 문명의 진보가 적을 파괴하고자 하는 충동을 억제하거나 변화시키는 데 실질적인 도움이 되지 못함을 잘 보여주고 있다. 그리고 그것이 자신의 의지를 관철하기 위해 힘을 행

7) Philip Bobbitt, *Terror and Consent: The Wars for Twenty-First Century*, New York: Alfred A. Knopf, 2008, p. 3. 이런 점에 대한 필자의 논의를 위해서는, 강성학, 『인간 神과 평화의 바벨탑: 국제정치의 원칙과 평화를 위한 세계헌정질서의 모색』, 고려대학교출판부, 2006, pp. 674-678을 참조.

사하는 행위로서 "수단을 달리한 정치적 행위의 연속인 전쟁"의 바로 그 핵심이자 본질인 것이다.[8)]

때문에 서양세계에서 유일한 전쟁 철학자로 인정받고 있는[9)] 클라우제비츠(Clausewitz)는 다음과 같이 경고하였다.

---

8) Carl von Clausewitz, *On War*, ed. and trans. by Michael Howard and Peter Paret, Princeton, NJ: Princeton University Press, 1976, pp. 75-76, and p. 87.

9) Raymond Aron, *Clausewitz: Philosopher of War*, trans. by Christine Booker and Norman Stone, London: Routledge & Kegan Paul, 1983(1976에 처음 불어로 출간되었다). 존 키건(John Keegan)은 클라우제비츠를 단지 19세기 초 승진 못하고 답답한 군대생활로 좌절한 일개 장교로 격하시켰다(John Keegan, *A History of Warfare*, New York: Hutchinson, 1993, pp. 15-16). 그러나 미래의 전쟁에서 클라우제비츠의 적실성을 부인하는 마틴 반 크리벌드(Martin van Creveld)도 그가 서양의 지적 전통에서 전쟁에 대해 쓴 가장 위대한 작가라고 인정한다(Martin can Creveld, "What is Wrong with Clausewitz?" in Gert de Nooy, ed., The *Clausewitzian Dictum and the Future of Western Military Strategy*, The Hague, Netherlands: Kluwer Law International, 1997, p. 7.) 그에 의하면 전략연구분야의 주요 학술지들의 조사가 보여주듯이 클라우제비츠만이 일 세기 전에 살았지만 군사문제에 관해선 여전히 실천적 안내자로 간주되는 유일한 작가이다. 예를 들어, International Security와 Strategic Studies라는 학술지에서 지난 10여 년간 클라우제비츠를 제외하고는 일 세기 전의 어느 누구도 또 어떤 주제도 논문의 주제가 되지 못했다. 프론티누스(Frontinus)로부터 리들 하트(Liddel Hart)에 이르기까지 클라우제비츠만이 군사문제에 대해 "어떻게," 즉 요리책 같은 접근법에 만족하지 않은 유일한 이론가이다(Martin van Creveld, "The Eternal Clausewitz," in Michael I Handel, ed., *Clausewitz and Modern Strategy*, London: Frank Cass, 1986, pp. 35-50). 클라우제비츠는 먼저 원칙을 추적하고 그 다음에 이론과 역사적 현실을 항상 병립시키는 방법으로 진행하여 지구적 차원의 역사적 중요성을 갖는 작품을 생산했다. 그리하여 동료 군사이론가들 중에서 유일하게 클라우제비츠만이 괴테, 세익스피어, 마키아벨리, 베이콘, 홉스, 맑스, 그리고 누구보다도 아담스미스에 비견되었다(Bernard Brodie, *War and Politics*, New york: Macmillan, 1973, p. 436; S. L. Murray, *The Reality of War*, London, Hugh Rees, 1906, p. xiii). 두 세기가 다 되어가는 지금도 그의 저작이 시대를 초월하는 작품이라는 평가는 여전히 진실이고 또 미래에도 그렇게 인정될 것이다.

> "마음이 착한 사람들은 피를 흘리지 않고 적을 이기고 무장해제 시킬 수 있는 독창적인 방법이 분명히 있을 것이며, 그것이 전쟁의 궁극적인 목표라고 생각할 수 있을 것이다. 하지만 이러한 생각은 듣기 좋은 만큼 이는 분명한 착각이다. 전쟁이란 것은 너무나 위험한 것이기에 착한 마음으로부터 발생하는 실수는 치명적인 것이다. 강력한 힘의 사용은 절대 지성의 사용과 동시에 양립할 수 없다. 만약 한쪽에서는 힘의 사용이 유혈을 가져온다는 사실에 주저하지 않고 무력을 사용하는 반면 다른 쪽에서는 반대로 힘의 사용을 자제한다면 전자 쪽이 분명한 우위를 점하게 된다. 우위를 점한 쪽은 다른 쪽으로 하여금 따르도록 강요할 것이다. 서로를 극단으로 몰고 갈 것이며, 이를 제한하는 유일한 요소들은 전쟁에 내재되어 있는 균형일 뿐이다. 전쟁이란 바로 이런 것이다. 전쟁의 극악무도함과 절대적인 고통으로부터 진정한 전쟁이 무엇인지를 사람들에게 제대로 알리지 않으려고 하는 것은 의미 없을 뿐만 아니라 잘못된 것이다."10)

이와 같은 클라우제비츠의 전쟁관은 동양의 대표적인 전쟁 철학자인 손자의 전쟁관에 정면으로 대치된다. 손자는 백 번의 전투에서 백 번 이기는 것이 최고의 전술이 아니라 싸우지 않고도 적을 이기는 것이 최고의 전술이라고 생각하였다.11) 클라우제비츠에게, 손자는 착한 마음을 가진 사람이며 전쟁에 대한 잘못된 생각을 가진 대표적이고 전형적인 사람으로 보일 것이다. 하지만 동양과 서양을 대표하는 이 두 전쟁 철학자들 중 과연 오늘날 21세기의 전쟁에 대해 올바른 가르침을 줄 수 있는 전략가는 누구일까? 군사 전략12)이

---

10) Carl von Clausewitz, *op. cit.*, pp. 75-76.

11) Sun Tzu, *The Art of War*, trans. by Samuel B. Griffith, London: Oxford University Press, 1963, p. 77.

12) 여기서 말하는 군사전략이란 우리 시대의 군사교리의 개념보다 더 광범위하고 포괄적인 개념을 담고 있다. 현재의 군사 제도는 대전략(Grand Strategy)의 하부요소로서 공격과 방어, 혹은 억제보다 협소한 성격을 갖고 있다. 군사 교리 개념에 대해서는, Barry R. Posen, *The Sources of Military Doctrine*, Ithaca and London: Cornell University Press, 1984, pp. 13-16 참고.

라는 것은 문명 또는 특정 사회 문화의 지적 산물이다.[13] 클라우제비츠가 서양의 문명과 근대 서양 사회문화의 산물이었다면, 손자는 바로 동양(구체적으로 말하면 중국이지만)의 문명 또는 고대 중국 사회 문화의 산물이었던 것이다.[14] 근대 사회, 그리고 근대 이전의 사회

---

13) 이 부분에서 필자는 토인비가 그의 역사철학에서 언급한 문명을 사회와 동일하게 여기는 것을 따르고 있다. Kenneth W. Thompson, *Toynbee's Philosophy of World History and Politics*, Baton Rouge and London: Louisiana State University Press, 1985, pp. 14-15. 그리고 Samuel P. Huntington은 *The Clash of Civilizations and The Remaking of World Order,* New York: Simon & Schuster, 1996에서 문명과 문화를 동일시했다.

14) 『손자병법』은 1772년 예수회 신부인 J. J. M. 아미오(Armiot)에 의해서 불어로 처음 번역되었다. 아미오 신부는 투롱(Toulon)이 고향이었으며 오랫동안 북경에서 생활하다가 1794년에 생을 마감했다. 독자는 왜 선교사가 전쟁에 관한 서적을 번역하는 일을 담당했는지에 대해 의문을 품을 수가 있다. 그에 대해 아미오 신부가 직접 설명하기를 루이 15세 왕권 당시의 국무부 장관인 베르틴의 명령으로 중국 서적 번역 작업을 했다고 한다. 아미오 신부의 번역서 이후로 불어로 개정판이 나오지 않았다. 19세기에 들어서 더 이상 중국 문화와 사상이 18세기처럼 인기를 누리지 못했다. 1905년에는 일본에서 유학하는 영국인 E. F. 칼드롭(E. F. Calthrop) 선장이 손자병법의 "13장"을 영어로 번역했다. 사실, 이 문헌은 원래 "손시"(Sonshi)라는 이름으로 동경에서 번역되었다. 칼드롭 선장은 오류가 제법 많았던 일본어 번역서를 다시 영어로 번역했을 가능성이 크다. 1910년 런던에서 길스(L. Giles)가 영어로 "13장"을 새로 번역했다. 같은 해에 독어 번역본도 출간되었다. 러시아에서는 손자의 교본이 1860년에 스레즈네브스키(Sreznevskij)라는 중국학자에 의해 번역되었다. 당시 미국에서는 길스가 번역했던 영문판은 전혀 알려져 있지 않았다. 1944년에 들어서야 토마스 R. 필립스(Thomas R. Phillips)가 군사 관련 문헌들을 집필한 "전략의 근원"이라는 책을 통해 미국에 소개했다. 일본군이 몇 백년 동안 손자의 전략을 따랐음에도 불구하고 미국 군대가 일본과 대치되어 있을 당시에 권위 있던 군사 서적 "근대 전략가들"이라는 책은 손자의 자료를 참고하지 않았다. 이에 대한 추가적인 내용은 Samuel B. Griffith, *Sun Tzu*: *The Art of War*, London: Oxford University Press, 1963, Appendix Ⅲ 참고. 손자가 일본 군사사상에 미친 영향에 대해서는 Appendix Ⅱ 참조. 손자병법이 일본의 중세의 전쟁 기술에 미친 영향을 분석한 저서가 최근 출간되었다. Roland Knutsen, *Sun Tzu and The Art of Medieval Japanese Warfare*,

와 많은 공통점과 차이점을 가지고 있는 오늘날의 탈근대적이고 세계화된 국제정치 속에서 근대 전략가인 클라우제비츠와 전근대 전략가인 손자 중 21세기의 새벽을 맞이한 우리에게 더 나은 전략적 가르침을 줄 수 있는 인물은 과연 누구일까? 본 논문은 바로 그런 의문으로 시작하여 21세기의 전쟁은 그들간의 배타적 선택보다는 그들간 창조적 융합이론의 필요성이 제기되는 이유를 전개할 것이다.

2. 테러행위의 이해와 클라우제비츠를 통해 본 대테러전쟁

현대와 미래 그리고 과거의 전쟁을 이해하는 데 있어서 클라우제비츠는 여전히 가장 좋은 출발점이 될 수 있다.[15] 2001년 9월 11일 미국의 심장부를 강타한 거대한 테러 사건은 전쟁의 특징, 더 나아가서는 전쟁의 본질을 바꾸어놓은 것처럼 보였다. 인간 만사가 그렇듯 우리는 종종 장기간의 흐름과 점진적인 변화 속에서 어느 순간 결정적인 사건을 경험하고 위험에 처하게 된다. 9.11 테러사건은 단순히 미국 국민들뿐만 아니라 인간들의 삶에 있어서 새로운 전환점이 되는 사건이었다. 하지만 9.11 테러사건 이후 일어난 사건들, 그 중에서도 특히 미국의 아프가니스탄과 이라크 침공은 전쟁의 본질이 근본적으로 변화하였다는 주장을 뒷받침하지 않는다.[16] 미국과 영국은 정치적인 목적을 달성하기 위해 무장된 병력

Hawaii: University of Hawaii Press, 2006.

15) Andreas Herberg-Rothe, "Clausewitz and a New Containment: the Limitation of War and Violence," in Hew Strachan and Andreas Herberg-Rothe, eds., *Clausewitz in the Twenty-First Century*, Oxford: Oxford University Press, 2007, p. 307.

16) Martin van Creveld, *The Transformation of War*, New York: Free Press,

을 파병하였다. 상투적 표현을 빌리자면 두 국가의 행동은 말 그대로 클라우제비츠식이였다. 대체로 미국의 침공이 어떤 정치적인 목적에 의한 것이 아니었을지도 모른다는 점증하는 믿음 때문이기도 하지만 이후 등장한 전략 연구들은 이 두 전쟁이 마치 새로운 세기의 전형적인 전쟁 형태라도 되는 듯이 이 두 전쟁, 특히 대 이라크 전쟁에 고정되었다. 그러나 여기에서 놀라운 것은 이런 연구들이 동일한 시기에 세계 다른 곳에서 일어나는 전쟁을 간과했을 뿐만 아니라 최근의 사건들을 역사적인 맥락 속에서 살피지 못함으로써 새롭게 보이는 것과 정말 새로운 것을 제대로 구별하지 못하는 조망의 결핍이다.

전쟁사에 대한 클라우제비츠의 연구는 전쟁이 단 한 가지 유형만을 따르지 않음을 잘 보여주었다. 시대에 따라 전쟁의 형태가 달랐고, 제약 조건들이 모두 달랐으며, 그 편견들도 달랐다.[17] 따라서 각 시대는 그 자체만의 전쟁 이론을 갖게 되었을 것이다. 물론 전쟁이라는 것이 국가들과 그들 군사력의 개별적인 특수한 성격에 따라 다른 조건에 처하지만 전쟁이란 모든 이론가들이 가장 많이 관심을 기울이는 보다 일반적이고 보편적인 요소 또한 분명히 내포하고 있다.[18] 바로 그렇기 때문에 클라우제비츠는 자신의 전쟁 연구를 "전쟁"이라는 하나의 일반적인 현상의 연구로 기대되는 저술을 했었다.

클라우제비츠에 의하면 전쟁이란 주어진 조건에 자신의 특성을 약간 적응시키는 실제로 카멜레온보다도 더 변화무쌍한 것이다. 총체적인 현상으로서 전쟁은 그 지배적인 특징들로 인하여 항상 전쟁

1991; John Keegan, *A History of Warfare*, New York: Alfred A. Knopf, 1993.

17) Carl von Clausewitz, *op. cit.*, p. 593.

18) *Ibid.*

을 현저한 삼위일체로 만든다. 전쟁의 삼위일체는 맹목적이고 본성에 따른 힘인 원초적 폭력성, 증오심과 적대감 그리고 창조적 정신이 자유롭게 발현될 수 있는 우연과 개연성의 작용, 그리고 오직 이성의 지배를 받는 정책의 도구라는 종속적 요소로 구성된다. 이 세 가지 요소들 중에서 그 첫 번째는 주로 국민들[19]에 관한 것이고, 두 번째는 지휘관과 그의 군대에 관련된 군부의 것이며, 마지막 세 번째 요소는 정부와 관련된다. 전쟁 중에 타오르는 열정은 국민들 속에 이미 내재되어 있고, 우연과 개연성의 영역에서 용기와 재능이 발휘될 수 있는 범위는 지휘관과 군대의 특수한 성격에 의해 좌우된다. 그러나 정치적인 목적은 오직 정부만의 업무이다.[20] 이러한 전쟁의 세 가지 요소들 혹은 성향이 클라우제비츠의 "불가사의한 삼위일체"를 구성하며, 이 삼위일체가 항상 변화하는 카멜레온이라는 하나의 탁월한 종합적 은유의 형태로 그 요소들을 하나로 통합시킨다.

여기서 클라우제비츠가 "정부"라 함은 복종케하고 지도적 영향

19) 장준보와 야오윤쯔(Zhang Junbo and Yao Yunzhu)는 중국의 전통과 서양의 군사적 사고와 철학적 뿌리의 차이를 논하면서 서양은 "무기요인"(weapon factor)을 강조한 반면에 중국의 군사적 전통은 "인적요인"(human factor)을 더 소중하게 여겨 전쟁이 윤리적 및 도덕적 차원을 강조한다고 주장했다. Zhang Junbo and Yao Yunzhu, "Differences Between Traditional Chinese and WesternMilitary Thinking and their Philosophical Roots," *Journal of Contemporary China*, Vol. 5, No. 12, 1996, pp. 209-221. 그러나 중국의 전략적 전통은 민족국가의 국민군대(National Army)가 탄생하기 이전의 것인 반면에, 클라우제비츠의 전쟁철학은 프랑스 혁명 후 새로운 정치에 따른 "국민 군대"간의 전쟁에서 출발하는 것으로 조국에 대한 열정 즉 "인적요인"을 이미 가정하고 있을 뿐만 아니라 그의 전쟁 수행의 삼위일체 즉 3가지 차원 중, 이 "국민의 열정"차원은 "인적 요인"을 그가 얼마나 중요시 했는가를 분명하게 입증해주고 있다고 하겠다.

20) *Ibid.*, p. 89.

력을 가지는 모든 통치의 실체를 포함한다. 이와 비슷하게 "군부"라 함은 근대의 숙련된 준 직업적 군대만을 의미하는 것이 아니라 시대를 막론하고 전쟁을 수행하는 모든 실체를 의미한다. 마찬가지로 그가 "국민"이라고 하는 것도 역시 시대를 막론하고 모든 사회나 문화권의 주민을 의미하는 것이다. 물론 특정요소가 다른 요소들보다 두드러지고 영향력이 더 클 수 있지만 이러한 세 가지 요소들이 모든 전쟁에서 작용한다.[21] 요컨대, 클라우제비츠에게 있어서 전쟁의 양상은 다양하고 가변적인 것이고, 그의 "경이로운 삼위일체"는 사회적, 군사적 그리고 정치적인 서로 다른 차원들로부터 전쟁의 특징을 포착하려는 시도였다. 전쟁에서 우선 전쟁의 목적을 수립하는 것이 최우선이지만 그 목적이 반드시 전쟁의 실제적 수행에 있어 지배적인 영향이 되지는 않을 것이다. 오히려 객관적인 지식의 입장에서 보면, 삼위일체는 다른 차원들을 복종시키는 목적의 영향력이 우연과 적국 군사력의 작용만큼이나 중요하다는 느낌을 갖게 한다.

그렇다면, 테러와의 전쟁과 같이 새로운 세기에 우리가 직면하고 있는 전쟁들의 성격을 분석하는 데 있어서 클라우제비츠의 소위 불가사의한 삼위일체는 얼마나 유용한 것일까? 사실 우리시대의 이렇게 다면적인 전쟁은 기술, 정보 그리고 금융의 확대 및 민주화의 확산과 함께 세계화가 가져온 최초의 갈등일 것이다. 세계화는 사람, 재화, 그리고 아이디어의 실질적인 이동을 증가시켰으며, 그 결과 전쟁의 수단을 변화시켰다. 세계화는 또한 정치적 또는 혁명 지도자들로 하여금 그것이 비정규적이든 재래식 군사력이든 간에 그들의 지휘하에 있는 세력, 자국의 지지자와 상대국의 지지자, 그리

21) Antulio J. Echevarria Ⅱ, "Clausewitz and the Nature of the War on Terror," in Hew Strachan and Andreas Herberg-Rothe, *op. cit.*, p. 205.

고 중립적인 군중들에게 자신의 목적과 의도를 전달하는 능력을 향상시켰다. 반대로 좋지 않은 이미지나 평판 역시 다양한 경로를 통해 언제든지 등장해 상대방의 지도자들과 경쟁하거나 그들이 전달하고자 하는 메시지를 훼손시킬 수 있다. 그리하여 세계화는 목적, 적대감 그리고 우연의 세 가지 차원을 더욱 밀접하게 만들고 또 이들 간의 상호작용이 보다 더 즉각적이고 더 예측하기 어렵고 잠재적으로 더 영향력 있게 만들었다. 이것이 한 집단이 그들의 의지를 상대방에게 강요시키고자 하는 기본적인 개념은 변화시킬 수 없지만, 사용하려는 전술과 수단에 분명히 영향을 미치고 있다. 클라우제비츠가 발견한 전쟁의 근원적 삼위일체는 과거처럼 오늘날에도 여전히 타당하다.[22] 따라서 전쟁의 본질, 즉 삼위일체의 성격을 이해하는 것이 클라우제비츠의 시대에서 보다도 오늘날에 더 중요해졌다고까지 말할 수 있을 것이다. 왜냐하면 오류가 발생할 여지가 그만큼 줄어든 것으로 보이기 때문이다. 클라우제비츠의 경이로운 삼위일체는 새로운 21세기에 직면한 작금의 테러행위와 그에 따른 대테러전쟁에서도 전쟁의 성격을 이해하는 데 아주 유용하게 적용될 수 있을 것이다.

우선 첫째로, 전쟁에서 서로 불일치하는 목적들이 관련된 교전자들의 수만큼이나 아주 복잡하게 얽혀있다. 많은 교전자들은 알 카에다(Al-Qaeda)의 지하드 전사적(jihadist) 비전과 동일시하거나 적어도 그것에 의해 영감을 받은 반면에 또 다른 교전자들은 정치적 민족자결과 같이 아주 세속적으로 보이거나 혹은 지역적 및 현지적

22) General Rupert Smith, *The Utility of Force: The Art of War in the Modern Times*, New York: Vintage Books, 2007, p. 60; Andreas Herberg-Rothe, *Clausewitz's Puzzle: The Political Theory of War*, Oxford: Oxford University Press, 2007, pp. 91-118; Hugh Smith, *On Clausewitz: A Study of Military and Political Ideas*, New York: Palgrave, 2005, pp. 115-204.

성격의 목적을 추구한다. 테러에 대한 전쟁에서 미국이 명시한 전쟁의 목적은 테러를 "비조직적이고 현지화되고 후원받지 못하는 수준으로" 격하시키고, 과거 해적행위와 노예무역 그리고 대량학살 등에서 적용했듯이 모든 관련 국가들과 국제기구들로 하여금 테러에 대해서는 "완전불용(zero-tolerance)정책"을 취하도록 설득하는 데 있다.[23] 테러에 대한 전쟁에서 문제가 되고 있는 목적들은 관련된 교전자들만큼이나 다양하지만 주요 적들의 전쟁 동기는 비교적 일정하고 또 이데올로기적인 것으로 남아있다. 다시 말해서, 그들의 동기는 세계와 세계 속 자신의 위치에 대한 가정과 인식체계에 기반을 둔 것이다.[24] 양쪽 모두가 상대의 정치적 파멸을 추구하며, 또 현 시점에서 어느 쪽도 타결 가능성을 열어두고 있지 않다. 그들은 본질적으로 종교적이고 세속적인 만큼 못지않게 정치적인 목적을 달성하기 위해 분명히 무장 병력을 사용하거나 혹은 사용하려고 모색하고 있다.[25]

둘째로, 이 전쟁에선 분명히 모두가 매우 높은 적개심을 보여준다. 실제로 이 전쟁의 저변에는 기나긴 원한의 역사가 자리 잡고 있다. 실제적이든 아니면 그렇게 인지된 것이든 오랜 기간 동안의 불의와 억압을 통해 형성된 적대감이 관련 당사자들의 정책적 선택,

---

23) US Government, *National Strategy for Combating Terrorism*, Washington, D.C.: February 2003, p. 13.

24) 전쟁을 이끄는 미국의 이데올로기에 대해서는 Anatol Lieven, *America Right or Wrong; An Anatomy of American Nationalism*, Oxford: Oxford University Press, 2004; David Frum and Richard Perle, *An End to Evil: How to Win the War on Terror*, New York: Ballantine Books, 2004 참고.

25) 문화적 규범과 기대는 각 국가가 갈등을 헤쳐 나가는 방법과 그리고 그것이 추구하는 목적을 어떻게 정의하는가에 대해 분명히 영향을 미친다. 하지만 이러한 중요한 사실은 문화가 정책이나 정치를 대체하고 따라서 그것이 어떻게든 클라우제비츠의 전쟁론을 부정한다는 일부 학자들의 주장을 위한 근거는 별로 없다. John Keegan, *op. cit.* 참고.

전략과 전술들을 형성하고 또 여러 경우에 있어서 평화회담과 협상을 뒤엎었다. 바로 그렇기 때문에 클라우제비츠가 중요성을 강조하는 전쟁의 역사는 갈등과 동시에 그것의 해결에 불가피한 장애를 이해하는 데 있어서 본질적으로 중요한 것이다.

셋째로, 사람은 물리적으로나 심리적으로 그 스스로 무기임과 동시에 목표물이다. 지구적 차원의 비전이 없는 알카에다와 기타의 테러조직 집단들은 강력한 정치적, 사회적, 종교적 유대를 통해 자신의 지지자들을 효과적인 무기로 전환시켰다. 이들 테러 집단들은 주민들의 일상생활의 문제들까지 처리함으로써 이슬람 사회에서 사회적 및 정치적 틀의 내적 일부가 되었다. 이들과는 대조적으로 이슬람 공동체에 의해서 일반적으로 부패하고 비효율적으로 인식되는 대부분의 이슬람 국가의 정부기관들은 주민들의 일반적인 문제들을 해결하지 못했다. 주민들은 안전가옥과 상당한 재정적 그리고 병참적 네트워크의 구축과 유지를 촉진하는 수단을 제공함으로써 많은 테러 집단들의 병기고의 중요한 무기가 되었다. 이런 지지자들의 역할은 테러 집단의 재건뿐만 아니라 이외에도 여러 가지 지원을 제공하는 것이다.[26] 이런 것이 역사상 전혀 새로운 것은 아니지만 테러행위는 상대방 주민을 물리적이고 심리적인 면에서 공격의 목표물로 삼고 있다. 이라크에서 사용된 노변의 폭탄들과 폭동전술 및 그 밖의 여러 곳에서 자행된 자폭테러행위는 미국과 그 연합 국가들의 군사력보다는 각 국의 주민들을 겨냥한 것으로 보인다. 대부분의 전쟁에서처럼, 이런 전쟁의 결과는 궁극적으로 교전자들의 의지나 헌신의 문제이며 또 기본적인 적대감이라고 서술되는 성향을 통

---

26) Paul J. Smith, "Transnational Terrorism and the Al Qaeda Model: Confronting New Realities," *Parameters*, Vol. 32, No. 2, Summer 2002, pp. 33-46.

해서 가장 효과적으로 이루어진다.

요컨대, 클라우제비츠의 소위 경이로운 삼위일체의 세 가지 성향, 즉 세 가지 차원들은 21세기의 테러와의 전쟁에서도 여전히 생생하게 살아있다. 클라우제비츠의 전쟁분석의 삼위 일체적 분석 틀의 덕택으로 대테러전은 그것이 없는 경우보다 더 본질적으로 잘 이해될 수 있다. 그렇다면 대 테러전에 대한 그런 본질적 이해에 기반을 둔 어떤 전략적 대응 방안이 클라우제비츠에 의해 제안될 수 있을까? 다시 말해, 우리는 "전쟁이 무엇인가"에서 이제는 "어떻게 전쟁을 수행할"지의 문제로 넘어가야 한다.

3. 클라우제비츠의 "힘의 중심부"를 통한 직접 접근법

전쟁의 목표는 적을 패배시키는 것이다. 그렇다면, 어떻게 적을 패배시킬 수 있을까? 클라우제비츠는 모든 전략적 작전계획의 기초가 되고 전쟁 수행 시 모든 고려사항들을 지도할 두 개의 기본적 원칙을 밝혔다. 첫째 원칙은 적의 힘의 궁극적인 실체가 가장 적은 수의, 이상적으로는 하나의 힘의 중심부(the center of gravity)로 추적되어야 한다는 것이다. 이와 동시에 이러한 힘의 중심에 대해 타격으로 국한시키고 가능한 한 소수의 주요 공격작전 그리고 한 번의 타격으로 줄이는 것이다. 또한 모든 부차적인 작전은 가능한 한 부차적인 것으로 유지해야 한다. 요컨대, 첫째 원리는 극도의 집중력을 가지고 행동하는 것이다. 둘째 원칙은 정당한 이유 없이는 지연시키거나 우회하지 말고 최대의 속도로 공격하는 것이다.[27] 적을 패배

27) Carl von Clausewitz, *op. cit.*, p. 617.

시키고자 하는 군사적 목적은 적의 힘의 중심을 파괴하거나 전멸시킴으로써 얻어질 수 있다. 따라서, 우리는 모든 힘을 모아 단 한 차례의 집중적인 타격으로 적의 힘의 중심을 공격하는 것이다. 작은 것은 언제나 큰 것에 의존하기 마련이고, 중요하지 않은 것은 중요한 것에 그리고 우연적인 것은 본질적인 것에 의존한다. 이러한 관계가 우리의 사유를 주도해야 한다. 클라우제비츠는 힘의 중심부를 다음과 같이 지적했다.

> "알렉산더(Alexander the Great), 구스타부스 아돌푸스(Gustavus Adolphus), 챨스 12세(Charles Ⅻ) 그리고 프리드리히 대왕(Frederick the Great)은 모두가 각자 자신의 군대에 힘의 중심부가 있었다. 만약 그들의 군대가 파괴되었다면, 이 사람들은 모두 역사의 실패자들로 기억되었을 것이다. 많은 당파들이 권력을 위해 경쟁하는 국가들에서는 힘의 중심부가 주로 수도에 있다. 보다 강력한 국가들로부터 지원을 받는 약소국들에서는 힘의 중심부가 강대국의 군대에 있고, 동맹체제에서는 공통의 이익으로 형성된 통일성에 힘의 중심부가 있으며, 민중들의 폭동에서는 주요한 지도자들이나 여론에 힘의 중심부가 있다."28)

타격은 이런 것들에 집중되어야 한다. 그리고 이러한 타격 후에 적이 균형을 잃으면 적에게 다시 균형회복을 절대 허용해서는 안 되고, 지속적으로 적에게 타격을 가해야 한다. 다시 말하면, 승자는 모든 타격을 적의 단지 일부가 아닌 전체에 가하는 방식으로 집중적으로 수행해야만 한다. 클라우제비츠가 지적했듯이 상황에 따라서 핵심적 지도자들 개인, 국가의 수도, 동맹국들의 네트워크와 그들의 이익공동체 또는 군대가 핵심의 구심적 혹은 원심적 기능을 수행할 것이다.

---

28) *Ibid.*, p. 596.

클라우제비츠의 이러한 생각들은 분명히 인민반란의 힘의 중심부가 주요 지도자들 개인과 여론에 있다는 작금의 반란대응이론들(Counterinsurgency theories)과 맥락을 같이 한다.29) 힘의 중심부는 치명적 능력 그 이상이다. 힘의 중심부란 그것이 공격당하거나 중립화되면 적의 완전한 붕괴를 초래할 그런 핵심들이다. 오늘날 테러와의 전쟁은 주장되는 전쟁의 목적에 있어서라기보다는 사용되는 전쟁 수행 방법에 의해서만 제약되고 있다. 수백 명의 이슬람 리더들과 성직자들은 무기를 들거나 재정적 기여 혹은 안전한 피난처를 제공함으로써 모든 이슬람교 교도의 참여를 요구하는 "방어적 지하드(성전)"를 공개적으로 선포하였다. 이교도들에 대한 승리가 그 어떤 논의에도 응하지 않고, 불완전한 해결이나 어떤 흥정도 허용하지 않는 목적이다.30) 따라서 이것은 정치적 목적이 적의 힘의 중심부를 공격하는 것과 완전히 일치하는 그런 전쟁이며 또한 그런 전쟁들은 어느 한쪽의 정치적 전멸로 반드시 끝나는 것도 아니라는 것을 역사는 다루고 있다. 바로 이러한 이유로 사담 후세인의 죽음 그리고 이라크 군사력이 완전히 전멸된 이후에도 대테러전으로서의 이라크 전쟁이 끝나지 않고 있다. 적의 힘의 중심부를 파괴하는 클라우제비츠의 직접 접근법이 중요한 한계점을 드러낸 것이다.

클라우제비츠에 의해 "그것에 모든 것이 달려있는 모든 힘과 기둥의 축"31)으로 정의된 힘의 중심부라는 용어는 그의 『전쟁론』에

29) Werner Hahlweg, "Clausewitz and Guerrilla Warfare," in Michael I. Handel, ed., *Clausewitz and Modern Strategy*, London: Frank Cass, 1986, pp. 127-133.

30) Michael Scheuer, Al-Qaeda's Insurgency Doctrine: Aiming for a "Long War," *Terrorism Focus*, The Jamestown Foundation 3, No. 8, February 28, 2006; http://www.jamestown.org.

31) Carl von Clausewitz, *op. cit.*, pp. 595-596.

서 50차례 이상이나 등장한다.[32] 그는 분명히 이것을 매우 중요하게 여겼으며, 또한 이것은 현대 군사이론들에서도 중요한 자리를 차지하고 있다. 하지만 세계화되고 또 대량살상무기가 존재하는 오늘의 세계에서 힘의 집중은 더 이상 유효한 전쟁 원칙으로 간주되지 않고 있다. 어쨌든 테러범들, 반란자들, 그리고 이외에 다른 비국가 행위자들은 그들을 공격할 수 있는 어떤 물리적인 힘의 중심부를 갖고 있지 않는 것처럼 보인다.

해리 써머즈(Harry Summers)의 『전략론』(*On Strategy*)[33]의 출판으로 시작된 1980년대 클라우제비츠 르네상스는 미국 정부의 "와인버거(Weinberger) 독트린 채택"[34]으로 절정에 이르렀으며, 군사이론가들과 실무자들은 한때 미국의 교리가 모든 작전 계획에 있어 핵심으로 여겼던 힘의 중심부를 정의하는 일에 여념이 없었다. 이러한 과정 속에서 힘의 중심부란 개념이 폭넓은 의미를 가지게 되었다. 서로 다른 이론가들은 힘의 중심부를 서로 다르게 정의했다. 예를 들어, 반란대응 전문가들은 그런 성격의 갈등에선 중심부란 목표가 되고 있는 국가의 주민이라고 주장했다. 2003년 이라크 전쟁을 수행한 도널드 럼스펠드 미국 국방장관은 미국인들이 그들의 자유로운 생활방식의 생존이 걸린 전쟁을 하고 있으며, 이 전쟁의 힘의 중심부는 단순히 해외의 전쟁터에만 있는 것이 아니라 그

32) Antulio J. Echevarria Ⅱ, *Clausewitz and Contemporary War*, Oxford: Oxford University Press, 2007, p. 177.

33) Harry G. Summers, Jr., *On Strategy: A Critical Analysis of the Vietnam War*, Novato, CA: Presidio Press, 1982. 1970년대까지 클라우제비츠가 군사지도자들에게 미친 제한적인 영향에 대해서는 Bernard Brodie, "In Quest of the Unknown Clausewitz," *International Security*, Vol. 1, No. 3, Winter 1977, pp. 62-69 참고.

34) Caspar W. Weinberger, "US Defense Strategy," *Foreign Affairs*, Spring 1986, pp. 675-697.

것은 동시에 의지의 시험이며 따라서 미국 대중들과 함께 그리고 다른 국가의 대중들과 함께 이기거나 패할 것이라고 말했었다.[35] 다른 이론가들은 정치적 목적이 그곳에서 궁극적으로 달성되는 전쟁의 소위 후유증 처리 때문에 정치적 및 경제적 재건과 관련된 활동들인 관리 작전(governance operation) 속에 힘의 중심부가 있을 것이라고 시사했다.[36]

뿐만 아니라 각 군들(예, 육 · 해 · 공)은 핵심적 취약성으로부터 힘의 원천에 이르는 서로 다른 해석을 개발했다.[37] 그 결과, 서로 다른 군부 내의 정의들이 힘의 중심부의 의미를 미국 전쟁계획에 있어서 실질적 효용성을 넘어설 만큼 집단적으로 확장시켰고 말았다. 그리하여 힘의 중심부란 용어가 공격할 가치가 있는 사실상 거의 모든 것을 의미하기에 이르렀다.[38] 미국 합동군사교리(joint doctrine)가 1990년대 중반에 나왔을 때 그것은 오히려 혼란만 가중시켰다. 그리고 그 교리의 현 구체화는 힘의 중심부를 "본질적으로 행동의 자유, 물리적 힘, 그리고 싸울 의지를 제공하는 정신적 · 물리적 힘과 권력 및 저항의 원천"이라고 정의하고 있다.[39] 하지만 클라우제비츠의 힘의 중심부는 힘의 원천이나 혹은 구체적인 장단점보다는 중추부나 중핵부로 가장 잘 이해될 수 있다. 힘의 중심부는

---

35) SGT Sara Wood, "Secretary Rumsfeld: U.S. Must Outdo Terrorists in Public Opinion Battle," USA American Forces Press Service, February 18, 2006.

36) Nadia Schadlow, "War and the Art of Governance," *Parameters*, Vol. 33, No. 3, Autumn 2003, pp. 85-94.

37) 미국 군사제도(미국 해병대, 공군, 육군, 해군)에 대한 다른 해석에 대해서는 Antulio J. Echevarria Ⅱ, *op. cit.*, p. 188, note No. 11 참고.

38) James Schneider and LTC Lawrence Izzo, "Clausewitz's Elusive Center of Gravity," *Parameters*, Vol. 17, No. 3, September 1987, p. 49.

39) Department of Defense, *Doctrine of Joint Operations: Joint Pub 3-0*, Washington, D.C., 2006, chapter Ⅳ, p. 10.

적의 분리된 부분들이 서로 연결되어 하나의 유일한 통일체를 형성하여 핵심지점들을 공격하거나 무력화시키는 곳에 존재한다. 따라서, 힘의 중심부에 대한 미국의 정의는 어쩔 수 없이 명확성보다는 혼란을 가져올 수밖에 없으며, 동시에 그 용어의 과용을 가져왔다. 우리는 분명히 전쟁을 이길 열쇠들을 찾을 수 있다. 하지만, 만약 모든 것을 힘의 중심부라고 생각한다면 사실상 어느 것도 힘의 중심부가 아니다. 힘의 중심부를 공격하라는 클라우제비츠의 직접 접근법은 여론을 소외시키고 대테러전을 수행하는 국가에겐 위험부담을 증대시킨다. 따라서, 그것은 노골적으로 공격하거나 책임의 소재가 확실하게 결정될 수 있는 비대칭적 강대국가에겐 아주 위험한 전략이다.

현재 미국의 테러에 대한 전쟁은 사용된 수단과 방법에 의해서만 제한될 뿐, 관련된 목적에 의해 제한되지 않는다. 대조적으로 테러리스트들의 물체적 및 심리적 힘은 힘의 중심부가 출연하기에는 충분하지 않았다. 게다가 대량살상무기 확산의 잠재성을 고려할 때, 테러리스트들의 힘의 중심부를 파괴하는 것이 보복 공격을 예방하기에는 충분하지 않을 것이다. 현대의 세계화된 시대 속에서의 대량살상무기의 확산은 클라우제비츠의 힘의 중심부라는 개념을 학술적인 것, 즉 단순히 추상적인 것으로 만들어 버릴 수도 있을 것이다. 보복 공격을 막기 위해서는 전 세계적으로 퍼져있는 다세포적 네트워크를 사실상 동시에 공격해야만 할지도 모른다. 다시 말하면, 적의 많은 부분들이 그런 부분들의 종합을 생각하는 것만큼이나 중요하게 된 것 같다. 소규모집단들이 거의 자율적으로 그러나 아주 강력한 파괴력을 갖고 작전을 펴는 특히 오늘의 세계화된 환경 속에서 힘의 중심부라는 개념을 잘못 적용할 가능성은 실제로 아주 높다.[40] 바로 이런 이유 때문에 전 세계적인 테러가 발

40) Antulio J. Echevarria Ⅱ, *op. cit.*, p. 186.

생하는 새로운 세기에는 이에 대한 대안적인 길을 안내할 수 있는 전략적 가르침을 찾는 것이 필요하다. 아니, 그것은 하나의 지상 명령이다.

4. 21세기 손자의 귀환

클라우제비츠의 전쟁에 대한 분석이 외교적 노력이 실패로 끝나고 전쟁이 불가피한 시점을 전제로 시작하는 반면 손자의 분석틀은 클라우제비츠보다 더 광범위하다. 왜냐하면 클라우제비츠의 논저는 전쟁 이전과 이후 그리고 전쟁 중의 외교술에 대한 것이 아니라 구체적으로 전쟁 수행의 기술에 관한 것이기 때문이다. 그러나 손자에게 외교와 전쟁은 서로 깊은 연관성이 있을 뿐만 아니라 그것들의 지속적이고 중단 없는 활동을 의미한다.[41] 『손자병법』(*The Art of War*)은 군사 지도자들 사이에서뿐만 아니라 국가 지도자들 사이에서도 인기가 있었다. 제목과는 다르게, 손자의 생각은 전쟁만을 다루지 않고 통치술까지도 다루고 있다. 전쟁술은 국가가 전쟁상태에 있을 때에 한해 어떻게 군 병력을 적절하게 사용하는지를 다루는 반면, 통치술은 자국의 지위가 향상될 수 있도록 국가들간의 관계를 성공적으로 헤쳐나가는 것을 다룬다. 이러한 광범위한 분석의 범위는 전쟁과 평화 그리고 외교까지 모두 포함하는 것이다. 통치술과 『손자병법』 모두 국가의 생존 그 자체와 국가의 복지와 번영에 관한 것이다. 때문에 통일된 중국의 최초의 황제인 진시황이 『손자

41) Michael I. Handel, *Masters of War: Classical Strategic Thought*, 3rd revised and expanded edition, London: Frank Cass, 2001, p. 33.

병법』을 연구하고 전국시대를 종식시키는 데 그것을 사용했다는 것은 별로 놀랄 일이 아니다.

손자의 기본적 논제는 적을 단순히 무력으로만이 아닌 지략으로써 극복하려고 시도하는 것이다. 손자는 전쟁을 단순히 군사력의 충돌로 보지 않고, 정치, 경제, 군사력 및 외교를 포함하는 포괄적 갈등이라고 믿었다. 물론, 클라우제비츠가 그의 논의의 범위에서 외교에 대한 언급을 배제했다는 단순한 사실은 그가 외교의 중요성을 무시하거나 과소평가한다는 것을 의미하지 않는다. 실제로 그는 분명히 외교와 정치가 전쟁의 전 과정에서 중요한 역할을 계속 한다고 명백히 말했었다. 클라우제비츠에 의하면 전쟁 자체가 정치적 교섭을 중단시키거나 완전히 다른 어떤 것으로 변질시키지 않는다. 주로 양국간의 정치적 교섭은 문서가 상호간에 더 이상 교환되지 않을 때에도 멈추지 않는다.[42] 클라우제비츠는 전쟁이 다른 모든 수단이 실패했을 때 국가의 목적을 달성하기 위한 많은 수단들 중 하나에 불과하다는 것을 다른 어떤 군사사상가들보다 잘 알고 있었다.[43] 즉, 클라우제비츠에게 전쟁은 단지 수단을 달리한 정치의 연속일 뿐이다.

손자는 전쟁 그 자체와 함께 정치적, 외교적 그리고 병참적인 전쟁 준비 역시 동일한 전쟁행위의 내적 일부로 간주한다.[44] 따라서 손자는 전투행위뿐만 아니라 전쟁이 전개되는 환경에도 상당히 주목했다. 반면에, 전쟁을 전쟁수행 그 자체로 한정시키는 클라우제비츠의 보다 제한적 정의가 왜 그의 추종자들이 "전쟁이란 수단을

42) Carl von Clausewitz, *op. cit.*, p. 605.
43) Bernard Brodie, *War and Politics*, New York: Macmillan, 1973.
44) 클라우제비츠에 따르면 전쟁에 있어서 전투 준비 단계와 실행 단계를 구분하는 것은 가능할 뿐 아니라 추천할 만하다. Carl von Clausewitz, *op. cit.*, pp. 131-132 참고.

달리한 정치의 연속"이라는 그의 가장 중요한 교훈을 쉽게 잊는지를 부분적으로 설명해 준다. 논란을 일으킬 인위적 정의를 내림으로써 클라우제비츠는 정치적 준비를 희생시키면서 전투의 중심적 지위를 지나치게 강조하는 경향이 있다. 따라서 그가 의도한 것은 아니지만 전쟁의 병참적 혹은 경제적 차원들이 어떻게든 저절로 해결될 것이라는 그의 가정, 혹은 경제적 문제는 전투장에서의 승리로 선수 칠 수 있다는 클라우제비츠의 함의는 제 1 차 그리고 제 2 차 세계대전에서 독일인들이 발견했던 것처럼 참으로 위험한 것이다.[45] 이런 협의의 정의는 기술적 혁신과 과학적 발명 그리고 연료, 식량, 탄약의 생산과 분배가 전투장에서 병사들의 임무수행 못지않게 중요한 오늘날엔 훨씬 더 오도할 수 있다. 바로 이러한 면에서 전쟁과 전략을 분석하는 손자의 포괄적인 분석틀은 오늘날에 있어서 클라우제비츠의 분석틀보다 훨씬 더 적실성 있어 보인다.[46]

손자는 어떤 개념이 개발되는 체계적 설명, 즉 그 개념이 개발되는 논리적 과정의 단계적 재구성을 제시하지 않는다. 『손자병법』은 핵심을 찌르는 중국의 고전적 글쓰기의 전형적인 형식으로 쓰인 전략에 대한 간결한 천명이다.[47] 그러나 그것은 "군주" 혹은 고위 군사 지휘관들을 위한 집약적 지침서, 격언집 또는 전술모음집 같은 지침서로 더 많이 읽혀진다.[48] 물론 서양에서 『군주론』과 『전쟁론』

45) Michael I. Handel, *op. cit.*, p. 38.

46) *Ibid.*

47) 영어 번역본은 40쪽도 채 되지 않는다. 중국 원본은 6,600개의 한자로 구성되어 있다. 이것은 고리타분하고 모호한 클라우제비츠 『전쟁론』의 600쪽과 대조된다. 예를 들어 1편의 1장인 "전쟁은 무엇인가?"를 이해하려면 여러 번 읽을 것이 요구된다. 하지만 마이클 핸델(Michael I. Handel)이 강조한 것처럼 바로 이 제 1 장이 클라우제비츠의 구조와 방법론을 이해하기에 있어서 가장 기본이다. 하지만 손자의 글은 각 장을 독립적으로 읽을 수 있고 또 그렇게 이해할 수 있다. Michael I. Handel, *op. cit.*, p. 23 참고.

이 새로운 정치 혹은 군사 지도자들을 분명히 계몽시킬 수 있음에도 불구하고 정치적 및 군사적 천재는 각 경우에 마키아벨리나 클라우제비츠를 전혀 읽지 않고서도 동일한 결론에 이를 수 있을 것이다. 두 작품 모두 현실에 대한 날카로운 관찰로부터 압축된 상식과 관찰에 근거한 이론들을 제시하고 있기 때문에 이 말은 사실이다. 손자의 경우도 마찬가지다.[49] 그들간의 차이란 클라우제비츠가 난해한 추리과정을 통해 독자를 이끌어 가는 반면 손자는 대부분의 경우에 독자들에게 자신의 결론들만을 제시한다.

손자 역시 분명 클라우제비츠의 "전쟁의 삼위일체"의 중요성을 잘 이해했을 것이다. 손자에게 있어서 전쟁은 마치 물이 일정한 형태를 가지고 있지 않듯이 전쟁도 변치 않는 조건은 없다. 군사적 대형은 물에 비견될 수 있다. 왜냐하면 물이 높은 데를 피하고 저지대를 향해 빠르게 흘러가듯이 군대 역시 강한 곳을 피하고 약한 곳을 공격하기 때문이다. 물의 흐름이 땅에 의해 결정되듯이 군사력의 승리는 적에 의해 결정된다.[50] 달리 말하면, 손자에게 있어서

48) 이러한 뜻에서, 손자는 클라우제비츠보다 당시 더 많은 관심을 끌었던 마키아벨리에 비견될 수 있을 것이다. 그것은 "군주론"의 명확성과 간결성 덕택이며 또한 마키아벨리 본인의 노골적 현실주의 덕이다. 정치의 이해에 대한 마키아벨리의 공헌은 전쟁수행에 대한 클라우제비츠의 통찰력에 버금간다. 마키아벨리가 클라우제비츠에게 미친 영향에 대해서는 Peter Paret, *Clausewitz and The State*, Oxford: Clarendon Press, 1976, pp. 169-207 참고.

49) Ralph D. Sawyer, *The Seven Military Classics of Ancient China*, New York: Basic Books, 1993, pp. 149-156; Ralph D. Sawyer, *The Tao of Deception: Unorthodox Warfare in Historic and Modern China,* New York: Basic Books, 2007, pp. 55-56. 첸야 티엔(Chen-Ya Tien)에 따르면 전쟁에 관한 모든 서적들은 전통적 중국 정치 철학을 반영하고 있다. 이것은 도교에 영향을 많이 받았다고들 하는 손자를 포함한다. Chen-Ya Tien, *Chinese Military Theory: Ancient and Modern*, Oakville, Ontario, Canada: Mosaic Press, 1992, p. 23 참고.

50) Sun Tzu, *The Art of War*, trans. by Samuel B. Griffith, London: Oxford

전쟁이 무형의 물과 같다면, 클라우제비츠가 전쟁이란 마치 언제나 색을 달리하는 카멜레온과 같다는 주장과 유사한 것이다. 전쟁에 대한 그런 개념을 바탕으로 손자는 전쟁의 착수, 합리적 행위 그리고 종결과 관련되는 모든 주요 전략적 결정에서 정치의 우선을 인정했으며 이것이 삼위일체의 첫 번째 차원을 구성한다. 그는 두 번째 차원인 우연성에도 깊은 관심을 기울였다. 그것은 전투에서 계획하고 병력을 이끄는 것과 관련된 모든 기술적 세부사항에서 군부의 역할을 포함한다. 뿐만 아니라 손자는 대중적 지지의 동원을 성공의 선제 조건으로 꼽았으며, 이것이 열정이나 적대감의 세 번째 차원이다. 손자는 치명적인 위험에 대한 두려움 없이 살아서나 죽음까지도 동반할 만큼 인민들로 하여금 지휘관들과 조화를 이룰 수 있게 하는 정신적 영향력을 강조한다.[51] 그는 장기화되는 전쟁에서 인민의 지지를 상실하는 문제에 특히 민감했다. 왜냐하면 장기전에서 이득을 보는 국가는 결코 없었기 때문이다.[52] 따라서, 손자는 전쟁은 최대한 단 시간 내에 종결시켜야 하며, 결정적인 결과 없이 전쟁이 길어지면 길어질수록 인민의 지지를 유지하는 것이 어려워진다고 주장한 것이다.[53] 비록 손자가 정부와 군대 그리고 인민들 간의 적절한 균형을 유지할 필요성을 강조하고는 있지만 삼위일체적 요소들에 대한 그의 논의는 명시적이지 못하고 아주 산발적이다. 반면, 클라우제비츠의 분석은 보다 더 집중적이고 체계적이며 명시적이다. 그러나 이들은 차이점보다는 오히려 공통점을 더 많이 가지고 있다고 하겠다.

University Press, 1963, p. 101.

51) *Ibid.*, p. 64.

52) *Ibid.*, p. 73.

53) 클라우제비츠도 그와 동의하며 명분 없는 전쟁에 대해 시간을 투자하는 것을 비논리적으로 생각했다. Carl von Clausewitz, *op. cit.*, p. 82 참고.

그럼에도 불구하고 클라우제비츠의 작품은 그것이 제대로 해석되었는지 여부를 떠나 실제로 군사 지휘관들로 하여금 공격을 단행하는 데 있어 적의 힘의 중심부를 공격하는 직접 접근법을 취하도록 하였으며, 그것은 엄청난 사상자와 제한적 성공만을 가져다주었다. 반면에 미국에겐 불행하게도, 뉴욕의 세계무역센터와 워싱턴 D.C.의 국방부에 대한 테러 분자들의 공격은 손자의 전쟁 원칙들로부터 많은 영향을 받은 것으로 보인다. 공격의 가해자들, 즉 알카에다 지도부가 실제로 손자병법을 연구했는지 여부가 아직 확실하게 알려지지는 않았지만 전술적 차원에서 그들이 공격에 사용한 방법과 발생한 피해는 손자의 간접 접근법의 개념들과 일치한다.[54] 예를 들어, 손자가 그의 저작 제 4 편에서 강조했듯이 테러리스트들은 강한 곳을 피하고 약한 곳을 공격하였다. 알카에다는 최전방 기지나 작전부대와 같은 군사적으로 견고화된 목표물을 공격하기보다 노출된 민간 목표물과 군사 본부를 공격하였다. 백악관 역시 펜실베이니아 상공에서 민간인들에 의해 격추된 세 번째 비행기의 잠재적인 목표물이었다. 고층 빌딩들에 수많은 사람들이 밀집되어 있었다는 점, 자살 비행기 공격에 무방비하다는 점, 그리고 그들의 상징적 의미가 매우 크다는 점이 테러리스트들의 관점에서는 공격에 취약하면서도 매우 매력적인 공격 목표물이었던 것이다. 간접 접근법의 원칙대로 알카에다 테러리스트들은 민간항공기의 빈약한 보안을 최대한 이용하였다. 그들은 무기를 기내까지 휴대하였고 이것은 비행기를 장악하기에 충분하였다. 무엇보다도 비행기의 선택 그 자체가 이 원칙에 부합한다.[55] 민간 항공기는 매우 취약하여 탈취하기 쉽고

54) Mark McNeilly, *Sun Tzu and the Art of Modern Warfare*, Oxford: Oxford University Press, 2001, pp. 201-202.

55) *Ibid.*, p. 202.

동시에 장거리 이동이 가능하고 고속력이며 고도의 휘발성을 가진 제트 연료로 가득한 폭발력의 잠재력을 가지고 있어 상대적 약자의 심각한 무력의 결핍을 만회시킬 수 있기 때문이다.

전술적으로 공격작전은 성공적이었지만 이는 전술적인 성공이었을 뿐 전략적으로는 실수였다는 의미에서 일본의 진주만 공격과 매우 흡사해 보인다. 수많은 무고한 민간인들의 희생, 공격의 기습적 성격, 그리고 미국에 의한 대량 반격이 확실한 미국의 땅에서 발생했다는 사실 등이 그렇다. 이런 식으로 테러리스트는 "싸우지 않고 이긴다"는 손자의 가장 중요한 원칙을 무시했다. 궁극적으로 그들은 지구상에서 가장 막강한 미국인들의 군사력, 자원 그리고 정보가 그들을 향하게 만들었다. 그럼에도 불구하고 더 늦기 전에 예방했어야 했던 테러 공격이 미국인들에게 엄청난 피해를 주었다는 점은 부인할 수 없다. 그러므로 서양의 지도자들 특히 미국 지도자들은 21세기 테러와의 전쟁을 수행하는 데 있어서 클라우제비츠의 가르침만을 따르기보다는 오히려 손자의 가르침을 새롭게 모색해야 할 것이다.

5. 전쟁수행에서 손자의 간접 접근법

적의 가장 치명적인 부분을 찾아서 공격하는 것은 모든 전략가들에게 있어서 가장 중요한 임무 중 하나이다. 이 임무를 달성하기 위한 노력으로 클라우제비츠가 발전시킨 많은 아이디어들 중 하나가 바로 힘의 중심부 이론이었다. 반면에 손자는 이와 같은 개념을 구체적으로 서술하고 있지는 않지만, 그 대신에 보편적이고 한편으로는 신비로운 충고를 공격적 전략에 관해 다룬 장을 통해서 제시하였다. 즉 그는 "가장 중요한 것은 적의 전략을 공격하는 것"이라고 주장하였다.[56] 클라우제비츠에게 있어서 가장 중요한 힘의 중심부는 전형적으로 적의 군사력이다. 경우에 따라서는 전투에서의 승리가 전부였다. 하지만 손자에게 있어서는 적의 군사력을 파괴하는 것은 2차적 혹은 부차적 중요성을 갖는다. 적의 군사력을 공격하는 것은 "적의 전략" 혹은 "계획"을 공격하는 것이며 적의 동맹을 와해시킨 후에 수행하는 것이다.[57] 따라서, 손자의 힘의 중심부는 클라우제비츠의 그것과 다른 곳에, 즉 훨씬 높은 곳에 있다. 그는 필요한 경우 적의 강한 곳이 아니라 적의 약한 곳을 공격하여 간접적으로 적의 힘의 중심부에 접근한다. 하지만 손자에 의하면 실제 공격을 단행하기 전에 적뿐만 아니라 자신에 대해 먼저 알아야 한다. 왜냐하면 적을 알고 자신을 잘 알면 백 번의 전투에서도 절대 위태로움에 처하지 않을 것이기 때문이다.[58]

손자에게 있어서 일반적으로 전쟁에서 최상의 전략은 상대 국가를 조금도 손상시키지 않고 있는 그대로 점령하는 것이다. 적을 포획하는 것이 적을 죽이는 것보다 나은 것이다. 그래서 그에겐 싸우지 않고 적을 굴복시키는 것이 전쟁 기술의 극치이다.[59] 예를 들어, 실제로든 기만적이든 우월한 군사력 배치의 투사를 통해서 군사적 수단에 의존하기 전에 적의 의도에 영향을 끼칠 수 있다. 이러한 방법으로 적은 자신이 전쟁을 시작하거나 자신을 굴복시킬 만큼 강하지 않다고 확신할 것이다. 소극적인 목적을 가진 방어 쪽에 있을 때 우리는 이와 같은 전략을 통해 적들이 자신의 의도를 포기하도

56) Sun Tzu, *op. cit.*, p. 77.
57) *Ibid.*, pp. 77-78.
58) *Ibid.*, p. 84.
59) *Ibid.*

록 확신시킬 수 있는 반면에, 적극적 목적을 가진 공세 쪽에 있을 때 우리는 무력을 사용하지 않고 우리의 요구에 따르도록 강요할 수 있다. 이 단계와 다음 단계에서 우리는 외교를 통해 적의 동맹을 와해시키거나 그를 고립시킬 수 있다. 반대로, 우리는 우리 자신의 더욱 강력한 동맹 체제를 구축할 수 있을 것이다. 따라서, 적의 전략이나 계획을 공격하는 것은 비폭력적 방법을 통해 국가의 목적을 달성하는 것이 우선시 되는 전쟁 전의 단계에 해당하는 것이다. 이러한 의미에서 손자는 군사적 방법과 외교적 방법을 융합시키는 명확한 방향을 제시한다. 클라우제비츠가 전쟁에 대해 집중적으로 책을 집필한 반면, 손자는 전쟁과 외교의 기술을 함께, 즉 통치술에 관해서 썼다. 클라우제비츠가 순수하게 국가들 간의 전쟁에만 초점을 맞추었다면 손자는 전쟁과 평화의 구분이 불명확한 외교와 정치 분야까지 범위를 확대하여 국가간 갈등을 탐구하였다. 그러나 전투나 유혈 없이 이기는 최고의 전략적 성공의 달성에 대한 손자의 개념을 서양에서는 전쟁 그 자체의 일부로 간주하지 않았다.[60]

『손자병법』의 전체를 통해서 손자는 최대한 경제적으로 가능한 한 가장 값싸게, 환언하면, 가장 효율적인 방법으로 전쟁을 수행할 필요성을 강조한다. 이는 상당히 지각 있어 보이지만 그러나 만약에 이런 생각을 너무 지나치게 끌고가는 것은 사실상 역효과를 가져올 수 있다. 역사적 전쟁 그 자체는 결코 경제적이지 못했으며, 또 절대 순전히 경제적 활동일 수 없다. 전쟁이란 19세기 대부분의 자유주의적 국제주의자들이 믿었던 것처럼 단지 이익을 취하고 손해를 피하는 일이 아니고 또한 그것은 주로 자원의 낭비를 막거나 고통

60) 이것은 인위적 구별이며 이것으로 인해 서방 국가들은 한국 전쟁이나 베트남 전쟁에서와 같이 아시아 국가들과 직면했을 때 비싼 대가를 치렀다.

을 최소화 하는 일에 관한 것도 아니다. 국가의 중대한 이익이 걸린 전쟁은 종종 그 어떠한 대가를 치르더라도 가능한 한 신속하게 이겨야만 하는 것이다. 따라서 전쟁이란 궁극적으로 효과적인 결과를 성취하는 것에 관한 것이며 그런 성공에 얼마나 많은 비용이 들었는가에 관한 것이 아니다.[61] 클라우제비츠가 전쟁을 이기기 위한 가장 효과적인 방법을 찾고자 한 반면, 손자는 전쟁을 이기기 위한 가장 효율적인 방법을 강조하고 있다.[62]

최선의 간접 접근법을 어떻게 찾아낼 것인가에 대해 손자가 구체적인 용어로 설명하고 있지는 않지만, 그는 정보, 속임수의 광범위한 사용, 기습을 달성할 위장 공격 그리고 적의 사기를 떨어뜨리는 심리적인 수단의 사용에 의존했다.

> "빈 곳으로 들어가 적이 없는 곳을 타격하고, 적이 수비하는 곳을 피해, 적이 예상하지 못하는 곳을 타격하라. — 따라서, 우회로를 통해 행군하고 미끼로 적을 유혹하여 적의 주의를 딴 곳으로 돌려라. 그렇게 함으로써 적보다 늦게 출발하고도 더 빨리 도착할 수 있다. 이를 이해하고 실행할 수 있는 자는 직접 전략과 간접 전략을 잘 이해하고

---

61) 클라우제비츠는 거짓 경제에 대하여 경고한다. 전쟁 시에는 필요하다고 보이는 것보다 더 많은 노력이 요구된다고 믿기 때문에 너무 적게 투자하면 보통 실패로 끝나기 때문이다. 전쟁 시에 경제와 거짓 경제를 구분하기 어렵지만 클라우제비츠의 충고를 들으면 쉽게 피할 수 있을 것이다.

62) 이런 맥락에서 클라우제비츠가 말하는 힘의 경제란 20세기의 미국과 영국의 전투교본 속의 정의와는 정반대이다. 현대의 전투교본은 전략적으로 힘의 경제를 어떤 주어진 목적을 달성하기 위한 최소의 병력사용의 욕구로 정의한다. 미국과 영국의 군사 교리와 손자는 다같이 국가자원의 보존의 의미에서 효율성과 경제에 관심을 두는 반면에 클라우제비츠는 힘의 경제를 전투에서 가용한 모든 군사력의 동시 사용으로 정의한다. 이에 대해서는 Michael I. Handel, *Masters of War: Classical Strategic Thought*, 3rd revised and expanded edition, London: Frank Cass, 2001, p. 406 참고.

있는 것이다. 유리한 고지를 점하고자 하는 자는 멀고 외진 길을 선택해 그것을 가장 짧은 길로 만든다. — 직접 접근법과 간접 접근법의 기술을 잘 알고 있는 자가 승리할 것이다."[63)]

만약 적이 예상한다면, 간접 접근법은 역설적으로 직접 접근법이 되고 또 그 이후 뒤따르는 모든 것은 간접 접근법이 된다. 이러한 충고는 마치 진부한 문구와 같아서 실용적인 가치를 가지기엔 애매하다고 할 수 있다. 하지만 이러한 진부한 문구조차도 처음엔 자명하지 않거나 실천하기에 쉽지 않는 어떤 태도, 형식, 또는 행동들에 대한 감지를 촉진함으로써 상당히 기여할 수 있다는 것 또한 사실이다. 하지만, 최적의 간접 접근법을 찾아내는 것은 군지휘관들 중에서 궁극적으로 클라우제비츠가 강조한대로 "창조적인 천재"에 달려있다.[64)]

손자에 의하면 지휘술이 뛰어난 군사지휘관은 자신의 병력들이 적과 싸우지 않으면 죽을 수밖에 없는 상황을 창조할 수 있어야만 한다.[65)] 뿐만 아니라 손자는 성공적인 지휘관이 어떻게 적을 계략에 빠트려 급습하고 좋은 정보를 모으며 적의 사기를 떨어뜨리는지 끊임없이 강조하고 있다. 그러나 그는 적 또한 정확하게 동일한 충고를 따를 수 있다는 중대한 사실을 언급하는 경우가 별로 없다. 이 경우, 그의 일방적 분석은 적이 바보이거나 적어도 수동적이어서 비슷한 전술을 추구하지 않을 것으로 가정하고 있는 것처럼 보인다. 이것은 전쟁에 대한 손자의 일방주의적인 견해와 클라우제비츠에 의해 강조되는 전쟁의 상호적 성격간의 중요한 차이점이다. 즉 클라우제비츠의 전쟁이론은 마땅히 "상호의존론"이라고 볼 수 있다. 그

63) Sun Tzu, *op. cit.*, pp. 96, 102, 106.
64) Michael I. Handel, *op. cit.*, pp. 139-140.
65) Sun Tzu, *op. cit.*, p. 134.

가 자신의 정신적 실험실에서 발견한 전쟁법칙의 본질은 바로 상호성의 아이디어이다. 나에게 진실이고 이성적인 것은 곧 내 적에게도 진실이고 이성적이기 때문에 내가 적에게 규정하는 법칙을 그는 나에게 규정할 것이다. 소위 안보의 딜레마란 이런 형태의 상호의존의 가장 많이 연구된 결과들 가운데 하나이다.66) 반면에 손자는 동일한 능력을 가진 적들간의 대립과 상호작용을 전제하고 있지 않다. 만약 양쪽 교전자가 전쟁 기술에 능숙하면 한쪽이 다른 쪽의 허를 찌르고 유혈 없이 이기거나 기만술을 통해 보다 적은 비용으로 승리할 것으로 가정하는 것은 결코 쉽지 않을 것이다. 이와 같이 대등하고 무자비한 적을 대면했을 때 클라우제비츠는 솔직한 방법, 즉 직접적인 접근 방법을 권유한다. 뿐만 아니라 탈 근대국가적인 북미의 대륙에서 서유럽에 이르는 평화지대와는 달리 아직도, 아니 이제야 강력해진 근대국가간의 전쟁가능성이 오히려 심각한 지대가 중동에서 아시아까지 널리 걸쳐있다.67) 바로 이곳에선 클라우제비츠의 전략적 교훈이 여전히 살아서 배회하고 있다. 특히 동아시아는 어쩌면 바로 클라우제비츠적인 근대민족국가들의 전성시대를 구가하고 있다고 해도 과언이 아닐 것이다.

> 어디에서든 가능하다면 보다 짧은 길을 선택해야만 한다. 적의 특성과 상황이 어떻든 그리고 어떤 다른 환경이 필요하든지 간에 우리는 그것을 좀 더 단순화해야 한다. 만약 우리가 추상적 개념에 대한 막연한 느낌을 지우고 현실을 바라본다면, 우리는 용맹스럽고 활력 있고 결의에 찬 적을 잘 알게 될 것이다. 하지만 바로 이러한 적들에 대항해 우리는 이런 기술들이 아주 필요한 것이다. 이는 단순하고 직접적인 것

66) Jaap de Wilde, "Friction Rules(States Win): The Power Politics of Institutional Cooperation," in Gert de Nooy, *op. cit.*, p. 95.

67) Koen Koch, "State, Security and Armed Forces at the Turn of the Millennium," in Gert de Nooy, *op. cit.*, p. 85.

이 복잡한 것에 우선한다는 사실을 충분히 잘 보여주고 있다. — 정면 충돌의 가능성은 적을 더욱 공격적으로 만들기 때문에 그보다 더 단순하고 직접적이어야 한다. — 만약 열린 마음으로 역사를 읽는다면, 모든 전쟁의 미덕들 중에서 활기찬 전쟁의 수행이 언제나 영광과 성공에 가장 많이 기여했다는 결론을 내릴 수밖에 없을 것이다.[68]

클라우제비츠에겐 전투가 전쟁에서 유일하게 효과적인 힘이다. 전투의 목적은 또 다른 목적을 성취하기 위한 수단으로써 적의 군사력을 파괴하는 데 있다. 따라서 궁극적인 무력의 시험이 실제로 발생하면 그 결과가 자신에게 유리할 것이라는 믿음에서 모든 행동이 이루어진다.[69] 모든 가능한 교전들은 그것의 결과 때문에 실제 교전으로 간주되어야 한다.[70]

하지만 만약 단순한 과시가 적으로 하여금 자신의 진지를 포기하게 만들기에 충분하다면 그것으로 목적은 달성된 것이다.[71] 하지만 무혈에 의한 결정이 있을 수 있었다고 해도 최종적 분석에서는 그것은 일어나지 않았고 단지 교전의 제시만으로 결정된 것임을 인정할 수 있을 것이다. 이런 경우에, 전술적인 결정이 아닌 이런 교전의 전략적인 계획이 군사 작전의 원칙으로 간주되어야 한다고 주장될 것이다.[72] 이 시점에서 클라우제비츠는 싸우지 않고 이기는 새로운 전쟁의 원칙이 가능할 수 있다는 인정에 아주 가깝게 다가선다. 하지만 클라우제비츠는 싸우지 않고 이길 수 있는 가능성이 너무 낮아서 그에겐 주요 관심사가 아니었다. 사실상, 싸우지 않고 이기는 것에 대한 클라우제비츠와 손자의 견해 차이는 상당하다. 클

68) Carl von Clausewitz, *op. cit.*, p. 229.
69) *Ibid.*, p. 97.
70) *Ibid.*, p. 181.
71) *Ibid.*, p. 96.
72) *Ibid.*, p. 386.

라우제비츠가 그것을 매우 드문 예외적인 것으로 여기는 반면, 손자는 그것을 가장 이상적이고 보편적일 수 있는 것으로 여긴다. 이러한 견해 차이는 손자가 가장 친숙했던 유형의 전쟁들이 19세기와 20세기의 총력적 이데올로기 전쟁이 아니라 제한된 목적을 위해 수행된 고대 중국의 왕조간의 전쟁들에 기인한다. 전쟁은 이와 같이 양 진영 모두 온건한 목적을 가지고 있을 때 비폭력적 방법으로 일어날 수 있는 것이다. 하지만 적대시하는 국가는 누구든 그의 적이 외교, 경제적 봉쇄, 공갈과 위협 그리고 군사력의 과시 같은 다른 방법으로 값싸고 아무 위험부담 없이 손쉽게 승리하는 것을 허용하는 것을 원치 않을 것이다.

따라서 값싸게 그리고 가능하면 싸우지 않고 승리해야 한다는 손자의 규범적인 충고는 실질적으로나 논리적으로 오직 예외일 뿐이지 결코 법칙은 아니다. 만약 클라우제비츠적 지휘관이 손자의 충고를 글자 그대로 해석하는 손자적 지휘관과 대적하게 된다면 클라우제비츠주의자가, 모든 다른 것들이 균등하다면, 승리하기에 보다 나은 입장에 서게 될 것이다.[73] 클라우제비츠는 싸우지 않고 적을 복종시킬 수 있다고 하더라도 그러한 승리를 전쟁의 승리로 여기지 않고 억제, 강압적 외교, 공갈 또는 기만으로 간주할 것이다. 손자의 간접 접근법의 약점은 전쟁이 마치 교활함과 정보가 실내 게임에서의 경우처럼 치명적이지 않은 지적 운동으로 전환될 수 있을 것 같은 함의에 있다. 반면에, 클라우제비츠의 군사력에 대한 강조와 일반적으로 군사력을 의미하는 힘의 중심부에 대한 잘못된 해석은 비군사적 수단에 대한 신중한 고려 없이 너무 쉽게 무력을 사용하게 만들 수 있다. 이것은 전쟁을 필요이상으로 많은 비용과 희생을 초래하게 할 것이다. 따라서, 최상의 선택은 두 접근법, 즉 클라우제비

73) Michael I. Handel, *op. cit.*, p. 152.

츠의 직접 접근법과 손자의 간접 접근법을 지성적이고 분별력 있게 융합하는 것이며 그리하여 그것이 이들 간의 적절한 균형을 이루는 것이다.

6. 대테러전과 손자의 전쟁 원칙

2001년 9월 11일 알카에다 테러단체가 미국에 대하여 기습적인 테러 공격을 가하였을 때, 그들은 군사적으로 약세에 있었기 때문에 이점을 취하기 위해 손자의 간접 접근법을 사용하였다.[74] 그런 도전에 대응하여 조지 W. 부시 미 대통령은 이후에 부시 독트린이라 불리게 되는 다음과 같은 성명서를 통해 테러와의 전쟁을 선포하였다.

> 마피아가 범죄단체인 것처럼, 알카에다는 바로 테러집단이다. 하지만 그들의 목적은 돈벌이가 아니다. 그들의 목적은 세계를 다시 만들어 그들의 급진적인 신앙을 모든 사람들에게 강요하는 것이다. … 우리의 테러에 대한 전쟁은 알카에다와 시작한다. 하지만 그것은 거기에서 끝나지 않는다. 세계의 모든 테러 단체들이 중단되고 패배할 때까지 전쟁은 계속될 것이다. … 우리는 우리가 사용할 수 있는 모든 자원을 모든 외교적 수단, 모든 정보 수단, 모든 법집행 수단, 모든 재정적 영향력 그리고 전쟁의 모든 필요한 무기를 지구적 테러망의 와해와 패배를 겨냥할 것이다. … 우리의 대응은 즉각적인 보복이나 일시적 공격들보다 훨씬 더 많은 것을 포함할 것이다. 국민들은 한 번의 전투가 아니라 지금까지 우리가 경험 못한 장기적인 작전을 기대해야 할 것이다. TV에서 볼 수 있는 극적인 공격과 성공해도 비밀로 남을 비밀 작

74) 손자에게 기습공격은 기만의 원칙과 함께 전쟁의 중요한 원칙 중의 하나이지만 클라우제비츠는 이것을 가치 있게 생각하지 않았다.

> 전들을 포함할 것이다. 우리는 피난처나 휴식이 없을 때까지 테러리스트들의 자금줄을 끊을 것이고, 그들이 서로 반목하게 하고 이곳저곳으로 몰아낼 것이다. 또한 우리는 테러리스트들을 돕고 그들에게 안전한 피난처를 제공하는 국가들을 추격할 것이다. 모든 지역의 모든 국가들은 이제 결정해야 한다. 우리와 함께 할 것인지 테러리스트들과 함께 할 것인가를. 오늘을 기점으로 계속해서 테러행위를 수용하거나 지원하는 국가는 누구든 미국에 의해 적대적 국가로 간주될 것이다.75)

부시 독트린이 명확히 한 것처럼 테러에 대한 미국의 대응의 초점은 반미 테러조직과 그들을 지원하는 국가들을 찾아내고 또 파괴하는 것이다. 더 나아가 미국은 테러의 공격을 예방하기 위해 선제 타격할 특권을 내세웠다. 뿐만 아니라 대테러전을 이용하여 비록 이런 국가들과 테러리스트간의 연계가 논쟁의 여지가 있지만 이라크처럼 대량살상무기를 획득하는 국가들로부터의 위협을 제거하려는 것처럼 보인다.

미국은 분명히 전쟁에 어쩔 수 없이 빠져들었고 또 의미 깊은 군사적 성공을 거두었다. 그러나 손자는 우선 첫째로 미국에게 최대한 신속하게 미국의 목표들을 달성하라고 권고할 것이다. 왜냐하면 전쟁을 신속하게 종결지을 이유들은 국가 자원의 한계뿐만 아니라 자신들의 목적을 달성하기 위해 대테러전에 미국이 빠진 것을 잠재

75) John W. Dietrich, ed., *The George W. Bush Foreign Policy Reader: Presidential Speeches with Commentary*, Armonk, New York: M. E. Sharpe, 2005, pp. 51-53. 부시 독트린의 의미와 함축적 의미에 대해서는 Robert G. Kaufman, *In Defense of the Bush Doctrine*, Lexington, Kentucky: The University Press of Kentucky, 2007; Timothy J. Lynch and Robert S. Singh, *After Bush: The Case for Continuity in American Foreign Policy*, Cambridge: Cambridge University Press, 2008; Joan Hoff, *A Faustian Foreign Policy from Woodrow Wilson to George W. Bush*, Cambridge: Cambridge University Press, 2008; Melvyn P. Leffler and Jeffrey W. Legro, eds., *To Lead The World: American Strategy After The Bush Doctrine*, Oxford; Oxford University Press, 2008 참고.

적 적들이 이용하는 것을 피하는 데 있기 때문이다. 부시 행정부는 미군이 해방자로 환영받길 기대했지만, 독립된 이라크 정부나 국제기구로의 신속한 정권 이양에 대해 어떤 계획도 갖고 있지 않았다.[76] 그리하여 미군사력은 점차로 점령군으로 보이게 되었다. 폭력적인 저항은 똑같이 폭력적 보복을 낳았고, 또한 미국인들을 더 점령자들로서의 역할로 만드는 상승나선형을 작동시켰다. 만약 미군이 안정적인 친서방 정권을 남겨두고 6개월 이내에 군대를 철수했었더라면 미국이 그런 궁지에 빠지진 않았을 것이다.

> "전쟁의 주된 목적은 승리이다. 만약 승리가 장기간 지연된다면, 무기는 무디어지고 사기도 저하된다. 군대가 도시를 공격하면 그들의 전투력은 소진되어 버린다. 군대가 장기화된 작전에 들어가면, 국가의 자원이 불충분해진다. 무기는 무뎌지고 사기는 떨어지고 전투력은 소진되고 자금은 떨어져 곤란한 상황에 빠지게 되면 이웃 국가의 통치자들은 행동하기 어려운 당신의 처지를 이용할 것이다. 그리고 곁에 아무리 지혜로운 참모가 있다고 한들 어느 누구도 미래를 위한 좋은 계획을 내놓을 수 없을 것이다."[77]

둘째로, 손자는 미국에게 외교적 노력을 더욱더 기울이라고 권유할 것이다. 미국은 자국의 목표 달성을 지지하고 지원하는 국가들의 연합을 결성하는 데 외교적으로 상당한 성공을 거두었다. 미국은 파키스탄과의 외교적 관계를 재건하였고 서남아시아에서 과거의 소련 제국하에 있었던 국가들과 새로운 외교관계를 수립하여 대아프가니스탄 군사작전을 수행하는 데 있어 지원할 수 있는 군사기지를 제공받았다. 러시아 조차도 매우 호의적이었다. 북대서양조약기구

---

76) Richard Ned Lebow, *A Cultural Theory of International Relations*, Cambridge: Cambridge University Press, 2008 pp. 475-476.

77) Sun Tzu, *op. cit.*, p. 73.

(NATO)는 군대를 이동시켜 미군 부대를 대체함으로써 미군부대가 탈레반과 알카에다를 패배시키는 데 사용될 수 있었다. 그리고 언제나처럼 영국은 미국의 굳건한 동맹국으로서 군대와 다른 군사력을 파견하여 아프가니스탄에서 미군 부대와 긴밀하게 협조하였다. 군사적 지원에 더해 미국의 동맹국들은 미국에 정보를 제공하고 테러단체에 자금이 흘러 들어가지 않도록 통제하고 자국 내에서 테러리스트들을 추적하는 데 협력했다.

하지만 이라크 전쟁의 경우, 미국은 유엔 내외로부터 지속적인 국제적 지원과 지지를 받을 수 없었다. 미국은 유엔 내에서 더욱 적극적인 외교활동을 수행해야 한다. 뿐만 아니라 아랍 국가들은 또 다른 아랍국가가 공격당할지 모른다고 우려하고 있고 또, 이스라엘과 팔레스타인이 갈등 속에 휘말려 들었다. 결과적으로 그들은 자신들의 지원에 덜 열성적이었다. 따라서 테러와의 전쟁에 있어 이들 국가들의 지원을 받을 수 있도록 그들을 대테러전쟁 계획에 적극적으로 끌어들이는 것이 필요하다.

> "차선책은 적의 동맹을 와해시키는 것이다. 적들이 절대로 한데 뭉치도록 허용해선 안 된다. 적들의 동맹을 유심히 살피고 그들간에 단절되고 동맹이 와해되도록 해야 한다. 만약 적이 동맹 체제를 갖고 있다면 이 문제는 심각하며 또 적의 입장은 강하다. 만약 적이 동맹 체제를 갖고 있지 못한다면 그 문제는 작은 것이고 적의 입장도 역시 약하다. 그 다음 차선책은 적을 공격하는 것이다."[78]

셋째로, 손자는 알카에다와 탈레반 지지 세력들을 아프가니스탄으로부터 추방시키는 데 있어서 미국이 보여준 신속함과 분명한 군사적 승리 그리고 이라크에서 미국이 쟁취한 군사적 승리에 아마

78) Sun Tzu, *op. cit.*, p. 78.

도 깊은 인상을 받았을 것이다. 그리고 그는 미국이 그런 문제에서 군사적 승리를 달성하는 데 있어서 자신의 많은 원칙들을 명백하게 이용하였다는 사실에 만족스러워할지도 모른다. 예를 들어, 고도로 훈련된 특수군 부대는 북방동맹(Northern Alliance)과 같은 반탈레반 세력들과 유대를 형성하도록 투입되었다. 그들은 탈레반 진지에 정밀 공습을 개시하여 탈레반 세력을 크게 약화시켜 북방 동맹의 공격이 개시되기 전에 이미 모두 도피했거나 그 후 공격으로 분산시켰다. 아프가니스탄에서의 승리 후 새로운 정부가 수립되었고 그 결과 미국의 주요 목적이 달성되었다. 아프가니스탄은 이제 더 이상 과거와 같이 공개적으로 테러리스트들을 훈련시킬 수 있는 안식처가 아니다.

> "상황이 투명해지기 전에 쟁취하는 승리는 보통 일반 사람이 이해하지 못하는 것이다. 그래서 그 전략의 창안자는 현명함에 대한 명성을 얻지 못한다. 그는 자신의 칼에 피를 묻히기도 전에 적이 굴복해 버릴 것이다. 그래서 전쟁에 뛰어난 자는 전투 없이 적의 군대를 복종시킨다. 그들은 적을 공격하지 않고 적의 도시를 점령하며 장기적인 작전 없이 적의 국가를 전복시킨다. 당신의 목표는 하늘아래 모든 것을 손상되지 않은 상태 그대로 차지하는 것이다. 따라서 당신의 병력은 기진맥진해지지도 않고 또 당신의 이득은 완전한 것이다. 이것이 공세적 전략의 기술이다."[79]

넷째로, 손자는 분명히 테러 공격 이전의 미국의 정보실패를 지적하고 그의 "통찰력의 원칙"에 따라 정보의 중요한 역할을 강조할 것이다. 테러리스트이든 게릴라이든 모든 비 재래식 갈등에서 적의 실제적 파괴는 주요 문제가 아니다. 중요한 것은 적을 찾아내는 일이다. 미국의 인공위성, 도청 장비 그리고 기타 기술적 능력들이 물

79) Sun Tzu, *op. cit.*, pp. 79, 87.

론 도움이 되겠지만 무엇보다 중요한 것은 살아있는 사람에 의해 제공되는 정보다.80) 사람에 의한 정보수집 능력은 스파이와 테러분자들의 계획에 대한 내부 지식을 가진 사람들의 채용을 통해 크게 향상시킬 필요가 있다. 테러리스트들을 패배시키기 위해서 그들의 조직들 속에 잠입해야 하고 또 믿을 만한 정보의 원천을 사용하는데 대해 제한을 두어서는 안 된다.

> "비밀요원이 없는 군대는 마치 눈과 귀가 없는 사람과 똑같다. 소위 통찰력이라고 하는 것은 정신으로부터 발현되는 것이 아니며, 과거 사건들과의 유추나 계산으로부터 발현되는 것도 아니다. 우리는 영리하고 재능 있고 지혜롭고 적들 가운데에서 주권자와 귀족들과 친밀한 사람들에 접근가능한 사람들을 선발해야 한다. 그리하면 그들은 적의 움직임을 관찰할 수 있고 적이 무엇을 하고 어떤 계획을 가지고 있는지를 알 수 있다. 진정한 사태에 대해서 정확하게 알고서 그들은 돌아와 우리에게 말해준다. 그러므로 그들은 '살아있는' 요원이라고 불린다. 그래서 가장 총명한 사람들을 요원으로 사용할 수 있는 계몽된 주권자와 뛰어난 장군만이 결국 위대한 업적을 달성하는 것이다. 비밀 작전은 전쟁에서 본질적이다. 군대가 어떤 이동을 하기 위해서는 군대가 그들에게 의존한다."81)

테러에 대한 전쟁에서 이제 여기서부터 어디로 어떻게 전개되어갈지는 추측의 대상이다. 하지만 미국은 그들이 어느 곳에 있든 반드시 그리고 지속적으로 테러리스트들을 찾아내야 하고 또 제거할 것이다. 오늘날 소위 불량국가(rogue states)들로부터 대량살상무기를 제거할 수 있는 기회도 역시 존재한다. 이는 직접 공격을 통하거나 간접적으로 대리 세력을 통해서 달성할 수 있을 것이다. 하지만 초강대국 미국과 그보다 약한 불량국가들간의 비대칭 전쟁 전략

80) Mark McNeilly, *op. cit.*, p. 214.
81) Sun Tzu, *op. cit.*, pp. 145, 146, 149.

이 성공하려면 적의 이해관계가 최소화되도록 하고 여론을 위한 전투에 적극적으로 기여해야 하는 것이다. 간접 접근법이 이러한 목표를 달성할 수 있을 것이다.

그러나 분명히 미국에선 여론이 간접 접근법마저도 선택하지 않으려는 것처럼 보인다. 왜냐하면 간접 접근법조차도 분명히 많은 인명의 상실과 관련되기 때문이다. 미국인들은 대량파괴무기의 확산 문제를 어떤 새로운 전쟁을 위해서라면 그것을 아주 간단히 "가치 없는" 명분으로 간주해 버릴지도 모른다. 그러나 적어도 테러공격과 그에 따른 대테러전은 손자의 원칙들이 유용하게 사용될 수 있음을 입증했다. 우리가 미래를 내다볼 때 테러리스트들은 자신들의 군사력의 약세로 인해 손자의 간접 접근법에 입각한 전쟁수행의 원칙들을 지속적으로 사용할 개연성이 높다. 그렇다면 손자의 원칙들이 재래식 전쟁을 이기기 위한 만큼이나 테러행위에 대처하고 또 패배시키는 데 사용될 수 있을 것이다. 손자의 전략적 교훈은 이천년 전 고대 중국 지도자들에게 그랬듯이 오늘과 내일 우리를 위해 중요하다. 이러한 의미에서 손자의 『병법』에 담겨진 아이디어들은 미래로 향할 것이다.

7. 손자식 간접 접근법의 한계

21세기 포스트모던 즉 탈근대 전쟁에 대한 클라우제비츠의 근대전략 유용성의 한계를 지적하고 탈근대와 유사한 전근대 전략인 손자의 전략적 유용성을 제안하는 것은 이제 손자가 클라우제비츠를 대치해야 한다고 주장하려는 것이 결코 아니다. 20세기 대표적 전략이론가중의 한 사람인 리들 하트(Liddell Hart)[82]와 버나드 몽고메리(Bernard Montgomery)장군[83]에 의한 칭송에도 불구하고 손자도 분명히 한계가 있다. 그렇지 않다면 과거 손자병법에 정통했던 모택동이 클라우제비츠를 깊이 탐구하고 또 그를 그렇게 높이 찬양하지 않았을 것이다. 과거 헬무트 슈미트(Helmut Schmidt)서독(독일연방공화국)수상이 북경을 방문했을 때 그는 모택동이 독일의 전쟁철학자에 대해 갖고 있는 깊은 존경심에 대해 들었다고 보도되었다.[84] 또한 17세기까지만 해도 손자병법에 대해 170여 권의 책이 출판되었던 일본에서[85] 손자병법에 아주 친숙했던 명치유신의 정치 및 군사 지도자들이 막 보불전쟁에서 승리하여 독일통일의 위업을 달성한 당시 독일 몰트케(von Moltke) 참모총장에게 군사전략교관의 추천을 요청하고 그에 따라 일본 육군대학에서 독일의 야콥 멕켈(Jacob Meckel)로부터 클라우제비츠의 전략을 새롭게 수학하지는 않았을 것이다.[86] 뿐만 아니라 제2차 대전 후에도 여전히 손자를 클라우제

82) B. H. Liddell Hart, "Foreward" in Sun Tzu, "*The Art of War*," trans. by Samuel B. Griffith, London: Oxford University Press, 1963, p. vii.

83) Ye Lang and Zhu Liangzhi, *Insights into Chinese Culture*, trans. by Zhang Siying and Chen Haiyan, Beijing: Foreign Language Teaching and Research Press, 2008, P. 25-26에서 확인할 수 있다.

84) Wilhelm von Schramm, "East and West pay homage to father of military theorist," *The German Tribune*, 8 June 1980, pp. 4-5.

85) Ye Lang and Zhu Liangzhi, *op. cit.*, p. 25. 중세 일본에서 손자의 영향에 대해선, Roald Knutsen, *Sun Tzu and the Art of Medieval Japanese Warfare*, Kent, UK: Global Oriental, 2006 참조.

86) 강성학, 『시베리아 횡단열차와 사무라이: 러일전쟁의 외교와 군사전략』, 서울: 고려대학교출판부, 1999, p. 354. 청일 전쟁(1894)과 러일전쟁(1904-1905)에서 일본의 승리는 클라우제비츠전략에 따른 결과였다. 위의 러일전쟁에 관한 책과 함께, 강성학 편저, 『용과 사무라이의 결투: 중(청)일 전쟁의 국제정치와 군사전략』, 서울: 리북, 2007, 제1장을 특히 참조. 한국전쟁에서 드러난 북한의 군사전략에 관한 필자의 논의를 위해서는, 강성학, 『카멜레온과 시지프스: 변천하는 국제질서와 한국의 안보』, 서울: 나남출판, 1995, 제8장을 참조. 19세기 말부터 중국과 일본

비츠보다 더 높게 평가하는 리들 하트나 몽고메리는 모두가 섬나라이며 해양국가인 영국인들이었다. 섬나라의 특성상 육군보다도 해군력에 전통적으로 의존해온 영국의 입장에서 보면 손자의 간접 접근법이 육군 중심의 대륙 국가적 직접 접근법보다 더 적절한 군사전략일 것이다. 존 미어샤이머(John Mearsheimer)가 주장하는[87] 소위 "바다의 중지력"(stopping power of water)으로 인해 영국에겐 아주 어려운 대규모의 상륙작전을 먼저 성공시키지 않고서는 직접 접근법을 시행하기 어려운 지정학적 한계가 분명히 존재하기 때문이다. 한 예로서, 제 2 차 대전 중 1940년 5월 뒹케르크(Dunkirk)상륙작전의 참담했던 실패가 바로 그런 사실을 분명히 입증해 주었다. 그러나 그 "바다의 중지력"이라는 것도 항상 효력을 갖지는 못했다. 과거 일본제국은 분명히 섬나라였지만 바다의 중지력을 비웃기라도 하듯이 19세기 말부터 아시아 대륙을 과감하고 깊숙이 침략했으며 일본인들의 군사전략은 직접 접근법을 구사한 신속한 군사적 정복과 가혹한 탄압이었다. 또한 제 2 차대전 후 미국과 소련에겐 전 지구가 전쟁수행전략의 대상이었다. 따라서 이런 전략들은 손자의 간접 접근법을 적용했다기 보다는 오히려 클라우제비츠의 직접 접근법에 가까웠다고 말하는 것이 더 적절할 것이다.

그러나 아직까지도 소위 "과학적 이론"으로서 인정된 군사전략

의 군사지도자들에게 버림받게 된 손자병법은 그러나 제 2 차 대전 후 아시아인들의 기업경영과 마케팅 분야에서 널리 응용되었다. 이런 예로서는, Wee Chow Hou, Lee Khai Sheang, and Bambang Walujo Hidajat, *Sun Tzu: War and Management*, Singapore, and Reading, Massachusetts: Addison-Wesley, 1991; Donald G. Krause, *The Art of War for Executives*, New York: A Perigee Book, 1995; Laurence J. Brahm, *Sun Tzu's Art of Negotiating in China*, Hong Kong: Naga, 1997.

87) John J. Mearsheimer, *The Tragedy of Great Power Politics*, New York: W.W. Norton, 2001.

이론은 없다. 그것은 "과학적 전쟁이론"이 아직도 수립되지 못한 경우와 같다. 그것은 "전쟁"이라는 주제 자체가 그런 과학적 이론화를 허용하지 않기 때문이다. 전쟁의 객관적 성질은 그것을 개연성의 평가문제로 만든다. 인간사회의 그 어떤 분야에서도 전쟁만큼 우연성(chance)에 끊임없이 그리고 보편적으로 얽매여 있는 곳은 거의 없다. 그래서 전쟁은 본질적으로 도박행위이다. 뿐만 아니라 전쟁의 주관적 성질이 그것을 더욱더 도박으로 만든다. 전쟁은 아주 위험한 것이다. 따라서 주관적인 용기라는 고도로 정신적인 특성이 요구된다. 분별력 있는 계산과 함께 대담한 용기란 우연성에 달려있다. 요컨대 도박은 본질적으로 과학적 이론화가 불가능한 것이다. 따라서 수많은 사람들의 계속된 노력에도 불구하고 전쟁의 과학적 이론화는 수립되지 못한 채 인간사회는 전쟁을 계속해 왔던 것이다.

"손자병법"은 전쟁에 관한 고대 중국의 고전이다. 그것은 총 13장에 약 6천여 자의 한자로 구성되었다. 기원전 221년 진 나라에 의해 중국이 통일되기 전부터 청 왕조의 시기(1616-1911)까지 전쟁에 관한 3천 권이 넘는 책들 중에서 『손자병법』은 최고의 고전으로 인정받아 왔다. 왜냐하면 그것이 전략수립이나 철학적 토대 그리고 전술적 응용 면에서 다른 어떤 책도 능가하기 때문이다. 그렇기 때문에 수 세기에 걸쳐서 손자병법은 사실상 전쟁에 관한 모든 서적들의 원천으로 존중 받았다. 그러나 19세기 말 중화제국의 몰락은 동시에 중국의 최고군사전략가로 인정받았던 손자의 망각을 초래했었다. 아니 손자뿐만 아니라 클라우제비츠도 잊혀졌었다. 왜냐하면 제2차 대전 후 미소간의 양극적 대결구조는 핵무기에 의한 상호억제전략에 근본적인 토대를 두고 있었기 때문이다. 당시의 양극적 냉전체제에선 모든 것이 핵무기로 통하는 시기였다고 해도 과언이 아니다. 그러나 베트남전쟁의 장기화와 베트남 공산주의자들의 게릴라 전술은 핵무기에 의한 침략과 전쟁의 억제력을 무력화 시켜버렸다. 따라서 억제력의 차원문제가 1970년대 초부터 심각하게 제기되었다.[88] 그리하여 핵과 재래식 전쟁 그리고 게릴라전 같은 소위 저강도(low intensity) 전쟁의 상이한 차원들은 거기에 각각 적합한 상이한 대응 억제전략을 필요로 한다는 아주 설득력 있는 주장이 널리 수용되었다. 그러한 지성적 분위기 속에서 군사전략이론이 본격적인 재검토에 들어가게 되었으며 그 결과 클라우제비츠가 먼저 재탄생하게 되었던 것이다.

베트남 전쟁 후 미국에서 클라우제비츠가 상상하지 못했던 부활을 맞았으며 전략사상의 대가로서 확고한 위치를 굳혔다. 여기에는 해리 서머스(Harry Summers)의 『전략론: 월남전의 비판적 분석』[89]이 거의 결정적 역할을 했었다. 특히 걸프전의 빛나는 승리는 곧 클라우제비츠의 승리로 간주되었다. 그러나 그 후 클라우제비츠 접근법은 두 가지의 사태발전으로 한계에 직면하게 되었다. 우선 첫째로, 사하라 남부의 아프리카, 전 유고슬라비아의 분리주의 전쟁들 그리고 과거 유럽제국들의 주변지역에서 끊임없이 계속되는 부족들 간의 폭력에서 특히 볼 수 있는 지속적인 내전과 학살이 자행되는 전쟁과 폭력의 폭발사태였다. 이런 사태의 발전은 클라우제비츠가 계획했던 국가간의 전쟁과는 아주 다른 것이었다. 내전 및 비국가

88) Alexander L. George and Richard Smoke, *Deterrence in American Foreign Policy: Theory and Practice*, New York: Columbia University Press, 1974; Richard Smoke, *War: Controlling Escalation*, Cambridge, Massachusetts: Harvard University Press, 1977.

89) Harry G. Summers, Jr., *On Strategy: A Critical Analysis of the Vietnam War*, Novato, CA: Presidio Press, 1982. 또한 그는 *Gulf War and on the military policy for America's Future: On Strategy II: A Critical Analysis of the Gulf War*, New York: A Bell Book, 1992와 *The New World Strategy: A Military Policy for America's Future*, New York: A Touch Book, 1995에서도 각각 클라우제비츠식 접근법을 적용하였다.

행위자들의 전쟁과 사회적 무정부상태의 새로운 도래는 클라우제비츠의 전쟁수행전략만으론 성공적으로 대처하기가 어렵게 되었으며, 이 경우엔 오히려 결코 끝을 모르는 내전의 시대에 살았던 손자가 이런 종류의 전쟁에 대해 보다 나은 이해를 제공하는 것으로 보인다. 둘째로, 군사혁명(Revolution in Military Affairs)과도 관련되는 소위 전략정보전쟁(Strategic Information Warfare)과 제 4 세대 전쟁의 개념들은 클라우제비츠의 직접 접근법 보다는 손자의 간접 접근법과 더 잘 결합될 수 있는 것으로 보인다. 2003년의 이라크 전에서 사용된 "경악과 공포"(shock and awe) 같은 전쟁수행 방법이 하나의 좋은 본보기가 될 것이다.

그러나 무엇보다도 군사전략의 고전으로서 『손자병법』의 가장 중요한 오늘의 교훈은 역설적이지만 통치자들이 호전적이 되도록 진작시키기 보다는 신중한 고려 없이는 전쟁수행을 자제하도록 거듭해서 경고하는 통치술에 있다고 하겠다. 손자는 전쟁 즉 무력의 사용은 병사들 주민 그리고 나라의 삶과 죽음의 문제임을 지적하면서 자신의 병서를 시작했다. 그런 문제가 결코 가볍게 취급되어서는 안 될 것이다. 손자는 병서가 거의 끝나가는 제12장 화공편의 마지막에서 한 번 더 다짐하듯 경고하고 있다.

> "국가의 원수는 순간적 분노에 사로잡혀 전쟁에 착수해서는 안 되며, 사령관과 장군은 일시적으로 기분 나쁜 분위기에 휩싸여 전쟁을 수행해선 안 된다. 전쟁을 선언하거나 혹은 전쟁을 단념하기 위해서 그들은 전반적 국가이익을 고려해야만 한다. 분노는 즐거움으로 전환될 수 있고 나쁜 기분도 좋은 기분으로 바뀔 수 있지만 그러나 잃어버린 국가는 영원하고 살해된 자들은 영원히 죽는다. 그러므로 슬기로운 통치자는 전쟁문제들을 극단적 신중함으로 다루고, 좋은 사령관과 장군들도 그것들을 최대한의 주의력을 갖고 다루어야만 한다. 이것이 나라와 군대를 안전하게 보유하는 기본 원칙이다."

손자의 이러한 교훈은 국가운영 즉 통치술의 핵심이 된다. 그러나 일단 그럼에도 불구하고 이미 발발한 전쟁의 성공적 마무리를 통한 전쟁의 목적을 달성하는데 있어서 그런 통치철학은 별 의미가 없다. 실제로 현재 미국이 직면하고 있는 이라크와 아프카니스탄의 사태에 대한 전략적 처방에서 손자의 간접 접근법도 군사적으로 성공적이었던 전쟁수행후의 상황에 관한 정치적 차원의 문제에 대해선 사실상 클라우제비츠의 경우와 동일한 취약점을 갖고 있다고 하겠다.

우선, 손자의 제1차적으로 중대한 전략의 비결인 속임수를 들어 말한다면 오늘날 민주 국가에겐 거의 불가능한 전략이다. 왜냐하면 적을 기만하려는 어떤 국가의 일반적 태도는 자국민도 역시 속여야 하는 모험을 감수해야 하는데 이것이 민주주의 국가에겐 중대한 정치적 문제가 아닐 수 없기 때문이다. 또한 손자의 간접 접근법은 일반적으로 말해서 신속하고 결연하게 행동하는 적에 대한 억제력을 크게 약화시킬 것이다. 손자처럼 적의 의지와 마음에 영향을 주려는 데에 집중하다 보면 적으로 하여금 불리한 때와 장소에서 전투를 피하게 하고 또 그가 무기와 병력을 갖고 있는 한 보다 유리한 기회를 선택하게 할 가능성마저 있는 것이다. 대체로 손자는 주로 약한 적에게 사용할 전략적 원칙들을 일반화시켰다. 따라서 그의 접근법은 약한 병력과 사회적 기반이 빈약한 적들에 대항해선 분명히 성공을 거둘 수도 있을 것이다. 그러나 보다 굳건하게 자리 잡은 적들과의 싸움에선 틀림없이 문제가 될 것이다.[90] 따라서 손자의 전략에만 전적으로 의존하는 것은 결코 바람직스럽지 못하다고 말할 수 있다.

---

90) Andreas Herberg-Rothe, *Clausewitz's Puzzle: The Political Theory of War*, Oxford: Oxford University Press, 2007, p. 9.

뿐만 아니라 우리 시대 전략이론의 교과서로서 "손자의 병법"은 보다 중대한 한계를 안고 있다. 무엇보다도 그것은 전쟁의 성격에 관해서 논하지 않고 있다. 역사가들이 수집한 통계에 따르면 손자가 살았던 춘추시대에 130개가 넘는 국가들 사이에 약 4–5백 개의 크고 작은 전쟁들이 있었다. 맹자는 그 시대엔 정당한 전쟁이 없었다고 결론지었었다. 그 시대에 강대국들간의 전쟁은 분명히 정의롭지 못했다. 그러나 강대국가들의 침략에 대항하여 약소국가들이 수행한 전쟁들은 전혀 별개의 문제였다. 불행하게도 손자는 정의로운 전쟁의 문제를 전혀 고려하지 않았다.[91] 더구나 사령관은 자신의 장교들과 병사들에게 자신의 계획을 모르게 하라고 주장함으로써 장교들과 병사들이 아무것도 모른 채 전쟁수행에 무조건 따르도록 강요하는 반계몽주의적 정책은 손자병법의 결함으로[92] 오늘날에는 사실상 실천이 불가능한 것이다.

둘째로, 손자는 장군들의 역할을 지나치게 강조했다. 그는 현지 사령관들에게 주권자의 명령에 복종할 필요가 없는 경우가 있다고 주장함으로써 하극상이나, 우리 시대의 용어로 말한다면, 문민통제의 원칙을 망각하게 할 우려가 있다. 그의 견해에 영향을 받아 손자병법을 최고지도자의 명령에 복종하지 않는 구실로 실제 사용했었던 장군들이 중국의 역사에는 간혹 있었다. 고대에는 통신 수단이 빈약했고 어려웠으며 전선의 상황도 급변하였기에 현지 사령관들은 그런 변화에 대처해 나가기 위해서 임의로 행동해야만 했었다. 따라서 손자의 주장이 그럴듯해 보일 수도 있겠지만 오늘날의 상황은

---

91) 이 점은 클라우제비츠도 마찬가지였다. 클라우제비츠는 전쟁의 정당성 문제는 도덕 철학자에게 위임하겠다고 말했었다. 여기서 필자는 손자가 클라우제비츠를 대치할 수 없음을 말하려는 것이다.

92) General Tao Hanzhang, *Sun Tzu's Art of War*, trans. by Yuan Shibing, New York: Sterling, 2007, p. 210.

완전히 변했다. 통신위성을 포함하여 고도로 발전된 오늘의 통신수단으로 최고사령관은 전투현장의 작은 모든 변화 까지도 자신의 통제하에 두고 있다. 따라서 그는 새로운 상황에 맞게 병력배치나 전술을 전적으로 재조정할 수 있는 입장에 있는 것이다. 따라서 현지사령관은 그곳 사정 때문에 최고 사령부의 명령에 불복하는 것이 절대 허용될 수 없게 되었다. 이런 관점에서 볼 때 손자의 주장은 오늘날 일반적인 문민통제의 원칙에 어긋날 뿐만 아니라 클라우제비츠가 경고한 것처럼 전쟁이 순전히 전쟁 그 자체를 위한 전쟁으로 변질되고 퇴락할 염려가 있다고 하겠다. 인류가 전쟁을 시작한 이래 전쟁은 언제나 정치에 의해 좌우되어 왔으며 결코 어느 경우에도 정치를 떠난 적이 없었다. 클라우제비츠가 전쟁이란 단지 수단을 달리한 정치의 연속이라고 말했을 때 그것은 하나의 당위적 명제임과 동시에 역사적 현실의 서술이었다. 오늘날 그리고 미래에도 어떤 현지 사령관이 손자의 시대착오적 주장을 실천한다면 최선의 경우에 한국전쟁의 와중에서 해임된 맥아더 장군의 운명을 되풀이하거나 아니면 거의 확실하게 군사법정에 서게 될 것이다.

셋째로, 포위된 적에게 퇴로를 열어주어야 하며 절망적인 적을 너무 몰아 부치지 말라는 그의 주장도 시대착오적이다. 우선 이 주장은 그 자신의 다른 주장과 모순된다. 그는 적의 사기가 높을 때는 적을 피하고 적이 굼뜨고 병사들이 향수병에 시달릴 때 공격하라는 주장도 함께 했기 때문이다. 절망적인 적에게 퇴로를 열어주는 것은 손자마저도 결국은 중국의 대표적이고 가장 영향력이 컸던 유교적 덕목에 따라 전시에서도 인정을 베푸는 윤리적 행동으로 이해할 수는 있지만 그러나 그것은 마치 포위된 호랑이를 산으로 돌아가게 하는 것과 같이 위험스럽고 또 어리석은 짓이다. 바꾸어 말해서 싸우지 않고 이길 수 있다는 손자의 전쟁관의 연장선상에서 이 주장은 이해될 수 있다. 그러나 클라우제비츠가 다음과 같이 말했을 때 그는 마치 손자에게 경고하는 것처럼 보인다.

> "물론 마음이 따뜻한 사람들은 많은 피를 흘리지 않고도 적을 무장해제 시키거나 패배시킬 수 있는 교묘한 방법이 있다고 생각할지도 모르며, 또 이것이 진정한 전쟁기술의 목적이라고 상상할지도 모르겠다. 듣기에는 그럴듯하지만 그것은 반드시 폭로될 수밖에 없는 환상이다. 왜냐하면 전쟁이란 친절함에 기인하는 실수들이야말로 최악의 것들이 되는 아주 위험스런 일이기 때문이다."[93]

8. 결론: 융합이론을 향해서

인간의 어떤 활동도 전쟁만큼이나 끊임없이 보편적으로 우연이란 요소와 결부되는 것은 없다. 그리고 그렇게 우연이란 요소를 통해서 추측과 행운이 전쟁의 경우에서처럼 그렇게 큰 역할을 하는 곳은 없다. 이러한 의미에서 절대적, 소위 수학적 요소들은 군사적 계산에서 결코 확고한 기반을 차지한 적이 없다. 아주 처음부터 가능성과 확률, 좋은 운 그리고 나쁜 운이 상호작용하여 전쟁이라는 융단의 길이와 폭을 엮어 나가듯이 이루어진다. 인간 만사에서 전쟁은 도박을 의미하는 카드놀이와 가장 비슷하다.[94] 마키아벨리의 용어를 빌리면, 전쟁은 궁극적으로 포르투나(fortuna: 운명의 여신)의 세계이며 어떠한 인간적 비르투(virtu)도 "기회의 여신"을 완전히 배제

93) 앞의 서론에서 인용했지만 강조하기 위해 일부만 재인용한 것이다. 그리고 여기에선 보다 융통성 있게 번역해 보았다. Carl von Clausewitz, *op. cit.*, p. 75.

94) Carl von Clausewitz, *op. cit.*, pp. 85-86.

시킬 수 없다. 클라우제비츠의 작품에는 전쟁에서의 운의 역할과 천재의 역할 사이에 아주 예리한 일치가 있다. 두 가지 요소들이 결합하여 전쟁을 완전히 예측 불가능하게 만든다.[95] 군사문제에 있어 가장 위대한 저술가라고 할 수 있는 손자는 "하늘의 뜻"을 성공의 첫 번째 조건으로 꼽았다.[96] 따라서 클라우제비츠와 손자 두 사람에게 있어서 전쟁은 과학이 아니라 술(術: art)의 세계이다. 요컨대, "그의 저서는 단순히 가장 위대한 것이 아니라 전쟁에 관한 한 유일무이의 위대한 책이다"[97]라고 극찬한 버나드 브로디(Bernard Brodie)와 의견을 달리하기가 어렵기는 하지만 재래식이든 비재래식이든 간에 21세기의 전쟁을 수행하는 데 있어서 『전쟁론』에 의한 클라우제비츠의 지도만으로는 충분하지 못하다. 서양문명의 산물인 클라우제비츠는 동양문명의 산물인 손자로 보완되어야 한다. 바꾸어 말하면 근대의 동양에서 손자는 클라우제비츠에 의해 대치되었지만 탈근대적 21세기의 새로운 전쟁에 직면한 인류에겐 전근대적 전략가인 손자가 마땅히 원래의 지도적 지위로 복귀되어야 한다. 그러나 손자도 클라우제비츠가 필요하다.

클라우제비츠는 피를 흘리지 않고 전쟁을 승리로 이끈다는 것이 바람직하다는 점에서는 손자에 동의하지만 그러나 동시에 클라우제비츠는 그것이 별로 가능하지 않다는 것을 인식하고 더 나아가 보다 더 가능성 있는 대안을 찾고자 하였다. 피를 흘리지 않은 승리

95) Philip Windsor, "The Clock, the Context and Clausewitz," in Mats Berdal, ed., *Studies in International Relations: Essays by Philip Windsor*, Brighton: Sussex Academic Press, 2002, pp. 137-138.

96) Martin van Creveld, *The Transformation of War*, New York: The Free Press, 1991, p. 126.

97) Michael Howard, *Clausewitz*, Oxford: Oxford University Press, 1983, p. 1; Originally it came from, Bernard Brodie, "On Clausewitz: A Passion for War," *World Politics,* Vol. 25, No. 2, January 1973, p. 291.

의 바람직함에 대한 손자의 입장은 클라우제비츠의 입장과 모순되는 것처럼 보인다. 하지만 이 두 전략가들은 동일한 문제에 대해 단순히 서로 다른 조망으로 접근하고 있다. 마찬가지로, 서양의 클라우제비츠와 동양의 손자가 서로 불일치하는 것처럼 보이는 많은 사항들도 종종 서로 본질에서 다르기 보다는 강조의 차이에 기인한다. 이들은 서로 배타적인 패러다임을 대표한다기보다는 오히려 서로를 보완하고 보강한다. 이들 두 전쟁의 대가들간의 명백해 보이는 모순들은 문화적, 역사적 그리고 언어적 대조에서 기인한다기보다는 그들 각자가 선택한 서로 다른 분석 수준에서 그리고 맥락에 맞지 않게 발췌하는 어떤 독자들의 성향과 혼합된 결과이다. 이 말은 문화적, 언어적 그리고 철학적 요소들이 중요하지 않다고 말하려는 것이 아니라 단지 전쟁이라는 보편적인 문제에 대해 그들이 주는 교훈의 보편적 함의에서 시간과 공간의 한계를 초월하여 그들의 작품들은 여전히 전쟁에 관해 쓴 가장 위대하고 가장 창조적인 전쟁 연구로 남는다고 말하려는 것이다. 전쟁들은 모두가 똑같다.98) 손자는 중

98) Philip Windsor, *Strategic Thinking: An Introduction and Farewell*, Boulder and London: Lynne Rienner, 2002, pp. 137-148. 최근에 국제정치학분야에서 문화의 차이를 강조하는 견해가 영향력을 얻었다. 이것은 약 50년 전에 아다 보즈만(Adda B. Bozeman)에 의해 시작되었다가 문화적 접근법이 냉전의 지배적인 이념투쟁이 끝난 후 재등장할 때까지 거의 완전히 사라졌었다. Adda B. Bozeman, *Politics and Culture in International History*, Princeton, New Jersey: Princeton University Press, 1960. This book was republished with a new introduction by the author, see, *Politics and Culture in International History: From the Ancient Near East to the Opening of the Modern Age*, 2nd. eds., New Brunswick(U.S.A.) and London: Transaction Publishers, 1994; Samuel P. Huntington, *op. cit.*; Akira Iriye, *Cultural Internationalism and World Order*, Baltimore and London: The Johns Hopkins University Press, 1997; Dominique Jacquin-Berdal, Andrew Oros and Marcos Verweij, eds., *Culture in World Politics*, London: Macmillan Press, 1998; Bhikhu Parekh, *A New Politics of Identity: Political Principles for an Interdependent World*, New York:

국의 전통에 따라 무기요소보다 인간요소를 더 중요시하고 잔혹한 무력보다는 지혜를 통해 얻는 승리를 선호하면서 전쟁의 윤리 및 도덕적 차원을 강조했었다. 당시의 비슷한 무기수준과 보편적 보급 및 소유를 고려할 때, 인간 정신의 강조는 어쩌면 당연한 것이었다고 말해도 좋을 것이다. 서구 사회에서도 전근대시대의 전쟁에서 그런 성향이 분명히 존재했었다. 따라서, 동서양에서 시대에 따라 상이한 강조가 있었던 엄연한 사실을 간과해서는 안 될 것이다.

그러므로 클라우제비츠의 직접 접근법과 손자의 간접 접근법 중 어느 것이 더 우월한가는 중요치 않다. 오늘날 21세기에서는 둘 다 동등하게 적실성이 있다. 다른 분야에서도 마찬가지겠지만, 서양과 동양의 두 전쟁 철학의 종합을 통한 건설적인 조화가 필요할 뿐만 아니라 또한 그것은 가능하다.[99] 이러한 의미에서 손자의 뒤늦

Palgrave Macmillan, 2008.

99) 굳이 Samuel B. Griffith's, "Sun Tzu and Mao Tse Tung," in "Introduction Ⅵ" of his own translated version, "Sun Tzu, *The Art of War*"를 들지 않아도 손자가 모택동에게 미친 영향은 그들의 작품을 읽어 본 사람에겐 분명하다(Chen-Ya Tien, "Military Thought of Mao Zedong," in Chen-Ya Tien, *op. cit.*, chapter 6 참고). 반면, 클라우제비츠가 모택동에게 미친 영향은 아론(Raymond Aron)에 의하면 레닌을 통해서다(클라우제비츠가 맑시스트에게 미친 강한 영향에 대해서는 Azar Gat, "Clausewitz and the Marxists: Yet Another Look," *Journal of Contemporary History*, Vol. 27, No. 2, April 1992, pp. 363-382; Sigmund Neumann, "Engels and Marx: Military Concepts of Social Revolutionaries," in Edward Mead Earle, ed., *Makers of Modern Strategy: Military Thought from Machiavelli to Hitler*, Princeton, NJ: Princeton University Press, 1943, chap. 7; Edward Mead Earle, "Lenin, Trotsky, Stalin,: Soviet Concepts of War," in *Ibid.*, chap. 14; John Shy and Thomas W. Collier, "Revolutionary War," in Peter Paret, ed., *Makers of Modern Strategy from Machiavelli to the Nuclear Age*, Oxford: Clarendon Press, 1986, chap. 27 참고). 모택동은 클라우제비츠의 잘 알려진 방정식(전쟁은 수단을 달리한 정치의 연속이다)을 인용했다. 혁명파가 사회주의와 자국 보안을 비판했던 당시 레닌이 1915년부터 1917년까지 사용하던 팜플렛을 일컬으면서 인용했다. 이를 통해 아론은 모택동이 클라우제비츠의 영향을 받았다고 덧붙

은 귀환, 아니, 손자의 미래로의 귀환은 환영할 일이다. 『손자병법』은 이천 년이 넘는 과거에 쓰인 군사연구다. 그럼에도 손자병법이 담고 있는 많은 교리와 법칙들과 규칙들은 여전히 아주 실용적이고 보편적 중요성을 갖는다.[100] 클라우제비츠의 『전쟁론』은 야전의 지휘관을 위한 계산조견표(ready-reckoner)나 혹은 정치가들을 위한 행

였다(Raymond Aron, *Clausewitz: Philosopher of War*, trans. by Christine Booker and Norman Stone, London: Routledge & Kegan Paul, 1983(First published in French in 1976) pp. 294, 171 참고). 알레스테어 존슨에 따르면 모택동이 가장 반박했던 개념은 손자가 말한 "싸우지 않고 적을 제압하는 것"이었다. 이것에 대해서 1949년 전까지만 해도 그의 입장은 명백했다. 모택동에게 있어서 전쟁은 "유형의 정치"였고 "자신을 보호하고 적을 무찌르는 것"을 위한 도구였다(Alastair Lain Johnson, *Cultural Realism: Strategic Culture and Grand Strategy in Chinese History*, Princeton, New Jersey: Princeton University Press, 1995, pp. 255-256: Alasteir Lain Johnson, "Cultural Realism and Strategy in Maoist China," in Peter J. Katzenstein, ed., *The Culture of National Security: Norms and Identity in World Politics*, New York: Columbia University Press, 1996, pp. 216-268). 이러한 사상은 클라우제비츠에게로부터 영향을 직접 받은 듯하다. 모택동은 "정치의 힘은 총구에서 시작된다"라는 말을 자주 했을 정도다(Anthony James Joes, *From the Barrel of a Gun: Armies and Revolutions*, New York: Pergamon Press, 1986). 이러한 사실을 보았을 때, 모택동은 독창적인 전술 이론가라고 일컫기보다 동방과 서방의 독창적인 전술 이론을 적용한 사람이라고 말하는 것이 낫다. 그럼에도 불구하고 칼 슈미트에 의하면 모택동은 현대 혁명 전쟁의 최고 전투수행가였다(Carl Schmitt, *Theory of the Partisan*, New York: Telos Press Publishing, 2007, p. 55. This book was originally published in German in 1962). "간접 접근"이라는 말을 일반화시킨 영국 전술 이론가인 리델하트에게도 비슷한 결론이 내려질 수 있다(Basil H. Liddell Hart, *Strategy*, Rev. eds., New York: Praeger, 1954, 1967. 그는 손자를 "전쟁학에 있어서 가장 좋은 입문이며 전쟁이라는 주제를 연구할 때에 언제나 참고해도 될 만큼 귀중한 사람"이라고 평가했다. His "Foreword" to Samuel Griffith's translated version of *The Art of War,* p. vii; General Rupert Smith, *The Utility of Force: The Art of War in the Modern World*, New York: Vintage Books, 2008, p. 161).

100) General Tao Hanzhang, *Sun Tzu's Art of War*, trans. by Yuan Shibing, New York and London: Sterling Publishing, 2007, p. 213.

동지침으로 사용되기 위해서가 아니라 전쟁이 제기하는 문제들에 대해 자신만의 대응책을 마련하도록 독자들을 지적으로 진작시키도록 의도된 것이다.[101] 레이몽 아롱(Raymond Aron)이 클라우제비츠에 대해서 말했듯이 "이 천부적 영혼의 모험을 공유하기 위해서 우리가 독일인이 될 필요는 없으며 프러시아인이 될 필요도 없고 또 장교가 될 필요도 없다."[102] 마찬가지로, 우리가 손자의 천부적 영혼의 모험을 공유하기 위해서 중국인이 될 필요가 없으며, 고대 중국의 전국 시대의 어떤 나라의 신민이나 혹은 군사 지휘관이 될 필요도 없다. 어느 한쪽도 소홀히 하지 않고 양자를 모두 연구하는 가장 중요한 근거는 국제평화를 유지하고 이제 접어든 21세기 세계의 문화적 조화를 향상시키기 위해 전쟁과 국제정치의 합리적 도구로서 전쟁의 위치에 대한 보다 나은 이해를 배양하는 것이다.

---

101) Hugh Smith, *On Clausewitz: A Study of Military and Political Ideas*, New York: Palgrave Macmillan, 2005, p. xi.

102) Philip Windsor, "The Enigma of a Gifted Soul: Aron and Clausewitz," in Mats Berdal, *op. cit.*, p. 133에서 재인용.

사항색인

ㄱ

❙ ㅇ ❙

ㅈ

‖ ㅊ ‖

‖ ㅋ ‖

‖ ㅌ ‖

‖ ㅍ ‖

인명색인

ㅂ

ㅅ

ㅇ

‖ ㅈ ‖

‖ ㅊ ‖

‖ ㅋ ‖

| ㅌ |

| ㅍ |

ㅎ

■ 저자 약력 ■

강성학(姜聲鶴)

고려대학교 정치외교학과 졸업
고려대학교 대학원 정치학 석사
미국 Northern Illinois University 대학원 정치학 박사
영국 런던 정경대학(LSE) 객원교수
일본 도쿄대학교 동양문제연구소 객원연구원
일본 와세다대학교 교환교수
고려대학교 영자신문사 주간
고려대학교 정치외교학교 대학원 주임
고려대학교 정치외교학과 학과장
고려대학교 정경대학 교학부장
한국국제정치학회 상임연구이사
한국정치학회 이사
한국세계지역연구협의회 이사
한국정치학회 부회장
유엔평화유지활동 특별위원회 한국대표
정책과학대학원 국제관계 과장 및 고위정책과정 주임교수
고려대학교 정책대학원 교학부장
고려대학교 교무처장
재단법인 고려대학교 BK21사업지원 재단 상무이사
재단법인 고려대학교 BK21사업지원 재단 감사
미국 유엔체제학회(ACUNS) 이사
한국 유엔체제학회(KACUNS) 회장
고려대학교 평화연구소 소장
고려대학교 정책대학원 원장
한국 풀브라이트 동문회 회장
한국쉐브닝 동창회 회장
고려대학교 정경대학 교수(1981년 3월 1일 - 현재)

저 서

『인간神과 평화의 바벨탑: 국제정치의 원칙과 평화를 위한 세계헌정질서의 모색』
(2007년 대한민국 학술원 우수도서 선정)
『시베리아 횡단열차와 사무라이: 러일전쟁의 외교와 군사전략』
(1999년 문화관광부 우수 학술도서 선정)
『카멜레온과 시지프스: 변천하는 국제질서와 한국의 안보』
(1995년 제 1 회 한국국제정치학회 저술상 수상)
『이아고와 카산드라: 항공력 시대의 미국과 한국』
(1997년 가을 미국 학술지 FOREIGN POLICY가 서평을 게재)
『소크라테스와 시이저: 정의, 평화, 그리고 권력』
『새우와 고래싸움: 한민족과 국제정치』
『북한외교정책론』(공편)
『주한미군과 한미안보협력』(공저)
『정치학원론』(공저)
『셰익스피어의 정치철학』(역)
『핵시대를 어떻게 살 것인가』(공역)(1995년 문화공보부 선정도서)
『불평등한 세계』(역)
『제국주의의 해부』(역)
『키신저 박사와 역사의 의미』(역)
『자유주의의 정의론』(역)
『동아시아의 안보와 유엔체제』(편저)
『동북아의 평화사상과 평화체제』(편저)
『시베리아와 연해주의 정치경제학』(편저)
『유엔과 한국전쟁』(편저)
『UN and Global Crisis Management』(편저)
『유엔과 국제위기관리』(편저)
『용과 사무라이의 결투: 중(청)일전쟁의 국제정치와 군사전략』(편저)
『동북아의 근대적 변용과 탈근대 지향』(공편저)
『The United Nations and Keeping Peace in Northeast Asia』(편저)
『The UN in the 21st Century』(공편저)
『UN, PKO and East Asian Security: Currents, Trends and Prospects』(공편저)
『Korea's Foreign Policy Dilemmas: Defining State Security and the Goal of National Unification』(영국에서 출간 예정)

무지개와 부엉이

2010년 9월 10일 초판인쇄
2010년 9월 20일 초판발행

저 자 강 성 학

발행인 안 종 만

발행처 (株) 博 英 社

서울특별시 금천구 가산동 345-90 한라시그[illegible]호
전화 (733) 6771 FAX (736) 4818
등록 1959. 3. 11. 제300-1959-1호(倫)

www.pakyoungsa.co.kr e-mail: pys@pakyoungsa.co.kr

정 가 38,000원 ISBN 978-89-6454-067-1